朝鮮前期 吏讀 研究

이 저서는 2011년 정부(교육과학기술부)의 재원으로 한국연구재단의 지원을 받아 수행된 연구임.
(NRF-2011-812-A00109)

朝鮮前期 吏讀 研究

朴盛鍾

역락

Linguistic Study on Idu
in the Former Period of Joseon Dynasty

Park, Seong Jong

YR Publishing co.

머리말

이 책은 지은이가 1996년에 박사학위논문으로 제출했던 「朝鮮初期 吏讀 資料와 그 國語學的 研究」를 확충하여 깁고 보탠 증보판이라 하겠다. 학위논문은 단행본으로 따로 출간하지 않았다. 그 대신에 제2장 資料篇에서 소개한 이두 문서들을 현대어로 번역한 『朝鮮初期 古文書 吏讀文 譯註』를 2006년에 서울대학교출판부에서 간행하였다. 학위논문은 대상 자료를 조선의 건국에서부터 15세기 말까지로 한정하였는데 이번에 그 시기를 16세기 말까지로 한 세기 더 늘려 잡고, 학위논문 중 비교적 소홀히 다루었던 부분들 그 중에서도 특히 제5장의 활용 어미와 제3장의 朝鮮前期 吏讀 表記의 몇 가지 특징 등을 중점적으로 다듬었다.

十年이면 강산도 변한다 하거늘, 吏讀와의 만남으로부터 헤아리자면 어느덧 세 꼭지를 넘긴 시점에서 돌이켜 보면 새로 캐내고 거둬들인 것이 너무 적지 않나 하는 부끄럼이 앞선다. 그러나 다른 한편으로는 두 세기 동안 그 안에서 일어난 크고 작은 변화들을 感知했을 뿐만 아니라, 애초의 큰 얼개가 이렇다 할 만한 흠 없이 유지된다는 점에서 마음이 놓인다. 이에, 이 책을 단행본으로 세상에 선보이는 바이다.

16세기 이두 자료 중 典籍類에 대해서는 국사학을 비롯한 여러 분야의 연구물들로부터 도움을 많이 받았다. 吏讀文, 그리고 그 안의 吏讀吐와 吏讀字를 언어적 측면에서 옹골차게 드러내 보이기 위해서는 숲 전체를 보는 일이 무엇보다도 요청되기 때문이다. 文書類 이두 자료 역시 매한가지였음은 물론이다. 16세기 고문서에 쓰인 방대한 양의 이두 자료들에 대해서는 영남대학교 명예교수였던 故 李樹健 교수님을 연구책임자로 한 연구팀의 도움 없이는 엄두조차 못 낼 일이었다. 지은이도 공동연구원 중의 한 사람이긴 했으나, 여러 연구자들이 대상 자료를 모으고 정리하며 검토한 노력이 없었다면 이 책의 간행을 기대하기 어려웠을 것이다.

이 책을 기술하는 과정에서 의도한 하나의 욕심은 적어도 조선 전기에 대한 전반적이고 상세한 吏讀辭典의 역할을 겸하도록 만드는 일이었다. 따라서 각 예문마다 현대어 번역을 붙이기 시작했는데, 이로 말미암아 의외로 노심초사할 적이 많았고 꽤 시간이 늦어지게 되었다. 비록 이른 시기와 늦은 시기에 대한 직접적인 설명과 예시는 없더라도, 아무쪼록 이 책이 한국학의 여러 분야 연구자들에게 吏讀에 대한 좋은 길잡이와 도움이 되기를 바란다.

인문저술 출판지원의 하나로 선정하여 연구비를 지급해 준 한국연구재단, 그리고 오랜동안 강의와 연구에 마음 쏟을 수 있게 해준 關東大學校와 명예퇴직을 배려해 준 가톨릭 관동대학교 당국에 감사하는 바이다. 漢字투성이인 데다가 자디잔 일거리 많은 이 책을 꾸미느라 애쓴 역락출판사 오정대 님, 그리고 하얗게 샌 여러 밤들과 고르지 못한 잠 시간에 이것저것 챙겨 주느라 마음고생 많았던 집사람에게 고마움을 전한다.

이 책을 故 安秉禧 선생님 靈前에 삼가 바친다.

2016년 2월 26일
강릉 臨瀛書齋에서
朴 盛 鍾

목 차

제3장 표기 및 문체 ································· 73

1. 문자체계 ···73

1.1 音字와 訓字 ··73

1.2 讀字와 假字 ··74

1.3 造字 ··76

2. 文字의 運用 ··78

2.1 訓讀字 우선의 원칙 ··78

2.2 단일 표기의 원칙 ··80

2.3 代用에 따른 관용 ··80

제6장 수식언 477

일러두기

1. 吏讀文의 전사 방식

◦ 줄글로 이어진 이두문 원문을 현대어의 띄어쓰기에 준하여 단어 단위로 사이띄기를 하여 옮겨 실었다. 다만, 번거로움을 피하기 위해 단어 대신에 句 또는 連語 구성체를 묶기도 하였다.

◦ 원문의 字體에 상관 없이 해서체 정자로 옮기는 것을 원칙으로 하되, 필요하다고 판단한 경우엔 略字와 異體字를 그대로 수록하였다.

◦ 원문에서의 空格 즉, 높임의 표시로서 대상이 되는 글자 앞에 빈칸을 두는 칸비움법이 행해진 경우엔 사이띄기를 두 번 또는 세 번 하여 구별하였다. 別行 즉 줄바꿈법에 대하여는 해당 문자 및 단어 앞에 /를 붙이되, 擡頭 즉 글자올림법에 대하여는 별도의 표지 없이 別行에 준하여 옮겨 적었다.

  예 : 節 /公緘內 及時 相考　聞是白乎 所 有良尓 (⇐ 公緘은 別行하였고, 聞 자 앞에서 空格이 행해진 경우임)

2. 출전 표기

◦ 典籍·成冊·謄錄類는 <① 연월일/연도-② 문서 종류 및 명칭-③ 典籍名-④ 분류기호 또는 張次> 순으로 표시한다. 다만, 연도가 널리 알려져 있거나 여러 이본들이 있는 경우엔 연도 표기를 생략하였다.

  예 : <1549.10.13. 병조계목 각사수교 73> (⇐『各司受敎』에 73번째 수록된 병조의 계목)

  <1544.5.22. 掌隷院承傳 大典詞訟類聚 148~149> (⇐『十六世紀 詞訟法書 集成』(한국법제연구원, 1999)에 수록된『大典詞訟類聚』중 148~149쪽의 掌隷院 承傳)

  <直解 01.36ᄒ> (⇐ 만송문고본『大明律直解』(보경문화사 영인, 1986)의 권1 36장 후면)

◦ 文書類는 <① 연도-② 문서의 제목/종류-③ 수록 영인본 및 간행물의 張次-④ 行數> 순으로 표시한다. 문서의 제목을 명시한 경우엔 이 중 ③을 생략하였으며, 간혹 소장처만을 표시한 경우도 있다.

  예 : <1494 李璦娚妹遺漏奴婢和會文記 01> (⇐ 1494년의 李璦娚妹遺漏奴婢和會文記 중 1행)

  <1560 점련입안 정32-279 169> (⇐ 한국정신문화연구원/한국학중앙연구원 간행의『古文書集成』32집 279쪽부터 수록된 점련입안 중 169행)

  <1552 화회문기 영2-87 33> (⇐ 嶺南大 민족문화연구소 간행의『嶺南古文書集成』II의 87쪽에 수록된 화회문기 중 33행)

  <1536 분재문기 국립중앙도서관 42> (⇐ 국립중앙도서관 소장 1536년 分財文記 중의 42행)

제1장 서론

이 책은 朝鮮 王朝의 건국으로부터 16世紀末까지의 吏讀 資料를 대상으로 국어학의 관점에서 記述하는 것을 목적으로 한다. 대상 기간은 1392년부터 1600년까지 200여 년에 걸치는 시기로서 조선 전기에 해당하며, 국어사의 시대구분에서는 후기중세국어 시기에 속한다.

대상 자료는 이두문으로 작성된 것을 원칙으로 하되, 우리말의 문법적 형태를 표기하기 위한 이두토 또는 이두자가 들어 있는 것들도 포함하여 다룬다. 단서조항을 단 까닭은 글 전체의 문장 구조는 한문 또는 吏文을 바탕으로 하고 있다 하더라도 한문의 구성요소나 한자어가 아닌 표기들 즉, 우리말 구성이나 문법 형태를 기록한 표기를 배제할 수 없기 때문이다. 예컨대 雙峰寺賜牌(1457년)의 경우 전반적인 문서식과 문장 양식은 다른 敎旨들과 마찬가지로 이두문이 아니다. 그럼에도 불구하고 우리말 문법 형태를 표기한 이두의 보조사 -乙良이 사용되었다. 만약에 이 자료를 대상에서 제외한다면 이두 보조사 -乙良이 無情體言 그 중에서 적어도 기관 및 단체의 성격을 지닌 寺刹에 통합된다는 사실 하나를 놓칠 우려가 있다.

또 다른 예로서 金宗直의 어머니와 妻의 簡札 2點(1468년)과 權玠河源別給文記(1475년)를 들 수 있다. 이들 모두 한문으로 작성된 것이지만 이 책의 대상 자료에 포함된다. 전자에는 '爲如乎, 矣段', 후자의 後錄에는 '次知, 分衿, 卜' 등의 이두토 및 이두어가 사용되었기 때문이다. 조선 초기의 差定帖과 賜牌와 같은 문서들의 일부 경우엔 '…者'로 끝맺고 있는 점만 보면 이두문으로 이루어진 문장으로 보기 어렵다. 그러나 이들은 이두토가 전혀 쓰이지 않는 문서들과는 엄연히 구별되며, 文終結形式만이 다를 뿐이지 국어 어순을 반영하고 있는 점에서 이두문에 귀속되므로 이 책의 대상 자료이다.

한편 이 책에서 한국한자어들을 대상에 모두 포함시켜 다루지는 않는다. 연구의 주안점이 달라지기 때문이다. 한국한자어에 대한 연구가 이두에 대한 연구와 동일할 수는 없다. 이 책에서 주로 관심을 기울여 기술하고자 하는 한국한자어는 上下(차하)와 같이 우리말과 한자어가 합성된 혼종어들이다. 그렇다 하더라도 혼종어이든 단순한 한자 합성어이든 이들이 들어있는 자료들 모두가 연구 대상이 되지 않음도 물론이다. 문서를 비롯하여 각종의 기록들, 그리고 문집 및 문헌들에는 적잖은 수의 한국한자어들이 들어있다. 한국한자어가 사용된 자료들을 전부 연구 대상에 포함시키지 않음은 물론이다.

이 章에서는 이두의 개념을 위주로 여러 가지 논의와 견해들을 살펴본 후에 그간의 연구 성과물 중 국어학 분야에서 주요한 것들을 소개함과 동시에 이두사의 관점에서 본 조선 전기 이두 연구의 의의를 개괄하고자 한다.

1. 吏讀의 개념

1.1 이두의 의고적 특징

조선 전기에 이르면 사대부들과 식자층 사이에서도 때로 이두토들의 정확한 연원 및 의미를 알기 어려웠던 듯하다. 이것은 이두의 사용 기간이 워낙 오랜 데에서 연유하는 현상으로 생각된다. 시간이 흐를수록 이러한 경향은 더욱 심화되었을 것으로 추측된다. "成龍曰 我國吏刀 薛聰所創云 未知其義矣"<宣祖實錄 30년 5월 27일 丁巳>라는 기록이 그 단적인 증좌이다. 16세기 말에 영의정까지 역임하고 한문에 능통한 柳成龍이 이두를 이해하지 못했다고 볼 수는 없다. 豊山柳氏 소장 문서 중에 柳成龍이 올린 장계의 등초에서는 이두 문구가 모두 빠져 있는데, 이것은 등서 과정에서 삭제된 것일 뿐이다. 문집 편찬을 위한 등서 과정에서 爲白齊, 爲白是去等, 以置 등과 같은 이두자들이 삭제 표시된 것이 간간이 보인다<고문서집성 15 434~611>.[1] 그럼에도 불구하고 柳成龍이 위와 같이 이두에

---

1) 이것은 이두토들을 전혀 삭제하지 않은 李舜臣의 현전 『壬辰狀草』와 대비된다. 이 경우에도 『李忠武公全書』에 수록될 때에는 이두토들이 삭제되었음은 물론이다.

대하여 그 뜻을 알기 어렵다고 언급한 것은 그만큼 이두의 연원이 오랜 까닭에 발생 당
대의 과정이라든가 그 기원을 모른 체 답습되어 온 것이 적잖음을 새삼 일깨워 준다. 이
두토의 의고적 성격을 잘 일러주는 예를 하나만 들어 보자면 다음과 같다.

중세어의 ᄒᆞ라체 명령형어미는 '-(ᄋᆞ)라'였다. (1ㄱ)과 같은 예들이 보편적이다. 그런데
이따금 (1ㄴ)과 같이 '-고라/오라'가 명령형어미로 쓰인다. 이에 관해서는 반말체 형태로
보거나<고영근 2010:151>, '-고/오-'에는 아무런 뜻이 없이 사용되는 명령형어미로 보기도
한다<허웅 1975:517>. 한편 (1ㄷ)과 같이 보편적으로 사용되는 명령형어미 '-(ᄋᆞ)라' 앞에
선어말어미 '-거/어/나-'가 통합되어 쓰이기도 한다. 이들 선어말어미는 대체로 확인법의
기능을 하는 것으로 보인다. 따라서 보편적인 명령형어미는 확인법 선어말어미가 통합된
명령형어미와 약간의 의미 차이를 보이는데 중세어에서는 전자에 비해 후자가 매우 드물
게 사용되는 특징이 있다.

> (1) ㄱ. ᄌᆞᄂᆞᆨᄌᆞᄂᆞᆨ기 <u>자ᄇᆞ라</u> <월인석보 10.29>
>   그듸 이 굼긧 개야미 <u>보라</u> <석보상절 6.36>
>   舍利弗아 <u>알라</u> <월인석보 7.77>
> ㄴ. 佛子 文殊아 모돈 疑心을 <u>決ᄒᆞ고라</u> <석보상절 13.25>
>   모로매 願이 이디 <u>말오라</u> ᄒᆞ더니 <석보상절 11.30>
> ㄷ. 네 됴히 <u>니거라</u> <번역노걸대 下56>
>   舍利弗아 <u>아라라</u> <석보상절 13.60>
>   善男子아 <u>오나라</u> 文殊師利法王子ㅣ 네 모ᄆᆞᆯ 보고져 ᄒᆞᄂᆞ다 <석보상절 20.41>

이와 달리 이두의 명령형어미는 '-良如'만 발견된다. 이것은 자동사 또는 '오다' 동사
에 연결된 명령 표현의 예가 없는 데에서 기인한 것일 수도 있다. 그렇다 하더라도 이두
의 명령형어미 형태는 두 가지 점에서 중세어와 큰 차이를 보인다. 첫째, 이두자 如와 중
세어 명령형어미 '-라'가 음상에서 차이를 보인다는 점이다. 이는 국어 음운사의 관점에
서 ㄷ>ㄹ의 변천을 반영한 것으로 해석할 수 있으므로 근본적인 차이점은 아니다. 둘째,
이두의 명령형어미 '-良如'는 (1ㄷ)에 일치하는 것으로 해석된다. 이두에서 爲良如의 용
례는 쉽게 찾을 수 있으나, 爲良如에서 良이 빠진 爲如의 용례는 발견되지 않는다. 이러
한 사실은 결국 (1ㄷ)과 같이 확인법 선어말어미를 선행한 명령형이 중세어의 보편적 명령
형어미인 (1ㄱ)의 '-(ᄋᆞ)라'보다 시기적으로 앞설 뿐만 아니라 오히려 더 보편적이었음을
시사해 준다. 더 나아가 (1ㄴ)의 '-고라'를 감안하자면 이두의 명령형어미 '-良如'의 良은

동명사어미 '-ㄹ'을 기원적으로 간직하고 있었을 개연성도 설정해 볼 수 있다.

문제를 더욱 어렵게 만드는 요인 중의 하나는 이두의 명령형어미 '-良如'는 조선 전기는 말할 것도 없고 이두가 사멸하기 직전인 19세기까지도 여전히 그대로 사용된다는 점이다.

> (2) ㄱ. 進爵儀軌今方始役 應行諸事參酌磨鍊 後錄爲白去乎 依此擧行 何如 達 依所達
>   施行爲良如 敎 <1828 慈慶殿進爵整禮儀軌 2.1～2> (작위를 올리는 예식에
>   관한 의궤 작업을 이제 시작하는 즈음에 여러 가지 마땅히 행할 일들을
>   참작하여 마련하여 다음에 적사오니 이에 따라 거행함이 어떠하십니까
>   하고 세자께 계달하니 계달한 바에 따라 시행하여라 하심이다.)
> ㄴ. 光緖十年正月三十日 /啓 依所啓 施行爲良如 敎 <1884 예조 無啓目單子 규장
>   각 문서번호 172247> (광서 10년 정월 30일에 계를 올리니 계에 따라 시
>   행하여라 하심이다.)

(2ㄱ)은 정례의궤소에서 왕세자에게 요청하여 재결 받은 의궤 편찬의 지침인 事目의 한 예이고, (2ㄴ)은 예조에서 올린 무계목단자에 대하여 국왕의 처결 내용 즉, 判付를 적은 것이다. (2)의 두 예 爲良如는 일정한 투식으로 굳혀져 사용되어 온 것을 그대로 답습한 명령형 표현일 뿐이다. 그러므로 기록할 당대인 19세기 국어에 직접 대응시킬 수 없음은 두 말할 나위 없다.

1.2 차자표기와 이두

借字라는 용어는 梁柱東(1942/1946)에서 처음 사용한 듯하다. 梁柱東(1946:60～61)에서 제시한 한자 차자의 용법을 보이면 다음과 같다.

> (3) 一. 義字
>   1. 音 讀   善花公主主隱   法界毛叱所只
>   2. 訓 讀   去隱春 가·봄   心未筆留 무슴·붇
>   3. 義訓讀   今日此矣 오눌   何如爲理古 엇다
>   二. 借字
>   1. 音 借   薯童房乙 을   君隱父也 은·여

   2. 訓 借　　　民是 이
   3. 義訓借　　　遊行如可 다

이때의 借字는 한자 본래의 의미와 상관없이 우리말 토 표기에 쓰이는 자를 주로 가리키는 용어였다. 다만 위 차자의 예에서 是는 '지정'의 의미를 어느 정도 가질 수 있으므로 연관성을 고려할 수 있긴 하나, 우리말 주격 조사와는 의미상 상통하지 않는다고 보았던 것 같다. 이와 달리 義字의 경우엔 그것을 음으로 읽든 훈으로 새겨 읽든 함께 묶어 다루고 있음이 특징이다. 차자에 대하여는 그 양상·형식·동기 등의 운용 방식에 따라 (4)와 같이 세분할 수 있다고 하였다.

   (4) 1. 正借 …… 原音·訓을 그대로 借한것.
      2. 轉借 …… 原音·訓을 비슷이 借한것.
      3. 通借 …… 原音·訓의 通音을 借한것.
      4. 畧借 …… 原音·訓의 一部를 借한것.
      5. 反切 …… 二字의 音·訓을 反切한것.
      6. 戲借 …… 義·音·訓을 짓궂게 借한것.

향가 해독 과정에서 梁柱東 선생이 특히 주목한 표기법은 체언과 용언을 막론하고 한 단어를 먼저 '義字'로 표시한 다음 그 단어의 말음 또는 말음절을 음차자로 첨기한 '義字末音添記法'이었다. 心音(ᄆᅀᆞᆷ)과 慕理(그리) 등이 그 예이다.

借字의 개념을 좁게 정의하는 이러한 경향은 오늘날에도 산견된다. 국어의 문법형태소를 한자를 빌려 적은 것들만을 借字로 인식하곤 한다. 그러나 이 견해에는 문제가 많다. 이두에서 1인칭 대명사로 쓰이는 矣에 '몸'에 해당하는 표기자 身이 복합된 형태인 矣身은 문법형태소가 아니다. 또한 이두 부사 更良의 경우엔 更은 떼어내고 良만 차자라고 할 수도 없을 것이다. 따라서 차자의 개념을 조금 넓게 볼 필요가 있다. (3)에서의 '音讀' 즉, 한자어만 제외하고 나머지 것들을 모두 차자의 범주에 넣어 인식하여야 할 것이다.

借字는 어떤 언어를 다른 언어를 표기하는 문자를 빌려 적는 것을 가리키는 말이다. 논의를 위해 '나는 핸드폰으로 컴퓨터를 한다'는 우리말 문장을 로마자로 적는 것을 가정해 보자. 'I-eun handphone-uro computer-eur handa'로 적었다면 이 중에서 영어 단어는 I와 computer 둘뿐이다. 이 둘을 제외한 나머지 표기가 모두 차자에 해당된다. handphone은 비롯 영어 단어를 이용해 만들었지만 영어 사전에 수록되지 않는, 말하자면 한국영어이다. 더 나아가 I를 영어 발음에 따라 읽지 않고 우리말로 새겨 '나'로 읽는다면 이 로마자 역시 차자로 분류될 것이다.

梁柱東(1942)의 한자 용법과 운용의 원리는 그 후 일부 비판의 대상이 되었다. 동일한 字에 심지어는 열 개가 넘는 음이 달리는 난점이 있기 때문에 李崇寧(1955)에서 모음조화에 의한 모음의 교체만을 예외로 인정하는 一字一音主義가 제창되었다. 그리고 한자를 빌려 우리말을 적는 신라시대의 표기법은 지명·인명·관명의 고유명사의 표기법과 일반 문장과 시가를 적는 문장의 표기법으로 구분하여 고찰하게 되었다. 그 후 借字表記 또는 借字表記法이라는 이름 아래 이두·향찰·구결과 고유명사표기법의 네 가지를 묶어 다루는 것이 보편화되었다.

그러나 고유명사표기법이라는 명칭은 적합하지 않은 면이 있다. 보통명사의 한자 차용 표기를 놓치기 때문이다. 따라서 고유명사표기법 대신 어휘표기로 묶고, 이를 다른 차자 표기들 즉 문장표기와 구별하는 분류 방식이 더 나을 듯하다. 예컨대, 李丞宰(1992ㄱ:14)에서 借字表記를 문장표기와 어휘표기로 나눈 것이 그 한 예이다. 그런데 여기에서는 문장표기를 다시 창작문과 번역문으로 양분한 뒤, 창작문에는 이두와 향찰, 번역문에는 구결을 귀속시킨 바 있다. 그러나 구결 또는 구결문을 번역문으로 설정하게 되면 무리가 따른다고 본다. 한문을 이두로 번역한 것들ㅡ이를테면 『大明律直解』와 『養蠶經驗撮要』의 이두문들도 엄연한 번역문이고, 『牛馬羊猪染疫病治療方』은 번역문으로 이두문과 언해문을 나란히 수록한 사실을 염두에 두어야 한다. 따라서 한문에 토를 달아 우리말 어순에 기대는 구결문과, 이와 달리 처음부터 우리말에 따라 작성하는 이두문 및 향찰을 구별할 필요가 있다. 따라서 전자를 漢文懸吐文으로 후자는 國文으로 호칭하고자 한다. 이를 바탕으로 차자표기 전체를 분류해 보이면 다음과 같다.

(5) 차자표기 분류표

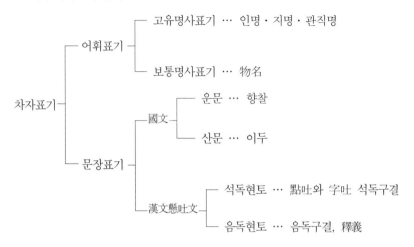

차자표기의 개념을 위와 같이 넓게 파악할 때 고대 문헌들에서의 '方言'이 이에 대응하는 것으로 파악된다. 이것은 또한 13세기 후반부터 『三國遺事』를 위주로 사용되기 시작한 '鄕言'과도 거의 대동소이하다. 이와 관련하여 1075년에 간행된 『均如傳』에 실린 崔行歸의 서문 내용은 매우 주목된다.

(6) ㄱ. 矧復唐文如帝網交羅 我邦易讀 鄕札似梵書連布 彼土難諳 <第八 譯歌現德分者>
　　　　(하물며 唐文 즉 중국의 한문은 제석의 그물이 잘 짜인 것과 같아 우리나라에서 쉽게 읽으나, 鄕札은 梵書를 잇달아 펼친 것과 비슷하여 중국에서 알기 어렵다.)
　　ㄴ. 薛翰林强變於斯文 煩成鼠尾之所致者歟 <第八 譯歌現德分者> (한림 설총이 斯文[漢文]을 억지로 바꿈으로써 번잡하게 쥐꼬리만 만든 것이 아니겠는가?)

(6ㄱ)의 '鄕札'은 우리나라에서 작성한 글 중 純漢文이 아닌 것을 가리키는 개념으로 사용되었다. 이는 곧 위 분류표 (5)에서의 '國文'에 정확히 일치한다. 향가를 기록한 것과 이두문을 합하여 鄕札로 호칭한 것으로 판단된다. 小倉進平(1929:286)도 鄕札을 '朝鮮 固有의 쓰기'로 파악하여 鄕歌·人名·地名 등의 한자 표기와 吏讀를 묶어 총칭하는 용어로 사용한 바가 있어 흥미롭다. 小倉進平의 경우엔 협의의 鄕札은 吏讀를 제외한 나머지 것을 가리키는 개념으로 규정하였다. 이와 달리 (6ㄴ)에서 설총이 한문을 억지로 바꾸려 했다는 것은 결국 한문현토문 그 중에서 석독구결을 가리킨 것으로 이해된다.

차자표기 중 문장표기의 일차적인 조건은 국어 어순에 따른다는 점이다. 초기 이두는 국어 어순에 따라 주로 어휘 형태들을 한자로 표기하였다. 이를 가리켜 종전에는 한때 誓記體라 불렀다. 이 誓記體야말로 어휘표기에서 문장표기의 단계로 나아가는 시발점 역할을 한다. 한문이라면 '自今, 无過失'로 적어야 할 내용을 국어 어순에 맞추어 '今自, 過失无'로 적은 壬申誓記石은 최행귀 서문의 '鄕札'에 정확히 들어맞는 표현으로서 중국인들은 알기 어려운 존재이다.

국어 어순에 따른다는 관점에서 볼 때 漢文懸吐文들의 경우 역시 이와 마찬가지이다.

석독구결 자료들은 잘 알려져 있듯이 한문을 읽는 과정에서 逆讀과 釋讀을 이용하는 것이 특징이다. 釋讀은 한자를 국어의 그 音으로 읽지 않고 문맥에 맞추어 국어 단어로 새겨 읽는 방법을 일컫는다.[2] 그리고 逆讀은 한문의 각 한자들을 그 쓰인 순서대로 읽지 않고 文意를 파악하여 국어 어순에 따라 한문의 구성요소들을 재배열하여 읽는 방법이다. 따라서, 엄밀히 말하자면, 한문의 文意를 국어로 뒤쳐서 국어 어순에 따라 읽는 방법 즉, '한문의 국어 語順讀'이라 할 만하다. 한문의 국어 語順讀과 釋讀의 전통은 조선조에까지 연면히 이어진 듯하다. 安秉禧(1976)가 소개한 口訣圓覺經(1465년 刊)이 그 좋은 예이다. 특히 읽는 순서를 墨書로 표시한 것은 한문의 구성요소들을 국어 어순으로 재배열하여 읽은 사실을 잘 드러내 준다. 석독구결은 국어의 어순에 따라 읽었을 뿐만 아니라 한자 어구를 때때로 우리말로 새겨 읽었기 때문에 한문을 우리말로 온전히 번역하는 특징을 지닌다.

音讀口訣은 우선 외형적인 면에서 釋讀口訣과 차이를 보인다. 음독구결에서는 역독점이 쓰이지 않는다. 음독구결은 한문의 순서에 따라 중간중간에 토를 달기 때문에 어느 한 방향으로만 토가 달린다. 그리고 원문의 한자들을 음으로만 읽는 특징을 갖고 있다. 따라서 한문 문장을 몇 개의 단위로 조각내어 각 단위마다 우리말 토를 붙인 구결문은 다소 불완전하나마 우리말 어순에 따른 문장을 만들게 된다. 諺解의 전단계에 생성되었던 釋義

---

2) 訓讀과 釋讀은 異音同義語로 간주함이 보통이다. 그러나 이 글에서는 잠정적으로 양자를 구별한다. 釋은 새김이라고도 한다. 동일한 한자에 대한 새김이 여럿일 경우 훈독과 석독은 차이를 보인다. 석독은 문맥에 의거하여 해당 한자의 어떤 특정한 새김으로 읽는 것이나, 훈독은 여러 새김 가운데 대표적인 새김으로 읽는 것을 뜻한다고 볼 수 있다. 훈독구결이라 하지 않고 석독구결이라 함은 일반적으로 석독을 한 것으로 보기 때문이다. 문맥에 따라 동일한 자가 서로 다른 새김으로 읽히는 경우도 있을 수 있다. '能'에 달린 구결자가 '能ㅊ, 能ㄲ, 能ㄱ, 能ㅊ' 등으로 달리 나타나는 것이 그 중의 한 예이다. 이 글에서 석독구결은 한자 語句들을 국어 어순에 맞추어 재배열하여 우리말 토를 덧붙이고 釋讀과 音讀을 적절히 배합하여 한문을 읽는 것을 가리키는 개념으로 사용한다. 그리고 순독구결은 한자 어구들을 원문의 순서대로 읽되 우리말 토를 덧붙여 읽는 것을 지칭한다. 순독구결에선 한자를 音讀하므로 흔히 음독구결이라고도 부른다.

역시 이와 마찬가지라 할 수 있다.

이두와 구결은 결국 '국어 語順讀'이라는 점에서 근본적으로 동일하다. 양자의 차이점으로 흔히 지적되어 온 것들, 이를테면 구결은 약체자 또는 省劃字를 사용하고 이두는 正字를 그대로 사용한다든가 하는 차이는 다분히 부수적이다. 조선 초기 및 중기의 頭注本들 중에는 구결임에도 불구하고 正字를 사용한 경우가 적잖다<安秉禧(1977ㄱ) 참조>.

이두문에는 그 안의 구성요소들이 정도의 차이는 있을지언정 한문식 표현으로 되어 있는 것을 흔히 볼 수 있다. 한문을 대체로 단어 단위의 구성요소로 끊어 읽은 석독구결과 비교해 보면 이두에서 오히려 더 한문식 표현을 만나게 된다. 이것은 특히 국왕에게 올리는 啓文을 비롯하여 왕실 주변에서 이루어지는 문서들 그리고 사대부들이 작성한 문서들에서 두드러진다.

이두는 鄕歌를 표기한 문자체계인 鄕札과 근본적인 차이점이 없다. 이는 앞서 언급했듯이 '鄕札, 鄕言, 鄕語'라는 용어가 이 둘을 다 포괄하는 개념으로 사용된 것과 무관하지 않다고 생각한다. 좁은 의미의 鄕札 즉, 鄕歌를 표기한 문자체계와 이두의 차이점은 형태음소론적인 교체를 표기에 어떻게 반영하는가에 달려 있다고 본다. 이두에서는 일반적으로 형태소를 단일화하여 표기하기 때문에 형태음소론적인 교체형이 표기에 잘 반영되지 않는다. 이와 달리 鄕札에서는 교체형이 표기에 반영된다. '心未, 直等隱'과 같은 것이 그 예이다. 이에 따라 이두보다는 우리말을 더 정밀하게 반영하는 표기로서 노랫말을 적은 것이 된다.

최행귀 서문에서 '鄕札'이 향가 표기와 이두를 총칭하는 용어로 사용되었듯이 조선 초기 훈민정음이 창제되기 이전에는 우리말 또는 차자표기 전체, 또는 이두를 가리키는 말로서 '方言' 또는 '俚語'로 호칭한 사례들이 발견된다.

(7) ㄱ. 今我 殿下 …… 又慮愚民無知觸禁 爰命攸司 將 大明律譯以方言 使衆易曉 凡所斷決 皆用此律 所以上奉 帝範 下重民命也 <1394 三峰集 8.9 憲典摠序>
(이제 우리 전하께서 …… 또 어리석은 백성이 잘 몰라서 금지하는 일에 저촉될까 염려하여 해당 관아에 명하여 대명률을 우리말 즉 '方言'으로 번역하여 여러 사람들이 쉽게 깨달아 익히게 하셨다. 무릇 죄를 다스릴 때 모두 이 법률을 쓰니 위로는 황제의 전범을 받은 것이요, 아래로는 백성의 목숨을 중히 여긴 것이다.)

ㄴ. 上又曰 今觀河崙所修元六典 易俚爲文 間有窒碍難曉, 趙浚所撰方言六典 則人皆易曉 無乃可用乎。喜對曰 用方言六典 亦可。摠制河演曰 今續六典旣以文撰之 元

六典亦當用文 不可用方言, 其窒碍難曉處 宜令改正。 上曰 元續六典各異, 雖竝用
方言與文, 何害。<세종실록 12년(1430) 4월 12일 辛巳條> (임금이 또 말씀
하시기를, "이제 하륜이 『원육전』을 고친 것을 보니 우리말을 한문으로
바꿈으로써 때때로 막히고 뜻을 깨닫기 어려웠다. 조준이 찬술한 『방언육
전』은 사람들이 다 쉽게 깨달을 수 있는데 쓸 수 없느냐?"라 하였다. 황
희가 대답하기를, "『방언육전』 또한 쓸 수 있습니다."라 하였다. 총제 하
연이 말하기를 "지금의 『속육전』은 한문으로 지은 것이고 『원육전』 역시
한문으로 쓴 것이지 우리말 즉 '方言'으로 쓸 수 없으므로, 막히고 뜻이
통하지 않는 곳은 마땅히 고쳐 바로잡을 일입니다."라 하였다. 임금이 말
씀하시기를, "『원육전』과 『속육전』이 서로 다르니 비록 우리말과 한문을
섞어 쓴다 한들 무엇이 해가 되느냐?"고 하였다.)

(7ㄱ)은 훈민정음 창제보다 50년 앞선 시기의 기록이므로 여기에서 '譯以方言'이라 한
것은 결국 이두로 번역한 것을 가리킨다. 明의 법률을 여러 사람들이 알기 쉽도록 이두로
번역하게 하였다는 내용이다. 이 왕명에 따라 다음 해인 1395년 2월에 간행된 것이 이른
바 『大明律直解』인데, 金祗 跋文에서는 薛聰이 지은 '方言文字'를 '吏道'라 하며 이 '吏
道' 즉 이두문으로 옮겼음을 분명히 하였다. (7ㄴ)에서의 方言 역시 이두문을 가리킨다.
위 기사에서의 方言六典은 趙浚이 1397년(태조 6)에 편찬 간행한 『經濟六典』을 일컫는다.
이 법전은 한문이 아니라 이두로 작성되었기 때문에 방언육전으로 부르게 된 것이며, 다
른 한편으로는 吏讀元六典으로도 불렀다. 위 기사 중의 元六典은 하륜이 1412년(태종 12) 4월
에 편찬한 經濟六典元集詳節 3권을, 續六典은 經濟六典續集詳節 3권을 각각 가리킨다. 두
법전이 모두 한문으로 쓰였는데 특히 元六典은 조준의 『經濟六典』을 바탕으로 하여 그
뜻은 살리고 '俚語'를 삭제하여 편찬한 것이라 한다.[3] 위 기사를 통해 알 수 있듯이 세종
은 법전을 굳이 한문으로만 만들 필요가 없고 오히려 여러 관리들이 보고 들어 익혀 준
수하기가 쉬운 우리말 즉, 이두문으로 만들어야 한다는 견해를 갖고 있었던 듯하다. 결국
세종은 다음 해인 1431년 5월에 이두로 된 조준의 經濟六典 즉, 吏讀元六典의 강원도 刻
板을 보수하여 인출 반포하고 종전에 사용하던 한문으로 된 元六典은 쓰지 말도록 명하
게 된다<세종실록 13년 5월 13일 丙子條>.

한편 '方言' 대신에 '俚語'로 호칭한 사례도 때때로 발견된다.

---

3) 태종실록 12년(1412) 4월 14일 戊辰條 및 13년(1413) 2월 30일 己卯條 참조.

(8) 尙德又啓曰 元朝農桑輯要 有益於民 但其文古雅 人人未易通曉. 願譯以本國俚語 令鄕
曲小民無不知之.　上從之 命前大提學李行與檢詳官郭存中成書板行. <태종실록 14
년(1414) 12월 6일 乙亥條> (한상덕이 계를 올려 "원 나라의 『농상집요』는 백
성들에게 유익한 책이온데, 다만 그 글이 옛스러워 사람들이 쉽게 깨닫지 못
하므로 우리나라의 '俚語'로써 옮겨 시골과 부곡의 일반 백성들도 알게끔 하
기를 바랍니다."라 하니 임금이 이를 좇아 전 대제학 이행과 검상관 곽존중에
게 책을 만들어 판각하도록 명하셨다.)

이것은 右代言[4] 韓尙德이 태종에게 農書의 간행을 품신하여 재가 받은 내용의 기사이
다. 元의 『農桑輯要』를 우리나라의 '俚語' 즉 이두로 번역하고자 한 것이다. 이 기사에
따라 간행된 책이 1415년 5월의 『養蠶經驗撮要』인 듯하다. 이보다 2년 뒤에 李行이 주관
하여 간행한 『養蠶方』[5]도 있다. 전자의 간기에는 韓尙德이 왕명을 받들어 '飜譯蠶書' 즉
누에치는 법을 적은 책을 번역하였고 安騰이 각수를 모집하여 간행 사업을 완료하였다고
하였다. 그리고 후자는 李行이 『農桑輯要』의 내용을 가려 뽑아 만든 내용을 본인이 실제
체험해 본 결과 수입이 배가 늘어나는 것을 보고 널리 배포할 필요성을 느껴 위 기사 중
의 郭存中으로 하여금 '本國俚語'로 구절마다 협주를 달아 간행하였다고 한다<태종실록 17
년 5월 24일 己酉條>. '華語' 즉 한문을 민간이 잘 모를 것을 염려하여 '本國俚語'인 이두로
번역 또는 설명하였다는 것이다.

1.3 이두의 개념과 구성요소

吏讀라는 용어가 論者에 따라 매우 다양하고 서로 다르게 사용되어 이로 인한 개념의
혼란이 빈번한 듯하다. 이두라는 용어는 크게 세 가지로 그 개념을 달리하여 쓰인다. 일
단 광의와 협의의 두 개념으로 나뉘고, 이어서 협의의 이두는 문장 표현 전체를 일컫는
것과 그렇지 않은 것으로 양분된다.

광의의 이두는 협의의 이두를 비롯하여 鄕札, 口訣은 물론 어휘표기를 모두 아우르는

---

4) 왕명의 출납을 맡은 承旨에 해당한다. 麗末鮮初에 사용되었던 관직명이다.
5) 이 책은 『養蠶經驗撮要』와 함께 한동안 유포되어 활용되었던 듯하다. 단종실록 2년(1454) 9월 16일 甲子條
기사에서 이 책을 언급하면서 그 내용을 해독하고 부지런한 사람을 監考로 임명하여 농민들에게 가르쳐야
한다고 하였다.

개념이다<李熙昇 1955:22>. 말하자면 '차자표기 = 이두'라는 식으로 인식하고 설명하는 경우이다. 북한학계에서는 대체로 이러한 입장을 취한다. 한문과 언문에 맞서는 개념으로서, 그 대상이 단어이든 문장이든 상관없이, 한자를 빌려 기록하는 일체를 총칭하는 개념의 정립 또한 필요한 면이 있다. 그러나 조선 왕조의 여러 기록들에서 이런 견해를 찾기는 쉽지 않다. 구결은 한문의 懸吐라는 것으로서 이두와는 별도로 인식해 왔을 뿐만 아니라, 호적대장과 量田 등 행정실무를 수행하는 과정에서 인명 및 지명, 물명 등을 한자로 기록하면서도 이두라는 인식은 없었다고 본다.

협의의 이두는 일단 향찰·구결·어휘표기를 배제하고 그 결과가 문장 차원인가 아닌가에 따라 나뉜다. "吏讀라면 흔히 「隱」(은) 「爲旀」(ㅎ며) 등의 吐만을 생각하나 순수한 漢文도 國文도 아닌 그 文章 全體가 吏讀라는 사실을 銘心할 필요가 있다."<李基文 1974:103>는 것이 전자를 대표하는 설명이다. 이것은 앞서 제시하였듯이 조선 초기에 方言 또는 俚語로써 우리말 또는 이두를 통칭했던 것과 일맥상통한다. 이 책에서 본 저자 역시 이두를 이러한 개념으로 파악하고 설명하고자 한다. 따라서 이두로 된 문장을 가리켜 吏讀文이라 할 수 있으므로 吏讀와 吏讀文은 거의 같은 개념으로 이 글에서 사용한다. 이두라 할 때는 문장이 아니라 개별 단어 또는 문법형태소를 가리키는 경우도 있음은 물론이다. 이두문 안에는 경우에 따라 漢文的 요소가 들어 있기도 하다. 그 漢文이 단어이든 句이든 文章이든, 그것이 이두문 안에 들어 있을 경우에는 이두문을 구성하는 한 요소에 불과한 것으로 이해한다.

이두를 우리말 문법형태소들을 표기하는 것만을 지칭하는 개념으로 사용하는 수도 있다. 이것은 조사와 어미 형태를 표기한 字들만을 이두로 해석하는 견해이다. 그러나 이 견해에는 적잖은 문제가 뒤따른다. 예컨대, 導良, 追乎와 같은 이두자들에서 문법형태소라면 후행자만이 해당되므로 선행한 한자를 이두자에서 제외시킬 수 있을지 의문이다. 또한 不喩, 兒如와 같은 이두자들에서는 딱히 문법형태소라는 것을 잡기 어렵다. 이뿐만 아니라 喫持, 移置와 같이 우리말을 반영한 한자어라든가, 上下, 作文 등과 같은 혼종어, 高致, 飛介와 같은 물명 표기자들을 이두 안에 포섭할 수 없는 난관에 놓인다.

따라서 이두를 좁게 정의한다 하더라도 문법형태소 또는 형태부라는 대상에 국한하지 말고 '語助'라는 개념으로 파악하는 것이 훨씬 더 효과적일 것이다. 語助라는 개념으로써 이두를 인식하는 일은 꽤 오랜 전통을 가지고 있다. 이미 조선 초기에서 이러한 견해를 발견할 수 있을 뿐만 아니라 훈민정음 창제 이후 시기를 내려올수록 점차 널리 확산되어 왔다.

(9) ㄱ. 新羅薛聰吏讀 雖爲鄙俚 然皆借中國通行之字 施於語助 與文字元不相離 故雖至胥
吏僕隷之徒 必欲習之。先讀數書 粗知文字 然後乃用吏讀。用吏讀者 須憑文字
乃能達意 故因吏讀而知文字者頗多 亦興學之一助也。(신라 설총의 이두는 비
록 엉성하나 모두 중국에서 통용되는 문자를 빌려 '語助'에 사용하므로
한자와 근본적으로 상이한 것이 아니어서 서리와 노복들 무리까지도 반
드시 익히려 합니다. 몇 권의 책을 읽어 한자를 좀 안 뒤에 이두를 사용
합니다. 이두를 쓰면 한자에 의존하여 능히 뜻을 통하게 되므로 이두로
인해 한자를 아는 자가 자못 많아서 이 또한 학문을 일으키는 데 도움이
됩니다.)

ㄴ. 薛聰吏讀 雖曰異音 然依音依釋 語助文字 元不相離。今此諺文 合諸字而並書 變
其音釋而非字形也。<세종실록 26년(1444) 2월 20일 庚子> (설총의 이두가
비록 글자의 음은 다르나 그 소리와 새김을 이용하여 한문을 '語助'하므
로 본래 서로 떨어진 것이 아닙니다. 이제 이 언문은 한자에 어울린다 하
나 병서하고 그 소리와 새김을 달리하며 한자의 자형이 아닙니다.)

(10) 上在東宮 命書筵官 將大學衍義 以諺字 書語助 欲教宗室之未通文理者 <문종실록
즉위년(1450) 12월 17일 丁亥> (임금께서 동궁에 계실 때 서연관에게 명하여
『대학연의』에다가 '諺字' 즉 훈민정음으로써 '語助'를 쓰게 하여 종실 중 문
리가 통하지 않는 이들을 가르치고자 하셨다.)

(9)는 崔萬理의 언문창제 반대 상소문, 그리고 임금의 힐문에 대한 답변 중의 내용이다.
이두는 중국에서 통용되는 한자를 사용할 뿐만 아니라 한자의 음과 새김을 이용하여 한
문의 '語助'로 사용된다는 점을 피력한 내용이다. 이때의 語助는 (10)에서 보듯 구결과 동
일한 개념으로 쓰이고 있다. 즉, 이두를 문장 차원으로서 이해하지 않고 문장 중간중간에
들어감으로써 문장을 이해하는 데 도움을 주는 語辭로서 파악하고 있음을 알 수 있다. 이
어조는 말하자면 우리말 문법형태소는 물론 한문과는 상관 없는 요소들을 총칭하는 것이
라 할 수 있다. 이두를 이렇게 좁게 인식하고 있는 것은 그 후 조선조를 통틀어 보편적인
현상으로서 여러 기록들에서 확인된다.

그런데 이두를 語助라는 개념으로 파악하는 데에는 두 가지 문제점이 따른다. 이두와
구결의 차이점이 흐려진다는 점 그리고 語助라는 개념은 은연중에 이두가 한문을 바탕으
로 한 것임을 전제하고 있는데 이두의 초기 발달 과정을 감안해 볼 때 이것은 수긍하기
어렵다는 점이다. 그럼에도 불구하고 우리말 문법형태소 또는 형태부 표기에 국한하여
이두를 이해하는 견해보다는 훨씬 더 유익한 면이 있음을 지적해 둔다.

吏讀라는 명칭에는 몇 가지 고려해 볼 점이 있다. 첫째, 동일 시기에 吏道<1395년 大明律 直解 跋文>와 吏讀<1444년 崔萬理 상소문>가 나란히 쓰인다는 사실이다. 불과 50년 사이에 용어가 다르다는 사실에 유의할 필요가 있다. 둘째, 朝鮮朝만 하더라도 吏刀, 吏札, 里讀, 吏語 등으로 다양하게 달리 쓰이는 점이다. 셋째, 『帝王韻紀』에 '吏書'라 하면서 俗言으로 '鄕語'라 불린다고 언급한 점도 주목된다. 넷째, 三國 時代와 高麗朝에선 金石文에도 이두문이 등장한다는 점에 유의할 필요가 있다. 崔萬理는 상소문에서 '吏讀'와 '吏文', 그리고 '文字'에 차등을 두었다. '文字'는 漢文을 가리키는데 이것이 가장 우월한 것이며, 그 다음이 '吏文', 그리고 이 양자를 능숙하게 구사할 수 없는 吏胥들이 쓰는 것이 '吏讀'라는 인식을 찾아 볼 수 있다. 이러한 인식은 적어도 金石文을 이두문으로 작성하는 시기에는 그다지 들어맞지 않는 것이 아닌가 싶다.

여하튼 이두의 명칭과 관련하여 주목되는 것은 吏道, 吏讀, 吏刀, 吏頭, 吏吐, 吏套 등 비록 다양하게 쓰임에도 불구하고 첫 번째 자는 한결같이 '吏'자라는 점이다. 그리고 두 번째 字들은, 吏札과 吏書와 같이 뜻을 반영하는 한자를 쓴 경우를 제외하면, 근원적으로 表音字였을 개연성이 높다는 점이다. 각 字의 原義에 상관없이 음상이 무척 유사하다는 점을 간과할 수 없기 때문이다. 따라서 이들은 고유어를 반영한 표기일 개연성이 높다. 이 고유어가 과연 무엇인지는 현재로서 확증하기 어렵다. 다만, '말투, 사투리'의 '투'와 어느 정도 연관되지 않는가 추정한다. 달리 말하자면, 이두란 '胥屬들의 文套'를 가리키는 용어였다고 추측된다.[6]

이두의 개념 및 특성과 관련하여 고찰할 대상 중의 하나는 吏文이다. 小倉進平(1929)에서는 이두를 협의와 광의의 개념으로 나누었다. 그리고 협의의 이두는 '吏文의 補助語'라 한 바가 있으나 이는 정곡을 찌른 견해가 아니다. 우리나라 사람의 입장에서 볼 때 吏文은 중국과 주고받는 외교문서에 쓰인 문체 중 고전한문으로 쓴 것이 아닌 것들을 총칭하는 것으로 이해된다. 말하자면 吏文[7]은 한문을 골격으로 하되, 중국의 俗語 및 특수한 용어 등을 섞어 쓴 공문서식과 그에 쓰인 문투를 가리킨다고 할 수 있다.

吏文의 발생 시기 및 그 형성 과정에 대해서는 분명하지 않은 면이 있다. 대체로 중국

---

6) 이와 유사한 견해는 岡倉由三郎(1893)에서 이미 발견된다. 여기에서는 吏道의 '吏'는 胥吏의 '吏'에 해당하고 '道'는 假字로서 한국어에서 어미를 가리켜 '토'라 부르는 것을 적은 字이므로, 吏道는 胥吏들이 사용하는 語尾를 뜻한다고 하였다. 吏讀를 '관리들의 글' 또는 '관리들이 쓰는 관청의 글'로 해석한 경우도 있다 <류렬(1983:13) 참조>.

7) 『吏文諸書輯覽』 및 吏文에 관한 논의는 安秉禧(1988 및 1987ㄷ) 참조.

의 北宋 시기에 문서를 담당하는 관리 및 서리들 사이에서 형성된 문체[8]라고 보는 견해가 보편적이다. 이때의 배경 언어가 구체적으로 漢兒言語였는지의 여부에 관해서는 논란의 소지가 많으나, 고전한문과는 다른 성격과 특징을 가진 언어 내지는 문투였음은 분명하다. 따라서 조선 전기의 공문서 및 행정상 특수하게 쓰이는 용어들 중에는 吏讀가 아닌 것이 적잖다. 이두에서 이들을 가려내는 일이 요청된다 하겠다. 이두가 吏文으로부터 물려 받은 중요한 것 중의 하나는 주로 문서의 종류 및 각각의 서식이라 하겠으나 구체적인 단어 및 투식어 또한 적잖다.

이문으로부터 유입된 단어 및 투식어로서는 節該, 准此, 須至帖者, 右咨高麗國王 등과 같은 예들이 있다. 節該는 어떤 문서 또는 교시의 내용을 간략히 줄여 적는 일을 가리키는데 조선 왕조의 각종 문서들에서 매우 빈번히 사용되었다. 准此는 딱히 이문의 용어라고 하기 어려운 면이 있으나 准이라는 동사의 사용이 일반적인 한문에서의 용법과는 조금 다른 특징을 갖고 있다. 照驗과 施行이라는 단어 역시 이와 마찬가지라 하겠다. 須至帖者와 右咨高麗國王 같은 예는 관부문서들에서 흔히 쓰이는 문투로서 이문으로부터 유입된 투식어이다. 후자의 경우 右咨… 대신에 조선 초기 朝謝와 差定 문서에서 '右故牒, 右平關, 右關, 右下'와 같은 투식어가 사용되며 이후 관부문서에서 잔류하는 모습을 보인다. 한편 이문 중에는 몽골어로부터 유래한 표현도 들어 있다. 元의 통치를 받은 이래 蒙文直譯體 표현이 이문에 섞이게 된 데에서 비롯한다.

조선조 후기에 이르면 이두를 이문과 동일시한 경우가 많다. 『吏文大師』, 『吏文襍例』 등과 같이 이두학습서의 제목으로 번연히 쓰이기도 한다. 이두와 이문 양자의 개념이 넘나들거나 혼용되는 일이 많았다. 그러나 조선조 초기만 하더라도 최만리의 상소문에서 잘 드러나듯이 漢文-吏文-吏讀의 구별은 명확했다. 그런데 이두토가 섞이거나 이두문으로 작성하지 않은 告身文書를 비롯한 교지류 등의 문서들을 吏文으로 인식하고 있었던 사실은 매우 주목된다. 고전한문과는 또 다른 존재로서 吏文을 인식하고 있음을 다음 (11)에서 잘 들여다볼 수 있다.

(11) 吏曹啓 吏科及承蔭出身封贈爵牒等項文牒 皆用吏文 獨於東西班五品以下告身 襲用吏讀 甚爲鄙俚。請自今用吏文。從之。<세조실록 3년(1457) 7월 13일 甲戌> (이조

---

8) 吉川幸次郎(1953) 및 田中謙二(2000:275)에서는 행정 및 사법 실무에 종사하는 서리들의 법제문서용의 문체를 가리켜 漢文吏牘體라 하였는데, 대체로 吏文과 통하는 개념이다.

에서 계하기를, 吏科 및 승음 출신으로 품계를 올려 받는 작첩 등의 문서들
은 모두 吏文을 사용하는데, 오로지 동반과 서반의 5품이하 고신만큼은 이두
를 답습하고 있어 심히 어쭙잖사오니 이제부터는 吏文을 쓸 것을 청합니다
하니 이에 따랐다.)

　이두문의 구성요소에는 그 통사구조와 어휘의 계통이 서로 다른 것들이 들어 있다. 이
를 나누어 살펴 보면 다음과 같다.

　　① 한문 또는 한문식 통사구조를 가진 요소　　예) 宥及後世, 非奉上司明文
　　② ㄱ. 외래어 漢字語　　　　　　　　예) 家舍, 生前, 屍體
　　　　ㄴ. 吏文系 한자어　　　　　　　예) 節該, 申, 合下
　　　　ㄷ-1. 한국 한자어　　　　　　　예) 之次, 置簿, 鎭長, 喫持, 埋置
　　　　　2. 한국 한자어 중 법제 및 행정 용어　예) 題辭, 題給, 答通
　　③ ㄱ. 고유어 어휘　　　　　　　　　예) 事(일), 飛介(눌개), 衿(깃), 侤音(다딤), 捧上(받자),
　　　　　　　　　　　　　　　　　　　　　　爲-(ᄒᆞ-), 進叱-(낫-), 加于(더욱/더옥), 莫金(막쇠)
　　　　ㄴ. 고유어 문법 형태　　　　　　예) -以(-로), -去乃(-거나)
　　④ 혼종어　　　　　　　　　　　　　예) 分衿(分깃), 上下(차下), 斜給(빗給)

　　①은 국어 단어에서 제외된다. ②는 한자어들이다. 외래어 한자어들은 그 기원에 따라
중국 文語系 및 佛敎語系, 白話系 등으로 분류할 수 있다. 이문계 한자어의 경우 그 수효
는 비록 적으나, 公文書의 이두문에서 차지하는 비중이 결코 적지 아니하므로 이두를 고
찰할 때에는 한 부류로 묶을 필요가 있다. 한국 한자어를 둘로 나눈 것은 계통에 따라 다
시 세분해 볼 필요성을 감안해서다. ③은 고유어를 표기한 이두자들이다. 어휘형태소와
문법형태소, 그리고 조어법에 따라 세분하여 고찰할 필요가 있을 것이다. 侤音은 고유어이
면서 법제 및 행정용어 계열에 속한다. ④는 한자어와 고유어의 혼합형인 혼종어들이다.
　　'吏讀語'라는 용어를 사용한다면, 이것이 포괄하는 범위를 어떻게 설정할지가 다소 문
제거리다. 협의의 吏讀를 '吏讀文에 쓰인 우리말'이라 한다면, ①을 제외한 나머지가 다
吏讀語에 속한다. 따라서 이두에 대한 국어학적인 연구 역시 이들 모두를 대상으로 하여
야 마땅할 것이다. 그런데 실제에 있어서는 번거로움을 덜기 위해 다음의 몇 가지 부류의
것들은 이두의 논의에서 제외하고 고찰할 필요가 있다. ② 한자어들 중 ②-ㄱ 외래어 漢
字語는 우선 배제하고, ②-ㄷ의 한국한자어 중에 일반적으로 널리 쓰이는 단어들, 이를
테면 '山所, 口錢' 등의 단어들 역시 제외할 필요가 있다. 그리고 ③-ㄱ 고유어 어휘 중

에 '莫金'과 같이 고유명사를 표기한 단어들 역시 제외할 필요가 있다. 이와 같은 부류의 이두어들이 이두에 대한 논의에서 제외되는 까닭은 그것이 이두어로서의 자격이 없어서가 아니라, '이두문에서만 쓰이거나 이두문에서 주로 쓰이는 독특한 성격의 단어'라 하는 뜻으로 이두어를 사용하고자 하는 배려에서다.

이와 관련하여 '이두문에 쓰이는 우리말 문법 形態(素)'는 '이두의 문법 형태'로 부르기로 한다. 이것은 위의 부류 중 ③-ㄴ을 가리키는 것이다. '吏讀의 문법 형태'는 일견 '吏讀吐'로 호칭하면 될 듯 보인다. 그러나 양자 사이에는 엄연한 차이가 있다. 구결에서 懸吐한다고 할 때의 '吐'의 개념과 국어의 '문법 형태'가 반드시 일치하는 것이 아닌 것과 마찬가지이다. 몇 가지 예를 들면 다음과 같다.

첫째, 어휘 형태와 문법 형태가 독립된 字로써 연이어 사용된 경우이다. 부사어 '無亦, 幷以, 仍于'는 각각 어휘 형태 표기자인 '無-, 幷-, 仍-'과 문법 형태 표기자인 '-亦, -以, -于'가 통합되었다. 이 경우에 이두의 문법 형태라 하면 '-亦, -以, -于'만을 가리키게 된다. 이와 달리 이두토라 하면 '無亦, 幷以, 仍于' 또는 '無-, 幷-, 仍-'와 '-亦, -以, -于' 각각을 모두 일컫게 된다. 둘째, 否定辭 중 '不喩'라든가, 이두문을 완결하면서 쓰인 '在, 敎' 등의 경우엔 문법 형태라는 표현이 들어맞지 않는다. 이 경우에도 이두토라는 용어가 더 적절하다. 셋째, '…乎等乙用良'와 같은 連語 구성체에 대해서도 이두의 문법 형태라는 표현보다는 이두토로 통칭할 필요가 있다.

'吏讀字'라는 용어는 엄밀히 말하자면 우리말 어휘 및 문법 형태를 표기한 漢字를 가리킨다 하겠다. 이 경우 한국 한자어들은 물론 고유명사를 비롯하여 보통명사를 표기한 한자들도 모두 대상에 포함될 것이다. 그러나 실제로 이렇게 개념을 규정하여 사용하면 상당히 번거롭게 될 것이다. 따라서 이 책에서는 이두토 표기에 쓰인 字만을 吏讀字로 지칭하는 것을 원칙으로 하고자 한다. 만약 문법 형태 표기에 쓰인 字만을 이두자라 한다면 불편한 점이 뒤따르기 때문이다. 예컨대, '爲乎事'의 경우 문법 형태 표기자만을 추출해 내기 어렵다. 事는 비록 일반명사이지만 爲乎事이 連語로서 하나의 이두토로 기능하기 때문에 각각의 표기자들이 이두자에 해당되는 것으로 보아야 한다. 이렇게 함으로써 전래의 이두 학습서들이 이두토를 위주로 이두 표제항을 수록해 온 전통 및 관습에 부응할 수 있다고 판단한다. 朝鮮總督府 간행본들에서의 이두 표시방식 역시 이두토만을 대상으로 하였다. 李丞宰(1992ㄱ)에서는 이두토에 해당하는 이두자에 밑줄을 긋고, 이 중 문법 형태 표기자는 작은 활자로 구별하는 표기방식을 택하였다. 다만, 이두자 중에 '水梁, 艱苦, 旦驛' 등과 같이 한자어를 비롯하여 고유어 보통명사 표기에 쓰인 것들 일부가 포함되어 있다.

2. 吏讀 연구사 개관

이두에 대한 관심은 오랜 기간에 걸친다. 그 사용기간이 워낙 오랜 것이었을 뿐만 아니라, 胥吏들에게는 이두의 학습이 필수적인 요건이었던 까닭에 그에 대한 관심 또한 깊을 수밖에 없을 터이기 때문이다. 한국학중앙연구원 소장 袖珍本『吏文』은 이두 항목들과 그 讀音을 종이에 적어 손바닥만한 크기로 접은 것이다.9) 이와 달리 때로는 문서식을 익히고 참조하기 위한 소책자 형태를 만들어 사용하기도 했고,10) 두 가지 방식을 섞은 학습서들도 등장한다. 이로 미루어 보건대, 이른 시기부터 이두 학습을 위한 자료들이 胥吏들 사이에 휴대용으로 사용되어 왔던 듯하다. 개인이 필요한 항목들을 적어 비망용으로 작성하였거나, 또는 소책자의 형태로 간행하여 사용하였음 직하다. 현전 이두 학습서들은 근대국어 시기에 출현한다. 따라서, 현전 자료들을 토대로 할 때 이두에 대한 연구물은 17세기 이후에 나타나기 시작한다고 하겠다.『吏文大師』를 비롯하여, 18세기 말의『古今釋林』안의 羅麗吏讀와 19세기로 추정되는『儒胥必知』등이 대표적인 예들이다.

이두에 대한 근대적인 연구는 일본인 학자 및 관리들에 의해서 시작되었다.11) 金澤庄三郎(1918), 鮎貝房之進(1931, 1934), 小倉進平(1929), 前間恭作(1926, 1929) 등이 있다. 이 중 특히 小倉進平(1929)은 학구적인 연구물로서의 가치가 높으며, 이들을 종합한 의미를 지닌『吏讀集成』이 간행되기도 하였다. 이들의 연구는 종전의 이두 연구물과 한두 가지 점에서 차이가 있다. 종전의 연구물은 주로 이두 항목들을 나열하고 그에 대한 한글 독음을 기재하거나 문서식을 제시하는 것에 머무르는 수준이었다. 이두는 실용적인 목적의 대상물로 인식되었고, 그것을 학문적인 대상물로는 여기지 않았던 것이다. 이렇게 된 까닭은 經學과 作詩를 중시해 온 전통적인 사고방식과 생활에 연유한다 하겠다. 외국인인 일본인의

---

9) 크기는 세로 11cm, 가로 6.7cm이고, 兩面에 필사하여 넷으로 접은 4折1帖의 형태로 되어 있다.

10) 한국학중앙연구원의 안승준 선생이 2014년 3월 8일 한국고문서학회 월례발표회에서 소개한 자료가 그 한 예이다. 17세기 중반으로 추정되는데 향리 계층에서 일종의 매뉴얼로 작성한 것으로 보인다.

11) 일본인들에 앞서 西洋人들이 吏讀에 대해 언급한 것이 있다<康允浩(1956~59) 참조>.

입장은 전래의 것과는 달랐다. 한국어가 외국어인 이들에게는 '朝鮮'의 각종 문서와 기록을 읽고 제대로 알기 위해서 이두에 대한 다각도의 해명 작업이 우선이었다. 이두의 해석을 분명하게 할 필요성이 있었던 것이다. 따라서 이두는 본격적인 연구의 대상이 되었다. 이들의 연구는 이두의 개념 정립은 물론 용법을 제시하고 그 기능 및 의미 등의 세밀한 부분까지 대상으로 하였던 것이다. 이러한 작업을 하는 과정에서 또 한편으로는 이두가 아닌 다른 借字表記들과의 관계를 고려하게 되었다. 주로 鄕札에 대한 연구가 이두 연구물과 함께 다루어진 것은 이러한 배경을 갖는다고 하겠다. 이들의 연구는 또 한편으로 서양의 근대적인 학문의 하나인 언어학을 토대로 한 것이었다. 전래의 연구물들에 나타난 것은 이두에 쓰인 일부 字들에 대한 소략한 훈고적인 주석을 위주로 한 것이었다. 따라서 양자간의 성격이 서로 다른 것은 당연한 이치였다.

일본인들의 연구에 직접 간접으로 영향을 받기도 하여 이두에 대한 연구는 새로운 면을 띠게 되었다. 이것은 대체로 두 가지 분야에서 이루어졌다. 하나는 국사학계에서요, 다른 하나는 국어학계에서였다. 전자의 연구는 申采浩를 비롯한 국사학자들에 의해서 이루어졌고, 후자의 연구를 대표하는 것은 梁柱東(1942)였다. 梁柱東(1942)은 향가 연구에서 가요로서의 음수율을 고려하기도 하였는데, 향가의 用字法을 義字와 借字로 양분하였다. 義字는 다시 音讀·訓讀·義訓讀으로 세분하였으며 借字는 音借·訓借·義訓借로 세분하였다. 그리고 각 字의 운용법을 正借와 轉借, 通借와 略借, 反切과 戱書 등으로 세분하였다. 이와 같이 차자의 용자법과 운용법을 세밀히 다룬 것은 종전에는 볼 수 없었던 것으로서 借字表記에 대한 연구에 巨步를 내디딘 것이라 하겠다. 梁柱東(1942)만큼 방대하고 치밀한 연구는 아니지만 桂奉瑀[12]의 『吏讀集解』(1943)도 일제시대에 나온 이두 연구물로 주목할 만하다. 이것은 이두만을 대상으로 한 것이 아니고 한자와 관련된 여러 가지 俗說과 흥밋거리에 대한 것을 정리한 것이다. 이두 이외에도 노랫말이 적혀 있는 등 학문적인 업적과는 무관한 것이 들어 있긴 하다. 이두에 대한 것을 그 독음과 함께 간략히 그 뜻을 풀이한 것인데, 전래의 이두 독음 자료들의 전통을 이어받는 한편으로 의미 풀이를 곁들여 하고 있다는 점에서 주목할 만하다.

광복 이후 이두에 관한 관심과 연구는 한동안 소강상태에 머물렀던 듯하다. 洪起文(1957)은 북한에서의 연구 중 대표적인 것이다. 이두의 개념 정립을 비롯하여 문자체계를

---

12) 桂奉瑀의 생애와 저술에 관해서는 尹炳奭(1993) 참조.

깊이 있게 다루고 있다. 이두를 품사별로 논의한 것도 새로운 면을 보여준다. 이두에 대한 품사별 연구에 못지 않게 중요한 의의를 지닌 것은 실제의 자료를 현대국어로 풀이한 점이다. 이는 물론 일본인들의 연구물 특히, 鮎貝房之進의 연구에서 이미 시행되었었다. 남한에서의 연구를 대표할 만한 것으로는 金根洙(錦峰學人)가 펴낸 『吏讀資料集成』(1957)이 있다. 이것은 독자적인 연구와 새로운 해석을 가한 것이 아니라, 기존의 이두 연구에 필요한 여러 독음 자료 및 참고 자료들을 한데 모아 이용하기에 편리하게 만든 것이다. 康允浩(1956~59)와 姜銓燮(1963) 등도 주목할 만하다. 전자는 서양인에 의한 이두 연구의 면모를 정리하였고, 후자는 이두의 기원과 관련하여 '中' 字에 대한 해석을 새롭게 한 것인데 借字表記 전반에 대한 깊이있는 인식이 드러나 있다.

1970년대에 이르러 이두 연구는 매우 다양하고 각 분야별로 깊이있게 진행되기 시작하였다. 洪淳鐸의 일련의 연구물은 50년대 후반부터 이어져 내려온다. 이것을 종합한 것이 洪淳鐸(1974)이다. 이것은 洪起文(1957)에 이어 이두를 각 품사별로 고찰하였음이 특징이다. 동사, 동명사, 부사, 명사, 대명사, 조사 등으로 나누어 세밀히 고찰하였다. 동사는 白如(숣다), 令是如(시기다)와 같이 기본형을 잡아 표제어로 삼은 점이 눈에 띈다. 1970년대에 특히 주목할 것은 장세영·장세경(1976)의 『이두사전』이다. 이두에 대한 사전이 처음으로 출현한 것이다. 비록 용례를 제시하지 않은 채 이두 항목만을 나열한 곳이 적잖아 사전으로서의 기본적 요건에 미흡한 바가 있긴 하나, 이두에 대한 품사 규정과 뜻풀이, 용례 등을 항목별로 제시하고 있어 전래의 이두 학습서들에 견주어 볼 때 진일보한 것이다. 이 책의 전반부에는 표기법과 독법에 관한 연구 내용을 '이론편'이라 하여 함께 수록하여 놓았다. 용례 제시에 있어서는 종전에 잘 알려진 『大明律直解』뿐만 아니라 후기 중세국어 시기 및 근대국어 시기의 일부 문헌들에서 추려 뽑은 점이 돋보인다.

1970년대 이후의 이두 연구는 새 자료의 발굴과 함께 새로운 국면을 맞이하였다. 『養蠶經驗撮要』[13]가 1974년에 소개되어 이두 연구는 더욱 활기를 띠게 되었던 것이다. 金泰均의 일련의 연구물이 선보이기 시작했으며, 安秉禧(1977ㄴ)는 이를 대상으로 한 정밀한 연구라는 점에서 돋보인다. 이두자들을 단어 단위로 분석하고 개별적인 형태들에 대하여 상세히 정리해 놓은 것이다. 李喆洙(1989)는 『養蠶』에 대한 전반적인 해석을 바탕으로 이두를 정리하였다는 특징이 있다. 이 책에는 이두 연구에 필요한 여러 가지 독음 자료들을

---

13) 이하 때로 『養蠶』 또는 『養蠶』으로 약칭한다.

묶어 논거로 제시하고 있어 많은 도움을 준다.『養蚕』이 독자적인 연구물의 대상이 될
만큼 중요한 비중을 차지하는 것임은 두 말할 나위도 없다.

1970년대 이후의 이두 연구는 우선 이두 자료의 寶庫라 할 수 있는『大明律直解』[14]에
대한 세밀한 분석과 고찰에서부터 비롯되었다. 이에 관한 종합적인 연구물로는 박사학위
논문만 하더라도 몇 편이 된다. 그리고 직접·간접으로『明律』을 활용한 연구물은 그 종
류를 정확히 헤아리기 어려울 정도로 많다. 金泰均을 비롯하여 이강로, 장세경 등의 일련
의 연구가『明律』을 중심으로 한 것은 물론이다. 朴喜淑(1985), 高正儀(1992ㄱ), 韓相仁
(1993), 姜榮(1994) 등이『明律』을 대상으로 한 대표적인 박사학위논문이다. 朴喜淑(1985)은
이들의 효시인 셈인데, 종합적이고 체계적인 연구의 기틀을 마련한 의의가 자못 크다. 高
正儀(1992ㄱ)에선『明律』에 쓰인 이두자의 표기체계 및 운용법을 종합 정리한 점이 특히
돋보인다. 韓相仁(1993) 역시『明律』의 吏讀에 대한 전반적인 해석과 정리를 하여 놓았으
며, 姜榮(1994)은 주로 활용어미를 중심으로 논의를 전개하였다.

이른 시기의 이두에 대한 연구도 활발해지기 시작했다. 신라 및 고려 시대 이두에 대
한 연구는 몇 편의 논문들에서 단편적으로 다루어지곤 하였다. 南豊鉉 교수의 일련의 연
구물들은 대상 자료를 하나씩 정밀하게 정독하고 총체적인 해석을 가한 것으로 주목된다.
그러나 조선조 이전 시기의 이두를 시기별로 묶어 종합적으로 다룬 것은 그다지 많지 않
았다. 이런 관점에서 볼 때 李丞宰(1992ㄱ)와 徐鍾學(1995)은 매우 주목되는 연구물이다. 특
히 전자는 고려 시대 이두를 전반적으로 극명하게 드러낸 연구물이다. 이두의 개념 정립
을 새로이 했음은 물론, 품사별 및 항목별로 종전의 연구들을 바탕으로 정밀하게 분석 기
술하였을 뿐만 아니라, 한글 문헌을 비롯하여 일부 구결 자료를 논거로 이용하여 치밀하
게 형태 및 기능, 의미에 대한 풀이를 해놓은 것이다. 徐鍾學(1995)은 朝鮮朝 이전의 이두
자료들을 묶어 종합적으로 다루고 있다. 指定文字의 개념을 분명하게 정리하고 설명하였
으며, 이를 이른 시기의 이두 해석에 원용하고자 한 점이 특히 두드러진다.

조선 전기 이두에 대한 연구로는 裵大溫(1984), 吳昌命(1995ㄱ), 朴盛鍾(1996)이 주목된다.
裵大溫(1984)은 주로 明律과 養蠶을 위주로 하여 助詞에 대한 논의를 상세히 전개하였다.
吳昌命(1995ㄱ)은 이와 달리 15세기 말까지의 이두 자료를 대상으로 하되, 지금까지의 연
구물들이 주로 문헌을 중심으로 한 것과 달리 古文書에 나타난 이두 자료를 중심 대상으

---

14) 이하 때로『明律』또는 明律로 약칭한다.

로 한 점이 두드러진다. 종전의 연구물들에서 다룬 적이 없는 새로운 자료들을 많이 언급하였음이 특징이다. 예문으로 인용한 이두문에 대해서는 현대어 풀이를 곁들임으로써 일반 독자들에게 편의를 제공하였다. 朴盛鍾(1996)은 조선의 건국에서부터 15세기 말까지의 고문서 이두 자료에 대하여 낱낱이 소개함과 동시에 전적류에 쓰인 이두를 함께 다루어 줌으로써 고려 시대 이두를 총체적으로 정리한 李丞宰(1992ㄱ)의 뒤를 잇는 연구물로 평가된다. 특히 朴盛鍾(1996)은 대상 문서 약 80점에 대하여 낱낱이 그 주된 내용과 문서의 성격을 간략히 설명하고 그 안에 쓰인 이두 중 눈여겨 볼 만한 것들을 간추려 기술하였을 뿐만 아니라, 특히 轉載 또는 활자화된 2차 자료에 의존하지 않고 직접 고문서에서 이두 용례를 추출하여 분석 기술한 점에서 크게 주목된다.

1990년대 후반 이후 조선 전기 이두에 대한 연구물은 그다지 많지 않다. 이는 무엇보다도 이 분야 연구자들이 극히 희소하다는 점에 기인한다. 전적류에 대한 연구로는『忠州救荒切要』를 다룬 徐鍾學(1999)과『科擧事目』과『詳定科擧規式』의 이두를 소개한 吳昌命(1996) 그리고『대명률직해』이두문을 대상으로 하여 구문 중심으로 논의한 것에다가 조사 및 어미 일부를 현대어와 대비시켜 설명하고자 한 박철주(2006) 등이 있다. 특히 고문서를 대상으로 한 연구는 찾아보기 힘들 정도다. 고문서와 관련한 朴盛鍾 교수의 몇 편의 논문들이 산견된다. 다만 이두 경어법에 대하여 통시적으로 살펴본 홍고 테루오(北郷照夫 2002)가 눈에 띈다. 후자의 경우 동사 어간으로 기능하던 白-이 문법화하여 겸양법을 수행하다가 14세기에 공손법으로 변화되었음을 고찰한 의의를 지닌다.

금세기 들어 이두 연구의 새로운 경향으로 나타난 것은 대상 자료에 대한 깊이있는 천착이다. 이것은 개별적인 이두 형태에 집착하기보다는 여러 분야 전문가 및 연구자들에 의한 공동연구 또는 學際間 연구를 통해 이두문 전체를 현대어로 축자번역을 함으로써 이루어졌다. 이러한 새로운 경향은 무엇보다도『韓國古代中世古文書研究』(노명호 外, 서울대학교출판부, 2000년)에 뚜렷이 반영되었다. 이 책은 고려 말까지의 고문서들에 대하여 낱낱이 解題와 註釋을 붙이고 原文의 轉載와 함께 현대어로 번역한 것인데, 고문서 해독의 현재 수준과 실상을 있는 그대로 드러내 줌으로써 관련 연구자들로 하여금 대상 문서에 대한 정확한 이해를 돕고 이를 바탕으로 한 실증적 연구에 초석을 제공하였다. 다만, 이 책은 이두를 주전공으로 하는 연구자가 직접 참여하지 않았던 까닭에 이두의 독음을 비롯한 형태 분석 등에 관해서는 좀 더 정밀하게 기술하여야 하는 과제를 안고 있다. 그럼에도 불구하고 여러 분야의 종합적인 지식과 이해를 필요로 하는 문서 해독에 좋은 길잡이 역할을 하고 있으며, 조선 초기 이두 자료 몇 점도 이 안에 포함되어 있어 참고 문헌으로서의 역할을 충분히 한다. 고문서 및 이두와 관련한 공동연구 또는 學際間 연구의 또 다른 대표적인 예로서 한국역사연구회 중세2분과 법전연구반을 들 수 있다. 이 모임에서는 2000년부터 2002년 사이에 『新補受敎輯錄』과 『受敎輯錄』, 『各司受敎』를 매년 1책씩 번역하고 주해하여 간행하였다. 여러 분야의 연구자들이 함께 모여 밀도 있게 原典을 독해한 결과물로서 나온 이 譯註書들은 그 안에 쓰인 이두자들에 대해서도 전체 목록을 알 수 있고, 또한 문맥적 의미를 파악하는 데 결정적인 도움을 준다. 이 중 『各司受敎』는 본 연구의 대상 자료이다.

한편 개별 연구를 통해 고문서 이두의 역주 작업을 하기도 하였다. 『朝鮮初期 古文書 吏讀文 譯註』(朴盛鍾, 서울대학교출판부, 2006년)가 이에 해당된다. 이 연구물은 朴盛鍾(1996)에서 다루었던 이두 자료 중 고문서만을 모아 원문과 대조하여 읽을 수 있도록 현대어로 번역 편찬한 것이다. 앞서의 노명호 外(2000)에 이어 조선의 건국에서부터 15세기 말까지의 고문서를 다루었는데, 이두문으로 작성된 것만을 대상으로 한 점에서 고려말까지의 現存 문서를 모두 다룬 앞의 책과 차이가 있다. 앞의 책이 국사학을 주전공으로 하는 이들의 총체적인 연구물이라면, 이 책은 국어학을 주전공으로 하는 이의 연구물이라는 대비도 흥미롭다. 이 책에서는 이두자들에 대하여 15세기 당대의 독음을 추정하여 달았음이 특징인데, 이두 독음에 대한 각각의 상세한 분석과 설명이 뒤따를 필요가 있다고 본다.

3. 연구의 목적과 방법

吏讀史의 견지에서 볼 때 조선 전기는 정체기라 할 만하다. 이두 표기가 그 전 시기인 고려시대의 그것과 대비해 볼 때 결코 정밀하다고 말하기 어렵기 때문이다. 高麗王朝가 창건된 10세기 직후부터 이두 표기는 삼국시대와는 비교도 되지 않을 만큼 매우 정밀한 모습을 보였다. 慈寂禪師凌雲塔碑陰(941년)에 나타나는 '成造爲內臥乎亦在之'라든가 淨兜寺形止記(1031년) 중의 '幷以准受令是遣在如中'에서 보듯 우리말을 적은 상당히 긴 표기들이 등장한다. 더 나아가 慈寂禪師凌雲塔碑(941년)의 경우엔 이두 문서를 碑에 새겼다는 사실 또한 간과해서는 안 될 것이다. 조선왕조 시기의 碑文은 거의 예외없이 한문이었다는 사실과 대조적이기 때문이다.

고려시대에 들어 吏 표기가 그 이전 시기에 비해 훨씬 정밀해진 이유와 배경을 다각도로 고찰할 필요가 있을 것이다. 이것은 내적인 면과 외적인 면을 동시에 살펴보아야 한다고 생각한다. 내적인 면에서는 문자체계를 비롯하여 문자의 운용 및 表記字의 변천 등 표기법상에서의 제반 변화 및 발전 양상이 대상이 된다. 이와 아울러 외적인 면에서 이두에 대한 인식과 역할을 비롯하여 이두의 용도, 문화 및 生活史의 관점에서 본 이두의 비중과 위치, 그리고 政治史 및 佛敎史와 관련하여 좀 더 자세히 들여다보아야 할 것이다.

朝鮮王朝가 건국된 직후에 行刑의 기본 법령으로 채택된 大明律을 이두문으로 번역하여 간행한 『大明律直解』는 이두 연구의 寶庫임에 틀림없다. 그러나 그 안에 담긴 이두토들이 고려시대보다 더 세밀하다고는 할 수 없다. 예컨대 15세기 국어의 '믈읫'에 대응하는 표기만 하더라도 '凡矣'만으로 나타나서 末音 'ㅅ'에 대한 표기자를 찾을 수 없다. 또한 原文의 '凡'을 그대로 전재한 곳도 많아서 이두문에서 원문의 한자와 마찬가지로 음독하였는지 우리말로 새겨 읽었는지조차 판단하기 어렵다. 이러한 현상은 물론 원문이 함께 제시되어 있으며 對譯이란 데에서 연유하는 것이라 본다. 그러나 문서에 적힌 이두 역시 사정은 거의 마찬가지이다. 예를 들면 '…事叱段'으로 줄곧 표기되어 오던 것이 15세기 후반부터 속격조사 '-叱'(-ㅅ)을 생략한 표기가 나란히 모습을 보이기 시작한다. 이와 같이 조선 초기의 이두는 전반적으로 고려시대에 비해 표기가 소략해지는 특징을 보여 준다.

16세기는 이두사에서 중요한 전환점이라는 의의를 갖는다. 그것은 무엇보다도 16세기 이두가 과도기적인 성격을 띠고 있기 때문이다. 조선 후기 즉, 17세기 이후의 이두는 자료가 엄청나게 많이 남아있음에도 불구하고 대체로 이두 표기가 常套的인 모습을 보여 준다. 그 이전 시기로부터의 관습적인 표기로 일관할 뿐만 아니라, 문서의 양식과 이두문의 종류에 따라 套式에 맞추어 사용하는 경향이 짙다. 따라서 교량적 역할을 하는 16세기 이두에 대한 철저한 조사와 고찰을 통해서 이두의 변천 과정을 소상히 밝힐 필요가 있다.

16세기 이두 자료는 전적 및 성책류를 제외하고 현재까지 알려진 고문서 원자료만 하더라도 대략 900점 내외로 추산된다. 이는 결코 적은 양이 아니다. 현전하는 이두 자료 중 三國時代 및 統一新羅 시기의 이두 자료는 다 합하여야 불과 50점 미만이다. 근자에 木簡들이 발굴되면서 그 안에 기재된 단편적인 것들이 지속적으로 소개되고 있다. 그러나 문장표기 자료는 극히 드물어 아쉬움을 남긴다. 고려시대의 것은 약 70餘 點이 알려져 있다. 이들은 初期 이두로부터 그 이후의 발달과정을 단편적으로 드러내 주는 귀중한 것이다. 그러나 이두의 전반적인 체계와 용법을 속속들이 알기에는 그 양이 매우 적은 편이라 하겠다. 조선왕조 창건 이후 15세기 말까지의 이 이두 자료는 量的으로 풍부해진다. 이것은 무엇보다도 『大明律直解』와 그에 버금가는 『養蠶經驗撮要』의 존재에 기인한다. 그러나 고문서 원자료는 100점이 채 못 된다.

문제는 16세기 이두 자료의 주축을 이루고 있는 상당한 양의 고문서들을 꼼꼼히 조사 검토한 연구물이 없다는 점이다. 15세기까지의 이두에 대해서는 연구물이 이미 나온 것이 있어 참조할 수 있다. 그러나 쇠퇴기인 17세기 이후의 이두와 연결시켜 줄 16세기 이두에 대한 본격적인 연구가 없는 것이 국어학계의 실상이다. 본 연구는 전적류는 물론 16세기 고문서에 대한 집중적인 조명을 통해 이두사의 서술과 옹골찬 이두사전의 편찬을 위한 기초를 마련하는 데 목표를 둔다.

이두 연구에서 특히 유념할 사항은 자료의 정확성이다. 그간 국어학계의 이두 연구물 중에는 여러 가지 활자화된 간행물 또는 2차 자료를 활용한 것이 적잖았다. 이들 또한 여기 저기 분산되어 있는 데다가, 그나마 全文이 다 수록되지 않고 일부만 실려 있는 경우도 많아서 원자료의 온전한 모습을 접하기가 쉽지 않았다. 그러나 활자화된 자료에는 誤字가 있게 마련이다. 脫草를 한 경우에는 誤字가 유독 이두자에서 많이 나타난다. 탈초 작업은 상당한 정도 文意에 의존하기 마련인데, 이두토에 대한 인식이 용이하지 않기 때문일 것이다. 여하튼, 이두자의 정확한 판독이 연구의 핵심 전제조건인 국어학도들로서는 자칫하면 연구의 뿌리 자체가 흔들릴 우려가 있다. 따라서 고문서의 이두자만큼은 원본 또는 원본에 가장 가까운 형태로써 확인하고 검증하여야 한다.

조선 전기는 후기 중세국어 시기에 해당한다. 그러므로 이두의 형태와 독법을 중세어에 대응하는 일이 우선적이다. 17세기 이후의 이두 학습서들에서의 독법에 의존할 필요성 또한 절대적이다. 더 나아가 이전 시기의 국어사 자료들을 살펴야 한다. 이두는 이른 시기부터 사용되어 왔다. 이두의 역사는 거의 1,500년에 걸친다. 따라서 이두에는 매우 이른 시기로부터 내려오는 요소와 시대에 따라 새로 등장하거나 변화해 온 요소가 섞여 있음이 예견된다. 文語로서의 보수적인 성격을 지녔을 뿐만 아니라, 그 자체로 변천을 겪어 왔기 때문이다. 켜켜이 쌓인 이두의 층을 잘 가려내는 일이 절대적으로 요청된다. 이를 위해서는 字吐 석독구결 또 때로는 點吐 석독구결을 잘 들여다 볼 필요가 있다. 선행 연구성과들을 참조하여 이두 형태들의 문법 및 의미 기능을 형태론적인 입장에서 품사를 위주로 고찰하되, 표기 및 문체 그리고 자료 및 자료집들에 대한 소개를 곁들이고자 한다.

제2장 朝鮮前期 吏讀 資料

1. 典籍 · 成册 · 謄錄類

1) 1395 大明律直解

大明律直解는 明의 太祖가 제정 공포한 중국의 법률인 '大明律'을 이두로써 번역하여 원문과 함께 수록하여 간행한 책이다. 한문의 우리말 번역에 이두가 사용되었음을 실증해 주는 문헌으로서의 가치를 지닐 뿐만 아니라 양적으로 풍부하고 다양한 이두어들이 들어 있어 이두 연구의 보물창고로 평가된다.

이 책의 원 서명은 大明律였다. 『大東野乘』에 실려 전하는 魚叔權의 언급 중에는 이두로 逐條飜譯한 책 '直解大明律'을 읽어 보았다는 기록이 전하며<稗官雜記 권4>, 『攷事撮要』(1568년본)의 책판 목록 중 충청도 공주에 '直解大明律'이 등장한다. 그러나 현전하는 이본들 모두 권두서명이 '大明律'로 되어 있다. 널리 알려져 있는 大明律直解라는 서명은 일제시대에 우리 古圖書를 해설한 『朝鮮圖書解題』(1915)의 1919년 증보판에서 처음 붙여졌다고 한다<安秉禧(2003)>. 증보판 원고에서도 標目이 '大明律'였는데 어떤 이유에서인지 출판 과정에서 '大明律直解'로 바뀌었다고 한다. 그 후 1936년 조선총독부에서 이본을 대교하여 활자본을 펴내는 과정에서 『大明律講解』와 같은 類書들과의 구별을 쉽게 하기 위해 『校訂 大明律直解』라 함으로써 大明律直解라는 서명이 널리 퍼지게 된 것이라 한다.

1395년 원간의 저본은 홍무9년율을 바탕으로 하되 10개 條가 늘어난, 홍무 16년(1383) 9월 이전에 반행된 明律로 추정된다. 이것은 무엇보다도 大明律直解 현전본들이 모두 冊1의 卷首 '大明律總目'에 수록된 條의 개수가 총 456條라 한 사실, 그리고 刑律 受贓 官吏受財條에 남의 청원을 들어서 관리를 농락하고 贓物을 증여한 경우엔 有祿人이든 無祿人이든 '各遷徙'를 부과한다는 문구가 없다는 사실, 그리고 이본들 중에는 1383년 9월에 새로 제정한 朝叅牙牌律을 수록하지 않았다는 점 등으로 확인된다.[1]

大明律直解 현전 이본들은 모두 原刊 이후에 간행된 목판본들이다. 조선왕조실록의 기사에 의하면 太宗朝와 世宗朝에 명률 번역의 수정과 풀이에 관한 몇 번의 논의가 뒤따랐다.[2] 이 중 세종 13년(1431) 6월 22일과 23일의 기사를 중시한 장경준·진윤정(2014)은 현전 이본들을 '세종 13년 수정본'과 그 이후 수정본으로 양분하였다. 전자 계통으로는 일본의 蓬左文庫本과 駒澤大學本이 속하며, 후자 즉 세종 13년 이후 수정본은 다섯 계통─1546년으로 추정되는 공주판, 16세기 후반의 광주판, 17세기 후반의 진주판과 樂安版, 1686년의 평양판─으로 분류하였다. 이 논문은 26개의 이본들을 면밀히 검토 분석한 결과물로서, 특히 名例律 五刑에 대한 贖錢 내용을 근거로 하여 현전 이본들이 세종 7년(1425) 이후에 수정된 것임을 분명히 밝힌 점이 주목된다.[3]

大明律直解 이본들에 수록된 明律의 실제 개수는 總目과는 달리 458개조[4]에서부터 460개조로 조금씩 차이를 보인다. 兵律 宮衛篇의 懸帶關防牌面條와 刑律 斷獄篇의 吏典代寫初草條의 수록 여부가 서로 다르기 때문이다. 이것은 원간의 저본에 없었다가 후에 추가된 律을 나중에 대명률직해의 간행 과정에서 추가로 삽입한 것인데, 추가된 위 2개조에 대해서는 이두문 번역을 덧붙이지 않았다. 이는 다른 한편으로 비록 대명률직해를 후대에 다시 간행한다 하더라도 원간에 충실하게 따랐음을 반영하는 증좌 중의 하나이기도 하다. 總目에서의 개수 456조를 고치지 않았고, 條의 수록 순서가 『律解辨疑』 및 『大

---

1) 자세한 논의는 朴盛鍾(2013ㄴ) 참조. 홍무22년율은 총 460條이며, 『明太祖實錄』 권156 16년 9월 癸卯에 磨勘司에서 朝叅牙牌律을 늘릴 것을 주청하여 이에 따르도록 하였다는 기사가 실려 있다. 朝叅牙牌律은 朝叅에 참여하는 모든 이들이 신분에 따른 牌를 착용하도록 규정한 것으로서, 홍무18~19년율을 반영한 『律解辨疑』와 홍무22년율을 반영한 『大明律講解』부터는 兵律 宮衛篇에 懸帶關防牌面條로 추가되었다.

2) 태종 4년(1404) 10월 28일 丙申, 11년(1411) 12월 2일 戊子, 14년(1414) 12월 15일 甲申 및 세종 13년(1431) 6월 22일 甲寅과 23일 乙卯, 14년(1432) 11월 13일 戊辰.

3) 다만, 세종 13년 6월 기사는 『唐律疏議』와 『議刑易覽』 등의 율서를 참고하여 일종의 주해서를 편찬하는 것이므로 大明律의 전반적인 번역이라 볼 수 없다. 오히려 세종 14년 11월 13일 戊辰의 기사가 이에 더 가깝다고 본다.

4) 總目에서의 개수 456조에서 늘어난 2개조는 형률의 訴訟篇과 受贓篇에서 각각 한 조씩 늘어났을 것으로 판단되는데, 이것이 원간 당시에 추가된 것인지 적어도 세종 연간에 다시 간행하면서 추가된 것인지는 애매하다.

明律講解』와 대비해 볼 때 7군데[5] 다르며, 名例律의 徒流遷徙地方條를 조선 실정에 맞추어 원문과는 별도로 작성한 이두문에서 1394년 6월 이전의 지명인 楊廣道·西海道·交州道·江陵道를 그대로 답습하고 있을 뿐만 아니라 流刑의 등급에 따른 유배지를 상세히 정했음[6]에도 불구하고 그 내용을 추록하지 않았고, 심지어는 잘못된 이두토가 그대로 답습되고 있는 점 등도 방증된다.

따라서 이두 번역문 역시 원간 또는 적어도 세종 연간의 수정본의 것을 그대로 답습하였다고 추정된다. 한문으로 개수한 법전이 있음에도 불구하고 이두로 작성된 鮮初의 『經濟六典』 즉, 吏讀元六典[7]의 각판을 보수하여 인출 반포하도록 하고 한문으로 된 법전 사용을 금지한 세종의 조치로 미루어 볼 때 大明律直解 원간에 대해서도 어떤 형태의 수정 작업이 있었을 것으로 상정된다. 그럼에도 불구하고 그 수정은 원간의 목활자본을 목판으로 개판하고 贖錢의 양을 바꾼 것 이외에는 찾아보기 힘든 듯하다. 세종 14년 11월 13일 知申事 安崇善이 명률 번역에 관한 啓를 올렸음에도 불구하고 그에 대한 뚜렷한 조치가 없고 관련 기사가 실록에 기재되지 않은 점이 참고되기 때문이다. 법전은 자손만대에 영구히 시행해야 하고, 또 이미 만든 것을 함부로 손댈 수 없다는 '祖宗成憲尊重思想'을 중시했던 점도 감안할 필요가 있다. 설혹 이두문에 대한 전면적인 개정 작업이 세종 연간에 이루어졌다 하더라도 현전 大明律直解 이본들에서의 이두문은 모두 조선 초기 자료임에 변함 없다고 사료된다. 이와 달리 형량의 변경 및 율문의 추가, 字의 교체 등 명률 자체의 개정에 따른 원문의 변경은 대체로 공주판부터 반영되는 모습을 보인다.[8]

中樞院에서 간행한 『校訂 大明律直解』(1936년)는 공주판 계통의 일본 국립공문서관 소장 內閣文庫本과 동일한 계통으로 추정되는 弘文館本을 저본으로 하고 여러 異本과의 對校를 欄上에 보여 주었다. 한편, 內閣文庫本과 마찬가지로 공주판에 속하는 高麗大學校 晚松文庫 소장본을 저본으로 하여 保景文化社에서 영인한 책(책명 : 大明律直解, 1986년)이

---

5) 명례율 중 共犯罪分首從, 本條別有罪名, 殺害軍人, 斷罪無正條, 處決叛軍, 형률 중 訴訟篇의 軍民約會詞訟과 詐僞篇의 僞造印信曆日等이 이에 해당된다.

6) 세종실록 12년 5월 15일 甲寅 참조.

7) 세종실록 13년 5월 13일 丙子條 참조. 태백산사고본과 정족산사고본 모두 공교롭게도 吏讀元六典의 讀를 續으로 잘못 적었다. 이 날 기사 중의 詳定元六典은 하륜이 1412년(태종 12)에 편찬한 元六典을 개수하여 李稷 등이 1429년(세종 11) 3월에 펴낸 법전을 가리킨다. 한문으로 쓴 元六典들과 달리 이두로 쓰인 元六典이라는 뜻에서 經濟六典을 吏讀元六典으로 호칭한 것이다.

8) 현전 이본 중 가장 이른 선본으로 추정되는 蓬左文庫本은 16세기에 쇄출한 것으로 추정된다. 한편 경상북도 영천의 고경박물관에는 이두문 없이 明律만을 15세기에 간행한 목판본 『大明律』이 소장돼 있어 참고된다.

자료로 활용하기에 용이하다. 法制處(1964)는 위 中樞院 校訂本을 저본으로 하고 한문 원문을 위주로 문체와 용어를 달리 하여 알기 쉽게 현대어로 번역한 책으로서, 法制 및 한자어에 대한 상세한 주해가 덧붙어 있어 많은 참고가 된다.

대명률직해는 번역 과정에서 우리나라 실정에 맞게 일부 내용을 원문과 달리한 부분이 적잖다. 이에 따라 번역이라기보다는 번안에 가까운 면이 있다. 이는 주로 제도 및 행정, 관습 등의 차이에서 비롯하는데, 다른 한편으로는 원문의 이해에 주안점이 있는 것이 아니라 실제로 법을 집행하기 위한 실질적 요청에 의한 것으로 이해된다. 명률 원문을 번역하지 않거나 원문과 달라진 이두 번역문들은 대체로 다음과 같다.

> (1) 원문을 번역하지 않은 경우
> ㄱ. 總目, 目錄
> ㄴ. 五刑之圖, 五刑名義, 遷徙, 獄具之圖, 總論喪服之圖
> ㄷ. 例分八字之義
> ㄹ. 戶律 課程篇
>
> (2) 원문은 그대로 두고 별도의 准條項을 덧붙인 경우
> ㄱ. 권1 名例律 五刑
> ㄴ. 권1 名例律 徒流遷徙地方

(1ㄹ)의 戶律 課程篇에는 소금과 茶 등과 같은 국가전매물품의 밀매라든가 세금 포탈 행위 등에 처벌에 관한 내용이 들어 있는데 이들을 전부 번역하지 않은 까닭은 국가의 재정 및 조세와 직접 관련되는 내용으로 조선의 실정과 사뭇 달랐기 때문으로 이해된다. (2)는 조선의 실정에 맞추어 별도로 규정할 필요가 있는 것들이었다. (2ㄱ)은 刑의 종류와 등급은 그대로 수용하되 贖錢의 기준과 단위가 다르고 양 또한 달라서, 그리고 (2ㄴ)은 조선의 지리에 맞추어 조정을 하였기 때문에 원문에 이어 별도의 준조항을 마련한 것이다.

이 밖에도 원문 중 조문 또는 주석문을 일부 번역하지 않은 곳<명례율 老小廢疾收贖, 戶律 立嫡子違法 등>[9]이 있는가 하면, 원문의 법령과 달리 우리나라 법에 따르도록 번역한 곳 <형률 鬪毆 妻妾毆故夫父母 및 罵詈 妻妾罵故夫父母>과 원문에 없는 내용을 덧붙여 번역한 곳

---

9) 형률 斷獄 檢驗屍傷不以實條의 일부 내용은 공주판에서의 오류로 인해 이후 이본들에서만 이두 번역문이 누락되어 있다. 장경준(2014) 참조.

<吏律 公式 漏用鈔印, 형률 訴訟 越訴> 등도 발견된다.

이두 번역은 각각의 條目 내용을 텍스트 단위로 선정하여 이루어짐이 특징이다. 각각의 법률 조목은 陰刻된다. 그리고 明律의 원문 즉 한문으로 된 律文은 일단 條文과 註釋文으로 나눌 수 있다. 條文은 條目 바로 아래부터 大字로 적힌다. 이와 달리 註釋文은 한 칸씩 낮추어 大字로 적는다. 大字로 적히는 한문과 달리 이두문인 '直解'는 한 칸씩 낮추어 小字雙行으로 적힌다. 따라서 하나의 條目은 '條文 - 直解 - 註釋文 - 直解'와 같은 순서로 되어 있다. 이때 각각의 條目이 이두 번역문에서의 텍스트 단위가 되며 텍스트는 명사구 爲乎事(ᄒᆞ올일)로 끝맺음으로써 명사문 종결의 원칙10) 아래 번역된다.

大明律直解의 이두에 관한 연구물들은 제1장의 2. 吏讀 연구사 개관에서 언급한 것들 이외에도 여러 편이 있다. 安秉禧(1985) 및 장경준(2013, 2014, 2015ㄱ 등)은 여러 異本을 대비하여 소개하고, 번역의 양식을 비교하였을 뿐만 아니라, 교감하여야 할 字들을 지적하는 등 상세한 설명과 아울러 깊이있는 논의를 전개하였다. 특히 장경준(2014)은 가장 이른 판본으로 추정되는 蓬左文庫本과 공주판의 晚松文庫本을 대교하여 103군데 차이를 제시하였다. 이에 따르면 공주판은 앞선 시기 간행본의 오류를 적잖이 교정하였으며, 대체로 공주판이 후대의 여러 판에 답습된 것으로 판단된다. 공주판에서의 교정에도 불구하고 이두문 안에서 이두자가 아닌 것들 중에도 간혹 오자가 발견됨은 물론이다. 예컨대, 埋藏 → 理藏<교정본 257쪽, 만송문고본 9.3ㅈ>,11) 本國法 → 本固法<교정본 474쪽, 20.16ㅎ>12) 등을 들 수 있다.

이두토에서의 교감 대상자들을 공주판 만송문고본을 위주로 열거하면 대략 다음과 같다. 이 중 (3ㄴ)은 蓬左文庫本에서 '是去等'으로 제대로 되어 있던 것을 공주판 이래 '爲去等'으로 잘못 각인한 것으로 판단된다.

(3) ㄱ. 篤疾時事發爲去乙良 申聞待決齊 <1.23ㅈ> ← 爲在乙良
ㄴ. 其中 自己事乙 不便亦 向入 回避爲在乙良 重罪論爲乎 <3.5ㅈ> ← 爲乎事
ㄷ. 在逃爲在 他人子女等乙 許接爲 奴婢是爲 放賣爲在乙良 <4.5ㅈ> ← 是如爲
ㄹ. 民戈只 犯爲乙良 杖一百齊 <15.3ㅎ> ← 爲在乙良

---

10) 예외는 刑律에서 주로 많이 나타난다<예: 21.1~3, 22.3ㅎ>. 이 경우엔 한문식 성구로 끝맺는다.
11) '교정본'은 『校正 大明律直解』(1936)을 뜻하며, 만송문고본은 保景文化社에서 영인한 『大明律直解』(1986)에 따른다. '9.3ㅈ'은 9권 3장 전면을 가리킨다. 대명률직해의 출전 표시는 별다른 언급이 없는 한 이 영인본에 따른다.
12) 평양판 규장각본에는 '國'으로 수정한 흔적이 보인다.

　　ㅁ. 凡 同伴人亦 他人乙 謀害爲去乙 知想只遣 <19.10ㅎ> ← 爲乙去
　　ㅂ. 大功是去等 杖七十爲乎矣 親屬爲去等 各加一等齊 <21.2ㅎ> ← 是去等 <蓬左
　　　　21.2ㅎ>

　　대명률직해의 이두 표기에서 드러나는 가장 두드러진 특징은 생략표기가 빈번하다는
사실이다. 동사파생 접미사 -爲-와 계사 -是-를 비롯하여 활용어미 -良·-遣·-齊의
생략 표기가 빈번히 일어난다. 이것은 이두의 일반적인 특징이 결코 아니다. 文書類에서
는 이런 현상을 거의 찾아볼 수 없다. 이러한 생략표기 현상은 두 가지로 이해된다. 첫째,
틀에 박힌 법조문의 형식을 취하고 있기 때문에 이두토를 생략하여도 이두문의 문맥에
따라 쉽게 보전하여 읽을 수 있다. 둘째, 한문 원문이 함께 수록되어 있으므로 이두토 표
기를 생략하더라도 원문과의 대조를 통해 文意를 파악할 수 있다. 그러나 문의를 분명히
해야 하는 문서류에선 자칫 생략표기가 문제를 일으킬 소지가 충분하기 때문에 이러한
생략표기가 일반적으로 없다.

　　명사에 통합되어 선행명사를 동사로 기능하게 하는 -爲-와 계사 -是-의 생략이 매우
빈번하다. 口訣의 吐表記에서는 주로 계사가 생략되는데, 대명률직해의 이두 표기에서는
양자가 수의적으로 생략된다.

　　(4) ㄱ. 並只 卽流三千里<u>是</u>齊 <1.41ㅈ> ↔ 決杖一百徒三年齊 <02.03ㅈ>
　　　　　一道<u>是</u>去等 令史書吏笞二十齊 <03.07ㅎ> ↔ 一道<u>去</u>等 笞四十 <17.02ㅈ>
　　　　　仰屬 不喩<u>是</u>良置 <20.06ㅈ> ↔ 必于 百姓乙 親管處 不喩<u>良</u>置 <01.43ㅎ>
　　　　ㄴ. 一百杖 爲限<u>爲</u>齊 <02.04ㅎ> ↔ 笞四十 爲限齊 <02.07ㅎ>
　　　　　其矣 所犯事 發露<u>爲</u>去 聞知<u>爲</u>遣 <03.08ㅎ> ↔ 機密大事乙 聞知遣 <03.06ㅈ>
　　　　　卽時 價本 許給 不冬<u>爲</u>齊 <07.09ㅎ> ↔ 直陳不冬齊 <01.28ㅈ>

　　(4ㄱ)은 계사 -是-의 생략, (4ㄴ)은 -爲-의 생략을 보인 것이다. -爲-의 생략표기가 -是-
보다 더 많이 나타나는 편이다. 그런데 이 생략표기가 모든 어미 앞에서 가능한 것은 물
론 아니다. 예컨대, 의도법 어미 -乎- 앞에서는 둘 다 생략이 불가능하다. -爲-의 경우는
일반적으로 어미 -齊와 -遣 앞에서 주로 생략된다. 그런데 이따금 뒤따르는 관형형 어미
와 함께 생략되는 수가 있다. (5ㄱ)의 -音可爲-에서 -爲-와, 이에 통합되었으나 이두 표
기에서 빈번히 생략되는 관형형 어미를 함께 표기에 반영하지 않은 -音可이 사용된다. (5ㄴ)
이 그 예이다.

(5) ㄱ. 枷鎖乙 脫去爲良音可爲在 他物等乙 <28.04ㅈ> (칼과 자물쇠를 벗겨낼 수 있
　　　음직한 다른 물건들을)
　　　取保 准受 出外爲良音可爲在乙 取保 出外 不冬爲㫆 <28.05ㅈ> (보호 신청을
　　　받아 바깥에 내보냄직한 이를 보호 出外 조치를 안 하며)
　　ㄴ. 互相 隱匿爲良音可 人亦 自告爲㫆 <01.27ㅈ> (서로 은닉할 수 있는 사람이
　　　자수하며)
　　　改正爲音可 事乙 改正 不冬爲在乙良 <03.08ㅎ> (개정함직한 일을 개정하지
　　　않걸랑)
　　　納上爲音可 雜物色等乙 隱置 斜用爲㫆 <07.04ㅈ> (상납해야 함직한 이런저
　　　런 물건들을 숨겨두고 써버리며)

　국어에서는 일반적으로 어미 없이 어간만으로 동사를 연결하거나 文을 종결하는 경우
가 없다. '빨리 가 보아라. 거기 서!'와 같은 문장에서 '가'와 '서!'는 어간의 말음이 탈락
된 것이지, 결코 어말어미가 생략된 것이 아니다. 그런데 대명률직해에서는 어미 없이 동
사 -爲-만이 쓰인 채 후행 문구로 이어지는 경우가 무척 많다. 이 경우 문맥으로 미루어
연결어미 -良의 표기가 생략된 것임을 알 수 있다.

　(6) 申聞爲 上決乙 望白齊 <01.08ㅈ> (임금께 아뢰어 임금의 재결을 기다린다)
　　　侵逼事狀乙 開座爲 直亦 申聞爲乎 事 <01.09ㅈ> (침학받은 일의 내용을 개좌하
　　　여 바로 임금께 아뢸 것)

　(6)은 모두 연결어미 -良의 표기가 생략된 것이다. 이와 같이 연결어미를 생략한 것은
원문과의 대비를 통해 文意를 파악할 수 있다는 데에 기인하는 것이다. 그러나 다른 한편
으로 연결어미의 생략은 한문에 懸吐를 하며 읽는 과정에서 수없이 많이 나오는 구결토
' ᆢ ᄒ (ᄒ야)'를 일일이 적는 번거로움을 피하려 한 데에도 원인이 있을지 모른다. 만약,
생략할 대상의 본래 단어가 爲遣 또는 爲齊였다면 이 경우엔 연결어미 -遣과 -齊를 생략
표기하기 어렵다. 이와 달리 '爲良'는 '爲'만 적더라도 으례 -良를 붙여 읽는 관습으로 인
해 생략이 가능했으리라 본다. 그런데 특이한 것은 경어법의 선어말어미 -白- 뒤에서도
어미 -良의 생략 표기가 눈에 띈다는 점이다.

　(7) 實封以 申聞爲白 伏侯王旨爲白遣 <01.08ㅈ> (봉한 문서로써 임금께 아뢰어 임
　　　금의 지시를 기다리고)
　　　別蒙上恩爲白 減罪贖罪爲在 人等乙良 <01.31ㅎ> (특별히 임금의 은총을 입어 죄

를 덜었거나 속전을 내고 죄를 면한 사람들은)

『大明律直解』는 또한 造字를 비롯한 한국한자들과 이체자들을 다량으로 수록하고 있어 이 방면의 연구에도 매우 중요한 자료이다. 蓬左文庫本과 駒澤大學本이 다른 이본들에 비해 상당히 많은 이체자를 보여주는데, 이로 미루어 보건대 조선 초기로 거슬러 올라갈수록 이체자의 사용이 활발했던 것으로 추정된다.

『大明律直解』에서 특히 눈여겨 볼 대상은 한국한자어들이다. 이와 관련하여 『校訂 大明律直解』의 吏讀略解에서 *표를 붙인 표제어들이 주목된다. 총 274개가 수록되었는데 거의 대부분 한국한자어라 할 만한 것들이다. 한국의 행정구역 명칭을 비롯하여 관직과 관아 및 제도 관련 명칭들은 물론 이 안에 들어있지 않다. 그리고 '中人, 證保, 門直人'과 같은 한국한자어들이 이 목록에 누락되어 있어 다소 아쉽긴 하나 대명률직해 이두문에 쓰인 한국한자어의 면모를 들여다 보는 데 많은 참고가 된다. 독자의 편의를 위해 목록을 제시해 둔다. 대명률직해의 한국한자어에 관해서는 진윤정(2016)이 참고된다.

(8) 吏讀略解 수록 한국한자어 목록
  [ㄱ] 價本 各串 干求 干事人 甲折 箇滿 開坐 去處 件記 結負 決下 啓課 故交 庫員
     庫直 公當 道 公斗人 公反 功錢 公貼 串 科式 官式 口粮 權借 闕立 規見 近
     巡 金城 禁約 及 起揭 起色 送 起實 騎持 喫破
  [ㄴ] 螺匠 難便 娚 納段 郎廳 內賜 路次 農場
  [ㄷ] 當身 當次 代立 大母 大夫 德應 道 都堂 道掌 同徜 同生 同情 斗尺
  [ㅁ] 磨鍊 萬一 賣休 買休人 面情 明文 名字 名下 蒙白 無面 問當 文字 物色 物主
     民喿 民夫
  [ㅂ] 飯監 伴徜 反貼 放賣 防築 排門 犯斤 犯近 犯打 邊 邊利 爲 卜定 本 捧上
     捧受 逢受 喿 負 符同 不得已 扶上典賣 負役 符作 負定 付處 浮取 分揀 不及
     不便 卑背 裨補
  [ㅅ] 沙工 使令 司祿 斜是 司饔 斜用 舍主 私處 謝貼 社會 山獵人 山枝 鈒面 鈒字
     上直 上下 色員 色掌 生謀 生徵 闊失 書者 鼠子無面 省覺 成徜 城上 成婚 稅價
     洗補 少爲 所志 刷券 稌 受喫 水梁 收齊 數灸 承受 時常 式 身故 新等 申聞
  [ㅇ] 牙人 樂工 惡徜 安恕 仰官 仰屬官 與 如前 緣故 連連 緣由 鹽干 鹽所 令史
     用下 馹 委曲 爲頭 爲先 鍮金 听 意向 頉下 人喿 因公 人吏 印信 一盤 入 立
     所 立役 立筒 仍執
  [ㅈ] 姿女 字細 子細 滋長利分 自中 作文 雜頉下 才人 在前 在置 的實 全無 全委
     田作 傳傳 折給 切當 切隣 接居 接狀 丁寧 題給 諸緣 造心 族長 族下 從來
     坐起 重記 重亦 中人 卽便 遲晩 知想 知委 之次 進去 進來 進排 進上

    [ㅊ] 次 遮當 差備 次第 次知 次知官司 着署 參預 唱准 處干 處所 尺文 帖字 草枝
           村 寸 推 推刷 秋收 出納 出食 吹鍊所 趣便 侵勞 稱下
    [ㅌ] 打算 統主 通貼
    [ㅎ] 下去 下批 下手 限當 合當 降伏 行移 行狀 行次 行下 香徒 許給 許文 許上
           許接 夾角夾板 形止 互相 花郎 還退 回貼 爻周 休棄

2) 1415 養蚕經驗撮要

  『養蚕經驗撮要』는 元에서 간행한 『農桑輯要』를 右代言 韓尙德이 왕명에 따라 이두로
번역하고 원문인 한문과 함께 수록하여 1415년(太宗 15)에 간행한 책이다. 현재 전하는 1卷
1冊의 유일본은 故 李謙魯氏 소장이다. 이 책은 원간본이 아니라 16세기 重印本 즉, 후쇄
본으로 추정된다<李基文 1974:101>. 1974년 『書誌學』 제6호에 全卷이 영인되었다.
  이 책의 내용 및 저본과의 대비 등에 관해서는 李光麟(1965)에 자세히 기술되어 있다.
그리고 이두에 대한 연구로는 金泰均 교수의 논문들과 서지적 고찰을 곁들인 安秉禧(1977ㄴ)
를 비롯하여 몇 편의 단편적인 논의들을 거쳐 李喆洙(1989)에 이르러 종합적인 고찰이 이
루어졌다. 李喆洙(1989)는 영인과 함께 이두문 全文을 활자화하고 현대어 번역을 덧붙여
주었다.
  양잠과 관련하여 飛介(늘개), 高致(고티) 등의 어휘 표기자들이 들어있다. 특히 주목되는
것은 우리말을 반영하고 있는 한자어들이다. 驚動<22ㅈ>과 移來<5ㅈ> 등이 그 예이다.
이들은 한문 원문의 1음절 한자에 대한 이두 번역 과정에서 단순히 유사한 다른 한자를
덧붙여 2음절 자립성 한자어를 만드는 유형들과는 다른 면이 있다. 驚動과 移來만 하더라
도 각 한자의 의미에 해당하는 우리말로 새겨 '놀라 움직이다, 옮겨 오다'로 읽으면 문맥
의 흐름에 딱 들어맞기 때문이다. 또한 중세어의 동사 어간 '두-'를 표기한 置의 용례가
매우 광범위하게 나타나는 점에 유의할 필요가 있다. 移置<20ㅈ, 38ㅎ>, 立置<5ㅈ, 10ㅈ>,
棄置<7ㅈ, 37ㅈ>, 埋置<7ㅎ, 37ㅈ>, 卷置<12ㅎ>, 藏置<14ㅎ>, 在置<5ㅈ, 20ㅈ>와 같은 예
들이 이에 해당된다. 따라서 置는 보조동사에 가까운 모습을 보여 준다. 이러한 사정은
이두 복합동사로 쓰인 爲置<3ㅎ, 6ㅎ>와 令是置<34ㅈ>의 경우에도 마찬가지다. 본래의
의미를 살려 '하여 두다, 시켜 두다'의 뜻으로 풀이하든 置를 보조동사로 인식하든 그 어

느 쪽이나 문맥에 부합된다. 따라서 이두문에 나타나는 이런 유형의 표기들은 고유어를 바탕으로 하고 있다는 점을 인식하여 적극적으로 검토할 필요가 있다.

  이두문의 가장 큰 특징은 명사문으로 종결하는 형식을 취한다는 점이다. 양잠경험촬요의 경우 이런 현상은 양잠에 관한 지식과 기술만을 간략히 전한다는 책의 내용상의 성격과, 생략을 하더라도 文意 파악에 아무런 지장이 없는 데에서도 그 원인을 더 찾을 수 있다. 그러나 가장 주된 원인은 명사문으로 문장을 종결하는 이두문의 오랜 慣行에서 찾아야 할 것이다. 養蚕經驗撮要에서의 텍스트 종결 방식은 다음과 같이 셋으로 나뉜다.

> (9) ㄱ. 如前 不解爲去等 解凍爲 限 換水 <u>再浸</u> <양잠 13ㅈ> (여전히 녹지 않거든 녹을 때까지 물을 갈아 다시 담근다)
>   ㄴ. ① 三十日 已過後 蚕子亦 復生 <u>不冬</u>. <양잠 9ㅎ> (30일이 이미 지난 후에는 씨받이 누에알이 다시 나지 않는다)
>   ② 萬一 禁忌 不冬爲乎 第亦中 後次 乾死分 不喩 生長 <u>不得</u>. <양잠 10ㅈ> (만일 금기를 지키지 않을 때에는 나중에 말라 죽을 뿐만 아니라 자라지도 못한다)
>   ③ 簇蚕時段 尤長天氣熱時是去 有等以 午時 上薪 <u>安徐</u>. <양잠 39ㅎ> (누에가 섶에 올라 모일 때는 한층 길어진 해의 기운이 뜨거울 것이므로 午時에는 섶에 올리지 말라)
>   ㄷ. 茅草 無去等 乾正 無臭氣爲在 穀草乙 用良 <u>使內</u>. <양잠 39ㅈ> (띠가 없거든 잘 말라 냄새가 없는 곡식풀을 써서 할 것)

  (9ㄷ)의 말미에 쓰인 使內는 동사 어간이 아니다. 동사 어간 使內-는 이 책의 '爲齊, 是齊, 使內齊'에서 보듯 爲- 및 是-와 계열관계를 형성하고 있다. 그러나 이두자 爲 및 是로 텍스트를 종결하는 예는 없다. 따라서 텍스트 종결 위치에 쓰인 (9ㄷ) 使內의 '內'는 확인법 선어말어미와 유사한 형태소에 동명사 어미 '-ㄴ'이 통합된 형태를 표시하기 위한 借字로 해석된다. (9ㄷ)은 이른 시기에 명사문으로 종결하던 형식의 화석이라고 보아야 한다. 명사문 종결 형식은 (9ㄴ)에도 확대 적용할 수 있을 것이다. 安徐의 경우엔 뚜렷하지 않으나 不冬과 不得은 명사적인 용법을 가지고 있기 때문이다.

  그런데 (9ㄱ)의 경우는 조금 다르다. (9ㄱ)의 '再浸'과 마찬가지로 '分明<4ㅎ>, 埋置<7ㅎ>, 立置<12ㅈ>, 肥大<13ㅎ>' 등으로 텍스트를 마감하는 예들이 있는데 이들은 문맥상 동사구로 해석된다. 동사구라는 해석은 소제목 '蚕事預備'<13ㅎ>에 대한 이두 주석이 '養蚕凡事乙 曾只 預備'로 끝맺고 있으므로 '預備'가 동사구로 쓰인 점을 감안해서다. 그럼에도 불구하고 이들 2음절 한자어들은 우리말에서 자립성을 가진 명사로서의 기능도 갖는다. 따라서 문 종결 위치에 쓰인 2음절 한자어들은 원래 이두문에서는 명사구로서 그 뒤에 爲乎事 또는 爲臥乎事과 같은 이두토들이 달리는 것이 보편적이다. 그러므로 (9ㄱ)과 같은 문종결 방식은 상투적으로 쓰이는 마지막 이두토를 생략 표기한 것으로 이해된다.

양잠경험촬요에서도 대명률직해에서와 마찬가지로 연결어미 −良을 생략한 예가 간혹 눈에 띈다.

> (10) 當日良中 厚紙乙 三五度 爲 安徐亦 執擧爲 除去尿染爲如可 <양잠 7ㅈ> (당일에 두꺼운 종이를 세 번에서 다섯 번 정도 하여 서서히 잡아올려 오줌으로 더러워진 것을 제거하다가)
> 蠶種紙 數張乙 一處 卷置爲 桑皮索以 <양잠 10ㅎ> (蠶種紙 여러 장을 한 곳에 말아두고서 뽕나무 껍질 노끈으로)

이 밖에도 爲而叱의 용례가 보이는데<21ㅎ>, 이것은 한문 原文 중 '却' 자의 譯語로 사용되었다. '却'은 한문에서 허사로 쓰일 경우 '또, 거듭하여 다시'의 뜻을 지닌다.[13] 이에 따라 해석해 보면 '爲而叱'은 대체로 '⋯한 후에 다시, ⋯한 후에 거듭'이라는 문맥적 의미를 지닌 것으로 이해된다. 그러므로 '而叱'은 대체로 '거듭' 정도의 뜻을 지닌다고 생각된다.

3) 1425 慶尙道地理志

世宗의 命에 따라 경상도 관찰사 河演, 知大丘郡事 琴柔, 仁同縣監 金鑌 등이 1425년에 펴 낸 경상도에 대한 道志로서 필사본 一冊이 전한다. 이것은 『新撰八道地理志』(1432년 세종14, 현재 不傳임)를 간행하기 위한 과정에서 일정한 規式에 따라 12가지 항목에 대해 해당사항을 기술한 것이다. 당대의 여러 가지 실정을 비교적 소상히 전하고 있는 最古의 道志일 뿐만 아니라 지명에 대한 차자표기 자료를 풍부히 제공하는 점에서도 의의가 크다.

조선총독부 중추원에서 奎章閣本<奎 1007>을 저본으로 하여 이것과, 이것의 개정 보완

---

13) 金元中 編(1989), 『虛詞辭典』 273쪽.

편이라 할 만한『慶尙道續撰地理誌』(1469년)를 묶어 1938년에 활판으로 펴 낸 후, 양자의 색인집을 별책으로 간행하였다. 亞細亞文化社에서 三國史記 및 世宗實錄의 지리지와 위 두 지리지를 묶어 영인하였으며, 寶庫社에서 위 두 지리지 및 색인집을 함께 묶어 韓國傳統地理志索引叢書 第2輯으로 영인한 바 있다.

본문은 간략한 한문으로 기재되어 있으나, 각 道別로 첫 부분에 개별 항목의 제목에 해당하는 부분이 이두문으로 되어 있다. 이두문은 關文의 내용 일부를 옮긴 것으로 추정되는데, 이두문의 일반적인 종결 방식 대신 '……開寫事' 또는 '…施行事' 등과 같이 한문투 방식으로 끝맺고 있다. 이두문 안에 쓰인 몇몇 이두토들이 간헐적으로 반복하여 나타난다. '-乙, -亦(주격 조사), -是如, 幷以, -沙餘良, 爲乎矣, 爲旀, 爲乎所有去等, 捧上' 등이 쓰였다. 명사를 나열할 때에 쓰인 한자 '及'도 이두자에 귀속시킬 수 있다.

4) 15세기 農書輯要

農書輯要는 1987년 書誌家 朴永弴씨에 의하여 발견 소개된 필사물이다. 이 필사물은 총 146면으로서 이 중 農書輯要는 42면을 차지하며 이 밖에 養馬에 관한 내용과 碁譜 등 여러 가지 다른 내용들이 포함되어 있다<李鎬澈(1990:4), 吳仁澤 (1993:259)>. 農書輯要를 필사한 부분의 서문은 '新刊農書輯要序'라 제목을 붙였으며 1517년(중종 12) 8월 17일에 안동대도호부사 李堣가 쓴 것으로 되어 있다. 그런데 본문 첫 시작 행의 권수제는 '農書輯要'이고 권미제 역시 '農書輯要'로 적혀 있다. 서문 중의 다음 내용은 매우 주목된다.

> (11) 是書 舊有吏釋 監司金相公安國 深體國家務農桑之意 幷蚕書皆益以諺譯 命吾府 鋟梓以 廣 (이 책은 예전에 이두로 새긴 것이 있는데 감사 김안국 상공께서 국가가 농상에 힘쓰는 뜻을 깊이 헤아려 잠서와 더불어 언문으로 번역함으로써 도움이 되게 하셨고 우리 안동대도호부에서 판각하여 널리 배포하도록 명하신 것이다)

『新刊農書輯要』는『農事直說』(1429년) 간행 직전의 이두 번역본 즉 (11)에서 언급한 '吏釋'本에다가 한문 원문과 이두문은 그대로 두고 金安國이 추가한 언해문을 덧붙여 안동도호부에서 간행한 것으로 판단된다. 그런데 현전 필사물의 필사자는『新刊農書輯要』를 저본으로 하되 언해문을 생략한 채 필사한 것으로 추정된다. 필사 과정에서 이두토들을 小字로 구별하였는데 이 구별이 정확하지 않은 것[14]은 저본에서는 이두토를 구별 표기하지 않았을 뿐만 아니라 그것이 저본 이전 시기의 이두[15]였기 때문이라고 판단된다. 또한 권수제와 권두제에서 '新刊'이라는 표현을 쓰지 않은 사실도 이와 관련있다고 판단된다. 吏釋本이 실재했으며 그 책명이 農書輯要였을 개연성은 실록 기사에서 확인된다.[16]

農書輯要는 중국의 농서인 『農桑輯要』의 내용을 조선 농법에 맞게 발췌하여 번역한 것으로서 농법의 발달과 정착 과정 연구에 매우 긴요한 자료이다. 金容燮(1988)에서 그 내용을 처음 소개하였고, 李丞宰(1992ㄴ)에서 이두 전문에 대하여 상세히 국어학적인 고찰을 하였다.

推介(밀개), 所訖羅(←써레), 長追赤(*기릐조치) 등과 같은 농기구 및 농법 관련 어휘들이 다량으로 수록되었다. 그리고 始叱, 佳叱과 같은 후치사 또는 첨사류 이두를 비롯하여 부사 易亦 및 어미류 중의 而亦, 而叱과 같은 흔치 않은 용례들이 보여 조선 초기 이두 자료로서의 가치를 지닌 소중한 자료이다.

5) 1541 牛馬羊猪染疫病治療方

이 책은 소를 위주로 하여 가축의 전염병을 치료하는 方文을 담아 1541년(中宗 36)에 校書館에서 乙亥字로 처음 간행되었다. 『本草』, 『牛馬醫方』, 『事林廣記』 등의 漢籍에서 추려 뽑은 원문에 이어서 한 字씩 낮추어 이두와 한글로 번역문을 달았고 藥名에 대해서는 차자표기와 한글 표기를 함께 제시하였다. 원간본의 언해문에는 방점이 달려 있다.

小倉進平이 1541년의 원간본을 베껴 만든 필사본이 小倉文庫에 남아 있다. 1578년의 중간본은 원간본과 달리 언해문에 방점이 없는데, 일본 宮內廳과 고려대학교 晩松文庫에 소장되어 있다. 1636년의 복간본에는 崔鳴吉의 跋文이 추가되었는데, 언해문에서 △ 와 ㅇ 이 쓰이지 않았다. 1644년에는 복간본에다가 치료 방문을 추가하여 간행한 바 있다. 이 증보

---

14) 이두토 凡矣<8ㅈ, 9ㅎ>와 每如<12ㅈ, 15ㅎ> 등은 오히려 大字로, 土色乾白<8ㅈ>에서는 이두토가 아닌 白을 小字로 적는 등 이두토의 구별이 정확하지 않은 곳이 비교적 많은 편이다.

15) 李丞宰(1992ㄴ)도 필사물의 이두문이 15세기 초에 작성되었다고 추정하고 있다.

16) 세종실록 21년(1439) 7월 16일 壬戌條. 책명을 農書緝要로 적고 있음에 유의할 필요가 있다.

본을 필사한 책이 두 점 전하는데 그 중의 하나로서 1755년에 筆寫된 것이 영남대학교 중앙도서관에 남아 있다. 영남대 필사본의 언해문은 저본과 달리 필사 당대의 언어를 일부 반영하고 있음이 특징이다.

이 책에는 두 종류의 이두문이 수록되어 있다. 하나는 序文에 실린 이두문이요, 다른 하나는 본문에 나타나는 이두 번역문이다. 서문의 이두문은 兵曹에서 작성한 啓目과 이에 대한 判付를 전재한 것이다.17) 평안도에서 올린 '書狀'에 근거하여 병조에서 올린 계목 내용은 치료 방문을 이두와 언문으로 번역하고 藥材名은 한자와 한글로 鄕名을 함께 적어 줌으로써 소의 전염병에 대처하기 위해 간행한다는 것이다.

본문에서 한문의 이두 번역은 치료 方文을 하나의 텍스트로 하여 이루어진다. 그리고 이 텍스트를 爲乎事 또는 …(爲)臥乎事과 같이 명사문으로 종결하는 특징을 보여 준다. 언해문이 때때로 이두문에 이끌린 면이 있으나, 전체적으로 보아 이두문과 관계없이 한문 원문을 바탕으로 하거나 참조하여 언해한 특징이 드러난다. 이두문에서의 문 종결 형식인 '… 爲乎事'이 언해문에서는 명령 표현의 동사로 나타나곤 한다.

이 책의 본문 이두문에서는 경어법의 -白-과 주격 조사 -亦이 쓰이지 않았다. -矣가 속격조사는 물론 처소의 부사격조사로도 사용되었고, 특이한 용례로서 중세어의 '홀 ᄉᆞ장'에 대응되는 것으로 추정되는 爲限이 발견된다. 爲齊는 이 책에서 한문 원문 텍스트의 종결부에는 쓰이지 않고 절단부에만 나타나는데, 이는 -齊가 문종결어미로서의 기능을 충분히 획득하지 못한 면을 보여준다.

三木榮(1965)이 수의학적 관점에서 소개한 바 있다. 安秉禧(1977ㄴ), 崔範勳(1988)을 비롯하여 이은규(1998, 2004) 및 朴盛鍾(2011ㄱ) 등의 국어학 분야 연구물들이 있다. 弘文閣에서 1984년에, 여강출판사에서 1988년에 다른 醫書들과 합본으로 영인 출판하였으며, 세종대왕기념사업회에서 영인을 곁들여 역주본을 2009년에 발행하였다.

---

17) 종전에 이 서문을 權應昌이 작성하였다고 설명해 온 것은 착오이다. 權應昌은 병조의 계목을 담당하여 임금께 올리고 처결을 받아 처리한 승정원의 좌승지일 뿐, 서문을 직접 작성한 사람이 아니다.

6) 1541 忠州救荒切要

忠州救荒切要는 1541년에 忠州牧使 安瑋가 節目 형식으로 충주에서 간행한 책이다. 활자로 간행한 원본은 현전하지 않고 필사본들만이 전한다. 임진왜란 때 일본으로 유출되어 醫官인 曲直瀨가 보관하던 원본을 1794년에 필사한 것인데, 이것의 영인본이 국립중앙도서관에 소장되어 있다. 또한 국사편찬위원회에서 소장하고 있는 필사본이 2점 있다. 이 중 하나는 1915년에 기입한 筆寫記를 갖고 있다.

책의 내용은 救荒을 위해 필요한 일들을 경계하고 준비하는 일들에 관한 것을 적은 것이다. 이 중 決訟하는 과정에서 받은 종이를 팔아 곡식으로 바꿔 진휼에 보탬이 되도록 한다는 조목이 있다. 이 내용은 충주목사 安瑋가 심혈을 기울여 그런 일을 하고 있다는 실록에 수록된 기사에 부합된다<중종실록 37년(1542) 3월 26일 丙午>.

조규환(1997)은 국립중앙도서관 소장 필사 영인본을 간략히 소개하면서 본문 내용을 활자화하였고, 徐鍾學(1999)은 국사편찬위원회 필사본을 대상으로 이두에 대하여 정리하였다.

문장 스타일은 전체적으로 보아 한문을 바탕으로 한 이두문이라 할 수 있다. 각 조목은 한문식 成句로 끝맺고 있음이 특징이다. 이두로는 부사 易亦, 況旀가 쓰였으며, 보조사 -段과 -置가 통합된 -段置가 쓰인 점 등이 특기할 만하다.

7) 1546~ 紹修書院謄錄

소수서원의 유지 및 운영과 관련된 경상도관찰사의 關文과 소속 관아에서 올린 牒呈을 주로 등서한 1권 1책 22張의 필사본이다. 立議를 맨 앞에 놓고 나머지 문서들은 대체로 날짜순으로 차례로 등서했다. 1546년(명종 1)부터 1670년(현종 11)까지의 문서들을 등서한 것이나, 6건[18]을 제외한 나머지는 모두 1546년과 1547년의 문건에 해당된다.

立議는 1547년 2월 3일 경상도관찰사 安玹 외 黃孝恭・鄭浚・柳敬長・安公信・黃俊良 5명의 동의 내용을 담은 것으로서 順興文成公廟白雲書院斯文立議라는 제목으로 실려 있다. 그

---

18) 1548년 1건, 1550년 2건, 1555년 2건, 1670년 1건이다.

내용은 서원의 제반 활동과 운영사항 즉, 享祀·院宇修理·養士·尋院人士敬待·임원·비품 집기·田畓·書冊·供饋 등에 대한 것이다. 그러나 입의가 있기 이전부터 이미 경상도 각 읍에 서원의 운영을 위한 경비와 물자를 배정하는 문서들을 발송하였음이 드러난다.

7장 전면 첫 행에 '嘉靖二十五年十一月　日白雲洞書院加造成及讀書儒生常養雜物分定行移騰錄'이라고 제목을 새로 기입하였는데, 이 제목 밑에 '一件郡上 一件院上'이라 小字로 기재한 것으로 미루어 보아 영주군과 소수서원에서 한 부씩 관련 등록을 보존했던 듯하다. 이 등록은 조선 중기 士林에 의한 성리학의 발전과 서원 운영의 실태를 살펴보는 데 중요한 자료로서 조선사편수회에서 1937년에 자료를 영인 및 활자화하여 朝鮮史料叢刊 第十七[19]로 간행한 바 있다.

문서를 등록하는 과정에서 본문 마지막에 나오는 투식어들을 생략하여 기재하였음이 특징이다. 예컨대 '…合行云云'으로 끝맺는 것이 많다. 또한 발급일자 이하 부분도 기재를 하지 않았는데 이로 말미암아 문서를 받는 관아 또는 수취인이 누군지 잘 알 수 없는 것이 흠이라 하겠다.

爲白在如中에서 在를 빠뜨린 예<22ㅈ>도 있어 주의를 요하지만, 전반적으로 이렇다 할 만한 오자나 탈자가 적은 편으로서 자료의 純正度가 꽤 높다 하겠다.

이두 어휘로는 役只와 생선을 세는 단위 冬音(←두름) 등이 눈에 띈다. 이두 문법 형태로 특히 주목되는 사실은 -齊의 용례이다. 이것은 節目의 각 조항 끝마다 사용되고 있는데, 이로써 문장의 종결어미로 분명히 자리잡았음을 드러내 준다. 또한 이 어미 표기자가 타동성을 표현하는 경우에 사용된 통합어미 -良齊<6ㅈ>가 -良結의 이표기로 쓰였다는 점도 눈여겨 볼 사실이다, 그리고 爲在, 爲良在等 등을 통해 -在-가 여전히 활발히 사용되고 있는 사실 또한 확인된다.

爲去等이 쓰일 자리에서 어미 乙을 분명히 표시한 爲去乙等이 나타나는 점 역시 매우 의고적인 표기 양상의 하나로 간주된다. 계사 -是-를 생략하여 체언 뒤에 곧바로 통합된 -旀라든가, 부사로는 先可, 연어 구성으로는 爲乎不喩是旀, 爲乎所知不得事是昆<5ㅈ> 등이 눈에 띈다.

---

19) 목차 중 原書의 張次는 겉표지부터 매겼으므로 겉표지와 속표지를 빼고 2張씩 줄여야 한다.

8) 1546~ 各司受教

『各司受教』는 현재 규장각에 소장되어 있는 필사본(도서번호 奎7901)으로서 책의 크기는 35.2×27.2cm이며 四周單邊에 半葉匡郭의 크기는 27.5×22cm이다. 有界이며 1張은 15行, 1行은 23字 내지 25字이다. 각 행은 국왕의 교시 즉, 傳教를 뜻하는 '傳' 자만 別行하여 첫 칸에 기재하고 나머지는 모두 한 칸씩 낮추어 기재하였다. 版心은 上下內向三葉花紋魚尾를 바탕으로 하고 있으나 윗 어미 위에 '上' 자를 음각한 부분이 덧붙어 있는 독특한 모습을 보여 준다. 47張 1冊인데 張次가 매겨져 있지 않다. 표지는 후대에 개장한 것으로 보이며, 표지 題簽에 '各司受教 全'이라 쓰여 있고 안쪽의 원래 종이에는 '署經受教 全'[20]이라 쓰여 있다고 한다.

이 책에는 1546년(명종 1)부터 1571년(선조 4)까지 받은 138개의 수교들이 그 내용에 따라 주관 아문인 六曹와 漢城府 및 掌隸院 순으로 나뉘어 수록되어 있다. 그런데 장예원 수교 뒤에 장예원과 아무 관련 없는 5개의 수교가 이어져 있다. 내용상으로는 병조 소관이 3개, 승정원과 형조 소관이 각각 1개이며, 연도상으로는 1573년의 것이 1개, 1628년의 것이 1개, 1629년의 것이 2개, 그리고 1636년으로 추정되는 丙子年의 것이 1개이다.

수교는 어떤 사안에 대한 국왕의 판단이자 명령이며 나아가 법령으로서의 지위를 갖는데, 발의한 원천에 따라 크게 두 종류로 나누어 볼 수 있다. 하나는 국왕이 직접 발의한 것이요, 다른 하나는 각 아문 또는 대신들로부터 발의한 것이다. 전자의 경우엔 첫 행에 '年干支某月某日承'이라 한 후 別行과 一字擡頭하여 '傳'을 적고 나서 그 내용을 이어 적는 형태를 취하였으며, 말미부는 '某司 傳教'로 끝맺음이 일반적이고 때로 '……事'만으로 끝맺기도 하였다.

이와 달리 후자 즉, 국왕이 직접 발의하지 않은 경우엔 주로 各司에서 올린 啓目과 이에 대한 국왕의 처결 내용인 判付를 옮겨 적었다. 국왕에게 요청하는 내용을 담은 계목의 문자식에 따라서 '某曹 啓目……'으로 시작하여 '……何如'까지 그 내용을 전재한 다음, 바로 뒤이어 판부에 해당되는 부분인 '年號某年某月某日 啓依允'[21]으로 끝맺고 있다. 원문서에는 판부에 왕명의 출납을 관장하는 承政院의 담당 承旨의 직함과 착명이 적혀

---

20) 구덕회(2002:9) 참조. '署經受 教 全'이 옳은 듯하다.
21) 원래의 啓目式에 따르자면 '啓依允'은 별항을 하여야 하나, 이 필사본 등록에서는 한 자를 띄우는 空格만을 사용하여 높임 표시를 하였다.

있었을 터이지만 이 책에는 모두 생략하였다. 이러한 기록 형식은 이 책에서 예조 소관 수교 이후에 적용된다.22) 이조와 호조 부분에서는 承傳과 마찬가지로 연월일을 앞세우는 기재방식을 채택하였었다. 원문서의 형태를 감안해 볼 때 기재방식의 변경은 수긍이 된다.

각사에서 啓를 올리는 과정에서 때로는 외방 監司 및 兵使의 啓本, 왕과의 輪對 및 대신들의 議得, 그리고 각사의 관문이나 첩정 등에 의거하는 경우도 있다. 이때에는 해당 근거들을 앞세우는 표현을 하게 됨은 물론이다. '某監司 啓本據…, 某人輪對據…, 某司 關內…' 등으로 시작하는 수교를 볼 수 있다. 이 경우 또한 국왕에게 각사에서 요청하는 내용의 계목 문자식인 '…何如'로 끝맺음이 일반적이다.

이상과 같은 수교의 정리 및 등서 방식이 이 책의 말미에 추록된 5개조의 수교에는 적용되지 않았다. 承傳과 계목의 구별 없이 일률적으로 연월일을 먼저 기재하였을 뿐만 아니라 연호와 간지 사용 여부 역시 승전과 계목에 따른 구별이 없다. 심지어는 '兵曹'와 연호를 別行하여 一字擡頭하는 착오를 범하고 있다. 따라서 『各司受敎』는 명종 즉위 후부터의 수교를 모아 1567년부터 1571년 사이에 일단 정리 및 등서를 마쳤다가 1636년경 5개조의 수교를 추록하여 마감한 것으로 추정된다.

정리 및 등서 연대의 추정은 다음에 의거한다. 첫째, 예조 소관 마지막 수교(수교 번호 69)23)는 새 연호인 隆慶을 사용하도록 하는 내용이다. 1567년 정월부터 이미 새 연호를 사용하기 시작하였으므로 중국에서 詔使가 도착하기 전일지라도 미리 사용하자는 내용인데, 이것은 輯錄이나 大典에 수록될 성질의 내용은 아니지만 당시로서는 매우 긴요한 사항이었기 때문에 수록된 것으로 판단된다. 둘째, 호조 소관 수교 첫머리에 1567년 2월 26일자로 25조 가운데 20조를 서경하였다는 기록이다. 이 기록은 적어도 이 시점을 전후로 하여 수교의 정리 및 등서가 일단 이루어지고 있었음을 시사해 준다. 그러나 호조 수록 수교가 실제로는 14개조이고, 宣祖가 즉위한 다음 해인 1568년 6월 9일에 防納의 폐단을 혁파하는 내용의 수교도 수록되었다. 그리고 더 나아가 병조 소관의 1571년 수교가 3개조 더 수록되었다. 따라서 1567년에 1차적으로 정리 및 등서 작업을 마감하고자 했으나 1571년까지 이어진 것으로 추정된다. 셋째, 추록된 수교 중 나이를 속여 軍役에서 老除하는 폐단을 엄금하는 내용의 1573년 8월의 수교(수교 번호 186)는 수록 방식 면에서 볼 때

---

22) 한 군데 예외가 있긴 하나, 수교의 첫머리를 圓圈 ○로써 표시하는 방식 또한 예조의 세 번째 수교부터 적용된다.

23) 수교 번호는 편의상 조선총독부 중추원에서 간행한 『受敎輯要』에 수록된 각사수교의 번호를 따른다.

꽤 오랜 시간이 지나서 비로소 채록된 것임에 틀림없다. 연호를 첫 칸에 올려 기재하였을 뿐만 아니라, 공손 표현의 -白-이 사용된 점으로 미루어 병조의 계목을 옮긴 것임에도 불구하고 국왕의 판부를 기재하지 않은 사실 등이 눈에 띄기 때문이다. 따라서 『各司受敎』의 정리 및 등서를 1차적으로 마친 연대는 1571년 또는 그 직후로서 1573년을 하한선으로 한다고 결론지을 수 있다.

추록된 수교 중 1636년(인조 14)으로 추정되는 병자년 6월 28일 승정원의 '啓辭' 내용(수교 번호 187)은 이 책의 성격 및 연대 추정과 관련하여 주목된다. 승정원에서 국왕의 承傳 원본을 보관하고 육조는 해당 사항을 초출해 가고 사헌부와 사간원 兩司는 원본을 한 벌씩 베껴 가도록 한다는 내용이다. 이로 미루어 보건대 承傳의 원본은 날짜순으로 정리되었을 개연성이 높다고 하겠다. 한편 啓를 올려 국왕의 처결을 받아 啓下를 마친 각종 啓文들은 승정원 또는 해당 아문에서 나누어 원본을 보관했던 듯하다.24) 2품 이상 直啓衙門을 중심으로 한 각 아문과 대신들의 啓目을 비롯하여 외방에서 올린 啓本들이 이에 해당되는데, 원본에는 啓字印의 날인 · 入啓日字 · 국왕의 처결 내용 · 담당 승지의 직함과 착명으로 구성된 判付가 추가되었음은 물론 점련문서들도 붙어 있었을 것이다.

현전 규장각 소장의 『各司受敎』는 승정원에서 보존하고 활용했던 것으로 추측된다. 첫 장의 전면 우측 아래 바깥 欄에 '承政院 上'이라는 묵서가 있고 '承政院藏'으로 추정되는 印信을 찍은 것이 반쯤 남아있기 때문이다. 이 책은 承傳과 啓文들 원본 중 법령으로서의 효력을 지닐 만한 것들을 선별하고 兩司의 署經을 받은 것들을 모아서 照律에 참고하고 나중에 輯錄 및 大典을 편찬하기 위한 기초 자료로서 필사된 것으로 보인다. 전사 과정에서 몇 가지 요소들이 생략되었다. 원문서 작성일자 및 원문서 작성 관리의 직함과 착명, 入啓를 주관한 승지의 직함과 착명 그리고 번거로움을 피하기 위해 점련된 문서 등은 거의 대부분 옮기지 않았다. 그럼에도 불구하고 輯錄 및 大典과는 달리 이두를 전재하고 있는 사실은 원문을 그대로 수록하였음을 시사해 준다. 따라서 등서된 2차 자료임에도 불구하고 16세기 중엽의 이두를 원자료 못지않게 충실히 보여 준다는 면에서 국어사적인 가치가 매우 높다.

『各司受敎』는 조선 초의 『經濟六典』으로부터 『經國大典』을 거쳐 『大典續錄』(1492년)과 『大典後續錄』(1543년)에 이어 1546년부터 1571년까지 시행되었던 수교들을 우선적으

---

24) 규장각 한국학연구원에는 주로 19세기 계본 및 계목 원본들이 소장되어 있는데 이는 보관 장소의 변경에 따른 것이 아닌가 추측한다.

로 모은 것으로서 조선의 법령을 정비하였다는 의의를 갖는다. 조선은 건국 이래 법률을 참조할 때 형률의 『大明律』을 위주로 하여 『大明會典』, 그리고 『經國大典』·『大典續錄』·『大典後續錄』에 주로 의존하였으나 때로는 受敎를 활용하였다. 수교는 미처 간행되지 못했던 까닭에 등서하여 여러 관아에서 비치하고 참조하였던 것이다<인조실록 3년(1625) 9월 19일 甲子 참조>. 1571년부터는 전란과 내란 등 사회혼란으로 말미암아 수교의 정리가 원활하지 못해 추록된 승정원 계사에서 보듯 1636년에 承傳에 대한 정리를 우선적으로 시행하였던 듯하다. 그런데 1639년 崔鳴吉이 명종조에서 선조조에 이르기까지는 受敎가 있으니 인조반정 이후의 수교 및 승전들을 모아 간행하자고 건의하고 있다<인조실록 17년 4월 21일 戊申>. 이들 기록을 종합해 볼 때 『各司受敎』는 이미 정리 등서된 수교들에다가 병조 관련 수교들 위주의 5개조를 덧붙여 1636년 경 작성을 마친 것으로 추측된다.

　『各司受敎』는 追錄 5개조를 포함하여 총 143개조의 수교로 이루어져 있다. 소관 아문 별로는 吏曹 7, 戶曹 14, 禮曹 32, 兵曹 21, 刑曹 29, 工曹 5, 漢城府 15, 掌隷院 15개조이다. 난상에 각 수교의 내용을 간략하게 정리한 頭註가 더러 있는데 비치 활용하는 과정에서 기입된 듯하다. 후대에 책을 다시 재단하는 과정에서 간혹 두주의 일부가 잘려나간 곳도 있다. 두주는 예조수교에 23개, 병조수교에 24개, 형조수교에 8개, 한성부수교에 5개, 도합 61개가 있다.

　『各司受敎』의 수교들은 그 이후에 간행된 법령집과 법전 등에 일부 전재되었다. 민간에서 決訟의 요람용으로 편찬한 『詞訟類聚』(1585년)이라든가, 『典錄通考』(1706년)에서도 그 내용이 확인되곤 한다. 지나치게 번다한 수교들을 간결하게 하고 다른 수교들을 추가로 보완·정비하여 집록으로 편찬하는 작업은 조선조 후기에 지속적으로 이루어졌다. 이 중 활자화하여 간행한 『受敎輯錄』(1698년 숙종 24)과 영조대의 여러 판본을 가진 『新補受敎輯錄』이 있다. 양자는 특히 영조대의 『續大典』과 정조대의 『大典通編』(1785년) 그리고 조선조 말의 『大典會通』(1865년)으로 이어지는 정식 법전의 교량 및 기초 자료로서의 역할을 하는 매우 중요한 법령집이다.

　조선조 후기의 여러 수교 및 법령집과 법전들은 거의 대부분 한문으로 되어 있다. 이두를 그대로 수록한 것은 극히 드물다. 이것이 『各司受敎』와 크게 다른 점이다. 간략히 정비하고 일반화하는 과정에서 이두토와 이두어들을 삭제하고 일부 한문식 자구를 삽입하거나 다듬어 수록하였다.

　朝鮮總督府 中樞院에서 규장각 소장의 『各司受敎』를 저본으로 교감한 것을 『受敎輯錄』

과 『新補受教輯錄』을 묶어서 활자화하여 『受教輯要』라는 이름으로 1943년에 간행하였다. 이 책에서 각 수교마다 일련번호를 붙였는데, 하나의 수교에 딸린 사목이나 절목, 심지어는 註<115>까지도 독립된 조항으로 간주하여 번호를 붙였기 때문에 이 책에서는 『各司受教』가 총 188개조로 되어 있다. 1997년에 서울대학교 규장각에서 이 세 책의 원문을 영인하여 간행하였다. 한편, 중추원에서 펴낸 위 책에다가 大典續錄과 大典後續錄 두 책을 더 합하여 민족문화사에서 1986년에 단행본으로 영인 출간한 바가 있다.

『各司受教』에서 空格25)이 이루어진 단어들은 대체로 다음과 같다. 첫째, 국왕을 직접 가리키거나 국왕과 관련된 행위 및 사안들의 경우 해당 글자 앞에서 빈칸을 두었다. '上, 王, 御'가 전자의 예이고, '教, 傳教, 赦, 宥, 侍衛<74, 78, 103, 104>, 仁恩<77>, 惠<97>, 殿試<57>' 등은 후자의 예이다. 임금께 올리는 '啓'의 경우도 예외없이 空格을 행하는 것이 원칙이나, '啓를 올려 …하다'라는 뜻으로 사용된 단어들의 경우엔 啓는 윗말에 붙여쓰고 행위동사 앞에서 빈칸을 두었다. '啓 聞'이 대표적인 예인데 이 밖에도 '啓 請<98, 131>, 啓 稟<142>, 啓 移<169>' 등이 눈에 띈다. 둘째, 선왕의 묘호나 종실 및 왕실 관련 사안들도 空格 대상이다. '祖宗朝, 先王<49>, 成宗, 中宗朝, 陵<39, 49>' 등이 이에 해당된다. 셋째, 중국의 황제 또는 중국 관련 행위 및 사안들이다. '皇帝, 頒詔, 詔使<이상 69>, 京<42, 102>, 大明律<118, 124>, 大明令<48>' 등이 이에 해당된다. 넷째, 우리나라 또는 조정을 가리키는 용어들 앞에서도 공격을 두었다. '國'이 그 대표적인 예인데, '國家<131, 181, 182>, 國儲<26>'와 같은 복합어에도 그대로 적용된다. '朝廷<53, 64>'도 '國'의 예에 준하여 空格을 행하였다. 다섯째, 祭官 및 제사 관련 용어들 앞에서도 빈칸을 두었다. '祭, 香, 薦誠<이상 139>'이 그 좋은 예이다.

空格과는 정 반대로 小字로 기재하여 낮춤 표현에 쓰인 字는 '臣'이다. 신하의 성명 앞에 쓰이는 것은 일반적인 용례일 터이나, 복합어들 예컨대 '大臣, 文臣, 使臣, 功臣'의 臣을 작게 쓴 '大臣<55, 112, …>, 文臣<56, 62>, 使臣<102, 168>, 功臣<172>'의 예들도 발견됨이 흥미롭다.

---

25) 높임의 표시로서 대상이 되는 글자 앞에 빈칸을 두는 예의법. 『漢韓大辭典』 10책 752쪽 참조. 백두현(2015:196)에서는 필사 격식에 따른 비언어적 경어법으로서 '예의갖춤법'이라 하여 '줄바꿈법, 칸비움법, 글자올림법'으로 용어를 정리하였다. 이들은 본 저서에서의 '別行, 空格, 擡頭'에 각각 대응한다. 한편 別行의 독음은 현재 거의 대부분 국어사전에서 '별행'이라 하였는데, 한글학회의 『큰 사전』 및 『古法典用語集』은 '별항'으로 읽고 있다. 본 저서에서는 '별항'으로 읽는다. 別行字와 擡頭字는 본 저서에서 인용할 때 해당 字 앞에 / 표지를 붙이고, 空格字는 사이띄기를 두 번하여 구별하는 것을 원칙으로 한다.

이두 중 특이한 용법과 용례들에 대해서 약술하면 다음과 같다.

보조사로 쓰이는 것 중에는 耳亦가 눈에 띈다. 除良(더러)는 기원적으로는 동사 '덜다' 또는 '제외하다'의 활용형으로 추측된다. 그러나 이것이 보조사와 유사한 용법으로 사용될 때에는 대체로 '-(은 하)지 말고, -은 말고'의 뜻으로 쓰인다. 이 책에서도 이러한 용법들이 확인된다. 동사구 뒤에 통합된 경우와 체언에 직접 통합된 예의 두 가지로 나뉜다. 전자는 대체로 '-(은 하)지 말고'<25>, 후자는 '-은 말고'로 풀이되는데<39> '제외하다'의 원래 의미를 충분히 보유하고 있는 것으로 파악된다. 한편 除除良의 용례가 주목된다<155>. 이것은 除良과는 동떨어진 의미를 갖는다. 除除良은 현대어의 부사 '더러'에 정확히 일치하는 용법을 보인다. '전체 가운데서 얼마쯤'이라는 의미에 부합한다.

부사 중에 주목되는 예로서 道以<110>를 들 수 있다. 이것은 중세어 '도로'에 정확히 대응하는 형태로 추정된다. 歧等如는 岐等如로도 쓰이는 부사어인데 이 책에서는 '나누어'라는 뜻보다는 '차례로'라는 문맥적 의미에 더 가까운 예들이 눈에 띈다<83>.

선어말어미 '-겨-'를 포함한 이두자 在에 존경의 뜻이 들어있는지 없는지가 논란의 대상이 되곤 한다. 이 책에서는 존경의 뜻이 담긴 경우를 찾을 수 없다. 따라서 이두토 爲白在, 爲在 등에서의 在가 16세기 중엽에 이미 상태 지속의 의미로만 사용되고 있음을 알 수 있다<101>.

어말어미 중에는 무엇보다도 -要<97>가 주목된다. 이것은 현대어의 '-려, -려고'에 해당되는데 그 용례가 드물기 때문에 눈여겨 둘 필요가 있다. -置가 종결형으로 문말에 사용된 예가 적잖이 발견된다<55>. 이것은 置有亦 또는 置有良尔와 같은 이두토들에서 置 아래의 토들을 생략 표기한 데에서 연유한 절단형 이두자로 추정된다. 한편 追乎는 부사로서 '이어서, 뒤이어'를 의미하는 용법으로 사용되는 것이 일반적인데, 이 책에서는 追가 지닌 본래의 의미를 드러냄으로써 동사로서의 기능이 잔존되어 있는 예<55>가 있다. 追乎는 명사적 용법으로 쓰인 동명사구 爲乎에 통합되어 흔히 爲乎追乎로 사용되는 예가 많다. 爲乎追乎는 '-에 따라'로 해석되는 것이 원칙이나<155>, 문맥에 따라서는 '-ㄴ/ㄹ 때마다' 정도의 의미를 드러내기도 한다<54>.

連語 표현 중에는 無不冬爲-의 용례<21>가 있는데, 특히 以乎爲(白)在果가 주목된다. 以乎은 흔히 是乎으로도 표기되는 것으로 이해하여 왔다. 그러나 이 책에서도 거의 대부분의 용례가 以乎으로 나타나고, 是乎의 예<117>가 극히 적다는 사실에 유념할 필요가 있다. 이는 부사격 조사인 以를 써야 마땅함에도 불구하고 오랜 세월 뒤에 그 기원적 용

법과 의미를 잃어버려 以를 '-로'로 읽지 않고 음으로 읽음으로 말미암아 昰로 혼기하게 된 것이 아닌가 한다. '本曹以乎 新反 法司以置'<60>에서 뒤에 나오는 法司에 부사격 조사 以가 통합된 점이 시사하는 바가 많기 때문이다. 그런데 부사격 조사 以에 乎는 곧바로 통합될 수 없다. 따라서 기원적으로는 -以 爲乎였던 것이 관습화되면서 爲를 생략하여 -以乎으로 쓰이게 된 것이라 본다. '本曹以乎 新反 法司以置'는 '本曹는 물론 새로 法司에서도'라는 문맥적 의미를 갖는다. -以乎 대신에 '-以 爲乎'을 삽입하면 '本曹以 爲乎 新反 法司以置'이 되는데, 이를 해석하자면 '本曹에서 한 것인데 새로 法司에서도'가 될 것이다. 以乎爲(白)在果의 해석에서 유의할 점은 以乎이 爲(白)在果와 분리될 수 있다는 것이다<155>. 이것은 …以乎까지가 주어부의 역할을 하고 …爲(白)在果가 술어부로서 기능하는 문장 구조를 갖추고 있음을 보여 준다. 따라서 앞서의 '…以乎 新反'과 '…以乎 爲(白)在果'를 묶어 통사구조를 고찰해 보면 乎에 들어있는 동명사 어미의 존재가 감지된다. 따라서 이 동명사 어미의 여러 가지 문법적 기능이 작용하고 있는 것으로 파악해야 할 것이다. 以乎에 곧바로 爲(白)在果가 통합된 경우엔 爲가 대동사 또는 형식동사로서의 기능을 하는 것으로 파악된다. 따라서 以乎爲(白)在果는 대체로 '…으로 한 것은 그대로 하거니와'로 풀이되는데, 이것은 현대어의 연결 어미 '-거니와'에 정확히 일치하는 표현이라 하겠다. 以乎爲(白)在果가 하나의 통합체로서 앞의 사실을 인정하고 한 걸음 더 나아가 뒤의 관련된 사실 또는 대립된 사실과 이어 주는 연결어미로서 기능하는 것이다. 이에 따라 문맥적 의미로 '…은 물론, …은 말할 것도 없고' 또는 이와 정반대로 역접의 의미를 담은 '…은커녕, …은 그대로 두더라도'와 유사한 표현으로 작용하게 된다. 순접의 예<46>와 역접의 예<40>가 다 쓰였다. 결국 以乎爲(白)在果는 以乎이 빠진 爲(白)在果와 동일한 의미 기능을 담당하는데, 양자의 차이는 체언에 직접 통합하는지의 여부에 달려 있다고 본다. 체언에 직접 통합하는 경우엔 以乎爲(白)在果가, 그렇지 않고 후행하는 爲와 합하여 동사구로 작용될 때에는 以乎 없이 …爲(白)在果가 통합되는 것이다.

9) 1553 科擧事目

이 책은 고려대학교 晩松文庫에 소장된 것으로서 고려대학교 李東歡 교수가 『書誌學報』

9호(1993년 3월)에 영인 소개하였다. 四周雙邊, 9행 17자이며, 內向三葉花紋魚尾로서 1冊 51張26)이며 1553년(명종 8)에 乙亥字로 인출한 책이다. 겉표지에는 '科擧事目'으로 되어 있으나 이는 후대에 개장하면서 기입해 넣은 듯하다. 권수제는 '嘉靖三十二年九月 日申明 前後科擧事目'이다.

그런데 이 책의 판심제와 張次는 특이하다. 이 책은 新舊 과거사목을 함께 수록하였다. 이 중 新科擧事目은 沈連源과 尙震을 비롯한 총 16명의 대신들이 의논하여 임금께 啓를 올려 처결받은 내용으로서, 첫 장의 2행에서 한 칸 낮추어 제목을 '新科擧事目'이라 단 후 시작된다. 그러나 舊科擧事目은 18장부터 시작하는데 첫 행에 '舊事目'이라 제목을 붙였다. 舊事目은 국왕의 처결을 받은 예조의 啓目 5건을 모아 전재한 내용이다. 판심제는 新科擧事目의 경우엔 '新事目', 舊科擧事目의 경우엔 '舊事目'이나 마지막에 수록한 舊事目의 경우엔 판심제를 달리하였다.27) 그런데 張次는 新事目에다가 1551년에 받은 세 건의 舊事目을 합하여 매겼고, 나머지 두 건의 구사목 경우엔 판심제와 張次 모두 각각 따로 매겼음이 특이하다. 국왕의 判付를 받은 날짜, 그리고 책의 張次와 함께 책의 체재를 보이면 다음과 같다.

> (12) 『科擧事目』의 체재
> 1) 新科擧事目 … 嘉靖 32년(1553) 8월 2일. <1ㅈ～17ㅎ>
> 2) 舊科擧事目
>   ① 嘉靖 30년(1551) 7월 4일. <18ㅈ～27ㅎ>
>   ② 嘉靖 30년(1551) 9월 2일. <28ㅈ～35ㅈ>
>   ③ 嘉靖 30년(1551) 9월 5일. <35ㅎ～37ㅎ>
>   ④ 嘉靖 31년(1552) 1월 16일. <舊1ㅈ～10ㅎ>
>   ⑤ 嘉靖 31년(1552) 3월 18일. <後舊1ㅈ～4ㅎ>

수록 내용은 과거를 시행하는 과정에서의 갖가지 폐단들을 지적하고 이를 시정하기 위한 방책을 제시한 것이다.

특히 주목되는 것은 계목의 마지막 종결 문구로서 '…使內白'이 쓰인다는 사실이다. 이것은 『經國大典』 계목의 문자식을 감안해 볼 때 …使內白何如에서 何如를 생략하여

---

26) 해제에서는 52장이라 하였다.

27) 마지막 舊事目의 판심제는 '舊事目' 앞에 한 자를 덧붙였는데 판독이 불분명하나 '後' 자인 듯하다. 출전 표시는 이 부분만 <科擧事目 後舊事目>으로 하고, 앞부분의 新事目과 舊事目은 <科擧事目>으로 표시한다.

등서한 것임은 물론이나 '…使內白'만으로 문장을 종결할 수 있다는 사실을 웅변하는 것이다. 한문 성구로 끝맺는 경우에도 何如를 생략하였음은 두 말할 나위 없다.

그리고 명사 뒤에 통합되어 보조사로 쓰이는 이두자 段을 한결같이 叚로 인출하고 있는 점에 유의해야 할 것이다.

이 밖에도 爲白置有亦의 예<14ㅎ>가 있는가 하면, 이와 달리 문장을 종결하는 위치에서 사용된 어미 -置의 예<9ㅈ>도 발견됨이 주목된다. 新反, 惠伊, 絃如, 使不得 등의 이두들도 눈에 띈다.

吳昌命(1996)에서 품사별로 이두를 나열 소개한 바 있으며, 특히 김경용(2012, 2013ㄱ)은 전문에 대한 현대어 번역과 주석을 해 준 연구물로서 많은 참고가 된다.

10) 1554 救荒撮要

救荒撮要는 1554년(명종 9)에 救荒을 목적으로 언해 간행한 책이다. 이에 대하여는 언해 자료로서 일찍이 논의되어 왔다. 小倉進平(1964) 및 최현배(1961)를 비롯하여 여러 연구물이 이어져 왔으며 徐鍾學(1986)에서 상세히 논의된 바 있다. 이 책은 그 후 지방 관아에서 편찬하기도 하고 辟瘟方과 합철하여 충청도관찰사 金堉이 『救荒撮要辟瘟方』으로 1639년에 간행하기도 하였다.

그 후 行西原縣監 申渫이 1660년에 간행한 『新刊救荒撮要』에는 간행 당시 宋時烈이 쓴 서문과 편찬자인 申渫의 발문이 실려 있다. 전자에는 '新刊救荒撮要序', 후자에는 '新刊救荒撮要跋'이라는 제목이 첫 행에 붙어 있을 뿐만 아니라 각각의 글 마지막에도 성명에 이어 각각 '序'와 '拜手稽首謹跋'이라 쓰였다. 그런데 송시열의 서문 뒤에 張을 달리하여 '救荒撮要'라는 제목으로 전재된 글이 있다. '賑恤廳　啓目……'으로 시작하여 '……李澤次知 /啓依　允'으로 끝맺는 글로서 이두토들이 달려 나온다. 이를 가리켜 종전에 흔히 李澤의 서문이라 하였으나, 이것은 賑恤廳에서 올린 계목과 그에 대한 국왕의 처결 내용을 옮긴 것이다. 계목 뒤에 실린 '嘉靖三十三年十一月二十四日右副承旨臣李澤次知 /啓依　允'은 계목에 대한 국왕의 처결 내용을 적은 判付에 해당된다. 즉 승정원의 담당 승지인 李澤이 올린 진휼청의 계목에 대하여 계목 내용대로 행하라는 임금의 재결이

1554년 11월 24일에 있었다는 것이다. 이를 종합하면 『救荒撮要』(1554년)에다가 내용을 덧붙여 『新刊救荒撮要』(1660년)를 간행하면서 『救荒撮要』에서 跋文으로 실었던 진휼청의 계목 내용을 宋時烈의 서문 뒤에 다시 전재한 것이다.

　이두문으로 되어 있는 진휼청 계목은 한문을 바탕으로 한 데다가 그 양이 많지 않으나 한두 가지 눈여겨 볼 사항이 있다. 이두자 齊와 置가 문 종결어미로 쓰이고 있다는 사실을 잘 드러내주기 때문이다. 是白齊와 是白置가 그 예이다. 이와 관련하여 是白有亦의 용례도 있어 대비된다.

11) 1557 詳定科擧規式

　이 책은 『科擧事目』과 마찬가지로 고려대학교 晚松文庫에 소장된 것으로서 고려대학교 李東歡 교수가 『書誌學報』 9호(1993년 3월)에 영인 소개하였다. 판식이라든가 기타 형태서지적인 면에서 『科擧事目』과 거의 같은데 불과 12張으로 된 을해자 활자본으로서 4년 뒤인 1557년(명종 12)에 간행되었다. 판심제와 권수제 모두 詳定科擧規式으로 되어 있다.

　수록 내용은 예조에서 올린 단 한 건의 계목을 그대로 전재한 것이다. 4년 만에 다시 印刊하여 頒賜하는 까닭은 중국 법규들이 우리 실정에 맞지 않는 경우가 있고, 受教 내용이 중복되고 이두를 섞어 번잡한 때문이라고 하였다. 後錄으로 실은 과거 시험 규칙은 한문으로 작성되어 있고, 앞부분의 계목에만 이두토가 쓰여 있다.

　이두 중에는 以乎, 初亦 등이 눈에 띈다.

12) 1576～80 大典詞訟類聚

　『大典詞訟類聚』는 高靈申氏家 申叔舟(1417～75)의 방계증손인 申公濟(1469～1536)의 셋째 아들 申濈이 편찬한 일종의 법학서이다. 민사소송 관련 법규들을 수록하고 그에 대한 의견을 곁들였다. 당대의 법원으로서 大明律과 經國大典을 비롯해 詞訟과 관련한 여러 가지를 수록하였는데 이 중 국왕의 명령과 지시 내용을 옮긴 承傳, 그리고 국왕에게 올린 계목에 대해 윤허한 내용을 受敎라 하여 전재한 것들이 들어 있어 이두 자료로 활용된다. 특히 주목되는 사실은 이두 사용에 있어 -白-의 사용 여부가 承傳인지, 아니면 啓目에 대해 윤허한 受敎인지에 따라 분명하게 달리 나타난다는 점이다. 즉 일반적으로 承傳에서는 -白-이 나타나지 않고 계목을 수록한 受敎에서만 사용되고 있다.

1576년 8월부터 1580년 10월까지 기간 중에 편찬된 것으로 추정되는 목활자본은 일본 筑坡大學 도서관에 소장되어 있다. 『十六世紀 詞訟法書 集成』에 영인되었으며, 鄭肯植·趙志晩·田中俊光(2012)에서 역주하였다.

'按此'라는 문구로 시작되며 편찬자 申濈의 의견을 적은 부분은 전반적으로 한문을 바탕으로 하면서도 이두어들을 간간이 섞는 문투를 보이는 점이 흥미롭다.

이두토로는 不冬乙良과 不冬乙仍于에서 보듯 不冬이 명사와 같이 기능하고 있음을 분명히 보여주고 있고, 이 밖에도 爲乎追乎와 除除 등이 눈에 띈다.

13) 1592~93 農圃集

農圃集은 鄭文孚(1565~1624)의 문집이다. 1708년에 후손이 遺集 2권과 부록 3권을 모아 편찬 간행하였으나 전하지 않는다. 1758년에 2권 2책의 목판본[28]으로 간행된 이래 1890년에 7권 4책으로 다시 간행하였고, 1970년에는 8권 5책으로 다시 간행되었으며, 1999년에는 海州鄭氏 松山宗中(忠毅公派)에서 『國譯 農圃集』 단행본을 펴 내기도 하였다.

16세기 말 이두 자료로는 狀啓 9편과 牒報 1편이 '狀啓'라는 제목 아래 수록되었다. 임진왜란이 일어난 1592년과 그 이듬해에 올린 것으로서, 咸鏡道의 여러 곳에서 왜적을 격파하고 모반한 자를 참수하는 등의 내용을 담고 있다. 문집의 경우 편찬 과정에서 이두토들을 삭제하는 일이 빈번하다. 영남 지역의 대표적인 名賢들의 문집에서도 후대에 간행하는 과정에서 이두를 삭제하여 한문투로 전재하곤 하였다<이수건 2006:16>. 일찍이 均如의 강의를 제자들이 기록한 것을 13세기 중엽에 다시 간행하는 과정에서도 '削羅言, 削去

---

28) 성균관대학교 尊經閣에 소장되어 있다<청구기호 D03B-1247a>. 규장각한국학연구원에 권一 零本<奎 6739>, 국립중앙도서관에 권一 일부와 권二가 남아 있다. 국립중앙도서관본<한고朝46-가108>은 두 책인데 제1책의 앞부분엔 卷二의 일부, 그리고 뒷부분에는 卷一 37張부터 마지막 83張까지 묶여 있다. 16세기 말 이두 자료는 卷一에 수록되었다.

方言, 削方言'하여 한문으로 바꾸어 수록하였다. 均如의 저술 속에 인용되어 전하는 義湘의 問答 '錐洞記' 역시 변개되었을 개연성이 높다. 그런데『農圃集』에 수록된 狀啓들은 원문을 그대로 전재하였다는 점에서 매우 특이하다. 狀啓式과 대비해 보면 서두 부분만 삭제되었을 뿐이고 원문과 마무리 부분의 투식어와 연호 및 일자 등은 그대로 전재되어 있다.

『農圃集』 장계에 쓰인 이두토들은 장지영·장세경(1976)의『이두사전』에 적극 반영되었다. '爲白乎去望良白乎㫆, 爲白乎去望良臥乎事是良尒, 爲白乎去向入'과 같은 이두토들이 표제어로 등재되었다.

장계의 마무리 부분 투식어는 음미해 볼 요소가 적잖다. 우선 주목되는 사실은 거의 모든 장계에서 '……爲白臥乎事是良尒詮次以   善啓向教是事'29)로 끝맺고 있다는 점이다. 앞 부분의 '……爲白臥乎事是良尒' 대신에 1593년 1월 16일의 장계에서는 '……爲白乎去望良臥乎事是良尒'으로, 1593년 2월 3일 장계에서는 '……爲白有臥乎事是良尒'로서 이미 실현된 사안임을 표현하는 이두자 有가 삽입되었을 뿐이고 나머지 장계들에서는 모두 동일하게 마무리를 하고 있다. 詮次 뒤에 以를 덧붙였을 뿐만 아니라 그 앞의 종결부 투식 표현으로서 '……爲白臥乎事是良尒'이 대체로 존재했었음을 시사해 주기 때문이다.

이두자 중에는 -齊가 문 종결어미로 쓰이는 점, 그리고 종성 'ㄹ' 음의 표기가 때때로 발견된다는 점이 주목된다. 爲白乎可(ᄒᆞᆸ솔가)<1593.1.12.>와 같은 표기가 많긴 하지만 이따금 爲乎乙去(ᄒᆞ올가)<1592.10.14. 장계 및 1593.2.19. 巡營牒報>와 같이 乙 자를 삽입하여 종성의 'ㄹ'음을 분명히 표기한 용례가 발견된다. 또한 爲白乎等乙以(ᄒᆞᆸ손ᄃᆞ로)와 같이 어중의 'ㄹ'음을 인식한 중복표기 역시 발견되기도 한다. 규장각에 소장된 5종의 이본 중 1758년 초간본으로 추정되는 책(장서번호 奎6739-00)에 실린 장계 8편을 대상으로 경어법을 고찰한 홍고 테루오(2002)가 있다. 존경법을 나타내는 동사 어간 표기에 쓰이는 敎是가 명사 뒤에서도 쓰인 점, 선어말어미 -白-이 전체 279회 가운데 208회가 겸양법이 아니라 공손법으로 쓰인다는 점을 지적하였다.

---

29) '善啓向教是事'은 원문서에서는 二字 대두했을 것이나 문집 전재 과정에서는 空格만 행하였는데, 善 자가 아니라 啓 자 앞에 빈 칸을 둔 '…善 啓向教是事'도 더러 보인다. 1890년 중간본에서는 尒이 㫆로 나타나므로 주의하여야 한다.

14) 1592~94 壬辰狀草

忠武公 李舜臣(1545~98)이 임진왜란 중 1592년 4월 15일부터 1594년 4월 20일까지 사이에 王과 세자에게 올린 啓本과 狀啓, 達本과 狀達의 謄抄[30]다. 全羅左水使 및 三道水軍統制使로서 출전의 경위, 전투 상황 및 상벌에 대한 품의 등의 내용을 담은 것이다.

楷書로 쓴 등초 1책은 총 81장으로서 61건을 등서한 것으로서 겉표지에 壬辰狀草라 기입되어 있다. 壬辰狀草는 문서의 3行式과 空格에 맞추어 기재하였으므로 원본에 준하는 가치를 지닌다. 임금에게 올리는 啓本과 狀啓를 앞부분에, 세자에게 올리는 達本과 狀達을 뒷부분에 수록하였다.[31] 1594년 1월 16일까지 날짜순으로 되어 있다.

이와 별도로 家藏 전래되어 온 啓草 1책에 실린 것이 12건 더 있으므로 총 73건이 되는 셈이다. 이 啓草는 충무공의 후손 統制使 李泰祥이 부임지에 보존된 것을 별도로 등서한 것으로 추정된다.[32] 문서의 수신인과 수신처에 상관 없이 날짜순으로 옮겼는데, 충무공의 직함을 적는 서두 그리고 문서 말미에 상투적으로 사용되는 문구를 생략하고 대신 '云〃'으로 적어 놓았다. 또한 空格은 유지되었으나 別行과 擡頭는 거의 지켜지지 않아서 원문서의 형태를 상실한 면이 많다.

李忠武公全書 권2에서 권4까지 거의 동일한 내용이 실려 있으나 연월일과 이두를 모두 삭제하는 등 壬辰狀草와는 차이를 보인다.

壬辰狀草는 문서의 종류에 따른 상투어와 격식을 잘 보여준다. 임금에게 직접 올리는 啓本의 경우엔 대체로 經國大典 禮典 文字式에서의 啓本式에 따르되 다소 다른 점도 발견된다. 단순히 어떤 사실을 보고하고 아뢰는 내용의 경우엔 본문 말미를 '謹具啓 /聞'으로 마쳤다. 이때 '聞' 자는 계본식에 따라 二字 대두를 한다. 이와 달리 국왕의 지시나 처분을 품의하는 경우엔 '謹具啓 /聞'에 이어 '伏候 /教旨'를 덧붙임으로써 본문을 마무리하였다. 이 경우 教旨 역시 二字 대두를 행하는데 등초 과정에서 편의상 空格만을 행하여 옮기기도 하였다. 그런데 경국대전에서의 계본식과는 달리 번거로움을 피하기 위해서인

---

30) 謄錄이라 보는 견해도 있으나 적절치 않은 듯하다. 등록이라면 동일한 직함 그리고 문서 첫부분과 말미 등의 상투적인 문구 등은 생략하고 내용 위주로 옮기기 때문이다. 문건의 草本도 아님은 분명하다.

31) 啓本임에도 불구하고 뒷부분에 수록된 것이 한 건<狀57> 있다.

32) 朝鮮史編修會에서 1936년에 펴낸 『亂中日記草・壬辰狀草』 중의 해설, 그리고 이충무공기념사업회(1976)에 실린 이은상 선생의 해제 참조.

지 '敎旨' 뒤에 붙이는 마지막의 '謹啓' 두 자는 쓰지 않았다. 왕세자에게 보내는 達本의 경우엔 啓 자 대신에 達 자를 사용하였음은 물론이다.

啓本과 달리 狀啓는 임금에게 직접 올리지 않고 승정원에 발송하였다. 이에 따라 '承政院 開坼'으로 시작하는데, 이 문구는 원문서의 첫 행에 쓰인 것이 아니라 두루마리 형태로 된 문서의 겉봉에 해당하는 부분에 쓰였을 것이다. 장계는 계본식과는 달리 직함 뒤에 '謹 /啓'라는 문구를 사용하지 않고 곧바로 본문 내용으로 시작하며, '詮次以 /善啓向敎是事'로 본문을 마무리한다. 이는 앞서 살핀 바와 같이 『農圃集』에 수록된 鄭文孚의 장계에서도 일관되게 사용된 투식어이며, 『典律通補』別編의 狀啓式에 정확히 일치한다. 세자에게 올리는 狀達의 경우엔 '侍講院 開坼'으로 시작하고, '詮次以 /善啓向敎是事'에서 '啓'를 '達'로 바꾼 '詮次以 /善達向敎是事'로 본문을 마감하였다.

조선사편수회에서 1936년에 사료총간 6으로 亂中日記草와 함께 활자화하여 간행하였다. 趙成都(1973)에서 원문을 활자화하고 현대어 번역을 다는 등 상세히 소개하였으며, 이충무공기념사업회에서 1976년에 영인 출간한 바 있다. 영어 번역본을 연세대학교출판부에서 1981년에 펴냈고, 이 밖에도 최두환(1999)의 현대어 번역이 있어 참고된다.

이두 중에는 명사로 쓰인 節에 통합된 -沙의 용례 節沙<狀 27>, 그리고 부사 중에 惠伊<8, 17>, 粗也如<30> 등이 눈여겨 볼 만하다. 동사 率良旀<35>도 드문 예이다. -置와 -齊가 문 종결어미로 기능하는 예들도 곳곳에서 눈에 띈다. 是白齊<1>, 爲白齊<5>, 是白置<4>, 爲白置<4> 등이 있다. 絃如<4, 5>와, 종성의 'ㄹ' 음을 명시한 표기 爲白乎乙去<6>도 주목되는 예이다.

15) 1592~98 辰巳錄

西厓 柳成龍(1542~1607)이 영의정과 四道都體察使로서 壬辰倭亂을 맞아 급박했던 당시의 정황을 임금께 보고한 狀啓들을 수록한 것으로서 다른 사람을 시켜 등서하고 자신이 교열하였다. 辰巳錄이라 한 제목은 주로 壬辰年과 辰巳年 즉 1592년과 1593년에 올린 계문을 주로 수록하였다는 데에서 붙인 이름인데, 실제 뒷부분에는 그 후 丁酉再亂때까지의 내용이 일부 들어있다.

懲毖錄과 全書 등에 수록될 때에는 이두토 및 이두자들을 모두 빼버렸기 때문에 초본을 대상으로 해야 한다. 『古文書集成』 15(河回 豐山柳氏篇 I, 한국정신문화연구원, 1994)의 狀啓篇에 영인 수록되었는데 순서 및 내용 일부가 다르고 누락된 경우가 있다. 서애선생기념사업회에서 2001년에 2책으로 펴낸 『국역 진사록』(이재호 교수 번역 및 감수)이 있어 참고된다.

등서 및 교열 과정에서 이두토와 이두자들을 삭제한 것이 많아 뒤에 서술할 『軍門謄錄』에 비해 이두 자료로서의 가치는 상대적으로 적은 편이다. 이두토로는 爲白乎㫆, 岐等如, 爲白乎乙去 등의 용례가 주목된다.

16) 1592~ 亂中雜錄

임진왜란 때 南原의 의병장인 趙慶男(1570~1641)이 亂中의 잡다한 일을 編年體로 기록한 책이다. 原篇 9권 9책과 續篇 7권 7책 도합 16권 16책의 필사본이다. 원편에 경상도와 전라도의 의병 활동상황, 명나라 원병과 이순신·권율의 활약상, 난후의 수습과 정비, 난후의 국정 전반에 관한 기록을 담고 있으며, 속편에는 병자호란을 전후한 시기의 여러 기록들이 들어 있다.

규장각에 소장되어 있다<奎 6586>. 그러나 거의 대부분 한문으로 기록되어 있고 이두는 이따금 관부문서를 전재하는 과정에서 간헐적으로 쓰였기 때문에 이두 자료로서의 순정도는 낮다.

17) 1595~96 軍門謄錄

西厓 柳成龍이 영의정으로서 四道都體察使를 겸직하는 동안 1595년부터 1596년까지의 啓文과 각 관아에 보냈던 문서들을 모아 등서시킨 후 교열한 것이다. 서문에 의하면 대상 문서 중 3분의 1 정도만 수록된 것이라 하는데 啓文이 61건, 文移가 106건 수록되었다. 이 중 文移는 모두 하달공문으로서 이두를 거의 그대로 보여주고 있어 양적으로 풍부할 뿐만 아니라 당시 하달 官文書에서의 이두 사용 실상을 들여다보는 데 긴요한 자료이다.

연월일에 따라 순차적으로 배열하였다. 懲毖錄과 全書에 수록될 때에는 체재를 달리하고 이두토 및 이두자들을 모두 빼버렸기 때문에 草本을 대상으로 해야 한다.

朝鮮史編修會에서 1933년에 朝鮮史料叢刊 제3집으로 영인 출간한 바 있으며, 『古文書集成』 18(河回 豐山柳氏篇 IV, 한국정신문화연구원, 1994)에도 수록되었다. 서애선생기념사업회에서 2001년에 펴낸 『국역 군문등록』(이재호 교수 번역 및 감수)이 있어 참고된다.

이두 중 몇 가지만을 예시하면 다음과 같다. 중세어의 '호야 이쇼디'[33]에 대응하는 것으로 추정되는 爲有乎矣<1595.11.8. 黃海道巡察使移文>, 부사로 주로 쓰이는 右良이 관형어로도 사용된 용례<1596.1.30. 從事官移文>가 특히 주목된다. 그리고 명사로 쓰인 節에 통합된 보조사 -段의 용례 節段, 그리고 문 종결형식으로서의 기능을 어느 정도 가진 爲有置・-是置・-是齊<1596.1.3. 約束守令將官文>의 공존 현상, 以乎新反<1595.10.19. 京畿巡察使·水軍節度使移文>과 惠伊<1596.11.5. 黃海道巡察使移文(二)> 등이 눈에 띈다.

18) 其他

柳希春(1513~77)의 일기인 『眉巖日記』에는 이따금 문서의 내용을 전재하거나<예 : 1568. 1.17.>, 여백 또는 본문에 이어서 자신이 지은 詩文, 받은 서한, 기타 비망록 등을 때때로 기입하여 놓았다. 이 중에 특히 주목되는 것으로는 士族의 賤妾 소생 孼子女의 신분 및 贖良 문제는 물론 이를 둘러싼 30여 년에 걸친 소송과 관련된 掌隸院의 계문이다.[34] 계문 안의 주요 이두토로는 爲白乎亦中와 부사로 쓰인 流伊를 눈여겨 보아야 할 것이다. 그리고 이 계문의 앞에 전재된 李滉의 계문에 보이는 이두토 絃如의 용례도 눈에 띈다.

---

33) 眼識이 眼올 因ᄒᆞ야 이쇼디 ᄒᆞ마 眼올 보디 몯ᄒᆞᄂᆞ니 <능엄경언해 3.47ㅎ>
　　高侍郎 형뎨 세히 다 조ᄒᆞ 벼슬ᄒᆞ야 이쇼디 <번역소학 10.28ㅈ>
　　이런 ᄇᆞᄅᆞ미 하ᄂᆞᆯ과 ᄯᅡ콰* 스시예 빈 ᄯᅡ 업시 ᄀᆞ득ᄒᆞ야 이쇼디 <七大萬法 7ㅈ> *과
34) 1568. 3. 29. 일기 및 후기 참조. 具玩會(1985)에 관련 경과 및 출전이 자세히 밝혀져 있으며, 한국고문서학회(2013:194~203) 등에도 관련 내용이 실려 있다.

2. 文書類

조선의 건국에서부터 16세기 말까지의 문서 중 이두문을 사용했거나 이두토가 적힌 것들로서 현재까지 알려진 고문서의 수효는 대략 1,000점에 가깝다. 이 중 조선의 건국에서부터 15세기 말까지의 대상 문서에 대하여는 거의 대부분 朴盛鍾(2006ㄱ)에서 상세히 역주한 것이 있어 참고된다. 다만 16세기 문서는 그 양이 적잖으므로 개별 문서에 대한 소개를 하기 어렵다. 따라서 이 책에서는 16세기 이전과 16세기로 나누되, 16세기 이전의 문서들 위주로 간략히 언급한 뒤에 조선 전기에 속하는 대상 이두 자료들을 수록한 資料集과 譯註書들을 연대순으로 소개하는 데 그치고자 한다.

조선 건국에서부터 15세기 말까지의 현전 이두 고문서를 이두문의 쓰임새를 감안하여 그 성격에 따라 몇 개의 부류로 나누어 보면 다음과 같다. 첫째, 일종의 辭令狀이라 할 성질의 문서들이다. 이에는 비록 辭令狀은 아니나, 王命으로 처리된 賜牌文書가 한 부류로 묶인다. 둘째, 王命에 의해 功臣들에게 내린 錄券이다. 셋째는 官府文書 중에 牒呈, 關文, 立案, 陳省牒 및 准戶口 등을 묶어 볼 수 있다. 넷째, 재산의 상속 및 분배 등과 관련된 문서들과 매매문서들을 한 부류로 묶어 볼 수 있다. 이는 말하자면 경제관계 문서들이라 할 만하다. 다섯째, 청원 및 소송 관련 문서들을 한 덩어리로 묶을 수 있다. 이에는 官衙에 대하여 請願을 하는 所志, 관계 당사자들의 증언을 담은 문서라 할 수 있는 侤音, 소송 내용과 관련하여 官에서 보낸 公緘과 이에 대한 일종의 답변서인 答通, 그리고 官의 立案 등이 해당된다. 粘連文書는 이 부류에 넣는다. 내용에 따라서는 粘連文書 안에 경제관계 문서에 속하는 許與文記나 賣買明文 등이 들어 있게 된다. 이들 문서는 원칙상 앞의 네 번째 부류에 속하나, 청원 및 소송과 관련되어 粘連되므로 편의상 이 부류에 묶어 다룬다. 여섯째, 기타 문서류이다. 여기에는 위의 어느 부류에도 들지 않으면서 吏讀語가 쓰인 각종의 문서가 해당된다. 조선조 초기에 이두어가 쓰인 簡札들도 발견된다.

朝鮮 初期 文書로 알려진 것 중에서 논의 대상에서 제외한 자료가 있다. 藤本幸夫(1971)에서 소개한 고문서 중 9點이 이에 해당한다. 이들은 僞造文書이다. 용어부터가 조선초에 해당되지 않는다. '證人, 雜談, 憑考' 등의 한자어는 적어도 조선 초기에는 사용되지 않는 것들이다. 이 뿐만 아니라 '둔, 庫'과 같은 合造字도 15세기에는 발견되지 않는 것이다. 이 문서들 중에 주격 조사 '伊' 자를 사용한 것이 있다. 이것을 주격 조사의 異表記字로

이해하기도 했었다.

1) 『朝鮮史料集眞』 (朝鮮總督府, 1935～37)

『朝鮮史料集眞』은 조선사편수회에서 上篇, 下篇, 續篇의 셋으로 나누어 낱장의 사진첩으로
간행하였으며 수록된 각 자료들에 대한 解說 또한 따로 편찬 간행하였다. 上篇에 대한 해설
은 1·2·3輯으로, 下篇에 대한 해설은 4·5·6輯으로 나누어 간행하였다. 續篇과 그에 대한 해
설은 1·2·3輯으로 나누되 서울에서 출간한 앞엣 것들과 달리 일본 京都에서 인쇄하여 간행
하였다. 한국고전개발회 및 대동불교연구원에서 1970년대에 영인 출판한 것이 있다.

조선 전기 이두 자료들로서는 조선 초기의 녹권 3점과 朝謝帖 그리고 호구단자와 分衿
文記, 掌隷院假立案이 있으며, 등록 중에는 紹修書院立議를 선보이고 있어 참고된다. 時政
記 안에도 간혹 啓目과 같은 자료들이 포함되어 있어 그 안의 이두토들이 산견된다.

2) 『李朝の財産相續法』 (中樞院 調査課 編, 朝鮮總督府 中樞院, 1936)

中樞院 調査課의 의뢰를 받아 喜頭兵一이 조선의 재산 상속에 관해 상세히 서술한 책
이다. 관련 규정과 실제 운용의 문제는 물론 사례를 통해 다각도로 분석하였는데, 16세기
이두 자료가 4점 활자화하여 수록되었다. '傳系文記' 즉 許與文記 형식이 1점, 유서 형식
을 취한 문기가 3점이다. 유서 형식 중 1점은 허여문기 형식으로 분류될 만하다.

3) 『吏讀集成』 (朝鮮總督府 中樞院, 1937)

각종 문서 및 금석문 등에 보이는 이두 표제어들을 묶어 음과 뜻을 보이는 한편 간략
한 풀이를 이따금 곁들인 이두 사전의 성격을 겸한 자료집이라 할 만하다. 부록 중의 하

나로서 실제 이두문들의 전문을 활자화하여 예로서 보여 주었는데, 조선 전기 이두 자료가 10종 가까이 수록되어 있다. 이 중에는 『朝鮮祭祀相續法論 序說』에 전재된 두 자료도 포함되어 있다.

國書刊行會에서 1975년에 재영인 출판하였고, 1986년에 大提閣에서 국어국문학총림 3차본 제24책으로서 『譯語類解』와 함께 영인하였으며, 國學資料院에서 1993년에 영인 간행하기도 하였다.

4) 『朝鮮祭祀相續法論 序說』 (朝鮮總督府 中樞院, 1939)

野村調太郎이 조선의 제사와 상속 관련 법규를 본격적으로 다루기 앞서 喪禮 및 祭禮와 관련된 사항들을 종합적으로 정리 편찬한 책이다. 부록으로 수록한 고문서 두 점이 조선 전기 이두 자료에 속한다. 하나는 定順王后託後書(1518년)요, 다른 하나는 貞海君遺書(1543년)이다.

定順王后는 단종의 妃를 가리킨다. 定順王后託後書는 정순왕후가 단종의 제사를 위해 侍養子로 삼았던 사람이 일찍 죽는 바람에 그의 아내에게 다시 제사를 모시고 묘를 지키기 위한 재산을 물려주는 일을 허락해 달라는 내용의 문서이다. 이 문서는 『莊陵誌』 권1에 수록되었던 것을 전재한 것이다. 『莊陵誌』에 수록되는 과정에서 말미부 ‘啓下爲白乎等良’에서는 等과 良 사이에 用 자를 빠뜨렸고, ‘成給爲去乎’ 뒤에서는 상투적으로 쓰이는 문투를 절단한 듯하다. 문서 자체가 허여문기와 소지를 겸하고 있어 성격이 다소 모호한 편이다.

5) 『古文書集眞』 (金東旭 編, 연세대 인문과학연구소, 1972)

金東旭 선생이 1619년 이전, 그 중에서도 주로 임진왜란 이전의 문서를 위주로 영인 수록하고 고문서의 양식과 분류에 대한 개론적인 성격의 연구물을 겸하여 간행한 책이다. 전체 조사한 대상 고문서는 약 600여 점이라 하는데, 이 중 130종을 수록하였다. 서울대

학교 소장 즉 奎章閣의 문서들이 많고 慶州孫氏 집안을 비롯하여 문중 및 개인 소장 문서들을 모아서 영인한 것이다.

수록 문서 중에는 특히 재산 관련 문기들이 꽤 많은 비중을 차지하고 있어 조선 전기 이두 자료로서의 가치가 매우 높다.

6) 『古文書集眞』(서울대학교부속도서관, 1972)

서울대학교 규장각 소장의 고문서들 약 50,000여 점 중에서 조선이 건국한 1392년부터 1623년까지의 문서 총 238점을 모아 영인한 책이다. 金東旭 선생이 편찬 간행한 동일 서명의 앞의 책 『古文書集眞』과 성격이 유사한 면이 있으나 대상 자료들의 영인에 비중을 두었다.

조선 전기 이두 자료로서는 有旨祗受 狀啓 1점을 비롯해 매매문기 23점, 화회문기 2점, 分衿文記 2점, 별급문기 5점, 점련문서 1점, 허여문기 3점,[35] 노비 換受에 대한 장예원 입안 1점이 들어있어 활용 가치가 높다.

7) 『慶北地方古文書集成』(李樹健 編, 嶺南大 출판부, 1981)

韓國古文書學의 기초를 마련한 기념비적인 업적이다. 영남 일대의 주요 家門에서 전래해 오는 고문서들을 망라하여 활자화하여 펴낸 책이다. 총 13 家門의 계보는 물론 고문서의 전래과정 등에 대한 상세한 소개를 한 故 李樹健 교수의 '解題 및 研究篇', 그리고 고문서의 내용을 탈초하여 활자화한 '原文' 편을 합하여 총 828쪽으로 간행한 방대한 업적물이다. 이 책에 소개된 고문서들은 그 후 여러 가지 다른 목적으로 가문별로 따로 또는 그 중의 일부를 선정하여 영인 및 활판 인쇄하는 등의 방법으로 널리 알려지게 되었다.

'原文' 편에 실린 문서들은 재산 관련 文記들을 위주로 하고 戶口單子와 雜文書를 포함

---

35) 이 중 1점은 유서 형식을 취하고 있다.

하였는데, 문서의 종류별로 분류한 후 다시 가문별, 시대별로 편집하였다.

가문별 소장 재산 관련 고문서 전체를 수록하였으므로 16세기 말까지의 조선 전기에 해당되는 문서들이 들어있음은 물론이다. '原文'의 활자화된 문서들을 대상으로 이두 자료로 활용할 경우에는 다소 유념할 사항이 있다. 전반적으로 탈초가 정확하나 이두자들에서 誤字가 더러 발생하기 때문이다. 한문에 밝은 年老한 탈초자들로서는 자형만으로 판독을 한 데에서 비롯한 듯하다.

8) 『韓國古文書硏究』
(崔承熙, 한국정신문화연구원, 1981/ 증보판 ; 지식산업사, 1989)

韓國古文書學을 최초로 정립한 책으로서의 가치를 지닌다. 고문서의 개념을 비롯하여 사료로서의 가치, 전래와 보존상태, 분류, 문서별 양식과 실제에 이르기까지 체계적이며 폭넓게 고문서를 다룬 책이다. 고문서에 대한 인식과 그 활용의 중요성이 충분히 자리잡고 있지 않던 당시의 학계에 큰 충격을 준 연구물로 자리매김된다.

제5장 고문서의 양식과 그 실제에서는 문서의 분류에 따라 종류별 그리고 연대순으로 소개하되 판독문은 물론 일부 영인을 곁들여 양식에 대한 이해를 도왔으며, 이두자는 옆줄을 그어 표시함과 동시에 그 흅과 뜻을 간략히 주해에 적어 놓고 일부 문서들에 대해서는 현대어 풀이를 달았다.

조선 전기에 속하는 이두 자료들이 다량으로 수록되어 있어 참고되는 바가 많다.

9) 『古文書集成』 (한국정신문화연구원/한국학중앙연구원, 1982~)

1982년부터 한국정신문화연구원, 즉 현재의 한국학중앙연구원에서 기획물로 지속적으로 간행해 오는 자료집이다. 2005년에 발행한 제77집부터 발행처가 한국학중앙연구원으로 바뀌었다. 2015년 현재 총116집이 간행되었다.

어느 한 집안 또는 鄕校나 書院에서 소장한 문서들을 단행본으로 엮어 간행해 왔는데 수록된 자료를 활용할 수 있도록 影印하고 草書로 쓰인 것들은 탈초하여 正書를 해 주었다. 이 책에 수록된 자료들에 대해서는 한국고문서자료관 홈페이지(http://archive.kostma.net)에서 활용의 편의를 제공해 주고 있어 큰 도움이 된다. 원문서 이미지와 解題는 물론 全文을 판독하고 원문텍스트까지 제공해 주고 있어 무척 유용하다. 각 문서의 내용을 비롯해 관련 인물들에 대한 정보까지 제공해 준다. 원문텍스트 중에는 이두자들 중의 일부가 잘못 입력된 것들이 어쩌다가 발견되곤 하므로 원문서 이미지와 텍스트를 대조해 가며 읽어 나갈 필요가 있다.

16세기 말까지의 이두 자료가 실린 책들로는 烏川 光山金氏篇(1집), 扶安金氏篇(2집), 海南 尹氏篇(3집), 義城金氏篇(5~7집), 昌原黃氏篇(9집), 安東 豊山柳氏篇(15~16집), 慶州孫氏篇(32집), 載寧李氏篇(33집), 金海鄕校篇(34집), 龍仁 海州吳氏篇(36집), 海南 金海金氏篇(39집), 安東 周村 眞城李氏篇(41~42집), 安東 順興安氏篇(43집), 安東 水谷 全州柳氏篇(44집), 安東 法興 固城李氏篇(49집), 安東 晉州河氏篇(56집), 玉山李氏篇(65집), 密陽 昌寧曺氏篇(70집), 義城 鵝州申氏篇(77집), 寧海 武安朴氏篇(82집), 漆谷 廣州李氏篇(92집), 星州 碧珍李氏篇(93집), 南原 順興安氏篇(98집) 등이 있다.

10) 『古文書』 1~4 (全南大博物館, 1983~96)

전남대학교 박물관에서 수집 및 조사한 고문서들을 활자화하여 펴낸 책이다. 1983년부터 연차적으로 3집까지 발행했으며, 1996년에 제4집을 발간하였다. 이 중 조선 전기 이두 자료가 수록된 책은 제1집과 제4집이다. 제1집에는 분재 및 매매 관련 문기 3점이, 제4집에는 5점이 수록되었는데 일부 문기는 중복 게재되었다.

중복 게재된 문기 중 1566년에 유배에서 풀려난 眉巖 柳希春에게 누이가 계집종 2口를 별급한 것이 들어있어 눈여겨 볼 만하다.

11) 『古文書』 1~ (서울대학교 도서관·奎章閣·奎章閣韓國學研究院, 1986~)

奎章閣이 소장한 약 5만여 점의 고문서를 연차적으로 단행본으로 발간하고 있는 기획물이다. 1986년에 국왕문서와 왕실문서를 수록한 제1책이 나왔고, 2014년 말 현재 제47집이 간행되었다. 奎章閣의 소속과 지위가 바뀜에 따라 1986년 제1책부터 1991년 제7책까지는 발행처가 서울대학교도서관으로, 1992년 제8책부터는 서울대학교규장각으로, 2007년 제32책부터는 서울대학교 규장각한국학연구원으로 바뀌었다.

제1책에 실린 崔承熙 교수의 소개에 따르면 1395년부터 1910년까지의 고문서를 분류별로 보면, 국왕문서 1,407건·왕실문서 66건·관부문서 3,548건·私人문서 43,188건·結社문서 190건·奉神佛문서 28건·외교문서 230건이라 하였으며, 각 문서별로 다시 세부 문서의 종류별 소장 숫자를 밝혀 주었다.

자료집은 개별 문서마다 行과 列 및 空格 등의 형태를 고려하여 전문을 활자화하였고, 각 문서의 연대와 규격, 규장각에서의 일련번호를 주기로써 보여 주었다. 때로는 활자화 대신 직접 원문서를 영인하여 제시한 경우도 있다. 문서는 대체로 7개의 대분류 아래 종류별로 묶어 연대순 또는 발급자와 수급자의 가나다 순으로 나열하여 제시함을 원칙으로 하였다. 다양한 각각의 문서 종류별로 투식을 비롯하여 표기의 특징과 변천 등을 살피는 데 유효한 면이 있다. 조선 전기에 해당하는 문서들의 수효는 그다지 많지 않은 편인데, 萬曆 연간(1573~1620) 이전의 주요 문서들은 서울대학교에서 1972년에 펴낸 『古文書集眞』에 영인 수록되어 있다.

12) 『한국의 古文書』 (許興植, 民音社, 1988)

고문서학의 이론적 토대에 대한 논의를 비롯하여 삼국시대로부터 15세기 중엽까지의 주요 고문서들의 전문을 판독하여 활자화하였고, 일부 자료들에 대해서 분석한 글을 함께 수록한 책이다. 조선이 건국한 해인 1392년의 李和개국공신녹권으로부터 1447년의 금혜별급문기에 이르기까지의 총18점의 조선 전기 이두 자료들이 수록되어 있으며 이 중 2점에 대해 자세히 분석한 글이 실려 있다.

13) 『嶺南古文書集成』 I · II (嶺南大 民族文化研究所, 1992)

『慶北地方古文書集成』의 후속편으로 기획되어 간행된 影印本들이다. 본문에 대한 활자화 작업 없이 영인만 하여 발간되었다. 1집에는 다섯 家門 - 高靈의 善山金氏와 高敞吳氏, 奉化의 安東權氏, 尙州의 豊壤趙氏, 金陵의 延安李氏 -, 2집에는 晦齋 李彦迪 가문의 無忝堂과 獨樂堂 소장 고문서들을 수록하였다. 敎旨를 비롯하여 고문서들을 가문별, 문서별로 분류하여 영인하였다. 1집에는 15~16세기, 2집에는 16세기 이두 자료들이 수록되어 있다.

14) 『古文書』 (嶺南大學校 博物館, 1993)

영남대학교 박물관에서 수집하여 소장한 고문서들 중의 일부를 문서의 종류별로 영인하여 발행한 책으로서, 고문서 제1집으로 기획된 영인 자료집이다. 조선 전기 이두 자료로는 差定帖 1점과 分財 관련 문기 9점과 매매문기 5점이 들어 있다. 분재문기 중에는 1496년(연산군 2)의 별급문기가 포함되어 있으며, 16세기 별급문기 중의 한 점은 斜給立案이 점련되어 있다.

15) 『全北地方의 古文書』 1~3 (全羅北道 · 全北鄕土文化研究會, 1993~95)

전라북도 지역의 몇 가문에서 소장한 고문서들을 활자화하고 현대어 번역과 함께 간략한 해설을 덧붙여 그 내용을 알기 쉽게 한 책이다. 조선 전기 이두 자료로는 제1책에 16세기 말 差定帖 1점을 포함해 소지 및 입안 각 1점, 별급문기 2점, 화회문기 1점, 그리고 점련문서 1점이 수록되었고, 제2책에는 李和개국정공신녹권을 비롯해 별급문기 2점[36]이 수록되었으며, 제3책에는 金懷鍊 개국원종공신녹권과 李崇元 佐理공신녹권 등이 영인과 함

---

36) 169쪽과 171쪽의 두 점은 동일 문서를 중복 게재한 것이다.

께 수록되었다.

제1책에 수록된 差定帖은 임진왜란 중 산하 관리의 임명 권한을 위임 받은 都體察使가 발급한 것이고, 소지 및 입안은 발급 받은 임명장인 告身을 분실하여 병조로부터 고신 발급 사실을 확인 받은 것으로서 주목된다.

16) 『朝鮮前期 古文書集成 -15世紀篇』
(鄭求福 외 5人, 국사편찬위원회, 1997)

조선 왕조의 건국부터 15세기 말까지의 고문서를 거의 다 망라하여 원문을 활자화하였고 영인을 한 도판을 함께 수록하였다. 각 문서별로 소략한 해제 및 관련 참고논저를 소개하여 연구자들의 편의를 도모하기도 하였다. 조선 왕조 초기의 현전 고문서들을 한꺼번에 들여다볼 수 있어 많은 도움을 준다.

여러 가지 종류의 15세기 고문서들에 쓰인 이두의 전모를 살펴보는 데 매우 유용한 책이다. 활자화하는 과정에서 誤字가 때로 발견되는데 특히 第四篇에 많은 편이다.

17) 『韓國古代中世古文書硏究』 上·下
(노명호 외 6인, 서울대학교출판부, 2000)

고려 시대 고문서들에 대하여 상세한 풀이와 해석을 한 책이다. 대상 자료들에 대한 원문 판독과 교감을 바탕으로 하여 현대어 번역과 주석을 하면서 이두자들을 구분 표시함과 동시에 간략한 개요와 참고논저를 실은 연구물이다. 대상 자료들에 대한 도판과 함께 주제별로 7편의 연구논문을 下卷에 수록하였다.

고려 시대 고문서에 이어지거나 관련 있는 조선 초기의 문서들 일부를 참고자료로 제시하고 있어 도움이 된다. 조선 초기 문서들에 대한 도판은 수록하지 않았다.

18) 『朝鮮初期 古文書 吏讀文 譯註』 (朴盛鍾, 서울대학교출판부, 2006)

조선의 건국에서부터 15세기 말까지의 현전 고문서 중 이두로 작성되었거나 이두자가 들어 있는 것들을 망라하여 각각의 문서에 대하여 해제와 판독 및 현대어 번역을 한 연구물이다. 수록된 자료는 모두 94점이다. 이두자에는 추정 독음을 달았고, 기존의 영인 및 판독을 비롯해 관련 연구논저들을 제시하여 각 문서에 대한 연구 및 참고에 도움이 되도록 하였다.

앞서의 『韓國古代中世古文書硏究』가 현전 고려 시대 고문서에 대한 종합적인 연구물이라면, 이 책은 조선 초기 15세기 말까지 시기의 고문서에 대한 종합적인 연구물이라고 할 수 있다.[37)

19) 機關 및 개인 소장 고문서 자료집 및 영인본들

각종 기관 및 단체 또는 문중이나 개인이 소장한 고문서들 중 자료집이나 영인본으로 출간한 것들 위주로 조선 전기 이두 자료들이 수록된 것을 몇 개의 부류로 나누어 열거하면 다음과 같다.

(1) 박물관 및 도서관 소장 및 발간 자료

국립중앙박물관에는 67종 212건[38]의 비록 적은 양의 고문서를 소장하고 있으나, 그 종류가 비교적 다양하고 가치가 높은 것들이 포함되어 있다. 조선 전기의 이두 자료로는 太

---

37) 이 책의 발간 뒤에 추가로 소개되었거나 일부 누락된 것 중 15세기 말까지의 주요 이두 자료를 들면 다음과 같다. 1425년 裵權差任平關<『古文書研究』37-15>, 1460년 奴婢推刷所志<정98-87~89>, 1466년 寧海都護府奴婢立案粘連文書<『古文書研究』13-56~60>, 심영환・박성호・노인환(2011)에 실린 朝謝文書들 중 일부, 1459년 朴元亨佐翼原從功臣錄券 및 1471년 李崇元佐理功臣錄券, 1481년 掌隷院贖身立案<『大東稗林』20책 安家奴案>, 1494년 鄭氏許與文記 2점<海州鄭氏 貞度公宗家>, 1408년 尼僧張氏奴婢斜給楊州府粘連文書 / 1448년 裵祉妻衿給文記<興海裵氏門中>, 1434년 辛保安妻鄭氏許與文記<경북대>.
38) 『朝鮮時代古文書』에 게재한 田炳武 씨의 해제 글 참조<388쪽>.

祖賜給牒致家舍文書와 陳忠貴개국원종공신녹권을 비롯해 입안 3점과 關이 1점『朝鮮時代古文書』(1997)에 수록되었다.[39] 이 중 입안은 강릉대도호부와 內需司에서 上院寺에 내린 15세기 후반 문서로서 비교적 이른 시기의 모습을 보여주고 있다. 關은 行水軍節度使 李舜臣이 1592년 11월에 谷城縣監에게 보낸 것으로서 곡성의 향리 呂汝忠에게 내린 免役敎旨에 점련된 것인데 '知音' 즉 어떤 사실을 알려주기 위한 관부문서라는 점에서 주목된다.

국립중앙도서관에는 16세기 재산 관련 문서들이 10점 정도 소장되어 있다. 關도 1점 있으나 일부 결락되었다.

국립민속박물관에는 16세기 후반의 所志 1점과 分財文記 3점이 소장되어 있는데, 분재문기 중 2점은 비교적 긴 내용을 담은 和會文記이다. 충청남도 부여와 대전 일대에 거주하는 昌原黃氏 문중으로부터 문서를 기증 받아 1998년에 펴낸『昌原黃氏 古文書』에 조선 전기 이두 자료로 1563년 화회문기 1점과 별급문기 15점이 수록되었다. 다만 별급문기 15점은『古事可貴』라는 제목 아래 성책된 것으로서 원문서가 아니라 전재된 것이라서 영인 없이 그 내용만 활자화하여 소개되었다. 창원황씨 고문서들은『古文書集成』제9집으로 재차 발간되기도 하였는데, 별급문기 15점은 실리지 않았다.

국립전주박물관에서 1993년에 펴낸『朝鮮時代古文書』는 관련 기관들 및 개인소장가들로부터 출품 받은 고문서들을 영인과 판독문을 함께 수록한 것이다. 조선 전기 이두 자료로는 분재 관련 문기 5점이 보인다. 이 중 국립중앙박물관 소장의 보물 제515호인 太祖賜給牒致家舍文書도 들어 있다.

토지박물관에는 토지매매문기를 위주로 지속적으로 수집하고 있어 16세기 것들만 하더라도 20여 점 이상이 소장되어 있다.

전북대 박물관에서 펴낸 자료집 중 1988년에 간행한『全羅道 茂長의 咸陽吳氏와 그들의 文書 (Ⅱ)』[40] 에는 16세기 말의 별급문기 1점과 점련문서 1점이 수록되었다. 이 중 점련문서는 갯벌 30餘結의 사용에 관한 청원과 허락에 관련된 내용을 담고 있는데, 1577년의 소지로부터 1589년 부안현에서 내준 입안까지 소지와 입안 각 3점이 점련되어 있어 눈여겨 볼 만하다. 그리고 1990년에 펴낸『朝鮮時代 南原 屯德坊의 全州李氏와 그들의 文書 (Ⅰ)』에는 16세기 별급문기 1점과 화회문기 1점이 간략한 해설과 함께 활자화되어 있다. 또한 전북대 박물관이 소장하고 있는 16,000여 점의 고문서를 중심으로 조선시대와

---

39) 2004년과 2005년에 펴낸『古文書』에도 간략히 소개되었다.
40) 이 책에 대한 도록이『전라도 무장 함양오씨 고문서』(2008년)로 발간되었다.

대한제국기로 양분하여 문서의 종류별로 간략한 설명과 함께 1999년에『박물관 도록 -고
문서』를 발간하였다. 이 책에도 앞선 두 자료집에 수록된 16세기 별급문기 2점 그리고
1599년 화회문기 1점이 영인 수록되어 있다. 이 책은 특히 각 문서별 명칭을 포함하여
양식과 특징 등을 한 눈에 파악할 수 있도록 편찬되어 입문서로서의 길잡이 역할을 한다.
한편 전북대학교박물관 고문서연구팀(2006)은 전라북도 지역에서 소장 및 발굴 소개된 고
문서 관련 도서들에 대한 해제를 부록으로 덧붙여 놓아 참고된다.

경북대 박물관에도 상당한 양의 고문서가 소장되어 있고 그 중 조선 전기에 해당하는
것들 또한 적잖으나 활용할 수 있는 별도의 자료집이나 발간물은 거의 없는 편이다.

성암고서박물관에 所志와 분재문기를 합하여 5점 정도 소장되어 있는데 이 중 1554년
의 安氏治家法制는 여러 면에서 주목되는 자료이다. 조선 전기 이두 자료인 위 5점은 한
국학중앙연구원에 마이크로필름으로 수록되기도 하였다.

(2) 각종 기관, 서원・향교 및 문중 소장 및 발간 자료

국사편찬위원회에는 사진의 유리필림 형태로 여러 가문에서 수집한 약 70점 가량의 조
선 전기 이두 자료가 소장되어 있는데 거의 대부분 告身敎旨 및 有旨와 敎書 등 국왕문
서들이고 이두 자료로는 太祖賜給芳雨土地文書와 李和尙개국원종공신녹권 및 沈彦沖朝謝
帖을 비롯해 甘結, 그리고 분재문기 몇 점이 있다.[41]

경상북도 안동에 소재한 한국국학진흥원은 인근 지역의 여러 문중들로부터 고문서를
비롯한 각종 유물을 다량으로 기탁 받아 보존하고 있다. 다만 별도로 고문서 자료집만을
간행한 것이 거의 없을 뿐만 아니라 다른 자료집들에 이미 수록 또는 소개된 것들이 많
아 중복된다.

서원과 향교에 소장된 고문서들도 많으나 거의 대부분 17세기 이후의 것이다. 陶山書
院에는 16세기 말 土地賣買文記가 7점 정도 전한다.

『大邱月村丹陽禹氏古文書』(金炫榮 編, 1994)는 대구의 丹陽禹氏家 소장의 문서와 호적대
장 및 量案을 모아 편찬한 것이다. 이 중 倡義遺錄에 실린, 임진왜란 당시 의병장였던 禹

---

41) 국사편찬위원회가 소장한 자료의 목록 및 주요 단편들에 대해서는『사진・유리필름 목록』(1998)과『사
   진・유리필름 목록』(2001)을 참조.

拜善이 주고 받은 12점의 문서들은 모두 16세기 말 이두 자료이다. 당시의 긴박했던 정황을 잘 일러주는 문서들로서 壬辰狀草 및 辰巳錄 등과 동일한 성격을 띠고 있다.

『東海市 古文書 (二)』(배재홍 편, 동해문화원, 2008)는 동해시의 강릉김씨 監察公派 恒吉宅에서 소장한 400여 점의 고문서를 영인과 더불어 원문을 활자화하고 간략히 그 내용을 소개한 책이다. 이 중 16세기 분재 관련 문기들이 7점—都許與文記 3점, 衿給文記 1점, 別給文記 2점 그리고 斜給立案을 받은 점련문서 1점—수록되었다. 일부 문서들은 작게 영인되어 활자화한 원문과 대조 확인이 어려운 점이 다소 아쉽다.

(3) 개인 소장 및 기타

故 李樹健 교수가 조사한 16세기 문서들 중 이두 자료로 활용할 수 있는 것이 몇 점 있다. 이 밖에도 소량의 조선 전기 이두 자료를 소장했으나 공개되지 않은 것들 그리고 개별적인 발간물 안에 한두 점 수록되어 있는 것들이 적잖은 편인데 본저에서는 생략한다.

제3장 표기 및 문체

이두는 한자를 빌려 우리말 문장을 표기한 것이다. 따라서 이두의 문자체계는 곧 차자
표기법의 문자체계가 된다. 조선 전기 이두의 문자체계가 차자표기법 전체의 문자체계와
별도로 존재하지 않는다. 그러나 문자를 운용하는 원리는 다소 다른 면이 있다. 이두가
다른 문자표기법과 공유하는 점이 있는가 하면 이두에 독특한 운용 원리가 따로 있다. 또
한 조선 전기의 이두가 그 이전 시기의 이두와 표기 및 문체 면에서 변화를 보이는 사실
도 드러난다. 이 章에서는 차자표기법 전체에 적용되는 문자체계를 언급한 연후에 이두
의 문자 운용의 원리를 살펴보고, 이어서 조선 전기 이두 표기 및 문체의 몇 가지 특징을
살펴보기로 한다.

1. 문자체계

1.1 音字와 訓字

우리나라 사람들은 한자를 익히고 사용하는 과정에서 訓과 音을 동시에 활용하여 온
오랜 전통이 있다. 이때의 訓은 국어 단어이고, 音은 국어의 음, 즉 韓國漢字音 또는 東音
에 해당된다. 한자를 배우거나 가리킬 때 이 훈과 음을 동시에 사용하는데, 이것이 차자
표기를 가능하게 하는 근본 토대가 된다. 예컨대, '天'을 '하늘 천'으로 읽는 것이다. 이

방식이 보편화되고 굳어짐에 따라 한자를 둘 중의 어느 하나로 읽는 일이 가능해진다. 즉, '天'을 '하늘'로 읽기도 하고 '천'으로 읽기도 한다. 한자의 訓誦과 音誦[1] 방식은 삼국시대로부터 20세기 초까지 줄곧 이어져 왔다. 고구려 지명 표기 '買忽一云水城'과 같이 異表記가 성립 가능했던 까닭은 한자의 訓誦과 音誦이 전제되어 있기 때문이다. 이에 따라 '새터'라는 지명을 '新基'로, '독섬'은 '獨島'로 표기할 수 있었다. 이 경우 '新·基·島'는 해당 한자의 訓을 이용하는 자이므로 訓字 즉 訓借字 또는 訓誦字에 해당되고, '獨'은 해당 한자의 音을 이용하므로 音字 즉 音借字 또는 音誦字가 된다. 한자를 빌려 우리말을 표기하는 기제는 바로 이 한자의 訓誦과 音誦인 것이며, 이것은 한자가 지닌 속성 중 音의 요소를 그대로 받아들이느냐 않느냐에 달려 있는 문제라 하겠다.

1.2 讀字와 假字

한자를 빌려 우리말을 표기하는 과정에서 한자 본래의 뜻 즉 義를 살려 이용하느냐, 아니면 뜻을 버리고 表音하기 위한 목적으로만 이용하느냐에 따라 구분할 수 있다. 전자를 가리켜 '讀'[2]의 원리, 후자는 '假'의 원리에 따른 표기라 할 수 있다. 讀의 원리에 의한 자는 讀字, 假의 원리에 의한 자는 假字가 된다. 달리 말하자면 讀字는 讀借字요, 假字는 假借字라 할 수 있다. 이는 결국 한자가 지닌 속성 중 義의 요소를 그대로 활용하느냐 않느냐에 달려 있는 문제라 하겠다.

讀字와 假字는 얼핏 보면 각각 앞서의 訓字/訓誦字와 音字/音誦字와 동일한 듯하다. 그러나 방향성에 있어 대조적이다. 어떻게 읽히느냐와 어떻게 쓰이느냐의 문제라 할 수 있다. 訓字와 音字는 차자표기에 쓰인 한자를 어떻게 읽느냐에 달려있지만, 讀字와 假字는 그 한자가 어떤 뜻으로 쓰였느냐에 달려있다. 이두에서 '다/더'의 표기자로 쓰이는 如를

---

1) 한자를 訓으로 새겨 읽는 것을 흔히 訓讀이라 하고, 音으로 읽는 것을 일컬어 音讀이라 한다. 그러나 우리말을 표기하기 위해 한자의 뜻을 그대로 살리느냐 아니냐에 따라 讀字와 假字로 분류할 때의 讀과 혼동하게 되므로, 訓讀과 音讀 대신에 訓誦과 音誦으로 호칭한다. 어떤 한자의 대표적인 釋인 訓으로 읽지 않고 문맥에 맞추어 새길 때는 訓誦 대신에 釋誦이라 칭한다.
2) '讀' 대신에 '義'로 지칭하는 방안도 있다. 즉, 한자 본래의 뜻을 살려 표기한 자는 義字, 그렇지 못한 자는 假字로 명명하는 방안이다. 義借字와 술어상의 혼동을 피하고, 학계에 이미 널리 퍼진 선행 연구성과를 존중하는 뜻에서 讀字로 칭한다.

예로 들면 다음과 같다. 爲如乎와 兒如의 如는 똑같이 훈으로 읽히는 訓字 즉 訓誦字이다. 그러나 爲如乎의 如는 如가 지닌 본래의 뜻과 상관없이 쓰인 假字이고, 兒如의 如는 본래의 뜻에 맞추어 쓴 讀字가 된다. 따라서 두 가지 원리에 의거하여 이름 붙이자면 爲如乎의 如는 訓假字요, 兒如의 如는 訓讀字에 해당된다.

南豐鉉(1981:11∼18/2000:14∼20)은 訓과 音의 이용은 한문을 학습하는 과정에서 얻은 원리이고, 讀과 假의 원리는 한국어를 표기하기 위하여 한자를 이용하는 과정에서 얻은 원리로 파악하였다. 그리하여, 이 두 가지 원리에 따라 借字表記法의 문자체계를 다음과 같이 도식하였다.

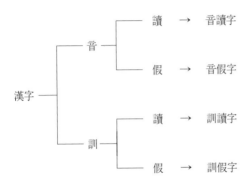

音讀字 : 한자를 음으로 읽으면서 그 표의성을 살려서 이용하는 차자.
音假字 : 한자를 음으로 읽되 그 표의성은 버리고 표음성만을 이용하는 차자.
訓讀字 : 한자를 훈으로 읽으면서 그 표의성을 살려서 이용하는 차자.
訓假字 : 한자를 훈으로 읽되 그 표의성은 버리고 표음성만을 이용하는 차자.

그리고 위의 문자체계를 이루고 있는 두 가지 원리 이외에 수의적으로 '擬'의 원리가 적용된다고 하였다. 즉, '독자이면서도 그 본래의 뜻에서 벗어난 類似讀字가 있을 수 있고 假字이면서 그 표음문자적 성격에 어느 정도의 표의성을 부여하여 사용하는 類似假字가 있을 수 있다'<南豐鉉 2000:19>고 하였다. 鄕藥救急方에서 剪草의 향약명 표기 '䍃耳草'(←라귀플)의 '耳'는, '라귀'의 특징이 '귀'에 있으므로, 단순한 表音字라기보다는 擬訓借字[3]이며, 普賢十願歌의 禮敬諸佛歌에 쓰인 '心未筆留 慕呂白乎'의 '慕'(그리-)는, 원래 '畵'(그리-)의 뜻이므로, 讀字의 성격이 약하여 擬訓讀字로 분류된다고 하였다.

---

3) 南豐鉉(1981:13)에서 제시한 예로서, 擬訓讀字로 분류되어야 할 것이다.

한편 梁柱東이 義訓借로 제시한 '以' 자에 대하여 南豊鉉(2000:18)은 국어의 조격조사 '-로'
를 표기하는 데 쓰이며, 한문의 원뜻에 따라 쓰인 訓讀字였으나, '幷以'(아오로)와 같은 예
에서는 원뜻과는 무관하므로 訓假字로 바뀐 것으로 설명하였다.

1.3 造字

이상의 설명은 借字의 문자체계를 설명하는 데 매우 합리적인 것으로 생각된다. 그런
데 어휘 표기를 포함하여 실제 사용된 漢字들을 들여다보면, 그 중에는 위와 같은 부류의
어디에도 속하지 않는 자들이 적잖다. 국어를 표기하기에 적합지 않아 부득이 기존의 한
자와는 다른 자를 만들어 사용한다. 따라서 한자를 그대로 빌려 쓰는 경우엔 借字, 새로
만들어 쓰는 자는 造字가 된다.

造字는 흔히 '國漢字'로 불린다. 이는 곧 한국에서만 쓰이는 '韓國漢字'이다. 우리나라
에서 낸 漢字辭典에서는 이 국한자를 반드시 수록하고 있음은 두 말할 나위 없다. 그러나
造字는 國漢字에 속하지만 그 역은 성립되지 않는 점에 유의해야 한다. 國漢字라 할 땐
기존의 한자를 본래의 뜻과 다르게 사용하는 자들도 포함되기 때문이다. 예컨대, 太(뜻 : 콩),
串(뜻 : 바다 쪽으로 곧고 길게 뻗은 육지), 娚(뜻 : 오라비)와 같은 자들, 그리고 음도 함께 변한
作(음 : 질, 뜻 : 관아의 문서), 卜(음 : 딤/짐, 뜻 : 짐) 등은 國漢字에 귀속되지만 造字는 아니다.

造字를 중시하는 까닭은 造字의 존재야말로 어느 한 언어를 다른 언어 표기 문자를 빌
려서 적는 차자표기의 성격을 분명히 드러내기 때문이다. 말하자면 차자표기를 차자표기
답게 해 주는 가장 중요한 원천 중의 하나가 造字인 것이다. 이는 다른 한편으로 보면 한
자의 속성 중 形의 요소와 관련된 문제인 것이다.

西田龍雄(1997)은 西夏國에서는, 한자의 구성법인 冠·偏·傍 등을 결합한 방식으로 말
미암아 외견상으로는 한자와 비슷하나, 전혀 독창적인 사고에 의한 독창적 자형의 西夏文
字를 1036년에 공포하였으며, 그 숫자는 약 6,000에 이른다고 하였다. 그리고 더 나아가
漢字系 문자에는 漢字 이외에도 다음과 같은 세 부류가 더 있음을 참고로 밝혔다.

> (1) 1. 派生漢字 : 漢字의 部首를 그대로 사용하되 任意로 결합하여 만든 문자.
> 예) 壯族의 壯文字, 越南의 字喃, 白族의 白文

2. 漢字變形 : 한자의 자형에 변화를 준 문자.
   예) 일본의 假名와 女書
3. 類似漢字 : 한자와 비슷한 독자적인 部首를 결합하여 창조한 문자.
   예) 契丹文字, 女眞文字, 西夏文字

한국의 造字는 크게 두 가지로 나뉜다. 기존의 문자를 그대로 살려 두 자를 합쳐 만드는 방법이 있고, 이와 달리 기존 문자의 획 일부를 없애거나 더하는 등의 방법으로 기존의 문자와 다른 모습으로 바꾸어 만드는 것이다. 전자를 일컬어 合造, 후자는 變造라 칭하기로 한다.

合造字는 일반적으로 한자 또는 한자의 부수를 결합하여 만든다. 𢈲(곳), 𠹳(뿐), 侤(다딤) 등이 그 예이다. 그러나 훈민정음이 창제된 이후에는 表音의 필요상 한자 또는 한자의 부수에다가 훈민정음 문자를 결합하여 만들기도 하였다. 이 경우 亇ᅌ(둥), 특(걱/꺽)과 같이 성격이 서로 다른 두 문자를 결합하여 만든 이 문자들은 한글 전용 표기에서는 쓰이지 않았다.

變造字는 기존의 한자에서 省劃하여 만든 것과 기존의 한자 또는 부수를 변형시켜 만든 것으로 양분된다. 구결자들은 거의 대부분 이 범주에 속한다. 조선 초기에 太祖賜給芳雨土地文書(1392년)에 쓰인 자가 있다. '石' 자에서 가로획을 생략하여 만든 變造字로서 중세어의 곡식을 세는 단위인 '셤'을 표기한 것이다. 일찍이 新羅帳籍에서도 사용되었던 자로서 그 연원이 무척 오래다.

이상에서 언급한 造字와 그 하위분류를 표로 보이면 다음과 같다.

- 造字
  - 合造字
    - 한자/부수를 결합하여 만든 字 : 𢈲, 畓, 頉, 侤, 乭, 叾
    - 한자/부수 이외의 구성소와 결합하여 만든 字 : 亇ᅌ, 특
  - 變造字
    - 省劃에 의한 字 : 口訣字 中 省劃字(예 : ソ, ㇷ), 𥐝
    - 한자/부수 자형을 변형시킨 字 : 平假名

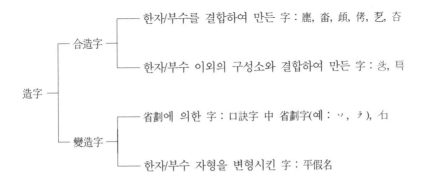

2. 文字의 運用

借字表記에 쓰인 문자들의 운용은 몇 가지 원칙에 따라 이루어진다. 그러나 어휘표기에 쓰인 것들까지를 망라하여 그 운용 규칙을 정리하기는 용이하지 않다. 따라서 여기서는 이두토 표기에 나타난 문자의 운용을 위주로 하여 논의한다.

2.1 訓讀字 우선의 원칙

차자표기 중 문장표기에 두루 적용되는 원칙은 讀字 우선이라 할 수 있다. 그러나 이두토만을 대상으로 한다면 訓讀字 우선의 원칙이 적용된다. 먼저 讀字 우선의 원칙을 신라의 향가 중 薯童謠를 대상으로 살펴보기로 한다. 서동요에 쓰인 각 한자들을 訓과 音, 讀과 假의 원리에 따라 분류하면 다음과 같다. 해독은 金完鎭(1980)을 참고로 하였다. 訓讀字는 ●, 訓假字는 ○, 音讀字는 ▲, 音假字는 △로 표시한다.

<서동요>　　　　　　　（　　轉字　　→　　轉寫　　）

善化公主主隱　　　　　（善化公主니림은　→　善化公主니리믄）
▲▲▲▲●△

他 密只 嫁良 置古　　（눔그윽ㄱ얼랑두고 → 눔 그윽 어러 두고）
● ●△ ●○ ●△

薯童 房乙　　　　　　（薯童房을　→　薯童 房올）
▲▲ ▲△

夜矣 夗乙 抱遣 去如　（밤의알을안고가다　→　바매 알홀 안고 가다）
●△ ●△ ●△ ●○

위 분류 중 '嫁良'의 '良'은 제시된 해독과는 달리 훈차자로 보았다. 良은『石峰千字文』(1583년)에서 '어딜 냥'이나,『光州版千字文』(1575년)에서는 '알 량'으로 나타나기 때문이다. 薯童을 위 해독과 달리 '맛둥'의 표기로 본다면 훈독자와 음독자의 결합으로 분류하여야 마땅할 것이다. 위 차자 분류가 시사하는 가장 중요한 특징은 讀字 우선의 원칙이 지켜지고 있다는 사실이다. 즉, 가사를 어절 단위로 구분해 놓고 보면 어절의 첫 음절은 반드시 讀字로 시작되는 특징을 지닌다. 이를 달리 말하자면 '讀字＋假字'의 구조로써 어절을 구성하는 것이라 하겠다.

그런데 한자어에 속하는 善花公主와 薯童房을 제외한 나머지를 들여다 보면 실질적인 의미를 가진 형태 즉, 實辭는 訓借字로 표기하고, 그렇지 아니한 형태 즉, 虛辭는 대체로 音借字로 표기하고 있음을 알 수 있다. 이것은 흔히 '訓主音從'의 원리에 따른 표기법이라 하였다. 그러나 '訓主音從'이라 하면, 위에서 嫁良과 去如는 들어맞지 않는다. 따라서 讀字 우선의 원칙, 또는 '讀字＋假字'<남풍현(1981:17) 참조>의 원칙이라 부르는 편이 더 나을 것이다.

이에서 한 걸음 더 나아가 이두토 표기에 국한하여 보자면 訓讀字 우선, 또는 訓讀字＋假字의 구조를 이룬다고 할 수 있다. 無去乙, 導良, 更良, 須只 등 거의 대부분의 이두자들이 이 원칙에 따라 표기된다. '爲-'와 '是-' 역시 훈독자이다. 知想是-, 向入-와 같은 합성동사들은 물론 훈독자가 연속해 나오기 마련이다. 그런데 連語 구성은 원래 별개의 단어들이 통합되었던 것이 굳어져 사용된 것이므로 발생 당대의 각각의 단어로 인식하여 다룰 필요가 있다. 예컨대, '爲乎事'은 '爲乎 事'로 띄워야 함이 당연하고, '爲只爲'과 '爲乎爲' 등과 같은 구조는 본래 '爲只 爲'과 '爲乎 爲'였던 것으로 인식하여야 할 것이다. 不得, 向事과 같은 훈독자 연속체는 발생 당시 합성어였거나 句 구성체였던 것이 하나의 단어로 통합된 것임을 시사해 준다. 또한 선어말어미의 기능을 가진 '白, 有, 在' 등은 기원적으로 實辭였을 개연성이 있다고 판단하게 된다.

물론 이 원칙에는 예외가 더러 발견된다. 이는 무엇보다도 이두 사용의 연원이 워낙 오랜 데에 기인한다. 대표적인 예외 중의 하나가 并以의 '-以'이다. 한문에서의 용법과 국어의 부사격조사 '-로'와의 기능이 유사함으로 말미암아 일찍이 訓讀字로 채용되었던 것이 訓假字로 원용된 것으로 이해된다. 이런 예외에도 불구하고 이 원칙은 이두토에 매우 유효한 것임에 틀림없다. 이두문을 현대 국어의 띄어쓰기에 준하여 어절 단위로 분리해 놓고 보면, 이두토 표기자는 거의 예외없이 訓讀字로 시작된다.

2.2 단일 표기의 원칙

차자표기에서는 모음조화에 따른 모음의 대립을 별도로 표기하지 않음이 보편적이다. 이는 이두토 표기에도 유효하다. 等은 '드/둘'로 주로 읽히지만, 其等徒에서는 '드'로 읽힌다. '드'와 '드'를 구별 표기를 위해 별도의 표기자를 사용하지 않는다. 속격 조사 '-이/의'를 양성모음과 음성모음의 구분 없이 모두 矣로 표기한다. 이것은 어미 표기자들에도 대체로 그대로 적용된다. 모음조화에 따라 대립하는 두 모음이 있는 경우 그 중 하나를 대표음으로 정하여 표기자가 정해지면 다른 모음은 그 음상에 상관없이 그대로 표기되는 것이다. 이를 가리켜 일단 단일 표기의 원칙으로 부르기로 한다.

단일 표기의 원칙은 형태론적 층위에서도 적용된다. 후기 중세국어의 대격 조사 즉 목적격 조사는 '-ㄹ, -을/올, -를/롤'의 이형태를 갖는다. 그러나 이두에서는 모두 '乙'로 표기된다. 여러 이형태를 갖는 형태소의 경우 대표 이형태 즉 기본형을 표기한 자로써 나머지 이형태들을 그대로 표기하는 것이다. 공동격 조사 '-와/과' 역시 '果' 자로만 표기된다. 그러나 통사적인 조건에 따른 변이형이라든지 형태론적인 이형태만큼은 이 원칙에 따르지 않는다. 爲去沙와 爲良沙에서 去와 良이 그 대표적인 예이다. 구결의 표기에서도 이 원칙은 대체로 유효하다고 본다.

그리고 형태음운론적인 교체를 보이는 경우 鄕札과는 달리 음상을 반영하지 않고 형태소 위주의 표기를 하는 점도 단일 표기의 원칙과 관련된다고 본다. 예컨대 'ᄆᆞᅀᄆᆞ'를 향찰에서는 心未로 적었지만, 이두의 표기법이라면 心良中 정도로 적힐 법하다.

2.3 代用에 따른 관용

이두토 표기에 사용되던 자가 이따금 다른 자로 바뀌는 경우가 더러 있다. 이때 원래 쓰이던 자와 바뀐 자 사이에는 일정한 상관관계가 파악된다. 한자가 가진 세 가지 특성 즉, 흡·形·義 중 어느 하나가 동일하거나 유사한 자로 대체되는 현상을 발견할 수 있다. 이를 일컬어 代用에 따른 관용이라 부르기로 한다. 이로 말미암아 생성된 異表記는 표기법의 운용 법칙에서 나온 것이 아니라 실제 사용의 결과일 따름으로 이해된다. 따라서 이런 특징은 앞서의 원칙들과는 달리 편의성과 관습에 따라 형성된 것이며 심지어는 원래의 이두토와 전혀 다른 誤用으로 말미암아 발생된 것도 있다.

가. 取音에 따른 대용

取音에 따른 대용은 音이 같거나 유사한 자를 원래의 자를 대신하여 쓰는 방식을 가리 킨다.

조선 전기 이두자 중에 取音에 따른 대용 표기 예로 대표적인 것은 追于에 대한 追乎이다. 양자는 이미 고려시대부터 혼용되어 왔을 뿐만 아니라 조선 전기 이두 자료들에서도 자주 혼용되는 양상을 보여주기 때문이다. 특히 爲乎追于는 중세어의 '혼조초'에 대응하는 표기인데 이것이 爲乎追乎로 표기되기도 하였다. 이와 같이 于 자를 대신하여 乎로 표기할 수 있었던 까닭은 자주 쓰이는 爲乎矣 및 爲白乎矣와 같은 이두토에서 乎가 '오'로 읽히는 데 연유한다고 추정된다.

因于 대신에 사용된 因乎 역시 취음에 따른 이표기이다. 『大明律直解』의 경우 因于는 14회 가량 쓰였으나 因乎는 단 한 번 사용되었을 뿐이다. 이것은 因于가 상대적으로 더 보편적 표기이며, 于 대신에 음상이 같은 訓假字 乎가 대용될 수 있음을 시사해 준다.

전혀 다른 자임에도 불구하고 取音하는 과정에서 대용된 자 중에 '衿'이 있다. 이두어 分衿, 衿記, 衿給 등에서의 '衿'은 중세어의 '(옷의) 깃'을 나타내는 자이다. 그럼에도 불구하고 이것이 '재산이나 금전, 물품 따위를 나누었을 때의 한 몫'을 가리키는 '깃'을 표기하기 위해 사용되었다. 따라서 원래는 제 뜻에 맞는 訓借字를 사용하여야 마땅하겠으나 동일한 訓으로 읽히는 대용자 '衿'을 택하여 사용된 것으로 설명된다. 중세어에서 두 단어가 성조까지도 정확히 일치하기 때문에 대용된 자로 추정된다<李基文(2003) 참조>.

取音에 의한 대용 표기의 예는 이두자에만 국한되는 것은 물론 아니다. 한자어 仔細를 仔 대신에 음이 같은 子와 字로 대용하여 적은 子細, 字細의 용례들도 발견된다. 중세어에서는 부사로 쓰인 'ᄌᆞ세, ᄌᆞ셰히, ᄌᆞ셔히'와 상태동사 'ᄌᆞ셔ᄒᆞ-'가 쓰인다. 이들 단어가 한자어 '仔細'에서 유래하였음에도 불구하고, 이미 국어에 동화된 외래어로서 자리잡고 있었음을 반영하는 예라 하겠다.

取音에 따른 이표기 용례는 조선 초기 자료에서 쉬 발견할 수 있다. 同種의 녹권들을 대비해 보면 取音하여 적은 예가 꽤 많이 드러난다. 이것은 특히 人名 표기에서 많이 나타나는데, 이름字를 달리 쓰는 것은 흔한 편이고, 심지어는 姓氏에도 音이 같은 다른 字를 쓰는 경우가 적잖다. '殷實'이 '銀實'로 적히기도 하고, '辛用儒'와 '申用儒'가 혼용되는 것이 그 단적인 예이다. 녹권의 경우엔 唱准이 불러주는 대로 적는 과정에서 그러했을 개연성이 높다. 그러나 음이 같으며 적기 편하고 쉬운 자를 대용하는 관습은 분명히 있었다고 보아야 한다. 예컨대, 李禎妻金氏所志(1463년)에서는 緋緞을 '非丹'으로 적기도 하였다.

이두토 표기에서 음에 따른 대용 표기가 문제시되는 경우는 앞서의 '衿'과 거의 마찬가지로 우리말에 맞추어 전혀 엉뚱한 자들을 사용한 경우일 것이다. 『大明律直解』의 이두토 '是絃'이 대표적인 예라 할 수 있다.

> (2) ㄱ. 旨 是絃 無亦 私丁 兵器 持是弥 (非奉旨私將兵器) <13.5ㅎ> (有旨[4]를 가짐 없이 사사로이 병기를 지니며)
> 凡 邊境防禦將帥亦 旨 是絃 無亦 私音丁 軍人乙 用良 境外良中 人口財物乙 虜掠令是在乙良 (凡守邊將帥非奉調遣私自使令軍人於外境擄掠人口財物者) <14.6> (무릇 변경을 수비하는 장수가 유지를 가짐 없이 사사로이 군인을 부려 경비지역 밖에서 사람과 재물을 노략하게 하걸랑)
> 凡 諸君宰樞亦 旨 是絃 無亦 (凡公侯非奉特旨) <14.11ㅈ> (무릇 왕족과 대신이 유지를 가짐 없이)
> ㄴ. 旨 是絃以 開閉者乙良 勿論罪爲乎 事 (其有旨開閉者勿論) <13.8ㅎ> (유지를 가지고 있어서 궁궐 내 城門을 열고 닫은 자는 논죄하지 말 것)

'是絃'은 대체로 '이숄/이숋' 또는 '이슐/이슗'에 대응하는 이두자로서, '가지고 있음' 정도의 의미를 갖는 것으로 판단된다. 그러므로 '訓讀字＋假字'의 원리에 따라 '有乎乙'이나, 말음을 생략한 표기 '有乎'을 상정할 수 있다. 그런데 이러한 이두자 용례가 발견되지 않는다. 고려시대 이두에서는 '是絃如'와 '爲絃如'의 용례만 보일 뿐, '有乎乙'과 같은 예가 쓰이지 않았다. '有'가 동사로 사용된 예는 고려시대 자료에 이미 나타날 뿐만 아니라, 『大明律直解』에서도 '有去乃, 有去等(沙), 有去乙, 有在乙良'의 용례가 보인다. 그럼에도 불구하고 동명사 어미를 포함한 형태인 '이숋/이슗'의 '이'는 훈차자 '是'를, '숋/슗'을 표기하는 과정에서는 음상이 유사한 '絃'의 새김 '시욹'을 이용한 것으로 이해된다.

---

[4] 이 경우엔 임금의 명령이나 지시 등을 총칭하는 의미일 것이나 문서로 시행할 경우엔 有旨에 해당한다고 본다.

나. 取形에 따른 대용

取形에 따른 대용은 字形이 유사함으로 말미암아 다른 자를 쓰는 경우에 해당된다. 대표적인 예로서는 -巴只와 -已只, -弋只와 -戈只, 便亦에 대한 使亦를 들 수 있다. -弋只와 -戈只는 이표기로서 朴喜淑(1985:101)도 -戈只를 字形의 유사에서 비롯한 것으로 파악한 바 있다. 李丞宰(1992ㄱ:108)는 "사용빈도가 매우 낮은 '弋'字 대신에 사용빈도가 높은 '戈'字를 무의식적으로 사용하게 되어 戈只가 나오게 된 것"으로 설명하였다. 양자간의 문법 및 의미 차이가 없음은 물론이다. 종전에는 -弋只 또는 -戈只를 단체나 복수명사의 주격을 표시하는 것으로 추정해 왔다<朴喜淑(1985:102), 李丞宰(1992ㄱ:109)>. 그러나 이들은 유정명사와 무정명사, 존칭명사와 비존칭명사 그리고 數에 상관없이 두루 쓰인다. -弋只/戈只의 용례는 15세기 고문서에서도 주격으로 쓰인 것이 발견된다. (3)이 그 예이다.

(3) ㄱ. 副司猛 鄭從雅 伴倘 金義 老除 本 金海弋只 進叱使內良於爲 口 /傳 施行 敎事 是良尔 <1478 鄭從雅伴倘金海差定帖> (副司猛 鄭從雅의 반당으로 金義는 늙었으므로 해임하고 그 자리에 金海로서 나아가 종사하도록 하라고 口傳으로 시행하신 일이어서)
ㄴ. 萬一 女矣 子孫 及 他余遠近族類等戈只 爭望爲行去等 此 成文內 事意乙 用良 <1498 柳氏權柱家舍賣買文記 04> (만일 제 자손 및 다른 멀고 가까운 친척들이 다투고 원망하는 일이 지속되거든 이 문서 안의 내용으로써)

(3ㄴ)의 -戈只는 일반적으로 주격 조사 -亦이 쓰이는 자리이다. (3ㄱ)의 -弋只는 조격으로서의 의미가 어느 정도 남아 있긴 하나 주격 조사로서의 기능을 하고 있다. 이와 같이 -弋只와 -戈只, 그리고 -亦이 주격 조사 자리에서 혼용된다는 사실은 대략 다음과 같이 설명된다. 이른 시기에 주격 조사의 음상이 '-익'과 유사한 것이었으며, 이 문법형태를 음차자 亦으로 표기해 왔다고 본다. 그러다가 어느 때인가부터 말음첨기식의 弋只로도 표기하기 시작함으로 말미암아 양자가 혼용되었을 것으로 추정된다. -弋只가 -戈只로도 표기된 것은 자형이 유사함으로 인한 현상인데, 이것은 다른 한편으로 '-익'과 유사한 문법형태소가 이미 소멸되었음을 반증하는 것이다. 따라서 유연성을 상실한 점에서는 마찬가지일 것이나 관습적으로 사용하는 주격 조사 -亦 대신에 혼용되던 -弋只를 써야 마땅할 터인데, 자형이 유사한 戈를 弋 대신에 사용함으로 말미암아 (3ㄴ)과 같은 -戈只가 출현한 것으로 이해된다.

조선 전기 이두 자료에서 取形에 따른 대용의 특이한 예로는 竒是-가 있다. 조선 초기 녹권의 첫부분에 쓰였던 竒是-는 중세어의 동사 '브티-'를 표기한 것이다. 그러므로 원래의 자는 寄是-였을 것이나, 원래의 '寄' 자 대신에 字形이 유사하고 쓰기에 다소 편한 '竒'를 사용한 것으로 추정된다.[5]

字形이 유사한 자를 대용하는 경우의 대표적인 또 한 예로서 便亦 대신에 사용된 使亦가 있다. 使亦은 便亦과 달리 그 용례를 찾기 힘들다. 조선 전기 이두 자료에서는 발견되지 않는다. 그럼에도 불구하고 이두학습서들 중의 일부가 이것을 표제어로 등재하고 있다. 따라서 현재로서는 『吏文』 등에서 便亦 대신에 자형이 유사한 使亦을 표제어로 등재한 것을 후대 학습서들이 답습하고 있는 것이 아닌가 판단된다. 이와 같은 대용은 결국 '便'과 '使' 두 글자의 모양이 비슷한 데에서 주로 기인한 것으로서, '스러여'의 첫 음절과 '使'의 音이 유사한 점도 참고된다<洪淳鐸(1974:50), 安秉禧(1987ㄷ:35) 참조>.

다. 取義에 따른 대용

뜻이 동일하거나 유사하여 대용되는 이두자들도 있다. 仍于에 대한 因于,[6] 그리고 追乎에 대한 隨乎를 예로 들 수 있다.

仍于는 대격을 지배하는 동사에서 온 후치사로서의 역할도 지니고 있다. 『吏讀便覽』과 『吏文襍例』 등 후대 이두 학습서에서는 '乙仍于'를 표제어로 등재하기도 하였는데, 이는 곧 仍于가 대격조사와 통합하여 일종의 후치사처럼 쓰였음을 반영하는 것이다. 仍于는 중세국어의 '지즈로/지즈루'에 정확히 일치하는 어형이며, -乙仍于는 '…때문에, …로 말미암아'의 뜻을 지닌다. 그런데 因于 역시 仍于와 문법 및 의미 기능이 같다. 因은 고유어 새김이 한자어로 바뀌어 '인홀 인'으로 새기고 있으나 『千字文』에서는 '지줄 인' 또는 '지즐 인'[7]으로 새겼다. 仍은 '견대로홀 인'<類合 下29ㅎ>으로 새기다가, 후에는 因과

---

5) 두 자가 비록 성조는 다르나 동일한 음을 지니고 있어 흥미롭다. 朴盛鍾(2003ㄴ:299)에서는 이것을 取音의 예로 제시하였으나 取形을 겸한 대용으로 정정해야 한다.
6) 仍于와 因于의 혼용을 16세기 10년대의 문헌 등에 나타난 전통한자음에서의 '잉'과 '인'의 혼란을 근거로 하여 取音에 따른 대용으로 파악하기도 한다<安秉禧 1987ㄷ:17>. 그러나 음이 유사하다고 하더라도 '仍于' 대신에 '忍于, 認于'를 사용하지는 않는다고 본다. 따라서 字意가 동일하거나 유사한 자를 대용하는 것으로 파악해야 할 것이다. 대체되어 사용된 글자가 지닌 音의 유사성은 수의적이거나, 우연한 일치에 따른 부수적인 현상으로 처리하고자 한다.
7) 石峰 千字文에서는 '지줄 인'이나, 光州版 千字文에는 '지즐 인'이다. 이후 천자문에는 이 두 가지 중의 하

마찬가지로 고유어 새김 대신 한자 因 그대로 읽어 '인홀'로 새겼다. 따라서, 因于는 仍于 대신에 뜻이 같은 자로 대용한 데에서 비롯된 이표기로 판단된다. 고려 시대 및 조선초기 문서류 이두에서 仍于만이 쓰였기 때문이다. 『大明律直解』에서는 양자가 공존하나, 仍于 가 역시 우세한 편이다.

　追乎 대신에 사용된 隨乎의 경우도 取義에 의한 대용의 예에 속한다. 이 역시 追 대신에 의미가 유사한 隨를 사용한 것으로 이해된다. 물론 이 경우엔 追于에서 隨乎로 곧바로 대용된 것이 아니라, 追乎에서 隨乎로 대용된 것으로 보아야 할 것이다. 隨乎의 용례는 『大明律直解』에서만 발견될 뿐 일반적으로 찾기 힘들다. 조선 전기에서는 (4)가 유일한 예이다.

> (4) 無夫爲在乙良 有服制親族 及 切隣乙 作保 准受爲有如可 官員仕官日隨乎 聞見待候遣
> 不許囚禁爲乎矣 <直解 28.18> (남편이 없는 이는 상복을 입는 친족 및 이웃집
> 사람을 보증인 삼아 유치했다가 관원이 출사하는 날을 좇아 사정을 듣고 본
> 뒤 命을 기다리고 (여자는) 가두지 못하게 하되)

3. 朝鮮前期 吏讀 문체 및 표기의 몇 가지 특징

　조선의 건국에서부터 16세기 말까지의 이두 자료에는 위에서 설명한 일반적인 운용 원칙에 따른 표기상의 특징 이외에도 다음과 같은 몇 가지 문체 및 표기상의 특징이 드러난다.

3.1 명사문 종결의 원칙

　이두로 작성된 글은 현대어와 달리 긴 텍스트를 하나의 단위로 하여 동사의 서술형으로 문장을 종결하지 않고 명사 또는 명사적 기능을 갖는 형태로 끝맺는다. 달리 말해 이두문은 명사문으로 文을 종결하는 방식을 사용한다. 이 원칙은 조선 전기 이두문에서도 그대로 유효하다.

나로 반영된다.

이두문에서의 명사문 종결 방식은 크게 둘로 나뉜다. 하나는 '일'로 새겨 읽는 명사 '事'를 이용하여 문장을 마감하는 방식이요, 다른 하나는 동명사어미를 이용한 동사의 명사형 방식이다. 이 중 첫 번째 '…事'로 끝맺는 이두문 텍스트 종결 방식은 재산을 주는 문서들, 즉 許與文記와 別給文記 등, 그리고 토지와 노비 등을 매매하는 문서들에서 특히 잘 드러난다.

(5) ㄱ. 建文參年辛巳 玖月拾伍日 妾生女子 旀致亦中 文字 成給爲臥乎 事叱段 (…중략…) 子孫 傳持 鎭長 居住爲乎 事 <1401 太祖賜給旀致家舍文書> (건문 3년 辛巳年 9월 15일에 첩의 소생인 딸 자식 旀致에게 문서를 만들어 주는 일은 (…중략…) 子孫에게 지니도록 傳하여 오래오래 거주할 일)

ㄴ. 正統拾貳年丁卯 拾月初參日 婿 河紹地亦中 許與爲臥乎 事叱段 (…중략…) 後次 別爲所 有去等 此 文字內乙 用良 告官辨正爲乎 事 <1447 금혜별급문기> (정통 12년 丁卯年 10월 초3일에 사위 河紹地에게 허여하는 일은 (…중략…) 후에 특별한 바가 있거든 이 문서의 내용으로써 官에 고하여 바로잡을 일)

ㄷ. 萬曆二十參年 貳月拾六日 慶州 居 裵忠凱 處 明文 /右 明文爲臥乎 事叱段 (…중략…) 此 明文 內 貌如 告官辨正爲乎 事 <1595 매매문기 영2-291> (만력 23년 2월 16일 경주에 사는 裵忠凱 앞 명문 /이에 명문하는 일은 (…중략…) 이 명문 내용과 같이 官에 고하여 바로잡을 일)

(5ㄱ)은 太宗 1년에 太上王으로 있던 太祖가 첩 소생인 旀致에게 집을 지어 물려준 문서 즉 허여문기의 본문이다. 8행으로 된 긴 글임에도 불구하고 한 문장으로 구성되어 있으며, 문장의 마지막은 '하올일'로 새겨 읽는 '爲乎事'로 마감하고 있다. (5ㄴ)은 별급문기, (5ㄷ)은 점련문서에 붙어 있는 매매문기로서 노비와 가축 등을 방매한 문서의 본문이다. (5ㄷ)에서는 제목에 해당할 만한 부분이 별도로 작성되어 제2행부터가 본문의 역할을 하는 것으로 조금 달라진 모습을 보인다. 그럼에도 불구하고 전체 문장이 하나의 이두문으로 작성되었으며 마지막을 '…事'로 종결하는 이러한 방식은 조선 전기는 물론 그 이후 시기에도 줄곧 이어진다. (5ㄴ, ㄷ)과 같이 '…告官辨正爲乎 事'로 끝맺는 방식은 16세기 이래로 점차 한문투로 바뀌어 '…告官辨正事'로 쓰는 일이 늘어남에도 불구하고 마지막 자는 여전히 명사 事를 사용함으로써 명사문 종결 형식은 그대로 유지된다.

명사 '事'로 끝맺는 이두문 텍스트 종결 방식은 관부문서들에서도 유효하다. 이 경우에는 '…向事' 또는 '…向敎(是)事'로 마감하게 되는데, 전자는 어떤 사안에 대하여 처리하라고 지시하는 下達 또는 平達문서에서, 후자는 처리해 줄 것을 요청하는 上達문서에서 마지막 문구로서 사용된다. '…向敎(是)事'로 끝맺는 방식은 승정원에 보내는 狀啓의 말미에도 사용되었다.

(6) ㄱ. 承政院 開拆　　資憲大夫具衘臣李
　　　　鹿島萬戶鄭運亦 (…中略…) 爲白去乎詮次以
　　善啓向教是事
　　　　　　　　萬曆二十年九月十一日　　　<壬辰狀草 狀13 1592.9.11. 狀啓>

　　　ㄴ. 留都有
　　　旨京城收復之後 (…中略…)　臣本月十七日在 /京祗受爲白置有良亦詮次以
　　善啓向教是事
　　　　　　　　八月二十一日狀啓　　　<서울대 古文書集眞 26>8)

(7) 具衘臣姓署名
　　某事云云爲白臥乎事是良亦詮次
　善啓向教是事
　　　　年號幾年某月某日　　　<典律通補의 別編 本朝文字式 중 狀啓式>

(6ㄱ)은 全羅左道水軍節度使였던 李舜臣이 승정원에 보낸 장계의 등초이고, (6ㄴ)은 有旨의 내용을 전재한 뒤 그것을 받았다는 내용을 담고 있는 1593년 영의정 崔興源의 有旨祗受狀啓로서 둘 다 '……向教是事'로 끝맺고 있음을 보여준다. (7)은 『典律通補』에 실린 狀啓式에 따라 구성해 본 것으로 (6)과 거의 일치한다.

(8) ㄱ. 漢城府　　　立□9)
　　　右 立案 中直大夫 (…중략…) 永遠 居住爲只爲 文字 成給 向事 合行立案者
　　　洪武參拾年拾壹月　日　　　　　　　　<1397 鄭矩家垈折受漢城府立案>
　　　(한성부 입안임. 이 입안은 中直大夫 (…중략…) 영원히 거주하도록 문서를 만들어 주는 일로서 입안을 행하기에 마땅함. 홍무 30년 11월 일.)
　　ㄴ. 監務官爲移接事今月初九日 (…中略…) 今月十日及良移接向事 <1407 長城監務關字> (감무관이 거주를 옮길 것을 명하는 일로서 이 달 초9일 (…중략…) 이 달 10일까지 옮겨 갈 것.)
　　ㄷ. 某衙門爲某事云云合行移關請 /照驗施行須至關者 <경국대전 예전 平關式> (아무 衙門에서 아무 일에 관한 것으로서 云云 關을 이송함이 마땅하기에 밝혀10) 시행하시기 바라며 이에 모름지기 關에 이른 것임)
　　ㄹ. 龍潭縣令爲徵納事 (…中略…) 同 君石乙良 爲先 捉囚 移文 向事 合行移關 請 /照驗施行 須至關者 <1594 정2-408>11) (용담현에서 금번에 징납 관련된 일

---

8) 문서의 연대를 1599년으로 비정하였으나 1593년이 옳다. 『선조실록』 26년 8월 9일 庚寅 및 李樹健 外 (2004:143) 참조.

9) '案'으로 보전됨.

10) 『經國大典註解』後集 禮典 解由牒呈式條에서는 '照驗'에 대하여 '謂證明其事也'라 풀이하였다.

로서 (…중략…) 위 君石은 우선 잡아들이고 문서를 보내니 처리할 일 슴
行移關 請 /照驗施行 須至關者)

위 (8)은 평달 및 하달 문서들과 입안에서의 예들이다. (8ㄱ)은 1397년에 漢城府로부터
집 지을 터를 折受 받은 立案이다. 첫 행에 발급관아와 문서의 명칭을 뚜렷하게 밝히고
있으며, 발급일자를 따로 작성하는 등 후술할 제2기 朝謝 문서식보다 앞서 문서식을 확
립한 면이 있다. 그러나 본문 첫머리의 '右立案' 다음에 '爲 …事', 그리고 마지막 부분의
'須至…者'가 없는 점 등은 과도기의 모습을 보여 준다. (8ㄴ)은 전라도 장성의 監務官이
都觀察黜陟使의 關에 의거하여 白巖寺에 보낸 關이다. 그런데『洪武禮制』및 (8ㄷ)의『經
國大典』에서의 平關式 중 본문의 끝부분 투식어인 '合行移關請 /照驗施行須至關者'가 쓰
이지 않았다. 이는 전재 과정에서 생략한 것일 개연성이 높다. 여하튼 (8ㄱ, ㄴ)은 문서식
에 따른 상투적 結語를 제외하면 '…向事'로 본문을 마감하고 있는 사실이 주목된다. (8ㄹ)
은 용담현에서 부안현으로 보낸 평관으로서 여기에서도 상투적 문구 앞에 명사구 '…向
事'로 마무리하는 관행은 조선 전기 내내 지속되고 있음을 보여 준다.

이두문에서 '…事'로 끝맺는 텍스트 종결 방식은 俤音을 비롯해 관아에 무언가를 알리
고 확인하는 일과 관련된 글에서도 잘 나타난다. 이 경우에는 높임동사 敎-의 활용형에
명사 事가 덧붙은 명사구 '…敎事'로 마감하는 것이 일반적이다. 17세기 중엽의 향리들
사이에 애용되었을 것으로 추정되는 문자식 비망록[12]에 적힌 物故式 중의 하나를 예로
제시하면 (9)와 같다. 物故式은 일종의 사망신고서 양식이라 할 만하다.

(9)   物故式   某月日屍親某年
   白等某亦某役對答爲白如可某病得[13]發苦痛
   爲白如可某月日仍病身死爲白去乎物故眞僞
   乙良切鄰色掌當問施行敎事[14]

두 번째 이두문 텍스트 종결 방식 즉, 동사의 명사형으로 문장을 끝맺는 방식은 주로
동명사어미 '-ㄴ'을 활용하는 것이다. 이 방식은 동사 '겨-'에 동명사어미 '-ㄴ'이 통합

---

11) <1594 정2-408>는 1594년 자료로서 정신문화연구원 즉, 현재의 한국학중앙연구원에서 펴낸『古文書集
   成』2집(扶安 扶安金氏篇)의 408쪽을 가리킨다. 이하 마찬가지다.
12) 2014년 3월 8일 한국고문서학회 월례발표회에서 안승준 선생이 소개한 자료임.
13) 원자료에는 淂으로 되어 있음.
14) 행 구분은 별다른 의미가 없으나 원자료에 준하여 띄어쓰지 않고 그대로 옮겼음.

되어 '견'으로 읽히는 '…在'으로 마감하는 것이 일반적이다. 분재문기들의 본문 말미에서 흔히 사용되는데 화회문기의 마지막에 적힌 (10)이 그 한 예이다.

> (10) …… 後所生以 新反 文字 前 所生 幷以 執持 使用爲乎 事是亦 在 <1404 張戩妻 辛氏同生和會> (後所生으로부터 새 문서 전의 所生에 [이르기까지] 아울러 지녀 사용할 일임15))

所志의 본문 역시 '…在'으로 이두문을 종결하는 방식에 따랐으나 점차 간략하게 줄어듦으로 말미암아 원래의 모습을 잃어가는 양상을 보인다. (11)은 死六臣 중의 한 사람인 河緯地의 동생 河紹地의 아들인 河源이 奴婢推刷色에게 올린 所志로서, 노비를 환급하여 주도록 입안을 요청하는 내용을 담고 있다. 이 경우 본문의 첫머리에 쓰인 '右謹言所志'와 맨 마지막에 적힌 '謹言'16)은 문서식에 따른 상투적 문구이므로 실제의 본문 알맹이는 '矣段'에서부터 '事是亦 在'까지로 볼 필요가 있다. 따라서 형식적 요소들을 제외하면 이 문서 역시 긴 텍스트가 하나의 문장으로서 명사문으로 종결되는 방식을 보여준다.

> (11) 右謹言所志 矣段 父 紹地亦 (…중략…) 成給 向敎是 事 望良白內臥乎 事是亦 在 謹言 <1461 河源所志> (이에 삼가 소지를 아뢰오니, "저의 경우엔 부친인 紹地가 (…중략…) 만들어 줄 것을 처리하여 주시는 일을 바라는 일이 있음" (이에) 삼가 아룁니다)

'…在' 대신에 '…內'로 끝맺는 방식인 '…是內, …爲內, …使內' 등도 지정사 또는 동사 어간에 동명사어미 '-ㄴ'을 마지막에 덧붙인 것으로 판단된다. 이 중 '…使內'은 7세기 목간 자료에서도 발견될 만큼 연원이 오랜 것이다.

> (12) 大鳥知郞足下万引白 ╎   [1면]
> 　　經中入用思買白不踓紙一二个   [2면]
> 　　牒垂賜敎在之 後事者命盡   [3면]
> 　　　　使內   [4면]   <月城垓字木簡 제149호>

예문 (12)는 下限年代를 7세기로 볼 만큼 오래된 것이다. 이 중 제3면과 제4면의 문구

---

15) 원문의 '事是亦在'을 축자번역하자면 '일이 있음'으로 풀어야 할 것이다.

16) 고려말 張戩所志(1385년)에서는 이 자리에 '伏乞'이라 쓰고 別行한 뒤 3字 擡頭하여 '慶尙道 按廉使 處分'이라 했으므로 이어지는 문장이라 볼 수 있다.

는 대체로 '牒을 내려 下賜하라는 敎示가 있(었)다. 나머지 일은 (王)命대로 다 행할 것.'
정도로 해석된다. 문장의 마지막을 '…使內'로써 동사의 명사형으로 마감하는 것이 매우
인상적인데, 이는 다른 한편 우리말 문장이 알타이어조어와 마찬가지로 기원적으로는 명사
문였다는 사실17)을 뒷받침하는 증좌 중의 하나일 소지가 높다고 판단된다.

'…在' 또는 '…內'로 문종결하는 방식과 달리 텍스트 전체의 화자 또는 문장의 주체
가 임금과 같은 존귀한 사람이 되는 경우엔 높임동사의 명사형을 사용하여 '…敎'로써
마감한다. 이 경우 동명사어미가 '-ㄴ'인지 아니면 '-ㅁ'인지 불분명한 점이 있으나 명
사구 종결 방식인 점은 동일하다.

(13) ㄱ. 部上楊堤壹里癸酉年戶口良中獨女沃溝郡夫人宋氏乙准爲內敎 <1393 崔珙妻宋氏
准戶口> (部에 보관 중인 楊堤1里 계유년(1393) 호구에서 獨女 沃溝郡 夫人
宋氏를 准하라는 敎임)

ㄴ. 卿矣段推誠恊謀 (…중략…) 賜與爲臥乎事是方子孫傳持鎭長喫持是良於爲敎 <1399
趙溫賜牌> ("卿의 경우에는 정성으로 모의에 협력하여 (…중략…) 주는 일
이니 자손에게 전하여 갖게 하며 오래도록 먹고 지니도록."(이라고) 하심)

(14) 賜   子鑌安君芳雨   [1행]
父祖傳來田畓等乙良 (…중략…)   [2행]
界例以稅捧上喫持是內敎   [5행]   <1392 太祖賜給芳雨土地文書>

(13)의 마지막 자 '敎'는 임금의 교시를 가리키는 한자어인지, 아니면 높임동사로 쓰인
이두자인지 애매한 면이 다소 있다. (13ㄱ)의 경우엔 고려시대 호구 자료에서 '敎' 대신
에 '勅'을 사용한 경우가 있으므로 한자어로서 이미 굳혀진 상투적 표현일 개연성이 있
다. 이와 달리 (13ㄴ)의 경우엔 이두자에 귀속시켜야 할 것이다. (14)의 1행과 2행 첫머리
의 '賜'와 '父祖'를 모두 一字擡頭하고 있음이 뚜렷한데, 5행의 본문 마지막 자 '敎'에는
별다른 높임법 표지를 사용하지 않고 있기 때문이다. 이두문에서 높임동사로 쓰이는 敎-
또는 敎是-는 별도의 높임법 표지를 하지 않는다. 따라서 '…稅捧上喫持是內敎'는 대체
로 '…稅를 받아 지녀 먹을 것(이라고) 하심' 정도로 풀이할 수 있다.

---

17) 李基文(1972ㄱ:20~21) 참조.

3.2 吏讀文에서 吏文으로

이두문으로 작성되던 문서가 吏文에서의 용어에 의존하고 吏文套로 바뀌는 양상을 잘 보여주는 문서는 朝謝 문서이다.[18) 朝謝는 한국한자어이다. 『韓國漢字語辭典』에서도 이 단어를 표제어로 수록하였다. 이때의 '朝'는 '아침'과는 달리 '뵙다'라는 뜻을 지닌다. 『集韻』에서 이미 '朝'를 '覲君之總稱'이라 했으며, '人君視政 臣下覲君'이라는 뜻풀이는 『字彙』에서 비롯한다.[19) 『經國大典註解』에서도 '朝賀'의 '朝' 자를 '覲君也'<下7ㅎ>로 풀이한 바 있다. 따라서 朝謝는 관원으로 임명된 자가 조정에 나아가 임금에게 謝恩하는 일을 가리키는 단어였다. 그런데 이 단어의 실제 사용의미를 고려사와 조선왕조실록에서 검토해 보면 ① 관원의 자격 심사, ② 朝謝 문서, ③ 敎牒, ④ 告身 등으로 다양하게 나타나는데 이 중 ④의 용법은 조선 중엽 광해군 대에까지 보인다.

朝謝 문서는 麗末鮮初에 존재했던 관리 임명 문서의 한 종류이다. 이 문서의 양식의 변천을 현재까지 알려진 것들을 대상으로 보면 대체로 세 시기로 나뉜다. 제1기는 고려 禑王 2년(1376)부터 조선 太祖 2년(1393)까지로서 문서의 전문이 이두문을 바탕으로 하고 있다. 제2기는 태종 2년(1402)부터 세조 2년(1456)까지로서 吏文의 영향이 점차 늘어나는 특징을 보인다. 제3기는 세조 3년(1457)부터 11년(1465)까지로서 이두가 삭제된 吏文 형식을 취한다.

(15) 제1기 朝謝 문서식
　　㉮上朝謝斜准
　　司憲府錄事某某年某月某日名貼某年某月某日(下) ㉯某爲某朝謝由出納爲等以施行印
　　㉮에서 보관 중인 朝謝 문서[20)를 확인하고 이에 따르는 일로서, 司憲府의 錄事 아무개가 某年 某月 某日에 착명하여 내려보낸 貼에 "某年 某月 某日에 임금께서 ㉯하신 아무개를 某職에 삼는 사안에 대한 朝謝를 마치고 出納함"(이라) 하였기에 施行함. 끝.)

(15)는 제1기의 문서식을 관원의 서압 부분만을 제외하고 재구성해 본 것이다. ㉮는 발급아문의 등급 명칭 즉, 曹 또는 司만을 적은 듯하며, ㉯ 앞에서는 빈 칸을 두어 空格

---

18) 문서의 시기 구분과 吏文과의 관련에 대해서는 심영환·박성호·노인환(2011)에 실린 박성호 님의 글, 그리고 단어의 사용 의미 및 문서식에 대한 것은 朴盛鍾(2013) 참조
19) 『大漢和辭典』, 『漢語大字典』 및 『中文大辭典』 참조
20) 이 경우엔 사헌부에서 해당 아문에 보낸 朝謝關이 된다.

을 행하되 判 또는 批 자를 적는데 批의 경우엔 빈 칸 앞에 下 자를 적었다.

제1기 문서식은 특히 전문 전체가 국어 어순에 따르고 있으며 한 문장으로 되어 있다는 사실이 주목된다. 또한 첫 행의 上과 斜, 둘째 행의 由와 같은 한국한자들이 일종의 文書語[21]로서의 독특한 용법을 지니고 있으며, 중세어의 '혼 드로'에 일치하는 이두토 爲等以가 사용되었다. 결국 문서의 전문이 이두문을 바탕으로 한 것임을 알 수 있다.

그런데 제2기 문서식에서는 吏文으로부터의 수용이 늘어난 모습을 보인다. '某曹爲…事'와 '須至…者'와 같은 표현 문구 그리고 '准此'라는 용어를 사용하고 있음이 그 단적인 예이다. 제2기 문서식에서는 발급일자가 명시되고, 문서의 行移 체계에 따른 명칭이 표시되는 변화도 보인다. 수직자의 품계가 7품 이하는 帖, 6품에서 4품까지는 故牒, 3품은 關 등으로 표기되었다. 편의상 朝謝帖의 문서식을 墨印과 관원의 서압 부분을 제외하고 보이면 다음과 같다.

> (16) 제2기 朝謝 문서식 (帖의 경우)
> 　　某曹爲朝謝准事司憲府某房書吏某某年某月某日名關(曹所
> 　　㉮某年某月某日(下)
> ㉯某(爲/敎)某朝謝由移關爲等以合下須至帖者
> 　　右下某職某准此
> 　　某年 印 某月某日　　　　　某司令史姓(押)
> 　　朝謝(准)
> 　　(本曹에서 (司憲府의) 朝謝[22]를 확인하고 따르는 일로서, 司憲府의 某房 書吏
> 　　아무개가 착명하여 보내온) 關에 "本曹에서 올린 ㉮에 대하여 임금께서 某
> 　　年 某月 某日에 (下)㉯하시되 某職으로 (삼은/하신)[23] 아무개의 朝謝를 마치고
> 　　이송함"이라 하였기에 하달함이 마땅하므로[24] 모름지기 帖에 이른 것임.
> 　　이에 某職의 某氏에게 하달하니, 이를 받으라.
> 　　某年 印 某月 某日　　　　某司令史着名
> 　　　朝謝(准)에 관한 일)

---

21) 三保忠夫(2004)에서의 용어로서, 仰·奉·請 등의 한자를 예로 들어 설명하고 있다.

22) 본래는 사헌부에서 보내 온 朝謝 문서 즉, 朝謝關을 지칭하는 것이었으나, 관원의 자격 심사에 관한 일이라는 뜻을 아울러 지니고 있다.

23) 문서식에서의 '爲'는 한자어이고, '敎'는 이두자이다.

24) '하달함이 마땅하므로'의 원문 '合下'에 대하여 田中謙二(2000:406~407)는 宋元 시대의 俗文學作品과 語錄, 『元典章』에서의 용법에 기대어 '빨리, 곧, 바로' 정도의 의미라 하였다. 그러나 故牒이나 平關에 해당하는 朝謝 문서에서는 '合行' 또는 '合行移關'으로 쓰이므로 '合下'를 한자어로 처리한다. 다만 15세기 중엽 이후 差定帖 등에 쓰인 '合下仰 /照驗施行…'에서의 合下는 전자에 해당된다고 본다.

(16)의 '某曹爲朝謝准事'에서와 같이 조선 시대 관부문서에서 첫머리에 흔히 사용하는 '某衙門爲…事'라는 문구는 『洪武禮制』에 이미 나타나는데, "우리 고유의 문서표기 형식이 아니라 元·明의 문서에 사용된 전형적인 중국문서의 형식이고, 현전하는 한국 고문서 가운데 이러한 문구가 사용된 최초의 용례는 바로 조사문서"<심영환·박성호·노인환(2011: 89)>라는 사실은 매우 주목된다. 그리고 '准此'라는 용어 역시 문서의 종류와 行移 체계에 따라 달리 쓰이는 '欽此, 敬此, 奉此/承此, 得此' 등과 같은 성격의 문구로서 咨·關·牒에 대하여 쓰는 일종의 儀禮語로 판단된다<田中謙二(2000:386~389)>. 결국 제2기 朝謝 문서식에 의하면 일부 한국한자들의 용법과 이두토가 잔존해 있긴 하나 吏文이라는 틀에 맞추어 문서를 작성하는 방식으로 옮겨간 것이라 할 수 있다.

제3기 문서식으로의 전환과 관련하여 주목할 것은 세조실록에서의 기사이다.

(17) 吏曹啓 吏科及承蔭出身封贈爵牒等項文牒 皆用吏文 獨於東西班五品以下告身 襲用吏讀 甚爲鄙俚 請自今用吏文 從之 <세조실록 3년(1457) 7월 13일 甲戌> (이조에서 아뢰기를, "吏科 및 승음 출신의 작첩을 封하거나 증직하는 등의 牒에는 모두 이문을 사용하는데, 오로지 동반과 서반 5품 이하의 고신에서만 이두를 답습하고 있으니, 심히 비루합니다. 청컨대 이제부터 이문을 사용하십시오." 하니, 그대로 따랐다.)

제2기 朝謝 문서식만 하더라도 이문으로부터 영향을 받은 것이 적잖음에도 불구하고 당시까지의 임명 문서가 이두를 쓴다는 사실을 인식한다는 점, 그리고 이문으로의 전면적인 전환을 한다는 사실이 뚜렷하게 드러난다. 이로 말미암아 문서의 첫머리에 쓰이던 朝謝라는 용어가 告身으로 바뀌고, 이두식 표현과 이두토들이 모두 삭제된 吏文 형식의 朝謝 문서가 1465년까지 유지되다가 그 이후로는 경국대전의 五品以下告身式에 따라 발급된다.

제3기 조사 문서를 실제로 살펴보면, '照驗'이란 단어만 하더라도 하달문서에서는 별행하지 않고 상달문서에서만 별행하는 것이 洪武禮制式임에도 불구하고 일관되게 작성되지 않았으며, 문서의 행이 체계 역시 분명하지 않아 다소 혼란을 야기하고 있다. 그럼에도 불구하고 故牒과 平關에 준하여 제3기 朝謝 문서식의 본문을 보이면 다음과 같다.

(18) 제3기 朝謝 문서식
　　　某曹爲告身事某年某月某日准司憲府關該本年某月某日
　　　批某爲某已經議署關請

照驗准此所據本官告身理宜出給爲此須至㉮者

(某曹에서 告身에 관한 일임. 某年 某月 某日에 수령한 사헌부의 關인즉, 요약하
자면, "금년 某月 某日에 임금께서 재결하신 아무개를 某職에 삼는 일은 이
미 (함께 모여) 의논하여 서경하는 일을 마쳤고 關을 보내니, 잘 살펴 이를
수령하기 바람"이다. 앞서 (언급한) 官員의 告身 문서는 出給함이 마땅하므로
이에 모름지기 ㉮에 이른 것임.)

제3기 조사 문서식에서의 이문 용어들 중 該는 중국 이문에서 문서 내용을 요약할 때
앞머리에 붙이는 용어인 節該에서 유래한 것이며, 所據는 所有로 사용되기도 하는데 向前
과 같은 뜻이다. 그리고 '某年某月某日准…'에서의 准은 문서를 수령한다는 뜻으로 사용
된다.[25] 제2기 문서식에서의 '朝謝由移關爲等以'는 한문식의 표현 '已經議署關'으로 바뀌
었다. 이는 결국 이두문에서 이문으로 완전히 환골탈태한 것으로 판단된다.

3.3 어법의 소멸과 반영에 따른 표기 변천

1) 동명사어미의 용법 소멸

別爲(별호)은 別爲所(별호바)와 혼용되어 쓰이던 이두토이다. 양자가 통용되는 까닭은 別
爲만으로도 명사구로 기능할 수 있었기 때문이다. 동명사어미 '-ㄴ'의 명사적 용법은 15세
기 한글 문헌에서도 손가락으로 셀 만큼 드문 용례에 속한다. 명사적 용법을 상실한 지
이미 오래되었기 때문일 것이다. 그럼에도 불구하고 別爲의 용례는 조선 초의 『大明律直
解』에서 그 용례를 찾아볼 수 있었다. 그러나 16세기 고문서에는 別爲所만이 주로 쓰일
뿐이고, 別爲은 극히 예외적으로 몇 예에 불과하다. 이는 결국 어법의 변화를 반증하는
사례라 하겠다. 다음 (19)의 용례 이외에 두세 개 더 발견되는데, 別爲所에 비하면 거의
전무하다 할 만하다.

(19) 後此[26] 別爲 有去等 <1510 分財記 정1-588> (후에 좋지 못한 것이 있거든)

---

25) 崔世珍은 『吏文輯覽』에서 표제어 '奏奉聖旨准'에서의 准을 '猶依允也'<2.1ㅎ>로, 표제어 '准'에 대해서
는 '凡同品衙門受咨關者例稱准'<2.4ㅎ> 즉 품계가 같은 아문이 咨와 關을 받는 것을 가리킨다고 풀이하
였다. 여기에서는 후자에 해당된다.

26) 次의 오기임.

後次 別爲 有去乙等 <1548 土地明文 정32-461, 1550 土地明文 정32-469> (후에 좋지 못한 것이 있걸랑)

동명사어미 '-ㄴ'의 명사적 용법은 龍飛御天歌(1447)의 '흐느로, 흐시느로'와 같이 조사와 통합된 경우도 있으나, (20)에서 보듯 대체로 15세기 후반 문헌에서 동사 '좇-'에 통합되어 사용되었다. 이두에서도 후자의 경우엔 비교적 늦게까지 사용되었던 듯하다.

(20) ㄱ. 그뒷 혼 조초 흐야 뉘웃븐 므슴몰 아니 흐리라 <석보상절 6.8ㅎ~9ㅈ>
　　　흐웍흐며 서의호몰 제 혼 조초 흐야 바른 늘근 쥐 골 너흐로몰 ㄱ티 흐
　　　야 <몽산화상법어약록 16ㅎ>
　　　흐다가 塵勞中올 向흐야 性의 혼 조초 쁘며 <금감경삼가해 5.16ㅈ>
　　ㄴ. …不冬爲有臥乎 追于 花名 平均 分執爲齊 <1540 衿給文記 정49-146> (…안
　　　했던 바를 따라 노비 이름을 고르게 나눠 가지며)
　　　遺漏未分奴婢 逃亡奴婢等乙 這這 聞見爲乎 追乎 三名是去等 執籌 分執 <1543
　　　分財記 성암고서박물관 소장> (빠져서 나누지 못한 노비와 도망간 노비
　　　들을 낱낱이 듣고 본 데 따라서 3명이면 제비 뽑아 나눠 갖고)

동명사어미는 때로 연결어미로서의 기능을 발휘한다. '爲去乎'과 같은 용법이 그 대표적인데, 이것은 이두가 소멸될 때까지도 그대로 사용될 만큼 오랜 역사를 지녔다. 그럼에도 불구하고 (21)은 연결어미로서의 기능을 잃고 관형사형 어미로 굳어진 새로운 어법을 반영하는 표기로 판단된다. 이로 말미암아 연결어미로 기능했던 동명사어미가 관형사형어미로 기능을 바꾸면서 그 뒤에 '次'를 덧붙여 사용하는 새로운 용법이 탄생하게 된 것이다.

(21) 女矣身亦 無後 寡婦以 身後 諸事 無依據 日夜 哀泣爲有如乎 次 去 丙子年十一月
　　　分… <1518 定順王后託後書> (여자인 이 몸이 후사 없는 과부로서 죽은 후의
　　　여러 일을 의탁할 데 없어 밤낮으로 슬퍼 울던 차에 지난 병자년 11월에 …)
　　　余亦 早喪家翁 惟有二女 常懷寡獨之痛爲如乎 次 汝亦 外孫以… <1575 別給文記
　　　영1-195> (내가 일찍 남편을 잃고 오직 두 딸만 있어 늘 홀어미로서의 고통
　　　을 안고 있던 차에 네가 외손으로서…)

2) -在-의 소멸

고려 시대의 이두 및 석독구결에서는 -在-의 용례가 산견된다. 예컨대, 고려 시대 이두에는 爲去在乙, 爲白良在乙과 같은 것이 자주 쓰였으나 조선조 후기 이두에서는 이런

환경에서의 -在-의 용례가 발견되지 않는다. 조선조 전기 자료에 이따금 쓰였는데, 이 경우의 -在-는 그 이전 시기의 어법을 반영한 화석 표현으로 보아야 할 것이다.

이것은 시기에 따라 문법적 기능을 달리함을 뜻한다. 따라서 이두의 사용 시기에 따라 선어말어미로서 다루어야 하는가 하면, 이와 달리 보조동사로 분석 고찰할 필요가 있기도 하다.[27] 보조동사로 볼 경우 이것에 선행하는 -去는 -良과 마찬가지로 연결어미로서의 기능이 매우 강한 것으로 기술하여야 할 것이다. 조선조 이전 시기로 거슬러 올라갈수록 이런 특성이 뚜렷하게 드러난다. 그러나 조선 전기 이두의 경우엔 보조동사로서의 기능은 거의 없고 시상의 선어말어미로서 기능하는 것이 일반적이다.

그런데 연결어미 '-고'와 통합된 것으로 추정되는 -遺在-의 용례가 있어 주목된다. 이것은 1429년 金務都許與文記(일명 金務分財記)에서 사용된 적이 있다. 그러나 이 문서에서는 뒷부분이 떨어져 나가 다소 미심쩍었으나 16세기 점련문서에서 그 용례가 하나 더 확인된다. -遺在은 고려 시대의 석독구결에 쓰인 -ㅁ ナ l과 일치하는 표현으로 추정한다. 양자 모두 연결어미 '-(으)니' 또는 '-어서/아서'에 가까운 의미를 지니기 때문이다. 이것은 결국 전대의 어법이 소멸함으로 말미암아 후대 이두에서 그 쓰임새를 찾기 어렵게 된 예 중의 하나일 것이다.

> (22) ㄱ. 分執前所生乙良 公反奴婢是遺在 遺漏奴婢分執時 口數不等分執衿 有去等 右 奴
> 婢乙 用良 長子 作財主 充給爲遺 <1517 立案 정1-16 50~52[28]> (나눠 갖기
> 전의 소생은 공동의 노비라서 남거나 빠진 노비를 나눠 가질 때 인원수가
> 같지 않은 몫이 있으면 이 노비로써 장자가 재주가 되어 채워 주고)
> ㄴ. 彼 ヲ [之] 功德 l 邊際 無ㅁ ナ l 稱量ゞ ゞ ㅎ 可ㄷ ナ l 不失ゟ <화엄경
> 09.05> (그의 공덕은 끝이 없어서 헤아려 일컬을 수 있음이 아니며)

3) '右○○爲白內等…'의 출현

조선조 말의 哲宗 연간에 간행된 것으로 추정되는 『儒胥必知』에 수록된 16개의 所志들에는 예외없이 본문의 첫 부분 즉, 所志의 起頭語로서 右謹陳所志라는 투식 표현을 사용하고 있다. 그러나 이것은 右謹言所志에서 言 자가 陳으로 어느 새 바뀐 후대형을 반영

---

27) 李丞宰(2001)에서는 고대 이두 존경법 선어말어미의 표지로 파악한 바 있으며, 南豊鉉(2004)에서는 時相
　　표현의 보조동사로 설명하였다.
28) '50~52'는 해당 문서의 50행에서 52행까지를 가리킨다.

한 것이다. 所志는 거의 예외없이 右謹言所志로 시작하는데 言을 陳으로 교체한 '右謹陳所志'로 시작하는 용례는 16세기 말에 이르러서야 발견된다. 1579년<전북지방의 고문서(1) 75>과 1593년<영남고문서 2-280/ 정65-448>의 용례가 가장 이른 듯하다. 『吏文』과 『吏文大師』와 같은 이두 학습서들에서 첫머리에 '右謹言(우근언)右謹陳所志矣段(우근딘소지의단)'과 같이 두 가지 표현을 나란히 제시한 것은 바로 이같은 변화를 반영한 것으로 이해된다.

所志의 기두 투식 표현인 右謹言所志에 변화를 초래한 직접적 원인은 구어의 반영으로 판단된다. 右謹言所志를 대신하여 '右○○爲白內等…'과 같은 새로운 문투가 등장하게 된 데 기인하는 것이다.

> (23) ㄱ. 右伏准爲白內等 民矣徒段 道丞主教是 病以 公事…<1439 慶尙監營呈狀>[29]
>   (이에 엎드려 따르고자 하옵는 바는 백성인 우리들은 道의 사또께서 병으로 공사…)
> ㄴ. 右所陳爲白內等 奴矣段… <1460 戶奴 儉佛 소지 정98-87~89> (이에 말씀드리는 바는 奴인 제 경우에는…)

예문 (23ㄱ)은 右謹言所志를 대신하여 右伏准爲白內等이 사용되었다. 伏准은 문서의 종류나 양식을 지칭한 것이 아니다. 따라서 伏准爲白內等은 '엎드려 확인하고 따르옵건대'라는 의미에서 '엎드려 처분을 바라옵건대' 정도의 문맥적 의미를 아우르는 표현으로 이해된다. 이것은 官衙의 公人으로 모시던 이가 사망하였기 때문에 그 시체를 어떻게 처분해야 할지를 경상도 都觀察黜陟使에게 올리는 일종의 呈狀 성격을 띠고 있어 딱히 所志라 할 수 없었던 데에서 기인한다고 판단된다. (23ㄴ)에서 謹言 대신에 쓰인 所陳 역시 문서의 종류나 양식을 지칭한 것이 아님은 물론이다.

爲白內等을 훈민정음 직후의 한글 표기로 한다면 'ᄒᆞᅀᆞᆸᄫᆞᆫ둔'에 해당할 것이다. 'ᄒᆞᅀᆞᆸᄫᆞᆫ둔'은 'ᄒᆞ-(동사 어간)＋-ᅀᆞᆸ-(겸양 선어말어미)＋-(ᄋᆞ/으)ㄴ(관형사형 어미) ＃ ᄃᆞ(의존명사)＋-온/은(보조사)'로 형태분석된다. 이것이 일반 언중의 형태 및 분절 의식 속에서는 'ᄒᆞ＋ᅀᆞᆸ＋온＋둔'으로 인식된다고 상정할 때, 이 인식형태에 따라 이두로 적은 것이 바로 이 '爲白內等'이라고 추정된다. 결국 차자표기자 內는 '온'을 표음하기 위해 음상이 유사한 '안'으로 읽히는 훈가자를 채용한 것으로 판단된다.[30]

---

29) 朴秉濠(1974ㄱ) 및 朴盛鍾(2006ㄱ:355~366) 참조.

'右謹言所志'를 대신하여 소지의 기두 투식 표현으로 새로 등장한 '右○○爲白內等'은 사대부나 서리 계층에서 시작된 것이 아니라는 점이 주목된다. 이런 표현들은 거의 대부분 上典을 대신하여 戶奴가 소지를 올리거나, 私奴들이 청원인인 경우에 한정된다는 점이다. 이것은 문서와 그 투식에 익숙지 않은 계층의 사람들이 현실 언어를 은연중에 반영한 결과의 산물로 이해된다. 새 투식 표현 '右○○爲白內等'의 용례는 15세기 중엽부터 간간이 눈에 띈다. '右所陳爲白內等'이 가장 많이 사용된 듯한데 위 (23ㄴ)의 1460년의 용례를 비롯하여 몇 개가 발견된다.31) 더 나아가 16세기 말에 이르면 '右謹陳爲白內等…'으로 표현한 용례도 발견된다. 1594년 소지에서 右謹陳爲白內等奴矣段<정41-418>으로 시작하는 예가 이에 해당된다. 때로는 아예 所志라는 단어를 중간에 넣어 '右所志爲白內等…'으로 표현한 경우도 나타나기도 한다<정32-294, 1594년>. 새로 등장한 투식 표현 '右○○爲白內等'은 民草들로부터 기원한 것인 까닭에 문서의 양식으로 승격되지는 못했으나 그 비중과 전파력은 소홀히 넘길 수 없다 하겠다. 이것은 다른 한편으로 오랜 기간에 걸쳐 전래되어 온 이두 표기법과 어법에, 비록 정도의 차이는 있을지언정, 구어의 간섭과 영향을 받아 전통적인 표현에 새 것을 보충하였다는 사실을 시사해 준다.

3.4 투식 표현의 단순화

1) 所志의 起頭 문구의 단순화

所志의 起頭 文句로 사용된 '右謹言所志矣段…'은 원래 '右謹言所志 # 矣段…'으로 끊어 읽던 것이었다. 이때의 矣는 1인칭 대명사 '나'에 해당된다.

矣는 이두에서 기원적으로 속격 조사로서 유정물 체언에 통합되던 字이다. 그런데 이것이 1인칭 대명사로 기능하게 된 것은 대략 다음과 같이 이해된다. 所志의 기두 투식 표현 右謹言所志 뒤에서는 일반적으로 所志를 올리는 사람 즉 청원인 자신을 일컫는 표현

---

30) 爲白內等은 후대 이두 학습서들에서 '호숣걸든·호숣아든·호숣니든' 등과 같이 內에 대하여 매우 혼란된 독법을 보여 준다. 독법의 혼란은 곧 어원 및 기원에 대해 명확히 인식하지 못한 것을 드러내는 면이 있다고 본다.

31) 1507년<정32-257>, 1521년<정32-260>, 1529년<정32-267>, 1543년<정32-271>, 1551년<정33-9>, 1584년<정33-10> 등등.

이 따르게 된다. 이때 청원인 자신의 고유명사인 姓名을 대신하여 자기의 身分을 표시하는 보통명사를 사용한다. 예컨대, 僧人이나 臣下들의 경우엔 대체로 僧이나 臣으로써 자신의 신분을 밝혔다. 이에 따라 속격 조사 矣에다가 段[32]을 덧붙여서 '僧矣段, 臣矣段'과 같이 표현한다. 사대부의 妻는 흔히 자기 신분을 女 자로 표기하여 '女矣段'으로 시작하며, 奴의 경우엔 '奴矣段'과 같이 표기하는 것이 보편적이다. 이들 경우에는 모두 矣가 속격 조사로서의 본래의 기능을 수행한다.

그런데 良民이 城主에게 올리는 글에서는 청원인 자신을 표기하는 보통명사가 뚜렷이 부각되지 않는다. '右人, 人, 民'과 같은 字를 상정해 볼 수 있다. 그러나 右人의 경우엔 투식어 右謹言所志에서의 右와 중복되는 점이 있어 껄끄럽다고 판단된다. 그렇다고 해서 人으로 자기 신분을 표시하는 일도 역시 마땅찮다. 앞서의 예문 (23ㄱ)에서는 民으로써 표현하되 矣徒와 동격 구성을 취하였다. 즉, '民矣徒段'은 대체로 '백성인 우리들은' 정도의 뜻을 나타낸다. 따라서 일반 良民이 문서작성 주체인 경우에는 所志類의 첫머리에 신분표시의 보통명사를 생략한 채 '矣段'만으로 사용했던 듯하다. 이러한 용법이 오래 지속되면서 원래 속격 조사였던 矣가 1인칭 대명사의 기능을 갖게 된 것으로 이해된다.

'右謹言所志矣段'과 같이 矣段을 명사 所志에 붙여서 읽을 수 없는 단적인 증거는 1354년 海南尹氏奴婢文書(일명 尹光琠奴婢別給粘連文書)에서의 '右謹言所志矣徒段'<4면 2행>과 1588년에 黃進이 잃어버린 고신문서를 재발급해 달라면서 병조에 올린 소지의 첫머리 '右謹言所志矣身亦'<『全北地方의 古文書(1)』 206>의 용례이다. 이들은 마땅히 각각 '右謹言所志 # 矣徒段'과 '右謹言所志 # 矣身亦'으로 나누어 읽어야 하기 때문이다. 또 한 가지 근거로는 所志는 無情物 체언이므로 여기에 속격 조사 '-矣'(-이/의)가 통합될 수 없다는 점이다. 중세 국어에서는 사람이나 동물과 같은 有情物 체언은 속격 조사 '-이/의'와 통합되고, 이와 달리 無情物과 존칭 체언은 속격 조사 '-ㅅ'을 취한다. 고려 시대의 이두에서도 양자의 구별은 분명하게 지켜졌다. 즉, 속격 조사 중 전자는 矣로 표기되고, 후자는 叱로 표기되었던 것이다. 최근에 새로 조명 받게 된 석가탑 墨書紙片(1024년 顯宗 15, 1038년 靖宗 4)에서도 이러한 구별은 지켜졌다.[33] 조선 초기 고문서에서도 양자는 구별 표기되었다. '卿矣段,

---

32) 段은 기원적으로 '덛(의존명사)+-이(처격 조사)+-ㄴ(주제화 첨사)'로 분석할 수 있다. 南豐鉉(1995:399∼400) 참조. 따라서 段은 현대 국어의 '…인 경우에는'에 가까운 의미를 지닌다. 문맥에 따라서는 단순히 강조만을 나타내는 것으로 해석할 필요가 있음은 물론이다.

33) 寺之段과 事之段과 같이 이두의 속격 표기자인 叱 대신 之 자를 사용하고 있음이 특징이다.

汝矣段'과 '朔方道叱段, …事叱段'의 용례들을 대비해 보면 속격 조사 표기가 엄격한 규칙 아래 정제된 모습으로 나타남을 알 수 있다.[34]

'右謹言所志 # 矣段'으로 읽어야 한다는 논거 중의 하나는 '우근언 여의신의 싀고모 징지 무쇼훈 일노'라는 1816년 한글 고문서[35]의 起頭 표현에서도 확인된다. 본래의 한자를 노출하여 바꾸어 보면 '右謹言 女矣身矣 媤姑母 爭財 誣訴훈 일노'가 될 것이다. '右謹言所志'라는 기두 표현은 점차 소지를 비롯하여 여러 문서에서 '右謹言○○事段' 또는 '右謹言'만으로 확대 사용되는데 이 한글 소지의 표현 형식은 후자에 해당된다. 따라서 소지의 기두 표현은 마땅히 矣段 앞에서 끊어 읽어야 한다.

결국 矣段을 앞에 오는 所志에 붙여서 '右謹言所志矣段'과 같이 한 덩어리로 읽은 것은 후대의 독법과 관습에 기인한 것이 분명하다. '右謹言所志矣段 矣……'와 같은 표현은 16세기 말에 이르러서야 나타난다는 사실도 이를 입증한다. '右謹言所志矣段'에서 일단 문맥이 끊어지는 표현은 16세기 중엽까지의 이두문에서는 발견되지 않는다. 현전 고문서 중의 첫 용례는 1576년 獨樂堂文書 중의 李浚 소지 기두어 '右謹言所志矣段 矣外祖河進士……'가 아닌가 싶다. 『儒胥必知』에서 예시한 所志 양식에 따르면 일반 良人이나 奴가 청원인인 경우에 '右謹言所志矣段 矣身……, 右謹言所志矣段 矣上典……' 등과 같은 문구로 시작되는데, 이것은 후대 용법을 반영한 소치이다.

2) 分財記 종결 문구의 단순화

分財文記에서 문서를 작성하게 된 사유와 分財의 과정 및 배경 등을 적은 본문 즉, 分財記의 종결 문구는 15세기만 하더라도 일반적으로 '…告官辨正爲乎事是亦在'이었다. 그러다가 후대로 갈수록 점차 '是' 표기를 생략하여 '…告官辨正爲乎事亦在'으로 사용하다가, 다시 끄트머리 두 자를 생략하여 '…告官辨正爲乎事'로 마감하는 변화를 보인다. 분재기의 마무리 투식 표현이 '…爲乎事是亦在 > …爲乎事亦在 > …爲乎事'로 간략해지는 양상을 보이는 것이다. 한편 '…告官辨正事'로 끝맺는 용법도 보이는데 이것은 이두식 표현 대신에 한문식 표현을 사용한 것이므로 앞엣 것들과는 성격이 다르다.

---

34) 『養蚕經驗撮要』(1415년)에서는 특이하게도 속격 조사의 표기자가 矣로만 나타나고 叱 자가 전혀 쓰이지 않는다.
35) 홍은진(1998) 참조

(24) ㄱ. 前所生 并以 執持 使用爲乎 事是亦 在 <1404 張戩妻辛氏同生和會文記>
　　施行爲乎 事是亦 在 <1450 柳義孫兄弟和會文記>
　　告官辨別爲乎 事是亦 在 <1467 張安良子末孫許與文記>
　　告官辨正爲乎 事是亦 在 <1470~3 權邁男妹和會文記, 1494 李璦娚妹和會文記>
ㄴ. 願意 不從者乙良 不孝以 論決爲乎 事是亦 在 <1517 分財文記 정32-356>
　　辨正爲乎 事是亦 在 <1526 粘連立案 정32-264, 1532 立案 영2-332>
　　…□正爲乎 事是亦 在 <1544 立案 정1-247>

(24ㄱ)은 15세기 고문서에서의 용례로서 '…爲乎事是亦在'으로 분재기를 마무리하고 있음을 보여 준다. 이러한 용법은 16세기 전반기의 용례들 (24ㄴ)에서도 그대로 이어진다. '…事是亦在'은 고려 시대의 이두 용법을 답습한 것인데, 在는 동사 어간 '겨-'에 동명사 어미 '-ㄴ'이 통합된 어형을 반영한 표기이다. 따라서 '事是亦在'은 '事(명사)＋是(계사)＋亦(어미) # 在' 또는 '事是(명사)＋亦(주격 조사) # 在'으로 형태 분석할 수 있을 것이다. 전자의 해석은 계사 是에 뒤따르는 이두자 亦의 성격 규명에 어려움이 따른다. 후자의 해석처럼 事是를 한 단어로 보는 것이 문맥에도 부합되므로 더 나은 견해라 본다.[36]

그런데 16세기 들어 점차 '…爲乎事是亦在'에서 事 뒤의 是 표기가 생략된 용례들이 등장한다. (25)가 그 예들이다.

(25) 告官辨正爲乎 事亦 在 <1548 立案 영1-130 및 정32-273, 1566 所志 정15-620,
　　1594 衿給文記 영1-83>

한편, '…爲乎事是亦在'과 '…爲乎事亦在'에서 이미 死語化된 '是亦在'과 '亦在'를 떼어낸 문투인 '…爲乎事'로 분재기를 마감하는 용법이 이미 조선의 건국 초부터 등장하였음은 전술한 바 있다. 그런데 이것은 상투적인 문구를 단순화하여 사용한 것과는 조금 성격이 다른 면이 있어 여기에 포함시키지 않는다.

그리고 이들과 달리 이두식 표현 대신에 한문투로 분재기를 종결하는 표현 양식이 점차 등장한다. 烏川 光山金氏 문중의 1538년 분재문기에 쓰인 것이 가장 이른 예인 듯하다. 여하튼 이러한 한문식 종결 방식이 점차 확산되어 나가는 양상을 보여주는데, 16세기 후반에 들어서면서 '告官卞正事'로 문장을 끝맺는 표현이 일반화하기 시작하여 그 이후

---

36) 朴盛鍾(2006ㄱ)에서는 후대의 독음을 참조하여 '일이여 견'으로 읽었으나, '일이[며 이런 일이 있음'으로 뜻풀이를 함으로써 후자의 견해에 가까운 현대어 번역을 하고 있다.

매매문기를 비롯한 여러 문서들에 널리 확산되어 간 것으로 보인다. 이에 따라 『儒胥必知』에서의 文書式에서도 이러한 문구를 전형적인 틀로서 수용하게 된다.

(26) ㄱ. 如有爭望者 將此文辨正事 <1538 분재문기 정1-595>
     ㄴ. 告官卞正事 <1548 土地賣買明文 정41-526>[37]

3.5 생략 표기

1) 속격 조사의 생략 표기

조선 시대 이두의 두드러진 특징 중의 하나는 시간이 흐를수록 이두 표기가 단순화되고 이두토들의 어형이 짧아진다는 점이다. 이러한 현상은 조선조 초기부터 등장하기 시작하여 15세기말에 이르면 점차 늘어나다가 16세기에 이르러 한층 더 활발히 전개되는 모습을 보인다. 그리하여 조선조 후기에는 이두토들이 거의 생략된 표기로 일관하게 된다. 예컨대 이두토 '段'은 고려 중엽 이후 조선조 초기까지는 그 앞에 속격 조사를 수반하였다. 15세기 중세어의 통합 조건에 따라 선행 체언이 [-有情性]인 경우에는 속격 조사 -叱, [+有情性]인 경우에는 -矣가 통합되어 '段'에 연결된다.

(27) ㄱ. 此亦中 朔方道叱 段 田出收齊爲臥乎 所 無去有等以 <1392 太祖賜給芳雨土地文書 03>
     木石重器叱 段 人力以 易亦 輪轉 不得爲臥乎 等 用良 <직해 18.18ㅎ>
     王旨 內 思 審是白內乎矣 右 事叱 段 <1392 李和錄券 49>
     婿 河紹地亦中 許與爲臥乎 事叱 段 <1447 琴琵別給文記 1>
     ㄴ. 右 員乙 原從功臣錄券良中 奇是臥乎 事段 <1411 李衡錄券 4>
     都許與 成給爲臥乎 事段 <1429 金務都許與 1>

(28) ㄱ. 卿矣 段 其在庚辰 捍衛寡躬 以至今日爲乎 功勞 可賞是去有良尒 <1401 曺恰賜牌 03~04>

---

37) 16세기의 용례를 몇 보이면 다음과 같다. 1550년 분재문기 정1-545 및 土地賣買明文 정41-527, 1552년 土地賣買明文 정33-415, 1555년 土地明文 정32-507 및 別給文記 서울대학교 『古文書集眞』(1972), 1562년 분재문기 정32-364, 1570년 別給文記 영1-192, 1577년/1578년 土地明文 도산서원 고문서, 1591년 別給文記 영1-203, 1594년 입안 영2-286 및 土地明文 영1-127-4.

夫萬矣 段 婢年六拾陸 不用是在 而亦 幷以 自誠亦中 許與爲去乎 <1433? 權明
利許與 21>
ㄴ. 中樞院事 仁贊段 犯斤 由爲置有亦 <1392 李和錄券 043>
軍丁段 軍官 及 軍人矣 數外餘丁是齊 <직해 1.13ㅈ>

위 (27)과 (28)의 용례들은 속격 조사 표기가 수의적이라 해석할 소지를 남겨 준다. 그
러나 몇 가지 사실에 기대어 볼 때 이러한 추이는 발생 당대의 통사 구조 및 의미와 달리
속격 조사가 본래의 기능 및 의미를 상실하고 그 대신 段이 점차 보조사로서의 기능을
획득해 나가는 것으로 보아야 할 것이다. 우선 첫째로 다음의 (29)에서 보듯 15세기 말에
이르면 '段' 앞에 쓰이던 속격 조사 '叱'(-ㅅ) 자를 작게 표기하는 경향이 주목된다. 이것
은 형태소로서의 독립된 자격을 점차 잃어가면서 후행하는 요소들에 흡수되는 경향을 엿
보이기 때문이다.

(29) 婢 甘勿伊 年 貳拾壹叱段 <1480 金光礪娚妹和會 35>
婢 奉今叱段 年壯 使用可當爲在 而亦 <1480 金光礪娚妹和會 36>

『養蠶經驗撮要』에는 선행 명사의 유정성과 무정성에 관계 없이 段 앞에 속격 조사를
쓴 예가 전혀 보이지 않는다. 이것은 일단 문헌 특유의 표기 특징으로 간주되어야 할 것
이다. 그럼에도 불구하고 '蚕矣 本性段'<1ㅎ>에서 유정명사인 蚕에 속격 조사가 통합되
었으나, 本性段에서는 여전히 속격 조사 표기가 쓰이지 않았다. 이같은 사실은 段이 이미
일종의 보조사처럼 기능하고 있음을 은연중에 반영한 것으로 해석할 소지가 있다.
또한, 段 앞에 속격 조사 -叱이 통합된 용례들이라 하더라도 15세기 후반부터는 선행
명사가 '事'라는 조건 하에서만 명맥을 이어간다. 이러한 사정은 16세기 자료들에서도 마
찬가지여서 事를 제외한 다른 명사 뒤에 통합된 '-叱段'의 용례는 찾기 어렵다. '…事叱
段' 표기는 (30ㄱ)에서 보듯 의고적 표현으로서 16세기에도 물론 발견된다. 그러나 이들
은 다분히 의고적인 성격을 띤다고 하겠다. (30ㄴ)과 같이 속격 조사를 생략한 표기가 널
리 사용될 뿐만 아니라, (30ㄷ)처럼 이두문 투식을 버리고 한문투로 변하는 모습을 역력
히 보여 주기 때문이다. 특히 (30ㄷ)의 段은 이미 보조사로 굳혀졌음을 시사해 준다.

(30) ㄱ. 許與成置爲臥乎 事叱段 <1543 衿給文記 영1-64>
右 明文爲臥乎 事叱段 <1575 土地明文 도산서원문서>

孫子 克會 處 別給爲臥乎 <u>事叱段</u> <1596 分財文記 민속박물관 소장>
ㄴ. 右 許與爲臥乎 <u>事段</u> <1509 別給文記 영2-85>
　　右 明文爲臥乎 <u>事段</u> <1594 奴婢明文 영2-157>
ㄷ. 右 文 成置<u>事段</u> <1520 別給文記 영3-193>
　　右 許與 成給<u>事段</u> <1554 衿給文記 영2-90>
　　子息等亦中 成文<u>事段</u> <1556 衿給文記 영2-94>
　　右 別給<u>事段</u> <1591 分財文記 전북지방의 고문서(2) 도판 및 168>

17세기 이후로는 '…事叱段'을 발견하기 어렵다. 備邊司謄錄과 推案及鞫案, 瀋陽狀啓 등에서도 전혀 쓰이지 않았음은 물론이다. 따라서 17세기 이후에는 온전히 보조사로만 기능한다고 보아야 할 것이다. 한편 18세기 말엽 이후의 한글 고문서와 國文과 漢文, 吏讀가 혼용된 '國漢吏文混用體'의 문서류에서는 '…段'까지를 하나의 구성요소 및 단어로 인식하여 이에다가 다시 보조사 '-은'은 통합시킨 예들을 확인할 수 있다. 예컨대, '우명문ᄒᆞ논ᄉᆞ짠은, 우명문ᄉᆞ단은, 우근언지원극통ᄉᆞ단은'과 '矣段은 矣身이 猝然니 身病을 得ᄒᆞ와' 등과 같이 쓰인다.[38]

2) 생략형 표기의 선호

『大明律直解』에서는 爲良, 爲遣에서 어미 표기를 생략하거나, 爲齊/是齊→齊와 같이 동사파생 접미사 -爲-와 계사 -是-를 생략한 예들이 때때로 발견된다. 그러나 이러한 현상은 보편적이라 할 수 없다. 대상 원문이 함께 수록되어 있기 때문에 간혹 생략 표기되었다 하더라도 문의 파악에 큰 지장을 주지 않기 때문이다. 그러나 일반적으로 고문서에서는 이러한 생략 현상을 찾기 힘들다.

그럼에도 불구하고 이두 표기자를 간략히 하는 경향이 조선조 들어 점차 확산되어 가는 경향을 찾아 볼 수 있다. 부사어로 쓰이는 科科以만 하더라도 고려 시대와 조선 초기의 문서에서는 그 용법을 찾을 수 있는데, 16세기에 들어서면 科科만이 사용되고 있다. 또한, 15세기 전반에는 右良如와 右如가 혼용되던 양상을 보였으나 이 역시 16세기 문서에서는 右良如의 용례를 전혀 찾지 못한다.[39]

---

38) 홍은진(1998, 1999) 및 朴喜淑(1987)에서 인용함.
39) 爲良如는 심지어 1884년 예조 無啓目單子에도 적힌다. 그러나 이것은 계목의 문자식에 따라 기재된 것일 뿐이므로 언어 변화 또는 이두토 사용의 변천과는 전혀 무관한 것이다.

또한 중세어의 '믈읫'에 대응하는 이두토는 『大明律直解』에서 凡矣와 凡으로 표기된다. 국어의 어형으로 미루어 보건대 이두자 *凡矣叱이 선대에 있었으리라 추정된다. 이미 凡矣로써 단순화되어 표기되었는데, 다시 이에 더 나아가 '凡'으로만 적히기도 하였다. 『大明律直解』에서는 凡이 凡矣보다 훨씬 더 우세한 분포를 보인다. 이것은 표기의 단순화 경향 또는 생략형 표기를 선호하는 경향으로 해석하기보다는 원문이 함께 수록되어 있는 번역물로서 번거로움을 피하기 위한 것으로 해석하는 편이 더 낫다고 판단된다.

3.6 절단형 표기의 등장

이두자를 생략하거나 간략하게 표기하는 것과는 근본적으로 다른 성격의 단순화 현상도 있다. 이것은 원래 길게 달려 있음직한 이두토에서 뒷부분을 아예 잘라냄으로써 형성된 것으로 추정된다. 동사 어간 또는 동사파생 접미사로 쓰이는 (-)爲-와 계사 -是- 뒤에서만 통합되어 쓰이는데 말미에는 늘 -置가 놓이는 특징을 보인다. -爲置와 -是置를 비롯해서, 爲置에다가 시상 선어말어미 -有-를 삽입하여 만든 과거형 -爲有置, 그리고 공손법 선어말어미를 삽입한 절단형 -爲白置와 -是白置, 다시 이에다가 시상 선어말어미 -有-가 개입된 -爲白有置 등이 쓰인다. 이 중 가장 빈번하게 쓰이는 대표적인 용례 -爲白置/是白置를 예로 들면 다음과 같다.

31) ㄱ. 其等徒 勤慢 分揀 差等 畢分給<u>爲白置</u> 盖瓦六訥以… <1546.10.14.첩정 紹修書院謄錄 9ㅎ> (저들의 부지런함과 게으름을 분간하여 등급에 차등을 두어 나눠주는 일을 마치고 기와 6,000장으로…)

ㄴ. 今如 改詳定時 不可尙徇前轍<u>是白置</u> 有監軍 /御使爲白在 慶尙全羅平安咸鏡四道段… <1553 科擧事目 11ㅎ> (지금처럼 고쳐 자세히 정할 때 더 이상 전철을 밟을 수 없사오니 감군과 어사를 두는 경상, 전라, 평안, 함경의 4도는…)

ㄷ. 左副承旨書狀 內 從水路 (…중략…) 制置事 有 /旨是白乎 味 書狀<u>是白置</u> 同有 旨 內… <1592 임진장초 狀4> (좌부승지의 書狀의 내용인즉, "수로를 따라 (…중략…) 제압하여 둘 일. 有旨임."이라는 뜻의 서장입니다. 그 有旨 안에 …)

(31ㄱ)은 일을 한 인부들에게 노임을 지불하였고 쓰고 남은 물건들은 어떻게 처리한다는 데 대한 언급이 뒤따르는 부분에서 −爲白置가 쓰인 첩정의 일부분이다. (31ㄴ)은 지방에서 치르는 과거 시험 장소에 京官을 배치하여 불미스러운 일을 막자는 내용에 관한 것으로서 −是白置의 뒷부분은 道別로 구체적인 시행 방안에 대하여 언급하고 있다. 따라서 (31ㄱ, ㄴ)에 쓰인 −爲白置/是白置의 −置는 15세기 국어의 방임형 연결어미 '−아도/어도, −라도'와는 물론이고 강세의 뜻을 지닌 보조사 −置와 아무런 관계가 없다. (31ㄷ)에 쓰인 −是白置는 어떠한 내용이 담긴 書狀임을 밝힌 뒤 그 안에 들어있는 내용에 따라 全羅左道水軍節度使인 李舜臣이 사후 조치한 결과들에 관해 언급하고 있다. 따라서 위 예문의 현대어 풀이에서는 '書狀是白置'를 '書狀입니다'로서 종지형으로 풀었으나, 이와 달리 '書狀이온데, 書狀이어서, 書狀으로서, …'와 같이 연결형으로 다양하게 풀이하여도 문의에 별다른 문제를 일으키지 않는다. 이와 반대로 연결형으로 풀이한 (31ㄱ, ㄴ)의 −爲白置/是白置를 종지형으로 해석하여도 무방함은 물론이다.

(31)이 시사하는 가장 중요한 사실은 −爲白置/是白置의 '置'는 일정한 의미를 지니지 않는다는 점이다. 이는 달리 말해 '置'가 어느 한 가지 문법 형태소 또는 형태에 대응하는 자가 아니라는 것이다. 또한 이러한 특징으로 말미암아 −爲−와 −是−를 제외한 일반적인 동사 어간들과 통합하여 쓰이지 않는 사실도 중요하다. 결국 이 경우의 '置'는 그 뒤에 붙어 있는 다른 토들을 절단하여 사용됨으로 인해 발생한 절단형 표기일 개연성이 높다고 판단된다.

또 하나 중요한 사실은 이러한 절단형 표기들이 私人文書에서는 거의 쓰이지 않는다는 점이다. 是白置를 예로 들면 이것이 쓰일 만한 자리임에도 불구하고 사인문서에서는 是白置有亦와 是白置有良厼와 같이 '置'에 뒤따르는 이두토들이 절단되지 않고 다 달려 나온다. 16세기에 이르러 관부문서 중 立案과 같이 직접 작성해 주는 문서에서만 예외적으로 是白置가 이따금 발견될 뿐이다. 決訟立案과 같이 긴 분량의 문서에서는 앞뒤 문맥으로 미루어 연결 관계를 파악하기 어렵지 않아 더러 사용되었으나, 이두문으로 작성된 비교적 짧은 사인문서들에서는 문의를 분명히 할 필요가 있었기 때문에 절단형 표현을 기대하기 어렵다.

『各司受敎』의 경우 爲置·是白置·爲有置·爲白有置와 같은 절단형 표기들이 약 30여 회 사용되었다. 이와 달리 '置' 뒤의 이두토를 명시한 '…置有亦'의 경우는 (32)에서 보듯 불과 3회 정도만 찾을 수 있다. 이것은 수교를 등록하는 과정에서 번거로움을 피하기 위해 뒷부분을 절단해 쓰던 관행이 굳어져 형성된 것으로 이해된다. 절단형을 쓰기 곤란한 문맥에서 또는 굳이 그럴 필요가 없는 비교적 짧은 글을 등록하는 과정에서는 절단형을 취하지 않았던 것으로 이해된다.

(32) ㄱ. 癸卯年 受 敎 斤正 後續錄良中 (…중략…) <u>載錄叱分是白遣</u> 癸未年 受 敎段 <u>載錄 不冬爲有置有亦</u> 近來無賴之徒 不畏 國法 … <1548 각사수교 70> (계묘년(1543)에 수교를 고쳐 수록한 『대전후속록』에 (…중략…) 실렸을 뿐이옵고, 계미년(1523)의 수교는 실리지 않았기에 근래에 무뢰배들이 국법을 두려워하지 않고 …)

ㄴ. 牒呈 據 議政府 /啓目 粘連 牒呈<u>是置有亦</u> 依牒呈 施行 何如 <상동> ((병조에서 올린) 첩정에 의거한 의정부 계목이오며 이어붙인 첩정이 있으니 첩정에 따라 시행함이 어떠합니까?)

ㄷ. 大典 私賤條 相訟奴婢 不與同訟者 勿給 父母奴婢 減半給亦 <u>爲有置有亦</u> 父母奴婢乙 …) <1553 각사수교 177> (『경국대전』 私賤條에 '서로 송사하여 (얻은) 노비는 그 송사에 참여하지 않은 사람에게는 주지 않으며, 부모(에게서 받은) 노비는 반을 감해서 준다'라고 하였는데 (이는) 부모의 노비를 …)

(32ㄱ)에서 '<u>爲有置有亦</u>'을 절단형 爲有置로 간략히 적지 않은 까닭은 앞부분에서 설명한 1523년의 수교 내용이 매우 자세함에도 불구하고 1543년 『大典後續錄』에 실린 내용이 지극히 소략하다는 것을 대비시킨 데다가 이로 말미암아 국법을 경시하게 되었음을 연결하는 부분에 쓰였기 때문으로 이해된다. 단순히 실리지 않았다는 사실만을 언급하고 뒤따르는 문맥과 인과관계가 뚜렷했더라면 절단형 표기를 썼을 법한 대목이다. (32ㄴ)의 '<u>是置有亦</u>' 경우엔 그 뒷부분이 임금을 향해 직접 말씀드리는 문구라는 점도 감안할 필요가 있으나, 무엇보다도 이때의 '置'는 본동사로서의 기능을 그대로 유지하고 있기 때문에 어미의 생략이 쉽지 않은 면이 있기 때문으로 추정된다.[40] 그리고 (32ㄷ)에서 절단형 대신 '<u>爲有置有亦</u>'을 사용한 것은 법전에 어떤 내용이 있음을 알려주는 데 그치지 않고 그 내용에 대한 해석이 뒤따르는 대목이기 때문이라 해석된다.

절단형 표기들은 주로 서리들 사이에서 원문서를 전재하거나, 唱准 또는 현장에서 代書 및 기록하는 과정에서 번거로움을 피하기 위해 빈번히 쓰이는 이두토의 뒷부분을 절단해 쓰던 관행에서 비롯한 듯하다. 그러나 현전 15세기 이두 자료에서는 나타나지 않는

---

40) 절단형 표기 '…是置'로 쓰이기도 함은 물론이다. 『大典詞訟類聚』에 실린 1544년 5월 22일 掌隷院承傳 <149쪽>에서의 용례가 그 한 예이다.

다. 16세기 중엽에 이르러 주로 謄錄類를 비롯해 길게 이어지는 啓目이나 狀啓 등의 일부 관부문서에서만 발견된다. 같은 관부문서라 하더라도 立案에서는 거의 찾을 수 없고, 임명 관련 문서인 差定帖에서는 16세기 말까지도 '…置有等以'와 같은 표현을 그대로 유지하고 있다. 그런데 조선조 후기에는 절단형 표기들이 매우 빈번하게 쓰인다. 예컨대, 17세기 자료인 『瀋陽狀啓』에서 是白置有良厼은 단지 1회, 是白置有亦은 7회 사용되었으나 是白置는 자그마치 58회 사용되고 있어 그 쓰임이 점차 확대되어 가는 양상을 잘 드러내 준다.

제4장 체언과 곡용

　체언은 품사 중에서 명사·대명사·수사를 묶어 표현하는 용어이다. 문장에서 주체가
되는 자리에 쓰이는 경우가 많다고 해서 붙여진 이름이라 할 수 있다. 그러나 실제로는
曲用하는 과정에서 주어뿐만 아니라 목적어와 보어, 관형어, 부사어 등으로 두루 쓰인다.
그리고 학교문법[1]에서의 서술격 조사 즉, 계사 '-이-'와 통합하여 서술어로도 기능한다.
이 중 계사와 그에 통합되어 쓰이는 활용어미에 대해서는 5장 용언과 활용에서 다루기로
한다.

　체언의 가장 큰 문법 특징 중의 하나는 格을 취한다는 사실이다. 체언에 속하는 품사
들이 단독으로 격을 나타내기도 하지만 학교문법에서의 조사 즉 '-이, -을, -에, ……'
등의 曲用語尾와 통합되어 격을 나타내는 일이 훨씬 더 많다. 그런가 하면 보조사를 덧붙
여 표현하기도 한다. 따라서 이 章에서는 체언에 속하는 부류들을 품사별은 물론 助詞類
를 함께 다루기로 한다.

　그런데 이두문에서는 수사가 이렇다 할 만한 별다른 특징을 보이지 않는다. 예컨대, 이
두문에 적힌 '十二斗落只'는 현대어라면 '十二마지기' 정도로 읽을 수 있는데, 이 중 수사
'十二'를 당대에 訓으로 새겨 '열두'로 읽었는지 아니면 흡에 따라 '십이'로 읽었는지 다
소 애매하다. 녹권을 비롯한 문서류에서는 일반적으로 수를 표기할 때 '壹, 貳, 參, …'과
같이 갖은 자로 적는 것이 보편적이었으므로 조선 전기엔 이미 숫자를 한국한자음으로
읽었을 것으로 추정된다.[2] 여하튼 수사로 쓰인 자들이 의미 파악에 별다른 어려움이나

---

1) 이 책에서 말하는 학교문법은 2002년에 서울대학교 국어교육연구소에서 펴낸 『고등학교 문법』 교과서와
　『교사용지도서 문법』에서의 체계와 용어를 가리킨다.
2) 이두 자료라 할지라도 그 안에 漢文 문장을 담고 있거나 漢文式 표현을 할 경우엔 예외적으로 '十' 뒤에
　'有'를 사용한 '十有幾'와 같은 표기를 하기도 한다. 1392년 이화개국공신녹권 11행의 '十有六年' 및 1593년

문법적인 특징을 드러내지 않는다. 따라서 이 책의 논의에서 數詞는 일단 제외한다.

복수를 나타내는 이두자 '-徒'(내)와 '-等'과 같은 명사류 접사는 단어의 첫머리에 놓이지 않고 독립해서 사용되지도 않는다. 그럼에도 불구하고 명사나 대명사 등에 결합되어 빈번히 쓰일 뿐만 아니라 선행요소 못지 않게 실질적인 개념을 드러낸다. 이에 따라 명사류 접사는 명사 및 대명사와 마찬가지로 이 章에서 다룬다.

체언이 곡용할 때 나타나는 문법 형태에는 학교문법에서의 助詞에 해당하는 曲用語尾들이 主宗을 이룬다. 그리고 보조사에 해당하는 添詞와 後置詞 역시 체언의 곡용에 쓰이는 문법 형태이다. 조사와 첨사 및 후치사 모두 이 章에서 함께 다룬다.

1. 명사

명사는 실질명사와 형식명사로 나누어 다룬다. 실질명사는 다시 고유어, 한자어 그리고 양자가 혼합된 混種語로 분류하였다. 형식명사는 학교문법에서의 의존명사에 해당하는 용어이다.

이두문에 쓰인 고유명사들을 나열한다면 아마도 상당한 분량의 대장을 만들어야 할 터이다. 官名은 접어두더라도 엄청나게 많은 地名과 人名들이 모두 다 연구 대상이 될 수 있다. 조선 초기 녹권들에 쓰인 인명을 모아 당시에 쓰였던 姓氏가 얼만큼였는지, 姓을 갖지 않은 계층과 사람들이 어떠했는지, 그리고 이름을 어떤 방식으로 지었는지 살펴보는 일도 흥미로운 과제 중의 하나일 것이다.

이두문에 쓰인 物名이 소홀히 볼 대상이 아님은 두 말할 나위 없다. 『養蚕經驗撮要』에는 '飛介'(놀개)와 '高致'(고티) 등의 보통명사를 비롯하여 몇 가지 物名이 출현한다.[3] 1463년 李稹妻金氏所志에는 도둑 맞은 물건들을 적어 놓았는데 여기에 고유어를 적은 차자표기들과 한자어가 몇 등장한다. 근대국어의 '져구리'[4] 또는 '져고리'에 대응하는 단어를 적

1월 星州花園縣伏兵軍等所志 2행 '右謹所志 矣徒段 假將亦 時年二十有五 ……'<대구월촌단양우씨문서 자료편 4쪽> 등 참조.
3) 자세한 논의는 李喆洙(1988) 참조
4) 小襖子 져구리옷 <譯語類解 上45ㅈ>

은 것으로 판단되는 '赤古里'를 비롯하여, '赤ケ'(치마 <石峰千字文 4ㅎ>), 그리고 白話系 한자어 '剪子'[5] 등이 눈에 띈다. 『農書輯要』에는 고유어 '밀개, 써레, 쇠스랑, 구싀, 돗고마리, 홁, ᄆᅀᆷ'에 대응하는 단어들이 각각 '推介, 所訖羅, 手愁郞, 仇耳, 刀叱古ケ伊, 于音, 心音' 등의 표기로 나타난다.[6]

이두문에 쓰인 고유명사들을 비롯하여 物名 표기들에 대해서는 借字表記라는 관점에서 다루는 편이 더 나을 듯하다. 본고에서는 고유명사는 제외하고 문서류에 주로 쓰이는 보통명사들, 그리고 전적류에 쓰인 것들 중 해당 문헌을 대표할 만한 어휘 표기 몇 예만을 대상으로 하여 논의하기로 한다.

1.1 실질명사

가. 고유어

1) 庫, 庫員

庫가 한자어로서 사용될 경우엔 물품을 보관하는 창고의 의미로 사용되는 경우가 거의 대부분이다. 이 경우엔 이두문에서 단독으로 쓰이지 않고 일반적으로 倉庫라는 2음절 단어로 쓰인다. 倉은 본래 곡식을, 庫는 兵車 따위를 저장하는 곳이었다.[7] 『大明律直解』에서의 몇 예를 보이면 다음과 같다.

(1) ㄱ. <u>倉庫</u> 門 鑰金乙 偸取爲在乙良 杖一百 <直解 18.04ㅈ> (창고 문의 자물쇠를 훔쳐 간 경우에는 杖一百에 처하고)
官府公廨 及 <u>倉庫</u> 內 失火爲在乙良 杖八十徒二年齊 <直解 26.04ㅈ> (관아 건물 및 창고 안에서 잘못 불을 낸 경우에는 杖八十 徒二年의 형에 처하며)
ㄴ. <u>倉庫</u> 及 外庫 內良中 燃火爲在乙良 杖八十齊 <直解 26.04ㅈ> (창고 및 바깥 곡물창 안에서 불을 지핀 경우에는 杖八十에 처하며)

---

5) 剪子 가이 <譯語類解 下15ㅎ>
6) 자세한 논의는 李丞宰(1992ㄴ) 참조
7) 『大漢和辭典』<1.820> 및 『漢韓大辭典』<1.1214> 등 참조. 倉은 때로 '저장하다'의 뜻으로도 전의되어 쓰이곤 한다. '倉ᄋᆞᆫ 갈물 씨니 나돌 갈물 씨라 庫ᄂᆞᆫ 쳔랴ᇰ ᄀᆞ초아 뒷ᄂᆞᆫ 지비라'<釋譜詳節 9.20ㅈ> 참고

(1ㄱ)에서 보듯 '창고'의 의미로 쓰인 경우엔 한문 원문과 동일하게 倉庫로 번역하고 있다. (1ㄴ)에서는 한문 원문의 '庫藏'과 '倉廠'에 대해 각각 倉庫와 外庫로 옮겼는데, 外庫의 '庫'는 단순히 '창고'라는 뜻보다는 '곡물을 저장하는 곳'이라는 의미에 가깝게 쓰고 있다. 여하튼 '庫' 자 하나만으로도 倉庫와 거의 동일하게 쓰고 있음을 알 수 있다.

그러나 '庫'가 이두자로 쓰일 경우엔 '田畓이 위치한 땅'을 뜻하는 것으로 주로 쓰인다. 왕조실록의 註에서는 '俗謂田之所在爲庫'<성종실록 6년 4월 23일 辛丑>라 하여 전답이 있는 장소라는 뜻으로 풀이하였으며, 단순히 장소라기보다는 '땅'을 가리키는 용례들이 실제 이두문에서 빈번히 발견된다. (2)는 이두자 庫가 주로 '땅'을 가리키는 용법으로 쓰인 용례들인데, 곡용하는 과정에서 격어미와 보조사를 취하기도 함은 물론이다.

> (2) 人丁隱 數多爲遣 田地 少無在乙良 告官爲去等 近巡 陳荒田 庫乙 用良 人丁多少以
>   折給 耕種爲乎 事 <直解 05.01ㅎ~2ㅈ> (일할 장정은 많고 전지가 적거나 없
>   는 경우에는 관에 고하거든 근처의 묵정밭 땅을 써서 장정의 많고 적음으로
>   써 지급하여 씨를 뿌리고 갈게 할 것)
>   過安員 畓 陸斗落只庫乙良 <1480 金光礪娚妹和會文記 35~36> (過安員의 논 6마
>   지기 땅은)
>   惡字田 三石落只庫亦 品惡… <1590 土地賣買明文 정33-429> (惡字 밭 세 섬지
>   기 땅이 품질이 나빠…)
>   貳石落只庫良中 價折 正木陸正 依數 捧上爲遣 永永 放賣爲去乎 <1594 土地明文 영
>   2-156-4 04~05> (2섬지기 땅에 값을 치되 正木 6필을 셈하여 받고 영영 방
>   매하니)
>   上項 瓦家 四十余間 及 田畓 五十余石落只庫乙良 從文記 元告 李定亦中 決給爲遣
>   <1595 입안 영2-294 07~09> (앞서의 기와집 40여 칸 및 전답 50여 섬지기
>   땅은 문서에 따라 원고 李定에게 지급하도록 판결하고)

논과 밭을 통틀어 일컫는 '땅'의 의미로 주로 쓰인 이두자 庫는 다른 한자어들과 통합하여 합성어들을 양산하기도 한다. (3)의 용례들에 쓰인 '實庫, 陳損庫, 起實庫, 田庫, 畓庫'와 같은 단어들이 그 예인데, 이 중 '田庫, 畓庫'는 문서류에서 빈번히 사용됨은 물론이다.

> (3) 實庫乙 陳損是如 爲於 陳損庫乙 起實庫是如 爲 <直解 05.02ㅎ> (실한 땅을 묵혀
>   소득없는 땅이라 하며 묵혀 소득없는 땅을 수확이 많은 실한 땅이라 하여)
>   同 田庫乙 永永 放賣爲去乎 <1588 土地明文 영2-156-2 06~07> (앞의 밭땅을
>   영영 방매하니)

奉祀條 奴婢 畓庫乙良 長子家亦 執持 使用 耕食爲遣 <1540 分財記 정49-146 12>
(제사 모시는 조건의 노비와 논땅은 장자 집안이 지녀 사용하며 갈아먹고)
縣內接 水軍司 朴奇 稱名人亦 崔無叱世段 亦致死爲白有乎去 向入 其矣 畓庫是如 受
議送 到付後 進不就訟乙 仍于 <1596 所志 정3-211 03~05> (현에 사는 수군사
朴奇라 칭하는 사람이 崔無叱世는 이미 죽었는가 생각하여 저의 논땅이라고 의
송을 받아 서류가 도착한 뒤 송사에 (이 노인네가) 나오지 않는다고 하여)

한편 이두자 庫는 논과 밭이 있는 땅이라는 뜻과 상관없이 단순히 어떤 장소 즉 '處所'
의 뜻으로 사용되기도 한다. 이것은 달리 말해 이두자 '庫'가 전답이 있는 장소뿐만이 아
니라 넓은 의미의 장소를 가리키는 말로 사용되기도 했다는 사실을 시사한다.

   (4) ㄱ. 千石是如 當言爲乎 庫良中 言十石亦 爲 有害於事爲在乙良 <直解 03.03ㅎ>
       (1,000석이라 말해야 할 곳에 10석이라 하여 일에 해를 끼치걸랑)
       公貼良中 錯書 庫 有去等 書人乙 坐罪遣 <直解 17.04ㅈ> (공문서에 잘못
       쓴 곳이 있거든 쓴이를 처벌하고)
     ㄴ. 烏川員 田 壹庫 先院員 畓 壹庫 于里岩員 畓 壹庫 <1480 金孝之妻黃氏허여입
       안점련문서 2-04~05> (烏川員의 밭 한 곳, 先院員의 논 한 곳, 于里岩員
       의 논 한 곳)
       畓 參庫 合 參拾壹卜庫乙 狀員處 折 木綿 拾貳正 捧上爲遣 <1487 金孝盧土地
       賣買입안점련문서 4-08~09> (논 세 곳 합하여 31짐의 땅을 문서 제출한
       이에게 값을 치되 무명 12필을 받고)
     ㄷ. 鹽田 七庫 山田 三庫 幷 三結 七十卜 <1230경 修禪社形止案 164> (염전 7
       곳과 산전 3 곳 합하여 3먹 70짐)

(4ㄱ)의 '庫'는 현대어의 '곳'에 정확히 대응하는 이두자이다. 이 경우에는 庫를 (3)에
서와 같이 논과 밭이 있는 '땅'을 가리키는 자가 아님이 분명하다. (4ㄴ)의 '庫' 경우에는
비록 전답과 관련하여 사용되었으나 '땅'의 의미라고 보기 어렵다. 따라서 (4ㄱ, ㄴ)에 쓰
인 이두자 庫는 중세어의 '곧'(處) 그리고 근대어 및 현대어의 '곳'에 대응하는 자임을 분
명히 알 수 있다.[8] 광의의 장소를 지칭하는 이두자 庫의 용법은 이미 고려시대부터 사용
되어 온 것이었다. (4ㄷ)이 그 예인데 '庫'가 경작지는 물론 염전이 있는 곳을 가리키는
데에도 사용되었음을 보여준다.
중세어 '곧'의 종성 'ㄷ'은 16세기 말까지는 대체로 이두문 표기에 반영되지 않았다.

---

8) 小倉進平(1929:313) 및 朴喜淑(1985:34) 참조 『萬機要覽』에서도 '庫者(庫 俗音곳)猶言處也'(卷 4, 財用編 3,
   戶曹各掌事例, 會計司)라 하여 광의로 쓰이는 이두자임을 밝혀 놓았다.

이두자 庫 대신에 종성 표기를 분명히 보여주는 庫叱 또는 이 두 자를 합하여 𢈴으로 표기한 용례는 16세기 말까지는 발견되지 않는다. 庫를 '곳'으로 표기하거나 읽은 것들은 終聲의 '-ㄷ' 대신에 '-ㅅ'으로 재구조화된 후대형을 반영하는 것이다.

한편 이두자 庫는 첩어를 형성하여 '庫庫'으로 표기되기도 한다. 이것은 15세기 국어의 '곧곧'에 대응하는 형태로 추정된다. 다음의 (5ㄱ)은 이미 고려 시대부터 이 단어가 사용되었음을 일러준다. (5)의 庫庫는 '이 곳 저 곳'이라는 뜻보다는 '이 땅 저 땅'이라는 뜻에 좀 더 가까우므로 '땅'의 뜻을 지닌 이두자 庫의 첩어로 보아야 할 것이다.

(5) ㄱ. 昇平郡 葦長伊村 鐵谷村 新谷村ホ叱 庫庫 幷 十結 五十… <1230경 修禪社形止案 154> (昇平郡의 葦長伊村과 鐵谷村과 新谷村 등의 곳곳 모두 10먹 50…)

ㄴ. 州 伏 瓦家一坐 家近處 庫庫 合 全數果 … <1543 분재문기 59행, 성암고서박물관 소장> (州에 있는 기와집 한 채와 집 근처의 곳곳을 합한 전부와 …)

이두자 庫의 합성어로서 庫員이 있다. 庫員의 용례는 조선 건국 초기부터 16세기 말까지 줄곧 이어져 발견된다. 『校訂 大明律直解』의 「吏讀略解」에서는 庫員을 '고원'으로 읽고 田地의 筆數를 가리키는 것으로 해석한 바 있다. 이때의 員은 田地의 단위를 나타내는 '筆'에 해당한다고 하였다. 즉, 員은 筆地를 뜻하는 것으로 일단 해석된다는 것이다. 그러나 員을 筆地로 해석할 경우 고문서에 쓰인 실제 용례들과 어긋난다.

(6) ㄱ. 吾乙坪員 田 二十四卜五束 同員 畓 十三卜 田 一卜五束 <1469 田養智妻河氏傳准立案粘連文書 2-22～23> (吾乙坪員의 밭 24짐 5뭇, 같은 들의 논 13짐과 밭 1짐 5뭇)

可述員 畓 柒斗落只 同員 陸斗落只 <1480 金光礪男妹和會文記 35> (可述員의 논 7마지기와 같은 들의 6마지기)

ㄴ. 奴婢花名 田畓庫員字丁結卜文記 後錄爲在果 ……(中略)…… 良佐員 郡字五十八田 四十五卜四束 同員 幷字九十四內田 三十卜 <1548 和會文記 정32-361> (노비의 이름과 전답의 장소와 筆地 및 수확량을 적은 글을 後錄하거니와 ……(中略)…… 良佐員에 위치한 郡字 58번 밭으로서 수확량은 45卜4束, 같은 員에 있는 幷字 94번 안쪽 밭으로서 수확량은 30卜)

무엇보다도 우선 (6ㄱ)에 쓰인 '員'에 대한 해석이 곤란해진다. '同員'은 그 앞에 기재된 '吾乙坪員' 또는 '可述員'을 가리키는 표현이기 때문이다. 또한 員이 筆地를 뜻하는 것이 아님은 (6ㄴ)이 웅변해 준다. (6ㄴ)의 '田畓庫員字丁結卜文記' 중 庫員은 전답이 있는 장소를 가리키고, 字丁은 量田하는 과정에서의 筆地에 해당되며, 結負로도 쓰이는 結卜은 수확량을 총칭해서 쓰이는 단어라는 점이다.

庫員의 庫는 앞서 언급한 바와 같이 논과 밭이 있는 땅을 가리킨다. 員은 『新字典』에서 '員 (곳) 도리 田在處 見公私文簿'로 풀이한 바 있다. 庫員은 15세기 국어의 '무룹도리'의 '-도리'와 현대어 방언 중의 '오랍드리'[9] 그리고 『新字典』에서 員의 訓 '도리'와 연관 지어 볼 때 현재로서는 文證되지 않는 중세어 '*곧드르ㅎ' 또는 '*곧도리'의 표기자였을 개연성이 다소 있다. 庫員의 뜻은 대체로 '논과 밭이 있는 땅 일대' 즉, '들판'을 지칭하는 단어였다고 본다. 성종실록 6년 4월 23일 기사 중에서 收稅와 관련하여 행정구역 중심의 面等制로 할 것인지 아니면 庫員等制로 할 것인지의 논의에 관한 내용이 실려 있어 참고된다. 조선 전기 이두 용례 몇을 예시하면 다음과 같다.

> (7) /父祖傳來田畓等乙良 各村 各庫員 伏 四標內 日耕數爻乙 用良 <1392 太祖賜給芳雨土地文書 02> (조상님들로부터 전해 오는 전답들은 각 마을과 각 들판에 있는 사방 경계 안의 하루갈이 수를 따져)
>
> 田地庫員結負乙 或多或小 互相改易 以高作下爲旀 <直解 05.01ㅎ> (전지의 장소와 수확량을 많거나 적게 또는 서로 바꾸어 높은 등급을 낮은 등급으로 하며)
>
> 各 作者等亦 起耕田乙 庫員 互相改易 水旱損實爲 樣以 妄告爲在乙良 <直解 05.03ㅈ> (각각의 농사지은 자들이 수확이 많은 밭을 장소를 서로 바꿔 수재와 가뭄으로 손실을 본 것으로 거짓 신고하걸랑)
>
> 田畓段 奉祀位 外 遠處散在 庫員卜數 詳知不得 一時分給 不冬爲去乎 <1560 分財記 정1-539 13~14> (전답은 奉祀條 전답 이외에는 먼 곳에 흩어져 있어 장소와 수확량을 자세히 알지 못해 (금번에) 일시에 나누어 주지 않는 바이니)

2) 侤音

'侤音'은 후대 이두 학습서들에서 '다딤' 또는 '다짐'으로 읽었다. '다짐'은 구개음화된 어형을 반영하고 있는 것으로 추정되므로, '다딤'이 선대형이라 할 수 있다. 이것은 '어떤 事實이 옳음을 확인하거나 그 事實대로 실행할 것을 맹세하는 文書'<安秉禧 1987ㄷ:33>를 주로 가리키나 때로는 다짐을 받는 일의 뜻으로도 쓰인다.[10]

---

9) 예컨대 강릉방언에 마을의 집 가까이에 있는 뜰을 가리키는 말로서 '오랍드리, 오랍뜰'<박성종・전혜숙, 『강릉 방언 사전』, 태학사, 2009, 346쪽>이 있다. 표준어의 '오래뜰'에 해당하는 이 단어는 집에서 멀지 않은 거리에 사는 가까운 이웃을 가리키기도 한다.

10) 所供 供卽供招 國俗所謂侤音也 <吏文輯覽 2.2ㅎ>

(8) ㄱ. 右 立案 爲田地事 粘連所志 及 侤音是乎 等 用良 <1480 金孝之妻黃氏許與立案
粘連文書 4-2> (이 입안은 田地에 관한 일로서 이어 붙인 소지 및 다짐으
로써)

　　ㄴ. 成化二年正月十二日 侤音 <1466 寧海英陽南氏家奴婢立案 3-2 侤音> (成化 2년
정월 12일 다짐)
白等 矣徒 相爭奴婢乙良 兩邊 侤音 相考 依式 施行教 味 白齊 <1517 安東府立
案 정1-16 67~68> (사뢰기를, "우리네들이 서로 다투고 있는 노비는 양
쪽의 다짐을 살펴 규정에 따라 시행하십시오"라는 내용을 사뢰었으며)

　　ㄷ. 右 婢子等矣 逃亡日月 及 去接處 侤音 捧上 鑑後教是旀 <1435 張安良潭陽都護
府所志 06> (이 계집종들이 도망한 날짜 및 가 살던 곳을 다짐 받아 처벌
하시며)
更生謀計以 侤音爲臥乎 所 加于 無知莫甚於此爲白乎旀 <1560 慶州府立案 114~
115> (다시 살겠다고 계교를 꾸며 다짐하는 바 이보다 더 심한 것이 없
사오며)

(8ㄱ)은 문서를 지칭하는 용법으로 侤音이 쓰였다. 이와 달리 (8ㄷ)에서는 侤音이 관련
당사자들로부터 어떤 사실을 확인하고 그것이 사실인 것에 대해 다짐을 받는 일이란 의
미로 사용되었다. 이는 특히 '侤音爲-'의 용례에서 侤音이 명사구로서 동사 'ㅎ-'에 통합
된 것으로 확실시된다. (8ㄴ)의 경우엔 두 가지 의미 중 어느 쪽으로 해석하든 별다른 문
제가 없는 경우라 하겠다. 1466년의 용례는 문서 첫머리에 쓰인 경우인데 일종의 제목
역할을 하고 있다.

侤는 韓國漢字이다.[11] 侤의 '人'은 義符이고, '考'는 聲符로서 조사하여 밝힌다는 뜻을
나타낸다<韓國漢字語辭典 1.293>. 『字典釋要』에서는 侤를 '誓必行 다짐둘 고'라고 풀이한
바 있다. 侤는 문헌에서 발견되지 않는 국어의 동사 '*다디-'를 표기하기 위해서 사람을
나타내는 人과 拷訊의 拷에서 변을 떼어 合造字를 만든 것이 아닌가 사료된다. 그러나 侤
는 단독으로 사용되지 않고 일반적으로 명사로 쓰일 때는 侤音, 동사로 사용될 때에는 侤
是-로서 말음첨기자를 덧붙여 쓰였다. 侤音과 동일한 의미를 가진 이두어 명사로서 白侤
가 눈에 띈다.

---

11) 일본의 國字로 '侤'를 수록한 것이 있으나, 이 경우엔 札幌市에 소재한 어느 회사의 상표일 뿐이므로 固有
漢字로 보기 어렵다. 飛田良文 監修・菅原義三 編(1999), 『國字の字典』, 7판; 東京, 東京堂出版(初版 1990)
의 6쪽 참조

3) 高致

高致는 한문 원문의 '繭'을 번역한 音借表記로서 중세어의 '고티'에 해당되는 단어이다. 『訓民正音』 解例 用字例에서 이미 '고·티爲繭'으로 예시된 바 있다. 『養蠶經驗撮要』에서 중세국어 '늘개'를 訓讀字를 앞세우고 音假字를 후행한 '飛介' 표기와는 달리 音假字만으로 적은 것이 특징이다. 『養蠶經驗撮要』에는 이러한 음차표기가 꽤 여럿 사용되었는데, 波獨(바독)·波造(바조)·佐伊(자리) 등이 이에 속한다. 이두문에서 각 단어 및 句의 첫머리는 讀字 우선의 원리에 따라 그 뜻을 파악하기 쉬운 訓讀字로 표기하는 것이 일반적임에도 불구하고 高致는 그와 정반대의 표기방식을 취했다. 이것은 표기된 한자들을 음으로 읽으면 누에를 치는 일반인들이 오히려 쉽게 알 수 있다는 점을 배려한 것이 아닌가 사료된다. 중세국어 단어 '대초'를 음은 물론 훈을 겸하여 '大棗'로 표기한 것 역시 이해하기 쉽게 하려는 의도에서 나온 표기라고 추정된다.

> (9) 蠶子 收取 高致乙 須只 蠶薪 中間良中 造作爲乎 高致乙 摘取爲臥乎 事段 <양잠 2
> ㅈ> (씨받이로 거둬들일 고치는 모름지기 섶 중간에 만든 고치를 잘 가려 거
> 두어야 하는 일은)
> 種子高致乙良 薪 開出時 須只 薪 中間外面近處 向陽 造作者 及 飛介上良中 造作者
> 乙沙 擇取爲乎 喩尼 <양잠 3ㅈ> (씨받이 고치는 섶을 벗겨낼 때 모름지기 섶
> 중간의 바깥쪽 근처 볕을 향해 만든 것 또는 섶을 덮은 날개 위에서 만든 것
> 을 택하여 거두어만 될 지니)

4) 串

串이 韓國漢字로 쓰일 경우에는 '곶'으로 읽히며 두 가지 뜻을 갖는다. 첫째, 바다쪽으로 길게 쑥 내민 육지로서 半島보다 작은 것을 가리킨다. 둘째, 중세어의 동사 '곶-'(현대어의 '꽂-') 또는 명사 '곶'[12](현대국어의 '꼬챙이')을 가리키는데, 때로는 꼬챙이에 꿴 음식을 세는 단위 명사 '꼬치'를 지칭하기도 한다. 첫 번째 의미에 해당하는 예로서 '暗林串 암림곶'<龍飛御天歌 1.36ㅈ>이 있다. 두 번째 의미로 사용되는 것으로는, '곶감'을 '串甘'으로 표기한 것과 '炙 열 꼬치'를 '炙 十串'으로 표기한 것 등이 해당된다.

---

12) 『四法語諺解』 중 「古潭和尙法語」에는 '祖師公案을 一串애 都穿ᄒᆞ며'를 '祖師ㅅ公案을 ᄒᆞᆫ 고재 다 ᄢᅦ며'로 언해하였다. 한자어 '一串'을 'ᄒᆞᆫ 곶'으로 번역하였는데, 이때의 명사 '곶'은 현대어의 '꼬챙이'에 해당되나, '꿰미'와도 상통한다고 본다.

조선 전기 이두 자료에서는 첫 번째 의미로 사용된 것만이 발견된다. 분재문기들에는 고유지명에 붙은 것이 거의 대부분이다. 그런데 串이 보통명사 표기자로 쓰인 용례가 『大明律直解』 및 16세기 분재문기에서 발견된다.

(10) ㄱ. 凡 城市鄕村 各市裏良中 諸色牙人 及 水路 各串 船楫次知頭目人等乙良 有家産 爲在 人戶乙 用良 定付爲 使內乎矣 <直解 10.01ㅈ> (무릇 城市와 鄕村의 각 市裏에서의 각종 중개인 및 수로와 각 곳의 배를 담당하는 우두머리 등 은 가산이 넉넉한 사람으로써 임명하여 부리되)

　　　ㄴ. 積城 伏 馬山 石連 田 鞠字 東邊 一日耕 身字 無包於田 一日耕 串內 女字 橫 田 一日耕 <1564 本族及同腹和會文記 정6-128 13~14> (積城에 있는 馬山 의 石連 소재 鞠字 밭 동쪽 하루갈이, 身字 밭의 無包於밭 하루갈이, 곳 안의 女字 橫田 하루갈이)

5) 橋

橋는 한자어로서 자립하여 단독으로 명사로서 사용되는 경우가 거의 없다. 『大明律直 解』와 16세기 말 문서에서 간혹 橋梁, 御橋, 浮橋 등과 같이 다른 한자와 결합하여 만든 한자합성어를 찾아볼 수 있다. 따라서 이두자로 독립해서 볼 소지가 거의 없는 듯한데 독 립해서 쓰이면서 격어미를 취한 용례가 『大明律直解』에서 발견되므로 국어로 새겨 읽었 을 개연성이 다소 남아 있다.

(11) 登高 及 騎馬人等矣 橋果 勒等乙 奪取爲 (謂…登高乘馬 私去梯轡之類) <直解 19.05ㅎ> (높은 데 오르거나 말을 타는 사람의 사닥다리와 굴레를 빼앗아)

위 예문에서 한문 원문의 '梯'가 이두문에서는 '橋'로 번역되었다. 이는 訓이 같은 字 를 代用한 것이다. 따라서 예문에서의 橋는 건너다니기 위해 만든 시설인 '다리'가 아니 라 오르내릴 때 디딛기 위해 만든 '사닥다리'를 가리킨다. 중세국어의 '드리'는 ① 橋梁, ② 사닥다리, ③ 層階를 나타내는 多義語였다. 이 중 ②의 뜻을 나타내기 위해 대용한 자가 (11)의 橋인 것이다. 『大明律直解』에서 ①의 뜻을 나타낼 때는 한자어인 '橋 梁'<03.11ㅎ, 19.06ㅎ, 30.02ㅎ> 또는 '御橋'<13.03ㅎ)> 등으로 쓰였다. 현대어의 '사닥다리, 사다리'에 이어지는 어형인 '사드리'는 근대어에서 발견되고, 중세어에서는 '드리'만이 文 證된다. 위 이두문에서 '橋'와 '勒'은 각각 '드리'와 '굴에'로 새겨 읽었을 개연성이 높다.

6) 結負(수량과 면적의 單位名詞들)

곡물의 수량과 전답의 면적을 세는 단위명사들은 시대와 지역에 따라 차이를 보이는 경우가 적잖다. 『經國大典』 戶典 量田에서는 四方 1尺의 면적에서 거두는 벼의 量을 1把라 하고, 10把가 1束, 10束이 1負, 100負가 1結이라 하였다. 『經國大典註解』 後集 戶典에서는 把束負結에 대하여 '言地方一尺所收禾可一把 把握也 十握則可爲束 十束則人可負 百負則可合結也'라 풀이하였다. 즉, 한 손에 쥘 수 있는 벼의 양을 '把'라 하고, 묶을 수 있는 양이 '束', 등에 질 수 있는 양을 '負', 맬 수 있는 양을 '結'이라 한다고 하였다. 把는 우리말로 '줌', 束은 '뭇', 負는 '짐', 그리고 結은 '먹'으로 읽히는 이두자이다.

'줌'이라는 것은 현대국어에서의 '한 줌, 두 줌, …'에서의 '줌'에 그대로 이어지는 단어이다. 중세어 동사 '주−'에서 온 파생명사로 추정된다. 중세국어 동사 '주−'는 어미 '−아/어'와 통합될 때에는 '주여'로 실현되므로, 동사 ':쥐−'와는 다른 양상을 보인다. (12ㄴ)의 용례는 '줌'이 한문 원문과 주석문에서의 '把'에 대응하는 단어임을 분명히 보여준다.

(12) ㄱ. 다숫 輪指ㅅ 그틀 구펴 <u>주여</u> 사룸 뵈실씨 <楞嚴經諺解 1.98ㅎ>
　　　源이 두 소느로 주머귀 서르 <u>주여</u> 뵌대 <金剛經三家解諺解 1.8ㅈ>
　　ㄴ. 둘기 똥 힌 것 대초만과 삼 혼 <u>줌</u>과 두 가지롤 술 닐굽 되로 글혀 <救急方諺解 上22ㅎ>
　　　龍葵 불휘 혼 <u>줌</u> 조히 시서 겁질 밧기니와(龍葵一把淨洗去皮) <救急方諺解 下2ㅈ>

束이 '뭇'으로 읽히는 것은 중세어 동사 '뭇−'과 동일하여 체언과 용언 어간이 분리되지 않고 기능하던 이른 시기의 모습을 보여준다. '짐'으로 읽히는 '負'는 동사 '지−'(負)에서 파생된 명사로 추정된다. 이두자 負는 'ㅏ'으로도 널리 쓰였는데, ㅏ은 등에 짐을 지고 있는 사람을 연상시키는 데에서 비롯한 이두자로 추정된다.[13] 이는 원래부터 '짐'으로 읽혔을 가능성이 높다. 結은 '목' 또는 '먹'으로 읽힌다고 보는 견해도 있으나 『萬機要覽』 財用編 2 田結 田制에서 "十把爲負(或稱卜 今每一負出租一斗) 百負爲結(俗音먹)"이라 분명히 밝혔으므로 '먹'이 표준음이라고 사료된다.

把束負結은 본래 곡물의 양을 세는 단위명사였다. 토지의 면적을 절대면적이 아니라 수확량에 따른 상대면적으로 산출하게 됨으로써 把束負結이 면적을 세는 단위명사로서의

---

13) 『譯註 經國大典』(평양 : 과학 백과사전출판사, 1986) 戶典 量田條의 각주 참조

기능도 함께 지니게 되었다. 『經國大典』에서는 길이를 재는 약 20cm 가량의 周尺을 기준으로 하여 사방 1尺의 면적을 把라 하고 이로부터 나머지 束負結의 면적을 환산하였다. 그리고 量田할 때 6등급으로 나눈 田地 면적을 각 등급별로 중국에서 길이를 재는 단위명사인 分과 畝를 사용하여 명시해 놓았다.

把束負結은 결국 곡물의 수량과 토지의 면적을 세는 단위명사로서 두 가지 기능을 갖고 있다. 負의 경우엔 조선의 건국 초인 1397년 鄭矩家垈折受漢城府立案 문서에서 집터의 면적을 세는 단위로서도 확대 사용된 용례가 있다. 이들 단위명사 중 量田과 토지매매 등에 널리 사용되는 단위인 結과 負를 합하여 結負라는 단어를 형성하였다. 따라서 '結負'는 본래 수확량을 세는 단위명사가 합성된 것인데, 이것이 논밭의 면적을 세는 단위명사는 물론 면적을 통칭하는 표현으로도 사용된다. 그리고 結負制라 하면 토지의 면적뿐만 아니라 수확량을 따져 量田과 收稅 등을 하는 제도를 가리킨다.

그런데 結負는 '*먹짐'으로 읽혔으리라 추정되는데, 앞서 언급했듯이 負 대신에 卜 자를 쓰기도 하기 때문에 結負 대신에 結卜이라는 용어도 사용된다. 이 역시 곡물의 양을 세는 단위명사가 아니라 토지의 면적 또는 그 크기라는 정도의 의미로 사용되는 적이 많다.

> (13) 奴婢花名 田畓庫員字丁結卜文記 後錄爲臥乎 事 <1510 同生和會文 정32-352 03~04> (노비의 이름과 전답의 장소와 筆地 및 면적을 적은 글을 後錄하는 일)
> 令該司酌定 結卜之數乙 與奴婢三口 相適爲當 <1553.6.1. 漢城府啓目 各司受教 156> (해당 관사로 하여금 헤아려 정하도록 하여 토지 면적의 크기를 노비 3구와 같이 서로 적정히 하는 것이 마땅합니다)

단위명사인 把束負結이 量田과 收稅, 매매 및 分財 등에 널리 쓰임으로써 帳籍과 이두 문서 등에 자주 나타남은 두 말할 나위 없다. 그런데 이들 중에서 다른 한자어들과 합성되는 과정에서 가장 많이 쓰인 이두자는 '卜'이다. 卜數・卜定・卜役 등과 같은 혼종어를 산출하였기 때문이다.

한편 수량 단위명사로서 현대어 '두름'에 해당하는 冬音, 그리고 기와 1,000장을 가리키는 訥 등도 이따금 발견된다.

> (14) 每一基條 靑魚 五百 冬音式 詳定 <1548.11.11. 關 紹修書院謄錄 18ㅈ> (한 곳마다 청어 500두름씩 분명히 해서)
> 盖瓦 六訥以 用 餘 一千二百八十張 院內 入積爲白有在果… <1546.10.14. 첩정 紹

修書院謄錄 9ㅈ> (기와 6,000장으로 쓰고 남은 1,280장은 서원 안에 들여 쌓아 놓았거니와)

7) 衿

이두자 衿은 중세국어의 '깃'에 해당하며, '財産이나 金錢 物品 따위를 나누었을 때의 한 몫'의 뜻이다. '몫'의 뜻을 가진 '깃'을 표기하는 字로서 '衿'을 사용한 연유는 다음과 같이 추정된다. '衿'은 '襟'과 통하는 글자이다. '襟'은 중세국어의 '깃/옷깃'에 해당한다. 따라서 同音異意語인 '깃'(몫)의 표기에 '衿' 字가 채용된 것으로 이해된다.[14] 李基文(2003)에서도 중세국어의 두 단어 '깃'은 곡용에서 '·기줄, ·기즈·론, 가·제' 등 성조까지도 일치하는 동음이의어임을 밝힌 바 있다.

이두자 衿은 분재문기류에서 널리 쓰이던 것이다. 분재할 노비나 전답 등의 목록을 적기에 앞서 누구의 몫이라는 뜻으로 '……衿'이라고 小題目 삼아 끄트머리에 쓰던 字이다. 그리고 다른 한자와 결합하여 分衿, 衿記, 衿付, 衿得, 衿給 등의 혼종어를 양산하였다. 예문 (15)는 '몫'의 뜻으로 쓰인 중세어 단어 '깃'의 용례이며, (16)은 이두자 衿의 곡용 예를 일부 보인 것이다. (16ㄱ)에서는 衿이 받아야 할 몫이 아니라 반대로 납부해야 할 것이라는 점에 유의할 필요가 있다.

(15) 즉자히 세 기제 논호아 혼 기즈란 諸天끠 ᄒᆞ고 혼 기즈란 龍王끠 ᄒᆞ고 혼 기즈란 여듧 王끠 골오 논혼대 <釋譜詳節 23.55ㅎ~56ㅈ>
세 기제 논호아 혼 기즈란 어미 주어 지븨셔 ᄡᅳ게 ᄒᆞ고 <월인석보 23.72ㅎ~73ㅈ>

(16) ㄱ. 官吏 及 匠人衿乙良 依法令 漢城府 生徵 何如 <1562 戶曹啓目 各司受教 27> (관리 및 장인의 몫은 법령에 따라 한성부에서 징수하는 것이 어떻겠습니까?)
ㄴ. 其矣 衿乙良 一口奴婢置 分給 安徐事 <1572 分財記 정33-253 07~08> (자기 몫은 한 사람의 노비라도 나눠주지 말 일)
長子衿段 他奴婢 除良 奉祀奴婢 所生 柒口以 因施行爲臥乎 事 <1563 分財記 정9-254 17~18> (맏아들 몫은 다른 노비 말고 봉사조 노비 소생 7명으

---

14) 嶺東地域 漁夫들 사이에서는 어로작업에 의한 소득 중 분배 몫을 가리켜 '깃'이라 하는데, '한 짓, 두 짓, …' 하고 셀 때는 구개음화하여 '짓'으로 발음하기도 한다<朴盛鍾 1995:425>. 이 '깃/짓'이 중세국어의 '깃'(몫)에서 유래하는 것으로 생각한다.

로써 시행하는 일임)

이두자 衿에는 격어미 중 '-良中'이 통합되는 예가 많다. 그런데 (17ㄴ)에서는 '-亦中'이 덧붙었는데 이는 올바른 표기가 아닌 듯하다.

(17) ㄱ. 汝等徒 各衿良中 奴婢 并 拾口式以 使用爲良爲 稱給分是遣 <1429 金務都許與文記 03> (너희들 각 몫으로서 노비를 아울러 10명씩으로 사용하도록 준다고 했을 뿐이고)

吾同腹等 新奴婢段 得後所生 并以 各衿良中 開錄爲㫆 遠處奴婢等乙 今雖分衿爲乎乙 喩良置 未知存歿爲去乎 <1574 和會文記 영1-200 85~86> (우리 동복들의 신노비는 얻은 후의 소생들을 아울러 각자의 몫에 열거하여 기록하며 먼 곳의 노비들을 지금 비록 나눠 준다 할지라도 생사 여부를 알지 못하니)

ㄴ. 爲等如 各衿亦中 分給爲臥乎 <1480 金孝之妻黃氏奴婢許與立案粘連文書 1-22> (통틀어 각자의 몫에 나눠 주니)

8) 娚

娚의 原義는 '語聲' 즉, '말소리'로서 '喃'과 상통하는 字이다. 그런데 이것이 우리나라에서는 '오라비'를 가리키는 字로 사용된다. 이두자 娚은 葛項寺石塔造成記(785~798년)에 이미 사용되었다. 현대국어에서 '오라비'는 여자가 남에게 대하여 손아래 남동생을 일컫거나, 손위 오빠 즉 '오라버니'의 낮춤말로 사용된다.『雅言覺非』(1819년)에서 '大抵女子婦人 謂其兄弟曰娚(方言 兀阿卑)'라 하였고, 이어서『字典釋要』에서 '娚'을 '姉妹謂男兄弟曰 — 올아비 남'이라 풀이했다.

그러나 조선초기 이두문에서의 '娚'은 그 사용의미가 현대국어의 '오라비'와 약간 차이가 있다. 반드시 여자 입장에서 남자 형제를 가리킨다기보다는 일반적으로 남자 형제를 통칭하는 표현으로 사용된다.『大明律直解』에서의 '娚'의 용례를 먼저 살펴 보면 다음과 같다. 화살표 왼쪽은 한문 원문이고 오른쪽이 이두문이다.

(18) ㄱ. 母舅 → 母矣 同生 娚 <直解 01.12ㅈ>

母舅 → 母矣 娚 <直解 20.12ㅈ>

舅甥妻 → 母矣 娚矣 妻果 妹子矣 妻 <直解 06.06ㅈ>

ㄴ. 1. 妻兄弟 → 妻娚 <直解 01.12ㅈ>

2. 妻之兄弟 → 妻矣 姟 <直解 20.15ㅎ>

이두자 姟은 (18)에서 보듯 남자 형제를 가리키는 字로 사용되었다. 이두자 姟은 '오라비'로 새겨 읽었을 가능성이 높지만, (18ㄴ-1)의 '妻姟'은 '처남'으로 音讀하였으리라 본다.

15세기 국어의 '오라비' 역시 '오라비 殺戮을 맛나니라(兄弟遭殺戮)' <杜詩諺解 初8.65ㅎ>에서 보듯 여자 입장에 국한되지 않고 男子 兄弟를 일반적으로 일컫는 단어였다. 이 '오라비'를 표기한 이두자 姟 역시 여자가 남자 형제를 일컫는 데에 국한되지 않았음이 조선초기 文書類에서도 확인된다.

(19) ㄱ. 1. 同生 姟 河緯地 女子段 <1469 田養智妻河氏粘連文書 2-02~03>
　　　　2. 同生 姟 河綱地 子 河砍段 <1469 田養智妻河氏粘連文書 2-08>
　　ㄴ. 子息 八姟妹亦中 <1443? 權明利許與 01>
　　　　八姟妹亦 平均分執使用爲齊 <1443? 權明利許與 25>
　　ㄷ. 長姟 進士 金 光礪 『手決』 <1480 金光礪男妹和會 39>

위 (19ㄱ)에서 財主인 田養智 妻 河氏는 손위 오빠인 河緯地와 손아래 남동생인 河綱地에게 모두 똑같이 '姟' 즉, '오라비'로 칭하고 있다. 葛項寺石塔造成記(785~798년)에서는 '姟姊妹, 姟者'로 사용하였는데, 이 경우의 '姟'은 '손위 오빠'가 아니라 '손위 남자'의 의미로 사용되었다고 하겠다. (19ㄴ)과 (19ㄷ)의 '姟妹'와 '長姟'은 모두 음독자로서 '남매'와 '장남'의 표기자이다. '男' 자 대신에 '姟'을 사용하고 있음이 특징이다. 이와 같이 이두자 姟은 15세기 국어의 '오라비'에 일치하는 字로서 남자 형제를 통칭하거나 그 중의 어느 한 사람을 일반적으로 가리키는 단어로 사용되었다.

그런데 '남매'를 표기하던 姟妹를 대신하여 男妹로 적기 시작하는 경향이 15세기 말엽부터 나타난다. 金淮妻盧氏許與文記(1479년)에서 '子息 三男妹亦中'라 하여 '男妹'로 적은 것이 최초의 용례가 아닌가 싶다. 이후 '남매'는 姟妹와 男妹 두 표기가 공존하는 양상을 보이는데 16세기에 들면 점차 男妹가 우세해지는 경향을 보인다.

이와 달리 첫아들과 둘째아들 등을 일컫는 '장남'과 '차남' 등의 경우엔 權邇男妹和會文記(1470~73년) 및 李瑷姟妹和會文記(1494년)에서 '長男'으로 적기 시작하더니 그 이후로는 오라비를 뜻하는 姟을 사용한 長姟과 次姟 등의 표기를 찾아볼 수 없게 된다. 표기자의 변화가 男兒 선호 사상 또는 가부장적 질서의 확대라는 사회현상과 어느 정도 관련이 있을지의 문제는 유보해 둔다.

9) 內

內는 중세국어의 '안ㅎ'에 해당된다. 內는 단순히 '안'의 뜻으로 사용되기도 하지만, '안에 있는 내용' 즉, '안의 事意'라는 뜻으로도 사용된다. 內가 어느 경우에든 반드시 '안'으로 새겨 읽혔는지는 분명하지 않다. 다음의 예는 모두 조선 건국 초의 李和開國功臣錄券의 용례인데, (20ㄱ)의 '內'는 단순히 '안'을 지칭하고, (20ㄴ)에서는 '안의 내용'을 지칭한다.

> (20) ㄱ. 王旨內 事意乙 用良 啓 使內乎 向事 出納是 置有亦 <048> (王旨 안의 事意로써 啓를 올려 행하여 처리할 일이라는 出納이 있어서)
> 王旨內 思 審是白內乎矣 <049> (王旨 안의 뜻을 살피오대)
> ㄴ. 王旨內 皃如 其功甚大 帶礪難忘是去有良尒 <069> (王旨의 내용과 같이 그 공이 매우 커서 황하가 띠와 같이 좁아지고 태산이 숫돌과 같이 작게 되어도 그 공을 잊기 어렵겠기에)

모든 문서류에서는 예외없이 위 (20ㄴ)과 같이 문서 안의 내용을 가리키는 용법으로 사용되고 있으며, 관용 표현인 '……內乙用良'으로 나타난다. 문맥에 따라서는 (21ㄴ)과 같은 용례도 발견되긴 하나 매우 드물다.

> (21) ㄱ. 右 所志內乙 用良 <1427 張戩妻辛氏所志 14>
> 萬一 相考 隅 有去等 此 文記內乙 用良 <1443? 權明利許與文記 33>
> 今十一月初七日 到付 使關內 內傳 消息內乙 用良 <1429 結城縣牒呈>
> 後此 某人是乃 雜言爲去等 次明文內乙 用良 告官辨正 向事 <1593 土地賣買明文 정2-670 05~06>
> ㄴ. 多勿沙里 佟音內良中置 父 從山是如 爲有去等 <16세기 입안 정6-23 260~261>

10) 大母, 大父

『大明律直解』에는 친족명 중의 하나로서 大母와 大父가 사용되고 있다. 이들은 각각 현대국어의 '할아버지'와 '할머니'에 대응하는 단어이다.

(22) 同姓 四寸 大父 妻果 四寸 大母果 (從祖祖母姑) <直解 25.03ㅈ>

위 용례에서 '同姓 四寸 大父 妻'는 결국 '從祖母'에 해당하고, '四寸 大母'는 '大姑母'에 해당된다. 이 중 '大父'는 '한아비, 하나비'(←한+아비)로, '大母'는 '한어미'(←한+어미)로 새겨 읽혔을 것으로 추정한다. 이 중 전자는 후기 중세국어에서 文證되나, 후자는 후기 중세국어에서 문증되지 않고 대체로 '할미'로 쓰였다. '한어미'는 근대국어 시기에야 비로소 나타난다. 그러나 『鷄林類事』에서 '祖曰 漢丫秘, 姑曰 漢丫彌'라 한 것으로 미루어 '*한어미'도 중세어에 잔존하지 않았을까 의심된다.

『大明律直解』의 이두문에서도 '祖父, 祖母, 從祖父, 從祖母'와 같은 친족명칭은 오늘날과 마찬가지로 사용된다. 그럼에도 불구하고 적어도 조선 건국 초기에만 하더라도 大母와 大父가 한자어인 祖母와 祖父와 마찬가지로 공존했고, 大母 역시 大父와 마찬가지로 '*한어미'로 새겨 읽혔던 것이 아닌가 추정된다. 15세기 전반 문서에서 大母가 발견될 뿐만 아니라, 오늘날도 祖行은 '大父, 大母'로 불린다<朴喜淑 1985:42>는 점을 감안해 볼 필요가 있기 때문이다.

(23) 永樂十六年正月二十五日 同官斜出許與內 財主 四寸大母金氏處 傳得婢顧石伊是齊
永樂十六年正月二十九日 同官公文陳省內 幼學南須四寸大母金氏處 傳得奴婢顧石伊
矣 一所生婢孝非是齊 <1466年 寧海府立案 寧海英陽南氏家奴婢立案 4~7> (영락
16년 정월 25일자 해당 관에서 증명한 허여문기 안에서 재주인 사촌 할머니
김씨에게서 전해 얻은 계집종 顧石伊이며, 영락 16년 정월 29일 해당 관의
공문인 진성 안에서 유학 南須의 사촌 할머니 김씨에게서 전해 얻은 노비
顧石伊의 첫 소생 계집종 孝非이며)

11) 德應

『大明律直解』에는 '德應'이 두 번 나온다. 이것은 '덩'의 표기자로서, 이는 이두자를 운용하는 과정에서 한 음절을 둘로 나누어 적는 계층적 二分 표기 즉, 말음첨기식 표기라 할 수 있다. '德' 字에서는 初聲과 中聲을, '應' 字에서는 終聲을 취하여 15세기 국어의 一音節 단어인 '덩'을 표기한 것이다. '덩'은 흔히 '公主나 翁主가 타는 가마' 또는 '왕비의 승용으로 만든 특별한 승교'[15]로 풀이하고 있으나, 예문 (24)는 그러한 뜻풀이에 의문

---

15) 『민족생활어 사전』(이훈종 編著, 한길사, 1992년, 489쪽).

을 던져 준다.

    (24) ㄱ. 凡 進上 <u>德應</u>轎子衣服御物等乙 藏置爲旀 修理爲乎矣 <直解 12.02ㅈ> (무릇
           진상하는 '덩'과 교자, 의복과 임금의 물건들을 보관하여 두며 수리하되)
       ㄴ. 上位 乘坐敎是臥乎 <u>德應</u> 及 屬上位尊號隱 國大妃殿 妃子殿 並只 同稱爲白齊
           <直解 01.42ㅈ> (上位가 올라 앉으시는 '덩' 및 上位에 속하는 존호는 선
           왕의 후비, 왕비 모두 같이 칭하며)

    우선 (24ㄱ)은 禮律篇 乘輿服御物條의 첫머리 부분을 번역한 것인데, 이 조문은 본래 황제가 타는 수레와 입는 의복, 타는 말, 기타의 물건들을 제대로 간수하고 길들이지 않는 자에 대한 처벌 내용을 담고 있다. 이두문 번역에서도 進上이라 한 것으로 미루어 보건대 종전의 뜻풀이와 부합되지 않는다.

    (24ㄴ)의 용례는 名例律 稱乘輿車駕에 나오는데 본래 이 조문의 내용은 皇太子를 비롯해 황제의 배우자 및 직계존속의 대우와 관련된 것이다. 직계존속이라 해도 당연히 아버지와 할아버지는 없고 皇太后, 太皇太后만이 언급된다. 『大明律附例』에 실린 주석문에서는 대체로 이들이 타는 수레를 훔치거나 호종하는 과정에서 범법행위를 할 경우 황제에 준하여 斬刑 또는 絞刑에 처한다는 것과 황태자의 令 또는 배우자 및 직계존속인 三后들의 命을 황제의 '制' 즉 制書 등에 준하여 다룬다는 내용을 담고 있다. (24ㄴ)의 이두문을 현대어로 풀이할 때 문제시되는 단어는 '上位'이다. 이것을 법제처(1963:147)에서는 임금이라고 해석하였다. 이를 종합해 예문 (24)를 검토해 보면 결국 '덩'은 국왕이 타는 가마를 뜻했던 것으로 풀이된다.

    15세기 국어의 '덩'<釋譜詳節 13.19ㅈ, 19.5ㅎ 등>은 그것을 탈 수 있는 사람의 자격이 분명히 드러나지 않은 채 사용되었다. 그러나 (24)에 의거하여 보면 '덩'은 국왕이 이용하는 대상물로 파악된다. 따라서 '덩'의 뜻은 적어도 조선 건국 초에는 국왕이 주로 타는 가마였으나, 점차 大妃와 王妃 등 임금의 직계존속과 같은 존귀한 분들이 타는 가마로 바뀌어 나간 듯하다. 그러므로 공주와 옹주가 타는 가마라는 뜻으로 좁혀 사용된 것은 후대에 변천된 것으로 추정된다.

12) 皃, 貌

皃는 향가에서 네 번 사용되었는데 모두 '皃史'로 나타난다. 이두문에서는 皃가 단독으로 사용된 예가 없고 如와 통합되어 皃如로 쓰였다. 皃如는 고려 시대 이두 자료에서도 발견되는데, 조선초기 이두문에서는 皃가 貌와 혼용되어, '皃如'와 '貌如'가 공존한다. 李禎錄券(1459년)에는 양자가 나란히 쓰여 있어 이 사실을 잘 드러내 준다. 貌는 '즛 모'<訓蒙字會 上12ㅎ, 新增類合 下1ㅈ>로 새겨 읽었으며, '모양'을 가리킨다.16) 貌如는 『吏文襍例』 등에서 '즛다'17)로 읽고 있다.

> (25) ㄱ. <u>皃史</u> 年數 就音 墮支行齊 <慕竹旨郎歌 4>
>   耆郎矣 <u>皃史</u> 是史 藪邪 <讚耆婆郎歌 5>
>   <u>皃史</u>沙叱 望阿乃 <怨歌 7>
>   <u>皃史</u> 毛達只將來呑隱 <遇賊歌 2>
>   ㄴ. 1. 衆矣 白賜臥乎 <u>皃如</u> 加知谷寺谷中 入 成造爲賜臥亦之 <941 慈寂碑陰 03~04>
>   2. 前判 <u>皃如</u> 改立 令是於爲 了等以 立 <1085 通度寺國長生石標>

(25ㄱ)은 향가에서의 '皃史' 용례이고, (25ㄴ)은 고려 시대 이두 자료에서의 '皃如' 용례이다. (25ㄴ-1)은 '皃'가 동명사 어미 뒤에 사용되었다. 그런데 조선전기 이두문에서는 (25ㄴ-2)에서와 같이 명사 뒤에 사용된 용례만이 발견된다.

아래 예문 (26ㄱ)은 皃如, (26ㄴ)은 貌如의 용례이다. 대체로 분재문기를 비롯한 각종의 사문서에서는 皃如를 사용하지만, 계문이라든가 관부문서 등의 공문서에서는 貌如를 사용하는 경향이 16세기에 들면서 뚜렷하게 나타난다.

> (26) ㄱ. 王旨 內 <u>皃如</u> 其功甚大 帶礪難忘是去有良尒 <1392 李和錄券 069>
>   奴婢乙良 遺言 內 <u>皃如</u> 平均 執持使用爲乎矣 <1404 張戩妻辛氏同生和會 03>
>   前件 初眠起飽食 蚕乙 前頭 <u>皃如</u> 分取 如小錢大他箔 移置爲遣 <양잠 31ㅎ>
>   天晴爲去等 前頭 <u>皃如</u> <양잠 38ㅎ>
>   敎旨 內 <u>皃如</u> 使內只爲 <1459 李禎錄券 41ㅎ>
>   家翁願意 <u>皃如</u> 同 孝盧矣 身乙 <1480 金孝盧繼後禮曹立案 10>
>   此 明文內 <u>皃如</u> 告官卞正事 <1594 土地賣買明文 정33-431 06>

---

16) 貌 즛 모 俗稱模樣 又曰樣範 <訓蒙字會 上12ㅎ>

17) 貌如使內良如敎 즛다브리다이샨 <吏文襍例 上言式>. 『儒胥必知』는 「吏頭彙編」 二字類에서 '貌如'를 '갸로혀'로 읽었으나, 七字類와 그에 이어지는 補遺에서는 '즛, 즛다'로 읽었다.

ㄴ. 官式 貌如 鼠子無面計除爲齊 <直解 07.03ㅎ>
　　王旨 內 貌如 功勞可賞是白敎 等 用良 <1395 張寬錄券 121>
　　王旨 內 貌如 功勞可尙是白敎 等 用良 <1401 沈之伯錄券 032>
　　去 甲午年 都許與 內 貌如 <1443? 權明利許與 02>
　　同腹 立議 貌如 施行爲乎 事是亦 在 <1450? 柳義孫兄弟和會 004>
　　敎旨 內 貌如 使內只爲 <1459 李禎錄券 1ㅎ>
　　節 呈 女矣 所志 粘連許與 內 貌如 <1469 田養智妻河氏粘連 2-34>
　　並令相考亦 爲白昆 右良 承 /傳 貌如 <科擧事目 9ㅎ>
　　當初 約束 貌如 雖未斬頭爲白良置 <1592.7.15. 啓本 壬辰狀草 9>

13) 白侤

白侤는 '숣다딤' 정도로 읽히는 복합어이다. 이것은 侤音과 거의 동일한 뜻을 지닌다. 후대 이두학습서들에서 白侤는 물론 말음첨기를 한 표기 白侤音을 등재한 자료들이 많았으며 구개음화를 반영한 '숣다짐'으로 읽은 경우도 있는 사실이 이두어로서 줄곧 사용되어 왔음을 증명해 준다 하겠다. 그럼에도 불구하고 16세기까지의 이두 자료에서는 그 용례를 찾아보기 어려웠으나 현재까지 딱 한 예가 발견되었다. 아래 예문 중 '白侤是有亦'의 '是'는 말음첨기자가 아니라 주격어미로 기능하고 있는 것으로 해석된다.

(27) 爲等如 白侤是 有亦 <16세기 입안 정6-15 450> (…한 것들과 같은 다짐이 있
　　어서)

14) 白是

白是는 중세국어 동사 '숣-'에서 파생된 명사로 이해된다. 후대 이두학습서들 중『吏文大師』에서는 '술이'로,『儒胥必知』에서는 '숣이'로 독음을 기재하였다. 어떤 사실에 대하여 아뢰는 일을 가리키는데 (28)과 같이 1554년 安氏治家法制에서는 좋지 못한 행동이나 사건을 윗사람에게 고발하고 아뢴다는 뜻을 강하게 지닌다. 후대의 서간문에서 아버지에게 보내는 편지의 말미에 '父主前上白是'라고 적는 경우가 많은데, 이 경우의 '上白是'에 대해『古今釋林』의 羅麗吏讀에서는 '샹술이'라고 독음을 적었다.

(28) 他奴婢等亦 舍音 凌慢爲去等 白是爲齊 (다른 노비들이 마름을 능욕하거든 고발

한다)

治罪次以 這這 <u>白是</u>爲齊 (죄를 다스리기 위해 낱낱이 고발한다)

舍音之言 拒逆 農時則 <u>白是</u>後 舍音奴亦 二十五 論杖 非農時則 三十五 論杖次以 <u>白是</u> 幷 上送 (마름의 말을 거역하면 농사철에는 아뢴 후 마름으로 임명된 종이 25대 장형을 치고, 농사철이 아니면 35대 장형을 치기 위해 아룀과 아울러 올려보낸다)

15) 白活

白活은 중세어의 '발괄'에 해당하는데 본래 문자를 모르는 사람이 구두로 억울함을 호소하는 일을 가리켰다. 즉 관청에 가서 자신의 억울한 사정을 수령에게 말로 호소하는 것을 가리켰던 것이나 이것이 점차 확대되어 보통의 상민 이하 사람들이 내는 청원서를 일컫는 것으로 변화하였다.[18] 따라서 이를 묶어 뜻풀이를 하자면 '백성이나 下吏가 억울한 사정을 관가나 관원에게 글이나 말로 하소연하거나 陳情하는 일 또는 그 문서'를 가리킨다고 할 수 있다.

그러나 조선 전기까지는 文書로서의 의미가 잘 드러나지 않는다. '白活爲-'와 같이 白活에 'ᄒ-' 동사가 접미된 예가 있을 뿐만 아니라, 所志 또는 직접 작성한 문서가 아닌 侤音과 나란히 등장하는 등의 사실로 미루어 볼 때 더욱 그러하다. '白活'의 '白'은 音讀字, '活'은 音假字로 추정된다. 원래는 중세어의 '불기다'(밝히다)의 어근에 한자어 曰이 통합된 혼종어에서 유래한 것이 아닌가 싶은데, 자세한 논의는 보류해 둔다.

> (29) ㄱ. 긼ᄀᆞ새 울며 어비묻ᄋᆡ <u>발괄</u>ᄒᆞ거든 본 사ᄅᆞ미 다 눖믈 디더니 (號泣衢路 祈請公卿 見者隕涕) <三綱行實圖 孝23>
>
> ㄴ. <u>白活</u>爲行臥乎 婢 小非矣 所生奴婢等乙良 得決爲去等 <1443? 權明利許與文記 25~26> (진정 중인 계집종 小非의 소생노비들은 판결에서 이겨 얻거든)
> 加于 悶望爲白乎 等 用良 呈所志 <u>白活</u>爲白乎亦中 <1461 河源(龜童)所志 1-05> (더욱 민망한 까닭에 소지를 올려 진정하였으니)
> 無子息爲乎 樣以 朦朧 <u>白活</u>爲如乎 所 至爲奸詐爲昆 <1547.4.14. 榮州郡守關文 紹修書院謄錄 16ㅎ> (무자식한 것처럼 몽롱하게 진술한 바 지극히 간사하고)
> 矣身弋只 他可考文記 現納爲良結 力爲<u>白活</u>爲去乙 取來 相考爲乎矣 <16세기 입안 정6-29 132~133> (이 몸이 다른 상고할 문서를 제출하고자 애써

---

18) 한국고문서학회 편, 『조선의 일상, 법정에 서다』, 역사비평사, 2013, 293~294쪽 참조.

주장하니 가져 와 상고하되)

ㄷ. 寃悶白活乙 更良 聽理 不冬爲白在果 <1483 金孝盧繼後司憲府立案 13> (원통
하고 민망한 하소연을 다시 들어주지 않거니와)
婢族德等乙良 其等徒 白活侤音據 各衿 相換施行爲旀 <1560 경주부입안 정
32-279 316> (계집종 族德 등은 저들의 발괄과 다짐에 의거하여 각자의
몫으로 서로 바꾸어 시행하며)

16) 捧上

捧上이 한자어로 쓰일 때는 '捧物上納'으로서 '돈이나 물품 등을 (官衙에) 바치는 일'을
뜻한다. 이러한 뜻으로 쓰이는 한자어로 '捧納'이 또 있다. 그런데 이두 학습서들은 捧上
을 이두어로 등재하고 '받자'<吏文大師>, '밧ㅈ'<典律通補>, '밧자'<語錄辯證說, 儒胥必知> 등
으로 읽고 있다. 捧上을 音讀하여 '봉상'으로 읽지 않은 점에 유의해야 한다. 捧은 '받들
봉, 받ㅈ올 봉'<訓蒙字會 下10ㅈ, 新增類合 下36ㅎ>으로 새겼으므로, '받-'으로 읽은 것이 옳
다. '밧-'으로 표기한 것은 종성 표기법상의 문제일 따름이다. 上이 '자'[19]로 읽히는 까닭
은 분명하지 않으나 音借字로 추정된다<朴喜淑 1985:64~65>. 따라서 捧上의 讀音은 '받자'
가 옳다고 본다.

'받자'는 원래 두 가지 뜻을 가졌던 듯하다. 하나는 한자어 '捧上'의 뜻 그대로 '물품
등을 바치는 일'을 가리킨다. 다른 하나는 '돈이나 물품 등을 받는 일'을 가리킨다. 이는
달리 말해 '捧上' 또는 '奉上'의 뜻과 '受'의 뜻을 겸하는 것이다. 이처럼 상반된 개념을
동시에 나타낼 수 있는 것은 중세국어의 동사 '받-'이 또한 이 두 가지 개념을 동시에 나
타내는 사실과 부합된다.

만약, 捧上이 '受'의 뜻만을 표기하는 이두자라면 당연히 '*受上'과 같은 어형을 기대
해 볼 수 있을 것이다. 달리 말하자면 '捧上'은 파생어로서 '捧'이 語基(base)이고, '上'이
接辭(affix)에 해당된다고 볼 소지가 있다. 그러나 이두어 '上下'와 '尺文' 등을 고려해 볼
때 捧上은 합성어일 가능성이 오히려 높다고 생각한다. 이때 '上'이 의미하는 것은 '尺文'
의 '尺'과 관련하여 볼 때 어떤 것을 정확히 잰다는 것 즉, 물건의 수량이나 금액 등을 제
대로 맞추어 잰다는 뜻을 갖는 것으로 추정된다.

조선초기 이두문에서 '捧上'이 '바치는 일'의 뜻으로 사용된 예는 찾기 힘들다. 다음과

---

19) '上 자 還上捧上外上 皆曰 자' <古今釋林 羅麗吏讀>

같은 예문이 다소 그럴 성싶다.

(30) 道路良中 有病爲旀 船路良中 遭風爲旀 逢賊 如爲在 事狀等乙 用良 所在官司 明文 捧上爲在隱 不在此律爲乎 事 <直解 01.19ㅈ> (길 가다가 병이 나며, 뱃길에 바람을 맞으며, 도적을 맞은 것과 같은 일들로 말미암아 소재지의 관사의(/에) 명문을 받은(/바친) 경우에는 이 율에 따르지 말 것)

위 예문 중의 '所在官司'를 여격으로 해석하면 '所在官司 明文 捧上爲在隱'은 '所在官司에 明文을 捧上한 이는'으로 풀이된다. 이 경우 '捧上한'은 '바친'으로 해석되는데, 이것은 한자어 '捧上'(봉상)과 동일한 의미를 나타낸다. 위 문구에 해당하는 한문 원문은 '有所在官司保勘文憑者'이다. 따라서 '所在官司'를 속격으로 해석하면 위 문구는 '所在官司의 明文을 捧上한 이는'으로 풀이된다. 이 경우 '捧上한'은 '받은'으로 해석된다. 결국 위 예문 중의 '捧上'는 '바치는 일'과 '받는 일'의 그 어느 쪽으로도 해석 가능한 것이라 하겠다. 그런데 다음의 예문에서는 捧上이 선행한 '還'과 합하여 돌려준다는 의미로 사용되고 있음이 분명하여 주목된다. 성균관에서 보관하고 있는 서책을 사용하되 부족할 경우엔 교서관과 四學에서 보관하고 있는 서책을 되돌려 줄 것으로 하여 빌려 쓴다는 내용이기 때문이다.

(31) 講經時 書冊乙良 成均館上乙 用良 使內白乎矣 不足爲白去等 校書館 及 四學上乙 用良 還捧上次以 取用 <科擧事目 舊事目8ㅎ> (講經할 때 서책은 성균관 보관용으로써 하되 부족하면 교서관 및 四學 보관용으로써 돌려줄 것으로 하여 가져와 쓴다)

이와 같이 捧上가 양면의 뜻을 동시에 지니고 있음에도 불구하고 조선 초기는 물론 거의 대부분의 이두문에서 '받는 일'의 뜻으로 사용되는 것이 보편적이라 하겠다. (32ㄴ)에서는 '捧上'가 대립어인 '上下'와 함께 사용되었다. '捧上'는 '받아들이는 것'이고, '上下'는 '내주는 것'을 가리킨다.

(32) ㄱ. 其界例以 稅 捧上 喫持是內 敎 <1392 太祖賜給芳雨土地文書 04~05> (해당 지역의 예로써 稅를 받아 지녀 먹을 것이라 하심)
凡 妻妾乙 財物 捧上遣 他人乙 許給 作妻妾爲在乙良 <直解 06.03ㅈ> (무릇 처와 첩을 재물을 받고 남에게 허락해 주어 처첩을 삼게 한 자는)
其中 按廉使亦 卽時 捧上 不冬爲 各州縣官員乙 用良 押領 京官 輸送爲在乙良

<直解 07.11ㅎ> (그 중 안렴사가 즉시 받지 않고 각 州縣의 관원으로써 서울 관아에 호송케 한 경우에는)

右 婢子等矣 逃亡日月 及 去接處 佇音 捧上 鑑後教是旀 <1435 張安良담양도호부所志 6> (이 계집종들이 도망한 날짜 및 가 있던 곳을 다짐 받아 처벌하시며)

狀員處 折木綿拾貳匹 捧上爲遣 <1487 金孝盧土地賣買입안점련문서 3-07~08> (문서 제출한 이에게 값을 치되 무명 12필을 받고)

東山等良中 折五升木綿參拾伍同 捧上爲遣 永永 放賣爲去乎 <1498 柳氏權柱家舍賣買文記 3> (東山 등에 값을 매겨 오승포 무명 35통을 받고 영영 방매하니)

今後 必于 同邊人 除除 現身爲白乎 喩良置 時現人以 親着 捧上 <1553.4.20. 掌隷院受教 大典詞訟類聚 146[20]> (앞으로는 비록 같은 쪽 사람이 더러더러 나올지라도 그때 나온 사람으로 직접 이름을 받아)

ㄴ. 凡 各司 捧上上下 錢粮等物亦 重記 施行爲有去乙 次知官員亦 正數以 捧上上下 不冬爲遣 <直解 07.07ㅈ> (무릇 각 관사에서 받거나 내준 금전과 곡물 등은 重記를 시행하여 있거늘 담당 관원이 제대로 받거나 내주지 아니하고)

'捧上'는 고려 시대 이두 자료에서도 발견된다. 이들 역시 받는 것을 일컫는 점에서 조선조 전기와 동일한 양상을 보인다.

(33) 荒年 及 遠年陳田畓出乙 豊年例 同亦 高重 捧上爲沙 餘良 <1262 尙書都官貼 27~28> (흉년 및 오랫동안 묵힌 논답의 소출을 풍년 예와 똑같이 높고 무겁게 받은 데다가)

子孫良中 至亦 生徵 捧上爲臥乎 等 用良 <1262 尙書都官貼 89> (자손에 이르기까지 추징하여 받은 것으로 말미암아)

本項耳亦 捧上爲旀 <1262 尙書都官貼 92> (본래의 수량만큼만 받으며)

17) 事, 事是

事는 중세어의 '일'에 해당된다. 그러나 분재문기 및 매매문기의 말미부 표현이 '告官辨正爲乎事是亦在'로부터 '告官辨正爲乎事'을 거쳐 '告官辨正事'에 이르기까지 달라진다. 그런데 이 중 '事是亦在'는 '事是＋-亦 ＃ 在'으로 분석할 소지가 있으며 '일'이 그 이전 시기엔 2음절 단어 '*이리' 또는 적어도 단순한 1음절 단어가 아니었을 개연성을 시사해 준다.

---

20) 『大典詞訟類聚』는 張次 표시가 불분명하므로 『十六世紀 詞訟法書 集成』(鄭肯植·任相爛 편, 한국법제연구원, 1999)에서 하단에 매긴 쪽수에 따른다.

(34) ㄱ. 望白內臥乎 <u>事是亦在</u> <海南尹氏奴婢文書 네째면 5>

　　ㄴ. 前所生 幷以 執持 使用爲乎 <u>事是亦在</u> <1404 張戩妻辛氏同生和會文記>

　　　　施行爲乎 <u>事是亦在</u> <1450 柳義孫兄弟和會文記>

　　　　告官辨別爲乎 <u>事是亦在</u> <1467 張安良子末孫許與文記>

　　　　告官辨正爲乎 <u>事是亦在</u> <1470~73 權邇男妹和會文記, 1494 李璦姊妹和會文記>

　　ㄷ. 願意 不從者乙良 不孝以 論決爲乎 <u>事是亦在</u> <1517 分財文記 정32-356>

　　　　辨正爲乎 <u>事是亦在</u> <1526 粘連立案 정32-264, 1532 立案 영2-332>

　　　　…□正爲乎 <u>事是亦在</u> <1544 立案 정1-247>

　　ㄹ. 告官辨正爲乎 <u>事亦在</u> <1548 立案 영1-130 및 정32-273, 1566 所志 정15-620,
　　　　1594 衿給文記 영1-83>

　(34ㄱ)은 고려시대 자료이고, (34ㄴ)은 15세기, 그리고 (34ㄷ)은 16세기 자료이다. 이와 같이 '……事是亦在'으로써 분재기를 마무리하는 용법이 줄곧 이어져 왔으나 16세기 중엽 이후로는 그 예를 찾기 힘들다. 그런데 (34ㄹ)에서 보듯 16세기 중엽부터 事是亦在에서 是를 표기하지 않은 예들이 늘어난다. 이런 표기상의 변화를 단순히 생략표기로 볼 수도 있겠으나 중요한 점은 생략 대상이 주격 조사 '-亦'가 아니라 그 앞에 선행하는 是라는 사실이다. '事是 → 事'는 단순한 생략표기가 아니라 어간의 재구조화와 같은 단어 자체의 변화를 반영하는 것으로 보아야 하기 때문이다.

　事가 조선 전기 이두문에서 訓讀될 경우엔 일단 '일'로 읽혔을 것이다. 訓讀이 비교적 분명한 경우는 다음 예문과 같이 속격 조사 뒤에 쓰이거나, 동명사 어미 뒤에 사용될 경우이다.

(35) ㄱ. 同居 及 大功以上 親矣 <u>事果</u> 奴婢亦 家長矣 <u>事乙</u> 現告爲旀 <直解 01.27ㅎ>

　　ㄴ. 1. 社稷乙 危亡爲只爲 作謀爲行臥乎 <u>事</u> <直解 01.04ㅈ>

　　　　2. 右 員乙 原從功臣錄券良中 奇是臥乎 <u>事叱段</u> <1395 陳忠貴錄券 005~006>

　　　　　妾生女子 旀致亦中 文字 成給爲臥乎 <u>事叱段</u> <1401 太祖賜給旀致家垈文書 01>

　　　　　爲等如 施行爲臥乎 <u>事是等</u> 後所生以 新反 文字 … <1404 張戩妻辛氏同生和會 14~15>

　　　　　蚕亦 老熟 上薪時 有雨爲去等 高致亦 破毁爲臥乎 <u>事是良尒</u> 須只 屋內 上薪爲乎矣 <양잠 39ㅈ>

　　ㄷ. 1. 侵逼事狀乙 開座爲 直亦 申聞爲乎 <u>事</u> <直解 01.09ㅈ>

　　　　　子孫 傳持 鎭長 居住爲乎 <u>事</u> <1401 太祖賜給旀致家垈文書 08>

　　　　2. 此律乙 不用爲乎 <u>事是齊</u> <直解 01.35ㅎ>

　　　　　後所生以 新反文字 前所生 幷以 執持 使用爲乎 <u>事是亦 在</u> <1404 張戩妻辛

氏同生和會 15>

ㄹ. 亡孫種斜段 元來 主祠家舍代田 傳授居生爲乎乙 事是在果 <1551 分財記 토지
　　박물관>

金山 身死後 執耕爲乎乙 事 <1561 分財記 정41-491 13~14>

各宜分執 鎭長持守 使勿相爭爲乎乙 事是在果 <1562 分財記 정32-365 03>

위 (35)에 쓰인 '事'는 모두 '일'로 訓讀하는 예들이다. 이는 후대 학습서들에서 '事'를
'일'로 훈독한 것과 같다. (35ㄱ)은 속격 조사 '-의' 뒤에 사용되었기 때문에 事가 1음절
한자어로 자립성을 갖지 않는 국어에서는 훈독되었음이 비교적 확실하다. (35ㄴ)은 동명
사 어미 '-ㄴ' 뒤에, (35ㄷ)과 (35ㄹ)은 동명사 어미 '-ㄹ' 뒤에 쓰인 '事'의 용례이다.
'事'가 문장 마지막에 놓일 경우, (35ㄴ)과 같이 '爲臥乎'과 결합되면 설명법으로서 事實
을, (35ㄷ)과 같이 '爲乎'과 결합되면 명령법으로서 當爲를 나타낸다<安秉禧 1977ㄴ:10>.
(35ㄹ)은 '爲乎事'의 경우 문맥에 따라 어미 '-ㄹ'을 보충해 읽었다는 사실을 웅변해 주
는 귀한 예이다.

이두문에서 '…乎事'의 경우 어미 '-ㄹ'과 '-ㄴ' 중 어느 쪽으로 읽었는지는 문맥에
의존해야 할 경우가 거의 대부분이다.

(36) 蠶矣 白色亦 如水潤光澤爲乎 事段 小時 陰氣 蒸熱 所致是去有等以 <양잠 38ㅈ>
　　　(누에의 흰색이 물과 빛처럼 자르르하고 비치는 일은 잠시 음습하거나 덥고
　　　뜨거운 기운의 소치일 것이므로)

(36)의 '…乎 事'은 외형상 (35ㄷ)의 그것과 동일함에도 불구하고, 문맥상으로는 (35ㄴ)
과 같이 동명사 어미 '-ㄴ'을 개입하여 풀이할 필요가 있다. 이에 대하여 (35ㄴ)과 같이
'乎' 앞에 당연히 올 '-臥-'가 누락된 것으로 보는 견해가 있을 수 있다. 그러나 '人命殺
害爲乎 等事乙 現告爲去等'<直解 22.11ㅎ>과 '不淨桑葉乙 給食爲乎 等 仍于'<양잠 40ㅈ>와
같이 -臥- 없이도 가능한 경우가 얼마든지 있을 수 있으므로 신중히 다루어야 한다. 여
하튼 위 (36)의 '…乎 事'의 '事' 역시 '일'로 훈독되는 것임에는 틀림없다.

그런데 조선 건국 초기에 事를 반드시 '일'로 훈독했는지 다소 미심쩍은 예들이 적잖다.

(37) 干連爲去乃 聽從使令爲去乃 事 <直解 01.17ㅎ>

(38) ㄱ. 凡 事弋只 申聞合當爲去乙 申聞 不冬爲在乙良 <直解 03.04ㅎ>

ㄴ. 王旨 內 思 審是白內乎矣 右 事叱段 <1392 李和錄券 049>

右 事叱段 上項功臣等亦 <1395 金懷鍊錄券 123-4>

(37)의 경우 '爲去乃 事'의 중간에 동사 'ᄒ-'와 동명사 어미 '-ㄴ'의 결합형인 'ᄒ'의 표기가 생략된 것으로 본다면 이때의 '事'는 '일'로 훈독되었을 것이다<한상인 1993:16 참조>. 그러나 그에 대한 분명한 고증을 하기 어려운 문제가 남아 있어 훈독 여부가 여전히 문제로 남는다. (38)의 경우 '事'를 訓讀했는지도 다소 의문이다. (38ㄱ)의 경우 격어미가 통합된 것으로 미루어 보아 훈독되었을 가능성이 꽤 높다고 생각한다. '事'에 선행한 '凡' 역시 『大明律直解』에서 '凡矣'가 공존하는 사실로 미루어 훈독했으리라 본다. (38ㄴ)의 '右 事叱段'의 '事' 역시 訓讀의 소지가 다소 있다. 후대의 한글 이두문에서는 '우근진정 유ᄉ단은(右謹陳情由事段은), 우명문사단는(右明文事段은), 우슈긔ᄉ단언(右手記事段은)', '우원졍 ᄉ닷난(右原情事段은)' 등으로 적고 있다. 즉, '右'와 '事'가 모두 音讀되는 것이다. 그러나 이두 학습서들이 '向事, 敎事, 爲乎事' 등의 '事'를 '일'로 훈독하였을 뿐만 아니라, (35ㄴ)의 '…臥乎 事叱段'의 '事' 역시 훈독되었을 개연성이 높으므로 '右 事叱段'의 '事' 역시 적어도 조선초기에는 훈독되었으리라 본다. '事叱段'은 15세기에 이미 '事段'으로 표기의 단순화 경향을 보임은 물론이다. 이는 속격 조사 '-叱'(-ㅅ)의 존재를 분명히 인식하지 못하는 경향과 밀접한 연관을 맺고 있어, 이것이 결국 한자어에 후행하는 '事'(예 : 右明文事 段)부터 점차 音讀하게 된 것이라 생각한다.

이와 달리 조선의 건국 초기에도 '事'를 음독했을 개연성이 높은 예들도 적잖다고 본다.

(39) ㄱ. 人命殺害爲乎 等事乙 現告爲去等 <直解 22.11ㅎ>

ㄴ. 其 軍事 錢粮 選法 制度 刑名 死罪 災異等事果 <直解 03.04ㅎ>

蠶種生出乙良 蠶屋 及 時節凉暖果 瓮內出入日中舒卷等事乙 <양잠 18ㅎ>

凡 千除授 職牒還給許通等事乙良置 本曹 <1459 李禎錄券 42ㅎ>

(40) 作賊 及 傷人事乙良 贖罪齊 <直解 01.22ㅈ>

向前 犴獄造成事乙 停罷爲白良 喩果 <1439 某縣慶尙監營牒呈 3>

(39)의 '等事'는 모두 音讀했다고 본다. 만약 '等'을 訓讀했다면, '等事'는 '*等叱事'에서 '叱'을 생략 표기한 형태이어야 한다. '等叱'은 '트렛'으로 읽히며 고려 시대 및 조선 초기 이두에서 발견되는데 '事'가 후행하는 용례가 없다. 이는 물론 현전 자료의 빈약성

에서 비롯한 것이라 생각되지만, 적어도 조선초기 이두에서 '*等叱事'의 흔적을 전혀 발견하지 못한다는 사실은 속격 조사 '叱'(ㅅ)의 존재를 이미 인식하지 못할 뿐만 아니라, 이에 따라 '等事'를 '등사'로 音讀하였음을 일러 준다고 본다. 다만, (39ㄱ)은 (39ㄴ)와 달리 동명사의 명사적 용법 뒤에 '等事'가 연결되는 통사구조이므로 訓讀 가능성을 전혀 배제할 수 없긴 하나, 이 역시 다른 것들과의 일관성이라는 견지에서 보아 音讀한 것으로 보는 편이 가장 무난하다고 생각한다. (40)의 '事'는 다른 한자어와 통합하여 일종의 접미사처럼 기능하는 語根 형태소이므로 다른 한자어들과 마찬가지로 音讀했다고 추정한다. 한문에 흔히 쓰이는 文句로서 이두문에서도 사용된 '…之事'의 '事' 역시 이와 마찬가지이다.

16세기에 들면 이두문에서 '事'를 음독하는 경우가 훨씬 더 늘어나는 경향을 보인다. 이는 무엇보다도 분재문기 및 매매문기의 말미부 표현이 '告官辨正爲乎事是亦在'로부터 '告官辨正爲乎事'을 거쳐 '告官辨正事'로 굳혀진 데에서 그 원인 중의 하나를 찾을 수 있다. '告官辨正爲乎事' 단계만 하더라도 훈독되던 것이 '告官辨正事'로 바뀌면서 음독으로 변한 것으로 추정된다. 이것은 다분히 한문식의 문장으로 작성하려는 데에서부터 비롯한 것으로 여겨진다. 烏川 光山金氏 문중의 1538년 분재문기에 쓰인 것이 가장 이른 예인 듯한데, 한문식 문장 구성에 이끌린 것으로 보인다. 여하튼 이러한 용법이 점차 확산되어 나가는 양상을 보여주는데, 16세기 후반에 들어서면서 '告官卞正事'로 문장을 끝맺는 표현이 일반화하기 시작하여 그 이후의 여러 분재문기 및 매매문기에 널리 확산되어 간 것으로 본다. 이에 따라 『儒胥必知』에서의 文書式에서도 이러한 문구를 전형적인 틀로서 수용하게 된다.

(41) 告官卞正事의 용례들
　　1548년 土地賣買明文 정41-526, 1550년 분재문기 정1-545 및 土地賣買明文 정41-527, 1552년 土地賣買明文 정33-415, 1555년 土地明文 정32-507 및 別給文記 서울대학교 소장 古文書集眞, 1562년 분재문기 정32-364, 1570년 別給文記 영1-192, 1577년/1578년 土地明文 도산서원 고문서, 1591년 別給文記 영1-203, 1594년 입안 영2-286 및 土地明文 영1-127-4

18) 斜只, 斜是

斜只/斜是는 '빗기'로 읽는데, '재산의 소유권이나 매매 기타 백성이 청원한 일에 대하여 그 사실을 증명하는 일'을 뜻한다. 그러나 후대에는 '斜只해 준 文記'를 아울러 통칭하기도 하며, '斜'만으로 사용되기도 한다. 다음의 (42)는 '斜是'의 예이고, (43)은 '斜只'의 예이다. '斜只/斜是'는 명사로 기능하기도 하고 동사로 기능하기도 한다. (43ㄱ)은 명사로 사용되었음을 분명히 보여준다. 동사로 쓰일 경우 어미와 통합된 예는 발견되지 않는다. 斜는 훈독하여 15세기 국어의 동사 '볏-'에 해당되는데, 이는 관아에서 청원인이 제출한 문서에다가 '周挾改無'와 같은 문구를 비스듬히 날인해 줌으로써 증명을 해준 데에서 연유한 듯하다. '斜只/斜是'는 고려말 이두 자료에서도 나타난다<1354년 海南尹氏奴婢文書, 1382년 南氏奴婢文書>.

斜是는 조선 건국 초기까지만 나타나고 그 이후 시기엔 斜只만으로 일관되게 사용하는 특징을 보인다. 『儒胥必知』買得斜出式에서 '葉作'에 대하여 '斜只, 置簿冊名'으로 풀이한 것을 보면 '斜只'를 '葉作, 業作'과 같은 뜻으로 사용하였음을 알 수 있다. 그러나 조선 전기 이두 자료에서는 '斜只'에 文記의 개념이 들어 있지 않다. (43ㄴ)에 의거하여 볼 때 斜只가 문서로서의 개념을 가진 것은 대체로 16세기 중엽 이후부터인 듯하다.

(42) 凡 他人田宅乙 交易爲乎矣 交易文記 稅錢 納官 斜是 不冬爲在乙良 <直解 05.05 ㅈ> (무릇 남의 전답과 가옥을 사고 팔되 사고 판 문서와 세금을 관에 내고 증명을 받지 않은 경우에는)

(43) ㄱ. 甲午年 無斜只本都許與段 <1443? 權明利許與文記 32> (갑오년 관의 확인 없는 본래의 都許與 문서는)
宣德七年十二月十五日 無斜只許與內 <1466 寧海府立案 寧海英陽南氏家奴婢立案 09~10> (선덕 7년(1432) 12월 15일 관의 증명 없는 허여문기 안)
學生李默亦中 斜只葉作粘連 合行立案者 <1551 晉州拜官立案 영2-264 09~10> (학생 李默에게 증명한 문서들을 점련하여 (내주는 일로서 이에) 입안을 행함)
ㄴ. 萬曆十三年五月卄八日醴泉斜只 <1585.5.28. 醴泉郡斜只 국립도서관 背頭 01> (만력 13년(1585) 5월 28일 예천관아에서 입증한 문서)

19) 舍音, 舍主

舍音은 15세기 국어의 명사 'ᄆᆞ름'에 대응하는 표기이다. 그러나 15세기 국어의 명사 'ᄆᆞ름'은 '莊'을 뜻하는 것이었다.[21] 따라서 이것과 이두어 舍音이 동일한 것인지는 재고해 볼 필요가 있다. 『龍飛御天歌』 지명 표기에 '舍音'을 'ᄆᆞ롬'이라 한 것이 있는데,[22] 이것이 農莊을 뜻하는지 농장의 관리인을 뜻하는지는 분명하지 않다. '지주로부터 소작권을 위임 받아 農莊을 관리하는 사람'을 가리키는 뜻으로 쓰인 이두어 舍音의 용례는 16세기 이두 자료에서 발견된다. 이것이 후대 이두학습서들에서는 '물음, 말음' 등으로 읽히며 등재되었다.[23]

> (44) 嘉靖十三年甲午五月十一日 月城宮宅 舍音 玉石 茂火 明文爲臥乎□… <1534 土地明文 정32-433 01> (가정 13년 갑오년 5월 11일에 月城宮宅의 마름인 玉石에게 문서를 작성하는□…)
>
> 右 法令乙 甲寅年四月 以後 施行爲乎矣 凡 率下罪目良中 舍音奴亦 不告爲去等 本罪以 減一等 治罪爲齊 <1554 安氏治家法制> (이 법령을 갑인년 4월 이후에 시행하되 무릇 아래 나열한 죄목에서 마름으로 임명된 종이 신고하지 않으면 본죄에서 한 등급을 감하여 죄를 다스린다)

그런데 『大明律直解』에서는 한문 원문의 '管莊, 管莊之人'의 譯語로 사용된 '舍主'가 있어서 이것과 '舍音'의 관계가 어떤지 다소 의문이다. '舍主'의 '主'는 '님'으로 訓讀할 수 있으므로 'ᄆᆞ름'의 末音을 표기한 것으로 추정된다고 하였다<朴喜淑 1985:61>. 그러나 앞서 언급한 바와 같이 15세기 국어 'ᄆᆞ름'과 '舍主' 사이에 의미차가 있을 수 있을 뿐만 아니라, '舍主'와 '舍音'이 전적으로 동일한 것으로 보기 어려운 점도 있어 韓相仁(1993:18)은 '舍主'를 'ᄆᆞ름ㄱ슴아리' 혹은 'ᄆᆞ름쥬'로 읽혔을 가능성을 제시하였으나 명확하지 않은 면이 있다. 따라서 현재로서는 明律을 번역하는 과정에서 마름에 존칭 접미사 '-님'을 덧붙인 *舍音主를 줄여 표현했거나, 舍音과 관계없이 한자어인 舍主로 옮겼다고 잠정적으로 추정한다.

> (45) 其餘親族奴僕果 各 舍主果 田作等亦 依勢爲 良人乙 侵害爲旀 <直解 01.12ㅈ> (그 나머지 친족 노복과 각각의 마름과 田作 등이 세력에 의존하여 양인을 침해하며)
>
> 凡 功臣賜給田地外 其餘田地乙良 各 舍主弋只 次知 遣爲 無亦 出食乙 科式納官爲乎矣 <直解 05.03ㅈ> (무릇 공신전으로 사급한 전지 외에 그 나머지 전지는 각 마름이 담당하여 남김 없이 稅穀을 규정대로 관에 납부하되)
>
> 舍主乙 決罪爲齊 <直解 05.03ㅎ> (마름을 죄에 처하며)

---

21) 莊은 ᄆᆞᆯ미라 <月印釋譜 21.92ㅈ>, 莊은 녀름 짓는 지비라 <楞嚴經諺解 7.55ㅈ>.

22) 答相谷답샹골在今咸興府東北十六里許東北距舍音洞ᄆᆞᄅᆞᆷ골九里餘 <龍飛御天歌 5.34>.

23) 舍音 물음 主管農庄者稱舍音 <羅麗吏讀>, 舍音 말음 田舍看守者 謂之舍音 <吏讀便覽 行用吏文>.

20) 山枝

(46) 公私處所屬 <u>山枝</u> 水梁 草枝 金銀銅錫鐵冶等 庫乙 奪占爲在乙良 <直解 05.04ㅈ>
(공유지나 사유지에 속한 멧갓, 水梁, 풀갓, 그리고 금 은 구리 주석 철을 다
듬는 등의 장소를 빼앗아 점거하걸랑)

山枝는 '*묏갓'으로 읽혔던 것으로 추정된다. 이것은 현대어의 '멧갓, 산갓'에 해당되는
데, 山으로 된 말림갓을 뜻한다. 말림갓은 入山 伐採를 금하는 땅을 가리킨다. 나무만을
대상으로 하는 나무갓과 풀을 대상으로 하는 풀갓도 있다. 위 예문 중의 '草枝'는 풀갓에
해당된다. 梁柱東(1946:365)은 '갓'(枝)의 의미를 '山地, 柴地'라 하였고, 홍기문(1957:91)은 'ㄱ
시' 내지 '그지'로부터 유래한 것으로서 '변두리'의 의미를 갖는다고 하였다. '山枝, 草枝,
木枝, 栗枝[24]' 등의 용법으로 미루어 보아 '*갓'(枝)은 대체로 특정한 목적을 지닌, 일정한
지역의 땅을 지칭하는 것으로 이해된다. '山枝'는 고려말 이두에서도 발견된다.

(47) 右 寺 旣殘亡爲在 <u>山枝</u> 五結 分八田 處所是如在乙 <1378 長城監務官貼 9> (이
절은 이미 잔망한 것으로서 멧갓 5결에 8개의 밭으로 나뉜 곳에 있는 처소
이던 것을)

21) 上項

上項은 '웃목'으로 읽었다고 생각된다. 후대 이두 학습서들의 독음 '운목'은 음운변화
를 반영한 독법이라 하겠다. '위에 말한 항목 또는 내용'을 가리킨다.[25] 후대에는 上項
이외에 前項, 右項도 사용되었다. 上項은 문맥에 따라서는 音讀했다고 추정된다. (48ㄱ)이
그 예이다.

(48) ㄱ. 將<u>上項</u>人等以 次 /賜功臣之號 其褒賞之典 有司 擧行爲良如 <1392 李和錄券
040~41> (위에 든 사람들로써 차례를 세워 공신의 號를 주고 포상의
典은 해당 관사에서 거행하여라)
ㄴ. 右 事叱段 <u>上項</u> 功臣等亦 <1395 張寬開國原從功臣錄券 109~110> (이 일의
경우엔 위의 공신들이)
蓮芝段 無子息爲昆 <u>上項</u> 其矣 衿 奴婢乙良 <1469 田養智妻河氏傳准立案粘連

---

24) 柴地十五結 <u>**栗枝**</u>六結 坐位二結 創置莊舍焉 <三國遺事 권3 臺山五萬眞身>
25) 上項 猶言前事也 分類事端曰項 <經國大典註解 後集 禮典 47ㅈ>

文書 2-26> (蓮芝는 자식이 없으니 위의 자기의 몫 노비는)

節 後續錄 撰集時 上項 條件 錄入 不冬乙仍于 <1544.5.22. 掌隷院承傳 大典
詞訟類聚 149> (금번 후속록을 찬집할 때 위 조건을 수록하여 넣지 않
았기 때문에)

上項 奴子等亦 場中使令 代立 出入之弊 不無爲白昆 <科擧事目 舊事目7ㅈ>
(위의 종들이 場中使令을 대신 세우고 드나드는 폐단이 없지 않으오니)

大抵 弘文錄 及 上項 被抄人員乙良 依大典論賞 <1554 啓文 各司受敎 62> (대
체로 홍문록에 든 사람과 위의 뽑힌 사람은 경국대전에 따라 논상하고)

22) 㪟, 石

㪟 자는 石에서 가로획을 생략하여 중세어의 '섬'을 표기할 때 쓰이는 變造字로서, 삼
국시대 이래로 사용되어 온 한국한자이다. '㪟落只'는 '*섬디기 > 섬지기'로 해석된다.
조선이 건국한 해인 太祖賜給芳雨土地文書(1392년)에서 그 용례가 보일 뿐만 아니라 16세
기말까지도 꾸준히 그 용례가 발견된다.

그러나 생획한 㪟 자를 대신하여 '石'을 사용하기도 하였는데 대체로 16세기부터 나타
난다. 1579년의 栗谷土地賣買文記의 용례가 그 중의 한 예이다.

> (49) ㄱ. 畓柒㪟落只東道南西禿豆ㅎ北渠 <1392 태조사급방우토지문서 14> (논 7섬
> 지기로서 동쪽 경계는 길이며, 남쪽과 서쪽은 禿豆ㅎ, 북쪽은 개울이 경
> 계이다)
> 惡字田 三㪟落只庫亦 品惡□⋯ <1590 土地賣買明文 정33-429> (惡字 밭 3
> 섬지기 땅이 품질이 나빠□⋯)
> ㄴ. 江陵羽溪 伏 畓 貳石落只 狐孔 伏 畓 貳拾斗落只庫良中 <1579 율곡토지매매
> 문기 03～04> (강릉의 羽溪에 있는 논 2섬지기, 狐孔에 있는 논 20마지
> 기 땅에)

23) 城上

城上은 궁전이나 관아에서 귀중한 물품들을 지키던 사람을 가리킨다.

> (50) ㄱ. 其倉庫獄囚雜物等乙 色員令史果 庫直城上果 斗尺果 使令果 螺匠等是沙 <直解
> 01.43ㅎ> (창고・죄수・잡물 등을 담당하는 관원 및 令史와, 창고지기
> 및 城上과, 곡식 재는 이와, 使令과 나장 등이야말로)

ㄴ. 各殿房直 各廳城上 各司城上 前此皆以期人爲之 …… 各司奴隷 典守器物者 謂之城上 <世宗實錄 卷15 4년 3월 己卯> (各 殿의 방지기, 各 廳의 城上, 各司의 城上은 前에는 이 모두 期人으로 하던 것인데 …… 各 司의 노예로서 器物을 맡아 지키는 자를 城上이라 부른다)

(50ㄴ)에서 보듯 世宗 4년(1422년)에 其人이 맡아 하던 것을 奴子로 대신하게 되었다. '城上'은 흔히 '정자'로 읽고 있다. 이는 『吏讀便覽』의 「行用吏文」에서 '庫城上 고졍자 內班院員役'으로 풀이한 데에서 비롯한 듯하다. 그러나 조선조 초기에는 '庫城上'이라는 용례가 없어 다소 미심쩍다. '銀器城上, 多人廳城上, 酒房城上 …' 등은 가능하고 그 실제 용례가 발견되기도 하지만, '庫城上'은 조선조 초기에서 찾을 수 없다. '倉庫를 지키는 이'의 뜻으로는 일반적으로 '庫直'이 사용될 뿐이다.

'城上'을 '정자'로 읽을 때, '城'과 그 讀音 '정'과는 유연성이 없는 점도 적극 고려해 볼 필요가 있다. 上이 '자'로 읽히는 것은 이두에서 일반적인 독법에 해당된다. 따라서 '城上'의 독음 '정자' 중에서 '자'는 분명히 수긍되나, '정'은 그렇지 못하다. 梁柱東 (1946:572)은 '城上'을 '잣자'로 읽었다. 이 경우 '잣'은 '자본것'과 관련을 맺는다. 그런데 '城' 字를 사용한 점이 의문이다. 조선 시대 司憲府·司諫院의 관원들이 그날의 公事를 출납하던 職所를 '城上所'라 하였는데, 이것과 이두어 '城上'이 곧바로 이어진다고 보기는 어렵다. '城上'은 이미 고려 시대에도 존재하기 때문이다. 高麗史 82 兵志 鎭戍에 쓰인 '各司城上'은 '각 司를 지키는 이'로 풀이된다.

그럼에도 불구하고 '城上'의 '城'은 본래의 의미 그대로 사용된 데에서 유래한 것이 아닌가 생각한다. 즉, '城上'은 본래 '*잣자(이)'로서 城을 지키는 사람을 뜻한 데에서 비롯했을 소지가 있기 때문이다. 이 경우 '자(이)'는 '歌尺, 舞尺, 斗尺, 水尺, …' 등에서 '尺'이 표기하고자 한 국어의 형태소와 同軌라고 추정된다. '尺'이 일반적으로 良人으로서 賤職에 종사하는 이를 가리키는 까닭에 이것과 구별하기 위한 배려와 함께 讀音과 의미 면에서 부합하는 '上' 字를 채택한 것으로 해석할 수 있기 때문이다. 결론적으로 '城上'의 讀音은 「行用吏文」의 그것을 존중하되 '정자' 대신에 '*잣자(이)'로 읽혔을 가능성을 제시해 둔다.26) 그리고 그 뜻은 어떤 건물이나 기구를 지키는 이를 가리키는데, 墓直이나 庫直 등의 '直'이 접미된 사람들과 달리 지키는 대상에 대한 권한이나 주무자로서의 책임은

---

26) 『均如傳』의 향가 常隨佛學歌 중 '城上人 佛道 向隱 心下'(常隨佛學歌 9)의 '城上人'은 이두어 '城上'과 연관이 없다고 본다.

없는 비교적 낮은 직급의 사람에 해당된다고 본다.

24) 召史, 召吏

召史는 '죠이'로 읽히는데, 이는 '죠싀'에서 반치음 △을 잃은 것이라 본다. '召'를 '소'
로 읽지 않고 '죠'로 읽은 예가 『龍飛御天歌』에서 발견된다.[27] 후대 이두 학습서들에서
의 독음도 대체로 '죠' 또는 '조'이다.[28] 召史는 일반적으로 '良人의 아내나 과부'를 일컬
으며, 근대어의 '조이'에 해당한다. 그러나 조선초기 이두에서는 婢에 통합되어 쓰이며
반드시 결혼한 여자만을 가리키지는 않은 듯하다. 15세기 국어의 '겨집'은 현대국어의
'아내'와 '여자' 두 가지의 의미를 통칭하는 단어인데, 召史 역시 그와 같은 용법을 보인
다. 고려 시대 자료인 尙書都官貼(1262년)에도 '召史'가 쓰였는데 조선초기 이두에서의 용
법과 같다고 본다. 金務都許與文記(1429년)에서는 召史가 '召吏'로 표기되었다. 이는 15세
기에 이미 이 단어가 둘째 음절의 자음을 상실했음을 반영하는 것으로 해석된다. '史'는
'싀' 음의 표기에 쓰인 音假字로 추정되기 때문이다. '召史'는 15세기 국어의 '겨집'에 해
당하는 이른 시기의 국어 단어를 音借한 표기로 생각된다.

> (51) ㄱ. 婢 小斤召史 長所生 <1450? 柳義孫兄弟和會文記 009>
> ㄴ. 母邊 奴 季龍 良妻 大召史 幷産 所生… <1480 金孝之妻黃氏奴婢許與立案粘連
> 文書 5-21>

(51ㄱ)의 '小斤召史'는 '효근죠싀/효ㄱ죠싀'이거나 '쟈근죠싀'(작은죠이)로 읽혔을 것이
다. 후자의 독음은 '者斤召史'<1494년 李璦姨妹和會文記>에서 확인된다. 이와 반대로 (51ㄴ)의
'大召史'는 '큰죠이'로 읽혔다고 본다. 이들은 각각 작은부인과 큰부인에 해당되는 표현
이나, 小室과 正室의 의미라기보다는 키가 크고 작은 차이를 드러내는 것으로 볼 필요가
있다.

召史가 부인을 가리키는지 아니면 단순히 이렇다 할 만한 이름이 없어 '계집' 또는 '여
자'라는 정도의 의미를 갖는지가 다소 불분명한 경우가 많다.

---

27) 德積島在南陽府 海中召忽島죠콜셤六十里許 <6.58>
28) 『吏讀集成』에서 '죠이', 『吏讀便覽』의 「行用吏文」에서는 '조이'(召史 조이 閭巷女人之稱號)로 읽혔다. 이
   와 달리 『古今釋林』의 「羅麗吏讀」에서는 '召史 소사 良民之妻稱召史'로 풀이되기도 하였다.

(52) ㄱ. 畓主 崔億汀 妻 良女召史 (右寸) <1550 토지명문 서울대고문서집진 143 08>
　　　同生 忠順衛 洪舜平 副室 鄭召吏 (右寸) <1579 화회문기 영2-96 42>
　　　田主 故申命壽 韓召史 (右寸) <1594 토지명문 토지박물관>
　　ㄴ. 婢召史 長所生婢 卜德 年三 <1450? 柳義孫兄弟和會文記 053>
　　　僧 義賢 衿 婢春代 一所生 婢召史改名無名年卄五 <1585 立案 영1-229 05~06>
　　ㄷ. 故婢芍藥 所生婢 甘勿召吏 <1429 金務都許與文記 106>
　　ㄹ. 婢召史年八 父奴永長 母婢仍次伊 等乙良 官文 成是 給爲臥乎 事是去有等以
　　　<1262 柳璥功臣錄券 106-108>

(52ㄱ)의 경우엔 召史가 부인을 가리키는 것이 분명하다. 재산을 분집 받는 당사자로서 날인을 하는 부분에 사용되었고, 姓氏나 신분을 나타내는 字 뒤에 쓰였기 때문이다. 이와 달리 (52ㄷ)의 경우엔 단순히 '계집' 정도의 의미로 사용되었다. 이름 뒤에 붙어 있기 때문이다. 그런데 (52ㄴ)의 경우엔 어느 쪽인지 다소 애매한 면이 있다. (52ㄹ)은 고려시대 柳璥錄券 즉 尙書都官貼 용례 중의 하나로서 모두 10口의 奴婢를 나열하는 가운데 맨 마지막에 해당한다. 해당 奴婢는 위 예문에서와 같이 '奴(또는 婢) □□ 年… 父… 母…'로 기재하고 있는데, □□에는 해당 奴婢의 이름을 적었다. 그런데 婢 중에는 위와 같이 이름 대신에 '召史'라 한 것이 있다. 이때 '召史'는 부인이나 아내를 일컫는 것이 아니라, 단순히 현대국어의 '계집' 정도에 해당되는 의미이다.

召史 대신에 이따금 '召吏'로 쓰는 예들이 발견된다. (52ㄷ) 그리고 (52ㄱ) 중의 '鄭召吏'가 이에 해당되는데 召史에 비해서는 극히 적은 편이다.

25) 身

身은 국어의 '몸'에 해당하는 訓借字이다. 대체로 속격 조사 '-矣'(의)에 연결되어 쓰인다. 1인칭 대명사로 쓰이는 '矣'(의)에 통합된 '矣身' 또한 1인칭 대명사 표현에 쓰이는 句이다. 賤人이 아닌 여자가 자기 자신을 일컬을 때에는 대체로 '女矣身'으로 표현한다. '汝矣身' 역시 2인칭 대명사 표현에 쓰이는데, 일종의 代名詞句라 할 수 있다. 재귀대명사로 볼 수 있는 '其'에 속격 조사와 '身'이 통합된 형태인 '其矣身'도 쓰임은 물론이다. 결국 국어의 '몸'에 해당하는 吏讀字 '身'은 단독으로 사용된 예가 거의 없고, 인칭 표현에 덧붙여 쓰인다고 하겠다.

다음은 위에서 언급한 대명사구를 형성한 것들을 제외한 용례들 중의 일부이다. (53ㄱ)

은 사람 이름 뒤에 속격 조사 '-矣'를 쓴 뒤에 '身'을 통합시킨 예들이고, (53ㄴ)은 나이까지 표기한 뒤에 마찬가지 방법으로 적는 방식이다. 복수 접미사인 '-等'뒤에 붙인 예가 (53ㄷ)이다. 간혹 "作妾 所生婢甘丁 年丁亥生 身乙"<1481 掌隷院 贖身立案>과 같이 속격 조사 -矣를 생략한 경우도 있으나 극히 드물다.

(53) ㄱ. …邊婢 欣加伊矣 身亦 <1435 張安良담양도호부所志 1-02> (…쪽 계집종 欣加伊의 몸이)

某甲亦 他人乙 招引 一同爲 親兄乙 毆打爲在乙良 某甲矣 身乙 弟毆兄律乙 依准爲 <直解 01.33ㅈ> (어떤 甲이 남을 불러들여 함께 친형을 구타한 경우엔 어떤 甲의 몸을 아우가 형을 구타한 율에 준하여)

ㄴ. 奴 金山 年貳拾參矣 身乙良 <1443? 權明利許與 10> (사내종 金山(나이 23)의 몸은)

母邊傳來奴 卯乙同一所生婢卯乙之 五所生奴莫同年丁卯生矣 身段 <1577 李樹健敎授 조사 고문서 34~35> (어머니쪽에서 전래한 사내종 卯乙同의 첫 소생 계집종 卯乙之와, 다섯 번째 소생인 사내종 莫同(丁卯생)의 몸은)

婢莫從一所生婢貴春年卅七丁巳生矣 身乙 <1594 分財記 정44-114-2 07~08> (계집종 莫從의 첫소생인 계집종 貴春(나이 37, 丁巳生)의 몸을)

ㄷ. 希非三所生婢粉伊己丑生 同婢一所生今年生麻今 六所生甘粉年己亥生等矣 身乙 <1550 分財記 정44-112 05~06> (希非의 3소생인 계집종 粉伊(己丑生)와, 이 계집종의 첫소생으로 금년에 난 麻今과, (希非의) 6소생인 甘粉(나이 己亥生) 등의 몸을)

26) 新反

'新反'은 '公反'과 대비함으로써 그 뜻을 파악할 수 있다. '公反'은 중세국어의 '공번'에 해당하는 이두어이다. '공번'이 독립해서 쓰인 예는 없으나, '공번되-, 공번ᄒ-, 공번히' 등의 단어를 통해 명사로 기능하는 것임을 알 수 있다.

(54) 同居族長等弋只 公反家産乙 平均分執 不冬爲在乙良 罪同 <直解 04.09ㅎ> (동거하는 족장 등이 공동 가산을 고르게 나누어 갖지 않은 경우에는 죄를 같게 한다)

分執前所生乙良 公反奴婢是遣在 <1429 金務都許與文記 7> (나눠 갖기 전의 소생은 공동의 노비이니)

幷以 報使 公反他官以 移訟敎是 喩乃 <1583 立案 정33-189 24> (아울러 관찰사에게 보고하고 객관적인 다른 관으로 이송하신 것이나)

위 예문에서 '公反'은 개인 소유가 아닌 공동의 소유를 가리키는 것으로 이해된다. '公反他官'의 경우엔 이해관계라든가 相避할 일이 없는 공정성을 지닌 다른 관아라는 뜻이다. '新反'은 '公反'과 동일한 구조로 되어 있다. 따라서 '新反'은 '*새번'으로 읽을 수 있으며, '새 것'의 의미를 갖는다. '번'의 뜻이 명확하지 않으나, 일종의 접미사로 처리해 둔다.

(55) ㄱ. 所生種子亦 環子 樣以 成堆爲在乙良 其蛾以 <u>新反</u> 種子 至亦 <양잠 7ㅈ> (태어난 알이 가락지 모양으로 무더기를 이루면 그 나비로부터 새 알에 이르기까지)

ㄴ. 後所生以 <u>新反</u> 文字 前所生 幷以 執持 使用爲乎 事是亦 在 <1404 張戩妻辛氏同生和會 15> (후소생으로부터 새 문서 이전의 소생까지 아울러 지녀 사용할 일임)

(55ㄱ)의 '新反'은 후행하는 '種子'를 꾸미는 역할을 하는데, '其蛾以 <u>新反</u> 種子 至亦'는 한문 원문의 '其蛾與子'의 번역에 사용되었다. 한문 원문의 뜻은 '그 나방과 종자' 정도의 의미인데, 번역 이두문은 '그 나방으로부터 새 種子에까지' 정도로 부연 번역한 셈이다. 따라서 이 경우엔 新反에 관형사 '새'(新)의 뜻이 어느 정도 담겨 있다.

그런데 (55ㄴ) '新反'의 경우엔 조금 다른 면이 있다. '新反'이 후행하는 '文字' 즉, 文記를 수식하고 있다고 보며 (55ㄱ)과의 대비를 통해 본다면, '前所生' 뒤에는 '至亦'을 보충하여 읽어야 한다. 따라서 (55ㄴ)은 대체로 '後所生으로부터 새 文記와 前所生에 이르기까지 아울러 執持하여 使用할 일인 것임'으로 풀이할 수 있다. 그러나 사용한다는 표현이 들어 있으므로 '文字'는 그 대상이 되기 어려운 점이 있다. 따라서 '後所生으로부터 (새) 文記 이전의 所生을 아울러 執持하여 使用할 일인 것임'으로 볼 소지가 많다. 이렇게 되면 新反에서의 '新'의 뜻을 굳이 강조하여 새기지 않을 수 있다고 본다. 또 '…以乎新反'과도 어느 정도 연결되는 고리를 찾게 된다. 여하튼 적어도 (55ㄱ)의 경우엔 후대 이두 학습서들에서 등재한 '新反'과는 의미 면에서 상당한 거리가 있음에 유의해야 한다.

27) 阿只

阿只는 국어의 '아기'에 해당하는 吏讀字이다. 『龍飛御天歌』에서의 '阿其拔都 아기바톨'의 예29)는 이두자 '只'가 '기' 음의 표기에 쓰이는 音假字임을 분명히 보여 준다.

(56) ㄱ. 婢小斤阿只 二所生 放役婢 守今 年三十九 <1494 李璦娚妹和會文記 012~013>
(계집종 작은아기의 둘째 소생으로서 放役한 계집종 守今(나이 39))

ㄴ. 婢小斤阿只 二所生 奴 千同 年二十九 <1494 李璦娚妹和會文記 051> (계집종
작은아기의 둘째 소생인 사내종 千同(나이 29))

위 예문의 '小斤阿只'는 '효근아기' 또는 '쟈근아기'로 읽혔던 듯한데, 보통명사가 고유
명사로 사용됨으로 말미암아 同名異人을 가리키게 되었음을 동일한 문서 안의 (56ㄱ)과
(56ㄴ)이 보여준다. 阿只가 단순히 보통명사로서 귀엽다는 뜻의 어린 아기를 가리키는 경
우도 있고, 고유명사로 굳혀져 있거나 어린 아이가 아님에도 불구하고 호칭하는 경우가
있어 구별을 요한다. (57ㄱ)은 전자의 예, (57ㄴ)은 후자의 예에 속한다.

(57) ㄱ. 此亦中 末妹阿只 家舍乙 父母主 生時 造作 不得乙仍于 <1566 和會文記 영
1-76 58> (이 중에 막내 여동생아기의 집을 부모님 생시에 만들지 못함
으로 말미암아)

ㄴ. 兩阿只氏亦中 後所生 及 經官本文記 幷以 永永 放賣 <1552 侤音 정15-614
07~09> (두 아기씨에게 후소생 및 관을 경유한 본문기를 아울러 영영
방매)

28) 役只

役只는 윗사람의 접대나 시중드는 일 또는 그 일을 하는 사람을 가리킨다. 말하자면
일종의 도우미 또는 돕는 일을 뜻한다. 후대 이두학습서들에서 대체로 '격기'로 읽었는데,
이것은 중세국어 동사 '겨-'에서 파생한 명사로 이해된다.

(58) ㄱ. 場中搜挾官 及 試官役只 典僕陪吏羅將丘史場中使令等乙 令監試官前一日搜檢入
場爲白乎矣 <1553 科擧事目 35ㅈ> (시험장 안의 수협관 및 시관 도우미
인 典僕·陪吏·羅將·丘史·場中使令 등을 감시관으로 하여금 하루 전
에 수색하여 입장 시키오되)
米石 受來 役只 措置爲旀 <1546.5.21. 觀察使關文 紹修書院謄錄 5ㅈ> (쌀섬
을 받아 올 도우미를 조치하도록 하며)

ㄴ. 各司奴婢之甚苦 由於官員之役只 私供之議 不可不卒行 其中之可革者 不可不革
<1553 司憲府傳敎 各司受敎 136> (각 司의 노비가 심히 고생하는 것은 관

___

29) 我軍稱阿其拔都아기바톨 爭避之(… 阿其 方言 小兒之稱也 拔都或作拔突 蒙古語 勇敢無敵之名也) <龍飛御
天歌 7.10ㅈ>

원의 접대에서 비롯하는데 사사로이 공양하는 데 대한 논의는 급히 행
하지 않을 수 없으며 그 중 혁파할 수 있는 것은 해야 한다)
今後 祭官役只 及 參奉料□□□於京倉支供 <1554.7.10. 禮曹啓目 各司受敎 49>
(앞으로는 제관의 접대 및 참봉의 급료□□□ 서울의 倉에서 지불하거나)

(58ㄱ)에서는 役只가 시중 들거나 접대하는 사람을 가리키는 데 쓰였으나, 이와 달리
(58ㄴ)에서는 시중 들거나 접대하는 일을 가리키는 용어로 사용되었다.

29) 隅

隅는 중세국어의 '모ᅘ'(隅)에 해당한다.[30] '모ᅘ'(隅)는 현대어의 '모퉁이'의 뜻으로 주
로 쓰이나, 원만하지 못하고 가탈스러운 것을 가리키기도 한다. 分財記의 말미부에 곧잘
나타나는 '隅 有去等'의 '隅'는 후자의 뜻으로 쓰이며 訓讀했을 가능성이 높다. '隅'는 고
려말의 이두 자료인 松廣寺奴婢文書(1281년)에도 쓰였다.

(59) 萬一 後次 別爲 所乙 用良 爭望 隅 [有去等] <1429 金務都許與文記 09>
萬一 相考 隅 有去等 <1443? 權明利許與文記 33>
後次 族類等亦 爭望 隅 有去等 <1469 田養智妻河氏粘連文記 2-27>
他條以 爭望 隅 有去等 告官辨正爲乎 事是亦 在 <1494 李瓔娚妹和會文記 004>
後次 他餘子孫等亦 爭望 隅 有去乙等 此 文記內乙 用良 告官辨正爲乎 事 <1545
정32-359 07~08>
後次 子孫等 爭望 隅 有去等 此 文記乙 用良 告官辨正爲乎 事 <1553 別給文記
창원황씨고문서 437>
後次 族親等 相爭 隅 有叱去等 此 成文 告官卞正爲乎 事 <1564 別給文記 정
2-557 08~10>

30) 印, 際

印은 중세국어의 '긑'(末)에 해당하는 이두자이다. 흔히 分財文記에서 각각의 몫을 기재
한 다음에 끝맺는다는 뜻으로 쓰는데, 문서의 내용이 다 끝났음을 나타내는 표지로도 사
용된다. 『吏讀便覽』에서 '긋'으로 읽었는데, 이는 후대의 語形을 반영한 讀音이다.[31] 이

---

30) 그 道ㅣ 두려이 應ᄒᆞ샤 方隅에 거디 아니ᄒᆞ시며(其道ㅣ 圓應ᄒᆞ샤不滯方隅ᄒᆞ시며) [隅ᄂᆞᆫ 모히라] <法華經
諺解 3.162ㅎ>. 隅 모 우 <新增類合 上2ㅈ>.

두자 印 대신에 際를 사용한 예도 보인다. 際는 15세기 국어에서 'ᄀᆞᆺ'으로 새겼는데,[32] 이것이 印의 새김인 '긑'과 유사한 까닭에 代用하게 된 자로 추정된다. 후대에는 '人際物 印'이라 하여 노비라든가 사람을 나열한 뒤에는 際를 쓰고, 금전이나 물품 등을 나열한 뒤에는 끝맺는 표지로 印을 쓰는 경향이 있으나 조선 전기에는 그 구별이 뚜렷하지 않다. 일반적으로 印 자가 선호되는 경향을 보인다.

(60) 五所生 奴 長今 年 印 <1450? 柳義孫兄弟和會文記 078>
　　傳得婢 小德 年參十五 印 <1452 李遇陽許與文記 12>
　　同員加畓三斗落只 高靈首谷員田皮麥七斗落只 印 <1544 衿給文記 영1-68 07>
　　相換婢趙今母子 斜出文記 一度 付于子湲 印 <1572 衿給文記 영2-95 20>

(61) ㄱ. …年十七 節 付戶內 印 戶夫矣 曾祖… <1393 崔琪妻宋氏 准戶口 12>
　　ㄴ. 承重長孫是乎 等 用良 加給 印 <1429 金務都許與文記 283>

(62) 季童 衿婢 小斤 所生 奴 今音佛 年 /際 <1450? 柳義孫兄弟和會文記 110~111>
　　婢 今音德 所生 奴 莫同 年 /際 <1470~94 尹塘許與文記 108~109>

(60)은 '印' 字가 分財文記에서 각각의 몫을 나열한 뒤에 사용된 예이다. 분재한 노비 또는 전지를 나열한 뒤에 쓰는 경우에 해당한다. (61ㄱ)은 原文書가 아닌 까닭에 확실하지 않으나, 앞에 나열한 사람을 금번에 戶籍 안에 붙였다는 뜻의 '節 付戶內' 뒤에 '印'이 사용되어 역시 '끝'이라는 뜻을 나타낸다고 본다. (62)는 '印' 대신에 '際' 字를 쓴 예이다.

다음에 보이는 '安印'은 대체로 끝을 맺는다는 뜻의 한자어로 사용되었던 듯하다. 이 경우 '安'은 '자리잡다'라는 字意로 풀이된다. 국왕과 관련된 문서에서만 발견되는 특징을 보인다.

(63) 安景恭次知 /安印 <1392 太祖賜給芳雨土地文書 06~07>
　　建文元年貳月初八日伏奉 /王旨安印 <1399 趙溫 賜牌 09~10>
　　建文三年三月 日伏奉 /王旨安印 <1401 曺恰 賜牌 08~09>

---

31) 印 ᄆᆞᆺ ㅇ 李晬光曰 我國數計之文 必以印字終之 中國文字亦如此 <吏讀便覽>. 『五洲衍文長箋散稿』 권44 東國土俗字辨證說과 『新字典』의 朝鮮俗字部에서도 'ᄆᆞᆺ'으로 읽고 있다.
32) 제ᄂᆞᆫ ᄀᆞᆺ이라 <月印釋譜 21.18ㅎ>

31) 節

節은 일반적으로 중세국어의 '디위'에 해당하는데, 이는 현대국어의 回數를 일컫는 '번'에 이어지는 형태이다. 중세국어의 '디위'는 '아홉, 一百, 혼, 두, …'와 같은 수사 또는 수관형사를 선행하거나 때로는 '몃'(몇)과 같은 의문사를 선행한다. 이와 달리 이두자 節은 대체로 '이번(에), 금번(에)'이라는 뜻을 나타낸다. '此'와 같은 지시어가 선행되지 않을 뿐만 아니라 보조사와 같은 기능을 하는 添詞 '-段'과 '-沙'만 통합되며 일반적인 격어미와는 통합되지 않는 특징을 보인다.

이두문에서 節은 문맥상으로는 대체로 부사어의 기능을 하므로 부사로 다룰 수도 있겠으나, 반드시 그러한 것은 아닐 뿐 아니라 '디위'는 명사가 분명하기 때문에 명사에서 다룬다.

田養智妻河氏粘連文書(1469년)에는 같은 문서 안에 '節'의 문맥적 의미를 달리하는 것들이 함께 들어 있어 참고된다.

(64) ㄱ. 同生三寸等亦中 奴婢田畓等乙 節 乛 女矣 所志粘連許與內 貌如 <2-34> (형제 및 三寸間 친척들에게 노비와 전답들을 이번에 올린 저의 소지와 점련한 허여문기의 내용과 같이)
ㄴ. 節 故食醫田養智妻河氏亦 同生三寸等亦中 奴婢田地 許與成置時 <2-37~38> (금번에 食醫였던 故 田養智의 처 하씨가 형제와 삼촌간에게 노비와 전지를 허여하는 문서를 만들어 둘 때)
ㄷ. 故司膳食醫田養智妻孺人河氏 節 公緘內 <2-30~31> (司膳食醫였던 故 田養智의 처인 孺人 하씨의 금번 공함의 내용은)

(64ㄱ)의 '節'은 바로 뒤따르는 동사 '乛'을 수식하는 부사어로서 기능하고 있다. 이와 달리 (64ㄴ)의 경우엔 특별히 수식하는 성분 없이 '이번에' 또는 더 나아가 '이에' 정도로 풀이된다. (64ㄱ)의 '節'을 성분부사라 한다면 (64ㄴ)은 문장부사가 될 것이다. 이와 달리 (64ㄷ)의 '節'은 후행하는 명사 '公緘'을 수식하는 기능을 갖는다. 즉, 명사로서 후행 명사를 수식하는 관형어의 기능에 속한다. 문장 안에서의 기능은 어떻든 간에 '이번, 금번'이라는 중심 의미는 모두 동일하다.

節의 용례를 몇 개만 예시하면 다음과 같다.

(65) 作法祝上爲白如乎 節 慈恩宗中德戒天亦 長城邑內 元屬資福寺乙良 棄置爲遣 <1407

長城監務關字> (불법을 행하며 임금님을 축원하던 터에 금번에 慈恩宗의 中德
戒天이 長城邑 안의 원래 속한 資福寺는 버려두고)
節 到付 議政府 舍人司 關內 <1459 李禎錄券 1ㅈ, 43ㅈ> (이번에 도착한 의정
부 舍人司의 關의 내용은)
節 問教是臥乎 外孫幼學金… <1464 金孝盧粘連文記 3-2> (금번에 질문하시는
外孫 幼學 金…)
久例不可更改是如 爲在乙 勿分爲如乎 事是置 節 後續錄撰集時 <1544.5.22. 掌隷院
承傳 大典詞訟類聚 149> (오랜 관례는 고칠 수 없다 하거늘 이에 따라 나누
지 않았던 일이 있는데 금번에 후속록을 찬집할 때)
節 承 /傳內 救荒撮要 多數印出 廣頒爲良如 教 承 /傳是白有亦 <1554 賑恤廳啓目
新刊救荒撮要 가람문고본 3ㅈ> (금번에 받든 傳旨에 '구황촬요를 다수 인출하
여 널리 반포하라 하심'이라 받든 전지가 있어서)

節該라는 용어가 있는데, 이는 한자어로서 吏文에서 유래한 것이다. 『吏文輯覽』은 '節
該'를 '凡略載 聖旨及公文必加節該二字於首 節卽略節也'<2.6ㅎ>라고 풀이하였다. 즉, 王旨
나 公文 내용을 그대로 전재하지 않고 간략히 요지만을 적는 경우에 쓰는 용어이다. 따라
서 이것은 이두자 節과는 관련이 없다.

32) 此

이두문에 쓰인 此 자가 한자어인지 이두자인지는 잘 살펴 보아야 한다. 한자어로 쓰인
此는 음으로 읽지만, 이와 달리 이두자 此는 우리말로 새겨 '이'로 읽힌다. 此가 '차'로
읽히며 한자어로 쓰인 '彼此'의 경우엔 처격 조사 '-良中'이 결합된다(예 : 明律 07.06ㅎ,
07.08ㅈ).33) 그러나 대명사 '이'로 읽히는 이두자 此에는 처격 조사가 통합되지 않고, 그
대신 여격 조사가 통합된 此亦中이 널리 쓰인다.

(66) 此亦中 朔方道叱段 田出 收齊爲臥乎 所 無去有等以 <1392 太祖賜給芳雨土地文書 03>
此亦中 啓課不冬 趣便以 決斷爲 他矣 罪乙 或輕或重 令是在乙良 故失例 論 <直解
01.39ㅎ>
此亦中 犯罪事發後良中 在逃爲在乙良 衆證明白爲去等 在獄成罪例以 <直解 01.36ㅎ>
此亦中 蚕種收取爲乎 厚紙乙 杵子以 知重 紙後良中 兩數開寫爲有如可 <양잠 4>

---

33) 後次를 대신하여 後此로 쓰고 처격 조사 '-良中'을 통합한 예가 있으나<예 : 정3-215-4 土地明文 1596년>
이는 올바른 용법이 아니다.

此亦中 子子孫孫 遺書爲臥乎 事叱段 <1452 李遇陽許與 20>
此亦中 父邊傳來 婢檢伊一所生婢權非年癸未 <1527 和會文記 정16-38 33>
此亦中 凡 同生中 或年幼 或各其上典家仰役未參乙仍于 族親中 顯官以 依法 筆執爲
臥乎事 <1579 和會文記 영2-97 60~61>

(66)은 모두 지시대명사 '이'에 해당하는 '此'에다가 여격 조사 '-亦中'이 연결된 예이
다. 此亦中은 대체로 '이에, 여기(에), 이 중에' 정도의 문맥적 의미를 가지는데, 15세기 국
어의 '이에, 이어긔, 여긔'에 대응한다.

33) 次知, 事知(理)

次知는 후대 이두 학습서들에서 '츳디, 츳지, 차지' 등으로 읽었다. 그러나 이는 중세국
어의 동사 'ᄀ숨알-'에서 파생된 명사 '*ᄀ숨아리'에 해당된다고 본다<安秉禧 1977ㄴ:8>.
次의 訓이 'ᄀ숨'이고<光州版 千字文 16ㅈ>, 知 역시 훈독하면 '알-'이 되기 때문이다. 그런
데 朴喜淑(1985:198)은 이를 동사 'ᄀ숨알-'로 다루었다. 이와 같이 명사와 동사로 각각 상
이하게 다룬 것은 '次知'가 두 가지 기능을 다 갖고 있기 때문이다.

(67) ㄱ. 洪武貳拾伍年捌月 日 中樞院都承旨安景恭次知 /安印 <1392 太祖賜給芳雨土地
文書 06~07>
右承旨韓尙敬次知 /口傳 <1392 李和錄券 007>
右副承旨臣盧公弼次知 啓 依允教 事是去有良尔 <1480 金孝盧繼後禮曹立案 15>
嘉靖三十六年十一月二十一日同副承旨/ 臣姜士尙次知 /啓依允 <1557 詳定科擧
規式 12ㅎ>
各司亦 進來推問次良中 隱藏 發送 不冬爲在乙良 並只 次知官司亦 實封以 申聞
決斷 <直解 01.12ㅎ>
破毀 修理 不冬 行路乙 塡塞爲在乙良 次知官吏乙 笞三十齊 <直解30.02ㅎ>
ㄴ. 或稱次知 或稱番價 侵徵京邸之吏 <1553 承傳 各司受教 140> (때로는 담당
자라 하고, 때로는 番을 대신해 준 품값이라 하여 京邸의 서리를 침학하
거나 추징하고)
ㄷ. 凡矣 公事乙 次知 使內乎矣 <直解 04.07ㅈ> (무릇 공사를 맡아 처리하되)
孕兒女 及 未滿月生女等乙良 蚕種 次知 洗浴乙 禁止 <양잠 9ㅎ~10ㅈ> (아
이를 밴 여자 및 달이 못 차 해산한 여자 등은 누에 종자를 맡아 씻기
는 일을 금지한다)
四所生婢 莫乃 年十二甲申等 後所生 并以 次知鎭長事 <1475 權玠河源別給文

記 15> (넷째 소생인 계집종 莫乃(나이 12, 갑신생) 등과 후소생 아울러 맡아서 오래도록 할 일)

奴右世以 田畓 次知 起耕勿失 以副老父之意 至可至可 <1591 別給文記 정 2-567 07~08> (사내종 右世로써 전답을 맡아 경작하는 일을 잃지 않도록 하여 늙은 아비의 뜻에 부응하는 것이 옳고 옳도다)

汝亦 終乃 次知 向事 <1554 衿給文記 영2-90 08> (네가 끝까지 맡아서 할 것)

(67ㄱ)의 '次知'는 그것이 명사로 쓰였는지 동사로 쓰였는지 애매하다. 명사로 쓰였다면 '담당자에게' 또는 '담당자로서' 정도로 풀이할 수 있고, 동사로 쓰였다면 '…가 담당하여' 정도로 풀이될 것이다. 이와 달리 (67ㄴ)은 명사로 쓰였음이 분명하다. 명사로서 '擔當, 主管'을 가리키거나 '擔當者, 主管者'를 뜻한다. 이와 달리 (67ㄷ)은 모두 次知를 동사로서 풀이해야 한다. 결국 문맥에 의존하여 동사와 명사 그 어느쪽인가를 결정하는 수밖에 없을 것이다. 한 가지 특이한 사실은 '次知'에 격어미가 통합된 예는 찾기 힘들다는 점이다.

次知와 동일한 통사구조를 보이는 이두어로서 事知가 있다. 事知는 '어떤 일에 대하여 잘 알고 있으며 능숙하게 처리하는 것 또는 그 사람'을 가리킨다. 事知書吏, 事知譯官, 事知通事, 日傘事知 등의 단어가 조선왕조실록을 비롯하여 조선 초기부터의 여러 문헌과 16세기 말 고문서 등에서 발견된다. 그리고 말음첨기를 포함한 표기로서 '事知理'도 발견된다. 事知는 '*이리아리' 또는 '*일아리' 정도로 읽혔던 것이 아닌가 추정되는데, (68ㄴ)은 이것이 동물에도 원용되어 사용되었다는 사실을 일러주는 매우 특이하고 귀한 용례이다.

(68) ㄱ. 各其官 事知醫生乙 用良 趁時 分往 救療爲白乎矣 <1541 兵曹啓目 牛疫方 서문> (각 관아에서 일을 잘 아는 醫生을 써서 때에 맞춰 나눠 가서 치료하여 구하게 하오되)

請極擇事知匠人十餘名 急急起送事 下書 何如 <1592 請留金良瑞措置安州守城狀 정15-495 13~14> (청컨대 일에 능한 장인 10여 명을 잘 택하여 급히 보내는 일을 문서로 내려보내는 것이 어떻습니까?)

ㄴ. 事知理馬乙 用良 相當藥材 上下 賷持 刻日 下送 隨方治療爲白乎矣 <1541 兵曹啓目 牛疫方 서문> (일 처리에 좋은 말을 써서 맞는 약재를 내준 것을 받아 가지고 서둘러 내려보내 方文에 따라 치료하오되)

34) 草枝

草枝는 '*플갓'으로 읽혔던 것으로 추정한다. '플갓'(풀갓)은 풀을 대상으로 하는 말림갓을 뜻한다.[34]

> (69) 公私處所屬 山枝 水梁 草枝 金銀銅錫鐵冶等庫乙 奪占爲在乙良 <直解 05.04ㅈ>

35) 他, 佗

他는 중세국어의 '눔'(他人)에 해당한다. 『大明律直解』에서는 '他'의 異體字로 '佗'도 사용되었다. (70ㄱ)이 전자의 예, (70ㄴ)은 후자의 예이다. 속격 조사가 통합된 '他矣'는 '눔의'로 읽히는데<吏文大師, 吏讀便覽>, 후대 이두학습서들 중 일부에 나타난 '뎌의, 저의' 등은 올바른 독법이 아니다<安秉禧 1987ㄷ:36>. 이두자 他는 속격 조사 -矣와 통합된 他矣만이 주로 쓰인다.

> (70) ㄱ. 他矣 肝腸乙 割出爲 <直解 01.16ㅎ> (남의 간장을 잘라내어)
> 他矣 罪乙 或輕或重 令是在乙良 故失例 論 <直解 01.39ㅎ> (남의 죄를 가감하게 한 경우에는 고의나 실수로 한 죄의 예에 따라 논한다)
> 同 莫金矣 身乙 進來 他矣 有役婢子等乙 招引… <1435 張安良전라도도관찰출척사所志 3> (위 막쇠의 몸을 나아오게 하여 役을 지고 있는 남의 계집종들을 끌어들여…)
> 孫光曙 後室 金氏 及 孫仲曤 前室 子枝等亦 他矣 衿 付 許多奴婢乙 不干人以 累年使用 <1560 粘連立案 정32-279 11~12> (孫光曙의 후실인 김씨 및 孫仲曤의 전실 자식 등이 남의 몫으로 붙인 허다한 노비를 전혀 상관 없는 사람으로서 몇 년을 사용하여)
> 他矣 奴婢乙 買得 稱云爲白良置 <1556 所志 민속박물관> (남의 노비를 사서 얻었다고 말한다 하더라도)
> ㄴ. 佗矣 屍體乙 殘毁爲旀 <直解 18.15ㅈ> (남의 시체를 훼손하며)
> 佗矣 財物乙 收斂 私用爲在乙良 <直解 23.06ㅈ> (남의 재물을 거두어들여 사사로이 쓰걸랑)

---

34) 本節의 '山枝' 설명 참조

나. 漢字語

국어 어휘 가운데 主宗을 이루는 것이 漢字語임은 잘 알려진 사실이다. 이두문에서 차지하는 한자어의 비중 역시 결코 적잖다. 한자어는 그 계통에 따라 중국 文語系, 白話系, 吏文系, 佛敎語系 및 韓國漢字語 등으로 나누어 볼 수 있다. 또한 吏讀語 중에는 '色'과 같이 중국의 한문이나 한자가 아닌 다른 외국어로부터 차용된 단어도 있다. 이와 같이 漢字語 및 外來語를 모두 묶어 여기에서 다룬다. 특히 『大明律直解』에는 原文인 漢文에서의 그것과 다른 고유 한자어 즉, 한국한자어가 상당히 많이 나타난다. 이것을 일일이 열거하는 일은 결코 작은 일이 아니다. 『大明律直解』에 쓰인 한국한자어에 대해서는 朴喜淑(1985) 및 진윤정(2016)에 많이 소개되어 있으므로 여기에서는 주로 조선 전기 고문서들에 나오는 용례들을 중심으로 하여 한자어들 중의 일부만을 간략히 언급하기로 한다.

1) 價本

價本은 중세국어의 명사 '값'(價)에 해당하는 표기이다. 價本은 원래 복합어였던 듯하다. '값'에 해당하는 字는 '價' 뿐이고, '本'은 '本錢, 원래의 값'이라는 의미를 지닌 것이 합쳐서 '값, 가격'의 뜻을 지닌 듯하다. 『校訂 大明律直解』에서는 '가분'으로 읽었는데, '분'으로 읽은 까닭을 알 수 없다. '본'이 올바른 독음이 아닌가 생각한다. '價本'은 후대에 한자어 價錢, 價文, 錢, 錢文 등으로도 사용된다<오창명 1995ㄷ:89>.

> (1) ㄱ. 許上爲乎 田産果 盜賣爲乎 田地 價本果 每年滋長利分等乙良 納官爲㫆 本主 還給齊 <直解 05.04ㅈ> (갖다 바친 전답 및 가산과 훔쳐 판 전지의 값과 매년 늘린 이득 등은 관에 납부하며 본 주인에게 환급한다)
> 他矣 房舍垣墻等乙 破毀爲在乙良 修造築成爲乎 價本乙 計爲 坐贓罪例以 論爲㫆 <直解 05.06ㅎ~7ㅈ> (남의 방과 집, 담장 등을 훼손한 경우에는 고쳐 짓는 값을 따져 坐贓罪에 따라 논하며)
> 矣身亦 艱難所致以 騎船價本 積納 不得 <1487 金孝盧土地賣買立案粘連 3-04~06> (이 몸이 가난한 까닭으로 稅穀船(에서의 식량)값을 제대로 내지 못해)
> 一名代立人乙良 依律決杖一百後 倍數退立 價本 沒官 <兵曹啓目 各司受敎 070> (한 명을 대신 세운 사람은 율에 따라 杖一百으로 처결한 후 배로 입역을 시키고 (代役價) 값은 관에 몰수하고)
> ㄴ. 閪失爲在乙良 本乙 生徵齊 <直解 16.01ㅎ> (잃어버렸을 경우에는 본래의

값을 징수하며)

  (1ㄱ)은 '價本'이 전답을 비롯해 건물 수리비, 식량, 남을 代役시키고 부당하게 받은 돈 등 여러 가지로 해당 물건 및 금전에 대한 '값'이라는 개념으로 사용되고 있음을 보여준다. 그런가 하면 때로는 (1ㄴ)에서 보듯 '本'만으로도 '價本' 또는 '本價'를 대신하여 표현할 수도 있었던 것으로 이해된다. 이와 같이 '本'이 독립하여 쓰인 사실은 '價本'이 본래 '價＋本'으로 분리될 수 있었음을 일러주는 것으로 합성어임을 시사해 준다.
  價本과 本價가 동의어로만 사용됐던 것은 아니라고 본다. (2ㄱ)은 '원래의 값'은 '本價'가 담당하고, '價本'은 단순히 '값, 가격'을 총칭하는 의미로 사용되고 있기 때문이다. 그럼에도 불구하고 시기 및 지역, 당사자들에 따라서는 양자가 별다른 차이 없이 동일하게 사용되기도 했음을 (2ㄴ)과 (2ㄷ)의 예를 통해 알 수 있다.

  (2) ㄱ. 價不減段 一十貫直 馬牛乙 損傷爲良置 價本亦 本價良中 不減爲去等 <直解
      16.04ㅎ> (값이 감소하지 않는 경우란 10관 값의 우마를 손상하여도 값
      이 본래의 값에서 감소하지 않으면)
    ㄴ. 年限外 邊利乙良 生徵給主 價本良中 合計 還退齊 <直解 05.05ㅈ> (기한 후에
      얻은 이득은 징수하여 주인에게 주되 본래의 값에 합계하여 돌려주며)
    ㄷ. 奴 今石 年貳拾柒戊辰生 身乙 折 楮貨肆千張 本價 折 正木壹同 依數 捧上爲遣
      <1594 매매문기 영2-288 03~04> (사내종 今石 나이 27 무진생의 몸을
      저화 4,000장에 해당하는 값을 쳐서 正木 한 통을 셈하여 받고)

  매매문기에서는 이두자 '折'과 '價本'이 나란히 쓰이는 경우가 적잖다. 이 경우 折은 '값을 매긴다' 또는 '값으로 환산하다' 정도의 의미를 갖고 있으며, '價本'은 환산한 값에 대응하는 실제 값을 가리키는 것이 보편적이다. 다음 (3ㄱ)이 그 예이다. (3ㄴ)에서는 '折' 앞에 '價'를 덧붙여 '價折'이라 하여 중복된 표현을 하였으며, (3ㄷ)에서는 실제로 楮貨四千張을 받았는지 아니면 그에 상응하는 물품을 받았는지 여부가 분명히 드러나 있지 않다.

  (3) ㄱ. 貳口乙 折 楮貨伍千張 價本良中 常木綿捌同 交易 依數 捧上爲遣 <1548 粘連立
      案 정32-273 03~04> (2명을 저화 5,000장에 해당하는 값에 常木綿 8통으
      로 바꾸어 셈하여 받고)
    ㄴ. 幷 三口良中 價折 楮貨一萬一千張 價本 正木綿一同 交易 依此 捧上爲遣 <1587
      賣買文記 영2-278 04> (아울러 3명에 저화 11,000장에 해당하는 값에 正木

綿 1통으로 바꾸어 이에 따라 받고)

ㄷ. 奴訥叱孫矣 身乙 忠義衛孫光曙處 折 楮貨四千張 價本 依數 捧上爲遺 <1551 粘
連立案 정32-275 03~04> (사내종 訥叱孫의 몸을 忠義衛 孫光曙에게 저화
4,000장에 해당하는 값으로 셈하여 받고)

2) 公緘

公緘은 書信으로써 劾問하는 일, 또는 핵문하기 위해 관에서 보낸 서신을 뜻한다. 주로
후자의 뜻으로 사용되는데, 달리 말하자면 어떤 사안에 대하여 관아에서 당사자에게 사
실 및 진위 여부를 캐묻기 위해 보내는 서신을 가리킨다. 『經國大典』에 따르면 公緘으로
써 추문하는 경우와 그렇지 않은 경우를 구별하여 규정하여 놓았다.

(4) 以書劾問 謂之公緘 <世宗實錄 48 12년 6월 庚午> (글로써 캐묻는 것을 가리켜
    공함이라 한다)
    凡不囚者 公緘推問 七品以下官 及 僧人 直推 <經國大典 刑典 囚禁> (무릇 옥에
    가두지 않은 사람은 공함으로 추문하고 7품 이하 관원 및 승려는 직접 추문
    한다)

위 규정에 따라 6品以上官 즉 參上官의 부인에 대해서는 해당 관아에서 직접 불러 추
문하지 않고 公緘을 보냈는데 다음 (5ㄱ)과 같이 문서류에서 이 용어가 빈번히 발견된다.
(5ㄴ)은 추문 대상의 참상관의 부인이 아니라 관원인 경우에 해당되는 용례이다. 公緘에
대한 답신은 答通이라 한다.

(5) ㄱ. 節 公緘 內 <1469 田養智妻河氏粘連文書 2-31> (금번 공함의 내용인즉)
    金淮妻盧氏 公緘答通 內 <1483 金孝盧繼後司憲府立案 35> (金淮의 처 노씨의
    공함에 대한 답통의 내용인즉)
    財主公緘答通是乎等用良 相考爲乎矣 <1517 광산김씨 입안, 정1-583 33~34>
    (공함에 대한 재주의 답통이므로 살펴보되)
    財主貞夫人崔氏處 公緘答通是沙餘良 各人招辭是 置有亦 文記 推納 相考爲乎矣
    <1537 粘連立案5 慶州府立案 정32-269 02~03> (재주인 정부인 최씨에게
    보낸 공함의 답통인 데다가 각각의 사람들에 대한 다짐이 있어서 문서를
    들이도록 하여 살펴보되)
    ㄴ. 參知朴大立處 公緘問備 答通內 <1567 朴大立 繼後立案 『향토연구』 19집, 1996>
    (참지 朴大立에게 공함으로 물은 데 대한 답통의 내용인즉)

3) 關, 關字

關은 ① 品級이 같은 衙門 사이에 서로 보내고 받는 문서, 또는 ② 높은 아문에서 낮은 아문으로 보내는 공문서를 뜻한다. 문서 수급 관청 사이의 상하 관계를 고려하면 上達 문서인 牒인 대하여 平達과 下達 문서를 통칭하여 關이라 한다. 이 중 品級이 같은 관아 사이에 주고받는 문서를 따로 지칭할 때는 平關이라 한다. 그러나 일반적으로 평달과 하달 문서를 합하여 關 또는 關字라 하는데, 關字를 關子로 표현하기도 한다.[35] 關에 적힌 내용 또는 그 글을 통칭할 때는 關文이라 할 수 있다.

그런데 실제 용례상으로 平關이라든가 關文이란 표현은 문서 및 등록류에서 발견하기 힘들다. 그리고 觀察使나 巡察使로부터 하달된 關이라는 것을 적는 과정에서 '使關'으로 줄여 표현하는 경우도 많다.

(6)은 '關', (7)은 '關字', (8)은 '關子', (9)는 '使關'의 예이다.

(6) 建文三年正月二十三日 準 議政府關 <1401 馬天牧佐命功臣錄券 005> (건문 3년 정월 23일에 받은 의정부 관문)
王旨內 事意乙 用良 使內向事 關是白有良尒 <1401 馬天牧佐命功臣錄券 030> (왕지의 내용을 가지고 행하도록 할 일이라는 關이 있기에)
朝謝 由 移關爲等以 合行故牒 須至故牒者 <1404 鄭悰 朝謝牒 04> (조사를 마치고 이송함이라고 관하였으므로 고첩을 행하기에 마땅하여 모름지기 고첩에 이른 것임)

(7) 白巖寺乙沙 資福寺良中 求望冒受 關字 下去爲去乎 <1407 長城監務關字> (백암사를 자복사에 소속시키기를 희망하는 관문을 내려 보내고)
先可 榮川官亇 關字 輸送 米石 受來 役只 措置爲旀 <1546.5.21. 觀察使關文 紹修書院謄錄 5ㅈ> (먼저 영천관으로 관문을 보내 수송할 쌀섬을 받아 올 도우미를 조치하도록 하며)
多勿沙里段 此 關字 到付 卽時 促送 <16세기 立案 정6-23 115~116> (多勿沙里는 이 관문이 도착한 즉시 잡아 보내고)

(8) 壬辰十一月 臣淂[36]見備邊司二十日成貼關子 <1592.11. 啓文(馳啓粮草措置浮橋氷合將撤狀) 辰巳錄 02~03> (임진년 11월 신이 얻어 본 비변사의 20일 자로 성첩한

---

35) 『經國大典 註釋篇』 187쪽 참조. 『經國大典註解』 後集 吏典에는 '關 … 關通也 關通其事也 品級相同衙門相通之文'라 하여 品級이 같은 官衙끼리 주고 받는 것만을 지칭하였다.
36) 淂은 得의 오자임.

관문)

(9) 結城縣監爲陳鷹事 今十一月初七日 到付 使關內 <1429 結城縣牒呈> (결성현감의
묵은 매에 관한 일임. 금월 11월 초7일에 도착한 (충청관찰출척)사 관문의 내
용인즉)

榮川郡守爲起送事 前矣 到付 使關內乙 用良 池山乙 書院直以 起送爲有如乎 <1547
榮川郡守關文 紹修書院謄錄 16ㅈ> (영천군수의 기송에 관한 일임. 전에 도착한
관찰사 관문의 내용에 따라 池山을 서원지기로 보냈는데)

節 到付 使關內 亂離以後 流離行乞之人 所到處 斜給亦 爲乎等用良 <1593 洪川官立
案 정41-406 09~11> (금번에 도착한 使의 관문 내용에 난리 이후에 떠돌며
구걸하는 사람을 도착한 곳(의 관아)에서 확인하여 (재주에게) 지급하라고 하
므로)

4) 記下

記下는 '어떤 일에 대하여 자세히 적는 것'을 가리킨다. 한자 본래의 뜻을 그대로 살려
조합하여 만든 한국한자어이다. 관아에서 추문하기 위해 보내는 公緘의 마지막 부분을
흔히 '記下向事'로 맺기 때문에 그에 대한 답신 즉 答通에 그 용례가 잘 나타난다. (10ㄴ)
은 관아에서 보낸 공함의 본문 마지막 부분인데 (10ㄱ)과 달리 남편의 직위와 관련하여
높임 표현을 하고 있음에 유의해야 한다.

(10) ㄱ. 眞珠等亦中 奴婢田畓 許與成置 眞爲 相考 記下向事 公緘是白有亦 <1469 田養
智妻河氏粘連文記 2-33> (眞珠 등에게 노비와 전답을 허여하는 문서를 만
들어 두었는지 진위를 살펴 적을 것이라는 공함이 있어서)
傳係許與 眞僞相考 記下向事 <1480 金孝之妻黃氏許與立案粘連文書 2-03>
(넘겨 준 허여 행위의 진위를 살펴 적을 것)
金緣亦中 奴婢 成文許給 與否 相考 記下向事 <1517 答通 정1-583 02> (金緣
에게 노비를 문서 작성하여 주었는지 여부를 살펴 적을 것)
奴婢 幷二十口 田畓 幷三結等乙 區處 緣由 相考 記下向事 <1509 答通 정
1-580 02~03> (노비 모두 20명과 전답 모두 3먹 등을 처분한 연유를
살펴 적을 것)
ㄴ. 眞僞相考 記下向敎是 事 右 味 知乎白次 <1480 金孝之妻黃氏奴婢許與立案粘連
文書 3-09~11> (진위를 살펴 적으실 일로서 이러한 뜻을 알려 드리고자
함입니다)

5) 答通

公緘에 대한 답신은 '答通'이라고 한다. 조선조 이두문에서 答通은 대체로 公緘에 대한 것만이 용례로 발견되나, 서신·물음·기별 등에 대하여 회답하는 글을 총칭하는 것으로 볼 수 있다.

> (11) 故別侍衛金孝之妻黃氏 公緘答通 內 <1480 金孝盧繼後禮曹立案 09> (고 별시위 金孝之의 처 황씨의 공함에 대한 답통의 내용인즉)
> 財主 公緘答通是乎等用良 相考爲乎矣 <1517 입안 정1-583 04~05> (공함에 대한 재주의 답통을 가지고 살피되)
> 兩家 同議 呈狀 的實爲乎 味 答通是白齊 <1567 입안 『鄕土硏究』19:41 19~20> (양 집안이 함께 상의하여 올린 문서가 확실하다는 뜻의 답통입니다)
> 宋承禧處 公緘 問備 答通 內 同姓十寸弟言信亦 … <1585 예조입안 『여산송씨기증고문서』(경기도박물관, 2002) 13 7> (宋承禧에게 공함을 보내 문의한 데 대한 답통의 내용인즉 '같은 성의 10촌 동생인 言信이 …')

6) 到付

到付는 『古今釋林』의 「羅麗吏讀」에서 '도부'로 읽고 있어 한자어임을 분명히 밝혀 놓았다. 到付는 본래 '到+付'의 구성체였던 데에서 '도착한 공문'이라는 뜻을 지녔으나, 이것의 사용이 워낙 광범위하고 보편화되면 여러 가지 조금씩 다른 의미를 갖는 다의어로 확산되었다. 付는 본래 공문이나 문서의 일종을 가리키는 것이다. 『吏文輯覽』에서도 '付卽 各部淸吏司行本衙門淸吏司 各房科行本衙門房科之文'<3.16ㅎ 禮房付>, '付卽 房科相通之文'<3.19ㅎ 合付前去>로 풀이하였다. 이를 분명히 일러주는 예가 다음의 (12)이다. 예문 중 '到付'는 절도사가 병조로부터 도착한 사실을 확인하는 문서를 받았다는 것으로서 이 경우의 '到'는 한자 본래의 의미로 사용된 것이고 '付'가 문서를 지칭한다.

> (12) 節度使 (…중략…) 曹良中 躬親交付 都點後 受到付爲白旀 <1558 兵曹啓目 各司受敎 103> (절도사가 (…중략…) 본조에 친히 넘겨주고 종합 점고 후 도착 확인 공문을 받으며)

따라서 到付는 대체로 다음과 같은 두 가지 사용의미를 갖는다. 첫째는 공문이 도달하다는 뜻이요, 둘째는 도달한 문서를 가리키는 것이다.

(13) ㄱ. 凡 各司官吏矣 解由文字乙 吏兵曹良中 <u>到付</u>爲良在等 <直解 02.07> (무릇 각
司 관리의 해유 문서가 이조와 병조에 도착하여 있거든)

凡 屍體傷處乙 檢察爲乎矣 文字 <u>到付</u>爲去等 緣故 推於 卽時檢察不冬 屍體變色
令是旀 <直解 28.13ㅎ~14ㅈ> (무릇 시체의 상처를 단속하여 살피되 문
서가 도착한 것을 이런저런 사유로 미루며 즉시 단속하여 살피지 않아
시체가 변색하게 하며)

呈議送 <u>到付</u>爲良去乙 元隻 進來 推閱爲如乎 <1583 입안 정33-189 144~
145> (의송을 올려 의송이 도착하였거늘 원고와 피고를 나오게 하여 추
문하고 열람하였더니)

觀察使節度使亦 <u>到付</u>日月 幷錄 尙瑞院以 移文 上送爲乎矣 <1571 傳敎 各司受
敎 110> (관찰사와 절도사가 도착한 날짜를 모두 기록하여 상서원으로
이문하여 상송하되)

ㄴ. 去十月二十八日 <u>到付</u> 議政府舍人司關內 <1411 李衡原從功臣錄券 05>

結城縣監 爲陳鷹事 今十一月初七日 <u>到付</u> 使關內 <1429 結城縣牒呈>

節 <u>到付</u> 司諫院牒呈內 <1571 兵曹啓目 各司受敎 109>

(13ㄱ)은 첫 번째 중심의미인 '도달하다'의 뜻으로 사용된 것이다. 'ᄒ-' 동사와 통합
되어 '到付爲-'로 쓰였기 때문에 到付가 도달한 공문을 가리킬 수는 없기 때문이다. '到
付日月'의 경우 역시 到付가 문서를 지칭할 수 없음은 당연하다. (13ㄴ)의 경우엔 첫 번
째 의미로도 해석이 되고 두 번째 의미로도 해석이 되는 중의성을 갖는다. 到付를 후행하
는 문서를 꾸며주는 동사의 관형형으로 보아 '도달한' 정도로 풀이하거나, 아니면 명사의
관형형으로 해석하여 '도달한 문서인' 정도로 풀이할 수 있다.

7) 同生, 同腹

同生은 '한 아버지에게서 난 형제자매'를 뜻한다. 이와 유사한 단어로서 同腹과 同氣가
있다. 이 중 同氣는 (14)의 예와 같이 한문 문장 또는 한문식 표현에서만 이따금 쓰일 뿐
이고 문서류에서는 거의 쓰이지 않았다

(14) 不恤幼卑 或凌尊同氣之親 何忍 <1588 屛山書院鄕約節目 後錄 08> (어리고 비천
한 이를 구휼하지 않고 때론 동기들의 어버이를 능멸하니 어찌 참을 수 있
겠는가)

同生과 同腹은 거의 같은 의미이지만 용도상에는 차이를 보인다. 同生은 주로 객관적인 호칭으로서 쓰이며 남들이 한 집안의 형제자매를 일컫는 경우에 쓰인다. 이와 달리 同腹은 형제자매들끼리 자기들을 호칭한다거나 부모가 자식 형제자매들을 일컫는 경우에 주로 사용되었다.

(15) ㄱ. 父矣 <u>同生</u> 妹在 姑果 <直解 01.04ㅎ> (아버지의 동기간 누이인 고모와)
金孝盧段 其矣 祖崇之<u>同生</u> 弟 孝之乙 <1483 金孝盧繼後司憲府立案 50> (金孝盧의 경우엔 자기의 할아버지인 崇之의 동기 아우인 孝之를)
證保 <u>同生</u>弟 金連伊 (花押) <1586 토지명문 도산서원고문서> (증인 동기인 아우 金連伊 (서명))
ㄴ. 矣身亦 嫡<u>同生</u>以 <1481 掌隸院 贖身立案> (내가 적자 동기로서)
女矣段 孼<u>同生</u>兄 旵乙伊亦 <1556 所志 민속박물관> (여자인 이 몸은 서얼 동기간 형인 旵乙伊가)

(15)는 同生의 용례인데 모두 객관적인 입장에서 같은 형제자매임을 가리키는 용어로 사용되고 있음을 알 수 있다. 분재문기류에서 證保나 筆執 등으로 참여하는 경우에도 자기 신분을 '同生'이라 밝힌 다음에 서열 관계를 兄과 弟 등으로 표기하고 있음을 알 수 있다. (15ㄴ)의 경우엔 적자 태생인지 서얼 태생인지에 따라 구별하는 표지를 '同生' 앞에 둔 경우에 속한다. 이와 달리 형제자매들끼리 자기들을 호칭하거나 부모가 자식들을 일컫는 경우에는 同生 대신에 同腹이라는 표현을 주로 사용하였다. 다음 (16)이 그 예이다. 和會文記의 경우 첫머리 제목에 해당하는 부분에서 예외없이 同腹이라 표현하고 있음이 주목된다.

(16) 汝等徒 <u>同腹</u>等 <1429 金務都許與文記 05> (너희들 동기들이)
父母未分田民乙 <u>同腹</u> 和會 執籌 平均分執爲乎矣 <1480 김광려남매화회문기 01> (부모가 미처 나누지 못한 토지와 노비를 형제자매들이 화회하여 제비뽑기로 고르게 나누어 갖되)
女矣段 女矣 <u>同腹</u> 三寸 各衿 許與 <1465 田養智妻河氏傳准立案粘連文書 1-02> (여자인 이 몸은 저의 형제자매들과 삼촌 각각의 몫(이 적힌) 허여문기를)
萬曆二年甲戌九月十二日 <u>同腹</u> 和會 追執文記 <1574 分財記 정33-263 01> (만력 2년 갑술년 9월 12일 형제자매들이 화회하여 추가로 가진 문서)
後次良中 <u>同腹</u>子孫等亦 爭望 謀計以 雜談爲行去乙等 <1593 정32-532 05~06> (후에 형제자매와 자손들이 다투고 원망하며 모략 등으로 험담이 계속되거든)

그런데 同腹을 쓰던 자리를 대신하여 同生을 점차 혼용하는 경향이 16세기부터 나타난다. (17ㄱ)은 15세기 자료이지만 이 경우엔 직접 작성한 것이 아니라 관아에서 傳准해 준 것이기 때문에 그 과정에서 나타난 예외적 현상으로 볼 수 있을 것이다.

(17) ㄱ. 同生 及 三寸等亦中 <1469 田養智妻河氏粘連文記 2-01> (동기 및 삼촌들에게)

ㄴ. 正德五年庚午拾壹月拾捌日 同生和會文 <1510 和會文記 정32-352 01> (정덕 5년 경오년 11월 18일 동기들 화회문서)

嘉靖貳拾肆年丙午 拾月 初伍日 同生甥 私奴 莫金前 明文 <1545 土地明文 서울대고문서집진 143 01> (가정 24년 병오년 10월 초5일 동기 오라비인 私奴 莫金에게 주는 명문)

嘉靖三十年辛亥 正□□□ 同生 和會文記 <1551 분재기 국립도서관> (가정 30년 신해년 正□□□ 동기들 화회문기)

8) 磨鍊

磨鍊은 중세어의 '마련'(磨鍊)에 대응하는 표기이다. 대체로 '준비하여 갖추는 것'을 뜻하는데 (18ㄱ)이 이에 해당되는 용례이다. 그러나 (18ㄴ)에서는 磨鍊이 어떤 일에 대하여 잘 다듬고 살펴 심사한다는 뜻으로 확대되어 쓰였다. 그런가 하면 (18ㄷ)에서는 '調練'이라는 문맥적 의미로 사용되었다<朴喜淑 1985:48>.

(18) ㄱ. 各邑 材木數爻 大槪 磨鍊爲白乎矣 <1439 군위현경상감영牒呈 4> (각 읍에서 재목의 수효를 대개 마련하오되)

應行節目 磨鍊 後錄爲白去乎 依後施行 何如 <工曹啓目 各司受教 146> (마땅히 행하여야 할 절목을 마련하여 다음에 기록하오니 후록에 따라 시행함이 어떠하겠습니까)

科擧節目內 可行條件 同議 磨鍊 後錄 <1553 科擧事目 1ㅈ> (과거절목 안에 행할 수 있는 조건을 함께 의논해서 마련하여 다음에 기록하니)

試官乙良 依前例 承政院 臨時 磨鍊 <1553 科擧事目 後舊事目3ㅈ> (시험관은 전례에 따라 승정원에서 때에 맞추어 마련하고)

ㄴ. 限五日內 已前經歷事乙 磨鍊 錄用令是乎矣 <直解 02.07ㅎ> (5일 이내에 이전의 경력 사항을 잘 다듬어 살펴서 임용하게 하되)

ㄷ. 軍士乙 易亦 磨鍊 不冬爲弥 <直解 14.07ㅈ> (군사를 힘들여 조련하지 않으며)

9) 邊

邊은 15세기 국어의 'ᄀᆞᆺ'[37])에 대응한다. 그러나 아래 예문과 같이 이두문에서 '母邊, 父邊'과 같이 사용될 경우에는 '가장자리, 변두리'라는 뜻이 아니라 '쪽, 편'에 해당한다. 分財文記에서 奴婢의 계보를 밝혀 적기 때문에 용례가 매우 많다. 조선 건국 초기의 예만 보더라도 (19ㄱ)과 같으며, 이것이 국가 전체적으로 오랜 동안 관습적으로 父系와 母系 등의 혈통 및 유래를 분명히 밝히기 위한 용도로 널리 사용되고 있음을 (19ㄴ)이 시사해 준다.

(19) ㄱ. 母邊 四寸兄弟矣 子果 <直解 01.12ㅈ>
　　　 父邊 奴 件伊 <1404 張戩妻辛氏同生和會文記 05>
　　　 母邊 婢 道生 <1404 張戩妻辛氏同生和會文記 06>
　　　 妻父邊 內外八祖戶口乙良 <1415 張仁淑戶口立案 28>
　　 ㄴ. 妻於夫歿後 收養己族爲子女者 雖三歲前 其夫邊田民 以奉祀條 從分數分給 夫之 於妻 亦如之 <1556.8.13. 한성부承傳 各司受敎 162> (처가 지아비가 죽은 후 자기 친족을 거두어 길러 자녀로 삼으면 비록 세 살 전이라도 지아비 쪽의 전답과 노비를 봉사조로 몫에 따라 나누어 주고, 지아비가 처에 대 한 경우 역시 같게 한다.)

가족의 혈통 및 노비의 유래 등을 밝히는 데 주로 사용되던 '邊'이 소송에서 원고와 피고를 가리키는 경우에도 사용되어 왔음은 물론이다.

(20) 節 元隻兩邊以乎 依法親着爲白在果 一邊同訟人 歧等如 爲白在如中 <1553 掌隷院 啓目 各司受敎 155> (이제 원고와 피고 양쪽으로는 법에 따라 친착하는데 한 쪽 소송인들이 나뉘어 (출두)한 터에다가)
今後 必于 同邊人 除除 現身爲白乎 喩良置 時現人以 親着捧上 <1553.4.20. 掌隷院 受敎 大典詞訟類聚 146> (앞으로는 비록 같은 쪽 사람이 더러더러 나올지라 도 그때 나온 사람으로 직접 이름을 받아)

10) 上典

上典은 한국한자어로 추정된다. '웃등급의 관아 또는 상관'을 가리키거나 '신하나 노비

---

37) 邊은 ᄀᆞᆺ시라 <月印釋譜 1.1ㅎ>. 중세어에서 'ᄀᆞᆺ'은 일반적으로 'ᄀᆞᆺ'으로 표기되어 나타난다.

에 대하여 그 임금이나 주인을 이르는 말<韓國漢字語辭典 1.86>로 쓰인다. 첫 번째 의미로
는 高麗史에도 그 용례가 있다. 세종실록에서도 上典의 뜻 두 가지를 "國俗 奴僕稱其主爲
上典 臣下謂君上亦爲上典"<世宗實錄 4년 7월 辛酉>이라 하여 분명히 밝힌 바 있다.

　(21)은 노비가 그 주인을 일컬어 上典이라 한 용례이다. 이 중 특히 (21ㄴ)은 私婢 신분
의 여자가 빌린 곡식을 갚지 못해 다른 이에게 땅을 팔면서 자기의 주인인 上典이 훗날
해당 토지에 대해 이의를 제기치 못하게 하는 내용을 담고 있다. 그리고 (21ㄷ)은 私奴
신분의 부부가 남편의 아버지가 모셨던 주인이 孫外 사람에게 판 전지와 가옥을 되찾고
자 아내의 땅을 파는 문서인데, 여기에서도 上典이 노비의 주인을 가리켰음을 분명히 드
러내 준다. 한편『語錄辯證說』은 '上典'을 '항것'으로 읽었으나, 양자가 직접 대응하는 것
은 아니라 한자어와 고유어의 공존이라고 판단된다.

　　(21) ㄱ. 或以賤妾子以 被奪其上典爲有去乙等 以此文內辭緣 告官 還本孫爲乎 事 <1452
　　　　　　李遇陽許與文記 27～28> (혹 천첩의 자식으로서 그 상전에게 (재산을) 빼
　　　　　　앗겼거든 이 문서 안의 사연으로써 관에 고하여 본손에게 되돌릴 것)
　　　　ㄴ. 女矣 上典 及 族類等 爭望 隅 有去等 <1550 土地賣買明文 정41-527 06～
　　　　　　07> (여자인 이 몸의 상전 및 친척 등이 다투고 원망하는 모난 일이 있
　　　　　　거든)
　　　　ㄷ. 矣父 上典教是 矣父 代田 及 瓦家十五間等乙 他處 放賣爲白去乙 孫外放賣 不忍乙
　　　　　　仍于 同代田瓦家等乙 欲買爲白乎矣 <1552 土地賣買明文 정41-528 02～05> (우
　　　　　　리 아버지의 상전께서 우리 아버지의 텃밭 및 기와집 15칸 등을 다른 이
　　　　　　에게 방매하옵거늘 자손 외 방매를 참지 못하겠기에 위 텃밭과 기와집
　　　　　　등을 사고자 하오되)

　11) 色

　色은 문서를 관장하는 사람 즉, '吏'를 가리키는 몽고어 차용어 '비쳐치'에 해당한다
<李基文 1991:153～6>.『古今釋林』의 「羅麗吏讀」에서 '政色軍色之類 皆曰빗'이라 하였다.
色吏, 色員, 色掌의 단어도 사용된다. '色'을 訓讀했는지는 의문이다. 推刷色은 逃亡한 노
비들을 찾아서 돌려보내는 일을 담당하는 아전을 뜻한다.

　　(22) ㄱ. 推刷色 處分 <1461 河源(龜童) 所志 1-07>
　　　　　　正統三年正月日 推刷色 受教 節該 <1536 所志 정56-17 10～11>

ㄴ. 色吏 姜『手決』 <1480 金孝盧粘連文記 6-13>
觀察使 敬差官 都事 遇人講問 有不曉者則 色吏勸農 論罪 <1554.11.24. 賑恤廳
啓目 新刊救荒撮要 4ㅈ>
官員 及 令史 色員亦 私罪乙 犯爲在乙良 <直解 01.11ㅈ>
色掌 官吏等亦 知而不告爲在乙良 <直解 03.03ㅈ>
良人娶私婢爲本妻者 當身及主婚者 許人陳告 勿論經赦 全家徙邊 媒合乙良 杖一
百徒三年 管領色掌 杖一百 <형조節目 各司受教 120>
切隣色掌 知而不告者乙良 以制書有違律論斷 <兵曹啓目 各司受教 79>
色掌正兵金有豆年五十一 <1594 侤音 정41-422 03>

그런데 아래 예문 (23)에서는 ‘色’이 ‘擔當者’를 가리킨다기보다는 단순히 ‘담당’만을
뜻하는 용법으로 사용된 듯하다. 특히 (23ㄴ)의 ‘不察色承旨’는 ‘살피지 못한 담당 承旨’
로 풀이되는 문구이다. 이는 위의 色吏, 色員, 色掌의 경우에도 어느 정도 부합하므로, 국
어에서 이미 ‘色’이 확산된 의미 기능을 발휘하고 있었던 것이 아닌가 생각한다.

(23) ㄱ. 凡 城市鄕村 各市裏良中 諸色牙人 及 水路 各串 船楫次知頭目人等乙良 有家産
爲在 人戶乙 用良 定付爲 使內乎矣 <直解 10.01ㅈ> (무릇 城市와 鄕村의 각
市裏에서의 각 담당 중개인 및 수로와 각 곳의 배를 담당하는 우두머리
등은 가산이 넉넉한 사람으로써 임명하여 부리되)
諸色匠人 選上各司奴婢 則亦報于該曹 <1553.1.9. 議政府等傳敎 各司受敎 140>
(여러 담당 장인과 뽑아 올리는 각 사의 노비 또한 해당 조에 보고하여)
ㄴ. 不察色承旨 幷以 推考治罪 以杜紛紜之弊爲只爲 <1553.3.10. 司憲府傳敎 各司受
敎 131> (살피지 못한 담당 승지도 아울러 추고하고 죄를 다스려 어지러
워지는 폐단을 막도록)

12) 消息

消息은 문서의 한 종류로서 간략한 내용을 적은 것을 가리키는 용어로 사용되었다.

(24) 結城縣監爲陳鷹事 今十一月初七日 到付 使關內 內傳 消息內乙 用良 <1429 結城縣
牒呈> (결성현감의 묵은 매에 관한 일임. 금월 11월 초7일에 도착한 (충청관
찰출척)사 관문의 내용인즉 “內殿에서 전한 문서인 消息 안의 내용으로써)

(24)에서 消息 뒤에 ‘안’으로 읽히는 이두자 ‘內’이 덧붙은 것으로 미루어 알 수 있다.
‘內傳’은 內殿에서 傳했다는 뜻이며, 消息은 고려 말부터 이어지는 문서의 한 종류인데

조선 초기에는 국왕에게 올리거나 국왕이 전하는 일종의 書狀을 가리켰다.

그러나 15세기 후반 이후로는 관아에서 추문하는 과정에서 보낸 公緘과 이에 대한 답신서인 答通을 모두 消息으로 칭하였다. (25)의 용례들이 이에 속한다.

> (25) ㄱ. 消息. 節 /公緘內 <1480 金孝之妻黃氏許與立案粘連文書 2-01~02> (소식임. 금번 공함의 내용인즉)
>
>   消息. 節 /公緘內 <1529 答通 정1-591 01~02> (소식임. 금번 공함의 내용인즉)
>
> ㄴ. 別侍衛金孝之妻黃氏宅 上狀 /消息相考 /告課爲白乎 所 有良尒 <1480 金孝之妻黃氏奴婢許與立案粘連文書 3-01~03> (별시위 金孝之의 처 황씨댁에 올리는 서장. 소식임. 告課 즉 소지를 올린 것을 상고한 바 있어서)

(25ㄱ)은 答通의 첫머리에 적힌 것인데 '消息'이 答通을 지칭하는 용어로 사용되었다. 그런가 하면 이와 반대로 (25ㄴ)은 보내는 관아의 입장에서 公緘 역시 消息으로 지칭하기도 했음을 보여준다. 따라서 消息은 국왕 또는 왕실과 관련된 문서의 한 종류를 일컫는 명칭에서 더 나아가 公緘 및 答通과 같이 간략한 내용을 적은 문서를 통칭하는 표현으로 확대되어 나갔다고 본다. 그런데 16세기 말 특히 임진왜란 때 오고간 문서들에서는 '消息'이 현대어에서의 보편적인 '소식'의 뜻 즉, '안부라든가 어떤 상태나 형편에 대하여 알림' 정도의 의미로 광범위하게 사용되고 있음이 확인된다. (26)이 그 한 예이다.

> (26) 他餘事 當隨後狀啓 此 甚緊急消息, 故敢此先爲馳啓 <1592.7.18 天兵進攻平壤不利史遊擊戰死狀 辰巳錄> (다른 나머지 일은 마땅히 뒤따르는 장계에 따르지만 이는 심히 긴급한 소식인 까닭에 감히 이에 먼저 급히 계를 보내오니)

13) 所志

所志는 '士庶·胥吏·賤民이 官府에 올리는 訴狀·請願書·陳情書이다'<崔承熙 1989:306>. 따라서 所志는 관아에 제출하는 訴狀을 일컫는 한국한자어로 매우 널리 사용되어 온 용어이다. 所志의 첫머리 시작 투식어는 '右謹言所志矣段…'으로 시작하는데, 이것은 '右謹言所志 # 矣段…'으로 나누어야 한다. '右 謹言所志'는 '이에 삼가 말씀드리는 所志는'으로 풀이되는데, 뒤따르는 '矣段'은 앞부분과는 별도로 문장이 시작되는 것으로서 이 경우의 '矣'는 1인칭 대명사이다.

(27) ㄱ. 右 謹言所志 矣段 … <1461 河源(龜童) 所志 1-02>
　　 ㄴ. 右 謹言所志 女矣段 <1537 所志 정32-130 02>
　　 ㄷ. 右 所陳爲白內 等 奴矣段 <1460 所志 정98-87~89/ 1507 정32-257 02>
　　 ㄹ. 右 謹言所志 矣曾祖父光曙 無後 前室崔氏奴婢乙 <1582 所志 정32-130 02>

여자가 소지를 올리는 주체가 될 경우엔 (27ㄴ)에서 보듯 '女矣段…'으로 시작하게 된다.[38] 이 경우의 '女'는 자신의 신분을 밝히는 역할을 한다. 사내종이 주체인 경우엔 '右謹言所志' 뒤에 '奴矣段…'으로 시작하는 것이 통례이다. (27ㄷ)이 그 한 예인데, '右謹言所志'를 '右所陳爲白內等'으로 한 것은 구어체를 반영한 변형된 투식어이다. (27ㄹ)과 같이 소지를 올리는 주체를 밝히지 않고 시작한 예외적인 경우도 이따금 발견되나 극히 드물다.

14) 水梁

고려 시대의 尙書都官貼과 조선 건국 초의 『大明律直解』에는 '水梁'이라는 용어가 쓰여 있다.

(28) ㄱ. 公私處所屬 山枝 水梁 草枝 金銀銅錫鐵冶等庫乙 奪占爲在乙良 <直解 05.04ㅈ>
　　 ㄴ. 各道諸島浦串等 及 所司本屬爲在 水梁等乙 全屬 令是旀 <1262 尙書都官貼 28~29>

(28ㄱ)의 '水梁'은 한문 원문의 '湖泊'에 대응하는 역어이다. 法制處(1964:268)는 『六部成語』에서의 주해를 근거로 '湖泊'을 湖中에 있는 山地로 풀이하였다. 그러나 이것은 '水梁'이 지시하는 내용과 정확히 부합하지 않는 듯하다. (28ㄴ)은 고려 시대 자료인데, '水梁'이 島(섬)·浦(개)·串(곶)과 동등한 지위의 대상으로 언급되고 있어 더욱 그렇다. '水梁'의 의미를 朴喜淑(1985:74)은 '물의 흐름이 좁아진 곳'으로, 李丞宰(1992ㄱ:91)는 '漁場'으로, 高正儀1992ㄱ:46는 'ᄂᆞᄅᆞ(津)이 있는 곳'으로, 韓相仁(1993:22)은 '貯水池'로 해석하였다. 『訓蒙字會』에서는 '梁' 자를 '梁 돌 량 水橋也 又水堰也 又石絶水爲一'로 풀이하였다. '水橋'는 물 위의 나무 다리, '水堰'은 물가 언덕 즉, 江岸으로, '石絶水'는 돌다리 또는 징검다리를 지칭하는 것으로 이해된다. 이 중 어느것도 '水梁'의 뜻에 정확히 일치한다고 보기 어렵

---

38) 李禎妻金氏所志(1463년)는 "右 謹言所志 矣段…"으로 시작하였는데 이것은 통례에 어긋난 것이다.

다. 그러므로 '水梁'의 뜻은 다음과 같이 '漁梁/魚梁'과의 대비를 통해 밝힐 필요가 있다.

(29) ㄱ. 沿海州郡 鹽盆·鹽區·魚梁·水梁 量所出多少 定其稅成籍 <태조실록 6년 10월 8일 丙戌> (바닷가의 州와 郡에 있는 鹽盆·鹽區·魚梁·水梁의 소출의 많고 적은 것을 헤아려 세액을 정해 장적을 만들게 하였다)

ㄴ. 魚梁·水梁 專屬本監 收稅國用 載在六典 …… 自今 各處 魚梁箭主 水梁船主 雖係公家及巨室 所在官 嚴加考察 並徵其稅 <태종실록 13년 11월 22일 戊戌> (魚梁과 水梁은 오로지 本監에 속하여 세금을 거두어 나라에서 쓴다고『六典』에 실려 있습니다. …… 이제부터 각 처의 魚梁의 箭主나 水梁의 船主가 비록 公家와 巨室이라 하더라도 所在官이 엄하게 고찰을 하고 아울러 그 세금을 징수하여)

(30) ㄱ. 魚梁온 劈竹積石ᄒᆞ야 橫截中流ᄒᆞ야 聚魚之區也ㅣ라 <杜詩諺解 初25.20ㅈ>

ㄴ. 구룸 두펏ᄂᆞᆫ ᄆᆞ레 魚梁을 밍ᄀᆞᆯ오져 ᄒᆞ다가(欲作魚梁雲覆湍) <杜詩諺解 初25.20ㅈ>

ㄷ. 가마오디 西ㅅ녁 히 비취옛ᄂᆞᆫ 더 놀개 몰외노라 고기 잡ᄂᆞᆫ 돌해 ᄀᆞ득ᄒᆞ얏도다(鸕鷀鳥西日照 曬翅滿漁梁) <杜詩諺解 初7.5ㅈ>

(29)는 魚梁과 水梁이 나란히 쓰인 예이다. (29ㄴ)에서 魚梁에는 箭主가, 水梁에는 船主가 통합되었다. (30ㄱ)은 '魚梁'의 뜻을 정확히 설명하고 있는데, 이것은 결국 물을 가로막아 만든 일종의 漁場을 가리킨다고 하겠다. (30ㄴ)은 그 용례 중의 하나이다.『經國大典』戶典 魚鹽條에는 '魚箭'이 '魚梁'과 거의 같은 뜻으로 사용되고 있으나, 양자가 반드시 일치하는 것은 아니다. (30ㄷ)에서 보듯 '魚梁'은 '漁梁'의 異表記이며, '고기 잡ᄂᆞᆫ 돌ᄒᆞ'로 풀이된다. 15세기 국어에서 '梁'은 'ᄃᆞ리'(橋)로도 주석되었다.39) 이는『訓蒙字會』에서의 '水橋'와 일치하는 풀이다. 이와 관련하여 '漁梁/魚梁'에서 '梁' 字를 쓴 까닭은 河川을 가로질러 漁具를 설치한 모양이 橋梁과 유사한 데에서 찾기도 한다.40) 그러나 국어의 '돌ᄒᆞ'은 'ᄃᆞ리'와는 전혀 다른 단어이며, 去聲의 성조를 지녀 上聲인 '돌ᄒᆞ'(石)과 대립된다.

'水梁'의 의미는 '漁梁'과 마찬가지로 일정한 구역을 가리킨다고 볼 수 있다. 다만, 이 경우에 '水'는 重義的인 형태에 불과한 것이다. '水梁'의 대응어인 한문 원문의 '湖泊'을『現

---

39) 梁온 ᄃᆞ리라 <月印釋譜 21.77ㅈ>

40) 朴九秉, '韓國漁業技術史',『韓國文化史大系』3, 高麗大 民族文化研究所, 132-5.『譯註 經國大典 : 註釋篇』(한국정신문화연구원) 266쪽에서 재인용.

代漢語詞典(修訂本)』에서는 '湖'에 대한 總稱으로 풀이하였다.[41] 이는 앞서 法制處(1964:268)에서의 '湖中에 있는 山地'라는 풀이와 전혀 다르다. 韓相仁(1993:22)은 '梁, 塘, 堤, 堰'의 공유 의미를 현대어의 '둑'으로 보아 '水梁'은 貯水池의 의미를 갖는다고 하였다. 이는 매우 온당한 해석이다. 다만, (29ㄴ)에서 '水梁船主'라 한 것을 감안해 볼 때 貯水池에 국한하는 것이 아니라, 洑와 같은 것까지를 포괄하는 것으로 해석할 필요가 있다. 그러므로 국어의 '돌ㅎ'의 의미는 일단 대체로 물의 흐름을 막아 설치한 일정한 구역을 뜻한다고 하겠다. 그런데『現代漢語詞典』의 풀이와 현재 바닷가 지역 고유지명에 남아 있는 '…돌'을 감안해 보면 '돌ㅎ'은 또 한편으로 물이 육지나 섬 등에 의해 가로막힌 일정한 지역을 지칭한다고 볼 필요가 있다.

이를 종합해 보건대 '水梁'은 저수지나 洑 등을 비롯하여 더 나아가 호수까지를 포괄하는 단어로서 물이 흐름이 막힌 일정한 구역을 뜻한다고 할 수 있다.『大明律直解』에 쓰인 (28ㄱ)은 전자만을 가리키나, 고려 시대 尙書都官貼에서의 용례 (28ㄴ)은 후자까지를 포괄하는 개념으로 사용된 듯하다.

水梁은 원래 '*믈돌'로 읽혔을 가능성이 있으나<朴喜淑 1985:74>, 적어도 조선 초기에는 '魚梁'과 마찬가지로 音讀되었다고 본다.[42]

15) 牙人

'牙人'은 중세국어의 '즈름아비'(居間)에 대응한다. 그러나 漢語에도 '牙人'이 사용되므로 차용어로서 音讀했을 가능성이 높다<高正儀 1992:46>.

(31) 官司以 定付爲乎 牙人 及 頭目人等亦 <直解 10.01ㅎ> (관아에서 임명한 중개인 및 두목들이)

反賣人等亦 牙人 同情爲 奸謀以 賣物乙良 價賤物乙 貴物是如 爲㫆 <直解 10.02 ㅈ> (되파는 상인들이 중개인과 동모하여 간교한 속임수로 파는 물건은 값이 싼 물건을 귀한 물건이라 하며)

---

41) 湖泊 湖的總稱 (中國科學院語言研究所詞典編輯室 編, 商務印書館, 1980년 香港 제1판; 1978년 北京 초판)

42) 국립중앙도서관 소장 1584년 許與文記 중에 "伏瓦家一坐東井南東山水梁西栗木北開川印"(24행)이라 하여 기와집의 남쪽에는 '東山水梁'이 있다 하였는데 이 경우엔 마을 가까이에 있는 낮은 산 즉 동산, 그리고 저수지 또는 호수를 지칭한 것으로 본다. 자세한 비정은 보류한다.

16) 右

이두자 右良, 右如, 右良如 및 右味의 경우에는 '右'를 훈독했음이 드러난다. 그러나 '右'가 다른 명사를 수식하거나 일종의 접두사와 같이 다른 명사와 합하여 단어를 형성할 때는 訓讀했다고 볼 만한 적극적인 증거가 없다. 이 경우 적어도 조선조 초기에는 音讀한 것으로 본다.

(32) ㄱ. 바롯 右ㅅ녀귄 이 亭子ㅣ 녜르외니((海右此亭告) <杜詩諺解 初14.32ㅎ>
　　 ㄴ. 이 우훈 몸 공경훌 이룰 너비 니르니라(右는 廣敬身이라) <飜譯小學 8.43ㅈ>

(32ㄱ)은 '右'를 음독했음을 보여 주는 예이다. 그런데 (32ㄴ)은 한문 원문의 '右는'을 '이 우훈'으로 대응시키고 있는데, 이것은 '右'의 단순한 音讀이 아니다. 중세어에서 '우ㅎ'는 '上'에 해당되기 때문이다.

따라서 이두문에서의 '右'는 다소 重義的인 성격을 띠는 것으로 이해할 필요가 있다. 첫째는 '오른쪽'을 가리키는 경우이다. 옛글은 세로쓰기를 하되 오른쪽에서 왼쪽으로 쓰기 때문에 앞서 기술한 사항을 지적할 때 당연히 오른쪽이라는 표현이 가능하다. '右 員, 右 事'와 같은 표현이 바로 이에 해당한다. 그러나 다른 한편으로는 右가 '위'를 가리킨다고 해석된다. 말하기의 관점에서 볼 때 앞에서 말한 사항은 결국 '위에서 말한 사항'과 같은 것이기 때문이다. 위의 (32ㄴ)에서 '우훈'이라는 譯語는 이런 관점에서 해석할 필요가 있다. 셋째, 右가 오른쪽에 적힌 사항이나 앞서 말한 사항을 일반적으로 통칭하게 됨에 따라 화자가 말하고자 하는 사항을 '右'가 지칭하는 경우도 발생한다. '右 謹言, 右 □ □事'와 같은 표현에서의 '右'가 바로 이에 해당된다고 볼 수 있다.

(33) ㄱ. 右 員乙 原從功臣錄券良中 奇是臥乎 事叱段 <1395 陳忠貴錄券 005-006>
　　　 王旨 內 思 審是白內乎矣 右 事叱段 <1392 李和錄券 049>
　　 ㄴ. 右 故 牒 <1403 鄭悛 朝謝牒 05>
　　　 右 謹言所志 矣段 … <1461 河源(龜童) 所志 1-02>

(33ㄱ)에 쓰인 '右'는 '오른쪽' 또는 '위' 어느쪽으로도 해석할 수 있다. 이와 달리 (33ㄴ)에 쓰인 '右'는 화자가 말하고자 하는 사항을 총칭하는 표현으로서 '이에' 정도로 풀이된다.

右를 음독했다고 보는 까닭 중의 다른 하나는 후대의 한글 이두문에서 '우근진경유수

단은(右謹陳情由事段은), 우명문사단는(右明文事段은), 우슈긔ᄉ단언(右手記事段은), '우원정ᄉ닷난(右原情事段은)' 등으로 적고 있는 사실이다. '右'가 한결같이 픕讀되기 때문이다.

17-1) 員1

員은 두 단어로 나뉜다. 하나는 벼슬아치를 일컫는 것이고, 다른 하나는 田地 등의 장소와 관련하여 쓰이는 것이다. 전자를 員1이라 하여 살펴보면 다음과 같다.

> (34) ㄱ. 右 員乙 原從功臣錄券良中 奇是臥乎 事叱段 <1395 陳忠貴錄券 005~006>
>   (위 員을 원종공신녹권에 붙이는 일은)
>   ㄴ. 府使皇甫蓋等 貳佰拾參員 <1395 張寬錄券 011> (부사 皇甫蓋 등 213員)

員은 흔히 守令, 府尹, 府使, 郡守, 縣令을 비롯하여 관직을 가진 사람을 두루 이르는 말로 쓰인다. 따라서 벼슬아치를 통칭하는 官員이라는 표현으로 받아들일 필요가 있다. 그렇다고 해도 (34ㄴ)의 경우 반드시 벼슬아치만을 일컫는 것은 아니므로 그냥 일반적인 뜻의 사람 즉, '人員'을 통칭하는 것으로 해석할 필요도 있다. 다만 신분사회인 조선왕조에서 모든 계층과 신분을 망라해서 '員'을 사용한 것은 물론 아니므로 이 경우엔 공신녹권을 받는 사람들 모두를 우대하는 배려에서 쓴 것으로 보아야 할 것이다.

엄격한 신분사회였던 조선 왕조에서는 신분에 따라 사람을 세는 단위를 달리하였다. 정식 벼슬아치에 대해서는 '員'을, 雜織이나 書吏 등은 '人'을, 賤役에 종사하는 사람을 셀 때는 '名'을, 그리고 노비와 같은 하층인을 셀 때는 '口'라 하였다. 예를 들면 縣監 10員, 書吏 10人, 使令 10名, 노비 10口라 쓰는 것이 보편적이다. 진사 및 생원에 대해서는 정식 벼슬아치에 준하여 員을 쓰는 것이 일반적이다.

한편, 관아에서 소지 또는 서장을 제출한 이를 가리킬 때는 '狀者'라는 표현을 쓰는 것이 관례이다. 청원인이 관아에 문서를 올리는 일을 가리켜 흔히 '狀告' 또는 '告狀'이라 일컫는다. 그런데 문서를 제출한 員이라는 뜻으로 쓰인 '狀員'이라는 표현이 눈에 띈다.

> (35) ㄱ. 同員 及 妻父邊 內外八祖 戶口乙良 狀員 所納 持音 戶口草件乙 用良 … 狀員
>   亦中 退向事 合行立案者 <1415 張仁淑戶口立案 30~32> (위 員 및 처가쪽
>   의 내외 8祖 호구는 청원한 員이 지닌 것으로서 제출한 호구초건을 가지
>   고 …… 청원한 員에게 되돌리는 일로서 입안을 행하기에 합당함)

ㄴ. 合 參拾壹卜庫乙 狀員處 折 木綿拾貳匹 捧上爲遺永 <1487 金孝盧土地賣買立
案粘連文書 3-07~08> (총 31곳을 문서 제출한 이에게 값을 치되 무명
12필을 받고)

(35ㄱ)은 戶口와 관련하여 청원인이 '狀告'한 데 대하여 청원인이 郞將의 벼슬을 지낸 관원이기 때문에 '狀員'이라 한 것이다. (35ㄴ)은 신분이 船軍인 매도인이 侤音 문서에서 소지를 제출한 生員 신분의 매수자를 일컫는 과정에서 '狀員'이라 한 것이다. 한 가지 특이한 사실은 16세기 이두 자료에서는 '狀員'이라는 용례를 찾기 어렵다는 점이다.

17-2) 員2

관아의 벼슬아치를 통칭하는 員1와 달리 전답이 있는 장소와 관련된 員2가 있다. 員2와 관련하여 특히 주목되는 점은 주로 지명의 후부요소로서 고유명사 뒤에 연결되어 쓰인다는 점이다. 고유명사 지명 뒤에 후부요소로 쓰였다면 員2는 원래 보통명사였을 개연성이 높은 것을 시사해 준다.

(36) 高州地 沙朴只員 伏 <1392 太祖賜給芳雨土地文書 후01>
東海 壹勿也員 玄字丁 畓 <1447 琴徽別給文記 04~05 >
先院員 畓 壹庫 …… 月所古介員 畓 壹庫 <1480 金孝之妻黃氏許與立案粘連文書
2-07~08>
良佐員 郡字 五十八田 四十五卜 四束 <1548 和會文記 정32-361>
江邊員 歸字田 東邊05 參斗伍升落只庫乙 <1594 토지박물관 소장 04~05>

(36)은 '員' 자 앞에 쓰인 표기들이 모두 일정한 장소를 일컫는 고유명사를 가리킨다. 이들 지명을 나타내는 고유명사 표기들이 후행하는 '員'과 더불어 지명으로 불리웠을 것으로 추정된다. 예문 중 '先院'과 '江邊'의 경우에는 후행자 '員' 없이도 독립적으로 쓰일 수 있는 단어이나, '沙朴只, 壹勿也, 良佐'의 경우엔 후행요소인 '員'과 통합되어야 자립성을 지닌 단어로 사용됐을 소지가 많다. 또한 (36)의 용례들이 시사하는 바는 '員'이 전답이 위치한 일정한 구역의 너른 들판을 가리킨다는 점이다. 이것은 앞서 고유어 명사 표기 '庫員'에서 언급한 바와도 같이 '…員' 뒤에는 늘 필지를 가리키는 '字丁' 표시와 면적의 크기 또는 수확량을 가리키는 내용이 뒤따른다는 사실이다. 이는 결국 (36)에서의 '員'이 전답이 위치한 곳의 너른 들판을 가리키는 단어였음을 일러준다. '員'이 자립성을 가진

독립된 단어였다는 사실은 다음의 (37)에서 보듯 앞부분에서 언급한 '…員'을 가리키면서 사용된 '同 員'의 용례에서도 확인된다.

> (37) 吾乙坪員 田 四十四卜五束 同 員 畓 十三卜 田 一卜五束 <1469 田養智妻河氏粘連
>   文記 2-23>
>   可流員 畓 柒斗落只 同 員 陸斗落只 <1480 金光礪男妹和會文記 35>
>   所夜員 家代田 壹石落只 同 員 川邊田 十斗落只 <1519 분재문기 後錄 정56-128
>   17～18>

'員'은 『新字典』에서 '員 (곳) 도리 田在處 見公私文簿'로 풀이하였다. 그런데 '員'을 '곳'으로 읽을 경우 역시 '곳'으로 읽히는 '庫'와의 관계가 다소 문제이다. 이에 따르자면 이두어 庫員의 경우 '*곳곳'으로 읽히는데 독음 및 의미 면에서 이에 대응하는 중세어 단어를 찾기 어렵다. 그렇다고 해서 『校訂 大明律直解』의 「吏讀略解」에서 설명하듯이 '員'이 筆地를 뜻하는 것으로 볼 수 없음은 자명하다. 따라서 현재로서는 위 (36)과 (37)에 쓰인 '員'은 중세어의 '드르ㅎ'에 대응하는 것이 아닌가 추정한다. 중세어 한글 문헌에서 '드르ㅎ'는 대체로 한문 원문의 '野'에 대응하여 사용되고 있으나, 이는 문헌상의 한계에서 비롯한 것으로 판단된다. 중국과 일본에서는 전답이 위치한 너른 들판을 가리키는 자로 '員'을 사용하는 경우가 거의 없다는 점을 감안할 필요가 있을 것이다.

18) 立案

 현전 고문서 중 立案은 주로 개인의 청원에 따라 어떤 사실(賣買, 讓渡, 決訟, 立後 등)을 官에서 확인하거나 처결한 결과를 인증해 주기 위하여 발급하는 문서가 거의 대부분이다. 立案이란 용어는 所志에서 곧잘 나타난다. 이는 청원인이 관아에 대하여 어떤 사실에 대하여 입증해 주기를 바라면서 소지를 올리는 경우가 적잖기 때문이다.

> (38) ㄱ. 矣亦中 立案 成給 向教是事 望良白內臥乎 事是亦 在 謹言 <1461 河源(龜童)
>   所志 1-05～06> (저에게 입안을 만들어 주실 일을 바라는 일이 있어 삼
>   가 아뢰오니)
>   ㄴ. 右 立案 所志內乙 用良 相考爲乎矣 <1461 河源(龜童)所志[43] 2-02> (이 입안
>   은 소지 내용을 가지고 상고하되)

---

43) 엄밀히 말하자면 河源에게 발급한 立案이다.

(38ㄱ)은 청원인의 입장에서 立案을 지칭한 것이고, (38ㄴ)은 발급 주체인 관아의 입장에서 지칭한 것이다. 따라서 立案의 성격과 존재를 私人과 官衙의 관계에서 파악하기 쉽다. 그러나 立案은 담당한 해당 官衙 또는 官員이 어떤 사안에 대해 주관한 문서일 뿐이다. 이것은 다음의 (39)의 예를 통해서 잘 알 수 있다. (39)는 사인과의 관계가 아니라 官衙間의 관계에서도 立案이 성립함을 분명히 드러내 주기 때문이다. (39)는 議政府 舍人司에서 吏曹에 보낸 關의 내용을 전재한 것인데 마지막 부분에 '堂上立案' 즉, '堂上이 立案함'이라 적고 있음이 특징이다. 비록 담당한 堂上官의 성명은 밝히지 않았지만 立案의 정체를 일깨워 주는 예이다.

> (39) 敎旨內 兒如 使內只爲 行移向事 堂上立案 敎 味 關是白齊 <1459 李禎錄券 41ㅎ>
> (교지의 내용대로 행하도록 문서를 보내는 것임. 당상이 입안함.'이라 하신 취지의 관입니다)

19) 詮次

詮次는 '젼츠', 詮次以는 '젼츠로'로 읽힌다. 이것은 현대어의 '까닭으로' 정도에 해당되는데, 이 뜻보다는 오히려 '갖추어 말하되'라는 의미로 사용되는 경우가 더 많다. 조선 초기 典籍類 이두문에서는 그 용례가 없고, 古文書에 용례가 있다.

> (40) ㄱ. 推尋 不得爲有如乎 詮次以 <1435 張安良담양도호부所志 2~3> (추심하지 못하였던 까닭으로)
> ㄴ. 九泉孤魂以 不失祀事爲白只爲 詮次□□□啓 向敎是 事 <1483 金孝盧繼後司憲府立案 14> (구천의 외로운 혼령으로 제사를 잃지 않도록 詮次□□□ 계하여 주실 일)

(40ㄱ)은 潭陽都護府에 올린 所志이다. 이 경우의 '詮次'는 선행 문장의 수식을 받는 구조로 일단 이해할 수 있다. 그러나 (40ㄴ)의 '詮次'는 선행 문장의 수식을 받는 구조로 이해하기가 다소 곤란하다. 후행 字句가 인멸되어 정확히 알 수는 없으나, 선행 문장과 '詮次' 사이에는 긴밀한 연결관계를 확인하기 어렵다. 말하자면, '爲白只爲 ## 詮次'로 이해된다. 15세기 국어의 '젼츠'는 현대국어의 '까닭'에, '젼츠로'는 '까닭으로'에 비교적 정확히 일치한다.44) 그런데 위 이두문 중 (40ㄱ)에서는 '詮次'를 현대어의 '까닭'에 곧바

---

44) '이런 젼츠로 어린 百姓이 니르고져 홇 배 이셔도', '故는 젼츠라' <訓民正音 諺解>

로 대응시켜도 별다른 문제가 없다 하겠으나 (40ㄴ)의 경우엔 '不失祀事하옵도록 詮次로'
가 되어 곤란하다.

『吏讀集成』<223>은 '詮次'를 '까닭'과 상관없이 '順序를 세워, 順序로써'라는 의미로
풀이하고 있어 주목된다. 그러나 이 역시 文意에 정확히 부합되지 않는 면이 있다. '詮次'
의 의미 파악에 관건이 되는 것은 '詮'에 대한 다음의 새김들이다.

(41) ㄱ. 詮은 ᄀ초니를 씨라 <月印釋譜 序21ㅎ>
ㄴ. 道理 닐온 거시 이 經이오(詮道者ㅣ 是經이오) <月印釋譜 序22ㅈ>
ㄷ. 詮은 이 修多羅ㅣ니 곧 마리오 <圓覺經諺解 上1-2.13ㅎ>

詮은 (41ㄴ)에서 동사 어간 '니르-'(謂), (41ㄷ)에서는 명사 ':말'(語)로 새겼다. 그러나
詮의 정확한 새김은 (41ㄱ)에서 보여 준 'ᄀ초니르-' 즉, '具說'에 해당한다고 보겠다. '詮
次'의 '詮'은 바로 이 'ᄀ초니르-'로 해석하여야 할 것이다. 따라서 '詮次'는 원래 동사
'詮'과 명사 '次'가 복합된 구조로 이해된다. 그리고 이두문에서의 '詮次以'는 대체로 '(형
식과 절차를) 갖추어 말하는 것으로(서)'라는 의미를 지닌다. 이것이 중세어의 '젼ᄎ'와는
전혀 무관한 것임은 16세기 이두 자료에서도 줄곧 확인된다.

16세기 말 특히 임진왜란 중에 승정원에 보낸 狀啓의 말미에는 거의 예외없이 '詮次以
善 /啓向敎是事'가 쓰인다. 이것을 옮겨 적은 등록류에서는 흔히 '詮次善啓'로만 나타난
다. 『辰巳錄』이 그 대표적인 예에 속한다. 간혹 '詮次善啓' 뒤에 '事'를 붙인 (42ㄷ) 용례
도 있으나 이는 서간을 일기에 전재한 것이므로 예외로 한다. 비록 원문서는 아니지만 원
문서의 격식과 형태에 맞추어 충실히 옮긴 것으로 판단되는 『壬辰狀草』에서는 狀啓의 경우
'詮次以善 /啓向敎是事'로 맺고 있으며, 『農圃集』도 이와 마찬가지다. 그런데 때때로 (42ㄴ)
과 같이 '…是良尒詮次以…'로 맺는 경우가 있다. 이 경우엔 '…是良尒'이 원인을 나타
내기 때문에 그 뒤에 이어 '젼ᄎ로'가 또 나올 수 없음이 분명하다. 그러므로 '詮次以'를
'까닭으로'로 풀이할 수 없는 사실은 자명하다.

(42) ㄱ. 詮次以 善 /啓 向敎是事 <1592 壬辰狀草 狀13>
ㄴ. 爲白臥乎 事是良尒[45] 詮次以 善 啓 白 向敎是事 <1592.10.14. 狀啓 農圃集>
ㄷ. 詮次以 善啓事 <李滉의 계문, 미암일기 1568.3.29. 후기>

---

45) 『農圃集』에는 尒가 모두 旀로 판각되었으므로 바로잡아 옮긴다. 한편 1758년 목판본에는 '白' 자가 없다
<1.52ㅎ>.

그럼에도 불구하고 16세기 분재문기류 중에는 15세기 국어의 '젼츠로'에 정확히 일치하는 '詮次以'도 적잖이 발견된다. (43)이 그 예이다. 따라서 '詮次以'의 두 가지 용법은 이미 15세기부터 존재했었다고 판단된다.

> (43) 右 明文爲臥乎段 艱難 詮次以 <1520 土地明文 정32-417 02> (이에 문서 작성하는 것은 가난한 까닭으로)
> 父矣 名字良中 還上 受破爲遣 積納 不得 詮次以 <1524 土地明文 정32-421 03~05> (아버지의 이름으로 환자를 받아 먹고 납부하지 못한 까닭으로)
> 孫光曙處 明文爲臥乎 事叱段 遠方 詮次以 耕作爲難仍干 <1544 土地明文 정32-451 01~02> (孫光曙에게 문서를 작성하는 일은 먼 곳에 있는 까닭에 경작하기 어려워)

20) 切隣

切隣은 '겨린'으로 읽힌다.[46] 가까운 이웃을 가리키는데, 특별히 범죄자의 집과 이웃하여 사는 사람을 지칭하기도 한다. (44ㄴ)의 '三切隣'은 당사자의 뒷집과 양 옆집에 사는 사람을 가리키는 것인데, 이웃집 사정을 잘 알 수 있는 세 집에 사는 사람인 까닭에 造語된 것으로 이해된다. '겨린'이란 독법은 중세어 동사 '겨시-'(계시다)의 '겨-'(在)와 '隣'이 복합된 것으로 추측되나, '切隣'으로 표기되고 있으므로 원래 한자어였던 것이 역구개음화를 거친 형태로 굳혀진 뒤에 민간어원설에 의거해 생긴 해석으로 보는 편이 나을 듯하다. (44ㄷ)에 '切隣人'으로도 사용된 것으로 미루어 보면 한자어에서 유래했을 가능성을 높여 준다.

> (44) ㄱ. 凡 婦人犯罪爲在乙良 … 有服制親族 及 切隣乙 作保催受爲有如可 <直解 28.18ㅈ> (무릇 부인이 범죄한 경우에는 … 상복을 입는 친족 및 이웃을 보증인 삼아 유치했다가)
> 切隣色掌等 率來事 <1598 粘連立案 題音 정32-279> (이웃집 사람과 색장 등을 데려 올 것)
> ㄴ. 右 逢賊眞僞乙良 三切隣 追來 推考 侤音 捧上 立案 成給 向敎是事 <1463 李禎妻金氏 所志 02~04> (이와 같이 도적을 만난 진위 여부는 세 이웃을 나아오게 하여 다짐을 받고 입안을 만들어 주실 일)
> 知情不告 三切隣 管領 制書有違律論斷 <1556.2.25. 司憲府受敎 各司受敎 160>

---

46) 『조선어 고어 해석』 37쪽(평양 : 고등교육출판사, 1965) 및 『韓國漢字語辭典』 1.543.

(사정을 알고도 신고하지 않은 세 이웃 및 고을 담당자는 制書有違律로 처단한다)

ㄷ. 里長 及 切隣人等亦 官司 現告 檢屍 不冬 令是遣 <直解 18.15ㅎ> (이장 및 이웃집 사람들이 관사에 신고하여 검시하게 아니하고)

21) 田出

田出은 田稅를 가리키는 용어로서 조선 초기에만 사용되었던 듯하다. (45)가 그 예이다. '田出'과 유사한 단어로 '出食'이 있는데 양자의 의미가 다르다. '出食'은 고려 말과 조선 초기는 물론 16세기에도 사용된 용례가 여럿 있다. 1349년의 淸州牧官文書에서도 발견된다. '出食'은 田稅, 또는 식량이 부족할 때 빌려 먹는 양곡 또는 빌려 먹는 일이나 양곡을 주로 가리킨다.

(45) 此亦中 朔方道叱段 田出 收齊爲臥乎 所 無去有等以 <1392 太祖賜給芳雨土地文書 03> (이에 삭방도는 田稅를 걷는 바가 없음이 확실하므로)

(46) ㄱ. 漏落出食乙良 依數生徵齊 <直解 05.01ㅎ> (누락된 出食은 셈하여 징수한다)
　　出食乙 科式納官爲乎矣 <直解 05.03ㅎ> (出食은 규정에 따라 관에 납부하되)
ㄴ. 奴矣身亦 前年春分 宅長利租貳石 及 白米伍斗 出食後 年險是沙餘良 趁時 積納 不得乙 仍于 <1552 土地明文 정32-480 02～03> (奴인 이 몸이 전년 봄에 상전댁의 長利租 두 섬 및 백미 5말을 내어 먹은 후 흉년인 데다가 제 때 납부하지 못함으로 말미암아)
ㄷ. 上項 宅奴亦 過來爲如可 女矣身等乙 其矣 所妻 點心飯 出食爲去乙 <1594 侉晉 정41-418 13～15> (위 주인댁 사내종이 지나가다가 여자인 저희들을 자기가 싸 온 점심밥으로 꺼내 먹이거늘)

(46ㄱ)의 '出食'은 한문 원문의 '稅糧' 즉 田稅에 해당되나, (46ㄴ)에서는 부족한 식량을 주인댁으로부터 내어 먹는다는 뜻으로 쓰였다. 따라서 出食은 납부해야 할 양식, 또는 부족한 식량을 빌려 먹는 일이나 그 식량을 가리킨다고 하겠다. 그런데 간혹 우리말 '(꺼) 내어 먹다' 정도의 의미로 사용된 한자어 出食의 용례가 (46ㄷ)에서 발견된다.

22) 題給

題給은 '題＋給'으로 분석된다. 이 경우 '題'는 원래 고유어 형태였던 것이 어원에 대한 의식이 없어져 한자어 형태소로 재구조화된 것으로 추정된다.

'뎨김'은『訓蒙字會』에서 '帖 브틸 텹 用帛寫票目 又券― 又俗稱票―뎨김'<上18ㅎ>[47]이라 하였고, 題音은『吏讀便覽』과『吏讀集成』에서 '뎨김', 『儒胥必知』에서는 '졔김'으로 읽었다. 즉, '題音'을 '뎨김'으로 읽고 있음을 알 수 있다. 그런데 '뎨김'의 '-김'은 국어의 형태론적 구성으로 보이는데 '題'를 한자어로 본다면 성립하기가 곤란한 구조의 어형이 된다. 이 뿐만 아니라 후대 이두 학습서들은 '題音'과 별도로 '題只'를 표제어로 등재하고 '젹임'(『語錄解』 및 貳笑本『吏讀』), '져김'(『典律通補』 修正本), '져기'(『吏讀便覽』) 등으로 읽고 있다. '題只'는 末音 '-ㅁ'을 생략표기한 것으로 추정된다. 만약 '題'가 한자어라면 구개음화를 반영한다 하더라도 당연히 '제' 또는 '졔'로 나타나야 할 터인데 그렇지 못하다.[48]

『譯語類解』는 '准了狀'을 '所志 덕이다'(上65ㅈ)로 번역하였다. '狀'이 '所志'로, '准了'가 '덕이다'로 번역된 것이다. 題音은 '私人이 제출한 所志 등의 請願文書에 대하여 관에서 내린 판결이나 認准, 指令'을 가리키는 것으로서, 대체로 소지나 청원문서의 여백 따위에 적어 주는 것을 가리킨다. 따라서 題音은 본래 '*덕임>뎌김'에서 유래한 것으로서 첫음절을 적을 마땅할 字가 없는 데다가, 문서의 末尾部의 여백 上端에서부터 적어 주기 때문에 의미상으로도 유사한 '題'를 音借한 것으로 추정된다. '*덕임'은 기원적으로 '덕-'의 사동사인 '덕이-'의 명사 파생어일 듯하다. '덕-'은 중세어에서 발견되지 않아 정확히 그 의미를 파악하기 어려우나,[49] 근대어에서 주로 사용되었고 구개음화를 반영하여 '젹-'으로도 나타난다. 이는 현대어의 동사 '적-'(記)에 해당하는 것으로 추정된다. 후대 학습서들에서의 독음 '젹임, 져김'은 바로 이 '*덕임'의 후대형을 반영한 것으로 해석된다. 다만, '題音'을 '題辭'로도 쓰이는데 이는 이미 어원에 대한 의식이 없어 '題'가 일종의 형태소로 재구조화된 것을 의미한다. 題音을 매기어 내주는 것을 일컬어 題給이라 하는데, 이 역시 재구조화된 형태를 반영한 것이다.

---

47) 叡山本은 '데김'으로 되어 있으나, 東中本에서는 '뎨김'<上35ㅎ>으로 되어 있으므로 '뎨김'으로 바로잡는다.

48) 典律通補 初稿本에서만 '題只'를 '졔김'으로 읽었다. 이는 修正本에서 '져김'으로 고쳤으므로 準據의 대상이 아니다.

49) 현대어의 '두드리다'에 해당하는 '뎌기다'가 중세국어에 있다(搯 뎌길 겹 <訓蒙字會 下10ㅈ>). 이것과 '題音'과의 관련성도 생각해 볼 수 있으나, 그 가능성이 적은 듯하다.

그런데 『大明律直解』에서의 용례는 '題給'이 이에서 더 나아가 단순히 '支給'의 뜻으로 사용되었음을 보여 준다.

(47) ㄱ. 口粮乙 題給 資生爲如可 <直解 02.03ㅈ> (먹을 양식을 지급하여 살림살이를 도와 주다가)
   ㄴ. 再犯是去等 祿俸乙 減半 題給齊 <直解 04.06ㅎ> (재범이거든 녹봉을 반감하여 지급하며)
   ㄷ. 織造入物色乙 依例定日良中 題給 不冬爲在乙良 <直解 29.03ㅎ> (직조하여 들일 물건을 정해진 기일에 지급하지 않은 경우에는)

(47ㄴ)의 '祿俸乙 減半 題給齊'는 한문 원문의 '支俸給一半'에 해당하는 것으로서 '題給'이 支給의 뜻으로 사용됨을 분명히 보여 준다.

23) 中人

中人은 남의 혼인이나 남녀를 중매하는 사람의 뜻으로 쓰였는데, 『大明律直解』에서만 그 용례가 발견된다. 明律 한문 원문의 '媒, 媒人, 媒合人'의 역어로 사용되었다. (48)이 그 예이다.

(48) 中人乙良 減一等遣 財錢乙良 沒官齊 女子乙良 歸還父母爲乎 事 <直解 25.05ㅈ> (중매인은 일등을 감하고 재물과 돈은 관에 몰수하며, 여자는 부모에게 돌려보낼 것)
   凡 官吏亦 伎女 及 娼女家良中 宿爲在乙良 杖六十遣 中人乙良 減一等齊 <直解 25.04ㅎ> (무릇 관리가 기생 및 창녀 집에 묵은 경우에는 杖六十하고 중개인은 일등을 감하며)
   中人亇只 敎誘通姦令是果 許接主人等乙良 犯人罪良中 各 減一等齊 <直解 25.01ㅎ> (중매인으로서 꾀어 내어 간음하게 한 이와 이를 허락한 주인 등은 범인 죄에서 각각 일등을 감하며)

24) 遲晚

遲晚은 중세국어의 '디만'에 해당하는데, 소홀하거나 태만한 것을 일컫는다. (49ㄱ)은 중세국어 문헌에서의 '디만'의 용례이고, (49ㄴ)은 이두문에서의 '遲晚' 예이다.

(49) ㄱ. 내 太子룰 셤기ᅀᆞᆸ더 하ᄂᆞᆯ 셤기ᅀᆞᆸ둧 ᄒᆞ야 ᄒᆞᆫ 번도 디만ᄒᆞᆫ 일 업수니
　　　　 <釋譜詳節 6.4ㅈ>

　　 ㄴ. 他人矣 犯罪乙 因于 干連 得罪爲乎 緣故段 犯罪人乙 遲晚 覺察爲 禁約 不冬爲
　　　　 旀 <直解 01.17ㅎ> (타인의 범죄로 인해 관련되어 죄를 얻는 연고는 범
　　　　 죄인을 소홀히 살펴 하지 못하게 아니하며)

　　　　 卽時 付色 磨錬 不冬 遲晚爲在乙良 <直解 02.07ㅎ> (즉시로 담당에게 붙여
　　　　 마련하지 않고 지체한 경우에는)

　　　　 正食時良中 遲晚 養飼則 飢困氣弱爲臥乎 等 仍于 <양잠 26ㅎ～27ㅈ> (먹
　　　　 일 제때에 늑장부려 먹여 키우면 굶주려 기가 약함으로 인하여)

　　　　 搜挾官 遲晚事 幷以 檢擧爲白乎矣 <1553 科擧事目 舊事目7ㅎ> (수협관의
　　　　 늑장사를 아울러 검거하오되)

　　遲晚은 후대 이두문에서는 죄인이 자복하는 것을 가리키기도 한다. 그러나 조선 전기
이두문에서는 그러한 의미로 사용된 예가 발견되지 않는다.

　　25) 陳省

　　陳省의 '陳'은 부연하여 陳述하는 것을 가리키고, '省'은 대체로 살펴서 잊지 않도록 하
는 것을 가리킨다.[50] 『吏文襍例』에서는 '진성'으로 읽고 있는데, '진성'이 올바른 讀音인
듯하다. 陳省은 일반적으로 守令이 所掌事에 관해 자세한 사정을 진술한 문서를 가리킨다.

(50) ㄱ. 奉化縣監 爲陳省事 節 呈 縣接 正兵學生河源 所志內 今年仕滿 受職當次爲白良厼
　　　　 帳籍 相考 四祖 陳省 成給 向事 所志是乎 等 用良 <1489 河源陳省弘治二年牒
　　　　 呈> (봉화현감의 진성하는 일임. 이번에 올라온 본현에 거주하는 正兵 學生
　　　　 河源의 소지 내용인즉, 올해 임기가 차서 직무를 새로 맡을 차례가 되기에
　　　　 장적을 상고하여서 4祖에 대한 진성을 만들어 줄 것이라는 소지로써)

　　　　 同官 公文陳省內 幼學 南須四寸大母金氏處 傳得奴婢 願石伊乙 一所生婢孝非是
　　　　 齊 <1466 寧海府立案 寧海英陽南氏家 奴婢立案 6～7> (위 관의 진성 공문
　　　　 내용에 유학 南須의 사촌할머니 김씨에게서 전해 얻은 노비 願石伊의 첫
　　　　 소생인 계집종 孝非이며)

　　 ㄴ. 各官陳省貢物 兩件成貼 一報監司 一付使 以防中間遲滯之弊爲白乎矣 <호조계
　　　　 목後錄 各司受敎 20> (각 관의 공물 진성은 두 건으로 첩을 만들어 하나
　　　　 는 감사에게 보고하고 하나는 공물使에 부쳐 중간에 지체되는 폐단을 막

_____

50) 陳省 … 陳敷陳也 言陳其狀也 省察也 言當察視不可妄也 又簡也 <經國大典註解 後集 戶典>

사오되)

貢物陳省 爭先受出 至於一年貢物陳省乙 或至再成給 <1564.10.14. 戶曹啓目 各司受敎 12> (공물의 진성을 다투어 받아내어 1년 공물에 대한 진성을 때로는 다시 만들어 주니)

(50ㄱ)은 신원 확인에 대한 것이다. 하나는 四祖를 상고하여 陳省을 발급하여 달라는 河源의 소지에 대하여 官에서 발급한 陳省의 첫부분이다. (50ㄴ)은 모두 貢物에 대한 陳省이다.

26) 出納

出納은 조선 초기에 쓰이던 용어인데 흔히 同等以下의 관아에 보내는 官府文書로 통한다. 그러나 『經國大典註解』에서의 설명은 '아랫사람의 말을 들어 임금에게 올리고, 임금의 말을 아랫사람에게 베푸는 것'[51]이라 하였다. 아래 예문 (51ㄱ)은 出納이 명사로 사용된 것이고 (51ㄴ)은 동사로 사용된 것이다.

(51) ㄱ. 都評議使司 出納 內 <1392 李和錄券 006> (도평의사사의 출납 공문의 내용인즉)
　　　　軍事准備爲乎 文字行移良中 用使內遣 軍事外叱 他餘出納牌字良中 擅用印信爲憑公營私爲在乙良 <直解 03.11ㅈ> (군사를 준비하는 문서를 보내는 데에 사용하고 군사 외의 나머지 出納공문과 牌字에 함부로 인신을 사용하여 공무를 핑계로 사리를 취하는 경우에는)
　　　ㄴ. 爲等如 使內向事 出納各掌官爲良如 <1392 李和錄券 126> (통틀어 시행할 일이라고 각 해당 관아에 出納하여라)

出納은 때로 일반적인 한자어로 사용되기도 한다. (52)가 그 중의 한 예이다.

(52) 名紙出納乙良 試官所率人等亦 擧子所在 帳外出入 未便爲白昆 令兩司書吏 專掌出納 <1553 科擧事目 舊事目 9ㅎ~10ㅈ> (시험지의 출납은 시험관이 거느린 사람들이 시험생이 있는 장막 밖으로 출입하기가 불편하오니 양사의 서리가 전담하여 출납합니다)

---

51) 出納 … 聽下言納於上 受上言宣於下 書曰 出納惟允 <經國大典註解 後集 吏典 承政院條>

27) 稱給, 稱下

稱給은 '칭급', 稱下는 '칭하'로 읽힌다. 이 경우 '給'은 字意 그대로 '주다'의 의미를, '下'는 대체로 '내려 주다, 처분하다'의 뜻을 나타낸다. 그러나 '稱'의 경우엔 단순히 '言'과 통한다기보다는 어떤 사안에 대하여 결정한다는 뜻을 담고 있음에 유의하여야 한다.

(53) ㄱ. 奴婢 幷 拾口式以 使用爲良爲 稱給分是遣 <1429 金務都許與文記 03> (노비 아울러 10명씩 사용하도록 준다 했을 뿐이고)
　　ㄴ. 自矣 妓妾女子蓮芝亦中 稱給爲齊 爲等如 各衿 分給爲去乎 <1469 田養智妻河氏傳准立案粘連文書 2-24~25> (저의 기생첩 딸아이인 蓮芝에게 준다고 한 것들과 같이 각 몫으로 나누어 주니)

(53ㄱ)의 '稱給'의 경우엔 실제로 주지 못하고 말로만 준 것에 해당되므로 이때의 '稱'은 '言'과 통하는 자로 해석할 수 있다. 그러나 (52ㄴ)에서는 '稱給'은 말로 주는 것이 아니라 실제로 재주 입장에서 정하여 주는 것을 뜻하므로 이때의 '稱'은 '정하다' 정도의 의미를 지닐 뿐이다.

(54) ㄱ. 右 員等乙良 一等功臣 /稱下 立閣圖形 立碑紀功 <1392 李和錄券 069~071>
　　　　右 員等乙良 原從功臣 /稱下敎是旀 <1395 陳忠貴錄券 170-2>
　　　　節 /稱下敎 原從功臣等矣 襃賞條件乙[良… <1459 李禎錄券 46ㅈ-ㅎ>
　　ㄴ. 宥旨內良中 常赦所不原是如 稱下 不冬敎是遣 <直解 01.18ㅈ> (宥旨 안에 '常赦所不原'이라 稱下하지 않으시고)

(54)에 쓰인 '稱下'는 '임금이 말씀하여 내려 주심' 또는 '임금이 정하여 내려 주심' 그 어느 쪽으로도 해석이 가능한 문맥적 의미를 갖는다. 錄券에서는 '稱下'를 單擡 및 平擡, 또는 空格 등의 높임법을 사용하여 처리하였는데, 이는 稱下라는 용어를 임금에 국한하여 사용하였다는 사실을 알려 준다. (54ㄴ)의 '稱下 不冬敎是遣'는 한문 원문의 '不言'에 해당한다. 이에 따르자면 '稱'이 '言'과 통하는 자일 것으로 여겨진다. 그러나 이 경우에도 임금이 말로 내려보냈다는 뜻보다는 오히려 임금이 정하여 내려보냈다는 뜻에 더 가깝다고 본다. 한문 원문의 '言'에 이두 번역문에서의 '稱下'가 정확히 일치하는 것이라고 보기 어려운 면이 있다.

28) 爻周

爻周는 '爻' 字 모양의 표를 그어 글자를 지우는 것을 가리킨다. 이런 본래의 뜻에서
확산되어 '取消, 削除' 등의 뜻으로 사용된다. 동사로도 사용되는데 이때에는 훈독했다고
본다. 『古今釋林』의 「語錄辯證說」에서 '엣더러'로 읽은 것은 이것을 반영하는 독음이다.
이와 달리 명사로 사용될 때에는 音讀했다고 본다. 『典律通補』에서 '효주'로 읽은 것이
한 증거이다. '쇼쥬'(羅麗吏讀, 吏讀集成)는 구개음화를 반영한 독음이다. 아래 예문 (55ㄱ)
은 爻周 글자 본래의 뜻 그대로 '둘러싸 지움'에서 유래하여 '취소, 삭제' 등으로 확산되
어 쓰인 것을 시사한다고 해석된다.

(55) ㄱ. 凡 職官亦 犯罪爲 停職 不用 謝貼 收取 名字 爻周爲在乙良 已前官爵 並只 削
除齊 <直解 01.16ㅈ> (무릇 직관이 범죄하여 정직시키고 기용하지 않으
며 謝貼을 거두어 들이고 이름을 지운 경우에는 이전 관작을 삭제하며)
文簿良中 爻周爲乎矣 <直解 22.03ㅈ> (장부에서 지우되)
外官一應置簿乙 畢爻周後 解由斜給亦 受 教 <1557.11.28. 戶曹啓目 各司受教
26> (지방 관원이 마땅히 작성해야 하는 장부를 확인하여 이름을 지운
후 해유 문서를 확인 발급하라고 수교했으나)
ㄴ. 其矣 受喫爲臥乎 口粮 卽日 爻周爲齊 <直解 02.03ㅈ> (제가 받아먹는 식량
을 당일로 취소하며)
前件信牌乙 還納 爻周爲乎矣 <直解 03.11ㅎ> (앞엣 건의 신패를 되돌려 내
고 (장부에서) 삭제하(도록 하)되)
本文記段 他田畓 並付 後背 爻周爲去乎 <1578 土地明文 서울대고문서집진
146 06~07> (본문기는 다른 전답이 함께 들어있어 뒷면에다가 삭제 표
시를 하니)

다. 混種語

조선초기 이두문에 나타난 이두어 중 고유어와 한자어가 혼합하여 형성된 단어들 즉,
混種語(hybride)[52] 일부를 대상으로 간략히 기술하면 다음과 같다.

---

52) 混種語라는 명칭은 학술 용어로 정확히 표현하자면 雜種 또는 雜種語, 즉 hybride에 해당된다. hybride는
automobil(auto 그리스어 '自'+mobil 라틴어 '動')에서와 같이 서로 다른 두 개의 언어 요소가 합성된 것
을 가리킨다. 이정민・배영남, 『언어학사전』(박영사, 개정증보판, 1987, 425쪽)에서는 영어의 hybrid word
를 television을 예로 들면서 混成語로 번역하였다. 그러나 혼성이라는 명칭은 일반적으로 contamination
(독일어는 Kontamination)의 역어로서 사용된다. contamination은 두 단어를 그릇되게 통합한 것 예컨대,

1) 假捧上, 正捧上, 捧上人

이두어로 쓰이는 捧上은 고유어 '받자'를 표기한 것인데, 여기에 1음절 한자어 '假'와 '正'을 선행하여 결합한 혼종어 假捧上와 正捧上가 발견된다.

(1) ㄱ. 卽日 交相授受爲乎矣 未收乙良 字細 重記 頉下 施行 假捧上爲遣 剩餘物色乙良 正捧上數以 字細立箚 三司良中 申報爲乎矣 <直解 07.05ㅎ> (당일 서로 주고 받되 미처 수납하지 못한 것은 자세히 중기에 사고처리로 시행하여 임시로 받고 잉여 물건은 제대로 받은 숫자로써 자세히 기록한 후 3司에 보고하되)

ㄴ. 當日交割未完者 許令附簿寄庫 若有餘剩之物 本庫 明白立案 正收 開申戶部作數

(1ㄱ)은 이두 번역문이고 (1ㄴ)은 그에 대응하는 한문 원문이다. (1ㄱ)의 '正捧上'은 이 문맥에서는 '제대로 받는 것'을 뜻한다. 한문 원문의 '正受正支'를 이두문에서 '正數以 捧上上下'<대명률직해 7.7ㅈ>로 번역한 것이 있어 참고된다. 이와 달리 (1ㄱ)의 '假捧上'는 이 문맥에서 제대로 받지 못한 물품에 대하여는 重紀 즉, 물품의 수입과 지출 및 재고 현황을 기록한 장부에 그 사유를 자세히 기록한 후에 '임시로 받는 일'을 지칭한다.

捧上에 한자어 '人'을 후행하여 결합시킨 혼종어 '捧上人'의 용례도 『大明律直解』에 보인다. 만약 이 단어는 음독했다면 한자어로 귀속시켜야 마땅할 것이다. 그러나 후대 이두 학습서들에서 예외없이 捧上를 '받자, 밧자, 밧쟈, 밧즈' 등 우리말로 새겨 읽은 점을 감안해 볼 때 고유어와 한자어가 통합된 혼종어로 보는 것이 옳다고 판단된다. (2)에서 '捧上'는 '許給'의 상대어로 사용되고 있어 (1ㄱ)과 마찬가지로 '받는 일'을 가리키는 용법에 해당된다.

(2) 兩相和論 許給爲去乙 捧上爲乎等用良 錢物許給人乙 錢物捧上人矣 罪良中 減五等論 齊 <直解 23.03ㅈ> (양쪽이 서로 협의하여 준 경우 받은 것을 가지고 돈을 준 사람을 받은 사람의 죄에서 5등을 감하여 논하며)

---

smog(←smoke＋fog), brunch(← breakfast＋lunch)와 같은 경우를 가리킨다. 통사적 차원에서는 프랑스어 의 je me rapelle과 il me souviens의 혼성으로 나타난 je me souviens와 같은 구성을 가리킨다. *Terminologie zur neueren Linguistik*(1974)와 *dictionnaire de linguistique*(1973), 李基文 譯(1955:주 122 및 237) 참조

2) 甲折, 倍折

甲折은 '*곱절'로 읽혔을 가능성이 높다. 현대어의 '갑절'에 해당하는 '갑절'은 근대국어 시기에 비로소 文證된다. '甲折'은 『大明律直解』에서 단 한 번 사용되었으나, 후대 한문 문장에서도 사용된 예53)로 미루어 볼 때 이두어로서 한국 한자어에 속한다고 하겠다. '甲折'은 '倍折'에서 연유한 이두자로 추정된다.

(3) ㄱ. 其中 詳審 不冬 誤錯 用使爲在乙良 杖一百 鈔 <u>甲折</u> 生徵爲乎矣 <直解 07.01ㅎ>
　　　(그중 자세히 살피지 아니하고 착오로 쓰게 한 경우에는 杖一百하고 지폐 값의 갑절을 징수하되)
　　ㄴ. 洪武錢 及 大中通寶果 歷代銅錢等乙 或二 或三 或五 或十 爲等如 <u>倍折</u>爲 民間 良中 … <直解 07.02ㅎ> (洪武通寶 및 大中通寶와 역대 동전 등을 혹 2배, 3배, 5배, 10배 한 것들과 같이 배로 값을 쳐서 민간에 …)

(3ㄴ)의 '倍折爲'는 '倍 折爲'로 끊고 '倍로 折ㅎ야' 정도로 읽혔다고 볼 소지도 있다. '倍倍히'<月印釋譜 1.48ㅈ>가 15세기 국어에 쓰인 점도 참고된다. 그러나 '倍折'을 붙여서 한 단어로 읽었다면 이것은 '*곱절'에 정확히 일치하는 이두어라 할 수 있다. '倍'는 '實訓虛音' 즉, '訓主音從'의 원칙에도 부합되는 字로서 15세기 국어의 '곱-'(倍)에 해당된다.54) '折'은 한자어이다. (3ㄴ)의 '或二 或三 或五 或十 爲等如 倍折爲'에 해당하는 한문 원문은 '折二當三當五當十 依數准算'으로서, '折'이 동사로 사용되고 있다. '折'은 매매문기에서 빈번히 쓰이는 자로서 대체로 '(값을) 매기다, 치다'의 뜻으로 사용된다.

(3ㄱ)의 '甲折'의 존재는 '*곱절'로 읽혔을 것으로 추정되는 '倍折'을 대신하여 '倍' 자를 音假字인 '甲'으로 표기한 것으로 해석된다<韓相仁 1993:7 참조>. '倍折'의 異表記였던 '甲折'은 그 쓰임새가 점차 확산되었으며 '甲' 字를 音讀하게 된 듯하다. 이에 따라 '甲'은 한국 한자어로 굳혀져 '곱'(倍)의 뜻으로 사용된다. '곱쳐서 받는 높은 변리'라는 뜻으로 '甲利'와 '甲邊'이 후대에 존재하는 것이 그 증거이다<韓國漢字語辭典 2권 434쪽>. 「吏讀略解」와 『吏讀集成』은 '甲折'을 '갑절'로 읽고 있는데, 이는 후대형의 반영으로 판단된다.

---

53) 顯宗實錄 14, 7年 3月 辛卯.
54) 倍논 고볼 씨라 <月印釋譜 1.48ㅈ>
　　　數를 혜면 千萬이 고ᄇᆞ니이다 <月印釋譜 21.54ㅈ>
　　　倍 고볼 빈 <新增類合 下43ㅈ>
　　　아ᄃᆞ리 아비 나해셔 곱기곰 사라 <月印釋譜 1.47ㅎ>

3) 件記

件記는 후대 이두 학습서들에서 '불긔'<吏文大師, 羅麗吏讀, 吏文襍例>, '발긔'<儒胥必知, 吏讀集成>, '벌긔'<語錄辯證說> 등으로 읽고 있다. 이것은 일반적으로 '物品의 種類와 數量을 기록한 것'<安秉禧 1983ㄱ:56>을 뜻하나 그에 국한되지 않고 호적과 같은 장부에 적힌 각 신분별 사람에 관한 기재 등을 모두 아울러 지칭한다. '件記'는 근대어의 '불긔'에 해당하며, '불'과 '記'의 혼합어로 추정된다.

(4) ㄱ. 네 몃 ㅂ롤 밍ᄀᆯ일다(你打幾件兒) <飜譯朴通事 上16>
　　ㄴ. 記(긩)는 일 記錄홀 시라 <圓覺經諺解 上一一19ㅎ>

(4ㄱ)은 '件'의 譯語로 '불'이 쓰였음을 보여 준다. '불'의 의미는 정확히 파악하기 어려우나, 여럿 있을 때 그 각각을 일컫는 말인 듯하다. '件'의 字意 중에 동사로서 '차례를 나누다'라는 의미가 있음이 참고된다.[55] '件'은 '불'로 읽혔던 訓讀字인데, 이것이 후대에 때로 '벌'의 音을 표기하는 데에도 쓰였다.[56] 장지영·장세경(1976:100)은 옛말에 '一件, 二件'을 각각 '훈불, 두불'이라 하였으며, '홍정발기, 혼수발기'라는 말을 사용했었다고 하였다.[57]

件記의 내용과 그 성격을 잘 보여주는 사례로서 16세기 말의 입안에 적힌 것을 들 수 있다. 입안은 적어도 1576년 이후에 작성된 것인데 所志에 따라서 호적 안에 적힌 내용을 '件記'라 하여 옮겨 적었다.

(5) <u>件記</u>內 一 癸酉帳內 住中興里 書吏 羅猠年 率繼母 鄭召史 年五十八 丙子 一 丙午帳
　　住中興里 書吏 羅漢乞 妻 鄭召史 一 丙子帳 書吏 羅猠年 率繼母 鄭召史 年六十一
　　丙子是如 施行 <u>件記</u>是齊 <16세기 입안 정6-15 203~207>

(5)는 3건의 戶口帳籍을 살펴 그 안에 적힌 鄭召史에 관한 내용을 옮겨 적은 것이다. 3건의 호구장적은 癸酉年(1573), 丙午年(1546)과 丙子年(1576)에 成籍한 것이다. 이에 따르면 鄭召史는 1516년 병자년생으로서 병오년(1546)에는 中興里에 거주하는 書吏 羅漢乞의 처였

---

55) 件은 次第 논홀 씨라 <法華經諺解 2.238ㅎ>
56) '件里弢'(大射禮儀軌 英祖19年物目秩, 韓國漢字語辭典 1.260 참조)은 '*벌리줄'의 한자 표기로 추정된다.
57) 이와 관련하여 볼 때 현대국어의 '적발'은 '적-(記)＋발'로 분석되어 '발'이 '불'에서 연유한 것일 가능성이 있어 보이나, 文證되지 않는다.

다가, 계유년(1573)과 병자년(1576)에는 같은 마을의 書吏 羅猉年이 모시고 사는 繼母임이 드러난다. 결국 (5)는 鄭召史라는 한 사람에 대한 기록을 모아 놓은 것인데 이것을 가리켜 '件記'라 하고 있음을 알 수 있다.

현전 조선 전기 고문서들에는 奴婢에 대한 '件記' 용례가 가장 많이 나타나며, 그 다음으로 전답에 관한 것이 많음은 물론이다. 그러나 『大明律直解』의 용례를 검토해 보면 재산이나 물품의 수효 등에 관한 것도 '件記'라는 표현을 쓰고 있다. 따라서 件記는 어떤 개별 대상에 대한 기록을 일컫는데, 때로는 그 내용을 기재한 문서를 가리키기도 하는 것이라 할 수 있다. 件記가 문서를 지칭하기도 한다는 사실은 관아에서 확인하여 내준 것임을 분명히 일러주는 (6ㄱ)의 용례를 통해서도 입증된다. '件記'의 용례는 高麗末戶籍文書(1390〜91년)에도 나타나는데, 15세기 말까지의 자료를 중심으로 예시하면 다음과 같다.

(6) ㄱ. …甲寅生是如 施行 同官 斜出 件記是齊 <1480 金孝之妻黃氏奴婢許與立案粘連
　　　文書 5-18>
　　　隻 高孟弼 元告 金鋏等 着名件記良中 (…중략…) 踏印件記是齊 爲等如……
　　　<16세기 입안 정6-29 124〜126>
　　ㄴ. 婢 花名 件記乙 用良 禮安官以 成給立案粘連… <1480 金孝之妻黃氏奴婢許與立
　　　案粘連文書 5-11>
　　　婢 花名 件記 內 <1480 金孝盧奴婢別給立案粘連文書 6-08>
　　　甲申正月卄六日 花名 件記 內 <16세기 입안 정6-15 418>
　　ㄷ. 件記 書寫 已入官爲在 家産內 人口乙 不報爲在乙良 <直解 07.13ㅈ>
　　　癸未十月十二日 新村 林慶秀 帳籍 相考 件記 <16세기 立案 정6-11 86〜87>

(7) 財産數爻乙 件記以 入官 不冬爲在乙良 並只 免宥爲遣 數爻 件記乙 已入官 准受爲
　　是果 <直解 01.25ㅈ> (재산 수효를 件記로써 관에 들이지 않은 것은 모두 사면하고 수효 件記를 이미 관에 들여 받아들인 이와)

4) 公反

公反은 중세어의 '공번되-'(公)[58]의 '공번'에 해당한다. '공번'이 곡용을 한 예는 없으나, 명사성 어근임은 분명하다. 이것은 '新反'과 동일한 구조를 보이는 이두어이다. 公反은 '공유함, 공통됨, 공평함'의 뜻이다.

_____
58) 賞罰이 公反(공번)ᄒᆞ야ᅀᅡ(賞罰이 惟公이라ᅀᅡ) <內訓 초2하53>

(8) 同居族長等弋只 公反家産乙 平均分執 不冬爲在乙良 罪同 <直解 04.09ㅎ> (동거하는 족장 등이 공동 재산을 평균 분집하지 아니한 경우에는 죄를 같게 한다)

…後所生乙良 各其本主 使用爲遣 分執前所生乙良 公反奴婢是遣在 遺漏奴… <1429 金務都許與文記 7> (후소생은 각각의 그 본래 주인이 사용하고 나눠 갖기 전의 소생은 공동의 노비이니 遺漏奴…)

分執前所生乙良 公反奴婢是遣在 遺漏奴婢 分執時 <1517 정1-16 50~51> (나눠 갖기 전 소생은 공동의 노비이니 누락 노비를 나눠 가질 때)

幷以 報使 公反他官以 移訟敎是 喩乃 <1583 立案 정33-189 24> (아울러 관찰사에게 보고하고 제3의 다른 관아로 이송하신 것이나)

5) 衿記, 衿付, 分衿, 衿分

衿은 몫을 나타내는 고유어 이두자이다. 이것에 한자어가 결합된 '衿給, 衿記, 衿得, 衿付, 衿分, 分衿' 등이 이두어로 사용된다. 이 중 일부를 대상으로 조선 전기 이두 자료에 나타난 용례들을 살펴보면 다음과 같다.

(9) 白等 矣身亦 艱難所致以 騎船 價本 積納 不得 衿記 付 退丁下畓 三庫 合參拾壹卜庫乙 <1487 金孝盧土地賣買文記 3-05~07> (아뢰는 바는, 이 몸이 가난한 까닭으로 稅穀船(에서의 식량)값을 제대로 내지 못해 제 몫으로 기재한 退字 아래쪽 논 세 곳 합하여 31짐의 땅을)

田民傳係眞僞 財主 及 淸河縣監等處 公緘問備 他余證筆 進來寬實爲置 傳來賤籍 及 衿記 推納 相考爲乎矣 <1539 立案 정49-127 02~03> (전답과 노비를 전해 주었는지의 진위를 재주 및 청하현감 등에게 공함으로 묻고 나머지 다른 증인과 필집을 나아오게 하여 사실을 살펴 두고 전해오는 천적 및 각각의 몫을 적은 문서를 납부케 하여 상고하되)

甲申年 衿記內 私奴屎三 名 絲字四十七田內 … <1588 立案 정41-406 03~04> (갑신년의 각각의 몫을 적은 문서 안에 사노 屎三의 이름으로 된 絲字 47번 밭 안 …)

衿記는 『語錄辯證說』에서 '깃기', 『吏讀便覽』과 『吏讀集成』에서는 '깃긔'로 읽고 있는데, 후자가 앞선 語形이다. 형태론적 표기를 하자면 '깃긔'가 될 것이다. 衿記는 각자의 몫 즉, '깃'을 적은 것을 가리킨다. 일반적으로 노비를 포함한 재산의 몫을 적은 文記를 가리킨다. 『吏讀便覽』의 「行用吏文」에서는 '衿記 깃긔 結役捧上件記 謂之--'라 하였는데, 후대에는 稅額을 기록한 것도 일컫는다.

(10) ㄱ. 三男自誠 <u>衿付</u> 奴婢乙 他例以 分等除出爲良音可 爲在而亦 <19~20> (3남 自
誠의 몫으로 붙인 노비를 다른 예처럼 고루 나누어 덜어냄 직하지만)
三男自誠 <u>衿付</u> 婢 亡莊矣 長所生奴 秀同矣 身乙 <27-28> (3남 自誠의 몫으
로 붙인 계집종 亡莊의 맏소생인 사내종 秀同의 몸을)
父祖傳來賤籍 及 汝等徒 八娚妹 <u>衿付</u> 官門斜出 都許與段 <30~31> (조상들
로부터 전해 오는 천적 및 너희들 8남매 몫을 붙여서 관의 확인을 받은
도허여 문서는)

ㄴ. 亡子矣 <u>衿 付</u> 奴婢田畓等乙 孫外與他 除良 <1528 遺書 서울대고문서집진 236 06~
07> (죽은 아들의 몫으로 붙인 노비와 전답 등을 친손 외에 남에게 주지 말고)
孫光曙 後室 金氏 及 孫仲暾 前室 子枝等亦 他矣 <u>衿 付</u> 許多奴婢乙 不干人以
累年使用 <1560 粘連立案 정32-279 11~12> (孫光曙의 후실인 김씨 및 孫
仲暾의 전실 자식 등이 남의 몫으로 붙인 허다한 노비를 전혀 상관 없는
사람으로서 몇 년을 사용하여)

ㄷ. 同 <u>衿付</u>文記段 縣良中 溫陽 接 申潔果 相訟時 監封乙仍于 <1583 侤音 정3-369>
(위 각각의 몫을 적은 문서는 현에서 온양에 사는 申潔과 상송할 때 봉
했기 때문에)

(10ㄱ)은 모두 權明利許與文記(1443년?)에 나타나는 것이다. 衿付는 「行用吏文」에서 '衿
付 깃부 如分財之類'라 하였다. 일반적으로 노비 등 재산의 몫을 나누어 주는 것을 뜻한
다. (10ㄱ)의 용례들은 모두 '衿 付'로 떼어 읽어 '깃으로 붙인' 정도로 풀이할 수도 있다.
(10ㄴ)의 경우가 이를 웅변해 준다. 이는 조선 전기에 아직 한 단어로 완전히 굳혀져 있
지 않은 사실을 반영하는 것으로 해석된다. 그러나 (10ㄷ)와 같이 한 단어로 기능하고 있
는 용례들도 많은 점을 간과할 수 없음이 물론이다.

이와 달리 '몫을 나누는 일 또는 나눈 몫'을 뜻하는 分衿은 (11)에서 보듯 한 단어로
굳혀져 사용되는 것이 완연하다. 'ᄒ-'동사가 접미될 뿐만 아니라 후행하는 명사를 수식
하는 관형어로 기능하기도 하기 때문이다.

(11) 數小奴婢置 <u>分給</u> 不得爲乙可 平時 <u>分衿</u>爲去乎 <1452 李遇陽許與文記 03~04>
(적은 수의 노비라도 나눠주지 못할까 (염려하여) 평시에 몫을 나눠주니)
[ ]處 <u>分衿</u>文 /右 文 爲<u>分衿</u>事 <1475 權玠河源別給文記 01> (…에게 나눠주는
문서. 이 문서는 分衿을 위함임)
<u>分衿</u> 婢 毛老非 壹所生婢 世伊 年五拾貳 <1480 金光礪男妹和會文記 08> (나눠
받은 몫 : 계집종 毛老非의 첫소생인 계집종 世伊 나이 52)
同腹 和議 <u>分衿</u> 不冬爲去乎 <1480 金光礪男妹和會文記 36~37> (형제들이 서로

합의하여 몫을 나누지 않는바)

父母未分奴婢等乙 已曾分衿爲有在果 <1494 李璦男妹遺漏奴婢和會文記 01> (부모
가 나누지 못한 노비들을 이미 나누어 가졌거니와)

此亦中 李玖段 年少乙 仍于 執籌 分衿比分是遣 <1494 李璦男妹遺漏奴婢和會文記 37>
(여기에 李玖는 나이가 어림으로 말미암아 제비뽑기로 몫을 나눌 뿐이고)

膏瘠壯弱 分類 父母生前 親得田民數 導良 得後所生 並計 執籌 均一分衿爲遣
<1510 和會文記 정32-352 02~03> (살지고 마른 정도와 힘 세고 약함을 분
류하여 부모 생전에 직접 얻은 전답과 노비 수에 따라 그 후소생을 아울러
셈하여 제비뽑기로 고르게 몫을 나누고)

한편 分衿과 동일한 개념으로 사용된 衿分도 있으나 그 용례는 매우 드문 편이다. (12ㄴ)
에서 보면 앞부분에서는 衿分이라 했으나 뒷부분에서 分衿이라고 적고 있는 사실에서 잘
드러난다.

(12) ㄱ. 右 明文爲臥乎 事段 矣身 年至七旬 死生難知乙仍于 衿分後錄爲去乎 <1584 分
財記 정3-203> (이에 문서 작성하는 일은 내가 나이 70에 다달아 생사를
알지 못하겠기에 몫을 나눠 후록하니)

ㄴ. 節 花名 導良 四寸等 叔母之教令以 壯弱分揀 執籌衿分爲在果 同道他邑奴婢 及
花名漏落人事乙良 更良 分衿爲乎矣 <1566 分財記 정1-170> (금번에 노비
이름에 의거하여 사촌들에게 숙모의 가르침으로써 힘 세고 약함을 분간
하여 제비뽑기로 몫을 나누거니와 같은 도의 다른 읍에 사는 노비 및 이
름이 누락된 사람에 관한 일은 다시 몫을 나누되)

6) 卜數, 負數

'負'와 '卜'은 면적을 나타내는 단위로서 통용되던 字이다.[59] '卜數'를 「語錄辯證說」에
서 '짐슈'로 읽었는데, 이는 고유어 '짐'과 한자어 '數'의 합성어인 듯하다. '짐'은 양곡을
세는 단위 중의 하나로서, 국어의 동사 '지-'(負)에서 파생된 명사로 추정된다. 다만, 『吏
讀集成』에서 '딤슈'로 읽고 있는데, 이는 역구개음화를 반영한 讀音으로 본다. 卜數 또는 負
數는 곡물의 산출량을 뜻하는데, 負數는 그 용례가 드물고 거의 대부분 卜數를 사용한다.

(13) ㄱ. 實庫乙 陳損是如 爲㫆 陳損庫乙 起實庫是如 爲 負數 加減 同意作弊 冒弄官司
侵害百姓爲在乙良 <直解 05.02ㅎ> (실한 땅을 묵혀 소득없는 땅이라 하며

---

59) 『萬機要覽』에서 '十束爲負(或稱卜…)'라 하였다<財用編2 田結 田制>.

묵혀 소득없는 땅을 수확이 많은 실한 땅이라 하여 수확량을 가감하는
작폐를 모의하며 관을 속이고 백성을 침해한 경우에는)

ㄴ. 吾時峙員 天字畓 拾斗落只 卜數 參拾負參束 庫乙 價折 木綿肆拾疋以 交易 依
數捧上爲遣 <1591 土地明文 정3-215-1> (吾時峙員의 天字 논 10마지기 수확
량 30짐 3뭇의 땅을 값을 매기되 무명 40필로써 바꾸어 셈하여 받고)
近處移買事以 長面立員 花山一道 川字分畓 拾壹斗落只 卜數 貳拾肆負 庫乙
<1593 土地明文 정3-211> (근처에 옮겨 사기 위해 長面立員 花山 한쪽 길
의 川字 논 중 일부 11마지기 수확량 24짐 땅을)

7) 斜出, 斜給

斜出은 '빗출'로 읽을 수 있다고 본다. 이것은 '官에서 斜只하여 내주는 일'을 가리킨
다. 斜出은 斜給으로도 사용된다.

(14) ㄱ. 賤籍 及 汝等徒 八娚妹 衿 付 官門 斜出 都許與段 <1443? 權明利許與文記 31>
(천적 및 너희들 8남매 몫을 붙여서 관의 확인을 받은 도허여 문서는)
…甲寅生是如 施行 同官 斜出 件記是齊 <1480 金孝之妻黃氏粘連文記(2) 5-18>
(갑인생이라고 시행하여 위 관에서 확인하여 내준 件記이다)
繼母亦 重病 入官不得乙仍于 未及斜出 身故是如 爲齊 <16세기 立案 정6-15
455> (계모가 중병으로 관에 들이지 못함으로 말미암아 관의 확인 절차
에 이르지 못하고 죽었다 하며)
妹衿得婢 從非 奴 從實等乙 買得 斜出文記是如 <1545 所志 정32-131 04>
(누이 몫으로 얻은 계집종 從非와 사내종 從實 등을 사서 관의 확인을 받
은 문서라고)
ㄴ. 外官一應置簿乙 畢爻周後 解由斜給亦 受 敎 <1557.11.28. 戶曹啓目 各司受敎 26>
(지방 관원이 마땅히 작성해야 하는 장부를 확인하여 이름을 지운 후 해
유 문서를 확인 발급하라고 수교했으나)
父命相 訟決 得終 官立案乙 現納爲白去乎 相考 斜給敎 事 <1583 侤音 정3-369>
(아버지 命相이 송사에서 이겨 얻은 관의 입안을 현물로 납부하오니 상
고하여 확인해서 주실 일)

8) 上下

上下는 『古今釋林』의 「羅麗吏讀」에서 '차하', 「語錄辨證說」과 「吏讀略解」에서 '츠하',
『儒胥必知』에서는 '츠아' 등으로 읽고 있다. '지급하는 일'을 통칭하는데, 주로 '관아에서

돈이나 물품 사람 등을 내어 주거나 내려보내는 것'을 뜻한다. 小倉進平(1929:213) 및 梁柱東(1942:714)은 上下가 '差下'에서 온 것으로 보았다. 이런 견해는 '上'자를 字意와 상관없이 차용된, 假의 원리에 의한 차자로 보아 '上 = 差 = 차'라는 관점에서 추론한 것으로 여겨지나, '上'의 독음이 발생 당대부터 '차'라고 보기는 어렵다고 판단한다.『古今釋林』의 「羅麗吏讀」에서도 上下를 '차하'로 읽었음에도 불구하고, '上'자에 대한 주석에서는 '上 字 還上捧上外上 皆曰 자'로 설명하고 있음이 참고된다.

上下는 捧上의 대립어라 할 수 있다. 그런데 上下에서 주된 의미 기능은 '下'가 담당하고 있으며, 捧上에서는 '捧'이 담당하고 있음에 유념할 필요가 있다. 이것은 후술할 '尺文'과 관련하여 주목된다. '上'은 字意와 상관없이 차용된, 假의 원리에 의한 借字로 추정된다. 홍순탁(1974:92)과 朴喜淑(1985:65)은 '上'이 音借字로서 '자'로 읽히는 것이라 하였다. 捧上은 고려 시대 尙書都官貼에서도 그 용례가 보이는데, 上下는 15세기 이후 자료에서 발견된다.

上下는 일반적으로 돈이나 양곡 등을 정확히 셈하여 내주는 일에 주로 쓰이지만, (15ㄴ)에서 보듯 사물은 물론 심지어는 사람을 임명하여 내보내는 일에 쓰이기도 했다.

> (15) ㄱ. 凡 各司 捧上上下 錢粮等物亦 重記 施行爲有去乙 次知官員亦 正數以 捧上上下 不冬爲遣 <直解 07.07ㅈ> (무릇 각 관아에서 받거나 내줄 돈과 양곡 등의 물건이 중기에 적혀 시행되고 있거늘 담당 관원이 제대로 받거나 내주지 아니하고)
> 官物乙 捧上上下 不平爲在乙良 <直解 10.03ㅈ> (관물을 받거나 내줌에 평등하게 하지 않은 경우에는)
> 立票事乙良 開春卽時 同田 上下 頭乙注乙以 尺量 許給事 <1588 토지명문 정 32-529> (표를 세우는 일은 봄이 온 즉시 이 밭을 (관에서) 내준 頭乙注 乙로 측량하여 지급을 허가할 일)
> ㄴ. 向前 寶長 色掌等乙 並只 黜送 同 寶長等 任意 上下爲臥乎 <1407 長城監務關 字> (앞서의 寶長과 色掌 등을 모두 내쫓고 이 寶長 등을 임의로 임명하여 내려보내니)

9) 卜定, 負定

앞서 언급했듯이 '卜'과 '負'는 이두에서 통용되는 字로서 국어의 '짐'(負)을 표기한 것이다. '짐'은 본래 고유어로서 동사 '지-'(負)에서 파생된 명사이다. 그런데 동사 '지-'에는 물건에 대하여 짐을 지다는 뜻 이외에 부과된 임무, 책무 등에 대해 짐을 지다는 의미를 아울러 갖고 있다. 이두어 卜定과 負定의 경우엔 후자의 의미와 관련있는 것으로 사료된다.

따라서 '負定'은 본래 '*짐뎡'으로 읽혔던 것이 아닌가 생각한다. 후대 이두 학습서들에서 卜定은 '지뎡'(吏文, 吏文大師, 吏讀略解), '지졍'(典律通補, 儒胥必知), '디뎡'(吏讀集成), '디졍'(吏讀便覽) 등으로 읽혔다. 이들 모두에서 한결같이 자음 'ㅁ'의 존재를 확인하지 못하는 사실이 미심쩍어 동사 어간이 직접 한자어 '定'과 결합한 것일 수 있다는 추론도 가능하나, 현재로서는 자음탈락으로 보고자 한다. 讀音 중 첫음절의 '디'는 역구개음화의 반영으로 처리해 둔다. '負定'은 '貢物이나 賦役 따위의 일을 부과하는 것'으로 이해된다. 負定은 『大明律直解』에서 한문 원문의 '句攝'의 譯語로 사용되었는데, 이것은 '일을 맡거나 임무를 담당하는 것'을 뜻한다<韓相仁 1993:14>.

(16) 凡 官司亦 差人爲 錢粮乙 生徵令是弥 公事乙 負定令是去乙 拒逆不順爲弥 差使乙 犯打爲在乙良 <直解 20.07ㅎ> (무릇 관아에서 사람을 보내 돈과 양곡을 징수시키며 공사를 부과시키거늘 거역하고 응하지 않으며 차정한 관리를 때린 경우에는)

(17) ㄱ. 凡 京外各處良中 國用 卜定爲乎 織造段定軍器等乙 定日內良中 數准上納 不得爲在乙良 <直解 29.03ㅎ> (무릇 서울과 지방 각 처에 나라에서 쓸 것으로 부과한 직조물과 군기 등을 정한 기일 안에 수를 맞추어 상납하지 못한 경우에는)

ㄴ. 臣意 戶曹堂上 郎廳中 率算員 急速下送 將兩南 該曹元卜定 及 上下 遺在之數 一〃會計 俾無國穀耗欠之弊 宜當矣 <1593.9. 陳運糧之弊狀 辰巳錄, 정15-592 35~36> (신의 소견으로는 호조의 당상관과 당하관이 산원을 데리고 급히 내려가 호남과 영남 두 지역에서 호조에서 원래 부과한 것과 내준 것의 남아 있는 수를 일일이 회계하여 나라 곡식에 누락되는 폐단 없기를 바라는 것이 마땅하다고 봅니다)

ㄷ. 半減卜定 使之各納於其官 以爲支待之用爲白在如中 <1597 請洛邊殘敗郡邑奴婢身貢從願減數狀 辰巳錄, 정15-598 14~15> (신공을 반감하여 그들로 하여금 해당 관아에 납부하도록 하여 씀씀이에 보탬이 되도록 할 것 같으면)

(16)은 負定의 용례이고, (17)은 卜定의 용례이다. 이들 모두 어떤 일을 의무적으로 부과한 것을 가리킨다. 특히 (17ㄷ)의 경우 各司에 소속된 奴婢의 身貢을 반감해 줄 것을 요청하는 내용으로서 卜定이 노비에게 부과된 일정한 노역과 의무를 가리킨다.

10) 業作, 葉作

業作은 葉作의 異表記이다. 葉作은 『儒胥必知』에서 '엽질'로, 業作은 『儒胥必知』에서 '엽질', 『吏讀集成』에서 '업질'로 읽고 있다. '葉'은 낱장을 셀 때 쓰는 한자어이다. '作'은 '질'로 읽히는 고유어로 추정된다. 후대 이두 학습서들도 거의 예외없이 '作'을 '질'로 읽고 있다. '作文'은 '질문', '作紙'는 '질지' 등에서 보는 바와 같다. '葉'은 낱장이라는 것을 의미하고, '질'(作)은 문서를 가리키는 용어로 추정된다. 그런데 관아의 문서인 경우에는 '질'(作)이 낱장으로 된 것만을 지칭하지 않고 世系를 적은 戶籍 및 土地臺帳인 量案, 그리고 國庫의 출납문서 등을 총칭하여 일컫기도 한다.[60] 衙前이 집무하는 청사를 가리켜 作廳(질청)이라 하는데, 이는 곧 '질'(作)을 다루는 관청이라는 뜻이다. 따라서 葉作은 원래 '葉으로 된 질'을 가리키는 이두어인데, 이것이 점차 의미가 확산되어 葉作을 묶은 帳簿나 文簿를 총칭하는 표현으로도 사용된 듯하다. '葉' 대신에 '業'을 쓴 까닭은 미상이다. 15세기 이두 자료에서는 業作만이 발견된다.

(18) 業作 粘連 退向事 合行立案者 <1480 金孝盧奴婢別給立案粘連文書 6-13> (낱장의 문서로 점련된 것을 물리는 일로서 입안을 행하기에 마땅함)
畓主 及 證筆 進來 推考 俈音 捧上 業作粘連 退向事 合行立案者 <1487 金孝盧土地賣買立案粘連文書 5-4~7> (논 주인 및 증인과 필집을 나오게 하여 추고해서 다짐을 받아 낱장의 문서들이 점련된 것을 물리는 일로서 입안을 행하기에 마땅함)

(19) 他奴婢田地 他衿 幷付許與是置有等以 後次 相考次以 葉作粘連 作退爲遣 合行立案事 <1507 粘連立案 정32-257 12~14> (다른 노비와 전지 및 다른 몫들이 함께 붙어 있는 허여문기가 있는 까닭에 후차 상고하기 위해 낱장의 점련된 문서들을 물리고 (이에) 입안을 행하는 일임)
前件田畓奴婢乙良 金緣亦中 斜給爲遣 葉作粘連 退給 合行立案者 <1509 立案 정1-580 47~48> (앞엣 건의 전답과 노비는 金緣에게 확인하여 주고 점련된 문서들은 물려주며 (이에) 입안을 행하는 것임)
葉作粘連 狀者 孫光曙亦中 斜給爲遣 合行立案者 <1529 粘連立案 정32-267 55~57> (낱장의 점련된 문서들을 청원인 孫光曙에게 확인하여 주고 (이에) 입안을 행하는 것임)

---

60) 『太宗實錄』의 '國俗稱世系文籍爲作'(권15 8년 2월 癸未)은 戶籍을 지칭한다.

(18)은 業作의 예이고, (19)는 葉作의 용례이다. 이들 모두 뒤에 '粘連' 즉, 이어붙인다라고 하였으므로 위 예문들에서의 業作과 葉作은 帳簿라는 뜻이 아니라 낱장의 文書들을 가리킨다.

11) 作文, 作退, 作還

作文은 '질문'으로 읽는다. 이는 고유어 '질'과 한자어 '文'의 합성어로서 글자 그대로 사용될 경우엔 '문서에 쓰인 글'을 가리키나, 일반적으로 일종의 疊語로서 '문서' 그 자체를 가리키는 용법으로 쓰이며 더 나아가 관아에서 胥吏가 관장하는 量案이나 戶籍 따위의 帳籍을 뜻한다. 戶口作文, 田地作文 등과 같이 쓰인 것들이 이에 속한다.

(20) 田地作文乙 漏落爲在乙良 <直解 05.01ㅎ> (전지의 장부를 누락한 경우에는)

위 예문 중의 '田地作文'은 한문 원문의 '版籍'에 해당하므로 낱장의 문서라기보다는 田地에 관한 장부를 가리킨다. 그런데 한문 원문의 동일한 '版籍'을 문맥에 따라서는 '戶籍'으로 번역한 예가 있다<直解 04.03ㅈ>. 따라서 '作文'이 장부나 成冊類를 지칭하는 것이었음이 확인된다.

그러나 일반적으로 '作文'은 문서를 가리키는 용어로 빈번히 쓰였음이 다음 예문을 통해서 잘 드러난다. (21)은 소송 과정에서 원고와 피고가 제출하는 문서들을 가리키는 용어로서 '作文'이 사용되었기 때문이다.

(21) 爲訟官者 欲以親着決折爲白良置 無法例乙 仍于 元隻同封作文 擅自開閉不得 斷訟無
   期 反陷於奸細之術 <1553.9.21. 掌隷院牒呈啓文 各司受敎 157> (소송관으로서 친
   착으로써 판결하고자 하여도 법례가 없음으로 인해 원고와 피고가 함께 봉
   한 문서를 함부로 열어볼 수 없어 송사를 마칠 기약이 없고 오히려 간사한
   술책에 빠져)
   本道亦 兩邊元情 及 各年相訟作文 詳盡推閱 啓聞爲良在乙 <1568.3.27. 掌隷院回啓
   (防啓) 眉巖日記 1568.3.29. 後記> (해당 도에서 양쪽의 원정 및 각 해의 소송
   문서를 상세히 추심 열람하여 啓를 올린 바 있거늘)

'作退'는 '문서를 물리는 일'을 가리킨다. 이것은 문서를 지칭하는 '질'(作)과 물린다는 한자어 '退'가 합성된 혼종어이다. (22ㄱ)이 그에 속하는 예인데, '作退'는 (22ㄴ)에서 보

듯 '葉作退給'을 줄여 만든 단어로 추정된다.

(22) ㄱ. 施行爲有置有等以 葉作粘連 作退向事 合行立案者 <1469 田養智妻河氏傳准立
案粘連文書 2-45~46> (시행하여 있는 것이기 때문에 낱장의 문서가 점
련된 문서들을 물리는 일로서 입안을 행하기에 마땅함)
葉作粘連 斜給 作退爲遣 合行立案者 <1593 奴婢買得立案 정33-347 15~16>
(낱장의 문서가 점련된 것을 확인하여 주며 문서는 물리고 (이에) 입안
을 행하는 것임)
ㄴ. 侍養子 金受徵處 永 〃 斜給 葉作退給爲乎 事 <1587 立案 영1-131 10~11>
(시양자인 金受徵에게 영구히 확인하여 주며 낱장 문서들은 되돌려 주는
일임)

'作還' 역시 '作退'의 유의어라 할 수 있다. '문서를 돌려준다'는 뜻으로 사용된 혼종어
이다. (23)은 司憲府에서 學生 沈彦冲에게 문서를 되돌려 주고 朝謝를 마친 후 다른 관아
즉 兵曹로 關을 보냈다는 내용의 關文을 전재한 뒤에 兵曹에서 沈彦冲에게 帖을 내린 것
이다. 이때 '作還'이 '作退'와 유사한 의미로 사용된 용례인데 이후 자료에서는 '作還'의
용례를 찾기 힘들다. '作退'가 보편적으로 사용된 데에서 기인한 듯하다.

(23) 學生沈彦冲 作還 朝謝 由 移關爲㫆 行合下 須至帖者 <1409 沈彦冲朝謝帖 03~04>
(학생 沈彦冲에게 문서를 되돌려 주며 조사를 마치고 이관함이라 하여서 하
달함이 마땅하기에 모름지기 帖에 이른 것임)

12) 尺文

尺文은 '자문'으로 읽힌다. 관아에서 조세나 雜物 따위를 받아들이고 그 증명으로 내어
주는 조그만 문서 또는 영수증을 가리킨다. 거짓尺文을 가리켜 '虛尺文'이라 지칭한 용례
도 발견된다. (24)는 尺文의 뜻풀이 및 독음과 관련한 자료들이며, (25)는 그 용례이다. 특
히 주목되는 것은 (25ㄷ)에서는 문서의 명칭을 분명히 밝히고 있다는 점이다. 이 尺文은
慶州府에서 무과 급제자인 孫時가 免新을 위해 正米 6말을 납부한 데 대한 영수증이다.[61]

(24) 凡人納物官府 官府書所納物件以給 謂之尺文 <睿宗實錄 7 1년 8월 丁卯>

---

61) 자세한 논의는 박홍갑(2000) 참조. '免新'을 '免身'으로 적은 것은 音이 같은 字로 대신하여 쓰는 즉, 取音
에 따른 異表記로 판단된다.

凡雜物納官之後 必以小紙成標 以憑驗考 名曰尺文 蓋方言也 <明宗實錄 32 21년 4월 辛未>

尺文 자문 0 捧上官標也 <吏讀便覽 行用吏文>

尺文 今外邑人上納各衙門手標稱爲자문 <古今釋林 권21 東韓譯語>

(25) ㄱ. 此亦中 官司納貢稅軍粮 尺文帖字果 <直解 02.04ㅈ> (이에 관아에 납부하는 稅貢과 군량에 대한 자문 및 첩문과)

　　 ㄴ. 監臨官亦 次知員吏等乙 同議爲 足納爲 樣以 虛尺文 成給爲在乙良 <直解 07.04 ㅎ～05ㅈ> (현장 감독관이 담당한 관원과 서리 등과 함께 의논하여 다 납부한 것처럼 거짓자문을 만들어 준 경우에는)

　　 ㄷ. 乙未二月十六日慶州府尺文 <1595 尺文 정32-348 01> (을미년 2월 16일자 경주부의 자문)

尺文과 관련하여 고찰해 볼 이두어는 '上下'이다. '上下'에서 주된 의미 기능은 '下'가 담당하고 있다. '上'은 字意와 상관없이 차용된, 音假字로 추정되며 '자'로 읽을 수 있다 <홍순탁 1974:92 및 朴喜淑 1985:65 참조>. 尺文의 '尺' 역시 '자'로 읽히는데, 이 경우에는 '尺'이 중심의미로 기능한다. '尺'은 중세어 문헌에서 '자ㅎ'로 나타난다. 국어에서는 명사와 동사 어간이 서로 일치하는 현상이 있다. '비'(腹), '빗'(梳) 등이 그 예이다<李基文 1972:144>. 중세국어의 '자ㅎ' 역시 그 예 중의 하나였을 가능성이 있어 보인다. 즉, '*쟣' 을 재구할 수 있다. 현대어의 '재다'에 이어지는 중세국어의 동사는 '자히-'이지만 이는 접미사가 결합하여 파생된 형태이므로 그 이전의 어형을 '*쟣-'으로 볼 수 있다. 이 재구형에 다른 한자어가 결합한 단어가 위의 이두어들이라 생각한다. 上下는 '*쟣＋下'이고 尺文은 '*쟣＋文'으로 분석된다. 尺文의 경우엔 '*쟣-'이 중심의미 중의 하나이므로 訓借字를 사용한 것이며, '받자'로 읽히는 捧上에서의 '上' 역시 본래 '*쟣'에서 유래한 것으로 추정된다. 다만 '外上, 還上' 등에서의 '上'의 경우는 약간 다른 면이 있다. 이들은 '*쟣'에 직접 이어지는 것이 아니다. '*쟣'의 의미가 확산되어 官衙에서 주고 받는 糧穀을 뜻하게 됨에 따라 나중에 형성된 것일 터이므로 기원적인 '*쟣'과는 별도의 어형으로 보아야 할 것이다.

13) 頉下

『字典釋要』는 '頉'을 '養也 기를 이'로 풀이하되, 國字로 쓰일 경우에는 '故也 연고 탈'

로 새겨 놓았다. 이두어 頉下는 『大明律直解』에서 두 가지 의미로 쓰였다. 하나는, '탈'의 뜻으로만 사용되었다. 어떤 일의 緣故나 緣由를 가리키는 것인데, 이 경우 頉下의 '下' 자에는 뚜렷한 사용의미가 잘 드러나지 않는 특징이 있다. 말하자면 '頉下 ≒ 頉'인 셈이다. 다른 하나는, 朴喜淑(1985:95)에서와 같이 '事故에 대한 事由記載'를 뜻한다. 이 경우에는 결국 사고에 대한 책임을 免하게 한다는 뜻을 아우르게 된다. 이는 '下' 字가 일반적으로 '내려 주다, 처분하여 주다'는 의미기능을 갖고 있는 것과 부합되는 것이다.

『大明律直解』에서 (26ㄱ)은 頉下가 전자의 의미로, (26ㄴ)은 후자의 의미로 사용된 것이다. (26ㄴ)에서와 같은 용법으로 쓰인 頉下는 尙書都官貼(1262년)에 처음 나타난다.

(26) ㄱ. 典賣人亦 雜頉下 推遣 延拖 還給 不冬爲在乙良 <直解 05.05ㅈ> (산 사람이 이런저런 탈로써 미루고 질질 끌며 돌려주지 않는 경우에는)
凡 近侍官員亦 上前朝見 進叱有臥乎 官員人等乙 雜頉下乙 用良 親見 不得爲只 爲 遮當爲在乙良 斬齊 <直解 12.03ㅎ> (무릇 가까이 모시는 관원이 임금 앞에 뵙고자 나와 있는 관원 등을 이런저런 탈을 가지고 친견하지 못하도록 막는 경우에는 참형에 처하며)
軍馬亦 彼境良中 臨戰爲有去乙 雜頉下 憑據 定日不及爲在乙良 <直解 14.04ㅎ> (군마가 적의 경계에 임전했거늘 이런저런 탈에 의거하여 정해진 날에 도착하지 않을 경우에는)

ㄴ. 未收乙良 字細 重記 頉下 施行 假捧上爲遣 <直解 07.05ㅎ> (수납하지 못한 것은 자세히 중기에 사고처리하여 시행하여 임시로 받고)
官吏亦 重記 虛頉下 施行爲弥 <直解 07.08ㅈ> (관리가 중기를 거짓으로 사고처리하여 시행하며)
並只 文簿良中 頉下 施行爲弥 <直解 22.03ㅈ> (모두 장부에 사고처리하여 시행하며)

頉下의 두 가지 용법은 조선 전기의 문서 및 등록류에 그대로 이어지는 모습을 보인다.

(27) 凡 軍士三十名內 一名闕點 或軍裝十名內 二名有頉下者 軍官 及 營吏乙良 以制書有違律 <1558 兵曹啓目 各司受敎 103> (무릇 군사 30명 중 1명이 점고에 빠지거나 군장 검사 대상 10명 중 2명이 탈이 있으면 군관 및 영리는 制書有違律로써)
各官備納貢物 各其司下人等 雖極品好 百般稱頉下 必令見退 務欲權歸防納之手 至爲痛憤 <戶曹受敎 各司受敎 15> (각 관에서 준비하여 납부하는 공물에 대해 그 관사의 하인들이 비록 품질이 매우 좋더라도 백방으로 탈을 잡아 반드시 퇴

짜 맞게 하여 방납인들의 손에 권한이 돌아가도록 힘쓰니 지극히 원통합니다)
向前 遺漏逃亡是如 雜頉下 未分奴婢乙 <1543 和會文記 성암고서박물관 06> (앞
서 누락되고 도망했다고 하여 이런저런 탈로써 나누지 못한 노비를)

(28) ㄱ. 買得爲有在 李浚亦中 斜給爲遣 後次 頉下爲置 合行立案者 <1583 永川郡立案
영2-278 08~10> (사서 얻은 李浚에게 증명하여 주고 뒷일을 위해 사고
처리하여 두며 (이에) 입안하는 것임)

ㄴ. 背頉下 葉作粘連□…□ <1580 立案 정33-333 06> (뒷면에 사고 내용을
기록하고 낱장의 문서들이 점련□…□)

ㄷ. 向前 文記內 他衿 他奴婢 幷付乙仍于 本文記 後背良中 頉下 施行 葉作粘連 狀
者 孫光曙亦中 斜給爲遣 合行立案者 <1526 粘連立案 정32-264 54~57> (앞
서의 문서 안에 다른 사람의 몫과 다른 노비들이 함께 붙어있기 때문에
본문기의 뒷면에 사고 내용을 기재하여 시행하며 낱장의 점련된 문서들
은 청원인 孫光曙에게 확인하여 주고 (이에) 입안을 행함)

(27)은 頉下가 단순히 '탈'을 지칭하는 용법으로 쓰인 예들이고, (28)은 '탈이 있어 그
사유 등을 적은 것'을 가키킨다. (28ㄴ)에는 '背頉下'라는 표현이 나오는데 (28ㄷ)에서
'本文記 後背良中 頉下'의 용례에서 그 뜻을 잘 설명하고 있는 셈이다. '背頉下'는 분재문
기나 매매문기 등에서 변동 사항이 생긴 내용에 대한 부분을 표시 또는 말소 즉, 爻周하
고 문서의 배면에 그 사유를 기재하는 것을 가리킨다.

한편 '頉을 보고하는 일'을 일컬어 '頉報'라고 한 예도 발견된다. (29)가 그 예이다.

(29) 修理後三四年內 頹毀色退是如 頉報爲良在等 <1558 예조계목 각사수교 54> (수
리 후 3~4년 안에 무너지거나 색이 바랬다고 탈난 일을 보고하였거든)

1.2 형식명사

자립하여 쓰이지 못하는 명사 즉, 형식명사[62] 중 數量單位로 사용되는 것들은 본고의 논
의에서 제외한다. 結, 卜/負 등 田地와 곡식의 양을 세는 단위들 중 일부에 대하여는 실질명
사 중 고유어에서 다룬 바 있다. 이 밖에도 '件·同·匹·道·間·口·息·訥' 등 길이

---

62) 학교문법에서의 의존명사를 가리킨다.

및 낱개를 세는 단위명사들[63])이 있으나 본고에서는 이들에 대한 논의는 제외하기로 한다.

1) 等

이두자 等은 중세국어의 형식명사 'ᄃᆞ' 또는 이것에 대격 조사 '-ㄹ' 또는 주제화 첨사 '-ㄴ'이 덧붙은 형태에 해당한다. 이들 중 어느것이 통합된 것인가는 문맥에 의거하여 파악해야 한다. 等 역시 喩와 마찬가지로 일반적으로 동명사 어미 뒤에서 사용된다. 이 等에는 조격 어미 -以가 통합되어 원인을 나타내는 부사어로 기능한다. 따라서 等以는 대체로 '…인 까닭에, …하기 때문에' 등과 같이 풀이되는데, 15세기 국어의 '이런 ᄃᆞ로'에서의 'ᄃᆞ로'에 정확히 일치된다. 等以는 때때로 다음의 (1)과 같이 '等乙以'로 정밀표기되기도 한다. 어미로 사용되는 -去等은 원래 '-去乙 等'에서 유래한 것으로서 이 경우의 '等' 역시 형식명사에 주제화 첨사 '-ㄴ'이 덧붙은 것으로 파악된다. (2)가 그 예 중의 일부이다.

(1) 同 順伊 崔氏祭祀條以 明白書塡是乎 等乙以 崔興祥亦 自知不干 無言退去爲乎矣
    <1560 慶州府立案 정32-279 所志 7～8> (위 順伊는 최씨 제사조로 문서로 분명히 했기 때문에 崔興祥이 관여하지 못함을 스스로 알고 말 없이 물러가되)
    或發指斥之言爲白乎 等乙以 <1592.10. 狀啓 農圃集 1.54ㅎ/3.23ㅎ> (때론 짚어서 탓하는 말을 하옵기 때문에)

(2) 或以賤妾子以 被奪其上典爲有去乙等 以此文內辭緣 告官 還本孫爲乎事 <1452 李遇陽許與文記 27～28> (혹 천첩의 자식으로서 그 상전에게 (재산을) 빼앗겼거든 이 문서 안의 사연으로써 관에 고하여 본손에게 되돌릴 것)
    逃亡遺漏奴婢 及 田畓 有去乙等 現出爲乎 追乎 <1480 김광려남매화회문기 37> (도망하거나 빠진 노비 및 전답이 있거든 드러나는 것을 좇아)
    萬一 別爲所 有去乙等 文記內 貌如 告官卞正者 <1551 分財記 국립도서관 10～11> (만일 별난 바 있거든 문서 내용과 같이 관에 고하여 바로잡을 것)
    後次 他子孫等亦 爭望爲去乙等 此 文內乙 用良 辨正爲乎 事 <1561 別給文記 영 1-191 05～06> (후에 다른 자손들이 다투고 원망하거든 이 문서 내용을 가지고 바로잡을 일)

형식명사 'ᄃᆞ'는 때로 계사에 연결되고 주제화의 기능을 하는 요소가 덧붙어 '…ㄴ 것이니'라는 문맥적 의미를 드러내기도 한다.

---

63) 이두의 수량단위 형식명사에 대한 논의는 吳昌命(1995ㄱ)에서 비교적 자세히 다룬 바 있다.

(3) …參拾捌負乙 賜與爲臥乎 <u>事是等</u> 子孫 傳持 鎭長 喫持是良於爲 敎 <1399 趙溫賜牌
08> (…38짐을 내려주는 일이니 자손에게 전하여 갖게 하며 오래도록 먹고
지니도록 하심)

賜給爲臥乎 <u>事是等</u> 子孫傳持者 <1401 曹恰賜牌 06~07> (내려주는 것이니 자손
에게 전하여 지닐 것)

施行爲臥乎 <u>事是等</u> 後所生以 新反 文字 前所生 幷以 執持 使用爲乎 事是亦 在
<1404 張戩妻辛氏同生和會文記 14~15> (시행하는 일이니 후소생으로부터 새
문서 전의 소생까지 아울러 지녀 사용할 일이 있음)

위의 '事是等'은 '명사＋계사＋-ㄴ＋ᄃ＋주제화 첨사'로 분석된다. 명사는 본래 2음
절 단어로서 事是로 표기되던 것이었으나 점차 1음절로 재구조화됨으로 말미암아 事만으
로 표기되었던 것으로 판단된다. 따라서 본래는 명사의 말음 표기자와 계사 어간 표기자
가 함께 나타나 '*事是是等'으로 표기될 법하나 중복된 자를 탈락시킨 것이라 본다. 계사
뒤에 통합되는 관형사형 어미 '-ㄴ'은 이두 표기에서 거의 드러내지 않으므로 별도의 표
기자가 없다. 그리고 마지막의 주제화 첨사는 미연형 '-ㄹ' 또는 기연형 '-ㄴ' 중의 어느
쪽도 가능했을 것으로 사료된다.

2) 味

味는 후대 이두 학습서들에서 '미'로 음독한 경우가 없지 않으나,[64] 대체로 '맛'으로
새겨 읽었다. 15세기 국어에서 '맛'은 명사로서 '음식' 또는 '음식의 맛'을 지칭하나, 현
대어의 '뜻'과 유사한 의미를 아울러 갖고 있었다. 후자의 경우 '맛'은 15세기 국어의 한
자어 '意味', 고유어 '뜯맛'으로 풀이된다.[65]

15세기 국어의 '맛'에 일치하는 형태인 이두자 味는 자립명사로 쓰인 예가 발견되지
않는다. 따라서 본래 실질명사였을 것으로 추정되나, 이두문에서의 용법을 중시하여 형식
명사로 다룬다. 味는 10세기 이두 자료에서부터 나타난다.

(4) ㄱ. 衆矣 白賜臥乎 皃如 加知谷寺谷中 入 成造爲賜臥亦之 白臥乎 <u>味</u> 及白 <941 慈
寂禪師碑陰 03~04> (여러 사람이 말씀하신 바와 같이 加知谷의 寺谷에 들
어 조성하신 것이다라고 아뢴 뜻을 나아와 아뢰니)

---

64) 右味 올우미 <五洲衍文長箋散稿 권48 語錄辯證說>
65) 마손 뜯마시라(味ᄂᆞᆫ 意味也ㅣ라) <楞嚴經諺解 6.56ㅎ>

ㄴ. …是乎 味 答通是乎等用良 <1480 金孝之妻黃氏奴婢許與立案粘連文書 5-09>
(…라는 내용의 답통을 가지고)

孝盧矣 身乙 出後令是白良結 禮曹 呈所志爲白乎 味 答通是白齊 <1480 金孝盧
繼後禮曹立案 13> (孝盧의 몸을 계후로 나가게 하고 싶습니다라고 예조에
소지를 올린 취지 (그대로의) 답통입니다)

(5) ㄱ. 右如 教 味 出納是白置有良尒 <1398 張哲錄券 023> (위와 같이 하신 뜻의
출납이 있기에)

/教旨內 貌如 使內只爲 行移向事 堂上立案 教 味 關是白齊 <1459 李禛錄券 1ㅎ>
(교지의 내용대로 행하도록 행이할 일. 당상이 입안함. 이라 하신 취지의
관입니다)

眞僞乙良 買得文記 相考 依法贖身教 味 條目是齋 <1532 立案 영2-332 111~
112> (진위는 매매하여 얻은 문서를 상고하여 법에 따라 속신하시라는
뜻의 조목이다)

ㄴ. 眞僞 相考 記下向教是事 右味 /知乎白次 <1480 金孝之妻黃氏奴婢許與立案粘連
文書 3-9~11> (진위를 살펴 기재하여 주실 일로서 이러한 취지를 알리
고자 아룁니다)

同 許與 相考 施行向教是事 右味 /聞是白次 <1469 田養智妻河氏粘連 2-35~
36> (위 허여문기를 상고하여 시행하실 일이라는 이러한 내용을 들려 드
리고자 아룁니다)

科科 相考 施行向教是事 右味 /知乎白次 <1480 金孝之妻黃氏許與立案粘連文書
2-08~10> (낱낱이 상고하여 시행하실 일이라는 이러한 내용을 알리고
자 아룁니다)

某乙 用良 證筆 成文 放賣教是 喩 備納相考 /記下向教是事 右味 /聞是白次
<1521 公緘 정32-260 07~10> (누구를 써서 증인과 필집으로 문서를 작
성하여 방매하셨는지 갖추어 낸 문서들을 살펴 기재해 주실 일이라는 이
러한 내용을 들려 드리고자 아룁니다)

위 예문은 모두 味가 선행 요소의 수식을 받는 구조로 되어 있다. (4ㄱ)은 10세기 이두
자료에서의 용례인데 동일한 통사구조를 보이는 용례가 15세기 자료에서 발견된다. (5ㄴ)
의 '右味' 역시 다른 용례들로 미루어 보아 '右'와 '味' 사이에 동명사 어미 '-ㄴ'의 존재
가 개입되었을 개연성이 높다. '味'는 대체로 '意味, 뜻, 趣旨'의 뜻으로 풀이된다.

3) 分

사람을 높여 일컫는 형식명사 '분'에 일치하는 이두자로 分이 16세기 이두 자료에서 발견된다. 따라서 分은 音假字에 해당된다.

(6) ㄱ. 鄕吏鞠景仁等 唱首作亂 王子君兩分 及 上洛府院君金貴榮 …… 等乙 捉給倭
賊 <1592.9.20. 狀啓 農圃集 1.43/3.15ㅈ> (향리 국경인 등이 앞장서 난을 일
으켜 왕자님 두 분 및 上洛府院君 金貴榮 …· 등을 잡아서 왜적에게 주니)
王子君兩分 及 陪來 領府事… <1592.10.14. 狀啓 農圃集 1.48ㅈ/3.19ㅈ> (왕
자님 두 분 및 모시고 온 영부사 …)
ㄴ. 同 王子兩分 及 夫人 與 領府事… <1592.10.14. 狀啓 農圃集 1.48ㅎ/3.19
ㅈ> (위 왕자 두 분 및 부인과 더불어 영부사…)

'王子'는 한 칸 띄우는 空格을 행하여 높임 표시를 하고 있음은 물론이다. 동일한 성격의 자료임에도 불구하고 (6ㄱ)은 '王子君'으로, (6ㄴ)에서는 '君' 자 없이 '王子'만으로 적고 있는 점이 눈에 띈다.

4) 所

所는 형식명사 '바'에 일치하는 이두자이다. 조선 초기 이두에서 所는 예외 없이 동명사 어미에 후행하는 것으로 판단된다. 이는 고려 시대 이두에서도 거의 같다고 하겠다.

(7) ㄱ. 王室乙 廢殆令是白乎 所 無齊 <1262 尙書都官貼 81> (왕실을 폐지하거나 위
태롭게 한 바는 없으며)
命世之臣 盡忠奮義 佐命開國爲白乎 所 <1392 李和開國功臣錄券 67~68> (一
世의 뛰어난 신하들이 충성과 의협심을 떨쳐 천명을 도와 개국하온 바)
婢語從身乙 放賣爲白乎 所 的只白乎 事良尒 <1521 答通 정32-260 03> (계집
종 語從의 몸을 방매하온 바가 확실하온 일이기에)
ㄴ. 其中 父祖 別爲 所 有在 員等乙良 己身分 不喩 子孫良中 至亦 <1262 尙書都官
貼 14~15> (그 중 조상이 특별한 바 있는 이들은 그 몸만 아니라 자손
에 이르기까지)
後次 別爲 所 有去等 此 文字內 事意乙 用良 <1401 太祖賜給旀致家舍文書 07>
(후에 모난 일이 있거든 이 문서 안의 내용으로써)
後次 子息族類等亦 別爲 所 有去等 此 文記內 告官辨正爲乎 事 <1543 점련입

안 정32-271 04~05> (후에 자식 친족들이 모난 바 있게 하거든 이 문서 내용으로 관에 고하여 바로잡을 일)

ㄷ. 出父崔忠獻 一例良中 竝論敎 所 不喩去 有在等以 <1262 尙書都官貼 83~84> (생부 崔忠獻과 한 가지로 함께 논하실 바가 아니겠기에)

奴終同等乙 都目狀良中 幷錄敎 所 加于 悶望爲白乎等用良 <1461 河源所志 1-04 ~05> (사내종 終同 등을 都目狀에 함께 기록하신 바 더욱 민망하온 까닭에)

ㄹ. 其矣 出子 奴 龍萬亦中 傳許與 不得 身故爲良㫆 無文證爲乎 所 不喩良尒 <1382 南氏奴婢文書 7~8> (자기의 낳은 자식인 사내종 龍萬에게 전해 주지 못하고 죽었으며 (이에 따라) 문서로 증명할 바가 없어서)

(7ㄱ)은 의도법 어미 '乎' 뒤에 '所'가 쓰였는데 '乎'에는 동명사 어미를 補塡하여 읽어야 한다. (7ㄴ)과 (7ㄷ) 역시 동명사 어미를 '別爲'와 '敎'에 보충하여 읽어야 한다. 그런데 (7ㄹ)에서는 기연형의 어미 '-ㄴ'이 덧붙는 다른 용례들과 달리 미연형 어미 '-ㄹ'을 보충하여 읽어야 된다고 판단된다.

5) 是

국어의 형식명사 '이'에 해당하는 吏讀字로 是가 간혹 쓰인다. 이것은 현대어의 형식명사 '이'와 마찬가지로 사람을 일컫는 경우와 사물을 일컫는 '것'에 해당하는 경우가 있다.

(8) ㄱ. 數灸件記乙 已入官准受爲 是果 及 謀反逆叛乙 犯爲在 財産乙良 並只 不許免赦齊 <直解 01.25ㅈ> (수효 件記를 이미 관에 들여 받아들인 이와 또 모반과 반역을 범한 이의 재산은 모두 사면을 불허하며)

ㄴ. 知情 不冬爲在 是果 文案良中 同着署 不冬爲在乙良 不論罪爲乎 事 <直解 03.09ㅈ> (사정을 알지 못한 이와 문안에 같이 서명하지 않은 경우에는 죄를 논하지 말 일)

ㄷ. 一人亦 犯數罪爲乎矣 枉法不枉法贓 如爲在 理合沒官爲 是果 器物破毁爲 理合生徵爲 是果 …… 罪止杖一百流三千里爲 是果乙 各盡本法擬斷 <直解 01.30ㅎ> (한 사람이 여러 죄를 범하되 枉法贓이나 不枉法贓 같은 관에 몰수해야 마땅한 것과 기물을 파손하여 징수해야 할 것과 …… 죄가 杖一百流三千里에 그치는 것을 각각 본래의 법에 따라 단죄한다)

其所犯御名廟諱弋只 聲音相似爲遣 字樣各別爲 是果 及 二字良中 一字叱分 觸犯爲在乙良 皆不論罪齊 <直解 03.03ㅎ> (임금의 이름이나 묘호를 범한 것이 소리가 서로 비슷하고 글자 모양은 각별히 다른 것 및 두 자 중 한 자만

이 저촉된 경우에는 모두 죄를 논하지 않으며)

子孫亦 祖父母父母亦中 許給爲 是果 奴婢果 身役人亦 本主 及 家長亦中 許給爲
在乙良 <直解 28.04ㅈ> (자손이 조부모나 부모에게 준 것과 노비와 고용
인이 본 주인 및 가장에게 준 경우에는)

위 (8)의 예들은 모두 형식명사 '이'에 해당하는 '是'의 용례를 보여 준다(홍순탁 1974:29
및 韓相仁 1993:23 참조). 그런데 (8ㄱ, ㄴ)의 경우엔 형식명사 是가 사람을 가리키지만, (8ㄷ)
의 경우엔 일반 사물을 지칭하는 것으로 파악된다. (8ㄷ)의 '爲在 是果'는 'ᄒ+겨+ㄴ
이+와'로 분석되어 '是'가 형식명사로 쓰인 것이다<韓相仁(1993:23) 참조>. 爲在是果는
경우에 따라 국어의 '하거니와' 정도로 해석하는 경우도 있을 것이나, 위 용례는 이에 해
당되지 않는다. '하거니와'에 대응하는 이두어는 '爲在果'로 쓰이는 것이 보편적이다.

6) 樣

樣은 15세기 국어의 '양'에 해당한다. '양'은 선행요소 없이 단독으로 사용되지 못하므
로 의존명사[66]로 분류되어야 할 것이다. '양'은 고유어가 아니라 한자어 樣으로 추정된
다. 樣은 관형어의 수식을 받는데, 이 관형어 중에는 '이, 그, 저'와 같은 지시어가 포함될
뿐만 아니라 명사가 직접 수식하기도 한다. 명사 뒤에 후행하는 樣의 경우에는 일종의 접
미사적인 용법을 지니게 되는데 본고에서는 논의 대상으로 하지 않는다.

(9) ㄱ. 生存爲在 祖父母 及 父母乙 身故爲乎 樣以 妄稱爲行臥乎 事 <直解 01.05ㅎ>
        (생존한 조부모 및 부모를 죽은 것처럼 망령되게 칭하는 일)
        重罪乙 輕罪是乎 樣以 申報爲在乙良 <直解 02.07ㅎ> (중죄를 경죄인 양으로
        위에 보고한 경우에는)
        其 三寸叔 萬同 符同 無子息爲乎 樣以 朦朧白活爲如乎 所 至爲奸詐爲昆
        <1547.4.14. 榮川郡守關文 紹修書院謄錄 16ㅈ> (저의 삼촌 숙부인 萬同과 한
        통속으로 자식이 없는 것처럼 몽롱하게 진술한바 지극히 간사하니)
     ㄴ. 各 作者等亦 起耕田乙 庫員互相改易 水旱損實爲 樣以 妄告爲在乙良 <直解
        05.03ㅈ> (각각의 농사지은 자들이 수확이 많은 밭을 장소를 서로 바꿔
        수재와 가뭄으로 손실을 본 것처럼 거짓 신고하걸랑)

---

66) '樣'은 독자적인 의미를 항상 갖고 있으므로 형식명사라는 명칭이 부적절하다고 판단되어 의존명사로 쓴
   다. 다른 형식명사들 중에도 이런 요소가 있으나 별다른 문제가 없을 경우에는 형식명사로 부르기로 한다.

ㄷ. 蚕亦 稍飢爲良沙 取食爲 樣是置有等以 其間事意 詳審 使內 <양잠 36ㅈ> (누
에가 조금 굶주려야만 먹을 것을 취하는 모습이 있을 것이므로 그 간의
상황을 자세히 살펴 행할 것)

ㄹ. 外方遷徙付處 及 從便人等矣 家口置 此 樣以 使內齊 <直解 01.16ㅎ> (지방으
로 이주시키는 곳 및 따라가는 사람들의 가구도 이처럼 행하며)
必干 數多爲良置 並只 此 樣以 詳審 使內 <양잠 38ㅈ> (비록 수가 많다 하
더라도 모두 이처럼 자세히 살펴 행할 것)
此 樣 七道 成置 同生等 各執 <1510 分財記 민속박물관> (이와 같이 7통을
만들어서 형제들에게 각각 지니게 하되)
此 樣 三度 <1537 分財記 정32-358 10> (이대로 세 번)

ㅁ. 薪乙 前 樣以 掩覆. <양잠 39ㅎ> (섶을 앞서 한 대로 덮어 가린다)

(9ㄱ, ㄴ, ㄷ)은 모두 동명사 어미 뒤에 연결되어 쓰인 예이다. (9ㄹ)은 지시어 뒤에
쓰인 경우로서, '此樣以'은 '이 야ᅌᅩ로'(이 樣으로)로 읽혔을 듯하다. (9ㅁ)의 경우에는 '前'
의 수식을 받는데 이 경우엔 (9ㄷ)에 쓰인 '樣'과 마찬가지로 일반명사로 다룰 필요가 다
소 있다.

7) 喩

15세기 국어에는 형식명사 'ᄃᆞ'가 있다. 이것에 대응시킬 만한 이두자로 喩와 等이 있
다. 그러나 중세어 형식명사 'ᄃᆞ'와 이두자 '喩, 等' 사이에는 직접 연결시키기 어려운 요
소가 많아 숙고할 필요가 있다.

喩는 이두 학습서들에서 거의 예외없이 '디' 또는 '지'로 讀音하고 있다. 이 중 '지'는 구
개음화를 반영한 독음이므로 '디'가 좀 더 이른 시기의 어형임은 틀림없다. 喩가 '디'로 읽히
는 까닭은 한국한자음의 형성과 변천이라는 관점에서 좀 더 면밀히 살펴보아야 할 과제이다.

喩와 관련하여 우선 주목해야 할 점은 후대 이두 학습서들에서 이것을 一字類의 표제
어로 삼지 않고 있다는 사실이다. 이두자 印, 節, 同을 비롯하여 -亦, -乙, -以, -段과 같
은 격어미 또는 보조사들을 표제어로 삼은 것과 대비해 볼 때 분명히 다르다. 또한 喩 뒤
에 계사로 추정되는 '-是-'가 통합되는 일이 전혀 없고, 다만 부정사로 쓰이는 不喩 뒤에
서만 -是-가 쓰인다는 사실도 주목해야 할 것이다. 후술할 조선 초 녹권 중에 나오는 유
일한 용례 '敎喩是乃'의 '是'는 末音添記字이므로 제외된다.

不喩를 제외한 나머지 喩의 용법은 다음과 같이 세 가지로 이해된다.

첫째, '…喩#'로써 문장을 끝맺는 용법이다. 조선 초기 녹권들에는 국왕의 교시 내용을 열거한 다음에 그에 따라 처리한 결과를 마지막으로 품신하는 부분에서 '…爲良如敎喩乃…'로 적고 있다. 이 부분을 그 동안 대체로 '…하라고 하신 것이나' 정도로 풀이하였다. 이것은 무엇보다도 '喩乃'를 형식명사 '디'에 양보의 연결어미 '-이나'가 통합된 것으로 해석한 데에서 비롯한 것이었다. 이는 후대 이두 학습서들에서의 독음과 용법을 참조한 견해이기도 하다. 그런데 이런 해석은 그 뒤에 연결되는 문구와 호응하지 않는 문제점이 발생한다. 이 문제점은 근원은 '…爲良如敎喩乃…'에서 마지막 자 '乃'를 이두자로 본 착오라 판단된다. '…爲良如敎喩乃'는 대체로 '…ㅎ아다 이샨디'로 끊어 읽고 '乃'자는 그 뒤에 붙은 한자어로 풀어야 문맥에 맞다. (10)의 高麗末戶籍文書의 경우 역시 이와 마찬가지로 풀이된다. (10)에서 '乃' 자에 후행하는 '白'이 작은 자로 기재된 것은 '白'의 주체가 국왕이 아닌 점을 분명히 일러준다. 결국 '…ㄴ디#'로써 일단 문맥을 끊는 이른 시기의 용법을 반영한 것으로 보아야 할 것이다. 未然의 행위를 표현할 경우엔 '…ㄴ디#'가 '…ㄹ디#'로써 나타날 것인데 이를 암시하는 용례가 (12)라고 판단된다.

(10) 戶口 不付 奴婢 現露爲去等 並只 屬公爲良如 敎 喩 乃 白 右副代言正順大夫…
    <高麗末戶籍文書 둘째폭 10~11> (호구에 붙이지 못한 노비가 드러나거든
    모두 속공하여라 하신 것(으로서) 이에 아룀. 右副代言正順大夫…)

(11) 爲等如 使內 向事 出納各掌官爲良如 敎 喩 乃 謹錄申 /聞爲白乎亦中 <1392 李和
    錄券 126~128> (통틀어 시행할 일이라고 각각의 해당 관아에 출납하여라
    하신 것(으로서) 이에 삼가 기록하여 申聞하옴에)
    錄券 成給爲良如 敎 喩 乃 申 /聞爲白乎亦中 <1395 李原吉錄券 212~213>
    爲等如 使內向事 各掌官 行移爲良如 敎 喩 乃 謹具啓 /聞爲白乎亦中 <1459 李禎
    錄券 43ㅈ>

(12) …事意乙 用良 告官辨正爲乎 喩 乃 吾曾祖貞景公金士元 遺書內… <1429 金務都
    許與文記 10> (…내용을 가지고 관에 고하여 바로잡을 것(으로서) 이에 우리
    증조부인 貞景公 金士元의 유서 내용인즉 …)

둘째, 계사와 통합되는 문맥에서 사용된 '喩'이다. 安秉禧(1977ㄴ:10)에서도 喩는 '드'에 계사가 결합된 것으로 파악하였다. 중세국어의 형식명사 'ㅅ' 역시 '…홀 씨라'의 경우 '씨'(시)로 나타나는 바 이때 'ㅅ'에 통합된 '-ㅣ'는 주격 조사라기보다는 계사에 좀 더

부합되는 형태라는 사실도 감안할 필요가 있다.

(13) ㄱ. 合於死爲在 十惡罪囚果 及 强盜乙良 必于 無時 決斷爲乎 喻乃 禁刑日良中 決
斷爲在乙良 <直解 28.19ㅈ> (사죄에 합당한 十惡 죄수와 그리고 강도는
비록 일정한 때 없이 결단할 것이나 금형일에 결단한 경우에는)

ㄴ. 誣告人亦 實則貧窮爲 路次費用物色果 田宅放賣爲乎 價本乙 生徵 不得爲乎 喻
去等 <直解 22.04ㅎ> (무고인이 실은 빈궁하여 (피무고인의) 여비 및 물
건과 부동산을 방매한 값을 징납하지 못할 것이면)

ㄷ. …… 乎 喻在果 <1483 金孝盧繼後司憲府立案 19> (…… 것이거니와)
矣身乙 朝夕奉養 無異親子爲乎等用良 矣邊 田民 終當傳給爲乎 喻在果 <1537
粘連立案 정32-269 03> (이 몸을 아침저녁으로 봉양하여 친자식과 다름
없으므로 내 쪽의 전답과 노비를 마침내 당연히 전해 줄 것이거니와)

ㄹ. 須只 薪中間外面近處 向陽造作者 及 飛介上良中 造作者乙沙 擇取爲乎 喻尼
<양잠 3ㅈ> (모름지기 섶의 중간 바깥 면 근처에서 볕을 향해 만든 것
및 날개 위에서 만든 것만을 가려낼 것이니)

(14) ㄱ. 萬一 貧窮 賣食爲乎乙 喻良置 <1452 李遇陽許與 24> (만일 빈궁하여 팔아
먹을지라도)
必于 其矣 子孫數 不盛爲乎乙 喻良置 <1584~90 分財記 정49-205 165~
166> (비록 저의 자손 수가 무성하지 않을지라도)

ㄴ. 必于 父生時 子息是如 親說接對 不冬爲乎乙 喻良置 <1579 和會文記 영2-97
06~07> (비록 아버지 생시에 자식이라고 몸소 말씀하시며 상대하시지
않을지라도)

(13)은 모두 의도법 어미 '乎' 뒤에 '喻'가 쓰인 것들이다. 이 경우 '乎'에는 동명사 어
미가 통합된 것으로 이해하여야 하는데, (13)의 경우는 모두 (14)의 말음첨기를 보인 예들
에서 명시된 바와 같이 동명사 어미 '-ㄹ'을 보충하여 읽어야 한다. 그러나 아래 예문
(15)에서는 동명사 어미 '-ㄴ'을 넣어 읽어야 한다. 위 (13)과 (14)는 '喻'에 여러 가지 활
용 어미가 통합되는 양상을 보여 주는데, 이를 토대로 '喻'는 형식명사 'ᄃ'에 계사가 덧
붙은 것임을 알 수 있다.

(15) 右者亦 性行不順 不從家規 任意橫行 不孝論斷爲乎 喻在果 <1563 衿給文書『李朝
の財産相續法』 149 10> (위 사람이 성품과 행동이 불순하여 집안의 규약에
따르지 않고 임의로 멋대로 행동하여 불효로 논단한 것이거니와)

셋째, 중세어 형식명사 '디'에 정확히 일치하는 용법이다.

> (16) ㄱ. 爲等如 幾寸親戚以 繼後爲有臥乎 喩 相考 移文向事 <1483 金孝盧繼後司憲府
> 立案 47> (통틀어 몇 촌 친척으로 계후하였는지 상고하여 문서를 이송할 일)
> ㄴ. 某乙 用良 證筆 成文 放賣教是 喩 備納相考 記下向教是 事 <1521 公緘 정
> 32-260 06~09> (누구를 써서 증인과 필집으로 문서를 작성하여 방매하
> 셨는지 갖추어 낸 문서들을 살펴 기재해 주실 일)

(16ㄱ)의 '…臥乎 喩'는 현대어의 '…는지'에 해당하는 표현으로서 이때의 현대어 '지'
는 중세국어의 형식명사 '디'의 후대형이다. 그리고 (16ㄴ)의 '…教是 喩'에서는 '…教是'
에 관형사형 어미 '-ㄴ'이 덧붙은 것으로 판단된다. 양자 모두 喩와 그 앞에서 생략된 관
형사형 어미 '-ㄴ'을 보충하여 '…ㄴ디'로 읽어야 할 것이다. 이것이 현대어의 활용어미
'…ㄴ지'로 굳어진 것으로 이해된다. (16)에서의 喩는 문맥에 의존하여 대격으로 쓰인 것
으로 볼 수도 있으나, 다른 한편으로는 앞서 말한 첫 번째 용법과 마찬가지로 문맥을 일
단 끊는 역할도 하는 것으로 이해된다. 첫 번째 용법은 주로 평서형 종결의 기능을 하는
데 비하여 이 용법은 의문형 종결의 기능을 어느 정도 수행한다고 본다.

8) 第

이두자 第는 시간을 나타내는 명사에 통합되어 쓰일 때는 15세기 국어의 '자히/째히'에 대
응하며, 동명사 어미에 후행할 때는 '적, 제'에 대응한다<朴喜淑(1985:82~3) 및 安秉禧(1977
ㄴ:10)>. 전자는 현대어에서 '첫째, 둘째, …'의 '째'에 해당되는데, 이 경우의 '第'는 접미
사에 귀속된다. 이와 달리 후자의 용법은 형식명사에 속한다. 여기에서는 편의상 형식명
사에 묶어 함께 다룬다.

> (17) ㄱ. 九年第良中 一度乙 所犯輕重數爻乙 通考爲良沙 黜陟爲乎 事 <直解 01.10ㅈ>
> (저지른 죄의 가볍고 무거운 수효를 9년째에 한 번 통산하여 살피고 나
> 서야 내쫓을 것)
> 同 李氏亦 實爲丁亥年文記成置爲在如中 四年第 庚寅年分 婢敦之所生乙 祖母崔
> 氏亦中 別給爲去等 <1560 粘連立案 정32-279 242~243> (위 이씨가 실
> 제로 정해년(1527)에 문서를 만들어 둔 터에 4년째인 경인년(1530)에 계
> 집종 敦之의 소생을 할머니인 최씨에게 별급했다면)
> 蚕生 三日第 巳午時 蚕矣 佐伊乙 暫間 追良 手以 造心 分取… <양잠 30ㅈ>

(누에가 난 지 3일째 巳時와 午時에 누에의 자리를 잠깐 밀어 손으로 조
심해서 나눠 집어)

ㄴ. 擣末桑葉乙良 菉頭粉 給食後 二三度第 給食爲乎矣 <양잠 35ㅎ~36ㅈ> (찧
은 뽕잎은 녹두 가루를 급식한 후 두세 번째 급식하되)

(18) ㄱ. 凡 獄囚乙 推問爲乎 第亦中 訴告狀內乙 用良 推問爲乎矣 <直解 28.08ㅈ>
(무릇 죄수를 추문할 적에 고소장 내용을 가지고 추문하되)

萬一 右如 使內乎 第亦中 蚕身亦 互相 當擊乙 仍于 <양잠 28ㅈ> (만일 위
와 같이 행할 적에 누에 몸이 서로 부딪침으로 인해)

不給爲乎 第亦中 情意可矜 婢一口 及 田畓等乙 不計分數 和議 特給爲遣
<1566 和會文記 서울대고문서집진 190 09~10> (주지 못했을 때에 마음이
아파 계집종 1명 및 전답 등을 몫을 따지지 않고 화해하여 특별히 주고)

ㄴ. □□爲乎乙 第亦中 數小奴婢置 <1452 李遇陽許與 03> (□□할 적에 적은
수의 노비라도)

(17)의 第는 모두 현대어의 접미사 '-째'에 해당한다. (17ㄴ)의 용례를 보면, 반드시 시
간을 나타내는 명사뿐만 아니라 回數나 順番을 나타내는 명사 뒤에 쓰인 '第' 역시 '-째'
로 해석됨을 일러 준다. (18)은 동명사 어미 뒤에 사용된 형식명사 第로서 현대어의 '…
할 적에, …할 제'의 의미를 표출하는 경우이다. 이 경우 동명사 어미는 문맥에 따라 '-ㄴ'
또는 '-ㄹ'로 보충하여야 한다. (18ㄴ)에서는 '乙' 字가 '-ㄹ'을 분명히 표시하고 있는데,
이와 같이 동명사 어미를 분명히 드러내는 표기는 오히려 예외적이라 하겠다. 고려 시대
이두 자료에서는 尙書都官貼(1262년)에 '…敎 第亦中'의 용례가 있다.

9) 條

條는 일반적으로 개별명사에 속하지만 다른 명사 뒤에 통합할 경우에는 일종의 접미사처
럼 기능한다. 접미사로 쓰이는 條는 일종의 語根 형태라 할 만하다. 그런데『大明律直解』에
는 동명사 어미 뒤에 쓰여 국어의 '것'에 해당하는 의미 기능을 발휘하는 예가 둘 있다.
(19)에 쓰인 '…是乎 條'는 문장을 끝맺은 위치에 사용되었는데, 이것은 재산 관련 分財
및 매매문기에서 흔히 '…爲乎事'로 끝맺는 것과 일맥상통하는 용법이라 할 만하다.

(19) 家長分 坐罪 不冬爲臥乎 事段 他人乙 侵損爲于 等 用良 家長分 論罪爲乎 所 不喩
是乎 條 <直解 01.32ㅎ> (가장만 죄를 묻지 않는 일이란 타인을 침해하고 손

해를 입힌 것을 가지고 가장만 논죄할 바가 아니라는 것임)
須只 親問爲乎 所 不喩是乎 條 <直解 01.37ㅈ> (모름지기 위에 여쭐 바가 아
니라는 것임)

10) 次

次는 대체로 '때' 또는 '순서'를 나타내는 일반명사이다<朴喜淑 1985:88~89>. 그런데 다
른 명사 뒤에 통합되면 일종의 접미사와 같은 역할을 한다.

(20) 女矣身亦 無後寡婦以 身後諸事無依據 日夜哀泣爲有如乎 次 去丙子年十一月分 …
    <1518 定順王后託後書> (여자인 이 몸이 후사 없는 과부로서 죽은 후의 여러
    일을 의탁할 데 없어 밤낮으로 슬퍼 울던 차에 지난 병자년 11월에 …)
    余亦 早喪家翁 惟有二女 常懷寡獨之痛爲如乎 次 汝亦 外孫以 居長叱分 不喩…
    <1575 別給文記 영1-195 01~02> (내가 일찍 남편을 잃고 오직 두 딸만 있
    어 늘 홀어미로서의 고통을 안고 있던 차에 네가 외손으로서 함께 살며 자
    랄 뿐만 아니라…)

(20)은 '次'가 정확히 형식명사로 쓰인 예이다. 자립성이 없고 선행 관형구 또는 관형절
의 수식을 받는 명사이기 때문이다. (20)의 '次'는 대체로 시간 개념과 연관된 것으로서
대체로 '때'의 의미로 사용되었다. 그런데 명사에 직접 통합되어 쓰이는 경우가 있다. 다
음의 예들이 그에 해당되는데 이때엔 접미사로 기능하고 있을 뿐만 아니라 담고 있는 의
미도 조금 다르다.

(21) ㄱ. 各司亦 進來 推問次良中 隱藏 發送 不冬爲在乙良 <直解 01.12ㅎ> (각 관사
     가 나아오게 하여 추문하는 차에 숨겨두고 보내지 않는 경우에는>
    ㄴ. 前矣 移置次以 斷食 始眠蚕乙良 佐伊乙 暫間 追良 分取如大波獨 大他箔 分布
     爲有如可 <양잠 31ㅈ> (전에 옮겨두기 위해 단식했는데 잠들기 시작한
     누에는 자리를 잠깐 밀어 큰 바둑알만큼 나눠 집어서 다른 큰 누에채반
     에 펼쳐 두었다가)

(21ㄱ)의 '次'는 어느 정도 시간 개념을 지니고 있다. 한문 원문의 '…之際'에 대응하
는 번역어로 사용되었다는 사실이 이를 방증한다. 그러나 (21ㄴ)의 경우엔 '목적'의 의미
가 완연하다.

1음절 한자어와 통합되어 접미사로 기능하는 '次'의 경우엔 순서 개념과 연관된 '차례,

번'의 의미를 지닌 것들이 주로 쓰인다. (22)가 그 예이다. (22ㄱ)에 쓰인 '累次'는 한문식 표현에서 비교적 자주 발견된다. 엄밀히 말하자면 순서 개념은 그 앞에 선행하는 1음절 한자어가 지닌 의미일 뿐 '次'의 본질적인 의미는 아니라고 볼 소지도 있다. 그럼에도 불구하고 (22)의 '次'는 15세기 국어의 '둘찻, 세찻'에서의 '차'와 대응시킬 수 있을 듯하다.

(22) ㄱ. 右如 爲在 罪犯乙良 並只 累次以 減等科罪爲乎 事 <直解 01.14ㅎ> (위와 같이 한 범죄는 모두 여러 번 감등하여 과죄할 것)
ㄴ. 後次良中 他余雜談爲去等 此 明文內 貌如 告官辨正爲乎 事 <1553 土地明文 정32-487 03~04> (후에 다른 잡담하거든 이 명문의 내용과 같이 관에 고하여 바로잡을 것)
後次良中 用此文 辨正事 <1578 土地明文 영2-153-4 04> (후에 이 문서를 써서 바로잡을 일)

그런데 위 예문들에서의 '次'와 전혀 다른 용법이 이두문에서 발견된다.

(23) 日時 早晚 勿論 他箔 移置次. <양잠 30ㅎ> (날짜와 시간의 이르고 늦음에 상관 없이 다른 채반에 옮겨 둘 것)

(23)의 '移置次'는 문장 종결 위치에 쓰였다. 이 경우의 '次'는 얼핏 보아 서술어의 기능을 하는 '-이다' 또는 '-ㅎ다'에 해당하는 이두자가 생략된 것으로 해석할 수도 있다. 그러나 다음의 용례들을 보면 그렇게 단순하지 않음을 알 수 있다.

(24) ㄱ. 記下向教是事 右味 /知乎白次 <1480 金孝之妻黃氏奴婢許與立案粘連文書 3-10~11, 金孝盧奴婢別給立案粘連文書 4-07> (적어 주실 일이라는 이러한 내용을 알리고자 아룁니다)
ㄴ. 右味 /知乎白次 <1480 金孝之妻黃氏許與立案粘連文書 2-09~10, 金孝盧奴婢別給立案粘連文書 5-5~6> (이러한 뜻을 알리고자 아룁니다)

(25) ㄱ. 右味 /聞是白次 <1480 金孝之妻黃氏奴婢許與立案粘連文書 4-11~12> (이러한 뜻을 들려 드리고자 아룁니다)
成文許給爲乎 所 的是白乎 事 右謹 /聞是白次 <1517 立案 정1-583 03~04> (문서를 작성하여 준 바가 확실한 일로서 이에 삼가 들려 드리고자 아룁니다)
ㄴ. 右味 /聞是白乎 次 <1537 정32-269 答通 06~07> (이러한 뜻을 알려 드리고자 아룀)

(24)는 모두 答通 및 公緘의 맨 마지막에 쓰인 것들이다. (24ㄱ)은 公緘, (24ㄴ)은 공함에 대한 답신인 答通에 사용되었는데 양자가 같은 점으로 보아 '知乎白次'의 '白'은 경어법 형태소를 반영한 것이 아니라 동사 어간을 나타낸 것임이 자명하다. (25)는 모두 答通의 마지막 문구에 사용되었는데 (24)에서의 '知'와 마찬가지로 '聞' 자에 대하여 別行을 하고 있음이 주목된다. 이 경우의 '次'는 때나 순서의 의미로 풀이되지 않는다. 국어의 '…하는 것(임), …하는 바(임)' 정도의 문맥적 의미를 지닌다. 따라서 '次'가 형식명사로서 기능하고 있는 것으로 볼 여지가 있다. 이를 방증해 주는 것이 (25ㄴ)이다. (25ㄴ)의 '聞是白乎 次'는 16세기에 聞是白次의 용례들이 적잖이 발견되는 점에 비추어 보면 통례에 어긋난 용례인 듯하나 기원적인 형태를 보여줄 소지가 있다는 점에서 주목된다.

한 가지 특징은 '知乎-'와 '聞是-'는 본동사에서 파생된 동사의 어간으로 해석된다는 점이다. 이와 달리 '白'은 원래 본동사로 판단된다. '白次'는 '白等'과 같이 동사 어간에 직접 '次'가 통합된 구조로 이해되기 때문이다. 따라서 '知乎白-'과 '聞是白-'은 합성동사로서, 능동사가 아니라 사동과 피동을 겸하는 파생동사의 어간에 다시 동사 '숣-'이 합성된 것으로 본다. 이것은 앞서 말한 '…(乎) 喩', 그리고 '…爲乎事'과 마찬가지로 문장을 종결하는 기능을 갖는 것으로서 동사 어간 뒤에 직접 통합되어 쓰였으며, 이 경우의 '次'는 기원적으로 형식명사였다고 추정한다.

11) 限

이두자로 쓰인 限은 15세기 국어의 후치사 'ᄭ장'에 해당한다. 다만 이 경우 '爲限'이 한자 명사구로 쓰인 경우도 있으므로 유의해야 한다. 아래 (26)의 '…爲 限'은 15세기 국어로 '…홀 ᄭ장'으로 읽을 수 있다. 그러나 (27)에서의 '爲限'은 한문식 구성으로서 명사구로 기능하고 있다.

(26) 如前 不解爲去等 解凍爲 限 換水 再浸 <양잠 13ㅈ> (여전히 녹지 않거든 해동할 때까지 물을 갈아주고 다시 담근다)
又 冷水良中 身寒爲 限 立置爲齊 <1541 牛疫方 7ㅎ ~8ㅈ> (또 냉수에 몸이 찰때까지 세워 두며)
每所 部將一員弋只 軍士各三十名 率領 畢試爲 限 場屋四面 巡匝雜人禁止 <1552.1.16. 科擧事目 舊事目 8> (매 시험소마다 부장 1명이 군사 각 30명을 데리고 시험

마칠 때까지 시험장 장막 사면을 순찰하여 잡인을 금지시킨다)

(27) 大抵一年亦 三百六十日爲限是乎等用良 徒一年役錢以 准折贖罪齊 <直解 01.23ㅎ>
(대저 1년이 360일까지이므로 徒一年의 신역에 대한 돈으로 값을 쳐서 속전으로 받는다)
田地家舍買賣之限 並以 十五日爲限 而不立就訟之限爲白有臥乎等用良 <1548.4.27.
漢城府啓目 各司受敎 154> (전지와 가옥 매매의 한도는 모두 15일까지이나 訟庭에 나가는 기한을 정해 놓지 않았기 때문에)

2. 명사류 접사

1) -干

'-干'은 新羅의 王號인 麻立干에서와 같이 이미 오래 전부터 사용되던 字이다. 이는 또한 舒弗翰의 '-翰'과 동일한 어사일 가능성이 높다. '麻立干'의 '-干'이 이두어의 '-干'에 직접 이어지는 형태인지는 자못 의심스럽다. 조선초기 이두어에서의 '-干'은 賤役에 종사하는 사람을 나타낸다.

(1) 烽火干擧烽火者 國俗以身良役賤者 或稱干 或稱尺 <世宗實錄 1년 5월 26일 庚午>
(烽火干은 봉화를 드는 자인데 우리나라 민간에서 몸은 양인이나 천역에 종사하는 사람을 干 또는 尺이라 칭한다)

賤役에 종사하는 사람을 일컫는 접미사 '-干'이 덧붙어 파생된 명사로서 조선초기의 이두에 보이는 예로는 '處干'과 '鹽干'이 있다. '處干'은 小作人을 가리킨다<小倉進平 1929:456>. '處'는 '곧'으로 읽히며 田地가 위치한 장소를 뜻하므로 이것에 '-干'이 결합하여 형성된 복합어로서 고유어에 속한다고 본다. '鹽干'은 소금을 굽는 사람을 가리킨다. '處干'과 '鹽干'의 '-干'은 '-한'으로 읽혔던 듯하다<『吏讀集成』및 『校訂 大明律直解』참조>.

(2) ㄱ. 豪富之家亦 處干乙 用良 轎子乙 肩擔令是在乙良 <直解 17.07ㅈ> (부잣집이 處干을 써서 교자를 메게 한 경우에는)
家人 伴黨 舍主 爲頭處干等亦 威勢乙 憑杖 <直解 01.12ㅈ> (家人과 伴黨, 마

름, 우두머리處干 등이 위세를 빙자하여)

ㄴ. 軍民役 及 工匠 鹽干等 本役良中 定送爲乎 事 <直解 01.16ㅈ> (軍役 과 民役
및 工匠, 鹽干 등은 본래의 역에 돌려 보낼 일)

凡 軍民 驛子 鹽干 醫藥 占卜 工匠 樂工等 諸色人戶乙良 並只 戶籍以 定體爲乎
矣 <直解 04.03ㅈ> (무릇 군사와 양민, 驛人, 鹽干, 醫藥, 占卜, 工匠, 樂工
등의 여러 담당 호구는 모두 호적으로 신원을 정비해 두되)

2) -敎是

敎是는 곡용하는 존칭명사의 주격 조사에 쓰이기도 하고, 활용시에는 본동사이든 파생
접미사 또는 선어말어미로 사용되든 상관 없이 평칭의 서술 동사 '(-)爲-'에 대립하는 존
칭 서술어 표현에 사용되어 왔던 형태이다. 그러나 16세기에 들어 이들과 달리 접미사로
서 명사에 통합되어 쓰이기 시작한다. (3)에서 보듯 명사 뒤에 쓰인 '-敎是'는 주격 조사
가 아니라 단순한 존대표지로만 사용된 것이다.

(3) ㄱ. 去 丙子年 十一月分 魯山君敎是乙　賜祭爲白有乎矣 亦無依附 情理可憐爲乎等用良
<1518 定順王后託後書 02~03> (지난 병자년 11월에 魯山君님을 제사를 내
려 주셨으되 (그 혼령이) 여전히 의지할 데 없어 사정이 가련하기에)

ㄴ. 先母矣 父 金塘敎是亦 無後亡女己物是去 向入 <1583 정33-189 054~055>[67]
(돌아가신 어머니의 아버지인 金塘님이 후사 없이 죽은 딸의 물건인가 생
각하여)

同 新奴婢等乙 金士元父世佑敎是亦中 <1583 立案 정33-189 120> (위 신노비
들을 金士元의 아버지 金世佑씨에게)

金士亨 招內 訟官敎是乙 矣身 連族 聽訟未便是如 爲良置 矣身段 訟官果 妻邊十
寸之族是白在果 <1583 정33-189 99~100> (金士亨의 초사 안에 소송관님을
이 몸과 친족 관계라서 송사를 하기에 불편하다고 하여도 이 몸은 소송관
과 처 쪽으로 10촌이옵거니와)

領府事 府院君 承旨 等 夫人敎是等乙 <1592.10.14. 狀啓 農圃集 1.48ㅎ/3.19ㅈ>
(領府事와 부원군, 승지 등의 부인분들을)

위 예문 (3) 중의 '-敎是'는 국어의 존칭접미사 '-님'에 정확히 일치하는 자리에 쓰였
다. 이 예들은 결국 敎是가 존대표지로 널리 확산되어 가는 양상을 잘 드러내 준다 하겠

---

67) 『慶北地方古文書集成』 258에 李涵·金士元奴婢訴訟立案이란 이름으로 활자화하여 수록되었으며, 『古文
書集成』 33 영해 재령이씨편 (I)에 영인된 義城府 결송입안 중의 일부이다.

다. 존칭접미사의 기능을 지닌 -敎是의 용례로서는 (3ㄱ)이 처음인 듯하다. (3ㄱ)의 '魯山君敎是乙'에서는 대격 조사 '-乙'이 분명히 존재하므로 그 앞에 사용된 '敎是'가 주격 조사가 될 수 없음이 분명하기 때문이다. (3ㄴ)에서도 주격 조사와 여격 조사 그리고 대격 조사 앞에 사용된 -敎是는 '-님'에 정확히 일치하는 접미사이다.

(3)에서와 같은 용례가 있다고 해서 '敎是'를 '님'으로 읽지는 않았을 것이다. -敎是는 존칭 주격 조사로 사용되고 있을 뿐만 아니라, 후술할 바와 같이 동사 어간으로서, 또는 동사 어간 뒤에서도 사용되는 것이 보편적이기 때문이다. 중요한 사실은 결국 '敎是'는 존칭의 주격 표시 또는 동사 어간이나 본어간 뒤라는 특정한 환경에 국한되는 것이 아니라 일반적인 존대 표지로서 출발하였으며 점차 그 본래의 기능을 확산하여 갔다는 점이다.

3) -徒

-徒는 주로 인칭대명사에 덧붙어서 복수의 뜻을 나타내는 吏讀字이다. -徒는 15세기 국어의 복수접미사 '-내'에 대응한다. 그러나 그 용법상에는 차이가 있다. 15세기의 '-내'는 일반적으로 높임의 자질을 가진 명사나 대명사에 붙어 사용하나, 이두에서는 그러한 조건이 없다. -徒는 14세기 이두 자료에서도 발견된다.

(3) ㄱ. 右 謹言所志 矣徒段 直長同正尹光琠亦 子丹鶴亦中 奴婢許與成文良中 訂筆 使內 白乎 事是良尒 <1354 海南尹氏奴婢文書 네째면 2~4> (이에 삼가 소지를 아뢰오니, 우리네는 直長同正 尹光琠이 아들 丹鶴에게 노비를 허여하는 문서에 증인과 필집으로 부림을 받은 일이(있)어서)
矣徒段 全羅道 長城地 白巖寺乙 祖上 文貞公敎是 <1407 長城監務關字> (우리네 경우엔 전라도 장성 땅의 백암사를 조상인 文貞公께서)
奴婢乙 矣徒 各衿 遺言 許給敎是遣 許與 不得 去 己巳年分 身故敎是 後 矣徒 置 各 家翁 早世敎是㢱 <1404 張戩妻辛氏同生和會 02> (노비를 우리네 각각의 몫(에 대하여) 유언으로 준다고 허락하시고 허여하지 못한 채 지난 기사년에 돌아가신 후 우리네두 각각 바깥주인이 일직 돌아가셨으며)
其餘乙良 矣徒 三同生衿良中 成置文記 幷以 推納 相考 施行敎 事 <1560 粘連立案 정32-279> (그 나머지는 우리네 3형제 몫으로 만들어 둔 문서를 아울러 납부하오니 상고하여 시행하실 일임)
右謹言所志 矣徒段 <1599 所志 정32-133 02> (이에 삼가 소지를 아뢰오니, 우리네는)
ㄴ. 矣徒等亦 證筆執 使內白叱… <1464 金孝盧奴婢立案粘連文書 4-4> (우리네들

이 증인과 필집으로 使內白叱…)

矣徒等亦 女子 於余火亦 身死後 <1552 所志 정15-614> (우리네들이 딸자식
於余火이 죽은 후)

矣徒等亦 證筆人以 隨參 成文 的是白乎 事 <1583 奴婢明文 정3-369> (우리네
들이 증인과 필집으로 따라 참가하여 문서를 작성했음이 확실하온 일)

(4) ㄱ. 汝等徒 各 衿良中 奴婢 并 拾口式以 使用爲良爲 稱給分是遣 <1429 金務都許與
03> (너희들 각 몫에 노비 아울러 10명씩 사용하도록 준다 했을 뿐이고)

汝等徒 同宗族類亦中 放賣爲遣 <1452 李遇陽許與 24～25> (너희들과 같은
친족들에게 방매하고)

汝等徒 同生中 無後人衿得奴婢乙 勿許孫外 同生中 孝養人亦中 論給爲齊 <1517
分財記 정32-356 09～10> (너희들 형제 중 후사 없는 사람의 몫으로 준 노
비를 자손 밖으로 내보내지 말고 형제 중에서 모시는 사람에게 의논하여
주도록 한다)

ㄴ. 後次 汝等徒等亦 不顧願意 爭望爲行去乙等 <1452 李遇陽許與 05～06> (후에
너희들이 (내가) 원하는 뜻을 돌아보지 아니하고 다투고 원망하는 일이 지
속되거든)

汝等徒等段 許多田畓 次第卜數 分明 知不得爲乎等乙用良 分衿 不冬爲去乎
<1560 粘連立案 정32-279 169～170> (너희들 경우엔 허다한 전답의 필지
와 면적을 분명히 알지 못하므로 몫을 나누어 주지 않으니)

ㄷ. 女矣身亦 年深 生前良中 汝徒等 新奴婢得後所生 并以 計除爲遣 <1540 分財記
정49-146 02～03> (여자인 이 몸이 연로하여 생전에 너네들 신노비 얻은
후 소생들은 모두 셈에서 빼고)

(3ㄱ)은 1인칭 대명사 矣에 복수 접미사 -徒가 통합된 예들이다. 矣徒는 후대 이두학
습서들에서 '의내, 의닉'로 읽었다. 그런데 (3ㄴ)은 矣徒에 다시 복수를 나타내는 접미사
-等이 연결된 '矣徒等'도 쓰였음을 보여 준다. 중세국어 '우리'는 이두문에서 발견하기
힘든 특징이 있다. (4ㄱ)은 2인칭 복수 대명사 '汝等'에 -徒가 통합된 용법이다. (4ㄴ)은
(4ㄱ)과 마찬가지로 '-내' 뒤에 다시 복수 접미사 -等이 통합된 용법을 보여 준다. 2인칭
단수 대명사 汝에 '-내'가 직접 통합된 '*汝徒'가 없는데 이는 국어의 '너희'에 대응하는
汝矣가 이미 존재하기 때문으로 이해된다. 다만, 汝徒等은 그 용례가 (4ㄷ)에서 보듯 16세
기에 보인다. 대명사로 쓰이는 '其'에 복수접미사 -徒가 결합된 형태인 '*其徒'를 상정해
볼 수 있는데, 15세기 이두 자료에서는 그 용례가 발견되지 않는다. 다만, '其等徒'로 볼
소지가 있는 용례가 있어 참고된다.

4) -等

이두에서 복수 접미사 -等은 형식명사 '두'의 표기에도 쓰이는 '等'과 똑같이 표기되기 때문에 양자를 문맥과 통합조건에 따라 식별할 필요가 있다. 이뿐만 아니라 한자어 '等'과도 같으므로 문맥과 그 용법에 의거하여 식별해야 한다. 이두에서 복수 접미사로 사용된 -等을 우리말로 새겨 읽을 경우, 이것은 중세어의 평칭 복수 접미사 '-둟'에 대응하는 표기이다. 이것은 단수 명사에 통합되어 쓰이거나, 둘 이상의 명사 또는 명사구를 나열할 때 마지막 명사에 통합되어 쓰이는데, 현대어의 복수 접미사 '-들'로 풀이된다. -等은 곡용 어미를 비롯하여 첨사와 자유롭게 통합된다.

(5) ㄱ. 人吏 及 軍卒等亦 本屬 五品已上官員乙 殺害爲齊 <直解 01.06ㅈ> (서리 및 군졸들이 소속 관아의 5품 이상 관원을 살해하며)

右 事叱段 上項 功臣等亦 或自殿下潛邸之時 <1395 張寬錄券 109~110> (이 일은 위 공신들이 때론 전하께서 잠저에 계실 때부터)

後次 族類等亦 爭望 隅 有去等 <1469 田養智妻河氏粘連 2-27> (후에 일가붙이들이 다투고 원망하는 까닭이 있거든)

後次 子孫等亦 爭望者 有去等 此 文內 貌如 告官卞正事 <1595 土地明文 토지박물관 05~06> (후에 자손들이 다투고 원망하는 일이 있거든 이 문서의 내용과 같이 관에 고하여 바로잡을 일)

ㄴ. 矣徒等亦 證筆執 使內白叱⋯<1464 金孝盧奴婢立案粘連文書 4-4> (우리네들이 증인과 필집으로 使內白叱⋯)

矣徒等亦 證筆以 同着名 <1556 別給文記 영2-91 07~08> (우리네들이 증인과 필집으로 함께 착명)

(5)는 모두 복수 접미사 -等에 주격 조사 -亦이 통합된 예로서 이 경우의 '等亦'은 15세기 국어의 '둘히'에 대응한다. 주격 조사 -弋只와 통합된 예도 있다<直解03.03ㅈ>. (5ㄴ)의 '矣徒等亦'는 복수 접미사 -徒에 다시 -等이 중복하여 결합된 구조를 보여 준다.

(6) ㄱ. 宗廟 山陵 宮闕等乙 毀亡爲只爲 作謀爲行臥乎 事 <直解 01.04ㅎ> (종묘와 능과 궁궐들을 훼손하고 망가지도록 모의하는 일)

家內 鷄 犬 牛 馬等乙 他處 移置 新蚕乙 驚動 不冬爲只爲 使內 <양잠 22ㅈ> (집 안의 닭, 개, 소, 말 등을 다른 곳에 옮겨 두고 새 누에를 놀라 움직이지 않도록 할 것)

合 貳拾肆間等乙 交易本文記 幷以 許與爲去乎 在等以 <1401 太祖賜給旀致家垈

文書 06~07> (합하여 24칸 등을 사고 판 본문기와 아울러 허여하는 일이
있으므로)

　右 奴婢<u>等乙</u> 幷錄爲乎矣 <1429 金務都許與 04> (이 노비들을 함께 기록하되)

今年內 同穀<u>等乙</u> 畢納 不得爲去等 同田庫乙 永永 放賣爲去乎 <1570 土地明文
영2-153-1 05~06> (금년 안에 위 양곡들을 다 납부하지 못하거든 위 전
답을 영영 방매하니)

貳口<u>等乙</u> 楮貨捌千價 正木貳拾疋 交易 依數 捧上爲遣 <1587 奴婢明文 영
2-155-2 04~05> (2명 등을 저화 8000장 값에 쳐서 正木 20필로 바꾸어
셈하여 받고)

ㄴ. 子息孫子<u>等亦中</u> 都許與 成給爲臥乎 事段 <1429 金務都許與 001> (자식과 손
자들에게 도허여문기를 만들어 주는 일은)

同生三寸<u>等亦中</u> 奴婢田畓 分給爲乎矣 <1469 田養智妻河氏粘連 2-02> (형제
및 삼촌들에게 노비와 전답을 나눠 주되)

子息<u>等亦中</u> 成文爲臥乎 事叱段 <1540 分財記 정49-146 01> (자식들에게 문
서를 만들어 주는 일은)

嫡妾子女<u>等亦中</u> 許與 成置爲臥乎 事段 <1557 分財記 정49-158> (적손 및 서
손 자녀들에게 허여문기를 만들어 주는 일은)

ㄷ. 妻矣 同姓三寸少爲子<u>等果</u> 及 家人伴黨舍主爲頭處干<u>等亦</u> <直解 01.12ㅈ> (처의
조카들 및 家人, 伴黨, 마름, 우두머리 處干 등이)

李元奇 子 李善亦 兪遠丁<u>等果</u> 相訟 決立案 跋尾 李浚 內 李元奇李善衿 <1547
立案 영2-263 09~11> (李元奇의 아들 李善이 兪遠丁 등과 상송하여 판결
한 입안의 跋詞 말미에 적힌 李浚 안의 李元奇와 李善의 몫)

　(6ㄱ)은 복수 접미사 -等에 대격 조사 -乙이 통합된 예이다. -等乙은 15세기 국어의
'-둘홀'에 대응한다. (6ㄴ)은 여격 조사 -亦中이 통합된 예로서, -等亦中은 현대국어의
'-들에게'에 해당된다. (6ㄷ)은 공동격 어미 '-果'가 통합된 예로서, -等果는 15세기 국
어의 '-둘콰'에 일치한다.

(7) 外方遷徙付處 及 從便人<u>等矣</u> 家口置 此樣以 使內齊 <直解 01.16ㅎ> (지방으로 이
주시키는 곳 및 따라가는 사람들의 가구도 이처럼 행하며)

　右 婢子<u>等矣</u> 逃亡日月 及 去接處 侤音 捧上 鑑後敎是旀 <1435 張安良담양도호부
所志 6> (이 계집종들의 도망한 날짜 및 가 살던 곳을 다짐 받아 처벌하시며)

原從功臣<u>等矣</u> 褒賞條件乙[良…] <1459 李禛錄券 46ㅎ> (원종공신들의 포상조건
은…)

塊龍<u>等矣</u> 前後所生 幷以 永永 依止放役 <1514 立案 정1-589> (塊龍 등의 전소생
과 후소생을 아울러 영구히 의탁하도록 방역하고)

婢丁德今年生<u>等矣</u> 身乙 楮貨 柒千張… <1566 賣買文記 정15-620 04> (계집종 丁
德 금년생 등의 몸을 저화 7,000장…)

(7)은 속격 조사 -矣와 통합된 예이다. 속격 조사 -叱과 통합된 예도 있으나 양자가 동
일한 형태 구조에 속하는 것이 아닐 수 있음에 유의해야 한다.

복수 접미사 -等은 첨사와 통합되기도 한다. 이 중 -乙良과 통합된 -等乙良은 그 용례
가 꽤 많다. -段과 통합된 용례도 있으나, 이 경우에는 等과 段 사이에 개재한 형태 소의
표기가 생략된 것으로 해석할 수도 있어 주의해야 한다.

(8) ㄱ. 田孟依 李完圭<u>等段</u> 證保 爲等如 使內白乎 事是良尒 <1469 田養智妻河氏粘連 2-38~
39> (田孟依와 李完圭 등은 증인으로 한 것들과 같이 부리온 일이기에)
尹秋 禹亨元<u>等段</u> 證保 爲等如 使內白叱乎 所 <1480 金孝之妻黃氏許與立案粘連
文書 3-07> (尹秋와 禹亨元 등은 증인으로 한 것들과 같이 부리온 바)
孫濟段 筆執 金彦鄕 孫曠<u>等段</u> 證保以 各各 同着名署成文 的只白乎 事是良尒
<1529 粘連立案 정32-267 08~09> (孫濟는 필집, 金彦鄕과 孫曠 등은 증인
으로 각각 함께 착명하고 서압한 문서가 확실하온 일이기에)
ㄴ. 士元子孫<u>等段置</u> 不體老人之情願 使香火專廢 不行爲在如中 <1594 分財記 정
16-109 28> (士元의 자손들 경우에도 어른의 심정과 소원을 무시하고 향
불이 끊어지도록 하여 (제사를) 행하지 않을 것 같으면)

(9) ㄱ. … 張湛<u>等叱段</u> <1392 李和錄券 081> (… 張湛 등의 경우에는)
ㄴ. … 金天奇等 一百六十七員<u>等矣段</u> <1397 沈之伯錄券 008~009> (… 金天奇 등
167원들의 경우에는)

(8)은 복수 접미사 -等에 첨사 -段이 직접 통합된 용례를 보여 준다. 그러나 이것은 (9)
를 참조하여 볼 때 속격 조사 표지가 생략된 것으로 해석할 소지가 있다. '속격 조사+
段'은 점차 '段'으로 융합되어 하나의 형태로 인식되어 가는 경향을 보이는데, 이러한 경
향을 반영한 것이 (8)의 '-等段'일 수도 있다. 이 경우 '等'은 訓讀字가 아니라 音讀字로
바뀌었을 가능성도 고려해야 하는데, 이 문제는 보류하여 둔다. (8ㄴ)은 -等段에 다시 강
세 첨사 -置가 통합된 모습을 보여준다.

이두에서 복수 접미사 -等은 연어 구성을 보이는 이두어에 쓰이기도 한다. '爲等如, 岐
等如'가 이에 해당된다.

5) -落只

-落只는『吏文襍例』에서 '지기'로 읽었는데, 이는 '*디기'에서 구개음화를 일으킨 어형이다. 양곡을 세는 단위명사 뒤에 붙어 사용되며, 田地의 면적을 가리킨다.

(10) 畓 柒 石落只 <1392 太祖賜給芳雨土地文書 후03> (논 7섬지기)
　　柳月伊員 田 拾斗落只 長明燈員 田 壹石落只 <1510 분재기 정32-352> (柳月伊員의 밭 10마지기와 長明燈員의 밭 한 섬지기)
　　草谷 畓 拾貳斗落只 <1480 金光礪男妹和會文記 11> (草谷의 논 12마지기)
　　東道旨員 靑字一百三十八田 參石拾斗落只 內 拾參斗落只 <1510 분재기 정32-352 16> (東道旨員의 靑字 138번 밭 3섬 10마지기 안의 13마지기)

'石落只'와 '斗落只'는 조선 전기에는 각각 '셤디기'와 '말디기 > 마디기'로 읽혔을 것으로 생각한다.

6) -分

-分은 15세기 국어의 '분, 뿐'에 대응하는 이두자이다. 이것은 후대 이두 자료에서 合造字 '兺, 喿'으로 표기되나, 고려 시대에는 '分'으로 사용되었다. 조선 초기에는 과도기적인 성격을 띠어 '分'과 '叱分'이 혼용되나, 합조자는 사용되지 않았다. 合造字는 대체로 16세기 후반부터 나타난다. 조선 건국부터 15세기 말까지의 용례를 먼저 보이면 다음과 같다.

(11) ㄱ. 凡 與同罪是如 稱云段 干連人乙 唯只 正犯人矣 本罪分以 與罪爲乎矣 <直解 01.42ㅎ> (무릇 與同罪라 일컫는 것은 간련인을 오직 정범인의 본죄만으로써 죄를 주되)
　　ㄴ. 囚禁婦女乙 犯奸爲在乙良 杖一百徒三年遣 囚婦乙良 本罪分乙 論爲乎 事 <直解 25.04ㅈ> (옥에 갇힌 부녀를 욕보인 경우에는 杖一百徒三年에 처하고 옥에 갇힌 여자는 본죄만을 논죄할 것)
　　ㄷ. 奴婢 幷 拾口式以 使用爲良爲 稱給分是遣 <1429 金務都許與 03> (노비 아울러 10명씩 사용하도록 준다 했을 뿐이고)

(12) ㄱ. 知情現告捕捉爲在乙良 家産叱分 賞給遣 不告爲在乙良 杖一百流三千里爲乎 事 <直解 18.02ㅈ> (사정을 알고 신고하여 잡은 경우에는 가산만 상으로

주고 신고 안 한 경우에는 杖一百流三千里에 처할 것)

ㄴ. 婦人矣 陰門乙 非理以 毀敗爲在乙良 唯只 本罪叱分 科斷遣 不在斷付財産之限 <直解 20.03ㅈ> (부인의 음부를 무리하게 훼손하고 망가뜨린 경우에는 오직 해당 죄만 처단하고 재산의 일정 부분에 대한 과죄는 없다)

ㄷ. 蚕段 陽物是乎等用良 水氣乙 厭却 桑葉叱分 喫破爲遣 飮水 不冬 <양잠 1ㅈ> (누에는 양물이므로 물기를 싫어하며 뽕잎만 먹어 치우고 물을 마시지 않는다)

ㄹ. 奉祀無人 痛悶叱分 不喩 於 國家繼後…… <1483 金孝盧繼後司憲府立案 03> (봉사할 사람이 없어 가슴아플 뿐만 아니라 나라의 계후……)

同 禮曹亦 臣矣 身叱分 不喩 四六寸孫子等乙 <1483 金孝盧繼後司憲府立案 08> (위 예조가 신의 몸뿐만 아니라 4촌과 6촌 손자들을)

ㅁ. 此亦中 李玖段 年少乙 仍于 執籌分衿叱分是遣 文記成置時 着名 不得爲臥乎 事 <1494 李瓊男妹遺漏奴婢和會 37> (이에 李玖는 나이가 어림으로 말미암아 제비뽑기로 몫을 나눌 뿐이고 문서 작성 시에 착명하지 못하는 것임)

(11)은 -分의 용례이고, (12)는 -叱分의 용례이다. 위에서 보듯 -分은 명사에 직접 후행하는 경우가 적잖으며, 곡용 어미 -以와 -乙 및 계사와 통합하기도 한다. 따라서 현대어의 형식명사 '뿐'과는 기능상의 차이가 있다. 문맥에서의 사용 의미 역시 대체로 현대 국어의 '-만'에 가깝다. '-뿐'의 의미로 풀이되는 경우는 (11ㄷ), (12ㄹ), (12ㅁ)인데, 이들 역시 '-만'의 의미가 전적으로 배제되는 것은 아니라고 할 수 있다. 그러므로 위 용례들을 바탕으로 하여 -分의 중심 의미는 '단독'의 '-만'이며, 주변 의미로서 '한정'의 '-뿐'에 해당한다고 하겠다. 李承宰(1992ㄱ:57~58)는 '한정'의 의미로 쓰이는 현대어의 '뿐'과 '만'의 발달과정을 '…分 不喩> 뿐 아니라> 뿐만 아니라> 만(이) 아니라'로 설정할 수 있음을 제시하였다. 아래 (13)은 고려 시대 이두 자료에서의 용례 중 일부로서 -分으로만 적힘을 보여 주는데, 그 용법은 조선 초기의 그것과 거의 같다.

(13) 右 員將等矣 功業亦 職次暢情分以 酬答 教 不喩去 有等以 <1262 尙書都官貼 12~13> (위 員將들의 공업이 직을 올려 기쁘게 하는 일만으로 보답하실 것이 아니겠기에)

其中 父祖 別爲 所 有在 員等乙良 己身分 不喩 子孫良中 至亦 <1262 尙書都官貼 14~15> (그 중 조상이 특별한 바 있는 이들은 그 몸만 아니라 자손에 이르기까지)

右 住持若雲亦 無田丁供重難便 領衆 不得 雨漏分 置 使內 不冬 間閣等亦 並只 頹落爲絃如 悶望是白去乎 在等以 <1357 白巖寺貼文> (위 주지 若雲이 밭은 없고

供役은 중해 불편하여 대중을 거느리지 못하며 비가 샐 뿐이고 두고 사용하
지 않는 間閣들이 모두 퇴락할 터이므로 민망하온 일이 있는 까닭에)

16세기 이두 자료들에서도 -分은 단독으로도 사용되고 -叱分 두 자로도 쓰는 등 혼기
양상을 보인다. 그러다가 중엽부터 점차 -叱分 두 자를 합하여 哛으로 표기되는 경향을
보이기 시작한다. 다음의 예 (14ㄴ)이 그 한 예이다. 이러한 合字의 경향은 15세기 말엽에
叱과 段을 연속적으로 표기하는 과정에서 속격조사에 해당하는 叱 자를 작게 적는 관행에
서 이미 살펴 볼 수 있었다. 그러나 叱과 段의 경우엔 선행 표기자 叱을 생략하는 것으로
표기 양상이 변하였던 점에서 -叱分 > -哛의 변화 과정과 전혀 다르다. -叱分은 때로 두
자의 순서를 뒤바꾸어 쓰기도 하는데 이에 따라 㕦으로 합자하는 경우도 발생하였다.

(14) ㄱ. 去 戊寅年分 更 議送 就訟爲良沙 神主叱分 出給爲遣 <1583 입안 정33-189
　　　 56~57> (지난 무인년에 다시 의송하여 소송에 나아간 뒤에야 신주만
　　　 내어주고)
　　 ㄴ. 汝矣身乙 家內 率養 情意 重大哛 不喻 汝段置 … <1575 別給文記 전북대>
　　　 (너의 몸을 집안에서 데리고 키워 정리가 클 뿐 아니라 너의 경우에도)
　　　 收合哛 不喻 至於補添次 還上 正米 十斗 幷以… <1594 關文 정2-408 2>
　　　 (다 거두어 들일 뿐만 아니라 보충하고 늘이기 위해서 환자 정미 10말을
　　　 아울러 …)
　　 ㄷ. 新婦亦 姿容 超凡㕦 不喻 心行 柔順 大合婦道乙 仍于 <1583 別給文記 영
　　　 1-81> (신부가 생김새와 때깔이 보통을 넘을 뿐만 아니라 마음씨와 행동
　　　 도 유순하고 부녀의 도에 잘 맞기 때문에)

7) -式

-式은 현대어의 '-씩'에 해당되는 이두의 명사 접미사이다. '-씩'에 대응하는 형태인
'-식'은 16세기 한글 문헌에 비로소 나타난다<安秉禧 1977ㄴ:11>. 15세기 국어에서는 '-씩'
의 대응하는 형태가 '-곰'으로 나타나는데, 이것과 이두의 -式과는 音相이 사뭇 다르다.
'-곰'에 직접 대응하는 이두어는 華嚴經寫經造成記(755년)에 보이는 '-舛'인 듯하다. 현대
어 '-씩'에 해당하는 -式은 아래 (15ㄱ)에서 보듯 13세기 자료에서 처음 발견된다. -式
은 수량 단위 형식명사에 통합되며 조격 어미 -以(로)에 연결되는 용례가 많으나, 이것이
필수조건은 아닌 듯하다. 아래 (15ㄷ)은 조격 어미 없이 사용된 용법을 보여 준다.

(15) ㄱ. 奴婢 并 十口<u>式以</u> 賜給爲良於爲 敎是齊 <1262 尙書都官貼 57～58> (노비
　　　　아울러 10명씩으로 사급하도록 하시며)

　　ㄴ. 田 壹佰伍拾結 奴婢 拾伍口<u>式以</u> /賜給爲齊 <1392 李和錄券 136～138> (밭
　　　　150먹 노비 15명씩으로 사급하며)

　　　　身役錢乙 每名良中 一日 六十文<u>式以</u> 生徵 使用人亦中 許給齊 <直解 04.08ㅎ～
　　　　09ㅈ> (신역 값을 매 한 사람에 하루 60문씩으로 징수하여 사용인에게
　　　　주도록 하락하며)

　　　　凡 各 驛丞段 全亦 道掌 各 驛良中 往來巡檢爲乎矣 每朔 一度<u>式以</u> 親到推刷爲
　　　　齊 <直解 17.02ㅈ> (무릇 각 驛丞은 오로지 도에서 관장하는 각 역에 왕
　　　　래 순찰하되 매달 한 번씩 직접 가서 추쇄하며)

　　　　各 內廐馬 壹匹 各 金品帶 一腰 各 表裏 壹段<u>式以</u> 賞 /賜爲良如 <1398 張哲錄
　　　　券 077～78> (각 內廐馬 1필, 각 金品帶 1腰, 각 表裏 1단씩으로 상을 주라)

　　　　各 白銀 五十兩 表裏 各一段 內廐馬 各 一匹<u>式以</u> 賞賜爲齊 <1401 馬天牧錄券
　　　　086～87> (각 白銀 50냥, 表裏 각 1단, 內廐馬 각 1필씩으로 상을 주며)

　　　　奴婢等乙 用良 老壯弱 和會 先可 參拾貳口<u>式以</u> 平均… <1429 金務都許與 02>
　　　　(노비들을 써서 老·壯·弱을 나눠 합의하여 우선 32명씩으로 평균…)

　　　　父母邊 奴婢 及 外祖母處 傳得奴婢等乙 用良 老壯弱 和會 先可 三十二口<u>式以</u>
　　　　平均分給 <1517 입안 정1-16 40～42> (부모쪽 노비 및 외할머니에게서
　　　　전해 얻은 노비들을 써서 老·壯·弱을 나눠 합의하여 우선 32명씩으로
　　　　평균 분급)

　　ㄷ. 此亦中 家翁奴婢乙 嫡子息良中 數不過三四口<u>式</u> 分給爲臥乎 等用良 <1455～68
　　　　權深妻孫氏許與文記 32> (이에 바깥어른의 노비를 정실 자식에게 불과 3
　　　　～4명씩 나눠주므로)

　　　　畓 一庫<u>式</u> 各別 加給爲去乎 <1575 衿給文記 국편 0841> (논 한 곳씩 각별
　　　　히 더 주니)

8) -耳亦

　이두자 -耳는 항상 '亦'을 수반하여 '耳亦'으로 나타난다. 耳亦의 독음은 후대 이두 학
습서들에서 '쌀여, 쓰려, ᄯᅳ려, ᄶᆞᆯ여, ᄯᆞᆫ여, ᄶᆞ녀' 등으로 나타나는데, 어중 자음이 'ㄹ'과
'ㄴ'의 두 가지로 반영되어 있음이 주목된다. 耳亦는 尙書都官貼(1262년)에서 네 곳에 사
용되었고, 『大明律直解』에서 일부 사용되었다.

　耳亦 및 耳에 대해서는 15세기 국어의 '-ᄯᆞ녀',68) 또는 'ᄯᆞ롬'69)과 'ᄯᆞᆫ'<朴喜淑 1985:128>

---

68) 徐鍾學(1995:107) 및 高正儀(1992ㄱ:86) 참조 이들은 '耳亦'의 의미를 '限定'의 '-만'과 같은 의미로 보았다.
69) 李丞宰(1992ㄱ:59) 참조. 韓相仁(1993:54) 역시 '耳'를 'ᄯᆞ롬', '亦'을 '여'로 읽고 그 의미는 '單獨'의 'ᄯᆞ

에 대응시켜 고찰한 바 있다. 그런데 이두의 耳亦은 이들 형태와 그 분포환경 그리고 용법에 차이가 있다. '-ᄯᆞ녀'는 계사에 후행하며 文종결어미로서 의문문을 형성함과 달리, 耳亦은 체언 뒤에 통합될 뿐만 아니라 의문문에 관여하지 않는다. '-ᄯᆞᆫ' 역시 계사를 선행하며 의문문과 호응한다.[70] '耳(亦)'를 '-ᄯᆞ녀, -ᄯᆞᆫ'에 대응하는 경우에는 후대 이두 학습서 중 비교적 이른 시기의 것인 『吏文』과 『吏文大師』에서의 독음이 각각 'ᄯᆞᆯ여'와 'ᄯᆞ려'로서 이들이 한결같이 語中에 'ㄹ'음을 반영하고 있는 점에도 유의할 필요가 있다. 한문의 '耳' 자를 'ᄯᆞ름'으로 새긴 것[71]을 감안해 볼 때, 현재로서는 '耳亦'의 '耳'를 'ᄯᆞ름'에 대응시키고, '亦'은 末音을 표기한 것으로 보는 것이 무난하다고 생각한다. 다만, 후대 이두 학습서들에서의 독음과 일치하지 않는 점이 문제로 남는다. 그 讀音들은 학습서들이 편찬될 당시의 어형을 반영하고 있지 않으므로 이른 시기의 독법을 드러낸다고 할 수 있다. 그럼에도 불구하고 그 讀音들과 'ᄯᆞ름' 사이에는 상당한 거리가 있다.

(16) 出父 崔忠獻 一例良中 竝論教 所 不喩去 有在等以 右 中書令 崔怡 子孫乙良 妾妻等矣 所生耳亦 禁錮教是齊 <1262 尙書都官貼 83~85> (생부인 崔忠獻과 같은 예에 함께 논하실 바가 아님이 있기 때문에 위 中書令 崔怡의 자손은 처첩들의 소생만 금고시키시며)

(17) ㄱ. 竊盜事發後 私鑄銅錢爲如乎 所乙 自告爲良在等 私鑄罪乙良 免爲遺 竊盜罪耳亦 科斷 <直解 01.26ㅎ> (절도한 일이 발생한 후 사사로이 동전을 주조하던 바를 스스로 신고하거든 私鑄罪는 면하고 절도죄만 처단한다)
凡 養馬等矣 管領爲乎 騾馬一百疋以 爲一群爲乎矣 每年 孶生馬兒 一百疋以 一年內良中 馬兒亦 八十疋耳亦 生長令是在乙良 笞五十遺 <直解 16.02ㅈ> (무릇 마지기들이 관장하는 노새와 말 100필로 한 무리를 이루되 매년 낳아야 하는 망아지는 100필로서 1년 안에 망아지가 80필만 낳아 자라게 한 경우에는 笞五十에 처하고)
價本亦 二十貫耳亦 直爲在如中 一十貫 減少爲在 等以 減少價本乙 計數爲 竊盜例以 准 論罪齊 <直解 16.04ㅎ> (값이 20관만 나가는 경우엔 10관 감소한 것이므로 감소된 값을 셈하여 절도 예로 준하여 논죄하며)
其 誤殺傷者乙良 與罪 不冬 唯只 價本乙 減價數耳亦 生徵遺 <直解 16.05ㅈ> (과실로 살상한 자는 죄를 주지 않고 오직 값을 감가해서 매긴 금액만

롬, 샏'으로 풀이하였다.
70) ᄆᆞ슴잇ᄃᆞᆫ 뮈우시리여 <月印千江之曲 上23ㅈ>
긴힛ᄃᆞᆫ 그치리잇가 <鄭石歌>, 信잇ᄃᆞᆫ 그츠리잇가 <西京別曲>
71) 耳는 ᄯᆞᄅᆞᆷ미라 <訓民正音 諺解本>

징수하고)

ㄴ. 李誠 母衿耳亦 親給 田畓 各 一庫乙 遺漏未分田畓 樣以 <1552 和會文記 영 2-87 07~08> (李誠의 어머니 몫만 직접 주고 전답 각 한 곳을 누락되어 나누지 못한 전답인 것처럼)

　(16)은 고려 시대 이두의 용례 중 하나이다. (17)은 『大明律直解』와 16세기의 용례인데, 16세기에는 이 접사의 용례가 극히 드문 편이다. 위에 제시한 (17ㄴ)의 용례가 그 중의 하나다. (17)의 '耳亦'은 대체로 현대국어의 '한정' 보조사 '-만'으로 풀이된다.

　접사 -耳만이 통합된 용례를 발견할 수 없고 -耳亦만 쓰였다는 사실, -耳亦이 주격 또는 대격 명사들과 두루 통합된다는 사실 등은 다음과 같은 추정을 가능케 한다. 원래 접사 -耳만으로도 사용했던 것이나 선행 명사의 격에 따라 -亦을 덧붙여 사용하던 것이 굳혀져 -耳亦으로 완전히 대체된 것으로 판단된다. 이 경우의 -亦은 주격 조사라기보다는 주제격을 표시하는 자였다고 본다. 현전 용례상으로 보아 -耳亦은 주로 '한정'의 '-만'에 해당하는 의미 기능을 지니는 것으로 파악되지만, '단독'의 '-따름'이나 '-뿐'에 해당하는 경우도 배제하기 어렵다고 본다. 기원적인 형태 *-耳는 물론 -耳亦의 사용 빈도가 현저히 낮아진 것은 유사한 의미 기능을 하는 접사 -分에 흡수되었기 때문으로 추정된다.

9) -尺

　-尺은 訓假字로서 신분은 良人이면서 천한 직업, 주로 전문기술직에 종사하는 사람을 가리키는 파생 접미사이다. -尺은 다음의 (18ㄱ)에서 보듯 이미 三國時代부터 歌舞를 하거나 樂器 타는 이를 가리키는 데 사용되었으며, (18ㄴ)에서 보듯 -干과 마찬가지로 賤役에 종사하는 사람을 나타낸다.

(18) ㄱ. 笳舞 監六人 歌尺二人 舞尺一人 下辛熱舞 監四人 琴尺一人 舞尺二人 歌尺三人 <三國史記 卷32, 樂志 會樂及辛熱樂> (笳舞에는 監이 6인 노래 부르는 사람 2인 춤추는 사람 1인이며, 下辛熱舞에는 監이 4인 거문고 타는 사람 1인 춤추는 사람 2인 노래 부르는 사람 3인)

ㄴ. 烽火干擧烽火者 國俗以身良役賤者 或稱干 或稱尺 <世宗實錄 1년 5월 26일 庚午> (烽火干은 봉화를 드는 자인데 우리나라 민간에서 몸은 양인이나 천역에 종사하는 사람을 干 또는 尺이라 칭한다)

-尺이 붙어 파생된 이두어 중 '斗尺'이 『大明律直解』에 나타난다. 斗尺은 '말자이' 또는 '마자이'로 읽히는데, '관아에서 糧穀을 말(斗)로 되는 직책을 맡은 사람'을 가리킨다. 斗는 訓讀字이다. '말자이'의 '-이'는 파생 접미사로서 후대에 덧붙은 형태일 소지가 있어 보인다. 斗尺을 '斗子'로 표기한 예<飜譯朴通事 上 12ㅈ>도 있는데, 이들 모두 末音 '-이/ㅣ' 표기가 나타나지 않기 때문이다. 그러나 -尺의 쓰임이 무척 오랜 까닭에 기원적으로는 末子音을 보유한 어형을 반영한 표기일 개연성도 있다고 생각한다. 조선 초기 이두문에서는 -尺이 통합된 명사로 '斗尺'만이 발견되나, 후대 자료들에서는 '水尺(무자이), 墨尺(먹자이), 刀尺(칼자이)' 등도 나타난다.[72] 『大明律直解』에 쓰인 '斗尺'은 한문 원문의 '斗級'의 譯語로 사용되었는데, '斗級'의 譯語로 '公斗人'도 발견된다<直解 07.07ㅎ>.

(19) 其倉庫獄囚雜物等乙 色員令史果 庫直城上果 斗尺果 使令果 螺匠等是沙 <直解 01.43ㅎ> (창고·죄수·잡물등을 담당하는 관원 및 令史와, 창고지기 및 城上과, 곡식 재는 이와, 使令과 나장 등이야말로)
凡 倉庫官吏 及 使令庫直斗尺等弋只 時常互相考察爲乎矣 <直解 07.08ㅈ> (무릇 창고의 관리 및 사령, 창고지기, 곡식 재는 이 등이 늘 서로 살피되)

3. 대명사

3.1 1인칭

이두에서 1인칭 대명사로 쓰이는 '矣'는 기원적으로 속격 조사이다. 矣는 속격 조사로서의 기능을 그대로 유지하고 있어 조선 전기 이두에서도 이들을 얼마든지 찾아볼 수 있다. 그럼에도 불구하고 矣가 이두문에서 1인칭 대명사로도 기능하게 된 것은 대략 다음과 같이 이해된다.

所志에서는 일반적으로 소지를 올리는 사람을 自稱하는 표현이 첫머리에 적힌다. 즉, 소지를 올리는 사람이 자기의 성명 대신 신분을 표시하는 명사를 사용한다. 이 신분 표시

---

72) 新羅時樂工謂之尺 如日琴尺舞尺笳尺歌尺 而外此又有食尺鉤尺弓尺之稱故云 <吏讀便覽 行用吏文>

의 보통명사는 '段'과 합하여 사용되는데, 이때 양자 사이에는 속격 조사가 개입하게 된다. 승려나 신하들의 경우엔 대체로 僧이나 臣으로써 자신의 신분을 밝혔다. 이를테면 '僧矣段, 臣矣段'과 같이 표현한다. 奴婢의 경우엔 '奴矣段'과 같이 표기하는 것이 원칙이라 할 만하다.73) 흥미로운 사실은 노인이 청원인으로서 올린 소지에 '老矣段'이라 하여 자기의 신분을 '老'로 적은 일이다.

    (1) 右所志 老矣段 去癸巳年… <1594 所志 정3-211> (이 소지는, 늙은이인 나는 지
       난 계사년….)

이와 같이 所志 첫부분에는 청원인을 지칭하면서 '신분을 나타내는 보통명사+속격조사+-段'의 문구가 관습적으로 사용된다. 이들 경우에는 모두 矣 자가 속격 조사로서의 본래의 기능을 수행한다. 그런데 良民이 城主에게 올리는 글에서만 所志人을 표시하는 보통명사가 사용되지 않았다. '民'과 같은 字를 想定해 볼 수 있는데, 다음의 예는 이런 관점에서 매우 중요하다.

    (2) 右 伏准爲白內等 民矣徒段 道丞主教是 病以 公事… <1439 慶尙監營呈狀 01> (이
       에 엎드려 바라옵는 것은 백성인 우리네는 道의 사또께서 병으로 공사…)

위 예문은 '民'이 사용되었음을 확연히 보여준다. 그러나 여기에 주의할 요소가 있다. '民矣徒段'은 '僧矣段, 臣矣段'과는 전혀 다른 통사구조를 갖고 있다. '矣徒'가 이미 1인칭 복수 대명사로 사용되고 있어, 이 경우의 矣는 속격 조사가 아니다. '民'과 '矣徒'가 동격을 이루고 있다. 더구나, 이 民 자의 개념을 가볍게 생각할 수가 없다. 조선조 후기의 所志 및 上書 등에서는 民으로써 자기를 지칭하며, 문서의 첫머리에 '化民 金○○'와 같은 표현을 사용한다. 그러나 이때 民 또는 化民은 엄격히 양반에 국한되었다. 평민이나 천민이 '民, 化民'으로 자칭하면 罪人視하기까지 하였다<全烔穆 1994>. 良民이 문서작성 주체자인 경우에는 所志類의 첫머리에 신분표시의 보통명사 없이 '矣段'만으로 나타나는 것이 일반적이다.

---

73) 婢가 문서 작성의 주체가 된 경우에는 신분 표시 없이 이미 관행화된 1인칭 대명사 矣로 시작하는 것이
   일반적이다. 南豊鉉(1995)에 실린 1572년의 明文이 그 한 예이다.

(3) ㄱ. 右 謹言所志 矣段 父 紹地亦 河緯地犯罪前 身故爲乎 等用良 緣坐 不冬爲白有去
乙 <1461 河源(龜童) 所志 1-02> (이에 삼가 소지를 아뢰오니, 저의 경우엔
부친인 紹地가 河緯地가 범죄하기 전에 죽었기 때문에 연좌하지 않았거늘)

ㄴ. 右 謹言所志 矣段 外祖 前慶山縣令 盧膺 許與內 <1464 金孝盧奴婢立案粘連文
書 1-2> (이에 삼가 소지를 아뢰오니, 제 경우엔 외할아버지 전 경산현령
盧膺의 허여문서 내용)

ㄷ. 右 謹言所志 矣段 …… <1565 所志 영2-185 03> (이에 삼가 소지를 아뢰
오니 저는 ……)

(3ㄱ)은 河緯地의 조카인 河源이 '故生員河紹地子 龜童'의 이름으로 奴婢推刷色에 올린
所志이다. 龜童은 河源의 兒名이고, 이때 河源의 신분은 良人이라 할 만하다. (3ㄴ)은 金
孝盧가 醴泉郡에 올린 소지로서, 金孝盧의 신분은 幼學이었다. (3ㄷ)의 청원인은 '正惠村
接李濬'이라 한 것으로 미루어 역시 일반 良人에 속한다.

賤人이 아닌 여자가 청원인으로서 所志를 올리는 경우엔 '右謹言所志'에 이어 '女 矣段'
으로 시작하는 것이 통례이다. 1469년에 田養智의 처 河氏가 府使에게 올린 소지 (4)는 이
에 속하는 전형적인 예이다. 그럼에도 불구하고 여자들임에도 불구하고 (5)는 '女矣段'이
아니라 신분을 지칭하는 보통명사 표현 없이 그냥 '矣段'만을 사용한 파격을 보여주는데,
이는 다른 한편 矣가 1인칭 대명사로서의 기능을 굳혔음을 일러주는 면이 있다.

(4) 右 謹言所志 女矣段 <1469 田養智妻河氏粘連 1-02>
(5) ㄱ. [右] 謹[言所]志 矣段 <1427 張戩妻辛氏所志 02>
ㄴ. 右 謹言所志 矣段 今三月二十八日 夜間 逢賊…… <1463 李禎妻金氏 所志 02>

(5ㄱ)은 張戩의 처 辛氏가 경상도 도관찰출척사에게 올린 소지이고, (5ㄴ)은 李禎의 처
金氏가 현감에게 올린 소지이다. 이것은 자식들에게 재산을 허여하는 문기에서 財主인
여자들이 대체로 '女' 자를 사용하여 자기를 가리키고 있는 것과 대립된다. 결국 (5)가 시
사하는 것은 신분에 상관없이 소지 첫부분의 투식적인 표현으로서 이미 '右謹言所志矣
段…'이 굳혀져 가고 있다는 사실이다.

그런데 '右謹言所志矣段…'에서 '所志矣段'을 붙여 읽어 '矣'를 所志에 붙은 속격 조사
로 이해할 수도 있다. 그러나 이는 착오이다. 신분을 나타내는 보통명사 앞에서 일단 끊
어 읽어야 마땅함은 두 말할 나위 없다. 다음의 예문 역시 1인칭 대명사 矣의 존재를 잘
일러준다.

(6) 日夜 懸戀懸戀爲白內㫆 <u>矣段</u> 時當前疾未愈 <1468 金宗直妻曺氏簡札 2-04> (밤낮
으로 애타게 그리워하고 있으며 저는 지금 전에 앓던 병이 낫지 않고)

'僧矣段, 臣矣段, 奴矣段'과 대비해 볼 때 '矣段'은 신분표시의 보통명사를 생략하고 사
용한 데에서 유래한 것이다. 그리고 이러한 관습이 굳혀져 결국 속격 조사였던 '矣'가 1인
칭 대명사로 쓰이게 된 것으로 이해된다. 발생 당시에는 良民 계층만이 사용하던 것이나,
대명사로 굳혀짐에 따라 모든 계층의 사람들이 '나'를 일컫는 吏讀字로 사용하게 되었다
고 본다.

이두문에서 한문식 표현에 이끌려 '矣'를 대신하여 '我, 吾, 余' 자를 쓰는 경우가 때때
로 있으나 이들은 비록 우리말로 새겨 읽었다 하더라도 근본적으로 모두 한자어일 따름
이다. 1인칭 대명사 矣에는 첨사 -段이 붙은 '矣段' 이외에도 여러 가지 격어미가 통합된
다. 그리고 '矣邊奴'에서와 같이 奴婢의 소속 계보를 가리키는 '邊' 자와 결합한 '矣邊'이
라는 표현이 분재문기들에서 빈번히 쓰인다.

(7) <u>矣亦</u> 婢子 買得爲要以 兄 祖成 前 買得 耕食爲如乎 <1572 土地明文 토지박물관>
(내가 계집종을 사려고 형 祖成으로부터 사서 갈아먹던)
<u>矣亦中</u> 立案 成給 向敎是事 望良白內臥乎 事是亦 在 <1461 河源所志 1-05~06>
(저에게 입안을 만들어 주실 일을 바라는 일이 있어)
生員金璉衿 <u>矣邊</u> 傳來奴 莫同 良妻 幷産 六所生 奴 順伊 年癸亥生 <1547 金禮範許
與文記 정6-기타 06> (생원 金璉 몫 : 내 쪽의 전래해 오는 사내종 莫同과 양
인 처 사이에 낳은 소산인 6번째 소생 사내종 順伊 나이 계해생)
瓦家十三間內 <u>矣邊</u> 六間半 <16세기 立案 정6-15 130> (기와집 13칸 내 내 쪽의
6칸 반)

한편, 矣身은 1인칭 대명사로 쓰이는 矣에 '몸'에 해당하는 표기자 身이 복합된 것이
다. 矣身은 '의몸'으로 읽히며, 1인칭 대명사인 矣와 거의 동등한 자격으로 사용된다. 矣
身 역시 기원적으로는 矣 앞에 신분표시 보통명사가 생략되어 사용된 것으로 추정된다.
'臣矣身'과 같은 표현이 있기 때문이다. 이들은 보통명사 뒤에 속격 조사 矣를 연결한 후
명사인 身을 다시 연결한 형태에 해당한다. 따라서 이들은 엄밀히 말해 대명사가 아니다.
일종의 대명사구라 할 만한 것이다.

(8) ㄱ. 今如 <u>矣身</u> 年將七十 一任爲乎 不喩 <1401 太祖賜給㫆致家垈文書 02> (지금처

럼 내 몸의 나이가 70이라 내버려둘 바가 아니라서)

家翁 無後 早逝 矣身亦 寡獨 無依 絶祀可慮 <1539 立案 중 許與文記 정
49-127> (바깥어른이 후사 없이 일찍 죽고 내 몸이 과부로서 홀로 의탁
할 데 없어 제사가 끊어질까 염려되며)

ㄴ. 同 禮曹亦 臣矣 身叱分 不喩 四六寸孫子等乙 <1483 金孝盧繼後司憲府立案 08>
(위 예조가 신의 몸뿐만 아니라 4촌과 6촌 손자들을)

父邊婢 欣加伊矣 身亦 <1432 張安良 所志 1-02> (아버지 쪽 계집종 欣加伊
의 몸이)

矣에는 또한 복수접미사가 붙어 1인칭 복수대명사로 기능한다. 이 경우의 복수접미사
로는 -徒가 주로 쓰이나 -等 또는 -𣲖이 사용되기도 한다.

矣徒의 '徒'는 중세어의 복수접미사 '-네'에 대응한다. 이것은 평성으로 실현되는데,
15세기 국어에서 거성으로 나타나는 복수접미사 '-내'와는 다르다. 15세기의 '-내'는 일
반적으로 높임의 자질을 가진 명사나 대명사에 붙어 사용하나, 이두에서는 그러한 조건
이 없음도 참고된다. '矣徒'는 후대 이두학습서들에서는 '의내, 의닉'로 읽었다. 그런데
이 矣徒에 다시 복수를 나타내는 等이 연결된 矣徒等도 쓰인다. 그런가 하면 간혹 1인칭
단수 표현의 矣身과 마찬가지로 矣徒에 '몸'을 덧붙인 矣徒身도 사용되었다.

한편, 이두의 1인칭 단수 대명사 矣에 국어의 복수접미사 형태인 '-둟'에 해당하는 '-等'
을 결합한 矣等, 그리고 다시 이에다가 '-徒'를 덧붙인 矣等徒와 같은 복합 표현들도 사
용되었다. 또한 매우 드물긴 하나 16세기 중엽에는 '-둟'을 음차 표기한 '-𣲖'의 용례도
발견된다.

(9-1)은 1인칭 단수 대명사 矣에 복수접미사 -徒를 통합시킨 부류의 예이고, (9-2)는
矣에 복수접미사 -等 또는 -𣲖을 통합시킨 부류의 예이다.

(9-1) ㄱ. 矣徒置 各 家翁 早世敎是㫆 <1404 張戩妻辛氏同生和會 02> (우리도 각각
바깥어른이 일찍 돌아가시며)

矣徒段 全羅道 長城地 白巖寺乙 祖上 文貞公敎是 … <1407 長城監務關字
02> (우리 경우에는 전라도 장성 땅의 백암사를 조상인 문정공께서 …)

矣徒 父 衿良中 無遺許給亦 成置爲有 而亦 <1560 粘連立案 정32-279 21>
(우리네 아버지 몫에서 남김 없이 준다고 문서를 만들어 두었지마는)

ㄴ. 矣徒等亦 證筆執 <1464 金孝盧奴婢立案粘連文書 4-4> (우리네들이 증인과
필집으로)

矣徒等亦 證筆人以 隨參 成文 的白乎 事 <1583 奴婢明文 정3-369> (우리

　　　　네들이 증인과 필집으로 따라 참여하여 문서를 만든 것이 확실하온 일)

　　ㄷ. 矣徒身乙沙 中間 避訟爲有如可 更 生謀計 受議送到付是如 爲白良置 <1560
　　　　粘連立案 정32-279 113> (우리네를 중간에 피송했다가 다시 꾀를 내어
　　　　의송한 문서를 받았다고 하여도)

　(9-2) ㄱ. 矣等 證筆以 同 着名 成文 的只乎 事 <1598 粘連立案 중 招辭 정32-279>
　　　　(우리내가 증인과 필집으로 함께 착명하여 문서를 만든 것이 맞는 일)

　　ㄴ. 矣等徒 迷劣乙 仍于 良賤未卜爲白去乎 相考 施行敎 事 <1594 立案 중 招辭
　　　　정41-422> (우리내들이 어둡고 어리석어서 양인과 천민을 가리지 못한
　　　　것을 살펴 시행하실 일)

　　ㄷ. 矣斐 夫妻 年皆八十 死亡無日爲乎等乙用良 <1563 遺書『李朝の財産相續法』
　　　　148> (우리들 부부가 모두 나이 80으로서 언제 사망할지 모르므로)

　矣는 앞서 설명했듯이 1인칭 대명사로 사용하게 된 생성과정의 특이성으로 말미암아
音讀字로도 音假字로도 귀속시키기 어려운 면이 있다. 그런데 국어의 1인칭 대명사 '나'
에 해당하는 한자인 '吾'를 그대로 이두문에서 대명사로 쓰기도 하였다. 여기에 속격 조
사의 이두자 矣를 결합하여 '吾矣'라고 적힌 용례도 있다<1479 金淮妻盧氏許與 85>.74) '吾
矣'는『大明律直解』에도 여러 번 쓰였다. 그런데 이 경우의 '吾'는 국어의 1인칭 대명사
'나'에 해당되지 않는다. '他'에 대한 대립적인 개념을 가리키는 자로 쓰였다. 말하자면
일종의 보통명사일 따름이다. 따라서 '吾矣' 중에서 '矣' 자만을 이두자로 분류하는 것이
온당하다고 생각한다.

　1인칭 대명사와 관련하여 주목되는 사실은 1인칭 단수 대명사의 낮춤말인 '저'에 해당
하는 용례가 조선 전기 이두문에서 발견된다는 점이다.

　(10) ㄱ. 自矣 次子 金孝盧矣 身乙 繼後爲良結 云說爲白臥乎 等 用良 <1483 金孝盧繼
　　　　後司憲府立案 37~38> (저의 둘째아들 金孝盧의 몸을 계후하고 싶다고 말
　　　　씀하는 것을 가지고)

　　ㄴ. 良左坪 伏 剪字畓 伍斗落只庫乙 自矣 持音 禾八是在 雄馬 壹 進上條 價 木綿
　　　　拾疋 交易依數 捧上爲遣 永〃 放賣爲去乎 <1547 土地明文 정32-456 03~
　　　　04> (良左坪에 있는 剪字 논 5마지기 땅을 제가 지니고 있는 8살배기 숫
　　　　말 한 마리 진상조와 무명 10필 값으로 쳐 바꾸어 셈해 받고)

---

74) 이 文記에는 '余亦'도 나온다. 그러나 이것은 한문의 구성소일 뿐이다. 1인칭 대명사에 주격 조사의 이두
　　토를 통합한 것이 아니다. 다만, '宿疾以'의 '以'는 이두자로 보아 무방하다고 생각한다.
　　余亦宿疾以沈綿寢席未知生死之今明爲旀 <1479 金淮妻盧氏許與 04>

ㄷ. 同 繼母金氏教是 矣亦中 傳係爲在 <u>自矣</u>邊 良佐坪 用字內畓 沙拾卜 南邊 貳夜
庫乙 折 木綿柒拾參疋 依數 奉上爲遺 <1533 土地明文 정32-431 04~06>
(위 계모 김씨께서 나에게 넘겨준 제 쪽의 良佐坪의 用字 안 논 40짐과
남쪽의 두 배미 땅을 값을 치되 무명 73필로 셈하여 받고)

ㄹ. 我父母 俱沒 無所別給 哀痛罔極爲乎等用良 <u>自矣</u> 衿得 奴族石五所生婢欣藏年十
六… <1564 별급문기 昌原黃氏古文書 434 03~04> (내 부모가 모두 돌아
가시고 별급할 것이 없어 애통하고 망극하기에 제 몫으로 얻은 사내종
族石의 5소생인 계집종 欣藏 나이 16…)

위 (10ㄱ)의 '自'는 媤叔母인 黃氏의 말을 조카 며느리인 盧氏가 옮기는 과정에서 쓰인
것인데, 金孝盧의 어머니는 媤叔母인 黃氏가 아니라 바로 화자인 자기 자신 盧氏를 지칭
하는 말이다. 따라서 이때의 '自'는 현대어의 1인칭 단수 낮춤말인 '저'로 읽을 수 있는
데, 이는 15세기의 한글 문헌에서는 찾기 힘든 용법이다. (10ㄴ, ㄷ, ㄹ)은 모두 16세기
자료에 쓰인 1인칭 단수 낮춤말 '저'의 용례이다. 이 중 (10ㄹ)은 형이 아우에게 노비를
별급한 경우인데 아우임에도 불구하고 문과에 급제한 동생에 대해서 자신을 낮추어 표현
한 점이 눈에 띈다.

그런데 1인칭 단수 낮춤말의 '저'를 위 (10)과 같이 '自'로 표기하지 않고 '自矣'로 표
기하는 경우가 발견되기도 한다.

(11) <u>自矣亦</u> 家翁父矣 三歲前收養是乎等用良 <1531 허여문기 정1-585 04> (제가/(저
또한) 바깥어른의 아버지의 3세 이전 수양인 까닭에)

위 (11)에서 '<u>自矣亦</u>'의 '亦'을 한문식 표현으로 볼 수도 있고 주격 조사를 표시한 이두
자로 볼 수도 있다. 그 어느 쪽도 문맥상 어긋나지 않는다. '저'에 해당한 자를 '自'만으
로 충분히 표기할 수 있음에도 불구하고 '自矣'로 표기한 것은 위 (10)의 용례들에서 보
듯 속격 조사가 덧붙은 형태가 널리 쓰이던 것이 굳혀져 하나의 대명사처럼 인식되어 사
용해 온 데에서 비롯한다고 추정된다. 이는 후술할 2인칭 단수 '너'의 표기가 때로는 '汝
矣'로 나타나는 것과 일맥상통한다.

또한 현대어의 1인칭 대명사 복수 낮춤 표현의 '저희'에 일치하는 것으로 추정되는 이
두자 '自矣'도 발견된다. (12)는 이것에 복수 접미사 -等이 덧붙어 쓰인 '自矣等'이 쓰인
예이다.

(12) 右偏一小麓 <u>自矣等</u>先世 與之於金洪運先世 入葬金洪運妣 <1577? 完旨 정6-170-2>
(오른쪽 한켠의 작은 산기슭은 저희들 선대에서 金洪運의 선대에게 그 땅을
주어 金洪運의 돌아가신 어머니를 묻었는데)

3.2 2인칭

2인칭 대명사는 한자의 '汝'가 그대로 사용된다. 이것은 우리말로 새겨 '너'로 읽은 듯
하다. 다음의 예문 (13)은 2인칭 대명사 '汝'의 모습을 잘 드러낸다. (13ㄴ)은 한자 汝에
속격 조사 矣와 첨사의 段이 복합된 형태이다. 이것은 臣矣段과 동일한 통사구조를 보인
다. (13ㄷ)의 '汝矣段置'는 여기에 다시 첨사를 덧붙인 형태이다.

(13) ㄱ. <u>汝</u>亦 外孫以 居長叱分 不喻 <1575 別給文記 영1-195 02> (네가 외손으로서
함께 살며 자랄 뿐만 아니라…)
ㄴ. <u>汝矣段</u> 其在庚辰捍衛寡躬 以至今日爲乎 功勞 可賞是去有良厼 <1401 曹恰賜牌
03~04> (너의 경우엔 지난 경진년에 과인을 호위하여 오늘에 이르게
한 공로가 상줄 만한 바가 있어서)
<u>汝矣段</u> 京家 無亦 從仕… <1467 張安良家舍許與文記 2> (너의 경우엔 서울
집 없이 종사…)
ㄷ. <u>汝矣段置</u> 視余猶親母 侍病供養 極盡 <1575 別給文記 영1-195 03> (너의 경
우에도 나를 친어머니와 같이 보고 간병하며 모시기를 극진히)

2인칭 복수 표현은 대체로 汝에 복수 접미사가 통합된 형태들로 나타난다. 이에 따라
汝等, 汝等徒, 汝等徒等 및 汝徒等로 나타나는데, 이들은 각각 '너들, 너드내, 너드내들'
및 '너내들' 정도로 읽힌다. (14)는 2인칭 복수 표현들 각각의 용례이다.

(14) ㄱ. <u>汝等</u> 亦目覩其事 <u>汝等</u> 其無悽愴於懷耶 <1452 이우양허여 22~23> (너희들
또한 그 일을 눈으로 보았으니 너희 마음에 슬픔이 없겠느냐)
家翁邊 奴婢乙 <u>汝等</u> 四娚妹亦中 家翁 生時 已曾分衿爲在果 <1571 分財文記
토지박물관> (바깥어른 쪽의 노비를 너희들 4남매에게 바깥어른 생시에
이미 나눠 주었거니와)
ㄴ. <u>汝等徒</u> 各 衿良中 奴婢 幷 拾口式以 使用爲良爲 稱給分是遣 <1429 金務都許與
03> (너희들 각 몫에 노비 모두 10명씩 사용하도록 준다 했을 뿐이고)

汝等徒 同宗族類亦中 放賣爲遣 <1452 李遇陽許與 24~25> (너희들 일가붙
이들에게 방매하고)

汝等徒 和會 各衿良中 平均 分給爲旀 <1536 分財文記 토지박물관> (너희들
이 화회하여 각각의 몫에 고르게 나눠 주며)

家翁邊 奴婢田畓 及 余矣邊 奴婢田畓等乙 汝等徒亦中 平均 分給爲遣 <1585
衿給文記 국편0842> (바깥어른 쪽 노비 전답 및 내 쪽 노비 전답 등을
너희들에게 고르게 나눠 주고)

ㄷ. 後次 汝等徒等亦 不顧願意 爭望爲行去乙等 <1452 李遇陽許與 05~06> (후에
너희들이 (내가) 원하는 뜻을 돌아보지 아니하고 다투고 원망하는 일이
지속되거든)

汝等徒等亦 萬一 不顧予意 爭訟爲去乙等 <1521 衿給文記 서울대고문서집진
200 12> (너희들이 만일 내 뜻을 돌아보지 않고 다투고 송사하거든)

ㄹ. 女矣身亦 年深 生前良中 汝徒等 新奴婢 得後所生 幷以 計除爲遣 <1540 分財
文記 정49-146> (여자인 이 몸이 연로하여 생전에 너내들 신노비 얻은
후 소생들은 모두 셈에서 빼고)

汝徒等乙 作三娚妹爲良 田畓奴婢家舍等乙 <1549 허여문기 정92-643 04>
(너네들을 3남매로 하여 전답 노비 집 등을)

ㅁ. 汝等乃 同生 四娚妹 周而復始行祭事 <1552 허여문기 동해시고문서(二) 389>
(너희들 형제 4남매가 돌아가며 다시 제사를 행할 것)

(14ㄱ)의 '汝等'이 한자어인지 이두어인지는 다소 애매하다. 다만, '汝等 四娚妹亦中'에
서는 '汝等'이 고유어로 읽혔을 개연성이 높다. (14ㄴ)은 汝等에 복수접미사 이두자 徒가
결합하여 이루어진 것이다. (14ㄷ)은 汝等徒에 다시 복수접미사 이두자 等이 결합한 형태
이다. (14ㄹ)은 고유어로 읽힌 것으로 추정되는 汝徒等이 사용되었음을 보여준다. 이는
현대국어에서 간혹 쓰이는 '너내들'에 대응하는데, '너희'와는 별도의 변천과정을 거친
것으로 이해된다. 그런데 '汝等徒, 汝等徒等'의 존재로 미루어 볼 때 '汝等'은 한 단어로
인식되었던 듯하다. 왜냐하면, '汝等徒等'은 '汝等＋徒＋等'으로 분석되어 1인칭 복수 표
현에 간혹 쓰인 '矣徒等'과 동일한 구조를 보여주기 때문이다. 한편 (14ㅁ)의 汝等乃는 汝
等徒와 동일한 이표기로서 이를 통해 汝等徒의 '徒'가 '내'로 읽혔음을 알 수 있다.

2인칭 대명사와 관련하여 유의할 점은 '汝矣'에 대한 해석이다.

(15) ㄱ. 京家乙良 汝矣亦中 永永 許給爲去乎 <1467 張安良家舍許與文記 3> (서울 집
은 너에게 영구히 주기로 허락하니)

ㄴ. 汝矣等亦 謹悉吾意 <1398? 南誾遺書 13~14>

ㄷ. <u>汝矣等</u> 平均分執 使用爲乎 事 <1551 分財記 국립도서관 119~120> (너희
　　들이 고르게 나눠갖고 사용할 것)

(15ㄱ)에 쓰인 '汝矣'는 2인칭 복수 대명사 '너희'가 아니다. 이것은 財主인 張安良이
아들인 末孫에게 집을 허여한 문기이므로 복수가 될 수 없기 때문이다. 따라서 이 경우
'汝矣'의 '矣'는 현대국어 '너에게' 정도의 의미를 갖는 표현을 하는 과정에서 들어간 일
종의 말음첨기라고 보거나 어떤 형태가 2인칭 '너'에 덧붙어 있는 것을 표기한 것 또는
이두에서 관습적으로 널리 사용되던 것이 하나의 형태소처럼 굳혀져 사용된 것으로 보아
야 할 것이다. 필자는 현재 이 중 세 번째 추정을 지지한다. 이것은 앞서 (11)에서 보았듯
이 1인칭 단수 낮춤말의 '저'에 해당되는 표기가 이따금 '自'만으로 표기되지 않고 '自矣'
로도 나타나는 것과 마찬가지라고 판단하기 때문이다. 2인칭 단수에 속격 조사를 덧붙인
'汝矣段'과 '汝矣身' 같은 표현이 보편화되면서 '汝矣'를 점차 하나의 형태소로 인식하게
된 결과라고 본다. 15세기 국어에서도 '너'에 속격 조사가 덧붙은 평성의 '네'가 2인칭 단
수 대명사로 굳혀져 다시 이것에 속격 조사를 덧붙인 '네의'가 문증됨이 참고된다.[75]

(15ㄴ)은 국어의 2인칭 복수대명사 '너희'에 해당하는 표현이 '汝矣'로 나타난다는 사
실 때문에 주목했던 자료이나 이는 원문서가 아니다. (15ㄷ)에서 汝矣에 다시 복수접미사
이두자 '等'이 결합한 형태 汝矣等은 눈여겨 볼 용례이다. '汝矣等'은 15세기 국어의 '너
희둘ㅎ'에 정확히 일치하기 때문이다.

2인칭 대명사 '汝'에 속격 조사가 결합하고 다시 이에 명사 '身'(몸)이 결합된 '汝矣 身'
도 2인칭 단수 표현에 쓰인다. 이는 일종의 代名詞句라 할 만하다. 다만, 1인칭의 矣身과
는 달리 이때의 '矣'는 속격 조사이다.

(16) 右 成文段 <u>汝矣身</u>亦 長孫以… <1492 安謙妻金氏別給 03> (이 문서는 너의 몸이
　　 장손으로…)
　　 <u>汝矣身</u>亦 早登司馬… <1496 朴智興妻徐氏別給 02> (너의 몸이 일찍이 사마시
　　 에 올라…)
　　 <u>汝矣身</u>乙 女矣 四寸孫女曹氏處 成婚 … <1508 許與文記 정1-580 06> (너의 몸
　　 을 여자인 나의 4촌 손녀인 조씨에게 성혼…)

---

75) 差別 업슨 거시 곧 <u>네</u>의 眞性이라 ᄒ시니(無差別者ㅣ 卽汝의 眞性이라ᄒ시니) <능엄경언해 2.35ㅎ> <u>네</u>
의 玉山앳 草堂이 寂靜호몰 ᄉ랑ᄒ노니(愛汝玉山草堂) <두시언해 초7.32ㅎ> 그런데 '어마니미 즉자히 닐
오디 <u>네</u>의 出家호몰 듣노라'<석보상절 21.39ㅈ>에서는 '네'가 복수표현에 쓰인 것으로 볼 소지가 남아
있다.

3.3 지시대명사

지시대명사로는 '此, 其, 彼' 등의 한자어가 그대로 쓰여 그것이 이두자인지의 여부가 애매하다. 지시대명사 중 이두어로 볼 수 있는 것은 '此'이다. 이는 신라 시대로부터 줄곧 이어져 내려온 사용법이기도 하다. 한자 此는 '이'로 訓讀하였으리라 추정하는데,[76] 이것에 亦中이 통합된 예들이 일부 나타난다. 이때의 亦中은 처격 조사로서 기능한다.[77] 此亦中은 15세기 국어의 '이에'에 대응한다. 진술의 흐름을 이어가면서 다른 한편으로 話題를 다른 것으로 바꾸는 대목에서 주로 사용하기 때문에 경우에 따라서는 '여기에' 정도의 의미를 갖는다.

(17) 此亦中 朔方道叱段 田出 收齊爲臥乎 所 無去有等以 <1392 太祖賜給芳雨土地文書 03> (이에 삭방도는 田稅를 걷는 바가 없음이 확실하므로)
此亦中 啓課不冬 趣便以 決斷爲 他矣 罪乙 或輕或重令是在乙良 故失例論 <直解 01.39ㅎ> (이에 품의하지 아니하고 멋대로 결단하여 남의 죄를 가감시킨 경우에는 故失例로 처단한다)
此亦中 蠶種 收取爲乎 厚紙乙 秤子以 知重 紙後良中 兩數 開寫爲有如可 <양잠 4> (이에 누에씨를 거두어 들일 두꺼운 종이를 저울로 잰 후 종이 뒷면에 무게를 기록하였다가)
此亦中 子子孫孫 遺書爲臥乎 事叱段 <1452 李遇陽許與 20> (여기에 자자손손에게 유서하는 일은)
此亦中 奴婢 花名 不得 及 逃亡奴婢等段 衿分 不冬爲有去乎 <1568 分財文記 국립도서관 118~119> (여기에 노비 이름을 모르거나 도망노비들은 몫으로 나누지 않았으니)
此亦中 長片箭 各一部乙 送去亦 爲去乎 <1592 傳令 영1-238-1 14~15> (이에 긴 편전 각 1부를 가져가라 하니)

---

76) 此ᄂᆞᆫ 이라 <훈민정음 언해본>
77) -良中이 통합되지 않고 -亦中이 통합되는 까닭은 후술할 곡용 어미 중 여격 참조

3.4 재귀대명사

재귀대명사는 앞에 나온 사람을 지칭하는 대명사로서 일반적인 인칭대명사와 구별되는 특유의 형태를 띤다. 현대어에서 재귀대명사로 가장 널리 쓰이는 '자기'에 정확히 일치하는 自己의 용례는 16세기 전반에 처음 나타나는 듯하다.

> (18) ㄱ. 文官亦 犯罪爲 申聞合當爲在乙 申聞不冬爲在乙良 杖一百 其中 自己事乙 不便
> 亦 向入 回避爲在乙良 <直解 03.04ㅎ> (문관이 죄를 범하여 임금께 여쭙
> 는 것이 마땅한 것을 신문하지 않걸랑 杖一百하고, 그 중 자기 일을 불
> 편하다고 생각하여 회피한 경우에는)
> ㄴ. 家翁父 忠贊衛金孝源敎是 自己 婢妾子 北間矣 良妻 幷産 所生等乙 <1531 허
> 여문기 정1-585 02~03> (남편의 아버지인 忠贊衛 金孝源께서 자기 계집
> 종 첩의 아들인 北間이 양처와의 사이에 낳은 소생들을)

(18ㄱ)에 쓰인 뒷부분은 원문의 '有所規避'에 대한 번역인데, 이 중 '自己'는 선행어 '文官'을 가리키므로 재귀대명사의 기능을 하는 것으로 볼 수 있다. 그렇다고 하더라도 한자어일 개연성이 높을 뿐만 아니라, 『大明律直解』에 쓰인 '自己'는 거의 대부분 원문의 '自'에 대응하기 때문에 이두자가 재귀대명사로 쓰인 것이라고 단언하기 어려운 면이 있다. 한자어로 쓰인 '自己'는 『各司受敎』에서도 그 용례가 발견된다<예 : 1564 호조수교 각사수교 34>. 이와 달리 (18ㄴ)의 '自己'는 선행한 명사를 분명하게 가리키는 재귀대명사임이 틀림없다. 따라서 비록 한자어에서 유래한 단어이긴 하나 이두자로서의 지위를 획득한 것으로 볼 수 있다. 16세기 이두문에서는 대체로 자신이 스스로 사 들인 전답과 노비를 일컬어 '自己買得田民'이라 표현하는 경우가 많은데 이때의 '自己'도 이두자 재귀대명사가 아님은 물론이다.

재귀대명사로 쓰인 이두자 중에는 '自'와 '其'가 또 있다. 먼저 '自'의 쓰임새에 관해 살펴 보면 다음과 같다.

> (19) ㄱ. 父母俱存 民財富足爲在 人等亦 貪利爲要 自矣 子息乙 他戶良中 强置 冒稱遺棄
> 小兒爲臥乎 所 <直解 04.04> (부모가 다 생존하고 재산이 넉넉한 사람들
> 이 이득을 얻으려고 자기의 자식을 남의 집에 강제로 두고는 버린 아이
> 라고 거짓 칭하는 바)

ㄴ. 自矣 私物乙 用良 官物乙 回換者 罪同 <直解 07.06ㅈ> (자기의 사물을 써서 관물로 바꾼 자는 죄가 같다)

(20) ㄱ. 河紀地段 嫡室無後爲㫆 自矣 奴婢乙 某家置 許與傳係 不得 早歿爲乎等用良 <1469 田養智妻河氏粘連 2-20> (河紀地는 적실이 후사가 없으며 자기의 노비를 어느 집에도 상속해 주지 못하고 일찍 죽었으므로)

ㄴ. 同 學祖亦 自矣 使用爲如乎 奴婢 幷 八口乙 <1506 다딤 서울대고문서집진 215 32∼33> (위 學祖가 자기가 사용하던 노비 모두 8명을)

ㄷ. 節 推考 白等 故習讀官崔世澄妻李氏亦 自矣 父邊 傳來 同進 奴矣 第五所生… <1507 粘連立案 중 招辭 정32-257> (금번 추고에 대하여 아뢰는 것은, "죽은 習讀官 崔世澄의 처인 이씨가 자기의 아버지 쪽에서 전래해 온 同進 사내종의 제5소생…)

ㄹ. 金孝之妻黃氏敎是 …… 去 庚子年分 田民傳係時 自矣 家翁邊 傳來 義城 接 奴 洪萬矣… <1517 정1-16 立案 25∼28> (김효지의 처 황씨께서 …… 지난 경자년(1480)에 자기의 남편쪽에서 전래한 의성에 사는 사내종 洪萬의…)

예문 (19)와 (20)에선 '自'가 모두 선행하는 사람을 가리킨다. (19)는 『大明律直解』에서의 용례 중 일부이고, (20)은 고문서들에 쓰인 용례 중의 일부이다. (19ㄱ)에선 선행한 '父母俱存 民財富足爲在 人等'을 가리킨다. (19ㄴ)의 원문은 '若將自己物件 低換官物者 罪亦如之'이다. 따라서 이두문 (19ㄴ)의 '自'는 원문의 '自己'에 대응하는데, 여기서는 바로 앞에 선행하는 명사는 없으나 문맥의 흐름으로 보아 관아의 돈과 물건을 관리하는 책임을 맡은 監臨官을 지칭하는 것이다. (20)에서는 모두 선행한 명사 즉, 사람을 지칭하면서 '自'를 사용하고 있다. (20ㄱ)에선 선행한 '河紀地', (20ㄴ)은 '學祖', (20ㄷ)은 '李氏', (20ㄹ)은 '黃氏'를 각각 가리킨다. (20ㄹ)에서는 '黃氏'를 높여 존칭의 주격 조사 -敎是를 사용했으나 재귀대명사로 쓰인 '自'의 경우엔 (20ㄷ)과 똑같이 별다른 존칭 표현을 하고 있지 않다. 이와 같이 '自'는 일반적으로 앞에 나온 선행명사를 가리키는 역할을 하므로, 현대어의 재귀대명사 '저' 또는 '자기'에 해당한다.

이상의 (19)와 (20)은 재귀대명사로 쓰인 '自'에 속격 조사 -矣가 통합된 예들이지만 주격 조사 또는 보조사가 덧붙은 용례들도 산견된다.

(21) ㄱ. 自段置 女矣身 爲 暫無違心 常時 款護爲臥乎等用良 <1518 定順王后託後書 莊陵誌 1.28> (저의 경우에도 여자인 이 몸을 위하여 잠시도 다른 마음 없이 늘 정성껏 돌보아 주기에)

ㄴ. 右明文段 自亦 兩親 早沒爲去乙 矣家 來接生長爲㫆 早占生員 又 登科第 家門
　　榮孝 無異親子爲乎等 用良 <1506 별급문기 정2-554> (이 명문은 '自'가 양
　　친이 일찍 죽거늘 내 집에 와서 자라며 일찍이 생원을 차지하고 또 과
　　거에 급제하여 가문의 영광이요 효자로서 친자식이나 다름없기에)

(21ㄱ)은 端宗의 妃인 定順王后가 죽은 鄭眉壽의 처 李氏에게 노비 등을 물려주기를
원하는 문서에 쓰인 것이다. 이때 '自叚置'의 '自'는 바로 李氏를 지칭한다. 따라서 위
(20)에 쓰인 재귀대명사 '自'와 동일한 기능을 한다. 그런데 (21ㄴ)의 경우는 상당히 특이
한 면이 있다. 이것은 과거 급제한 조카에게 노비를 허여하면서 작성한 別給文記의 일부
이다. 문서의 첫 줄에 '三寸姪翰林金錫弼處明文'이라 했으므로 이 경우 '自亦'의 '自'가
조카인 金錫弼을 지칭하는 것은 분명하나, 선행어가 3인칭인 다른 용례들과 달리 2인칭
으로 쓰인 명사에 대한 재귀대명사라는 점이 매우 독특하다.

또 한편으로 재귀대명사로서의 기능을 하면서 높임 표현에 쓰인 '自矣'의 용례도 있어
주목된다.

(22) ㄱ. 正德六年辛未十一月十六日 海平府院君鄭眉壽前 成文許與事段 自矣亦 文宗上典
　　　唯一孫以 特蒙極品上恩 位至極品爲有等 常時景望無際爲白乎㫆 自矣段置 女
　　　矣身 切親是去 向入 <1511 魯山君夫人鄭眉壽別給文記 『海州鄭氏家乘』 家傳
　　　聞見錄> (정덕 6년 신미년 11월 16일 海平府院君 鄭眉壽에게 문서 작성하
　　　여 허여하는 일은 '自矣'가 문종 임금님의 유일한 손자로서 특별히 누대
　　　에 걸쳐 임금의 은혜를 입어 지위가 지극히 높은 데 이르렀거든 늘 더
　　　이상 바랄 것이 없으며 '自矣'의 경우에도 여자인 이 몸을 가까운 친족
　　　인가 생각하여)
　　ㄴ. 右 奴婢等乙 自矣亦中 許上爲乎爲 常常 說導爲白如可 <1531 허여문기 정
　　　1-585 04~05> (위 노비들을 '自矣'에게 바치려고 늘 말씀하다가)
　　ㄷ. 內隱之年四十四乙未生矣 身乙 自矣亦中 年少時 始叱 作妾率居爲去等 女矣身亦
　　　年老有病爲沙餘良 <1532 掌隷院立案 영2-332/정65-372 17~19> (內隱之 나
　　　이 44 을미생의 몸을 '自矣'에게 어릴 적부터 첩으로서 데리고 살았는데
　　　여자인 이 몸이 나이 들고 병이 있는 데다가)

(22ㄱ)은 端宗의 妃인 定順王后가 淨業院의 住持로 있던 시절 즉, 魯山君夫人 宋氏로
불리던 시절에 海平府院君 鄭眉壽에게 가옥 일부를 별급한 문서의 일부이다.[78] 화자의

---

78) 원문서가 아니라서 당연히 別行 또는 空格을 행하여야 할 '文宗上典' 등이 줄글로 쓰여 있다.

입장에서 媤조카에 該당하는 이를 가리키면서 '自矣'라 표현하였다. (22ㄴ)은 故 金綏의 처 김씨가 남편의 사촌형인 金緣에게 노비 8명을 許上하는 문서이다. 金綏는 원래 金緣의 친동생이었으나 이 문서 중의 '家翁父'인 金孝源의 양자로 계후함에 따라 사촌간이 되었다. 이에 따라 남편 사망 後에 財主인 김씨가 남편의 유언에 따라 노비를 바치면서 媤從兄을 지칭하여 '自矣'라 한 것이다. (22ㄷ)은 掌隷院立案에 등재된 허여문기 중 財主인 鄭氏가 進士 신분의 河溥를 지칭하면서 '自矣'라 표현하고 있다. 이 입안은 청원인인 河溥에게 내려준 立案으로서 첩의 딸인 계집종 丁非를 양인으로 허락해 주는 내용의 문서이다.

(22)에 쓰인 '自矣'는 모두 화자인 여자 입장에서 함부로 홀대할 수 없는 이를 지칭하면서 대신하여 쓴 재귀대명사라 하겠다. 그러나 일반적인 재귀대명사와는 달리 높임의 뜻을 담고 있다. 따라서 (22)의 '自矣'는 중세어의 'ᄌᆞ갸'에 대응하는 이두자가 아닌가 추정하나 양자 사이에 음상의 차이가 있어 좀 더 숙고해 볼 문제다.

재귀대명사로 쓰이는 이두자로 '其'가 또 있다. '其'의 訓은 『石峰千字文』에서는 '그'로 되어 있으나, 光州版 『千字文』에서는 '적'으로 되어 있다. 후대의 이두학습서들에서는 대체로 '저, 져'로 읽고 있는데 이것은 光州版 『千字文』의 훈과 일맥상통한다. 따라서 '其'는 訓讀字이다. 다음의 예들에서 보듯 '其矣'의 '其'는 모두 선행사를 갖고 있다.

(23) ㄱ. <u>其</u> 婦人亦 夫家良中 得罪爲旀 義絶爲去等 被黜爲良置 <u>其矣</u> 子矣 官職品次以 同論 <直解 01.15ㅈ> (그 부인이 시댁에 죄를 범하며 의절하거든 쫓겨나더라도 저의 자식의 관직 품차로 똑같게 논한다)

ㄴ. <u>其矣</u> 身力亦 蚕子 一二兩量 養飼人是 貪心以 三四兩乙 養飼爲在如中 <양잠 22ㅎ> (저의 힘이 누에알 한두 냥 정도인 養飼人이 탐욕으로 서너 냥을 기를 것 같으면)

ㄷ. <u>其矣</u> 子孫至亦 免役令是良如 敎 右良如 敎事是白齊 <1421 李藝功牌 13~14> (저의 자손에 이르기까지 면역시키라고 하심으로써 이와 같이 교시하신 일이오며)

ㄹ. 蓮芝段 無子息爲昆 上項 <u>其矣</u> 衿 奴婢乙良 生前 使用爲如可 <1469 田養智妻 河氏粘連 2-26> (蓮芝의 경우 자식이 없으니 위의 자기의 몫 노비는 생전에 사용하다가)

ㅁ. 全仁亦 <u>其矣</u> 婢 億守 及 所生婢 閏梅 等果 <1565 侤音 정65-389 04~05> (全仁이 자기의 계집종 億守 및 그 소생의 계집종 閏梅 등과)

(23ㄱ)에서 '其 婦人'의 '其'는 한자어이나, 속격 조사 -矣가 덧붙은 '其矣'의 '其'는 婦

人을 지칭하는 재귀대명사로 쓰인 이두자이다. (23ㄴ)에서는 '其'가 선행어 養飼人을, (23ㄷ)
은 공패의 受給者인 李藝를, (23ㄹ)은 蓮芝를, (23ㅁ)은 바로 앞에 있는 재주 全仁을 대신
하여 쓰인 것이다. 따라서 '其' 또한 현대어의 재귀대명사 '저' 또는 '자기'에 대응하는
이두자이다. 이것과 복수접미사가 결합된 형태를 상정해 볼 수 있는데, 15세기 이두 자료
에서는 뚜렷한 용례가 발견되지 않는다. 張戬妻辛氏所志(1427년) 제4행에 '徒' 자가 분명히
적혀 있고 문맥으로 비추어 보아 그 앞에 '其等'을 보전하여 읽을 수 있어, '其等徒'의 용
례를 이끌어 낼 개연성이 충분하나 유보해 둔다.

 其가 한자어인지 이두자인지는 잘 가려낼 필요가 있다. 한자어로 쓰였을 때는 지시대
명사로서 선행한 어떤 사람이나 물건 등을 두루 지칭하게 된다. 그러나 이두자로 사용되
었을 때에는 선행한 어떤 사람을 지칭하는 인칭대명사로서 재귀대명사적인 용법을 지닌
다. 16세기 이두문에서의 용례를 몇 보이면 다음과 같다.

> (24) 鄕吏 鄭富 妻 哲非亦 艱難所致以 其矣 母邊 傳來 婢 石乙非 一所生 婢 宗之矣 身
> 乙 <1543 粘連立案 정32-271> (향리인 鄭富의 처 哲非가 가난한 까닭에 저의
> 어머니쪽에서 전래한 계집종 石乙非의 첫소생인 계집종 宗之의 몸을)
> 仁同 居 金宗孝亦 …… 其矣 婢 彦介乙 上典處 放賣 牟二石 租十斗 黃大牛一隻
> 捧上後 其矣段 居官 斜給爲乎乙爲 作木一匹 幷以 持去後 至今 來到 不冬 極爲殊常
> <1584 所志 정33-10> (인동에 사는 金宗孝가 …… 저의 계집종 彦介를 상전
> 에게 방매 후 보리 두 섬, 租 10말, 큰 황소 한 마리를 받은 후 자기는 관에
> 가서 증명 받으려고 무명 한 필을 아울러 가지고 간 후 지금까지 오지 않아
> 극히 수상하니)
> 無子息亡女壻李殷輔亦 …… 其矣 新奴婢風年莫從婢莫莊等乙 後所生 幷以 不給爲
> 遣 <1583 입안 정33-189 85-86> (자식 없이 죽은 딸의 남편인 사위 李殷輔가
> …… 저의 신노비 風年, 莫從, 계집종 莫莊 등을 후소생과 함께 주지 않고)

 (24)는 其가 재귀대명사로 쓰였음을 보여준다. 그런데 재귀대명사 其 대신에 其矣를 쓴
용례가 눈에 띈다. 이것은 앞서 2인칭 대명사 汝矣에서 설명한 바와 마찬가지로 속격 조
사를 덧붙인 其矣가 보편적으로 쓰임에 따라 이것을 한 단어로 인식하게 된 데에서 연유
한 것으로 추정된다. (25)가 그 한 예이다. (25)의 '其矣'는 현대어에서 "철수 녀석은 제게
뭐 잘난 것이 있다고 저리 떠드니?"에서의 '제'처럼 주격 조사 '-가' 또는 일부 격조사
및 보조사와 함께 쓰이는 재귀대명사 '제'에 해당된다.

(25) 崔世溫亦 …… 奴婢乙 財主 李氏亦 其矣亦中 專給爲乎 樣以 僞成文記是如 <1560
점련입안 정32-279 139-140> (崔世溫이 …… 노비를 재주인 이씨가 저에게
전부 준 것처럼 위조한 문서이라는 것을)

대명사로 쓰인 '其' 또는 '其矣'에 복수 접미사들이 통합된 여러 가지 형태들이 16세기
고문서에서 발견된다.

(26) ㄱ. 其等徒 白活 佮音 據 各衿 相換 施行爲旀 <1560 점련입안 정32-279 316>
　　　 其等徒亦 未便是如 爲白良置 <1560 점련입안 정32-279 221>
　　　 其等徒 父邊 進士曺致唐段 <1528 입안 정1-537 08>
　　　 婢族德等乙良 其等徒 白活佮音據 各衿 相換施行爲旀 <1560 경주부입안 정
　　　 32-279 316>
　　ㄴ. 其等徒等亦 老母 敎誘 僞造文記是如 爲白良置 <1560 점련입안 정32-279 108>
　　ㄷ. 禮賓寺內資司僕寺等亦 各年無面乙 其徒等 奉足價布以 充納亦 呈訴 導良 依願
　　　 充徵爲白在果 <1562.8.17. 호조계목 각사수교 27> (禮賓寺와 內資寺와 司僕
　　　 寺 등이 각 해의 모자란 것을 저네들 배당을 未出役人들이 대납한 무명으
　　　 로 채워 납부하자고 올린 訴에 따라서 원하는 대로 채워 징수하였거니와)
　　　 車寶南等段 贖身立案 及 其徒等 去官朝謝 闕失 稱云 終始現納不得爲白旀
　　　 <1568.3.27. 掌隷院回啓 卽 防啓 眉巖日記 1568.3.29. 후기> (車寶南 등은 속
　　　 신한 입안 및 저네들의 다른 관직으로 옮길 때의 告身문서를 잃어버렸다
　　　 고 말하고는 끝내 제출하지 못하오며)

(26)은 대명사 其에 복수 접미사를 통합시킨 其等徒, 其等徒等, 其徒等의 예들이다. 그
런데 현대어의 3인칭 '저희'에 해당하는 '其矣'에 다시 복수 접미사 -等이 덧붙은 것으로
추정되는 '其矣等'의 용례가 있어 주목된다.

(27) 奴子等 不能操心 凡 官中 擬只臥乎 諸事 拒逆 成習爲在如中 其矣等 受罪叱分不喻
上典敎是置 不得免其責是昆 凡汎濫拒逆之人 一一摘發治罪次以 白是爲齊 <1554 安
氏治家法制> (사내종들이 마음을 쓰지 않아 무릇 관아에서 시키는 여러 가지
일을 거역하는 것이 습관이 될 것 같으면 저희들이 죄를 받을 뿐만 아니라
상전께서도 그 책임을 면하지 못하니 무릇 함부로 하고 거역하는 사람은 일
일이 적발하여 죄를 다스리기 위해 고발한다)

재귀대명사 其에 속격 조사 -矣와 명사 身이 통합된 '其矣身' 역시 사용되었다. 이것은
일종의 연어로서 代名詞句라 할 만하다.

(28) 八十歲已上老人果 十歲以下小童果 篤疾者果 及 婦女等乙良 謀反逆叛事 及 子孫不
孝事果 其矣身 及 同居人等亦 被盜爲弥 家財乙 被奪爲弥 人命殺害爲乎 等事乙 現
告爲去等 <直解 22.11ㅎ> (80세 이상 노인과 10세 이하 어린아이와 위독한
병자 및 부녀자 등은 謀反과 逆叛에 관한 일 및 자손이 불효한 일과 자기 몸
및 동거인 등이 도둑 맞으며 가산을 빼앗기며 인명을 살해한 일 등을 신고
하거든)

起揭爲在乙良 必于 其矣身亦 親亦 使內 不冬爲在乃 爲首以 論遣 <直解 19.01ㅎ>
(처음 발의한 자는 비록 제 몸이 직접 행하지 아니하였더라도 주범으로 논
죄하고)

其矣身段 娶妻于禮安訟官同里 自少相從叱分 不喩 <1583 입안 정33-189 100~
101> (자기는 예안현의 재판관과 같은 마을에서 처를 얻었고 어려서부터 서
로 따랐을 뿐만 아니라)

別給奴 金山段 其矣身亦 無子息乙仍于 其矣 田地乙 多數記上 情理 可悶乙仍于
<1533 分財記 정41-482 15~16> (별급한 사내종 金山은 제 몸이 자식이 없
음으로 인해 자기의 전지를 다수 바친 사정이 가련하기 때문에)

4. 곡용 어미

체언이 굴절할 때에 덧붙는 문법 형태소들을 곡용 어미라 한다. 이것은 동사 및 형용
사와 같은 용언이 굴절할 때 덧붙는 문법 형태소들을 활용 어미라 하는 것과 동일한 관
점에서 본 용어이다. 우리말에서 곡용 어미는 활용 어미와 달리 선행하는 체언에 반드시
따라나와야 하는 필수 요소는 아니다. 따라서 학교 문법에 의거하여 격조사로 칭하기로
한다.

4.1 주격

주격 조사에는 일반적으로 -亦, -弋只/戈只, -是, -敎是 등이 쓰였다. 그러나 16세기에
들어서 조격에 쓰이던 -以가 주어 자리에서 쓰이는 현상이 점차 확산되어 가는 경향을

보이기도 한다.

1) -亦

-亦은 이두의 대표적인 주격 조사다. 이것은 15세기 국어의 주격 조사 '-ㅣ/이'에 대응한다. 그러나 양자가 완전히 일치하는 것이 아님에 유념해야 한다. 다음 항에서 설명하는 바와 같이 -亦은 이른 시기의 주격 조사 형태를 반영하는 보수적인 표기일 따름이다.

주격 조사로 쓰이는 -亦의 독음은 다소 혼란스러운 면을 보인다. 후대형인 중세어의 대응 형태에 따른다면 -亦은 '-ㅣ'로 읽혀야 할 것이다. 그럼에도 불구하고 후대 이두 학습서들에서는 '-여' 또는 '-이여'로 읽고 있다. 17세기 중엽의 동국대본『吏文』을 비롯하여 18세기『吏文大師』와『古今釋林』의 羅麗吏讀, 그리고『儒胥必知』등에서 矣身亦를 '의몸여'로 읽었으며, 장서각 袖珍本『吏文』과『吏文襟例』및『吏讀便覽』등에서는 '의몸이여'로 읽었다. 주격 조사 -亦에 대한 독음 '-여/이여'는 몇 가지 요인에 의한 착오로 형성된 것으로 추정된다. 이것은 근본적으로는 亦의 한국한자음이 변한 데에서 비롯된 것이라 하겠으나, 이두의 인용격 조사로 자주 쓰이는 -亦, 그리고 -在亦 또는 -有亦 등에서의 나열형 어미로 쓰이는 -亦의 독음에서 연유했을 개연성이 높다고 판단된다.

이두의 주격 조사 -亦은 고려 시대 이두에서 이미 그 용례를 찾아볼 수 있을 뿐 아니라, 조선조 말까지 연면히 사용된 자이다. 비존칭의 모든 명사들은 물론 대명사에 통합되어 쓰이는데, 명사의 복수 접미사 -等 뒤에 통합된 -等亦의 용례도 꽤 많이 찾아볼 수 있다. 이 경우 -等亦는 중세어의 '-둘히'에 정확히 일치한다.

(1) ㄱ. 凡 無官職時 犯罪人亦 有官職爲良沙 事發爲在乙良 公罪是去等 贖罪爲遣 罪狀 施行齊 <直解 01.15ㅎ> (무릇 관직이 없을 때 죄를 범한 사람이 관직이 있는 때에야 비로소 드러난 경우에는 공죄이거든 속죄하고 죄상을 기록 해 둔다)
蠶亦 十分中 九分亦 老熟爲去沙 始作上薪爲在如中 <양잠 35ㅎ> (누에가 10 분 중 9분이 충분히 자라야 비로소 섶에 오르기 시작할 것 같으면)
麻亦 生長 傷折爲臥乎 等以 須只 上品田乙 每年 回換 <農書輯要 20> (마가 자라면서 상해서 꺾어지기 때문에 모름지기 질 좋은 밭을 매년 돌아가며)
次知官司亦 知非行下爲在乙良 同罪齊 <直解 24.02ㅈ> (담당 관아가 거짓임 을 알고도 그대로 행한 경우에는 죄를 같게 하며)

ㄴ. 守令 及 節度使等亦 受 敎本意 詳察 不冬 帳籍叱分 相考 不審容貌乙 仍于 冒
年老除之弊 到今益甚 至爲未便爲白昆 <1573.8. 추록 각사수교 186> (수령 및
절도사들이 수교의 본뜻을 자세히 살피지 않아 장적만 상고하고 용모를
살피지 않음으로 말미암아 나이를 속여 면제되는 폐단이 오늘에 이르러
더욱 심하여 지극히 편치 않으오니)
後次 族親等亦 無子息寡婦矣 奴子是去 向入 爭望爲行去乙等 <1599 明文 정
32-257 03~04> (후에 일가붙이들이 자식 없는 과부의 종인가 생각하여
다투고 원망하는 일이 지속되거든)
矣徒等亦 證筆以 使內白乎 所 的是白乎 事 <1521 侤音 정32-260 08~09>
(우리들이 증인과 필집으로 행하온 바 확실하온 일)
其等徒等亦 茶禮大宴以 說導爲臥乎 所 加于 未便爲白乎旀 <1560 粘連立案 정
32-279 116~117> (저네들이 차례를 지내는 큰 잔치로 말하는 바 더욱
불편하오며)

2) -弋只, -戈只

-弋只와 -戈只는 異表記이다. 이는 取形의 원리에 따른 것으로 파악된다. 朴喜淑
(1985:101)도 戈只를 字形의 유사에서 비롯한 것으로 파악한 바 있다. 李丞宰(1992ㄱ:108)는
"사용빈도가 매우 낮은 '弋'字 대신에 사용빈도가 높은 '戈'字를 무의식적으로 사용하게
되어 戈只가 나오게 된 것"으로 추정하였다. 그리고 이것은 단체나 복수명사의 주격을 표
시하는 것으로 추정해 왔다<朴喜淑 1985:102, 李丞宰 1992ㄱ:109>. 그러나 -弋只는 유정명사
와 무정명사, 존칭명사와 비존칭명사 그리고 數에 상관 없이 두루 쓰인다. 高正儀(1992ㄱ)
에서 잘 밝힌 바와 같이『大明律直解』에서의 용례들이 이러한 사실을 뒷받침해 준다. 조
선 전기 고문서에서도 주격으로 쓰인 용례들이 보인다.

(2) 副司猛 鄭從雅 伴倘 金義 老除 本 金海弋只 進叱使內良於爲 口 /傳 施行敎 事是良
尒 <1478 鄭從雅伴倘金海差定帖 03~06> (부사맹 鄭從雅의 반당으로 金義는 늙
었으므로 해임하고 그 자리에 金海가 나아가 종사하도록 구전으로 시행하신
일이기에)
龍驤衛五番右部別侍衛 勳戈只 進叱使內良於爲 口 /傳 施行敎 事是良尒 <1489 李勳
差定帖> (용양위 5번 우부 별시위로 勳이 나아가 종사하도록 구전으로 시행하
게 하신 일이기에)
萬一 女矣 子孫 及 他余遠近族類等戈只 爭望爲行去等 此 成文內 事意乙 用良 <1498
柳氏權柱家舍賣買文記 04> (만일 제 자손 및 기타 멀고 가까운 일가붙이들이

다투고 원망하는 일이 일어나거든 이 문서의 내용을 가지고)

同 縣監亦 遞期 至近 女矣身弋只 先歸本土乙 仍于 棄置孫兒 可憐爲乎等用良 <1525 재령이씨 分財記 정33-247 05> (위 현감이 임기 교체가 가깝고 여자인 이 몸이 먼저 본 고장으로 돌아감으로 말미암아 버려둔 손자 아이가 가련한 까닭에)

矣徒 同生等弋只 和會分執爲去乎 各各 執持爲乎矣 <1592 李涵男妹分財記 정33-269 03> (우리 형제들이 회회하여 나눠 가지니 각각 지니되)

주격 조사 표기에 쓰인 이두자 -弋只는 전통적인 주격 조사 표기자 亦과 음상이 매우 유사한 점에 유의할 필요가 있다. 이것은 대체로 국어의 주격 조사가 '*-익'과 유사한 형태를 취했을 당대에 음상이 유사한 亦(*jik)을 이두자로 차용한 것이 아닌가 추정한다. 그 후 '亦'의 한자음은 달라졌음에도 불구하고, 이두 표기에서는 전통적인 관습을 그대로 보유한 것으로 판단된다.79)

한편, 16세기 고문서에서도 주격 조사로 쓰인 -弋只의 용례가 보인다.

  (3) …族類弋只 乃 雜談相爭爲去乙等 <1580 명문 정2-669 05> (일가붙이가 이에 여러 가지로 말하며 서로 다투거든)

위 (3)에서의 -弋只는 주격에 쓰였으며, 이두에서의 주격 조사 -亦과 그 기능이 전적으로 같음을 알 수 있다.

그런데 -弋只가 -亦과는 분명히 다른 의미기능을 하는 경우가 있다.

  (4) ㄱ. 後所生乙良 依止 各衿弋只 使用爲齊 <1494 李瑷男妹和會文記 03> (후소생은 붙여 놓은 각각의 몫으로서 사용하며)
     ㄴ. 繕工監假監役官 李忠聖 遷轉 本 守倫弋只 進叱使內良如爲80) 口 /傳 施行爲有置 有 等以 <1593 趙守倫차정첩 국사편찬위원회 0583> (선공감의 가감역관으로 李忠聖은 자리를 옮기고 그 자리에 守倫으로서 나아가 종사하라고 구전으로 시행하였으므로)

---

79) 이와 달리 이중모음의 단모음화 현상과 관련하여 亦의 音價가 '역 > 익'으로 변화한 것으로 보고, 이것이 이두 표기에 쓰인 것으로 보기도 한다. 南豊鉉(2001) 참고. Karlgren의 한자음 추정 역시 고대 단계의 jək이 후에 jik으로 변한 것으로 보았다. 이에 관해서는 한자음의 층위와 도입 시기 등과 관련된 해답이 문제 해결의 관건이 될 것이다. 한편 김무림(2015:172~173)에서는 亦의 고대 한국한자음을 '여' 또는 '역'으로 추정하였다.

80) 進叱使內良如爲은 조선 초기에 進叱使內良於爲으로 적히던 것이 변형된 표기이다. 다만 마지막 자 '爲'는 이두자가 아니라 한자어로 기능하는 것으로 판단된다.

(4ㄱ)에서 '使用爲齊'의 주체는 李璦 男妹들이다. 따라서 '-弋只' 앞에 선행한 '各衿'이 주어 역할을 할 수 없음은 자명하다. 이 경우의 -弋只는 대체로 '-로서' 정도의 문맥적 의미를 갖는다. 따라서 -弋只는 단순히 주체임을 명시하는 문법적 기능 이외에 '신분, 자격'의 의미를 곁들인다고 생각한다. 이는 마치 현대 국어에서 '원, 사람이 그럴 수가 있나?'라고 할 때의 주격 조사 '-이'가 갖는 부가적인 의미요소를 바로 -弋只가 갖고 있음을 뜻한다. 다시 말해 단순히 주어임을 나타내는 기능보다는 주제격으로서의 기능이 더 강하다고 본다. 그럼에도 불구하고 -弋只는 -亦과 음상이 매우 유사한 점에 유의할 필요가 있다. 결국 양자는 기원적으로는 동일한 존재로서 표기 방식의 차이로 인한 異表記였으나, 오랜 기간 전통적으로 주격 조사로 사용되어 온 -亦과의 충돌로 말미암아 -弋只가 의미 기능상 약간의 차이를 보이는 것으로 용법이 변화해 간 것으로 본다.

3) -是

조선 초기 자료들 중에는 주격 조사가 나타날 자리에 전통적으로 사용된 -亦 이외에 -是가 쓰이기도 하였다. 『大明律直解』에서 네 곳에 쓰였고, 『養蠶經驗撮要』에서도 두 곳에 나타난다.

(5) ㄱ. 凡 與同罪人是 當死爲在乙良 絞死良中 施行爲乎 事 <直解 01.42ㅎ> (무릇 더불어 범죄를 행한 죄인이 사형에 해당하는 경우에는 교형으로 시행할 것)
ㄴ. 其矣 身力亦 蚕子 一二兩量 養飼人是 貪心以 三四兩乙 養飼爲在如中 <양잠 22ㅎ> (저의 힘이 누에알 한두 냥 정도인 養飼人이 탐욕으로 서너 냥을 기를 것 같으면)
ㄷ. 變色亦 第一日 十分中 如灰色是 三分 改變爲去等 舒卷 安徐 爲齊 <양잠 18a> (변색이 첫째 날에 10분 중 회색이 3분으로 변하거든 펴거나 말지 말아야 한다)

위 예 중에서 (5ㄷ)은 二重主語 구문의 둘째 주어 자리에 -是가 쓰인 것이다. 그러나 (5ㄱ, ㄴ)의 경우엔 사정이 다르다. (5ㄴ)의 경우 '자기의 身力이 蚕子 한두 냥쯤인 養飼人이 貪心으로 서너 냥을 養飼할 것 같으면'으로 풀이된다. 따라서 '養飼人是'의 '是'는 이중주어 구문의 둘째 주어가 아니다. 『大明律直解』에서는 위 예 이외에 20.3ㅈ, 20.6ㅎ, 20.7ㅈ에도 사용되었다.[81] 위 예문 (5)에 쓰인 '-是'에 대하여 安秉禧(1977ㄴ:8)에서는 계사가 주격 조사로 전용되기 시작한 것임을 뜻한다고 보았다.

그러나 주격 자리에 -是가 쓰인 시기는 이보다 훨씬 더 앞당겨야 할 것이다. 그동안 '…是置有…' 구성의 是를 계사로 이해해 왔으나 이것은 선행 명사의 말음을 분명히 드러내기 위한 표기이거나 명사의 주격을 표시하는 이두자이기 때문이다. '…是置有…' 구성이 처음 등장한 것은 현전 자료들로 미루어 볼 때 13세기 중엽의 尙書都官貼이다.

(6) ㄱ. 右 崔忠獻 崔怡等乙 三韓後壁上功臣良中 錄券 加 施行教 事是 置有等以 錄券
　　　　減除教是遣 <1262 尙書都官貼 85> (위 崔忠獻과 崔怡 등을 삼한후벽상공신
　　　　에 녹권을 더하여 시행하신 일이 있었으므로 녹권에서 빼게 하시고)
　　ㄴ. 出納事是 置有亦 <1392 李和개국공신녹권 048> (출납이 있어서)
　　　　等狀是 置有等以 <1407 長城監務關字 13> (등장이 있어서)
　　　　許與是 置有等以 <1464 金孝盧奴婢立案粘連文書 5-10> (허여문기가 있어서)
　　ㄷ. 苫段 飛介是齊 薦段 空石皮是置有亦 蚕室 明暗 溫凉 及 上薪時 不可闕 <1415
　　　　養蚕15ㅎ> (苫은 날개이며 薦은 빈 섬거적이어서 누에방을 밝고 어둡게
　　　　하거나 따뜻하고 차갑게 하거나 섶에 올릴 때 없어서는 안 된다)
　　ㄹ. 蚕亦 稍飢爲良沙 就食爲 樣是 置有等以 其間 事意 詳審 使內. <1415 養蚕 36ㅈ>
　　　　(누에가 조금 굶주려야만 먹을 것을 취하는 모습이 있을 것이므로 그 간
　　　　의 상황을 자세히 살펴 행할 것)

(6ㄱ)이 그에 해당되는데, 이 경우엔 '녹권을 시행하신 일이 있는 까닭에 녹권에서 덜어내시고'라는 문맥에서 사용되었던 것이다. 이러한 용법은 조선 초기의 녹권은 물론 이두 번역물인 『養蚕經驗撮要』와 문서에서도 그대로 이어지고 있음을 알 수 있다. 특히 (6ㄴ)에서는 문서의 명칭을 비롯하여 일반 사물을 일컫는 명사 뒤에 -是가 있고 置有- 즉, 중세어의 '뒷-'에 일치하는 서술어가 뒤따르고 있어 -是가 주격 표지로 사용되었음이 분명하게 드러난다. (6ㄹ)의 '置有等以'는 이미 일어난 일을 서술한 (6ㄱ)의 경우와는 조금 다르므로 有 자에는 旣然形이 아닌 未然形의 관형형 어미가 덧붙어 있는 것으로 이해된다.

(6ㄱ, ㄴ)의 '…是置有…'[82]는 중세어의 '…이 뒷-…'에 대응하는 이두 표현으로 해석되어야 할 것이다. '어떠한 것 또는 일이 이미 있다'라는 문맥적 의미를 지니고 있기 때문이다. 따라서 이 경우의 置-는 본동사로서 기능하고 있다고 보아야 한다. 그런데 -是

---

81) 15세기 국어의 주격 조사 '-이/ㅣ'와 일치하는 이두토에 '伊'가 또 있다는 의견들이 있으나, 이는 착오이다. 이 주장의 論據인 古文書[藤本幸夫(1971)에 수록됨]는 僞造된 것이기 때문이다.

82) 이와 거의 유사한 구조를 보이는 '…爲置有…' 구성을 통해서도 그 정체를 밝힐 수 있다. 자세한 논의는 후술할 5장 중 단일동사 (-)爲- 참조

置有-가 하나의 관용구처럼 굳혀져 널리 사용됨으로 말미암아 置는 일종의 보조사로서 강세의 의미를 강하게 지니게 되고 有 또한 시상 형태소로서의 기능이 약화되어 (6ㄷ)에서와 같이 -是置有-가 계사 연속체 또는 지정의 의미를 갖는 것으로 이해된다. (6ㄷ)의 경우는 분명히 다르다.

'…是置有…'는 16세기에도 자주 사용되었음은 물론이다. 전적류와 문서류 이두문에서 적잖이 발견된다. 후대 이두학습서들에서는 是置有-를 대체로 '이두이시-'로 읽고 있다. 한 가지 흥미로운 사실은 16세기에 들어 임금에게 올리는 啓文에서는 是置有亦, 是置有等以와 *是置有齊 등으로 쓸 만한 위치에서 공손 표현의 경어법 선어말어미 -白-을 중간에 넣은 절단형 是白置와 是白齊로 각각 대신하여 줄여 표현했다는 점이다.

'…是置有…'의 -是가 주격을 표시하게 된 까닭은 개신형의 반영이라고 판단된다. 종전에 주격 표지로 사용되던 -亦은 '-*익'을 표기한 자로서 이두가 소멸할 때까지 지속적으로 사용되었다. 그럼에도 불구하고 말자음을 탈락시킨 개신형 '-이'가 등장함으로 말미암아 특정한 환경 즉, 동사 置有- 앞에 오는 명사의 주격 표기에는 개신형을 훈차자 是로써 표기한 것으로 이해된다.

그런데 존재동사 有- 앞에 선행하는 명사의 경우에는 이와 사정이 다르다. '…이 있다'라는 문맥에서는 거의 예외없이 '…是去有…'로 표기되었다. 이때의 是는 주격 표지가 아니라 계사이다. 어미 -去가 후행된 사실은 이를 방증하고 있는 것이라 해석된다. 따라서 '…是置有…'의 주격 표지 -是와 '…是去有…'의 계사 즉 지정사 어간 -是는 동일한 형태소가 아니다. 그럼에도 불구하고 이두에서는 양자가 넘나드는 면이 있다. 이것은 무엇보다도 개신형이 동일할 뿐만 아니라 의미 기능 역시 유사한 데에서 기인한 듯하다. 계사의 선대형으로 추정되는 '-*일-'에서 말자음을 탈락시켰기 때문에 주격 조사와 음상이 동일하게 되었고, 다른 한편 지정 또는 주제화의 의미 기능이 유사하기 때문에 양자가 넘나들 수 있었다고 판단된다.

  4) -以

-以는 조격 조사로 쓰이는 이두자이다. 그럼에도 불구하고 문장의 주체가 되는 명사에 통합되어 사용되는 일이 16세기에 들어 점차 늘어나는 경향을 보인다. 대개의 경우 관아 또는 행정단위 등의 명사에만 국한되어 사용된다. 이러한 현상을 훈독자로 쓰이던 以 자

가 음차자로 바뀌어 주격 조사로 기능하는 것으로까지 확대해석할 수 있을지는 의심스럽다. 조격 어미로서의 의미를 어느 정도 지니고 있기 때문이다.

> (7) 三醫司 已行實職人 妻及妾産人 妻 圖書行用當否 新立法不得事是昆 該司以 文記 覈實分揀 <1548.2.21. 掌隷院承傳 大典詞訟類聚 71> (삼의사에서 이미 실직을 지낸 사람의 처와 첩이 낳은 아들의 처가 圖署를 사용하는 일이 마땅한지의 여부는 새로 법을 만들 수 없으니 해당 관사에서 문서를 조사하여 처리한다)
> 朝廷以 處置教是白齊 <1592.5. 壬辰狀草 狀7> (조정에서 처치하십시오)
> 此等 曲折 道以置 各別體諒 列邑守令處 申飭知委施行爲齊 <1595.11.20. 京畿巡察使防禦使移文 軍門謄錄 정18-751> (이런 류의 곡절은 도에서도 각별히 체득하고 헤아려 여러 고을 수령에게 경계하도록 하며 명령을 내려 알려주어 시행하도록 한다)

5) -教是

주격에 쓰이는 이두토에 -教是가 또 있다. 이것은 존칭을 받는 명사에 통합되어 사용된다. 흔히 이를 근대국어의 '-끠셔, -겨셔, -겨오셔'와 관련지어 이 존칭 주격 조사 형태를 반영한 표기가 -教是일 것으로 추정하여 왔다. 15세기 국어에는 존칭의 주격 조사가 나타나지 않기 때문이다. 그러나 이두 자료에서 존칭의 주격 조사 -教是는 이미 고려시대부터 등장한다. 따라서 시각을 달리하여 접근해 볼 필요가 있다.

-教是가 존칭의 주격에 쓰이기 시작한 시기를 14세기 중엽 이후로 보기도 하였다<李丞宰 1992ㄱ:108>. 그러나 이미 1262년에 尙書都官에서 柳璥에게 발급한 貼[83]에서 그 용례를 발견할 수 있으므로 좀 더 앞당겨야 할 것이다. 그리고 『鷹鶻方』에 실려 전하는 李兆年(1269~1343)의 이두문 작품 洄川居韓進士狀에서도 발견되므로 적어도 13세기 중엽 이전부터 사용되었다고 추정된다.

> (8) ㄱ. 本朝教是 祖聖統合三韓已後 三百年 將近亦 …… <尙書都官貼 17~18> (본 조정에서 왕조를 이룬 성군이 삼한을 통합한 이후 300년 가까이 ……)
> ㄴ. 浣花 居 工部侍郎 杜子美教是 槐安國 睡鄕 北面 䢔㘴路中 適逢 說道爲良去乙 <洄川居韓進士狀 07~08> (浣花溪에 사는 공부시랑 杜子美께서 槐安國 睡鄕

---

83) 이 자료를 일컬어 '柳璥공신녹권'이라고도 하나, 貼文 중에 錄券을 더하여 시행한다는 내용이 있을 뿐만 아니라 공신에게 지급할 노비를 명기한 것이므로 조선 초기의 賜牌 성격을 띤 문서이되 발급관아가 尙書都官이며 문서 종류로는 貼에 해당한다. 따라서 문서의 명칭을 尙書都官貼으로 하는 편이 옳다고 생각한다.

北面 邯鄲 길에서 마침 만나 말씀해 주거늘)

(8ㄴ)에서는 당 나라 시인 杜甫 즉, 杜子美를 경외하여 주체에 대한 존대 표지로서 주격 조사 '-敎是'를 사용하였다. 다만, 이 경우 서술어 '說道爲良去乙'에서는 존대 표현을 하지 않았음이 눈에 띈다.84) (8ㄱ)에서는 인물이 아닌 '本朝'에 '-敎是'가 통합되었다.85) 이와 같이 임금을 비롯해 존귀한 인물에게만 -敎是가 사용되지 않음은 물론이다. (8ㄱ)에 뒤따르는 내용은 '君臣禮正 政出由辟敎是如乎 事是去 有在乙'인데, 이 역시 존대 서술 표현의 대상이 인물이 아님을 보여준다.

존칭의 주격 조사 -敎是의 출현 원인과 배경에 관해서는 주격 표기에 쓰여 왔던 전통적인 이두자 -亦을 대신할 이두자를 찾고자 하는 일련의 노력86)과 관련하여 고찰할 필요가 있다. 이것은 다른 한편 주격 조사 형태가 '-*익'과 유사했던 것에서 말자음을 상실한 형태로 변화한 것과 관련 있는 듯하다. 개신형으로 나타난 중세어의 주격 조사 '-이'를 정확히 표기하는 이두자로서는 계사 즉 지정사 어간 표기에 사용되던 -是-가 더 적합했을 터이다. 14세기 말과 15세기 초엽의 이두 번역문인 『大明律直解』와 『養蚕經驗撮要』에서 이따금 보인 주격 조사 표기자 -是는 개신형 표기자의 흔적으로 판단된다. 그럼에도 불구하고 평칭의 주격에는 이두 관습에 따라 전통적인 표기자 -亦을 그대로 사용하였다. 이와 달리 존칭의 주격에는 개신형 표기에 적합한 -是 앞에다가 존대 표지 敎 자를 선행시킴으로써 -敎是를 사용하기 시작한 것으로 이해된다.

敎是의 독법으로 흔히 나타나는 '이시' 및 '이샤'는 敎是-가 존칭의 계사 또는 본동사로 사용되는 과정에서 발생한 것으로 추정된다. 이 독법은 이두만의 독특한 것으로서 구어와는 일치하지 않는다. 그리고 원래는 '敎'만이 존대 표지로 사용된 것이나 이 용법이 널리 확산되고 굳어짐으로 말미암아 '敎是' 또한 존대 표지로 사용되어 온 것으로 본다. '敎是'는 본고의 제5장 단일동사에서 후술할 바와 같이 동사 어간으로서, 또는 동사 어간 뒤에서도 사용된다. 결국 '敎是'는 존칭의 주격 표시에 국한되는 것이 아니라 동사 어간은 물론 주체존대 선어말어미 그리고 존칭접미사 등 폭넓게 쓰이는 것임에 유의해야 한다.

---

84) 자세한 논의는 박성종(2008ㄱ) 참조.

85) (8ㄱ)의 '-敎是'는 주격 표지라기보다는 주제화에 가까운 의미를 지니고 있다.

86) 釋讀口訣에서 주격 표기자로 쓰이던 ㅣ가 順讀口訣에서 ㆍ로 바뀌어 나타나기 시작한 것도 이와 전혀 무관하지 않은 듯싶다. 물론 현재 이 두 구결자의 原字는 모두 是인 것으로 추정하고 있으므로, 자형의 변화가 곧 문법형태나 음운상의 변천을 반영한 것으로 보기 어려운 점은 있다.

조선의 건국에서부터 15세기 말까지 존칭의 주격 -敎是가 통합된 명사들을 보면 대체로 세 부류로 나눌 수 있다.[87] 첫째, 임금을 비롯해 고관과 지체 높은 이 그리고 부모 및 조상들, 여자 입장에서 남편을 지칭할 때와 같이 존귀한 인물들이다. 世祖大王, 睿宗大王, 道丞主, 敬差官, 縣令,[88] 祖上文貞公, 父, 妻父, 祖母[89], 母氏, 故別侍衛金孝之妻黃氏, 家翁 등이 이에 속한다. 둘째, 청원인의 입장에서 관아를 높인 경우이다. 禮曹를 높인 것이 이에 해당된다. 셋째, 존귀한 인물에 속하거나 관련된 사물에 대해서도 존칭 주격 -敎是를 사용하였다. 흥미로운 사실은 '李叅判屍體敎是'에서의 용례와 같이 존귀한 인물의 屍身에 대해서도 높임 표현을 했다는 점이다. 奎章閣 소장본『入學圖說』의 이면에 지배문서로서 발견된 1439년(세종 21)의 呈狀에 적혀 있는데, 慶尙監營 산하의 驛에 있는 일반 백성들이 監營에 올린 문서를 통해 民草들의 高官大爵에 대한 태도의 일면을 엿볼 수 있는 점에서 매우 흥미롭다.

동일한 단어라 하더라도 높임의 등급이 달라짐은 물론이다. 여자가 자기 남편을 지칭할 때 쓰인 '家翁'은 일반적으로 존칭의 대상이었다. 그러나 官衙에 所志를 올릴 때는 평칭의 주격 조사가 사용된다.

(9) ㄱ. 家翁敎是 子息迷少乙 仍于 奴婢乙 不分 棄世敎是去乙 <1479 金淮妻盧氏成化十五年許與 02~03> (바깥어른께서 자식이 아직 어리고 미혹한 것으로 인해 노비를 나누지 않고 세상을 떠나셨거늘)

　　 ㄴ. 家翁敎是 奴婢分給 不得 <1492 金淮妻盧氏弘治五年許與 02~03> (바깥어른께서 노비를 나눠 주지 못하고)

(10) ㄱ. 家翁亦 嫡妾俱無子爲白乎 等 用良 <1480 金孝盧繼後禮曹立案 03> (남편이 정실과 소실 모두 아들어 없사온 까닭에)

　　 ㄴ. 上項 孫光曙亦 義絶亡妻父是去 向入 辱言發說 因執不許爲去乙 家翁敎是 不勝通憤 <1560 粘連立案 정32-279 08~09> (위 孫光曙가 의절한 죽은 처의 아버지인가 생각하여 욕설을 퍼붓고 노비 소유를 허락하지 않거늘 바깥어른께서 분통함을 참지 못해)

(9)는 자식들에게 재산을 허여하는 分財記에, (10)은 관아에 올린 소지에 나오는 내용이다.

---

87) 朴盛鍾(2006ㄱ)에서 추출한 것을 주대상으로 하여 분류하였다.
88) '白等 前龍潭縣令 南須敎是'<1466 侉晉 寧海府立案粘連『고문서연구』13-58 3>
89) '祖母敎是 子息 各衿 奴婢未分前良中'<1481 掌隷院贖身立案>

동일한 대상이 聽者에 따라 주격 조사를 달리하고 있다. (10ㄴ)의 경우엔 소지임에도 불구하고 존칭 주격 조사를 사용하고 있다. 이것은 그 앞에 언급한 사람과 대비해 상대적으로 높임 표현을 한 것이다. 같은 문서에서 '家翁亦'라는 평칭 주격 표현 또한 곧바로 뒤따라 나온다. 상황과 문맥에 따라 家翁에 통합되는 주격 조사가 형태를 달리하고 있음을 알 수 있다.

官衙에 대한 지칭은 평칭으로 표현되어 주격 조사 -亦을 사용하는 것이 일반적인 현상이나 때로는 존칭 표시를 하기도 하였다. 같은 문서 안에서 서로 다른 대우법을 보이는 다음 예는 매우 흥미롭다.

> (11) ㄱ. 節 禮曹敎是 <1483 金孝盧繼後司憲府立案 02> (금번에 예조에서)
>   ㄴ. 同 禮曹亦 臣矣 身叱分 不喩 四六寸孫子等乙 <1483 金孝盧繼後司憲府立案 08> (위 예조가 신의 몸뿐만 아니라 사촌과 육촌 손자들을)

비존칭명사에 통합되어 간헐적으로 쓰이던 주격 조사 -是는 그 용법이 확산되지 않았다. 전통적인 주격 표지 이두자 -亦이 여전히 사용되었기 때문이다. 그러나 존칭명사에 통합되어 쓰이기 시작한 -敎是만큼은 생명력을 발휘하여 14세기 중엽 이후부터 줄곧 사용되었다. 이것과 16~17세기에 나타나는 존칭 주격 형태 '-겨셔,[90] -끠셔, -겨오셔'와는 정확히 일치하거나 곧바로 대응하는 등의 직접적인 관련이 없다. 다만, '손이셔'(星山別曲)의 '-이셔'와는 대응되는 듯하다.

4.2 속격

1) -矣

중세어에서는 유정명사와 무정명사, 그리고 존칭명사와 비존칭명사인가에 따라 속격 조사가 엄격히 구분되어 사용되었다. 비존칭의 유정명사에는 속격 '-이/의'가 통합되었고, 무정명사 및 존칭의 유정명사에는 속격 조사 '-ㅅ'이 통합되었다<安秉禧 1968>. 이두에서도 고려시대에는 양자가 구별되어 사용되었다. 이두에서는 속격에 -矣와 -叱이 사용되었

---

90) 아바님겨셔 이감 넉 덥 쓰니호고 유무 가느니 펴양군 틱긔 즉시 던호라 호신다 <무덤 편지 133, 조항범 (1998:612)>

는데, 이들은 각각 중세국어의 '-의/의'와 '-ㅅ'에 대응되는 것이다.

그런데 조선 초기 이두에서 속격 표기가 점차 -矣로 통합되어 표기되는 경향을 뚜렷이 보였다. 『大明律直解』에서 속격 -叱의 용례는 다섯 개뿐이다. 나머지는 모두 속격 조사 -矣를 사용하였는데, 이들의 선행명사는 유정명사인 점이 확인된다. 그러나 『養蚕經驗撮要』에서는 이미 속격의 -叱이 전혀 사용되지 않고, -矣만이 사용된다. 이에 따라 무정명사인 '左伊'(자리)의 경우에도 -矣가 통합되었다.

16세기 고문서 이두에서도 속격 조사에는 -矣만이 사용된다. '-叱' 자는 사람 이름 등의 고유명사 표기(예: 注叱同) 또는 '叱分'(뿐), '叱段'(딴) 등의 표기에만 사용될 뿐이고, 속격 조사로 사용되어 후행하는 형식명사를 제외한 다른 명사류를 수식하는 경우는 발견되지 않는다. '叱'이 속격 표지에 쓰이지 않음으로 말미암아 15세기 이두에서 보이던 '等叱'(트렛)과 같은 어형도 찾을 수 없음은 물론이다.

속격 조사의 쓰임새와 관련하여 우선 눈에 띄는 것은 『養蚕經驗撮要』에서 속격의 -叱이 전혀 사용되지 않고, (12ㄱ)에서 보듯 무정명사인 '左伊'(자리)의 경우에도 矣가 통합되는 점이다. 그리고 15세기 국어에서와 마찬가지로 -矣는 내포문의 주어 자리에 쓰이기도 한다. (12ㄴ)이 그 예이다.

(12) ㄱ. 大眠 起爲去等 佐伊矣 厚薄 看審 頻頻 除去爲㫆 <양잠 34ㅈ> (긴 잠을 자고 일어나거든 자리의 두껍고 얇은 것을 살펴보아 자주 (누에실)을 제거하며)

ㄴ. 種子乙良 洗淨 去雜物爲 置 在前農人矣 使內如乎 貌如 <農書輯要 15> (볍씨는 잘 씻어서 잡물을 제거해 두고 앞의 농부가 하던 바와 같이)

2) -叱

-叱이 차자 표기에서 'ㅅ'을 나타내는 까닭은 아직 확실히 규명되지 못했다. 현재로서는 金完鎭(1985:5~6)에서 추정한 바와 같이 '時'의 草書體에서 연유한 것으로 본다. 속격의 -叱과 -矣가 상보적인 분포를 보이는 것은 특히 이두자 '段'과 통합된 다음의 예들에서 잘 드러난다.

(13) ㄱ. 此亦中 朔方道叱段 田出收齊爲臥乎 所 無去有等以 <1392 太祖賜給芳雨土地文書 03> (이에 삭방도는 田稅를 걷는 바가 없음이 확실하므로)

右 員乙 原從功臣錄券良中 奇是臥乎 事叱段 <陳忠貴錄券 05-6> (위 원을 원
종공신녹권에 부치는 일은)

ㄴ. 卿矣段 推誠協謀定難 反正載安 /宗社爲乎 功勞 重大 可賞是去 有等以<1399 趙
溫賜牌 03~04> (卿의 경우에는 정성으로 모의에 협력하여 어려움을 평
정하고 종사를 바로잡아 편안케 한 공로가 중대하여 상 줄 만한 바가
분명히 있기에)

汝矣段 其在庚辰 捍衛寡躬 以至今日爲乎 功勞 可賞是去 有良尔 <1401 曺恰
賜牌 03~04> (너의 경우엔 지난 경진년에 과인의 몸을 호위하여 오늘에
이르게 한 공로로 상 줄 만한 바가 분명히 있어서)

奴 抵哲矣段 時 六拾余歲沙余良 <1443? 權明利許與 29~30> (사내종 抵哲
의 경우엔 지금 60여 살인 데다가)

(13ㄱ)은 무정명사에 속격 조사 -叱이 통합되어 段에 연결된 것이고, (13ㄴ)은 유정명사
에 속격 조사 -矣가 통합된 경우이다. -叱段은 이두자 等에 연결되어 쓰이기도 한다.

(14) ⋯⋯ 判軍資監事 張湛等叱段 上項 功臣 佐命開國之際 參謀與議 推戴 /殿下爲白乎
所 <1392 李和開國功臣錄券 81~83> (⋯⋯ 군자감 판사 張湛 등의 경우엔 위
공신들이 천명을 도와 개국할 적에 모의에 참여하여 전하를 추대하온바)
⋯⋯ 開城少尹 咸傅霖等叱段 在前朝亂政之時 注意 /殿下 <1392 李和開國功臣錄券 97~
99> (개성소윤 咸傅霖 등의 경우엔 전 왕조의 난정 시에 전하에게 마음을 쏟아)

'等叱'은 15세기 국어의 '트렛'에 대응하는 형태이다. '트렛'에는 'ㅅ' 앞에 처격 조사
로 보이는 형태가 들어 있다고 추정된다. 말하자면 '속엣것' 중의 '속엣'과 유사한 형태구
조로 해석된다. 그러나 이두자 '等叱'에는 처격 조사에 해당하는 형태가 반영되어 있지
않아 차이를 보인다. 『大明律直解』에서도 이 용례가 발견된다.

(15) ㄱ. 凡 各司 員吏 及 使臣等叱 差人亦 私丁 馹吏等乙 用良 <直解 17.03ㅎ> (무
릇 각 관사의 원과 서리 및 사신 등의 임명 받은 사람이 사사로이 역리
등을 부려서)
ㄴ. 凡 軍人等亦 官司以 出給爲乎 衣甲鎗刀旗幟等叱 軍器乙 私音丁 放賣爲在乙良
<直解 14.08ㅎ> (무릇 군인들이 관사로부터 지급 받은 의복과 갑옷, 창
과 칼, 깃발 등의 군기를 사사로이 방매한 경우에는)

위와 같이 '等叱'은 유정명사와 무정명사에 상관없이 고루 연결되어 쓰인다. (15ㄱ)의
경우 '等叱' 앞에 쓰인 員吏 및 使臣은 존칭명사가 아니다. 『大明律直解』이두문에서 경

어법이 쓰이긴 하나, 주로 왕 및 왕실에 관련된 사항에 대해서만 겸손 표현을 하였기 때문이다. 존칭의 주격 조사 -敎是는 전혀 나타나지 않는다. 앞의 李和錄券의 경우 '等叱'에 선행하는 공신들 역시, 비록 객관적인 관점에서는 존칭의 대상이 될 수도 있겠지만, 王命에 의해 내리는 문서에서 이들을 존대할 수는 없는 것이다. '等叱'의 '叱'은 '等'과 합하여 하나의 단어로 굳혀져 사용된 것을 반영하는 이두자이므로, 선행명사의 의미자질에 영향을 받지 않는 것으로 이해해야 할 것이다.

일반적으로 복수 접미사 '等' 앞에 유정명사가 오는 경우엔 유정명사의 속격 조사인 -矣가 '等' 뒤에 쓰인다.

(16) 右 婢子等矣 逃亡日月 及 去接處 侤音 捧上 鑑後敎是旀 <1435 張安良담양도호부
所志 6> (이 계집종들의 도망한 날짜 및 가 살던 곳을 다짐 받아 처벌하시며)
原從功臣等矣 襃賞條件乙[良]91) <1459 李禎錄券 46ㅎ> (원종공신들의 포상조건은)
麻今六所生甘粉年己亥生等矣 身乙 後所生 并以 永永 別給爲去乎 <1550 분재기
정44-112 05~06> (麻今의 6소생인 甘粉 기해생 등의 몸을 후소생 아울러 영
영 별급하니)
粉伊年二乙卯生等矣 身乙 別給爲去乎 <1556 영2-91 別給文記 06> (粉伊 나이 2
살 을묘생 등의 몸을 별급하니)

따라서 다음 예문 중의 '等矣段'은 '(유정명사)等 + 속격 조사 -矣 + 段'의 구조를 그대로 드러낸다.

(17) …… 前司宰監 金天奇等 一百六十七員等矣段 <1397 沈之伯錄券 08~09>
(…… 전 사재감 金天奇 등 167원들의 경우엔)

4.3 대격

1) -乙

15세기 국어의 대격 조사는 '-ㄹ'이다. 이것 이외에 '-올/을, -롤/를'의 이형태가 쓰인

---

91) 대괄호 [ ] 는 판독이 불가능한 부분을 가리킨다. 그 안에 들어있는 자들은 補塡字이다. 이 자료의 경우
同種인 金潤宗錄券에 의해 보전하였다.

다. 이두에서는 대격 조사로 -乙만이 사용된다. 대격의 -乙은 音假字로서, 慈寂禪師碑陰
記(941년)에 처음 나타난다. 이두토 -乙은 이두문에서 일반적으로 동사의 목적어에 통합되
어 쓰인다. 그러나 이 -乙이 다른 격에 쓰이기도 한다. 이것은 -乙이 단순한 대격이라기
보다는 주제화의 의미 기능을 띠고 있는 데에서 연유한다. 이는 고려 시대 이두에서도 이
미 散見된 바 있는데, 조선 초기 이두에서도 적잖은 용례를 찾을 수 있다.92)

대격의 -乙에 첨사 '-ᄋᆞᆫ/은, -ᄉᆞ'가 덧붙은 이두토 -乙良과 -乙沙가 15세기 이두에서
사용되었다. -乙良의 예는 지천이라 생략하고 대격의 -乙에 보조사 '-ᄉᆞ'가 덧붙은 이두
토 -乙沙의 용례만을 제시하면 다음과 같다. (18)은 조선 초기, (19)는 16세기의 용례에
해당한다.

(18) 貧者乙沙 差定爲 彼此 回換 作弊爲去等 <直解 04.06ㅈ> (가난한 자만을 임명하
여 사람을 바꿔 폐를 끼치거든)
須只 放火處良中 執捉爲 形跡明白爲在乙沙 坐罪齊 <直解 26.04ㅎ> (모름지기 방
화한 곳에서 잡아서 증거가 명백한 경우만을 단죄한다)
同 白嚴寺乙沙 資福寺良中 求望 冒受 關字 下去爲去乎 <1407 長城監務關字> (위
백암사를 자복사에 소속시키기를 희망하는 관문을 내려 보내고)
須只 薪中間外面近處 向陽造作者 及 飛介 上良中 造作者乙沙 擇取爲乎 喩尼 <양
잠 3ㅈ> (모름지기 섶의 중간 바깥 면 근처에서 볕을 향해 만든 것 및 날개
위에서 만든 것만을 가려낼 것이니)

(19) 矣徒等乙沙 崔氏亦中 不干人是如 爲在而亦 <1560 경주손씨 점련입안 10 정
32-279 32> (우리네들을 최씨에게 관련 없는 사람이라고 하지만)
祖母文記乙沙 無理是如 論計爲遣 <상동, 131행> (할머니의 문서야말로 이치에
맞지 않다고 논하고)

4.4 처격

처격 조사의 이두자로는 -良, -良中, -分이 쓰였다. 16세기 자료에서는 造格 및 向格
과 奪格에 두루 쓰이는 -Y가 어느 정도 처격의 기능을 지니고 있는 것으로 나타난다.

---

92) 乙의 주제화 기능에 대해서는 후술할 각각의 해당 이두토에서 언급하기로 한다.

1) -良

良은 訓假字로 추정된다. 光州版『千字文』에서 良은 '알 량'으로 적힌다. 고려 시대 釋讀口訣에서는 '3 十, 3 七'과 같이 조사 복합형만이 발견된다. 그러나 고려 시대 順讀口訣에서는 3 가 처격에 빈번히 사용되었다. 그런데 조선 전기 문서류에서는 처격 조사로 -良만 사용한 용례가 눈에 띄지 않는다. 이 사실은 매우 특이한 듯한데, 이는 처격 조사로 복합형인 -良中가 이미 널리 쓰이는 까닭에 소멸된 용법으로 추정된다. 다만 전적류인 조선 초기의『大明律直解』에 처격에 쓰인 '-良'가 화석처럼 네 군데 발견된다.

(20) ㄱ. 同僚官亦 文案良 同着署爲在 五人內良中 一人亦 有私情爲在乙良 <直解 01.34ㅈ> (동료 관원이 문안에 함께 서명한 5인 안에 1인이 사적인 정으로 한 경우에는)

ㄴ. 凡 徒流人果 遷徙人果 充軍人果 囚徒人等乙 決斷後良 <直解 27.03ㅎ> (무릇 도형과 유형, 이주형, 충군형, 수감형에 해당하는 사람들을 처결한 후에)

ㄷ. 徒流罪良 犯爲在乙良 唯只 決杖一百遣 <直解 01.19b> (도형이나 유형에 해당하는 죄를 범한 경우에는 오직 杖一百만 처결하고)

(21) 監臨勢要之人乙良 官吏矣 合死罪良 減一等齊 <直解 26.03ㅈ> (감독관과 세력 있는 사람은 관리의 사형에 합당한 죄에서 일등을 감한다)

(21)의 경우는 良이 '-에서, -으로부터' 정도의 문맥적 의미를 드러낸다. 말하자면, 탈격으로 쓰였다고 하겠다. 그러나 이 용례는 단 하나일 뿐만 아니라, 罪의 條目 뒤에서는 항상 -良中이 사용되었으므로 주의할 필요가 있다. 高正儀(1992ㄱ:66~67)에서 잘 밝혔듯이, 처격의 -良은 -良中과 동일한 기능을 담당하는 것이 확인된다.

(22) 凡 同僚官吏亦 文案良中 同著署公事乙 決斷爲乎矣 <直解 01.33b> (무릇 동료 관리가 문안에 함께 서명한 공적인 일을 결단하되)

위 예문 (22)에서의 -良中과 앞의 (20ㄱ)의 -良의 의미기능이 동일하기 때문이다.

2) –良中

–良中은 –良에 –中이 복합된 형태로 추정된다. 처격 조사 '*–아'에 후치사 '*–긔'가 연결된 것이다. 고려 시대 석독구결에서 이미 ㅏ+ㄱ의 용례가 확인된다. 이두에서는 –良中이 고려 시대의 淨兜寺石塔形止記(1031년)에 처음 나타난다. –良中은 후대 이두학습서들에서 대체로 '아희' 또는 '아희'로 읽었다. 조선 전기 문서류 중의 일부 용례를 제시하면 다음과 같다.

(23) 子孫乙良 政案良中 開國一等功臣 某之 子孫是如 施行 <1392 李和錄券 74~75>
(자손은 정안에 개국일등공신 아무개의 자손이라 시행하고)

九十六員等乙良 原從功臣良中 稱下爲良如 教是齊 <1397 沈之伯錄券 16~18> (96원 등은 원종공신에 칭하하라고 하심이며)

日本國 琉球國良中 十三度乙 受 命 往來 交通 <1421 李藝功牌 08~09> (일본국과 유구국에 13번을 왕명을 받들어 왕래하고)

順興府良中 行下 向教是事乙良 望白內臥乎 事是亦 在 <1427 張戩妻辛氏경상도도관찰출척사所志 09~10> (순흥부에 명령하여 주실 일을 바라는 일이 있어)

汝等徒 各衿良中 奴婢 幷 拾口式以 使用爲良爲 稱給分是遣 <1429 金務都許與 03> (너희들 각 몫에 노비 모두 10명씩 사용하도록 준다 했을 뿐이고)

(24) 價折 木棉貳同 價本良中 皮麥貳石 依數 捧上爲遣 永〃 放賣爲去乎 <1548 土地明文 정32–462 04> (무명 2통으로 값을 매겨 제 값에 겉보리 두 섬을 받고 영영 방매하니)

同 崔氏 同生甥崔得忠亦 崔氏奴婢乙 嘉靖三十九年良中 來推爲有去乙 <1560 점련입안 정32–279 370~371> (위 최씨의 형제 오라비인 崔得忠이 최씨 노비를 가정 39년에 와서 추쇄했거늘)

後次良中 子孫族類中 雜談爲行去等 依此文 告官辨正事 <1598 점련입안 정32–279 06~07> (후에 자손이나 일가붙이 중에 시끄런 소리 있거든 이 문서에 의거하여 관에 고하여 바로잡을 일)

–良中은 첨사들과 통합하여 쓰인다. 이에 따라 '–良中沙, –良中置, –良中乙良' 등이 사용되었다. (25)는 16세기 고문서에 보이는 용례들 중의 일부이다.

(25) 繼祖母 崔氏 奴婢乙 祖父 生時良中置 漢城府 入籍爲白乎旀 <1560 점련입안 정32–279 103> (계조모 최씨의 노비를 할아버지 생시에도 한성부에 입적하오며)

同 叔母 死後良中置 其所執持奴婢乙 並只 推尋 不冬爲有如可 <상동 22> (위 숙

모가 죽은 후에도 가지고 있는 그 노비를 모두 추심하지 않았다가)

同年文記內 某衿良中置 現付 不冬爲有如可 <상동 244~245> (같은 해 문서 안
에 어느 누구의 몫에도 붙이지 않았다가)

3) -分

-分은 날짜를 표시하는 단위인 年과 月 등에 연결되어 쓰였다. 이 '分'은 원래 실질명
사였을 터이므로, 엄밀히 분류하자면 접미사에 귀속시켜야 할 것이다. 年과 月 뒤에 -分
대신 -良中을 사용한 예가 있음은 물론이다.

(26) ㄱ. 父教是 去 壬寅年分 義州牧使 赴任 身故教是去乙 <1404 張戩妻辛氏同生和會
01> (아버님께서 지난 임인년에 의주목사로 부임하였다가 돌아가시거늘)
去 戊寅年分 更 議送 就訟爲良沙 神主叱分 出給爲遣 <1583 입안 정33-189
56~57> (지난 무인년에 다시 의송하여 소송해야 비로소 신주만 내주고)
祖亦 去 己丑年分 在京 身卒爲良乙 <1560 점련입안 정32-279 33> (할아
버지가 지난 기축년에 서울에 있다가 죽었거늘)
ㄴ. 今年 七月分 <1435 張安良전라도도관찰출척사所志 02> (금년 7월에)
去 四月分 夫金夢得亦 身死爲去乙 <1593 奴婢買得立案 정33-342 03~04>
(지난 4월에 지아비 金夢得이 죽었거늘)
ㄷ. 九月初四日分 身死後良中 隨母 養育 居生爲旀<1585 소지 정15-622 08> (9월
초나흘 날에 죽은 후에 어미를 따라 양육되어 같이 살며)
高能亦 高孟弼亦中 田畓 幾庫乙 某年月日分 放賣時 參訂與否 從實現告亦 <16
세기 입안 정6-29 78-79> (高能이 高孟弼에게 전답 몇 곳을 모년 모월
모일에 방매할 때 증인으로 참여한 지 여부를 사실대로 고하라고)

(27) 崔得忠亦 崔氏奴婢乙 嘉靖三十九年良中 來推爲有去乙<1582 소지 정32-130 03>
(崔得忠이 최씨 노비를 가정 39년에 와서 추쇄했거늘)
丁亥年良中 祖父亦 時任 左參贊以 下鄕爲有如可<1560 점련입안 정32-279 44>
(정해년에 조부가 당시 현직의 좌참찬으로 하향했다가)

(26ㄱ)은 -分이 '年' 뒤에 붙어 쓰인 예이고, (26ㄴ)은 '月' 뒤에, (26ㄷ)은 '日'에 붙어
쓰인 예이다. 날짜를 나타내는 단위 뒤에서만 사용되었고 다른 명사들 뒤에서는 사용되
지 않는 특징을 보인다. -分 대신에 처격 조사 -良中을 사용한 (27)도 있음은 물론이다.
이 -分은 후기중세국어의 처격 조사 '-희'에 정확히 대응한다고 하겠다.

(28) 前年희 말 비홀 제(前年學語時) <杜詩諺解 초간 08.47ㅈ>
ᄒ다가 닉년희 믈어디거든(假如明年倒了時) <朴通事 초간 上10>

(28)의 용례는 古文書에 흔히 나타나는 '…年分'에서 '年' 字를 音讀하였으며, '分'은
국어로 새겨 읽었을 개연성을 잘 보여준다. 다만, '희'에 대응하는 字를 왜 '分'으로 표기
하였는지가 의문이다. 여하튼 이 '分'은 5세기 자료들에 이미 나타나는, 날짜 표시 단위
뒤에 쓰인 '中'과 연맥되면서도 그것과 또 다른 변화의 일면을 보여 준다. 양자의 존재는
음운론적인 관점에서 해석할 필요가 있다고 생각한다. 즉, 一見하여 '긔>희'로의 변천을
반영하는 것으로 이해되나, 이 둘 사이에는 중간 단계의 형태를 상정할 필요가 있을 뿐만
아니라 모음의 변화 역시 간단하지는 않다고 본다.

4) 기타

처격 조사가 쓰일 자리에 矣가 『牛疫方』에서<2ㅈ, 5ㅎ>, 了가 『大明律直解』에서 쓰인 예
가 있으나<17.5ㅎ, 17.3ㅈ>, 이들은 각각 音相과 字形에 이끌린 관용적 용례이다.

다음의 예는 『養蠶經驗撮要』에서만 발견된다. 이 경우 '日中'의 '中'은 한자로 처리할
수도 있어 이두토로서의 자격이 다소 의문이다. 처격 조사 이두토 −良中이 나올 만한 자
리에 '−中'을 쓴 것들이 16세기말 자료들에서 이따금 보이나 이들은 한문식 표현에 이끌
린 것으로 보아 이두자로 보기 어렵다. 따라서 다음의 (29)에서 앞부분에 쓰인 '−良中'은
이두토이지만 뒷부분에 보이는 '−中'을 이두자에 귀속시키는 데에는 재고의 여지가 많다.

(29) 臘八日良中 菉豆 及 白米等乙 新水良中 沈洗 去沙石 淨席簞中 薄鋪 日中 乾正爲乎
矣 <양잠 14ㅈ> (12월 8일에 녹두 및 백미 등을 새 물에 담가 씻어 모래와
돌을 없애고 깨끗한 삿자리와 대광주리에 얇게 깔아 햇볕에 말리되)
蠶種生出乙良 蠶屋 及 時節 涼暖果 瓮內出入日中 舒卷等事乙 詳審 <양잠 18ㅎ>
(누에씨의 출생은 잠옥 및 시절의 서늘하고 따뜻함과 독 안의 출입하는 날의
펴고 마는 일 등을 자세히 살펴)

4.5 여격

1) -亦中

여격 표기의 조사는 -亦中이라 할 수 있다. 그런데 -亦中은 원래 기원적으로는 처격 조사로 추정된다. 고려 시대 석독구결에서 氵十와 氵十/亠十가 나란히 사용되었다. 이들을 原字로 복원하면 -良中과 -亦中이 된다. 따라서 양자는 이형태일 가능성이 있다고 하였다<李建植 1996:155>. -亦中은 고려 시대의 이두에서도 거의 대부분 처격에 사용되었다<李丞宰 1992ㄱ:112>. 그러나 조선 초기 이두문에서의 -亦中은 대체로 현대 국어의 '-에게'에 일치한다. 아래 예문 (30ㄴ)은 복수접미사 '等'에 亦中이 통합된 예이다.

> (30) ㄱ. 妾生女子 旀致亦中 文字成給爲臥乎 事叱段 <1401 太祖賜給旀致家坌文書 01>
>   (첩의 소생인 旀致에게 문서를 만들어 주는 일은)
>   親子乙 異姓人亦中 收養以 給付爲在乙良 <直解 4.4ㅈ> (친자식을 다른 성씨 사람에게 수양자로 준 경우에는)
>   強盜亦中 被奪爲在乙良 勿論 <直解 07.08ㅎ> (강도에게 빼앗긴 경우에는 논하지 않는다)
>   李殷亦 倭賊亦中 被捉時 <李藝功牌 04~05> (李殷이 왜적에게 붙잡혔을 때)
>   ㄴ. 子息孫子等亦中 都許與 成給爲臥乎 事段 <1429 金務都許與> (자식 손자들에게 도허여 문서를 만들어 주는 일은)
>   同生三寸等亦中 奴婢田畓 分給爲乎矣 <1469 田養智妻河氏粘連 2-02> (형제 및 삼촌간들에게 노비 및 전답을 나눠 주되)

그런데 -亦中은 다음의 예에서 보듯 조선 초기는 물론 16세기에도 처격 조사로서의 기능을 그대로 간직하고 있다. -亦中의 처격 조사로서의 기능은 다음의 예에서 뚜렷하게 나타난다.

> (31) 人亦 笞四十罪乙 犯爲在乙 加一等爲乎 第亦中 卽加五十齊 <直解 01.40ㅎ> (사람이 笞四十에 해당하는 죄를 범한 것을 일등 더 가할 적엔 곧 笞五十으로 하며)
>   萬一 右如 使內乎 第亦中 螽身亦 互相 當擊乙 仍于 <양잠 28ㅈ> (만일 위와 같이 행할 적에 누에의 몸이 서로 부딪힘으로 인하여)
>   …爲乎乙 第亦中 <1452 李遇陽許與 03> (… 할 적에)
>   …是如 不給爲乎 第亦中 <1566 和會文記 서울대 고문서집진 190 02> (…이라

하여 나눠주지 않을 적에)

(31)의 -亦中은 결코 '-에게'로 해석할 수 없다. 이들 모두가 처격으로 쓰인 명사에 통합되었음이 분명하기 때문이다. 그런데 거의 모든 명사 뒤의 -亦中이 '-에게'로 해석되는데, 유독 이들만이 처격인 '-에'로 해석되는지가 의문이다. 이와 관련하여 주목되는 사실은 동명사 어미에 통합되어 쓰인 -亦中 또한 여격으로 해석할 수 없다는 점이다.

(32) ㄱ. 謹錄 申 /聞爲白乎亦中 <1392 李和錄券 127~128> (삼가 기록하여 임금께 아뢰옴에)

更良 功臣職名單字 申 /聞爲白叱乎亦中 <1395 陳忠貴錄券 125~127> (다시 공신의 직위와 이름을 적은 단자를 임금께 아뢰었을 때에)

同宗之人乙 用良 收養作子長養爲乎亦中 收養父母亦 佗子息 無去乙 <直解 04.04ㅈ> (동성의 일가붙이를 써서 수양자로 오래 길러왔는데 수양한 부모가 다른 자식 없거늘)

族長亦 族下矣 所錯事乙 訴告爲乎等用良 閱實爲乎亦中 族下亦 犯罪灼然爲去有而亦 <直解 22.10ㅈ> (동족의 웃어른이 손아랫사람의 잘못한 일을 고소함으로써 사실을 확인해 보니 손아랫사람이 범죄한 것이 분명함에도 불구하고)

女矣身亦 孝源段 承重長子是白昆 次子孝盧乙 繼後亦 說遣爲乎亦中 禮曹良中 輸送所志爲白乎 味 答通是白齊 <1483 金孝盧繼後司憲府立案 38~39> (여자인 이 몸이 孝源은 대를 이을 장자이오니 차자 孝盧를 계후한다고 말씀드렸던 터이라 예조에 소지를 보낸 것이라는 취지의 답통입니다)

ㄴ. 買休人亦 婦女 茂火 用謀爲 本夫乙 侵逼休棄令是在亦中 本夫亦 初亦 賣休之意 無去有等以 <直解 25.02ㅎ> (재물을 주고 산 사람이 매춘한 부녀와 더불어 모의하여 본 남편을 침핍하고 버리게 한 경우엔 본 남편이 처음에 매춘할 뜻이 없었으므로)

他人頭乙 打傷後 頭瘡乙 因風得病爲乎 所 不喩 他病乙 因爲 身故爲在亦中 是爲他故是良尔 本毆傷例乙 依准科罪 <直解 20.04ㅎ> (남의 머리를 때려 상하게 한 후 두창으로 말미암아 바람을 맞아 병을 얻은 것이 아니라 다른 병으로 인하여 죽은 경우에는 이것이 다른 원인에 의한 사망이어서 본래의 毆傷 예에 준하여 과죄한다)

(32)는 모두 동명사 어미 뒤에 -亦中이 결합한 예들이다. 동명사 어미 뒤에서는 처격 조사인 -良中이 통합된 예가 전혀 없다. 이는 조선조 이전의 이두문에서 나타나는 일반적인 현상이다. 동명사 어미들은 명사적 기능을 갖고 있으므로 당연히 처격 조사 -良中

과 통합된 어형이 있음 직한데 전혀 나타나지 않는 것이다. 오로지 -亦中과 통합된 어형만이 확인된다.

한 가지 눈여겨 볼 것은 (31)과 (32) 예문들은 모두 -亦中 앞에서 일단 끊어 읽을 수가 있다는 사실이다. '…第, …乎, …在'로 각각 끊어 읽을 가능성이 있다는 것이다. (31)의 '第' 앞에는 문맥에 비추어 '-ㄹ'을 보충하여 읽을 수 있다. (32)의 경우에는 '乎'와 '在'에 '-ㄴ'이 붙어 있는 것으로 이해된다. 이에 따라 (31)에선 '…할 제 亦中', (32)에선 대체로 '…한(것) 亦中' 또는 '…함 亦中' 정도로 문맥을 끊어 읽을 수가 있다. 이렇게 놓고 보면 亦中은 단순한 어미가 아니라, 그 속에 명사적인 요소가 개재되어 있으며 다른 한편으로는 앞의 문장을 뒷문장에 연결하는 기능도 있는 것으로 파악된다. 이와 관련하여 주목되는 것은 '此亦中'의 용례이다. 앞서 (17)의 예문을 다시 가져오면 다음과 같다.

(17) 此亦中 朔方道叱段 田出 收齊爲臥乎 所 無去 有等以 <1392 太祖賜給芳雨土地文書 03> (이에 삭방도는 田稅를 걷는 바가 없음이 확실하므로)

此亦中 啓課不冬 趣便以 決斷爲 他矣 罪乙 或輕或重令是在乙良 故失例論 <直解 01.39ㅎ> (이에 품의하지 아니하고 멋대로 결단하여 남의 죄를 가감시킨 경우에는 故失例로 처단한다)

此亦中 蠶種 收取爲乎 厚紙乙 枰子以 知重 紙後良中 兩數 開寫爲有如可 <양잠 4> (이에 누에씨를 거두어 들일 두꺼운 종이를 저울로 잰 후 종이 뒷면에 무게를 기록하였다가)

此亦中 子子孫孫 遺書爲臥乎 事叱段 <1452 李遇陽許與 20> (여기에 자자손손에게 유서하는 일은)

此亦中 奴婢 花名 不得 及 逃亡奴婢等段 衿分 不冬爲有去乎 <1568 分財文記 국립도서관 118~119> (여기에 노비 이름을 모르거나 도망노비들은 몫으로 나누지 않았으니)

此亦中 長片箭 各一部乙 送去亦 爲去乎 <1592 傳令 영1-238-1 14~15> (이에 긴 편전 각 1부를 가져가라 하니)

(17)은 모두 지시대명사 '이'에 해당하는 '此'에다가 처격 조사 '亦中'이 연결된 예이다. '此亦中'은 대체로 '이에, 여기(에), 이 중에' 정도의 문맥적 의미를 가진다. 이것을 여격으로 풀이하여 '이에게'로 읽을 수는 없다. '亦中'은 후대 이두학습서들에서 '여희'(儒胥必知), '여회'<羅麗吏讀>, '여해'<吏讀集成> 등으로 읽었다. 이들은 '*여긔'에서 유래한 것으로 추정되는데, 15세기 국어의 '이어긔, 여긔'는 이와 관련하여 시사하는 바가 많다.

‘良中’과 ‘亦中’은 모두 처격 조사로 사용되던 이두토였다. 그런데 위 용례들을 검토해 보면, 양자간에는 차이가 있음을 알 수 있다. ‘亦中’은 그 앞에서 선행문장이 일단 끊어지는 구조를 갖고 있다. 결국 ‘亦中’은 명사 뒤에 붙는 단순한 처격 조사가 아니라, 선행명사와의 사이에 무엇언가가 개재된 형태인 듯하다. (33)의 ‘此亦中’은 바로 15세기 국어의 ‘이어긔, 여긔’에 정확히 일치한다. 이를 감안해 볼 때 ‘亦中’은 기원적으로 지시대명사 ‘이’에 본래의 처격 조사가 통합된 형태일 가능성이 있다. 이것이 결국 동명사 어미나 일종의 補文名詞인 ‘第’ 뒤에서 ‘良中’이 통합되지 않고 ‘亦中이 통합되는 까닭을 설명해 준다. 고려 시대 釋讀口訣만 하더라도 처격 조사는 매우 복잡다기한 양상을 띠고 있다. ㆍ + , ㅣ + , + , ㅡ + / ㅕ + 가 나란히 사용될 뿐만 아니라, 명사와의 통합이 隨意的인 성격을 보이는 등 간단히 설명하기 어렵다. 이들은 일단 기원적인 처격 조사 ‘*-아’, 그리고 ‘*긔’로 나누어 볼 수 있다. ‘*긔’는 다시 지시대명사 ‘그’와 기원적인 처격 조사 ‘*-의’로 분석된다<南豊鉉 1977ㄱ 참조>. ㅣ + 는 처격 조사 ‘-아’와 후치사적인 요소를 가진 處所指示語 ‘긔’의 결합으로, ㅕ + 는 속격 조사와 ‘긔’의 결합으로 파악된다. 그런데 ㅡ + / ㅕ + 만큼은 지시대명사 ‘이’에 처격 조사 ‘-아’, 그리고 ‘-긔’로 분석할 필요가 있음을 제기해 둔다.

4.6 조격

1) -以

이두문에서 ‘以’ 자를 한문의 구성소로 보아야 할지 이두자로 보아야 할지 자못 판단하기 어려운 경우가 적잖다. 그 어느 쪽으로 보더라도 文意에 별다른 차이를 일으키지 않기 때문이다.

(33) ㄱ. 二眠<u>以</u> <u>至</u>大眠 盡眠 黃色是去等 卽時 他箔移置 給食 停 <양잠 25ㅎ> (두 번째 잠으로부터 긴 잠을 잘 때까지 잠을 다 자고 황색이거든 즉시 다른 채반에 옮겨 두고 급식을 멈추며)

ㄴ. 蚕種乙 産在厚紙後<u>以</u> 十二月<u>至</u> 每月初八 十八 二十八日 爲等如 浴洗爲乎矣 <양잠 8ㅎ> (누에씨를 두꺼운 종이에 낳은 후부터 12월에 이르기까지

매달 초8일 18일 28일에 매번 한 것과 같이 썻기되)

一復時段 當日 蚕子初生時以 翌日 同時至 一復時是去有等以 <양잠 29ㅈ>

(一復時란 당일 누에알의 처음 날 때로부터 다음날 같은 시각에 이르기
까지가 一復時이므로)

(33)의 세 예문에는 모두 '…부터 …까지'에 해당하는 표현이 들어 있다. '以'와 '至'
자가 모두 들어 있는데 서로 차이가 있다. (33ㄱ)에서는 '以' 자만이 이두자로서 '-로'로
읽히고, '至'는 한문식 표현이므로 한자어에 속한다. 한문에서는 일반적으로 '自… 至…'
로 쓰이는데, '自…'라는 한문식 표현 대신에 '…以'라는 우리말 표현을 사용한 경우이
다. 이와 달리 (33ㄴ)의 경우엔 두 자가 다 이두자이다. 이런 경우 대체로 '至' 자 뒤에는
이두자 '亦'이 붙어 15세기 국어의 '니르리'에 대응하는 '至亦'으로 표현하는 것이 일반
적인데, (33ㄴ)에서는 '亦' 자 없이 우리말 어순에 따라 실사인 '至' 자만 표기되었다.

이두의 격조사로 쓰이는 -以는 그 의미 기능이 매우 다양한 편이다. 도구, 자격, 원인,
방향 등의 기능을 수행한다. 따라서 어느 하나만으로 격을 규정하기가 어려운 면이 있다.

(34) ㄱ. 奴屬以 作介 耕作爲㫆 <1392 太祖賜給芳雨土地文書 04> (노속으로서 作介로
경작하며)
ㄴ. 田壹佰伍拾結 奴婢拾伍口式以 賜給爲齊 <1392 李和開國功臣錄券 136~138>
(밭 150먹 노비 15명씩으로 사급하며)

(34)의 두 용례만 보더라도, (34ㄱ)은 자격의 뜻이 두드러지게 나타내는 데 대하여 (34ㄴ)
은 방편의 의미를 주로 띠고 있다. 특히 (34ㄱ)의 경우 주어에 해당하는 명사에 연결되었
으므로, 주격 조사라고 할 수도 있다. 그러나 이는 어디까지나 주어 자리에 조격의 '以'가
쓰였을 뿐이지, 주어 자리에 -以가 쓰였다고 해서 -以가 곧 주격 조사라고는 할 수 없다
고 본다.

그런데 16세기 자료들에서 발견되는 두드러진 차이는 -以가 주어 자리에 쓰여 주격을
나타내기도 한다는 사실이다. 이에 대해서는 앞서 주격 조사들을 다룰 때 언급한 바 있
다. 예문만을 다시 가져오면 다음 (7)과 같다. 이들 모두 해당 관아 및 지역이 어떤 일을
하는 행위의 주체로서 쓰였고 이에 통합된 -以는 결국 '…에서'로 풀이된다. 그럼에도
불구하고 이 경우의 -以를 주격 조사라고 단정짓기는 어려운 면이 있다. 세 번째 예문 중
의 '道以置'는 주격으로 이해하여 '道에서도'라고 풀이할 수도 있으나, 다른 한편으로는

자격의 의미를 부여해 '道로서도'라고 造格으로 해석할 여지가 충분히 남아있기 때문이다. 주격 조사 뒤에는 강세 첨사 -置가 덧붙기 어렵다는 제약조건 역시 유효하다고 본다. 본래 공문서에서 관아를 造格으로 사용하던 것이 확산되어 주어 자리에서도 관습적으로 사용하게 된 데에서 그 원인 중의 하나를 찾을 수 있다고 사료된다. 所志를 비롯한 私人文書에서는 이러한 용법을 찾기 어려운 점도 참고된다.

> (7) 三醫司 已行實職人 妻及妾産人 妻 圖書行用當否 新立法不得事是昆 該司<u>以</u> 文記 覈實分揀 <1548.2.21. 掌隷院承傳 大典詞訟類聚 71> (삼의사에서 이미 실직을 지낸 사람의 처와 첩 이 낳은 아들의 처가 圖署를 사용하는 일이 마땅한지의 여부는 새로 법을 만들 수 없으니 해당 관사에서 문서를 조사하여 처리한다)
> 朝廷<u>以</u> 處置敎是白齊 <1592.5. 壬辰狀草 狀7> (조정에서 처치하십시오)
> 此等 曲折 道<u>以</u>置 各別體諒 列邑守令處 申飭知委施行爲齊 <1595.11.20. 京畿巡察使 防禦使移文 軍門謄錄 정18-751> (이런 류의 곡절은 도에서도 각별히 체득하고 헤아려 여러 고을 수령에게 경계하도록 하며 명령을 내려 알려주어 시행하도록 한다)

조격 어미 -以는 等에 통합되어 원인을 나타내는 것이 일반적이다. 이 경우의 '等以'는 중세국어의 'ᄃᆞ로'에 일치하는 어형이다.

> (35) 此亦中 朔方道叱段 田出收齊爲臥乎 所 無去 有<u>等以</u> <1392 太祖賜給芳雨土地文書 3> (이에 삭방도는 田稅를 걷는 바가 없음이 확실하므로)
> 右良如 敎事是去 有<u>等以</u> <1392 李和開國功臣錄券 47> (이와 같이 하신 일이 있기에)
> 價本亦 二十貫耳亦 直爲在如中 一十貫減少爲在 <u>等以</u> <直解 14.4b> (값이 20관만 나가는 경우엔 10관 감소한 것이므로)
> /啓 依允敎 事是去 有<u>等以</u> 合行立案者<1575 장예원 노비입안 서울대고문서집진 229 14> (계를 올린 데 대해 윤허하신 일이 있으므로 입안을 행하기에 합당함)
> 關是去 有<u>等以</u> <1593 대구월촌단양우씨 첩정등초 7-5 19> (관이 있기에)
> 凡 孝養 盡心 奉行爲乎 <u>等以</u> <1592 별급명문 전북지방의고문서(2) 169 2~3행> (무릇 효도하고 봉양함에 마음을 다하여 모시기에)

4.7 공동격

1) -果

공동격 조사로는 -果가 쓰였다. 이것은 고려말의 호적문서에서 쓰인 바가 있는데, 『大明律直解』에서는 매우 생산적으로 사용되었으며, 그 이후의 문서류 및 등록들에서도 빈번히 사용된다.

(36) 祖父母 及 父母果 夫矣 祖父母 及 父母等乙 打傷爲弥 謀殺爲弥 <直解 01.04b>
(조부모 및 부모와 지아비의 조부모 및 부모 등을 때리고 상해하며 죽이려 하며)
李從允亦 子息等果 成置 白文許與內 <1517 입안, 정1-583 36> (李從允이 자식들과 만들어 둔 관의 증명 없는 허여문기 안에)
次子段 必于 家舍 傳得爲良置 女子 傳得 家舍果 新故大小 不同乙 仍于 <1533 분재문기 정41-482 08~09> (작은아들은 비록 집을 받았다 하더라도 딸아이가 받은 집과 새 것과 낡은 것 그리고 크고 작은 것이 같지 않음으로 인해)

이 -果는 선행명사의 음운론적 조건에 따른 교체를 보이지 않는다. 즉, ㄹ이나 i, y 뒤에서는 -臥가 사용될 법하나, -臥는 나타나지 않는다. -臥는 이두의 공동격 조사로 쓰이지 않는다. 臥는 이두에서 주로 선어말어미 기능의 형태소로서 '-누-'로 읽히는 수가 많기 때문에 국어의 공동격 조사 '-와'의 표기에는 일반적으로 사용되지 않는 듯하다. 결국, 형태소 단일 표기의 원칙이 이두에서 지켜지는 셈이다. 이는 구결에서도 마찬가지이다. 그런데 16세기 고문서 중에는 예외적으로 음운론적 교체에 따른 이표기가 나타나기도 한다. (37)에서 공동격 조사로 -果 대신 -臥를 사용한 점이 눈에 띈다. 이는 특히 선행 명사 '庫'의 독음과 관련하여 음미해 볼 대상인데, '庫'를 새겨 읽었을 때의 말음이 무엇인지 아니면 적어도 이 시기에 이미 '庫'를 음독했음을 시사해 주는 예이다.

(37) 貳拾伍斗落只 庫臥 永 〃 相換爲乎矣 <1552 토지명문 정32-483 06> (25마지기 땅과 영영 서로 바꾸되)

한편, 이 -果에는 -亦, -乙 등이 통합되어 -果亦, -果乙이 사용되었다. -果亦와 -果乙은 15세기 국어와 마찬가지로 동격으로 나열되는 마지막 명사 뒤에서 공동격 어미와 함께 해당 격어미를 사용하는 어법을 보여주는 예이다. 그런데 『大明律直解』에서만 그 용례가 보이고 그 이후의 자료들에서는 나타나지 않는다. 조격 어미 -以와 통합된 -果以는 발견되지 않는데, 예외적으로 16세기 중엽의 용례가 있다. 그러나 이것은 'A을 B로'라는 문맥에서 사용한 것이므로 15세기 국어의 集團曲用과는 그 성격이 다르다.

(38) ㄱ. 妻果 子孫果 門蔭承襲良中 進叱有在 子孫果亦 犯罪爲去等 <直解 1.11ㅎ> (처와 자손과 그리고 부조 덕으로 관직에 나아가 있는 자손이 범죄하거든)
　　　叔果 姪果亦 各處 生長爲 相知不得爲如乎等用良 姪亦 叔乙 打傷爲良在乙 <直解 01.39ㅈ> (삼촌과 조카가 각기 다른 곳에서 자라 서로 알아보지를 못했던 까닭으로 조카가 삼촌을 때려 상해한 것을)
　　ㄴ. 官果 吏果乙 差等以 遞減科斷爲臥乎等用良 <直解 01.35ㅎ> (관원과 서리를 차등을 두어 체감하여 처단하는 까닭에)
　　　職官矣 所犯杖一百私罪亦 理合罷職爲 是果 不枉法贓一百二十貫以上乙 罪止杖一百流三千里爲 是果乙 各盡本法擬斷 <直解 01.30ㅎ> (현직관원의 杖一百에 해당하는 사죄가 파직을 하기에 합당한 이와, 국법은 어기지 않고 120관 이상을 뇌물로 받아 죄가 杖一百流三千里에 해당하는 이는 각각 본래의 법에 따라 처단한다)
　　ㄷ. 遠處耕作 爲難乙仍于 兩邊 付近以 相換爲在果 泉旀三麻員緣字五十內 畓卄一卜二束 及 惡字七十六內 畓九卜庫果 莞山 朱南坪員調字八十一 畓六十八卜庫果以 永〃 相換爲去乎 <1559 土地明文 정32-515 03~05> (먼 곳에 경작하기 어려움으로 말미암아 양쪽 부근으로 서로 바꾸거니와 泉旀의 三麻員 緣자 50번 안의 논 21짐 2뭇 및 惡자 76번 안의 논 9짐 땅을 완산의 朱南坪員 調자 81번 논 68짐 땅으로 영구히 서로 바꾸되)

4.8 향격

1) -了

『大明律直解』에는 처격 조사가 쓰일 만한 자리에 了가 쓰인 예가 (41)에서 보듯 두 개 출현한다. 이에 대하여 了는 이두자가 아니라 동사의 기능을 담당하는 한문식 成語의 구성소로 보아야 할 것이라는 견해가 있었다<南豊鉉 1977ㄴ>. 그러나 이 자는 이두에서 向格으로 쓰이는 것임이 분명하다.

(39) ㄱ. 都評議使司 司憲府 六曹良中了 實封乙 中間 邀奪爲在乙良 各減二等 論罪爲乎
事 <直解 17.03ㅈ> (도평의사사와 사헌부와 6조에로의 실봉 문서를 중간
에 맞아 빼앗은 경우에는 각각 2등을 감하여 논죄할 것)

ㄴ. 凡 國家以 軍馬抄送事果 報緊急軍事以 鎭邊防禦所了 事果 鎭邊軍官 及 各州府
官員亦 國家良中 時急馳報爲乎 文書乙 故只 給馬差送 不冬爲在乙良 <直解
17.05ㅎ> (무릇 국가에서 군마를 징병하는 일과 긴급한 군사 일로 변진
의 방어소에로 보고하는 일과 변진의 군관 및 각 주부의 관원이 국가에
시급히 보고할 문서를 일부러 말을 내주어 보내주지 않는 경우에는)

(39)에 쓰인 -了는 모두 '…에로'라는 의미를 지닌 向格으로 쓰였다. (39ㄱ)에서는 처
격 조사 -良中 뒤에 통합되어 쓰였기 때문에 이것만 보면 -了가 '…로'의 의미를 표기하
는 자인 듯하다. 그러나 (39ㄴ)에서는 -了만이 쓰였는데 이것만으로도 향격을 표시할 수
있었음을 밝혀 준다. '報緊急軍事以 鎭邊防禦所了 事果'는 '급한 군사일로 말미암아 鎭邊
의 防禦所에로(의) 일과'라는 정도로 풀이되는 어구이다.

-了는 15세기 자료에 그 용례가 없어 미심쩍었으나 임진왜란 시기의 16세기 말 자료
에는 자주 출현하는 이두자로서 향격을 나타내는 어미임이 드러난다. 자료의 순정도가
높은 『壬辰狀草』에서 쓰였을 뿐만 아니라, 그 이전 시기인 『紹修書院謄錄』에서도 용례
를 찾을 수 있다.

(40) ㄱ. 今日早朝 爲半守船 半餘下陸 固城了 指向 <壬辰狀草 狀7> (오늘 이른 아침
에 반은 배를 지키고 반은 육지에 내려 고성로 향해 나아가며)

ㄴ. 九十餘隻亦 本土始出 左道 柤伊島過 釜山浦了以 指向次 遠暗乙 仍于 <壬辰狀
草 狀1> (90여 척이 본토를 출발하기 시작하여 경상좌도의 柤伊島를 지
나 부산포 방향으로 나아가기 위해 어둠을 틈타)

ㄷ. 又一運段 全羅道了 赴戰次以 指向爲乎矣 <壬辰狀草 狀9> (또 한 무리는 전
라도로/(에) 임전차로 나아가되)

ㄹ. 各官了 使爲備送事 <1546.6.12. 關文 소수서원등록 5ㅎ> (각 관아로 관찰
사가 보내는 갖추어 보내는 일 즉 '備送'에 관한 일로서)

(40ㄱ)에 쓰인 -了는 '…에로'라는 의미로 사용된다. 이런 용례는 『壬辰狀草』에서 적
잖이 발견되는데 모두 어느 방향으로 간다고 할 때 사용되었다. 이는 또한 (40ㄴ)에서의
동일한 문맥 즉, 어디로 指向한다고 할 때 '-了以'가 쓰여있어 뒷받침된다. 그러므로 일
견 -了는 향격만을 표시할 때 쓰이는 어미라고 볼 소지가 있다. 그러나 (40ㄷ)에서는 처

격으로서의 의미가 상당 부분 남아 있다. (40ㄹ)은 관찰사가 각 소속 관아에 보낸 관문의 첫머리에 쓰인 것으로서 이 경우에도 −了가 향격 조사임을 분명히 드러내 준다.

이 了 자는 Υ의 取形字로 판단된다. 거의 모든 자료에서 了를 사용했기 때문에 그 原字를 추론하기가 어려웠던 것이다. 결국 −Υ는 처격 조사로 주로 쓰이는 −良과 동일한 이두자이다. 따라서 기원적으로는 처격 조사였던 것이 향격을 표기하는 과정에서 −良 대신에 표기되었고, 이것이 굳혀져 (39ㄱ)의 『大明律直解』 용례와 같이 처격의 −良中 뒤에도 통합하게 된 것으로 이해된다.

5. 후치사와 첨사

後置詞는 전치사에 대립되는 개념으로서 어떤 단어의 뒤에 통합되어 쓰인다는 점에서 붙여진 용어이다. 주로 체언에 붙어서 사용되지만 때로는 용언의 활용 어미 뒤에 붙어서도 사용된다. 그리고 첨사 역시 이와 유사한 기능을 갖는다. 따라서 학교문법에서의 보조사에 해당되는 것이 일단 후치사와 첨사라고 할 수 있다. 그러나 후치사 중에는 원래 동사의 활용형으로 쓰이던 것이 체언 뒤에 관습적으로 통합됨으로 말미암아 일종의 연어 구성을 보여 동사 본래의 기능보다는 선행 체언에 대해 일정한 의미만을 추가하는 데 그치는 경우가 있다. 따라서 이들을 모두 묶어 여기에서 다룬다.

1) −佳叱

小倉進平(1929:304)은 '佳叱'을 음차자로 보고 '갓'으로 독음하고, '…만, …뿐'이라는 의미로 사용되었음을 밝힌 바 있다. 현전 자료에서 매우 희소하여 추론하기 어려운 점이 있으나 명사구 뒤에 통합되는 형태인 듯하다. 명사류 접사 −耳 및 −分과 유사한 문맥에서 사용되므로 접사로 다룰 개연성이 높다. (1ㄱ)에서는 한정의 의미가 분명히 드러나지만, (1ㄴ)에서는 '다만, 단지' 정도의 문맥적 의미를 드러낸다.

(1) ㄱ. 唯只 掌務令史佳叱 免罪不得爲乎 事 <直解 01.36ㅈ> (오직 업무를 관장하는

영사는 면죄하지 못하는 것임)

ㄴ. 凡矣 田地乙 須只 秋耕爲臥乎 事段 荒草不生 除草便易爲去有而亦 牛隻佳叱 不
足爲去等 粟田叱分 秋畊不遣 其餘乙良 春畊不妨 <農書輯要 8> (무릇 전지를
모름지기 가을갈이하는 일은 잡초가 나지 않도록 제초해야 편한 것이긴
하나 다만 소가 부족하거든 조밭만 가을갈이하고 그 나머지는 봄갈이해
도 무방하다)

2) -段

명사구 뒤에 붙어서 이두문에 빈번히 쓰이는 -段은 기원적으로 형식명사에 처격 조사
와 주제화 첨사가 통합된 것 즉, 'ᄃᆞ+-아+-ㄴ'에서 유래한 것으로 추정된다<南豊鉉
1995 참조>. 이것은 중세국어의 'ᄯᅡᆫ'과는 외형이 유사할 뿐, 그 기능과 의미에 있어 상당한
거리가 있다. 현대 국어의 '…인 경우에는'에 오히려 가깝다.

본래 명사구와 통합하는 과정에서 속격 조사를 수반하였으나 점차 속격 조사 없이 통
합되는 양상을 보인다. 조선 초기 자료에서는 속격 조사 표지를 수반한 용례들이 많다.
복수 접미사 '-等'에 통합되어 쓰이기도 한다.

(2) ㄱ. 此亦中 朔方道叱段 田出收齊爲臥乎 所 無去 有等以 <1392 太祖賜給芳雨土地文
書 01> (이에 삭방도는 田稅를 걷는 바가 없음이 확실하므로)
此亦中 李玖段 年少乙 仍于 執籌分衿叱分是遣 <1494 李璦男妹遺漏奴婢和會文記
37> (여기에 李玖는 나이가 어림으로 말미암아 제비뽑기로 몫을 나눌 뿐이고)

ㄴ. 放賣時 申萬傑段 筆執 申國良 四同等段 訂保等以 隨參 的只乎 事 <1597 侤音
정33-365 16~17> (방매할 때 申萬傑은 필집, 申國良과 四同 등은 증인 등
으로 참여함이 확실하온 일)

3) -乙良

-乙良은 가장 많은 용례를 보이는 첨사 중의 하나다. 체언 뒤에 쓰이는 것이 원칙이나
간혹 예외적인 것들도 눈에 띈다. 이는 기원적으로 대격에 다시 주제화 첨사가 덧붙은 데
에서 유래한 듯하다<安秉禧 1983ㄱ:62>. 朴喜淑(1985:120)에선 '段'은 '指摘'의 의미, '乙良'
은 대조적 의미를 나타내는 것으로 파악하였다.

(3ㄴ)의 '良中乙良'은 현대어의 '-에는'에 대응하는 표현이다.

(3) ㄱ. 全羅道綾城地 雙峰寺乙良 <1457 雙峰寺 賜牌> (전라도 능성 땅의 쌍봉사는)

　　…爲在乙良 <直解> (…한 것은 / …한 경우에는 / …한 사람은)

　　各等通訓以上乙良 子孫兄弟甥姪女壻中 一人乙 從自願加散官一資 物故人乙良 各依本等 施行爲㫆 <1591 光國原從功臣錄券 정41-68 353-356> (각 등급에 통훈 이상은 자손 형제 조카 사위 중 한 사람을 본인의 원에 따라 산관 한 자급을 더해 주고 죽은 사람인 경우엔 본래의 등급에 따라 시행하며)

ㄴ. 凡 有事時良中乙良 財物 捧上 不冬爲遣 事過之後良中 財物 受贈爲在乙良 <直解 23.03ㅎ> (무릇 사건이 있을 때에는 재물을 받지 아니하고 사후에 재물을 수뢰한 경우에는)

4) -隱

주제화 첨사 '-은/온'에 대응하는 형태가 '-隱'으로 표기되어 사용된다. 체언 뒤에서 뿐만 아니라, 어미 뒤에서도 사용되었다.

(4) ㄱ. 殺一家三人爲在 人等隱 <直解 01.19ㅎ> (한 집안의 세 사람을 죽인 사람 등은)

　　蚕矣 佐伊亦 不濕不積者隱 無病 蚕是齊 <양잠 38> (누에의 자리가 습하지 않고 쌓이지 않은 것은 병이 없는 누에이며)

ㄴ. 十惡乙 犯爲在隱 不用此律 <直解 01.08ㅎ> (10악을 범한 사람은 이 율을 적용하지 않는다)

5) -沙

강세 첨사로 쓰이는 이두자 중의 하나로 -沙가 있다. 격조사 뒤에 통합되거나, 어말어미 및 선어말어미 뒤에 통합되어 쓰이는 경우가 많다. 이 경우 선어말어미는 동사 어간 뒤에 쓰여 연결의 기능을 하는 부동사 어미 즉 연결어미와 같은 성격을 띠는 것으로 이해된다. 특이한 경우로는 동사 爲-/-是-와 경어법 -白- 뒤에서도 사용된다.

(5) ㄱ. 議定後良中沙 申聞爲 上決乙 望白齊 <直解 01.08ㅈ> (의논하여 정한 후에야 비로소 신문하여 임금의 재결을 바란다)

　　三年喪後良中沙 <1483 金孝盧繼後司憲府立案 09> (3년상 후에야)

　　叔母亦 丁酉年良中沙 擅自斜給 連極斜出 明白爲白乎㫆 <1560 점련입안 정32-279 215> (숙모가 정유년에야 비로소 임의로 관의 확인을 받고 이어서 확인

문서를 받은 것이 명백하오며)

白巖寺乙沙 <1407 長城監務關字> (백암사를)

ㄴ. 照律議疑爲 更良 申聞 委官矣 字細推明乙 待候爲良沙 <直解 1.9ㅈ> (율을 살펴서 미심쩍은 것을 의논해서 다시 신문하고 위관의 자세한 추문내용을 밝혀 기다린 후에야)

去 戊寅年分 更議送 就訟爲良沙 神主叱分 出給爲遣 同 新奴婢以乎 新反 奉祀田民 幷以… <1583 입안 정33-189 56~57> (지난 무인년에 다시 의송을 보내 소송에 임하여야 비로소 신주만 내주고 위 신노비로부터 새 봉사조의 전답과 노비 아울러)

無夫女遣沙 蒙赦免罪爲在乙良 <直解 06.07ㅈ> (지아비가 없는 여자이고 사면을 받아 면죄한 경우에야 비로소)

此亦中 須只 刑獄 及 錢粮打算 親臨監督造作事 有去等沙 進來親問爲遣 卽時 還送爲乎矣 <直解 02.06ㅎ> (이에 모름지기 형옥 및 금전 계산 또는 현장 감독해야 할 제작 설비에 관한 일이 있거든 비로소 불러와 직접 추문하고 즉시 돌려보내되)

犯人亦 事發爲去沙 逃亡爲旀 <直解 01.29ㅈ> (범인이 사건이 드러나고야 비로소 도망하며)

6) -㢱

일종의 강세 첨사로 볼 수 있는 -㢱이 쓰인다. 체언에 연결된 것은 없고, 동사 어간에 연결되어 쓰인다. -㢱는 15세기 국어의 '-곰'에 대응하는 형태이나, 양자가 반드시 동일한 것은 아니다. 이는 신라 시대 華嚴經寫經造成記에서 여러 번 사용된 이래 이두문에서 자주 사용된다. 15세기 국어의 '-곰'은 부동사 어미 '-아/어'에 연결되어 쓰인다. 이것은 이두에서도 마찬가지로 부동사 어미 -良에 통합된다. 동사 어간에 결합된 형태도 눈에 뜸은 물론이다. -良㢱은 '-아서/어서, -이므로, -기 때문에'로 해석된다. '원인' 및 '이유'를 나타내는 데 사용된다.

(6) ㄱ. 帶礪難忘是去 有良㢱 <1392 李和錄券 069> (황하가 띠와 같이 좁아지고 태산이 숫돌과 같이 작게 되어도 그 공을 잊기 어려움이 있기에)

公織內 及 時 相考 聞是白乎 所 有良㢱 <1539 答通 정49-127 02> (공함 안의 내용 및 당시에 상고한 바를 말씀드린 바 있어서)

ㄴ. 自筆 成文 放賣 的只乎 事是良㢱 相考 施行敎 事 <1593 侤音 정33-336 08~09> (자필로 문서를 만들어 방매한 것이 확실하온 일이기에 상고하여 시행하실 일)

ㄷ. 朝謝 由 移 關爲㫆 行合下 須至帖者 <1409 沈彦冲朝謝牒 04> (조사를 마치고 이송함이라 관문을 보냈기에 하달함이 마땅하여 모름지기 첩에 이른 것임)
矣身段 非時執 不干爲㫆 <1583 입안 정33-189 118> (이 몸은 당시 참여인으로 관여하지 않아서)

7) -置

15세기 국어의 첨사 '-도'에 해당하는 형태가 '-置'로 쓰인다. 이것은 현대어의 보조사 '-도'에 직접 연결되는 형태이다. 더함이나, 강조, 양보 그리고 놀라움 등의 의미를 보태주는 문법형태소이다. (7ㄱ)에서처럼 명사에 결합되어 쓰이기도 하고, (7ㄴ)과 같이 격조사 뒤 또는 (7ㄷ)과 같이 다른 보조사들 뒤에 붙어 쓰이기도 한다.

(7) ㄱ. 蚕亦 十分 中 九分亦 老熟爲去沙 始作上薪爲在如中 薪中 蒸熱之病 無乙 分 不喩 高致置 堅實 造作 <양잠 35ㅎ> (누에가 10분의 9가 충분히 자라야만 비로소 섶에 오르기 시작하(고 그리 되)면 섶 가운데 더운 기운으로 인한 열병이 없을 뿐 아니라 고치도 견실하게 만들어진다.)
矣身置 <1480 金孝盧奴婢別給立案粘連文書 2-02> (내 몸도)
女矣身置 年老有病 生死 難知以乎等乙用良 <1536 분재기 토지박물관 03~04> (여자인 내 몸도 나이 들고 병이 있어 생사를 알기 어려우므로)

ㄴ. 後日 生蚕養蚕時良中置 右 取種 次第以 各別 養飼爲良沙 眠起一齊 <양잠 6ㅈ> (후에 누에 알을 낳거나 기를 때에도 앞의 취종한 차례대로 따로 길러야 자고 일어남이 일정하게 된다)
節 立法 革罷之後良中置 猶因舊習 謀欲防納 無不冬爲白昆 <戶曹受敎 각사수교 21> (이번에 법을 세워 혁파한 후에도 오히려 구습에 따라 방납하고자 꾀함이 없지 아니하오니)
亡妻奴婢段 某子息亦中置 許與 不得 去 丙辰年分 身故爲乎等用良 <1436~43 權明利허여문기 11> (죽은 아내 [소유의] 노비는 어느 자식에게도 허여하지 못하고 지난 병진년(1436)에 [아내가] 죽었으므로)
汝矣 家翁 先室子亦中置 奉祀位乙良 …. <1544 衿給文記 영1-68 14~15> (너의 아버님 전처 자식에게도 봉사위로는 ….)
此等曲折 道以置 各別體諒 列邑守令處 申飭 知委施行爲齊 <1595.11.20. 京畿巡察使防禦使移文 군문등록> (이런 류의 곡절을 [경기]도에서도 각별히 체득하고 헤아려 여러 고을 수령들에게 단단히 이르고 명령하여 시행하[도록 해야 한]다)

ㄷ. 賞賜乙良置 <1395 張寬錄券 199> (상으로 주는 것도)

遺漏逃亡奴婢乙良置 後現爲去等 <1536 분재기 토지박물관 03～04> (빠지거
나 도망간 노비의 경우에도 후에 나타나거든)
賚去 藥材段置 皆是鄕藥 易得之物 不足爲白去等 <1541 牛疫方 啓文> (가지고
간 약재의 경우에도 모두 향약으로서 쉽게 구하는 것이니 부족하오면)

-置는 곡용에서뿐만 아니라 활용의 경우에도 쓰인다. 이것이 연결어미 -良 뒤에 쓰이
면 '양보'의 뜻을 지니는데, 이때의 -良置는 복합형어미로 굳혀진 것으로 보아 후술할 5장
의 연결어미에서 다루기로 한다. -置는 때로 동사 어간 뒤에서나 다른 선어말어미 뒤에
서도 사용되는데, 이 경우에는 선어말어미로 기능하는 것이다.

8) -只

강세 첨사 '-ㄱ'에 해당하는 형태가 -只로 쓰였다. 체언에 직접 통합된 것은 발견되지
않고 용언의 활용어미에 덧붙은 것만이 발견된다. 주격 조사처럼 쓰이는 -亦, -弋只, -戈
只는 모두 기원적으로 이 형태가 말미에 덧붙어 형성된 것으로 추정된다.

(8) 兩邊弋只 仔細相知爲良只 各從所願以 婚書相送 依例結族爲乎矣 <直解 06.02ㅈ>
(양쪽이 자세히 서로 알아야 각각 원하는 바에 따라 혼서를 서로 보내고 예
에 의거하여 결혼하되)
一家物色數多爲在乙 從計爲良只 科罪齊 <直解 18.09ㅈ> (한 집의 장물이 많은
것을 좇아서 계산하여 과죄하며)

9) -去

의문 첨사 '-가'가 -去로 쓰인다. (9ㄴ)의 '爲去'는 (9ㄱ)의 '爲乙去'에서 乙을 생략표
기한 것이다. 동명사 어미 뒤에 덧붙어 쓰인 '-乎去'의 경우엔 제5장 합성동사 向入-에서
살펴보기로 한다.

(9) ㄱ. 他人亦 現告爲乙去 知想只遣 現告爲旀 <直解 01.28ㅈ> (남이 신고할까 여기
고 신고하며)
必于 平均分執爲乎 喩良置 不無不公是如 妄懷邪念爲乙去 其矣 田畓 買得爲有在
<1552 화회문기 영2-87 33～35> (비록 평균 분집할지라도 공정하지 않을
수 있다고 망령되게 나쁜 생각할까 하여 저의 전답을 샀던)
ㄴ. 犯法人亦 他人亦 現告爲去 知想只遣 <直解 01.13ㅎ> (범법한 사람이 남이

신고할까 여기고)

10) -亦

문장 전체 또는 어떤 문구를 인용한 뒤에 사용되는 -亦은 인용을 표시하는 일종의 첨사에 해당된다. 중세어 문헌에서는 직접인용이든 간접인용이든 인용을 드러내는 별도의 부사격 어미나 격조사가 사용되지 않으나 이두문에서는 인용구 및 인용절 뒤에 -亦이 통합된다.

> (10) 所志 內 寺上 鹽盆稅 及 田地雜役 減除亦 敎 /傳旨 相考 立案 成給向事 所志是乎等用良 <1469 上院寺成化五年江陵大都護府立案 02~04> (소지의 내용인즉 '절에 붙인 염분세와 전지잡역을 감제하라'고 하신 傳旨를 상고하여 입안을 만들어 줄 일이라는 내용의 소지인 바로써)

(10)에 쓰인 '-亦'은 그 앞에 놓인 傳旨의 내용 '寺上 鹽盆稅 及 田地雜役 減除'를 그대로 인용한 뒤에 쓰인 것으로서 일종의 인용 격조사 및 인용 어미에 해당된다. 이 경우의 인용 첨사 -亦은 『註解 語錄總覽』의 부록 吏文語錄에서 敎是在亦을 '이시견여', 爲有在亦을 'ᄒᆞ잇견여'로 읽은 것을 참고로 하여 '-여'로 읽혔던 것이 아닌가 추정한다. 인용 첨사로 쓰인 -亦의 용례 중 일부를 보이면 다음과 같다.

> (11) 有司宜悉載賞典亦 敎 事是白齊 <1395 張寬개국원종공신녹권 063~064> (유사는 마땅히 賞典에 실어어 할 것이라고 하신 일이오며)
> 郡 書院儒生 供饋之物 不足爲去等 牒報亦 爲有如乎 在亦 <1546.6.12. 關文 소수서원등록 5ㅎ> (군 내 서원 유생들에 대한 양식 공급할 물건이 부족하거든 급히 보고하라고 했던 일이 있는데)
> 一件 置于監司 道鄕試別試會試時 並令相考亦 爲白昆 右良 承 /傳 貌如 <1553 科擧事目 9ㅎ> (한 건은 감영에 두고 도의 향시 별시 회시 때 모두 상고하라 하오니 위와 같은 승전의 내용과 같이)
> 大典刑典 用大明律亦 爲有置 律文註云 其聽使下手之人不坐亦 爲有去等 <1548.11.9. 承傳 各司受敎 118> (경국대전 형전에 대명률을 쓴다고 했고 율문의 주에 이르기를 부림을 당한 하인은 연좌하지 않는다고 했거든 …)
> 庶孽子 無武才 而納粟者 並許通仕路亦 備邊司 同議 成事目 /啓下爲白有如乎 <1583 禮曹給牒 정65-19 03~05> (서얼 자식으로 무인 재질이 없어도 나라에 곡식을 바친 자는 벼슬길에 오르도록 허락한다고 비변사에서 함께 의논하여 사목을 만들어 임금께 계를 올려 재가를 받았으므로)
> 海口待變亦 開諭 罷陣爲白乎 在亦 <1592.5.10. 계본 壬辰狀草 狀7> (해구에서

사변에 대비하라고 타이르고 진을 파한 일이 있으며)

11) 茂火

'茂火'은 15세기 국어의 '더블-'에 해당한다. 이것은 대격 지배 동사에서 유래한 후치사이다. 그러나 (12ㄴ)에서 보듯 대격 조사의 표지 없이 체언 뒤에 직접 쓰이는 경우가 오히려 보편적이다. 이에 따라 '…茂火'이 '…에게'로 해석되는 경우가 많으며 문맥에 따라서는 '…에게 주는'이라고 풀이해야 한다.

(12) ㄱ. 外人乙 茂火 親屬乙 謀殺爲乎矣 <直解 20.13ㅈ> (외부 사람과 더불어 일가붙이를 살해할 것을 모의하되)

  ㄴ. 凡矣 蒙古色目人等弋只 中國人 茂火 兩相情願以 交嫁令是遣 <直解 06.08ㅎ> (무릇 몽고인과 색목인 등이 중국인과 더불어 (혼인하고자 하는 경우에는) 양쪽이 서로 원하는 것으로 혼인시키고)

  女矣身 茂火 汝矣 次子 孝盧乙 繼後爲良結 說遣爲如可 <1480 金孝盧繼後禮曹立案 06> (여자인 이 몸에게 너의 둘째아들 孝盧를 계후로 하고 싶다고 말씀하다가)

  內外邊 田民乙 子息亦中 分給茂火 許與成置爲去乎 <1522 허여문기 동해시고 문서(二) 382> (우리 내외 쪽의 전답과 노비를 자식에게 분급함과 더불어 허여문기를 만들어 두니)

  萬曆貳拾壹年癸巳閏拾壹月拾參日 私奴 金信澄 茂火 明文 <1593 토지명문 정3-211> (만력 21년 계사년 윤11월 13일 사노 金信澄에게 주는 명문)

  羅漢乞 茂火 明文 內 本是貧寒女人以 生理無門叱分 不喻 <16세기 정6-15 128~129> (羅漢乞에게 준 명문 안에 본래 빈한한 여인으로 살 길이 없을 뿐 아니라)

12) 始叱

'始叱'은 '-부터'라는 의미로 사용되는 후치사이다. 이것은 조격 조사를 지배하는 동사에서 유래한 것으로 추정된다. (13ㄴ)에 쓰인 '…以 始叱'이 그 논거이다. 그러나 조격 조사를 취한 용례는 거의 없고 일반적으로 체언 뒤에 곧바로 통합되어 쓰인다.

(13) ㄱ. 凡 徒役乙良 各各 徒年限乙 計數爲 並只 配所到日始叱 計數爲乎矣 <直解 01.47ㅎ> (무릇 도역은 각각 도형의 연한을 셈하여 모두 유배소에 도착

한 날부터 셈하되)

風日淸明 辰巳時始叱 <양잠 17ㅈ> (날씨가 청명한 날의 오전 7시에서 11시 사이에 비로소)

胎産三歲前始叱 懷抱長養 愛惜之情 無···<1464 김효로점련 2-2> (태어나 세 살 전부터 안아서 길렀으니 사랑하고 애석해 하는 정이 없···)

河緯地 女子段 年六歲時始叱 率居長養 至今 順意 孝道爲沙餘良 <1469 전양 지처하씨점련 2-03> (河緯地의 딸아이는 여섯 살 때부터 데리고 양육하여 지금까지 내 뜻에 따르고 효도하고도 남음이 있어)

其矣 俗音內 三歲時始叱 卽同己子是乎 所 納招爲白有亦 <16세기 입안 정6-15 184~185> (저의 俗音 안에 세 살 때부터 곧 자기 자식인 것으로 초사를 올렸으나)

上項 婢多勿沙里亦 祖母 及 母等始叱 舘婢是乎所 納招爲臥乎等用良<16세기 입안 정6-23 133-134> (위 계집종 多勿沙里가 할머니 및 어머니 등으로부터 관비인 것으로 초사를 올림으로써)

ㄴ. 遠方從仕人亦 丁憂乙 聞喪月日以 始叱 使內乎矣 <直解 12.07ㅎ> (먼 지방에서 종사하는 사람이 부모상을 입으면 상 소식을 들은 날로부터 행하되)

13) 仍于, 因于, 因乎

仍于는 대격 명사를 지배하는 동사에서 온 후치사이다.[93] 仍于는 중세어의 '지즈로, 지즈루'에 정확히 일치하는 이두토로서, '-乙仍于'는 '···때문에, ···로 말미암아'의 뜻을 지닌다.

(14) 疾病喪事乙仍于 速行 不得爲去等 <直解 02.05ㅎ> (질병과 초상으로 말미암아 빨리 가지 못하거든)

萬一 右如 使內乎 第亦中 蚕身亦 互相 當擊乙仍于 <양잠28ㅈ> (만일 위와 같이 행할 적에 누에의 몸이 서로 부딪힘으로 인하여)

女矣 同生甥 子息等亦 並只 他官他道 居生乙仍于 <1469 田養智妻河氏粘連 2-08~09> (여자인 나의 형제간 오라비의 자식들이 모두 다른 관과 다른 도에 거주하여 삶으로 말미암아)

家翁教是 子息迷少乙仍于 奴婢乙 不分 棄世教是去乙 <1479 金淮妻盧氏成化十五年 許與文記 02~03> (바깥어른께서 자식이 아직 어리고 미혹함으로 말미암아 노비를 나누지 않고 세상을 떠나셨거늘)

孝之妻黃氏亦 家翁願意以 繼後令是良結 懇說乙仍于 <1480 金孝盧繼後禮曹立案 07> (孝之의 처 황씨가 바깥어른의 소원으로 계후시키고자 간절하게 말씀하기 때문에)

---

93) 吏讀便覽과 吏文襍例 등 후대 이두 학습서에서는 '乙仍于'를 표제어로 등재하기도 하였는데, 이는 곧 '仍于가 후치사로 기능하는 것임을 드러낸다고 볼 수 있다.

此亦中 李玖段 年少乙<u>仍于</u> 執籌分衿此分是遣 <1494 李璦男妹潰漏奴婢和會文記 37>
(여기에 李玖는 나이가 어림으로 말미암아 제비뽑기로 몫을 나눌 뿐이고)

矣身置 年老有病 今明日 生死難知乙<u>仍于</u> 父邊傳來… <1509 허여문기 정65-592 3>
(나도 연로하고 병이 있어 오늘내일 생사를 알 수 없기에 아버지 쪽에서 전해
온…)

節 後續錄撰集時 上項條件 錄入不冬乙<u>仍于</u> 官吏莫適所從是如 爲昆 今後乙良 久遠
通例施行 <1544.5.22. 掌隸院承傳 大典詞訟類聚 149> (금번에 후속록을 찬집할
때 위 조건을 기록해 넣지 않았기 때문에 관리들이 마땅히 따를 바가 없다
하니 금후로는 오래된 관례로 시행한다)

監試段 易書不冬乙<u>仍于</u> 儒生等 名紙乙 競尙侈羔 至用咨文表紙以 致紙價翔貴爲弊
不貲爲白昆 <1553 科擧事目 舊事目4ㅎ> (감시는 역서를 안 하는 까닭에 유생
들이 답안지를 사치스럽고 고운 것을 다투어 선호하여 자문 표지를 사용하
기까지 이르러 종이 값이 치솟는 등 그 폐단이 적지 않으니)

本文記段 他田民 并付乙<u>仍于</u> 許與 不得爲去乎 <1579 栗谷土地賣買文記 05~06>
(본문기는 다른 전답과 노비가 함께 붙어 있으므로 허여하지 못하니)

(15) 高致六病中 第一 簇汙 尤甚 老熟蚕乙 不淨桑葉乙 給食爲乎 <u>等仍于</u> <양잠 40ㅈ>
(고치의 여섯 가지 병 중 첫째는 더러움이 쌓이는 것으로서 이것이 더욱 심
해 잘 자란 누에에게 깨끗하지 않은 뽕잎을 급식하는 등으로 말미암아)

飢困氣弱爲臥乎 <u>等仍于</u> 眠遲病生高致亦 不實 <양잠 27ㅈ> (굶주리고 기가 약해
지는 등으로 인해 잠이 더디고 병이 생긴 고치가 부실해진다)

(16) 凡 賊人亦 …… 流配人是去等 流所<u>良中仍于</u> 如前 使内齊 <直解 18.19ㅈ> (무릇
도적이 …… 유배인이거든 유배소에 따라 전과 같이 행한다)

(14)는 모두 명사의 대격 표지 -乙에 仍于가 통합되어 사용된 예이다. (15)의 '等仍于'
에는 대격 표지가 빠져 있는데, 이는 '等'에 이미 대격 조사에 해당하는 '-ㄹ'이 들어 있
기 때문으로 이해된다. (16)은 처격 조사 -良中 뒤에 곧바로 仍于가 통합되었으나, 양자
사이에 -乙이 생략된 것으로 해석된다. 이 경우 -乙은 대격 어미라기보다는 주제화의 기
능을 하는 형태로 해석되는데, 이는 대격 어미 '-을'이 본래 주제화의 기능을 갖고 있는
데에서 비롯한다고 이해된다.

한편 因于는 仍于의 異表記로서 取義의 원리에 따라 仍 자를 因으로 바꿔 쓴 데에서
연유한 것으로 추정된다. 고려 시대 및 조선초기 문서류 이두에서는 仍于만이 쓰였기 때
문이다. 『大明律直解』에서는 양자가 공존하나, 仍于가 우세한 편이다. 因은 고유어 새김

이 한자어로 바뀌어 '인홀 인'으로 새기고 있으나 『千字文』에서는 '지줄 인' 또는 '지즐
인'[94]으로 새겼다. 그리고 因乎는 因于의 이표기이다. 取音에 따른 변형이다. 因于와 因乎
는 조선 건국을 전후한 시기에만 사용되었던 것이 아닌가 추측된다.

(17) ㄱ. 他人矣 犯罪乙因于 干連得罪爲乎 緣故段 <直解 01.17ㅎ> (타인의 범죄로 말
       미암아 관련되어 죄를 얻는 사연은)
       凡 錢造作乙因于 人工錢物乙 虛費爲在乙良 <直解 23.03ㅈ> (무릇 동전 제
       작으로 인해 공임과 재료를 허비한 경우에는)
    ㄴ. 當徒罪人亦 當流罪人乙 能捉因于 現告爲㫆 <直解 01.31ㅈ> (도형에 처할 죄
       인이 유형에 처할 죄인을 잡음으로 인해 신고하며)

(18) 凡 常醫亦 爲人爲 用藥針灸爲乎矣 誤錯亦 本方文良中 依法 不冬 因乎 致死爲在乙
    良 <直解 19.08ㅎ> (무릇 보통의 의사가 남을 위하여 약과 침구를 쓰되 착
    오로 원래의 치료방문에서 규정대로 안 함으로 말미암아 죽게 한 경우에는)

(17ㄴ)과 (18)의 경우 '因乎' 앞에 대격 표지 '-乙'의 표기가 보이지 않는데, 이는 대격
조사가 수의적인 것을 반영하는 것이다. (18)의 경우엔 '不冬'의 '冬'에 이미 대격 표지에
해당하는 '-ㄹ'이 통합되어 있기 때문인 것으로 이해할 수도 있는데, '不冬'이 명사로 기
능하고 있음이 드러난다.

14) 至亦

至亦은 '-까지'에 해당하는 후치사이다. 이 역시 동사에서 유래한다. 처격 조사를 수반했
던 동사에서 유래된 후치사이다. '至히'<월인석보 21.162>의 예로 미루어 음독되었을 가능성
을 전혀 배제할 수 없으나, 중세어의 '니르리, 니르히, 니르히'에 정확히 일치하는 표기이다.
至亦을 부사<박희숙 1985:167, 고정의 1992ㄱ:117>, 동사의 활용형<이승재 1992ㄱ:127>, 특수조사
<배대온 1984:68, 한상인 1993:56> 등으로 다루기도 한다. 고려 시대 자료들에도 사용되었다.

(19) 高祖曾祖至亦 一般稱云爲齊 <直解 01.42ㅈ> (고조와 증조까지 함께 칭하며)
    所生種子亦 環子 樣以 成堆爲在乙良 其蛾以 新反 種子至亦 刮取 棄置 <양잠 7

---

94) 石峰 千字文에서는 '지줄 인'이나, 光州版 천자문에는 '지즐 인'이다. 이후 천자문에는 이 두 가지 중의
   하나로 반영된다.

ㅈ> (태어난 알이 가락지 모양으로 무더기를 이루면 그 나비로부터 새 알에
이르기까지 깎아내거나 버려 두고)
其矣 子孫至亦 免役令是良如 敎 <1421 李藝功牌 13> (그의 자손에 이르기까지
면역시키라고 하심)
蒙白行喪追薦至亦 畢行後…… <1483 김효로계후사헌부입안 04> (상복을 입고
상을 치르며 명복을 비는 일에 이르기까지 다 끝낸 후……)
況旀 孫光曙至亦 身死爲白矣 <1560 粘連立案 정32-279 10~11> (하물며 孫光
曙까지 죽사오되)
矣身亦 寡婦以 艱難仍干 還上 及 長利 至亦 續納爲難等乙 用良 <1567 토지명문
정32-522 01~03> (이 몸이 과부로서 가난함으로 인해 환자 및 이자에 이르
기까지 납부하기 어렵기 때문에)

(20) 石練時乙 順可只 而今良中 至兮 <1031 淨兜寺形止記 30~31> (돌을 다듬을 때
부터 차례로 지금에 이르기까지)
其中 父祖 別爲 所 有在 員等乙良 己身分 不喩 子孫良中 至亦 <尙書都官貼 13~
15> (그 중 조상이 특별한 바 있는 員들은 그 몸만 아니라 자손에 이르기까지)
子息所生年歲花名至亦 載錄爲齊 <高麗末戶籍文書 둘째폭 3~4> (노비의 몇 째
자식인지 나이와 이름까지 실으며)

15) 追于, 追乎

중세어 '조초'에 해당하는 追于도 사용되었다. '…에 좇아, …을 따라' 정도의 문맥적
의미를 갖는 것이 보편적이다. 동명사의 명사적 용법 뒤에 붙어 사용되는 것이 보통인데,
(21ㄴ)처럼 문맥이 끊어지면서 다음 문구를 잇는 부분에서 사용된 것으로 미루어 보아
부사로서의 기능도 보유하고 있는 것으로 판단된다. 부사로 사용될 경우엔 대체로 '이어
서, 연이어, 뒤이어' 정도의 의미를 띠기도 한다.

(21) ㄱ. 事畢爲乎 追于 前件信牌乙 還納 炎周爲乎矣 <直解 03.11ㅎ> (일이 끝난 데
따라 앞엣 건의 신패를 되돌려 내고 (장부에서) 삭제하(도록 하)되)
逃亡遺漏奴婢 及 田畓 有去乙等 現出爲乎 追于 <1480 金光礪娚妹和會 37>
(도망하거나 빠진 노비 및 전답이 있거든 드러나는 것을 좇아)
其餘遺漏奴婢等乙 先可 推刷爲乎 追于 <1494 李璦男妹遺漏奴婢和會 01~02>
(그 나머지 빠진 노비등을 먼저 추쇄한 것에 따라)
遠處花名分衿 爲難爲昆 某子孫中 推尋爲乎 追于 執持使用爲齊 <1540 分財記
정49-146 09> (먼 곳의 노비 이름은 나눠 갖기가 어려우니 자손 중 누

군가가 추심한 데 따라 지녀 사용하며)

ㄴ. 今雖分衿爲乎乙 喩良置 未知存歿爲去乎 幸有成文前 物故爲去乙等 追于 僉議
遺漏奴婢以 爲先充給爲遣 <1574 화회문기 영1-200 85~86> (이번에 몫을
나눌지라도 생사를 알지 못하니 행여 문서 작성 전에 죽거든 그에 따라
모여 의논해서 빠진 노비로써 우선 채워주고)

追于는 다른 한편 追乎로도 표기되었다. 이것은 取音의 원리에 따라 于 자를 乎로 대용
한 것이다.

(22) ㄱ. 逃亡遺漏奴婢 及 田畓 有去乙等 現出爲乎 追乎 依大典 和會分執爲乎 事 <1480
金光礪娚妹和會 37~38> (도망하거나 빠진 노비 및 전답이 있거든 드러
나는 데 따라 경국대전에 의거하여 화회하여 분집할 것)
令各道卽時刻板多印 分送于各官 染疫爲乎 追乎 檢擧 治療 何如 <1541 兵曹啓目
牛疫方 서문> (각 도로 하여금 즉시 판각하고 많이 인출하여 각 관아에 나
누어 보내서 전염하는 곳을 좇아 단속하고 치료하는 것이 어떻겠습니까)
各 陵修理 奉先事 重爲乎等用良 破毀頹圮爲乎 追乎 多發軍丁 雜物上下 不計
煩費 而各 陵參奉等 用意監役不冬 <1558.8.3. 예조계목 각사수교 54> (각
능의 수리는 선조를 받드는 일이 중요한 까닭에 파손된 데 따라 많은
군사를 내고 잡물을 지출하는 데 번잡한 비용을 따지지 않는데 각 능의
참봉들이 마음을 써 역을 감독하지 않고)

ㄴ. 漏落奴婢段置 甲戌年分 追乎 分執爲有如乎 節 遺漏奴婢 加現出乙仍于 <1580
화회문기 정33-267 03~04> (누락노비의 경우에도 갑술년에 연이어 나
눠 가졌던바 금번에 유루노비가 더 드러남으로 말미암아)
馳 啓爲臥乎 味 馳報是齊 追乎 到付 十四日巳時 成貼 同道水使傳通 內
<1592,4,16, 啓文 임진장초 狀3> (급히 계를 올린 내용과 같은 급보이며
연이어 도착한 14일 사시에 성첩한 위 경상우도 수사의 전통 내용인즉)

제5장 용언과 활용

1. 동사

이두어 동사들은 單一動詞와 合成動詞로 나누어 다룬다.

학교문법에서는 단어를 단일어와 복합어로 나누고, 복합어는 다시 파생어와 합성어로 나누었다. 파생어는 語根과 파생접사로 구성된 단어이며 그 예로서 ① '풋사과, 헛꿈, 새파랗다', ② '놀이, 빨리, 공부하다'를 제시하였다. 이 중 '공부하다'는 어근 '공부'에 파생접미사 '-하-'가 통합된 단어이므로 파생어에 속한다고 보았다.[1] 이 파생어들은 '어깨동무, 작은아버지'와 같이 어근과 어근으로 구성된 합성어와 함께 복합어로 다루는 입장을 취하였다.

따라서 학교문법에 준하자면 이두어 중 '別爲-'와 같은 예는 파생어이면서 복합어에 속할 것이다. 본고에서 '別爲-'의 '-爲-'를 파생접미사로 보는 점은 학교문법과 동일하지만, 이 단어를 복합어로 처리하지 않고 단일동사에 포함시켜 다루기로 한다. 다만 '明白爲-, 的實爲-, 不從爲-, 成置爲-, 受破爲-' 등과 같이 2음절 한자어 어근에 '-爲-'가 접미되어 쓰이는 동사는 본고에서 다루지 않는다.

피동 또는 사동의 접미사들이 통합되어 만들어진 파생어들 역시 본고에서는 독립된 단일동사에 묶어 다룬다. 일반적으로 '-이/히/리/기/우/구/추-'와 같은 접미사들이 어간에 통

---

1) 서울대학교 국어교육연구소(2002:115~119) 참조. 그런데 '학교'는 '학+교'로서 합성어로 처리하였으므로 이에 따르면 '공부하다'는 '(공+부)+-하-+-다'로 분석되어 파생어이면서 동시에 합성어도 되는지 다소 애매한 면이 있다.

합되어 만들어진 것들은 본래의 어간만을 가진 본동사와 달리 파생동사로 보는 수가 많다. 그러나 국어에서 피·사동 접미사의 통합은 보편적으로 널리 이루어지지 않고 동사 어간의 의미와 성격 등에 따라 임의적이다. 따라서 일반적인 굴절 현상으로 다루기 어려워 파생어라기보다는 본동사와는 별도의 개별 동사로 볼 소지가 많다. 본고에서는 이두에서의 聞是-와 知乎- 같은 동사들을 聞-과 知-와는 각각 다른 별도의 단일동사로 다루는 입장을 취한다.

서술어의 기능을 갖는 指定詞[2]는 본고에서 단일동사로 다루되, '아니다'에 해당하는 이두어 '不喻'는 명사로서의 기능도 갖고 있어 편의상 '不得, 不冬, 安徐'와 함께 제6장의 否定辭에서 다루기로 한다. 지정사 중 '이다'는 학교문법에서 서술격 조사로 분류하고 있으나 조사라기보다는 서술어의 어간임이 분명하므로 동사로 보아야 한다. 이두에서 '-이-'의 표기자를 음차자로 쓰지 않고 訓讀字인 '-是-'로 표기하고 있는 점도 참고된다.

1.1 단일동사

1) 敎/敎是-

이두문에서 '敎是' 또는 '敎'가 용언의 활용에서 쓰일 때에는 동작 주체를 높이는 기능을 한다.

> (1) ㄱ. 父敎是 去 壬寅年分 義州牧使 赴任 身故敎是去乙 <1404 張戩妻辛氏同生和會 01>
> (아버지께서 지난 임인년에 의주목사로 부임하였다가 돌아가시거늘)
> ㄴ. 凡 軍民官亦 赴任爲有如可 別爲 無亦 因病 身故爲遣 <直解 17.07ㅈ> (무릇 군관과 민관이 부임했다가 특별한 일 없이 병으로 인해 죽고)
> ㄷ. 亡妻奴婢段 某子息亦中置 許與 不得 去 丙辰年分 身故爲乎等用良 <1436~1443 權明利許與文記 11> (죽은 아내 소유의 노비는 어느 자식에게도 허여하지 못하고 지난 병진년에 죽었기 때문에)

예문 (1)의 '身故敎是-'와 '身故爲-'는 분명한 대조를 보인다. (1ㄱ)에서 문장의 화자는

---

2) 최현배(1971:549~573) '잡음씨(指定詞)' 참조. 최현배 선생은 처음에 '이다' 하나만을 잡음씨로 보았으나, 후에 '아니다'를 포함하는 견해를 1937년의 온책 초판에서 밝혔다<749쪽>.

문서 작성에 참여한 두 자매인데, '身故'의 동작 주체인 아버지를 높여 '身故教是-'로 표현하였음이 드러난다. 이와 달리 (1ㄴ, ㄷ)에서는 동작 주체를 높일 필요가 없는 상황인 까닭에 '身故爲-'로 쓰였다. (1ㄴ)의 경우엔 일반 법조문인 까닭에 동작 주체인 '軍民官'을 높일 필요가 없었다. (1ㄷ)은 자식 8남매에게 노비를 허여하는 문서에서 문장의 화자는 財主일 뿐만 아니라 위 '身故'의 동작 주체는 '亡妻'인 까닭에 '身故爲-'로 표현하였다. 다음의 예문 (2)에서도 이와 마찬가지다.

(2) ㄱ. 奴婢乙 矣徒 各衿 遺言 許給教是遣 <1404 張戩妻辛氏同生和會 02> (노비를 우리들 각 몫에 대하여 유언으로 허급하시고)
　　ㄴ. 各 主者 通算 折半 科罪爲乎矣 兩相 和論 許給爲去乙 捧上爲乎等用良 <直解 23.03ㅈ> (각 해당되는 이의 것을 통산하여 절반을 과죄하되 양 쪽이 화해하여 허급한 것을 받았으므로)
　　主掌員吏亦 次知 許給爲旀 <直解 05.07ㅈ> (주관하는 관원과 서리가 맡아서 허급하며)

따라서 (1)과 (2)에서 명사 '身故'와 '許給' 뒤에 쓰인 동사파생 접미사 -教是-는 중세어의 '-ᄒᆞ시-'에 정확히 일치함을 알 수 있다. 그런데 이두 학습서 또는 자료집에서 '教是' 또는 '教' 자의 教를 'ᄒᆞ'로 읽은 것을 찾아볼 수 없다. '이' 또는 '이시' 등으로 읽고 있는데 이것은 발생 연원에 따른 독법으로서 동작성을 지닌 중세어의 '(-)ᄒᆞ-'가 아니라 계사 또는 지정사 어간인 '-이-'로 바꾸어 읽은 것으로 판단된다. 양자는 이두에서 서로 넘나들 수 있는 존재였기 때문이다. 따라서 위 예문 (1)과 (2)에서의 -教是-는 일단 '-이시-'로 읽혔다고 보며, 그 뜻은 현대어의 '-하시-'에 정확히 일치하는 것으로 이해된다.

본고의 제4장에서 이미 언급했듯이 '教是'는 존칭의 주격 조사로서 사용되었으며, 16세기에 들어서부터는 존칭접미사 '-님'에 일치하는 접미사로도 사용되기 시작하였다. 그런데 활용할 때 나타나는 '教是'는 'ᄒᆞ-' 동사에다가 동작 주체를 높이는 존대의 선어말어미가 덧붙은 중세어의 '(-)ᄒᆞ시-'에 대응하는 이두토인데, 곡용할 때와 달리 뒤따르는 어미 또는 단어에 따라 '教'만으로 표기되기도 하는 특징을 지니고 있다.

'教是' 또는 '教'가 활용 시에 출현하는 경우에는 그 용법이 세 가지로 나뉜다. 첫째, 본동사로 기능하는 경우이다. 둘째, 명사 또는 명사구에 통합되어 동사파생 접미사로 기능하는 경우이다. 셋째, 본동사 어간 뒤에 통합되어 동작주체의 존대를 나타내는 용법으로 사용된다. 이것은 말하자면 주체존대 선어말어미로서의 기능을 하는 것이다. 이 경우

엔 때로 경어법 선어말어미 '-白-' 뒤에 통합되기도 한다. 이 중 세 번째 용법은 본 章의
활용 어미에서 후술하기로 하고 본 절에서는 동사 어간으로 기능하는 두 가지 용법에 대
해서 기술하기로 한다.

먼저 두 번째 용법 즉 동사파생 접미사로서의 -敎是-가 명사구에 통합되어 새로운 동
사를 파생시키는 경우를 살펴보기로 한다.

(3) 凡 百官良中 內賜敎是臥乎 衣服等乙 使者亦 親送 不冬爲遣 佗人 准授 傳送爲在乙良
<直解 12.03ㅈ> (무릇 백관에 내사하시는 의복들을 사신이 직접 보내지 않고
타인으로 하여금 받아서 전해 준 경우에는)
右 員等乙良 原從功臣 稱下敎是旀 <1395 李原吉錄券 209-210> (위 원들은 원종
공신으로 칭하하시며)

(3)은 국왕의 행위인 內賜와 稱下 뒤에 접미사 -敎是-가 붙어서 높임의 의미를 지닌
새로운 동사를 파생시킨 것이다. 이 경우의 -敎是-는 중세어의 '-ᄒ시-'에 대응하며, -爲-
와는 높임법에서 서로 대립됨은 이미 언급한 바와 같은데, 이두토 不冬에 접미된 경우에
도 마찬가지이다.

(4) ㄱ. 宥旨內良中 常赦所不原是如 稱下 不冬敎是遣 所犯罪名乙 臨時酌量 寬赦敎 罪人
乙良 特別放赦爲乎 事 <直解 01.18ㅈ> (유지 안에 '常赦所不原' 즉 일반사면
이라 하더라도 적용되지 않는 것이라고 적어 내려보내지 아니하시고 범
한 죄명을 임시로 지정해 관대히 사면하신 죄인은 특별히 사면하여 풀어
줄 것)
ㄴ. 官員亦 其後 必于 省覺現告爲良置 並只 免罪 不冬爲遣 <直解 01.35ㅎ> (관원
이 그 후 비록 성찰하여 신고하여도 모두 면죄하지 않고)

이두에서 否定 표현에 자주 쓰이는 不冬은 명사로서의 기능을 갖고 있다. 국왕이 주체
가 되는 (4ㄱ)의 不冬敎是遣는 현대어의 '아니하시고'에 해당되고, 국왕이 아니라 일반
판관이 주체가 되는 (4ㄴ)의 不冬爲遣의 경우엔 '아니하고'에 해당되어 높임 여부가 서로
다르다. 따라서 지금까지 논의한 동사파생 접미사 -敎是-의 경우엔 '-이시-'로 읽고 그
의미는 중세어의 '-ᄒ시-'에 대응한다고 보는 데에 별다른 문제가 발생하지 않는 듯하다.

그런데 한 가지 특기할 만한 사실은 비록 동사파생 접미사로 쓰일지라도 후행하는 명
사를 수식하는 구조에서는 거의 예외없이 敎是를 쓰지 않고 敎 자만으로 썼다는 점이다.

(5) ㄱ. 所犯罪名乙 臨時酌量 寬赦敎 罪人乙良 特別放赦爲乎 事 <直解 01.18ㅈ> (범한
　　　죄명을 임시로 지정해 관대히 사면하신 죄인은 특별히 사면하여 풀어줄
　　　것)
　　ㄴ. 必于 一半亦 不足爲良置 捕捉爲乎 罪人亦 重罪人是去等 免罪齊 <直解 27.01ㅎ>
　　　(비록 반이 부족하여도 잡은 죄인이 중죄인이면 면죄하며)

　(5)는 뒤따르는 명사 罪人을 수식하는 동일한 구문임에도 불구하고 '명사+敎'와 '명사+
爲乎'의 대립을 보인다. 이는 각각 중세어의 '명사+ㅎ샨'과 '명사+혼'에 대응시킬 만한
구조이다. 그런데 'ㅎ샨'에 대응하는 이두자로 敎是 대신 敎만을 사용하고 있다. 이러한
특징은 다음 (6)에서 보듯 형식명사 所를 꾸미는 경우에도 그대로 적용된다.

(6) ㄱ. 凡 近有宥旨敎 所乙 聞知爲遣 故只 犯罪爲在乙良 常犯例良中 加一等爲乎矣
　　　<直解 28.17ㅈ> (무릇 가까운 시일 안에 유지가 있으실 것을 들어 알고
　　　일부러 범죄한 경우에는 보통의 범죄 예에 1등을 더하되)
　　ㄴ. …奴 終同 等乙 都目狀良中 幷錄敎 所 加于 悶望爲白等用良 <1461 河源所
　　　志 1-04~05> (…사내종 終同 등을 도목장에 함께 기록하신 바 더욱 민
　　　망하온 까닭에)

　(6ㄱ)의 경우는 다소 애매한 면이 있으나, (6ㄴ)에 쓰인 敎는 '-이샨'으로 읽음이 온당
하다. 이미 일어난 일이고 후행하는 형식명사를 꾸미는, 즉 '幷錄하신 바' 정도로 풀이되
는 문맥이기 때문이다. '…이샨'이라는 독법은 중세어 문헌에서 (7)과 같은 예들에서 문
증되기도 한다. 이때에도 敎是가 아닌 敎만으로 기재된다는 사실은 결코 우연의 일치라
고 보기 어려운 면이 있다.

(7) 愍安 利度ㅎ샤미 大菩薩이샨 고디니(愍安利度ㅎ샤미 所以爲大菩薩이시니) <법화
　　경언해 2.97ㅈ>
　　걸이디 아니ㅎ시며 들이디 아니ㅎ샤미 妙行이샨 고디시니라(不滯不局이 所以爲
　　妙行也ㅣ시니라) <법화경언해 7.2ㅎ>

　이두에서 높임 표현에 쓰이는 동사가 본동사로든 동사파생 접미사이든 상관 없이 후행
명사를 수식할 때 敎 자만을 쓰는 특징은 국왕의 명령 또는 교시를 전하는 문맥에서 비
롯되었을 개연성이 높다. 이것은 특히 敎等用良과 爲乎等用良 및 是乎等用良의 연어 구성
이 구조적으로 동일하면서 높임법에서 대립을 보이며 대응하는 것에서 확실시된다.

(8) ㄱ. …教　　　等(乙)　　用良
　　ㄴ. …爲乎　　等(乙)　　用良
　　　 …是乎　　等(乙)³⁾　用良

(8)에서 보듯 教와 爲乎/是乎의 대립이 분명하게 드러난다. (8ㄴ)의 '…爲乎'은 대체로 중세어에서 '…혼'에 대응하며, (8ㄱ)의 '…教'은 중세어의 '…ㅎ산' 또는 '…이산'에 대응하는 것으로 이해된다. 教와 爲乎/是乎의 대립은 다른 한편 教矣와 爲乎矣에서도 찾을 수 있음은 물론이다.

어떤 일이 이미 일어났으며 그 행동 또는 행위의 주체가 존대자인 경우에 후행하는 체언 또는 형식명사를 수식하는 教 자를 '이산'으로 읽는 독법은 상당히 오랜 기간 지속되었던 것으로 추정된다. 『古今釋林』(1789년)의 권40 附錄 外篇 一字類에서 教를 표제어로 수록하고 '이선'으로 읽고 있기 때문이다. 이러한 용법은 애초 다음의 (9ㄱ)과 같은 구문에서 발생하였고, 이것이 굳혀짐으로 말미암아 (9ㄴ)과 같이 동사파생 접미사처럼 사용되는 구문에서도 후행 명사 等을 수식하는 경우에는 그대로 유지되었던 것이 아닌가 사료된다.

(9) ㄱ. 半分用下事 下內需司爲良如 教 等 用良 合行立案者 <1481 上院寺成化十七年內需司立案 11~12> (반으로 나누어 쓸 일이니 내수사에 하달하여라 하신 바로써 이에 입안을 행함)
　　ㄴ. 嘉靖二十八年七月三十日　啓 依允教 等 用良 …… 使之一齊檢擧 何如 嘉靖二十九年二月初六日　啓 依允. <1550 兵曹啓目 各司受教 077> (가정 28년 7월 30일에 계를 올리니 윤허하셨기에 …… 그로 하여금 일제히 검거하도록 함이 어떻겠습니까 (하니) 가정 29년 2월 초이틀에 계를 올리니 윤허하였다)

그런데 후행 명사를 꾸미는 구문임에도 불구하고 教 자만으로 표기하지 않고 是를 덧붙여 教是로 적은 경우는 원칙적으로 未然形 어미가 붙는 경우이다.⁴⁾

(10) ㄱ. 節 文科 /殿試 教是 時 應行諸事 前例 相考 磨鍊 /啓目 後錄爲白去乎 <科擧事目 後舊事目1ㅈ> (금번에 문과 전시를 하실 때의 당연히 행하여야 할 여러 가지 일을 전례를 살펴 마련한 계목을 후록하오니)
　　ㄴ. 父矣 奴婢等乙 河緯地 戶籍良中 合錄是如 河緯地 奴婢 屬公教是 時 父 紹地矣

---

3) 말음첨기자 乙의 표기는 매우 드물게 발견된다. 고려말의 '落點教等乙仍于'<長城監務官貼文 9~10>과 '是乎等乙用良'<海南尹氏奴婢文書 첫째면 3>, 15세기의 '是乎等乙用良 <1496 朴智興妻徐氏別給文記 03>, 1510년 別給文記에서 '爲乎等乙用良'<정1-588 03> 등이 있다.
4) 관용어처럼 굳어져 사용되는 向教是事은 예외로 본다.

奴婢 并以 屬公爲白乎 事意 悶望爲白去乙 <1461 河源所志 1-02~03> (부친
의 노비 등을 河緯地 호적에 합록되었다 하여 河緯地의 노비를 속공하실
때 부친 紹地의 노비를 아울러 속공하였으니 그 일이 민망하옵거늘)

(10ㄱ)의 '敎是'는 본동사로 쓰였는데 아직 文科殿試를 시행하지 않은 시점이므로 '이
샨'으로 읽을 수 없음이 자명하다. 이때의 敎是는 '이샬' 또는 '이실' 정도로 읽어야 문맥
에 부합한다. 따라서 후행하는 명사 '時'를 수식하는 구조임에도 불구하고 일반적으로
'이샨'으로 읽는 敎 자만으로는 문의 파악에 어려움이 있어 敎是를 사용한 것으로 이해된
다. (10ㄴ)의 '屬公敎是'는 비록 屬公한 사실은 이미 일어난 과거의 일이지만 단순한 과
거 표현이라기보다는 '屬公하셨을' 또는 '(그 당시) 屬公하실' 정도의 문맥에서 屬公에 敎
가 아닌 敎是를 접미하여 동사로 기능하는 것으로 판단된다.[5] 屬公한 일을 분명히 과거
로 표현한 것은 뒷부분의 屬公爲白乎이다. 동일한 문서의 후반부에서 差使員과 敬差官께
서 그릇 알고 4명의 노비를 都目狀에 '幷錄하신 바' 정도의 의미를 표기한 이두자는 '幷
錄敎所'이다. 이 경우엔 형식명사 所 앞에 敎是가 아닌 敎만이 쓰여 있어 '屬公敎是時'와
는 대조적이다.

이러한 원칙에도 불구하고 명사구에 敎 또는 敎是가 통합되어 파생된 동사의 용법과
독법은 15세기부터 조금씩 혼용되는 모습을 보인다.

(11) ㄱ. 去 己巳年分 身故敎是 後 <1404 張戩妻辛氏同生和會 02> (지난 기사년에 돌
아가신 후)
ㄴ. 樂工軍校等弋只 潛持 入庭 出題 /還宮敎 後 乘暗傳給 奸濫多端爲白昆 <科擧事
目 29ㅈ> (악공과 군교 등이 (서책을) 몰래 가지고 들어와 출제 후 임금
께서 환궁하신 후 어둠을 틈타 전해 주는 등 그 간교함이 넘치고 여러
가지이오니)
先王朝 軫念疲弊 特令每番只一度摘奸敎 後 <1550.2.6. 병조계목 各司受敎
77> (선왕조 때 피폐할까 염려하여 특별히 매 번에 대해 한 차례만 적
간하라 하신 후)

(12) (父母主敎是) 矣徒等亦中 奴婢田畓乙 分給 成置 不得 捐世敎是 等乙 用良 <1527년
和會文記 정16-38 02> (부모님께서 우리들에게 노비와 전답을 나눠주는 문서

---

5) 고려말 자료에서도 이와 유사한 쓰임이 있다. "第五十六王 /太祖 統合三韓敎是 時 率領百官 郊迎順命 始終
輔佐敎 等 用良"<1361 慶州司首戶長行案序 11~13> 이 경우에도 '輔佐敎 等 用良'의 경우엔 敎 자만 사
용하였다.

를 만들지 못하고 세상을 버리셨기에)

(11ㄱ)의 '身故敎是 後'는 두 가지 점에서 원칙에 어긋난다. 첫째, 후행 명사 '後'를 꾸미는 구문임에도 불구하고 동사파생 접미사 -敎-에 是를 첨기한 -敎是를 사용하였다. 이는 (11ㄴ)에서 국왕이 주체인 경우 '還宮敎 後' 또는 '特令…敎 後'로 적은 것과 차이를 보인다. 둘째, (11ㄱ)의 '身故敎是'의 -敎是를 '-이샨'으로 읽기 어렵다는 점이다. 동일한 문서에서 '身故敎是去乙'이 사용되었기 때문이다. 따라서 이 경우엔 생략 표기된 관형형 어미를 보충하여 '身故이신'으로 읽어야 할 것이다. 이는 결국 '이시'로 읽히는 敎是가 하나의 형태소 단위처럼 굳혀져 사용되고 있음을 반증한다 하겠다. 또한 (12)에서는 보편적인 연어 구성체인 '敎等用良'와 달리 형식명사 等 앞에서 敎是가 쓰였다. 최초의 용례임과 동시에 16세기의 유일한 예일 듯한 이 용례에 대해 오기 또는 예외로 치부할 수도 있다. 그러나 이 예외적 용례 역시 等에 선행한 敎是를 '이샨'으로 읽지 않고 동사의 관형형 '이신' 정도로 읽고 있었음을 시사해 준다.

활용할 때 쓰이는 '敎是/敎'의 첫 번째 용법인 본동사로서의 기능 예를 살펴보면 다음과 같다.

우선 먼저 주목되는 사실은 문서의 본문 마지막에 쓰인 敎 자의 용례들이다.

(13) ㄱ. 子孫 傳持 永永 使用爲良如 敎。<1433 李澄石賜牌 09> (자손에게 전하여 지녀 영구히 사용하여라 하심)
　　 ㄴ. 爲等如 施行爲只爲 下吏曹爲良如 敎。<1591 李庭檜光國原從功臣錄券 정 41-68 344~345> (통틀어 시행하도록 이조에 하달하여라 하심)

(14) 光緖十年正月三十日 /啓 依所啓 施行爲良如 敎。<1884 無啓目單子 규장각한국학 연구원 문서번호 172247> (광서 10년 정월 30일에 계를 올리니 계한 바에 따라 시행하여라 하심)

예문 (13)은 모두 문서의 본문 맨 끝 부분이다. 이 뒤에는 행을 바꾸어 발급일자가 적히게 된다. 이때 마지막에 적힌 '敎' 자를 이두자가 아니라 그 앞 부분까지가 임금의 교시임을 밝혀주는 일종의 표지 또는 한자어로 볼 개연성이 다소 있다. 그러나 이두문으로 작성된 문서 본문의 마지막에 위치한 위 '敎' 자에 대해서는 別行이나 擡頭, 또는 空格 등의 높임 표시 조치를 행하지 않았다는 사실에 우선 유의해야 한다. 또한 (13ㄱ)의 경우

문서의 첫머리에 적힌 '賜'부터 (13ㄱ)의 '……使用爲良如敎'까지가 하나의 문장으로 되어 있다는 점에도 유의해야 할 것이다. 이것은 문서 본문을 하나의 문장으로 끝맺는 형식으로서 이른 시기로부터 이어진 것으로 이해된다. 다만 본문 말미의 종결 방식이 이두 형식을 취하고 있는지의 여부는 문서 종류와 시기에 따라 차이가 있음은 물론이다. 동일한 종류의 문서임에도 불구하고 위의 李澄石賜牌보다 다소 앞선 시기의 1401년 曹恰賜牌에서는 '賜 ……賜給爲臥乎事是等子孫傳持者'로 끝맺었다. 이와 같이 '……者'로 끝맺는 방식은 관습적인 吏文套에 속한 것으로서 (13ㄱ)과 대조를 보인다. '…爲良如敎…'이라는 용례는 조선 건국 초기의 녹권들에서 얼마든지 찾을 수 있다. 중요한 사실은 (13ㄱ)이 '……爲良如敎'로써 문장을 종결하고 있음을 분명히 보여준다는 점일 것이다. 결국 이러한 문종결 방식은 吏文套가 아니라는 사실, 그리고 이때의 '敎'는 이두자로서 문장을 종결하는 기능을 겸하여 갖는다는 사실이다.

(13ㄴ)은 '……爲良如敎'이라는 이두문 종결 형식이 16세기 말에도 여전히 사용되고 있음을 보여준다. 더 나아가 이 형식은 언어가 변하고 이에 따라 사어가 된 어법임에도 불구하고 이두의 전통을 지닌 문어에서는 조선 왕조 말까지도 그대로 답습되고 있음을 (14)를 통해 알 수 있다. (14)는 국왕에게 올린 啓에 대하여 국왕의 처분 및 지시 내용을 적은 것으로서, 啓字印 및 담당승지의 직함·착명과 더불어 判付를 구성하고 있는 요소 중의 하나이다.[6] 啓의 내용대로 행할 것을 허락하는 경우에는 '/啓依允'만으로 문장을 끝맺는 것이 일반적이지만, 별도의 내용을 처결한 경우엔 '允' 자 대신에 처분 내용을 적은 뒤 '…爲良如敎'로 마감한다.

'…爲良如敎.'은 일단 '…爲良如 # 敎.'으로 분석된다. 따라서 敎는 서술어임과 동시에 문장을 끝맺는 기능을 보유한 이두자일 것이다. 현대어라면 '…爲良如 # 敎.'는 '…하라(고) 하심.' 정도의 문맥적 의미로 풀이된다. 그런데 爲良如敎를 『典律通補』에서 '흐야라이샨',[7] 『吏讀便覽』에서는 '흐아산이샨', 규장각본과 장서각본 『才物譜』에서는 '흐야라이션' 등으로 읽은 것이 매우 주목된다. 敎의 독음이 모두 말음 '-ㄴ'으로 끝난다는 사실은 이른 시기의 동명사어미의 존재를 일깨워 줄 뿐만 아니라, 그것이 명사문으로 종결된다는 점을 시사해 주기 때문이다. 명사문의 존재는 문종결 위치에 쓰인 '使內'의 용례를 통해 이미 신라시대로부터 조선 초기에까지 이어지는 것으로 확인되기 때문이다.[8]

---

6) 자세한 논의는 明京一(2010) 참조.

7) 수정본 중의 한 이본<규장각 古書5120-26-1>에는 '흐야라이산'으로 되어 있음.

‘…爲良如 # 敎。’에서 敎의 의미와 독법에 관해 살펴보면 다음과 같다.

우선 敎에 ‘있다’ 즉 ‘존재하다’의 개념이 들어있을 가능성이 다소 있다. 이 문맥에서는 未然形 표현은 불가능하므로 旣然形이나 未定形 동명사어미를 상정할 수 있다. 중세어 ‘이시-’에 未定形 동명사어미가 결합된 어형은 ‘이숌, 이슘’이다. 이들과 이두학습서들의 독음을 비교해 보면 末子音이 일치하지 않는다. 따라서 ‘이시-’에 旣然形 동명사어미가 결합된 어형으로서 부사적 용법을 보인 ‘이션’9)이 그중 유력한 후보일 듯하다.

　(15) 머리 이션 보숩고 가까비 완 몸 보ᄉ 부리러라 <月印釋譜 7.55>
　　　처엄 내죵 理ㅣ 物에 이션 成壞 ᄃ외오 사ᄅ미게 이션 生死ㅣ ᄃ외니 <法華
　　　經諺解 3.161ㅈ>

그러나 이 독음 역시 이두학습서에서의 ‘이샨’10)과 다소 어긋난다. 그러므로 敎의 의미를 존재의 ‘있다’보다는 동작의 ‘하다’ 또는 지정의 ‘이다’에서 찾아야 될 것이다. 敎의 동작주체는 국왕 또는 적어도 국왕의 교시와 같은 것이므로 ‘…爲良如 # 敎。’에 대해 ‘…하라(고) 있음。’이라는 풀이보다는 ‘…하라(고) 하심。’ 또는 ‘…하라(는 것)임。’이라는 풀이가 더 부응한다. 중세어 ‘ᄒ-’의 경우 주체존대 선어말어미에 다시 동명사어미가 붙으면 ‘ᄒ샨, ᄒ샬, ᄒ샴’으로 대립을 보인다. 이에 대응하는 중세어 지정사 ‘이-’는 ‘이샨, 이샬, 이샴’의 3자 대립을 분명히 드러내지 않는다. ‘이샬, 이샴’의 용례를 발견하기 어렵기 때문이다.11) 그러나 관형어로 쓰인 ‘이샨’은 앞서 예문 (7)에서 보았듯이 문증된다.

이상의 논의를 종합해 보면, 예문 (13)과 (14)에 쓰인 ‘…爲良如敎。’에서의 敎는 이두학습서에서의 독음 ‘이샨’으로 읽히는 이두자이며,12) 이것은 중세어의 지정사 ‘이-’에 주체존대 선어말어미와 旣然形의 동명사어미가 통합된 어형임을 알 수 있다. 이때의 동명사어미는 명사적 용법으로 쓰인 것으로서 문장을 종결하는 기능을 갖는다.

그런데 이두문 안에 쓰인 ‘敎’ 자에 대하여 그것이 한자어인지 이두자인지를 판가름하

---

8) 자세한 논의는 朴盛鍾(2007) 참조
9) 관형형으로 쓰인 ‘이숀, 이슌’이 존재하나 이는 예외로 본다.
10) 『才物譜』에서 보인 독음 ‘이션’은 후대에 변형된 것을 반영한 표기로 이해된다. 중세어 ‘ᄒ샨’이 17세기 이후에 ‘ᄒ션’으로 변화한 것과 같은 양상이라 하겠다.
11) ‘이샴’의 용례로는 “知道者ᄂ 모미 先知先覺이샤몰 니ᄅ시고(知道者ᄂ 言己先知先覺也ㅣ시고)”<法華經諺解 3.17ㅎ>를 들 수 있다.
12) 필자는 ‘…良如敎。’의 敎에 대하여 ‘이샴’이라 읽은 바 있다<朴盛鍾 2006ㄱ>. 이두학습서에서의 爲良如敎에 대한 독법은 뒤에 명사가 뒤따르는 환경에서만 유효한 것으로 판단했기 때문이다. 문종결 위치에 쓰인 敎에 대해서도 ‘이샨’으로 정정하는 바이다.

고, 나아가 이두자라 하더라도 그 독음과 문법적 기능이 동일한 것인지 서로 다른 것인지를 판정하는 일은 꽤 까다로운 문제 중의 하나이다. 특히 이두문으로 길게 이어지는 녹권들을 비롯해 조선 초기 문서류에서 그 정체를 판별하기가 쉽지 않은 면이 있다. '爲良如敎'이라는 용법만 하더라도 동사 爲- 대신에 使內-를 사용한 '使內良如敎'이라 한 예도 있고, 명령형 어미 -良如와 유사한 다른 어미를 사용한 예들도 눈에 띈다. 또한 이들이 (13)과 (14)에서처럼 문장을 완전히 종결하는 위치가 아니라 길게 이어지는 문맥 가운데서도 발견된다.

이두문 안에서의 '敎' 자의 정체를 밝히는 데 있어 가장 먼저 살펴볼 일은 임금의 교시를 전하는 내용 또는 그에 해당되는 문서를 그대로 전재한 대목의 끄트머리에 쓰였는지 여부를 판정하는 것이다.

(15) ㄱ. 幷以 啓 使內良於爲 敎 右良如 敎 事是去 有等以 <1392 李和개국공신녹권 047> (아울러 계를 올려 행하도록 하심'(이니) 위와 같이 하신 일이 있기에)

　　　ㄴ. 幷以 /稱下爲良如 敎 右如 敎 事是去 有等以 <1397 沈之伯개국원종공신녹권 29~30> (아울러 칭하하라 하심'(이니) 위와 같이 ……)

예문 (15)에는 각각 敎 자가 두 번 연속해 출현하는데 두 번째 쓰인 敎는 이두자임이 비교적 뚜렷하게 인식되지만 첫 번째 敎는 이두자인지의 여부가 뚜렷하지 않아 임금의 교시를 가리키는 한자어로 볼 소지가 있다.[13] 그러나 첫 번째 敎 자는 앞서의 예문 (13)과 (14)에서 보았듯이 임금의 교시 또는 문서의 마지막에 쓰인 자로 보아야 한다. (15ㄱ)은 右承旨 韓尙敬에게 口傳으로 전한 임금의 교시 즉 '王旨'의 내용을 그대로 전재한 것인데, 이 문서 중의 43행 '中樞院事 仁贊段…'에서부터 (15ㄱ)의 '…使內良於爲 敎'까지가 교시의 내용이 되기 때문이다. (15ㄴ) 역시 前中郞將 崔原 등 18명의 員들을 원종공신에 책봉하는 임금의 구전 교시 내용을 그대로 옮긴 부분의 마지막에 '幷以 /稱下爲良如 敎'가 쓰인 것이다. 이와 달리 (15)에 두 번째로 쓰인 '敎'는 爲-에 대립하는 높임동사로 쓰였다.

임금의 교시 내용을 그대로 전재하는 경우 마지막을 이두자 '敎'로 마감하는 방식은

---

13) '…爲良如 敎 右如…'에서의 '敎'를 임금의 교시를 가리키는 한자어로 볼 소지도 있다. 朴盛鍾(2006ㄱ)에서도 그러한 해석을 한 바 있다. 그러나 예문 (15)에서 보듯 임금의 교시 또는 口傳 내용을 전재한 부분은 '…爲良如'까지가 아니라 '…爲良如 敎'까지로 보아야 할 것이다. 따라서 이때의 '敎'는 한자어가 아니라 이두자이다.

조선 초기는 물론 16세기에도 그대로 이어짐은 물론이다.

(16) ㄱ. /敎旨 京畿觀察黜陟使 經歷所 經歷 安崇善 等滿 本乙良 典農[判官 裵]權弋只
都事以 進叱使內良如 敎 右良如 敎 事是去 有良介 <1425 裵權差定平關 03~
05>[14] (교지의 내용인즉 '경기관찰출척사의 경력소 경력으로 安崇善은
임기가 찼으므로 그 자리는 전농 판관 裵權이 도사로 나아가 종사하여
라 하심(이며) 이와 같이 (하교)하신 일이 있어서)

ㄴ. 節 承 傳 內 今次 ……假立案 成給爲只爲 刑曹等 傳敎爲良如 敎 承 傳是
置有等以 <1507 掌隸院假立案 02~03> (금번에 받든 傳旨 즉 承傳의 내용
인즉 '이번에 …… 가입안을 성급하도록 형조 등에 전교하라 하심'이라
는 承傳이 있기에)

節 承 傳 內 救荒撮要 多數 印出 廣頒爲良如 敎 承 傳是白有亦 <1554 賑
恤廳啓目 新刊救荒撮要 3ㅈ> (금번에 받든 傳旨의 내용인즉 '구황촬요를
많이 인출하여 널리 반포하여라 하심'이라는 承傳이 있어서)

(16ㄱ)은 이조에서 발급한 差定 문서로서 임금이 구전으로 전한 '敎旨'의 내용을 그대
로 전재한 부분이 '京畿觀察黜陟使 …… 進叱使內良如 敎'임을 분명히 드러내 준다. (16ㄴ)
은 16세기 문서인데 임금의 '傳'을 받든 내용 즉 '承傳'의 내용을 전재한 마지막을 이두
자 '敎'로 마감하고 있다.

따라서 '… 良如 敎'로써 임금의 교시 내용을 전재하는 과정에서 마지막에 쓰인 '敎'는
높임동사로 기능하는 이두자로서 앞서 살핀 바와 같이 '이샨'으로 읽히며 명사적 용법으
로서의 동명사어미가 덧붙어 문장을 종결하는 방식이라 할 수 있다. 이 높임동사 敎-는
후행 명사를 수식할 때에도 원칙적으로 '이샨'으로 읽혔다고 본다. 이는 동명사어미의 관
형적 용법에 해당된다. 敎事・敎味・敎喩의 '敎'를 '이샨'으로 읽은 이두학습서들에서의
독법이 이 사실을 잘 밝혀 준다. 이 중 敎事를 예로 보이면 다음과 같다.

(17) 右良如 敎 事是去 有等以 <1392 李和개국공신녹권 047> (위와 같이 (하교)하신
일이 있기에)

凡 國家律令叱段 參酌事情輕重爲良 定立罪名 頒行天下 永爲遵守爲良爲 敎 事是去
有良介 <直解 03.01ㅎ> (무릇 국가의 율령은 여러 가지 사정과 경중을 참작
하여 죄명을 정립해서 천하에 공포 시행하여 영구히 준수하도록 하신 일이
기에)

---

14) 한국고문서학회, 『古文書研究』 37, 2010.8, 55쪽.

右良如 敎 事是去 有良尔 <1425 裵權差定平關 05> (이와 같이 (차정)하신 일이
있기에)
宜速擧行爲良如 敎 事是白有良尔 <1459 李禎佐翼원종공신녹권 1ㅎ> (속히 거행
하라 하신 일이 있기에)

(17)에 쓰인 敎는 모두 본동사로서 후행하는 명사 事를 꾸미는 기능을 한다. 이 경우의
敎는 중세어의 '호신' 또는 '호샨'에 대응한다. '호신'은 단순한 관형형이나, '호샨'은 종
래의 의도법 어미 즉, 1인칭 및 대상활용 선어말어미인 '-오/우-'가 개입된 형태이다. 그
런데 (17)의 경우엔 1인칭에 호응하는 것으로 보기 어렵고, 그렇다고 해서 대상활용의 기
능을 지닌 것으로 일관하기도 어렵다. 그럼에도 불구하고 후대 이두학습서들은 敎와 事
를 묶은 敎事를 표제어로 등재하고 거의 일관되게 '이샨일'로 읽고 있다.[15] 事를 우리말
로 새기지 않고 音讀한 것도 발견되나,[16] 이 경우에도 敎가 동사이면서 관형형으로 쓰인
것을 입증해 주는 점은 동일하다. 결국 본동사로 쓰인 敎의 독법 '이샨'은 '동사어간+주
체존대 선어말어미+동명사어미'의 구조로 이루어진 형태로 추정된다. 이때의 동명사어
미는 매개모음과 자음 '-ㄴ'만으로 이루어진 중세어의 관형형 어미 '-(ㅇ/으)ㄴ'과 달리
말자음 앞에 어떤 모음을 선행한 형태가 아닌가 싶다. 이를테면 '-*온'과 유사한 형태였
다고 본다.

높임동사 敎가 수식하는 명사들 중에는 事·味·喩 외에도 다음과 같은 것들이 또 있다.

(18) ㄱ. 鹽盆稅 及 田地雜役 減除亦 敎 /傳旨 相考 立案 成給 向事 <1469 上院寺成化
五年江陵大都護府立案 03~04> (염전세 및 전지의 잡역을 덜어주라고 하
신 傳旨를 상고하여 입안을 성급하여 줄 일)
ㄴ. 奪其奴婢 永絶屬籍爲良如 敎 遺書是白乎等用良 <1429 金務都許與文記 012~
013> (그 노비를 빼앗고 호적을 영구히 끊어버리라 하신 유서이기에)
吾 曾祖 貞景公 金土元 遺書 內 …… 奪其奴婢 永絶屬籍爲良如 敎 遺書是乎等
用良 <1517 安東府立案 정1-16 55~61> (우리 증조 貞景公 金土元의 유서
내용인즉 …… 그 노비를 빼앗고 호적을 영구히 끊어버리라 하신 유서
이기에)

(18ㄱ)은 임금의 교시 내용을 담은 '傳旨'를 別行하였는데, 높임동사 敎-가 이를 수식

---

15) 吏文大師, 典律通補, 語錄辯證說, 吏文襍例 등.
16) 동국대본『吏文』과 고대본『吏文大師』에서 敎事를 '이샨ㅅ'로 읽은 것이 그 예다.

하는 구문이다. 인용을 표시하는 어미 –亦 뒤에서 높임동사 敎가 쓰였으므로 이때의 敎
역시 '이샨'으로 읽혔을 개연성이 높다. (18ㄴ)은 높임동사 敎–가 동작주체인 국왕에 국
한하지 않고 조상 어른으로 확대되어 사용되는 사실을 잘 보여준다. 그런데 (18ㄴ)에서의
'敎' 역시 '이샨'으로 읽혔을지는 다소 애매하다. 이 문제와 관련하여 주목되는 용례는 조
선 초기 녹권에서의 敎是齊와 敎是㫆이다.

> (19) ㄱ. 其褒賞之典 有司 擧行爲良如 <u>敎是齊</u> 同日 右承旨 韓尙敬 … <1392 李和錄券
> 041~042> (그 포상의 은전은 해당 관사에서 거행하여라 하심'이며 같은
> 날 右承旨 韓尙敬 …)
>
> ㄴ. 雖有罪犯 宥及永世 爲等如 褒賞令是良如 <u>敎是齊</u> <상동 075~076> (비록 죄
> 를 범함이 있다 하더라도 영구히 사면하여 주는 등 모두 포상시키어라
> 하시며)

동일한 문서 안에 쓰인 '<u>敎是齊</u>'임에도 불구하고 양자의 독법과 문법적 기능은 사뭇
다르다. (19ㄱ)의 경우엔 문서의 제8행부터 이어지는 口傳으로 전한 임금의 '王旨' 내용
을 그대로 전재한 마지막 부분에 해당되므로 이때의 '<u>敎是齊</u>'는 명사구 '敎'에 지정사 –是
齊가 통합된 형태이며, 이에 따라 '이샨이져' 정도로 읽힌다. 이와 달리 (19ㄴ)은 화자가
문서 작성의 주체인 관원들이므로 이때의 '<u>敎是齊</u>'는 높임동사 敎是–에 어미 –齊가 통합
된 형태이고, '이시져' 정도로 읽혔던 이두토로 판단된다.

> (20) ㄱ. 原從功臣 /稱下 記功爲良如 <u>敎是㫆</u> <1411 李衡錄券 49~50> (원종공신으로
> 칭하고 공을 기록하라 하시며)
>
> ㄴ. 右 員等乙良 原從功臣 /稱下<u>敎是㫆</u> <1395 李原吉錄券 209~210> (위 원들은
> 원종공신으로 칭하시며)

(20)의 '<u>敎是㫆</u>'는 모두 높임동사 敎是–에 어미 –㫆가 통합된 것이다. (20ㄱ)의 '記功爲
良如 <u>敎是㫆</u>'는 '敎'까지가 임금의 교시 내용을 적은 것으로 보기 쉬우나 이것은 녹권 발
급처가 이조로 바뀐 다음에 이조의 관원들 입장에서 이야기한 대목이므로 이때의 '敎是
㫆'의 동작 주체는 임금이 된다. 이것은 거의 동일한 문맥에서 동사파생 접미사로 쓰인
(20ㄴ)의 –敎是–가 웅변해 준다.

그런데 敎是齊와 敎是㫆는 기원적으로는 높임동사 敎–의 명사형에다가 계사 –是–가
붙은 형태로서 각각 '이샨이져, 이샨이며'로 읽혔을 개연성이 높다. 높임동사의 어간 '이

시-'에 어말어미가 직접 통합한 형태라기보다는 지정사 어간에 주체존대 선어말어미와 旣然形 동명사어미가 붙어서 일단 명사화한 후에 다시 이것에 계사가 덧붙어 활용한 것으로 추정된다. 이것은 표제어 爲良敎齊에 대해『典律通補』수정본에서 'ᄒᆞ야라이샨져', 『註解 語錄總覽』에서 'ᄒᆞ야라이신졔',『吏讀便覽』에서 'ᄒᆞ아라이산져' 등으로 읽은 사실이 그 근거이다. 비록 표제어 자체가 爲良如敎是齊에서 변형된 것으로 이해될 뿐만 아니라 명사형에 직접 어미를 붙여 읽은 독음 역시 의심스럽긴 하지만, 敎의 말자음을 '-ㄴ'으로 읽은 점이 공통이라는 사실은 가벼이 볼 수 없을 것이다. 조선 왕조 초기 이두자료만 하더라도 敎是齊를 '이샨이져'로 읽고 그에 맞추어 의미 해석을 하여도 별다른 문제가 없고 오히려 그런 해석이 더 나은 경우가 적잖다.

그럼에도 불구하고 敎를 하나의 단위로 묶어 '이시-'로 읽는 독법이 형성되어 점차 확산되어 간 듯하다. 이와 관련하여 특히 위 (20)과 유사한 문맥에서 사용된 (21)의 敎矣가 주목된다.

(21) 子孫 蔭職 宥及後世爲良如 敎矣 <1411 李衡錄券 50～51> (자손에게 음직을 주고 후세들까지 죄를 용서하도록 하라 하시되)

敎矣는 어미 표기자 -矣 앞에 敎 자만을 사용했다. 敎矣에 대립되는 비존대 표현은 爲矣가 아니라 爲乎矣이다. 현대어의 연결어미 '-되'에 대응하는 중세어는 '-오디/우디'였다. 따라서 동사 어간 'ᄒᆞ-'와 통합되면 'ᄒᆞ오디'였고, 높임 표현일 경우엔 'ᄒᆞ샤디'로 실현되었다. 敎矣는 바로 이 'ᄒᆞ샤디'에 대응하는 이두어이다. 높임동사 敎의 본어간은 지정사에서 유래한 것이므로 'ᄒᆞ샤디'의 'ᄒᆞ-' 대신 '이-'로 교체하여 '이샤디'로 읽었다고 본다. 이것은 후대 이두학습서들에서도 거의 예외없이 敎矣를 '이샤디'로 읽은 사실에서 확인된다.[17] 그러므로 敎矣는 이미 높임동사 어간으로 굳혀진 '이시-'에 어미 '-오디'가 덧붙은 것을 표기한 것이기 때문에 별도의 첨기자 是를 사용하지 않은 것으로 이해된다. 만약 敎是齊와 敎是㫆에서처럼 敎를 '이샨'으로 읽었다면 敎矣가 아니라 *敎是乎矣로 표기되었을 터이다. 그러나 *敎是乎矣라는 용례는 16세기까지는 발견되지 않는다.[18] 결론적

---

[17] 敎矣의 독음 중 '이시되, 이ᄉᆞ되' 등도 간혹 보이나 이는 연결어미 '-오디/우디 > -디'의 변화를 반영한 후대형이다.

[18] 17세기 이후로는 …敎是乎矣라는 용례가 발견된다. 이것은 현대어의 '…이시되' 또는 '…하시되'로 풀이되는 이두어로서 의미는 유사하나 어법이 다른 존재이다.『註解 語錄總覽』吏文語錄 四字類에서는 敎是乎矣를 표제어로 등재하고 '이시오되'라는 독법을 제시한 바 있다. 중요한 사실은 敎是를 '이시'로 읽는

으로 위 (19) 및 (20)과 같이 관습화된 문맥에서 사용된 教是齊와 教是旀의 경우엔 教를 명사적 용법으로 읽은 독법이 오랜 기간 잔존했으나, 教를 높임동사의 어간과 주체존대 선어말어미의 통합형으로서 한 단위로 인식하여 '이시'로 읽는 독법이 늦어도 이미 14세기에 성립되어 있었고, 말음을 분명히 표시하기 위한 방편으로서 是 자를 첨기하게 되었다고 본다.

본동사로 쓰이는 높임동사 어간 教是-에는 -遣, -旀, -去乙과 같은 어미들이 통합된다. 다만, -良의 경우엔 단독으로 통합[19]되지 않고 -良在乙이라는 연어 구성의 예만 발견된다.

> (22) 世祖大王教是 願刹以 供養布施 上下 特命重創 奴婢田地 施納教是良在乙 <1477
> 上院寺成化十三年江陵大都護府立案 09> (세조대왕께서 원찰로서 공양 보시를
> 내주었으며 특별히 중창을 명하시고 노비와 전지를 베풀어 주셨거늘)
> 白活 導良 起送亦 行移教是良在乙 <1547.4.14. 關文 紹修書院謄錄 18ㅎ> (발괄에
> 의거하여 보내라고 이문하셨거늘)
> 白活 導良 接訟 行下教是良在乙 <16세기 말 입안 정6-15 61> (발괄에 의거하
> 여 소송에 임하도록 명령하셨거늘)

教是-에 어미 -齊가 결합된 教是齊의 용례는 조선 초기 녹권에서 다량으로 발견되나 그 이후로는 용례를 찾기 어렵다. 그런데 16세기 말에 이르러 몇 예를 찾을 수 있는데, 중요한 사실은 어미의 의미가 달라졌다는 점이다. 조선 초기 녹권에 쓰인 教是齊의 어미 -齊는 어미 -旀와 거의 비슷한 나열의 의미를 지니고 있었다. 그러나 16세기 말 이두 자료에서의 -齊는 이와 전혀 달리 願望의 뜻을 나타낸 경우도 있어 유의하여야 한다.

> (23) 其褒賞之典 有司 擧行爲良如 教是齊 <1392 李和개국공신녹권 041~042> (그 포
> 상의 은전을 담당 관사에서 거행하여라 하심'이며)

> (24) 雖有罪犯 宥及永世 爲等如 褒賞令是良如 教是齊 <上同 090~091> (비록 죄를
> 범함이 있다 하더라도 영구히 사면하여 주는 등 모두 포상시키어라 하시며)
> 父母妻 封爵 子孫 蔭職[20] 勿賤役 宥及後世 教是齊 <1395 張寬개국원종공신녹권
> 196~197> (부모와 처에게 작위를 주며 자손은 음직을 주고 천역을 부과하
> 지 말며 후세들에게까지 사면이 이루어지도록 하시며)

독법이 이미 확립되어 있음을 방증하는 것이라 하겠다.
19) 고려말 자료에는 -良이 직접 통합된 예가 보이는데 2차 자료라서 다소 미심쩍다. "爲等如 設排教是旀 千
丁巳上乙 束給教是遣 堂祭 十乙 爻定教是良 <1361 慶州司首戶長行案序 14~15>
20) 職 자의 이체자임.

(25) ㄱ. 眞僞 帳籍 相考<u>敎是齊</u> <16세기 말 입안 정6-15 185> (진위는 장적을 상고
하십시오)

ㄴ. 巨濟縣令 金俊民段 …… 迄不現形 情甚駭愕 朝廷以 <u>處置敎是白齊</u> <1592.5.10.
壬辰狀草 狀7> (거제현령 金俊民은 …… 끝내 나타나지 않아 그 정황이
놀라우니 조정에서 처치하십시오)

(23)의 敎是齊는 앞서 설명한 바와 같이 '이샨이져' 정도로 읽혔을 개연성이 높다. 그리고 (24)의 敎是齊는 높임동사 어간 敎是-에 어미 -齊가 결합된 것으로 해석하여 '이시져'로 읽을 수 있다. 그럼에도 불구하고 양자는 의미상 큰 차이가 없다. 현대어라면 '(…라고) 하신 것이다'로 풀이될 만하다. 그러나 이 문장들은 길게 이어져 나가는 도중에 위치한 것으로 나열의 의미가 강하게 남아있어, '(…라고) 하신 것이며'가 좀 더 본뜻에 가깝다고 본다. 이와 달리 (25ㄱ)의 相考敎是齊는 '相考하십시오', (25ㄴ)의 處置敎是白齊는 '처치하시옵소서'에 가까운 의미로 사용되었다.[21]

높임동사 敎是-에 통합되는 선어말어미류에는 -臥-, -如-, -在- 등이 있다. 이 중 -臥-는 15세기 자료에서 비교적 용이하게 그 용례를 찾을 수 있으나, -如-와 -在-는 16세기 고문서에서 주로 발견된다. 이는 15세기 자료가 충분하지 않기 때문인 것으로 판단된다. 그러나 敎是-에 선어말어미 -白-이 통합된 예는 찾을 수 없음은 물론이다. 敎是白-은 16세기 말에 이르러서야 비로소 (25ㄴ)의 處置敎是白齊와 같이 그 모습을 보인다. 이것은 중세어의 겸양법 선어말어미가 그 기능을 상실하고 공손법 어미로 변화한 어법의 변화를 반영한 것으로 이해된다. 17세기부터는 敎是白-의 용례를 쉽게 찾을 수 있다.

이른 시기의 이두 자료들에서는 敎 자가 사동을 의미하는 경우가 많았다. 金完鎭(1980: 140)은 향찰에 쓰인 '敎'가 본동사로 쓰일 때는 'ᄒᆞ시-'에 대응하는 訓讀字이고, 다른 동사어간에 연접할 때는 사동의 보조어간 '-이-'와 존경의 보조어간 '-시-'가 결합된 어형으로 보았다. 李承宰(1992ㄱ:147)에서도 고려 시대의 이두문에서 높임동사 敎/敎是가 '하게하시-'의 의미를 갖는 경우가 더러 있음을 지적한 바 있다. 이것은 조선 전기 이두문에서도 그대로 유효하다고 볼 수 있다. 다만 일정한 통합조건에 따라 사용의미가 달라지는 것이 아니라, 문맥 환경에 따라 사동의 의미를 어느 정도 포함하는 것으로 해석하여야 할 것이다. 중세어 단어 중에는 어형이 달라지지 않고도 능동과 피동 또는 능동과 사동을 겸하는 동사들이 존재한다. 이와 마찬가지로 조선 전기 이두 자료에서의 높임동사 敎/敎是

---

21) 17세기 『瀋陽狀啓』에는 '…이시옵니다' 정도로 풀이되는 '…敎是白齊'의 용례를 도처에서 찾을 수 있다.

또한 사동의 의미를 겸하는 것일 뿐 사동사로 처리할 수는 없을 것이다.

2) 及-

及은 이두문에서 흔히 접속부사로 쓰여 현대어의 '및'22)에 대응하는 이두자로 볼 수 있다. 그런데 동사 어간으로 쓰이는 예가 더러 있다. 다른 어미들과 통합되는 예는 찾아보기 어렵고 어미 -良이 통합된 及良만이 눈에 띈다.

> (26) ㄱ. 郡 南 資福寺乙 今月十日 <u>及良</u> 移接向事 <1407 長城監務關字> (군의 남쪽에 있는 資福寺로 이 달 10일까지 옮겨 갈 것.)
> 節度使 使其軍官旅帥 ——點考 一時領率 前月二十五日 <u>及良</u> 曹良中 躬親交付 都點後 受到付爲白乎旀 <1558.2.28. 병조계목 각사수교 103> (절도사가 그 군관과 旅帥를 낱낱이 점고하며 한꺼번에 데리고 와 전 달 25일까지 본 병조에 직접 넘겨주고 종합 점고 후 도착 확인 공문을 받으며)
> ㄴ. 守令弋只 親自磨勘 價布良中 兩端踏印 實色吏領率 前期二十五日 點考 <u>及良</u> 無遺上納爲白矣 <1555.10.7. 병조계목 각사수교 84> (수령이 몸소 마감하여 군역 대신 치르는 베에 양 끝에 날인하고 실제 담당 서리가 가지고 가서 기간 전 25일 점고에 맞추어 남김 없이 상납하오되)

及-은 중세어의 동사 '및-'에 대응하는 이두자이다. 그런데 (26)에서 보듯 及良은 명사 뒤에 접미된 일종의 후치사처럼 사용된다. (10ㄱ)에서처럼 날짜 뒤에 쓰인 경우엔 대체로 '…까지'라는 문맥적 의미를 지닌다. (10ㄴ)은 일반 명사 뒤에 쓰여 본래의 의미를 간직하고 있어 '…에 미처' 또는 '…에 맞추어' 정도로 풀이된다.

3) 츩是-

츩是-는 15세기 국어의 '브티-'에 해당한다. 是는 '브티-'의 말음을 표기한 것이다. 츩는 寄가 옳은 字임에도 불구하고, 조선 초기 녹권에서 예외 없이 츩를 사용하였다. 寄 자를 기피한 이유는 분명하지 않다. 이는 결국 取音과 取形의 원리에 따라 代用字를 사용한 것이라 볼 수 있다. 寄는 『新增類合』에서 '브틸 긔'로 새겼다<下40ㅎ>.

---

22) 중세어 문헌에서는 '맛'으로 표기된다.

(27) 開國功臣錄券良中 奇是臥乎 事叱段 <1392 李和錄券 004~5> (개국공신녹권에
    붙이는 일은)

    右 員乙 原從功臣錄券良中 奇是臥乎 事叱段 <1395 陳忠貴錄券 005~6> (이 원
    을 원종공신녹권에 붙이는 일은)

    右 員乙 原從功臣錄券良中 奇是臥乎 事段 <1411 李衡錄券 04> (이 원을 원종
    공신녹권에 붙이는 일은)

4) 當爲-

當 자는 2음절 한문식 성어로서 可當, 不當, 應當, 合當 등으로 사용되는 경우가 적잖다.
그런데 이두문에서 當爲-가 한자 當의 본래 의미에서 상당히 벗어나 현대어의 '…에 대하
여'라는 의미로 사용되는 경우가 산견된다. 이때 한 가지 특이한 점은 當爲-에는 별다른
어미가 통합되지 않은 채 사용된다는 사실이다. (28ㄱ)의 當爲-는 한자 본래의 의미에 준
하여 '해당되다'의 의미를 갖지만, 이와 달리 (28ㄴ, ㄷ)에서는 현대어의 '…에 대하여'
정도의 의미를 지닌다. 『大明律直解』의 용례들에서는 대체로 대격을 지배하는 것으로 나
타났으나 다른 용례들에서는 대격 조사 -乙 없이 직접 선행 명사에 통합되어 쓰였다.

(28) ㄱ. 罷職不敍良中 當爲在乙良 降充百戶遣 徒流良中 當爲在乙良 程途遠近乙 計爲
    各防護所良中 發送充軍爲遣 <直解 01.11ㅈ> (파면하고 임용하지 않는 죄
    에 해당된 경우에는 百戶로 강등하여 충당하고 도형과 유형에 해당된
    경우에는 거리의 원근을 따져 각 방호소에 보내 충군하고)

    ㄴ. 九十以上七歲以下人乙 敎誘 犯罪令是在乙良 敎誘之人乙 當爲 推罪齊 財物乙
    偸取爲 傍人亦 受用爲良在等 用者乙 當爲 生徵齊 老小亦 自用爲去等 老小乙
    當爲 生徵爲乎 事 <直解 01.22ㅎ> (90살 이상과 7세 이하 사람을 꾀어 범
    죄하게 한 경우에는 꾀어낸 사람에 대하여 죄를 물으며 재물을 훔쳐 곁
    엣사람이 받아쓴 경우에는 쓴 사람에 대하여 징수하며 노인과 어린아이
    가 스스로 썼으면 노인과 어린아이에 대하여 징수할 것)

    所犯人乙 當爲 銀二十兩 生徵 進告人乙 充賞爲齊 <直解 02.04ㅈ> (죄를 범
    한 사람에 대하여 은 20냥을 징수하고 신고인에게 상으로 주며)

    ㄷ. 所任官員匠人等乙 各 笞四十爲乎矣 同人等 當爲 別乎 生徵 納官 <直解 07.10
    ㅈ> (임무를 맡은 관원과 장인 등을 각각 笞四十에 처하되 이 사람들에
    대하여 따로 징수하여 관에 납부한다)

    別侍衛 金孝之 妻 黃氏 當爲 家翁四寸孫 幼學 金孝盧矣 身乙 某條以 繼後 辭
    緣 推考 移文向事 禮安縣 移文 同縣 守官 文狀 內 <1483 金孝盧繼後司憲府立
    案 39~40> (별시위 金孝之의 처 황씨에 대하여 남편의 4촌 손자인 유학

金孝盧의 몸을 어떤 사유로 계후하는 것인지 사연을 물어 문서를 보내라고 예안현에 이문하니 이 현의 守官이 작성한 문서의 내용인즉)

貧殘守護軍 <u>當爲</u> 不顧法令 如前侵徵責辨參奉是沙餘良 <1554.7.10. 예조계목 각사수교 49> (가난하고 초라한 수호군에 대하여 법령을 돌아보지 않고 여전히 추징하고 침학하며 책임을 따지는 참봉에다가)

前招 兒如 千希 <u>當爲</u> 或闕失立旨是白去乃 或奪來是如 推尋爲良結 <1576~ 입안 정6-15 338~339> (전에 문초한 바와 같이 千希에 대하여 혹은 입지를 빠뜨린 것인지 혹은 뺏어 온 것이라고 추심하고자 하여)

同 田稅乙 弘遠 <u>當爲</u> 刻期 生徵 <1594 關文 정2-408> (위 전세를 弘遠에 대하여 기일에 맞추어 징수하고)

(28ㄷ)에서 보듯 '…에 대하여'라는 문맥적 의미를 지닌 當爲가 대격 조사를 선행하지 않은 채 15세기는 물론 16세기 말까지도 이어지고 있다. 當爲良와 같이 어미를 덧붙인 용례가 없고 모두 어미 표기를 생략한 當爲만이 쓰이고 있어 관습적 잔재로 해석된다. (28ㄴ, ㄷ)의 當爲는 원래 동명사어미가 덧붙어 '*當혼' 정도로 읽혔을 개연성이 다소 남아 있다.

5) 導-

어간 導-에 어미 -良이 통합된 導良은 후대 이두 학습서들에서 '드듸야<吏文, 吏文大師>, 드듸여<吏文大師, 典律通補>, 드디아<吏讀便覽>, 드더여<儒胥必知>' 등으로 읽힌다. 導良은 신라 시대 이두에서부터 사용되었는데 '…를 근거로 하여'라는 뜻으로 풀이되기도 하며, '…을 좇아, …을 따라서' 등의 의미로도 사용된다. 후자의 의미가 원래의 사용의미인 듯하나 문서류 명칭 뒤에서는 전자의 의미가 더 강하게 느껴진다.

동사 導-가 지배하는 체언의 격은 (29ㄱ, ㄴ)에서 보듯 대격 또는 처격이었던 듯하다. 그러나 별도의 격조사 없이 체언에 직접 통합되어 쓰이는 (29ㄷ)과 같은 용법이 보편화됨으로 말미암아 導良 앞에는 격 표기자를 쓰지 않고 체언에 직접 붙여서 쓰게 된다. 이로 인해 체언 뒤의 導良을 후치사 또는 부사로 볼 소지가 있으나, 문장의 필수성분으로 기능하고 있으므로 동사임이 분명하다.

(29) ㄱ. 重爲去等 更良 論罪爲 前罪乙 <u>導良</u> 後罪良中 幷計 論齊 <直解 01.29ㅎ> (죄가 중하거든 다시 논죄하여 앞엣 죄를 바탕으로 하여 뒤엣 죄에 함께

셈하여 논하며)

ㄴ. 前矣 已決罪數乙 通計 後罪良中 導良 充數決罪齊 <直解 01.36ㅎ> (앞에 이
미 결정한 형량을 통산하여 뒤엣 죄에 따라 형량을 보충하며)

ㄷ. 已決 七十杖 導良 餘 三十杖乙 充數爲 決斷爲乎 合計一百杖是齊 <直解 01.30
ㅈ> (이미 처결한 杖70을 토대로 나머지 장30을 보충하여 결단하면 합
이 장100이며)

導良에 선행하는 명사는 대체로 세 부류로 나뉜다. 첫째는 문서의 명칭들이다. 어떤 행
위를 하게 되는 근거문서가 되는 까닭에 이 경우의 導良은 거의 예외없이 '…에 근거하
여, …에 의하여'로 풀이된다. 狀啓, 立案, 立旨, 文記, 回送, 牌子, 遺書, 書簡 등이 선행
명사로 쓰인다. 둘째 부류는 말로써 한 내용들이 해당된다. 請託, 呈訴, 遺言, 辭緣, 敎誘,
敎令, 納招, 所報, 白活 등이 용례를 통해 발견된다. 셋째 부류는 어떤 행위 자체 또는 일
반 사물을 가리키는 것들이다. 許與成置, 和會, 願意, 區處, 家舍, 花名 등이 선행명사로
쓰였다. 용례들의 일부를 보이면 다음과 같다.

(30) ㄱ. 母氏 遺書 導良 亡末妹裵哲仝妻條 分給爲齊 <1480 金光礪娚妹和會 35> (어머님
의 유서에 의거하여 죽은 막내누이인 裵哲소의 처의 것으로 나누어 주며)
同 巡察使道 以不謹捕倭 樣以 狀啓 導良 誤蒙重罪 <1594.1. 계본 壬辰狀草
49> (위 순찰사가 삼가 왜놈을 잡지 않은 것처럼 장계를 올려 그에 근
거하여 중죄를 잘못 입었고)

ㄴ. 白活 導良 起送亦 行移敎是良在乙 <1547.4.14. 關文 紹修書院謄錄 18ㅎ> (발
괄에 근거하여 보내라고 문서를 보내셨거늘)
禮賓寺內資司僕寺等亦 各年無面乙 其徒等 奉足價布以 充納亦 呈訴 導良 依願
充徵爲白在果 <1562.8.17. 호조계목 각사수교 27> (예빈시 내자시 사복시
등이 각 해의 모자란 것을 저네들 배당을 未出役人들이 대납한 무명으로
채워 납부하자고 올린 訴에 따라서 원하는 대로 채워 징수하였거니와)
從事官 所報 導良 和賣箭竹二萬箇 輸送爲去乎 <1596.윤8.26. 鳳山居李翁文 군
문등록> (종사관의 보고에 근거하여 화살대 2만 개를 합의 매매하여 수
송하니)
曹以 治療之法 醫方 相考 /啓下 導良 受 /敎 內 節該 事知理馬乙 用良 <1541
牛疫方 啓文> (병조로부터 치료하는 방법과 방문을 받아 살필 것'이라는
내용의 계하 문서에 따라 교시하신 수교의 내용인즉 간략히 줄이건대
'일 처리에 알맞은 말을 부려)

ㄷ. 家舍 導良 租 陸拾石 <1470~73 權覽男妹和會 050> (집에 근거하여 조 60섬)
節 家翁 願意 導良 同 孝盧矣 身乙 繼後 令是白良[結 … <1480 金孝盧繼後

禮曹立案 04> (금번에 바깥어른의 소원을 좇아 위 孝盧의 몸을 계후시키
고자 …)

家翁 遺言 願意 <u>導良</u> <1531 허여문기 정1-585 05~06> (바깥어른 유언의
뜻에 따라)

節 花名 <u>導良</u> 四寸等 叔母之敎令以 壯弱 分棟 執籌 衿分爲在果 <1566 화회
문기 정1-170> (금번에 노비 이름에 의거하여 사촌들에게 숙모의 가르
침대로 힘 세고 약함을 분간하여 제비뽑기로 몫을 나누거니와)

후대 이두학습서들에서의 독음에 따르면 導-는 '드듸/드디-'에 대응하는 이두자임에
틀림없다. 그런데 중세어 동사 '드듸/드디-'는 거의 대부분 '(발을) 디디다'라는 의미로
사용된다. 간혹 '이어받다'의 의미를 지닌 경우가 있으나, '좇다' 또는 '근거하다'의 사용
의미를 가진 예는 찾기 힘들다. 따라서 현재로서는 중세어 동사 '드듸/드디-'의 동음이의
어가 별도로 있었거나, 아니면 다의어로 사용된 것으로 이해된다.

導良은 어간 導-에 어미 -良이 통합된 것임에도 불구하고 導亦이라는 이표기가 16세
기 말에 등장한다. 이것은 독음을 반영한 변형 표기이다. 1583년에 義城縣에서 李涵에게
내린 決訟立案 안에서 그 용례가 보인다.

  (31) 一無所執此分 不喩 元財主 區處 <u>導亦</u> 各執使喚爲在 安東居… <1583 입안 정
      33-189 45> (가진 바가 전혀 없을 뿐만 아니라 원재주가 처분한 데 따라 각
      각의 몫으로 부리던 안동에 사는 …)

한편 導 자는 說導라는 한자어로서 때때로 사용된다. '말로써 설득함' 또는 '말로써 설
득하다'라는 뜻으로 쓰이곤 하는데, 2차 자료인 고려말 李兆年의 이두문 작품 鷹鶻方에는
說道로 쓰여 있다.

  6) 同-

이두문에 쓰인 同 자를 한자어로 볼지, 아니면 이두자로 볼지는 다소 애매하다.

  (32) ㄱ. 甲亦 犯罪爲 乙以 代告爲去等 親疎勿論 自告以 <u>同齊</u> <直解 01.27ㅎ> (갑이
        범죄하고 을로써 대신 신고하거든 친소를 따지지 않고 자진 신고한 것
        으로 같게 하며)

ㄴ. 同 官員亦 知而不問爲在乙良 罪同齊 <直解 29.03ㅈ> (위 관원이 알고도 추
  문하지 않은 경우에는 죄가 같으며)

(32ㄱ)의 '同齊'는 '同爲齊'에서 -爲-가 생략된 표기로 보는 편이 무난하다고 할 만하
다. 이때의 同 자는 한자어로 음독되었을 것이다. 이와 마찬가지로 (32ㄴ)의 '罪同齊' 역
시 '罪同'을 명사구로 보아 '罪同爲齊' 또는 '罪同是齊'에서 동사파생 접미사 -爲- 또는
지정사 -是-의 생략으로 보는 것이 온당하다고 본다. -爲-와 -是-는 넘나들 수 있기 때
문이다. 그런데 (32ㄴ)의 '同 官員亦'의 同은 애매하다. 한자어로 음독했는지, 아니면 이
두자로서 우리말로 새겨 읽었는지가 애매한 것이다. 만약 이 경우의 同을 우리말로 새겨
읽었다면 후대 이두학습서들에 의거하여 '오힌'으로 訓讀되었으리라 추정된다.

同을 이두자로서 훈독한다손 치더라도 명사 또는 명사구를 수식하는 모든 同을 다 훈
독했을지는 자못 의심스럽다. 文書類에서는 '婢 小斤加 年五拾柒 同婢 所生 …'에서와 같
이 바로 앞에 나온 奴婢를 지칭하기 위한 同 字가 매우 많이 발견되는데, 이들을 예외없
이 훈독했다고 보기는 어렵기 때문이다.

그럼에도 불구하고 길게 이어져 읽어 가는 이두문에서 同을 우리말로 새긴 사실을 감
지할 수 있는 예들이 적잖다. 『壬辰狀草』에 실린 계본의 예를 하나 보이면 다음과 같다.

(33) 米 太 租 幷六百餘石乙 …… 而 留衛將亦 同 米 太 租 等乙 專爲種租救食 都目內
  不錄爲乎亦中 同 督運御史 空官時 到縣 反庫時… <1593.4.8. 계본 임진장초 狀
  28> (쌀 콩 벼 모두 600여 섬을 …… 留衛將이 앞서의 쌀 콩 벼 등을 오로
  지 씨받이와 구휼용으로 쓰고 도목 안에 개록하지 않은 터에 위 督運御史가
  현감이 없을 때 현에 도착하여 창고를 조사할 때…)

(33)의 '同 米 太 租'는 앞서 언급한 도목장에 기재하지 않은 六百餘石을 가리키는 내
용인데 이 경우의 同과 米太租는 우리말로 새겼을 개연성이 높다. 뒷부분에 쓰인 '同 督
運御史'의 同도 그 앞에 이미 언급한 바가 있는 督運御史를 다시 일컫는 문맥에서 사용되
었으므로 음독보다는 훈독했을 것으로 짐작된다.

그러므로 후대 이두 학습서에서 同을 표제어로 수록하고 '오힌'(吏文襍例, 儒胥必知, 吏讀便
覽, 吏讀集成)이라는 독법을 제시한 것을 토대로 하여 (33)에 쓰인 同 자는 訓讀되었다고 보
아 吏讀字로 처리한다. 光州版 『千字文』에서는 同을 '오힌'으로 새겼다. 이두에서 同은
관형적 용법으로만 사용되며 서술어로 사용된 예는 발견되지 않는다. '오힌'은 관형적 용

법을 반영한 讀法인데, 이미 앞에서 언급한 것을 가리키는 문맥에서 사용되므로 '같다'라는 의미보다는 지시어로서 '바로 그' 정도의 의미, 또는 '앞서의' 정도의 의미를 갖는다. 이런 점에서 관형어로 쓰이는 이두자 同은 이두어 向前과 거의 유사한 기능을 한다.

7) -令是-

令是-는 현대어의 '시키다, 하게 하다'의 뜻으로 사용되는 동사 어간이다. 따라서 令是-는 15세기 국어의 동사 '시기-'에 대응하는 이두자로 볼 수 있다. 그런데 동사 'ㅎ-'의 사동으로서 'ㅎ이-'도 있으므로 어느 쪽인지를 판단할 필요가 있다. '令是-'의 讀音 역시 두 가지로 나타난다. 令 자만을 표제어로 등재하고 '시기'로 읽은 경우도 있고<典律通補, 註解 語錄總覽, 吏讀便覽>, 令是遣를 대상으로 독법을 제시한 경우도 있다. 『吏讀便覽』에서는 '令是遣'를 'ㅎ이고'로 읽었다. 光州版 『千字文』에서는 '令 히 령'<13ㄱ>으로 새긴 바 있다.

특기할 만한 사실은 중세어[23]와 달리 조선 전기 이두에서는 '令是'가 사람이나 사물을 직접 지배하는 본동사로 쓰인 예가 발견되지 않는다는 점이다. 어떤 행위나 동작을 가리키는 명사에 통합되어 동사파생 접미사로만 쓰인다.

> (34) 罪犯宥及永世 爲等如 褒賞令是良如 敎是齊 <1392 李和錄券 076> (죄를 범하여도 영구히 사하여 주는 등과 같이 모두 포상시키라고 하시다)
> 他國軍衆乙 率領 來降 一國人民乙 安寧令是旀 <直解 01.07ㅈ> (다른 나라 군사 무리를 데리고 내항하여 나라의 백성을 편안하게 하며)
> 過熱 不冬爲只爲 照日令是乎矣 <양잠 38ㅈ> (과열하지 않도록 해를 쬐게 하되)
> 其矣 子孫 至亦 免役令是良如 敎 <1421 李藝鄕吏功牌 13> (그의 자손에 이르기까지 면역시키라 하심)
> 境內 推覓令是白乎矣 <1429 結城縣牒呈> (경내를 찾게 하되)
> 其應助番者乙良置 捕盜 分定 甲士一百六十外 一名 闕到 無亦 並皆空闕良中 入直令是白遣 <병조계목 각사수교 74> (예비 번에 응하는 자도 포도청에 분정하여 갑사 160명 외 1명이라도 빠짐 없이 모두 빈 궁궐에 입직하게 하고)
> 橫看內數乙 用良 率入令是白乎矣 <科擧事目 舊事目10ㅈ> (예산서 안의 수로써 데리고 들어가도록 하되)
> 諸將 中 別定差使員 各別 護喪令是白在果 <1592.9.17. 계본 壬辰狀草 狀11> (여

---

23) 부톄 阿難일 시기샤 羅睺羅이 머리 갓기시니 <釋譜詳節 6.10ㅈ>, 부텨하 우리롤 아못 이리나 시기쇼셔 <월인석보 10.13ㅈ>

러 장수 중 특별히 차사원을 정하여 각별히 호상하도록 하거니와)

동사파생 접미사로 쓰인 -令是-에 선행한 명사들 즉, 褒賞, 安寧, 照日, 免役, 推覓, 入直, 率入, 護喪의 행동주체들은 그보다 더 상위의 문장인 母文의 서술어 令是-의 주체와는 전혀 상관이 없다. 말하자면 사동주는 직접 행동하지 않고 피동작주의 행동을 구속 또는 허용하는 사동 구문인 셈이다. 그러므로 (34)에 쓰인 -令是-를 중세어의 '시기-'에 직접 대응하기는 어렵다고 판단된다. 이것은 또한 (35)에서처럼 국어에서 자립성이 없는 1음절 한자어 명사에 통합된 경우엔 더욱 그렇다. (35)의 '免令是遣'를 '免시기고'로 읽을 수는 없을 것이다. 파생접미사 -令是-는 중세어의 '-히이-'에 대응하므로 '免令是遣'는 '免히이고'(免하게 하고)로 읽혔다고 본다.

(35) 因犯罪爲 人命 殺害爲遣 自告者乙良 所因之罪乙 免令是遣 <直解 01.28ㅎ> (범죄로 인해 인명을 살해하고 자진 신고한 자는 원인이 된 죄를 면하게 하고)

또 한 가지 유념할 사실은 -令是-가 사동이 아니라 피동의 접미사로도 사용되었다는 점이다. 『大明律直解』에서 일부 그 예를 찾을 수 있는데<예 : 13.5ㅈ, 23.3ㅈ>, 16세기 말에 보이는 (36ㄱ)의 용례에서도 사동주인 女矣身이 피동작주인 倭敵에게 焚蕩질을 하게 한 것으로 해석할 수 없음은 자명하다. 따라서 焚蕩令是遣는 '焚蕩질을 당하고'로 해석되어야 한다. 이 용례가 극히 소중한 까닭은 피동 표현에 쓰인 점 말고도 적어도 조선 전기에는 -令是-를 '-시기-'로 읽지 않고 '-히이-'로 읽는 독법이 훨씬 더 우세했음을 시사해 주기 때문이다. (36ㄴ)은 중세어에서도 매우 드문 'ㅎ-'의 피동형의 용례이다.

(36) ㄱ. 女矣身亦 善山 居生爲如可 前年分 家財等物乙 倭賊 全數 焚蕩令是遣 <1593 寧海府立案 정33-342 02~03> (여자인 이 몸이 선산에 거주해 살다가 작년에 가재 등을 왜적에게 몽땅 분탕질 당하고)
　　 ㄴ. 李廣의 諸侯 封히이디 몯호몰 어느 알리오(焉知李廣未封候) <두시언해 初 21.16>

-令是-에 통합되는 어말어미로는 -良, -旀, -遣, -如可, -(乎)矣, -良如, -去乙, -去等이 있다. 복합어미로는 -乎爲, -良於爲, -在果가 있으며, 동명사어미가 달려 있는 것으로 추정되는 -在와 -乎이 통합된다. 선어말어미로는 경어법의 -敎-와 -白- 그리고 시상의 -臥-와 통합된다.

8) 望(良)-

望-은 訓讀字로서 15세기 국어의 '브라-'에 대응한다. 이것은 일찍이 鄕札에서도 사용된 적이 있었다. 望良-의 良은 어간 말음을 표기하기 위한 訓假字이다. (37ㄱ)은 '望-'의 예이고, (37ㄴ)은 '望良-'의 예이다.

(37) ㄱ. 議定後良中沙 申聞爲 上決乙 望白齊 <直解 01.08ㅎ> (논의하여 정한 후에야 임금의 재결을 바라며)
        行下 向教是事乙良 望白內臥乎 事是亦 在 謹言 <1427 張戩妻辛氏所志 10> (처리하여 주실 일을 바라는 일이 있어 삼가 말씀 드리오니)
        准受 向教是事 望白內臥乎 事是亦 在 謹言 <1435 張安良담양도호부所志 7> (확인하여 받아 주시기를 바라는 일이 있어 삼가 아뢰오니)
     ㄴ. 成給 向教是事 望良白內臥乎 事是亦 在 謹言 <1461 河源所志 1-06> (만들어 주시기를 바라는 일이 있어 삼가 아뢰오니)
        立案 成給 向教是事 望良白內臥乎 事是 在 謹言 <1466 寧海 英陽南氏 所志 05>[24] (입안을 만들어 주시기를 바라는 일이 있어 삼가 아뢰오니)
        仕滿 受職爲白良結 望良白去乎 <1490 河源陳省牒 01> (임기가 차서 직책을 받고자 바라오니)
        矣段 驛人 於乙今亦中 婢子 二口 得買爲白遣 斜出爲白良結 望良白去乎 <1548 粘連立案 정32-273 02> (저는 역인 於乙今에게서 계집종 2명을 매득하고 관의 확인을 받고자 바라오니)

望(良)-는 일반적으로 청원인 또는 발급자가 어떤 일을 처리해 주기를 관아 또는 수급자에게 소원하는 문맥에서 사용되는 동사인 까닭에 위 (37)에서처럼 경어법의 선어말어미 -白-이 뒤따르는 경우가 대부분이다. 그러나 이것이 반드시 필수적이었다고는 할 수 없다. 동일한 문서와 동일한 문맥에서 쓰였음에도 불구하고 (38ㄴ)에서는 望(良)- 뒤에 -白-이 통합되지 않았다.

(38) ㄱ. 朝廷以 …… 鄭見龍處 下送爲白乎去 望良白乎旀 <1593.1.16. 장계 農圃集 1.68ㅈ/3.34ㅎ> (조정에서 …… 鄭見龍에게 내려보낼까 바라오며)
     ㄴ. 朝廷以 別樣 處置爲白乎去 望良臥乎 事是良尒[25] <상동 1.68ㅎ~69ㅈ/3.35 ㅈ> (조정에서도 별도로 처치하올까 바라는 일이어서)

_____

24) 한국고문서학회, 『古文書研究』13, 55쪽.
25) 후대본에서의 旀는 尒의 오기이다.

한편 조선조 후기에는 어간 望良-에 다시 파생접미사 -爲-를 덧붙여 望良爲-로 쓰기도 하나 조선조 전기에는 그러한 용례가 발견되지 않는다.

9) 無-

無-의 讀音은 크게 둘로 나뉜다. '어올/어오-'와 '없-'으로 大別할 수 있다. 이 중 전자가 선대형일 가능성이 높다. '*어올/어오-'는 동작동사이고, '없-'은 이로부터 파생된 상태동사로 볼 소지가 많기 때문이다. 후대 이두학습서들에서도 無-의 독음은 두 계통으로 나뉜다. 예를 들어 無乎事에 대하여 '어오론일'과 '업스온일/업스온일/업스온ᄉ'의 두 계통으로 독법이 나뉜다. 전자의 독법이 동작성을 지닌 경우이고, 후자의 독법은 상태성으로 기능하는 용언을 반영한 것으로 판단된다. 이 중 동작성을 지닌 것이 분명하게 드러난 용법은 다음의 (39)이다.

> (39) 子矣 官職以 同論爲臥乎 事段 母子亦 相絶爲乎 道理 無乎 事 <直解 01.15ㅈ>
> (아들의 관직으로써 함께 논하는 일은 모자가 서로 의절하는 도리가 없도록 할 것)

예문 (39)는 부인이 비록 시집에서 쫓겨났다 하더라도 그 아들이 관직에 있으면 아들의 관직과 같이 論함으로써 母子가 相絶하는 일이 없도록 할 것이라는 내용 중 뒷부분에 해당되는 이두문이다. 이때 '無乎 事'의 無-는 상태동사 '없-'이 아니라 '없게 하다, 없애다' 정도에 해당되는 뜻을 지닌다. 그럼에도 불구하고 '無乎 事'의 '乎'를 사동 선어말어미나 의도법 어미로 볼 수는 없다. 만약 이것이 가능하다면 어간 '*어-'를 想定하여야 하는데, 이는 후대 이두 학습서들의 독음과 상당한 차이가 있다. 따라서 이 경우의 '無乎 事'는 동작동사로서 기능하는 어간 '*어올/어오-'에 未然形 어미가 통합된 것으로 추정된다.

無不冬에 대한 이두학습서에서의 독음 중 '어오론안들'[26]은 이른 시기의 동사 無-에 旣然形의 동명사어미가 붙어 명사처럼 기능한 것에 부정사 不冬이 이어지는 것임을 상정하게 한다. 이것은 현대어의 '없음이 아니-' 정도의 의미를 갖는다고 할 수 있는데, 이두문에서 그 용법이 꽤 오래 이어지는 모습을 보인다.

---

26) 『吏文大師』 및 장서각본 『吏文』 등.

(40) 極凍爲乎 所 無 不冬爲去 有等以 不寒房內 在置爲乎矣 <양잠 13ㅈ> (꽁꽁 얼어
붙는 바가 없지 아니한 까닭에 춥지 않은 방 안에 두되)

奴婢乙良置 隱匿爲有臥乎 所 无 不冬爲白去 有良尔<1427 張戬妻辛氏慶尙道都觀察
黜陟使所志 07~08> (노비도 은닉하여 있는 바가 없지 않겠기에)

節 立法革罷之後良中置 猶因舊習 謀欲防納 無 不冬爲白昆 <호조수교 각사수교
21> (금번에 법을 만들어 혁파한 후에도 오히려 구습으로 인해 방납하고자
꾀하는 일이 없지 아니하오니)

成均館四學奴子等亦 試官奴子 樣以 冒入場中 無 不冬爲白昆 <科擧事目 舊事目6
ㅎ> (성균관과 4학의 종들이 시험관의 종인 것처럼 함부로 장 안에 들어가
는 일이 없지 않사오니)

趙從孫亦 他矣 田庫乙 盜賣爲乎臥 所 無 不冬爲白昆 <1537 所志 정32-130> (趙
從孫이 남의 땅을 몰래 파는 바가 없지 않사오니)

梁山 金海 留迫之船 …… 咸聚釜山 無 不冬爲白齊 <1592.9.17. 壬辰狀草 狀11>
(양산과 김해에 머문 배가 …… 부산으로 다 모이는 일이 없지 않사오며)

이와 관련하여 無亦을 『吏文大師』에서 '어오론견이여'로 읽은 것 역시 無-의 동명사어
미가 결합하여 명사로 쓰였고, 이에 다시 본동사로 쓰인 在-가 통합된 데에서 연유하는
것으로 파악된다. 그러나 현대어의 '없이'에 정확히 대응하는 형태의 無亦의 용례가 이미
15세기에 발견된다. 이것은 동작성을 지녔던 어간 無-에 상태성을 부여하는 파생 접미사
가 결합하여 형성된 것으로서 15세기 국어의 '없-'에 이어지는 어간[27]이 활용한 것이라
할 수 있다.

(41) ㄱ. 不多奴婢段 壹口置 緣得爲乎 所 無亦 並只 祖上 伐伐 傳來 奴婢是去 有等以
<1466 허여문기 『古文書研究』 13:56 5~6> (많지 않은 노비의 경우엔 한
명도 다른 사연으로 얻은 바 없이 모두 조상 대대로 전래해 온 노비이
므로)

ㄴ. 汝矣段 京家 無亦 從仕… <1467 張安良家舍許與文記 02> (네 경우에는 서
울 집 없이 종사…)

ㄷ. 蚕亦 十分中 九分亦 老熟爲去沙 始作上薪爲在如中 薪中 蒸熱之病 無乙 分不喩
高致置 堅實造作 <양잠 35ㅎ> (누에가 10분의 9가 충분히 자라야만 비로
소 섶에 오르기 시작하(고 그리 되)면 섶 가운데 더운 기운으로 인한 열
병이 없을 뿐 아니라 고치도 견실하게 만들어진다.)

(41)에 쓰인 어간 無-는 모두 상태성을 드러낸다. (41ㄱ)의 '… 所 無亦'는 위 (40)의

---

27) 'ㅅ'의 존재가 무엇인지가 과제로 남는다.

'… 所 无 不冬'과는 달리 無亦이 '없이'에 그대로 대응된다. (41ㄴ)에서도 이것은 마찬가지이다. 이것은 財主인 張安良이 당초 그의 長子 善孫에게 지급했던 京中의 家舍를 次子인 末孫에게 許給하고, 그 대신 차자의 몫이었던 婢 1口를 장자에게 지급하는 내용에 따른 것이다. 따라서 (41ㄴ)의 '京家 無亦 從仕…'는 '京家 없이 從仕…'한다는 것으로 풀이된다. 그리고 (41ㄷ)의 '無乙'에서의 無- 역시 상태성을 의미하는 용언 어간으로 쓰였다고 보아야 할 것이다.

조선 전기 이두 자료들에서 無-의 활용형은 대체로 다음과 같이 나타난다.

(42) ㄱ. 受贓物爲乎 情狀 無齊 及 法外用刑 罪狀加減 無齊 從輕失入重爲去乃 從重失出輕者乙良 各以所剩罪以 論齊 <直解 28.11ㅎ> (장물을 받은 정황이 없으며 법 이외에 형을 사용해 죄상을 가감한 것이 없으며 가벼운 죄를 무거운 죄로 잘못 다루거나 무거운 죄를 가벼운 죄로 잘못 다룬 자는 차감하여 남은 죄로써 논한다)

ㄴ. 茅草 無去等 乾正無臭氣爲在 穀草乙 用良 使內 <양잠 39ㅈ> (띠가 없거든 잘 말라 냄새가 없는 곡식풀을 써서 할 것)

冤枉事 無去乙 朦朧辯明爲行 人乙良 杖一百徒三年 <直解 28.12ㅎ> (원통한 일이 없거늘 몽롱하게 변명을 계속한 사람은 杖一百徒三年형에 처하고)

ㄷ. 此亦中 朔方道叱段 田出 收齊爲臥乎 所 無去 有等以 <1392 太祖賜給芳雨土地文書 03> (이에 삭방도는 田稅를 걷는 바가 없음이 확실하므로)

ㄹ. 他余田畓段 據執爲乎 所 專亦 無去乎 相考 施行敎是矣 <1595 招辭 영2-294 11~12> (다른 나머지 전답은 강제로 지닌 바가 전혀 없으니 살펴 시행하시되)

ㅁ. 上薪之法 唯只 乾淨溫暖 內外良中 寒濕之氣 無只爲 使內 <양잠 40ㅈ> (섶에 올리는 법은 오직 마르고 깨끗하며 온난하고 안팎에 습하고 찬 기운이 없도록 할 것)

ㅂ. 祖父母 父母弋只 年老有病是遣 犯斤 侍病男丁 無在乙良 其矣 所犯罪名乙 開坐申聞 伏候上決齊 <直解 01.19ㅎ> (조부모와 부모가 연로하며 병이 있고 그 다음으로 병을 돌볼 남정네가 없는 경우에는 그의 범죄명을 기록하여 임금께 아뢰어 재결을 받는다)

凡 田宅乙 盜賣 回換爲㫆 自己田宅是如 妄稱爲㫆 價本 無在 文記乙 如實造作爲 扶上典賣爲㫆 <直解 05.04ㅈ> (무릇 전답과 가옥을 몰래 팔거나 바꿔치며 자기 전답과 가옥이라고 거짓말하며 값어치 없는 물건의 문서를 실한 것으로 조작하여 부풀려 전매하며)

ㅅ. 家翁亦 妾子置 無白乎 等 用良 <1483 金孝盧繼後司憲府立案 45> (바깥어른이 첩의 자식도 없사온 까닭에)

10) 問-

問-은 訓讀字로서 중세어의 '묻/물-'에 일치한다. 문서류 중 관아에 대한 私人의 답변 또는 진술을 하는 문서 즉 답통의 첫머리는 대체로 '節 問敎是臥乎'과 같이 시작되므로, 이들 문서에서 그 용례가 곧잘 발견된다. 問-은 고려 시대의 慈寂禪師碑陰記(941년)에서 이미 사용된 적이 있다. 문서류에서는 흔히 推問에 높임의 파생접미사 -敎是-가 통합된 推問敎是-의 용례가 많은데,『大明律直解』에서는 특별한 의미를 지닌 顧問에 접미된 경우가 보인다.

(43) ㄱ. 節 問敎是臥乎 外孫幼學金… <1464 金孝盧奴婢立案粘連文書 3-2> (금번에 물으시는 외손 유학 金…)
   ㄴ. 凡 侍朝 及 侍衛官員亦 顧問敎是去等 各 職次以 進叱 回合爲白乎矣 先後失行 爲在乙良 罰俸祿半月 <直解 12.03ㅎ> (무릇 궁궐 및 임금을 시위하는 관원이 임금의 명을 받아 물으시거든 각 직위의 순서대로 나아가 돌아가면서 만나되 선후를 뒤바꿔 실행한 경우에는 녹봉 반 달치를 벌한다)

11) 聞-

聞- 역시 훈독자로서 중세어의 '듣/들-'에 일치하는 이두자이다. 단순히 물리적인 소리를 듣는 것에 그치지 않고 어떤 소식을 듣는다는 문맥에서 주로 사용되었다.

(44) 祖父母 及 父母喪乙 聞遣 隱匿不發爲齊 <直解 01.05ㅎ> (조부모 및 부모 상을 듣고 숨기고 거상하지 않으며)
   推尋 不得爲有如乎 /詮次以 聞乎矣[28] /官地 東村… <1435 張安良潭陽都護府所志 02~ 04> (추심하지 못했던 바 이에 갖추어 아뢰며 듣건대 귀 관아의 땅 동촌…)

『經國大典』의 啓本式에 따르면 국왕의 특별한 교시를 필요로 하지 않는 계본의 경우엔 '聞' 자를 2字擡頭하면서 본문을 끝맺게 되어 있다. 이것은 '聞'의 주체가 곧 임금이므로 들으시게 한다는 뜻을 내포하고 있는 것으로 이해된다. 국왕의 특별한 교시를 요할 경우엔 '伏候敎旨謹啓'를 덧붙이는데 이때 '敎旨'만을 '聞' 자와 마찬가지로 2字擡頭하도록 되어 있다. 경주 玉山 驪州李氏 獨樂堂에 전하는 1517년 掌隷院立案 문서를 보면 본문의

---

28) 전라도도관찰출척사에게 올린 소지 중 제3행의 첫 자가 '矣'임이 참고된다.

마무리 부분에서 '謹具啓 /聞亦'<정65-371>에서 '聞' 자를 정확히 2字擡頭하고 있음이 눈에 띈다.29) 『壬辰狀草』 역시 이러한 계본식을 엄수하고 있는데, '伏候敎旨謹啓'의 경우 마지막 '謹啓' 두 자를 생략하고 있는 점만이 계본식과 차이를 보인다.

그런데 등록으로 전하는 『各司受敎』에서는 대체로 '承傳'이라 할 때 임금의 교시 내용을 가리키는 '傳'만을 1字 대두하고 있고, 啓目이라든가 啓下, 啓事 등의 단어 및 啓依允 등의 구에서는 '啓' 자에 대해서만 空格을 시행하고 있다. 이와 달리 啓聞의 경우엔 聞 자 앞에 빈 칸을 두어<예 : 1561.1.20. 承傳 각사수교 130> 대조된다.

12) 聞是-

聞是-는 '듣/들-'(聞)에서 파생된 사동사 '들이-, 들리-'에 해당하는 이두 동사 어간이다. 능동사 聞-의 예는 신라 시대 이두 자료에서부터 발견된다. 사동사 聞是-는 어떤 사실에 대하여 관아에서 서면으로 묻는 公緘 그리고 이에 대한 답신인 答通의 마지막 부분에 주로 쓰인다. 그런데 이 경우 거의 대부분 말씀해 달라는 뜻으로서 합성동사인 聞是白-을 사용한다. 이것은 '듣게끔 말하다'의 의미를 지닌다고 하겠다. 따라서 '聞是-'가 단일동사로 사용된 예는 찾기 힘들다. 이때의 '聞'은 앞서 언급한 바와 같이 국왕에게 올리는 계문의 본문 말미에 사용되던 '聞' 자에서 그 용법이 확산된 것으로 추정된다. 따라서 존대 선어말어미가 통합되지 않았음에도 불구하고 별항하여 표기하는데, 대체로 '듣게 하시다' 즉, '말씀해 주시다'의 문맥적 의미를 지닌다.

> (45) 官中 無事敎在亦 相考 /聞是白乎 所 有良尒 <1521 公緘 정32-260 02~03> (관
>   내는 모두 무사하시며 (금번에) 상고하여 말씀해 주실 바가 있어서)

(45)는 習讀官을 역임한 崔世澄의 妻 李氏에게 보낸 공함의 첫 머리이다. '聞是白乎 所有良尒'에서 聞是-를 별항하고 있을 뿐만 아니라 '말씀해 주실 바가 있어서' 정도의 문맥적 의미를 갖는다. 비록 단일동사 聞是-가 아니라 합성동사 聞是白-의 용례이긴 하나 참고 삼아 여기에 기술해 둔다.

---

29) 이 입안의 발급연도를 1515년으로 비정하고 있으나 문서 안에 1516년 丙子年이 기술되어 있으므로 1517년이 옳다고 판단된다. 같은 문서 안에서 '啓 聞爲乎所有良尒'<제6행>에서는 '聞' 자 앞에서 두 칸을 비워 높임 표시를 하였는데 이는 전제 과정의 예에 따른 것이다.

13) 白-

본동사 어간으로 쓰이는 白-은 '솗-'으로 읽히며 중세어의 '솗-'(白)에 정확히 일치하는 이두자이다. 白-은 주로 아랫사람이 윗사람에게 무언가를 말하는 경우에 주로 쓰이는 일종의 겸양동사로서 '사뢰다'의 뜻을 갖는데, 문맥에 따라서는 '여쭙다'의 의미를 겸하기도 한다. 조선조 전기 이두문에서 白-이 본동사로 쓰인 것이 분명한 용례로서는 다음과 같은 것이 있다.

(46) ㄱ. 百工匠人等置 各各 可言之事乙 直亦 上前 啓受 白乎矣 其言 可用是去等 卽時 所司良中 行下 施行令是教矣 <直解 12.04ㅎ> (百工匠人등도 각각 말할 만한 일을 직접 임금 앞에서 계를 받아 사뢰되 그 말이 쓸 만하거든 즉시 해당 관사에 지시하여 시행하도록 하시되)
ㄴ. 二三百石 至亦 各分爲遺 無一毫 與本族相分之意 白在而亦 <1560 경주부입안 정32-279 125> (200~300백 석에 이르기까지 각각 나누고 한 터럭도 우리 피붙이들과 더불어 서로 나눌 의사가 없다고 말하지만)
ㄷ. 元隻中 無故 不就訟爲白去等 依大典 施行教 味 白齊 <1517 立案 정1-16 14~15> (원고와 피고 중 까닭 없이 소송에 나오지 않거든 경국대전에 의거하여 시행하시라는 뜻을 아뢰었으며)
白文是 置有良尒 相考 施行教 味 白齊 <1583 입안 정33-180 88> (관의 증명 없는 문서가 있으니 살펴 시행하시라는 뜻을 아뢰었으며)

위 용례 중 (46ㄷ)의 '施行教 味 白齊'는 소송 당사자인 원고 또는 피고가 한 말을 옮기는 과정에서 전재된 것으로서 대체로 '施行하시라는 뜻을 사뢰(었으)며'로 풀이된다. 이때 본동사로 쓰인 白-은 대격 명사를 지배했던 것임을 고려 시대 尙書都官貼 중의 '教 味 乙 白'을 통해 알 수 있다.

본동사로 쓰인 白-을 확인할 수 있는 용례들은 임금에게 올린 啓目의 본문 마지막 부분에 쓰이는 '使內白何如'에서의 '白'이다. 계목은 『經國大典』 禮典의 文字式에 따라 본문을 '…何如'로 끝맺게 되어 있다. (47ㄱ)이 啓目式에 따라 작성된 본문을 그대로 옮긴 것인데, 등재하는 과정에서 편의상 (47ㄴ)과 같이 '何如'를 생략하여 옮기기도 한다.

(47) ㄱ. 啓目 後錄爲白去乎 依後錄 使內 白 何如 <科擧事目 舊事目1ㅈ> (계목에 후록하오니 후록에 따라 행할 것을 사뢰니 어떻겠습니까)
ㄴ. 試官 及 擧子等矣 救急藥材乙良 令戶曹量數 上下 用使內 白 <科擧事目 舊事

目10ㅈ> (시관 및 응시자들의 구급 약재는 호조로 하여금 수를 헤아려
내주어 사용하도록 할 것을 사룁니다)

(48) 傳旨 內 貌如 使內 白 何如 <1459 李禎佐翼原從功臣錄券 46ㅎ> (전지 안의 내
용과 같이 행할 것을 사뢰니 어떻겠습니까)

(47ㄱ)과 동일한 종결 구성은 이미 15세기 중엽의 자료들에서도 그대로 전재되었던 것
임을 (48)에서 확인할 수 있다. 그런데 (48)의 李禎녹권과 동일한 녹권을 후대에 필사하여
線裝한 책이 서울대 규장각에 소장되어 있다. 수취자는 通仕郎權知校書正字[30] 金潤宗인
데, 주목되는 점은 (48)의 문구가 '傳旨內貌如使內白只爲何如'<34ㅎ>로 바뀌었다는 사실
이다. 바뀐 문구에서는 -只爲라는 어미가 통합되어 있기 때문에 '白'이 본동사 어간일 수
없음은 자명하다. '白'의 주체가 임금이 될 수 없음은 『農圃集』에 실린 계문 중에 '詮次
以善 啓白向敎是事'<1592.10.14. 3.22ㅎ>로 끝맺음하면서 '白'을 작게 기재한 것에서도 방증
된다.[31] 결국 바뀐 문구는 '使內白'의 용법을 이해 못한 후대인에 의해서 변형 표기된 것
으로 추정된다. 啓目에서도 '使內白何如' 대신에 한문식 표현으로 끝맺은 뒤에 何如를 덧
붙이는 방식이 16세기 중엽 이후 종종 발견되는 사실도 이와 관련 있는 듯하다. 『牛疫方
』에 실린 1541년 병조의 계목에서는 '…檢擧治療何如'로, 『救荒撮要』에 실린 1554년 賑
恤廳 계목에서는 '…毋負勤恤之至意何如'로 본문을 종결하고 있다.

'使內 白 何如'는 대략 다음과 같이 설명된다. 이미 언급한 바와 같이 '…使內'를 사용
하여 명사문으로써 종결하는 방식은 이른 시기로부터 이어지며 『養蠶經驗撮要』에서도
확인된다. 따라서 이에 뒤따르는 白은 使內과는 직접 관련없는 본동사로 기능하는 것이
되, 使內와 마찬가지로 동명사어미가 통합된 형태로 보아야 한다. 즉, '使內 白 何如'는
대략 '행할 것(을) 사뢰니 어떠합니까?' 정도의 의미로 풀이된다. 이때 白에 동명사어미가
덧붙은 것으로 보는 까닭은 (49)의 예를 통해서 알 수 있다. 길게 이어지는 문맥 가운데
쓰인 이 경우의 '白'은 중세어 '숣-'의 의미를 지닌 동사 어간에 동명사어미가 통합되어
'使內 白 何如'에서의 '白'과 마찬가지로 부사적 용법으로 풀이할 수도 있으나, 그보다는
후행하는 명사구를 수식하는 관형적 용법으로 볼 개연성이 높기 때문이다.

---

30) 通仕郎은 東班 정8품 上階의 官階이고, 權知는 관직을 어떤 기간 동안 임시로 맡을 때 그 관직 명 앞에
   붙여 임시직임을 나타내며, 校書正字는 經籍의 인쇄와 교정을 담당하던 校書館의 정9품직이다.
31) 이른 시기 목판본에서는 白 자가 빠져 있어 유의할 필요가 있다.

(49) 科科以 祿年進來 職賞暢情令是良於爲 教 味乙 白 左承宣國子監大司成翰林侍讀學士
　　　崔允愷 庚申七月…… <1262 尙書都官貼 96～97> (낱낱이 녹년이 다가오면 직
　　　을 올리고 상을 주어 기쁘게 하도록 하신 (임금의) 뜻을 사뢴 左承宣國子監大
　　　司成翰林侍讀學士 崔允愷가 경신년 7월……)

　동사 어간 白-에 형식명사 'ᄃᆞ'와 주제화 기능을 가진 '-ㄴ'이 직접 통합된 것으로 추
정되는 '白等'의 용례는 매우 풍부하다. 주로 관아에서 어떤 사실에 대하여 진술하는 과
정에서 작성되는 侤音과 招辭, 그리고 公緘에 대한 答通의 첫 부분에서 쓰였다. 결송입안
과 매매입안 등의 여러 立案에서 전재되는 과정에서도 그 용례를 흔히 찾아볼 수 있다.
15세기 용례 일부만을 보이면 다음과 같다.

(50) 白等 同生三寸等亦中 … <1469 田養智妻河氏粘連文記 2-33～34> (아뢰는 것은
　　　형제 및 삼촌간 등에게 …)
　　　節 推考 白等 故別侍衛金孝之妻黃氏亦 <1480 金孝之妻黃氏許與立案粘連文書 3-04>
　　　(금번의 추고에 대해 아뢰는 것은 죽은 별시위 金孝之의 처 황씨가)
　　　節 呈 生員金孝盧 所志 內 用良 推考 白等 矣身亦 … <1487 金孝盧土地賣買立案
　　　粘連 3-03～04> (이번에 올린 생원 金孝盧의 소지 내용을 가지고 추고함에
　　　아뢰는 것은 이 몸이 …)

　동사 어간 白-은 다른 동사 侤-와 합하여 白侤-와 같은 합성동사를 만들기도 하며, 이
로부터 파생된 명사 白侤音도 쓰인다. 그러나 조선 전기에는 명사로 쓰인 白侤만이 발견
되며, 파생명사 白是에 爲를 접미시킨 白是爲-의 용례가 16세기 중엽에 나타난다.[32]

　14) 別爲-

　別爲-는 동사 '別ᄒᆞ-'를 적은 이두자로 추정된다. 그러나 중세어에서 '別ᄒᆞ-'는 문증
되지 않고, 다만 부사로 쓰인 '별히'(別히)만이 눈에 띈다.[33] '別ᄒᆞ-'는 대체로 '특별하다'
로 풀이할 수 있으나, 다소 否定的인 의미가 들어 있어 '日常에 어긋나다, 도리에 맞지 않
다'라는 뜻이 담긴다. 別爲-가 본동사로 쓰인 용례는 극히 드물다. (51)이 그 예이다. (51ㄷ)
의 '別爲去乎去等'은 중간에 '有' 자를 빠뜨린 것이 아닌가 싶다. '別爲去乎有去等'이 올

---

32) 본고 제4장의 실질명사 중 고유어 白侤와 白是 참조.
33) 내 모미 밧긔 이셔 별히 쟝망혼 것 업서(臣身在外ᄒᆞ야別無調度ᄒᆞ야) <內訓 初3.57>

바른 표기로 추정되므로 '別爲去乎 有去等'으로 떼어 읽을 수 있을 것이다.

(51) ㄱ. 後次 <u>別爲去等</u> 此 文記 內 告官 卞決事 <1530 土地明文 정32-427 06> (후
　　　에 모난 일이 있거든 이 문서 내용으로 관에 고하여 바로잡을 일)
　　ㄴ. 後次 <u>別爲乎</u> 有去等 告官 卞正事 <1571 土地賣買明文 정33-420 05> (후에
　　　모난 일이 있거든 관에 고하여 바로잡을 일)
　　ㄷ. 後次 <u>別爲去乎去等</u> 告官 卞正爲乎 事 <1553 土地明文 정32-488 05> (후에
　　　모난 일이 있거든 관에 고하여 바로잡을 일)

　그런데 동사 어간 別爲-에 동명사어미가 통합하여 생성된 명사형 別爲가 명사처럼 굳혀져 고려 때부터 이미 사용되었으며 (52ㄱ)에서 보듯 조선 초기에도 그 용법이 이어져 왔다. 이 別爲는 이른 시기 동명사어미의 명사적 용법을 분명히 보여준다. 그런데 15세기의 재산관련 문기들에서는 분재 사유를 적은 본문 뒷부분에서 이 別爲를 대신하여 '別爲所'로 시종일관하고 있다. '別爲所有去等' 또는 '別爲所乙用良'로만 사용된다. '별혼 바'로 읽었다고 추정되는 이 '別爲所'는 이미 別爲가 동명사어미의 명사적 용법을 상실했음을 시사해 주는 개신형 표기로서 조선조 말까지 계속하여 사용된다. 그럼에도 불구하고 16세기에 나타나는 (52ㄴ)의 예들은 이두의 보수적인 성격을 잘 반영하고 있는 의고적 표기라 할 만하다.

(52) ㄱ. 凡 軍民官亦 赴任爲有如可 <u>別爲</u> 無亦 因病身故爲遣 <直解 17.07ㅈ> (무릇
　　　군관과 민관이 부임했다가 특별한 일 없이 병으로 죽고)
　　ㄴ. 後此 <u>別爲</u> 有去等 此 文字內乙 用良 告官 辨正爲乎 事 在 <1510 정1-588 分
　　　財記> (후에 모난 일이 있거든 이 문서 내용을 가지고 관에 고하여 바로
　　　잡을 일임)
　　　後次 <u>別爲</u> 有去乙等 此 明文內乙 用良 告官 卞正爲乎 事 <1550 土地明文 정
　　　32-469 05~06> (후에 모난 일이 있거든 이 문서 내용을 가지고 관에
　　　고하여 바로잡을 일)
　　　後次 <u>別爲</u> 有去等 此 文內乙 用良 告官 辨正事 <1564 土地賣買明文 정
　　　41-536 05-06> (후에 모난 일이 있거든 이 문서 내용을 가지고 관에 고
　　　하여 바로잡을 일)

　명사로 쓰이는 別爲는 '별혼'으로 읽혔던 것으로 추정된다. (51ㄴ)에서의 別爲乎이 명사 別爲의 이표기일 개연성이 높기 때문이다. 동명사어미의 명사적 용법을 상실한 개신

형 '別爲所' 즉, '별혼 바'와는 독법이 달랐으리라 본다. 別爲 또는 別爲所는 '고르게'라는 정도로 사용되는 부사 別乎와는 전혀 다른 존재이다. 동일한 別 자임에도 불구하고 그 사용의미가 다름에 유의해야 한다.

15) 使內-

使內가 文終結 위치에 놓이면 명령의 뜻을 수반하면서 명사문으로써 문장을 끝맺는 기능을 하게 된다. 명사문 종결의 이러한 용법은 이미 7세기 月城垓字木簡 제149호에서 쓰였던 것으로 추정되는데, 조선 초기 이두 번역물인 『養蠶經驗撮要』과 『農書輯要』에서도 확인된다. (53)에 쓰인 '使內.'는 '행하여야 한다' 또는 '행할 것'이라는 문맥적 의미를 지니고 있다.

(53) ㄱ. 內外良中 寒濕之氣 無只爲 使內. <양잠 40ㅈ> (안팎에 차고 습한 기운이 없도록 할 것)
　　 ㄴ. 春耕乙良 天氣 和暖爲去沙 使內. <農書輯要 10> (봄갈이는 날이 따뜻해서야 할 것)

(53)에서 보여준 명사적 용법 및 문종결 기능과 유사한 용례를 고려 중엽 이후부터 조선조 초기에 걸친 准戶口들과 조선 초의 문서에서 발견할 수 있다.

(54) ㄱ. 李子脩乙 準爲內 勅 <1366 李子脩政案 2-3> (李子脩를 확인하라는 勅임)
　　 ㄴ. 部上 楊堤壹里 癸酉年 戶口良中 獨女 沃溝郡夫人宋氏乙 准爲內 教 <1393 崔珙妻 宋氏准戶口 01> (부에서 보관 중인 楊堤1里 계유년 호구장적에서 독녀 沃溝郡 부인 송씨를 확인하라 하심)
　　 税 捧上 喫持是內 教 <1392년 太祖賜給芳雨土地文書 5> (세를 받아 지녀 먹을 것이라 하심)

(54)에 쓰인 爲內와 是內는 (53)에서의 使內에서 동사 어간 표기자인 使를 대신하여 (54)에서는 爲와 是가 쓰인 것이다. (54ㄴ)의 마지막에 쓰인 教 자는 이두자가 아니라 임금의 교시를 가리키는 한자어로 볼 소지가 다소 있음은 물론이다. 高麗初의 慈寂禪師凌雲塔碑陰銘(941년)에서 임금의 教旨를 전재할 때 마지막 '教' 자는 앞엣것들과 사이를 넓게 띄운 사실이 있기 때문이다. 그러나 더욱 중요한 사실은 (54ㄴ)의 '…爲內 教'와 '…是內

教'가 조선 초기 녹권들에서의 '爲良如 教'과 근본적으로 동일한 유형의 구문이라는 점이다. 따라서 이때의 '教'는 이두자임이 분명하며 앞서 논의한 바와 같이 높임동사에 일종의 의도법 어미와 동명사어미가 통합된 형태로서 '이샨'으로 읽혔을 것으로 판단된다.

使內는 동사 어간으로도 사용된다. 명사문을 형성하여 문장을 종결하던 使內의 용법은 매우 이른 시기로부터 이어져 온 것으로 추정되지만, 조선조 초기만 하더라도 이미 화석처럼 일부 잔존하는 흔적만 보일 뿐 동사 어간으로 기능하는 使內가 거의 전부라 하겠다. 동사 어간으로서의 使內-의 경우 內는 不讀字이다. 이는 명사구로써 이두문을 종결하던 관습의 잔재로 해석된다. 이는 관아에서 문서를 行移하는 과정에서 주로 사용된 용법에 기인한다고 본다. 즉, '… 행할 것, … 처리할 것'이라는 의미를 지닌 '… 使內'로써 문장을 끝맺던 오랜 관습으로 말미암아 使內 자체가 하나의 동사처럼 인식된 결과로 추정된다. 이로 말미암아 적어도 고려 중엽 이후로는 使- 자만으로써 동사 어간을 표시하지 않고 예외없이 使內-로 사용하고 있다.

동사 使內-는 대체로 '行하다, 처리하다'의 뜻으로 주로 쓰이나 '부리다, 從事하다, 사용하다' 등의 의미로도 사용된다. 조선 초기의 용례들을 대상으로 사용의미를 보이면 다음과 같다.

(55) ㄱ. 王旨內 事意乙 用良 啓 使內乎 向事 出納是 置有亦 <1392 李和錄券 048>
(왕지 안의 뜻을 가지고 계를 올려 행하도록 할 일'이라는 출납이 있어서)
同僚官亦 公罪乙 犯爲有去乙 所犯 詳審 不冬 重大 得罪爲只爲 遲錯亦 使內在乙良 <直解 01.14ㅈ> (동료 관원이 공적인 죄를 범했거늘 범한 바를 자세히 살피지 아니하고 무겁게 득죄하도록 늑장을 부려 행한 경우에는)
三等流罪乙良置 並只 杖一百 四年乙 徒役 使內齊 <直解 01.21ㅈ> (3등 유죄의 경우에도 모두 杖一百하고 4년을 도역으로 행하며)
萬一 右如 使內乎 第亦中 蚕身亦 互相 當擊乙 仍于 <양잠 28ㅈ> (만일 위와 같이 행할 적에 누에의 몸이 서로 부딪힘으로 인하여)
爲等如 使內白叱乎 所 的是白乎 事是良尒 <1480 金孝之妻黃氏許與立案粘連文書 3-07∼08> (모두 종사하여 있던 바가 맞는 일이어서)

ㄴ. 同心 使內乎 其功 甚大 <1392 이화녹권 045> (마음을 같이 하여 종사한 그 공이 매우 커서)
他衙門吏員以 使內如可 受粮司吏良中 發充人亦 犯罪爲在乙良 <直解 01.13ㅎ> (다른 관아의 서리와 원으로 종사하다가 양곡을 받는 관아의 서리에 충원된 사람이 범죄한 경우에는)

ㄷ. [裵]權弋只 都事以 進叱使內良如 教 右良如 教 事是去 有良尒 <1425 裵權差

定平關 03~04> (裵權이 도사로 나아가 종사하여라 하심(이며) 이와 같이 (하교)하신 일이 있어서)

金海弋只 進叱使內良於爲 口 /傳 施行教 事是良厼 進叱使內 向事 <1478 鄭從雅伴倘金海差定帖 04~06> (金海가 나아가 종사하도록 구전으로 시행하신 일이기에 나아가 종사하도록 할 일)

(55ㄱ)은 '行하다, 처리하다'의 뜻으로, (55ㄴ)의 경우엔 '부리다, 從事하다, 사용하다'의 의미를 주로 나타낸다. (55ㄷ)의 합성동사 進叱使內-의 경우엔 전자보다도 후자의 의미가 더 강하게 느껴진다. (55ㄷ)의 使內向事은 함께 붙어 사용된 예들이 많아 使內向-을 합성동사로 볼 소지가 다소 있으나 이때의 使內는 문종결 위치에서 동명사어미가 통합되어 명령의 의미를 띤 용법의 잔재로서 일단 끊어 읽은 후에 동사 向-이 뒤따르는 구조로 보아야 한다. 이것은 (55ㄱ)에서의 '使內乎向事'의 용례가 있어 입증된다.

조선 전기에 동사 使內-에 통합되는 어미들로서는 -遣, -齊, -良, -良如, -如可, -乎矣[34], -乎旀, -去等 그리고 통합어미로서는 -在果, -只爲, -良於爲 등이 있다. 동명사어미가 덧붙어 있는 -在과 -乎가 발견됨은 물론이고, 선어말어미류로는 -白-, -臥-, -如-가 통합된다. 특이한 용례로는 使內-에 주체존대의 선어말어미 -教-가 덧붙은 '使內教-'이 있으나[35] 이것은 예외라 할 수 있다. 동사 使內-는 윗사람이나 品高官衙에 대해서는 일반적으로 사용할 수 없음에도 불구하고 財主 입장에서 관아에서 相考하여 처리하시도록 하라는 뜻으로 사용되었기 때문이다.

동사 使內-는 부정사 不冬과 不得이 이어져 하나의 連語로서 사용되기도 하였다.

(56) ㄱ. 起揭爲在乙良 必于 其矣 身亦 親亦 使內不冬爲在乃 爲首以 論遣 <直解 19.01ㅎ> (모의를 시작하고 주도한 경우에는 비록 저의 몸이 직접 행하지 않은 것이라도 주범으로 논하고)

ㄴ. 醫業 使內不得爲只爲 <直解 19.08ㅎ> (의업에 종사하지 못하도록)
此亦中 堤堰防築 有 處 田地段 入水 去水乙 心音 迫于 使內不得爲臥乎等用良 天時雨澤乙 看審 使內. <農書輯要 16> (이에 둑이나 축대가 있는 곳의 전지는 물을 넣고 빼기를 마음껏 행하지 못하기 때문에 날씨와 비를 살펴 행할 것)

ㄷ. 縣良中置 謄錄 施行 使內 置 必于 該司 上納物件 不喩是良置 <1546.10.27. 關

---

34) 어미 '-乎矣'에서 乎가 빠진 使內矣의 용례가 하나 보인다. 『李朝の財産相續法』 100쪽의 1566년 유서 참조.
35) 万一 相考 隅 有去等 此 文記 內乙 用良 使內教 事是 在 <1436~1443 權明利許與文記 33> (만일 상고할 까탈이 있거든 이 문서 안의 내용을 가지고 (관아에서) 행하시도록 할 일임)

文 소수서원등록> (현에도 등록을 시행하여 처리하여 두고 비록 해당 관
사에 상납할 물건이 아니라도)

(56ㄱ, ㄴ)이 그 예이다. 그리고 (56ㄷ)에서의 '使內置'는 두 개의 동사를 나열 표기한
것에 불과하므로 합성동사라고 볼 수 없다.

16) 率-

'率-'의 우리말 새김은 애매한 면이 있다. 중세어에서도 '거느리-'와 '드리-'의 두 동
사가 별도로 있어 그 독음이 어느쪽인지를 판가름하기가 애매하다. 대체로 率領한다는
뜻으로 보면 '거느리-'가 옳을 듯하고, 현대어의 '데리고 가다, 데려 오다'의 의미를 지닌
경우에는 '드리-'가 옳다고 본다. 『新增類合』과 『石峰千字文』에서 '드릴 솔'[36]로 새긴
것으로 미루어 보면 이두자 率-의 독음이 '드리-'일 개연성이 높은 듯하다. (57)과 달리
(58)에서는 '거느리다'의 의미가 강하게 느껴진다.

(57) 全委差人爲 犯者矣 親人乙 率良旀 大內良中 進叱 面啓爲白遣 放送爲乎矣 <直解
   28.05ㅎ～06ㅈ> (전적으로 위임한 사람을 차정하여 범인의 親人을 데리고
   대궐 안에 나아가 임금께 대면하여 계를 올리고 놓아 보내되)
   去 丙辰年分 同 夫妻亦 所生奴婢 幷四口 率良旀 逃亡爲去乙 推尋不得爲白有如乎
   <1460 所志 정98-87 03～04> (지난 병진년에 위 부처가 소생 노비 모두 4명
   을 데리고 도망하거늘 추심하지 못했는데)
   元財主 祖母亦 女子 率良旀 州內 入來時 <1576～ 입안 정6-15 440～441> (원
   래의 재주인 할머니가 딸자식을 데리고 주 안에 들어올 때)
   其矣 所知雜類等 率良厼[37] 同 王子兩分 …… 夫人敎是等乙 …… 執捉結縛 堅囚
   軍營爲遣 <1592.10.14. 狀啓 農圃集 1.48ㅎ/3.19ㅈ> (저의 아는 바 잡것들을 데
   리고서 위 왕자 두 분과 …… 부인님 등을 …… 잡아 결박하여 군영에 단
   단히 가두어 두고)
   諸萬春亦 …… 思還本 /國 格軍十二名 率良旀 至死逃還 情似可憐爲白乎 叱分 不
   喻 <1593.8. 계문 임진장초 37> (諸萬春이 …… 우리나라에 돌아올 생각을
   하여 격군 12명을 데리고 죽음을 무릅쓰고 도망쳐 돌아오니 그 정황이 가련
   하올 뿐만 아니라)

---

36) 光州版 『千字文』에서는 '드닐 졸'로 나타난다.
37) 후대본에는 厼가 旀로 되어 있다.

(58) 假將等乙 所率軍人 率良旀 雨晴 卽時 同處 馳進 別將處 聽令亦 已曾 傳令爲在果
    <1593.2.20. 절도사傳令 대구월촌단양우씨문서 17 06~07> (가장들에게 데리
    고 있는 군인을 거느리고 비가 갠 즉시 위 장소에 빨리 나아가 별장으로부
    터 명령을 받으라고 이미 전령하거니와)

위 용례들에서 보듯 동사 率-은 어말어미 -旀와 직접 통합된 것이 없고 그 사이에
'良'을 개입시킨 '率良旀'와 '率良弥'만이 발견된다. 이 경우의 -良-은 타동성을 지닌 동
사임을 드러내는 표지로서의 기능도 겸한 것으로 이해된다. 고려 시대 구결 자료에서도
중세어의 어미 '-며'에 대응하는 구결자 앞에 '良'이 쓰인 용법이 있음이 참고된다.

특이한 점은 '率良旀'의 경우엔 어말어미 -旀가 지니고 있는 일반적인 나열의 의미가
전혀 없다는 사실이다. 현대어의 '데리고' 정도의 문맥적 의미를 지닐 뿐이다.

17) 隨-

隨-는 중세국어의 '좇-'에 해당한다. (59ㄱ, ㄴ)은 隨-가 본동사로 쓰인 경우인데, 이
중 (59ㄴ)에서는 사동의 의미를 갖는다. (59ㄷ)의 隨乎는 중세어의 '조초'에 정확히 일치
하는 형태로서 명사 뒤에 연이어 나옴으로써 일종의 후치사처럼 사용되던 것이다.

(59) ㄱ. 隨弥 助力下手爲在乙良 絞齊 <直解 19.01> (따르며 수종자로서 행동에 착
        수한 경우에는 교형에 처하며)
    ㄴ. 凡 豪强人等亦 子孫弟姪乙 用良 官員伴倘以 隨弥 差役乙 隱避爲 使內不冬爲在
        乙良 家長乙 杖一百齊 <直解 04.06ㅎ> (무릇 넉넉하고 힘센 사람들이 자
        식과 손자 동생 조카로써 관원의 반당으로 따르게 하며 부과된 역을 피
        하고 종사하지 않게 한 경우에는 가장을 杖一百에 처하며)
    ㄷ. 無夫爲在乙良 有服制親族 及 切隣乙 作保准受爲有如可 官員仕官日 隨乎 聞見
        待候遣 不許囚禁爲乎矣 <直解 28.18> (남편이 없는 이는 상복을 입는 친
        족 및 이웃집 사람을 보증인 삼아 유치했다가 관원이 출사하는 날을 좇
        아 사정을 듣고 본 뒤 命을 기다리고 (여자는) 가두지 못하게 하되)

隨-가 위 (59)처럼 단일동사로 사용되는 예는 많지 않다. 『大明律直解』에서는 현대어
의 '따라가다'의 같은 연어 구성을 한자 본래의 의미를 가진 두 자 즉, '隨去'로 표현하여
명사합성어처럼 사용한 경우가 많다. (60)이 그 예들이다. (60ㄱ)의 '持去' 역시 '隨去'와
마찬가지로 우리말 단어의 實辭에 해당하는 한자를 연이어 쓴 것으로서 '가져가다'에 해

당한다.

> (60) ㄱ. 母馬乙 偸取 持去次 兒馬亦 隨去爲在隱 皆併計 爲罪爲乎 事 <直解 18.19ㅈ>
>   (어미말을 훔쳐 가져 가는데 새끼말이 따라 간 경우엔 모두 합해 셈하여
>   죄로 삼을 것)
>
> ㄴ. 因此 被誣人矣 有服親屬亦 隨去爲如可 一人是乃 致死爲在乙良 誣告人乙 絞死
>   遣 <直解 22.04ㅈ> (이로 인해 무고를 당한 사람의 상복을 입는 친족이
>   따라가다가 한 사람이라도 죽게 된 경우에는 무고인을 교형에 처하고)

18) -是-

서술어로 기능하는 -是-는 '-이-'로 읽히는 訓讀字이다. 이것은 계사로서 지정의 의미
를 지니는 형태소이다. 달리 말하자면 지정사 어간에 해당된다. 따라서 -是-는 15세기 국
어의 계사에 정확히 일치하는 이두 표기자이다. 15세기 국어의 계사는 '-이-'로 나타나
지만 그 이전 시기의 어형은 '-*일-'이었을 것으로 추정된다. 계사에 어미 '-옴'과 '-오
디'가 통합되면 '-이롬'과 '-이로디'로 나타나는가 하면, 일명 의도법 선어말어미 즉 인
칭 및 대상활용의 선어말어미 '-오/우-'가 통합되면 '-이로-'로 실현되기 때문이다. 이와
관련하여 고찰해 볼 대상은 조선 초기의 '事是等' 용례이다.

> (61) ㄱ. 賜與爲臥乎 事是等 子孫 傳持 鎭長 喫持是良於爲 敎 <1399 趙溫賜牌 08>
>   (내려주는 일이니 자손에게 전하여 지니고 오래도록 가지고 먹도록 하심)
>   爲等如 賜給爲臥乎 事是等 子孫 傳持者 <1401 曹恰賜牌 06~07> (통틀어
>   사급하는 일이니 자손에게 전하여 지니게 할 것)
>   賜給爲臥乎 事是等 後所生 幷以 子孫 傳持 永永 使用爲良如 敎 <1433 李澄
>   石賜牌 08~09> (사급하는 일이니 후소생과 아울러 자손에게 전하여 지
>   녀 영구히 사용하여라 하심)
>
> ㄴ. 爲等如 施行爲臥乎 事是等 後所生以 新反 文字 前所生 幷以 執持 使用爲乎 事
>   是亦 在 <1404 張戩妻辛氏同生和會文記 14~15> (통틀어 시행하는 일이니
>   후소생으로부터 새 문서 전의 소생까지 아울러 지녀 사용할 일이 있음)
>   啓[＿＿＿＿＿＿]事是等 同 金孝[＿＿＿＿＿] <1483 金孝盧繼後司憲府立案 32> (啓
>   [＿＿＿＿＿＿] 일이니 위 金孝[＿＿＿＿＿])

> (62) ㄱ. …事是等 後次 別爲所 有去等 <1556 土地明文 정32-511 05> (…일이니 후
>   에 모난 일이 있거든)

ㄴ. 今年 花利乙良 并作以 付種 秋成 分食爲乎 事是等 後此 萬一 雜談爲去等
<1576~ 입안 정6-15 386~387> (금년 소출은 병작으로서 씨 뿌리기와
가을걷이로 분식하는 일이니 후에 만일 잡스러운 말이 있거든)

ㄷ. 汝矣 子 至亦 盡誠奉祭爲乎乙 事是等 他子孫中 某人是乃 爭訟 隅 有去乙等 此
文記內乙用良 告官辨正爲乎 事 <1593 別給文記 전북지방고문서(1) 도판 14~
17> (너의 아들에 이르기까지 정성을 다해 제사를 모실 일이니 다른 자
손 중 어느 누구라도 송사로 다투는 까탈이 있거든 이 문서의 내용을
가지고 관에 고하여 바로잡을 일)

'事是等'은 (61ㄱ)에서 보듯 조선 초기 사패문서들에서 몇 용례가 발견된다. 따라서 이
들이 사패문서의 끝 부분에서 상투적으로 쓰이는 용법이 아닌가 생각하기 쉬운데, (61ㄴ)
에서와 같이 私人文書에서도 사용되었음이 확인된다. 또한 이 용법이 15세기 초까지만
존재했던 것이 아닌가 추정했으나,[38] (62)를 보면 16세기 말까지도 연면히 이어져 나간
것이 입증된다. (62)에서 특히 주목되는 사실은 '…是等'은 그 뒤에 나오는 '…有去(乙)
等'이나 '…爲去等'과는 전혀 의미가 다르다는 점이다. 다시 말해 '…是等'의 어미 -等은
일반적으로 가정 또는 전제의 의미를 지닌 -去(乙)等과는 전혀 다른 존재로서 대체로 '…
이나' 정도의 문맥적 의미를 가진다.

'事是等'은 일단 '명사+계사+어미'의 구조로 분석할 수 있을 것이다. 다만, 명사 어
간의 표기가 단순히 '事'만으로 끝나는 것인지, 아니면 '事是'까지인지는 검토 대상이다.
만약, 후자의 경우라면 '事是等'은 '事是是等'에서 중복된 '是' 자 중의 하나를 생략 표기
한 것이다. 생략표기 여부에 상관없이 '…是等'의 존재는 계사 어간에 어미가 통합된 형
태로서 이때의 어미는 중세어에서 문증되지 않는다. 金裕範(1998)도 '事是等'에 대하여 '명
사+계사+어말어미'로 분석하고, '…是等'은 계사에 어미 '-든/돈' 또는 '-ㄹ 든/돈'이
직접 통합된 것으로 보았다. 그러나 이 경우 'ㄹ' 음은 계사의 말음으로 보아야 하기 때
문에 이른 시기의 어미는 '-*든/돈'으로 재구되어야 할 것이다. 기원적으로 '…*일든/일
든'으로 읽혔던 것으로 추정되는 '…是等'의 존재는 이미 고려 시대부터 발견된다. 다음
의 (63)이 그 예이다.

---

38) 『大明律直解』에 보이는 '…是等'은 자주 쓰이는 '…是去等'에서 '去' 자를 빠뜨린 것이므로 이와 직접 관
련이 없다. "三犯是去等 准免死一度爲乎矣 奉命出征時是等 與者 受者 不在此限"<直解 23.06ㅎ>.

(63) 各 後所生 幷以 子孫 傳持 使用爲良於爲 出納 成給爲臥乎 事是等 右事須貼 <1262
尙書都官貼 108~109> (각 후소생 아울러 자손에게 전해 지녀 사용하도록 출
납을 성급하는 일이니 위 일을 모름지기 첩문으로 하달함)
…… 具錄于后爲臥乎 事是等 今後乙良 …… <1361 慶州司首戶長行案序 20~
21> (… 모두 뒤에 기록하는 일이니 앞으로는 ……)

이두의 계사 즉 지정사 어간 -是-는 동사파생 접미사 -爲-(ㅎ)와 수의적으로 혼용된
다.[39] 지정의 의미를 가지며 서술어 어간으로 기능하는 -是-는 매우 다양한 활용형을 보
여 준다.

-是-와 통합되는 어미로는 -齊, -旀, -遣, -乃, -去, -乎矣, -良厼, -去乙, 인용의 -如
와 -亦 등이 있다. 다만 동작성을 보유한 동사 어간에 덧붙는 -良如, -如可와 같은 어미와
는 통합되지 않는다. 그런데 -尼가 덧붙은 용례가 거의 없는 점[40]이 다소 특이하다. -是尼
가 올 만한 자리에서는 앞서 말한 보수적인 형태의 -是等이 잔존하여 그 기능을 대신하
고 있는 것으로 추정된다. -是去의 경우엔 계사 뒤에 -ㄴ이 덧붙은 뒤에 다시 중세어의
의문형 첨사 '-가'를 덧붙인 것을 표기한 예들도 있어 유의할 필요가 있음은 물론이다.
말하자면 '…인 지'에 대응하는 -是喻와 일맥상통하는 구조도 있으므로 단순히 계사에
어미가 덧붙은 것과 구별해야 한다.

-是-에 덧붙은 통합형 어미들로서는 -去等, -去乃, -於乙爲, -在, -在果, 동명사어미
가 수반되는 -乎, -昆, 그리고 '…是內 敎' 용법에서의 -內 등을 찾아볼 수 있다. 선어말
어미로는 경어법의 -白-이 매우 자주 쓰이는데, 주체존대의 -敎(是)-와는 직접 통합되지
않는다. 이것은 계사에 주체존대 선어말어미가 통합되는 경우엔 -敎(是)-가 이를 대신하여
쓰이기 때문이다. 따라서 -*是敎(是)-는 나타나지 않고, 계사와 주체존대 선어말어미 사
이에 경어법의 -白-이 개입된 -是白敎(是)-와 같은 용례들이 특히 조선 초기 녹권들에서
많이 사용되었다. 한편 현재 시상의 선어말어미 -臥-와는 일반적으로 통합되지 않는다.
16세기에 이르면 예외적으로 몇 개의 용례 '-是臥乎'를 만나게 되는데, 이들 모두 -爲-
가 들어갈 자리에 -是-로 대신하거나 어법에 다소 어긋난 것들이다.

(64) ㄱ. 於心 極喜可言 以是 不可不 賞是臥乎 等乙 用良 <1551 分財記 조선시대남원

---

39) 以爲字是字起頭者其下辭互換通用於發端處 <吏讀便覽>
是字爲字隨勢改換爲好 又或做兩行項吏吐成一語脉亦無妨 <儒胥必知>
40) 『養蚕經驗撮要』에 계사 표기를 생략한 '喻尼'가 하나 존재한다. "種子高致乙良 …… 擇取爲乎 喻尼"<3ㅈ>

둔덕방의전주이씨와그들의문서(Ⅰ) 184/ 박물관도록 302 02~03> (마음에
극히 기쁘다 말할 만하여 이로써 아닌 게 아니라 상을 주는 것이므로)

ㄴ. 贖身 十年前 代奴 物故者乙 還賤亦 新立科條是臥乎 等 用良 還賤爲沙餘良
<1563 衿給文記『李朝の財産相續法』 149 09~10> (속신하기 10년 전에
대역으로 세운 종이 죽은 경우에는 천인으로 되돌린다고 새로 만든 조
문을 가지고 환천한 데다가)

爲等如 同 侉音是臥乎 在亦 向前 多勿沙里亦 …… <16세기 입안 정6-23
268~269> (통틀어 위 다딤인 것이 있어 앞서의 多勿沙里가 ……)

汝矣身置 奉祀長孫是臥乎 等乙 用良 <1561 별급문기 정41-491 03~04>
(여자인 이 몸도 제사를 모시는 장손이므로)

그런데 '…是去有…'의 구성은 다소 특이한 면이 있다. 이 경우의 是는 계사로서 어미
-去가 통합된 것이다. 따라서 -去 뒤에 따라 나오는 -有-는 시상의 선어말어미로서 기능
한다. 그럼에도 불구하고 고려 시대부터 나타나는 '…是去有…'에 대하여 (65)와 같이
'…是去# 有…'로 떼어놓고 有를 본동사로 풀이하면 오히려 문맥상으로 더 부합하는 면
이 있다. 이렇게 되면 두 가지 해석이 가능하다. 하나는, -是가 선행명사의 격을 표시하
고 -去는 어말어미라기보다는 첨사에 가까운 존재로 이해된다. 다른 하나는, -是-는 계
사이고 -去는 어말어미가 될 것이다. 첫 번째 해석과 관련하여 볼 때 (66)의 용례가 눈에
띈다.

(65) 其功 甚大 帶礪難忘是去 有 等以 <1392 李和개국공신녹권 045~046> (그 공이
매우 커서 황하가 띠와 같이 좁아지고 태산이 숫돌과 같이 작게 되어도 그
공을 잊기 어려움이 있기에)

右良如 敎 事是去 有 等以 <1392 李和개국공신녹권 047> (위와 같이 하신 일
이 있기에)

(66) ㄱ. 有司 擧行爲良如 敎 事是 有 等以 <1395 張寬開國原從功臣錄券 080> (담당
관사가 거행하여라 하신 일이 있으므로)

ㄴ. 關是 有旀 <1407 長城監務關字> (관문이 있으며)

(66ㄱ)의 '…是 有…'는 중간의 去를 빠뜨린 것으로 보인다. 여러 자료에서 산견되는
'敎事是去有等以'와 대비해 볼 때 '去' 자를 빠뜨린 것임이 드러난다. 같은 문서 안에서도
제70행과 제89행 및 제101행 등에서는 '敎事是去有等以'로 적혀 있다. (66ㄴ) 역시 전재
과정에서 '去'를 빠뜨린 것이 아닌가 싶다. 그러나 다른 한편으로 생각하면 '去'를 설혹

탈락 또는 생략하였다손 치더라도 문의에 별다른 지장을 받지 않았던 것일 수 있다고 상정된다. 만약 이러한 가정이 옳다면 (66)의 -是는 주격 표지이고 有-는 본동사이며, 빠뜨린 '-去'는 확인의 의미만을 갖는 첨사적 존재로 이해된다. 얼핏 보면 억측이라 할 만한 이러한 가정이 유효한 까닭은 제4장에서 이미 언급했듯이 주격 조사와 계사가 형태와 기능 면에서 유사성을 가지고 있었기 때문이라고 판단된다.

19) 審是-

審是-는 중세어 동사 '슬피-'에 대응한다. 是는 말음 표기자이다. 고려 시대 이두 자료에서도 그 용례가 발견되는데, 조선 초기 녹권들을 제외하면 조선조 전기에서는 그 용례를 찾기 힘들다. 이것은 주로 看審, 詳審 등과 같은 한자어로 대체하여 사용한 데에서 기인한 것으로 이해된다. (67)은 조선 초기 녹권에서의 일부 용례들인데, 동일한 표현이 상투적으로 쓰이고 있다.

(67) 王旨內 思 審是白內乎矣 <1392 李和錄券 049> (왕지 안의 뜻을 살피옵건대)
王旨內 思 審是白內乎矣 <1395 陳忠貴錄券 110>
王旨內 思 審是白內乎矣 <1395 金懷鍊錄券 123>

20) 如爲-

如-는 '*다' 또는 '곧'의 표기자로 추정된다. '곧'은 중세어에서 '눈 곧 디니이다'에서처럼 부사로도 사용되고, 동사 '곧ᄒ'의 어근 명사로도 사용되었다. 그런데 '*다'의 경우에는 딱히 독립적인 용례를 찾기 어렵고 '다ᄒ-' 역시 발견하기 힘드나[41] 이로부터 파생되어 부사화 접미사로 쓰이는 '-다히'가 있다.

그런데 『大明律直解』에는 '다ᄒ-' 또는 '곧ᄒ-'에 대응하는 용례들이 여럿 보인다. (68)에서 보듯 이들 모두가 '如爲在'으로 쓰여 후행 명사를 꾸미거나 명사화하여 대격조사를 덧붙여 사용된다. '如爲在'이 여러 개의 명사구를 나열한 뒤에 '(…과) 같은' 또는 '(…과) 같은 것을'이라는 의미를 나타낸다.

---

41) '됴타 됴타 네 말 다ᄒ니라' <月釋 12:35ㅈ>

(68) ㄱ. 道路良中 有病爲旀 船路良中 遭風爲旀 逢賊 如爲在 事狀等乙 用良 <直解 01.19
ㅈ> (길 가다가 병이 나며, 뱃길에 바람을 맞으며, 도적을 맞은 것과 같
은 일들로 말미암아)

割目 折足 如爲在 篤疾乙 致成令是乙良 <直解 19.05ㅎ> (눈알을 빼거나
다리를 부러뜨리는 것과 같은 독질을 만들게 한 경우에는

ㄴ. 凡 公事以 所送 官物 囚徒 牛馬 如爲在乙 差人 押領 遞送爲乎矣 <直解 17.06
ㅈ> (무릇 공적인 일로 보내는 관물과 죄수들 우마 같은 것들을 사람을
임명하여 호송하여 보내되)

神仙 道像 及 義夫 節婦 孝子 順孫 如爲在乙 粧飾 勸人爲在乙良 不在禁限爲乎
事 <直解 26.05ㅈ> (신선이나 도인 상 및 의로운 지아비, 절제한 여자,
효자, 착한 손자 같은 것을 분장하여 사람들에게 권장한 경우에는 금하
지 말 것)

유의할 점은 '…是如 爲…'로 써야 할 곳에서 계사 '是'를 빼뜨려 동사 如爲-처럼 쓴
것이 있는가 하면, 이와 반대로 如爲-로 쓸 곳 앞에서 '是'를 넣기도 했다는 점이다. (69ㄱ)
에서 '重罪如 爲旀'와 '輕罪如爲在乙良'은 각각 是를 끼워넣어 '重罪是如 爲旀'와 '輕罪是
如 爲在乙良'으로, (69ㄴ)에서의 '百戶是如 爲在乙'은 是 자를 삭제하여 뒷부분의 '統主
如爲在乙'과 같이 '百戶 如爲在乙'로 바로잡고 끊어 읽어야 한다.

(69) ㄱ. 輕罪乙 重罪如 爲旀 重罪乙 輕罪如 爲在乙良 其矣 加減罪以 論齊 <直解 28.10
ㅎ> (경죄를 중죄라 하며 중죄를 경죄라 한 경우에는 저의 가감죄로써
논하며)

ㄴ. 百戶是如 爲在乙 選用爲乎 第亦中 用鎗擊刺 入格爲在 人乙 用良 選用遣 統主
如爲在乙良 隨意選擇 充立爲遣 不在此律爲乎 事 <直解 02.01ㅎ> (백호와 같
은 사람을 골라쓸 때에 창을 써 찌르는 시험에 합격한 사람으로써 골라쓰
고 통주와 같은 사람은 임의로 선택하여 채우고 이 율을 적용하지 말 것)

如爲-를 '다ᄒᆞ-'로 읽었는지 아니면 '걷ᄒᆞ-'로 읽었을지는 애매하다. 그런데 如를 '다'로
읽는 독법은 부사로 쓰이는 皃如, 爲等如, 歧等如, 右良如 등에 화석화되어 남아 있다.

21) 餘-

餘-는 강세 첨사 '-沙' 뒤에서 '餘良'로만 쓰였다.[42] 즉, '…沙 餘良'로서 일종의 연어

─────────
42) -沙를 빠뜨린 용례가 16세기에 보이나, 이 경우엔 '…(은) 말고'라는 뜻으로 쓰여 전혀 다르다. 飾辭 餘良

처럼 사용된다. 이때 -沙 앞에는 명사 이외에도 (-)爲-와 -是-가 놓이고, 상달문서라든 가 관아 또는 윗사람에게 올리는 글에서는 공손 표현의 경어법 선어말어미 -白-이 쓰인다. 고려시대 尙書都官貼에서는 '削除令是敎是沙餘良'<86~87>가 있어 주체존대 선어말어미 뒤에서도 통합될 수 있지 않았나 싶은데, 조선 전기에는 그러한 용례가 없다.

동사 어간 餘-는 국어의 '남-'에 해당된다. 그러나 '⋯沙 餘良' 구성에서의 餘에는 '남다'보다는 '넘다'의 의미가 훨씬 더 강하므로 모음조화에 잉여적인 이두 표기에서는 越 또는 過 자 대신에 餘를 사용한 것이 아닌가 싶다. '⋯沙 餘良' 구성은 꽤 빈번히 사용되었던 관계로 -沙에다가 다시 주제화 형태들을 덧붙여 읽는 관습이 형성되어 왔다고 본다. '是沙餘良'을 '이산나마'<吏文, 吏文大師, 羅麗吏讀>로 읽은 것이 참고된다.[43]

(70) ㄱ. 其餘 親族人 及 已經斷罪爲在 人等乙良 並只 近侍宿衛沙 餘良 金城 京城 把直 至亦 禁止爲乎矣 <直解 13.06ㅎ> (그 나머지 친족 사람 및 이미 죄를 받은 사람 등은 모두 근시숙위는 물론 금성과 경성의 파수직에 이르기까지 금지하되)

ㄴ. 道內 名山大川 及 四方界域山川之名 里數沙 餘良 險阻關防要害之處 幷以 開寫 事. <1425 慶尙道地理志 02> (도 안의 명산과 큰 강 및 사방 경계와 산천의 이름을 거리에다가 험한 요새와 위험한 곳을 다 아울러 자세히 기록할 것)

ㄷ. 奴 抵哲矣段 時 六拾餘歲沙 餘良 自少以 率去 他例 有功爲乎 等 用良 放役爲 臥乎 事是齊 <1443? 權明利許與文記 29~30> (사내종 抵哲의 경우엔 지금 60여 살인 데다가 어렸을 때부터 데리고 살았으며 다른 사례들에서 공이 있으므로 방역하는 일이며)

(70)은 조선 초기에 '명사+沙 餘良'에 해당되는 예들이다. 이들 모두 '-沙 餘良'를 '⋯이나마'로 풀이할 수 없음은 물론이다. (70ㄱ)의 '近侍宿衛沙 餘良 金城 京城 把直 至亦'는 '近侍宿衛은 물론이고 金城과 京城의 把直에 이르기까지'라는 문맥적 의미를 지닌다. (70ㄴ) 역시 名山大川과 주변 산천, 그리고 里數에다가 거기에 더하여 험한 곳 등을 아울러 적으라는 문맥에서 사용되었고, (70ㄷ)은 奴인 抵哲은 이미 60여 살인 데다가 有功한 바가 있어 放役한다는 내용을 담고 있다. 따라서 '-沙 餘良'는 '⋯인 데다가 거기에 더하여' 또

從實現告亦 更良 推考敎是臥乎 在亦 <16세기 입안 정6-23 155~156>

43) 『鷹鶻方』의 이두문에서는 '不得是沙乙餘良'<37>로 나타나는데, 전사 과정에서 후대의 관행이 덧붙은 것인지의 여부는 숙고 대상이다.

는 '…에다가 그것을 넘어'라는 뜻을 표현하고자 한 데에서 발생한 듯하다. 李承宰(1992
ㄱ:128)에서 언급했듯이 대체로 '부가'의 의미를 지닌 표현으로 사용하는 것이다. '명사+
沙 餘良'의 용법은 조선 전기에 그대로 이어진다. (71)이 그 중의 일부 예들이다.

> (71) 民間雜買賣 及 米麵雜稅沙 餘良 各色貢物良中 幷計 捧上爲乎矣 <直解 07.01ㅎ>
> (민간에서의 여러 가지 매매 및 양곡에 대한 세금에다가 여러 가지 공물에
> 모두 셈하여 받되)
> 子城亦 長子沙 餘良 醮禮之日 親見新婦 情意至重乙 仍于 <1550 分財記 정44-112
> 02~03> (子城이 장자인 데다가 초례를 치르는 날 신부를 직접 보니 정다운
> 마음이 크기에)

그런데 16세기에 들면서 명사 뒤에 是를 덧붙여 '-是沙餘良'라는 표기가 등장하여 널
리 사용되기 시작한다. 선행명사에는 부정사 不得도 포함된다.

> (72) ㄱ. 連次 粘連 所志 及 文記是沙 餘良 奴主 及 證筆 各人 招辭是乎 等 用良 相考
> 爲乎矣 <1544 입안 정1-247 > (연이은 점련 소지 및 문서에다가 종의
> 주인 및 증인과 필집 각 사람의 초사 등을 가지고 상고하되)
> 今後乙良 監役參奉 及 次知書員 姓名是沙 餘良 修改處所 物名 幷以 曹以 置簿
> 修理後 三四年內 頹毁 色退是如 頉報爲良在等 <1558 예조계목 각사수교
> 54> (앞으로는 역을 감독한 참봉 및 담당 서리와 원의 이름에다가 수리
> 한 곳과 물건 이름을 아울러 조에서 장부를 만들어 두었다가 수리 후 3~
> 4년 안에 무너지거나 색이 바랬다고 탈을 보고하거든)
> 向前 婢 五月是沙 餘良 件衣 金伊德 今臺 等 及 <1579 입안 영2-275 24~
> 25> (앞서의 계집종 五月에다가 件衣 金伊德 今臺 등 그리고)
> ㄴ. 鑿知私見 紛紜改易 不得是沙 餘良 況㫆 李琿 生時乙良置 亦不罷繼爲有去乙
> <1553.4.20. 禮曹傳教 각사수교 48 및 大典詞訟類聚 146⁴⁴)> (사적인 견해
> 에 집착하여 어지럽게 바꾸지 못하는 데다가 하물며 李琿의 생시에도 파
> 계하지 않았거늘)

명사 뒤에 是를 덧붙여 '-是沙餘良'로 표기한 것은 '-爲沙餘良'에 이끌린 개신형 표기
라고 이해된다. '-爲沙餘良'은 이미 고려 때부터 사용되어 왔을 뿐만 아니라 조선조 초기
에도 광범위하게 쓰였기 때문이다. 구성상의 유사성에 이끌려 爲를 是로 바꿈에 따라 명
사 뒤에서는 없었던 계사 是를 덧붙이게 된 용법이라고 추정된다. 爲沙餘良와 是沙餘良에

---

44) 『大典詞訟類聚』에서는 '生時乙良置'에서 '乙良'이 빠져 있다.

다시 공손 표현의 경어법 선어말어미를 덧붙여 爲白沙餘良와 是白沙餘良로 쓰이기도 함은 물론이다.

(73) 荒年 及 遠年 陳田畓出乙 豊年例 同亦 高重 捧上爲沙 餘良 各道 諸島 浦 串等 及 所司 本屬爲在 水梁等乙 全屬令是於 <1262 尙書都官貼 27~28> (흉년 및 오래 묵힌 전답의 소출을 풍년의 예와 같이 높고 중하게 받은 데다가 각 도 및 섬 포구 곳 등과 관사에 소속된 水梁 등을 모두 소속시키며)

河緯地女子段 年六歲時始叱 率居長養 至今 順意孝道爲沙 餘良 <1469 田養智妻河氏粘連文記 2-03> (河緯地의 딸은 나이 여섯 살 때부터 데리고 살며 양육하여 지금까지 내 뜻에 따르고 효도하고도 남음이 있어)

二年乙 女矣 家 長養爲沙 餘良 時時 往來 孝道爲臥乎 等 用良 <1480 金孝之妻黃氏奴婢許與立案粘連文書 1-16> (2년을 나의 집에서 자란 데다가 때때로 왕래하여 효도하기에)

汝矣身亦 常時 不離 侍側奉養爲沙 餘良 子 敦厚 作妾爲有臥乎 等 用良 <1481 掌隸院贖身立案> (네가 늘 떠나지 않고 곁에서 돌본 데다가 아들 敦厚가 첩으로 삼았기 때문에)

(74) ㄱ. 各村 資福定體之意 不合爲白沙 餘良 矣徒 祖上願意 <1407 長城監務關字> (각 마을의 복을 빈다는 뜻에 맞지 아니한 데다가 우리네 조상들의 발원한 뜻에도)

　　ㄴ. 牛疫亦 平安一道叱分 不喩 他道良中置 多有染斃之處爲白沙 餘良 <1541 병조 계목 牛疫方 서문> (소의 질병이 평안도 한 도뿐만 아니라 다른 도에서도 전염병으로 죽는 곳이 많은 데다가)

　　戊午 以後良中置 商賈貿易穀 行船是白沙 餘良 宰相朝官田莊所出之穀 至亦 一切禁斷 <1565 호조계목 각사수교 36> (무오년 이후에도 상인들이 곡식을 무역하기 위해 배를 움직이는 것에다가 재상과 조정 관원의 전장에서 나오는 곡식에 이르기까지 일절 금지하고)

　　四館書吏使令丘史等 潛持書冊人是白沙 餘良 四館官員弋只 交親儒生等矣 謓屬聽從 書冊潛給者果 搜挾官等 潛持書冊傳授儒生者乙 這這 執捉 傳報法司爲白乎於 <科擧事目 舊事目 3ㅎ-4ㅈ> (4관의 서리 사령 구사 중에 몰래 서책을 가지고 오는 사람에다가 4관 관원이 서로 친한 유생들의 청탁을 받고 서책을 몰래 주는 자와 수협관들 중에 몰래 서책을 지녀 유생에게 전수해 주는 자를 낱낱이 잡아서 법사에 보고하며)

또한 爲沙餘良의 쓰임이 점차 확대되어 과거 표현 뒤에서도 쓰이는가 하면, 여기에 다시 -白-을 개입시킨 표현 그리고 심지어는 피동 표현에까지 확산되는 양상을 보인다.

(75ㄱ)의 '爲有沙 餘良', (75ㄴ)의 '爲白有沙 餘良', (75ㄷ)의 '爲白是沙 餘良'가 각각 그
예에 해당된다.

> (75) ㄱ. 先室 孫子 孫光睍等 據執爲有沙 餘良 孫仲暾 前室 孫子 光曙乙 父亦 作壻爲有
> 如乎 <1560 입안 정32-279 303~304> (전실의 손자 孫光睍 등이 가지고
> 있었던 데다가 孫仲暾의 전실 손자인 光曙를 아비가 사위로 삼았던 바)
>
> ㄴ. 公私行用 綿布五升之法 時載續錄爲白有沙 餘良 見樣布 至亦 各道 下送爲白乎
> 矣 <1564 호조계목 각사수교 34> (공사 모두 쓰이는 면포를 오승으로
> 한 법은 당시 『대전속록』에 실었던 데다가 견본 면포에 이르기까지 각
> 도에 내려보냈으되)
> 令本島右水使 率其舟師 繼臣之後亦 爲白有沙 餘良 同 右水使李億祺 移文 內 …
> <壬辰狀草 狀6> (본도 우수사로 하여금 수군을 거느리고 신의 뒤를 따르
> 라고 했던 데다가 위 우수사 李億祺가 보내온 문서 안 …)
>
> ㄷ. 民人殆盡爲白是沙 餘良 … 亦盡爲搶掠爲白有去等[45] <1592.9.20. 狀啓 農圃集
> 1.46ㅈ/3.17ㅈ> (백성이 거의 다 죽은 데다가 … 또한 노략질을 당하여서)

22) 用-

用-은 중세국어의 '쓰-'에 해당한다. 이두에서의 동사 用-은 대격 조사 '-乙'을 지배
하는데, 어미 -良 이외의 다른 활용어미와 통합된 예는 일반적으로 이두문에서 발견되지
않는다. 뿐만 아니라 거의 대부분 '…乎 等(乙) 用良'라는 용법으로 쓰인다. 이 경우 '(乙)
用良'은 중세어의 '-로뻐'에 대응하면서 '…으로 말미암아, …이기 때문에'라는 문맥적
의미를 형성하는 것이 일반적이다. 본동사가 지닌 도구 및 방편의 의미보다는 원인을 나
타내는 경우가 많다.

> (76) ㄱ. 日耕數爻乙 用良 子孫 傳持 鎭長 喫持是乎矣 <1392 太祖賜給芳雨土地文書 02~
> 03> (하루갈이 수효를 따져서 자손에게 지니도록 전하여 오래도록 지녀
> 먹되)
> 洪武通寶錢果 大中通寶 及 歷代銅錢等乙 用良 和會 用使爲乎矣 <直解 07.02>
> (홍무통보 동전과 대중통보 및 역대 동전 등을 가지고 섞어 사용하되)
> 天氣 晴明爲去等 箕 三四乙 用良 <양잠 38ㅈ> (날이 청명하거든 키 서너
> 개를 써서)
>
> ㄴ. 王旨內 事意乙 用良 <1392 李和錄券 048> (왕지 안의 뜻으로써)

---

45) 후대본에서는 爲白有去等이 爲白是去等으로 표기되어 있으나 이는 오기로 본다.

公事乙 用良 黜革爲在乙良 笞杖已上乙 並只 勿論遣 <直解 01.15ㅎ> (공사로
써 쫓겨난 경우에는 태형과 장형 이상은 모두 논하지 말고)

(76)은 모두 用-이 본동사로 쓰인 조선 초기의 용례들이다. 따라서 이들은 모두 본동사
로서의 의미를 살려 '…을 써(서), …을 사용하여'로 풀이하여야 할 것이다. 그런데 (76ㄴ)
의 경우엔 '…乙 用良'이 '…로써'라는 문맥적 의미를 강하게 지니고 있음을 알 수 있다.

관용적으로 자주 쓰인 '…乎等用良'의 경우엔 等 뒤에 말음첨기자 乙을 덧붙여 쓰는
수도 있다. (77ㄱ)은 '…爲乎等用良', (77ㄴ)은 이에다가 경어법의 -白-을 개입시킨 '…爲
白乎等用良', (77ㄷ)은 '…是乎等用良', (77ㄹ)은 '…是白乎等用良'의 용례들이다. 그리고
(77ㅁ)은 等 뒤에 乙을 첨기한 '…乎等乙用良'의 예이다. 특히 (77ㅅ)에 쓰인 '…以用良'
의 경우엔 이미 用-이 본동사로서의 기능을 상실하고 '…로써'에 정확히 일치하는 형태
로서 사용되고 있음이 주목된다. 이 중 李藝功牌는 원문서가 아닌 까닭에 하나의 어미처
럼 기능하는 '…以用良'는 16세기에 출현하기 시작한 것으로 추정된다.

(77) ㄱ. 凡 有人亦 本官官司良中 現告爲乎 等 用良 <直解 01.12ㅎ> (무릇 사람이 본
관 관아에 신고한 것을 가지고)
陳上將妻氏置 早沒爲乎 等 用良 <1404 張戩妻辛氏同生和會文記 02~03> (陳
상장의 처씨도 일찍 죽었으므로)
一班 兩班以 遠道良中 家內 使用 未便爲乎 等 用良 <1532 입안 영2-332/정
65-372 19> (같은 양반으로서 먼 길에 집에서 사용하기 편하지 않으므
로)
ㄴ. 加于 悶望爲白乎 等 用良 呈所志 白活爲白乎亦中 <1461 河源所志 1-05> (더
욱 민망한 까닭에 소지를 올려 아뢴 터에)
家翁亦 嫡妾 俱 無子爲白乎 等 用良 <1480 金孝盧繼後禮曹立案 03> (바깥어
른이 적실과 첩실 다 자식이 없사온 까닭에)
因此 偸竊 不止 國儲 虛踈爲白乎 等 用良 <1562.8.17. 호조계목 각사수교
27> (이로 인해 몰래 훔치는 일이 그치지 않아 나라에 쌓아 놓은 것이
비고 소홀하게 되므로)
ㄷ. 他田民乙 未分爲有如乎 等 用良 節 和會 無遺均一分衿爲去乎 <1579 화회문
기 정65-602 03~04> (다른 전답과 노비를 나누지 못했기 때문에 이번
에 화회하여 남김없이 고르게 몫을 나누니)
ㄹ. 粘連 所志 及 侤音是乎 等 用良 相考爲乎矣 <1480 金孝之妻黃氏許與立案粘連
文書 4-2~3> (점련한 소지 및 다짐을 가지고 상고하되)
爲等如 所志 文記 及 招辭是乎 等 用良 相考爲乎矣 <1532 입안 영2-332

33> (통틀어 소지, 문서 및 초사인 것을 가지고 상고하되)

ㅁ. 番上軍人等乙 一名置 闕立 不得 事<u>是白乎</u> <u>等</u> <u>用良</u> <병조계목 각사수교 74> (번을 서기 위해 올라온 군인들을 한 명도 빠뜨릴 수 없는 일이기에)

奸巧 自現事<u>是白乎</u> <u>等</u> <u>用良</u> 拒逆 不着爲白去乎 <1576~ 입안 정6-15 190~ 191> (간교함이 절로 드러난 일이기에 거역하고 법정에 나오지 않으니)

ㅂ. <u>關是白乎</u> <u>等乙 用良</u> <1439 永川郡慶尙監營牒呈 04> (관인 까닭에)

莫甚<u>爲乎</u> <u>等乙 用良</u> <1492 安謙妻金氏別給文記 05> (막심하므로)

…無比<u>是乎</u> <u>等乙 用良</u> <1496 朴智興妻徐氏別給文記 03> (… 비할 바 없으므로)

婢 眞非段 侍養祖父母 墓直<u>是乎</u> <u>等乙 用良</u> <1594 허여문기 정16-40 20> (계집종 眞非는 조부모를 모신 묘지기인 까닭에)

ㅅ. 其志 可賞<u>是乎</u> <u>等以 用良</u> <1421 李藝功牌 06~07> (그 뜻이 상줄 만하기에)

此 文內<u>以用</u> 告官 卞正 <1580 화회문기 정41-503 12> (이 문서 내용으로써 관에 고하여 바로잡을 것)

此 明文 及 本文記<u>以用良</u> 告官 卞正事 <1593 立案 정41-406 10> (이 명문 및 본문기로써 관에 고하여 바로잡을 일)

23) 云-

云-은 중세어의 '니ᄅ-/니르-, 니를-'에 해당한다. 『大明律直解』에서만 본동사로 쓰인 예가 발견된다.

> (78) 虛事以 祖父母 父母 及 父母 老病是如 <u>云遣</u> <直解 12.08ㅈ> (거짓으로 조부모 부모 및 부모가 노병이라 말하고)
>
> 他矣 物色乙 吾矣 物色是如 <u>云弥</u> <直解 18.12ㅈ> (남의 물건을 자기의 물건이라 이르며)

24) (-)爲-

(-)爲-는 거의 대부분 중세어의 '(-)ᄒᆞ-'에 해당된다. 'ᄒᆞ-'에 해당하는 것은 그 용례가 무척 많으며 다양한 활용형을 보여 준다.

이두에서는 관형사형 어미 또는 동명사어미의 표기를 생략하는 것이 일반적이다. 생략 표기된 어미는 문맥에 의존하여 旣然形인지 未然形인지를 판가름하여 보충해 읽어야 한다. 이미 실현된 사건이나 사실은 기연형으로, 그렇지 않은 경우엔 미연형 어미를 되살려 읽어야 한다. 그러므로 말음이 -ㄴ인지 아니면 -ㄹ인지를 잘 판단할 필요가 있다.

(-)爲에 기연형 관형사형 어미 -ㄴ을 복원하여 읽어야 하는 대표적인 예는 '爲等以'이다. 이것은 중세어의 'ᄒᆞᆫ#ᄃᆞ+로'에 정확히 일치하는 형태로서 '…한 까닭에, …하기에, …한 것으로 말미암아' 정도의 문맥적 의미를 나타낸다. 고려 시대에 이어 조선 초기에 관리를 임명하던 朝謝 문서[46]에서 투식적으로 사용되었다.

> (81) 朝謝 由 移 關爲 等以 合行故牒 須至故牒者 <1402 鄭悛永樂元年朝謝牒 04> (조사를 마치고 이송함이라고 관하였으므로 고첩을 행하기에 마땅하여 모름지기 고첩에 이른 것임)
> 朝謝 由 移 關爲 等以 合下 須至帖者 <1423 李點永樂二十一年朝謝帖 04> (조사를 마치고 이송함이라고 관하였으므로 하달하기에 마땅하여 모름지기 첩에 이른 것임)

(-)爲에 관형사형 어미 -ㄴ을 통합하여 후행 명사를 수식하는 경우의 예로서는 '爲所'와 '爲是' 등이 더 있다. 이들은 중세어의 'ᄒᆞ-+-ㄴ# 명사'에 일치하는 구성이다. 이들과 유사한 구조를 보이는 것으로 '爲而叱'도 있는데 이 경우엔 후행하는 요소가 단순한 명사가 아니라 동사의 명사형으로서 문법적 기능 역시 조금 다르다고 판단된다. 동사 어간 爲-에 통합된 관형사형 어미 -ㄴ을 표기하는 자로서 隱을 상정하여 *爲隱과 같은 표기가 기대되나 조선 전기 이두 자료에서는 그 용례를 찾기 어렵다.

> (80) ㄱ. 汝矣段 京家 無亦 從仕□□□爲去 向入 <1467 張安良家舍許與文記 02> (네 경우에는 서울 집 없이 종사□□□할까 생각되어)
> 祖上祭祀 及 矣身 死後 喪葬 祭祀 至亦 用意奉行爲去 向入 <1555 별급문기 서울대고문서 32.183 08~09> (조상 제사 및 내 죽은 후의 장례와 제사에 이르기까지 마음을 써 봉행할까 생각하여)
> ㄴ. 凡 官吏亦 …… 難苦爲去 向入 回避爲要 因而在逃爲在乙良 <直解 02.05ㅈ> (무릇 관리가 …… 어렵고 고된가/(고될까) 생각하여 회피하려 하고 이로 인해 도주한 경우에는)
> 同 水德 多産爲去 向入良 爭訟爲去乙等 不孝以 論斷 <1521 衿給文記 서울대고문서 32.1 11> (위 水德이 아이를 많이 낳을까/(낳았는가) 생각하여 소송하거든 불효로 논단하여)

---

46) 朝謝의 문서식과 관련 내용에 대해서는 朴盛鍾(2013ㄱ) 참조.

(80ㄱ)의 '爲去 向入'에서는 문맥에 의거하여 爲에 어미 -ㄹ이 통합된 것을 비교적 쉽게 알 수 있다. 이와 달리 (80ㄴ)에서는 爲에 통합된 어미가 -ㄴ인지 아니면 -ㄹ인지를 판가름하기가 다소 애매하다. 어미 -ㄴ으로 상정하여도 문맥에 부합되기 때문이다. 이것은 '爲去 向入'와 동일한 구조를 보이는 '是去 向入'의 경우 계사 是에 대체로 어미 -ㄴ이 통합되는 것과 다소 차이를 보인다.

그런데 어미 -ㄹ에 첨사 '-가'가 결합하여 의문형 어미를 형성하는 경우엔 때로 어미 -ㄹ을 乙로써 분명히 표기한 용례가 이따금 있어 주목된다.

> (82) 他人亦 現告爲乙去 知想只遣 現告爲㫆 <直解 01.28ㅈ> (타인이 신고할까 여겨 신고하며)
> 數小奴婢置 分給 不得爲乙去 平時 分衿爲去乎 <1452 李遇陽許與文記 03~04> (적은 수의 노비라도 나눠주지 못할까 (염려하여) 평시에 몫을 나눠주니)
> 一以完侍衛之兵 一以紓獨戍之苦 勞逸適均 庶無嗟怨爲乙去 計料爲乎矣 <1565.11.26. 병조계목 각사수교 104> (한편으로는 시위병을 완전하게 함이요 한편으로는 홀로 수자리 사는 고통을 덜어주어 노고와 편안함을 고르게 하여 한탄하고 원망하는 일이 없게 할까 생각하오되)

이 중 특히 李遇陽許與文記에는 통합형 어미 -去等 대신에 -去乙等으로 표기함은 물론 '爲乎乙第亦中'<제3행>과 '爲乎乙喩良置'<제24행> 등 이두에서 일반적으로 생략표기되는 '-ㄹ'의 대응 표기를 정밀하게 하고 있는 특징을 보인다.

『大明律直解』에서는 (-)爲-에 뒤따르는 어미의 표기를 생략한 경우가 때로 발견된다. 주로 어미 -良이 덧붙은 (-)爲良 대신에 (-)爲 만으로 표기한 것이다. 이것은 이두 번역물인 데가가 한문 원문이 함께 실려있다는 특수한 사정에 기인한 것으로 이해된다. 고문서는 물론 등록을 비롯한 기록물에서의 이두문에서는 그러한 예를 찾기 힘들다. 다만 어미의 표기를 생략했다고 추정되는 當爲의 용례가 있어 앞서 설명한 적이 있다.

동사 (-)爲-에 통합되는 어미들 중에 종결형 어미로는 앞서 언급한 의문형 외에 명령형의 -良如와 종지 및 나열형의 -齊가 있다. 연결어미는 매우 다양하게 나타난다. -㫆, -遣, -良, -去, -要, -乎矣, -昆, -如可, -良置, -(良)沙, -巴只/巳只, -良結, -去乙 등이 있고, 인용 표현의 -如와 -亦이 있다. 다만 어미 -尼와 통합된 爲尼는 발견되지 않는데, 이것이 나타남직한 곳에서는 대체로 爲去乎이, 그리고 때로 爲昆 같은 어형들이 대신하고 있다.

통합형 어미들로서는 -去乙等과 이의 생략표기인 -去等, 그리고 -去乃, -在果, -在如中 등이 쓰인다. 도급형 어미들로서는 -只爲 이외에 -良於乙爲과 이로부터의 생략 표기로 추정되는 -於乙爲, 그리고 -乎爲과 -良爲 등이 나타난다.

도급형 어미들에서 맨 뒤에 나타난 …爲 자의 독음은 의미심장한 바가 있다. 이 경우 爲의 독음이 'ᄒ-'가 아니라 현대어의 '삼-'에 해당하는 형태로 나타나기 때문이다. 爲只 爲에 대한 후대 이두 학습서들에서의 독음 중 특히 'ᄒ기습'<儒胥必知> 그리고 'ᄒ기삼'<吏 文大師, 吏文襍例>의 존재 역시 이와 관련하여 주목된다. 동사 爲-의 기원적 어형이 '*ᄉ-' 였고 이의 후대 개신형이 'ᄒ-'였을 개연성이 있기 때문이다.[47]

동명사어미 또는 관형사형 어미 표기를 생략한 爲乎, 爲在, 爲內의 용례들도 조선 전기 자료에서 발견된다. 그리고 동사 (-)爲-에 통합되는 선어말어미에는 -白-, -去-, -良-, -臥-, -有-, -在-, -如- 등이 쓰인다. 주체존대 선어말어미 -敎(是)는 동사 어간 (-)爲- 에 직접 통합되어 쓰이지 않고 경어법의 -白- 뒤에 통합되어 爲白敎(是)-로만 쓰임이 특 징이다. 그런데 조선 초기 녹권에서 사용되었던 爲白叱-은 이와 다르다. 이것은 이미 일 어난 일을 공손하게 표현하는 과정에서 자주 사용되는 爲白有-의 이표기로 한때 존속했 던 표기 형태로 보아야 할 것이다.

(82) ㄱ. 更良 職名單字 申 /聞<u>爲白叱乎亦中</u> <1395 張寬開國原從功臣錄券 121~123>
　　　　(다시 직명 단자를 아뢴 때에)
　　　　謹錄申 /聞<u>爲白叱乎亦中</u> <1397 沈之伯開國原從功臣錄券 056~057> (삼가 기
　　　　록하여 아뢴 때에)
　　ㄴ. 矣徒等亦 訂筆執 <u>使內白叱</u>⬜⬜⬜⬜⬜⬜ <1464 金孝盧奴婢立案粘連文
　　　　書 4-04> (우리들이 증인과 필집으로 종사한…)
　　　　林克仁段 筆執 尹牧禹亨元等段 證保 爲等如 <u>使內白叱乎 所</u> 的是白乎 事是良尒
　　　　<1480 金孝之妻黃氏許與立案粘連文書 3-06~08> (林克仁은 필집으로 尹牧
　　　　禹 亨元等는 증인으로 모두 종사하여 있던 바가 맞는 일이기에)

(82ㄱ)의 '爲白叱乎亦中'은 다른 원종공신녹권들에서도 일부 발견된다. 조사 -亦中이 덧붙은 것으로 미루어 爲白叱乎은 동명사어미의 명사적 용법으로 사용된 것임을 알 수 있다. '爲白叱乎'에 대해 이 중의 '叱'을 '시'로 읽을 소지가 다소 있다<李丞宰 2000 참조>. 그러나 설혹 '-시-'라 읽는다 하더라도 이것은 존칭이 아니라 시상 형태소로서 상태지속

---

47) 『內訓』에 나타난 '맜습호미'(序7ㅈ)와 같은 예가 관련있다고 보나 자세한 논의는 유보한다.

의 의미를 갖는다. (82ㄱ)에서 申聞의 주체는 국왕이 아니라 신하 또는 주무관아이기 때문이다. 존칭의 '-시-'를 표기한다면 응당 '敎' 자를 사용하므로 '爲白叱乎'이 아니라 '爲白敎乎'으로 표기되어야 할 것이다. 같은 문맥에서 李和錄券의 경우에는 '叱' 자가 빠져 있는 점도 참고된다. 이뿐만 아니라 (82ㄴ)에서 보듯 동사 爲- 대신에 使內-가 사용된 경우에도 마찬가지이다. 使內-의 주체는 矣徒等 또는 문서 작성에 참여한 사람들이므로 존대 대상이 아님은 물론이다. 爲白叱-은 이미 고려말의 海南尹氏奴婢文書에서 사용되었고 16세기부터는 주로 爲白有-로 바뀌어 표기된다. 따라서 爲白叱-의 '叱'의 독법은 '시'라기보다는 '잇'이었을 가능성이 높다 하겠다.

25) -爲是-

동사 (-)爲-에 접미사 是를 덧붙인 파생동사 (-)爲是-의 예는 조선 전기 이두 자료에서 극히 드물다. 이것은 (-)爲是-가 피동 또는 사동으로 사용될 경우 거의 대부분 (-)슈是-를 사용하기 때문인 것으로 이해된다. (83ㄱ)은 -爲是-가 피동 접미사로서, (83ㄴ)은 사동 접미사로 사용된 용례이다. 피동 표현의 경우 경어법의 -白-을 중간에 개입시킨 -爲白是-의 (83ㄷ)의 예도 있어 참고된다.

(83) ㄱ. 家翁祖父故行縣監全琛前 傳爲是如乎 婢 甘之 得後 貳所生 奴 春卜 年貳拾捌 丙寅生 <1593 허여문기 영2-283 03~04> (바깥어른의 조부로 행현감을 지낸 돌아가신 全琛으로부터 전해지던 계집종 甘之의 득후 둘째 소생인 사내종 春卜 나이 28 병인생)

　　ㄴ. 汝矣 衿 付 婢 權今段 …… 家翁 文記良中置 凡 被奪數良中 爲先 充給爲是昆 漏爲在 家翁邊 奴 亡年乙 權今 本良中 先給爲去乎 <1535 分財記 정44-110-1 07~13>48) (너의 몫으로 붙인 계집종 權今은 …… 바깥어른 문서에서도 무릇 빼앗긴 수에 우선 충급하게 하고 있어 빠진 바깥어른 쪽의 사내종 亡年을 權今 그 자리에 먼저 주니)

　　ㄷ. 民人殆盡爲白是沙 餘良 <1592.9.20. 狀啓 農圃集 1.46ㅈ/3.17ㅈ> (백성이 거의 다 죽은 데다가)

---

48) 문서 중간에 접힌 부분의 안쪽에 기입되어 있어 주의를 요한다.

26) 有-

有는 조선 전기 이두에서 시상의 선어말어미로 기능하는 경우가 거의 대부분이다. 有가 본동사로 쓰일 때에는 주로 존재의 의미를 지니는데, 이것은 중세어의 '잇-'에 대응한다. 말음 -ㅅ을 정밀표기한 예들이 간혹 있어 주목된다. (84)가 그 예이다.

(84) 後次 爭望 隅 有叱去等 此 明文內乙 用良 告官 辨正爲乎 事 <1536 土地明文 정 32-436 05~07> (후에 다투고 원망하는 모난 일이 있거든 이 명문의 내용을 가지고 관에 고하여 바로잡을 일)

後次 雜談 有叱去等 此 明文 貌如 告官 辨正爲乎 事 <1551 土地明文 정32-477 05~06> (후에 잡스러운 말이 있거든 이 명문과 같이 관에 고하여 바로잡을 일)

別爲 所 有叱去等 此 明文內乙 用良 告官 辨正爲乎 事 <1552 土地明文 정32-483 07~08> (모난 바가 있거든 이 명문 내용을 가지고 관에 고하여 바로잡을 일)

後次 別爲 所 有叱去乙等 此 文內乙 用良 告官事 <1558 土地明文 정32-513 03~04> (후에 모난 바 있거든 이 문서 내용을 가지고 관에 고할 일)

존재동사 有-에 직접 통합되는 연결어미들로서는 -去乙, -良尒, -良置, -去(乙)等, -去乃 등이 발견된다. (85)가 그 예들이다. 그러나 종결형 어미들은 물론 -旀와 -遣 등과 같은 연결어미들이 덧붙은 활용형을 찾기 힘든 점은 다소 특이하다.

(85) 凡 女夫乙 黜送遣 他人 交嫁爲弥 女夫 有去乙 他人 再嫁令是在乙良 杖一百 其女 不論罪齊 <直解 06.03ㅎ> (무릇 사위를 내쫓고 타인에게 시집보내며 사위 있거늘 타인에게 재가하게 한 경우에는 杖一百하되 그 딸은 논죄하지 않으며)

相考 /告課爲白乎 所 有良尒 <1480 金孝之妻黃氏奴婢許與立案粘連文書 3-02~03> (고과하신 바를 살핀 바 있어서)

必于 逢音 宥旨 有良置 <直解 06.10ㅎ> (비록 마침 유지가 있어도)

後次 別爲 所 有去等 <1401 太祖賜給旀致家垈文書 07> (후에 모난 바 있거든)

他道 離合爲乎 所 有去等 <1425 慶尙道地理地 01> (다른 도에 옮기거나 합한 바 있거든)

逃亡遺漏奴婢 及 田畓 有去乙等 現出爲乎 追乎 依大典 和會 分執爲乎 事 <1480 金光礪娚妹和會文記 37~38> (도망하거나 빠진 노비 및 전답이 있거든 드러나는 데 따라 경국대전에 의거하여 화회하여 분집할 것)

凡 本條良中 罪名亦 有去乃 斷例以 不同爲在乙良 本條乙 依准科斷齊 <直解 01.38ㅎ> (무릇 본조에 죄명이 있어도 명례율의 단례와 같지 않은 경우에는 본조에 준하여 처단하며)

동명사어미의 명사적 용법을 보여주는 -在, 그리고 선어말어미 -臥-는 존재동사 有-
에 직접 통합되지만, 경어법의 선어말어미 -敎(是)- 또는 -白-은 직접 통합되지 않는다.

(86) 都評議使司 司憲府 六曹 及 各道 按廉使 各巡行到處良中 有臥乎 諍訟等事乙 <直
解 22.02ㅎ~03ㅈ> (도평의사사 사헌부 육조 및 각 도의 안렴사가 각각 순
행하여 도달한 곳에 있는 쟁송 등에 관한 일을)
限內良中 廢疾 有在乙良 <直解 01.23ㅎ> (기한 내에 폐질이 있는 경우에는)

한편 자주 쓰이는 '-是去有等以'와 같은 경우 有가 시상 형태소에 해당되기도 하지만
이에 못지 않게 존재의 뜻을 상당 부분 간직하고 있어 문맥에 따라서는 '-是去 # 有等
以'로 끊어 읽을 필요가 있다. 이렇게 끊어 읽을 경우엔 是는 계사이며 去는 연결어미와
유사한 부동사 어미가 되나, 경우에 따라서는 是가 주격 조사를 표기한 것이며 去는 일종
의 첨사로서 덧붙은 것으로 파악되기도 한다. (87)의 '有良尒' 및 '有亦' 또한 '있어서' 정
도의 문맥적 의미를 가지고 있으므로 '…是白有亦'의 是를 계사, 그리고 有를 시상 표기
자로 보기 어렵다고 판단된다. 是는 주격 조사, 그리고 有를 본동사 즉 존재동사로 보고
'…이 있어서'를 적은 것으로 파악하는 편이 더 나을 것이다. 이때의 -白-은 공손 표지
로서 이두의 독특한 어법에 따라 개입된 요소라고 판단된다. '…是白有-'의 용례를 고려
시대 이두에서 찾기 어려운 사실이 주격 조사의 개신형 '-이'의 표기자로 是가 뒤늦게 등
장했다는 가설을 뒷받침해 주는 면이 있다.

(87) ㄱ. 落點 分例敎 事是白有良尒 <1395 張寬開國原從功臣錄券 194> (낙점하여 구
분하신 일이 있어서)
爲等如 關是白有良尒 <1483 金孝盧繼後司憲府立案 35> (…라 한 것들과 같
은 관이 있기에)
ㄴ. 爲等如 出納是白有亦 <1395 張寬開國原從功臣錄券 108> (…라 한 것들과
같은 출납이 있어서)
公緘是白有亦 <1539 答通 정49-127 03> (공함이 있어서)
… 南北相應亦 有 旨是白有亦 <1595.10.26. 通諭四道巡察使移文 군문등록>
(… 남과 북이 서로 대응하라는 유지가 있어서)

有에는 동작성의 의미도 들어 있다. 현대어의 '가지다'에 해당하는 소유 개념을 가진
동작동사로 기능하는 수가 있다. 이런 관점에서 볼 때 『大明律直解』에 쓰인 '旨是絃'의

존재는 매우 의미심장하다.[49] '旨是絃'은 '旨 # 是絃'의 구성체로서 旨는 주어이며 是絃은 서술어로서 단순한 존재 개념이 아니라 소유 개념을 가진다. 따라서 訓主音從과 讀字 우선의 원리에 따라 *有乎乙 또는 *有乎와 같은 표기가 상정되나 발견되지 않는다.[50] 결국 是絃은 예외적으로 '가지다'의 명사형인 '이숄'을 표기한 것으로 추정된다. 앞서의 예문을 다시 가져오면 다음과 같다.

(88) ㄱ. 旨 是絃 無亦 私丁 兵器 持是弥 (非奉旨私將兵器) <13.5ㅎ> (有旨[51]를 가짐 없이 사사로이 병기를 지니며)

凡 邊境防禦將帥亦 旨 是絃 無亦 私晉丁 軍人乙 用良 境外良中 人口財物乙 虜掠令是在乙良(凡守邊將帥非奉調遣私自使令軍人於外境擄掠人口財物者) <14.6> (무릇 변경을 수비하는 장수가 유지를 가짐 없이 사사로이 군인을 부려 경비지역 밖에서 사람과 재물을 노략하게 하걸랑)

凡 諸君宰樞亦 旨 是絃 無亦 (凡公侯非奉特旨) <14.11ㅈ> (무릇 왕족과 대신이 유지를 가짐 없이)

ㄴ. 旨 是絃以 開閉者乙良 勿論罪爲乎 事(其有旨開閉者勿論) <13.08ㅎ> (유지를 가지고 있어서 궁궐 내 城門을 열고 닫은 자는 논죄하지 말 것)

27) 由爲-

由는 조선 초기 朝謝 문서에서 매우 특이한 용법으로 사용된 자이다. 由는 중세어에서 '말미'로 새기곤 한다. 이 字에는 '연유, 까닭'이라는 뜻 이외에 다른 한편으로 '受由, 휴가'의 의미를 갖고 있다. 그러나 조사 문서에서는 '朝謝를 마치고 문서를 行移하였다'라는 문맥에서 '마치다'에 대응하는 자로서 由를 사용하고 있다. 그런데 조선 초기 녹권들 중에는 동사파생 접미사 爲를 덧붙여 由爲-라는 동사로 사용하기도 하였다. 이를 종합해 볼 때 由 또는 由爲-는 '행하다' 또는 '마치다' 정도의 의미를 지닌 한국한자어로서 기능한다고 하겠다.

---

49) 자세한 논의는 朴盛鍾(1987) 참조.
50) 1585년 所志 중에 '有乎'이 부사적 용법으로 쓰인 것이 하나 있으나 앞 부분이 떨어져 나가 확실치 않다 <정15-622 03>. 有가 본동사가 아니라 시상 형태소로 쓰인 '爲有乎 喩'가 둘 발견되나 이 경우에는 -ㄴ 이 통합된 것이다<16세기 입안 정6-11 178~179>.
51) 이 경우엔 임금의 명령이나 지시 등을 총칭하는 의미일 것이나 문서로 시행할 경우엔 有旨에 해당한다고 본다.

(89) ㄱ. 朝謝 <u>由</u> 移 關爲 等以 合行故牒 須至故牒者 <1402 鄭悰永樂元年朝謝牒 04>
(조사를 마치고 이송함이라고 관하였으므로 고첩을 행하기에 마땅하여 모름지기 고첩에 이른 것임)
朝謝 <u>由</u> 移 關爲㢱 行合下 須至帖者 <1409 沈彦冲朝謝帖 04> (조사를 마치고 이송함이라고 관하였기에 하달하기에 마땅하여 모름지기 첩에 이른 것임)
ㄴ. 中樞院事 仁贊段 犯斤 <u>由爲</u> 置有亦 <1392 이화개국공신녹권 043> (중추원사 仁贊은 다음에 행하기로 (남겨) 두었으나)

28) 依-

依-가 동사로 쓰인 용례들이 『大明律直解』에서 몇 군데 발견된다. 어말어미 -良이 덧붙은 依良이 있는가 하면 동사파생 접미사와 통합된 依爲-도 사용되었다. 양자 모두 대격 조사를 수반하여 쓰였으므로 '乙依良' 또는 '乙依爲-'에서의 동사 어근 依-는 일종의 후치사처럼 기능하는 면도 있다. 양자 모두 '…을 따라서' 정도의 의미를 갖는데, 依의 독음이 다소 모호하다. 『新增類合』에서 依는 '의지홀 의'로 나타나서 이미 우리말 새김을 잃은 자에 귀속된다고 하겠다. 따라서 현재로서는 분명하지 않으나 대격 명사를 지배한다는 점과 동사파생 접미사와 통합할 수 있다는 점을 고려하여 依-는 중세어의 '좇-'에 대응한다고 본다. 依良은 중세어의 '조차', 依爲-는 '조차ᄒᆞ-'[52]에 대응하는 이두자로 매김해 둔다.

(90) ㄱ. 流罪良中 重犯爲在乙良 留住法例乙 <u>依良</u> 三流乙 並只 決杖一百爲遣 配所良中 當役四年令是齊 <直解 01.21ㅈ> (유형죄에 다시 범한 경우에는 도류형 유배지에 머물러 집행하는 법에 따라 세 종류의 유형을 모두 杖一百에 처결하고 유배지에서 4년을 도역시키며)
四等官內良中 員數亦 不齊爲良置 四等官數乙 <u>依良</u> 傳傳 減數齊 <直解 01.34ㅈ> (4등 관아 안에 관원 수가 고르지 않더라도 4등관의 수에 따라 차례로 감원하며)
凡 律文乙 頒降日 始 遵行爲乎矣 已前犯罪人是良置 新律乙 <u>依良</u> 擬斷 <直解 01.44ㅎ> (무릇 율문을 반포일부터 준행하되 이전 범죄인이라도 새 율에 따라 준하여 처단한다)
ㄴ. 萬一 殺傷人爲去等 各各 殺傷尊長卑幼 本律乙 <u>依爲</u> 從重論 <直解 18.11ㅈ>

---

52) 工夫롤 <u>조차ᄒᆞ야</u> 始와 終과애 靜淨 二字롤 여희디 아니ᄒᆞ리 <蒙山和尙법어약록 40ㅈ>

(만일 사람을 죽이거나 상해하거든 각각 존장과 나어린 사람을 살상한 본래의 율에 따라 중한 것으로서 논한다)

徒罪乙 犯爲在乙良 所犯杖數乙 <u>依爲旀</u> 徒年已過年數乙 幷計爲 更良 當役令是 乎矣 <直解 01.21ㅈ> (도형죄를 범한 경우에는 해당 장의 수에 따르며 도형 연수가 이미 지난 것을 모두 (빼고) 셈하여 다시 도역하도록 하되)

29) 擬只-

이두 학습서들에서 擬只는 두 가지 독음으로 읽혔다. 擬只를 '비기'<吏讀便覽, 語錄辯證 說> 및 '비김'<典律通補>으로 읽은 것이 하나요, 다른 하나는 '시기'<儒胥必知, 吏讀集成>로 읽고 있다. 그런가 하면 『古今釋林』의 「羅麗吏讀」에서는 '시기비기'라 하여 두 가지 독 법을 다 보이기도 한다. 擬只-는 일단 중세어의 동사 '비기-'에 대응한다고 볼 수 있다. 중세어 동사 '비기-'에는 '빙자하다' 또는 '의지하다'라는 뜻은 물론 때로는 '겨누다, 비 교하다'[53]의 의미로도 사용되었다. 그럼에도 불구하고 이들과 전혀 다른 의미의 사동의 '시키다'라는 뜻으로도 擬只-가 쓰이기도 하였다. 이에 대하여 '비기-'의 사용의미가 '시 기-'(令)와 유사한 데에서 비롯한 후대형으로 추정된다고 한 바 있다<朴喜淑 1985:191 참조>. 그러나 이것은 擬只-의 사용의미가 시기에 따라 조금 다르게 쓰인 데에서 기인한다고 판 단된다.

(91) 官司亦 差人 錢粮 生徵令是旀 公事乙 擬只弥 罪人乙 執捉爲行去乙 中路良中 成黨 爲 脅打奪取爲在乙良 杖一百流三千里齊 <直解 18.07ㅎ> (관사에서 사람을 차정 하여 돈과 곡식을 징수하게 하며 공적인 일을 하게 하며 죄인을 잡아오게 하거늘 중간에 무리를 지어 협박하고 때려 탈취한 경우에는 杖一百流三千里 에 처하며)

'擬只-'에 대응하는 한문 원문의 한자어는 '句攝'이다. '句攝'은 일을 대신 맡아 처리하 는 것을 뜻한다. 『大明律直解』에서 한자어 '句攝'의 역어는 '負定令是-'<20.07ㅎ>(책임을 지우다), '次知使內-'<4.7ㅈ>(담당하여 행하다 또는 담당하게 하다)로도 나타난다. 위 예문에서 의 擬只- 역시 대체로 그러한 뜻으로 사용되었다. '公事乙 擬只弥'는 관사에서 사람을 보 내 '공무를 집행하게 하며' 정도의 문맥적 의미로 사용된 것이다. 그러므로 위 (91)에서의

---

53) 擬 견홀 의 <新增類合 下15ㅈ>

擬只-는 일단 '일을 맡아 처리하(게 하)다, 담당하(게 하)다'의 뜻이라 하겠다. 이와 달리 16세기에 쓰인 擬只-는 '시키다'의 의미가 강하게 드러난다.

> (92) ㄱ. 奴子等 不能操心 凡 官中 擬只臥乎 諸事 拒逆 成習爲在如中 其矣等 受罪叱分 不喩 上典敎是置 不得免其責是昆 凡 汎濫拒逆之人 ――摘發 治罪次以 白是爲齊 <1554 安氏治家法制 성암박물관> (사내종들이 마음을 쓰지 않아 무릇 관아에서 시키는 여러 가지 일을 거역하는 것이 습관이 될 것 같으면 저희들이 죄를 받을 뿐만 아니라 상전께서도 그 책임을 면하지 못하니 무릇 함부로 하고 거역하는 사람은 일일이 적발하여 죄를 다스리기 위해 고발한다)
>
> ㄴ. 凡 雜役乙良 擬只不得事是昆 知悉爲齊 <1554 安氏治家法制 성암박물관> (무릇 잡역은 시키지 못할 일이니 잘 알아서 한다)
> 名日忌祭乙良置 參祭以 新反 供辦 擬只安徐事 <1554 安氏治家法制 성암박물관> (명절과 기제사도 제사 참여로부터 준비하는 일까지 시키지 말 것)
>
> ㄷ. 妾 金召史乙 祭祀 擬只安徐爲乎乙 事 <1567~1572 허여문기 경북고문서집성 22> (첩 金召史는 제사에 참여시키지 말 것)

30) 在-

在-는 '겨-'로 읽힌다. 이것에 동명사 어미 '-ㄴ'이 통합된 '견' 역시 '在'로 쓰인다. '在'(견)은 삼국시대 이두에서부터 사용되어 온 吏讀字이다.[54] 동사 어간 '在-'는 중세국어에서 일반적으로 '이시-'에 해당한다. 따라서 '겨-'는 중세국어의 동사 '겨시-'에서 존칭 선어말어미로 추정되는 '-시-'가 통합되기 이전의 어간 '겨-'에 해당한다.

> (93) ㄱ. 逢音 有旨 在白敎是良置 <直解 01.16ㅎ> (마침 유지가 있으셔도)
> 凡 徒流人亦 路次良中 逢音 宥旨 在白敎是去等 <直解 01.18ㅎ> (무릇 도형과 유형에 처한 사람이 길 도중에 마침 유지가 있으시거든)
>
> ㄴ. 高致乙 如實造作 不得爲臥乎 在 等以 <양잠 36ㅎ~37ㅈ> (고치를 실하게 조작하지 못하는 일이 있으므로)
> 上薪 高致 濕潤 不實爲臥乎 在 等以 <양잠 40> (섶에 오른 고치가 습하고 반질거려 부실하게 되는 일이 있으므로)
> 本文記 幷以 許與爲去乎 在 等以 永永 居住爲乎矣 <1401 太祖賜給旀致家垈文書 06~07> (본문기와 아울러 허여하는 일이 분명히 있으니 영구히 거주하되)

---

54) 始築西京在城(在者方言畎也) <高麗史 兵志 二 城堡>

(93ㄱ)은 본동사 어간 在-에 경어법 선어말어미 -白-과 -敎是-가 연이어 통합된 예이다. 본동사 어간 在-에는 -敎是-가 직접 연결되는 예가 없을 뿐만 아니라 -臥-나 -如- 등과 같은 다른 선어말어미가 일체 붙지 않는다. -白敎是-는 중세어에서 매우 특이한 존대법인 -ᅀᆞᆸ시-에 대응하는데, 이 경우의 -白-은 겸양의 의미가 전혀 없고 공손의 표지로 삽입된 것일 뿐이다. 조선 초기 녹권들에서 공신들의 공로 또는 행위를 높여 표현하는 과정에서 나타난 -是白敎是-와 대비해 보면 임금의 有旨 및 宥旨에 대하여 어간 -是- 대신에 본동사 在-를 사용한 것으로 이해된다.

(93ㄴ)은 동사 어간 '在-'(겨-)에 관형사형 어미 '-ㄴ'이 통합되어 후행하는 형식명사 '等'(ᄃᆞ)를 수식하는 구조를 보인다. '在等以'는 원인 표현의 '있으므로'로 풀이되는데, 이것 앞에 놓인 '…乎'은 동명사어미 '-ㄴ'이 덧붙어 명사적 용법으로 쓰여 후행하는 서술어 동사 在-의 주어 기능을 한다. 예컨대 '許與爲去乎 在等以'는 '許與하는 바가 있으므로'로 풀이할 수 있다.

위 (93)에서 보인 在白敎是-와 在等以의 용법은 15세기까지만 쓰이고 소멸된다. 특히 '…乎 在等以'는 후행하는 在等以를 생략하거나, 형식명사 所를 개입하고 동사 在- 대신에 有-로 대체한 '…乎 所 有-'와 같은 용법으로 바뀌는 양상을 보인다. 이것은 동명사어미의 명사적 용법을 상실함에 따른 변화라고 이해된다.

한편 재산관련 문서의 본문과 所志의 말미에 투식적으로 사용하던 동사 在의 용법은 16세기 말까지도 그대로 이어진다. '事是亦 在'이 이에 해당되는데, 이 경우의 在는 동사 어간 '겨-'에 동명사어미 '-온'이 통합된 명사구로서 서술어로 기능한다. (94ㄱ)이 재산관련 문서의 본문 말미, (94ㄴ)은 所志의 말미 부분에 적히는 것들이다. '事是亦 在'은 고려 시대부터 이어지는 구성으로서 '事是+-亦 # 在'으로 분석할 수 있다. 事是는 중세어 명사 '일'의 선대형을 표기한 것이고, 여기에 주격 조사 표기자인 -亦이 덧붙어 주어 기능을 한다. 문서 작성의 주체가 王이거나 國王文書에 해당하는 이두문에서는 '在' 대신에 일반적으로 '敎'가 사용된다.

(94) ㄱ. 同腹立議 貌如 施行爲乎 事是亦 在 <1450? 柳義孫兄弟和會文記 004~005>
   (형제들이 모여 의논한 바와 같이 시행할 일임)
   此 明文 內 辭緣 貌如 告官 辨正爲乎矣 願意 不從者乙良 不孝以 論決爲乎 事是亦 在 <1517 分財記 정32-356 14~15> (이 명문 안의 사연과 같이 관에 고하여 바로잡되 뜻을 좇지 않는 자는 불효로 논결할 일임)

他子孫中 遺漏以 擧論 安徐爲乎 事是亦 在 <1594 衿給文記 영1-83 33> (다른 자손에게 유루노비로 거론하지 말 일임)

ㄴ. 望白內臥乎 事是亦 在 謹言 <1427 張戩妻辛氏所志 10> (바라는 일이 있어 삼가 아뢰오니)

望白內臥乎 事是亦 在 伏乞 <1439 慶尙監營呈狀 3> (바라는 일이 있어 엎드려 빌건대)

矣亦中 立案 成給 向教是事 望良白內臥乎 事是亦 在 謹言 <1536 所志 정 56-17 05-06> (저에게 입안을 만들어 주실 일을 바라는 일이 있어 삼가 아뢰오니)

(93ㄴ)에서 살펴본 '…乎 在等以'의 용법은 16세기 이전에 이미 소멸하였으나, '…乎 在亦' 구성은 16세기에도 이어진다. 이 경우 '在亦'은 동사 어간 '겨-'에 명사적 용법의 동명사어미가 통합되고, 다시 계사 어간 '-이-'와 어미 '-어'가 통합된 것으로 상정된다. 계사 어간과 어말어미가 축약된 형태를 반영한 표기자가 亦이라고 본다. 亦이 이른 시기의 주격 조사 표기자로 사용되었을 때에는 말자음이 있었으리라 추정되지만, 이두에서는 어느 시기에서부턴가 '여' 표기자로 활용되었기 때문이다. (95)의 '…乎 在亦'는 순접의 기능을 갖는데 대체로 '…한 바가 있어서' 정도의 의미를 드러낸다. 이것은 어미로 사용되는 -而亦가 역접의 기능을 갖는 것과 대조적이다.

(95) 度數多少以 老熱遲速分 不喩 出絲置 因此加減爲臥乎 在亦 <양잠 23ㅎ> ((먹이를 주는) 도수의 다소로써 성장하는 속도가 늦고 빠를 뿐만 아니라 실을 내는 일도 이로 인해 가감하는 바가 있으므로)

說導爲如可 未及繼後 身故爲白乎 在亦 <1480 金孝盧繼後禮曹立案 04> (말씀하다가 계후에 이르지 못하고 죽은 일이 있어서)

屬補充隊 案付爲白良結 告狀爲白乎 在亦 <1481 掌隷院贖身立案> (보충대에 속하도록 입안에 붙여 주기를 바라고 서장을 올린 바가 있어)

冒稱冢婦 奪主奉祀 大悖情禮爲良置 習俗相蒙 莫或正之爲臥乎 在亦 父母未歿之前 先死長子之妻 則不可謂奉祀是在果 <1554.10.23. 예조전교 각사수교 52> (함부로 적장자의 처라고 하면서 제주의 지위를 빼앗아 제사를 지내는 일은 인정과 예의에 크게 어긋나도 습관과 풍속이 모호하여 때론 바로잡지를 못하는 일이 있기에 부모가 죽기 전에 먼저 죽은 장자의 처는 제사를 받들 수 없거니와)

每十日定限 三度治罪 督現爲白置 終不備持 下歸爲白臥乎 在亦 <1550.2.6. 병조 계목 각사수교 77> (매 10일로 기한을 정해 세 번을 치죄하여도 끝내 갖추지 못하고 되돌아가는 일이 있는데)

年限纔過 便卽自現 過限訟事乙 不可更改是如 爲白臥乎 在亦 <1566.7.6. 장예원계

목 각사수교 181> (연한이 막 지나자마자 갑자기 스스로 나타나서 기한이
지난 송사를 다시 고쳐 할 수 없다 하는 일이 있어서)

31) 的是-, 的只-, 的只爲-

的은 중세어에서 활용 어간 '맞-'으로 나타난다.[55] 그런데 후대 이두 학습서들에는 대
체로 '的只'를 '마기'로 읽었다. 따라서 양자는 정확히 일치하는 형태가 아니다. '的是'는
고려 시대 長城監務官貼文(1378년)에도 사용되었는데, '是'는 원래 어간의 末音을 표기한
것이 아니라 계사일 가능성이 높다고 보았다<李承宰 1992ㄱ:137>. '的'은 현재로서는 文證
되지 않는 활용 어간 '*막-'의 파생어인 '*마기' 또는 파생명사인 '*마기/마긔'에 해당하
는 字로서 명사로서의 기능을 가졌던 것으로 추정된다. 이 중 후자인 '*마기/마긔'의 '-이/
의'는 상태동사에서 파생된 명사들에서 발견되는 접미사이다. 15세기 국어에는 '證明하
다'의 뜻으로 사용되는 '마기오-, 마긔오-'가 있다.[56] 이것은 '*마기/마긔'에 사동 접미사
'-오-'가 직접 연결된 것이 아니라 '-이오-'가 연결된 것으로 이해된다.

그러나 파생어인 '*마기'의 존재 또한 유심히 살펴볼 필요가 있다. 이 형태는 동사와
명사를 겸한 어근으로 작용했던 듯하다.『經國大典註解』後集 兵典 行巡條에서는 軍號에
대한 풀이를 '對擧物名以爲言的'이라 하였는데, 이 경우의 言的은 '*말마기' 또는 '*말마
기'로 읽혔던 명사였던 것으로 추정된다. 따라서 이두에서 흔히 발견되는 동사 的是-의
존재를 감안해 볼 때 전자보다는 후자로 읽혔을 개연성이 높다.

따라서 현재로서는 이두문에서의 '的是'는 파생어 어근 '*마기'를 표기한 것으로 본다.
이두 학습서들에서도 的是를 대체로 '마기'로 읽고 있음이 참고된다. 이 어근이 '*마기/마
긔'에 해당하는 명사 '的'에 계사가 결합하여 유래한 것인지, 아니면 文證되지 않는 활용
어간 '*막-'에서 직접 파생한 '*마기'에서 유래한 것인지의 문제는 유보해 둔다. 的是-는
'정확하다, 맞다, 的實하다'의 뜻으로 사용되는데, 16세기부터는 的只-로도 표기되기 시
작하였으며, 심지어는 명사로 인식된 的只에 동사파생 접미사 -爲-를 덧붙여 的只爲-를 사
용한 경우조차 발견된다.

---

55) 的 마줄 뎍 <千字文 32ㅎ>.『新增類合』에서는 '뎍실 뎍'으로 새겼는데<下60ㅎ>, 이는『大明律直解』에
서도 사용된 바 있는 한자어 명사 '的實'에 해당한다.
56) 證은 마긔와 알 씨라 <月印釋譜 序18ㅈ>

(96) 委官乙 差送 推問爲乎矣 事狀 的是去等 <直解 28.12ㅎ> (위관을 임명하여 보내
서 추문하되 사실 정황이 맞거든)

爲等如 使內白叱乎 所 的是白乎 事是良尒 <1480 金孝之妻黃氏許與立案粘連文書
3-07~08> (…한 것들과 같이 종사했던 바가 맞는 일이기에)

家舍田畓等乙 證筆 具 許與 成置 的是置有等以 <1480 金孝之妻黃氏許與立案粘連
文書 4~5> (가사와 전답 등을 증인과 필집을 갖추어 허여하고 문서를 만들
어 둔 일이 확실히 있으므로)

右 奴婢 傳係爲乎 所 的是乎 味 答通是乎等用良 <1480 金孝盧奴婢別給立案粘連
6-05> (위 노비를 전계한 바가 맞다는 취지의 답통인 까닭에)

俱 證筆 許與 成置爲白乎 所 的是白乎 事是良尒 相考 施行敎 事 <1528 答通 정
1-537 09> (증인과 필집을 갖추어 허여문기를 만들어 둔 바가 확실한 일이
기에 상고하여 시행하실 일)

後所生 并以 永 放賣 的是乎 等用良 <1547 입안 영2-263 03~04> (후소생 아
울러 영영 방매한 일이 확실하므로)

(97) ㄱ. 爲等如 明文 成置 的只是白乎 事是良尒 相考 施行敎 事 <1507 답통 정32-257
04~05> (…한 것들과 같이 명문을 만들어 둔 것이 맞는 일이기에 상고
하여 시행하실 일)

田民 傳給時 證筆以 文記成置 的只是乎 事 <1585 招辭 동해시고문서(二)
394> (전답과 노비를 전해 줄 때 증인과 필집으로 문서를 만든 일이 맞
는 일)

ㄴ. 孫光曙 處 永永 放賣 俱 證筆 成文 的只白乎 事 <1551 다딤 정32-275 05~
06> (孫光曙에게 영구히 방매하고 증인과 필집을 갖추어 문서를 만든 것
이 맞는 일)

(98) 後所生 并以 永永 放賣 的是白齊 … 李千段 證筆以 各各 同着名 的只乎 事
<1585 입안 영1-229 17~19> (후소생 아울러 영구히 방매한 것이 맞사오며
… 李千은 증인과 필집으로 각각 함께 서명한 것이 맞는 일)

(99) 許與 成置 的只爲乎 事 <1506 다딤 서울대고문서집진 215 10> (허여문기를 만
들어 둔 것이 맞는 일)

文記 成置 的只爲乎 事是… <1548 다딤 영1-130 07> (문서를 만들어 둔 것이
맞는 일…)

永永 放賣 的只爲有 等以 葉作 粘連 斜給爲遺 合行立案者 <1585 입안 정2-437
10~11> (영구히 방매한 것이 확실하므로 엽질을 점련하여 확인 발급하고
이에 입안을 행함)

(96)은 的是-의 용례이고 (97)은 的只-의 용례들 중 일부인데, (97ㄱ)에서는 명사로 쓰였으나 (97ㄴ)에서는 동사 어간으로 사용되어 차이를 보인다. 한편 (98)의 경우엔 두 가지 이표기가 한 문서 안에 공존하는 양상을 보여 주는데, 16세기부터는 的是-보다 的只-표기가 점차 늘어나는 추세이다. (99)는 的只爲-의 용례인데, 이로써 미루어 보건대 的是/的只가 동사 어간뿐만 아니라 명사로도 두루 사용되었던 어근였음을 알 수 있다.

32) 除-

除-는 중세국어의 '덜-'(除)에 해당한다. 이에 따라 '덜다'의 의미 그대로 '減하다'의 뜻으로 사용되는 경우가 있다. (100)이 그 예에 해당한다. '더러, 더러더러'라는 뜻의 부사어로 쓰이는 除除 및 除除良은 이러한 뜻에서 유래한 이두어이다.

(100) 已受 杖六十 贖錢三貫六百文 除遣 <直解 01.24ㅈ> (이미 받은 杖六十刑에 해당
하는 속전 3관 600문을 덜고)

그런데 除에는 '제외하다'라는 뜻도 들어 있다. 따라서 '제외하다, 빼다'의 뜻으로 주로 쓰는데, 문맥에 따라서는 '말다, 하지 않다'라는 의미로도 사용된다. 용례상으로는 앞서의 '덜다'라는 의미로 사용된 것은 찾기 힘들고 거의 대부분 이런 의미로 쓰이는데, 어미 -良과 통합된 것만이 발견되는 점이 특이하다.

(101) 其餘所犯笞罪果 徵祿果 贖罪果 遲錯過名等 罪乙良 申聞 除良 直決齊 <直解
01.09ㅈ> (그 나머지 범한 태죄와 녹봉 추징과 속죄와 늑장부린 과실명 등
의 죄는 임금께 아뢰지 말고 직접 결단한다)
官吏 與罪 除良 里長分 與罪爲乎 事 <直解 04.02ㅎ> (관리에게 죄를 주지 말
고 이장만 죄를 줄 것)
向前 兩寺乙良 依勢僧人矣 持音 及 兩宗定屬 除良 山中 有心行僧人乙 用良
<1477 上院寺成化十三年江陵大都護府立案 15~16> (앞서의 양 절은 세력에
의지하는 승려가 지닌 이들 및 양 종파에 속한 사람들 말고 산중에서 심행
을 하는 승인들로써)
天旱 水種 不得爲去等 浸種 除良 落種爲齊 <農書輯要 15> (날이 가물어 수종
법을 못하거든 볍씨를 물에 담그지 말고 논에 뿌리며)
今後 功臣奴婢乙 一切 各司 除良 外方奴婢以 定給 <1546.6.5. 掌隷院承傳 大典詞
訟類聚 刑典 公賤 102~103> (앞으로는 공신노비를 일제히 각 관사 말고 지

방의 노비로 정해서 지급한다)

前母 繼母 乳母 新奴婢所生乙 奉祀服喪爲臥乎等用良 使孫 除良 義子女亦中 專給
亦 爲有昆 <1548.2.21. 형조전교 각사수교 112> (전모 계모 유모 신노비의
소생은, 제사를 받들고 상복을 입기 때문에, 자녀가 없을 경우 재산을 물려
받는 사손 말고 의자녀에게 전부 지급하라 했으니)

33) 知-

知-는 국어의 '알-'에 해당한다. 『大明律直解』에서 知-가 본동사로 쓰인 예들이 발견
된다.

(102) 里長亦 知遣 先告 不冬爲在乙良 <直解 11.04ㅈ> (이장이 알고 먼저 신고하지
않은 경우에는)
他矣 略賣和誘人事 强竊盜事乙 已行後良中沙 知遣 贓物 分用爲在乙良 <直解
18.17ㅈ> (빼앗아 방매하거나 회유한 일과 강도 및 절도한 일 등을 남이 범
행한 후에야 비로소 알고 장물을 나눠쓴 경우에는)

그러나 知-가 본동사로 직접 쓰이지 않고 부정사 不得과 합하여 知不得으로 쓰이는 것
이 거의 대부분이다. 『儒胥必知』에서는 知不得을 '알모질'로 읽고 있는데, 이것은 합성명
사처럼 쓰이는데 때로는 후행하는 명사를 수식하는 관형어로도 사용된다. 知不得은 '알지
못하다'의 뜻을 나타낸다. 知不得은 때로 知 자 앞에 부사어를 덧붙여 사용하기도 한다.
예컨대 相知不得, 詳知不得 등과 같다. 이 경우엔 相知와 詳知가 하나의 명사구처럼 기능
하는 것으로 볼 수 있다.

(103) ㄱ. 犯時良中 知不得爲在乙良 <直解 01.39ㅈ> (범행을 할 때에 알지 못한 경
우에는)
父亦 從前良中 子乙 知不得爲有如可 <直解 01.39ㅈ> (아비가 종전에 아들
을 알지 못했다가)
ㄴ. 合於人議爲乎 所 知不得 事是昆 <1546.5.21. 關文 소수서원등록 5ㅈ> (사
람들의 논의에 합치하는지 알지 못하는 일이니)
ㄷ. 奴婢 各人 所生名歲乙 相知不得乙 仍于 <1579 明文 영2-275 08> (노비 각
사람의 소생과 나이를 서로 알지 못함으로 말미암아)
奉祀位 外 遠處散在 庫員 卜數 詳知不得 一時 分給 不冬爲去乎 <1560 허여
문기 정1-539 13~14> (奉祀條 전답 이외에는 먼 곳에 흩어져 있어 장

소와 수확량을 자세히 알지 못해 (금번에) 일시에 나누어 주지 않는 바
이니)

한편 동사 어간 知-의 파생된 명사로서 현대어 '알림'에 해당하는 이두 표기자 '知音'
이 16세기에 발견된다. 知音은 중세어의 동사 '알외-'에서 파생된 명사형 '알외욤'에 대
응하는데, 사동 접미사가 중복되지 않은 동사 어간 知乎-에서 파생한 명사 '*알옴'에 일
치하는 이두자가 아닌가 추정된다.

> (104) 榮川郡守亦 矣徒等乙良 知音 不冬 金… <1535 淸河官決訟立案 홍해배씨文書
> 041> (영천군수가 우리네들은 알리지 않고 金…)
> 使 爲知音事 郡 書院 儒生 供饋之物 不足爲去等 牒報亦 爲有如乎 在亦 <1546.6.12.
> 關文 소수서원등록 5ㅎ> (관찰사의 알림을 위한 일로서 군 내 서원 유생들
> 에 대한 양식 공급할 물건이 부족하거든 급히 보고하라고 했던 일이 있는
> 데)
> 行水軍節度使 爲知音事 <1592 關文 국립중앙박물관 『朝鮮時代古文書』 121 01>
> (행수군절도사가 알림을 위한 일로서)
> 觀察使兼巡察使 爲知音事 <1593.2.17. 關文 대구월촌단양우씨문서 16쪽 01>
> (관찰사 겸 순찰사가 알림을 위한 일로서)

34) 持是-

持是-는 중세국어 동사 '디니-'(持, 지니다)에 해당한다. 是는 '디니-'의 말음을 표기한
字이다. 持是-는 어미 -旀와 통합된 예들만이 발견된다.

> (105) 諸人亦 鈔乙 持是弥 各色貢物良中 計折爲 納上爲旀 <直解 07.01ㅎ> (여러 사람
> 이 지폐를 갖고 있어 각가지 공물에 값을 쳐 셈하여 납상하며)
> 兵仗 持是弥 入殿門爲在乙良 絞死爲乎 事 <直解 13.05ㅈ> (병기를 가지고 궁
> 전 문 안으로 들어간 경우에는 교형으로 죽일 것)
> 使孫等亦 無財主 己區處 明文 持是弥 <1576~ 입안 정6-15 104~105> (자식
> 이 없어 재산을 물려받은 친속들이 재주 없이 자기들이 처리한 명문을 갖
> 고 있으며)

그런데 아래 예문의 '喫持是-'는 두 개의 동사 '먹다'와 '지니다'를 합성한 표기로 추
정된다. 즉 '먹고 지니다'로서 현대어라면 '갖고 있으면서 먹다' 정도의 의미를 나타낸 표

기자로 이해된다. 따라서 두 동사 어간을 우리말로 새겨 읽었을 것으로 판단되는데 '喫持'를 하나의 한자어 합성어로서 음독하여 여기에 계사를 연결했을 개연성이 다소 남아있다.

> (106) 鎭長 喫持是乎矣 <1392 太祖賜給芳雨土地文書 03> (오래도록 지녀 먹되)
> 稅 捧上 喫持是內 敎 <1392 太祖賜給芳雨土地文書 05> (세를 받아 지녀 먹으라 하심)
> 子孫 傳持 鎭長 喫持是良於爲 敎 <1399 趙溫賜牌 08> (자손에게 전하여 오래도록 지녀 먹도록 하심)

한편 동사 어간 持是-의 명사형인 持音도 이따금 사용되었다. 이 명사형은 관형어로서 후행하는 명사를 수식하기도 하고 동사파생 접미사 -爲-와 통합하여 持音爲-라는 동사로도 쓰였다. 持音은 '어떤 文記나 물건 따위를 가지거나 지니고 있음'의 뜻이다. 중세어동사 '디니-'(持)에서 유래한 단어로서 명사로서의 용법도 있고, 후행하는 명사를 수식하는 관형어로도 쓰인다. 동사로 쓰일 때는 持是-로 적히는 것이 보편적이나, 명사로 사용될 때는 '是' 자 없이 持音만으로 사용된다.

小倉進平(1929:456) 및 金根洙(1961:44)는 '디닌'으로 읽었으나 '-ㄴ'과 '-音' 字가 부합되지 않는다. 더욱이 아래 예문 (107ㄱ)의 '持音爲-'의 경우는 더욱 그렇다. 「吏讀略解」에서 '디님, 디닌',『吏讀集成』에서는 '지님, 지닌'으로 읽은 바 있다. 그런데 持音의 독법 '디닌, 지닌'은 이 단어가 관형어로 쓰이는 용례가 많은 것을 반영한 것일 뿐으로서 이두자와 독법이 서로 일치하지 않는다. 따라서 持音은 중세어의 '디뇸'에 대응하는 것으로서 동사 어간 '디니-'에 명사형 어미 '-옴/움'이 통합되어 형성된 것으로 추정된다.

> (107) ㄱ. 長子自庸亦 持音爲有齊 <1443? 權明利許與文記 32> (맏아들 自庸이 가지고 있으며)
> ㄴ. 各門官亦 須只 右人等矣 身上良中 持音 牌面 拘收爲弥 <直解 13.05ㅎ> (각 守門官이 모름지기 이 사람들의 신상에 지닌 牌面을 회수하며)
> 持音 物色等乙 <直解 10.01ㅎ> (지니고 있는 물건 등을)
> 狀員所納 持音 戶口草件乙 用良 <1415 張仁淑戶口입안[57] 30~31> (문서 청원인이 제출한 바 있는 가지고 있는 戶口草件[58]으로써)

---

57) 蔚珍張氏準戶口라는 이름으로 알려져 있었다.
58) 戶口單子를 가리킨 것이 아닌가 추측한다.

自矣 持音 禾八是在 雄馬 壹 進上條 價 木綿 拾疋 交易 <1547 土地明文 정
32-456 03～04> (제가 가지고 있는 8살배기 숫말 한 마리 진상조를 무
명 10필 값으로 처 바꾸고)

矣徒 奴婢買得眞僞 及 財主名號乙良 持音 官斜文記乙 收納 相考 施行敎是白
齊… <16세기 立案 정6-15 227～230> (우리들이 노비를 매매한 진위
및 재주의 이름은 가지고 있는 관의 증명을 받은 문서를 수납하여 살
펴 시행하십시오)

35) 知乎-

知乎-는 '알-'(知)의 사동사로서 중세어의 '알외-'(알리다)에 대응한다. '알외-'는 사동
접미사가 중복된 형태이므로 知乎-는 '*알오-'로 읽혔다고 본다. 『吏讀集成』에서 '知乎
不冬'을 '알옴안들'로 읽은 사실이 참고된다. 知乎-는 단일동사로 사용된 예가 없고 부정
사 不冬와 통합되어 관용적으로 쓰였다. 이것은 知-가 부정사 不得과 통합되어 쓰이는
것과 마찬가지의 용법이라 하겠다. 다만 知乎不冬의 경우엔 『大明律直解』에서만 발견된
다. 그리고 知乎-는 다른 동사 어간과 합하여 합성동사로 쓰이기도 하는데 知乎白-이 이
에 해당된다.

(108) ㄱ. 軍人亦 頭目亦中 知乎不冬 私丁 出外 虜掠爲良在等 <直解 14.06ㅎ> (군인
이 두목에게 알리지 않고 사사로이 출타하여 노략질하였거든)
着印官封物色乙 初亦 着封官司 知乎不冬 趣便以 開閉爲在乙良 <直解 07.09
ㅈ> (날인하여 관에서 봉한 물건을 처음에 날인하고 봉한 관사에 알리
지 않고 마음대로 뜯고 닫은 경우에는)
賊人亦 …… 其矣 形體乙 知乎不冬 他矣 財物乙 潛取爲臥乎 所爲竊取 皆名
爲盜齊 <直解 18.18ㅈ> (도적이 …… 저의 형체를 알리지 않고 남의 재
물을 몰래 취하는, 이른바 절취하는 일을 모두 盜라 한다)
ㄴ. 凡 同居族下人等亦 尊長 知乎不冬爲 趣便以 家財等乙 等用下爲在乙良 <直解
04.09ㅎ> (무릇 동거하는 비속들이 존장에게 알리지 않고 마음대로 가
재 등을 취하여 써버린 경우에는)

36) 進(叱)-

進叱-은 중세국어의 '낳-'(나아가다)에 해당한다. 후대 이두 학습서들에서 進叱 또는 進
只의 讀音으로 제시한 '낫드러, 낫들잇, 낫드리, 낫드긔, 나드지' 등은 모두 합성동사 '進

(叱)入-'와 관련되는 것으로서 進叱-과 일치하지 않는다.

> (109) ㄱ. 凡 侍朝及侍衛官員亦 顧問敎是去等 各職次以 <u>進叱</u> 回合爲白乎矣 <直解 12.03
> ㅎ> (무릇 궁궐 및 임금을 시위하는 관원이 임금의 명을 받아 물으시
> 거든 각 직위의 순서대로 나아가 돌아가면서 만나되)
> ㄴ. 凡 近侍官員亦 上前 朝見 <u>進叱有臥乎</u> 官員人等乙 雜頉下乙 用良 親見 不得爲
> 只爲 遮當爲在乙良 斬齊 <直解 12.03ㅎ> (무릇 가까이 모시는 관원이 임
> 금 앞에 뵙고자 나와 있는 관원 등을 이런저런 탈을 가지고 친견하지
> 못하도록 막는 경우에는 참형에 처하며)
> ㄷ. 妻果 子孫果 門蔭承襲良中 <u>進叱有在</u> 子孫果亦 犯罪爲去等 <直解 01.11ㅎ>
> (처와 자손과 부조 덕으로 관직에 나아가 있는 자손이 범죄하거든)

(109ㄱ)의 경우에는 進叱-이 연결어미를 생략한 채 사용되었다. 생략된 어미는 -良으
로 추정된다. (109ㄴ, ㄷ)의 進叱有-는 동사 어간 '낫-'에 시상 형태소 '-잇-'이 통합되
어 현재 지속의 의미를 담고 있다. 동사 어간과 시상 형태소 사이에는 어미 -良가 개입되
어 있는 것으로 본다.

進叱-은 말음 표기자 叱을 생략하여 進-만으로도 표기된다. 다만 (110)에서는 '나아가
다'라는 뜻보다는 '해당하다'라는 문맥적 의미로 사용되었다.

> (110) 官吏等亦 死罪良中 <u>進去等</u> 減一等遣 <直解 28.02ㅈ> (관리들이 사형 죄에 해
> 당되거든 한 등급을 감하고)

進叱은 다른 한편 명사로도 사용된다. 이에 따라 進叱使內-와 같은 합성어를 만들기도
한다.

37) 推-

推-는 중세어의 '밀-'에 해당한다. 다만, 『大明律直解』에서의 문맥적 의미는 '핑계대다,
남에게 책임을 轉嫁하다'에 가깝다<朴喜淑 1985:199>. 이는 중세어의 동사 '밀-'이 현대국어
의 동사 '미루다'의 뜻을 아울러 표현할 수 있었던 데에서 연유하는 것이라 생각된다.

> (111) ㄱ. 又 外任良中 移差敎是去等 緣故 <u>推遣</u> 不赴任者乙良 <直解 02.01ㅎ> (또 지

방직에 옮겨 임용했는데 연고로 미루고 부임하지 않는 자는)

凡 全委罪人乙 捕捉人亦 承差爲 罪人 捕捉爲乎矣 緣故 推遣 進去 不冬爲㫆 <直解 27.01ㅎ> (무릇 전적으로 위임 받은 죄인을 잡을 사람이 임무를 이어받아 죄인을 잡되 연고를 핑계로 미루고 나아가지 않으며)

典賣人亦 雜頉下 推遣 延拖 還給 不冬爲在乙良 <直解 05.05ㅈ> (산 사람이 이런저런 탈로써 미루고 질질 끌며 돌려주지 않는 경우에는)

ㄴ. 監臨員亦 其矣 冒弄借貸彼此用下物色乙 水火盜賊 推㫈 僞造文案爲㫆 文籍乙 改換 妄報爲在乙良 <直解 07.11ㅈ> (감독하는 관원이 제가 속여서 빌려 주거나 빌린 것과 부정으로 쓴 물건을 수재 화재 도적 등으로 미루어 문서를 위조하며 장부를 고쳐 거짓 보고한 경우에는)

各 馹官亦 故只 好馬乙良 隱藏爲遣 緣故 推㫈 出給 不冬 限日乙 違錯令是在 乙良 <直解 17.04ㅈ> (각 역관이 일부러 좋은 말을 숨겨두고 연고를 핑 계대며 내주지 않아 정한 날짜를 어기게 한 경우에는)

官員亦 緣故 推弥 接狀 推考 不冬爲在隱 同罪齊 <直解 22.02ㅎ> (관원이 연고로 미루며 문서를 접수하여 추고하지 않은 경우에는 죄를 같게 한다)

38) 追-

追-는 동사 '좇-'에 해당한다. 그러나 다른 활용어미와 통합되어 쓰인 예가 조선 전기 에는 발견되지 않는다. 追于가 동명사의 명사적 용법 뒤에 붙어 후치사로 쓰이거나, 부사 어로 쓰이는 경우가 대부분이다. 16세기에 이르러 追于 대신에 취음의 원리에 따라 변형 된 追乎를 사용한 예가 발견된다. 다음의 예는 본동사로서의 기능이 어느 정도 감지되는 경우이다.

(112) 今雖分衿爲乎乙 喩良置 未知存歿爲去乎 幸有成文前 物故爲去乙等 追于 僉議 遺漏 奴婢以 爲先充給爲遣 <1574 화회문기 영1-200 85~86> (이번에 몫을 나눌 지라도 생사를 알지 못하니 행여 문서 작성 전에 죽거든 그에 따라 모여 의논해서 빠진 노비로써 우선 채워주고)

今則 奴婢等 皆將相隨墳壑 —— 追乎 充給 不得事是昆 <1594 분재기 정16-40 39> (지금은 노비들이 모두 서로 따라 어느 골짜기에 들어가 있는지 일일 이 좇아 채워주지 못하는 일이니)

39) 置-

置-는 국어의 동사 어간 '두-'의 표기자이다. 이것과 관련하여 특히 재고하여야 할 문제는 '…是置(有)…'와 '…爲置(有)…' 구성에서의 置 자에 대한 문법 기능이다. 이 경우의 置를 서법 형태소로 보아 확인법 또는 강조의 선어말어미로 보아 왔다. 그러나 전술한 바와 같이 '…是置(有)…'는 '…是 # 置(有)…'으로 끊어 읽어야 할 경우가 많다. 이 경우 -是는 주격 표기자이며, 후행하는 置-는 서술어로서 동사 어간인 경우가 적잖기 때문이다.

그리고 '…爲置…'는 글자 그대로 '하다' 동사와 '두다' 동사의 표현일 뿐이며 두 동사 사이에 개재되는 연결어미 -良 표기를 생략한 것으로 해석하여야 한다. 특히 『養蠶經驗撮要』의 이두 번역문에서는 동사 어간 '두-'를 표기한 置의 용법이 매우 광범위하게 나타난다. '移置<20ㅈ, 38ㅎ>, 立置<5ㅈ, 10ㅎ>, 棄置<7ㅈ, 37ㅈ>, 埋置<7ㅈ, 37ㅈ>, 卷置<12ㅈ>, 藏置<14ㅈ>, 在置<5ㅈ, 20ㅈ>, 令是置<34ㄱ>'와 같은 예들이다. 이들 모두 우리말 동사의 실질적 의미에 부응하는 한자를 빌려 쓴 것이다. 예컨대, 移置는 '옮겨 두다', 埋置는 '묻어 두다'라는 뜻을 나타내는 표기로서 두 동사를 나열한 것일 따름이다. 13세기 중엽부터 이두 자료에 쓰인 爲置 역시 이와 같다.[59]

> (113) ㄱ. 功臣錄券 加 施行爲置 仕朝後 春秋齋 名目 讀唱 向事沙 餘良 <尙書都官貼 62~63> (공신녹권에 더하여 시행하여 두고 벼슬길에 나온 후에 춘추재에서 이름을 부르는 일에다가)
> ㄴ. 形止案 載錄爲置 科科以 …… <尙書都官貼 96> (형지안에 기록하여 두고 낱낱이 ……)
> ㄷ. 右 雌雄高致乙 爲半 各別 摘取爲置 風凉 相通 廳中 淨 箔 上良中 <양잠 3ㅎ> (위 암수 고치를 반으로 각각 나누어 가려내어 두고 바람이 서늘하게 통하는 대청 안에 깨끗한 잠박 위에)
> ㄹ. 人哭置 穀苗乙 壓見爲置 勞困 不冬爲只 使內良沙 <15세기 農書輯要 8> (인부도 곡식의 싹을 눌러봐 두고 노곤하지 않도록 해야만)

(113)에 쓰인 '…爲置'는 우리말의 '…하여 두다'라는 뜻을 표기한 이두자로서 두 개의 동사를 나열한 것이다. (113ㄱ)의 '施行爲置'는 '施行하여 두고', (113ㄴ)의 '載錄爲置'는 '載錄하여 두고', (113ㄷ)의 '摘取爲置'는 '摘取하여 두고', (113ㄹ)의 '壓見爲置'는 '눌러

---

59) 爲置와 같은 유형에서의 置-를 보조동사로 규정할 수도 있다. 그러나 본고에서는 '-是#置-'와의 일관성의 관점에서 보조동사의 개념으로 설명하지 않는 입장을 취한다.

보는 일을 하여 두고'의 의미를 표시할 따름이다.

그런데 '…爲置'에서는 동사 어간 置-가 동작의 서술에 그치고 있지만, 어떤 동작이 이미 일어났고 그것이 계속 이어지는 상태지속 또는 완료의 경우를 표현할 때에는 置-에 -有-를 덧붙인 것으로 판단된다. 이때의 '有'는 중세어의 존재동사 '잇/이시/시-'에서 유래한 것으로 본동사 뒤에 쓰이면서 상태지속 또는 완료의 선어말어미로 기능한다고 본다. '…爲置'와 대비되는 '…爲置有-'의 존재는 (114)에서 확인된다. 이 경우 置有-는 전술한 바와 같이 중세어의 '뒷-' 또는 문증되지 않는 '*두잇/두이시-'를 반영한 표기로 추정된다. 爲와 置가 각각 별도의 동사인 점을 감안하여 띄어쓰면 다음의 (114)와 같다. 이 중 특히 (114ㄴ)에서의 '置是-'는 비록 한 용례에 불과하여 단정하기 어렵긴 하나[60] '置有-'에서의 有 자의 독음을 일부 반영한 것으로서 시사하는 바가 많다.

(114) ㄱ. 傳出納爲 置有去乎等用良 <尙書都官貼 100> (출납을 전하여 (온 것이) 있었기 때문에)

難便爲 置有良尒 一任爲乎 所 不喩是旀 <1361 慶州司首戶長行案序 18> (불편하게 두었기에 내버려 둘 바가 아니며)

中樞院事 仁贊段 犯斤 由爲 置有亦 <1392 李和개국공신녹권 043> (중추원사 仁贊은 다음에 행하기로 (남겨) 두었으나)

ㄴ. 報狀爲 置是乎等用良 <1198 長城監務官貼 20> (문서로 보고한 바가 있었으므로)

이두문에서 '…爲置有-'가 빈번히 쓰인 까닭은 이미 시행되었거나 일어난 일들을 기록하는 특성에 따른 것이라 할 수 있다. 따라서 旣然形 표현이 아니거나 과거형을 세밀히 표기할 필요가 없을 경우엔 위 (113)과 같이 有 자 없이 '…爲置…'만으로 표시하게 된다. 그런데 爲置 구성에서 보조동사처럼 쓰이는 置는 '어떤 장소나 상황에 놓다'라는 의미 못지않게 '어떤 상태로 있게 하다' 즉 '있다'의 의미가 강하게 드러나는 경우가 매우 많다. 置가 본동사로서의 기능을 충분히 발휘하는 경우는 전술한 바와 같이 '…是置(有)…' 구성에서다. 이 경우에도 본동사 置-가 '있다'의 개념에 가깝게 사용되는 예가 적잖다. (115ㄱ)이 그 한 예이다.

---

60) 長城監務官貼의 연대는 1378년이 아닌 1198년이고, 2차자료라고는 하나 1431년에 전사된 것을 바탕으로 1911년 『朝鮮寺刹史料』에 수록한 것이어서 신빙성이 비교적 높은 편이다. 盧明鎬 外(2000:上363)의 각주 참고.

(115) ㄱ. 嘉靖九年庚寅二月二十日 慶州府立案 右 立案 爲斜給事 粘連所志 及 各人 招辭是 置有亦 文記 現納 相考爲乎矣 <1529 입안 정32-267 01~03> (가정 9년 경인년 2월 20일 경주부의 입안임. 이 입안은 확인하여 발급하는 일로서 점련한 소지 및 각 사람의 초사가 있어서 문서를 제출하게 하여 상고하되)

ㄴ. 正德四年己巳正月十三日 立案 右 立案 爲斜給事 連次所志內乙 用良 奴婢田畓 傳係 眞僞 財主吳氏處 公緘 問備爲 置有亦 <1509 입안 정1-580 01~03> (정덕 4년 기사년 정월 13일 입안임. 이 입안은 확인하여 발급하는 일로서 이어붙인 소지의 내용을 가지고 노비와 전답을 전계한 진위를 재주인 오씨에게 공함으로 물어 조사해 두었기에)

(115ㄱ) 중의 '粘連所志 及 各人 招辭是 置有亦'은 '粘連所志 및 各人의 招辭가 있어서'라고 풀이된다. 이 경우에 是는 주격 표기이고, 置有-는 본동사 置-에 시상 선어말어미 -有-가 통합된 것이다. 이때 본동사 置-에는 '두다'라는 개념보다는 '있다'라는 개념이 두드러지게 드러난다. '招辭是 置有亦'을 (115ㄴ)의 '問備爲 置有亦'와 대비해 보면 전자의 경우엔 招辭라는 문서 또는 招辭에 쓰인 내용이 주어로 기능하고 의미 역시 존재 개념에 가깝지만, 후자는 '問備하여 두었기에' 정도로 풀이되어 '두다'라는 동작 개념이 강하게 드러난다.

이두문에서 자주 쓰이던 '…爲置有亦, …爲置有良尒'는 16세기에 들어 점차 '…爲置'로 줄여 표현하기 시작한다. 이것은 말하자면 일종의 절단형 표기인데 상부관아 또는 국왕이나 윗사람에게 올리는 글에서는 공손 표현의 -白-을 중간에 넣어 爲白置로 표기하였다. 이것은 주로 관부문서와 특히 등록류에서 발생하여 점차 확산되어 간 것으로 이해된다. 절단형 표기인 爲置와 爲白置는 문 접속의 경우뿐만 아니라 문 종결의 위치에서도 널리 사용하였으며, 爲를 是로 대체한 是置와 是白置 역시 마찬가지로 17세기 이후에 활발히 쓰인다.

(116) ㄱ. 李浚亦中 斜給爲遣 後次 頉下爲置 合行立案者 <1583 永川郡입안 영2-278 09~10> (李浚에게 확인 발급하고 후에 그 사유를 기재해 두기에 입안함.)

ㄴ. 族親中 顯官乙 用良 都文記 壹 道良中 筆執 着圖署以 憑後考爲有置 如有謀錄 爭詰之端爲去乙等 <1579 화회문기 영2-99 19~21> (친족 중에 실직 관원을 부려 (작성한) 도문기 한 통에 필집과 도서를 날인하여 훗날 참고하도록 두었고 만일 기록을 속이고 다투는 폐단이 있거든)

ㄷ. 而皆因火燒無合用之材 尤爲不當爲白置 禁山段 固當禁伐火爲白乎 喩在果 <工

曹節目 각사수교 150> (모두 화재로 인해 재목으로 쓰기에 알맞은 나무가 없다면 더욱 부당합니다. 금산은 진실로 벌채와 화재를 금할 것이거니와)

ㄹ. 今則 或定兩都目 或仍四都目爲白置 四都目以乎 爲白果 兩都目 至亦 <1553. 윤3.17. 예조계목 각사수교 46> (지금은 혹 일년에 두 번 양도목으로 정하거나 혹 4도목으로 하고 있는데 4도목은 당연하거니와 양도목에 이르기까지)

(116ㄱ)의 爲置는 입안의 마지막 문구인 '合行立案者' 앞에 쓰였다. 일반적으로 입안의 마지막 문구는 '…爲遣 合行立案者'로 끝맺는데, 위 경우엔 斜給에 관한 입안이므로 관례에 따르자면 '斜給爲遣 合行立案者'로 끝맺을 터이다. 그럼에도 불구하고 그 사이에 '後次 頉下爲置'라 한 것은 아직 시행하지 않은 頉下 행위를 할 것이라는 문맥에서 사용된 절단형 표기로 爲置가 사용되었다. (116ㄴ)의 '…爲有置'는 이와 달리 어떤 행위를 이미 하였다는 절단형 표기인데, 후행하는 문구와의 접속 관계가 순접인지 역접인지는 전체 문맥에 의존하여 판단하여야 한다. 대체로 순접에 해당되는 예들이 거의 대부분임은 물론이다. (116ㄷ)은 爲白置의 예인데 일단 여기에서 문장이 끊어진다고 보아야 한다. 후행하는 문구와는 직접 접속되지 않기 때문이다. 말하자면 문 종결의 기능에 가까운 경우에 속한다. (116ㄹ)의 爲白置는 이와 달리 문맥에 따라 순접과 역접 중의 어느 하나로 판단하여야 할 경우이다.

40) 退(是)-, 退伊-

退是-는 중세국어의 '믈리-'에 해당한다. 是는 '믈리-'의 말음을 표기한 것인데, 조선조 중기 이후로는 말음첨기자 是 대신에 伊 자를 사용하는 것이 더 보편적이다. 후대 이두 학습서들에서는 退是 대신에 退伊를 표제어로 삼고 있다.

(117) ㄱ. 徒囚乙良 原犯徒年乙 退是 計數 新丁 定役遣 <直解 27.03ㅈ> (도형수는 원래 범한 도역 연수를 물리고 셈하여 새로 역을 정하고)

ㄴ. 眞僞乙良 同郡 移文 贖案 退伊相考教是如□… <16세기 입안 정6-23 71> (진위는 위 군에 이문하고 속안을 물리고 상고하실 것 같□…)
某處 立防爲臥乎 喩 元隻 一時 軍案 退伊相考 移文□… <16세기 입안 정6-11 192> (어느 곳에서 역을 섰는지 원고와 피고를 함께 군안을 물리고 상고하여 이문□…)

(117ㄱ)의 退是는 '물리고' 정도로 해석되며, (117ㄴ)의 退伊相考는 관용어처럼 사용되어 '앞엣것을 물리고 다시 성찰하다'의 뜻으로 쓰인다.

그런데 15세기 문서류에서는 退是 대신에 말음첨기자를 빼고 동사 어간 向-에 직접 붙여 표기한 예들이 발견된다. 두 어간이 직접 통합한 것으로 추정되는데, 이 경우 退를 반드시 '믈리-'에 대응하기는 곤란하다고 본다. '무르-'로 읽혔을 개연성이 높기 때문이다. 退를 대체로 '므를 퇴'로 새기는 점도 감안할 필요가 있다. '믈리-'는 '므르-'(또는 *므를-)에서 파생된 사동사이므로 '므르-'가 좀 더 선대형이라 생각된다. 退向-은 '물려 처리하다'의 뜻을 지니는데 대상이 문서인 경우엔 '되돌려 주다'의 문맥적 의미로 사용된다. 退向-은 합성동사에 속하나 편의상 여기에서 다룬다.

> (118) 狀員亦中 退向事 合行立案者 <1415 蔚珍張氏 準戶口 및 立案 31> (문서를 낸 員에게 되돌려 주는 일로서 이에 입안함)
> 業作 粘連 退向事 合行立案者 <1480 金孝盧노비별급입안粘連 6-13> (낱장의 문서들이 점련된 것을 물리는 일로서 이에 입안함)
> 侤音 捧上 業作 粘連 退向事 合行立案者 <1487 金孝盧土地賣買立案粘連 5-5~7> (다짐을 받아 낱장의 문서들이 점련된 것을 물리는 일로서 이에 입안함)

41) 向-

이두 동사 向-은 단일동사로 쓰인 것과 합성동사처럼 사용된 것이 있다.

전자의 예로서는 向事와 向敎是事가 대표적이다. 양자는 각각 '向- # 事'와 '向敎是- # 事'로 분석되는 명사구인데, 동사 어간에 통합된 관형사형 어미를 생략 표기한 형태이다. 向事는 이두 학습서들에서 '아안일, 안일' 등으로 읽고 있는데 문맥에 따라서는 '-ㄴ' 대신에 '-ㄹ'을 넣어 풀이할 필요가 있다. 후자가 오히려 실제 용례에서 더 많다고 할 수 있다. 주체존대 선어말어미 -敎是-를 덧붙인 向敎是事는 16세기부터는 是 자를 생략한 向敎事도 많이 혼용되는 양상을 보이는데, 向事와는 높임 등급에서 대비된다.

> (119) ㄱ. 稈草以 點火向事段 不緊爲沙 餘良 迷惑人亦 蚕身落火 傷損非無 幷以 使內安徐 <양잠 25> (볏짚으로 점화하는 일은 긴요하지 않은 데다가 정신 없는 사람이 누에 몸에 점화하여 손상시키는 일이 없지 아니하므로 하지 말 것)
> 蚕亦 食葉向事以 茅上良中 並只 移上 能免蒸熱 <양잠 38ㅎ> (누에가 뽕잎

을 먹는 일로 띠 위에 모두 올라가 더운 기운을 면할 수 있고)

ㄴ. 某奴婢乙 某人亦中 許給爲 喻 相考 記下向事 <1556 答通 영2-91 02> (어떤 노비를 누구에게 준다고 허락했는지 살펴서 적을 것)

ㄷ. 此 明文內乙 用良 告官 辨正向事 <1571 別給文記 영1-193 04> (이 명문의 내용을 가지고 관에 고하여 바로잡을 일)

(119ㄱ)은 이두 동사 向-의 주체가 반드시 官衙이거나 공적인 일들만을 대상으로 하지 않고 두루 쓰이는 것임을 분명히 보여 준다. (119ㄴ)은 관아에서 어떤 사실에 대해 묻고자 하는 즉, 問備하기 위한 공적인 서한인 公緘의 마지막 부분을 전재한 것인데, '記下向事'에서 記下의 주체가 관아가 아님은 물론이다. 흥미로운 점은 (119ㄷ)의 '辨正向事'에서 辨正의 주체는 관아 또는 관리가 될 수 없으므로 '辨正爲乎事'로 써야 마땅할 터인데 16세기부터는 재산관련 私人文書의 말미에서도 向事가 혼용되는 양상을 보여준다. 向事는 워낙 자주 사용됨으로 말미암아 선행하는 명사구와 통합하여 -向-이 일종의 동사파생 접미사처럼 기능하는 듯한 모습도 간파된다. 그런데 동일한 向事라고 해도 (119ㄱ)에서는 '…하는 일' 정도로 풀이되지만, (119ㄴ, ㄷ)에서는 '…할 일'로 해석하여야 할 것이다.

向-이 다른 동사와 합하여 쓰이는 합성동사로는 退向-과 使內向-이 있다. 이 중 특히 使內向-은 용례가 적잖은 편이다. 그런데 使內向-은 기원적으로 동사 어간들이 직접 통합된 것이 아님이 드러난다. 都評議使司에서 功臣都監에 보낸 出納의 내용을 전재하고 있는 동일한 문서 (120)에서 使內向事와 使內乎向事가 나란히 쓰였는데, 후자는 使內- 다음에 동명사어미가 덧붙은 -乎가 쓰였으므로 전자가 동사 어간의 직접적인 합성이 아니었음을 시사해 준다. 다만, 退向事의 退向-은 동사 어간끼리의 합성일 개연성이 높으므로 이와 다른 조어법에서 유래한 것으로 보아야 할 것이다.

(120) ㄱ. 爲等如 使內向事 出納 <1392 李和錄券 126> (…한 것들과 같이 행할 일이라는 출납)

ㄴ. 王旨內 事意乙 用良 啓 使內乎 向事 出納是 置有亦 <1392 李和錄券 048> (왕지 안의 뜻을 가지고 계를 행하는 일을 처리할 것이라는 출납이 있어서)

向敎是事은 向事와 달리 向-의 주체가 관아이거나 관아의 長인 관원이기 때문에 주체 존대 선어말어미 -敎(是)-가 삽입된다. (121)의 예에서 보듯 行下와 成給하는 행위의 주체를 높이기 위해 向敎是事을 사용하고 있다. 向敎是事에서 是를 생략한 向敎事도 점차 빈번히 사용되는 모습을 볼 수 있다.

> (121) 身 幷以 執捉 准受爲只爲 順興府良中 行下向敎是 事乙良 望白內臥乎 事是亦 在 謹言 <1427 張戩妻辛氏경상도도관찰출척사所志 9~10> (그 몸도 아울러 잡아서 확인해 받을 수 있도록 순흥부에 명령하여 주실 일을 바라는 일이 있어 삼가 아뢰오니)
>
> 立案 /成給向敎是 事 望白內臥乎 事是亦 在 謹言 <1464 金孝盧奴婢立案粘連 1-3~4> (입안을 만들어 주실 것을 바라는 일이 있어 삼가 아뢰오니)
>
> 粘連所志 相考 斜給爲白只爲 行下向敎是 事 <1551 所志 영2-264 02~03> (점련한 소지를 상고하여 확인해 주도록 처리하여 주실 일)
>
> 右謹陳所志 矣段 婢子 買得爲白去乎 依他例 立案 斜給爲只爲 行下向敎 事 <1593 所志 영2-280 02~03> (이에 삼가 소지를 말씀드리오니 제 경우엔 계집종을 매득하였으니 다른 예에 따라 입안을 확인 발급하도록 처리하여 주실 일)

그런데 所志의 내용을 轉載하는 경우에는 대체로 -敎是-를 생략하여 向事로만 적고 있음이 특징이다. 이것은 입안을 시행하는 관아의 입장에서 전재하기 때문인 것으로 추측된다. (122ㄴ)에서 '所志是白齊'에 공손 표현의 -白-이 삽입된 까닭은 예조에서 임금에게 올리는 계목을 수록한 입안이기 때문이다.

> (122) ㄱ. 河源所志 內 今年 仕滿 受職當次爲白良結 帳籍 相考 四祖陳省 成給向事 所志 是乎等用良 <1489 河源陳省牒 01> (河源의 소지 내용인즉 금년에 임기가 차서 직무를 받는 차례가 되고자 하여 장적을 상고하여 4조에 대한 진성을 만들어 줄 일이라는 소지로써)
>
> 眞僞乙良 買得文記 相考 依他 立案 成給向事 所志是齋 <1532 立案 영2-332 06~07> (진위는 매득문기를 상고하여 다른 예에 따라 입안을 만들어 줄 일이라는 소지이며)
>
> ㄴ. 行下向事 所志是白齊 <1480 金孝盧繼後禮曹立案 05> (처리하여 줄 일이라는 소지이오며)
>
> 依他 立後爲只爲 行下向事 所志是白齊 <1581 禮曹立案 정6-1> (다른 예에 따라 입후하도록 처리할 일이라는 소지이오며)

'向'은 '-爲-'에 통합되어 '向爲-'로도 사용된다. 이 경우의 '向'은 한자어이다. 『大明律直解』에 세 번 사용되었으며, 16세기 자료에서도 발견된다.

> (123) 凡 大廟 及 宮殿乙 向爲 箭 及 彈子乙 射放爲弥 <直解 13.06ㅈ> (무릇 종묘

및 궁전을 향하여 화살 및 탄알을 쏘며)

右成文事段 汝亦 今明日 生死難知 老父 向爲良 子息中 情誠 孝養爲臥乎等乙用良 <1559 별급문기 정6-126> (이에 문서를 만드는 일은 네가 금명간에 생사를 알기 어려운 늙은 아비에 대하여 자식 중에서 정성을 다하여 받들어 모시기에)

이두 동사 向-의 訓과 관련하여 살펴볼 것은 중세국어의 '앒-/앗-'이다.

(124) ㄱ. 導師ᄂᆞᆫ 法 앗외ᄂᆞᆫ 스스이니 <釋譜詳節 13.16ㅈ>
　　　　　導師ᄂᆞᆫ 길 앗외시ᄂᆞᆫ 스스이라 혼 마리라 <月印釋譜 9.12>
　　　ㄴ. 무틔 올아 將次ㅅ 길흘 아ᅀᅡ 가노니(登陸將首途) <杜詩諺解 初8.53ㅎ>

(124ㄱ)의 '앗외-'는 '앒-+-오-+-ㅣ-'로 분석된다. '앗'으로 표기된 것은 8종성법에 따른 것으로 이해된다. 이때 使動의 의미는 '-외-'에 담겨 있다. '앒-'은 대체로 '나아가다, 앞서다'의 의미로, '앗외-'는 '나아가게 하다, 앞서게 하다, 앞에 가게 하다'의 의미로 해석된다. 李丞宰(1992ㄱ:88)는 '向事, 向前' 등의 '向'을 '*알-' 또는 '*앑-'으로 추정한 바 있다. (124ㄴ)의 '앒-'은 '向前'의 '向'에 정확히 일치하는 형태라 생각한다. 이 '앒-'이 '처리하다, 行하다'라는 뜻에도 사용된 듯한데 '向事'의 '向'이 이에 해당된다고 하겠다.[61]

42) 休-

休-는 朴喜淑(1985:223)에서 설명했듯이 국어의 '말-'에 해당한다. 중세어의 '말-'에는 '말다, 아니하다' 외에 '휴식하다'의 뜻도 담겨 있는데, 『大明律直解』에 쓰인 이두 동사 休-는 '말다, 그만두다'의 뜻으로 사용되었다.

(125) 合設老人乙良 在前 有痕咎人乙良 休遣 其鄕邑內 年高 有德 衆望 合當爲在 人員乙 用良 選充爲乎矣 <直解 04.07> (더하여 설치하는 노인직은 전에 과실 있는 사람은 말고 그 향읍 안에서 나이가 많고 유덕하며 중망이 있어 합당한 사람으로써 골라 충원하되)

---

61) 吳昌命(1995ㄱ:311)도 『南宗通記』의 고려말 노비문서에 보이는 '向叱-'을 근거로 하여 '向'을 '앑-, 앗-'으로 읽을 수 있다고 하였다.

1.2 합성동사

본고에서의 합성동사라 함은 어근끼리 직접 통합한 것들만을 대상으로 한다. 명사성 어근과 동사 어간, 또는 동사 어간끼리 통합하여 이루어진 합성어들만 다루기로 한다.

이두문 안에는 우리말의 두 동사를 연결하여 표현한 것들이 상당히 많다. 이른바 '爲置'型 표기라 할 만한 것들, 이를테면 '成置, 埋置, 立置, 移置, 令是置, …' 등이 대표적인 예들이다. 이 경우의 후행하는 동사 置-는 일종의 보조동사 역할을 한다고 할 수 있다. '가다'에 대응하는 동사 去-가 후행하는 동사들, 예컨대 '進去', '追去'와 같은 예들도 이와 마찬가지다. 이 밖에도 喫破, 喫持, 率來, 率養, 産長 등등 적잖은 용례들을 만나게 된다. 이와 같이 주로 연결어미 '-어/아'를 매개로 하여 연결된 합성동사들, 그리고 聞見과 같이 연결어미 '-고'를 매개로 한 일부 합성동사들은 본고에서 제외하기로 한다. 이런 유형의 동사들 중에는 한자어로 굳혀져 우리말로 새기지 않을 뿐만 아니라, 하나의 명사구로서 동사파생 접미사 -爲-를 덧붙여 동사로 기능하기도 한다. 成置爲-라든가 喫破爲-와 같은 것들이 이에 해당된다.

본고에서 합성동사로 다루지 않는 유형 중에는 知不得, 使內不冬과 같이 동사 어간의 표기자와 부정사가 연이어 나타나는 것들도 해당된다. 일종의 연어라 할 수 있는 이 유형역시 한자 본래의 의미와 이두에서의 우리말 새김으로 미루어 충분히 문법적 기능과 그 사용의미를 알 수 있다.

1) 聞是白-

聞是-는 '듣-'(聞)에서 파생된 사동사 또는 피동사 '들이-, 들리-'에 해당하며 白-은 '솗-'에 해당된다. 聞是白-은 대체로 '들으시게끔 아뢰다'라는 뜻이다. 이 단어는 주로 公緘과 答通에서만 사용되는 것이 일반적이다. 公緘은 일정한 품계 이상의 관원 또는 士族과 그 부녀에게 어떤 사안에 대해 묻는 공적인 서한이며, 答通은 이에 대한 답신이다. 이에 따라 聞是白-은 늘 別行하여 쓰는 것이 관례이다. 이것은 곧 聞是-의 주체인 상대방에 대한 예우인 셈이다.

(1) ㄱ. 證筆 成文 放賣敎是 喩 備納 相考 /記下向敎是 事 右味 /聞是白次 <1521 公緘
　　　정32-260 07~10> (증인과 필집을 갖추어 문서를 만들어 방매하셨는지
　　　갖추어 낸 것을 살펴 적어 주실 일이라는 뜻을 알려 드리고자 합니다)
　　ㄴ. 孫光曙亦中 俱證筆 成文 放賣爲白乎 事 右味 /聞是白次 <1529 答通 정32-267
　　　05~07> (孫光曙에게 증인과 필집을 갖추어 문서를 만들어 방매하온 일
　　　로서 이러한 뜻을 알려 드리고자 합니다)

(1ㄱ)은 公緘의 마지막 문구이고, (1ㄴ)은 答通의 마지막 문구이다. 聞是白次가 양쪽
모두 똑같이 사용되었는데, 次는 형식명사로서 동사 어간에 직접 통합되는 것으로 추정
된다. 聞是白次가 아니라 聞是白乎次<1537 答通 정32-269 07>로 쓰인 용례가 하나 있어 白
에는 동명사어미가 덧붙어 있었던 것으로 볼 소지가 다소 남아 있으나 白等과 마찬가지
로 동사 어간에 次가 직접 통합된 것으로 보는 편이 더 실제에 맞을 듯하다. 聞是白次는
15세기는 물론 16세기에도 줄곧 사용된다.

(2) ㄱ. /公緘內 及時 相考　聞是白乎 所 有良尒 幼學 李容 處 田民傳係與否 相考 記下
　　　向事 /公緘是白有亦 <1539 答通 정49-127 01~03> (공함의 내용인즉 금번
　　　에 상고하여 말씀드리는 바가 있어서 유학 李容에게 전답과 노비를 전계
　　　했는지의 여부를 살펴 적어 줄 일이라는 공함이 있어서)
　　ㄴ. 相考　/聞是白乎 所 有良尒 某條以 某邊婢 某矣 所生 … <1521 公緘 정
　　　32-260 01~03> (상고하여 말씀드리는 바 있기에 어떤 사유로 어느 쪽
　　　계집종 누구의 소생 …)
　　ㄷ. 公緘內 及時 相考 施行爲白乎 所 有良尒 某婢 某畓乙 某處 放賣爲 喩 相考 /記
　　　下向事 /公緘是白有亦 <1529 答通 정32-267 02~04> (공함의 내용인즉 금
　　　번에 상고하여 시행하는 바 있기에 어느 계집종과 어느 논을 누구에게 방
　　　매하였는지 살펴 적어 주실 일이라는 공함이 있어서)

그런데 (2ㄱ, ㄴ)에서 보듯 답통과 공함 안에서 모두 聞是白-이 쓰여 있어 다소 애매
한 경우가 많다. 이때의 문서 발급의 주체는 관아이지만 聞是白-의 '聞是'의 행동 주체는
상대방이 되며 '白-'의 행동 주체는 다시 관아가 된다. 더욱이 (2ㄴ) 공함의 경우엔 본문
의 마지막을 '聞是白次'로 마감하고 있어 중복된 느낌을 준다. 이러한 연유에서인지 (2ㄷ)
에서는 앞부분의 '聞是白乎 所 有良尒'을 '施行爲白乎 所 有良尒'으로 바꾸어 표현하고
있다. 그럼에도 불구하고 오히려 (2ㄷ)과 같은 표현이 예외적이며 (2ㄱ,ㄴ)이 관행상 되
풀이되고 있다. (2ㄱ, ㄷ)의 '記下向事'은 원문서에서는 (1ㄱ)과 같이 '記下向敎是事'로

적혔을 것이나 答通을 보내는 이의 입장에서 公緘을 전재하는 과정에서 주체존대 선어말 어미 -敎是-를 빼고 적는 관행에 따른 것으로 이해된다.

공함과 답통의 마지막 문구로 쓰는 聞是白次는 知乎白次와 혼용되는 특징을 보인다. 양자의 뜻이 결국 어떤 사실을 아뢴다는 점에서 동일하기 때문이다.

  2) 白侤是-

白侤는 후대 이두 학습서들에서 '숣다딤'(羅麗吏讀, 吏文大師), '숣다짐'(吏讀便覽)으로 읽고 있으므로 명사로도 사용되던 이두어이다. 16세기에도 그 용례가 발견된다.62) 그러나 다음 (3)의 예는 동사로 기능한다고 보아야 한다. 韓相仁(1993:64)에서 지적한 바와 같이 -臥- 는 일반적으로 계사와 통합하는 일이 없기 때문에 (3ㄴ)의 '白侤是臥乎'의 '白侤'를 명사 로 볼 수 없고 白侤是-를 합성동사의 어간으로 보아야 한다. 白侤(是-)는 '말로써 어떤 사 실에 대하여 다짐하는 것'을 뜻한다.

  (3) ㄱ. 一人亦 被捉爲 在逃人是沙 爲首如 白侤是遣 <直解 01.36ㅎ> (한 사람이 잡혀
        서 도망간 사람이야말로 주범이라고 말로써 다짐하고)
     ㄴ. 前人是沙 爲首是如 白侤是臥乎 事是良厼 <直解 01.36ㅎ> (앞엣사람이야말로
        주범이라고 말로써 다짐하는 일이기에)

 3) 用使內-

用使內-가 두 동사 어간이 직접 통합된 것인지, 아니면 연결어미 '-아/어'를 개재한 것 인지는 다소 불명확하다. 『양잠경험촬요』에 '用良使內'이 하나 발견되는데 이 경우에는 '用良 # 使內'으로 분석할 소지가 있기 때문이다. 이 경우의 使內는 명사적 용법으로 쓰 인 동명사어미가 덧붙어 있는 것으로서 명령의 의미를 지닌 문 종결 형태이다. (4ㄴ)의 使內도 이와 마찬가지인데, 이 경우엔 연결어미 -良이 개재되어 있지 않아 차이를 보인 다. 『대명률직해』에 쓰인 것들은 물론 『양잠경험촬요』 안에서도 연결어미가 쓰이지 않 은 용례가 있으므로 동사 어간끼리 직접 통합되었을 개연성이 높다고 판단된다.

---

62) '爲等如 白侤是 有亦'<정6-15 입안 450>이 그 한 예이다.

(4) ㄱ. 茅草 無去等 乾正無臭氣爲在 穀草乙 用良 使內. <양잠 39ㅈ> (띠가 없거든 잘
　　　말라 냄새가 없는 곡식풀을 써서 할 것)

　　ㄴ. 試官 及 擧子等矣 救急藥材乙良 令戶曹量數上下 用使內 白 <科擧事目 舊事目
　　　10ㅈ> (시관 및 응시자들의 구급 약재는 호조로 하여금 수를 헤아려 내
　　　주어 사용하도록 할 것을 사룁니다)

(5) ㄱ. 軍事 准備爲乎 文字 行移良中 用使內遣 <直解 03.11ㅈ> (군사를 준비할 문
　　　서의 행이에 사용하고)
　　　凡 寶鈔乙 僞造爲在乙良 不論首從爲旀 許接主人果 知情 用使內在乙良 並只 斬
　　　齊 <直解 24.03ㅈ> (무릇 지폐를 위조한 경우에는 주범과 수종자를 따지
　　　지 않으며 허락한 접주와 알고도 사용한 자는 모두 참형에 처하며)

　　ㄴ. 浴水乙良 長流水 及 井花水以 用使內遣 <양잠 8ㅈ> (씻기는 물은 흐르는
　　　물 및 정화수로써 사용하고)

　따라서 (4ㄱ)의 '用良使內'는 '用良 # 使內.'으로 분석하여 '써서 행할 것' 정도의 문맥
적 의미를 지니나, (5)의 用使內-는 '*쁘브리-'로 읽히며 대체로 '사용하다'의 뜻으로 사
용된다고 판단된다. (4ㄴ)의 '用使內' 역시 '사용하다'의 의미를 지닌 명령형 종결 형식이
므로 '사용할 것'이라고 풀이할 수 있다.

　한편 用使는 한자어로서 명사로 사용된 예들도 있다. (6)이 이에 해당된다. 현대어에서
는 두 글자의 위치가 바뀌어 '使用'으로 쓰고 있는 점이 흥미롭다.

(6) 凡 鈔乙 印出爲 洪武大中通寶果 歷代銅錢良中 幷以 用使爲齊 <直解 07.01ㅎ> (무
　　릇 지폐를 인출하여 홍무통보 및 대중통보와 역대 동전과 함께 사용하며)
　　僞造乙 知想是遣 知情 用使爲在乙良 <直解 07.02ㅈ> (위조를 알아차리고 그 사
　　정을 알고도 사용한 경우에는)

　4) 爲行-

　爲行-은 중세국어의 'ᄒᆞ니-'(행동하다, 움직이다)에 대응한다. 그러나 후대 이두 학습서들
에서 '爲行如可'를 'ᄒᆞ녀다가'(吏文), 'ᄒᆞ녀짜가'(이문대사) 등으로 읽었을 뿐만 아니라 중세
국어의 '녀-'(行)라는 동사가 쓰이는 점을 감안하여 볼 때 '*ᄒᆞ녀-'가 선대형인 듯하다.
'爲行-'의 '行'은 본동사로서의 의미보다는 진행의 뜻을 좀 더 뚜렷이 나타내는 경우가
많아 조동사 또는 선어말어미로 기능하는 면이 있다.

爲行-에는 경어법의 선어말어미가 통합된 예가 없고, 시상의 -臥-와 -如-가 통합된 예만이 발견된다. (7)이 그 예이다.

(7) ㄱ. 社稷乙 危亡爲只爲 作謀爲行臥乎 事 <直解 01.04ㅈ> (사직을 위태롭고 망하게 하도록 모의하는 일)

白活爲行臥乎 婢 小非矣 所生奴婢等乙良 得決爲去等 <1443? 權明利許與文記 25~26> (진정 중인 계집종 小非의 소생노비들은 소송에서 이겨 얻거든)

ㄴ. 在逃人亦 身故爲去等 隨去爲行如 家口亦 自願還鄉爲在乙良 許聽 放還爲旀 <直解 01.19ㅎ> (도주 중인 사람이 죽거든 따라가던 가구가 고향에 돌아가기를 원한 경우엔 들어주어 귀향시키며)

矣 名字付 耕食爲行如乎 內頭尒員 伏 玖字 一百四十二畓 貳拾貳負庫乙 <1550 土地明文 정32-470 02~03> (내 이름으로 부쳐 갈아먹던 內頭尒 들판에 있는 玖 자 142번 논 22짐 땅을)

奴矣 耕良 爲行如乎 引自火員 伏在 敗字田 皮麥 拾斗落只庫乙 先可 明文 成上 爲白在果 <1551 土地明文 정32-479 06-07> (사내종인 제가 갈아 먹고 지내던 引自火 들판에 있는 敗 자 밭 겉보리 10마지기 땅을 우선 문서를 만들어 바치거니와)

관형사형 어미 표기를 생략한 예로서는 (8ㄱ)이 있고, 그 밖에 爲行-에 통합된 어미들로는 (8ㄴ)의 -去乙, (8ㄷ)의 -如可, (8ㄹ)의 -去等/去乙等, 그리고 인용의 -如 등이 발견된다.

(8) ㄱ. 後次 別爲 所 起云 爲行 人 有去等 告官 辨別 鎭長 使用爲乎 事是齊 <1466 허여문기 寧海英陽南氏家奴婢立案 4~5> (후에 모난 바를 일으키며 다니는 사람이 있거든 관에 고하여 바로잡아 오래도록 사용할 일이다)

矣徒 願意 不從 亂本 爲行 人 有去等 官司 發告 不孝以 夢罪 令是遣 <上同 7~8> (우리네 바람에 따르지 않고 본족을 계속 어지럽게 하는 사람이 있거든 관사에 고발하여 불효로써 죄를 받도록 하고)

ㄴ. 凡 雜人亦 倉庫中以 出入爲行去乙 <直解 07.08ㅎ> (무릇 잡인이 창고 안으로 드나들거늘)

ㄷ. 凡 强盜乙 同謀爲行如可 臨時 不行爲良置 <直解 18.17ㅎ> (무릇 강도를 함께 모의하다가 때가 되어 행하지 않아도)

補充隊 立役 去官 良役 入屬爲行如可 節 改正案時 別立法爲乎矣 <1563 衿給文書『李朝の財産相續法』149 08~09> (보충대에 입역하고 임기가 끝난 후 양인 역에 넣어 행하다가 금번 정안을 고칠 때 별도로 입법하되)

或恐嚇 或哀乞爲行如可 <1576~ 입안 정6-15 429> (때론 위협하듯 꾸짖기

도 하고 때론 애걸하다가)

ㄹ. 賊人亦 出入爲行去等 <直解 14.06ㅎ> (적이 지속적으로 드나드는 것을)

萬一 女矣 子孫 及 他余遠近族類等戈只 爭望 爲行去等 <1498 柳氏權柱家舍賣
買文記 4> (만일 여자인 저의 자손 및 기타 멀고 가까운 친척들이 다투
고 원망하는 일이 지속되거든)

萬一 子孫 中 爭望爲行去等 告官 辨正爲乎 事是亦 在 <1526 粘連立案 정32-264
08~09> (만일 자손 중에 다투고 원망하는 일이 지속되거든 관에 고하여
바로잡을 일임)

後次良中 子孫族類 中 雜談爲行去等 <1598 명문 정32-279 06~07> (후에
자손 및 친척 중에 잡스런 소리를 계속하거든)

後次 族親等亦 無子息寡婦矣 奴子是去 向入 爭望爲行去乙等 此 文記內乙 用良
告官 辨正爲乎 事 <1507 매매명문 정32-257 03~05> (후에 친척들이 자식
없는 과부의 사내종인가 생각하여 다투고 원망하는 일이 지속되거든 이
문서의 내용을 가지고 관에 고하여 바로잡을 일)

ㅁ. 凡 子矣 妻亦 虛事以 夫矣 父亦 女矣 身乙 行姦爲行如 妄說爲旀 <直解 25.03
ㅎ> (무릇 아들의 처가 꾸민 일로서 지아비의 아비가 자기의 몸을 계속
하여 간음한다고 거짓으로 말하며)

5) 知想是/知想只-

知想是/知想只-는 '알다'의 知-와 중세어의 동사 '너기-'에 일치하는 '想是/想只-'의
합성동사로 추정된다. 따라서 李丞宰(1992ㄱ:129)에서 추정한 바와 같이 知想是/知想只-는
'*알너기-'로 읽혔던 듯하다. 조선 초기『大明律直解』에서만 그 용례가 발견되는데, 知想
是-와 知想只-가 혼재되어 있다. (9ㄱ)은 知想是-의 용례이고, (9ㄴ)은 知想只-, 그리고
(9ㄷ)은 말음표기가 생략된 知想-의 용례이다. 고려 시대의 이두에서는 知想- 말고도 단
독으로 사용된 동사 想只-가 보인다. 知想是/知想只-는 단순히 '알다'라는 뜻보다는 '알
아차리다'의 뜻을 지니는 경우가 거의 대부분이다.

(9) ㄱ. 僞造乙 知想是遣 知情 用使爲在乙良 <直解 07.01ㅎ~02ㅈ> (위조를 알아차
리고 그 사정을 알고도 사용한 경우에는)

ㄴ. 犯法人亦 他人亦 現告爲去 知想只遣 先告爲在乙良 <直解 01.14ㅈ> (범법한
사람이 남이 신고할까 여기고 먼저 신고한 경우에는)

他人亦 現告爲乙去 知想只遣 現告爲旀 <直解 01.28ㅈ> (타인이 신고할까 여
기고 신고하며)

姪亦 叔乙 打傷爲良在乙 官司亦 推問次良中沙 叔是乎 所 知想只在乙良 <直解

01.39ㅈ> (조카가 삼촌을 때려 상해한 것을 관사가 추문하던 중에야 비로소 삼촌인 줄 알아차린 경우에는)

知想只乎矣 故只 推考 不冬爲在乙良 <直解 07.08ㅎ> (알아차리되 일부러 추고하지 않은 경우에는)

ㄷ. 萬一 互相 知想遣 隱匿爲 卽時 申報 不冬爲在乙良 <直解 14.03> (만일 서로 알아차리고 은닉하고 즉시 임금께 아뢰지 않은 경우에는)

6) 知乎白-

知乎白-은 '알다'의 사동사인 知乎-와 '아뢰다'의 뜻을 지닌 白-의 합성동사로 추정된다. 知乎-는 '*알오-'로 읽혔다고 본다. 중세어에서는 '알다'의 사동사로 '알외-'(알리다)만이 문증되나, 현대어의 여러 방언에서 나타나는 '알구다'[63]의 존재로 미루어 보아 '알-'에 사동접미사 -*ɤo/ɤu-가 접미된 형태를 반영한 표기로 이해된다. 그리고 白-은 중세어의 '숣-'에 일치하는 표기자로 판단된다. 知乎白-은 본래 두 동사 어간이 직접 통합되었다기보다는 使內白-과 마찬가지로 知乎-에 동명사어미가 통합되어 있었을 개연성이 높다고 본다.

知乎白-은 15세기 公緘과 答通 일부에서만 발견되는데, 대체로 '알게끔 아뢰다' 즉, '알려드리다'의 의미를 드러낸다. 이로 말미암아 16세기부터는 동일한 의미로 사용되는 聞是白-으로 대체되어 사용된다. 문서 작성 과정에서 두 동사가 모두 別行을 행하고 있는 점도 동일하다.

(10) ㄱ. 右味 /知乎白次 <1480 答通 金孝之妻黃氏許與立案粘連文書 2-09~10> (이러한 내용을 아시게끔 말씀드리고자 함입니다)
右味 /知乎白次 <1480 答通 金孝盧奴婢別給立案粘連文書 4-07~08, 5-05~06> (이러한 내용을 아시게끔 말씀드리고자 함입니다)

ㄴ. /記下向教是 事 右味 /知乎白次 <1480 公緘 金孝之妻黃氏奴婢許與立案粘連文書 3-10~11> (적어주실 일이라는 이 내용을 아시게끔 말씀드리고자 함입니다)

---

63) 함경남도<김병제, 『방언사전』, 1980, 179쪽 및 리윤규 외, 『조선어방언사전』, 1990, 439쪽>, 강원도 영동<박성종・전혜숙, 『강릉방언사전』, 2009, 323쪽 및 이경진, 『三陟地方 方言 便覽』, 삼척문화원, 2002, 280쪽>, 경상북도<이상규, 『경북방언사전』, 2000, 338쪽> 등.

7) 進(叱)使內-

進叱使內-는 '進叱'과 '使內-'의 복합어이다. 그러나 이 경우에는 반드시 동사 어간끼리의 합성어로 보기 어렵다. 이 경우의 '進叱'은 동사 어간이 아니라 명사일 개연성도 높기 때문이다. 進叱이 명사였음은 특히 고려 시대의 다음 자료 (11ㄱ)에서 분명히 드러난다고 본다.

> (11) ㄱ. 縣以 入京爲 使臥 金達舍 進置 右 寺原 間內乎矣 大山是在以 別地主 無亦 在弥
>   <941 慈寂碑陰 02～03> (현에서 서울로 들어와 종사하는 金達舍 종사자도, 위 절터에 대해 물어보니, 큰 산이므로 별다른 지주 없이 있으며)
>   ㄴ. 其時 別抄以 進使內在 人員等乙良 職名 形止案 載錄爲 置 科科以 祿年進來 職賞暢情 令是良於爲 教矣 <1262 尙書都官貼 73～75> (그 당시에 별초로 종사하여 있던 사람들은 직위와 이름을 형지안에 실어 기록하여 두고 낱낱이 녹년이 오면 직위나 상을 주어 기쁘게 하도록 하시되)

(11ㄱ)의 '進置'를 동사로 해석하면 文意가 상당히 어색하다. 이것을 '낭두'로 읽되 '낭'을 명사로, '-두'는 강세 첨사로 해석하면 文脈에 부합한다. '낭'은 선행하는 '金達舍'에 붙은 일종의 칭호이므로, '金達舍 進置'는 '金達舍라는 종사자도' 정도로 풀이된다. 따라서 進叱은 '낭'의 정밀표기로서 番과 같은 役에 종사하는 사람 또는 그 일을 통칭했던 듯하다. 그런데 (11ㄴ)의 '進使內在'의 進使內-에서는 進이 명사인지 동사 어간인지가 다소 애매하다. 양자를 겸할 수 있었던 것으로 보는 편이 가장 무난할 듯하다. 조선 초기에 쓰인 進使內-과 進叱使內-의 경우 역시 이에 준한다고 볼 수 있으나 進(叱)에 대해서는 명사로서 풀이하는 편이 훨씬 더 문맥에 맞는다고 판단된다.

조선 전기에서는 進叱使內-로 표기하는 것이 보편적인데, 『大明律直解』에서는 때로 叱을 생략한 표기 進使內-도 나타난다. 이 합성동사에는 -如可, -良如, -良於爲와 같은 어미가 통합되어 쓰였다. (12ㄱ)이 그 예이다. 그런데 (12ㄴ)과 같이 進(叱)使內- 뒤에 부정사 不冬 또는 동사의 명사구 向事가 곧바로 따라나오기도 한다. 이 경우엔 동사 進使內-에 동명사어미가 통합된 것으로 보아야 할 것이다.

> (12) ㄱ. 大醫亦 官藥乙 逢受 軍士良中 進使內如可 親進 不冬 無用醫員乙 財物許給 代送令是在乙良 <直解 14.05ㅎ> (고위직 의원이 관의 약을 받아 군대에 나아가 종사하다가 직접 나아가지 않고 쓸모없는 의원을 재물을 주고 대

신 보낸 경우에는)

典農 [判官 裵]權弋只 都事以 <u>進叱使內良如</u> 敎 右良如 敎 事是去 有良尔
<1425 裵權差定關 03~04> (전농 판관 裵權이 도사로 나아가 종사하여라
하심(이며) 이와 같이 (하교)하신 일이 있어서)

副司猛 鄭從雅 伴倘 金義 老除 本 金海弋只 <u>進叱使內良於爲</u> 口 /傳 施行敎 事
是良尔 <1478 鄭從雅 伴倘 差定牒 04~05> (부사맹 鄭從雅의 반당으로 金
義는 늙었으므로 해임하고 그 자리에 金海가 나아가 종사하도록 구전으
로 시행하신 일이기에)

勳戈只 <u>進叱使內良於爲</u> 口 /傳 施行敎 事是良尔 <1489 李勳 兵曹差定牒 04~
05> (壎이 나아가 종사하도록 구전으로 시행하신 일이기에)

ㄴ. 凡 軍官軍人等亦 ┅┅ 延留 <u>進使內 不冬爲在乙良</u> <直解 14.04ㅎ> (무릇 군
관과 군인들이 ┅┅ 지체하고 머물며 나아가 종사하지 않은 경우에는)

施行敎 事是良尔 <u>進叱使內 向事</u> <1478 鄭從雅 伴倘 差定牒 05~06> (시행하
신 일이기에 나아가 종사할 것)

施行敎 事是良尔 <u>進叱使內 向事</u> <1489 李勳 兵曹差定牒 05~06> (시행하신
일이기에 나아가 종사할 것)

한편 進使內-와 관련하여 음미해 볼 대상은 差定문서의 말미부에 투식적인 용법의 변
화이다.

(13) ㄱ. 進叱使內良如 敎 右良如 敎 事是去 有良尔 <1425 裵權差定關 03~04>

ㄴ. 進叱使內良於爲 口 /傳 施行敎 事是良尔 <1478 鄭從雅 伴倘 差定牒 04~
05>

ㄷ. 進叱使內良如 爲 口 /傳 施行爲有置有等以 <1574 差定帖 05~07>[64]

進叱使內良如 爲 口 /傳 施行爲有置有等以 <1593 差定帖 정98-84 05~06>

進叱使內良如 爲 口 /傳 施行爲有置有等以 <1593 差定帖 국립중앙도서관 05~
06>

(13ㄱ)은 15세기 전반 차정문서 말미부 투식으로서 어간 進叱使內-에 명령형 어미 -良
如를 통합하고 높임동사 敎-를 사용한 구성으로서 '進叱使內良如 # 敎'으로 일단 끊은
다음 '右良如 敎…'로 이어진다. 그런데 15세기 후반에는 명령형 어미 -良如 대신에 -良
於爲을 사용하고 뒤따르던 높임동사 敎- 대신에 임금께서 구두로 전하신 내용 즉, 口傳
을 이용하고 '右良如 敎…' 대신에 '施行敎-'을 빌어 표현하는 형식으로 바뀌었다. 따라

---

64) 故 李樹健 교수가 조사한 문서임.

서 (13ㄴ)의 '進叱使內良於爲 口 /傳 施行敎 事是良尒'은 대체로 "관리로 나아가 종사하도록.'이라고 口傳으로써 施行하신 일이어서' 정도로 풀이된다. 그런데 16세기 후반에 이르면 다시 進叱使內-에 명령형 어미 -良如를 붙였으나 높임동사 또는 주체존대 선어말어미 敎是를 사용하지 않고 오로지 口傳의 傳 자만을 별항하여 표현한다. (13ㄷ)은 현대어로 '관리로 나아가 종사하라고 하여 말씀으로 傳하시기에 시행했으므로' 정도로 풀이되어 투식상의 차이를 보여준다. (13ㄴ)과 (13ㄷ)에서는 특히 '施行'의 행동주체가 임금이 아니라 일반적인 행위가 되어 달라졌다는 점에 유의해야 할 것이다.

8) 次知-

次知-는 '맡다'의 뜻으로서 중세어의 'ᄀᆞ숨알-'에 해당되는 이두자로서 합성동사이다. '次知'가 명사로서 쓰이는 경우에 대해서는 전 章에서 살펴본 적이 있다.

(14) ㄱ. 凡 功臣賜給田地外 其餘田地乙良 各 舍主弋只 次知 遣爲 無亦 出食乙 科式納官 爲乎矣 <直解 05.03ㅈ> (무릇 공신에게 사급한 전지 외에 다른 나머지 전지는 각 마름이 담당하여 남김 없이 소출을 규정에 따라 관에 납부하되)
孕兒女 及 未滿月生女等乙良 蚕種 次知 洗浴乙 禁止 <양잠 9ㅎ~10ㅈ> (아이를 밴 여자 및 달이 차지 않아 출산한 여자 등은 누에씨를 맡아 씻기는 일을 금지한다)
每年 四節祭祀則 長子 次知 時〃 點檢 敬行無廢爲㫆 <1565 分衿文記『고문서연구』14, 136쪽> (매년 4계절 제사인즉 장자가 맡아서 그때 그때 점검하여 경건히 봉행하여 폐가 없도록 하며)
奴 右世以 田畓 次知 起耕勿失 以副老父之意 至可至可 <1591 分財記 정2-567 07~08> (사내종 右世로써 전답을 맡아 밭갈이하는 일을 놓치지 않도록 하여 이 늙은 아비의 뜻에 부응하도록 함이 지당하고도 지당하다)
ㄴ. 四所生婢 莫乃 年十二甲申等 後所生 幷以 次知鎭長 事 <1475 權玠別給河源文記 15> (넷째 소생 계집종인 莫乃 나이 12 갑신생 등의 후소생을 아울러 오래도록 맡을 것)
ㄷ. …庫乙良 山直奴 春景 次知 祭 行 事 <1565 分衿文記『고문서연구』14, 136쪽. 07> (…땅은 산지기 사내종 春景이 맡아서 제사를 행할 것)

합성동사로 쓰이는 次知-의 경우엔 후행하는 어미의 표기자를 생략하는 특징을 보인다. 따라서 문맥으로 미루어 동사의 기능을 하는 것인지의 여부를 판가름해야 한다. 次知-

는 대체로 '맡다, 담당하다'의 뜻으로 쓰인다. (14ㄴ)의 '次知鎭長'은 한문식 구성을 보이는데, 鎭長이 부사어이므로 次知는 동사로 쓰인 것으로 판단된다. (14ㄷ)의 '次知 祭 行事'는 대체로 '맡아서 제사를 행할 일'이라는 뜻으로서 우리말 어순에 따른 표기인데, 그 뒤의 몇 행들에서는 목적어에 해당하는 보조사 -乙良 없이 표현하는 과정에서 '山直奴 亡太 次知 行祭事'와 같이 적음으로써 次知가 명사인지 동사인지가 애매하다.

次知-에 向事가 곧바로 이어져 일종의 연어처럼 쓰이는 경우도 간혹 있을 뿐만 아니라, '담당자'라는 뜻의 명사로 자주 쓰이는 까닭에 이것이 굳혀져 동사파생 접미사 -爲-를 덧붙인 표기도 발견된다. (15ㄱ)이 전자의 예, (15ㄴ)이 후자의 예이다.

> (15) ㄱ. 汝母處 前已許給爲有昆 汝亦 終乃 次知 向事 <1554 衿給文記 영2-90 08> (너의 어미에게 전에 이미 주는 것을 허락했으니 네가 끝까지 맡아서 할 것)
>
> ㄴ. 節 成均館 奴婢 次知爲臥乎 色吏書員崔萬守 進告 內 <16세기 立案 정6-23 121~123> (금번에 성균관 노비를 맡고 있는 담당 서리인 서원 崔萬守가 낸 고장의 내용인즉)

9) 向入-

向-은 앞의 단일동사에서 설명한 바와 같이 '앞-'으로 훈독할 개연성이 높으므로, 向入-은 '*앞들-'로 읽혔다고 이해된다. 向入-은 '생각하다'의 뜻으로 주로 사용되는데, '미리 예측하다'라는 의미가 곁들이기도 한다. 후자의 의미는 '앞-'과 관련되는 듯하다. '앞-'의 기본의미는 대체로 '앞서다'와 유사한 것인데, 이것은 '미리 생각하다, 예측하다'라는 뜻까지도 포함하는 다의어였으리라 추정한다.

합성동사 向入-에는 통합하는 어미를 명기한 경우가 극히 적다. 조선 전기에는 (16ㄱ, ㄴ)이 유일한 예인 듯하다. 문맥으로 미루어 보아 합성동사 向入-만으로 표기된 경우 예외 없이 (16ㄴ)과 같이 연결어미 -良을 보충하여야 할 것이다. 또한 向入-은 (17)에서 보듯 그 앞에 의문형 첨사 -去(-가)를 선행하는 것이 보편적이다. 그러나 이따금 부사형 어미 -亦를 선행하기도 하는데 (16ㄷ)이 그 예에 해당된다.

> (16) ㄱ. 父果 祖果 子孫果亦 隨去 向入在乙良 聽許齊 <直解 01.16ㅎ> (아비와 할아비와 자손이 따라갈 것을 생각하는 경우에는 허락하며)

ㄴ. 同 水德 多産爲去 <u>向入良</u> 爭訟爲去乙等 不孝以 論斷 <1521 衿給文記 서울대
고문서 32.1 11> (위 水德이 아이를 많이 낳을까(/낳았는가) 생각하여 소
송하거든 불효로 논단하여)

ㄷ. 其中 自己事乙 不便亦 <u>向入</u> 回避爲在乙良 <直解 03.04ㅎ> (그 중 자기 일을
불편하다고 생각하여 회피한 경우에는)
汝亦 … 子息中 情誠 孝養爲臥乎等乙用良 各別 愛憐亦 <u>向入</u> 節 買得 使喚爲
如乎 … 二口乙 別給爲去乎 <1559 分財記 정6-126> (네가 … 자식 중에서
정성으로 모시기 때문에 각별히 사랑스럽다고 생각하여 이번에 매득하
여 부리던 … 2명을 별급하니)

(17) ㄱ. 同曹亦 其司已防事是去 <u>向入</u> 便亦 受理 不冬 退狀教是在 而亦 <1483 金孝盧繼
後司憲府立案 07~09> (위 예조가 이미 불허한 일인가 생각하여 편한 대
로 처리하지 않고 소장을 물리신 것이지만)
申明擧行爲良置 近來 鎭管鎭撫 及 各官色吏等乙 治罪 不冬爲白臥乎去 <u>向入</u>
<1549.10.13. 병조계목 각사수교 73> (밝혀 거행하여도 근래 진관의 진무
및 각 관아의 색리등을 치죄하지 않는 것인가 생각하여)
縣內 接 水軍司 朴奇 稱名人亦 崔無叱世 殺主 致死爲白有乎去 <u>向入</u> 其矣 畓庫
是如 … <1594 土地明文 정3-211> (현 안에 사는 수군사 朴奇라 하는 이
가 崔無叱世가 주인을 살해하여 죽게 한 것인가 생각하여 자기의 논이라
고 …)

ㄴ. 難苦爲去 <u>向入</u> 回避爲要 因而在逃爲在乙良 <直解 02.05ㅈ> (어렵고 고될까
생각하여 회피하려 하고 이로 인해 도주한 경우에는)
夤緣勢處僧人 及 兩宗僧人等亦 田民雜物 饒足爲白乎去 <u>向入</u> <1477 上院寺成
化十三年江陵大都護府立案 13~14> (연줄 있고 세력을 지닌 중 및 양사의
중들이 전민과 잡물이 풍족할까 생각하여)
罪及於已爲白乎去 <u>向入</u> 挾書儒生乙 曲意 掩護 <科擧事目 13ㅎ> (죄가 자기
에게 미칠까 생각하여 책을 지닌 유생을 고의로 엄호하며)

(17)에 쓰인 '向入'은 모두 '미리 생각하여'라는 의미로 사용되었다. 그런데 '向入' 앞에
쓰인 -去가 중세어의 의문형 어미 '-ㄴ가'인지 '-ㄹ가'인지는 문맥을 잘 살펴서 결정하
여야 할 것이다. (17ㄱ)은 '-ㄴ가'로, (17ㄴ)은 '-ㄹ가'로 읽어야 하는 예들이다.

2. 활용 어미

2.1 선어말어미

가. 경어법

후기중세국어의 경어법에 대해서는 주체존대와 객체존대 및 상대존대로 분류하는 것이 일반적이다. 이것은 다른 한편 존경법, 겸양법, 공손법의 세 체계로 구성된다고 할 수 있다. 그리고 이 중 吏讀字 -白-을 중세어의 겸양법에 국한하여 대응한다고 보는 견해가 널리 퍼져 있으나 이 문제를 포함하여 이두의 경어법에 대해서는 근본적으로 재고해 볼 필요가 있다.

우선 주목할 사실은 경어법 중 상대존대 즉 공손법이 吏讀文에 분명히 드러나지 않는 점에 유의해야 한다. 중세어의 ᄒᆞ라체, ᄒᆞ야쎠체, ᄒᆞ쇼셔체가 드러나지 않을 뿐만 아니라 문장의 종류별 특징 즉 설명문인지 의문문인지 명령문인지 등의 구별이 마지막 문 종결 어미로 세분화되지 않는다. 이것은 무엇보다도 이두문이 명사문으로 종결하는 것을 특징으로 한 데에서 기인한다고 본다. 예컨대, 재산관련 문기에서 이두문은 '…事是亦 在'로 끝맺고 있으며, 녹권의 경우 '…爲良如 敎'으로 국왕의 명령을 옮기며, 이두 번역물의 경우 역시 '…爲乎 事'로 끝맺는 것을 위주로 하고 있다.65) 이와 같은 이두의 명사문 종결 형식은 서술어의 마지막 종결어미로써 상대존대 즉 공손법의 등급을 가르는 분류법이 유효하지 않음을 입증해 준다.

따라서 이두의 경어법은 존경법과 겸손법만으로 이루어진 체계로 설명하여야 할 소지가 있다. 이 중 존경법 즉 주체존대는 이두문에서도 그대로 유효하다. 그러나 겸양법은 朝鮮 初期에 이미 文語와 口語에 비견할 만큼 중세어와 이두문은 괴리되어 나타난다. 지금까지의 논의들은 대체로 이두문에서 선어말어미 위치에 놓이는 -白-을 15세기 국어의 겸양법 선어말어미 '-ᄉᆞᆸ-'에 일치하는 것으로 간주하여 왔다. 그러나 양자가 반드시 일치하지 않을 뿐만 아니라 후대로 갈수록 겸양법이라는 것과는 상당히 거리가 먼 것이 이두문

---

65) 조선 전기의 이두 번역물에서의 문체와 관련한 자세한 논의는 박성종(2011ㄷ) 참조

에서의 -白-의 문법 기능이었다. 따라서 일찍이 安秉禧(1977ㄴ:20)에서는 -白-을 겸양법으로 보지 않고 공손법으로 다룬 바 있다. 『牛疫方』의 이두에서 화자 스스로를 낮추는 공손법의 기능을 하고 있기 때문이다. 그럼에도 불구하고 시기라든가 문맥에 상관 없이 이두문에서의 -白-을 모두 공손법으로 처리할 수 없음 또한 사실이다.

결국 이두문에서의 경어법은 주체존대와 겸손법의 두 체계로 구분하여 설명하여야 한다고 판단된다. 이 중 주체존대는 높임의 대상이 되는 인물은 물론 그와 관련된 사물이나 내용에 대하여 높임을 표시하는 문법적 절차이고, 겸손법이라 함은 화자가 청자에 대하여 자기를 낮춤으로써 나타나는 문법적 절차라 할 수 있다. 주체존대의 문법적 절차에는 동작주체에 호응하는 서술어의 어간에 통합되는 -敎(是)-를 비롯하여 이야기에 등장하는 인물 및 사물 등에 접미되는 존경의 접미사 등이 해당된다. 그리고 겸손법은 동사 어간은 물론 계사 그리고 심지어는 주격 조사 뒤에 통합되어 쓰이는 -白-이 주로 그 기능을 담당하되 16세기부터는 일부 -乎-에 의해서 이루어진다고 할 수 있다. 이 경우 공손법이라 하지 않고 겸손법이라 함은 중세어의 겸양법에 해당하는 경우가 포함되어 있기 때문이다.[66] 다만 이 글에서는 용어 사용 면에서 양자를 딱히 구별할 필요가 없을 경우엔 두 용어를 혼용하기로 한다. 결국 조선 전기 이두문에서의 경어법은 존경과 비존경, 공손과 비공손의 두 체계를 바탕으로 하되 조선 초기에는 공손 표현 중 일부가 중세어의 객체존대 겸양법을 나타내고 있다고 하겠다.

1) -白-

白은 동사 어간으로도 사용되었다. 동사 어간으로서의 白-은 15세기 국어의 '숣-'에 일치한다. 이것이 조선 초기 이두문에서 선어말어미로 사용될 때의 독음은 중세어의 겸양법 선어말어미 '-숳-'에 의거하여 이루어졌다고 본다. 조선 초기 이두문에서 선어말어미의 기능을 가진 -白-의 용법에 대하여 나누어 살펴보기로 한다.

    (1) 凡 王旨乙 奉行爲白乎矣 違者乙良 決杖一百齊 <直解 03.02ㅈ> (무릇 왕지를 받들어 행하되 이를 어긴 자는 杖一百에 처결하며)

---

66) 李熙昇(1949)에서의 공대법, 그리고 高永根(2010)에서 공대법에 준한다. 후자에서는 존비법에 의해서 구별되는 ᄒ야쎠체와 ᄒ쇼셔체를 겸손법에 포함시켜 다루었으나 본고는 이것을 배제하는 입장을 취한다.

(2) ㄱ. 各 官員亦 …… 辭緣 具錄 報都評議使 大內 <u>申聞爲白乎</u> 事 <直解 01.38ㅈ> (각 관원이 …… 사연을 다 기록하여 도평의사에게 보고하고 대궐에 아뢸 것)

ㄴ. 仰官亦 所屬官乙 非理以 侵逼爲去等 侵逼事狀乙 開座爲 直亦 <u>申聞爲乎</u> 事 <直解 01.09ㅈ> (상관이 소속관을 비리로써 침해하고 핍박하거든 그 일의 내용을 공개적으로 조사하여 바로 임금께 아뢸 것)

書雲觀 所任員亦 氣候 看審事乙 失錯 <u>申聞爲在乙良</u> 杖六十 <直解 12.06ㅎ> (서운관으로 임명된 관리가 기후를 살려본 일을 착오로 잘못 임금께 아뢴 경우에는 杖六十에 처한다)

(3) ㄱ. <u>進上爲白乎</u> 物色是去等 加一等遣 <直解 29.02ㅎ> (진상할 물건이거든 한 등급을 더하고)

ㄴ. /<u>進上爲白乎</u> 生栗乙良 隨宜准備 上使 向事 <1439 영천군경상감영첩정 03> (진상할 생율은 적절히 맞추어 준비하여 감영으로 보낼 것)

(1)에 쓰인 -白-은 이른바 객체에 대한 존대 즉 겸양 표현으로서 중세어의 겸양법 선어말어미에 정확히 일치한다. 높임 인물인 국왕과 관련된 王旨가 직접목적어로 쓰이고 이에 대하여 화자 겸양을 표시한 것이다. 이러한 점에서 볼 때 (2ㄱ)도 거의 마찬가지이다. 비록 직접목적어는 '辭緣'이 되나 간접목적어로 쓰인 大內가 높임의 대상이기 때문에 申聞爲-의 행동 주체인 官員의 입장에서 겸양 표현을 한 것이다. 그런데 (2ㄴ)의 경우엔 똑같이 동사 申聞爲-를 사용하고 있음에도 불구하고 선어말어미 -白-이 사용되지 않았다. 이것은 높임의 대상이 되는 객체가 문면에 직접 표시되어 있지 않다는 점과 법률 문구인 까닭에 -白-의 사용 여부가 다소 수의적이었다고 이해된다. 그리고 (3)의 '物色, 生栗'은 높임의 대상이 아니나, 이를 받게 되는 사람이나 기관을 높이게 됨으로써 -白-이 사용되었다고 이해할 수 있다. 그러나 이 경우라 하더라도 (3ㄴ)의 경우엔 반드시 객체존대만이라고 하기 어려운 요소가 남아 있다. 말하자면 呈狀을 올리는 이의 입장에서 이를 수령하는 관리 및 관아에 대하여 자기를 낮춘 겸손 표현에 불과할 수 있기 때문이다.

이와 관련하여 다음과 같은 예문들에서의 -白-의 존재를 음미해 볼 필요가 있다.

(4) ㄱ. 凡 司憲府 按廉使亦 …… 委官乙 差送 推問爲乎矣 事狀 <u>的是去等</u> <直解 28.12ㅎ> (무릇 사헌부와 안렴사가 …… 위임관원을 임명해 보내 추문하되 사실이 맞거든)

ㄴ. 林克仁段 筆執 尹籹 禹亨元等段 證保 爲等如 使內白叱乎 所 <u>的是白乎</u> 事是良尒

<1480 侤音 金孝之妻黃氏許與立案粘連文書 3-06~08> (林克仁은 필집으로
尹秡禹 亨元等는 증인으로 모두 종사하여 있던 바가 맞는 일이기에)

的是-는 대체로 '정확하다, 맞다'의 뜻으로 쓰인다. 따라서 이 활용어간은 목적어나 여격
명사를 필요로 하지 않는다. 그럼에도 불구하고, (4ㄱ)과 달리 (4ㄴ)에서는 的是-에 -白-이
통합되어 있다. (4ㄴ)은 필집과 證保들이 관아에 올린 侤音 중에 나오는 문구이다. 따라
서 이때의 -白-은 객체 높임이라든가 겸양의 표현이 아니라 화자의 입장에서 청자에 대
한 겸손 표현의 소치로 보아야 할 것이다. 이는 다음의 예에서도 확인된다.

(5) ㄱ. 各邑 材木 數爻 大槩 磨鍊爲白乎矣 <1439 군위현경상감영첩정 04> (각 읍에
　　　서 재목의 수효를 대개 마련하되)
　　ㄴ. 女矣身亦 …… 說遵爲乎亦中 <1483 金孝盧繼後司憲府立案 39~40> (여자인
　　　이 몸이 …… 말씀드렸던 터이라)
　　ㄷ. 家翁同姓三寸叔 故別侍衛金孝之 妻 黃氏亦 矣身 茂火 說遵爲白乎矣 <1483 金
　　　孝盧繼後司憲府立案 36~37> (바깥어른과 같은 성으로서 삼촌 숙부인 故
　　　별시위 金孝之의 처인 황씨가 저에게 더불어 말씀하되)

(5ㄱ)의 서술어 동사 磨鍊爲-의 목적어는 '材木'이므로 객체 높임의 대상이 아님은 자
명하다. 그럼에도 불구하고 동사어간 뒤에 -白-이 통합되었다. (5ㄴ, ㄷ)은 盧氏가 둘째
아들인 金孝盧를 媤三寸의 繼後子로 들이도록 청원하는 내용과 관련하여 官衙에 올린 答
通 안의 문구이다. (5ㄴ)의 주어는 청원인인 盧氏로서 '女矣身'으로써 자기를 표현하고
있으며 이에 호응하여 동사 說遵爲-가 평칭으로 사용되었다. 그런데 (5ㄷ)의 주어는 관아
도 아니요 盧氏 자신도 아니라 자신의 媤叔母인 黃氏임에도 불구하고 說遵爲白-으로 나
타난다. 이 경우 주어인 黃氏를 높여 표현한다면 당연히 '說遵敎矣'가 되어야 할 것이다.
더구나 '說遵'의 내용은 黃氏 입장에서 보면 媤從孫인 金孝盧의 繼後事이기 때문에 객체
높임의 대상이 아니다. 따라서 (5ㄷ)에 쓰인 -白- 역시 청자에 대한 화자의 낮춤 즉, 겸
손의 표현이라고 보아야 할 것이다.
　이상 살펴본 바와 같이 조선 초기 이두문에서의 -白-은 때로는 객체높임 표현으로서
의 기능을 지니기도 하고 때로는 상대방에 대한 화자의 낮춤 즉 겸손을 겸하여 표기하는
字이다. 이것이 외견상 15세기 국어의 겸양법 선어말어미 '-숳-'과 유사하나, 기능면에서
는 차이가 있는 것이다. 특히 주목되는 차이는 이두문의 경우 주격 조사 뒤에서도 -白-

이 사용된다는 점이다.

> (6) ㄱ. 由報 向事 關是 有旀 <1407 長城監務關字 15～16>
>   ㄴ. 其褒賞之典 有司 擧行爲良如 教 事是 有等以 <1395 張寬開國原從功臣錄券 079～ 080>
>   ㄷ. 爲等如 白侤是 有亦 <16세기 立案 정6-15 450>

현대어의 존재사 '있-' 구문인 '…이 있-'에 해당되는 이두 용례는 조선 전기에 극히 드물다. (6ㄱ)은 전라도 長城의 監務官이 都觀察黜陟使의 '關이 있으며'라는 의미에 해당되는 표현을 '關是 有旀'로 나타낸 것이다. (6ㄴ)의 '敎 事是 有 等以'는 '敎 事是去 有 等以'에서 '去' 자가 탈락된 형태일 개연성이 비교적 높다. 같은 문서 중의 제70행과 제89행 및 제101행 등에서 동일한 문맥에서의 용례가 있기 때문이다. 여기서는 다만 동사 有- 앞에 -白-이 쓰이지 않았다는 점만을 중시해서 인용한 것이다. (6ㄷ)은 입안을 행하는 관아의 長 입장에서 문서 작성에 참여한 집필 등 증인 등의 侤音이 있다는 것을 표현한 것으로서 이 경우의 -是는 이미 개신형으로 굳혀진 지 오래인 주격 조사의 표기에 해당된다. 그런데 위 (6)과 동일한 문맥에서 -是에 직접 통합된 -白-의 존재는 이것이 중세어의 겸양법 선어말어미와는 전혀 다른 기능을 가지고 있음을 시사해 준다.

> (7) ㄱ. 啓下是白有良尒 <1477 上院寺成化十三年江陵大都護府立案 21>
>   粘連 /啓下是白有亦 <1541 병조계목 牛疫方 서문>
>   節承 傳內 救荒撮要 多數印出 廣頒爲良如 教 承 傳是白有亦 <1554 賑恤廳啓目 救荒撮要 서문>
>   ㄴ. 公緘是白有亦 <1480 答通 金孝盧奴婢別給立案粘連文書 5-03>
>   公緘是白有亦 <1509 답통 정1-580 04>
>   公緘是白有亦 <1556 답통 영2-91 03>

(7ㄱ)은 임금의 명령과 교시를 담은 문서인 啓下와 傳教에 대하여 그것이 있다는 것을 나타낸 문맥에서 '…是白有-'로 표기한 용례들이다. (7ㄴ)은 관아에서 보낸 公緘이 있음을 표현한 것으로서 공함에 이어 '…是白有-'를 사용한 용례들이다. 이들 모두 (6)과 대비해 보면 '…이 있다'는 내용이되 화자의 입장에서 상대방에 대한 겸손의 표현으로서 -白-이 삽입된 것일 따름이다. 따라서 이 경우의 -白-은 중세어의 겸양 선어말어미와는 전혀 다른 문법적 기능을 수행한다.

어떤 일 또는 문서가 있다는 것은 결국 과거에 이미 행해진 것이므로 '…是 # 有-'로 표현하기보다는 시상 표현의 어미 -有-를 삽입하여 '…是 # 置有-'로 표현하는 것이 보편적이다. 앞서 설명한 바와 같이 이 경우의 -是는 주격 조사, 置有는 중세어의 '뒷-'에 대응한다. 관부문서이든 사인문서이든 문서 작성자의 입장에서 겸손 표현을 할 필요가 없는 경우엔 '…是 置有-'으로써 어떤 문서 또는 사안이 이미 있었음을 나타낸다. (8)이 그 용례들 중의 일부이다. 이와 반대로 문서 작성자가 윗사람이나 상급관아에 대하여 기술할 경우의 이두문에서는 -白-을 주격 조사와 동사 어간 사이에 삽입하여 '…是白置有-'로 표기하는 것을 알 수 있다. 이 경우의 -白-은 일종의 겸손 표지라 할 수 있는데 이것이 굳혀져 이두문에서는 하나의 문법 형태소처럼 기능하는 독특한 어법을 형성한 것으로 이해된다.

(8) ㄱ. 出納是 置有亦 <1392 이화개국공신녹권 048>
   ㄴ. 刑曹等 傳敎爲良如 敎 承 /傳是 置有等以 <1507 掌隷院假立案 조선사료집진 續2-36 03>
   ㄷ. 等狀是 置有等以 <1407 長城監務關字 13>
   許與是 置有等以 <1464 입안 金孝盧奴婢立案粘連文書 5-10>
   粘連所志 及 各人 招辭是 置有亦 <1529 경주부입안 정32-267 03>
   爲等如 傳通 馳報是 置有亦 <1592.4.16. 계문 임진장초 3>
   白文是 置有亦 <1593 경주부입안 영2-281 14>

(9) ㄱ. 爲良如 敎 右如 敎 味 出納是白置有良尒 <1398 張哲定社功臣錄券 023>
   出納是白置有亦 <1397 沈之伯開國原從功臣錄券 031>
   ㄴ. 禮曹等 傳敎爲良如 敎 承 /傳是白置有亦 <科擧事目 36ㅎ>
   ㄷ. 所志是白置有亦 <1575 장예원입안 서울대고문서 7-274 06>

(8ㄱ)과 (9ㄱ)을 대비해 보면 공신녹권에서는 (8ㄱ)처럼 出納에 대해서는 겸손 표현을 하지 않는 것이 일반적인데 간혹 (9ㄱ)과 같이 상급관아인 都評議使司에서 내려보낸 공문인 까닭에 -白-이 첨기되기도 한 것으로 보인다. 임금의 傳敎를 받들 경우에는 (9ㄴ)과 '傳' 자를 別行하여 높일 뿐만 아니라 -白-을 -是에 통합시키는 것이 일반적이다. 그럼에도 불구하고 (8ㄴ)에서 -白-을 삽입시키지 않은 까닭은 功臣奴婢秩을 後錄하고 있는 장예원의 하달문서이기 때문이다. 이와 반대로 (9ㄷ)에서 所志임에도 불구하고 -白-을 삽입한 이유는 장예원에서 임금에게 올린 계목의 내용을 전재한 것이기 때문에 임금에 대한 공손 표현

으로 쓰인 것이다.

계사 -是- 뒤의 -白- 통합 여부 또한 공손과 비공손의 잣대로 작용함은 물론이다. 동일한 명사 答通에 대한 공손의 차이를 살펴보면 다음과 같다.

(10) 答通是乎 等 用良 <1480 안동부입안 金孝之妻黃氏奴婢許與立案粘連文書 5-09>
　　　財主 公緘 答通是乎 等 用良 <1517 靑松都護府입안 정1-583 04>
　　　公緘 答通是沙 餘良 <1537 경주부입안 정32-269 03>
　　　崔氏處 公緘 答通是沙 餘良 <1560 경주부입안 정32-279 228>

(11) 答通是白齊 <1480 金孝盧繼後禮曹立案 11>
　　　答通是白齊 <1483 金孝盧繼後司憲府立案 39>
　　　答通是白齊 <1567 예조입안 『鄕土硏究』 19, 15~16>

(12) 答通是齊 <1581 예조입안 정6-1>

(10)은 관아에서 청원인 또는 소송 당사자들에게 발급해 주는 입안인 까닭에 계사 -是- 뒤에 -白-이 통합되지 않았다. 이와 반대로 (11)은 예조 또는 사헌부에서 임금에게 올린 계목을 전재한 것이기 때문에 공손법 선어말어미 -白-이 덧붙어 있다. 그런데 동일한 조건임에도 불구하고 (11)과 달리 (12)에서는 -白-을 사용하지 않았는데 이것은 所志와 牒呈 등 여러 가지 근거 문서들을 나열하여 기술하는 과정에서 편의상 생략한 것으로서 보편적인 현상은 아니다.

-白- 앞에 통합되어 쓰이는 일반동사들로서는 望(良)-, 審是-, 無-, 使內-, 的是/的只- 등이 보인다. 나머지는 모두 (-)爲-와 지정사 어간 즉 계사 -是-에 덧붙은 것들뿐이다. 높임동사의 어간 또는 동사파생 접미사 (-)敎是-에 -白-이 통합된 敎是白-은 16세기 말에 이르러서야 비로소 등장하는 특징을 보인다. 일반동사들 중 望(良)-와 審是- 경우엔 -白-에 겸양적 요소가 다소 남아있다고 할 수 있으나 다른 일반동사들 경우엔 공손법으로서 기능한다.

(13) 議定後良中沙 申聞爲 上決乙 望白齊 <直解 01.08ㅈ>

(14) ㄱ. 行下 向敎是事乙良 望白內臥乎 事是亦 在 謹言 <1427 張戩妻辛氏慶尙道都觀
　　　　察黜陟使所志 10>
　　　　准受 向敎是事 望白內臥乎 事是亦 在 謹言 <1435 張安良潭陽都護府所志 07>

ㄴ. 仕滿 受職爲白良結 望良白去乎 <1490 河源陳省弘治三年牒呈 01>

斜出爲白良結 望良白去乎 <1548 所志 정32-273 02>

ㄷ. 望白內臥乎 事是亦 在 伏乞 <1439 慶尙監營呈狀 3>

婢矣 定屬處 率來 居生爲良結 望白乎去 <1527.2.28. 關文 소수서원등록 14

ㅎ>

(13) '望白齊'의 -白-은 객체에 해당하는 목적어 '上決'에 대한 겸양법 선어말어미로 사용되었음이 뚜렷이 드러난다. 동사 어간 望(良)-은 청원인이 관아에 제출하는 所志의 말미에 주로 사용되는데 (14ㄱ)과 같이 목적어로서 '向敎是事'을 취하거나 (14ㄴ)과 같이 원망형 어미 -良結 뒤에 쓰인다. 이 경우 바라는 내용은 관아의 처분이므로 이것을 높이는 겸양법 표현으로 -白-이 삽입된 것으로 보아야 한다. 이러한 용법은 그 이전 시기로부터 이어져 온 것이므로 당연하다 하겠으나, 그렇다손 치더라도 (14)에 나타난 -白-에 공손법 선어말어미로서의 기능이 배제되는 것은 아니라고 본다. (14ㄷ)은 望良-에서 良 자를 생략한 표기이다.

겸손법 선어말어미 -白- 뒤에 통합되는 어미들로서는 -遣, -良, -齊, -乎去, -(乎)旀, -乎矣, -去乙, -去(乙)等, -昆, -良結, -只爲, -在果, -在如中, -在而亦 등이 있다. 동명사어미 또는 관형사형 어미가 붙어 있는 어미들로서는 -乎, -在, -良, -內 등이 나타난다. 후행하는 선어말어미들에는 -敎(是)-, -去-, -內臥-, -臥-, -如-, -叱-, -乎- 등이 있는데, -有-와 -置- 경우엔 본동사로 기능하는 것도 있고 보조사적인 기능을 갖는 것도 있어 면밀히 살펴볼 필요가 있다.

2) -敎(是)-

이두문에서 존경법의 表記字는 대체로 고려 시대 초기에 -賜-가 사라지면서 그 이후로는 -敎/敎是-로 합류하였다고 본다.[67] '賜'는 淨兜寺石塔形止記(941년)까지만 쓰였다. 그런데 敎(是)는 단순히 선어말어미만을 드러내기 위한 表記字가 아니라, 폭넓게 존대 표지로 사용된 것으로 보아야 할 것이다. 이는 조선 전기 이두문에서 곡용과 활용에 상관없

---

67) 李承宰(1992ㄱ:161)에서는 주체 대상을 卑者, 尊者, 尊貴者의 셋으로 나누어 이 중 尊者에 호응하던 존대어 爲賜-에서 선어말어미 -賜-가 소멸되면서 尊者는 卑者에 호응하는 爲-로 합류된 것으로 파악하고 있다. 필자는 이를 오히려 '敎/敎是'로 합류된 것으로 보아야 한다고 생각한다. 여자 입장에서 남편인 家翁에 대해서도 敎是를 사용하는 것이 그 한 논거이다.

이 보편적으로 사용되었다.

활용시에 동사 어간 뒤에 쓰인 -教(是)-는 15세기 국어의 주체존대 선어말어미 '-(으)시/
샤-'에 대응하는 이두자이다. 한 가지 특이한 사실은 동사 어간 (-)爲-와 지정사 어간 -是-
에 통합되지 않는다는 점이다. 이 경우엔 이두에서는 예외없이 높임동사 教是-가 대신하
기 때문이다. 달리 말하자면 *爲教是-와 *-是教是가 존재하지 않는다는 것이다.

教是-가 본동사 어간 또는 체언 뒤에 통합되어 동사파생 접미사로 쓰이는 데 대해서는
본 章의 단일동사 教/教是-에서 상술한 바 있으므로 여기에서는 선어말어미로 기능하는
-教是-에 관해서 약술하기로 한다.

-教(是)-에 선행하는 일반동사 어간들로서는 向-, 問-, 令是-, 使內- 등이 있다. 이 중
가장 자주 쓰이는 것은 向教是-로서 문서류에서 관용구 向教是事로 나타난다.

 (15) ㄱ. 詮次以 善 /啓 向教是事 <1477 上院寺成化十三年江陵大都護府立案 18～19
   詮次以 /善啓 向教是事 <1592.9.11. 壬辰狀草 狀13>
   詮次以 善 啓 白 向教是事 <1592.10.14. 狀啓 農圃集>
  ㄴ. 行下 向教是事乙良 望白內臥乎 事是亦 在 謹言 <1427 張戩妻辛氏慶尙道都觀
   察黜陟使所志 10>
   矣亦中 立案 成給 向教是事 望良白內臥乎 事是亦 在 謹言 <1461 河源所志
   1-05～06>
   科 〃 /相考 施行 向教是事 右味 /知乎白次 <1480 답통 金孝盧奴婢別給立案粘
   連文書 5-04～06>
   立旨 斜給爲白只爲 行下 向教是事 <1595 소지 정33-358 04-05>

(15ㄱ)은 예조 및 신하들이 국왕에게 올린 계목 및 장계로서, 이 중『壬辰狀草』와『農
圃集』은 말미에 위치한 문구이다. 向教是事은 '처리하실 일' 또는 '처리하여 주실 일' 정
도의 의미를 지니는데 본동사 어간 向-에 주체존대 선어말어미 -教是-가 통합되고 관형
사형 어미가 덧붙어서 후행하는 명사 事를 수식하는 구조로 분석된다. (15ㄴ)은 청원인이
관아에 올리는 소지 및 답통의 말미부로서 관아에 대해서 처분하여 주실 것이라는 뜻으
로 向教是事이 쓰였다. 이와 달리 비존대의 경우엔 向事가 쓰인다.

 (16) ㄱ. 王旨 內 事意乙 用良 啓 使內乎 向事 出納是 置有亦 <1392 李和개국공신녹
   권 048>
   立碑 記功 向事 幷以 各 掌官 出納爲白遣 <1395 장관개국원종공신녹권 199～

200>

　ㄴ. 文字 成給 向事 合行立案者 <1397 鄭矩家垈折受漢城府立案 05~06>

　ㄷ. 立案 成給次以 訂筆執 各人等 捉來 向事 <1593 題辭 정41-413 07~08>

(16ㄱ)은 임금 또는 상급관아에서 명령 또는 교시하는 입장에서, (16ㄴ)은 한성부에서 鄭矩에게 집 지을 터를 折受하도록 내려준 문서에서, (16ㄷ)은 所志에 대해 관아의 長인 안동도호부사가 처리를 명령하는 문구인 題辭에 실린 내용인데 向事가 모두 '처리할 것'이라는 비존대 표현으로 일관하고 있어 向敎是事과 대조된다. 하급관아에서 상급관아로 올리는 牒뫼의 경우엔 向敎是事로, 그 반대의 경우엔 向事로 표현하는 것은 물론이다.

이 밖에 주체존대 선어말어미 -敎是-/-敎-를 취한 일반동사들로서는 다음 (17)과 같은 예들이 발견된다. 이 중 (17ㄷ)은 8남매에게 재산을 물려 주는 문서의 끝부분에 쓰인 것인데, '使內敎-'이라 한 것은 관아에서 처리하게 하시라는 문맥적 의미를 지녀 동사 使內-의 주체가 수혜자인 8남매가 아닌 점에 유의해야 한다.

(17) ㄱ. 其言 可用是去等 卽時 所司良中 行下 施行 <u>令是敎矣</u> <直解 12.04ㅎ> (그 말이 쓸 만하거든 즉시 해당 관사에 지시하여 시행하도록 하시되)

　ㄴ. 節 <u>問敎是臥乎</u> 外孫 幼學 金⋯ <1464 金孝盧奴婢立案粘連文書 3-2> (금번에 물으시는 외손 유학 金⋯)

　ㄷ. 此 文記 內乙 用良 <u>使內敎</u> 事是 在 <1436-43 權明利許與文記 33> (이 문서 안의 내용을 가지고 (관아에서) 행하시도록 할 일임)

조선 초기의 『大明律直解』와 녹권들에는 -敎是- 앞에 선어말어미 -白-이 쓰인 -白敎是-의 용례들이 있다. 말음 표기자 是를 생략한 -白敎-도 혼용된다.

(18) ㄱ. 爲等如 眞亦 犯罪爲在乙良 逢音 宥旨 <u>在白敎是良置</u> 並只 不赦 <直解 01.17ㅈ> (⋯한 것들과 같이 진실로 범죄한 경우에는 마침 유지가 있으셔도 모두 사면하지 않는다)

　凡 徒流人亦 路次良中 逢音 宥旨 <u>在白敎是去等</u> <直解 01.18ㅎ> (무릇 도형과 유형수가 가는 길 도중에 마침 유지가 있으시거든)

　ㄴ. 王旨 內 貌如 功勞 <u>可尙是白敎</u> 等 用良 <1395 李原吉開國原從功臣錄券 101> (왕지의 내용과 같이 공로가 가상이신 까닭에)

　受命 <u>繼統是白敎是乃</u> <1398 張哲定社功臣녹권 035~036> (천명을 받아 왕통을 계승한 것이시나)

(19) 予는 내 ᄒᆞᆸ시논 ᄠᅳ디시니라 <훈민정음언해 正音 2ㅎ>
안해 眞金像이 現ᄒᆞ신ᄃᆞᆺ ᄒᆞᆸ신 世尊 <改刊법화경언해 1.34>[68]

  (18)의 -白敎(是)-를 어떻게 읽었을지는 다소 애매하다. 15세기 중세어에서는 경어법의 선어말어미와 존경법의 선어말어미가 통합될 경우 매개모음을 개입하여 '-ᅀᆞᄫᆞ시-'로 나타난다. 그런데 (19)에서 보인 '-ᄉᆞᆸ시-'는 특이한 예로서 극존대의 기능을 담당한 것으로 보는 견해가 일반적이다. (18)에 쓰인 -白敎(是)- 중의 -白-에는 겸양의 기능이 들어있다고 보기 어렵다. 따라서 전자보다는 후자의 독음으로 읽혔을 개연성이 높다. 후대 이두학습서들에서의 독음에서도 매개모음의 존재가 확인되지 않는 사실이 방증된다. 따라서 '-ᄉᆞᆸ시-'로 읽혔으리라 추정되는 (18)의 -白敎(是)-는 공손법과 존경법의 선어말어미가 결합된 것으로 보아야 할 것이다.

나. 서법

  조선 전기 이두문의 叙法 선어말어미에는 -去/良-와 -置-가 있다. 이들은 본래부터 선어말어미는 아니었다고 추정된다. 전자는 본래 副動詞語尾였던 것으로 파악되며, 후자의 경우엔 본동사 置-(두-)에서 유래한 것으로 추정된다. -置-가 다른 동사의 어간 또는 경어법의 선어말어미 뒤에 사용되었을 경우에도 본동사가 지닌 의미가 다소 남아있음을 감지할 수 있기 때문이다. 그러나 爲去有-, 是去有-, 爲白去有-, 爲置有-, 是置有- 등과 같은 활용형에서의 -去-와 -置-는 이미 선어말어미로서의 기능을 충분히 발휘하고 있음을 간과해서는 안 될 것이다.

  1) -去-

  去는 기원적으로 副動詞語尾(converb) 즉, 연결어미이다. 선행 동사를 후행 동사에 연결시키는 역할을 수행하고 있기 때문이다. 연결어미로 기능하고 있는 용례들을 조선 초기에도 발견할 수 있다. 강세 첨사 -沙를 -去에 덧붙인 형태들이 이를 방증한다. (20)이 그 예들 중 일부이다.

---

68) 安秉禧(1992ㄱ:288)에서 인용함.

(20) 犯人亦 事發爲去沙 逃亡爲旀 <直解 01.29ㅈ> (범인이 사건이 드러나고야 비로
소 도망하며)

二十日以上 已過爲去沙 告官爲在乙良 不論限日爲乎矣 <直解 27.06ㅎ> (20일 이
상 이미 지나고서야 관에 고한 경우에는 기한을 따지지 않되)

冬節日 及 臘八日 浴洗乙 沈浸 過二日爲去沙 取出爲臥乎 等 用良 <양잠 13ㅈ>
(겨울철 및 섣달 8일에 씻기는 일은 물에 깊이 담가 이틀이 지난 후에야 꺼
냄으로써)

蚕亦 一齊 眠爲去沙 斷食爲遣 一齊 起爲去沙 給食爲乎矣 <양잠 25ㅎ> (누에가
일제히 잠들어야 비로소 단식하고 일제히 일어나야 급식하되)

秋耕乙良 起耕後 土色 乾白爲去沙 同 推介以 如前 使內. <農書輯要 3> (가을갈이
는 밭을 간 후 흙빛이 마르고 희어져야 위 밀개로 전과 같이 할 것)

春耕乙良 天氣 和暖爲去沙 使內. <農書輯要 9> (봄갈이는 날이 따뜻해져야 비
로소 할 것)

위 (20)에 쓰인 -去沙는 모두 자동성 동사에 통합된 것으로서 타동성 동사에 통합된 -良
沙와 정확히 대립된다. 말하자면 연결 기능을 갖는 어미 -去와 -良은 한 형태소의 이형
태라 할 수 있다. 그런데 (20)과 같이 부동사어미로 쓰이던 -去를 『農書輯要』 이후로는
발견하기 힘들다. -去의 부동사어미로서의 기능은 적어도 15세기 중엽까지만 유효했던
것으로 보아야 할 것이다. -去에 이어 곧바로 후행하는 동사를 위 (20) 용례들 이외에는
발견하기 힘들기 때문이다.[69]

어미 -去를 직접 취하는 동사들로는 爲-와 是-를 제외하면 無-만이 나타난다. 그런데 無-
의 경우에도 순수하게 연결어미로 기능하는 것은 (21ㄱ)에서 보듯 조선 초기 『大明律直解』에
서만 보인다. (21ㄴ)의 '無去乎'의 去는 연결어미가 아니라 선어말어미로 굳혀져 있다.

(21) ㄱ. 有餘不足爲 所 無去沙 解由文字乙 成給爲齊 <直解 07.09ㅈ> (남거나 부족한
바가 없어야 비로소 해유문서를 만들어 주며)
ㄴ. 他余 田畓段 據執爲乎 所 專亦 無去乎 相考 施行敎是矣 <1595 侤音 영2-294
11~12> (나머지 다른 전답은 강제로 지닌 바가 전혀 없으니 살펴 시행
하시되)

(22) 朔方道叱段 田出 收齊爲臥乎 所 無去有 等以 <1392 太祖賜給芳雨土地文書 03>

---

[69] 『양잠경험촬요』에 나오는 다음의 용례 중 '卷去'와 '捲去'는 한자어로 된 명사구이다. "淸明爲去等 東窓
苫乙 捲去爲旀"<양잠 30ㅈ> "大桑皮索以 中間 連擊 蚕種厚紙 每一長乙 向內 卷去 小桑皮繩以 上頭
乙…"<양잠 10ㅎ>

(삭방도는 田稅를 걷는 바가 없음이 확실하므로)

獄囚亦 已招伏爲 本來 寃枉 <u>無去有乙</u> 親屬亦 妄告爲在乙良 <直解 22.07ㅎ> (죄 수가 이미 자복하여 본래 원통함이 없는 것이거늘 친척이 거짓 고한 경우에는)

(21)을 감안해 볼 때 (22)에 보이는 '無去有-'는 따라서 '無-＋-去 ＃ 有-'로 분석되어 두 동사가 이어진 것이므로 분리할 수 있었던 것으로 본다.[70] 그러나 爲去有-와 是去有- 가 빈번히 사용됨으로 말미암아 '有'에 본동사로서의 의미가 다소 남아 있음에도 불구하 고 문법화의 길을 걷게 되고 이에 부응하여 '去'는 선어말어미로서의 기능하게 된 것으로 이해된다.

한편 자주 쓰이는 -是去有- 구성에서 때로는 是를 계사가 아니라 주격 조사의 표기자 로 보아야 할 경우가 적잖다. 이 경우엔 주격 조사 -是 뒤에 덧붙은 -去는 활용어미가 아니라 일종의 첨사로서 기능하는 것으로 설명하여야 할 것이다.

(23) 右良如 敎 事<u>是去</u> 有 等以 <1392 이화개국공신녹권 047> (위와 같이 하신 일 이 있으므로)

關<u>是去</u> 有 等以 <1477 上院寺成化十三年江陵大都護府立案 25> (관문이 있으므로)

依允敎 事<u>是去</u> 有 等以 合行立案者 <1575 장예원입안 서울대고문서 7-274 14> (윤허하신 일이 있으므로 입안을 행함)

(24) ㄱ. 功勞 重大 可賞<u>是去有</u> 等以 <1399 趙溫賜牌 04> (공로가 중대하여 상 줄 만 한 바가 분명히 있기에)

ㄴ. 在下所屬官亦 卽便推問爲乎 不喩<u>是去有</u> 等以 <直解 28.15ㅎ> (산하 소속 관 리가 즉시 추문할 바가 아니겠기에)

동일한 구성 -是去有-라 하더라도 (23)과 (24)는 의미라든가 문법적 기능 면에서 상당 한 차이가 있다. (23)에서는 어떤 일 또는 구체적인 사물이 주어로 놓이므로 이때의 是는 주격 표기자로 볼 소지가 많으며 이에 따라 서술어 동사는 후행하는 有-가 된다. 이와 달 리 (24ㄱ)의 '可賞'과 (24ㄴ)의 '不喩'는 명사 또는 명사구로서 서술의 기능이 없기 때문 에 -是去有-의 是가 지정사 어간으로 쓰였고 이에 뒤따르는 -去有-는 어미 연속체로 보 아야 할 것이다. 따라서 (23)의 -是去有-는 '-是 ＋-去 ＃ 有-'으로 분석되며 이때의 -去 는 첨사 즉 보조사적 기능을 지닌 것으로 이해된다.

---

70) 이러한 견해는 安秉禧(1977ㄴ:16)에서 이미 밝힌 바 있다.

첨사로서의 기능을 지니기도 하고 또 한편으로는 연결어미로서 기능하는 -去의 문법적 의미를 선어말어미로 쓰인 爲去乎[71])의 예를 들어 설명하면 다음과 같다.

(25) ㄱ. 又 樓上庫參間 瓦蓋 合貳拾肆間等乙 交易本文記 幷以 許與爲去乎 <1401 太祖
賜給㫆致家垈文書 06> (또 누 위에 있는 장소 세 칸 기와지붕을 합해 24
칸 등을 교역할 때의 본문기와 아울러 분명히 허여하니)

ㄴ. 各衿 都許與 小名 後錄爲去乎 各各 執持 使用爲乎矣 <1479 金淮妻盧氏許與
08~09> (각자의 몫으로 도허여한 노비 이름을 후에 기록하니 각각 지
녀 사용하되)

ㄷ. 一時 分給 不冬爲去乎 <1560 허여문기 정1-539 14> (한꺼번에 나눠주지
않으니)

ㄹ. 同婢 後所生 幷以 永永 放賣爲去乎 <1593 明文 영2-280 03~04> (위 계집
종의 후소생과 아울러 영구히 방매하니)

위의 예문 (25) 중의 '爲去乎'은 分財 및 賣買文記 등 재산관련 문서들을 비롯해서 자주 쓰이는 이두토이다. 分財의 동기나 배경을 설명한 후에 '…爲去乎'과 같은 문구를 사용한다. 이때의 -去-를 과거로 해석하긴 곤란하다. 문서 작성시와 동일한 시점에서 이루어지는 동작을 표시하기 때문이다. 예컨대 (25ㄴ)의 '後錄爲去乎'은 後記에다 기록한다는 것으로서 이미 그러한 일이 있었음을 뜻하는 것이 아니다. 따라서 이 경우의 -去-는 어떤 동작이나 일이 실제로 있음을 확인하는 의미이다. 달리 말해 문장의 내용에 대한 화자의 심적 태도를 나타내는 기능을 한다고 볼 수 있다. 그러므로 -去-는 叙法(mood)에 속하는 것으로서, '확인'이라기보다는 '어떤 사실이 확실하다'는 확실법에 좀 더 가까운 의미를 지닌다.

어미 연속체로 쓰이는 -去有-의 문법적 의미는 대체로 '어떤 사실이 확실히 있다'라고 할 수 있는데 이 중 '확실하다'는 뜻은 -去-가, 그리고 '있다' 또는 '존속하다'의 뜻은 -有-가 담당한다. 그런데 -去有-는 시제에 대해서는 중립적이라 할 수 있다. 거의 대부분 어떤 일이 확실히 있다는 것은 과거에 이미 있었던 일을 표현하는 것이긴 하나 반드시 과거사만을 지칭하지 않을 뿐만 아니라 때때로 아직 일어나지 않은 일이라 하더라도 있을 것임을 표현할 때에도 사용되기 때문이다.

---

71) 爲去乎의 去 자를 대신하여 爲可乎으로 사용한 예가 있어<1565 허여문기 정65-387 05~06>, 지역
방언 특성을 은연중에 반영한 것으로 추정되나 일반적인 현상은 아니다.

(26) ㄱ. 王旨 內 皃如 其功甚大 帶礪 難忘是去有良尒 <1392 李和錄券 069> (王旨 안
　　　의 내용과 같이 그 공이 매우 커서 황하가 띠와 같이 좁아지고 태산이
　　　숫돌과 같이 작게 되어도 그 공을 잊기 어렵겠기에)

　　ㄴ. 徒一年贖錢亦 八貫四百文是去有良尒 <直解 01.24ㅈ> (1년 도형의 속전이 8관
　　　400문이기에)

　　ㄷ. 必于 五等服制已盡爲良置 尊卑名分 不絶爲去有 等以 <直解 20.11ㅎ> (비록
　　　다섯 종류의 상복을 입는 관계가 이미 끝났다 하여도 손위 손아래의 명
　　　분이 끊어지지 않을 것이므로)

(26ㄱ)의 '難忘是去有良尒'은 '잊기가 어려웠기에'라기보다는 '잊기가 어려워서'로 풀
이되어야 할 것이다. 망각하는 일이 과거에 일어났음을 확실히 언급하는 것이 아니기 때
문이다. (26ㄴ)에서 贖錢의 값이 얼마라는 것을 일러주는 문구일 뿐이지, 과거에 얼마였
다는 사실을 확인하는 내용은 아니다. (26ㄷ)에서도 '不絶爲去有 等以' 역시 끊어지지 않
았다는 사실을 확실시하는 것이 아니라 오히려 현재는 물론 앞으로도 끊어지지 않는다는
사실이 확실하다는 뜻으로 사용된 것이므로 -去有-에 오히려 미래 의미가 담겨 있다.

-去有-에 후행하는 어미들로서는 -良尒, -亦, -乙, -而亦 등이 있고, 동명사어미가 덧
붙은 -在가 사용된다. 용례를 하나씩 보이면 다음과 같다.

(27) ㄱ. 王旨 內 皃如 其功 亦大爲去有良尒 <1395 李和尙開國原從功臣錄券 084> (왕
　　　지의 내용과 같이 그 공이 또한 크기에)

　　ㄴ. 其中 剩出 寂多爲在 種子亦 其年 豊盛 穀食是去有亦 <農書輯要 12> (그 중
　　　보풀어 오른 것이 가장 많은 씨가 그 해 풍성한 곡식이 되는데)

　　ㄷ. 禍亂之幾 日生不已爲去有乙 <1392 李和개국공신녹권 058~059> (화란의 기
　　　미가 날로 발생하여 그치지 않고 있거늘)

　　ㄹ. 門籍良中 必于 有名字爲良置 殿門良中 犯夜出入 不冬爲乎 事是去有在等以 <直
　　　解 13.05ㅈ> (출입인 장부에 비록 이름자가 있다 하여도 대전 문에 밤을
　　　틈타 출입하지 않는 일이겠기에)

선어말어미로 기능하는 -去-는 비교적 자유롭게 여러 동사 어간들에 접미되는데 문서
류에서는 특히 존재동사 有-와 결합된 것들이 많다. 겸손법 선어말어미 -白-이 -去-에
선행한 -白去-의 예들도 자주 볼 수 있음은 물론이다.

(28) □錄爲白去乎 右 逢賊 眞僞乙良 … <1463 李禛妻金氏所志 02> (□錄하오니 이
　　　와 같이 도적을 만난 진위는 …)

女矣 次子 孝盧矣 身[乙 繼後]令是白去乎 <1480 金孝盧繼後禮曹立案 07> (저의
둘째아들 孝盧의 몸을 계후시키오니)

仕滿 受職爲白良結 望良白去乎 <1490 河源陳省牒 01> (임기가 차서 직책을 받
고자 바라오니)

爲等如 各各 着名 署押 手寸 的是白去乎 相考 施行敎 事 <1551 侤音 영2-264 07~
08> (…한 것들과 같이 각각 착명하고 서압하고 수촌을 찍은 일이 맞사오니
상고하여 시행하실 일)

矣段 婢子 買得爲白去乎 依他例 立案 斜給爲只爲 行下 向敎事 <1593 所志 영
2-280 02~03> (제 경우엔 계집종을 매득하였으니 다른 예에 따라 입안을
확인 발급하도록 처리하여 주실 일)

(29) 他[餘] 奴婢乙良置 隱匿爲有臥乎 所 无 不冬爲白去有良尒 <1427 張戩妻辛氏所志
07~08> (다른 나머지 노비도 은닉하여 있는 바가 없지 않겠기에)

(29)의 '爲白去有良尒'은 '爲去有良尒'에 겸손법만을 첨가한 표현이다. 이것은 -去有-
가 이미 어미 연속체로서 굳혀져 사용되고 있음을 반영하고 있을 뿐만 아니라 의미상으
로도 과거의 일이 아니라 추측의 뜻으로 사용되어 미래 시제에 오히려 가까운 것임에 유
의하여야 한다.

-去-는 서법의 선어말어미로서 다른 선어말어미들 즉, '-在-, -臥-, -如-' 등과 분포
상의 차이를 보인다. -去-는 선어말어미 -有-에 선행하나, '-在-, -臥-, -如-'는 -有-에
선행하지 않는다.

2) -良-

15세기 국어의 확인법 선어말어미 -거-는 이형태 -어/아/야-를 갖고 있다. 非他動性
동사에는 -거-, 他動性 동사에는 -어/아/야-가 통합된다. 15세기 이두 자료에서도 이것
이 확인된다. 이두문에서는 -去-가 전자, -良-이 후자에 대응된다. 그러나 특이한 사실
은 조선 전기 이두문에서 양자가 선어말어미에서는 분명한 대립을 보이지 않는다는 점이
다. 爲去沙와 爲良沙에서 보듯 어말어미로 기능할 때에는 대립되던 것이 선어말어미에서
는 대립을 보이지 않는 것이다.

(30) ㄱ. 凡 祖父母 父母果 及 夫果 家長等乙 他人亦 殺害爲良在乙 <直解 19.10ㅈ>

(무릇 조부모와 부모 및 지아비와 가장 등을 타인이 살해하였거늘)

凡 軍人亦 親亦 出征 不冬爲遣 他人乙 給價 冒名 <u>代立爲良在等</u> <直解 14.05
ㅈ> (무릇 군인이 손수 출정하지 않고 타인에게 돈을 주고 이름을 속여
대립했거든)

墳墓乙 掘取遣 棺槨乙 <u>未及出爲良在乙良</u> 杖一百徒三年齊 <直解 18.15ㅈ> (분
묘를 파헤치고 관곽을 아직 꺼내지 않았거든 杖一百徒三年형에 처한다)

ㄴ. 凡 年七十以上 十五以下 及 癈疾之人亦 <u>犯罪爲良在等</u> 流罪以下乙良 並只 收贖
齊 <直解 01.22ㅈ> (무릇 나이 70 이상과 15 이하인 사람 및 폐질에 걸
린 사람이 범죄하였거든 유형죄 이하는 모두 속죄하며)

同官中 一人亦 詳審 <u>改正爲良在如中</u> 並只 無罪爲乎 事 <直解 01.35ㅈ> (같
은 관리 중 한 사람이 자세히 살펴 고쳤을 것 같으면 모두 무죄로 할 것)

所任官良中 行移 <u>使內良在等</u> 遲慢 失誤爲在乙良 同官乙 坐罪爲乎 事 <直解
29.04ㅈ> (소임을 맡은 관에 문서를 보내었거늘 늑장을 부리고 잘못한
경우에는 그 관에 죄를 물을 것)

(31) ㄱ. 一十文亦 <u>不足爲良在等</u> <直解 01.41ㅎ> (10문이 부족하거든)

　　ㄴ. 右 報狀亦 都評議使司 <u>到付爲良在等</u> <直解 14.03ㅎ> (이 보고서가 도평의사
사에 도착하였거든)

(30)에 쓰인 爲良在-의 -良-은 타동성 동사에 통합되는 확인법 선어말어미이다. (30ㄱ)
에서는 목적어가 뚜렷이 드러나 있으며, (30ㄴ)에서는 爲-에 선행한 체언 명사의 의미로
미루어 타동성임을 알 수 있다. 그러나 (31)에서는 爲良在-의 -良-이 비타동성 동사에
통합되어 있다. (31ㄱ)의 不足爲-는 말할 나위 없고, (31ㄴ)의 到付爲-는 목적어를 수반
하는 경우가 없진 않았으나 이 경우엔 주어 명사구가 분명히 밝혀져 있어 자동사로 쓰인
것이다.

타동성 표현의 爲良在-에 대하여 비타동성 표현의 爲去在-이 상정됨은 두 말할 나위
없다. 고려 시대 이두에서는 (32)에서 보듯 후자의 용례가 발견된다.

(32) 身病以 <u>遷世爲去在乙</u> <1031 淨兜寺形止記 8> (신병으로 세상을 떠났거늘)
　　倭賊人亇亦 同年四月初七日 右 物色乙 取 <u>持去爲去在乙</u> <1351 感恩寺飯子> (왜
적들이 이 해 4월 초7일에 위 물건을 취해 가져갔거늘)

14세기 중엽까지만 해도 발견되던 爲去在-를 조선 전기 이두문에서 전혀 찾을 수 없
다는 사실은 매우 놀랍고 흥미로운 문제임에 틀림없다. 이 문제는 두 가지 관점에서 그

원인을 찾아야 할 것이다. 하나는 어법의 변화에 따른 구어의 반영이고, 다른 하나는 개신형 어법을 반영하는 과정에서 이두자의 독음이 달라졌을 개연성의 관점이다. 15세기 국어에서 하나의 형태소로 굳혀져 사용되는 어미 '-거든'과 '-거늘'의 경우 타동성 유무에 따른 교체형이 실현되었다. 예컨대, 중세어 '가-'(去)와 '알-'(知)의 경우 '가거든 ↔ 아라든, 가거늘 ↔ 아라늘'로 대립을 보였다. 그러나 이 대립은 과거형에서는 상실되었던 사실이 주목된다.

(33) ㄱ. 衆生이 種種 地예 住ᄒᆞ얫거든 <월인석보 13.55ㅈ>
ㄴ. 衆生이 … 三界苦 저픈 險ᄒᆞᆫ 길헤 나 涅槃樂 得ᄒᆞ얫거든 보면 <월인석보 12.47ㅎ>

(34) ㄱ. ᄀᆞᄅᆞᆷ맷 고지 디디 아니ᄒᆞ얫거든 成都애 도라오리니 <두시언해 8.23ㅎ>
ㄴ. 글효물 그르 ᄒᆞ얫거든 먹디 아니ᄒᆞ시며 <소학언해 3.25ㅈ>

(35) ㄱ. 須達이 病ᄒᆞ얫거늘 부톄 가아 보시고 <석보상절 6.44ㅎ>
ㄴ. 그제 父王이 큰 病을 ᄒᆞ얫거늘 臣下ᄃᆞᆯ히 阿育이ᄅᆞᆯ 莊嚴ᄒᆞ야 王ᄭᅴ 가 ᄉᆞᆲᄫᅮ디 <월인석보 25.72ㅎ>

따라서 조선 전기 이두문에서의 爲良在-는 위 (33)~(35)에서의 'ᄒᆞ얫거-/ᄒᆞ얏거-'를 반영한 표기이며, 이 과정에서 在의 독음이 '겨'에서 음상이 유사한 '거'로 대체되었을 것으로 추정된다. 爲良在-는 타동성 여부와 상관없이 16세기 말까지 줄곧 사용될 뿐만 아니라 겸손법 선어말어미 -白-을 삽입한 爲白良在-도 쓰였음은 물론이다. 爲良在-의 용례들을 일부 보이면 다음과 같다. (36ㄱ)은 자동성 동사에, (36ㄴ)은 타동성 동사에 확실법의 선어말어미 -良-이 쓰인 예들이다. 이들 모두 과거형 표현임이 특징이다.

(36) ㄱ. 矣女矣 同生 □□□係亦 無子息 身故爲良在乙 <1551 明文 정32-476 02> (여자인 이 몸의 형제 □□□係이 자식 없이 죽었거늘) 祖亦 去 己丑年分 在京 身卒爲良在乙 <1560 입안 정32-279 33> (할아비가 지난 기축년에 서울에서 죽었거늘) 文記成置事 專亦 虛言是如 相對 痛泣爲良在乙 <1560 입안 정32-279 36> (문서를 만들어 둔 일이 전혀 거짓말이라고 대놓고 슬피 울거늘) 庚辰年分 身死爲良在乙 <1583 立案 정33-189 17> (경진년에 죽었거늘) 假將 婢子 萬愛等亦 去 十二月分 大丘 倭寇處 被擄 半月而後 逃還爲良在乙 <1593 소지 대구월촌단양우씨문서 02> (가장의 계집종 萬愛 등이 지난

12월에 대구의 왜적이 있는 곳에서 체포되어 반달이 지난 후에 도망쳐
돌아왔거늘)

ㄴ. 孫翰亦 白文是如 終便 <u>白活爲良在乙</u> <1576~ 입안 정6-15 58> (孫翰이 관
의 증명 없는 문서라고 끝내 진술했거늘)

白活 導良 接訟 <u>行下教是良在乙</u> <1576~ 입안 정6-15 61> (발괄에 근거하
여 소송에 임하도록 처분하시었거늘)

遺漏奴婢段置 同生中 聞見 <u>推尋爲良在等</u> <1592 和會明文 정33-269 03~04>
(유루노비의 경우에도 형제 중에서 듣거나 보고 추심했거든)

詳盡推閱 <u>啓聞爲良在乙</u> <1568.3.27. 掌隷院回啓 眉巖日記 1568.3.29. 후기>
(상세히 추열하도록 임금께 계를 올렸거늘)

그런데 爲良在乙 대신에 쓰인 爲亦在乙의 존재는 매우 주목된다. 亦의 독음 중의 하나
가 '여'라는 사실을 드러내 주는 면이 있는가 하면, 중세어의 'ᄒᆞ야'가 16세기 중엽에 구
어에서 이미 'ᄒᆞ여'로 변하였음을 시사해 주는 점에서 특히 눈여겨 볼 존재이다.

(37) 家夫長萬亦… (이하 중략) … <u>許給爲亦在乙</u> 女矣身亦 十三年 至 耕食爲… <1567
長萬妻養女古邑之土地賣買文記 興海裵氏門中 02~04> (지아비 長萬이 … (이하
중략) … 허급하였거늘 여자인 이 몸이 13년동안 갈아먹던 …)

3) -置-

-置- 역시 -去/良-와 계열관계를 이루고 있는 서법의 선어말어미이다. 이것은 본동사
置-(두-)에서 유래한 것이다. 이에 따라 이두문의 선어말어미 -置-가 본동사로서의 의미
를 어느 정도 갖고 있음이 감지된다.

(38) ㄱ. 期親族長 及 外祖父母事乙 訴告爲良在等 必于 實事<u>是置</u> 杖一百齊 <直解 22.08
ㅎ> (기년복을 입는 손윗사람 및 외조부와 외조모 일을 고소하였거든
비록 실제 일이라도 杖一百에 처하며)

ㄴ. 在上爲置 蚕箔低處良中 遙擲安徐爲齊 <양잠 28ㅈ> (위에 있다 하여도 누에
채반 낮은 곳에 멀리 던지지 말며)

(39) ㄱ. 右 雌雄高致乙 爲半各別 摘取爲置 風涼相通廳中 淨箔上良中 <양잠 3ㅎ> (위
암수 고치를 반으로 각각 나누어 가려내어 두고 바람이 서늘하게 통하
는 대청 안에 깨끗한 누에 채반 위에)

ㄴ. 未時後良中 造心 離去爲置 雄蛾乙良 柴草上良中 散置爲遣 <양잠 7ㅈ> (미시

후에 조심하여 떼어 두되 수컷 나비는 땔나무로 쓰는 풀 위에 흩어 두고)

(38)의 '是置'와 '爲置'는 동사 어간 뒤에 당연히 따라나올 어미 -良의 표기를 생략한 것이다. 『大明律直解』에서는 부동사어미 -良을 생략하는 수가 많은데 이런 관행에 따른 것이다. 같은 책에서 '是良置'의 용례가 있어 생략표기했음이 확인된다. (38ㄴ)의 '爲置' 역시 중간에 어미 -良의 표기를 생략했음을 문맥에 의존하여 알 수 있다. (38)에 쓰인 '置'는 선어말어미가 아니라 강세 첨사 즉 보조사였던 것이 선행하는 어미와 합쳐져 '양보'의 뜻을 지니는 새로운 어미로 굳혀진 것이다. 이와 달리 (39)의 '爲置'는 두 동사 '하다'와 '두다'를 연이어 적은 것이다. 따라서 이 경우의 '置'는 동사 어간이다. 그러나 다음 예문 중의 '置'는 본동사로서의 의미를 찾아보기 힘들다.

(40) ㄱ. 薦段 空石皮是置有亦 蚕室明暗溫涼 及 上薪時 不可闕 <양잠 15ㅎ> (薦은 빈 섬거적이어서 누에방을 밝고 어둡게 하거나 따뜻하고 차갑게 하거나 섶에 올릴 때 없어서는 안 된다)

　　 ㄴ. 家舍田畓等乙 證筆 具 許與 成置 的是置有等以 <1480 金孝之妻黃氏許與立案 粘連文書 4~5> (가사와 전답 등을 증인과 필집을 갖추어 허여하고 문서를 만들어 둔 일이 확실히 있으므로)

(40ㄱ)의 '空石皮是置有亦'는 '空石皮＋-是 # 置有亦'로 분석할 수 없다. 空石皮가 있어서라는 의미가 아니기 때문이다. (40ㄴ)에서 的是-는 '확실하다, 맞다' 정도의 의미를 가진 동사이다. 따라서 이 동사 뒤에 통합된 '置'는 본동사로서의 의미가 거의 없다. 이 문구는 安東大都護府使가 소지를 낸 사람에게 내린 입안에 들어 있다. 府使가 판단하건 대, '家舍와 田畓등을 證保와 筆執을 갖추어 許與하고 成置한 사실이 분명히 맞으므로'라는 내용이다. 따라서 이때의 '置'는 어떤 일이 분명하다고 강조하는 뜻으로 사용된 것이다. 이는 달리 말하자면 본동사로서의 의미를 잃고, 일종의 첨사와도 같은 의미를 가지고 사용된 것으로 이해된다. 이 경우의 '-置-'는 결국 문장의 내용에 대한 話者의 心的 태도를 나타내는 문법 형태에 속한다. 즉, 서법 중 강조법의 선어말어미로 기능하는 것으로 파악된다.

是置有- 또는 爲置有-에서 '置'가 본동사로 쓰인 것인지 강조법 선어말어미로 쓰인 것인지의 여부는 문맥에 의존하여 잘 파악할 필요가 있다. 본동사로 쓰인 경우엔 '置'에 선행하는 '是'는 주격 조사의 표기자이고, 선어말어미로 쓰인 경우엔 '置'에 선행하는 '是'

가 계사 즉 지정사 어간으로 기능한다. 다만 그 어느 쪽이든 양자 모두 공손법 선어말어미 -白-이 동사 어간 뒤에 곧바로 통합되어 쓰일 수 있음은 공통이다. (41ㄱ)이 전자의 예, (41ㄴ)은 후자의 예들이다.

> (41) ㄱ. 王旨內 事意乙 用良 使內向事 爲等如 出納<u>是白置有亦</u> <1397 沈之伯錄券 031> (왕지 안의 내용을 가지고 행하도록 할 일이라 한 것들과 같이 출납이 분명히 있어서)
>
> 右如 敎 味 出納<u>是白置有良亦</u> <1398 張哲錄券 023> (위와 같이 하신 뜻의 출납이 분명히 있기에)
>
> 禮曹等 傳敎爲良如 敎 承 /傳<u>是白置有亦</u> <科擧事目 36ㅎ> (예조 등에 전교하여라 하신 承傳이 있어서)
>
> ㄴ. 其餘二年 二年徒役年限 贖錢亦 不等<u>爲置有良亦</u> <直解 01.24ㅈ> (그 나머지 2년은 2년 도역 연한에 대한 속전이 같지 않기에)
>
> 奴婢亦 舊家長乙 罵詈<u>爲在乙良</u> 凡人例以 論罪<u>爲置有而亦</u> <直解 21.03ㅈ> (노비가 옛 가장을 욕한 경우에는 범인의 예로써 논죄하지만)
>
> 擧子 試卷 割取 封糸彌乙 封糸彌官亦 擅自開閉 無不冬<u>爲置有良亦</u> <科擧事目 舊事目8ㅎ> (거자의 시권에서 잘라낸 봉미를 봉미관이 마음대로 개폐하는 일이 없지 아니하기에)
>
> 鼎裏之魚 終至脫漏 極爲痛憤<u>爲白置有良亦</u> 謹具啓 /聞 <1592.9.10. 계본 임진장초 狀12> (솥 안에 든 고기가 마침내 빠져나가 극히 원통하였기에 삼가 갖추어 계문으로 아룁니다)
>
> 矣徒等亦 叅訂 的只<u>是白置有亦</u> <1593 侤音 정41-413 13~14> (우리들이 증인으로 참여한 것이 맞는 일이어서)

爲置有-의 경우 과거시제 선어말어미 -有-가 동사 어간 뒤에 바로 통합되어 爲有置有-로 실현된다.

> (42) ㄱ. 奴 終同等亦 不付<u>爲有置有</u> <u>等以</u> 合行立案者 <1461 입안 河源所志 2-05 및 1536 입안 정56-17 13> (사내종 終同 등이 붙어 있지 않았으므로 (이에) 입안함)
>
> ㄴ. 施行<u>爲有置有</u> <u>等以</u> 葉作 粘連 作退 向事 合行立案 <1469 田養智妻河氏傳准立案粘連文書 2-45> (시행했으므로 낱장의 문서가 점련된 문서들을 물리는 일로서 (이에) 입안함)
>
> ㄷ. 癸未年 受 敎段 載錄 不冬<u>爲有置有亦</u> <1548.5.26. 병조수교 각사수교 70> (계미년의 수교는 싣지 않았기에)
>
> ㄹ. 金紐 進叱使內良如 爲 口 /傳 施行<u>爲有置有</u> <u>等以</u> <1574 差定帖 故李樹健교수

조사 05~07> (金紐이 나아가 종사하라고 구전으로 시행했으므로)

강조법 선어말어미 -置-와 확실법 선어말어미 -去/良-는 배타적인 분포를 보인다. 양자 중 어느 하나만이 실현되는 것이다. 또한 양자가 결합되어 연이어 나타나는 경우가 없다. 따라서 이 둘은 계열관계를 형성하여 문법범주 서법에 귀속된다.

한편 爲置有- 및 是置有- 구성은 16세기 들어 '有-' 이하의 구성요소들을 절단한 채 爲置 및 是置로 문장을 일단 끝맺게 된다. 이것은 관아에서 謄錄類를 작성하는 과정에서 편의를 위해 절단형 표기를 하던 것이 확산된 것으로 여겨진다. 사인문서들에서는 그 쓰임이 보편적이지 않은 사실이 이를 뒷받침한다.

(43) 以一分定之者 頗多爲置 今後乙良 … <1558.1.3. 예조계목 각사수교 68> (1分으로 정하자는 자가 자못 많으니 이제부터는 …)
　　強力遠射者 反屈於近射者爲臥乎 所 有乖辨別強力之意爲置 大典內 … <1561.7.22. 병조전교 각사수교 106> (강한 힘으로 멀리 쏘는 자가 오히려 가까이 쏘는 자에게 굴복하게 되는 바 강한 힘을 변별하는 뜻을 어그러뜨리게 되므로 『경국대전』 내 …)

(44) ㄱ. 官前 白活爲乎 事是置 女矣 病勢 擧頭 卽時 … <1576~ 입안 정6-15 85~86> (관에 발괄한 일이 있으며 저의 병세가 고개를 든 즉시 …)
　　ㄴ. 敎書 內 凡 斬倭一級以上者 皆錄爲功臣亦 有 /旨是置 淸道 助戰將 朴慶新 … <1592 敎書 故李樹健교수 조사 02~05> (교서 안에 "무릇 왜병의 머리를 하나 이상 벤 자는 모두 공신으로 수록하라"는 유지가 있어서 청도 조전장 朴慶新을 …)

(45) 的實爲有置 相考 施行敎 事 <1594 侤音 정41-418 15~16> (사실과 같았으니 살펴서 시행하실 일)
　　畵史一 繪史二是如 爲有置 當初 立法時 … <1563.12.29. 예조계목 각사수교 55> (화사 1명, 회사 2명이라 하였는데 당초 입법할 때 …)
　　大典刑典 用大明律亦 爲有置 律文註云 … <1548? 형조전교 각사수교 118> (경국대전 형전에 대명률을 쓴다고 했고 율문의 주에 이르기를 …)

(46) 不得已 退限爲白乎 第亦中 事體至爲陵夷爲白置 辛亥年四月 … <科擧事目 9ㅈ> (부득이 시한을 넘겨 물러날 때엔 사태가 초라해집니다. 신해년 4월에 …)
　　節 褒賞之文 獨不參純信之名爲白有臥乎 所 軍情駭怪爲白置 諸將中… <1592.9.11. 狀啓 壬辰狀草 狀13> (금번 포상문에 유독 純信의 이름이 들어있지 않았는

바 군내의 사정이 해괴합니다. 여러 장수들 중 …)

(43)은 절단형 爲置로써 일단 문장을 끊은 경우이고, (44)는 절단형 是置로써 끝맺는 경우이다. (44ㄴ)은 敎書에서도 이러한 용법이 확산되어 있음을 시사해 준다. (45)는 절단형 爲置에다가 시상 선어말어미 -有-를 삽입하여 만든 과거형 爲有置, 그리고 (46)은 공손법 선어말어미를 삽입한 절단형 爲白置의 예이다. 이들 절단형 표기들은 문맥에 의존하여 앞뒤 문장의 연결 관계 또는 종결 형식으로 보아야 할지 등을 가려서 파악하여야 한다.

다. 시상

15세기 국어의 時相 선어말어미는 대체로 현재, 과거, 미래의 세 체계로 이루어진다. 현재의 '-ᄂᆞ-', 과거의 '-거-', '-아/어-', '-더-', 그리고 미래의 '-리-' 등이 있었다<李基文 1972ㄱ:163>. 그런데 '-거-'와 '-아/어-'는 이두문에서 時相이라기보다는 어떤 일이 확실히 있다는 의미를 지니므로 서법으로 다루었다. 이두문에서의 시상 선어말어미가 어떻게 나타나는지를 고찰하는 것이 이 절의 목적이다. 이두문에서는 미래의 선어말어미가 분명히 드러나지 않는다는 특징이 우선 무엇보다도 인상적이다.

1) -有-, -叱-

-有-는 시상 선어말어미로 사용된다. '有'는 본래 동사어간이었다. 대체로 '존재' 또는 '소유'의 의미를 가진 본동사이다. 본동사로 쓰인 예를 이두문에서 적잖이 발견할 수 있다. 이것이 계사 -是- 및 동사 爲- 뒤에 쓰이면서 점차 선어말어미로서의 기능을 갖게 된 것으로 이해된다. 계사와 통합될 경우에는 직접 연결되지 않고 양자 사이에 일반적으로 '置' 또는 '去'가 개입하게 된다. 이 둘은 서법의 기능을 갖는다. '去'는 본래 부동사어미였던 것으로 보인다. 따라서 '-是＋-去 # 有-'의 통사구조를 갖고 있었던 것으로 추정된다. 이 경우 '有'는 본동사로서의 성격을 어느 정도 갖고 있다. 즉, 부동사어미를 사이에 두고 두 동사가 복합하여 발생한 것이 점차 후행동사 有-의 문법화 과정을 거친 것으로 이해된다. 동사 爲- 역시 계사와 동일한 모습을 보인다. 爲置有-와 爲去有-의 형태가 나타나는 것이다.

그런데 '爲-'의 경우엔 '有'와 직접 통합되어 '爲有-'으로 쓰이기도 한다. 이것은 동사 어간끼리 직접 복합된 것이라기보다는 확인법의 선어말어미 이형태 중의 하나인 -良-이 개입되었다가 축약된 것으로 보기도 한다. 즉, 爲有-는 '爲-＋-良-＃有-'가 굳혀져 형성된 이두토로 해석된다고 보았다. 이것은 '爲良＃有-'와 '-是去＃有-'가 상보적 분포를 이룬다는 점에 논거를 두고 있다<李丞宰 1992ㄱ:173〜174 참조>. 어미가 중간에 개입되었다손 치더라도 그것이 선어말어미가 아니라 부동사어미 -良였다고 보는 점은 충분히 수긍할 만하다. 그러나 '-是去＃有-'에 해당되는 용례들이 거의 전부 '事是去有-'라는 점에 유의할 필요가 있다. '事'에 대응하는 15세기 국어의 명사 '일'의 선대형이 '*이리'였을 개연성을 감안해 볼 때 '事是去有-'는 '事是＋-去＃有-'로 분석되며 이 경우 '-去'는 첨사와 유사한 존재일 가능성이 높다. 그리고 '-是去有-'와 달리 유독 '爲良有-'에서만 부동사어미 '-良-'의 생략 표기가 이루어졌는지 설명하기 어렵다. 또한 후대 이두학습서들에서 爲有-에 대해 '호잇-' 또는 '호이시-'로 일관되게 독음을 제시하고 있어 부동사어미의 존재를 확인하기 어려운 점도 있다. 그리고 고려 시대와 달리 조선 초기 이두 자료들에서는 비록 '爲良有-'는 용례를 발견하지 못하지만 '爲去有-'는 적잖이 눈에 띈다. 이런 점들을 감안해 볼 때 이른 시기에 두 동사 爲-와 有-의 어간끼리 직접 통합했을 개연성을 남겨 두어야 한다고 본다. 결국 이두어 爲有-과 15세기 국어의 '호얫-/호얏-'과는 조어법상의 차이와 발생 시기에 따른 괴리가 놓이는 사실을 인정할 필요가 있다. 즉, 동사 '호-'와 '잇-' 사이에 개재된 어미 '-아/어'는 후대 조어법의 반영일 수 있다고 본다.

이와 관련하여 주목되는 이두자는 동사 어간 또는 선어말어미 -白-에 통합되어 쓰인 -叱-의 존재이다.

(47) ㄱ. 更良 職名單字 申 /聞爲白叱乎亦中 科科以 /落點分例教矣 <1395 張寬錄券 121〜124> (다시 직명단자를 아뢰었을 때에 낱낱이 낙점하시어 구분하여 주시되)

ㄴ. 尹枚 禹亨元等段 證保 爲等如 使內白叱乎 所 的是白乎 事是良尒 <1480 金孝之妻黃氏許與立案粘連文書 3-07> (尹枚와 禹亨元 등은 증인으로 한 것들과 같이 부리온 바가 맞는 일이어서)

ㄷ. 右 文記 幷以 又 鍮合一重拾貳兩 參目良中 邀是白內叱乎亦 在弥 <1031 淨兜寺形止記 30> (이 문서와 아울러 또 놋쇠그릇 하나 무게 12냥을 3목에 안치시킨 것이 있으며)

ㄹ. 成文爲叱乎 事段 <16세기 입안 정6-11 34> (문서를 만든 일은)

ㅁ. 州接 金彦守金彦希等亦□……良中 充定 某處 立防爲叱干 喩 <16세기 입안 정6-11 174~175> (주에 사는 金彦守와 金彦希 등이 □……에 충당되어 어느 곳에서 방위로 입역했는지)

(47ㄱ)의 '爲白叱乎'은 조선 초기 녹권에서 곧잘 발견되는데 이 중 '叱'은 15세기 국어에서 매우 드문 용례인 'ᄒᆞᅀᆞᆸ시논'의 '시'에 대응시킬 수 없다. 申聞의 '聞'은 別行字로서 임금이 주체이나 '申'의 주체는 신하 또는 관사이기 때문이다. 따라서 '叱'은 시상 형태소로 판단되는데 이것은 (47ㄴ)에서의 '使內白叱乎'의 용례에서 잘 입증된다. (47ㄷ)의 '邀是白內叱乎亦'은 고려 시대의 용례이다. (47ㄱ, ㄴ)의 용례들에서도 경어법 선어말어미 -白- 뒤에 부동사어미가 개재되지 않았다. 그리고 수의적인 성격의 경어법 선어말어미를 삭제한다면 동사 어간 뒤에 곧바로 시상의 -叱-이 통합되어 사용될 수 있었음을 시사해 준다. 이런 관점에서 볼 때 극히 예외적이긴 하나 (47ㄹ)에 쓰인 '爲叱乎'이 주목된다. 이 경우 爲叱-은 15세기 국어의 일반적인 'ᄒᆞᅇᅢᆺ-' 또는 예외적인 'ᄒᆞᅇᅢᆺ-'과 'ᄒᆞ야잇-'[72]에 대응한다. 만약 연결어미 '-야'가 개재되지 않았다면 爲叱-의 -叱-은 '-잇-'에 일치하는 형태로 판단된다. (47ㅁ)의 '爲叱干 喩'는 앞뒤 문구가 산일되어 확실치 않은 면이 있으나 구어를 반영하여 현대어라면 '했간디' 정도로 읽히는 표현으로서 이 중의 -叱- 또한 동사 어간 뒤에 곧바로 통합되어 쓰이는 시상 형태소일 소지가 많다고 이해된다.

爲有-는 과거에 일어난 일을 표현하는 데 사용된다. 따라서 이 경우의 '有'는 '완료'라는 문법적 의미를 지닌다. 그러나 是去有-와 爲去有-의 '有'까지를 무조건 '완료'의 의미라고 보기에는 다소 미흡한 점이 많다. 더욱이 어미 연속체 -去有-가 때로는 과거가 아니라 발화 시점 또는 그 이후의 양태를 드러낼 때도 있다. 따라서 爲有-의 '有'는 '완료'를 주된 의미기능으로 하면서 '지속'의 의미를 겸하여 지닌 '완료지속'으로 판단하나, -去有-의 '有'의 문법적 의미는 이미 일어난 일이 지속되고 있음을 뜻하는 '完了持續'으로 보기보다는 어떤 일이나 상태가 지속된다는 '存續' 정도로 설정할 필요가 있다고 본다.

본동사 '有'는 16세기 이두문에서 이따금 有叱로써 정밀표기가 이루어지기도 하는데, 이는 중세어의 존재동사 '잇-'에 정확히 일치한다.

(48) 後次 爭望 隅 有叱去等 此 明文 內乙 用良 告官 辨正爲乎 事 <1536 土地明文 정

---

72) 구의도 앎디 말며 사롬도 가지디 말라 ᄒᆞ야잇더라 <三綱行實圖諺解 동경본 孝13ㅈ>

32-436 05~07> (후에 다투고 원망하는 모난 일이 있거든 이 명문 내용을 가지고 관에 고하여 바로잡을 것)

後次 雜談 有叱去等 此 文記 內乙 用良 告官事 <1556 別給文記 영2-91 06~07> (후에 잡스런 소리 있거든 이 문서 내용을 가지고 관에 고할 것)

後次 族親等 相爭 隅 有叱去等 此 成文 告官 卞正爲乎 事 <1564 별급문기 정2-557 08~10> (후에 친족들이 서로 다투는 모난 일이 있거든 이 문서를 관에 고하여 바로잡을 것)

萬一 矣 子息族類等亦 他條以 爭望 隅 有叱去乙等 此 明文 內乙 用良 告官 卞正爲乎 事 <1590 토지명문 서울대고문서집진 148 07~08> (만일 내 자식과 친족들이 다른 사유로 다투고 원망하는 모난 일 있거든 이 명문 내용을 가지고 관에 고하여 바로잡을 것)

과거에 일어난 일이 현재까지 지속되고 있음을 주로 표현하는 爲有-에 통합되는 어미들로서는 -齊, -去乙, -去(乙)等, -去乃, -昆, -如可, -遣, -在果, -在如中 등이 있다. 16세기 용례로 발견되는 -乎矣, -旀, -良置 등도 있으나 이 경우엔 선행 어간 爲有- 중간에 어미 -良이 개입된 중세어의 조어법을 반영한 것임이 분명하다고 판단된다. 선어말어미로는 -如-, -臥-, -去-, -置有-, 그리고 동명사어미가 덧붙은 것으로 보이는 -在와 -如이 있다. 이 중 몇 개의 용례를 제시하기로 한다.

(49) ㄱ. 長子 自庸亦 持音爲有齊 <1443? 權明利許與 32> (장자 自庸이 가지고 있으며)
私耕段 作介 給 餘 田畓以 平均 分給爲有齊 <1554 安氏治家法制> (私耕은 작개 땅으로 주고 남은 전답으로 고르게 나눠 주었다)
ㄴ. 文字 成置 不得爲有如乎 後日 相考… <1404 張戩妻辛氏同生和會 03~04> (문서를 작성해 두지 못했으니 뒷날 상고…)
別給爲有如乎 事是良厼 <1507 別給文記 영1-61 04~05> (별급했던 일이기에)
不足爲去等 牒報亦 爲有如乎 在亦 <1546.6.12. 關文 소수서원등록 5ㅎ> (부족하거든 첩정으로 보고하라 했던 일이 있어)
ㄷ. 凡 一人亦 犯罪爲有去乙 理合減等爲乎 事段 <直解 01.13ㅎ> (무릇 한 사람이 범죄했거늘 등급을 감해 주는 것이 합당한 일은)
家門 久衰爲有去乙 <1447 琴椅別給 02> (가문이 오랫동안 쇠락해 있거늘)
家翁亦 得病急終乙仍于 奴婢田地乙 子息亦中 分給不得爲有去乙 <1522 허여문기 동해시고문서(二) 378> (바깥어른이 병을 얻어 급히 죽음으로 말미암아 노비와 전지를 자식에게 나눠주지 못했거늘)
節 李誠亦 其時 得病 參不得爲有去乙 <1552 和會文記 영2-87 05~06> (금번에 李誠이 그 당시에 병을 얻어 참여하지 못했던 것을)

ㄹ. 凡 祖父母 父母 <u>生存爲有去等</u> 子孫等亦 別立家戶 財産分執爲在乙良 <直解 04.09
ㅈ> (무릇 조부모와 부모가 생존해 있는데 자손들이 따로 세대를 구성
해 재산을 나눠 가진 경우에는)
萬一 所居官 使人 探知次 <u>雜談爲有去等</u> <1556 奴婢明文 정32-409 13> (만일
거주지의 관에서 사람을 보내 탐지하는 중에 잡스런 소리 있었거든)

ㅁ. 金山亦 隨後 <u>起耕爲有去乙等</u> 元畓 不干爲乎 等乙 用良 <1561 分財記 정41-491
12~13> (金山이 그 후 경작했으나 원래의 논은 관여하지 못하므로)

ㅂ. 墳墓亦 先亦 <u>頹落爲有去乃</u> 未殯未葬前良中 棺槨乙 偸取爲在乙良 <直解 18.15
ㅈ> (분묘가 이미 퇴락해 있거나 염 또는 매장 전에 빈 관곽을 훔친 경
우에는)

ㅅ. 父母 未分 奴婢等乙 已曾 <u>分衿爲有在果</u> <1494 李瓊男妹遺漏奴婢和會 01> (부
모가 나누지 못한 노비들을 이미 몫을 나눠 가졌거니와)
四娚妹中 孝道 分揀 分給亦 <u>遺書爲有在果</u> <1534 立案 정56-99 02> (4남매
중 효도한 것을 잘 가려 나눠주라고 유서했거니와)

ㅇ. 奴 終同等亦 不付<u>爲有置有</u> 等以 合行立案者 <1461 河源所志 2-05> (사내종
終同 등이 붙어 있지 않았으므로 이에 입안함)
癸未年 受 教段 載錄 不冬<u>爲有置有亦</u> <1548.5.26. 병조계목 각사수교 70>
(계미년 수교는 싣지 않았기에)

(49ㅇ)에서의 어미 연속체 -有置有-의 각 표기자는 '완료＋강조＋존속'의 문법적 의
미를 각각 드러내는 것으로 이해된다.

어미 연속체 -去有-의 경우엔 서법의 선어말어미와 시상의 선어말어미가 통합된 것으
로서 -去-는 확실법을, -有-는 존속을 표현한다. 그런데 -是去有-는 '주격 조사＋강세
첨사 # 본동사 어간'의 구조로 분석되는 것과, '계사＋확실법 선어말어미＋존속의 선어
말어미'로 분석되는 것이 있어 구별해야 한다. 이에 대해서는 앞 節 서법에서 논의한 바
가 있으므로 여기에서는 간략히 용례만을 제시하기로 한다. (50ㄱ)이 전자의 예, (50ㄴ)
이 후자의 예에 속한다. (51)은 爲去有-의 용례들 중 일부이다.

(50) ㄱ. <u>回送是去 有 等以</u> 同 丹非等乙 同郡 起送 向事 <1547.5.28. 의령현감관문 소
수서원등록 17> (회송 공문이 있으므로 위 丹非 등을 위 군에 보낼 것)
/啓 依允教 <u>事是去 有 等以</u> 合行立案者 <1575 장예원立案 서울대고문서집진
229 14> (계를 올림에 윤허하신 일이 있으므로 이에 입안함)

ㄴ. 王旨內 兒如 其功甚大 帶礪難忘<u>是去有良尒</u> <1392 李和錄券 069> (王旨의 내
용과 같이 그 공이 매우 커서 황하가 띠와 같이 좁아지고 태산이 숫돌과
같이 작게 되어도 그 공을 잊기 어렵겠기에)

徒一年贖錢亦 八貫四百文是去有良厼 <直解 01.24ㅈ> (1년 도형의 속전이 8관
400문이기에)

軍吏段 牌內入屬受料 軍人亦 識字以 軍吏良中 選充爲在 人是去有亦 右人等 犯
罪爲去等 罪同軍人齊 <直解 01.13> (군리는 대오에 들어 임금을 받는 군인
이 문자를 알아서 군리에 선발 충원된 사람이기에 이 사람들이 범죄하거
든 죄가 군인과 같으며)

(51) 必于 五等服制已盡爲良置 尊卑名分 不絶爲去有 等以 <直解 20.11ㅎ> (비록 다섯
종류의 상복을 입는 관계가 이미 끝났다 하여도 손위 손아래의 명분이 끊어
지지 않을 것이므로)

王旨內 皃如 其功 亦大爲去有良厼 <1392 李和錄券 084> (왕지의 내용과 같이
그 공이 또한 크기에)

必于 舊奴婢去乃 本主乙 毆打爲乎 第亦中 罪重爲去有良厼 奴婢毆舊家長爲在乙良
<直解 20.16ㅎ> (비록 옛 노비라 하더라도 본래의 주인을 구타한 경우엔 죄
가 중하기에 노비가 옛 가장을 구타한 경우에는)

同犯罪人亦 老疾爲去有亦 <直解 01.24ㅈ> (이 범죄인이 늙고 병들어 있어)

凡人例以 同爲去有而亦 <直解 20.16ㅎ> (범인의 예로써 같이 논죄하지만)

-去有-의 의미와 관련하여 살펴볼 것은 존재동사 無-에 통합된 어미들이다.

(52) ㄱ. 凡 祖父母 父母 年八十以上是旀 又 篤疾以 起動 不得爲弥 他餘 犯斤 同腹 無
去有乙 不顧 棄去爲 是果 <直解 12.08ㅈ> (무릇 조부모와 부모가 나이 80
이상이며 또 독질로 기동을 못하며 다른 제2의 형제가 없거늘 돌아보지
않고 버리고 간 사람과)

獄囚亦 已招伏爲 本來 寃枉 無去有乙 親屬亦 妄告爲乙良 <直解 22.7ㅎ>
(죄수가 이미 자복하여 본래 원통함이 없는 것이거늘 친척이 거짓 고한
경우에는)

ㄴ. 此亦中 朔方道叱段 田出 收齊爲臥乎 所 無去有 等以 <1392 太祖賜給芳雨土地
文書 03> (이에 삭방도는 田稅를 걷는 바가 없음이 확실하므로)

(53) 寃枉事 無去乙 朦朧 辯明爲行 人乙良 杖一百徒三年 <直解 28.12ㅎ> (원통한 일
이 없거늘 몽롱하게 변명을 계속한 사람은 杖一百徒三年형에 처하고)

收養父母亦 佗子息 無去乙 背恩捨去者乙良 杖一百遣 <直解 04.04ㅈ> (수양부모
가 다른 자식이 없거늘 은혜를 등지고 버리고 간 자는 杖一百에 처하고)

(52)에 쓰인 無去有-의 '有'를 '존재'의 개념으로 파악하면 본동사인 無-와 의미상 상

충되는 면이 있어 다소 모호하게 된다. 또한 이 '有'는 '완료'의 의미를 갖지 않는다. (52ㄱ)에서 '無去有乙'에 대하여 과거에 없었다는 것으로 해석할 수 없기 때문이다. (52ㄴ)의 無去有-의 경우엔 과거의 일을 지칭하는 것으로도 풀이할 수 있으나, 이 역시 田稅를 걷는 일이 없음이 확실히 이어진다는 뜻으로 해석하는 것이 더 낫다고 본다. 따라서 -去有-의 -有-의 문법적 의미는 '존속'이라고 보아야 할 것이다.

같은 책에 쓰인 (53)의 '無去乙'을 (52ㄱ)의 '無去有乙'과 대비해 보면 전자에는 '없음이 확실하다'의 뜻만 담기지만 후자에는 -有-가 개입되어 있어 '없음이 확실히 이어지고 있다'는 뜻을 담고 있어 차이를 보인다. 이 또한 -有-의 문법적 의미를 '존속'으로 보아야 하는 근거를 제공해 준다 하겠다.

조선 초기에 보이는 爲去有乙과 是去有乙의 용례를 몇 보이면 (54)와 같다.

(54) ㄱ. 禍亂之幾 日生不已爲去有乙 門下左侍中 裴克廉 …… <1392 李和錄券 58~59>
(재앙과 난리의 기미가 날로 발생하여 그치지 않고 있는 것을 문하좌시중 裴克廉 ……)

ㄴ. 同 犯罪人亦 …… 贖罪爲乎 第亦中 總計錢削十二貫是去有乙 已受 杖六十贖錢 三貫六百文 除遣 <直解 01.24ㅈ> (위 범죄인이 …… 속죄할 적에 총계하여 삭전이 12관이거늘 이미 받은 杖六十에 해당하는 속전 3관 600문을 제외하고)
遺棄小兒叱段 親生父母亦 難便 棄置 小兒是去有乙 時亦中 父母俱存 民財富足 爲在 人等亦 貪利爲要 <直解 04.04ㅈ> (유기한 어린아이란 직접 낳은 부모가 불편하여 버려둔 어린아이이거늘 현재 부모가 다 살아있으며 재산이 풍복한 사람들이 이득을 노려)
王旨以 決斷敎是臥乎 定律 不得爲乎 罪囚隱 不敢比引是去有乙 卽自比律爲 罪囚乙 入於罪爲旀 出於罪爲在乙良 <直解 28.16ㅈ> (왕지로써 결단하시는 정율로써 못하는 죄수는 함부로 율을 인용하여 빗대면 안 되거늘 스스로 율에 빗대어 죄수를 죄에 들게 하거나 나게 한 경우에는)

2) -臥-, -內臥-

-臥-는 15세기 국어의 현재 선어말어미 '-ᄂ-'와 꼭 일치하는 형태가 아니다. 고려 시대부터 이두에 사용된 -臥-는 訓假字로서 반드시 -乎와 통합되어 쓰였다. 이 -臥乎는 15세기 국어의 '-논'에 대응하는 것으로 추정되는데, 이는 동작성을 지닌 동사 어간에만 결합되며 현재성을 가진 사실의 기술에 주로 쓰인다. 따라서 계사 -是-와는 통합되지 않는

특징을 보인다. 『大明律直解』에서 쓰인 '白侤是臥乎'의 '是'는 계사가 아니라 말음첨기자이다.

(55) ㄱ. 在逃人乙 現捉推問次 前人是沙 爲首是如 白侤是臥乎 事是良尔 <直解 01.36ㅎ>
　　　　　(도망 중인 사람을 잡아서 추문하는 중에 앞엣사람이야말로 주범이라고
　　　　　말로써 다짐하는 일이기에)

　　　ㄴ. 一人亦 被捉爲 在逃人是沙 爲首如 白侤是遣 <直解 01.36ㅎ> (한 사람이 잡
　　　　　혀서 도망간 사람이야말로 주범이라고 말로써 다짐하고)

　조선 전기 이두에서 -臥-를 직접 취하는 동사들로서는 爲-를 비롯해 높임동사 敎是-와 일반동사 令是-, 爲行-, 奇-, 白侤是- 등이 쓰였다. 그리고 -臥-에 선행하는 선어말어미로는 -白-과 -有-가 있어 동사 爲-에 덧붙은 爲白臥乎와 爲有臥乎를 비교적 자주 발견할 수 있다. 용례들을 몇 개 제시하면 다음과 같다.

(56) ㄱ. 此亦中 朔方道叱段 田出 收齊爲臥乎 所 無去有等以 <1392 太祖賜給芳雨土地
　　　　　文書 03> (이에 삭방도는 田稅를 걷는 바가 없음이 확실하므로)
　　　　　人力以 易亦 輪轉 不得爲臥乎 等用良 <直解 18.18ㅎ> (사람 힘으로 쉽게
　　　　　움직이지 못하는 까닭에)
　　　　　庶人 下賤 亦皆立標石石人爲臥乎 所 至爲汎濫爲昆 <1551.9.28. 예조전교 각
　　　　　사수교 58> (서인과 천한 이들 또한 모두 표석과 석인을 세우는 일이
　　　　　지극히 범람하니)

　　　ㄴ. 弟矣 妻亦 夫矣 兄乙 虛事以 女矣 身乙 行姦爲行臥乎 如 妄說爲在乙良 斬爲乎
　　　　　事 <直解 25.3ㅎ> (동생의 처가 지아비의 형을 거짓으로 자기의 몸을 간
　　　　　음하고 있다고 망령되게 말한 경우에는 참형에 처할 일)
　　　　　社稷乙 危亡爲只爲 作謀爲行臥乎 事 <直解 01.04ㅈ> (사직을 위태롭게 하
　　　　　고 망하도록 모의를 꾸미는 일)

　　　ㄷ. 右 員乙 原從功臣錄券良中 奇是臥乎 事叱段 <1395 張寬開國原從功臣錄券 005~
　　　　　006> (위 원을 원종공신녹권에 붙이는 일은)

　　　ㄹ. 他人乙 侵害爲乎 等 用良 全免 不冬 贖罪令是臥乎 事 <直解 01.22ㅈ> (타인
　　　　　을 침해한 까닭에 전부 면해 주지는 않고 속죄하게 하는 일)
　　　　　謀欲專奪 使其妹魂以 無處托寄令是臥乎 所 <1560 입안 정32-279 162~163>
　　　　　(오로지 거탈하고자 꾀하며 그 누이의 혼으로 하여금 의지할 데 없이 떠
　　　　　돌도록 하는 바)

　　　ㅁ. 右 功勞乙 大常旗良中 書上爲有臥乎 人 <直解 1.7ㅈ> (이 공로를 대상기에
　　　　　올려 기재된 사람)

有錢穀各司 晝夜直宿官員 不謹檢擧被盜者 推考 罷黜亦 爲有臥乎 事段 <1551.12. 22. 형조전교 각사수교 127> (전곡을 가진 각 관사에서 밤낮으로 지키는 관원이 부지런히 검거하지 않아 도둑맞는 자는 추고하여 파직하고 내쫓는다고 한 일은)

현재성을 지닌 사실의 기술에 쓰이는 이두자로 '內'가 또 있다. 이 자는 삼국 시대부터 사용되어 왔다. 그러나 이것은 시상의 선어말어미가 아니다. 동사 使內-의 '內' 자가 선어말어미가 아닌 것도 마찬가지다. '內'는 15세기 국어의 '-ᄂᆞ-'에 대응하는 이두자가 아니다.

(57) ㄱ. 其界例以 稅 捧上 喫持是內 敎 <1392 太祖賜給芳雨土地文書 04~05> (해당 지역의 예로서 세를 받아 지녀 먹으라 하심)

ㄴ. 部上 楊堤 壹里 癸酉年 戶口良中 獨女 沃溝郡 夫人 宋氏乙 准爲內 敎 <1393 崔珙妻宋氏 准戶口 02> (부에서 보관 중인 楊堤1里 계유년 호구장적에서 독녀 沃溝郡 부인 송씨를 확인하라 하심)

(57)은 모두 문서를 마무리하면서 쓰인 문구들이다. 마지막에 쓰인 '敎'는 존대 표지임과 동시에 문서의 본문을 완결하는 역할을 하는데, 다른 재산 관련 문서들에서 흔히 나타나는 '在' 자와 대비를 이룬다. 재산 관련 문서들의 본문 마지막에 쓰이는 '…事(是)亦在'의 '在'는 이두학습서들에서 대체로 '견'으로 읽고 있다. 따라서 동명사 어미가 붙어 있는 것이다. '敎' 역시 이와 마찬가지로서, 높임동사로 쓰이는 敎(是)-의 동명사형 '*이산'으로 읽혔다고 본다. 向敎是事을 '아이산일'로 읽은 이두학습서에서의 독음이 방증된다. (57ㄴ)에서 존대 표지인 '敎'를 사용한 까닭은 官衙에서 私人에게 발급한 문서이긴 하나 결국 왕명을 대신 전하는 형식을 취하기 때문이다. (57ㄱ) 역시 太祖 개인이 아들에게 지급한 것이긴 하나, '王' 자를 기입하고 수결과 함께 寶印을 날인하였으므로 단순한 私人文書의 범주를 넘어선 것이기 때문으로 이해된다.

(57)의 '喫持是內'과 '准爲內'에서 주목할 점은 이들 동사가 모두 타동성을 지녔다는 사실이다. 양자는 결국 타동성 동사 어간에 확실법 선어말어미 '-거-'의 이형태인 '-아/어-'가 붙고 다시 이에다가 동명사어미가 통합된 것으로 볼 개연성이 높은 것이다. 이때의 동명사어미는 명사문으로서 명령의 기능을 수행하는 것으로 보아야 한다. 이것은 다른 한편 이두문의 두드러진 특성이라 할 명사문 종결의 형식을 유지하고 있는 것으로 판단된

다. 설혹 이러한 가설이 성립되지 않는다 하더라도 '喫持是內'과 '准爲內'의 '內'는 15세기 국어의 시상 선어말어미 '-ㄴ-'와는 직접 관계없다고 보아야 할 것이다. 맨 끝에 나온 '敎' 자와 어울리지 않기 때문이다. 이 문제와 관련하여 다음 (58)의 예들은 시사하는 바가 많다.

(58) ㄱ. 右 伏准爲白內 等 民 矣徒段 道丞主敎是 病以 公事······ <1439 慶尙監營呈狀 1>
　　　　(이에 엎드려 바라옵는 것은 백성인 우리들은 도의 사또께서 병으로 공
　　　　사······)
　　 ㄴ. 右 所陳爲白內 等 奴 矣段 ··· <1460 所志 정98-87 02> (이에 진술하옵는
　　　　바는 종인 저는 ···)
　　　　右 所陳爲白內 等 奴 矣段 ··· <1507 所志 정32-257 02>
　　　　右 所陳爲白內 等 奴 矣段 ··· <1551 所志 정33-9 02>
　　　　右 所志爲白內 等 奴 矣段 ··· <1594 所志 정32-294 02>

위 (58)에서 우선 주목할 점은 소지를 올리는 이들이 일반 백성 또는 주로 戶奴 즉 사내 종들이라는 사실이다. 所志의 첫머리는 '右謹言所志···'로 시작하는 것이 표준이다. 그러나 (58)은 모두 '右○○爲白內等···'으로 쓰고 있는데, 이것은 일상 구어를 반영한 표기로 추정된다. 이 爲白內等은 'ᄒᆞ-(동사 어간) + -ᄉᆞᆸ-(선어말어미) + -(ᄋᆞ/으)ㄴ(관형형 어미) # ᄃᆞ(의존 명사) + -ᄋᆞᆫ/은(주제화)'으로 분석할 수 있는데, '內'는 'ᄋᆞᆫ'을 표음하기 위해 음상이 유사한 '안'으로 읽히는 훈가자를 채용한 것으로 판단된다. 앞서의 '喫持是內'과 '准爲內'에서의 '內' 자와는 전혀 다른 문법적 구조와 배경에서 발생한 改新 표기라고 본다.[73]

현재의 시상 선어말어미로 쓰이는 것 중에는 -內臥-가 또 있다. 이에 대해서는 15세기 국어의 '-ㄴ-'에 대응하는 이두자 -內-가 -臥-로 교체되는 과도기에 나타나는 중복형 표기로 해석한 바 있다<李丞宰 1992ㄱ:166, 배대온 1994:99>. 그러나 좀 더 엄밀히 말하자면 이른 시기의 표기 관습에다가 새로운 어법을 반영하는 표기자가 겹친 것으로 파악된다. 이 경우의 內는 아무런 문법적 기능이나 의미를 수행하지 못하기 때문이다. -內臥-에서 오직 臥만이 그 기능과 역할을 담당하는 특징을 보인다.

(59) 行下 向敎是事乙良 望白內臥乎 事是亦 在 謹言 <1427 張戩妻辛氏경상도도관찰출
　　척사所志 10> (명령하여 주실 일을 바라는 일이 있어 삼가 아뢰오니)

---

73) 爲白內等을 비롯해 조선 초기 이두의 內와 內臥 자에 대한 자세한 논의는 朴盛鍾(2007) 참조.

准受 向教是事 望白內臥乎 事是亦 在 謹言 <1435 張安良담양도호부所志 7> (확인하여 받아 주실 일을 바라는 일이 있어 삼가 아뢰오니)

望白內臥乎 事是亦 在 伏乞 <1439 慶尙監營呈狀 3> (바라는 일이 있어 엎드려 비오니)

矣亦中 立案 成給 向教是事 望良白內臥乎 事是亦 在 謹言 <1536 所志 정56-17 05~06> (저에게 입안을 만들어 주실 일을 바라는 일이 있어 삼가 아뢰오니)

(59)에 쓰인 -內臥-는 모두가 所志 및 呈狀과 같이 청원하는 문서류의 말미에 나타날 뿐만 아니라 동사 望(良)-에만 연결되어 쓰이고, 관아에 올리는 문서인 까닭에 겸손법의 -白-이 삽입된다는 특징을 지니고 있다. -內臥-는 화석화된 표기로서 16세기 초까지만 존속했던 것으로 추정된다.

  3) -如-

  -如-도 시상의 선어말어미로 쓰인다. -乎와 통합된 -如乎의 형태로 사용하는 경우가 거의 대부분이다. 이때 -乎는 동명사어미이거나, 의도법 선어말어미에 관형사형 어미가 통합된 것으로 분석된다. 如의 대표음은 '다'인데, 이것이 모음조화 중화 표기의 원리에 의해 '더'의 표기에도 쓰인 것으로 추정된다. 시상의 선어말어미 -如-는 15세기 국어의 '-더-'에 대응하며, 과거에 일어난 일을 회상하는 의미 기능을 갖는다.

  -如-는 동사 爲-와 是-를 비롯해 높임동사 教是-와 使內-, 爲行- 등에 통합되어 쓰였다.

  (60) ㄱ. 竊盜事發後 私鑄銅錢爲如乎 所乙 <直解 01.26ㅎ> (절도한 일이 드러난 후 사사로이 동전을 주조하던 바를)

        叔果 姪果亦 各處 生長爲 相 知不得爲如乎 等 用良 <直解 01.39ㅈ> (삼촌과 조카가 각기 다른 곳에서 자라 서로 알아보지를 못했던 까닭으로)

     ㄴ. 斬頭 見奪 射殺 並計 數至千名是如乎 <1593 傳令 대구월촌단양우씨문서 4.7.9 03~04> (머리를 베고 때려눕히고 사살한 것이 모두 합해 천명에 이르니)

        奴 順伊乙良 崔氏 祭祀條以 書塡 決 立案 至今 流傳是如乎 節 金山 居 崔興祥亦… <1582 所志 정32-130 04~05> (사내종 順伊는 최씨의 제사조로 문서에 적어 입안을 받아 지금까지 전해 내려오던 것인데 금번에 금산에 사는 崔興祥이…)

     ㄷ. 許給爲乎乙爲 常常 遺言教是如乎 等良 <1551 분재기 토지박물관 04> (허급

하려고 늘 유언하시던 까닭에)

(60ㄱ)은 동사 爲-에, (60ㄴ)은 지정사 어간 是-에, (60ㄷ)은 높임동사 教是-에 과거 시상 선어말어미 -如-가 접미된 예들이다. 이 밖에 몇 예를 더 보이면 다음과 같다.

(61) ㄱ. 尊長亦 族下乙 謀殺爲乎矣 謀殺爲行如 事狀 已發爲在乙良 <直解 19.02ㅎ> (존장이 친족의 아랫사람을 살해 모의하되 모의하던 일이 이미 드러난 경우에는)

他人亦中 定婚後 奪婚爲行如 人乙良 知情爲去等 同罪 聘財乙良 沒官 <直解 06.02ㅈ> (타인에게 정혼한 후 바꾸어 혼인한 사람은 사정을 알고 있으면 죄를 똑같이 하고 예물은 관에 몰수한다)

ㄴ. 艱難所致以 還上 積納 不得 仍于 矣名字 付 耕食 爲行如乎 內頭尒員 伏… <1550 土地明文 정32-470 02~03> (가난하기 때문에 환자를 갚지 못하므로 인해 내 이름으로 부쳐 갈아먹던 內頭尒 들판에 있는 …)

奴矣 耕良 爲行如乎 引自火員 伏在 … <1551 土地明文 정32-479 06> (종인 제가 갈아서 하고 있던 引自火 들판에 있는 …)

(62) ㄱ. 種子乙良 洗淨 去雜物爲 置 在前農人矣 使內如乎 貌如 浸種落種爲乎矣 <農書 輯要 15> (볍씨는 잘 씻어서 잡물을 제거해 두고 앞의 농부가 하던 바와 같이 물에 담갔다가 뿌리되)

ㄴ. 故 機張 居 新選 金晋明 率丁以 使內如乎 日不記 去 四月分… <1592.5.10. 계본 壬辰狀草 狀7> (기장에 살던 새로 선발한 故 金晋明이 하인으로 (저를) 부리더니 날짜는 몰라 적지 않으나 지난 4월에 …)

(61ㄱ)은 -如-에 생략표기된 관형사형 어미가 통합되어 후행 명사를 수식하는 경우이다. (61ㄴ)의 경우 '爲行如乎'의 주체가 1인칭 대명사 矣이므로 '乎'에는 1인칭에 호응하는 중세어의 '-오/우-'가 들어있을 것으로 추정된다. (62ㄴ)의 使內如乎은 동명사어미의 부사적 용법으로 파악된다.

-如- 앞에는 대체로 공손법의 선어말어미 -白-과 시상 선어말어미 -有-가 놓인다. 이 중 爲有如-의 예를 보이면 다음과 같다.

(63) ㄱ. …□爲有如 父邊奴 長万□□… <1427 張戩妻辛氏경상도도관찰출척사所志 03> (…□했던 아버지 쪽의 사내종 長万□□…)

ㄴ. 文字 成置 不得爲有如乎 後日… <1404 張戩妻辛氏同生和會 03~04> (문서를 만들어 두지 못했는바 뒷날…)

己身 免役 賞職爲有如乎 辛巳年以 戊戌年 至… <1421 李藝功牌 07> (그 몸
은 면역시키고 관직을 상으로 주었는데 신사년으로부터 무술년에 이르
기까지…)
奴 安實 家 止接爲有如乎 去 四月分 <1593 明文 정33-342 03~04> (사내
종 安實의 집에 머물러 살더니 지난 4월에)

(63)은 과거에 일어난 일을 회상하는 爲有如-의 용례들이다. 이 중 (63ㄱ)은 후행하는 명사구를 수식하는 구조이고, (63ㄴ)은 '乎'에 동명사어미가 붙어서 부사적 용법으로 쓰인 경우에 해당된다. (63ㄴ)의 경우엔 동작 주체가 1인칭이 아니므로 이른바 의도법 어미 또는 1인칭 호응 선어말어미가 붙어 있지 않다고 판단된다.

   4) -在-

'在'는 고려 시대 이두부터 매우 다양한 용법으로 나타나기 시작한 이두자이다. 본동사로 쓰인 在-는 중세어 동사 '겨-'에 대응하는데, 동명사 어미를 붙여 '견'으로 읽히는 경우 또한 많다. 安秉禧(1977ㄴ:17)에서는 '在'가 완료의 의미를 갖는 것으로 해석한 바 있다. 원래는 존재를 뜻하는 동사였던 것이 문법화하여 완료를 나타낸 것으로 추정되기도 한다 <小倉進平 1929, 李基文 1972>. 그러나 '爲在, 是在'이 사람 및 보통명사를 수식하는 경우가 많은데, 이 경우 '在'를 완료로 해석하기가 어렵다. 뿐만 아니라, '-有在-'의 경우 역시 두 선어말어미가 다 완료라고 하기에는 다소 문제가 있는 듯하다.

따라서 -在-는 '현재지속'의 의미를 나타내는 것으로 해석할 필요가 있다고 본다. 『大明律直解』의 경우 동사 어간에 -在가 통합되어 명사를 수식할 때 고려 시대 이두문과는 달리 '동사 어간+在+乎'의 토가 보이지 않는다. 그리고 동명사의 명사형에 주제 보조사 乙良이 덧붙은 데에서 유래한 것으로 보이는 -在乙良은 두 가지로 해석된다. 하나는 -在가 명사형으로서 '…하는 것, …하는 이'를 뜻하며 이것에 주제화 첨사 -乙良이 붙은 것이다. 다른 하나는 -在乙良이 하나의 어미 복합체로서 조건이나 가정의 의미를 나타낸다. 이 경우 대체로 -去等'(또는 '-去乙等)과 유사한 의미를 지녀 양자의 차이가 뚜렷이 부각되지 않는다. 한 가지 주목되는 사실은 『大明律直解』를 제외하면 조선 전기 이두에서는 -在乙良의 형태를 전혀 찾아 볼 수 없다는 점이다.

조선 초기에 동사 어간 爲-에 직접 붙어 쓰이면서 후행 명사를 꾸미는 -在의 용례로는

다음과 같은 것이 있다.

(64) ㄱ. 有大德行爲在 賢人君子矣 所言所行亦 可以爲一國法則者 <直解 01.07ㅈ> (큰
덕행을 가지고 있는 현인 군자의 말과 행동이 한 나라의 법이 될 수 있
는 것)
生存爲在 祖父母 及 父母乙 身故爲乎 樣以 妄稱爲行臥乎 事 <直解 01.05ㅎ>
(생존해 있는 조부모 및 부모를 죽은 것처럼 망령되게 칭하는 일)
私自代立令是在 人 及 代立爲在 人等乙良 各杖六十齊 <直解 13.02ㅎ> (사사
로이 대립시킨 사람 및 대립한 사람 등은 각각 杖六十에 처하며)

ㄴ. 同 厚紙 四方良中 如指大爲在 平直木乙 列置後 <양잠 7ㅎ> (위 두꺼운 종
이의 사방에 손가락만한 평편한 나무를 늘어놓은 후)
此日以後 漸漸 加厚爲旀 其日 當風 不冬爲在 窓戶乙 全開. <양잠 34ㅎ> (이
날 이후 점점 더 많이 주며 바람을 맞지 않는 창문을 다 열어둔다)
作田 作畓良中 並只 合當 不得爲在 卑濕之地乙 用良 山稻 耕種. <농서집요
17> (밭과 논을 만들기에 모두 합당하지 못한 습하고 좋지 않은 땅을
써서 밭벼를 갈고 심는다)

ㄷ. 道路良中 有病爲旀 船路良中 遭風爲旀 逢賊如爲在 事狀等乙用良 所在官司 明
文 捧上爲在隱 <直解 01.19ㅈ> (길 가다가 병이 나며, 뱃길에 바람을 맞
으며, 도적을 맞은 것과 같은 일들로 말미암아 소재지 관사의 명문을 받
은 경우에는)
謀反逆叛乙 犯爲在 財産乙良 並只 不許免赦齊 <直解 01.25ㅈ> (모반과 반역
을 범한 이의 재산은 모두 사면을 불허하며)

(64)는 爲在가 후행하는 명사를 수식하는 예들이다. (64ㄱ)에서는 피수식 명사가 고귀한
인물이나 부모 및 일반 사람이다. 그러나 (64ㄴ)에서는 구체적인 사물을 대상으로 하고 있
을 뿐만 아니라, (64ㄷ)에서는 추상적인 성격의 일이나 개념에 대해서도 수식할 수 있었음
을 알 수 있다. 이와 같은 사정은 지정사 是-에 접미된 -在의 경우에도 그대로 적용되었다.

(65) ㄱ. 凡 一家內良中 死罪 不喩是在 三人乙 殺害爲弥 <直解 19.03ㅎ> (무릇 한 집
안 안에서 죽을 죄가 아닌 세 사람을 살해하며)
奴矣 上典是在 田億明乙 … <1576~ 입안 정6-15 270> (사내종 저의 상
전인 田億明을…)

ㄴ. 自矣 持晋 禾八是在 雄馬 壹 進上條 價 木綿 拾疋 交易 <1547 土地明文 정
32-456 03~04> (제가 지니고 있는 8살배기인 숫말 한 마리 진상조와
무명 10필 값으로 쳐 바꾸어)
其余柒同價良中 禾五是在 雄馬 一囚 租 貳石 爲等如 依數 捧上爲遣 <1552

土地明文 정32-485 05∼06> (그 나머지 7통 값에 5살배기인 숫말 한 마
리 조 두 섬 통틀어 셈하여 받고)

價折 禾玖是在 黃大牛 貳首 交易 捧上爲遣 <1590 土地明文 서울대고문서집진
148 05> (값을 쳐서 9살배기인 큰 황소 두 마리와 바꾸어 받고)

(66) 父矣 兄弟在 伯叔父果 伯叔妻在 母果 <直解 01.04ㅎ> (아버지의 형제인 백부
숙부와, 백부 숙부의 처인 큰어머니 및 작은어머니와)

(65ㄱ)에서는 -是在이 사람을 수식하고 있는데, (65ㄴ)에서는 말이나 소 등 가축을 수
식하고 있다. -是在에서 계사를 생략한 표기가 『大明律直解』에 보이나, 이것이 일반적인
것은 아니다.

한편 동명사어미가 붙어서 명사적 용법으로 쓰이는 -在의 경우엔 그 뒤에 격조사들이
붙어 곡용을 하기도 한다. (67)이 이에 해당된다.

(67) ㄱ. 唯只 身體 完全 肥好爲在乙 用良 平均 稀疎 相接 不冬爲只爲 紙上 布列 <양
잠 4ㅈ> (오직 몸이 완전하고 살지며 좋은 것을 가지고 고르게 드문드
문 서로 붙지 않도록 종이 위에 늘어놓는다)
ㄴ. 其色 不變爲在以 交易 落種 <농서집요 20> (그 색이 변하지 않는 것으로
바꾸어 씨를 뿌린다)

그런데 명사적 용법의 爲在 뒤에 보조사 -乙良이 덧붙은 爲在乙良의 경우엔 어미 연속
체로서 -在乙良이 쓰인 것인지를 잘 가려내야 한다.

(68) ㄱ. 軍官亦 私罪乙 犯爲去等 當笞爲在乙良 過名施行爲弥 贖罪爲遣 <直解 01.11ㅈ>
(군관이 사적인 죄를 범하거든 태형에 해당된 사람은 죄명을 적어 시행
하며 속죄시키고)
ㄴ. 凡 婦人 犯罪爲在乙良 姦犯 及 死罪乙 囚禁遣 他餘雜犯罪乙良 本夫亦中 堅固
准受爲乎矣 <直解 28.18ㅈ> (무릇 부인이 범죄하걸랑 간음범 및 사형죄
는 옥에 가두고 다른 나머지 잡범죄는 본 남편에게 단단히 다져 받게
하되)

(69) 同僚官亦 公罪乙 犯爲有去乙 所犯 詳審 不冬 重亦 得罪爲只爲 遲錯亦 使內在乙良
<直解 1.14ㅈ> (동료 관원이 공적인 죄를 범했거늘 범한 바를 자세히 살피
지 아니하고 무겁게 득죄하도록 늑장을 부려 행한 경우에는/(행하거든))
子孫果 弟姪果 家內人乙 用良 交嫁令是在乙良 罪同爲乎矣 <直解 06.06ㅎ> (자손

과 동생 조카와 집안 사람을 가지고 처첩으로 삼게 한 경우에는/(삼게 하거 든) 죄를 같게 하되)

(68ㄱ)은 -在가 동명사 어미의 명사적 용법을 보인 예이다. 따라서 이때의 -在乙良은 '-在＋乙良'으로 분석된다. 그런데 (68ㄴ)의 경우엔 -在乙良이 어미 복합체로서 '조건' 또는 '가정'의 의미로 사용된다. 물론 이때에도 (68ㄱ)에서와 같은 명사적 용법을 희미하나마 간직하고 있음을 전적으로 부인하기 힘들다. 『대명률직해』에는 -在乙良의 용례가 무척 많은데, 이를 양자 중 어느 쪽으로 해석해야 할지 분간하기 자못 어려울 때가 많다. (69)의 使內在乙良과 令是在乙良의 경우엔 양자 중 어느 쪽으로 해석하여도 별다른 문제를 일으키지 않은 것으로 이해된다.

(67) 및 (68ㄱ)에서 보인 바와 같은 동명사어미의 명사적 용법과 그에 따른 곡용은 대체로 15세기 전반까지만 존재했던 것으로 추정된다. 16세기 이두 자료에서는 (70)에서 보여주듯 화석처럼 남아있는 일부 예외적 용례 이외에는 이러한 용법이 일반적으로 발견되지 않기 때문이다.

(70) 同生和會時 量改 分衿爲有叱去乙等 前例 有在乙 仍于 … <1563 分財記 정9-254 10~11> (형제들이 화회할 때 양을 고쳐 나눠 가졌기에 전례가 있는 것으로 인해 …)

어미 복합체로 쓰인 것이 분명한 -在乙良의 용례는 다른 자료에서는 발견되지 않는다. 이는 통사구조가 전혀 다름에도 불구하고 의미상으로 유사한 두 가지 통합어미 형태 즉, -在乙良과 -去乙等/去等이 공존했다가 후자로 합류된 것으로 추정된다.

시상의 선어말어미 -在-는 -在如中을 비롯하여 -在果, -在亦, -在而亦 등의 어미 복합체로서 조선 전기에 줄곧 사용된다. 그리고 -在- 앞에 놓이는 선어말어미로는 경어법의 -白-과 시상의 -有-와 -良-이 있다. 이 중 -有在-의 예를 보이면 다음과 같다.

(71) ㄱ. 王室良中 已前親厚 累年 別蒙恩德爲有在 人 <直解 01.06ㅎ> (왕실에 이전부터 친하고 두터운 사이로서 오랜 동안 특별히 은덕을 입었던 사람) 得後所生 明伊 幷以 依法 給價 買得爲有在 吳戶奴 望同亦中 <1585 입안 영 1-229 07~08> (득후소생인 明伊와 아울러 법대로 값을 주고 매득해 있는 吳氏 집 戶奴인 望同에게)
ㄴ. 放賣 不冬爲有在乙良 又 減一等齊 <直解 18.13ㅈ> (방매하지 않았걸랑 또

한 등급을 감하며)

ㄷ. 父母未分奴婢等乙 已曾分衿爲有在果 <1494 李曖娚妹遺漏奴婢和會文記 01>
(부모가 미처 나누지 못한 노비들을 이미 나눠 가졌거니와)
女 衿以 分得爲有在果 遠處 往 耕食 不得乙 仍于 <1525 土地明文 정32-422
03~04> (여자인 제 몫으로 나눠 얻었거니와 먼 곳에 가서 갈아먹지 못
함으로 말미암아)
家舍田民乙 各 衿 分給 許與 成置爲有在果 <1560 점련입안 정32-279 169>
(가옥과 전답 노비를 각 몫으로 나눠주는 허여문기를 만들어 두었거니
와)

(72) 初亦 本道 右水使亦 約會爲白有在 今 七月初四日夕時 約處 准到爲白良在乙
<1592.7.15. 계본 壬辰狀草 狀9> (처음에 본도의 우수사가 모이기로 약정했
던 이번 7월 초나흘 저녁 때 약속한 곳에 분명히 도착하였거늘)

(73) 父母果 妻果 子孫果 門蔭承襲良中 進叱有在 子孫果亦 犯罪爲去等 <直解 01.11ㅎ>
(부모와 처와 자손과 부조 덕으로 관직에 나아가 있는 자손이 범죄하거든)

(71)은 과거 표현 爲有- 뒤에 -在-가 연결된 구성에 해당한다. 이 경우 爲有在-에서
'有'와 '在'를 모두 완료로 본다면 다소 문제가 있다. 따라서 '완료'의 의미는 주로 '有'가
담당하고 '在'는 '지속'의 의미가 두드러진 것으로 파악할 필요가 있다. 이 경우에 '有'는
선어말어미이면서도 본동사로서의 의미가 여전히 어느 정도 남아있는 것을 감지할 수 있
다. (72)는 爲有在-에 경어법의 -白-이 삽입된 것의 한 예이다. (73)의 進叱有-는 爲有-
와 마찬가지로 과거를 나타낸다. 이 경우에는 원래 명사와 동사를 겸한 어근 進叱(낫)과 존
재동사 有-(잇)의 복합형태였던 것으로 추정된다. 15세기 이전의 시기에는 동사 어간끼리
직접 결합하는 일이 좀 더 생산적이었음을 감안해서다. 여하튼 이 경우의 '有'는 문법화하
여 존속의 의미를 나타내는 선어말어미로 기능하고 있음을 알 수 있다.

-在-의 독음 변화와 관련하여 주목되는 것은 특히 爲良在等과 爲良在乙의 존재이다.
在는 '겨'로 읽히는 것이 보편적이나 '거'라는 독음 표기에도 사용되었기 때문이다. 앞서
서법의 -良-에 대해 설명한 곳에서 언급한 것 이외에 다음과 같은 단적인 예가 있다.

(74) ㄱ. 右文段 父母敎是 生存時 田民等乙 分衿 不得 不意 別世敎是在乙 <1545 分財
記 정33-251 02> (이 문서는 부모께서 생존 시 전답과 노비들을 나눠주
지 못하고 불의에 별세하시거늘)
ㄴ. 得後所生 祠堂家舍乙良置 各 衿 後錄爲在乎 <1536 分財記 토지박물관소장

05~06> (득후소생과 사당 가옥도 각각의 몫에 후록하니)

苧剪洞 家舍段 吾與家翁 同住 造成 若傳給迷劣子孫爲在乎 必至放賣 於吾之心 不忍此分 不喩 <1537 分財記 정32-358 03~04> (저전동 집은 나와 바깥 어른이 같이 살며 조성한 것이니 만약 미열한 자손에게 전해 주면 반드시 방매에 이를 것이니 내 마음에 참지 못할 뿐 아니라)

四明日祭叱段置 子孫輪行 雖非此峕 猶得不廢爲乎 事是在乎 <1581 完議 정 6-171> (네 명절 제사의 경우에도 자손이 돌아가며 행하면 비록 이 논이 아니라도 오히려 황폐해지지 않을 일이 분명하니)

ㄷ. 其後 大臣議得(正德乙亥)內 久例 不可更改是如 爲在乙 勿分爲如乎 事是置 <1544.5.22. 掌隷院承傳 大典詞訟類聚 148~149> (그 후 대신들이 (정덕 연간 을해년에) 의논하여 결정한 내용에 오래된 관례로서 다시 고칠 수 없다 하거늘 (이에 따라) 나누지 않던 일인데)

(74ㄱ)의 '敎是在乙'은 '敎是去乙'의 오기이다. (74ㄴ)의 '爲在乎' 역시 표준형 표기 '爲去乎'에 어긋난다. 그러나 다른 한편에서 생각해 보면 이들은 모두 -在-의 독음이 이미 '거'로도 실현되고 있었음을 일러주는 매우 귀중한 용례들이다. (74ㄷ)의 '爲在乙'은 다소 미심쩍긴 하나 동명사 명사구로서 목적어로 쓰인 것이 아니라 '한 것으로 말미암아' 또는 '한 것으로부터'라는 문맥적 의미를 지니기 때문에 이 역시 爲去乙의 이표기라고 본다.

-在-의 의미와 관련하여 유념할 것은 조선 전기 이두문에서는 이것과 -如- 및 -臥-가 상보적 분포를 보일 뿐만 아니라 서로 통합되지 않는다는 사실이다. 과거 회상에 쓰이는 선어말어미 -如-, 현재 진행에 쓰이는 -臥-, 그리고 현재 지속성을 나타내는 -在-가 대립을 보이는 것이다. 이것은 달리 말해 -如-와 -臥-가 -在-와 더불어 시상 형태소로서 계열관계를 형성한다는 것을 뜻한다고 하겠다.

이 三者의 관계를 도식화하면 다음과 같다.

	과거성	지속성
-如-	+	-
-在-	-	+
-臥-	-	-

이 세 가지 시상 선어말어미가 예컨대 爲有-의 '有'와 같이 완료를 나타내는 -有- 뒤에 통합할 수 있음은 공통된다. 그런데 서법 선어말어미 -良- 뒤에 통합되는 것은 爲良在

乙과 爲良在等에서 보듯 -在-뿐이다. 그리고 고려시대와 달리 -如在-이나 -去在-과 같은 어미 복합체는 조선 전기 이두에 존재하지 않는다.

5) -要-

15세기 국어의 '-리-'에 대응하는 이두자는 명확하게 잘 드러나지 않는다. 어미 -要가 이것과 연관된 것이 아닌가 싶은데 이 경우엔 선어말어미 없이 어말어미만이 쓰인 것으로 볼 소지가 많아 확정하기 어렵다.

> (75) 投降人矣 財物乙 貪取爲要 殺傷爲旀 路間良中 侵逼逃亡令是在乙良 斬爲乎 事 <直解 14.03ㅈ> (투항인의 재물을 탐내 가지려고 살상하며 길 도중에 핍박하여 도망시킨 경우에는 참형에 처할 것)
> 閑事人亦 見用爲要 假名 上書 巧言令色爲在乙良 <直解 12.04ㅎ> (벼슬 없는 한량이 임용을 받고자 가명으로 상서하고 교언영색한 경우에는)
> 本條良中 必于 罪名亦 明白爲去乃 免罪爲要 回避爲在乙良 從重論齊 <直解 01.38ㅎ> (해당 조에 비록 죄명이 명백하더라도 면죄하려고 회피한 경우에는)
> 他畓 買得爲要 父祖 傳來 耕食爲如乎 … <1576~ 입안 정6-15 284~285> (다른 논을 사려고 조상으로부터 전래하여 갈아 먹던 …)
>
> (76) 自己事 回避爲要 爲在乙良 各從重爲乎 事 <直解 03.05ㅎ> (자기 일을 회피하려 한 경우에는 각각 중한 것에 좇아 할 것)
> 其矣 事乙 回避爲要 爲在乙良 其事重則 從重論罪齊 <直解 24.01ㅎ> (저의 일을 회피하려 한 경우에는 그 일이 중하면 중한 것을 좇아 논죄하며)
> 自矣 身上 杖罪乙 謀避爲要 爲在乙良 各加本罪二等爲乎矣 <直解 03.09ㅎ> (자기의 신상의 장형죄를 회피하려 한 경우에는 각각 해당 죄에 두 등급을 더하되)

(75)와 (76)의 '爲要'는 15세기 국어의 '호려'에 해당한다. 그러나 15세기 국어와 달리 의도법 어미를 수반하지 않는 듯한데, 이는 표기가 소략하기 때문이 아닌가 싶다. (76)의 '爲要 爲-'는 현대어의 '-하려 하-'에 정확히 일치한다. 위 예문들은 모두 주어의 의지를 나타내고 있다. 그러나 다른 어미들과의 통합관계를 알 수가 없어, 이를 선어말어미로 분류해야 할지, 부동사 어미로 다루어야 할지 의문이다. 그런가 하면 '爲要'에 '以'를 덧붙인 '爲要以'가 16세기에 적잖게 쓰였는데, 이 경우의 '以'를 후행하는 문구에 붙여 한문의 구성요소로 보기 어려운 면이 있다. 지역방언으로부터의 간섭 또는 개신형의 표기인지

모호한 면이 있다. 매매문기에서 매매의 사유를 적는 과정에서 자주 쓰이던 '要用所致以' 또는 '艱難所致以'와 같은 표현에서 유추되어 이두토 '爲要' 뒤에 조사 -以를 덧붙인 것이 아닌가 하는 추정을 잠정적으로 해 둔다.

(77) 矣身亦 所居里 田地 買得<u>爲要以</u> 烏尒員 量字畓 貳斗落只 … <1581 土地明文 영 3-207 02> (이 몸이 사는 마을의 전지를 매득하려고 烏尒員의 量 자 논 두 마지기 …)

歇價 買得<u>爲要以</u> 操弄 不卽買得爲去等 任意 施行爲乎矣 不失遺意爲乎 事 <1567 遺書『李朝の財産相續法』101 20∼21> (헐값으로 매득하려고 마음대로 갖고 놀면서 즉시 매매하지 않거든 임의로 시행하되 유서의 뜻을 잃지 않도록 할 것)

라. 意圖法

1) -乎-

선어말어미 '-오-'는 근대국어나 현대국어에서 볼 수 없는 중세국어의 특징이다. 이것은 주어 명사구가 1인칭일 때 종결형과 연결형에서 서술어의 동사 어간에 접미되어 나타나며, 주어의 인칭과는 상관없이 일정한 조건 하의 후행 명사를 꾸미는 관형사형에서도 나타난다. 전자는 화자 표시법이라 할 수 있고, 후자는 대상 표시법이라 할 수 있다<高永根 2010:345∼362 참조>. 이와 같이 양자를 이질시하여 다루는 것은 다분히 통사론적 접근 관점이라 할 수 있다. 이와 달리 의미화용론적 관점에서는 양자를 동일시하여 다룰 소지가 다소 있다. 종전에 흔히 의도법이라 하여 묶어 다루던 방식이 이에 해당된다. 본저에서는 편의상 의도법으로 묶어 호칭하기로 한다.

이두에서 의도법 어미를 표기하는 자는 -乎-로 추정된다. 후대 이두 학습서들에서 乎는 일반적으로 '오' 또는 '온'으로 읽힌다. '온'으로 읽히는 까닭은 후행히는 체언을 수식하는 관형사형 어미의 말음 '-ㄴ'이 생략표기되었음을 반영하는 것으로 해석된다. 그런데 때로는 문맥에 따라 말음 '-ㄹ'을 붙여 읽어야 하는 경우도 있다. 말음이 '-ㄴ'이든 '-ㄹ'이든 이두토 표기에 이것이 잘 반영되지 않는 것이 보편적이다. 간혹, 예외적으로 이를 제대로 반영한 표기가 눈에 띄기도 한다. -乎를 '-온'으로 읽을 경우 '-오-'는 의도법 선어말어미요, '-ㄴ'은 관형사형 어미로 분석된다.

그런데 이두에서는 의도법 어미의 실현 양상이 15세기 국어와 다른 면이 더러 보인다. '-오며'로 읽혔다고 추정되는 -乎旀의 경우를 살펴보기로 한다.

(78) 所犯之罪乙 開座 都評議使臺省刑曺等官乙 一同 議定後良中沙 申聞爲白乎旀 <直解 01.08ㅎ> (범한 죄를 자세히 적어 도평의사사와 사헌부 사간원 형조 등의 관에서 함께 모여 의논하여 정한 후에야 임금께 아뢰며)
申聞合當公事乙 須只 依法定議爲 啓目良中 備細 書寫爲白乎旀 <直解 03.05ㅈ> (임금께 아뢰기에 합당한 공적인 일을 모름지기 법에 따라 의논하여 정하여 계목에 자세히 갖추어 적으며)

조선 초기 이두문에 쓰인 爲白乎旀는 시사하는 바가 많다. 15세기 국어에서 어미 '-(ᄋᆞ/으)며'는 '-오/우-'를 선행하지 않기 때문이다. 이와 달리 이두에서는 의도법 어미에 '-며-'가 통합된 것이 발견된다. 이것은 고려 말 자료에서도 나타난다<1262 尙書都官貼 95>. 따라서 (78)의 '乎'는 의도법 어미로 보아야 할 것이다. 기원적으로는 어미 '-(ᄋᆞ/으)며'에 의도법 어미 '-오-'가 직접 통합된 것이 아니고, 동명사 어미를 수반하여 이 뒤에 통합된 것이 변화한 것으로 추정된다. 고려시대 석독구결에서의 용례가 참고된다.

(79) 廣リ 衆生し 度リろ尸ホ <華嚴經14 14.22>
智慧自在ソろ 不ノ尸ホ <華嚴經14 15.05>

이를 종합해 보면 '① ᄒᆞ-+오+ㄹ+며 > ② ᄒᆞ-+오+며 > ③ ᄒᆞ-+며'로 변천해 온 것으로 볼 수 있으나 문법적 기능 및 구조가 그리 간단히 설명되는 것은 물론 아니다. ①단계의 '-며'는 동사 어간에 직접 통합된 것이 아니라 동명사어미에 덧붙은 것이기 때문이다. 여하튼 爲白乎旀에서 경어법 선어말어미를 제거한 爲乎旀는 위 ② 단계 어형을 반영한 표기로 볼 수 있다.

그런데 (78) 爲白乎旀의 乎는 15세기 국어의 의도법 선어말어미와는 출현 조건 면에서 상당한 거리가 있다. 주어 명사구가 1인칭도 아니요, 대상 표시법에 들어맞는 조건도 아니기 때문이다. 문어와 구어와의 괴리를 보여주는 것이다.

이와 달리 15세기 구어를 반영한 것으로 추정되는 표기가 있어 주목된다.

(80) 日夜 懸戀懸戀 爲白內旀 <1468 金宗直妻曺氏簡札 04> (밤낮으로 애타게 그리워 하고 있사오며)

(80)의 '爲白內旀'는 'ᄒᆞ-+-ᄉᆞᆸ-+-(ᄋᆞ)며'로 분석되며 이 중 매개모음을 표기에 반영한 訓假字가 '內'라고 볼 소지가 많다. 그럼에도 불구하고 이두문에서는 (81)과 같이 16세기에도 여전히 爲白乎旀로 표기되었다.

(81) 醫司 所無之物 令本道監司 廣求 治療爲白乎旀 <1541 병조啓文 牛疫方 序文> (의약을 담당하는 관사에 없는 물건은 해당 도의 감사로 하여금 널리 구하게 하여 치료하오며)

京官段 擧論 不冬 中外異法 不得事是白乎旀 <1557.11.28. 호조계목 각사수교 26> (서울의 관원은 거론하지 않았으나 서울과 지방이 법을 달리하지 못하는 일이오며)

已經取才 積久前仕乙良 一切錄用 安徐爲白乎旀 <1553.윤3.17. 예조계목 각사수교 46> (이미 취재를 거친 경우에 오래 쌓인 전의 근무일수는 일체 적용하지 말 것이오며)

四館官員 各 一員 畢試爲 限 門外 坐在 禁亂官 一同 檢擧爲白乎旀 <科擧事目 21 ス> (4관의 관원 중 각 한 사람씩 시험을 마칠 때까지 문 밖에 앉아 있으면서 금란관과 함께 검거하도록 하오며)

家翁亦 不意 身死 決訟 不得是沙餘良 亦爲險年 停訟以 相訟 不得爲白乎旀 <1560 粘連立案 정32-279 10> (바깥어른이 불의에 죽어 결송하지 못한 데다가 또한 흉년으로 소송을 멈춘 기간이라 서로 소송하지 못하오며)

爲白乎旀와 관련하여 음미해 볼 것은 조선 초기 녹권에 쓰인 使內白旀이다. 이것은 使內白乎旀에서 乎를 빠뜨린 것이 아닌가 생각해 왔으나, 위 (80) 爲白內旀의 용례가 있을 뿐만 아니라, 沈之伯開國原從功臣錄券은 木活字로 인쇄한 것인 만큼 脫字했다고 보기 어려운 면이 있기 때문에 당대의 구어를 반영한 표기가 아닌가 싶다.

(82) /賞賜乙良置 /分例敎 兒如 使內白旀 <1395 鄭津開國原從功臣錄券 174~175> (상으로 물품을 내리시는 것도 구분하신 교시대로 시행하오며)

/賞賜乙良置 /分例敎 貌如 使內白旀 <1397 沈之伯開國原從功臣錄券 054~055> (상으로 물품을 내리는 것도 구분하신 교시대로 시행하오며)

한편 16세기 중엽부터 보이는 어미 -乎旀의 경우는 이와 다르다. 겸손법 선어말어미 -白-이 빠진 使內乎旀의 -乎-는 의도법 선어말어미가 아니라 겸양법의 선어말어미가 공손법으로 바뀌고 있음을 반영한 표기이기 때문이다. (83ㄴ)의 爲乎旀도 이와 마찬가지이다. 『農圃集』에서도 爲乎旀가 '하며'에 대한 공손 표현으로 사용되고 있어 방증된다. 이 자료에는 관습적으로 표기해 온 爲白乎㫆도 들어있음은 물론이다.

> (83) ㄱ. 池山乙良 冶匠以 仍舊 使內乎㫆 <1547.4.14. 영천군수관문 소수서원등록 16
> ㅎ> (池山은 대장장이로 전과 같이 부리오며)
> ㄴ. 李彦鳳段 腦後逢劍 不至殞命 鹽醬穀物 亦爲上下 救療爲乎㫆 <牒呈�草 대구
> 단양우씨고문서 4.7.3 24~25> (李彦鳳은 뇌 뒤쪽에 칼을 맞았으나 죽음
> 에 이르지는 않아 소금과 장 및 곡물을 또 내주어 구료하오며)

　조선 전기 이두문에서 의도법 선어말어미가 개입되어 나타나는 것들을 동사 爲-를 예
로 들자면 爲去乎을 비롯하여, 爲如乎, 爲臥乎, 爲乎事, 爲乎所, 爲乎等用良, 爲乎等以, 爲
乎亦中, 爲乎追于 등이 있다.

> (84) 萬一 貧窮 賣食爲乎乙 喩良置 <1452 李遇陽許與 24> (만일 빈궁하여 팔아먹을
> 지라도)
> 同 犯罪人亦 老疾爲去有亦 大抵 杖六十徒一年罪乙 贖罪爲乎 第亦中 <直解 01.24
> ㅈ> (위 범죄인이 노질에 걸려 있어서 대컨 杖六十徒一年 죄를 속죄할 적에)
> 必于 平均 分執爲乎 喩良置 <1552 화회문기 영2-87 33> (비록 평균 분집할지
> 라도)

> (85) 端川以南段 一路人家全數焚蕩 軍馬露宿是白乎乙去 爲白在果 <1593.2.3. 장계 農圃
> 集 1.76ㅎ~77ㅈ/3.41, 『리두연구』 373> (단천 이남은 한결같이 길에 인가가
> 모두 분탕질 당하여 군마가 노숙하게 될까 하옵거니와)
> 爲白乎乙去 妄料爲白乎 詮次 善啓 <1593 장계 請軍人試才優等及大炮能中者論賞
> 勸勵狀 정15-601 14> (하올까 망령되이 생각하오며 갖추어 장계를 올립니다)

> (86) 他人亦 現告爲乙去 知想只遣 現告爲㫆 <直解 01.28ㅈ> (타인이 신고할까 여기
> 고 신고하며)
> 無依據 生理無由爲乙去 向入 奴婢田地等乙 許與爲去乎 <1533 分財記 정41-482
> 20~21> (의지할 데 없고 살아갈 방책이 없을까 생각하여 노비와 전답들을
> 허여하니)
> 不無不公是如 妄懷邪念爲乙去 <1552 화회문기 영2-87 34> (불공평함이 없지
> 않다고 망령되게 나쁜 생각할까)

　위의 예문들에는 동명사어미 '-ㄹ'을 포함한 이두토들이 들어 있다. 그런데 (84)와 (85)
에서는 의도법 어미가 삽입되어 있으나, (86)은 그렇지 않다. (84)는 동명사 어미의 관형

적 용법으로서 후행하는 명사를 수식하는 구조이다. 그런데 이와 달리 의도법 어미 없이 직접 '-ㄹ'이 동사어간에 붙어 후행 명사를 수식하는 예가 있을 법하나 마땅한 용례를 발견하기 힘들다. 다만, (85)와 (86)을 대비해 보면 의도법 선어말어미의 개입 여부가 서로 차이를 보인다.

존재 또는 소유의 뜻을 지닌 동사에 의도법 어미가 통합된 형태가 『대명률직해』에서 발견되어 주목된다.

> (87) 旨 <u>是絃</u> 無亦 私丁 兵器 持是弥 <直解 13.05ㅎ> (有旨를 가짐 없이 사사로이 병기를 지니며)
> 旨 <u>是絃以</u> 開閉者乙良 勿論罪爲乎 事 <直解 13.08ㅎ> (유지를 가지고 있어서 궁궐 내 성문을 열고 닫은 자는 논죄하지 말 것)

(87)의 '是絃'은 15세기 국어의 '이숄/이슐'에 대응하는데, 동명사어미 '-ㄹ'의 명사적 용법을 보여준다. 이 경우엔 '是絃'이 '存在'의 의미보다는 '所有'의 의미가 두드러지게 나타나는 점에 유의할 필요가 있다. 그런데 是絃은 매우 특이한 모습을 띠고 있다. 일반적으로 실질적인 의미를 가진 형태 즉, 의미부는 해당 의미를 지닌 漢字를 쓰는 것이 이두 표기법의 원칙이다. 이 원칙에 따른다면 '是絃'은 '*有乎乙'로 나타나야 한다. '-ㄹ'은 표기에 반영되지 않는 점을 고려하더라도 '*有乎'로 쓰여야 할 것이다. 여하튼 是絃이 동명사 어미 '-ㄹ'의 명사형이며, 의도법 어미를 수반하고 있다는 사실은 유효하다고 본다.

이와 달리 (88)에는 의도법 선어말어미가 없다. (88ㄴ)의 '是去有乙'이 후행하는 명사 '時'를 수식하는 구조인 듯하나, 그 중간에서 문맥이 일단 끊어진다.

> (88) ㄱ. 禍亂之幾 日生不已爲<u>去有乙</u> 門下左侍中 裵克廉 …… <1392 李和錄券 58~59> (재앙과 난리의 기미가 날로 발생하여 그치지 않고 있는 것을 문하좌시중 裵克廉 ….)
> ㄴ. 遺棄小兒叱段 親生父母亦 難便 棄置 小兒<u>是去有乙</u> 時亦中 父母俱存 民財富足 爲在 人等亦 貪利爲要 <直解 04.04ㅈ> (유기한 어린아이란 직접 낳은 부모가 불편하여 버려둔 어린아이이거늘 현재 부모가 다 살아있으며 재산이 풍복한 사람들이 이득을 노려)
> 王旨以 決斷敎是臥乎 定律 不得爲乎 罪囚隱 不敢比引<u>是去有乙</u> 卽自比律爲 罪囚乙 入於罪爲旀 出於罪爲在乙良 <直解 28.16ㅈ> (왕지로써 결단하시는 정율로써 못하는 죄수는 함부로 율을 인용하여 빗대면 안 되거늘 스스로 율에 빗대어 죄수를 죄에 들게 하거나 나게 한 경우에는)

의도법 선어말어미와 관련하여 살펴볼 대상 중의 하나는 別乎이다.

(89) 同人等 當爲 別乎 生徵納官 <直解 07.10ㅈ> (위 사람들에 대하여 고르게 징수
하여 관에 납부한다)
燒埋 銀一十兩乙 別乎 生徵齊 <直解 28.14ㅈ> (화장과 매장 비용으로 은 10냥
을 고르게 징수하며)

別乎는 후대 이두학습서들에서 '별옴, 벼롬'으로 읽은 바 있다. 15세기 국어에서 동명
사 어미 '-ㅁ' 역시 의도법 어미를 수반하므로, 別乎는 '別ㅎ-'에서 유래한 단어일 개연
성이 다소 있다. 이 경우원 '別'은 '특별하다'라든가 '모나다'의 의미라기보다는 '개별적
으로 하다'의 뜻에 가깝다고 판단된다. 다만, 근대국어 시기에 '벼로-'라는 동사가 확인
되므로, 파생명사일 가능성을 부인하지는 못한다. 이것이 본래 파생명사였다면 왜 '㑌音,
題音'에서와 같이 末音을 표기하지 않고 의도법 어미 표기에 주로 쓰인 '乎' 자를 썼는지
가 의문이다. 따라서 이 경우의 '乎'는 사동 파생접미사였을 개연성이 높다고 본다.

지정사 어간 즉, 계사 뒤에서 '乎'가 쓰였는지의 여부 또한 의도법 어미 존재와 관련하
여 살펴볼 필요가 있다.

(90) 其志 可賞是乎 等以用良 <1421 李藝功牌 06~07> (그 뜻이 상줄 만하기에)
同生和會文記是乎 等 用良 <1556 별급문기 영2-91 10> (형제가 화회한 문서인
까닭에)
善山兼任仁同官 斜給 立案是乎 等 用良 <1593 입안 영2-280 14~15> (善山縣과
仁同縣의 겸임관이 확인 발급한 입안으로써)

(91) 爲等如 賜給爲臥乎 事是等 子孫傳持者 <1401 曹恰賜牌 06~07> (통틀어 사급하
는 일이니 자손에게 전하여 지녀 영구히 사용하여라 하심)
…事是等 後次 別爲所 有去等 <1556 土地明文 정32-511 05> (…일이니 후에
모난 일이 있거든)
汝矣 子 至亦 盡誠奉祭爲乎乙 事是等 他子孫中 某人是乃 爭訟 隅 有去乙等 <1593
別給文記 전북지방고문서(1) 도판 14~16> (너의 아들에 이르기까지 정성을
다해 제사를 모실 일이니 다른 자손 중 어느 누구라도 송사로 다투는 까탈
이 있거든)

(90)과 (91)을 대비해 보면 계사가 형식명사 '드'에 해당하는 '等'를 수식할 때 의도법
어미의 수반 여부가 서로 다름을 알 수 있다. 원인이나 이유를 나타내는 구문으로서 관용

구처럼 쓰이는 '…等(以乙) 用良'에 계사가 선행할 때는 (90)에서 보듯 의도법 어미 '乎'가 개재된 '…是乎 等(以乙) 用良'로 나타난다. 이와 달리 어떤 사실에 대한 진술에 그치는 문맥에서는 계사에 직접 '等'이 통합되는 '…是等'으로 쓰인다. 결국 의도법 어미의 통합 여부가 서로 다르며 구조상으로도 동일하지 않다는 사실을 보여준다.

재산관련 문서들에서 곧잘 쓰이곤 하는 別爲所의 경우 '爲'에는 의도법 어미가 수반되지 않는 듯하다. 그러나 동일한 형식명사 所를 수식하는 어미들 중에는 의도법 선어말어미를 수반하는 경우가 있어 대조를 보인다. (92)에 쓰인 것들 중 '…爲乎'는 중세어의 '…혼'에 대응하는 것으로 이해된다.

(92) 右 奴婢 傳係爲乎 所 <1480 金孝盧奴婢別給立案粘連文書 6-05> (이 노비를 전
    계한 바)
    幷 四十餘間乙 率其奴子 無遺撤毁 輸去 庫家 造作爲有臥乎 所 <1595 立案 영
    2-294 04~05> (모두 40여 칸을 그 사내종을 데리고 남김 없이 부수어서 가
    지고 가 창고와 집을 조성했는 바)
    他余田畓段 據執爲乎 所 專亦 無去乎 <1595 다딤 영2-294 11~12> (다른 나머
    지 전답은 가지고 있는 것이 전혀 없으니)

이 밖에도 회상의 선어말어미 이두자 -如-에 의도법 어미가 수반된 경우와 그렇지 않은 경우를 살펴 볼 수 있는데, 앞에서 예문을 제시한 바가 있으므로 논의를 생략한다. 다만, 한 가지 미심쩍은 사항은 이두문에서 의도법 선어말어미가 삽입되어 있다고 보는 형태들이 모두 관형사형 -乎를 취하고 있어 이것이 중세어와 달리 이른 시기의 동명사어미 '-*온'과 '-*올'을 반영한 것이 아닌가 하는 의문이다. 이두문에서 자주 쓰이는 爲乎事만 하더라도 'ᄒ올일' 또는 'ᄒ온일'[74]로 읽히는데 한글 자료에서 조선 전기에 '*ᄒ올'과 '*ᄒ온'은 문증하기 어렵다. 의도법 선어말어미에 대한 근본적인 재검토가 필요한 소치라고 생각한다.

---

74) 『吏讀便覽』에서 爲乎事을 'ᄒ온일'로 읽고 있다. 乎를 '온'으로 읽는 경우가 있음은 물론이다. 예를 하나
   들자면 "證人以 同參 的實爲乎 事"<1565 俉音 정65-389 05~06>이 있다.

2.2 어말어미

가. 연결어미

이두에서는 表記字와 문법 형태소 사이에 1 : 1 대응을 하기 어려운 경우가 적잖다. 이 것은 연결어미뿐만 아니라 작은 단위의 문종결 기능을 하는 어미들 경우에도 마찬가지이 다. 더욱이 동명사어미에 이르러서는 일반적으로 별도의 표기자가 드러나지 않는다. 이러 한 문제점으로 말미암아 어느 하나의 표기자를 대상으로 어미를 대응시켜 기술하는 일이 무의미할 소지가 많다. 따라서 단순히 형태론적인 관점만으로 일관하기보다는 의미화용 론적 입장과 구문론적 관점을 가미하여 기술하고자 한다.

1) 병렬과 나열

(1) -旀, -弥

旀는 '며'로 읽히며 조선 초기에는 弥로도 표기되었다. 어미로 쓰이는 -旀는 기원적으 로 동명사어미 '-ㅁ'에 후치사 '-여'가 결합된 것으로 추정된다(李基文 1972:165). 높임동사 敎是-를 포함하여 동사 어간들, 그리고 경어법 선어말어미 -白- 뒤에 연결되어 쓰인다.

(1) ㄱ. 祖父母 及 父母果 夫矣 祖父母 及 父母等乙 打傷爲弥 謀殺爲弥 <直解 1.4ㅎ>
       (조부모 및 부모와 지아비의 조부모 및 부모 등을 때려 상해를 입히며 살
       해를 꾀하며)
   ㄴ. 今後 依禮文 攝事75)時 亞獻官 省牲爲旀 客使乙良 坐西爲只爲 禮曹   傳教
       <1550.12.27. 예조전교 각사수교 41> (앞으로는 예문에 의거하여 대신 제
       사를 지낼 때 아헌관이 희생물을 살피며 객사는 서쪽에 앉도록 예조에
       전교하시다)
       奉使人員是在如中 復命 卽時 還納爲旀 <1571.3.29. 병조전교 각사수교 110>
       (使를 받드는 관리와 관원일 것 같으면 복명한 즉시 반납하며)
       各各 執持爲乎矣 京中 及 遠處 奴婢等乙良 平亂後 平均 分得爲旀 遺漏奴婢段
       置…<1592 分財記 정33-269 03> (각각 가지고 지니되 서울 및 먼 곳의 노
       비들은 난이 평정된 후 고르게 나눠 가지며 유루노비의 경우에도 …)

―――――――――

75) '事'는 祠가 더 옳을 듯하다.

(1ㄱ)의 -弥는 단순나열의 의미를 지니고, (1ㄴ)의 -旀는 대립병행의 의미를 나타내는 면에서 다소 의미상의 차이를 보인다. (2)는 동사 爲- 대신에 높임동사 敎是-에 통합된 예들이다. 대체로 대립병행의 의미로 사용되었다.

(2) 右 員等乙良 原從功臣 稱下敎是旀 <1395 李原吉錄券 209～210> (위 원들은 원종 공신으로 칭하시며)
庭試段 或 /殿試 或 會試 直赴亦 有時 /特命敎是旀 <科擧事目 34ㅈ> (대궐 안에서 보이는 庭試는 임금께서 직접 보이시는 殿試, 또는 覆試에 해당하는 會試로서 해당 擧子 전원을 시험에 부친다고 그때에 임하여 임금께서 특별히 명하시며)
新奴婢乙良 從文券花名 得後 幷以 決給敎是旀 祭位田民等乙良… <1583 입안 정33-189 123> (신노비는 문권에 적힌 노비 이름에 좇아 얻은 후의 소생들과 아울러 판결하여 주시며 제사조의 전답과 노비 등은…)

앞서 의도법 선어말어미 -乎-에서 기술한 바도 있듯이 이 선어말표기의 표기 여부는 숙고할 대상이다. 15세기 국어에서 어미 '-며'에는 '-오/우-'가 선행하지 않기 때문에 다음의 (3ㄱ)과 (3ㄴ)의 공존 현상을 어떻게 해석해야 할지 다소 의심이다.

(3) 陪奉駕前良中 訴告爲白弥 登聞鼓乙 擊打 申訴爲乎矣 <直解 22.01ㅈ> (배종하며 받드는 임금의 수레 앞에서 소를 고하며 등문고를 두드려 소를 올리되)
/賞賜乙良置 /分例敎 貌如 使內白旀 <1397 沈之伯開國原從功臣錄券 054～055> (상으로 물품을 내리시는 것도 구분하신 교시대로 시행하오며)

(4) 申聞合當公事乙 須只 依法定議爲 啓目良中 備細 書寫爲白乎旀 <直解 03.05ㅈ> (임금께 아뢰기에 합당한 공적인 일을 모름지기 법에 따라 의논하여 정하여 계목에 자세히 갖추어 적으며)
贖身立案 及 其徒等 去官朝謝 闕失 稱云 終始 現納 不得爲白乎旀 <1568.3.27. 掌隷院回啓『眉巖日記』1568.3.29. 후기> (속신한 입안 및 저네들의 임기 마칠 때 받은 고신문서를 잃어버렸다고 하면서 시종일관 현물을 제출하지 못하오며)
/使主時留此縣凡 啓草傳書 輪上爲白乎旀 <1593.3.18. 告目『대구월촌단양우씨문서』03> (관찰사님은 지금 이곳 현에 머물고 계시고 무릇 장계 초본을 전서하여 올려 보내오며)

따라서 현재로서는 15세기 국어의 어미 '-오디'가 후에 '오'를 탈락시키고 '-디'로 변천한 것을 감안하여 병렬의 어미 '-며' 또한 15세기 이전의 어형 '-오며'에서 변화한 것으로 추정해 둔다. (4)의 -乎旀가 선대형이며 의고적으로 표기된 것임과 달리, (3)은 개신형을 반영한 표기로 해석해 둔다.

　(2) -齊

　'齊'의 독음은 다소 애매하다. 이두학습서들에서도 爲齊에 대하여 'ᄒᆞ져'와 'ᄒᆞ졔'로, 是齊에 대해서는 '이져'와 '이졔'로 독음이 나뉜다. '-져' 또는 '-졔' 그 어느쪽도 중세어에 대응할 만한 마땅한 형태가 없는 것도 문제이다. 그러나 爲良敎齊의 齊의 독음이 『註解語錄總覽』의 吏文語錄에서만 '졔'로 나타날 뿐이고 다른 학습서들에서는 모두 '져'로 읽고 있는 사실, 그리고 爲良結을 『吏讀便覽』에서 'ᄒᆞ아져'로 읽은 점 등을 감안해 볼 때 齊는 '져'로 읽혔다고 추정된다.

　-齊는 긴 텍스트를 기본으로 하는 이두문 안에서 여러 가지 사안을 열거하는 과정에서 각 사안의 끄트머리에 붙어 사용되는 특징을 보인다. 따라서 -齊는 작은 단위의 문장을 끝맺는 기능을 하면서도 각 문장을 나열하는 기능을 하는 이두자이다. -齊의 이러한 두 가지 기능 가운데 후대로 갈수록 문종결의 기능이 확대되어 가는 모습을 보이긴 하나 조선 초기만 하더라도 연결 기능이 더 우선적이라 할 수 있다. 따라서 -齊는 일단 나열의 부동사어미로 보아야 한다.

(5) ㄱ. 凡 官文書乙 加減爲在乙良 杖六十齊 自矣 …… 各減一等齊 …… 加減者 罪同齊 …… 加減爲在乙良 笞四十齊 ……唱准差減爲在乙良 減一等齊 ……加減官文書例以 論齊 ……幷斬齊 …… 偶然誤書爲在乙良 並只 勿論爲乎 事 <直解03.09ㅎ~10ㅈ> (무릇 관문서를 가감한 경우에는 杖六十에 처하며 자기의 …… 각각 한 등급을 감하며 …… 가감한 자는 죄가 같으며 …… 가감한 경우에는 笞四十에 처하며 …… 창준하는 과정에서 차감한 경우에는 한 등급을 감하며 …… 가감한 관문서의 예로써 논하며 …… 모두 참형에 처하며 …… 우연히 잘못 쓴 경우에는 모두 논하지 말 것) 장
　ㄴ. 牛果 馬矣 傳染病乙 治療爲乎矣 身體良中 腫處 有去等 仔細審見 鐵條乙用良 火燒烙之爲齊 又 冷水良中 身寒爲 限 立置爲齊 又 臍中 三十壯乙 灸之爲乎矣 艾炷乙 如手小指頭爲乎 事 <1541 牛疫方 7ㅎ~8ㅈ> (소와 말의 전염병을 치료하되 몸에 부스럼 난 곳이 있거든 자세히 살펴 쇳조각을 가지고 불에 달구어 지지며 또 찬물에 몸이 찰 때까지 세워두며 또 배꼽에 서른 번 뜸을 뜨되 쑥 심지를 새끼손가락만하게 할 것)

世宗年間의 權明利許與文記에서도 (5ㄱ)과 마찬가지로 -爲齊와 -是齊 및 -爲有齊를
여러 번 사용하다가 마지막으로 '…在'로써 긴 텍스트로서의 본문을 마감하고 있어 참고
된다. 그리고 1466년 寧海府奴婢立案에서도 노비 이름을 확인 나열하는 과정에서 -是齊
를 여러 번 반복해 사용한 예도 있다. 위 (5ㄴ)에서도 이두문의 명사문 종결 특징을 감안
하여 문맥 도중의 '…爲齊'에 대하여 '…하며'로 옮기는 편이 더 낫다고 판단된다.

(3) -遣

-遣은 고려 시대 1031년 淨兜寺石塔形止記에서부터 발견된다. 이 이두자는 전통적으
로 '-고'로 읽힌다. 향가에서도 사용된 것으로 미루어 보아 상당히 오랜 전통을 가진 차
자이다. 동사 어간 뒤에 연결되거나, 선어말어미 -白-와 -有- 뒤에도 통합된다. 동사 어
간 중에는 높임동사 敎是-와 사동사 令是-에도 접미되곤 한다. 동사 爲-와 지정사 -是-
에 직접 통합된 것들 중 일부만 예시하면 다음과 같다.

(6) 爲等如 科科以 錄券 成給爲遣 <1392 李和錄券 118~119> (통틀어 낱낱이 녹권
    을 만들어 주고)
    本國乙 背叛爲遣 彼國乙 潛通 謀叛爲行臥乎 事 <直解 1.4ㅎ> (자기 나라를 배반
    하고 상대방 나라와 몰래 통하며 모반하는 일)
    持公文 進去爲良在等 題給次以 縣以 每朔 趁時 捧上爲遣 數爻 牒報爲旀
    <1547.2.17. 關文 紹修書院謄錄 11ㅎ> (공문을 가지고 나아가거든 제사를 매겨
    내어주도록 하고 현에서도 매 달 때에 맞춰 받고 수효를 첩보하며)
    六升木綿 參疋 五升木綿 三疋等乙 依數捧上爲遣 永永 放賣爲在乎 <1575 토지명문
    『陶山書院古文書』04~05> (육승포 무명 3필 오승포 무명 3필 등을 셈하여 받
    고 영구히 방매하니)

(7) 關內 皃如 先可 郡 資福寺良中 移接是遣 <1407 長城監務關字> (관문의 내용과
    같이 우선 군 안의 자복사에 옮겨 거주하게 하고)
    戊戌年分 汝等徒 各 衿良中 奴婢 幷 拾口式以 使用爲良爲 稱給分是遣 <1429 金務
    都許與 03> (무술년에 너희들 각 몫에 노비 모두 10명씩으로 사용하도록 준
    다고 했을 뿐이고)
    除授後 一度 下去 漕船漕卒 暫行糾檢叱分是遣 <1558.7.4. 吏曹傳敎 각사수교 5>
    (제수 후 한번 내려가면 조운선과 조운 군사를 잠시 규찰하고 살필 뿐이고)
    瓦家 一間叱分 破毁 自家 造作爲有臥乎 事是遣 <1595 侤音 영2-295/정65-488
    09> (기와집 한 칸만 부수고 제 집을 지은 일이고)

그런데 -遣이 시간적 순서에 따른 연결 또는 행위의 단순한 나열 또는 연결과는 상당히 다른 의미를 지니는 경우도 있음은 물론이다. (8ㄱ)은 관아에서 발급하는 입안이나 기타 처분 내용을 적은 문서의 말미에 자주 쓰이는데, 이 경우의 -遣은 어떤 일이 있기 때문이라는 뜻의 원인 또는 이유를 나타낸다. 말하자면 현대어의 '-기에'와 유사한 의미를 지닌다. (8ㄴ)의 경우엔 대립적인 나열의 의미가 강하게 느껴진다.

(8) ㄱ. 并以 減除爲遣 合行立案者 <1469 上院寺成化五年江陵大都護府立案 12~13>
　　　　(아울러 감면하기에 이에 입안함)
　　　　…繼後令是遣 合行立案者 <1480 金孝盧繼後禮曹立案 16> (…계후시키기에 입안함)
　　　　…後錄爲白遣 合行牒呈 <1490 河源陳省弘治三年牒呈 02> (…후기에 기록하옵기에 이에 첩정함)
　　ㄴ. 注叱今段 年月日 不記 年少時 安康地 身故爲有臥乎 事是遣 他無同生爲白乎 事 <1576 侤音 영2-269 12~13> (注叱今은 날짜는 몰라 적지 않으나 어렸을 때 안강 땅에서 죽었고 다른 형제가 없사온 일)

한편 어미 -遣 뒤에 동사가 다시 연결된 용례가 보인다.

(9) 分執前所生乙良 公反奴婢是遣在 遺漏奴[婢 分揀]… <1429 金務都許與 07> (분집전 소생은 공번노비인 것이니 유루노[비 분간]…)

위 용례는 비록 하나이지만[76] 시사하는 바가 많다. 15세기 국어에서 부동사 어미 '-고'는 첨사와 결합하여 '-곤, -곰, -곡'이 되었을 뿐만 아니라, 선어말어미 '-리-' 뒤에 통합하기도 하였다. '-고' 뒤에 동사가 다시 연결된 경우는 없었다. 그런데 고려 시대 구결에선 후행 동사에 연결된 형태가 보인다. 따라서 15세기 이두문에서의 이 용례는 선대의 통합 관계를 암시해 주는 귀중한 예이다. (9)의 '是遣在'은 대체로 '-이고 있-'이라는 원의를 바탕으로 '…인' 정도로 풀이된다.

-遣 뒤에 첨사 '沙'가 쓰이기도 하였다. (10)이 그 예이다.

(10) 無夫女遣沙 蒙赦 免罪爲在乙良 離異 不冬爲乎 事 <直解 06.07ㅈ> (남편이 없는 여자인 경우이라야 사면을 입어 면죄한 경우에는 이혼시키지 않도록 할 것)
　　　其矣 妻子息等乙 並只 一處 進來 決斷罪名乙 告說爲遣沙 <直解 28.16ㅎ> (그의

---

76) 1517년 安東府立案에도 하나 더 나오는데, 이것은 앞의 문서를 전제한 것이라 동일한 내용이다.

처자식들을 모두 한 곳에 나오게 하여 처단한 죄명을 밝혀 말하고 나서야)

2) 조건과 가정

(1) -去乙等, -去等

조건을 나타내는 어미 중의 하나인 -去等은 15세기 국어의 '-거든'에 일치하는데, 이것은 -去乙等에서 말자음 '-ㄹ'을 탈락시켜 변화한 것이다. 조선 전기 이두에서는 -去等의 용례가 훨씬 더 많긴 하나, -去乙等 또한 적잖이 발견된다. 후대 이두 학습서들에서도 '-걸등'으로 읽은 것이 논거가 되어 양자 사이의 관계를 정확히 추정한 바 있다<安秉禧 1983ㄱ 참조>.

(11) ㄱ. 或以賤妾子以 被奪其上典爲有去乙等 <1452 李遇陽許與 28> (혹 천첩의 자식으로서 그 상전에게 (재산을) 빼앗겼거든)
萬一 所居官 使人探知次 雜談爲有去等 矣 妻 付 祖父裵鐵長 戶籍 相考 告官卞正爲乎 事 <1556 奴婢明文 정32-409 13~14> (만일 거주지의 관에서 사람을 보내 탐지하는 차에 잡스런 소리 있거든 내 처에 붙인 조부 裵鐵長의 호적을 살펴 관에 고하여 바로잡을 것)

ㄴ. 逃亡遺漏奴婢 及 田畓 有去乙等 現出爲乎 追乎 <1480 金光礪娚妹和會 37> (도망하거나 빠진 노비 및 전답이 있거든 드러나는 데 따라)
後次 他餘子孫等亦 爭望 隅 有去乙等 此 文記內乙 用良 告官 辨正爲乎 事 <1545 분재기 정32-359 07~08> (후에 다른 나머지 자손들이 다투고 원망하는 까탈이 있거든 이 문기 내용을 가지고 관에 고하여 바로잡을 것)
永永 別給爲去乎 萬一 女矣 子孫等 雜談 隅 有去乙等 持此文記爲如 告官 辨正向事 <1566 별급문기『고문서』1 (전남대학교 박물관) 97쪽 06~07> (영구히 별급하니 만일 나의 자손들이 잡스런 소리하는 까탈이 있거든 이 문기를 가지고 가 관에 고하여 바로잡을 것)

(12) 皆 字 無去等 依首從爲 論齊 <直解 01.33ㅎ> (皆 자가 없으며 주모자와 수종자에 따라 나누어 논하며)
統主 名下 五名乙 逃亡令是去等 降充軍齊 <直解 14.13ㅈ> (통주가 관할 밑의 5명을 도망시킨 경우에는 강등하여 군인으로 충원하며)
矣徒 願意 不從 亂本爲行 人 有去等 官司 發告 不孝以 夢罪令是遣 <1466 허여문기 寧海英陽南氏家奴婢立案 7~8> (우리네 소원에 따르지 않고 근본을 어지럽게 하는 사람이 있거든 관사에 고발하여 불효로써 죄를 받도록 하고)

別爲一宗 則衆子孫不與焉爲白去等 <1483 金孝盧繼後司憲府立案 54> (별도로 一
宗을 만들면 여러 자손이 참여하지 못하게 된다 하니)

(12)는 -去等만으로 어미가 표기된 15세기의 예들이다. 그러나 (11)을 보면 -去等이 -去
乙等에서 乙을 탈락시킨 어형이며, 이것이 단순히 표기자를 생략한 것이 아니라 어형의
변화를 반영하는 것임을 알 수 있다. 따라서 -去等은 단순히 조건의 '-거든'에 해당되지
않고 때로는 가정의 '-(으)면' 또는 연결의 '-(으)니' 정도의 문맥적 의미를 드러내기도
한다.

한편 선어말어미 -去-가 -良-과 교체되는 점을 고려할 때 '爲良等'을 상정할 수 있음
에도 불구하고 눈에 띄지 않는다. 이것은 타동성 동사에 접미될 경우엔 그 이전 시기로부
터 사용되어 온 爲良在等이 그대로 존속하기 때문으로 이해된다. 이에 대해서는 시상의
선어말어미 -良-에서 언급한 바 있다.

(2) -在如中

-在如中도 조건 또는 가정을 표현하는 어미 통합체이다. -在如中은 '-在 # 如+-中'
에서 유래한 것으로 추정된다. 在에는 동명사어미 '-ㄴ'이 붙어 있으며 여기에 '다ᄒ-'의
어근 '다'가 통합되고 다시 격조사 -中이 통합된 것으로 분석된다. '…할 것 같으면' 또
는 '…인 것 같으면' 정도의 문맥적 의미를 표현하는 경우가 많은데, 이 중 '같다'라는 의
미의 원천은 如이라고 판단된다.

(13) 其事亦 未發前良中 文案內 同着署爲臥乎 同官中 一人亦 詳審 改正爲良在如中 並只
無罪爲乎事 <直解 01.35ㅈ> (그 일이 드러나기 전에 문안에 함께 서명하는
같은 관리 중 한 사람이 자세히 살펴 고쳤을 것 같으면 모두 무죄로 할 것)
詳審 一齊 生出爲只爲 使內乎矣 右如 不冬爲在如中 眠起 至亦 一齊 不得. <양잠
18ㅎ> (잘 살펴 일제히 낳도록 하되 이와 같이 아니할 것 같으면 잠에서 깨
어나는 일까지도 일제히 하지 못한다)
金孝盧段 其矣 祖崇之同生弟 孝之乙 繼後爲子爲白在如中 <1483 金孝盧繼後司憲府
立案 50~51> (金孝盧의 경우엔 저의 할아버지인 崇之의 형제로서 아우인 孝
之를 계후하여 아들로 삼을 것 같으면)
八月是去等 晝夜 平均 天氣和順爲臥 右 時節乙 用良 畊作爲在如中 <農書輯要 5>
(8월이면 밤낮으로 고르게 날씨가 따뜻하고 순하니 이 시절을 이용해 경작할
것 같으면)

若 立嗣之後 却生親子 其家産乙 與原立子 均分是如 爲在如中 <1553.4.20. 禮曹傳
教 각사수교 48> (만약에 후사를 세운 후에 도리어 친아들을 낳은 경우 그
가산을 원래 후계로 세운 아들과 똑같이 나눈다고 하면)

明年五月 內 皮石以 畢納 不得爲在如中 永永 納上爲乎 事是昆 <1553 土地明文 정
32-492 05~06> (내년 5월 안으로 겉곡식으로 납부를 마치지 못할 것 같으
면 영구히 바치는 일이니)

3) 願望과 의도

(1) -良結, -良齊

希求를 나타내는 어미로는 -良結이 있다. 이것은 15세기 국어의 '-아져'에 해당한다.
良 자를 생략하고 직접 동사 어간에 붙여 사용한 예가 16세기에 발견되기도 하나 예외적
인 현상으로 판단된다. 타동성 동사에만 접미되는 관계로 지정사 어간에는 통합되지 않
는다.

(14) ㄱ. 汝矣 次子 孝盧乙 繼後爲良結 說遣爲如可 <1480 金孝盧繼後禮曹立案 06> (너
　　　의 둘째아들 孝盧를 계후로 하고 싶다고 말씀하다가)
　　　以致積弊 推考爲良結 嘉靖二十八年七月三十日　啓 依允教 等 用良 <1550.2.6.
　　　병조계목 각사수교 77> (폐단이 누적되기에 이르러서 추고하고자 가정
　　　28년 7월 30일에 계를 올림에 윤허하시었기에)
　　　并 七斗落只乙 放賣 納上爲良結 呈所志 受立旨爲有臥乎 等 用良 <1576 土地
　　　明文 도산서원고문서 06~07> (모두 7마지기를 방매하여 상납하고자 소
　　　지를 올려 입지를 받았기 때문에)
　　ㄴ. 孝之 妻 黃氏亦 家翁願意以 繼後令是良結 懇說乙 仍于 <1480 金孝盧繼後禮曹
　　　立案 07> (孝之의 처 황씨가 바깥어른의 소원으로 계후시키고자 간절하
　　　게 말씀하기 때문에)

(15) 河源 所志 內 仕滿 受職爲白良結 望良白去乎 <1490 河源陳省弘治三年牒呈 01>
　　　(河源의 소지 내용인즉, 임기가 차서 직책을 받고자 바라오니)
　　　上項 婢 丁非乙 屬補充隊爲白良結 告狀爲白去乎 <1532 掌隷院立案 영2-332 05~
　　　06> (위 계집종 丁非를 보충대에 입속시키고자 문서로 고하오니)
　　　萬一 如前 隊正叱分 領率 違法上送 官吏乙良 各別 推考 痛治爲白良結 己酉年三月
　　　初七日 受　教 移文 知會爲白有乎矣 <1555.10.7. 병조계목 각사수교 84> (만일
　　　여전히 대정만이 가지고 가도록 법을 어겨 상송한 관리는 각별히 추고하여
　　　엄히 다스리고자 기유년 3월 초이레의 수교를 이문하여 알렸으되)

(16) 幷 九口乙 合執 使用爲去乙 分執<u>爲結</u> 說道爲良置 <1517 立案 정1-16 08~09>
(모두 9명을 다 가지고 사용하거늘 나눠갖자고 말하여도)

(14ㄱ)은 동사 爲-에 願望을 나타내는 어미 -良結가 접미된 경우이고, (14ㄴ)은 동사 令是-에, 그리고 (15)는 공손법 선어말어미 -白-이 삽입된 爲白良結의 예들이다. (16)은 예외적으로 爲良結에서 良을 빠뜨린 경우라 생각된다.

그런데 爲良結 대신에 結 자를 齊로 바꾸어 표기한 예가 발견된다. 이는 양자가 동일한 음으로 읽혔음을 반증하는 귀중한 예로서 齊가 '져'로 읽히는 사실을 일러준다.

(17) 四戶以 移屬本院<u>爲良齊</u> 報狀 據   啓請 蒙 /允爲乎 等 用良 <1546.6.12. 關文 紹
修書院謄錄 6ㅈ> (4호로써 서원에 옮겨 소속시키고자 보고한 문서에 근거하
여 계를 청하여 윤허하심을 입었기 때문에)

위와 같이 希求를 나타내는 어미는 -良結로만 나타난다. 그러나 고려가요의 '려거져' <악학궤범 處容歌>와 '녀가져'<악학궤범 動動>을 고려하면, '良'은 앞에서 설명한 확실법 선어말어미 -去-의 이형태로 보인다. 다만 위에 예시된 동사들이 모두 타동성이기 때문에 -良-만이 보이는 것으로 이해된다.

(2) -乎(乙)爲

-乎乙爲은 중세어의 '-오려'에 대응하는 복합어미이다. (18)이 그 예인데, (19)에서는 이두의 일반적 표기 관습에 따라 동명사어미 乙 자를 표기하지 않은 채 사용하고 있다.

(18) …庫乙 許給<u>爲乎乙爲</u> 常常 遺言敎是如乎 等 用良 <1551 分財記 토지박물관 04>
(…땅을 허급하려고 늘 유언하셨던 까닭에)
其矣段 居官 斜給<u>爲乎乙爲</u> 作木一匹 幷以 持去 後 <1584 所志 정33-10 05> (자
기는 거주지 관의 증명 받으려고 무명 한 필을 아울러 가지고 간 후)

(19) 緦麻同姓八寸已上親屬乙 殺害<u>爲乎爲</u> 作謀爲㫆 放賣爲㫆 <直解 01.05ㅎ> (시마복
을 입는 8촌 이상 친속을 살해하려고 모의하거나 방매하며)
凡 他人矣 生氣乙 採取<u>爲乎爲</u> 人體乙 割截爲在乙良 車裂處死遣 <直解 19.04ㅈ>
(무릇 타인의 생기를 채취하려고 인체를 잘라낸 경우에는 거열처사형에 처하고)
同 李氏亦 罷繼<u>爲乎爲</u> 呈上言 至爲悖理 <1553.4.20. 禮曹傳敎 각사수교 48> (위
이씨가 계후를 못하게 하려고 상언을 올리니 지극히 이치에 어긋나고)

爲乎爲은 '爲-＋-乎 ＃ 爲-.'으로 분석할 수 있다. 이 경우 '乎'에는 동명사어미 '-ㄹ'이 덧붙은 것으로서 아직 일어나지 않은 일을 나타내는 즉, 未然形 표현이다. 따라서 爲乎爲은 대체로 '할 것을 함'이라는 뜻에서 비롯하여 '하려(고)'라는 문맥적 의미를 표출한다.

4) 원인과 이유

(1) -㢱, -良㢱

인과관계를 표현하는 문맥에서 사용된 어미 -㢱과 -良㢱은 대체로 '…이어서, …이기 때문에' 정도로 풀이된다. 그런데 양자의 관계가 다소 모호한 면이 있다. 계사 뒤에 통합된 것으로 보이는 두 용례를 대비해 보면 (20ㄴ)의 -是㢱은 (20ㄱ)의 -是良㢱에서 良 자를 빠뜨린 오기가 아닌가 싶다. 그러나 (21ㄱ)에서 보듯 동사 爲-에 직접 통합된 爲㢱이 분명히 존재하기 때문에 망설여진다. (21ㄴ)에서처럼 어미 연속체 -去有- 또는 -置有- 뒤에서는 늘 -良㢱으로만 표기되기 때문에 이를 근거로 -是良㢱이 옳다고 단정하기도 어렵다고 본다. 따라서 현재로서는 -是㢱에 확실법 선어말어미 -良-가 추가된 것이 -是良㢱일 개연성에 무게를 둔다.

(20) ㄱ. 在逃人乙 現捉推問次 前人是沙 爲首是如 白侤是臥乎 事是良㢱 <直解 01.36ㅎ> (도망 중인 사람을 잡아서 추문하는 중에 앞엣사람이야말로 주범이라고 말로써 다짐하는 일이기에)

ㄴ. 永〃 放賣爲白臥乎 事是㢱 <1487 金孝盧土地賣買立案粘連文書 3-08~09> (영구히 방매하는 일이기에)

(21) ㄱ. 學生 沈彦冲 作還 朝謝 由 移 關爲㢱 行合下須至帖者 <1409 沈彦冲朝謝帖 03~04> (학생 沈彦冲에 대하여 문서를 되돌리며 조사를 마치고 이송함이라고 관을 보냈기에 하달함이 마땅하기에 모름지기 첩에 이른 것임)

右 明文爲臥乎 事段 矣身 妻父妾 禮今 率居爲㢱 還上 多數 受破 積納 不得叱分 不喩 <1570 土地賣買明文 정33-419 02~03> (이에 명문하는 일은 내 장인의 첩인 禮今을 모시고 살기에 환자를 다량으로 받아 먹고 납부하지 못할 뿐 아니라)

ㄴ. 王旨內 兒如 其功亦大爲去有良㢱 <1392 李和錄券 084> (왕지의 내용과 같이 그 공이 또한 크기에)

必于 舊奴婢去乃 本主乙 毆打爲乎 第亦中 罪重爲去有良㢱 奴婢毆舊家長爲在乙

良 <直解 20.16ㅎ> (비록 옛 노비라 하더라도 본래의 주인을 구타한 경우엔 죄가 중하기에 노비가 옛 가장을 구타한 경우에는)

他[餘] 奴婢乙良置 隱匿爲有臥乎 所 无不冬爲白去有良厼 <1427 張戩妻辛氏所志 07~08> (다른 나머지 노비도 은닉하여 있는 바가 없지 않겠기에)

啓下是白有良厼 <1477 上院寺成化十三年江陵大都護府立案 21> (계하가 있기에)

鼎裏之魚 終至脫漏 極爲痛憤爲白置有良厼 謹具啓 /聞 <1592.9.10. 계본 임진장초 狀12> (솥 안에 든 고기가 마침내 빠져나가 극히 원통하였기에 삼가 갖추어 계문으로 아룁니다)

(2) -昆

-昆은 15세기 국어의 연결어미 '-곤'과 형태상으로 일치한다. 그러나 양자 사이에는 다소간 의미 기능상의 차이를 보인다. 15세기 국어의 '-곤'은 허웅(1975:608~610)에서 잘 밝힌 바와 같이 '하는 것보다'의 뜻을 나타내거나, 앞의 사실을 다짐하고 그와 비교해서 뒤의 일은 더 말할 나위 없이 사실임을 강조하기 위해 'ㅎ믈며'가 곧바로 이어져 나오는 구문이 많다. 따라서 '비교법'에 속하는 연결어미라 할 수 있다. 다음의 (22ㄱ)이 이에 해당하는 용례이다. 그러나 조선 전기 이두문에서의 -昆은 거의 대부분 (22ㄴ)에서 보듯 선행하는 문장의 내용이 원인 또는 이유가 되어 뒤의 다른 내용의 문장으로 이어지는 인과관계 문맥에서 사용되었다. 이러한 용법은 15세기 국어의 일부 언해문에서 보여준 바와 같이 '-니'에 대응되는 '-곤'의 예, 또는 고려가요에서 비교의 뜻 없이 사용된 '-곤'에 오히려 더 가까운 용법임을 보여준다.

(22) ㄱ. 各官實役奴婢 日就減縮 粗也如 餘存者 苦役倍重 勢將難支 在〃皆然 誠非細慮 是白昆 況旀 兩界段 關防重地 視他道最緊爲白乎等用良 <掌隷院啓目 각사수교 182> (각 관의 실제 역을 수행하는 노비가 날로 줄어들어 겨우 남아 있는 자들의 苦役이 배로 무거워져 형세가 장차 지탱하기 어려움이 있으며 곳곳이 모두 그러하니 진실로 작은 근심이 아니온데 하물며 兩界는 關防의 중요한 지역으로서 다른 도에 비해 가장 긴요하기 때문에)

ㄴ. 坐罪人矣 家口乙良 必于 入官爲在乃 犯人亦 免罪爲昆 幷以 免放齊 <直解 01.25ㅈ> (범죄에 연좌한 사람의 가속은 비록 관에 몰수된 것이라 하더라도 범인이 사면되면/(사면되므로) 아울러 사면 석방한다)

學悅亦 年老 有病爲白昆 夤緣勢處僧人 及 兩宗僧人等亦 田民雜物 饒足爲白乎去 向入 <1477 上院寺成化十三年江陵大都護府立案 13~14> (學悅이 연로하여 병이 나니 연줄 있고 세력을 지닌 중 및 양사의 중들이 전민과 잡물이 풍족할까 생각하여)

節 立法 革罷之後良中置 猶因舊習 謀欲防納 無不冬爲白昆 令其司檢擧摘發治罪
爲白乎矣 <戶曹受敎 각사수교 21> (이번에 법을 세워 혁파한 후에도 오
히려 구습에 따라 방납하고자 꾀함이 없지 아니하오니 각사로 하여금
검거하고 적발하여 치죄하되)
趙從孫亦 他矣 田庫乙 盜賣爲乎 所 無不冬爲白昆 女矣 所給價物乙 趙從孫亦中
還徵 /行下 向敎是事亦在 <1557 所志 정32-130 04～05> (趙從孫이 남의 전
답을 몰래 판 바가 없지 않사오니 제가 준 값과 물건을 趙從孫에게 되돌
려 납부하도록 처리하여 주실 일이 있어)

원인과 이유를 표현하는 구문 중에는 -有等以와 관용적으로 사용되는 -乎等(乙)用良,
그리고 -有亦 등이 더 있다. 이들은 일종의 관용구로 다룰 성질의 것일 뿐만 아니라 해당
되는 형태 또는 품사에서 다루었으므로 여기에서는 자세한 논의를 생략한다.

5) 전제와 설명

(1) -去乙, -在乙

-去乙은 본래 '선어말어미 -去-＋동명사어미 -ㄴ # 대격어미 -乙'에서 유래한 것으
로 추정된다. 이것이 문법화되어 '전제' 또는 '推斷'을 나타내는 데 사용되었다. 『大明律
直解』에서는 -在乙도 많이 나타나는데, -去乙과 거의 같은 의미 기능을 갖는다. 그럼에
도 불구하고 -在乙의 경우엔 여전히 본래의 통사구조적인 성격을 띠고 있어 문맥에 따라
서는 '…ㄴ 것을' 정도로 해석할 필요가 있다. 이와 달리 -去乙의 경우엔 곡용의 의미를
분명하게 드러내지 않는 경우가 거의 대부분이다.

(23) ㄱ. 凡 二人亦 同犯罪爲 一人亦 在逃爲有去乙 一人亦 被捉爲 在逃人是沙 爲首如 白
侤是遣 <直解 01.36ㅎ> (무릇 두 사람이 함께 범죄하고 그 중 한 사람이
도망했거늘 한 사람이 잡혀서 도망간 사람이야말로 주범이라고 말로써
다짐하고)
凡 內外各衙門良中 官吏亦 原定有數爲去乙 數外 添設爲在乙良 <直解 02.03
ㅈ> (무릇 중앙과 지방의 각 아문에 관리가 원래의 정수가 있거늘 정원
외에 첨가하여 설치한 경우에는)
ㄴ. 文官亦 犯罪爲 申聞 合當爲在乙 申聞 不冬爲在乙良 <直解 03.04ㅎ> (문관이
범죄하여 신문함이 합당한 것을/(합당하거늘) 신문하지 아니한 경우에는)

(23ㄱ)의 -去乙은 '전제'의 의미를 지니나, (23ㄴ)의 爲在乙 경우엔 '전제'의 의미인지 아니면 '…한 것을' 또는 '…한 이를'인지 다소 애매한 면이 있다. 그런데 16세기에도 곧 잘 쓰이곤 하는 爲良在乙은 위 爲在乙과는 전혀 다른 구성이므로 주의를 요한다. (24)는 '전제'의 의미로 해석되는 -去乙의 예들이다.

(24) 父教是 去 壬寅年分 義州牧使 赴任 身故教是去乙 <1404 張戩妻辛氏同生和會文記 01> (아버지께서 지난 임인년에 의주목사로 부임하였다가 돌아가시거늘)
婿 河紹地亦中 許與爲臥乎 事叱段 家門 久衰爲有去乙 新登生員 天地振動 孝吾至大 爲乎 等 用良 <1447 琴檜別給文記 01~02> (사위 河紹地에게 허여하는 일은 가문이 오랫동안 쇠락해 있거늘 새로 생원에 올라 천지가 진동하고 나에게 효도함이 지극히 크므로)
矣身亦 年老爲沙余良 他無子息爲去乙 汝亦 … <1541 別給文記 서울대고문서집 진 181 02> (내가 연로한 데다가 다른 자식이 없거늘 네가 …)

-去乙을 -去-와 어미 '-늘'로 분석할지는 다소 의문이나 충분히 가능하다고 판단한다. -有乙 역시 '전제'의 의미 표현에 사용되며 그 용례가 적잖기 때문이다. 그러나 이 경우엔 선어말어미 -有-에 직접 관형사형 '-ㄹ'이 붙은 것인지 잘 가려내야 하고, 또 동사 有- 에 동명사어미가 통합된 명사형에 격어미 '-ㄹ'이 통합된 것인지를 이두문의 문맥에 의존하여 잘 판단할 필요가 있다. '전제'의 의미 표현에 쓰이던 어미로서 '*-눌/늘'이 상정된다. 그러나 이 형태소가 동사 어간에 직접 결합된 예를 찾는 일이 조선 전기에는 용이하지 않아 보인다.

(2) -乎矣

-乎矣는 15세기 국어의 '-오디'에 정확히 일치하는 어미 형태이다. 조선 후기에는 때때로 乎 없이 동사 어간에 직접 통합되어 쓰인 용례가 있다. 이것은 '-오디'가 '오'를 상실하여 재구조화된 것은 16세기에 이르러 비로소 나타나기 때문이다. 조선 초기 몇 예를 보이면 다음과 같다.

(25) ㄱ. 實封 申聞爲 伏候王旨爲白乎矣 <直解 1.8ㅎ> (실봉으로 신문하여 왕지를 기다리되)
ㄴ. 須只 公當議論以 啓聞 選用爲乎矣 <直解 02.01ㅎ> (모름지기 공적인 의논 으로써 계문하여 골라 쓰되)

　ㄷ. 一本乙良 都節制使弋只 轉達 都評議使 申聞 上鑑 選用教矣 <直解 02.01ㅈ>
　　　(한 통은 도절제사가 도평의사에 전달하여 신문하고 임금이 보고 골라
　　　선발하시되)

　ㄹ. 父祖職乙 傳襲 管軍 令是矣 子孫亦 實無爲去等 右人矣 妻眷乙 依例 口粮 題給
　　　資生 終身令是矣 <直解 02.03ㅈ> (조상의 직을 전해 승습하여 군무를 관
　　　할하게 시키되 자손이 전혀 없거든 이 사람의 처 식구를 예에 따라 식량
　　　을 지급하고 편안히 일생을 살도록 하되)

　ㅁ. 徒年已過年數乙 幷計爲 更良 當役令是乎矣 不得過四年齊 <直解 01.21ㅈ> (도
　　　역이 이미 지난 햇수를 모두 셈하여 다시 도역시키되 4년을 넘지 못하며)

　ㅂ. 卽時所司良中 行下施行令是敎矣 <直解 12.04ㅎ> (즉시 해당 관사에 명령하
　　　여 시행하게 하시되)

(25ㄴ)은 15세기 국어의 '호디'에 정확히 일치한다. (25ㄷ)은 '이샤디'로 읽혔다고 본
다. (25ㄹ)은 乎를 빠뜨린 오기로 판단된다. (25ㅁ)의 예가 있기 때문이다.

6) 限度

(1) -巴只, -已只

'巴只'는 '도로기'<典律通補, 羅麗吏讀>, '도록'<儒胥必知> 등으로 읽히는데, '巴'가 '돌, 도
로'로 읽히는 이유는 분명하지 않다. 어미로 쓰인 '巴只'는 15세기 국어의 '-ᄃ록'(도록)에
해당한다. 그러나 체언 뒤에 곧바로 쓰인 '巴只'의 경우는 다소 미심쩍다.

(26) ㄱ. 限日亦 已過爲巴只 決斷 不冬爲在乙良 <直解 28.18ㅎ> (기일이 이미 지나
　　　도록 결단하지 않은 경우에는)

　ㄴ. 虛事乙 被告令是在 平人乙 無緣故 延留 三日巴只 放還 不冬爲在乙良 <直解
　　　28.09ㅈ> (거짓으로 무고당한 무죄인을 아무 연고 없이 사흘이 되도록
　　　체류하고 돌려보내지 않은 경우에는)
　　　孫子 春子段 遺棄小兒以 長養爲沙 餘良 外祖母 三年巴只 丁憂 造心 使內乎
　　　等 用良 <1443? 權明利許與文記 18> (손자인 春子는 유기된 소아로부터
　　　오래 길러온 데다가 외조모 상에 3년이 다하도록 상제 노릇을 하며 마
　　　음을 써 행하였으므로)
　　　行者奴以 六年巴只 服勞爲乎 等 用良 <1572 分財記 정33-253 03> (상제를
　　　모시고 따르는 종으로서 6년이 다하도록 힘들게 종사한 까닭에)

(26ㄱ)의 爲巴只의 -巴只은 '한도'를 의미하는 어미임에 틀림없다. 그러나 (26ㄴ)의 경우엔 모두 명사 뒤에 직접 사용되었고 계사의 존재를 확인하기 어렵다. 따라서 이것이 (26ㄱ)을 감안하여 명사 뒤에 당연히 따라나올 계사가 생략된 것으로 볼 것인지가 의문이다.

-已只에 대해서는 -巴只와 거의 같은 문맥에서 사용되는 것으로 미루어 볼 때 -巴只의 誤表記로 해석하기도 하였다<朴喜淑 1985:129~131>. 그러나 이것은 유사한 자로 대치한, 말하자면 取形의 원리에 의한 대치법이라 하겠다.

> (27) ㄱ. 行路日數亦 限日已過已只 未到爲在乙良 <直解 01.18ㅎ> (길 떠난 날이 기일
>   이 지나도록 아직 도착하지 않은 경우에는)
>   年至四十爲已只 無子息爲去等沙 聽許娶妾爲乎矣 <直解 06.03ㅎ> (나이 마흔
>   이 되도록 자식이 없어야 첩을 얻는 것을 허락하되)
> ㄴ. 一年已只 畢納不得爲在乙良 <直解 07.03ㅈ> (1년이 다 되도록 납부를 마치
>   지 못한 경우에는)
>   延花矣 身乙 年□(過?)十(?)已只 隱身爲有如可 現身爲有昆 <1427 張戩妻辛氏경
>   상도도관찰출척사所志 06~07> (延花의 몸을 나이 열 살이 넘도록 숨겨
>   두었다가 모습을 드러냈으니)

(2) -只爲, -(良)於爲

-只爲과 -良於爲도 국어의 어미 '-도록'에 대응하는 한도 표시 복합어미이다. 양자 모두 동명사어미를 두 개씩 가진 형태이다. 이들에 대해서는 본 節의 동명사어미에서 묶어 다루기로 한다.

7) 양보와 대조

(1) -良置

-良置는 대체로 '양보'의 뜻을 나타내는데 국어의 '…어도/아도'에 해당된다. 이것은 연결어미 -良에 첨사 -置가 덧붙은 것으로서 하나의 어미로 굳혀져 사용된다. 계사 또는 지정사 어간 뒤에 직접 통합된 경우에는 국어의 '…라도'에 대응하는데, 설사 그렇다고 가정하여도 다른 경우와 마찬가지로 상관없음을 나타내는 연결어미로 기능하는 경우가 많다.

(28) ㄱ. 其中 尤甚者 論以笞罪爲良置 <1544 병조계목 각사수교 72> (그 중 더욱
심한 자를 태형죄로 논하여도)

各 其 所在 居生 奴婢等乙 放賣爲良置 <1593 입안 정41-409 09> (각각의
그 소재한 곳에 살고 있는 노비들을 방매하여도)

必于 年月弋只 久遠爲良置 追問 明白爲去等 斬齊 <直解 03.04ㅎ> (비록 기
간이 오래 되었다 하더라도 추문하여 명백하거든 참형에 처하며)

ㄴ. 遺漏奴婢等乙 萬分 生前 分給 不得爲良置 <1429 金務都許與文記 005> (남거
나 누락된 노비들은 만일 생전에 나눠주지 못하여도)

弟 叅奉 公藝 適音 有病來會 不得爲良置 <1552 화회문기 영2-87 26~27>
(동생인 참봉 公藝는 마침 병이 있어 와 모이지 못하여도)

逃亡背叛罪人亦 必于 現告 不冬爲良置 本處良中 還歸爲在乙良 減罪二等齊 <直
解 01.28ㅈ> (도망하고 배반한 죄인이 비록 신고하지 않아도 원 장소에
돌아온 경우에는 두 등급을 감하며)

ㄷ. 凡 生謀事狀 明白爲在如中 必于 一人是良置 <直解 01.44ㅈ> (무릇 모의한
사실이 명백할 것 같으면 비록 한 사람이라 하더라도)

奴婢等亦 自前大上典教是時以 每畓全一石落只良中 租十石 捧上爲限 教是如 陳
說爲乎 喻良置 <1554 安氏治家法制> (노비들이 전의 큰 상전님 때로부터
매 논 한 섬지기에 거두는 쌀 10섬을 상한으로 받는다 하셨다고 말들을
할지라도)

凡 監臨亦 稱者隱 內外官司亦 文字 行移爲臥乎 所轄處所果 必于 百姓乙 親管
處 不喻良置 其凡事 皆在手端爲在如中 亦是監臨是齊 <直解 01.43ㅎ> (무릇
監臨이라고 일컫는 것은 중앙과 지방의 관사가 문서를 행이하는 관할 처
소와 비록 백성을 직접 관할하는 곳이 아니라도 그 일이 관사의 손에
있을 것 같으면 역시 이것 또한 監臨이며)

(2) -在果

-在果는 국어의 '-거니와'에 대응하는 어미이다. 다만, 『大明律直解』에 쓰인 (30)의
'令是在果'는 '하게 한 이와'로 풀이되므로 전혀 다른 것임에 유의해야 한다.

(29) 諸王所管道內良中 草賊起色 有去等 道內官員亦 抄軍防禦爲臥乎 所 恒式是在果 <直
解 14.02ㅈ> (여러 왕이 관할하는 도 안에서 좀도둑이 일어나는 기색이 있거
든 도 안의 관원이 군사를 뽑아 방어하는 것이 당연한 법이거니와)

第二 第三 兩日所出乙 一厚紙良中 取種以 合當爲在果 四日以後 所出乙良 各別 取
種爲有如可 <양잠 6ㅈ> (둘째와 셋째 양일 소출을 두꺼운 종이 하나에 알을
모으기에 합당하거니와 나흘 이후의 소출은 따로 모았다가)

父母 未分奴婢等乙 已曾分衿爲有在果 <1494 李瑷娚妹遺漏奴婢和會文記 01> (부모

가 미처 나누지 못한 노비들을 이미 나눠 가졌거니와)

都點後 或稱逃亡 或稱在喪 闕立人段 都摠府 檢擧 治罪<u>爲白在果</u> <병조계목 각사 수교 74> (전체 점고 후에 혹 도망하거나 혹 상 중에 있다 하면서 번에 빠진 사람은 오위도총부에서 검거하여 치죄하거니와)

後所生 并以 永永 放賣 的只<u>是白在果</u> <1593 侤音 정41-413 12~13> (후소생 아울러 영구히 방매한 일이 맞거니와)

(30) 凡 監臨主守官亦 官司 馬牛駝騾驢等乙 私丁 借用人果 傳傳 他人亦中 借與<u>令是在果</u> 請借人等乙良 <直解 16.06ㅎ> (무릇 감독 및 담당관이 관사의 말, 소, 낙타, 노새, 나귀 등을 사사로이 빌려쓴 사람과 아름아름 타인에게 빌려준 이와 빌려달라고 한 사람 등은)

(3) -在而亦, -在而叱

而-는 동사 어간인 듯하나 그 讀音과 의미 파악에 어려움을 겪는 吏讀字이다.

(31) ㄱ. 本來 理合重罪<u>是在而亦</u> 犯時良中 知不得爲在乙良 凡人例乙 依 准論爲乎矣 <直解 01.38ㅎ~39ㅈ> (본래 사리상 중죄에 해당되는 것이지만 범행 시에 알지 못한 경우에는 범인의 예에 따라 준하여 논하되)

簇蚕段 鄕俗所尙隨土 各異<u>爲在而亦</u> 蚕薪內外 寒濕蒸熱 不冬爲只爲 使內乎 所最爲切要 <양잠 40ㅎ> (누에를 모으는 일은 풍속에 선호하는 바와 지역에 따라 각기 다른 것이지만 누에채반 안팎으로 차고 습하며 더운 기운이 없도록 행하는 바가 가장 긴요한 일이다)

三男自誠 衿付 奴婢乙 他例以 分等除出爲良音 可<u>爲在而亦</u> 論擇 不得 可惜是乎等 用良 <1443? 權明利許與文記 19~20> (3남인 自誠의 몫으로 붙인 노비를 다른 예에 따라 고르게 나누어 덜어냄 직하지만 가려서 논하지 못하고 불쌍하기 때문에)

ㄴ. 族下亦 犯罪灼然<u>爲去有而亦</u> 族長矣 訴告以 現露爲乎 等 用良 期親大功及女婿矣 罪乙良 自首例以 免罪齊 <直解 22.10ㅈ> (손아래 친속이 범죄한 사실이 분명하더라도 손위 친속의 신고로 드러났기 때문에 기친복을 입는 손아래 친속과 사위의 죄는 자수의 예로써 면죄하며)

必于 年少妾主[77)]<u>是去有而亦</u> <1401 太祖賜給姈致家垈文書 01~02> (비록 나이가 어리고 첩의 소생이지만)

倭人卜物段 常倭以乎 一名無過三駄<u>是白在而亦</u> 日本國 及 大小二殿 …<1552.4.23. 예조계목 각사수교 59> (왜인의 짐은 일반 왜인이면 한 명당 세 바리를 넘지 못하는 것이지만 일본국왕과 대전 소전 두 전은 …)

---

77) '妾主'의 '主'는 '生'의 오기인 듯하다.

崔氏 奉祀條 奴婢 莫之 靑今是如 <u>爲白在而亦</u> 莫之 靑今段 崔氏矣 奴婢是乎 所
不喩 <1560 점련입안 정32-279 159~160> (최씨의 봉사조 노비로 莫之와
靑今이라 하였지만 莫之와 靑今은 최씨의 노비인 바가 아니라)

(31ㄱ)의 경우 '而亦' 앞에는 '在'가 통합되었고, (31ㄴ)의 경우엔 '有'가 통합되었다.
이들 '在'와 '有'에는 동명사 어미가 들어 있다고 추정된다. '而亦'은 중세국어의 '-마론'
에 대응한다고 본다<安秉禧 1977ㄴ:16>. 그러나 양자 사이에는 음상의 차이가 있어 보인다.
『吏文大師』에서는 '而亦'를 '마리여'로 읽었으므로 '-마론'과 정확히 일치하는 형태가 아니
다. 다만, '-마론'은 '-ㄴ'을 선행하는데, 이는 '在'와 '有'에 결합된 동명사 어미가 '-ㄴ'으
로 해석된다는 사실을 밝혀 준다. 따라서 '…+ㄴ+而亦'로 분석된다. 이때 '-ㄴ'은 동
명사 어미로서 명사적 용법을 갖고 있는 것으로 해석할 수 있다. 이는 곧 '…乎 # 在-'
와 같은 구조로 파악된다. '而亦'는 위 용례들에서 보듯 역접 구문에 사용되었다. '…지
만, …나' 정도로 풀이된다.

(32) ㄱ. 蚕種紙乙 覆於其上爲而叱 蚕子亦 聞香 自下爲臥 千萬 羽以 掃下 安徐爲乎矣
<양잠 21ㅎ> (누에알 종이를 그 위에 덮으면 다시 종자가 냄새를 맡고
스스로 내려오니 절대로 깃으로 쓸어내리지 말되)

ㄴ. 右 奴婢乙 用良 長子作財主 充給爲遣 有餘爲而叱 上項例 執籌分執爲 後所生
幷以 子孫 傳持 鎭長 使用爲乎矣 <1429 金務都許典文記 08~09, 1517 입안
정1-16 51~54> (이 노비를 가지고 장자가 재주가 되어 채워주고 그래
도 남는 바가 있으면 거듭 위 예에 따라 제비뽑기로 나눠갖고 후소생과
아울러 자손에게 전하여 가지고 오래도록 사용하되)

(32)의 '而' 역시 (31)의 그것과 같은 존재일 가능성이 높아 보인다. 따라서 '爲而叱'의
'爲'에는 동명사 어미 '-ㄴ'을 보충하여 읽을 필요가 있다. 그러나 의미 면에서는 적잖은
차이를 보이는 듯하다. '爲而叱'의 문맥적 의미를 파악하기 위한 단서는 (32ㄱ)에 대응하
는 한문 원문일 것이다. (32ㄱ)의 '爲而叱'은 한문 原文 중 '却' 자의 譯語로 사용되었다.
'却'은 한문에서 허사로 쓰일 경우 '또, 거듭하여 다시'의 뜻을 지닌다.[78] 이에 따라 해석
해 보면 '爲而叱'은 대체로 '…한 후에 다시, …한 후에 거듭'이라는 문맥적 의미를 지닌
것으로 이해된다. 그러므로 '而叱'은 대체로 '거듭'이나 '그것에 더하여 또' 정도의 뜻을
지닌다고 생각된다.[79]

---

78) 金元中 編(1989), 『虛詞辭典』 273쪽.

'而'는 『新增類合』에서 '말리을 이'로 새겼다. 이를 바탕으로 한다면 '而'는 '*말닝-' 으로 再構하여 訓讀할 수 있다. '而亦'은 이것에 부동사 어미가 연결된 것이고, '而叱'은 기원적으로 동사와 명사 어간이 같은 데에서 연유하여 어간이 명사적으로 사용된 것으로 해석된다. 후자의 경우는 부사적인 기능도 갖는 것으로 파악된다. 그러나 다른 한편으로 중세국어의 訓과 달리 '而'를 단순히 현재로서는 문증되지 않는 '*말ㅎ'라는 명사로 보고 이것에 계사와 어미가 통합된 것으로 볼 가능성도 있다. 다만, 이 경우 의미상의 차이점 을 어떻게 극복해야 하는가의 문제 등이 놓인다.

8) 전환 및 중단

(1) -如可

-如可는 '전환'을 나타내는 '-다가'에 해당한다. 이는 본래 종결어미로 쓰이는 '-如'에 '-가'가 덧붙은 형태로 추정할 수 있으나 확실하지 않다.

> (33) 令史色員亦 犯罪人矣 罪狀乙 故只 輕論放送爲有如可 還執爲在乙良 <直解 01.14 ㅈ> (영사와 색원이 범죄인의 죄상을 일부러 가볍게 다루어 내보냈다가 다 시 잡아온 경우에는)
> 爲等如 使內如可 佐伊乙 除去爲遣 分移他處. <양잠 35ㅈ> (…한 것들과 같이 행하다가 자리를 제거하고 다른 채반에 나누어 옮긴다)
> 隱身爲有如可 現身爲有昆 <1427 張戩妻辛氏경상도도관찰출척사所志 06~07> (숨겨두었다가 모습을 드러냈으니)
> 上項 其矣 衿 奴婢乙良 生前 使用爲如可 <1469 田養智妻河氏粘連文記 2-26> (위 자기의 몫인 노비는 생전에 사용하다가)
> 以九十步爲准 不及者乙良 除下爲白如可 己酉年十一月分 禁軍 冗雜是如 <1552.2.26. 병조계목 각사수교 78> (90보로써 잣대를 삼아 이에 미치지 못한 자는 떨어 뜨렸다가 기유년 11월에 금군이 쓸데없이 많아졌다 하여)
> 上項 宅奴亦 過來爲如可 女矣身等乙 其矣 所裹點心飯 出食爲去乙 <1594 佟音 정 41-418 13~15> (위 댁에서 부리는 사내종이 지나오다가 여자인 저에게 자 기가 싸온 점심밥을 꺼내 주거늘)

---

79) 고려 가요 중 鄭瓜亭의 '말힛 마리신뎌'의 '말힛' 역시 의미상으로 '거듭'에 해당한다고 보아 '而叱'과 동 일한 것으로 볼 소지가 있다.

9) 선택과 양보

(1) -乃

-乃는 이것이나 저것이나 할 때의 어미 '-(이)나'에 대응하는 이두 어미이다. 주로 계사 뒤에 통합되지만, 높임동사 敎是-에 직접 통합된 것도 눈에 띈다.

(34) 後次 某子孫是乃 別生婢 謀爭望爲行去等 <1579 分財記 정44-113 06> (후에 어떤 자손이나 따로 태어난 계집종을 다투고 원망하는 일을 꾀하거든)
　　某人是乃 推尋花名爲去乙等 <1580 分財記 정41-500 07> (어느 사람이나 노비 이름을 추심하거든)
　　和議 成文爲去乙等 某子孫等是乃 不念 祖上願意 或乘釁隙 爭望 起訟爲去乙等 <1580 분재기 정41-500 11~12> (화의하여 문서를 만드는데 어느 자손들이나 조상님의 뜻을 생각지 아니하고 약점을 잡아 다투고 원망하며 송사를 일으키거든)
　　後次 汝等徒 子孫中 某人是乃 別爲 所 有去等 此 文記內乙 用良 告官辨正事 <1581 분재기 토지박물관 05~07> (후에 너희들 자손 중에 어느 누구나 모난 바 있거든 이 문서 내용을 가지고 관에 고하여 바로잡을 일)
　　鄭大將處 因前 領屬爲良 喩乃 道良中 就屬敎是乃 伏兵餘良 牧使處 追屬敎 喩乃 科 科 參酌 行下敎矣 <1593 傳令 대구월촌단양우씨문서 15~16> (鄭大將에게 전과 같이 속하게 할 것인지 도에 속하게 하실 것인지 복병이므로 목사에게 추가로 속하게 하실 것인지 낱낱이 참작하여 명령하시되)

그런데 때로는 -乃가 단순히 나열을 뜻하지 않고 양보의 뜻을 갖는 경우도 있어 주의할 필요가 있다. 이 경우엔 -乃가 '…라 할지라도' 또는 '…라 하더라도, …이라도'의 문맥적 의미를 지닌다. (35ㄱ)에 쓰인 -乃는 단순 나열의 의미로 파악할 수도 있겠으나, (35ㄴ)에 쓰인 것은 전혀 이와 달리 대립적인 문맥에서 양보의 의미로 쓰였음을 분명히 보여준다.

(35) ㄱ. 因此 被誣人矣 有服親屬亦 隨去爲如可 一人是乃 致死爲在乙良 誣告人乙 絞死 遣 <直解 22.04ㅈ> (이로 인해 무고를 당한 사람의 상복을 입는 친족이 따라가다가 한 사람이라도/(한 사람이나) 죽게 된 경우에는 무고인을 교형에 처하고)
　　汝矣 子 至亦 盡誠奉祭爲乎乙 事是等 他子孫中 某人是乃 爭訟 隅 有去乙等 <1593 別給文記 전북지방고문서(1) 도판 14~16> (너의 아들에 이르기까

지 정성을 다해 제사를 모실 일이니 다른 자손 중 어느 누구라도/(누구
나) 송사로 다투는 까탈이 있거든)

ㄴ. 是雖由我 /殿下育德潛邸 /天與人歸所致戡定禍亂 /受命繼統是白教是乃 名世之臣
佐 /命定社爲白乎所 <1398 張哲定社功臣녹권 033~037> (이것이 비록 우리
전하께서 잠저 시에 덕을 기르시고 하늘과 인심이 함께 돌아가 난을 평
정하고 천명을 받으셔서 왕통을 계승하게 된 것이시지만, 세상에 이름
있는 신하들이 천명을 도와 사직을 안정시켰으니)

(2) -去乃

-去乃는 한 형태소처럼 쓰인다. 따라서 얼핏 보건대 확실법 선어말어미 -去-에 선택의
어미 -乃가 통합되어 형성된 것으로 추정되지만 짚어보아야 할 문제가 있다. 『大明律直解』
에서는 -去乃 이외에 -在乃가 쓰였다. 후자는 그 이후로는 발견되지 않는다. 양자가 거의
같은 뜻을 가지므로 동일한 것으로 보인다. 그러나 둘 사이에는 적잖은 차이점이 있다고
본다. -在乃의 경우엔 동명사어미가 붙어 있는 在에 계사 -是-가 뒤따르고 다시 어미 -乃
가 통합된 것으로 판명되는 경우가 많다. 이에 따라 (36)에서 보듯 『대명률직해』에 쓰인 -在
乃는 그 앞에 '비록'에 해당하는 이두토 '必于'를 수반한 문맥에서 사용되어 양보의 뜻을
나타낸다.

(36) 坐罪人矣 家口乙良 必于 入官爲在乃 犯人亦 免罪爲昆 幷以 免放齊 <直解 01.25
ㅈ> (범죄인의 집안식구는 비록 관에 가둔 사람이라 하더라도 범인이 면죄
하면 아울러 사면하여 풀어준다)
軍人亦 爲盜爲去等 必于 刺字乙 免爲在乃 三犯是去等 一體絞死爲乎 事 <直解
18.09> (군인이 절도를 하거든 비록 자자형을 면한 것이라 하더라도 3범이면
일체 교형에 처할 것)

그런데 동일한 문맥에서 쓰인 -去乃가 (37ㄱ)에서처럼 양보의 뜻을 그대로 나타낸다.
이로써 미루어 보건대 -在乃를 대신하여 -去乃를 쓰기 시작한 것으로 추정된다. 그러나
-去乃의 경우엔 선택의 의미를 표출하는 용법으로 사용되는 것이 오히려 일반적인 현상
으로 굳혀진 듯하다. (37ㄴ)의 그 예들이다.

(37) ㄱ. 本條良中 必于 罪名亦 明白爲去乃 免罪爲要 回避爲在乙良 從重論齊 <直解
01.38ㅎ> (해당 조에 비록 죄명이 명백하더라도 면죄하려고 회피한 경
우에는)

ㄴ. 凡矣 同儕 犯罪爲遣 事發<u>爲去乃</u> 或各犯罪爲遣 事發爲去乙 並只 逃亡爲有如
可… (同犯罪事發 或各犯罪事發 而共逃者…) <直解 01.31ㅈ> (무릇 무리를
지어 범죄하고 일이 발각되거나 혹은 각각 범죄하고 발각되거늘 모두
도망했다가 …)

雖然幸有不肖子孫 不顧願意 或放賣孫外<u>爲去乃</u> 或無子息 取姆娥之族 托爲收養
傳係爲去乃 <1452 李遇陽許與文記 26~27> (비록 그렇다 하더라도 행여
불초 자손이 원하는 뜻을 돌아보지 않고 자손 이외의 사람에게 방매하
거나 혹 자식이 없어 사돈 및 동서간의 무리를 데려다가 수양자식이라
하면서 전계하거나)

子孫等亦 萬一 貧窮所致爲去乃 或因無子息 … <1533 分財記 정41-482 03>
(자손들이 만일 빈궁한 탓으로 하거나 혹 자식이 없어 …)

叅宴爲去乃 不叅爲去乃 臨時 處置爲乎矣 <1596 입안 故李樹健교수 조사 郡
司謄錄 11> (잔치에 참여하거나 불참하거나 그때에 따라 처치하되)

10) 양태

⑴ -良, -良只, -去

-良은 15세기 국어의 어말어미 '-아/어'에 대응한다. 주동사의 동작보다 선행한 동작
의 상태를 나타낸다. 이것에 첨사 '沙'와 '置'가 연결되어 쓰이기도 한다. 그런가 하면 첨
사 '-ㄱ'이 결합된 형태인 -良只도 눈에 띈다.

(38) 兩邊弋只 仔細 相知爲<u>良只</u> 各從所願以 婚書 相送 依例 結族爲乎矣 <直解 6.2ㅈ>
(양쪽이 자세히 서로 알아서 각기 원하는 바로써 혼서를 서로 보내고 예에
따라 겨레를 이루되)

以一主爲重 謂 二家良中 財物乙 偸取爲良在等 一家物色數多爲在乙 從計爲<u>良只</u> 科
罪齊 <直解 18.9ㅈ> ('以一主爲重'이라 하는 것은 두 집에서 재물을 훔쳤거든
한 집의 물건이 많은 것을 따라서 셈하여 과죄하며)

-良과 달리 -去는 15세기 국어에서 마땅히 대응시킬 어미가 없다. 그런데 양자가 한 형
태소의 이형태인 점이 드러난다. 15세기 국어의 확인법 선어말어미 '-거-'는 이형태 '-어/
아'를 갖고 있다. 非他動性 동사에는 '-거-', 他動性 동사에는 '-어/아'가 통합된다. -良
과 -去는 선어말어미가 아님에도 불구하고 이들에 통합되어 나타나는 -良沙와 -去沙가 15세
기 국어의 확인법 선어말어미와 똑같은 양상을 보인다. 이는 결국 -良과 -去가 한 형태소

로서 동일한 부동사어미였으나, -良만이 연결어미로 살아남은 것으로 이해된다. 양자가 선어말어미로 기능하게 된 것은 마찬가지라고 판단된다.

-良과 -去에는 첨사 '沙'가 통합되어 쓰이기도 한다.

(39) ㄱ. 年十六是去沙 父祖職乙 傳襲管軍令是矣 <直解 02.03ㅈ> (나이 16세이어야 조상직을 음직으로 전해 받도록 하되)

ㄴ. 犯人亦 事發爲去沙 逃亡爲旀 <直解 01.29ㅈ> (범인이 일이 드러나서야 비로소 도망하며)

被害人亦 致死爲去沙 坐罪爲齊 <直解 19.1ㅎ> (피해인이 죽음에 이르러서야 죄를 물으며)

二十日以上 已過爲去沙 告官爲在乙良 不論限日爲乎矣 <直解 27.06ㅎ> (20일 이상 이미 지나서야 관에 고한 경우에는 기한을 논하지 않되)

蚕亦 一齊 眠爲去沙 斷食爲遣 一齊 起爲去沙 給食爲乎矣 <양잠 25ㅎ> (누에가 일제히 잠들어야 비로소 단식하고 일제히 일어나야 급식하되)

(40) ㄱ. 九年第良中 一度乙 所犯輕重 數爻乙 通考爲良沙 黜陟爲乎 事 <直解 01.10ㅈ> (9년 째에 한 번 범한 죄의 경중의 수효를 누루 살피고 나서야 내쫓을 것)

ㄴ. 凡 無官職時 犯罪人亦 有官職爲良沙 事發爲在乙良 <直解 01.15ㅎ> (무릇 관직이 없을 때 범죄한 사람이 관직을 가지고 나서야 일이 드러난 경우에는)

ㄷ. 器用錢帛等物叱段 須只 他處良中 移置爲良沙 爲盜齊 <直解 18.18ㅎ> (기물과 돈, 옷감 등 물건의 경우에는 모름지기 다른 곳에 옮겨 놓아야 비로소 절도가 되며)

ㄹ. 元隻間 奴婢 花名 時 元隻 同着名 書納爲良沙 可否 相考 施行 法當爲去乙 <1535 淸河官決訟立案 興海裵氏文書 039~041> (원고와 피고 간에 노비를 명시할 때 양쪽이 함께 착명하고 문서를 납부해야 비로소 가부를 상고하여 시행함이 법에 맞거늘)

(39ㄱ)은 -去沙가 계사 뒤에서, (39ㄴ)은 자동사 뒤에 통합된 예이다. 이와 달리 (40)에서는 타동사 뒤에 -良沙가 쓰였다. (40ㄴ)의 '有官職爲良沙'에서는 '有'가 '소유'의 개념을 갖기 때문에 타동성에 해당한다. 이와 같이 이두의 부동사어미 -去와 -良은 15세기 국어의 확인법 선어말어미와 동일한 양상을 보여 준다.

(2) -亦

양태의 의미를 갖는 어미로서 -亦이 또 있다. 그러나 이것은 계사 -是-와 양태의 연결어미 -良이 통합된 것으로 추정된다. 是置有亦와는 달리 『典律通補』와 『註解 語錄總覽』의 부록 史文語錄에서 是置有是亦를 등재하고 있어 계사의 존재를 확인할 수 있다고 본다. 양태의 의미를 갖는 -亦은 연결의 문맥에서 사용될 뿐만 아니라 때로는 종결형으로도 기능하는 특징을 보이는데, '…在亦'과 '…有亦'이 그 대표적인 예들이다. '…在亦'은 『註解 語錄總覽』의 부록 史文語錄에서 教是在亦을 '이시견여', 爲有在亦을 'ᄒᆞ잇견여'로 읽은 것으로 미루어보아 '…견여'로, '…有亦'은 『吏文』과 『吏文大師』 및 『儒胥必知』 등에서 '이시니여, 이신이여'로 읽었다. 이들 모두 -亦 앞에 선행한 동사 在-와 有-에 명사적 용법으로 쓰인 동명사어미가 통합된 것으로 파악된다.

> (41) 至今仍住 守護爲白臥乎 在亦 同寺等段… <1477 上院寺成化十三年江陵大都護府立案 11~12> (오늘에 이르기까지 머물러 있으면서 수호한 일이 있으며 이 절들은…)
> 說導爲如可 未及繼後 身故爲白乎 在亦 節 家翁願意 導良… <1480 金孝盧繼後禮曹立案 04> (말씀하다가 미처 계후하지 못하고 죽은 일이 있어서 금번에 바깥 어른의 소원에 근거하여…)
> 年限纏過 便卽自現 過限訟事乙 不可更改是如 爲白臥乎 在亦 若聽乙者之訴 以過限論斷 則… <1566.7.6. 장예원계목 各司受敎 181> (연한이 지나자마자 갑자기 스스로 나타나 연한이 지난 송사를 다시 고칠 수 없다고 하는 일이 있어 만약 乙의 진소를 들어주어 기한을 지나 논단한다면…)
> 的實與否 現告亦 推考敎是臥乎 在亦 同兒女三人乙… <1594 侤音 정41-422 07~08> (사실 여부를 신고하라고 추고하시는 일이 있기에 위 어린 여자아이 세 사람을…)

(41)은 '…在亦'의 용례들인데 한결같이 '乎 在亦'로 쓰였다. 이 경우 '乎'에는 명사적 용법의 동명사어미 '-ㄴ'이 통합되어 주어로 기능하고 동사 在-가 서술어로 기능하는데 여기에도 역시 명사적 용법의 동명사어미 '-ㄴ'이 덧붙어 있는 것으로 파악된다. 그리고 '在亦'은 '在-＋-ㄴ＋계사 -ㅣ-＋-아/어'로 분석할 수 있다. 그러므로 -亦은 문장을 연결하는 기능이 주된 것이나 현대어의 문종결어미 '-다'와 동일하게 해석하여도 별다른 문제를 일으키지 않는다. 다음의 (42)에서의 '…有亦'도 이와 마찬가지다.

> (42) ㄱ. 中樞院事 仁贊段 犯斤 由爲置有亦 門下左侍中 克廉 等 …… 其功甚大 帶礪難忘是去有等以 向前 仁贊乙良 功臣克廉例良中 幷以 啓 使內良於爲 敎 <1392 이화녹권 043~047> (중추원사 仁贊은 다음에 행하기로 하였으나 문하좌

시중 克廉 등 …… 그 공이 매우 커서 황하가 띠와 같이 좁아지고 태산
이 숫돌과 같이 작게 되어도 그 공을 잊기 어렵겠기에 앞의 仁贊은 공신
克廉의 예에 아울러 계를 행하도록 하심)

ㄴ. 王旨內 事意乙 用良 啓 使內乎 向事 出納是 置有亦 王旨 內 思 審是白內乎矣
　　<상동 048~049> (王旨 안의 事意로써 啓를 올려 행하여 처리할 일이라
　　는 出納이 있어서 왕지 안의 뜻을 살피옵건대)

(42)는 동일한 '…有亦'에 대하여 상반된 사용의미를 보여준다. (42ㄱ)은 역접의 문맥
에서, (42ㄴ)은 순접의 문맥에서 사용되었기 때문에 서로 대조적이다. 그러나 이것은 문
맥에 의존한 의미일 따름이다. '…有亦'은 현대어라면 '…있는 것이어' 정도로 동일한 의
미기능을 가진 것이라 하겠다. 용례상으로 볼 때 '…有亦'은 대체로 원인 및 이유를 나타
내는 문맥에서 쓰인 것들이 많아 '…이어서, …이므로, …이기에' 정도로 풀이되는 경우
가 많다. '…有亦'의 용례 중 극히 일부만을 보이면 다음과 같다.

(43) 禮曹等 傳敎爲良如 敎 承 /傳是白置有亦 向前 場中挾書披覽儒生乙… <1553 科擧
　　事目 36ㅎ> (예조 등에 전교하여라 하신 승전이 있으므로 과거 시험장에서
　　책을 끼고 열어보는 앞서의 유생을…)

救荒撮要 多數印出 廣頒爲良如 敎 承　傳是白有亦 相考爲白乎矣 <1554 賑恤廳啓
目 新刊救荒撮要 3ㅈ> (구황촬요를 다수 인출하여 널리 반포하여라 하신 승
전이 있어서 상고하되)

癸未年 受　敎段 載錄 不冬爲有置有亦 近來無賴之徒 不畏　國法 … <1548.5.26.
병조계목 各司受敎 70> (계미년의 수교는 실리지 않았기에 근래에 무뢰배들
이 국법을 두려워하지 않고 …)

右 立案 爲斜給事 粘連所志明文 及 各人招辭是置有亦 傳來賤籍 推納 相考爲乎矣
<1548 立案 정32-273 02~03> (이 입안은 사급을 위한 것으로서, 점련한 소
지와 명문 및 각 사람의 초사가 있어 전래한 천적을 찾아 들여 살피되)

11) 예측

(1) -絃如

'絃如'는 후대 이두 독음서들에서 '시우러, 시우려, 시우리, 지우려' 등으로 다양하게
읽었다. 그런데 이 이두어를 흔히 부사로 잘못 인식하여 '잇달아, 연달아' 등의 의미를
가진 것으로 해석해 왔다. 그러나 '絃如'는 동사 및 지정사 어간에 통합되어 …爲絃如와

…是絃如로 쓰이는 복합 어미로서 '…할 것과 같아, …일 것과 같아'에서 유래하여 예측의 의미를 갖는다. 고려 시대와 달리 조선조에서는 어간의 표기를 생략한 채 絃如만으로 쓰인다. 絃如의 사용의미를 『壬辰狀草』에서의 용례를 대상으로 살펴보면 다음과 같다.

(44) ㄱ. 賊若勢窮 則依岸登陸<u>絃如</u> 閑山島洋中 引出 以爲全捕之計 <1592.7.15. 계본 狀
　　　　9> (적은 만약 형세가 불리하게 되면 해안기슭을 타고 육지로 올라갈
　　　　것이므로 한산도 바다 가운데로 유인하여 모조리 잡을 계획을 세우고)
　　ㄴ. 侵漸本道 留連不退<u>絃如</u> 同 倉庫武庫等乙良 焚燒掃蕩亦 給傳令 馳送爲白有置
　　　　<1592.4.30. 계본 狀5> (점점 본도(전라좌도)로 침입하여 오래 머물며 퇴
　　　　각하지 않을 것이므로 그 창고와 무기고 등은 불살라 없애버리라고 전령
　　　　을 주어 급히 보냈습니다)

(44ㄱ)은 적의 세력이 곤궁해지면 해안 기슭을 타고 육지로 올라갈 것이므로 한산도 앞바다로 유인하여 모조리 잡을 계획이라는 내용에 해당된다. 따라서 絃如가 '원인'의 의미를 갖지 않나 예측된다. 그러나 (44ㄴ)의 경우를 잘 살펴보면 원인이나 이유라기보다는 아직 일어나지 않은 일을 추측하는 뜻임을 알 수 있다. 왜군이 전라도로 침입하기 전의 시점에서 이루어진 말이기 때문이다. 『壬辰狀草』에는 이 밖에도 狀4, 狀34, 狀39, 狀51, 狀53, 狀60에 '絃如'가 쓰여 있는데 이들 모두 아직 발생하지 않은 사건이나 일에 대한 추측을 표현하는 문맥에서 사용되었다.

(45) ㄱ. 雨漏分 置使內 不冬 間閣等亦 並只 頹落爲<u>絃如</u> 悶望是白去乎 在等以 <1357 白
　　　　巖寺貼文 10> (비가 샐 뿐이고 두고 사용하지 않은 간각들이 모두 낡아
　　　　무너지고 떨어질 것같아 민망하옵기에)
　　ㄴ. 節 議論 不冬<u>敎</u> 第亦中 後代 鑑戒 無<u>敎是絃如</u> 敎事是去有等以 <1262 尙書都
　　　　官貼 77> (금번에 의논하지 않으실 때엔 후대에 거울 삼아 경계하는 일
　　　　이 없으실 것같다 하신 일이므로)

(45)는 고려 시대 이두문에서의 용례들인데 -絃如가 어미로 사용되고 있음을 분명히 일러준다. (45ㄱ)의 爲絃如는 'ᄒᆞ-＋시상 -시-＋동명사어미 # 如'로 분석된다. 이 경우 絃은 중세어의 '시울/시욿'에 일치하며 시상 형태소에 미연형의 동명사어미가 결합된 것을 표기하는 자이다. 결국 미완의 의미는 絃에 들어있는 '-올' 또는 '-ㄹ'이 담당하고, 뒤따르는 如는 '다ᄒᆞ다'의 어근 '다'로 해석되므로 결국 -絃如는 '…ㄹ 것 같다'라는 미

완의 추측 즉, 현재의 시점에서 예측하는 의미를 지닌 복합어미로 해석된다.

예측의 의미기능을 가진 -絃如는 원인이나 이유 구문에서 곧잘 사용되곤 한다.

(46) ㄱ. 榮川官所送之物以 供饋不足絃如 爲乎等用良 近官 惠是 分定 關字四張 及 …
        <1546.6.12. 關文 소수서원등록 5ㅎ> (영천관에 보내는 물건으로는 양식
        공급할 물건이 부족할 것 같으므로 가까운 관아에 고루 나누어 책정한
        관문 4장 및 …)
    ㄴ. 供饋之物 俱闕爲乎等用良 近官 惠是 分定爲去乎 <1546.6.12. 關文 소수서원
        등록 5ㅎ> (양식 공급할 물건을 갖추기가 모자라기 때문에 가까운 관아
        에 고루 나눠 책정하니)

(46)은 관찰사가 소속 관아에 보낸 관문인데, 같은 날짜에 보냈을 뿐만 아니라 거의 동일한 문맥에서 '絃如'의 사용 여부가 차이를 드러낸다. (46ㄱ)에 쓰인 '絃如 爲乎等用良'는 '…할 것 같아 이로 말미암아'라고 풀이되기 때문에 (46ㄴ)에서는 '絃如' 없이 곧바로 '爲乎等用良'만을 사용하고 있음이 드러난다.

조선 전기에 쓰인 絃如의 용례 일부를 보이면 다음과 같다. (48)은 絃如 뒤에 爲白昆이 통합된 '絃如爲白昆'이 쓰였는데 예측의 의미와 더불어 문맥에 따라 '…할 것이니, …할 것이므로' 정도로 풀이된다.

(47) 奉祀段置 長同生韓氏亦 風病 長臥是沙餘良 只有女子爲去乙等 鎭長奉祀 不得已絃如
    <1551 화회문기 국립도서관 05~07> (봉사조도 맏동기인 한씨가 풍병으로
    오래 누워 있는 데다가 오직 딸자식만 있어 오래도록 봉사하지 못할 것이므로)
    今如 春寒方嚴 不異冬月 中路遇寒 殞斃丁寧絃如 糞土之命 猶切哀悶叱分 不喻 <李
    滉의 狀啓 眉巖日記 1568.3.29. 후기> (지금처럼 봄추위가 바야흐로 지독하여
    겨울철과 다름이 없어 길 도중에 한파를 만나 죽는 일이 분명할 것으로
    썩은 흙과 같은 목숨이 오히려 애절하고 민망할 뿐 아니라)

(48) 試漸解弛 無補立法之意絃如爲白昆 今後… <1553 科擧事目 7ㅎ> (시험이 점차
    해이해지고 법을 세운 뜻에 도움이 되는 바가 없을 것이니 앞으로는…)
    監試京官 無亦 前後事目乙 用意 擧行不冬絃如爲白昆 今後乙良… <1553 科擧事目
    33ㅈ> (시험을 감독하는 경관 없이 전후 사목을 용의주도하게 거행하지 않
    을 것이므로 앞으로는 …)
    錄名日期乙 預定 不冬爲白在如中 覆試前 未及畢講絃如爲白昆 預先錄名 <1553 科
    擧事目 舊事目1ㅎ> (녹명 날짜를 미리 정하지 않을 것 같으면 복시 전에 고

강을 미처 다 마치치 못할 것 같으므로 미리 녹명한다)

나. 종결어미

1) 평서형

(1) …事, …在, …敎, -內

이두문의 큰 특징은 첫째, 여러 개의 작은 문장들을 묶은 긴 텍스트로서 글을 마감한다는 것이요, 둘째, 긴 텍스트의 마지막은 명사문으로 종결한다는 점이다.

텍스트의 마지막을 종결하는 명사문 유형은 대체로 다섯 가지로 나뉜다. 첫째, '…事'로 끝맺는 방식이다. 이 경우의 事는 국어의 '일'에 일치하는데, 爲乎事, 爲臥乎事, 向敎是事, 向事 등이 이에 속한다. 둘째, '…在'로 끝맺는 방식이다. 이것은 동사 어간 在-에 동명사어미 '-ㄴ'이 붙어 있다. 흔히 재산관련 문서 중 分財記의 말미를 '…事是亦在'으로 마감하는 것이 대표적인 예이다. 셋째, 높임동사의 명사형을 사용하여 '…敎'로써 끝맺는 방식이다. 텍스트 전체의 기본 화자 또는 주체가 주로 임금이 되는 경우에 사용되는 문종결 방식이다. 넷째, 지정사 또는 동사 어간에 동명사어미 '-ㄴ'을 덧붙여 끝맺는 방식이다. '…是內, …爲內, …使內' 등이 이에 속한다. 다섯째, 否定辭를 사용하여 끝맺는 방식이다. 不冬, 不得, 安徐로 맺는 방식이다. 이 방식은 이두 번역물인 『養蠶經驗撮要』에서만 나타나는 것일 뿐만 아니라 이두문의 일반적인 긴 텍스트를 단위로 하지 않고 한문 원문에 준하는 번역인 까닭에 이두문 종결 방식에 포함시키지 않아도 무방하다.

이를 다시 크게 종합해 보면 이두문에서의 텍스트 마지막 종결 방식은 명사 '事'를 이용한 것과 동명사어미 '-ㄴ'을 활용한 동사의 명사형 방식 두 가지라 할 수 있다.

'…事'로 끝맺는 텍스트 종결 방식은 일반 私人文書의 이두문에서는 물론 이두 번역물에서 잘 드러난다.

(1) ㄱ. 凡 行移 合當爲在 文書良中 同僚官亦 代着署爲在乙良 杖八十齊 文案 闕失乙 仍于 代着署爲在乙良 加一等齊 其中 或加或減或出或入 罪重爲在乙良 從重 論罪爲乎事 <直解 03.09ㅈ> (무릇 다른 곳에 보내는 것이 합당한 문서에 동료 관원이 대신 착명서압한 경우에는 杖八十에 처하며 문안을 잃어버림으로 말미암아 대신 착명서압한 경우에는 한 등급을 더하며 그 중 가감하거나

빼거나 넣어서 죄가 중한 경우에는 중한 것에 좇아 논죄할 것)

ㄴ. …… 現出爲乎 追乎 依大典 和會 分執爲乎 事 <1480 金光礪娚妹和會文記 37~
38> (… 드러나는 데 따라 경국대전에 의거하여 화회하여 분집할 것)

ㄷ. 牛果 馬矣 傳染病乙 治療爲乎矣 身體良中 腫處 有去等 仔細審見 鐵條乙用良 火
燒烙之爲齊 又 冷水良中 身寒爲 限 立置爲齊 又 臍中 三十壯乙 灸之爲乎矣 艾
炷乙 如手小指頭爲乎 事 <牛疫方 7ㅎ~8ㅈ> (소와 말의 전염병을 치료하되
몸에 부스럼 난 곳이 있거든 자세히 살펴 쇳조각을 가지고 불에 달구어
지지며 또 찬물에 몸이 찰 때까지 세워두며 또 배꼽에 서른 번 뜸을 뜨
되 쑥 심지를 새끼손가락 머리부분만하게 할 것)

(2) ㄱ. 成化拾陸年貳月貳拾參日 成置爲臥乎 事叱段 …… 田畓以 許給爲臥乎 事 <1480
金光礪娚妹和會文記 01~02> (성화 16년 2월 23일 문서를 작성하여 두는
일은 …… 전답으로 주는 것을 허락하는 일)

ㄴ. 赭乙 牛角上矣 塗之爲在如中 惡病 氣運 傳染 不冬爲臥乎 事 <牛疫方 6ㅈ>
(붉은 흙을 쇠뿔 위에 바를 것 같으면 모진 병의 기운이 옮겨가지 않는
것임)

(1)은 爲乎事로써, (2)는 爲臥乎事로써 텍스트를 종결하는 예이다. 俉音과 같은 이두문
에서는 的只白乎事로 끝맺는 경우가 보편적이다. 이로써 보건대 '…事'로 끝맺는 이두문
의 경우 미래, 현재, 과거 시제가 그 앞에서 두루 실현되었음을 알 수 있다.

『大明律直解』에서는 明律의 각 條에 대하여 '明律條文 - 吏讀文直解 - 明律註釋文 - 吏讀
文直解'[80]와 같은 순서로 편찬하였다. 그리고 明律의 한문 條文은 반드시 '凡……'으로
시작하며, 이것이 이두문에서 그대로 '凡……'으로 전재되거나 이두어 凡矣로 번역하곤
한다. 이때 각각의 條가 이두 번역문에서의 텍스트 단위가 되며 각각의 텍스트는 爲乎事
로 마감하는 원칙[81] 아래 번역된다. 한문으로 된 條文의 내용이 긴 경우에는 텍스트를
몇 개의 작은 구성요소로 절단하는데, 이 구성요소들은 (1ㄱ, ㄷ)에서 보듯 '…齊'로 마
감하면서 전체 텍스트에 연결되는 방식을 취한다.

『牛疫方』의 경우엔 『養蠶經驗撮要』와 마찬가지로 비교적 텍스트의 길이가 짧다. 각각
의 치료 方文이 텍스트가 되기 때문이다. 이에 따라 텍스트가 한 행을 넘지 않는 경우가
거의 대부분이다. 얼핏 보면 한 문장 정도를 번역의 대상으로 삼은 듯하다. 그러나 두 行

---

80) 한문 원문의 條文 및 註釋文에 대하여 양자를 묶거나 어느 하나를 생략하는 등 이두로 直解하는 여러 가
지 양상에 대하여는 朴盛鍾(2003ㄱ:314~317) 참조.

81) 예외는 刑律에서 주로 많이 나타난다<예: 21.1~3, 22.3ㅎ>. 이 경우엔 한문식 성구로 끝맺는다.

이상으로 된 긴 텍스트들도 있음은 물론이다. 대상 텍스트의 길이가 짧든 길든 텍스트의 마지막은 이두문에서 늘 '…爲乎事' 또는 '…爲臥乎事'로써 명사문 종결 형식을 취한다.

'…事'로 끝맺는 텍스트 종결 방식 중의 하나인 '…向敎是事'과 '…向事'은 주로 관아 사이에 주고 받는 문서들과 일부 所志에서 자주 사용되었다. 이에 대해서는 앞서 본 章의 단일동사 중 向-에서 상술하였다.

동사 어간 在-에 동명사어미 '-ㄴ'이 붙어 있는 '在'로써 문종결을 하는 '…在' 방식의 예는 다음과 같다.

   (3) 後所生以 新反 文字 前所生 幷以 執持 使用爲乎 事是亦 在 <1404 張戩妻辛氏同生
       和會 15> (후소생으로부터 새 문서 전의 소생까지 아울러 지녀 사용할 일이
       있음)
       他條以 爭望 隅 有去等 告官辨正爲乎 事是亦 在 <1494 李璦男妹和會文記 004>
       (다른 사유로 다투고 원망하는 까탈이 있거든 관에 고하여 바로잡을 일임)
       此 明文 內 辭緣 貌如 告官 辨正爲乎矣 願意 不從者乙良 不孝以 論決爲乎 事是亦
       在 <1517 分財記 정32-356 14~15> (이 명문 안의 사연과 같이 관에 고하여
       바로잡되 뜻을 좇지 않는 자는 불효로 논결할 일임)
       他子孫中 遺漏以 擧論 安徐爲乎 事是亦 在 <1594 衿給文記 영1-83 33> (다른 자
       손 중에 유루노비로서 거론하지 말 일임)

(3)은 모두 재산관련 문서의 분재 사유를 적은 分財記 본문 말미에 적힌 것들이다. '事是亦 在'은 직역하자면 '일이 있음' 정도로 풀이되는 문구로서 명사문 종결 형식을 유지하고 있음이 눈에 띈다. (4)와 같이 '事是亦 在'으로 이두문을 끝맺은 뒤에 한문 성구 '謹言'을 덧붙이기도 하는데 이것은 알맹이에 해당하는 이두문을 감싸고 있는 포장지 역할을 한다. 이 '謹言'은 소지의 첫머리가 '右謹言…'으로 시작하므로 결국 문서 내용을 앞뒤에서 감싸고 있다는 의미도 포함되어 있다. 이러한 형식은 대체로 관아에 올리는 所志를 비롯해 한문투로 작성하는 上言 등에 많이 나타난다. '事是亦在'은 때로 말음첨기자 是를 생략하고 '事亦在'으로 적히기도 하는데 (4ㄴ)이 그 한 예이다.

   (4) ㄱ. 行下 向敎是事乙良 望白內臥乎 事是亦 在 謹言 <1427 張戩妻辛氏경상도도관
          찰출척사所志 10> (명령하여 주실 일을 바라는 일이 있어 삼가 아뢰오니)
          成給 向敎是事 望良白內臥乎 事是亦 在 謹言 <1461 河源所志 1-06>
          成給 向敎是事 望良白內臥乎 事是亦 在 謹言 <1536 所志 정56-17 06>
      ㄴ. 行下敎是 事亦 在 謹言 <1537 所志 정32-130 05>

行下向教 事亦 在 謹言 <1551 소지 정32-275 03>
成給爲白只爲 行下 向敎是[82]亦在 謹言 <1588 소지 『慶北地方古文書集成』 556
03~04>

높임동사 敎-의 명사형으로 문종결하는 방식에 대해서는 본 章의 단일동사 중 敎/敎是-
에서, 그리고 동명사어미 '-ㄴ'이 덧붙은 -內에 대해서는 후술할 동명사어미에서 상술하
므로 여기서는 생략한다. 다만 '…敎'로 끝맺는 이두문 종결 형식만을 하나 보이면 다음
과 같다. (5)는 문서의 본문 전체가 하나의 이두문으로 이루어져 있는 사실을 시사하는
점에 특히 주목해야 할 것이다.

> (5) 卿矣段 …… 賜與爲臥乎 事是㫆 子孫 傳持 鎭長 喫持是良於爲 敎 <1399 趙溫賜牌
> 03~08> (경의 경우에는 …… 내려주는 일이니 자손에게 전하여 오래도록
> 지녀 먹도록 하심)

(2) -齊

앞의 예문 (1ㄱ, ㄷ)에서 보듯 -齊는 이두문 전체 텍스트를 이루는 작은 구성요소의
마지막에 쓰이는 이두자였다. 따라서 이 -齊는 연결어미가 그 본질적인 문법 기능이었다.
그럼에도 불구하고 널리 사용하는 과정에서 시기가 늦을수록 문장을 종결하는 평서법의
종결어미로 점차 바뀌어 가는 모습을 보인다.

-齊는 15세기 국어에서 그 대응형태를 찾기가 어렵다. 후대 이두 학습서들은 대체로
'-제, -져'로 읽었다. 이 중 '-져'가 옳은 독법이었을 개연성이 높음은 願望을 나타내는
-良結과 -良齊의 혼용을 통해 이미 살펴본 바가 있다. -齊는 연결어미의 기능을 바탕으
로 하면서도 종결어미로서 기능을 겸하며, 문맥에 따라서는 가벼운 명령이나 지시, 願望
등의 뜻도 드러내는 경우조차 있다. 이러한 문맥적 의미는 주로 억양과 같은 다른 요소에
의해 결정된다고 판단된다.

-齊는 15세기만 하더라도 주로 연결어미로서 기능하였는데 16세기에 들어 점차 종결
어미로서 기능하는 모습을 보인다. 후자의 기능은 예를 들어 16세기 중엽의 安氏治家法
制와 紹修書院謄錄에서 잘 드러난다. 두 자료에서 여러 가지 사항들을 나열하는 과정에
서 각각의 사항별로 -齊로 문종결하는 양식을 취하고 있기 때문이다.

---

82) 事 자가 누락된 오기인 듯함.

(6) ㄱ. 一 奴婢等 或稱上典之言 非但謀免臥 己之役 隣人等 有請爲去等 衙前處 言之 至
爲不當爲昆 治罪次 白是爲齊 (○ 노비들이 혹 상전의 말씀이라 칭하며 모면
하고 자기의 역을 이웃사람들에게 청을 하면 관아에 그것을 말하기가 지
극히 부당하니 치죄하기 위해 고발한다)
一 奴子等 不能操心 凡 官中 擬只臥乎 諸事 拒逆 成習爲如中 其矣等 受罪叱
分 不喩 上典教是置 不得免其責是昆 凡 汎濫拒逆之人 一一摘發 治罪次以 白是
爲齊 (○ 사내종들이 마음을 쓰지 않아 무릇 관아에서 시키는 여러 가지
일을 거역하는 것이 습관이 될 것 같으면 저희들이 죄를 받을 뿐만 아니
라 상전께서도 그 책임을 면하지 못하니 무릇 함부로 하고 거역하는 사
람은 일일이 적발하여 죄를 다스리기 위해 고발한다)

ㄴ. 一 奴婢等乙 依大父主時 作介 各 畓則 全一石落只 田則 二日耕 私耕[83]段 作介
給 餘 田畓以 平均 分給爲有齊 <1554 安氏治家法制 성암박물관> (○ 노비들
에게 큰아버님 때에 의거하여 작개 땅으로 각각 논은 한 섬지기 밭은 이
틀갈이, 새경은 작개땅으로 주고 남은 전답으로 고르게 나눠 주었다)

(7) 一 文成公 及 配位 春秋行祭 及 儒生常養事乙 一依周景遊竹溪志 永 〃 擧行爲齊
<1547.2.3. 立議 紹修書院謄錄 1ㅎ> (○ 문성공 및 배향인물들에 대한 봄가을
행제 및 유생들을 모시는 일을 일체 주세붕 선생의 죽계지에 의거하여 영구
히 거행한다)
一 尋院 先生 儒生 並只 敬待爲齊 <1547.2.3. 立議 紹修書院謄錄 2ㅈ> (○ 서원
을 방문한 선생과 유생 모두를 공손히 대접한다)

(3) -如

'如'는 본래 실질적인 의미를 가진 형태소로 추정된다. 동사와 명사의 어간으로 쓰이는
실질적인 어근으로서, 대체로 '같음'이라는 의미를 띠었다. 15세기 국어에 간혹 예가 있
어 참조된다. '다ᄒ다'(같다)의 어간에 해당하는 형태인 셈이다. 따라서 명사로서의 성격을
보유하고 있어 이 뒤에 격어미가 통합되기도 한다. '如中'이 바로 그 예이다. 이 형태는
다시 동명사 어미에 붙어서 '-在如中'와 같은 어미를 형성하기도 한다. 이 경우에는 대체
로 '조건'이나 '가정'의 의미를 갖는다. 이때 '如'의 본래의 의미는 그대로 잔존해 있다.
문맥에 따라 '…할 것 같으면'으로 풀이되기 때문이다. 명사에 직접 결합한 '皃如'라든가,
동사의 활용형에 결합되어 부사로 쓰이는 '右良如, 右如'와 같이 사용된다. 이뿐만 아니

---

83) 새경은 흔히 머슴이 주인에게서 한 해 동안 일한 대가로 받는 돈이나 물건을 가리킨다. 그러나 조선조 전
기에는 私耕이 글자 그대로 사사로이 경작해 먹는 일 또는 그 땅을 가리키면서 作介田畓에 대립되는 개
념이었던 듯하다. 安氏治家法制에서는 作介 논 한 섬지기에 소출 열 섬을 내는 것으로 되어 있다.

라 동명사 어미나 계사 뒤에도 사용된다. '…乎如'와 '是如' 등이 그 예이다. '…乎如'의 '乎'에는 동명사 어미가 들어 있어 명사적 용법을 드러내는데, '…乎如'는 평서문으로서 문장을 종결하기도 하지만, 의문문을 형성하기도 한다. 이는 '如' 자체가 가진 의미에서 부터 연유하는 것이 아니라, 형태 외적인 요인들, 이를테면 文末 억양이나 강세 등에 의해 주어진다고 이해된다. 시상의 선어말어미 -良-을 선행한 형태 -良如는 명령형 어미로서 '-아라/어라'에 해당한다. 명령법 어미로는 ㅎ라체만이 이두에 나타난다.

(8) 凡 祖父母父母亦 子孫等乙 故只 殺死爲弥 家長亦 奴婢乙 故只 殺死爲遣 他人乙 殺死爲如 冒弄爲在乙良 <直解 19.07ㅎ> (무릇 조부모와 부모가 자손들을 고의로 죽이며 가장이 노비를 고의로 죽이고 다른 사람이 죽였다고 씌우려 한 경우에는)

(8)은 동사 어간 爲-에 어미 -如가 직접 통합한 예이다. 이 경우의 爲如는 문맥상으로는 인용의 의미를 지니고 있으나, 15세기 국어와 마찬가지로 별도의 인용 표지 없이 상위문의 서술어에 이어진다. 따라서 (8)의 爲如는 동사 어간에 직접 종결어미 -如가 붙은 것으로 보아야 한다.

(9) ㄱ. 凡 子矣 妻亦 虛事以 夫矣 父亦 女矣 身乙 行姦爲行如 妄說爲旀 <直解 25.03ㅎ> (무릇 아들의 처가 꾸민 일로서 지아비의 아비가 자기의 몸을 계속하여 간음한다고 거짓으로 말하며)

ㄴ. 虛事以 女矣 身乙 行姦爲行臥乎如 妄說爲在乙良 <直解 25.03ㅎ> (꾸민 일로서 자기의 몸을 계속하여 간음한다고 거짓으로 말한 경우에는)

ㄷ. 李希義段 筆執 安世張 朴守天 等段 證保 爲乎如 同 着名署 成文 的只白乎 事 <1554 俤音 정32-277 10~12> (李希義는 필집으로 安世張과 朴守天 등은 증인으로 한 것과 같이 함께 착명하고 서압한 문서가 맞는 일)

(9ㄱ)과 (9ㄴ)을 대비해 보면 (9ㄱ)에서는 동사 어간에 -如가 직접 통합되어 시제 중립적인 표현이나, (9ㄴ)에서는 현재 진행형으로 표현하고 있음을 알 수 있다. (9ㄴ)의 -臥乎如는 명사적 용법을 보이는 동명사 어미를 매개로 하여 종결형 어미 -如가 통합된 것으로 해석된다. 이것은 (9ㄷ)의 경우에도 마찬가지인데, (9ㄷ)의 '爲乎如'는 이미 일어난 과거의 일을 기술하고 있어 대비된다.

계사 -是- 뒤에서도 종결형 어미 -如가 통합됨은 물론이다. 이 경우 계사의 의미기능은 '指定'이라 할 수 있으므로 일반적으로 체언에 통합되어 쓰이지만, (11)과 같이 동사 爲-를 대신하여 쓰이기도 한다.

(10) 政案良中 開國一等功臣某之子孫是如 施行 <1392 李和錄券 075> (정안에 개국일 등공신 아무개의 자손이라 시행하고)

其人亦 笞決五十是去乙 減作三十是如 爲在乙良 <直解 28.11ㅈ> (그 사람이 笞五 十으로 처결해야 할 것이거늘 감해서 笞三十이다 한 경우에는)

…仇知是如 施行爲有齊 <1464 金孝盧奴婢立案粘連 5-07> (…仇知이라고 시행하였으며)

婢 石非是如 施行爲有臥乎 等 用良 <1560 입안 정32-279 231~232> (계집종 石非이라고 시행했기 때문에)

婢 少梅 年十三辛酉是如 施行 他衿 他田民 幷付 許與是齊 <1594 입안 정32-294 08~09> (계집종 少梅 나이 13살 신유생이라고 시행하고 다른 사람의 몫과 다른 전답과 노비가 함께 붙어 있는 허여문기이며)

(11) 其矣 應納田稅良中 充數 施行是如 爲白臥乎 所 <1563 호조계목 각사수교 32> (그가 응당 납부할 전세에 (토호품관들이 내야 할) 수를 채워 시행한다고 하는 바)

同 譽字畓庫乙 前上明文 闕失是如 爲乎 等 用良 同 光曙 光睍 處 後考次以 明文 成置爲臥乎 事 <1553 明文 정32-490 08~09> (위 譽 자 논 땅을 전에 바친 명문을 잃어버렸다 하기 때문에 위 光曙와 光睍에게 후고를 위해 명문을 만들어 두는 일)

그런데 체언 뒤에 바로 통합된 -如는 -是如에서 是를 생략표기한 것으로 보아야 할지, 아니면 체언 뒤에 붙어 일종의 인용격 조사처럼 쓰인 것으로 보아야 할지는 다소 애매하다. (12ㄱ)의 경우엔 전자에 해당되나, (12ㄴ)의 경우엔 어느 쪽에 해당하는지 확언하기 어려운 면이 있다.

(12) ㄱ. 重罪乙 輕罪如爲在乙良 <直解 28.10ㅎ> (중죄를 경죄이라고 한 경우에는)

ㄴ. 道路良中 有病爲旀 船路良中 遭風爲旀 逢賊如爲在 事狀等乙用良 所在官司 明文 捧上爲在隱 <直解 01.19ㅈ> (길 가다가 병이 나며, 뱃길에 바람을 맞으며, 도적을 맞은 것과 같은/(도적을 맞았다고 한) 일들로 말미암아 소재지 관사의 명문을 받은 경우에는)

(4) -置

한편 '…置'로써 문장을 종결하기도 한다. '置'는 본래 동사 어간이었으나 점차 문법화하여 선어말어미로서의 기능을 갖게 되었다. 이에 따라 爲置有等以, 爲置有亦, 是置有等以, 是置有亦 등은 물론 공손법의 선어말어미 -白-을 삽입한 爲白置有等以, 爲白置有亦, 是白置有等以, 是白置有亦 등도 널리 쓰이게 되었다. 그러다가 16세기 들어 '有-' 이하의 구성요소들을 절단한 채 문장을 끝맺는 용법이 등장하기 시작하였다. 이 개신형 표기법은 주로 관아에서 謄錄類를 작성하는 과정에서 편의를 위해 절단형 표기를 하던 것이 확산된 것으로 여겨진다. 사인문서들에서는 그 쓰임을 발견하기 힘들다.

爲置, 爲白置, 是置, 是白置 등으로 문장을 종결하는 용례들에 대해서는 본 章의 서법 선어말어미 -置-에서 기술한 바 있으므로 자세한 논의는 생략한다.

2) 의문형

(1) -去, -可

의문법 어미 이두자로는 -去가 있다. 이는 원래 첨사에서 기원한 것인데, -可로도 표기되었다. 어미로 사용될 때에는 그 앞에 동명사어미가 개입되어 있음에 유의할 필요가 있다. 爲乙可와 같이 동명사어미를 분명히 드러낸 예들도 때로 있으나 일반적으로 생략 표기하기 때문이다. 따라서 의문형으로 사용된 爲去와 是去의 -去는 '-ㄴ가' 또는 '-ㄹ가'인지를 문맥에 의존하여 판단하여야 한다.

> (13) 分給 不得爲乙可 平時 分衿爲去乎 <1452 李遇陽許與 04> (나눠주지 못할까 하여 평시에 몫을 나누어 주니)
> 矣身 離病 不得爲乙可 先於遺書 成給爲去乎 萬一 世任亦 來現爲去等 <1543 遺書 『朝鮮祭祀相續法序說』 부록2 07~08> (내가 병에서 벗어나지 못할까 하여 유서에 앞서 문서를 만들어 주니 만일 世任이 오거든)
> 必于 平均 分執爲乎 喩良置 不無不公是如 妄懷邪念爲乙去 其矣 田畓 買得爲有在 …<1552 화회문기 영2-87 33~35> (비록 고르게 나눠 가질지라도 불공평함이 없지 않다고 망령되게 나쁜 생각할까 하여 저가 전답을 매득해 있는 …)

(13)은 爲乙可 또는 爲乙去가 미연형임을 분명히 일러주는 乙 표기자가 들어있다. 그러

나 (14)의 경우엔 생략표기되어 있으므로 문맥에 의존하여 판단하여야 한다.

(14) 難苦爲去 向入 回避爲要 因而在逃爲在乙良 <直解 02.05ㅈ> (어렵고 고될까 생각
하여 회피하려 하고 이로 인해 도주한 경우에는)
汝矣段 京家無亦 從仕□□□爲去 向入 <1467 張安良家舍許與文記> (네 경우에는
서울 집 없이 종사□□□할까 생각되어)
同曹亦 其司已防事是去 向入 便亦 受理 不冬 退狀敎是在 而亦 <1483 金孝盧繼後
司憲府立案 07~09> (위 예조가 이미 불허한 일인가 생각하여 편한 대로 처
리하지 않고 소장을 물리신 것이지만)

(15)는 의문형 어미로 쓰이는 -去가 기원적으로 명사구 뒤에 붙어 쓰이던 첨사였음을
시사해 주는 예들이다. 특히 (15ㄷ)은 과거형 뒤에도 접미되어 있어 주목되는 예이다.

(15) ㄱ. 夤緣勢處僧人 及 兩宗僧人等亦 田民雜物 饒足爲白乎去 向入 <1477 上院寺成
化十三年江陵大都護府立案 13~14> (연줄 있고 세력을 지닌 중 및 양사의
중들이 전민과 잡물이 풍족할까 생각하여)
罪及於己爲白乎去 向入 挾書儒生乙 曲意掩護 <科擧事目 13ㅎ> (죄가 자기
에게 미칠까 생각하여 책을 지닌 유생을 고의로 엄호하며)
ㄴ. 申明 擧行爲良置 近來 鎭管鎭撫 及 各官色吏等乙 治罪 不冬爲白臥乎去 向入
<1549.10.13. 병조계목 각사수교 73> (밝혀 거행하여도 근래 진관의 진무
및 각 관아의 색리 등을 치죄하지 않는 것인가 생각하여)
ㄷ. 縣內 接 水軍司 朴奇 稱名人亦 崔無叱世 殺主 致死爲白有乎去 向入 其矣 畓庫
是如 … <1594 土地明文 정3-211> (현 안에 사는 수군사 朴奇라 하는 이
가 崔無叱世가 주인을 살해하여 죽게 한 것인가 생각하여 자기의 논이라
고 …)

(2) -女

중세어의 ᄒᆞ라체 의문형 어미 '-녀'에 정확히 일치하는 형태로서 쓰인 -女가 눈에 띈
다. 중세어의 일반적 조건과는 달리 주어가 2인칭임에도 불구하고 사용되었던 것이 아닌
가 싶다.

(16) 矣亦中 衿給文記乙良 現納 不冬是女 推考敎是臥乎 在亦 <1583 侤音 정3-369>
(저에게 몫으로 준 문서는 현물로 납부하지 않느냐고 추고하시는 일이 있어)

3) 명령형

(1) -良如

앞서 설명한 평서형 종결 형식인 '…事'와 '…內'가 명령의 기능을 겸할 수 있음은 물론이다. 여기에서는 어미 형태가 분명히 드러나는 표기자 -良如만을 대상으로 기술한다.

중세어의 ㅎ라체 명령형어미는 '-(♀)라'였다. 이 명령형어미 '-(♀)라' 앞에 선어말어미 '-거/어/나'가 통합되어 쓰이기도 하나, '-(♀)라'에 비해 매우 드물게 사용되었다. 이와 달리 이두의 명령형 어미는 -良如만 발견된다. 이두의 명령형어미 형태는 두 가지 점에서 중세어와 큰 차이를 보인다. 첫째, 音相 면에서 약간의 차이가 있고 둘째, 이두에서는 爲良如에서 良이 빠진 爲如의 용례가 발견되지 않는다는 점이다.

> (17) 三等功臣乙良 並只 田 柒拾結 奴婢 柒口 爲等如 各各 /賜給爲良如 <1392 李和錄券 139~141> (3등공신은 모두 밭 70먹 노비 7명을 통틀어 각각 사급하여라)
> 賜牌未成間 依靖難功臣例 先可 假立案 成給爲只爲 刑曹等 傳敎爲良如 <1507 掌隷院假立案 02~03> (사패가 만들어지기 전의 기간에 정난공신의 예에 따라 우선 가입안을 만들어 주도록 형조 등에 전교하여라)
> 以立永久遵行之法爲只爲 禮曹 傳敎爲良如 <1557 詳定科擧規式 1ㅎ~2ㅈ> (영구히 준행하는 법을 세우도록 예조에 전교하여라)

爲良如는 '爲-＋-良-＋-如'로 분석된다. 이때의 良은 원래 부동사어미였던 것으로 추정되며, 如는 종결형 어미에서 설명한 바와 같이 '다'로 읽히는 어근였다고 본다. 따라서 이두의 爲良如는 중세어의 보편적인 명령형 어미 '-(♀)라'와 다른 모습을 보이는데, 爲良如가 선대형였을 개연성이 높다고 판단된다.

이두의 명령형 어미 -良如는 조선 전기는 말할 것도 없고 이두가 사멸하기 직전인 19세기까지도 여전히 그대로 사용된다는 점이다. 이두의 보수적이며 의고적인 성격을 잘 보여주는 예라 하겠다.

> (18) ㄱ. 進爵儀軌今方始役 應行諸事參酌磨鍊 後錄爲白去乎 依此擧行 何如   達 依所達 施行爲良如 敎 <1828 慈慶殿進爵整禮儀軌 2.1~2> (작위를 올리는 예식에 관한 의궤 작업을 이제 시작하는 즈음에 여러 가지 마땅히 행할 일들을 참작하여 마련하여 다음에 적사오니 이에 따라 거행함이 어떠하십니까 하고 세자께 계달하니 계달한 바에 따라 시행하여라 하심이다.)

ㄴ. 光緖十年正月三十日 /啓 依所啓 施行爲良如 敎 <1884 예조 無啓目單子 규장
　각 문서번호 172247> (광서 10년 정월 30일에 계를 올리니 계한 바에 따
　라 시행하여라 하심)

　조선조 전기 이두의 종결형 어미에서는 감탄형이라든가 청유형을 발견하기 힘들다. 이
것은 자료상의 제약에 따른 것이 아닌가 생각한다.

　　다. 동명사어미

　動名詞語尾의 용법은 세 가지로 나뉜다. 첫째, 명사로서의 기능이다. 동명사어미가 붙
어 서술동사 또는 문장을 명사구로 만든다. 이 명사구에 격어미가 붙어 여러 가지 성분으
로 기능하기도 하고, 때로는 문 종결의 기능을 한다. 이를 가리켜 동명사의 명사적 용법
이라 칭한다. 둘째, 후행하는 체언을 수식하는 기능을 한다. 이는 다른 한편으로 보면 첫
째 기능에 속한다고도 하겠다. 동명사어미가 명사구를 형성하여, 이 명사구가 후행 체언
과 복합하는 것으로 해석할 수 있기 때문이다. 그러나 일반적으로 수식어와 피수식어의
구조를 모두 그렇게 볼 수 없으므로, 이를 가리켜 동명사어미가 붙어서 후행 체언을 꾸미
는 것을 가리켜 동명사어미의 관형적 용법으로 칭한다. 셋째 기능은 일종의 접속 용법이
라 부를 수 있다. 선행의 문장을 종결하면서 동시에 후행 문장에 연결하는 역할을 하는
것이다.

　조선 전기 이두문에서 동명사어미는 넷이 사용되었다. 15세기 국어의 '-ㄴ, -ㄹ, -ㅁ,
-기'에 대응하는 형태가 사용되었다. 이 중 '-ㄴ, -ㄹ'은 動名詞로서의 제 기능을 충분
히 발휘하고 있으나, '-ㅁ, -기'의 경우엔 동사의 명사형으로서의 기능만 유지하고 있을
뿐이다. 또한 '-ㄴ'의 경우엔 그것을 표기하는 별도의 吏讀字 없이 선행 형태에 융합되어
표기된다. 15세기 국어에서는 동명사 어미 '-ㄴ'의 명사적 용법이 이미 화석화되어 있다.
더구나 '-ㄹ'의 명사적 용법은 극히 이례적일 뿐이다.

　이상과 같은 분류에 따라 각각의 동명사 어미의 쓰임새를 살펴보기로 한다.

1) －ㄴ

‘－ㄴ’의 명사적 용법은 다음과 같이 나타난다.

    (1) ㄱ. 矣身 及 昨日 被擄 鎭海 居 寺奴 羅斤乃等乙良 大船 幷以 棄置 仍而被擄爲乎
          在亦 <1592.6.14. 계본 壬辰狀草 狀8> (이 몸 및 어제 잡힌 진해에 사는 사
          노 羅斤乃 등은 큰 배와 함께 버려둠으로 인해 잡힌 것이며)

       ㄴ. 本文記 幷以 許與爲去乎 在 等以 永永 居住爲乎矣 <1401 太祖賜給㫆致家坌文
          書 06~07> (본문기와 아울러 허여하는 일이 분명히 있으니 영구히 거주
          하되)

          各 後所生乙良 得後以 施行 許與爲去乎 在亦 <1517 입안 정1-16 46> (각 후
          소생은 (이 노비들을) 얻은 후에 시행하고 허여하는 일이 있어)

       ㄷ. 高致乙 如實造作 不得爲臥乎 在 等以 <양잠 36ㅎ~37ㅈ> (고치를 실하게
          조작하지 못하는 일이 있으므로)

          上薪 高致 濕潤 不實爲臥乎 在 等以 <양잠 40> (섶에 오른 고치가 습하고
          반질거려 부실하게 되는 일이 있으므로)

          奴子 放賣 與否 推考敎是臥乎 在亦 <1544 佟音 정1-247> (종을 방매한 여부
          를 추고하시는 일이 있어)

       ㄹ. 其時 同 軍人等乙 每十日 定限 三度 治罪 督現爲白良置 終不備持 下歸爲白臥乎
          在亦 <1550.2.6. 병조계목 각사수교 77> (그 당시 이 군인들을 매 10일을
          기한으로 하여 세 번을 치죄하고 나타나기를 독려해도 끝내 갖추지 못하
          고 되돌아가는 일이 있어)

       ㅁ. 說諭爲如可 未及繼後 身故爲白乎 在亦 <1480 金孝盧繼後禮曹立案 04> (말씀
          하다가 미처 계후하지 못하고 죽은 일이 있어)

          海口待變亦 開諭 罷陣爲白乎 在亦 <1592.5.10. 계본 壬辰狀草 狀7> (해구에서
          사변에 대비하라고 타이르고 진을 파한 일이 있으며)

       ㅂ. 郡 書院儒生 供饋之物 不足爲去等 牒報亦 爲有如乎 在亦 <1546.6.12. 關文 소
          수서원등록 5ㅎ> (군 내 서원 유생들에 대한 양식 공급할 물건이 부족하
          거든 급히 보고하라고 했던 일이 있는데)

  (1)은 ‘…乎 # 在…’의 구성을 보여준다. 이 경우 ‘…乎’에는 동명사 어미 ‘－ㄴ’이
붙어 명사구를 만들어 이것이 문장에서 주어로 쓰인 것이다. 주격 조사의 표지 없이 단독
으로 사용된 것이다. (1)은 모두 爲－ 동사와 높임동사 敎是－의 명사형만을 제시한 것으로
서, (1ㄱ)은 주어로 쓰인 명사구가 爲乎, (1ㄴ)은 爲去乎, (1ㄷ)은 현재형 －臥乎, (1ㄹ)은 (1ㄷ)
에 경어법 선어말어미를 삽입한 爲白臥乎, (1ㅁ)은 爲乎에 －白－이 삽입된 爲白乎, (1ㅂ)은

과거 회상의 爲有如乎의 예들이다. 따라서 '…乎 # 在-…'은 '…한 것이 있-…'로 풀이된다.

'…乎 # 在-…' 구성과 동일하되 동사 在- 대신에 的是-를 쓴 예도 발견된다. (2)가 그 예이다.

(2) 爲等如 使內白叱乎 的是□□… <1480 佋音 金孝盧奴婢別給立案粘連文書 3-07>
　　　(통틀어 부리어 있던 바가 맞기에)

15세기 국어에는 '…한 것을 따라'라는 뜻으로 사용된 '혼 조초'가 일부 나타난다. 이에 정확히 일치하는 구문인 '爲乎 追于' 또는 '爲乎 追乎'가 조선 전기에 때때로 사용되었음이 (3)에서 확인된다. 이 경우엔 爲乎이 후치사처럼 쓰이는 동사 追-의 목적어로 기능하는 것이다. 이뿐만 아니라 이미 일어난 일을 대상으로 하되 진행의 뜻을 가진 명사구도 목적어로 취한 예도 발견된다. (4)가 이에 해당된다.

(3) 事畢爲乎 追于 前件信牌乙 還納 灸周爲乎矣 <直解 03.11ㅎ> (일이 끝난 데 따라 앞엣 건의 신패를 되돌려 내고 (장부에서) 삭제하(도록 하)되)
　　逃亡遺漏奴婢 及 田畓 有去乙等 現出爲乎 追乎 <1480 金光礪娚妹和會 37> (도망하거나 빠진 노비 및 전답이 있거든 드러나는 것을 좇아)
　　其餘遺漏奴婢等乙 先可 推刷爲乎 追于 <1494 李璦男妹遺漏奴婢和會 01~02> (그 나머지 빠진 노비등을 먼저 추쇄한 것에 따라)
　　某子孫 中 推尋爲乎 追于 執持 使用爲齊 <1540 分財記 정49-146 09> (자손 중 누군가가 추심한 데 따라 지녀 사용하며)
　　遺漏未分奴婢 逃亡奴婢等乙 這這 聞見爲乎 追乎 三名是去等 執籌 分執 <1543 分財記 성암박물관 04~05> (빠져서 나누지 못한 노비와 도망간 노비들을 낱낱이 듣고 본 데 따라서 3명이면 제비 뽑아 나눠 갖고)
　　親着 滿日爲乎 追乎 這這 黜送 勿許同頌 <1553.4.20. 掌隷院受教, 大典詞訟類聚 146> (친착법에 날짜가 참에 따라 낱낱이 내보내고 위 소송을 허락하지 않는다)
　　各 陵修理 奉先事重爲乎 等 用良 破毁額叱爲乎 追乎 多發軍丁 雜物 上下 <1558.8.3. 예조계목 각사수교 54> (각 능의 수리는 선조를 받드는 일이 중요한 까닭에 파손된 데 따라 많은 군사를 내고 잡물을 지출하여)

(4) 不冬爲有臥乎 追于 花名 平均 分執爲齊 <1540 分財記 정49-146 07> (안 했기에 노비 이름을 평균하여 분집하며)

동명사어미 '-ㄴ'이 통합된 명사구는 체언이므로 격어미나 첨사 등이 통합됨은 물론이다.

(5) ㄱ. 初亦 起揭爲在乙 爲首遣 <直解 01.32ㅈ> (처음 발의하고 주도한 자를 주범
　　　으로 삼고)
　　ㄴ. 各各 下手人 內 重亦 傷害爲在以 從重 論遣 <直解 20.03ㅎ> (각각 하수인 중
　　　에 심하게 상해한 자로써 중형으로 논하고)
　　　其色 不變爲在以 交易落種 <農書輯要 20> (그 색이 변하지 않은 것으로써
　　　바꾸어 씨를 뿌리고)
　　ㄷ. …爲白乎亦中, …爲白叱乎亦中 <조선 초기 錄券類> (…하옴에, 하였음에,
　　　…하니 이에)
　　　/啓目爲白乎亦中 <1483 金孝盧繼後司憲府立案 66> (계목을 올림에)
　　ㄹ. 他病乙 因爲 身故爲在亦中 是爲他故是良尓 <直解 20.04ㅈ> (다른 병으로 인
　　　하여 죽을 것 같으면 이것이 다른 연고이므로)
　　　買休人亦 婦女 茂火 用謀爲 本夫乙 侵逼 休棄令是在亦中 本夫亦 初亦 賣休之意
　　　無去有 等以 本夫乙良 不坐罪遣 <直解 25.02ㅎ> (사들인 사람이 부녀와 더
　　　불어 모의하여 본 남편을 핍박하여 버리도록 할 것 같으면 본 남편이 처
　　　음에 팔 뜻이 없었으므로 본 남편은 죄를 묻지 않고)

　(5)는 동명사 명사구가 곡용을 하는 과정에서 격조사가 표기된 예들이다. (5ㄱ)의 '爲在
乙'은 '…한 것을' 즉, '…한 사람을'이라는 문맥적 의미로 풀이된다. (5ㄴ)의 '爲在以'는
조격 조사가 붙어서 '…한 것으로(써)'라는 의미를 나타낸다. 다만, '傷害爲在以'의 경우엔
'…한 것으로 말미암아'라는 원인을 나타내는 일종의 어미처럼 사용되는 경우가 이따금
있어 주의해야 할 것이다. (5ㄷ)의 '…乎亦中'은 여격 조사가 덧붙은 것인데 대체로 '…한
바 이에'라는 의미로 해석된다. 그런데 (5ㄹ)의 '…在亦中'의 경우엔 원래 '…在如中'로
쓸 것을 '如' 대신에 같은 음으로 읽히는 '亦'을 쓴 것이므로 주의할 필요가 있다.

(6) 說遵爲如可 未及繼後 身故爲白乎 在亦 <1480 金孝盧繼後立案 04> (말씀하다가 미
　　처 계후하지 못하고 죽은 일이 있어)
　　各 後所生乙良 得後以 施行 許與爲去乎 在亦 <1517 입안 정1-16 46> (각 후소생
　　은 (이 노비들을) 얻은 후에 시행하고 허여하는 일이 있어)
　　矣亦中 衿給文記乙良 現納 不冬是女 推考敎是臥乎 在亦 <1583 다담 정3-369> (저
　　에게 몫으로 준 문서는 현물로 납부하지 않느냐고 추고하시는 일이 있어)
　　爲有如乎 在亦 <16세기 입안 정6-23 11> (했던 바가 있어)

(7) 弟矣 妻亦 夫矣 兄乙 虛事以 女矣 身乙 行姦爲行臥乎如 妄說爲在乙良 斬爲乎 事

<直解 25.03ㅎ> (꾸민 일로서 자기의 몸을 계속하여 간음한다고 거짓으로 말한 경우에는)

(6)의 '…乎 在亦'는 乎와 在에 모두 동명사어미 '-ㄴ'이 접미되어 있다. 이 중 '在亦'의 亦은 동명사 명사구에 첨사와 비슷한 성격의 -亦이 덧붙은 것인지, 아니면 계사가 붙은 후에 다시 어말어미가 덧붙은 형태가 아닌지 다소 애매하다. 앞뒤의 문맥을 잇는 도중에 주로 쓰인 점으로 미루어 보건대 후자일 개연성이 높다고 판단된다. (7)의 '行姦爲行臥乎如'의 경우에도 乎와 如 사이에 계사 是가 생략된 표기로 볼 소지가 다소 있긴 하나, 이보다는 동사 어간으로도 쓰였던 어근 '다'가 첨사처럼 쓰인 것으로 보는 편이 더 낫다고 본다. 이 밖에도 동명사 명사구에 주제화 첨사 -乙良이 덧붙은 형태 중에 '…在乙良'도 있다. 다만, 이 경우 이미 조건이나 가정을 나타내는 어미복합체로 기능하는 것이 많으므로 잘 가려낼 필요가 있다.

동명사어미 '-ㄴ'의 관형사적 용법은 그 예가 상당히 많다. 예를 들어 문서류에 흔히 쓰이는 '別爲 所'의 '爲'에는 동명사어미가 결합된 형태로서 후행하는 형식명사 所를 꾸미는 구조이다. '…爲等以'와 '…有等以' 역시 爲와 有에 동명사어미 '-ㄴ'이 덧붙어 후행하는 '等以'의 형식명사 '드'를 꾸미는 관형사적 용법을 보여준다. 관용구로 자주 쓰이는 '…乎等(乙)用良'에서의 乎도 이와 마찬가지다. 그런데 이 경우 用 자를 대신하여 다른 동사가 쓰인 특이한 예가 『養蠶經驗撮要』에 보인다. 이 경우엔 그 앞에서 여러 가지 사항을 나열한 뒤에 쓰였기 때문으로 이해되므로, 관용구로 쓰이는 '…乎等(乙)用良'에서의 '等'의 의미 기능과 다소 차이를 보인다.

(8) 高致六病 中 第一 簇汗 尤甚 老熟蚕乙 不淨桑葉乙 給食爲乎 等 仍于 <양잠40ㅈ>
     (고치의 여섯 가지 병 중 첫째는 더러움이 쌓이는 것으로서 이것이 더욱 심해 잘 자란 고치에게 깨끗하지 않은 뽕잎을 급식하는 등으로 말미암아)

동명사어미 '-ㄴ'의 접속 용법은 적잖이 발견된다. 이는 특히 긴 텍스트를 하나의 문장처럼 작성하는 이두문의 특성상 중간 중간 문맥이 끊어지는 부분에서 동명사어미를 이용한 접속 용법을 활용하는 데에서 그 배경을 찾을 수 있다. 재산관련 문서들의 말미부에서 자주 쓰이는 爲去乎을 비롯해 문맥이 끊어지는 부분에서 곧잘 사용하는 '…如乎'와 같은 것이 대표적이다. 이 중 '…如乎'은 '…昆'과 '…齊' 못지 않게 심심찮게 사용된다고 할 수 있다.

(9) ㄱ. 汝矣亦中 永永 許給爲去乎 子孫 傳持鎭長… <1467 張安良子末孫許輿 3~4>

爲等如 各衿 分給爲去乎 各執 使用 耕食 奴婢乙良 <1469 田養智妻河氏粘連 2-25>

後所生 并以 永永 放賣爲去乎 後次 族親等亦 無子息寡婦矣 奴子是去 向入 <1507 粘連立案 정32-257 03~04>

後錄爲去乎 各各 執持 使用爲乎矣 <1540 정49-146 分財記 04~05>

依數 捧上爲遣 永〃 放賣爲去乎 後次 別爲 有去乙等 <1548 土地明文 정 32-461 07~08>

許上爲去乎 後次 別爲 所 有去等 <1548 土地明文 정32-458 05~06>

價本 雌牛 壹 首乙 捧上爲去乎 後次 吾子息同生 中… <1598 토지명문『탐라문화』20, 70쪽>

ㄴ. 狀辭 推閱 盜賣 的實爲去乎 依法例 施行 向事 <1537 題辭 정32-130>

(9)는 모두 爲去乎의 예들이다. 爲去乎은 대체로 '…한 것이 확실하기에' 정도의 문맥적 의미를 지닌다. (9ㄴ)은 관아에 올린 所志에 대해 관아의 長이 처분하여 지시한 내용을 담은 題辭에 실려 있는 예이다.

(10) 文字 成置 不得爲有如乎 後日 相考 … <1481 張戩妻辛氏同生和會 03~04> (문서를 만들어 두지 못했던바 뒷날 상고 …)

大凡 軍人等亦 自前 每入直 摘奸治罪乙 仍于 軍裝 整齊 賚持爲白如乎 先王朝 軫念 疲弊… <1550.2.6. 각사수교 77> (무릇 군인들이 전부터 매번 입직할 때 조사 적발하여 치죄하기 때문에 군장을 갖추어 가지고 오던 것인데 선왕조 때 피폐할까 염려하여…)

累次 陳訴爲白良置 恐戾法典 連續 防 啓爲白如乎 節… <1563.12.29. 예조계목 각사수교 55> (여러 번 소를 올려 말씀드려도 법전을 어그러뜨릴까 두려워하며 연속해서 계를 올려 막더니 금번에…)

奴 順伊乙良 崔氏 祭祀條以 書塡 決 立案 至今 流傳是如乎 節 金山 居 崔興祥 亦… <1582 所志 정32-130 04~05> (사내종 順伊는 최씨의 제사조로 문서에 적어 입안을 받아 지금까지 전해 내려오던 것인데 금번에 금산에 사는 崔興祥이…)

故 機張 居 新選 金晋明 率丁以 使內如乎 日不記 去 四月分… <1592.5.10. 계본 壬辰狀草 狀7> (기장에 살던 새로 선발한 故 金晋明이 하인으로 (저를) 부리더니 날짜는 몰라 적지 않으나 지난 4월에 …)

後所生 并以 買得 斜出爲有如乎 變亂良中 同 立案乙 … <1598 정32-279 04~

05> (후소생 아울러 매득하여 관의 증명을 받았는데 변란에 위 입안을 …)

(10)은 모두 동명사어미가 결합된 -乎가 선행 문장을 종결하면서 동시에 후행 문장에 연결하는 기능을 보인다. 이 경우 '…乎'는 현대어로 '…한바' 정도로 해석하면 무난한 편이나 앞뒤 문맥에 맞추어 정밀하게 그 연결 관계를 살펴보아야 할 것이다.

2) -ㄹ

동명사어미 '-ㄹ'의 관형적 용법은 '-ㄴ'의 경우와 마찬가지로 흔히 발견된다. 특히 '爲乎事'이 그 대표적인 예이다. '爲乎爲'의 경우도 기원적으로는 '爲乎 爲'으로 서 '乎'에 동명사 어미 '-ㄹ'이 통합되어 명사적 용법으로 쓰인 것으로 추정된다. 그러나 이미 '-乎 爲'이 하나의 어미로 굳혀져 있어 여기에서는 다루지 않는다. 관형적 용법의 예를 참고삼아 제시하면 다음과 같다.

爲乎事의 '乎'에 붙어 있는 동명사어미가 '-ㄴ'인지 '-ㄹ'인지는 文意에 의존해서 판단하여야 할 문제이다. 爲乎所의 경우도 이와 마찬가지이다. 그런데 때때로 말음을 알 수 있게끔 정밀표기한 예들이 있어 참고된다. 1452년의 仁同縣監 李遇陽이 자식 두 남매에게 노비를 許與한 分給文記에서는 '-ㄹ' 말음을 乙 자로써 분명히 표기한 대표적인 예로서 주목된다.

(11) ㄱ. 節 /公緘 內 及時 相考 施行爲乎 所 有良尒 <1556 答通 영2-91 01~02>
     (금번 공함의 내용인즉 이제 상고하여 시행할 바가 있어서)
  ㄴ. □□爲乎乙 第亦中 <1452 李遇陽許與 03> (□□할 적에)
     萬一 貧窮 賣食爲乎乙 喩良置 <1452 李遇陽許與 24> (만일 빈궁하여 팔아
     먹을지라도)
     從當 呈法司 還取 均分 爲乎乙 喩在果 <1552 分財記 정32-363 04> (마땅히
     법사에 올려 돌려주어 고르게 분집할 것이거니와)
     評事耳亦 直 啓獻譏 仍陷死罪爲乎乙 所 知不得爲旀 <1593.2.19. 牒報 農圃集
     1.79/3.43ㅈ> (평사만이 목을 벤 일을 임금께 직계함으로 인해 죽을 죄에
     빠질 것인지 알지 못하며)

(11ㄱ)은 관아에서 보낸 公緘에 대하여 답하는 서신인 答通의 첫머리로서 공함의 내용을 전재한 부분인데 이 중의 '施行爲乎所'의 주체는 관아이고 아직 일을 처리하거나 입안

을 작성하지 않은 상황에서의 일인 까닭에 '施行爲乎所'는 "施行하올 바'로 읽힌다. 이와 견주어 볼 때 말음을 정확히 표기한 (11ㄴ)의 용례들은 동명사어미 '-ㄹ'이 후행하는 형식명사를 꾸미는 구성인 사실을 잘 일러 주기 때문에 내용 파악에 큰 도움을 준다.

동명사어미 '-ㄹ'의 명사적 용법을 극명하게 보여 주는 대표적인 예 중의 하나는 고려시대 尙書都官貼에 실려 있는 '…爲乙'이다. 이것은 명사문으로서 명령형으로 종결하는 형태이기 때문이다.

(12) 並只 依貼 施行爲遣 由報爲乙 右 味乙 傳出納爲 置有去乎 等 用良 <1262 尙書都
　　官貼 99~100> (모두 의첩으로 시행하고 행한 결과를 보고할 것이라는 이러
　　한 뜻을 출납으로 전하여 왔으므로)

동명사어미 '-ㄹ'의 명사적 용법이 조선 전기 이두문에 더러 남아 있음은 물론이다. (13-1)의 '爲乙可'도 기원적으로는 '-ㄹ'의 명사적 용법에다가 첨사 '-가'가 결합되어 의문문을 만든 것이다. 그러나 -乙可가 의문형 어미로 굳혀져 널리 사용되었기 때문에 발생 당대엔 동명사어미의 명사적 용법에서부터 유래하여 형성되었다는 사실이 제대로 인식되지 않을 뿐이다. (13-2)의 '爲乙去'는 爲乙可의 이표기이다.

(13-1) 分給 不得爲乙可 平時 分衿爲去乎 <1452 李遇陽許與 04> (나눠주지 못할까
　　하여 평시에 몫을 나누어 주니)
　　矣身 離病 不得爲乙可 先於遺書 成給爲去乎 萬一 世任亦 來現爲去等 <1543 遺
　　書『朝鮮祭祀相續法序說』부록2 07~08> (내가 병에서 벗어나지 못할까 하
　　여 유서에 앞서 문서를 만들어 주니 만일 世任이 오거든)

(13-2) 無依據 生理無由爲乙去 向入 奴婢田地等乙 許與爲去乎 <1533 分財記 정41-482
　　20~21> (의지할 데 없고 살아갈 방책이 없을까 생각하여 노비와 전답들
　　을 허여하니)
　　必于 平均 分執爲乎 喩良置 不無不公是如 妄懷邪念爲乙去 其矣 田畓 買得爲有在 …
　　<1552 화회문기 영2-87 33~35> (비록 고르게 나눠 가질지라도 불공평함이
　　없지 않다고 망령되게 나쁜 생각할까 하여 저가 전답을 매득해 있는 …)

그런데 '-ㄹ'의 명사적 용법이 분명히 드러나는 용례가 있어 주목된다.

(14) ㄱ. 旨 是絃 無亦 私丁 兵器 持是弥 <直解 13.05ㅎ> (有旨를 가짐 없이 사사로

이 병기를 지니며)

凡 邊境防禦將帥亦 旨 是絃 無亦 私音丁 軍人乙 用良 <直解 14.06ㅎ> (무릇
변경을 수비하는 장수가 유지를 가짐 없이 사사로이 군인을 부려)

凡 諸君宰樞亦 旨 是絃 無亦 <直解 14.11ㅈ> (무릇 왕족과 대신이 유지를
가짐 없이)

ㄴ. 旨 是絃以 開閉者乙良 勿論罪爲乎 事 <直解 13.08ㅎ> (유지를 가지고 있어
서 궁궐 내 성문을 열고 닫은 자는 논죄하지 말 것)

(14)에서 '是絃'의 통합조건을 살펴 보면 '絃'에 명사적 용법으로 쓰인 동명사 어미 '-ㄹ'
이 융합되어 있음을 추론하게 한다<朴盛鍾(1987) 참조>. 이것은 訓主音從의 표기 원리 즉,
實訓虛音의 표기 원리에 어긋난다. 위에서 '是絃'은 15세기 국어의 '이슐/이슐'에 대응하
는데, 그 의미는 '존재'가 아니라 '소유'로 사용되었다. 이와 관련하여 음미해 볼 문제는
존재동사들이 의도법 어미와 통합된 형태를 표기한 예를 이두에서 찾기 어렵다는 점이다.
'爲白叱乎'의 '叱'은 '잇-'의 말음을 표기한 것으로 추정되는데,[84] 이때에도 왜 다른 예들
과는 달리 '有' 자를 제대로 사용하지 않았는지 다소 의문이다. '旨是絃'과 마찬가지로 是
絃如와 絃如 역시 원래 동명사어미 '-ㄹ'을 간직했던 토들이다.

동명사 어미 '-ㄹ'의 명사적 용법은 다음의 예에서도 발견된다.

(15) 凡 各司 及 州縣長官 及 出使人員亦 所在去處良中 有犯罪爲去等 在下所屬官亦 卽
便推問爲乎 不喩是去有等以 京中是去等 都評議使 外方是去等 按廉使良中 須只 申
報受決爲乎矣 <直解 28.15ㅎ> (무릇 관사 및 주와 현의 장관 및 임명 받아
나간 관원이 소재하거나 간 곳에서 범죄를 하거든 산하 소속 관리가 즉시
추문할 바가 아니겠기에 서울이면 도평의사 지방이면 안렴사에게 모름지기
보고하여 재결을 받되)

(15)의 '爲乎 不喩是去…'의 '乎'에는 동명사 어미가 통합되어 있다. 이 문구는 '推問'
이 이미 완료된 것이 아니라 아직 행하여지지 않은 것으로 풀이되는 대목에 사용되었다.
따라서 이는 동명사어미 '-ㄹ'의 명사적 용법이 그대로 잔존한 예로 해석할 수 있다. 이
와 같이 부정사 不喩에 선행하는 -乎에는 동명사어미 '-ㄹ'이 통합된 것으로 보아야 할
경우가 거의 대부분이다.

---

84) 爲白叱乎의 叱을 '시'로 읽기는 어렵다고 본다. '成文爲叱乎事叚'<입안 정6-11 34>이 그 반증 예 중의
하나이다.

(16) 今如 矣身 年將七十 一任爲乎 不喩 東部屬香房洞… <1401太祖賜給旀致家垈文書
02> (지금과 같이 내 몸의 나이가 바야흐로 70이라 내버려둘 바가 아니어서
東部에 속한 香房洞…)

本國法良中 奴婢亦 本主乙 罵詈爲乎 所 凡人例以 論爲乎 不喩良尒 <直解 21.03
ㅈ> (우리나라 법에 노비가 그의 주인을 욕한바 범인의 예로서 논할 바가
아니어서)

本道段 號爲人材淵藪 稱爲國家鄒魯之地以 儒生養育事乙 出於他道之下爲乎 不喩是
旀 <1546.5.21. 關文 소수서원등록 5ㅈ> (우리 도는 인재가 모여드는 곳으로
부르며 국가의 孔孟 즉 전범이 되는 땅으로 불리우므로 유생을 양육하는 일
을 다른 도 아래 둘 바가 아니며)

(17) 一時 買得爲乎 不喩 以前始叱 一二庫 或 買得 耕食爲如可 <16세기 입안 정6-29
68~69> (한꺼번에 매득한 것이 아니라 이전부터 시작하여 한두 곳을 때로
매득하여 갈아먹다가)

(16)과 (17)은 '…爲(白)乎 # 不喩(是)-'로 분석되는 구성을 보여준다. 이 경우 '乎'에 동
명사어미가 통합되어 주어로 쓰이고 있음은 공통이다. 그런데 (16)에 통합된 동명사어미
는 '-ㄹ'이나 (17)에는 '-ㄴ'이 통합되어 있음을 문맥에 기대어 알 수 있다.

동명사어미 '-ㄹ'의 접속 용법은 발견하기 힘들다. (18)의 '是去有乙' 및 '爲去有乙'에
서의 '乙'이 동명사어미 '-ㄹ'로서 부사적 용법에 해당되는지, 아니면 有-에 동명사어미
'-ㄴ'이 통합되고 다시 주제격의 -乙이 결합되어 발생한 것인지 애매하다. 문맥상으로는
전제의 의미 즉 '-거늘'에 좀 더 가깝게 이해되는 편이다.

(18) 禍亂之幾 日生不已爲去有乙 門下左侍中 裵克廉 …… <1392 李和錄券 58~59>
(재앙과 난리의 기미가 날로 발생하여 그치지 않고 있는 것을/(있거늘) 문하
좌시중 裵克廉 ….)

遺棄小兒叱段 親生父母亦 難便 棄置 小兒是去有乙 時亦中 父母俱存 民財富足爲在
人等亦 貪利爲要 <直解 04.04ㅈ> (유기한 어린아이란 직접 낳은 부모가 불편
하여 버려둔 어린아이이거늘/(어린아이인 것을) 현재 부모가 다 살아있으며
재산이 풍복한 사람들이 이득을 노려)

獄囚亦 已招伏爲 本來冤枉 無去有乙 親屬亦 妄告爲在乙良 <直解 22.7ㅎ> (죄수가
이미 자복하여 본래 원통함이 없는 것이거늘/(없거늘) 친척이 거짓 고한 경
우에는)

3) -ㅁ, -기

동명사어미 '-ㅁ'과 '-기'(또는 '-ㄱ')의 경우엔 일반적으로 명사적 용법으로만 사용된다. 그 이외의 경우엔 이미 복합어미로 굳혀져 사용되는 것만이 발견된다. 예컨대 '-音可爲-'의 '-音'에서는 동명사어미로서의 정체성을 확인하기가 힘들다.

'爲只爲, 使內只爲'에서의 '只'는 15세기 국어의 명사형 어미 '-기'와 정확히 일치한다. '-良只爲'의 '只'는 중세어의 '-기'가 아니라 '-ㄱ'의 잔존형으로 판단된다. 이와 달리 동명사어미 '-ㅁ'의 경우엔 중세어의 명사형 어미 '-옴/움'과 어긋난다. 따라서 동명사어미의 기본형을 '-ㅁ'이 아니라 '-옴'으로 설정할 필요성이 대두된다. 문제는 이것을 동명사어미 '-ㄴ'과 '-ㄹ'에까지 확대해야 하는가에 달려 있다. 기원적으로는 이들을 각각 '*-온'과 '*-올'로 설정해야 한다고 생각한다. 다만 현재로서는 일명 의도법 선어말어미와 이들의 관계, 그리고 더 나아가 의도법 선어말어미의 존재까지를 부정해야 할지 과제로 남는다.

'爲只爲, 爲乎爲'의 마지막 '爲'에는 어미 '-ㅁ'이 붙어 있는 것으로 이해된다. (19)는 爲只爲의 용례들이다. 爲只爲은 대체로 '하도록' 정도의 의미를 갖는 형태로서 거의 대부분 부사어로 기능한다.

(19) 有司 擧行爲只爲 行移爲良如 敎 <1411 李衡原從功臣錄券 45>
　　　 幷以 執捉 准受爲只爲 <1427 張戬妻辛氏경상도도관찰출척사所志 09>
　　　 造成爲白只爲 行下 向敎是事 <1439 軍威縣慶尙監營牒呈 05〜06>
　　　 敎旨 內 貌如 使內只爲 行移 向事 <1459 李禎佐翼原從功臣錄券 1ㅎ>
　　　 後所生 並以 永 〃 傳係爲白良結 節 上言 從財主願意 斜給爲只爲 … <1518 定順
　　　 王后託後書 09〜10>
　　　 部將 親自檢擧 代立 不得爲只爲 使內白乎矣 <科擧事目 舊事目7ㅈ>
　　　 場內 入在 役只 使內白遣 出入 不得爲只爲 嚴加考察爲白乎矣 <科擧事目 20ㅎ>
　　　 以立永久遵行之法爲只爲 禮曹 傳敎爲良如 <1557 詳定科擧規式 1ㅎ〜2ㅈ>
　　　 粘連文記 相考 依法 斜給爲只爲 行下向敎是 事 <1595 立案 영2-292 02〜03>

爲只爲은 '爲-＋-只 # 爲-.'으로 분석할 수 있다. 이때 동명사어미 -只는 목적격으로 쓰인 것으로 추정된다. 이것은 무엇보다도 특히 爲良於爲 및 使內良於爲과의 대비를 통해서 알 수 있다.

(20) ㄱ. /賞給爲良於爲 /落點 分例教 事是白有良尒 <1395 韓奴介開國原從功臣錄券 145∼
146> (상으로 주시도록 낙점하시고 구분하여 주신 일이옵기에)
/有及後世爲良於爲 /分例教 事是白有良尒 <1395 李原吉開國原從功臣錄券 208∼
209> (죄를 면하게 하시는 일이 후세에 미치도록 구분하여 주신 일이옵
기에)
ㄴ. 爲等如 各各 賞給爲於爲 /落點 分例教 事是白有良尒 <1395 李和尙開國原從功
臣錄券 182∼183> (…한 것들과 같이 각각 상으로 주도록 낙점하시어 분
례하신 일이옵기에)

爲良於爲은 (20ㄴ)에서처럼 爲於爲으로 줄여 표기하기도 하는데, '爲-+-良+於 # 爲-.'
으로 분석할 수 있다. 이때 -良은 타동성 동사에 접미되는 확실법 선어말어미이고, 於는
동명사어미 '-ㄴ'에 목적격 조사 '-을' 합쳐진 것으로 분석된다. 동명사어미 '-ㄴ'은 명
령 표현으로서 문종결을 하는 기능을 한다. 이것은 조선 초기 준호구 및 『양잠경험촬요』
등에서 보듯 -內으로써 문종결을 하는 것에 해당된다. 따라서 爲良於爲은 '하라는 것을
함'이라는 데에서 출발하여 '…하도록'이라는 뜻을 갖게 된 형태이다. 爲只爲의 경우엔
'하는 것을 함' 정도의 의미에서 비롯하였기 때문에 명령을 반드시 전제로 하지 않을 뿐
만 아니라, 비타동성 동사에도 통합될 수 있어 차이를 보인다.

(21)은 使內良於爲의 용례들인데, 동사 어간이 爲-에서 使內-로 바뀌었을 따름이고 전
적으로 동일한 것으로 이해된다.

(21) 并以 啓 使內良於爲 教 右良如 教 事是去有等以 <1392 李和개국공신녹권 047>
(아울러 계를 올례 행하도록 하심과 같이 (하교)하신 일이 있기에)
金義 老除 本 金海弋只 進叱使內良於爲 口 /傳 施行教 事是良尒 <1478 鄭從雅伴
倘金海差定帖 03∼06> (金義는 늙었으므로 해임하고 그 자리에 金海가 나아가
종사하도록 구전으로 시행하신 일이기에)

다음은 -乎爲의 예들이다. (22)는 爲乎爲, (24)는 令是乎爲의 예인데 이들이 모두 乎에 동
명사어미 '-ㄹ'이 붙어있는 것임을 (23)의 爲乎乙爲 표기를 통해 분명히 알 수 있다. -乎爲
은 의도형 어미 '…려'와 유사한 뜻으로 사용된다.

(22) 緦麻同姓八寸已上親屬乙 殺害爲乎爲 作謀爲旀 放賣爲於 <直解 01.05ㅎ> (시마복
을 입는 8촌 이상 친속을 살해하려고 모의하거나 방매하며)
婚禮乙 已定遣 更良 佗人乙 改嫁爲乎爲 生謀爲如可 <直解 06.02ㅈ> (혼례를 이

미 정하고 다시 남에게 개가하려고 모의하다가)

凡 他人矣 生氣乙 採取爲乎爲 人體乙 割截爲在乙良 車裂處死遣 <直解 19.04ㅈ>
(무릇 타인의 생기를 채취하려고 인체를 잘라낸 경우에는 거열처사형에 처하고)

凡 官吏亦 財物乙 受贈爲乎爲 聽許爲在如中 必于 逢受 不冬爲良置 <直解 23.07
ㅈ> (무릇 관리가 재물을 수뢰하려고 들어줄 것 같으면 비록 받지 않아도)

同 李氏亦 罷繼爲乎爲 呈上言 至爲悖理 <1553.4.20. 禮曹傳敎 각사수교 48> (위
이씨가 계후를 못하게 하려고 상언을 올리니 지극히 이치에 어긋나고)

(23) …庫乙 許給爲乎乙爲 常常 遺言敎是如乎 等 用良 <1551 分財記 토지박물관 04>
(…땅을 허급하려고 늘 유언하셨던 까닭에)

其矣段 居官 斜給爲乎乙爲 作木一匹 幷以 持去 後 <1584 所志 정33-10 05> (자
기는 거주지 관의 증명 받으려고 무명 한 필을 아울러 가지고 간 후)

(24) 又 他人乙 陷害 得罪令是乎爲 使內在乙良 犯法人罪以 同爲乎 事 <直解 24.06ㅈ>
(또 타인을 음해하여 죄를 얻도록 하려고 행한 경우에는 범법인의 죄로서 같
게 할 것)

爲乎爲은 '爲-+-乎 # 爲-.'으로 분석할 수 있다. 이 경우 '乎'에는 동명사어미 '-ㄹ'
이 덧붙은 것으로서 아직 일어나지 않은 일을 나타내는 즉, 未然形 표현이다. 따라서 爲乎
爲은 대체로 '할 것을 함'이라는 뜻에서 비롯하여 '하려(고)'라는 문맥적 의미를 표출한다.

제6장 수식언

수식언이라 하면 품사를 기준으로 할 때 흔히 관형사와 부사가 이에 속한다. 吏讀 문법에서 관형사를 따로 설정할 필요가 있을지는 다소 의문이다. 표준현대어를 대상으로 할 때에도 관형사는 그 수효가 극히 적은 편이다. 학교문법에서는 "여섯 사람이 왔다."에서 '여섯'을 수관형사로 처리하여 관형사에 포함시키고 있지만, 수관형사를 제외한다면 관형사에 속하는 단어들은 꽤 줄어들 것이다. 이두에서 관형사 또는 관형어로 처리할 만한 것들이 더러 있다. 예를 들면 '犯近/犯斤, 少爲, 向前' 등이 이에 해당된다. 이 밖에도 '同(오힌), 新反' 등도 있으나 이들에 대해서 본고에서는 관형사류에서 다루지 않고 다른 곳에서 다루었다. 이를테면 '同'은 기원적으로 동사에서 유래한 것으로 보아 단일동사로, '新反'은 고유어 실질명사에서 다루었다.

否定 표현에 쓰이는 '不得, 不冬, 安徐, 不喩'를 본고에서는 수식언에 묶어 다루기로 한다. '不冬乙'이라든가 '得事'와 같은 용법 등을 고려할 때 품사의 관점에서는 이들을 명사로 다루는 편이 더 옳을 듯하다. 그럼에도 불구하고 否定 표현에 쓰인다는 공통점을 바탕으로 하여 否定辭로 함께 묶어 다루기로 한다.

1. 부사류

부사는 일반적으로 동사 또는 다른 부사를 수식하는 기능을 갖고 있다. 따라서 순수한 의미의 부사는 이러한 기능을 갖고 있을 뿐만 아니라, 명사를 요구하지도 않고 격을 지배하는 일도 없다고 보겠다. 그러나 현대국어에서도 부사의 분류 및 형태 추출에 적잖은 문제점이 있다. 예컨대, '및'은 동사 '및-'에서 파생된 점을 중시하여 흔히 부사로 다룬다. 그럼에도 불구하고 '및'은 실제로 명사 또는 명사구의 나열에 쓰이고 있어 공동격 어미의 성격을 띠고 있다. '같이'는 부사로 규정됨과 동시에 형용사로도, 조사로도 분류된다. 동일한 어형이 문법적인 기능에 따라 서로 상이하게 다루어지는 대표적인 예이다. 중세어에서도 사정은 거의 마찬가지이다. '업시, 니르리, 조초' 등은 주격 또는 대격의 명사를 취하고 있어 이들을 어떻게 귀속시켜야 할지가 다소 의문이다. 이 글에서는 吏讀文에서 부사어로 기능하는 吏讀字들을 묶어 함께 다루고자 한다. 엄밀한 의미에서는 부사가 아니라 부사어라 해야 마땅하나, 편의상 副詞類로 묶어 다루고자 한다.

이두의 副詞類 중에는 漢字의 原義 그대로 사용하되 해당 漢字를 국어 단어로 새겨 읽는 경우가 있다. 이두문에서 末音 표기자와 같은 다른 字 없이 단독으로 쓰인 '及'이라든가 '又' 자와 같은 예가 그에 속한다. 이것을 音讀하는 경우엔 한문의 한 구성요소 또는 한문식 표현일 뿐이다. 그러나 이 자를 우리말로 새겨 읽는다면 이두 부사어가 될 것이다. 漢字를 훈독한 적극적인 증거가 발견되지 않거나, 漢字를 국어의 漢字音으로 읽어도 별다른 문제가 없는 경우에는 본고에서 다루지 않는다.

부사류 이두는 순수부사에 속하는 것과 그렇지 않은 것으로 나누어 생각해 볼 수 있다. 후자에는 동사의 부사형과 명사에 조격 어미 '-以'가 통합된 것이 主宗을 이룬다. 그런데 순수부사에 속하는 이두자가 극히 적은 것에 유념할 필요가 있다. 순수부사로 볼 수 있는 '唯只, 並只, 最只' 등은 그 어형의 유사성이 주목된다. 동일한 파생접사를 취한 형태들로 볼 수 있기 때문이다. 따라서 순수부사냐 아니냐의 관점보다는 형태상의 유사점을 중시할 필요가 있다.

부사류 이두자들이 대체로 實辭를 앞세우고 있는 점도 중요한 의미를 갖는다. 거의 대부분의 부사류 이두자들이 해당 의미를 나타내는 漢字를 앞세우고 있으며 音假字가 뒤따르는 양상을 띠고 있다. 이 경우 선행 漢字는 訓讀되는 것이 원칙이라 하겠으나, 音讀되는 경우도 결코 적잖다. 音讀된 한자들도 기원적으로는 訓讀했을 가능성이 다소 있다고 본다. 해당 의미를 지니지 않은 漢字를 音假字로 사용한 대표적인 예로는 15세기 국어의 '비록'에 해당하는 이두자 '必于'가 있다.

이 글에서는 부사어 이두자들의 마지막 字의 유형별로 나누어 살펴보기로 한다.

1.1 '-以'형

명사에 조격 어미 '-以'가 결합되면 문장에서 부사어로 사용됨이 일반적이다. 이에 따라 이두문에서도 '-以'로 나타나는 부사어들은 바로 이 유형에 속한다. 그러므로 이 이두자들은 원칙상 모두 명사류 이두에서 설명할 성질의 것들이다. 한자어에 조격 어미 '-以'가 결합되어 사용되는 것들로는 '累差以, 等差以, 非理以, 非法以, 一例以, 一邊以, 一體以, 任意以, 自意以, 傳傳以, 傳遞以, 眞實以, 差等以, 次第以, 處分以, 趣便以' 등이 있다. 이들은 모두 선행 명사를 부사어로 기능하게 하는 역할을 한다. 이 경우 선행 명사들은 일반적으로 音讀되는 특징을 드러낸다. 문장에서의 의미 역시 선행 명사에 의거하여 파악된다. 다만, 이들 중 '傳遞以'와 '趣便以'는 조격 어미 없이 선행 명사만으로 사용된 예가 발견되지 않는다.

명사류 접사 및 의존명사에 '以'가 통합되어 부사어로 쓰이는 예들도 있다. '樣以, 式以, 等以' 등이 바로 그것이다. 따라서 명사에 조격 어미 '-以'가 덧붙어 사용되는 것들을 모두 부사류 吏讀로 다룰 필요는 없을 것이다. 이들 중 편의상 다음의 몇 가지만을 여기에서 다루고자 한다.

첫째, 선행 명사가 訓讀되는 것이 분명한 경우이다. '科科以, 物物以'가 이에 해당한다. 둘째, '傳遞以' 및 '趣便以'와 같이 조격 어미 없이 선행 명사만으로 사용된 예가 발견되지 않는 경우를 포함한다. 셋째, 선행 명사가 비록 音讀되며 단독으로 사용된다 하더라도 그 용법이 비교적 적고 특이한 경우를 포함한다. '傳傳以, 詮次以' 등이 이에 해당한다. 따라서 이들은 부사어 이두자로 여기서 논의한다.

동사 어간에 접사가 통합되어 파생된 부사 중에 '-以'형을 취한 것이 있다. '幷以'가 바로 그것이다. 이 경우에는 동사 어간에 '-로'가 붙은 것으로 보기 어렵다. '幷以'는 동사 어간에 파생접사 '-오'가 결합된 것으로 추정된다. 訓假字 '-以'가 쓰였으나, 이것이 파생접사 '-로'를 반영하는 것은 아니다. 동사 어간 말음의 성격에서 기인한 표기일 따름이라 생각된다. 따라서 '幷以'는 表記字를 기준하지 않고 형태론적인 유형에 따라 '-于'型 부사류에서 다룬다.[1]

---

1) 홍순탁(1974:72~73)은 중세국어의 부사 중 '도로, 오ᅀᅩ로, 갓ᄀ로, 지ᄌ로' 등은 동사 어간에 '-로'가 결합된 것으로 분석할 수 없다고 한 바 있다.

1) 科科以

'科科以'는 그 독음을 추정하기가 쉽지 않은 이두어이다. 독음에 앞서 먼저 그 사용의 미를 파악하기 위해 조선 초기의 용례들을 검토해 보기로 한다.

(1) ㄱ. 爲等如 科科以 錄券 成給爲遣 <1392 李和錄券 118~119> (통틀어 낱낱이 녹권을 만들어주고)

ㄴ. 科科以 推考閱實爲 實封文書取來 的是去等 斬齊 <直解 17.03ㅈ> (낱낱이 추고하고 사실을 캐내어 실봉문서를 가져오게 한 일이 맞거든 참형에 처하며)

ㄷ. 更良 職名單字 申 /聞爲白叱乎亦中 科科以 /落點分例敎矣 <1395 張寬錄券 121~124> (다시 직명단자를 아뢰었을 때에 낱낱이 낙점하시어 구분하여 주시되)

ㄹ. 右 所志 內乙 用良 科科以 推考 他例 施行 向事 <1435 題辭 張安良전라도도관찰출척사所志 1-10> (이 소지의 내용을 가지고 낱낱이 추고하여 다른 예에 따라 시행할 것)

ㅁ. 科科以 相考 施行… <1480 金孝之妻黃氏奴婢許與立案粘連文書 2-10> (낱낱이 상고하여 시행…)

科科以 相考 施行敎 事 <1480 金孝盧奴婢別給立案粘連文書 3-08> (낱낱이 상고하여 시행하실 일)

(1ㄱ)은 功臣都監에서 각 공신들에게 녹권을 成給한다는 문맥에서 사용되었는데, 이 경우 '科科以'는 '(공신들) 한 사람 한 사람에 대하여 일일이'라는 문맥적 의미로 이해된다. (1ㄴ)은 '推考閱實爲'의 주체가 분명하지 않으나, 대체로 '科科以'에 선행하는 '都評議使司'로 보아 별다른 무리가 없다. 이 경우 '科科以'의 문맥적 의미는 대체로 '하나하나, 낱낱이'에 해당된다. (1ㄷ)에서도 '科科以'는 공신도감에서 申聞한 내용에 대하여 임금이 '(공신들) 한 사람 한 사람에 대하여 일일이' 또는 '하나하나, 낱낱이'라는 문맥적 의미를 갖고 사용되었다. (1ㄹ)은 도망한 노비들을 붙잡아 役價를 生徵하고 그 몸을 准受 받도록 해 달라는 所志에 대하여 全羅道 都觀察黜陟使가 내린 題辭 중에 나오는 문구이다. 따라서 이 경우 '科科以' 역시 '하나하나, 낱낱이'라는 문맥적 의미로써 사용되었다. (1ㅁ)에서도 이러한 의미가 확인된다. 이상을 종합해 볼 때 '科科以'는 현대국어의 '낱낱이'에 대응할 만한 이두자임을 알 수 있다.

15세기 국어에서는 '*낯낯이'에서 기원한 것으로 추정되는 '낫나치'(一一, 箇箇)가 이에 대응한다. 그러나 '科科以'가 '낫나치'에 직접 연결되는 형태는 아니라고 본다. 만약 양자가 일치되는 형태라면 '科科以'의 '以'는 音借字 또는 末音添記字로 이해될 것이다. 그러나 '科科以'는 아래 (2)에서 보듯 이미 고려 시대부터 사용된 이두자이다. '以'는 이두에서 전통적으로 訓借字로 사용되어 '로'로 읽히는 것임을 감안해 볼 때 '科科以'를 '낫나치'로 읽을 수 있을지 다소 의심스럽다.

> (2) 其時 別抄以 進使內在 人員等乙良 職名 形止案 載錄爲 置 <u>科科以</u> 祿年進來 職賞暢情 令是良於爲 教矣 <1262 尙書都官貼 73~75> (그 당시에 별초로 종사하여 있던 사람들은 직위와 이름을 형지안에 실어 기록하여 두고 낱낱이 녹년이 오면 직위나 상을 주어 기쁘게 하도록 하시되)
> 右謹言所志 矣徒段 直長同正尹光瑞亦 子丹鶴亦中 奴婢許與成文良中 訂筆 使內白乎 事是良於 <u>科科以</u> 斜只 立案 成給 向教事 望白內臥乎 事是亦 在 謹言 <1354 海南尹氏奴婢文書 넷째면~다섯째면> (이에 삼가 소지를 아뢰오니, 우리들은 直長同正 尹光瑞이 아들 丹鶴에게 노비를 허여하는 문서에 증인과 필집으로 종사한 일이기에 낱낱이 확인하여 입안을 만들어 주실 일을 바라는 일이 있어 삼가 아뢰오니)

(2)는 고려 시대의 용례인데, '科科以'가 앞서 예시한 조선 초기의 용례들과 마찬가지로 대체로 '하나하나, 낱낱이'라는 문맥적 의미로 사용되었다.

주목할 사실은 16세기 이두 자료에서는 '科科以'를 찾을 수 없고 그 대신에 '以'를 생략한 '科科'만 발견된다는 점이다. 다음의 예문 (3)은 15세기 용례, (4)는 16세기 용례이다.

> (3) <u>科科</u> 相考 施行教 事 <1464 金孝盧奴婢立案粘連文書 3-6> (낱낱이 상고하여 시행하실 일)
> 爲等良 證筆 俱 成文 許給爲白臥乎 事是良於 <u>科科</u> /相考 施行 向教是事 <1480 金孝之妻黃氏許與立案粘連文書 2-08~09> (통틀어 증인과 필집을 갖추어 문서를 작성하여 허급하온 일이기에 낱낱이 상고하셔서 시행하여 주실 일)
> 證筆 俱 許與 成給爲白乎 事是良於 <u>科科</u> /相考 施行 向教是事 <1480 金孝盧奴婢別給立案粘連文書 5-4~5> (증인과 필집을 갖추어 허여문기를 만들어 준 일이기에 낱낱이 상고하셔서 시행하여 주실 일)
>
> (4) 依法移文 相考教是 喻乃 時執人 所居官以 移訟教 喻乃 …… 報使 公反他官以 移訟教是 喻乃 <u>科科</u> 明正 行下向事 <1583 입안 정33-189 23~25> (법에 따라 문서를 이관하여 상고하실지, 현재 소유한 사람의 거주지 관아로 이송하실지, …… 관찰사에 보고하고 공평한 다른 관아로 이송시킬지 낱낱이 바로잡아 명령하(실) 일)

鄭大將處 因前領屬爲良 喩乃 道良中 就屬敎是乃 伏兵餘良 牧使處 追屬敎喩乃 科科
參酌 行下敎矣 <1593.1.29. 傳令[2]> 大丘月村丹陽禹氏文書 18 14~16> (鄭大將에게
전과 같이 속하게 할 것인지 도에 속하게 하실 것인지 복병이므로 목사에게
추가로 속하게 하실 것인지 낱낱이 참작하여 명령하시되)

　(3)과 (4)의 '科科'는 '科科以'에서 '以' 字를 생략한 표기로 이해된다. (1)과 (2)에서 13세
기 후반에서부터 15세기 중엽까지의 용례들이 모두 '科科以'로 나타나기 때문이다. 따라
서 '科科以'로 쓰던 관행에서 줄여 '科科'로 점차 사용하게 된 것으로 추정된다. 이때 '科
科'는 15세기 국어의 명사 '낫낫'에 대응하는 어형이다. 그리고 '科科以'는 그 이전에 '*낯
낯'에 조격 어미를 붙여 '*낯낯으로' 정도로 읽히던 이두어였다고 본다. '*낯낯으로'(낫나
ᄎ로)라 읽던 '科科以'에서 '科科'으로 표기가 바뀌면서 15세기 국어의 '낫나치'로 읽혔을
것으로 추정한다.

　'科科'는 『典律通補』의 「吏文」에서 '츳츳'로 읽은 바 있다.[3] '科科以'는 『校訂 大明律
直解』의 「吏讀略解」에서 '츳츳으로'로 읽었다.[4] 이를 토대로 해석하면, '科科, 科科以'는
16세기 말과 17세기 국어의 부사 '츳츳, 츳츳로'[5]에 대응하는 듯하다. 그러나 양자 사이
에는 상당한 의미차가 발견된다. 후자는 현대국어의 '차차, 차차로' 또는 '차례로'라는 뜻
이 담겨 있다. 그러나 앞의 예문들에 쓰인 이두자 '科科, 科科以'에는 이러한 의미가 담겨
있지 않다. 『訓蒙字會』에서 '科'의 訓 '무들긔' 역시 '科科, 科科以'의 의미와 부합되지
않는다.[6] 朴喜淑(1985:134)은 '科' 자가 '條'와 상통한다는 점에 착안하여 '條'의 古音 t'ian
에서 유래한 것이라고 추정하였다. 이러한 착상은 韓相仁(1993:146)에도 이어진다. 후자에
서는 '條'의 訓을 감안하여 '갓갓(으)로'로 읽을 가능성을 제시하였다.[7] 이러한 해석은 해
결해야 할 難題를 안고 있다. 의미상 '條'가 옳다면 당연히 '條條, 條條以'로 표기될 터인
데, 왜 '條'를 쓰지 않고 굳이 '科' 자를 사용했느냐는 문제이다.

---

2) 傳令이 아니라 牒呈을 등초해 놓은 것임.
3) 『吏讀集成』에서는 '차차'로 읽었다.
4) 이 책의 부록 74쪽에는 '科科以'를 '科科次'로 잘못 등재하여 놓았다.
5) 먼 권당이면 츳츳로 죄롤 더러주ᄂᆞ니(疎親則以次減等爲飛尼) <警民編 重刊本 15ᄒ>
　　먼 권당이면 츳츳로 罪롤 減ᄒ고(疎親則以次減等ᄒ고) <警民編 改刊本 15>
6) '科'는 '굼'으로 새기기도 하였다. '科ᄂᆞᆫ 구디오'<楞嚴經諺解 1.16ᄌ>로 주석되었던 것이다. '굼'은 대체로
　　'광주리, 바구니' 또는 '움푹 파인 곳'을 일컬으므로, '科科, 科科以'와는 의미상 상당한 차이가 있다.
7) 이를 수용한다 하더라도 그 독법은 '*갓갓으로'로 읽는 것이 좀 더 나을 것이다.

2) 物物以

‘物物, 物物以’는 조선조 이전에는 그 용례가 발견되지 않는다. 『大明律直解』에서 처음 사용되었으며, 16세기 이두문에서도 발견된다.

(5) ㄱ. 錢粮乙 埋沒爲旀 刑名乙 違枉爲遣 物物 生謀 回避爲在乙良 各各 重罪以 論爲乎 事 <直解 03.07ㅎ> (돈과 곡식을 매몰하며 형벌명을 어긋나게 하고 갖가 지로 모의하고 회피한 경우에는 각각 중죄로 논할 것)

　　ㄴ. 分執爲結 說道爲良置 物物 謀避 至爲不當爲□□[白良]㫆 <1517 입안 정1-16 8~9> (나눠갖자고 말하여도 갖가지로 피하려 하여 지극히 부당하기에) 矣 上典敎是 矣身乙 不計年老無子息 奴一例□[以] 每年 收貢爲旀 物物 侵勞爲 白去乙 <1540 私奴卜萬 許與文記『慶北古文書』15> (제 상전께서 이 몸을 연로하고 무자식한 것을 고려치 않고 사내종 한 사람의 예로써 매년 공 물을 거두며 갖가지로 핍박하고 피곤케 하거늘)

(6) 官吏亦 干事人亦中 勒留爲去乃 强亦 生事爲去乃 物物以 侵勞 受物爲去等 出錢人乙 良 不坐罪爲乎 事 <直解 23.04ス> (관리가 관련인에게 억지로 늦추거나 강제 로 일을 만들거나 갖가지로 핍박하고 피곤케 하여 뇌물을 받거든 돈을 낸 사 람은 죄를 묻지 말 것)

(5)는 ‘物物’이 부사어로 쓰인 예문이다. (6)의 ‘物物以’는 ‘物物’에 ‘以’가 덧붙은 형태 이다. 이로 미루어 보건대 ‘物物’은 명사구로서 부사어의 기능을 수행하는 것으로 이해된 다. 이는 마치 현대국어의 ‘집집, 동네동네’와 같은 첩어 구조를 보여 준다.

‘物物’은 후대 이두 학습서들에서 대체로 ‘갓갓’으로 읽었다.[8] 이것이 부사어로 사용될 때의 의미는 ‘갖가지로, 여러 가지로’에 해당한다. 이는 15세기 국어에서 관형어로 사용 된 ‘갓갓’에 대응하는 형태로 추정된다.

(6) 쳔량 보비 衣服 飮食 갓갓 物을 이 구스리 能히 내야(財寶衣服飮食種種之物 此珠 卽能出之) <圓覺經諺解 序79ス> 뎌 나라해 샹녜 갓갓 奇妙ᄒᆞᆫ 雜色 새((彼國에常有種種奇妙雜色之鳥ㅣ) <阿彌陀經 諺解 10>

(6)에서 ‘갓갓’은 한문 원문의 ‘種種’의 번역어로 쓰였다. 그러나 양자가 반드시 일치하

---

8) 羅麗吏讀, 語錄辯證說, 儒胥必知, 吏文襟例 등. 『吏文大師』에서의 ‘갇갇’은 ‘갓갓’의 異表記일 따름이다.

는 것은 아닌 듯하다. '갓'은 평성으로서 '物'에 해당하나,9) '種'은 '가·지'에 해당하며 평성과 거성을 가졌고 '種種'은 '가·지가·지'로도 나타나기 때문이다.

3) 自以

'自以'는 『吏讀集成』에서 '스스로, 절로'로 읽은 바 있다. 이 독음은 '절로'<洪淳鐸 1974: 84~85>, '절로, 스스로'<朴喜淑 1985:163~164>에 이어진다. 그러나 高正儀(1992:121)에서 지적했듯이 『大明律直解』에 쓰인 것들은 모두 유정명사, 그 중에서도 사람에 국한된다. 따라서 『大明律直解』에 사용된 '自以'의 뜻은 '스스로'에 국한된다.

> (7) 凡 公事乙 失錯亦 使內遺 <u>自以</u> 省覺 現告爲在乙良 免罪齊 同僚官亦 並只 坐罪爲乎
> 罪犯乙 其中 一人亦 <u>自以</u> 省覺 現告爲在乙良 他餘人乙 並只 免罪齊 <直解 01.35
> ㅈ> (무릇 공적인 일을 착오로 행하고 스스로 깨달아 신고한 경우에는 면죄
> 하며 동료관이 모두 좌죄한 범죄를 그 중 한 사람이 스스로 깨달아 신고한
> 경우에는 다른 나머지 사람을 모두 면죄한다)
> 官文書乙 延留遲晚 幷以 坐罪合當 人 內良中 一人亦 <u>自以</u> 省覺 現告爲在乙良 他餘
> 人乙 並只 免罪遣 <直解 01.36ㅈ> (관문서를 기한을 늦추거나 지체하여 모두
> 좌죄할 만한 사람 중에 한 사람이 스스로 깨닫고 신고한 경우에는 다른 나머
> 지 사람을 모두 면죄하고)
> 監臨官亦 <u>自以</u> 次知 濫納爲在乙良 加罪二等齊 <直解 07.04ㅈ> (감독관이 스스로
> 담당하여 대납한 경우에는 두 등급을 더하여 죄를 주며)

'自'의 새김은 15세기 국어에서 두 가지로 나타난다. 하나는 '저'이고, 다른 하나는 '스싀, 스싀로, 스스리, 스스로' 등으로 나타난다. 후자에 속하는 것 중 '스싀'와 '스싀로'의 존재는 자못 주목된다.

> (8) ㄱ. <u>스싀</u> 奉養호미(自奉) <內訓 3.63>
> ㄴ. 엇뎨 <u>스싀로</u> 受苦호미 이러흐뇨 <內訓 3.46>

예문 (8)은 '스싀'와 '스싀로'가 15세기 국어에서 부사로 나란히 쓰였음을 보여 준다. 이는 고려 시대 석독구결 자료에서도 확인된다.

---

9) 物 갓 믈(訓蒙字會, 光州 千字文). 石峰 千字文에서는 '것'으로 새겼다.

(9) ㄱ. 有𠆢 無𠆢1 本灬ハ <u>自ラ</u> 二リ1矢 <舊仁 15.03>
<u>自ラ</u> 身リ 遊戱快樂ノ尸ム <金光 06.13>
ㄴ. <u>自ラ灬</u> 有ソ1ヒカ 自 無セゑ 他作 無セゑソゕ <舊仁 14.24-25>
<u>自ラ灬</u> 以ろホ 受用ソ1丨十1 <華嚴經䟽 35.10.6>
ㄷ. 於解ろ十 常リ <u>自灬</u> 一リゕ 於諦ろ十 常リ 自ラ灬 二リ1リろセ丨ソろ
<舊仁15.05-06>

따라서 吏讀字 '自以'는 위 예문 중의 '自灬'와 정확히 일치한다. 이는 결국 '스싀'에 '-로'가 통합된 형태이므로,[10] 이두어 '自以'는 '스싀로'로 읽히는 것임을 알 수 있다. 조격 어미 '-로'가 통합된다는 사실은 또한 '스싀'가 명사성을 띠고 있음을 반증하는 것으로 이해된다. 이 사실은 대격 조사를 취한 다음의 예에서도 확인되는 바이다.

(10) 衆生 法乙 以ろホ <u>自ラ乙</u> 娛リゟ尸ム <華嚴 14.6.02>

그런데 『千字文』에서 '自'의 訓 '스스리'는 중세국어의 '스싀'와 관련하여 볼 때 고대국어의 어형을 간직하고 있는 것이 아닌가 생각된다. '스싀'는 '스스리'에서 母音間 *r 탈락<李基文 1972:70~71 참조>을 거친 형태로 추정되기 때문이다. 좀 더 숙고해 볼 문제로 남겨 둔다.

4) 詮次以

詮次는 '젼ᄎᆞ', 詮次以는 '젼ᄎᆞ로'로 읽힌다. 이에 대하여는 앞서 제4장 실질명사 중 漢字語에서 상술한 바 있으므로 생략한다.

5) 傳傳以

'傳傳'은 '젼젼'<吏讀略解, 吏讀集成>, '傳傳以'는 '젼젼으로'<吏讀集成>로 읽고 있다. 『대명률직해』에서 '傳傳, 傳傳以'는 대체로 한문 원문의 '轉', 때로는 '展轉' 및 '遞'의 대역어로 쓰인다.

---

10) 韓相仁(1993:147)에서도 이러한 추정을 한 바 있다.

(11) ㄱ. 四等官內良中 員數亦 不齊爲良置 四等官數乙 依良 <u>傳傳</u> 減數齊 <直解 01.34
　　ㅈ> (4등 관아 안에 관원 수가 고르지 않더라도 4등관의 수에 따라 차
　　례로 감원하며)

　　ㄴ. 看守人亦 車馬衣服御物等乙 私音丁 借用爲旀 又 <u>傳傳</u> 借人令是旀 <直解 12.02
　　ㅈ> (간수인이 수레와 말 의복 임금의 물건 등을 사사로이 차용하며 또
　　연이어 남에게 빌려 쓰도록 하며)

　　ㄷ. 受出爲乎 行狀乙 他人亦中 <u>傳傳</u> 許給爲在乙良 並只 杖八十齊 <直解 15.02ㅎ>
　　(받아낸 통행증을 타인에게 전하여 주는 것을 허락한 경우에는 모두 杖
　　八十에 처하며)

(12) ㄱ. 凡 驛官亦 驛馬乙 私音丁 借用人果 時或 <u>傳傳以</u> 與佗爲在 人果 請借爲在 人等
　　乙良 各杖八十遣 <直解 17.08ㅎ> (무릇 역관이 역마를 사사로이 차용한
　　사람과 때에 따라 전하여 남에게 준 사람과 빌려달라고 청한 사람 등은
　　각각 杖八十에 처하고)

　　ㄴ. <u>傳傳以</u> 遞送隱藏令是在 人亦 知情者乙良 坐罪遣 不知者乙良 勿論罪齊 <直解
　　27.06ㅈ> (연이어 다른 곳으로 보내고 숨도록 한 사람이 사정을 알고 있
　　던 사람은 좌죄하고 모르던 사람은 논하지 않으며)

(11)은 '傳傳'의 용례를, (12)는 이것에 조격 어미 '-以'가 덧붙은 용법을 보여주는데
양자가 모두 부사어로 사용되었다. 이들은 (11ㄱ)에선 한문 원문의 '遞'에, (12ㄴ)에서는
'展轉'에 해당하며, 그 나머지는 모두 '轉'에 해당하는 譯語이다. 이들 모두 대체로 '連이
어, 계속하여' 정도의 의미를 나타낸다. 다만 (11ㄷ)과 (12ㄱ)의 경우엔 傳의 본래의 의미
로서 '전하여'라는 뜻에 가깝게 사용되었다.

'傳傳'은 '轉轉'의 유의어라 할 수 있다. 15세기 한글 문헌에서 漢文 원문의 '傳' 자를
'傳傳'으로 옮긴 경우가 있으며, '轉轉'은 16세기 중엽 이두문에 사용된 예가 발견된다.
(13)이 전자의 경우이며, (14)는 『牛馬羊猪染疫病治療方』(일명 牛疫方)의 서두에 실린 兵曹
의 啓目에 쓰여 있다.

(13) 傳送은 <u>傳傳</u>으로 보낼 씨오 <月印釋譜 11.84-2ㅈ>
　　나지 漏刻을 <u>傳傳</u>으로 브르는 소리 녀트니(晝刻傳呼淺) <杜初 6.15ㅈ>

(14) 諸方文字 鄕村窮巷民人等 解見 不得叱分 不喩 藥名乙良置 解知不得爲白沙餘良 <u>轉
　　轉</u> 謄寫之際 多致誤寫 據而治療 必應無驗 可慮是白昆 <1541 兵曹啓目 牛疫方 序2>
　　(여러 치료 방문의 한문을 촌구석에 있는 백성들이 제대로 풀지 못할 뿐만

아니라 약명도 잘 알지 못하는 데다가 연이어 옮겨 적는 과정에서 잘못 적
는 경우가 많아 이를 근거로 치료하면 당연히 효험이 없을까 염려되오니)

그런데 語義를 고려해 볼 때 '轉轉'보다는 '傳傳'이 더 나은 표기이라고 본다. '구르다'
라는 뜻보다는 '傳하다'의 뜻이 실제 더 부합하기 때문이다. 16세기 문서들 중에 '傳傳'의
용례가 있어 이를 반증한다.

>   (15) ㄱ. 右良 奴子亦 子息多數 産長爲去等 <u>傳傳</u> 山直外 其餘乙良 次次 分執 使用爲乎
>   矣 <1543 分財記 성암고서박물관 08～09> (이러한 종들이 자식을 많이
>   낳아 기르거든 대를 잇도록 하고 산지기 외 그 나머지는 차차로 나눠가
>   져 사용하되)
>   ㄴ. 故金汗雄亦 <u>傳傳</u> 買得 耕食[11]如乎 同汗雄亦 身故爲去乙 <1579 土地明文 영
>   2-154-1 02～03> (죽은 金汗雄이 연이어 매득하여 갈아먹더니 위 汗雄이
>   죽거늘)
>   ㄷ. 出處無由 <u>傳傳</u> 買得耕□… <1580 土地明文 정2-669 02> (출처가 분명치
>   않은 채 연이어 매득하여 耕□…)

(15)에 쓰인 '傳傳'이 모두 代를 잇거나 계속하여 傳한다는 의미로 사용되고 있음을 알
수 있다. 따라서 '傳傳以' 또는 이를 줄인 '傳傳'은 '계속하여 傳하여'라는 의미를 주로
나타내며 '연이어, 계속하여' 또는 단순히 '전하여' 정도의 문맥적 의미를 갖는 이두의 부
사어이고, 傳傳은 한자어라는 사실이 분명하게 드러난다.

  6) 傳遞以

『大明律直解』에 쓰인 '傳遞以' 또한 '傳傳以'와 마찬가지로 한자어에 이두토 '-以'가
통합된 것이다.

>   (16) 凡 京中 守禦官軍亦 逃軍矣 妻女乙 <u>傳遞以</u> 放送爲在乙良 絞死爲㫆 民弋只 犯爲[12]
>   乙良 杖一百齊 各處 守禦軍人弋只 逃軍妻女乙 <u>傳遞以</u> 放送爲在乙良 杖一百 遠處充
>   軍齊 <直解 15.03ㅎ> (무릇 서울의 수비관군이 도망병의 처와 딸을 장소를
>   옮겨 풀어준 경우에는 교형에 처하며 민간인이 범한 경우에는 杖一百에 처하

---

11) 이 자리에 爲 자를 빠뜨린 것임.
12) '在' 자가 누락된 것으로 추정됨.

며 각 처의 수비군인이 도망병의 처와 딸을 옮겨 풀어준 경우에는 杖一百하
고 먼 곳으로 충군하며)

(16)의 '傳遞以'는 한문 원문의 '遞'의 譯語이다. '傳遞'는 한자어인데, 중국 한자어에서
는 '遞傳'으로 사용되기도 한다. '傳遞'는 '다음에서 다음으로 보내어 전함'[13]으로 풀이된
다. 다만, 위 예문에서는 '다음에서 다음으로'의 의미는 드러나지 않고 '옮겨서'의 의미를
주로 나타낸다고 하겠다. '傳遞以'는 15세기 국어의 '傳遞로'에 일치하는 형태이다.

(17) 後ㅣ 傳遞로 그러니라(後ㅣ 遞然也ᄒᆞ니라) <楞嚴經諺解 8.136ㅈ>

7) 趣便以

'趣便以'는 『大明律直解』에서 모두 31回 사용되었다. 이 중 21회가 한문 원문의 '擅'의
譯語로 사용되었으며, '擅自'의 譯語로 쓰인 것이 5회이다. 이 밖에 '自, 私擅, 輒(輒의 俗
字), 剋'의 譯語로도 사용되었다. 따라서 '趣便以'의 중심 의미는 '任意로, 제 마음대로'이
다. 이는 '趣'에 대한 (18ㄱ)에서 보듯 15세기 한글 문헌에서의 뜻풀이와도 호응하는 것
이다. 『校訂 大明律直解』의 「吏讀略解」는 '趣便'을 '츄변'으로 읽은 바 있다. 이 讀音은
전통적인 독음에 따른 것으로 보인다. 『字類註釋』과 『字典釋要』 등에서도 '趣'는 '츄'로
讀音하였으며, '便'은 '문득'의 뜻으로 사용될 때 '변'으로 읽히기 때문이다.

(18) ㄱ. 趣(츄)는 곧 心意의 간 고디라 <圓覺經諺解 上1-1.98ㅈ>
    ㄴ. 凡 入八議爲在 人亦 犯罪爲在乙良 實封以 申聞爲白 伏侯王旨爲白遣 趣便以 進
       來問當 不冬爲旀 <直解 01.08ㅈ> (무릇 8議에 드는 사람이 범죄한 경우에
       는 실봉으로 신문하여 왕지를 기다리고 마음대로 나아오게 하여 추문하
       지 아니하며)
       須只 精密亦 實封以 申聞遣 趣便以 執捉進來推問安徐齊 <直解 01.09ㅎ> (모
       름지기 자세히 실봉으로 신문하고 마음대로 잡아서 나아오게 하여 추문
       하지 말 것이다)
       凡 官吏等亦 仰屬官 明文 無亦 因公爲 趣便以 財物乙 收斂爲旀 <直解 23.06
       ㅈ> (무릇 관리들이 상부 관아의 명문 없이 공적인 일로 마음대로 재물
       을 수렴하며)

---

13) 신기철 · 신용철 편저 『새 우리말 큰사전』.

(18ㄴ)이 그 용례들 중의 일부이다. 그런데 '趣便以' 중 '便'이 '변'으로 읽힌다면 '문득'의 뜻이 담겨 있는지가 다소 의문이다. 직해문에서 비록 단 하나에 불과하긴 하나 이를 뒷받침하는 용례가 발견된다. (19ㄱ)이 한문 원문이고 그에 대한 이두 번역문이 (19ㄴ)이다. 원문에서의 '輒'을 '趣便以'으로 옮긴 예가 발견되는 것이다.

(19) ㄱ. 若輒斷決 致罪有出入者 以故失論 <名例律 斷罪無正條>
  ㄴ. 此亦中 啓課不冬 趣便以 決斷爲 他矣 罪乙 或輕或重令是在乙良 故失例 論 <1.39ㅎ> (이에 상부에 품의하지 않고 곧바로 결단하여 남의 죄를 가볍게 또는 무겁게 한 경우에는 故失例로 논한다)

이상을 종합해 볼 때 이두어 부사 '趣便以'의 중심 의미는 '任意로, 제 마음대로'이되 '(어떤 절차나 회답을 기다리지 않고) 곧바로' 정도의 주변적 의미를 추출해 낼 수 있다. 법제처(1963:100)에서 '이러한 節次를 밟지 않고 바로 마음대로'라 현대어로 옮긴 것은 매우 정확한 번역이라 판단된다.

1.2 '-亦'형

'-亦'型 부사류 吏讀語는 두 종류로 나뉜다. 첫째 부류는 명사 또는 명사성을 띤 2음절 한자어에 -亦이 통합되거나, 동사 또는 형용사를 파생시키는 접미사 '-ㅎ다'가 붙는 1음절 한자 어근들 뒤에 -亦이 통합된 것들이다. 전자의 예로는 '簡略, 明白, 不便, 失錯, 隱密, 朦朧' 등이 있다. 이들에 -亦이 결합된 '簡略亦, 明白亦, 不便亦, 失錯亦, 隱密亦, 朦朧亦' 등이 부사어로 사용된다. 후자의 예들로는 '重, 强, 能, 親' 등에 -亦이 덧붙은 '重亦, 强亦, 能亦, 親亦' 등의 부사어들이 사용된다. 이들 첫째 부류에 속하는 이두토들은 한자 語根에 동사 어간을 형성하는 접미사 '-ㅎ-'가 결합하고, 이에 다시 부사 파생접미사 '-이'가 덧붙어 형성된 것으로 이해된다.[14] 따라서 이 경우 이두토의 -亦은 중세어에서의 '-히'에 정확히 일치한다. 1음절 어근에 통합된 '重亦, 强亦, 能亦, 親亦'와 일치하는 중세어의 '重히, 强히, 能히, 親히'가 중세어 문헌에서 문증될 뿐만 아니라, 2음절 한자어에 통합된

---

14) 李基文(1972ㄱ:152) 및 安秉禧·李珖鎬(1990:129, 142) 참조. 특히 후자는 '-ㅎ-'를 접미사로 다루고, '-히'를 '-ㅎ-+-이'로 분석할 수 있음을 언급하였다.

것들 중에 '明白亦, 隱密亦'에 일치하는 '明白히, 隱密히'도 중세어 문헌에 찾을 수 있다. 이는 결국 주격 조사 표기에 쓰인 -亦이 이미 개신형인 '-이'로 읽히고 있을 뿐만 아니라 '-히' 음의 표기에도 원용되고 있음을 반증하는 것이라 하겠다.

그런데 첫째 부류에 속하는 부사류 이두어들은 『대명률직해』에서만 발견된다. 이것은 한문 원문에 의존하여 양산된 부사어들이라는 점, 그리고 이들 이두토 부사어들에 쓰인 한자는 음독되었음을 시사해 준다. 일반적인 이두문에서는 첫째 부류에 속하는 이두토들을 발견할 수 없음이 특징이다.

첫째 부류에 속하는 부사어 이두토들과 달리 둘째 부류에 속하는 吏讀 부사어들은 1음절 한자 어근 뒤에 -亦이 통합된 것임에도 불구하고 한자 어근을 우리말로 새겼다는 점, 그리고 이 경우의 -亦은 대체로 '-여' 또는 '-혀'로 읽힌다는 특징을 갖고 있다. 이때의 독음 '-여' 또는 '-혀'는 부사 파생접미사 '-이' 또는 '-히'에 또 다시 '-아/어'가 덧붙어 형성된 것으로 추정된다. 이 마지막 형태 '-아/어'는 특정한 의미를 부여하지 않는 채 사용되는 일종의 附加的 형태에 해당된다고 본다.

첫째 부류에 속하는 이두어들은 漢字 본래의 의미로 사용되기 때문에 부사류 吏讀語로 장황히 설명할 필요는 없을 것이다. 따라서 본고에서는 둘째 부류에 속하는 이두 부사어들 중 선행 漢字를 訓讀하고 있음이 분명하게 인식되는 것들 그리고 우리말 어휘로 굳혀진 것들만을 대상으로 기술하고자 한다.

1) 獨亦

獨亦은 '독혀'로 읽히며 한자어 '獨'의 의미 그대로 다양하게 사용되는 이두 부사어이다. 조선 전기의 용례는 다음과 같다.

(20) ㄱ. 河砼亦 獨亦 善山 祖上拜墓條以 無後同生娚 河紀地 衿 婢 其每矣 良夫 非凉 并産 三所生 奴 乙萬 年五十二 戊戌生 并以 許給爲齊 <1469 田養智妻河氏粘連 2-13~14> (河砼은 따로 선산의 조상묘를 모시는 것으로 후사가 없는 형제 오라비 河紀地의 몫인 계집종 其每의 양인 남편 사이의 셋째 소생인 사내종 乙萬 나이 52 무술생을 아울러 허급한다)

ㄴ. 婢今音德段 洪萬矣 三所生以 庚子年 許與成置時 遺漏爲有去乙 南處崐亦 獨亦 使用 明白爲乎等用良 <1517 입안 정1-16 79~81> (계집종 수音德은 洪萬의 셋째 소생으로서 경자년 허여문기를 만들어 둘 때 빠졌거늘 南處崐이

독단적으로 사용한 것이 명백하기 때문에)

(20ㄱ) 예문에서 獨亦의 문맥적 의미는 '따로(이), 별도로'에 가깝다. 위 예문 중 '河砃亦'의 '亦'은 단순히 주격 조사라기보다는 주제격으로서의 기능이 강하다. (20ㄱ)은 대체로 "河砃(에게)은 따로 善山의 祖上拜墓條로 … 奴 乙萬(年五十二 戊戌生)을 아울러 許給한다"로 해석된다. (20ㄴ)에서는 遺漏奴婢임에도 불구하고 南處崐이 독단적으로 사용했다는 내용이므로, 獨亦은 '독단으로, 단독으로'라는 의미로 쓰인 것이다. 중세국어에는 '독혀'라는 단어가 있다.

(21) ㄱ. 偏 <u>독혀</u> 츼여 독벼리 <老朴集覽 字解 3>[15]
　　ㄴ. 독혀 어버의 ᄌᆞ식 ᄉᆞ랑호믈 내 ᄌᆞ식두곤 경히 ᄒᆞ야(獨愛父母之子를却輕於己之子ᄒᆞ야) <飜譯小學 7.43ㅎ>
　　　독혀 어버의 ᄌᆞ식 ᄉᆞ랑ᄒᆞ기를 믄득 내 ᄌᆞ식에셔 輕히 ᄒᆞ야(獨愛父母之子를却輕於己之子ᄒᆞ야) <小學諺解 5.75ㅈ>

(21ㄴ) '독혀'의 문맥적 의미는 '惟獨'에 가까운 듯하다. 고전한문에서 '獨'이 부사로 사용될 때는 '단지, 다만'의 뜻을 갖기도 한다<虛詞辭典 76>. 이를 종합해 보면, 獨亦은 '독혀'로 읽히며, 한자 그대로 '獨'의 의미로 사용되므로 문맥에 따라 '따로, 별도로, 유독, 특히, 다만' 등의 다양한 의미로 확산되어 쓰인다고 할 수 있다. 獨亦은 이두어 부사 偏良과 동의어 관계를 형성한다.

2) 反亦

(22) 犯罪人亦 <u>反亦</u> 他條以 訴告爲㫆 其矣 家屬置 寃枉事乙 哀告爲去等 卽時 推問爲乎矣 <直解 28.13ㅈ> (범죄인이 도리어 다른 것으로 하소연하며 저의 식구도 억울한 일을 울며 고하거든 즉시 추문하되)

反亦은 『大明律直解』에서 유일하게 발견되는 吏讀語 副詞로서 '도리어'의 뜻으로 사용된다. 이는 15세기 국어의 '도ᄅᆞ혀, 도ᄅᆞ혀'에 일치하는 형태로 보인다. 『吏讀集成』에서

_____
15) 偏 독혀 又 츼여 <朴通事諺解 單2>

反亦을 '도리혀'로 읽은 것 역시 이에 따른 것이다. '돌이키다'의 뜻으로 쓰인 '도르혀-, 도르혀-'가 15세기 국어에 있어 이것의 부사형이 부사로 굳혀진 형태가 '도르혀, 도르혀'일 가능성도 있어 보인다. 그런데 '도르혀, 도르혀'는 대체로 '還'의 譯語로 사용된다. 위 예문에서 反亦은 漢文 원문의 '反' 字의 譯語로 사용되었으므로, 양자간에 다소 간격이 있는 듯하다. 反亦의 讀音과 관련하여 짚어볼 것은 '反'의 訓 '뒤혈'이다.[16] 이를 토대로 추정해 보면 反亦은 '뒤혀'로 읽을 수 있다. 이것은 명사성 語根에 -亦을 붙여 사용하는 부사류 吏讀語들의 일반적인 유형과 일치한다. 이는 매우 주목할 만한 사실이나, 분명한 결론은 유보한다.

3) 先亦

先亦 역시 『大明律直解』에서만 그 용례가 발견된다.

    (23) ㄱ. <u>先亦</u> 徒三年罪乙 犯爲 立役 一年已過 後良中 更良 徒三年罪乙 再犯爲在 人乙 良 <直解 01.21ㅈ> (먼저 徒三年罪를 범하여 역을 산 지 일 년이 이미 지난 후에 다시 徒三年罪를 재범한 사람은)
            仰屬官良中 凡矣 公事乙 啓課爲乎 第亦中 須只 <u>先亦</u> 事體可否乙 備細商量爲良 沙 啓課爲乎矣 <直解 03.05ㅈ> (소속한 상부 관아에 무릇 공적인 일을 품 의할 적에는 모름지기 먼저 일의 가부를 자세히 헤아리고 나서야 품의 하되)
    ㄴ. <u>墳墓亦</u> <u>先亦</u> 積落爲有去乃 未殯未葬前良中 棺槨乙 偸取爲在乙良 <直解 18.15 ㅈ> (분묘가 이미 퇴락해 있거나 염 또는 매장 전에 빈 관곽을 훔친 경 우에는)

先亦은 15세기 국어의 부사 '몬져'에 대응하는 형태로 보인다.[17] '先'의 訓 역시 '몬 져'<新增類合 下17ㅈ>로 확인된다. 이것의 중심 의미는 '먼저'로 이해된다. 그러나 (23ㄴ)의 先亦은 '이미, 앞서'라는 문맥적 의미로 쓰였다. 『吏讀集成』은 先亦을 '먼여'로 읽고 있어 先亦을 15세기 국어의 '몬져'에 직접 대응시키기가 다소 망설여진다. 『舊譯仁王經』

---

16) 反 뒤혈 반 (新增類合 下59ㅎ).
17) '몬져'는 15세기 국어에서 명사와 부사로 사용되었다. 이것의 성조는 평성이다. 이것에 계사가 결합된 '몬:제'는 평성과 상성으로 실현된다. 그런데 '몬:제'가 명사 및 부사로 사용된 예가 있고<釋譜詳節 19.36 ㅎ, 月印釋譜 10.17>, 이것의 성조가 평성과 거성으로 나타나는 사실에 유의할 필요가 있다.

에서 先에 -良이 현토된 사실도 이와 관련하여 생각해 볼 문제이다. 이두어 先可 역시 부사로 사용되는데, 先亦과의 관계를 짚어 볼 필요가 있다.

(24) 吾ㄱ 今ソㄱ 先3 諸ㄱ 菩薩 爲氵ㅊ 佛果ㄴ 護ノ今七 因緣： 十地七 行ㄴ 護ノ今七 因緣：ノㄴ 說白ケㅊ七丨 <구역인왕경 03.18～19>

4) 猶亦

(25) 所犯罪乙 決斷 不冬爲有遣 財産 必于 沒官爲在乃 犯罪人亦 配流 不冬爲在乙良 猶亦 未入官是齊 <直解 01.25ㅈ> (범죄한 것을 결단하지 않았고 재산은 비록 관에 몰수하는 것이라 하더라도 범죄인이 유배되지 않은 경우에는 오히려 관에 몰수하여 거두어들이지 않으며)
木石重器叱段 人力以 易亦 輪轉 不得爲臥乎 等 用良 必于 近處 移置爲良置 載去 不得爲在如中 猶亦 正贓良中 未成爲齊 <直解 18.18ㅎ> (나무와 돌과 무거운 기물 등은 사람의 힘으로 쉽게 움직이지 못하기 때문에 비록 근처에 옮겨 놓아도 싣고 가지 못했으면 오히려 정식의 절도죄에 이르지 않으며)

(26) ㄱ. 違律爲婚爲在乙 各 律條良中 稱云離異改正者隱 必于 逢音 宥旨 有良置 猶亦 離異 改正令是齊 <直解 06.10ㅎ> (율을 어기고 혼인한 경우 각 조문에 '離異改正者'라 칭한 것은 비록 마침 사면 유지가 있어도 그대로 이혼시켜 바로잡도록 하는 것이며)
ㄴ. 二人乙 誣告爲乎矣 一人亦 不實爲去等 罪雖輕爲良置 猶亦 誣告以 論罪爲乎 事 <直解 22.07ㅈ> (두 사람을 무고하되 그 중 한 사람(의 무고 내용이 사실에) 충실하지 않거든 죄가 비록 가볍다 하더라도 여전히 무고죄로 논죄할 것)

猶亦은 『吏讀集成』에서 '오히려'로 읽은 바 있다. 이것은 15세기 국어의 '오히려'에 일치하는 듯하다. 猶의 字釋 역시 副詞類 漢字로 다루고 있어 이 사실을 뒷받침해 준다.[18] 그런데 위 예문 (26)에선 '猶亦'을 역접의 뜻인 '오히려'로 풀이하기가 다소 곤란하다. 특히 (26ㄴ)은 漢文 원문의 뜻을 살려 풀이하면, "二人 이상을 誣告하되 그 중 一人이 사실과 다르거든 罪가 비록 가벼워도 여전히 誣告로 論罪할 일"이 된다. 만약 이 중 '여전히'를 '오히려'로 풀이한다면 문맥에 어울리지 않는다. 이 점에 착안하여 의미상으로는 '오

18) 猶는 오히려 ᄒᆞ논 마리라 <月印釋譜 序 23>

히려'보다는 '도리어'에 가깝다고 한 바 있다<홍순탁 1974:55, 朴喜淑 1985:160>. 猶는 似와 비슷한 뜻으로 사용될 뿐만 아니라, 이것이 한문의 虛詞로 쓰일 경우 '오히려' 이외에 '여전히, 또한'으로 해석되기도 한다. 따라서 이두어 부사 猶亦은 '오히려'라는 뜻 이외에 '여전히, 그대로'라는 뜻으로도 사용된다 하겠다.

'猶亦'의 讀音 역시 문제시된다. 이것을 '오히려'에 직접 대응하는 것으로 본다면 '-亦'은 말음첨기 표기자가 된다. 이것의 형성과정을 朴喜淑(1985:160)은 '오힐+여'로, 韓相仁(1993:137)은 '오히+뎌 > 오히려'로 추정하였다. 그러나 高正儀(1992ㄱ:116)는 猶를 音讀하여 '유히'로 읽었을 가능성을 제시하였다. 이의 독음과 관련하여 다음을 검토해 보기로 한다.

(27) ㄱ. 猶 오힐 유 <光州千字文 15ㅎ, 百聯抄解 90>
　　 ㄴ. 同 오힌 동 <光州千字文 16ㅈ>
　　 ㄷ. 同 오히 동 <石峰千字文(甲戌 및 庚寅 重刊本) 16ㅈ>

(28) ㄱ. 是 如ㅊ 第五心ㅣ 上ㄴ 種種ㄴ 功德法藏ㅏ十 猶ㅣ 滿足ッ尸未ㅣㅅㅌㄴㅣ 是
　　　　ㄴ 名下 禪波羅蜜因ㅡノオㅎ <金光02.07~08>
　　 ㄴ. 我ㄱ 今ッㄱ 力ㄴ 隨ㅎ 少分ㅅㅅㄴ 說ㅅ尸厶 猶ㅅㄱ 大海ㅏㄴ 一ㄱ 滴
　　　　ㅎㄴ 水 如ㅊッㄱㄴッㅁㄴㅓㅎㅌㅣ <華嚴14.09.02~03>

(27ㄱ)과 (27ㄴ)은 '같다, 유사하다'의 뜻을 가진 동사 어간 '*오히-'의 존재를 추정케 한다. 猶는 대체로 'ㄱ툴 유'로 새기는 경우가 많았다. 그런데 (28ㄱ)은 '오히'가 부사로 쓰였음을 일러 준다. 이는, 비록 예외적인 경우이긴 하나, (27ㄷ)의 존재로 미루어 볼 때 동사 어간이 곧바로 부사로 사용될 수 있었음을 반영하는 것으로 이해된다. 이 경우 '오히'의 뜻은 '오히려'에 가깝다고 보겠다. (28ㄴ)의 '猶ㅅㄱ'은 대체로 '오히-+ㄷ+-ㄴ'의 구조로 파악된다. 이상을 종합해 볼 때 吏讀語 부사 '猶亦'은 기원적으로 동사 어간 '오히-'에 부동사 어미 '-어'가 결합된 부사형일 가능성이 있다. 다만, 이 경우 왜 '*猶良'과 같은 표기형을 취하지 않았는가 하는 것과 15세기 국어의 부사 '오히려'와의 관계가 문제시된다. 이에 따라 또 하나의 추정 가능성은 語根을 '오힐'로 보는 견해이다.[19] 이 동사 어간에 부사 파생접사가 접미된 '오힐-+-이 → 오히리'가 (28ㄱ)에 해당하고, 이것에 다시 부가적 형태인 '-어'가 결합되어 축약 현상을 일으킨 것이 이두어 부사 '猶亦'과 15세기 국어 부사 '오히려'이라는 설명이 가능하기 때문이다.

19) 손희하(1991: 54-5)에서도 '猶'와 '同'의 새김을 '오힐-'로 재구할 수 있음을 언급한 바 있다.

5) 易亦

易亦은 후대 이두 학습서들에서 '아늑혀, 이늑혀, 아느혀, 안으혀, 안으려, 안옥혀, 아내혀' 등으로 다양하게 읽힌다. 독음이 비록 다양하지만, 末母音이 '-여'로 나타나고 있는 공통점을 추출할 수 있다. 그리고 단어의 頭音이 대체로 모음 '아'로 시작되는 점도 공통된다고 본다. 語中의 'ㄴ'음도 확인된다. 語中의 'ㄱ'과 'ㅎ'은 독음에 반영된 경우와 그렇지 않은 경우로 나뉜다. 독음에 반영된 것이 좀 더 古形일 개연성이 있음은 물론이다. 따라서 易亦의 독음을 '*아늑혀'로 재구할 수 있다고 생각한다. 이것은 기원적으로 '*아늑'이라는 語根에 '-ㅎ-'가 접미되고, 다시 부사화 과정을 겪은 것이 아닌가 추정되나 확실하지 않다.[20]

易亦은 '이내, 쉽게'의 뜻으로 사용된다<安秉禧 1987ㄷ: 35>. 이것에 대응하는 단어를 15세기 국어에서 찾으면 '쉬비, 쉬이'(易)가 될 것이다. 아래 예문 중 易亦은 (29ㄱ)에서는 대체로 '쉬, 쉽게'의 뜻으로 사용되고, (29ㄴ)에서는 '힘들이지 않고'의 뜻으로 사용된 것으로 이해된다.

(29) ㄱ. 遠方出外 身故爲去等 子孫等亦 易亦 本處良中 歸葬 不得 燒火爲在乙良 聽從其
便齊 <直解 12.08ㅎ> (먼 곳에 나가 죽어서 자손들이 쉽게 본향에 돌아
가 장례를 치르지 못하여 화장하는 경우엔 그 편의를 좇아 들어주며)
木石重器叱段 人力以 易亦 輪轉 不得爲臥乎 等 用良 <直解 18.18ㅎ> (나무
와 돌과 무거운 기물 등은 사람의 힘으로 쉽게 움직이지 못하기 때문에)
易亦 耕作 爲難是乎等用良 <1530 土地賣買明文 정41-517 04> (쉽게 경작하
기 어렵기 때문에)
倉穀段置 散在 民間 易亦 捧上 不得 <1541 忠州救荒切要 1ㅈ> (창에 있는
곡식도 흩어져 있어 민간이 쉽게 받지 못하며)
還上乙 易亦 捧上 不得 倉穀 不數爲去等 <1541 忠州救荒切要 11ㅈ> (환자를
쉽게 받지 못하고 창곡이 모자라거든)
ㄴ. 凡 各處 防禦軍官員亦 紀綱法令乙 遵守 不冬 軍士乙 易亦 磨練 不冬爲弥 <直
解 14.07ㅈ> (무릇 각처의 방어군관원이 기강과 법령을 준수하지 아니하
고 군사를 힘들이지 않고 훈련시키지 아니하며)
畊種置 失時 不冬爲旀 除草置 易亦 使內 <農書輯要 8> (밭갈이와 씨뿌리기
도 때를 놓치지 않으며 제초도 힘들이지 않고 행한다)

---

20) 吳昌命(1995:243)은 易에 대응하는 동사 '안옥ㅎ-'를 상정할 수 있다고 하였다.

6) 一亦

(30) ㄱ. 僧人衣服乙良 唯只 紬絹布匹分 使內遣 綾羅匹段乙良 一亦 禁止爲乎矣 違者乙 良 笞五十 還俗遣 衣服乙良 沒官齊 <直解 12.06ㅎ> (중의 의복은 오직 무 명과 명주 및 베만 사용하고 두껍거나 얇은 비단은 일절 금지하되 어긴 자는 笞五十형에 환속시키고 의복은 관에 몰수하며)

ㄴ. 差使員 別定 向前 若雲門生等乙 一亦 禁止爲遣 <1357 白巖寺貼文 16> (차사 원을 특별히 임명하여 앞서 若雲의 문하생들을 일체 금지하고)

ㄷ. 右 員將等矣 功業亦 職次暢情分以 酬答 敎 不喩去有等以 三韓功臣 如 一亦 錄 券 加 施行 萬代 流名 敎矣 <1262 尙書都官貼 12~14> (위 관원과 장군들 의 공적이 직위를 올리고 기쁘게 하는 일만으로 보답하실 것이 아니겠 기에 삼한공신과 같이 일제히 녹권을 더하여 시행하고 만대에 이름을 전하도록 하시되)

朴喜淑(1984:162)은 一亦을 '一切'과 같은 뜻이라 한 바 있다. '一切'은 否定辭 또는 否定 의 내용과 호응하므로, 이러한 해석은 위 (30ㄱ)과 (30ㄴ)에 부합된다. 李丞宰(1992ㄱ:158) 는 (30ㄷ) 중의 '如 一亦'을 붙여 '如一亦'로 읽고 이것을 부사로 다루었다. 그러나 위와 같이 '三韓功臣 如 一亦'로 끊어 읽을 필요가 있다고 본다. 이 경우 '如'는 訓讀字로서, '다' 또는 '곧'으로 읽힌다. '다'로 읽는 것은 이두어 부사로 쓰이는 '皃如'의 '如'와 동일 한 구조이기 때문이다. '곧'으로 읽는 것은 15세기 국어의 "눈 곧 디니이다"의 '곧'과 같 은 존재로 파악되기 때문이다. 讀音 여하에 상관없이 '三韓功臣 如'는 '三韓功臣과 같이' 로 해석된다. 따라서 (30ㄷ)의 '一亦' 역시 (30ㄱ)과 (30ㄴ)의 그것과 동일한 존재로 파악 되는데, (30ㄷ)의 경우엔 否定의 내용과 호응하지 않는 점을 고려할 필요가 있다. 따라서 '一亦'의 의미는 현대국어의 '일제히'에 좀 더 부합한다고 생각된다. '一亦'은 15세기 국 어의 '흔골오티'에 견줄 만한데, 양자가 정확히 일치하는 형태는 아닌 듯하다.

7) 專亦

專亦은 후대 이두 학습서들에서 '전혀, 뎐혀, 전여'로 읽고 있는데, '오로지'라는 뜻으 로 사용된다. 이는 중세국어의 '젼혀'(專혀)에 해당하는 형태이다. '專'을 '전'으로 음독하 는 것은 후대형을 반영하는 것으로 이해된다. 고려 시대 석독 구결에서는 訓讀했음을 보여 주는 예가 발견되기 때문이다. '專·은 :올 ·씨·라'<月印釋譜 11.18ㅎ>로 주석되었다. (31ㄱ)의

專亦은 '오로지'의 뜻으로 사용된 용례인데, 비록 음상의 차이가 감지됨에도 불구하고 고려 시대의 석독구결에서도 유사한 의미로 사용되었음을 (31ㄴ)이 일러 준다.

(31) ㄱ. 同 舟楫乙 堅實 修補 不冬爲旀 又 船上 諸緣等乙 欠闕不齊爲在乙良 杖六十爲
旀 專亦 主掌人乙 與罪齊 <直解 12.02ㅎ> (위 배의 노를 견실하게 수리하
고 보수하지 아니하며 또 배 위의 여러 상앗대 등을 모자라지 않고 가
지런히 하지 않은 경우에는 杖六十하며 오로지 관장하는 사람을 죄를 준다)
ㄴ. 信ㄱ 能ㅊ 專ㆁ 佛功德ㅣㅓ 向ㅅㅣ ㅏㅓㅎ <華嚴14.10.03>

그런데 16세기에 나타난 용례들을 살펴보면 '專亦'가 '오로지'의 뜻이 아니라 否定 구문에 사용됨으로 말미암아 '전혀 그렇지 않다'라고 할 때의 '전혀'의 의미를 지닌다.

(32) 凡矣 付色所志乙 必于 一日之內 屢次踏印 專亦 不難爲白齊 <1576~ 입안 정6-15
200~201> (무릇 담당자에게 부친 소지를 비록 하루 안에 여러 번 답인하더
라도 전혀 어렵지 않사오며)
刀割 改書 現納爲乎 所 專亦 無白昆 買得 的實與否乙良… <1583 입안 입안 정
6-29 72~73> (칼로 도려내고 고쳐써서 현물로 제출한 바가 전혀 없사오니
매득한 사실 여부는…)
矣身段 專亦 不干人乙 時執 樣以 呈議送 到付 侵勞 悶望爲白昆 <1583 입안 정
33-189 115~116> (이 몸의 경우엔 전혀 관계없는 사람으로서 현재 노비를
가진 것처럼 의송을 올려 도착한 문서로써 핍박하기에 민망하오니)

따라서 위 (32) 예문의 경우엔 '전혀'의 의미가 '專'이 아니라 '全'이 되어야 올바른 것이다. 이와 같이 혼동이 온 원인은 '全亦'의 '全'을 取音 표기에 따라 '專'으로 표기한 데에서 온 것으로 판단된다. 결국 (32)의 경우 의미에 맞는 자를 채택한다면 당연히 '全亦'이 되어야 한다. 그럼에도 불구하고 양자가 넘나듦으로 말미암아 혼용되는 현상을 빚은 것이다.

이와 반대로 '專亦'으로 표기하여야 온당한 곳에 '全亦'으로 기재한 용례가 있음은 물론이다. (33)이 그 한 예이다.

(33) 凡 各 馹丞段 全亦 道掌各馹良中 往來 巡檢爲乎矣 <直解 17.02ㅈ> (무릇 각 驛
丞이란 오로지 도에서 관장하는 각 역에 왕래하며 순찰하되)

8) 全亦

全亦은 『吏讀集成』에서 '전여'로 읽었는데, 15세기 국어의 '젼혀(全혀), 젼혀'에 대응하는 형태이고, 대강의 뜻은 '모두, 온전히'에 해당된다. '온전하다'의 뜻을 지닌 '오올-'이 15세기 국어에 사용되었을 뿐만 아니라, '오ᄋ로(오오로)'가 부사로 쓰인 점으로 미루어 보건대, '全'은 현재 이두문에서 그 용례가 발견되지 않으나 이른 시기에는 訓讀되었을 것이다.

그런데 앞서 언급한 바와 같이 全亦의 '全'을 음이 같은 '專'으로 대체 표기함으로 말미암아 양자가 서로 넘나드는 현상을 초래하게 되었다.

> (34) 被誣人乙 已論決爲去等 剩餘罪乙 全亦 反坐爲齊 <直解 22.05ㅎ> (무고당한 사람을 이미 논결하였거든 (무고인의) 나머지 죄를 온전히 집행하며)
> 純黃 則正眠時是去有等以 全亦 斷食爲齊 <양잠 26ㅎ> (순황색이면 제대로 자는 때이므로 모두 단식한다)

> (35) 主掌官亦 不盡多日辨決 難便爲乎 事叱段 全亦 戶口之法 不明 所致是良厼 <1390~91 高麗末戶籍文書 둘째폭 7~8> (주무 담당관이 여러 날을 허비하여도 밝혀 처결하지 못하여 불편한 일은 오로지 호구법이 분명하지 못한 소치이기에)

(34)는 '全亦'이 본래의 뜻 그대로 '모두, 온전히'의 의미를 담고 있어 제대로 쓴 경우이다. 그러나 (35)의 '全亦'은 본디 '專亦'으로 써야 할 것인데 양자가 은연중에 혼용됨으로 말미암아 발생한 異表記인 셈이다. (35)의 경우엔 앞서의 (31ㄱ)과 마찬가지로 專亦을 써야 할 자리이다.

9) 直亦

『吏讀集成』은 '直亦'을 '곳'으로 읽었다. 그러나 이는 이두어 표기와 부합되지 않는다. '直'은 15세기 국어에서 두 가지 새김이 발견된다.

> (36) ㄱ. 直은 바롤 씨라 <月印釋譜 序18ㅈ>
> ㄴ. 바ᄅ 自性을 ᄉᄆᆺ아ᄅ샤(直了自性ᄒ샤) <月印釋譜 序18ㅎ>
> 바ᄅ 묻ᄌ와 닐오디(直問云호디) <金剛經三家解 2.4ㅈ>
> (37) ㄱ. 直 고들 딕 <訓蒙字會 下12ㅎ>, 고돌 딕 <新增類合 下18ㅈ>

고든 딕 <光州千字文 29ㅈ>, 고돈 딕 <石峰千字文 29ㅈ>
　ㄴ. 倭王이 고디 드러 잇거늘(倭王信之) <三綱行實圖 忠30ㅈ>
　　고디 셔도 머리 짜해 드리고(直立ㅎ야도頭垂地ㅎ고) <金剛經三家解 3.22ㅈ>

　(37ㄱ)은 형용사 어간 '곧-'의 활용형이고, (37ㄴ)은 파생부사의 예이다. (37)의 '直'은 '曲'에 대립하는 뜻으로 사용된다고 하겠다. 이와 달리 (36)의 '直'은 대체로 '바로, 직접'이라는 뜻을 지닌다. 15세기 국어의 부사 중에 '곧'은 '卽'에 해당하므로 위의 '直'과는 직접적인 관계가 없다. '고대'도 부사로 쓰였는데, 이는 '곧'에서 유래한 형태로 추정된다. 이두어 부사 '直亦'은 다음과 같이 『大明律直解』에 세 번 나오는데, 이들은 모두 (36)과 같이 '바로, 직접'이란 문맥적 의미로 사용된 것으로 이해된다.

　　(38) 仰官亦 所屬官乙 非理以 侵逼爲去等 侵逼事狀乙 開座爲 直亦 申聞爲乎 事 <直解 01.09ㅈ> (상관이 소속관을 비리로써 침해하고 핍박하거든 그 일의 내용을 공개적으로 조사하여 바로 임금께 아뢸 것)
　　百工匠人等置 各各 可言之事乙 直亦 上前 啓受 白乎矣 <直解 12.04ㅎ> (百工匠人 등도 각각 말할 만한 일을 직접 임금 앞에서 계를 받아 사뢰되
　　必于 所掌外 管屬 不得爲在 官司是良置 直亦 出差使 捉來爲去等 公貼到付後 限三日內 發送爲乎矣 <直解 28.07ㅎ> (비록 관할 밖으로서 관할하거나 소속하지 못하는 관사이라도 직접 사신을 내보내어 잡아오거든 공문서 도착 후 3일 이내에 발송하되)

　그런데 '바ᄅ'와 '直亦' 또한 음상이 일치하지 않는다. 이에 대하여 홍순탁(1974:51)은 '直亦'의 '-亦'은 부사어임을 표시하기 위한 표지일 뿐이라 한 바 있다. 그러나 예컨대, 15세기 국어의 '쏘'에 해당하는 것을 이두문에서 적는다면 '又' 자만 적을 따름이지, '*又亦'과 같은 표기를 하지는 않을 것이다.

　따라서 直亦은 현재로서는 15세기 국어의 '고디'에 일치하는 이두 부사어로서 앞서 언급한 첫째 유형에 속한 것으로 판단된다. 直亦이 '바ᄅ-'에서 '-ㅎ-'와 통합된 뒤 다시 부사로 파생된 형태로 볼 소지가 전혀 없지 않으나 그 개연성은 낮다고 본다. '바르게 하다'라는 뜻으로 사용된 '바ᄅ호-'가 16세기에 나타나는 점이 참고되지만, 위 (38)의 용례 直亦의 사용의미와는 거리가 멀다.

10) 眞亦

(39) 爲等如 眞亦 犯罪爲在乙良 逢音 宥旨 在白教是良置 並只 不赦 <直解 01.17ㅈ>
(…한 것들과 같이 참으로 범죄한 경우에는 마침 유지 있으셔도 모두 사면
하지 않는다)

'眞亦'은 『大明律直解』에서 유일하게 발견되는 이두어 부사로서, '참으로'의 뜻으로 사
용된다. '眞'의 15세기 訓은 '춤'이다. 그러나 '眞亦'의 독법과 관련하여 주목되는 어형은
15세기 국어의 '진딧'이다.

(40) 眞金은 진딧 金이라 <月印釋譜 7.29ㅈ>
識을 브터 업게 홀쩌 乃終내 진딧 업수미 아니니 <月印釋譜 1.36ㅈ>

'진딧'은 '진디-'에 '-ㅅ'21)이 접미되어 관형사 및 부사로 기능하는 형태이며, '진디-'
는 '眞'에 '디-'가 복합된 語辭로 추정된다. 따라서 이 '眞디-'에 '-어'가 접미되어 부사
로 쓰인 것이 바로 '眞亦'인 것이다. 이것의 독음은 '*진뎌'로 재구할 수 있다. 『舊譯仁王
經』의 용례 '眞ㅎ' 역시 부사어로 기능하고 있는데, 이는 '眞'이 訓讀되었음을 보여 준다.
이 경우 만약 '眞'의 訓이 15세기 국어와 마찬가지로 '춤'이라면, '眞亦'의 독음은 '*춤뎌'
에서 유래했을지 모른다. '眞'을 훈독하던 것이 음독으로 바뀐 데 따른 독법의 변화로 이
해되기 때문이다. 그러므로 '眞亦'은 형태 구조로 보아 후술할 '-丁'型 부사류 이두어들
과 같은 부류에 속한다.

(41) 此� 無二�"ㄱのㄴ 通達ﾂㅣハニㄱㄴ 眞ㅎ 第一義ㅣ十 入ﾂㅗハニㄱㅔㅣㅣ
ノㅓㅓㅣ (通達此無二 眞入第一義) <舊仁15.06>

11) 初亦

16세기 이두 자료에 쓰인 初亦의 용례들을 보면 이들이 모두 한결같이 체언을 직접 수
식하지 않고 용언 또는 문장 전체를 꾸미는 부사어로 기능하고 있으며, 그 사용의미는
'처음, 처음에' 정도로 풀이된다. (42ㄱ)이 이를 잘 보여 준다. (42ㄴ)의 '初亦'은 후행하

---

21) '-ㅅ'은 기원적으로 명사 파생접사일 것이다. '비흑-'에서 파생된 명사 '비흣'과 같은 용례가 15세기에
나타난다. '비흣'은 李基文 선생님께서 일러 주신 용례이다. 이에 감사를 드린다.

는 명사구 '闕到人'을 수식하는 듯이 보이나 명사 '人'을 직접 수식하는 것이 아니라 동사구 '闕到' 즉 '도착하지 않다'를 꾸미는 부사이다. 따라서 文意에 맞추어 끊어 읽자면 '初亦 闕到 人段'이 될 것이다.

(42) ㄱ. <u>初亦</u> 買得爲有如可 薄畓是如 還退爲遣 <1553 土地明文 정32-490 07> (처음에 매득했다가 메마른 논이라 하여 도로 물리고)

　　　<u>初亦</u> 不告而逃 今何復來 奸詐云云 <1593 所志 대구월촌단양우씨 21 06> (처음에 고하지 않고 도망가더니 지금은 어찌 다시 왔느냐 간사하다는 등등)

　　ㄴ. 番上軍人等乙 一名置 闕立 不得事是白乎等用良 <u>初亦</u>闕到人段 曹以 行移推考爲白遣 <兵曹啓目 各司受敎 74> (번을 서기 위해 올라온 군인들은 한 명도 입번에서 빠뜨릴 수 없는 일인 까닭에 처음에 도착하지 않은 사람은 병조에서 행이하여 추고하옵고)

　16세기 말까지의 이두 자료에서는 그 용례가 확인되지 않으나, 初亦은 初如로도 적힌 듯하다. 후대 이두 학습서들에서 둘 중 하나를 표제어로 등재하고 있고,『吏讀集成』은 둘을 나란히 등재하여 놓았기 때문이다. 初如의 '如'는 初亦의 '亦'의 독음과 유사한 자를 빌어쓴 것으로 이해된다. 말하자면, 取音의 원리에 따른 音借字인 것이다. 이들 부사어의 독음은 '초여'<羅麗吏讀, 吏讀便覽, 吏讀集成> 또는 '초혀'<吏文大師, 吏文襍例, 儒胥必知>로 적힌다. 그러나 '처음, 처음에'<語錄辯證說, 吏讀略解>라는 독음도 보이는데, 이는 원래의 독음보다는 실제 사용되는 의미를 감안한 독음에 기댄 것으로 이해된다.

　'初' 자는 고려 시대 석독 구결에서 初ㅅㅎ〃ㄱ<舊仁02.11>, 初ㅅㅎ<華嚴14.09.19>, 初ㅅㅎ<華嚴14.09.04> 등으로 현토되었다. 이는 15세기 국어의 어간 '비릇'에 이어지는 형태로 추정된다. 그런데 初亦은 이와 그 계통이 다른 형태이다. 이것은 의미를 감안해 볼 때 오히려 15세기 국어의 '처섬'에 대응한다. '처섬'은 부사의 기능 이외에 명사로서의 기능을 갖고 있다. 조선 초기 이두 자료에 쓰인 '初亦'과의 관계를 고찰해 보면 다음과 같다.

(43) <u>初亦</u> 竊盜以 同謀爲如可 臨時 不行爲良在等 <直解 18.18ㅈ> (처음에 절도를 함께 모의하다가 행동할 즈음에 행하지 아니하였거든)

　　<u>初亦</u> 遺言 傳得奴婢乙 生沒 勿論 各 衿 施行 <1404 張戩妻辛氏同生和會 04> (처음에 유언으로 전해 얻은 노비를 생몰에 관계 없이 각각의 몫으로 시행한다)

　　向前 資福移接乙良 代用磨鍊間 先可 <u>初亦</u> 判下敎 同 郡 資福良中 移接 向事 關是去有等以 <1407 長城監務關字> (앞서의 資福寺로 옮겨 가 사는 일은 대용할

것을 마련하는 동안 우선 처음에 임금께서 판하하신 위 군의 자복사에 옮겨
가 살 것이라는 관이 있으므로)

節 差使員 及 敬差官敎是 <u>初亦</u> 分揀 不冬爲在 婢 崔莊 及 所生 奴 老古知…
<1461 河源所志 1-03～04> (이번에 차사원 및 경차관께서 당초에 분간하지
않은 계집종 崔莊 및 그 소생 사내종 老古知…)

(44) ㄱ. 田宅乙良 <u>初亦</u> 交易人亦中 還給齊 <直解 05.05ㅈ> (밭과 집은 처음에 교역
한 사람에게 돌려주며)

ㄴ. 在囚爲去乃 乃 在配所爲去乃 中路良中 病死爲在乙良 京中是去等 <u>初亦</u> 問罪官
果 外方是去等 所在官司亦 致死緣故乙 開坐爲旀 <直解 28.05ㅎ> (감옥에 있
거나 유배소에 있거나 가는 길에 병사한 경우에는 서울이면 처음에 심
문한 관아, 지방이면 소재 관사가 치사한 연고를 공개적으로 기록하며)

ㄷ. <u>初亦</u> 檢屍官吏果 二次 檢屍官吏等亦 相見爲 <直解 28.14ㅈ> (처음 검시한
관리와 2차 검시한 관리들이 서로 만나보고)

위 예문들 중 '初亦'이 (43)에선 부사로 기능하고 있음이 분명하다. (44)에서는 명사로
서의 성격을 띠면서 후행하는 체언을 수식하는 기능 즉, 관형사로서의 기능도 다소 보이
는 것이 아닌가 의심된다. (44ㄷ)에서 '初亦 檢屍官吏'와 '二次 檢屍官吏'가 동일한 통사
구조인 듯 보이기 때문이다. 그러나 (44ㄷ) 역시 앞서의 (42ㄴ)과 마찬가지로 해석하여야
한다. '初亦 檢屍官吏果 二次 檢屍官吏等亦'의 경우 '처음 檢屍한 官吏와 二次 檢屍한 官
吏들이'로 끊어 읽어야 하기 때문이다.

따라서 '初亦'은 '비로소'라는 뜻과는 상관 없이 '처음, 처음에'라는 뜻을 지닌 부사어
임이 분명한데, 이것과 15세기 국어 '처엄' 사이에 놓인 흡相의 불일치가 다소 의문이다.
관점에 따라서는 '初亦'의 '-亦'을 부사어 표지로 볼 소지도 남아 있다.[22]

12) 便亦

便亦과 使亦에 대하여는 그 의미 및 독법에 관해 정확히 이해하지 못하거나 잘못 판단
한 경우가 적잖다. 使亦은 근대국어의 '스리여'(스리야, 스ᄅ여, 술ᄋ여, 술이여, 술리야)에 정확
히 대응하는 형태이다. 근대국어에서 白話文의 '只管的, 只管'이 '그저 스리여(스리야)'로
언해된 사실로 미루어 볼 때, '스리여'는 일견 '함부로'라는 뜻으로 이해된다. 그러나 便

亦은 이와 달리 원래의 한자 語義 그대로 '便하게, 便한 대로'라는 의미로 사용된 경우가 적잖다.

> (45) ㄱ. 其 所屬官弋只 可行公事乙 一定23) 不冬爲遣 疑慮爲 便亦 啓課24)爲在乙良 罪
> 同齊 (其所屬 將可行事件 不行區處 作疑申禀者 罪亦如之) <直解 3.7ㅈ> (그
> 소속 관아가 처리할 만한 공적인 일을 제대로 처리하지 않고 의심하여
> 편한 대로 품의한 경우에는 죄가 같으며)
> ㄴ. 禮曹 呈所志爲白乎亦中 同 曹亦 其司 已防事是去 向入 便亦 受理 不冬 退狀教
> 是在 而亦 <1483 金孝盧繼後司憲府立案 7~8> (예조에 소지를 올렸을 때
> 위 예조가 이미 불허한 일인가 생각하여 편한 대로 수리하지 않고 소장
> 을 물리신 것이지만)
> ㄷ. 水德乙良 女矣身弋只 便亦 至今 使用爲… <1521 衿給文記 서울대고문서집
> 진 200/ 서울대고문서 32-1 10> (水德은 여자인 이 몸이 편하게 지금까
> 지 사용하…)

그런데 원래의 한자 語義 그대로 쓰인 便亦은 문맥에 따라서는 '오히려'에 가까운 사용의미를 갖게 된다. 이것은 역접으로 이어지는 과정에서 사용되었기 때문에 원래의 의미에서 확산되어 사용된 것으로 판단된다. 便亦의 원래의 의미를 가지면서도 역접이라는 문맥인 까닭에 대체로 '제 마음대로 편하게'라는 뜻에서 더 나아가 '오히려'라는 뜻으로 풀이되는 것이라 하겠다.

> (46) ㄱ. 奉祀條 許給亦 說遵爲乎矣 便亦 侵虐 加于 悶迫爲白良尒 <1583 입안 정
> 33-189 48~49/78~79> (봉사조로 주는 것을 허락한다고 말하되 오히려
> 침해하고 학대함이 더욱 민망하기에)
> ㄴ. 金士元段置 有義子三寸己物乙 神主奉歸之日 卽時 出給事良中 私欲以 據執 不
> 許 極爲違法爲白乎矣 便亦 托故延訟 修飾呈狀 加于 不緊爲白齊 <1583 입안
> 정33-189 31~32> (金士元의 경우에도 의자식으로서 삼촌의 소유물을
> 신주를 받들고 귀가하는 날 즉시 내주어야 하는 일에 사욕으로 움켜쥐
> 고 허락지 않아 지극히 법에 어긋나되 오히려 사유를 빌미로 소송을 늦

---

23) "定은 准(可하다고 決定하는 것)한다는 뜻"(法制處 1964:187)이다.
24) 啓課는 원래 관원의 考課에 대한 일을 啓聞하는 일을 가리키는 용어이다. 그런데 考課만이 아니라 다른
일반적인 사안에 대한 것도 포함되는 경우가 더러 있다. 『15세기 한자어 조사 연구』(국립국어연구원,
1993년, 530쪽)에서는 啓果를 "임금에게 의무적으로 보고해야 하는 사항. 또는 그렇게 보고하는 일."로
풀이하였다. 『대명률직해』에서는 결국 임금에게 올리는 것이긴 하나 상부 관아에 어떤 의견을 품의하는
경우에도 啓課로 표현한 경우가 적잖다.

추고 소장을 꾸며 올리는 등 더욱 불긴하오며)

ㄷ. 冬節 野人上來時 鎭將所報違錯處乙 憑考 便亦 用意不冬 知情上送 鎭將及節度 使乙良 罷黜推考 施行爲乎矣 <1554.4.3. 禮曹關文 各司受敎 53> (겨울철에 야인이 상경할 때 진장이 보고한 내용과 다른 곳을 살펴보아서 제 마음 대로 용의주도하게 하지 않고 사정을 알면서도 상송한 진장 및 절도사 는 내쫓고 추고하여 시행하되)

　(46)의 '便亦'은 모두 역접의 위치, 앞문장의 내용과는 정반대로 행해지는 뒷문장을 받 는 위치에 사용되었다. (46ㄱ)은 奉祀條로 준다 말해 놓고도 도리어 포학하게 행동해 민 망하다는 내용, (46ㄴ) 역시 위법행위를 하고도 소송을 미루고 문서를 꾸며 제출한다는 내용 것과 같이 앞뒤가 서로 상반되는 내용을 연결하는 자리에 쓰였다. (46ㄷ)의 경우엔 野人들이 상경했을 때 그곳의 鎭將들이 보고한 내용에 (거짓과) 착오가 있는지 살펴본 후 에 제대로 처리하지 않고 내막을 알면서도 보고를 한 鎭將 및 節度使를 파출하고 추고하 라는 내용이다. 이 중 '便亦 用意不冬 知情上送'은 '便亦'을 앞에 놓은 것이므로 보통의 순서대로라면 '用意不冬 便亦 知情上送'으로 바꾸어야 할 것이다. 그러므로 (46)에 쓰인 '便亦'의 문맥적 의미는 역접의 부사 '오히려'에 가깝다. 이것은 원래의 자의를 살려 '제 마음대로 편하게, 편한 대로'와 같이 해석하여도 큰 무리가 없으나 역접이라는 문맥에서 사용되었기 때문에 '오히려'라는 사용의미를 갖게 된 것으로 해석된다.

　한편 사용 의미가 전혀 다른 便亦의 용례도 있어 주의할 필요가 있다. 이것은 중세어의 '믄드시, 믄득'에, 현대국어의 '문득'에 해당하는 이두 부사어이다. 『五洲衍文長箋散稿』 중 「語錄辯證說」에서 便亦을 '문득'으로 읽고 있는 것은 이 경우에 해당된다. 이와 같이 동 일한 표기 便亦이 전혀 다른 두 가지 의미로 사용되는 까닭은 한자의 성조 차이에서 찾 아야 할 것이다. '便'은 평성과 거성으로 달리 실현되는 한자인데, 평성으로 사용되면 '安'과 상통하며, 거성으로 사용될 때엔 '卽'과 상통하기 때문이다.

　(47) 便 오좀 편 俗稱小─ 又安也 又去聲宜也卽也 <訓蒙字會 上15ㅎ>
　　　便 작마줄 변 ｜ 편안 편 平聲 <新增類合 下57ㅎ>

　따라서 동일한 이두 부사어 便亦이라 하더라도 평성자를 쓴 경우엔 위 (45) 및 (46)의 용례와 같이 '편하게, 편한 대로'라는 기본 의미를 갖지만, 다음 (48)에서 보듯 거성자로 사용된 경우엔 '즉시, 문득, 갑자기'라는 뜻을 갖는다.

(48) ㄱ. 步倭段 並只 落後 騎倭四名 <u>便亦</u> 馳逐次 宋鶴連等亦 疊中二倭 墜落溪間 俄而
步倭 追到叱分不喩 <1593 첩정등초 단양우씨문서 16~18> (왜인 보병은
모두 뒤에 처지고 왜인 기병 4명이 갑자기 급히 쫓아오기에 宋鶴連 등이
포위하여 두 왜놈을 계곡에 추락시켰더니 잠깐 사이에 왜인 보병이 뒤
쫓아 왔을 뿐만 아니라)
　　　ㄴ. 本道 牛疫 至今 寢息 不冬 <u>便亦</u> 多斃 至爲可慮是白昆 <牛疫方 序 1ㅎ> (본
도의 소의 질병이 지금까지 가라앉지 않고 오히려 많이 죽어 지극히 염
려스러우니)

(48ㄱ)은 거성의 便 자를 사용한 便亦의 용례에 정확히 일치한다. (48ㄴ)의 便亦 역시
이에 해당되는 용례로 판단된다. 安秉禧(1977: 13)에서도 이 경우의 便亦을 중세어의 '믄드
시, 믄득'에 기대어 해석한 바 있다. 따라서 (48ㄴ)의 便亦을 '갑자기' 정도로 풀이하여도
무방할 듯한데, 앞서의 (46)에서와 마찬가지로 道에서 조치를 해도 질병이 가라앉지 않고
여전히 소가 죽는다는 내용의 역접의 문맥에서 사용된 까닭에 '오히려'라는 사용의미로
풀이할 수 있다고 본다.

便亦은 17세기 이후에 使亦으로도 쓰였다. 이렇게 된 연유로는 우선 두 글자의 모양이
비슷한 점을 들 수 있다. 그리고 '스리여'의 첫 음절과 '使'의 音이 유사한 데 말미암은
것으로 해석된다<홍순탁 1974:50, 安秉禧 1987ㄷ:35>. 그러나 便亦에 대한 후대 이두 학습서
들의 여러 讀音 중 '스리여'는 근대국어의 단어 '스리여'(스리야, 스리여, 술ᄋ여, 술이여, 술리
야)에 정확히 일치하는 것이지만, 이것은 거성자 便을 사용한 便亦에만 해당된다. 평성자
便을 활용한 이두 부사어 便亦의 경우엔 '*편히' 정도로 읽혔던 것이 아닌가 추측한다.

1.3 '-良'형

'-良'형 이두자들로서 부사어로 쓰이는 것들은 모두 동사 어간에 부동사 어미 -良이
통합된 형태이다. 즉, 동사의 부사형에 속한다. 따라서 이들은 제5장 중 단일동사 및 양태
의 연결어미에서 논의한 것에 따른다. 다만, 이들 중 파생부사로 굳혀진 更良과 偏良만을
부사류 이두로 여기에서 다루기로 한다.

1) 更良

更良은 동사 어간 '가시-'에 부동사 어미 '-아'가 결합되어 부사로 파생된 형태로 추정된다. 이것은 15세기 국어의 '가시야, 가시여'에 대응하는데, '다시'의 뜻으로 쓰인다.

(49) ㄱ. 更 가실 깅 <光州千字文 24ㅎ>
　　ㄴ. 更 다시 깅 <新增類合 下45ㅎ, 丙子本 千字文 18ㅎ>
　　　　更(깅)은 다시 홀 씨오 <月印釋譜 序 19ㅈ>
　　ㄷ. 未來 氵十 是礙 ॥ 更 氵 生 勿 不 人25) ॽ ㆆ 乙　更 氵 生 不 八 ㅅ ॥ ㅅ ヒ 智 乙
　　　　得 尸 未 八 ㅣ ㅏ ㄱ 力 無明 ॥ 因 爲 ॥ 尸 ㅅ 乙 ॽ 灬 <金光明經 3.08.09>

후기 중세국어에서 '가시-'는 주로 '고치다, 變하다'의 뜻으로 사용되었다. (49ㄴ)은 이 외에도 '다시 하다'의 뜻을 지녔음을 보여 준다. 그런데 후자의 의미는 부사로 굳혀진 '가시야, 가시여'에서만 드러날 뿐이고, 동사 '가시-'에서는 찾기 힘들다. (49ㄴ)은 이러한 사실을 잘 보여 준다. (49ㄷ)은 고려 시대 석독구결의 예문이다. 文意 파악이 꽤 어렵긴 하나, '更 氵'는 동사 어간 '更'에 부동사 어미 ' 氵(良)'이 통합되어 사용되었음을 드러낸다. 이 경우 '更'을 '가시-'로 훈독했는지는 확실하지 않다. 15세기 국어에 'ㄴ외-'가 공존하기 때문이다. 다만, 'ㄴ외-'의 경우에는 'ㄴ외야, ㄴ외여' 외에 'ㄴ외'만으로도 '다시'의 뜻으로 사용되나 '가시-'의 경우에는 동사 어간과 일치하는 부사가 발견되지 않는 점, 그리고 후대 이두 학습서들에서의 讀音을 참조해 볼 때, '更良'은 '가시아'로 읽혔을 개연성이 높다고 보겠다. 이두문에서 '更良'의 용례는, 비록 2차 자료이긴 하나, 14세기에 처음 나타난다.

(50) 事狀 的是在如中 更良 奏聞 除良只 法孫案牘 施行爲良於爲 <1378 長城監務官貼文 12~13> (문서의 내용이 맞을 것 같으면 다시 임금께 아뢰지 말고 法孫案牘을 시행하도록)
　　矣身亦 出父矣 許與論當 更良 有證 成文 許與爲去乎 在等以 後所生 幷以 子孫傳持 使用爲乎矣 <1382 南氏奴婢文書 8~10> (내가 아버지의 허여가 마땅함을 논하여 다시 증인을 갖추어 문서를 만들어 허여하는 것이므로 후소생 아울러 자손에게 전하여 갖고 사용하되)

조선 전기 이두문에서 '更良'의 용례를 일부 보이면 다음과 같다. 이들 모두가 대체로

---

25) 八인 듯함.

'다시'의 뜻으로 사용되었음은 물론이다.

(51) 先亦 徒三年罪乙 犯爲 立役 一年已過 後良中 更良 徒三年罪乙 再犯爲在 人乙良
<直解 01.21ㅈ> (먼저 徒三年罪를 범하여 역을 산 지 일 년이 이미 지난 후
에 다시 徒三年罪를 재범한 사람은)

更良 功臣職名單字 申 /聞爲白叱乎亦中 <1395 陳忠貴錄券 125~127> (다시 공
신의 직명단자를 아뢰었을 때에)

寃悶白活乙 更良 聽理 不冬爲白在果 <1483 金孝盧繼後司憲府立案 12~13> (원통
하고 민망한 사연을 다시 들어주지 않거니와)

軍裝定限責備 猶不備持 各別論罪 更良 責備爲白乎矣 <1550.2.6. 兵曹啓目 各司受
教 77> (군장은 기한을 정해 갖추도록 하되 그래도 갖추어 지니지 않으면
각별히 논죄하여 다시 갖추도록 하오되)

可以推行條件乙良 更良 磨鍊 後錄爲白去乎 <1553 科擧事目 4ㅎ> (행할 수 있는
조건은 다시 마련하여 후록하오니)

向前 遺漏田民等 及 時存使用元田民 幷以 更良 平均分給爲去乎 <1594 衿給文記
영1-83 06~07> (앞서의 유루노비와 전답들 및 현재 사용하고 있는 원래의
전답과 노비를 아울러 다시 고르게 나눠주니)

『古今釋林』과 『儒胥必知』는 更良을 '가시아'로 읽었다. 후기 중세국어의 '가시야'에도
불구하고 이렇게 읽은 것은 의고적인 독법을 드러낸다고 생각된다. 이와 달리 '가시야'
<吏文大師>, '다시'<語錄辯證說> 등의 독법은 개신형을 반영한 것으로 이해된다. 更良은 후
대의 이두문에서 간혹 '更亦'으로 쓰이기도 한다. 1581년의 分財記에 쓰인 것이 그 한 예
인데, 이는 독법 '가시여'를 반영한 이표기로 이해된다.

(52) 節 諸子女 平均許給時 上項 文記 論破 改成給次以 俱由 先官立旨 導良 更亦 ──
後錄爲乎矣 <1581 허여문기 정2-560 04~06> (금번에 여러 자녀에게 고르게
허락해 나눠줄 때 위 문서는 파기하고 고쳐 만들어 주기 위해 사유를 갖추
어 먼저 관의 입지를 받은 것을 근거로 일일이 후록하되)

2) 偏良

(53) 偏良 廣平大君 列山正等置 四寸孫以 立後 已成前例 不可追改是白置有良尔 向前 金
孝盧矣 金孝之繼後乙良 仍爲 施行 何如 <1483 金孝盧繼後司憲府立案 63~65>
(특히 廣平大君과 列山正 등도 사촌손자로써 입후한 것이 이미 전례가 되어
뒤늦게 고칠 수 없사옵기에 앞서 金孝盧의 金孝之 계후 건은 이에 따라 시행

함이 어떻겠습니까)

偏良은 조선 전기 중에는 위의 용례 하나뿐이다. 이전 시기의 이두에서도 그 용례를 발견하지 못한다. 고려 시대 석독구결에서 '偏ㄅ'라는 용례가 하나 보인다<金光明經 3.13.18>. 이것의 독법은 현재 불명이나, 동사 어간에 부동사 어미가 결합된 것으로 추정된다. 위 예문에서 '偏良'의 문맥적 의미는 '특히, 특별히' 또는 '더욱이' 정도로 파악된다. 전자의 의미와 관련하여 보면 이는 16~17세기 국어의 '츼여'에 대응하는 형태인 듯하다. 다만, '치우치다'의 뜻은 거의 없다고 생각된다. 따라서 '偏良'은 '*츼어'로 읽히며, 이것이 음의 同化를 거쳐 '츼여'에 이어진다고 할 수 있다. 이는 '更良'과 동일한 양상의 발달과정을 거친 것이다. 偏良의 중심 의미는 '특히'로 파악되며, '獨亦'과는 유의어 관계를 형성한다.

(54) 偏 독벼리 又 독혀 又 츼여 <老朴集覽 單字解3-1>
　　 偏 독벼리 又 독혀 又 츼여 <朴通事諺解 單字解2ㅎ>

1.4 '-于'형

'-于'型에 속하는 이두 부사어들은 원칙적으로 어간이 별다른 형태 변화 없이 직접 부사로 사용되거나 동사 어간의 활용형에서 비롯한 것들이다. 이들 중 문장의 필수 구성요소로서 체언을 지배하는 기능을 어느 정도 갖고 있는 것들은 동사로서의 기능 또한 그대로 간직하는 면이 있다. 이에 따라 '因于, 仍于, 追于' 등은 제4장의 후치사에서 다루었다. 문장의 필수 구성요소가 아닌 것들이 여기에서의 논의 대상이다. 그리고 并以는 비록 표기자가 '-以'로 되어 있으나 동사 어간에서 파생된 것으로 '-于'型에 속하는 부사어들과 일맥상통하므로 여기에서 다룬다.

1) 加于, 尤于

만약 고대국어에 '*더욱'이라는 어형이 있어 이를 吏讀字로 표기하였다면 *加于只 또는 *加只와 같은 형태를 상정해 볼 수 있을 것이다. 중세국어에 '더욱(더옥)'이라는 부사가 존재한다. 그런데 이것과 일치하는 형태인 이두어 부사 加于에는 말음 'ㄱ'의 존재가 확인되지 않는다. 그럼에도 불구하고 加于의 독음을 후대 이두 학습서들에서는 '더욱, 더욱이, 더옥'으로 제시함으로써, 한결같이 말음 'ㄱ'을 반영하고 있다. 이에 관해 두 가지의 가정이 성립된다.

하나는 이른 시기에 이미 말음 'ㄱ'을 가진 국어의 어형이 있었는데, 이것이 이두어 표기에서 '*加于只 > 加于'으로 변천해 왔다고 보는 견해이다. 비록 이것과 형태통사적인 구성이 전혀 다른 것이긴 하지만, '右良如'와 '右良, 右如'의 존재는 이러한 추정을 뒷받침해 준다.

다른 하나는 중세국어 '더욱'의 '-ㄱ'은 후대에 첨가된 형태인 까닭에 보수적인 성격을 띤 이두어 표기에서는 말음이 첨가되기 이전의 어형을 반영하고 있는 것으로 보는 견해이다. 고려 시대 석독구결 자료에 동명사 어미 '-ㄹ'이 통합하여 명사형으로 사용된 것으로 추정되는 '加ㄗ'의 용례가 있다. 중세국어에서도 어간 '더'와 '더으-(더ᄋ-)'가 존재하므로, 이것에 파생접사 '-우'가 결합된 형태를 반영한 표기가 加于일 개연성이 높기 때문이다. 중세국어 부사 중 동사 어간에 '-우'가 결합되어 파생된 부사 '닝우, 세우, 거두, 비르수' 등의 존재를 감안하여 볼 때, 현재로서는 후자의 견해가 좀 더 개연성이 높다고 하겠다.

(55) ㄱ. 下蟻時乙良 加于 造心 稀踈 平均亦 布列爲 置 重疊驚傷 不冬爲只爲 使內 <양잠 22ㅈ> (누에알들이 채반으로 내려올 때는 더욱 조심하여 드문드문 성글고 고르게 늘어놓아 두고 중첩되거나 놀라 상하지 않도록 한다)
婢 終德 奴 終同等乙 都目狀良中 幷錄敎 所 加于 悶望爲白乎 等 用良 <1461 河源所志 1-04~05> (계집종 終德과 사내종 終同 등을 도목장에 함께 기록하신 바 더욱 민망하온 까닭에)
無告之民亦 加于 悶望白良厼 <1463 金孝盧繼後司憲府立案 11~12> (하소연할 데 없는 백성이 더욱 민망하옵기에)
五月望後是去等 天氣始熱 土氣 加于 通和爲齊 <農書輯要 5> (오월 보름 후이면 날씨가 비로소 더워지고 흙기운이 더욱 부드럽고 온화해지며)
因此 累日廢仕爲臥乎 所 加于 未便爲置 <1548.2.21. 司憲府傳敎 各司受敎 117> (이로 인해 여러 날 근무하지 않는바 더욱 편치 않고)
命在朝夕爲去乙等 汝矣 成長 有室定未 及 見病中之懷 加于 罔極乙 仍于 <1575 別給文記 영1-195 04~05> (목숨이 아침저녁으로 걸렸거늘 네가 성장하여 아내를 정하지 않은 채 병중의 회포를 보이니 더욱 망극하기에)
一船 射格 幷一百三十餘名之軍乙 充立末[26]由 加于 悶慮爲白良厼 <1592.12.10. 계본 壬辰狀草 狀23> (한 적의 배에 사부와 격군을 합해 130여 명의 군

사를 충당하는 일을 행하지 못해 더욱 민망하옵기에)

ㄴ. 米伍拾肆石乙 准受 令是遣 在如中 加于 物業乙 計會爲 <1031 淨兜寺形止記 17> (쌀 54섬을 받도록 한 터에 더하여 物業을 모두 셈하고)

ㄷ. 當 願 衆生 惡ㄱㅅㄴ [於]有十ㅌㅌ 人ㄱ十 其 報ノアㅅㄴ 加ア 不ソㅌ ㅎ <華嚴14.6.11>

(55ㄱ)은 조선 전기 이두 자료에서 발견되는 加于 용례 중의 일부이다. (55ㄴ)은 고려 시대 자료 중의 용례이다. 부사 加于가 이미 11세기에 사용되었음을 알 수 있다. (55ㄷ) 은 동사 어간 '加-'에 동명사 어미가 결합되어 명사적 용법으로 사용된 것을 보여 준다. '加于'는 후대에 尤于로도 표기된 듯하다. (56)에서 보듯 16세기 중엽에 이미 그 용례 가 예외적으로 발견된다. 이두 학습서들이 尤于를 표제어로 등재하고 加于과 마찬가지로 '더욱, 더옥'으로 읽었기 때문이다. 이것은 取義의 원리에 따른 이표기로 이해된다.

(56) 氣象非凡 將有揚名光祖之慶 尤于 珍重爲乎等用…… <1548 別給文記 영1-70 03~ 04> (기상이 비범하고 바야흐로 이름을 날리고 조상을 빛내는 경사로서 더 욱 소중한 까닭에…)

2) 幷以

幷以는 '아오로'로 읽힌다. 이는 15세기 국어의 '아오로'에 정확히 일치하는 형태이다. 幷以는 주로 '아울러'라는 의미로 쓰이는데, 문맥에 따라서는 '모두'라는 사용의미를 갖 기도 한다. 아래 (57ㄴ)에서 '兼' 자에 대한 새김으로 미루어 보건대 '兼하여'의 뜻을 지 니는 수가 있는 듯하다.

'-以'型 부사류 이두는 모두 명사 또는 명사성 어근에 조격 어미 '-以'가 통합되어 부 사어로 기능하는 것들이다. 그러나 幷以는 동사에서 파생된 부사이다. 이 경우 동사 어간 에 파생 접사 '-로'가 통합된 것이 아니라, '-오/우'가 통합된 것으로 추정된다. 따라서 幷以의 '以'는 末音節을 표기하기 위한 訓假字라 하겠다. -于 대신에 -以를 사용한 까닭 은 동사 어간 말음의 성질에 기인한 것으로 보인다.

---

26) 未의 오자인 듯함.

(57) ㄱ. 幷 아올 병 <光州千字文 26ㅎ, 新增類合 下48ㅈ>, 아올 병 <石峰千字文 26
　　　ㅎ>
　　ㄴ. 兼은 아올 씨라 <月印釋譜 序18ㅈ>
　　ㄷ. 아슴과 國王과 大臣과 刹利와 居士와 <u>아오로</u> 뫼화 (幷會親族과國王과大臣과
　　　刹利와居士ㅎ야) <法華經諺解 2.222ㅎ>

幷以는 고려 시대 이두에서도 사용되었다. 11세기에 이미 그 용례가 확인된다. 幷以는
때로 並以로도 적힌다. 이는 '幷'의 取義字로 '並'을 사용한 것으로 이해된다. 그러나 15세
기 말까지의 이두 자료에서는 幷以만이 사용되었다. 高麗末의 長城監務官貼文(1378년)에
並以의 용법이 보이나, 이는 2차 자료인 데에서 연유할 따름이다.[27] 『校訂 大明律直解』
는 두 곳에서 並以로 활자화하였는데<01.10ㅈ, 03.03ㅈ>, 이는 착오인 듯하다. 蓬左文庫本
과 晩松文庫本을 비롯해 이른 시기 판본에서는 위 두 용례가 모두 幷以로 되어 있다. 並
以는 대체로 16세기 전반부터 사용되는 듯하다. 다음 (58)이 그 예 중의 일부다.

(58) <u>並以</u> 折木綿肆同 丁禾柒 赤多斑雄大馬乙 捧上爲遣 永永 放賣爲去乎 <1536 토재매
　　매명문 정33-413 04~05> (모두 무명 7통 값으로 쳐서 7살배기 적색 반점이
　　많은 큰 숫말을 받고 영구히 방매하니)
　　後所生 <u>並以</u> 永永 執持 使喚 耕食爲旀 婢介春段 孫子寅慶乳母是昆 所生 <u>並以</u> 永永
　　傳給事 <1591 別給文記 영1-204 07~08> (후소생 아울러 영구히 갖고 사환하
　　고 갈아먹으며 계집종 介春은 손자 寅慶의 유모이니 소생을 아울러 영구히
　　전해 주는 것임)

다음 (59)는 고려 시대 '幷以' 용례 중 일부이고, (60)은 조선 전기 용례 중의 일부이다.

(59) 右 文記 <u>幷以</u> 又 鍮合一重拾貳兩 參目良中 邀是白內叱乎亦 在弥 <1031 淨兜寺形
　　止記 30> (이 문서와 아울러 또 놋쇠그릇 하나 무게 12냥을 3목에 안치시킨
　　것이 있으며)
　　… <u>幷以</u> 施行 緣由 <1109 密陽五層石塔造成記 7~8> (…모두 시행하고 이에
　　마침)
　　右 巾三矣 身乙 所生 <u>幷以</u> 屬 令是白去乎 在等以 <1281 松廣寺奴婢文書 10~11>
　　(위 巾三의 몸을 소생과 아울러 소속시킨 일이 있으므로)

---

27) 조선 초기 이두 자료 중 후대에 轉寫한 자료에 속하는 朴乙富錄券(1397년)과 南誾遺書(1398?년)에서도 '並
以'로 적혀 있다.

(60) 向前 仁贊乙良 功臣 克廉 例良中 并以 啓 使內良於爲 敎 <1392 李和錄券 046~
047> (앞서의 仁贊은 공신 克廉의 예에 아울러 계를 올려 행하도록 하심)

坐罪人矣 家口乙良 必于 入官爲在乃 犯人亦 免罪爲昆 并以 免放齊 <直解 01.25
ㅈ> (범죄인의 집안식구는 비록 관에 가둔 사람이라 하더라도 범인이 면죄
하면 아울러 사면하여 풀어준다)

合 貳拾肆間等乙 交易 本文記 并以 許與爲去乎 在等以 <1401 太祖賜給旀致家垈文
書 06~07> (총 24칸 등을 교역한 본문기와 아울러 분명히 허여하는 일이
있으므로)

後所生以 新反 文字 前所生 并以 執持 使用爲乎 事是亦 在 <1404 張戩妻辛氏同生
和會 15> (後所生으로부터 새 문서 전의 所生에 [이르기까지] 아울러 지녀 사
용할 일임)

迷惑人亦 蚕身 落火 傷損 非無 并以 使內安徐 <양잠 25ㅎ> (정신 없는 사람이
누에 몸에 불을 떨구어 손상시키는 일이 없지 아니하므로 모두 하지 말 것)

節 改贖身時 代納奴婢 物故前所生段 已曾收議 還賤安徐爲白在果 物故後所生段 其
父母改贖身爲白去等 并以 從良 改贖不冬乙良 物故後所生 并以 還賤 <受敎 大典詞
訟類聚 91> (금번에 속신법을 고칠 때 대납한 노비가 죽기 전의 소생은 이미
논의를 거쳐 천인으로 되돌리지 말라고 했거니와 죽은 후의 소생은 그 부모
가 다시 속신하였거든 모두 양인으로 하고 다시 속신하지 않은 경우에는 죽
은 후의 소생은 모두 천인으로 되돌린다)

試官 及 各差備擧子等乙良 依前例 除服制式假推考人員 并以 使內白 <1553 科擧事
目 後舊事目3ㅎ> (시관 및 각 차비관과 거자 등은 전례에 따라 상중이거나
정기휴가 중이거나 추고 중인 사람은 모두 제하도록 행할 것을 아룀)

禾利 并以 永永 放賣爲去乎 <1582 토지매매명문 정33-427 05> (전답의 수확물
과 아울러 영구히 방매하니)

3) 必于

必于는 고려 말 이두 자료에 그 용례가 있을 뿐만 아니라, 『均如傳』의 鄕歌에서도 발
견된다. 전자의 용례는 (61ㄱ)에서처럼 -爲良置와 호응하는 문맥에 쓰였고, (61ㄴ)에서는
대체로 '비록 …한 것이나'라는 문맥에서 사용되었다.

(61) 必于 明文 未納爲良置 <1390~1 高麗末戶籍文書 둘째폭 19~20> (비록 명문을
납부하지 않아도)

必于 化緣 盡 動賜隱乃 <請佛住世歌 2> (비록 化緣이 다하여 움직이신 것이나)

必于의 '必'과 '于'는 모두 音假字이다. 이는 차자표기에서 일반적으로 실질적인 의미

를 지닌 실사를 訓借字로 표기하고 이에 뒤따르는 문법적 의미를 지닌 허사를 音借字로 적는 '實訓虛音의 원칙'에 어긋난다. 이 원칙에 따른다면 '비록'에 해당하는 이두자로 '*雖于'와 같은 형태를 상정해 봄 직하다. 이와 달리 '必'을 훈독한 예가 고려 시대 석독구결 자료와 均如의 鄕歌에서 발견된다. 아래 예문 중의 '必只(必ハ)'는 15세기 국어의 '반ᄃ기'에 대응하는데, '반드시'의 뜻으로 사용되었으므로 이두에서의 必于와는 그 뜻이 전혀 다르다.

(62) 信ㄱ 能去 智ㄴ 功德ㄴ 增長ソナオゟ 信ㄱ 能去 必ハ 如來尸 地ゟ十 到ㅐ
ナオゟ <華嚴14.10.01>
必只 一毛叱 德置 <稱讚如來歌 9>

그런데 조선 전기에 이두어 부사로 쓰이는 必于는 위 (62)와 달리 '비록'의 뜻으로 사용된다. 이는 중세어의 '비록'(雖)에 대응하는 표기로서, 이두 학습서들에서도 '비록, 비룩으로 읽었다. 다음의 예문 (63)에서 보듯 必于는 양보 구문에 사용된다.

(63) ㄱ. 婦人亦 必于 夫家 得罪 被黜爲良置 其矣 子亦 有官職爲去等 子矣 官職以 同論
爲臥乎 事段 <直解 01.15ㅈ> (부인이 비록 지아비 집에서 득죄하여 쫓겨
났어도 자기 아들이 관직을 가지고 있거든 아들의 관직으로서 같이 논
하는 일은)
ㄴ. 凡 生謀事狀 明白爲在如中 必于 一人是良置 同二人之類 <直解 01.44ㅈ> (무
릇 모의를 한 일이 명백할 것 같으면 비록 한 사람이라도 두 사람의 무
리와 같게 다룬다)
其 遺棄小兒乙良 三歲以下是去等 必于 異姓是良置 聽許收養 卽從其姓爲乎矣
<直解 04.04ㅈ> (그 유기소아는 세 살이거든 비록 성이 달라도 수양을
허락하고 즉시 그 성을 따르도록 하되)
必于 /殿庭是白良置 是日 曉頭是白在如中 <1553 科擧事目 30ㅎ> (비록 전정
이어도 이 날 꼭두새벽일 것 같으면)
ㄷ. 合於死爲在 十惡罪囚果 及 强盜乙良 必于 無時 決斷爲乎 喩乃 禁刑日良中 決
斷爲在乙良 <直解 28.19ㅈ> (사형에 해당하는 10악 죄수와 강도는 비록
일정한 때 없이 결단할 것이나 금형일에 결단한 경우에는)
此亦中 賊人亦 興發爲 助戰合當爲去等 近處軍官亦 必于 所屬 不喩良置 助戰爲
弥 <直解 14.02ㅈ> (이에 적이 늘어나므로 도와서 싸우는 것이 마땅하니
근처의 군관이 비록 소속이 아니라도 도와 싸우며)
今後 必于 同邊人 除除 現身爲白乎 喩良置 時現人以 親着 捧上 <1553.4.20.

掌隷院受教 大典詞訟類聚 146> (앞으로는 비록 같은 쪽 사람이 더러더러 나올지라도 그 때 나온 사람으로 직접 이름을 받아)

必于 創立法條例 不喩是白良置 法典內 有所拘碍 <1566.7.6. 掌隷院受教 各司受教 181> (비록 법의 조례를 새로 만드는 것이 아니라 하더라도 법전의 내용에 구애받는 바가 있어서)

ㄹ. 報狀內 必于 差錯爲去乃 不害於事爲在乙良 勿論罪爲乎 事 <直解 03.04ㅈ> (보고한 문서 안에 비록 착오가 있는 것이라 하더라도 일에 해를 끼치지 않는 경우에는 죄를 논하지 말 것)

本國法良中 必于 舊奴婢去乃 本主乙 毆打爲乎 第亦中 罪重爲去有良尒 奴婢毆 舊家長爲在乙良 <直解 20.16ㅎ> (우리나라 법에 비록 옛 노비라 하더라도 본래의 주인을 구타한 경우엔 죄가 중하기에 노비가 옛 가장을 구타한 경우에는)

必于는 어미 -良置와 호응하는데, 이 어미가 (63ㄱ)은 '-爲-'에, (63ㄴ)은 계사 '-是-'에, (63ㄷ)은 형식명사와 계사가 융합된 '喩'에 연결되어 사용되었음을 보여 준다. (63ㄹ)은 '必于'가 '-(이)나'와도 호응함을 보여 준다. 예문 중의 '-去乃'는 연결어미 '-거나'의 기능과는 달라, '-이라 하더라도' 정도의 문맥적 의미를 지닌다. 따라서 '-去乃'의 '去'와 '乃' 사이에 명사적 요소와 계사가 개재되어 있다고 해석된다.

1.5 '-音'형

末音 '-ㅁ'을 갖고 있는 형태로 추정되는 이두어 부사들이 이에 속한다. 말음 '-ㅁ'은 그 기능이 두 가지로 나뉜다. 하나는 명사를 파생시키는 기능을 하는 것이고, 다른 하나는 동명사 어미이다. 逢音은 전자에 해당하며, 別乎는 후자에 해당한다. 別乎의 경우엔 末音 '-ㅁ'의 형태가 표기에 반영되어 있지 않으나, 후대 이두 학습서들의 讀音을 감안하여 여기에서 함께 다룬다.

1) 逢音, 適音

逢音은 '마침'에 해당하는 이두어 부사이다. 『大明律直解』에서만 그 용례가 보이고 16세기 자료들에서는 適音으로 나타난다.

  (64) ㄱ. 違律爲 婚爲在乙 各 律條良中 稱云 離異改正者隱 必于 逢音 宥旨 有良置 猶亦
         離異改正令是齊 <直解 06.10ㅎ> (율을 어기고 혼인한 경우 각 조문에 '離
         異改正者'라 칭한 것은 비록 마침 사면 유지가 있어도 그대로 이혼시켜
         바로잡도록 하는 것이며)
         爲等如 眞亦 犯罪爲在乙良 逢音 宥旨 在白敎是良置 並只 不赦 <直解 01.17
         ㅈ> (…한 것들과 같이 참으로 범죄한 경우에는 마침 유지 있으셔도 모
         두 사면하지 않는다)
    ㄴ. 逢音 赦是去等 並只 放赦爲乎 事 <直解 01.18ㅈ> (때마침 사면하거든 모두
         풀어줄 것)
    ㄷ. 依例推問爲如可 因傷 逢音 致死爲在乙良 勿論爲乎 事 <直解 28.02ㅎ> (예에
         따라 추문하다가 상처로 인해 공교롭게도 죽음에 이른 경우에는 논하지
         말 것)
         人矣 依例受刑爲臥乎 臀腿良中 依法決打爲良在乙 逢音 致死爲旀 及 自盡而死
         者 各 勿論爲乎 事 <直解 28.15ㅎ> (예에 따라 형을 받는 사람의 볼기와
         넓적다리에 법에 따라 처결하여 때렸거늘 공교롭게도 죽음에 이르거나
         자진하여 죽은 것은 각각 논하지 말 것)

  (64ㄱ)은 양보 구문 안에 쓰인 용례이고, (64ㄴ)은 조건 구문에서의 용례이다. 이 두 경우 逢音의 문맥적 의미는 '때마침'이라 할 만하다. 그런데 (64ㄷ)의 경우엔 기본 의미인 '마침' 이외에 '공교롭게, 본의 아니게'라는 문맥적 의미가 가미된다고 하겠다.
  逢音은 高麗末의 張戩所志(1385년)에 두 번 사용된 적이 있다. 逢音은 16세기 이후 이두문에서 適音으로 대체되어 사용되는데, 양자는 取義의 원리에 따른 이표기로 해석된다. 이에 따라 후대 이두 학습서들은 逢音 대신에 適音만을 표제어로 등재하여 놓았다.
  『新增類合』에서 逢의 釋音은 '만날 봉'이다. 15세기 국어에서 한문 원문의 '逢'은 동사 '맛보-'(← 맞보-) 또는 '마조보-'로 번역된 경우가 많다<梁柱東 1946:149~151>. 이 동사들은 복합어이다. 그러나 適音의 독음인 '마좀, 마춈, 마츰, 맛참' 등을 감안해 볼 때, 逢音은 단일동사 어간 '맞-(또는 맞-)'에서 파생된 형태로 추정된다. 이 파생어는 명사로서의 기능을 갖고 있었으며, 이것이 부사로도 사용되었으리라 생각된다. 후대 독음들에서 의도법 어미의 존재를 확인하기 어렵다는 점을 고려할 때 逢音의 '-ㅁ'은 명사 파생접사일 개연성이 높다. 신라 향가에는 동사로 사용된 '逢-'이 발견된다.

    (65) 阿也 彌陀刹良 逢乎 吾 <祭亡妹歌 9>

　다음의 예들은 16세기 문서류에 쓰인 것들이다. 이들 모두 '마침, 때마침'이라는 뜻으로 사용되었다.

    (66) 弟僉奉公藝 適音 有病 來會不得爲良置 改分執爲只爲 有通書導良 其矣 乳母長子 奴
　　　玉同乙以 代執籌爲齊 <1552 화회문기 영2-87 26~29> (동생 참봉 公藝는 마
　　　침 병이 있어 와서 모이지 못하여도 다시 분집하도록 서신이 있어 그에 따
　　　라 저의 유모의 장자인 사내종 玉同으로 대신 제비뽑기를 하며)
　　　他條以 生利爲難乙 仍于 適音 奴婢買得人 有之爲白去乙 <1593 侤音 정41-413 04~
　　　05> (다른 것으로 살아나기가 어려움으로 인해 마침 노비를 매득하는 사람
　　　이 있거늘)
　　　上項 文記 論破 改成給次以 '俱由先官立旨 導良 更亦 ――後錄爲乎矣 矣身 適音 濕
　　　腫以 滿身針灸 兩手不仁 自筆 不得 <1581 分財記 정2-560 05~06> (위 문서는
　　　파기하고 고쳐 만들어 주기 위해 사유를 갖추어 먼저 관의 입지를 받은 것
　　　을 근거로 일일이 후록하되 내가 마침 습종으로 몸 전체에 침과 뜸을 맞고
　　　두 손이 자유롭지 않아 자필로 쓰지 못해)

　2) 別乎

別乎는 조선 전기에는 『大明律直解』에서만 그 용례를 보이는 이두 부사어이다.

    (67) 分數 不及爲在乙良 所任官員 匠人等乙 各 笞四十爲乎矣 同人等 當爲 別乎 生徵納
　　　官 <直解 07.10ㅈ> (구성성분이 미치지 못한 경우에는 임무를 맡은 관원과
　　　장인 등을 각각 笞四十형에 처하되 이 사람들에 대하여 고르게 징수하여 관
　　　에 납부한다)
　　　因而致死者 杖一百遣 燒埋銀 一十兩乙 別乎 生徵齊 <直解 28.14ㅈ> (인하여 죽
　　　음에 이르게 한 자는 杖一百하고 화장과 매장 비용으로 은 10냥을 고르게 징
　　　수하며)

　위 예문에서 別乎는 한문 원문의 '均'의 譯語로 사용되었다. 그 사용 의미는 '고르게'에 해당한다. 別乎의 경우엔 末音 '-ㅁ'의 형태가 표기에 반영되어 있지 않으나, 후대 이두 학습서들의 독음에서는 대체로 말음이 반영되어 있다. 別乎의 讀音 중 '벼롬, 별옴'은 동사 어간 '벼르-'에 의도법 어미와 동명사 어미가 결합된 것임을 추정케 한다. 小倉進平

(1929:380)은 '道벼름'과 '四色벼름'을 제시하고 있는데, 이는 '벼르-'의 파생명사로 이해된다. '벼르-'와 '벼름'은 현대어에 그대로 이어지는 형태이다. 근대국어의 '벼로-'는 어간 '벼르-'에 다시 파생접미사 '-오-'가 결합된 것으로 파악된다.

그런데 '벼르-, 벼로-'는 원래 고유어가 아니라 한자어 別에서 기원한 단어일 개연성이 다소 있다. 만약 이 가정이 옳다면 別乎는 '別ᄒᆞ-'에서 유래한 명사형일 가능성이 감지된다. 이 경우의 '別'은 '특별하다'라든가 '모나다'의 의미라기보다는 '개별적으로 하다'의 뜻에 가깝다고 판단된다. 따라서 別乎는 단순히 몫을 고르게 나눈다는 뜻보다는 개별적으로 몫을 나눈다는 뜻에서 '고르게'라는 사용의미를 갖는다고 추정된다.

別乎의 독음 '벼롬, 별옴'과 관련하여 '*別乎音, *別音'[28]을 想定할 수 있다. 양자 중 어느것이 선대형을 반영하는 표기인지는 다소 의문이다. 『古今釋林』의 「羅麗吏讀」에서는 '別乎督徵 별오독딩'으로 읽고 있어 양상이 더욱 복잡하다. 만약 別乎가 선대형이라면 이는 동사 어간에 접사 '-오'가 결합된 파생부사일 것이다. 그러나 동명사 어미 '-ㅁ'의 존재로 미루어 볼 때 '*別乎音'이 선대형일 가능성이 높다고 생각한다. 이에 따르면 別乎는 생략표기된 후대형일 것이다.

1.6 '-只, -可'형

1) 故只

故只는 『吏讀集成』에서 '짐줏'으로 읽었으나, '*짐즉'으로 읽혔을 가능성이 높다. 只는 借字表記에서 일반적으로 '-ㄱ, -기'의 표기에 이용되는 音假字이기 때문이다. 15세기 국어에서는 '짐줏'만이 文證된다. '짐즉'은 근대국어 시기에 그 용례가 있다. 15세기 부사 중에는 '믄득'과 '믄둣'에서처럼 '-ㄱ'과 '-ㅅ'이 병존하는 경우가 간혹 있는 사실을 감안할 필요가 있으므로, '故只'는 '*짐즉'의 표기라고 본다. '짐즉'과 '짐줏'은 시기의 先後관계를 확인하기 어렵다. 舊譯仁王經에서 '故ㄴ, 故ㅊ, 故ノ, 故ㅧ' 등으로 현토된 것으

---

28) 『古今釋林』28 「東韓譯語」 釋市에는 '別音 本朝 俗稱 分定爲別音'이라 하여 '別音' 표기가 나타난다. 그러나 이것은 '벼름'을 표기한 것으로서 이두어 '別乎'와는 다른 형태이다. 다만, 『註解語錄總覽』 「吏文語錄」은 '別音'을 '별옴'으로 읽고 있는데, 이것이 이두어 부사 '別乎'와 같은 것인지는 다소 의문이다.

로 미루어 보건대, '故'는 동사 어간으로서 訓讀되었을 가능성이 있다고 본다.

그런데 故只는 현대어의 '짐짓'과는 사용의미가 조금 다르다. 현대어에서는 "짐짓 모른 체하다."와 같은 예에서는 '마음으로는 그렇지 않으나 일부러 그렇게'라는 의미로, "먹어 보니, 짐짓 기가 막힌 음식이더라."와 같은 예에서는 '과연, 참으로' 정도의 사용의미를 갖는다. 그러나 『대명률직해』에서의 용례 故只는 이들과 달리 주로 '고의로, 일부러'라는 의미로 사용되어 의도성을 강하게 띤 표현에 나타난다.

(68) 令史色員亦 犯罪人矣 罪狀乙 <u>故只</u> 輕論 放送爲有如可 還執爲在乙良 減一等齊 <直解 01.14ㅈ> (영사와 색원이 범죄인의 죄상을 고의로 가볍게 논하여 풀어주었다가 도로 잡아온 경우에는 한 등급을 감하며)

罪囚乙 推考次 證保人等亦 事實乙良 不言爲遣 <u>故只</u> 虛事以 證保爲旀 <直解 28.09ㅈ> (죄수를 추고하는 중에 증인들이 사실은 말하지 않고 일부러 거짓으로 증언하며)

2) 並只

並只는 후대 이두 학습서들에서 '다므기, 다모기, 다무기, 다목기' 등으로 읽힌다. 15세기 국어에서는 '다못'이 일반적이다. 『光州千字文』에서도 '並 다못 병'으로 나타난다. 그러나 한글판 『五大眞言』에는 유일한 용례로 '다목'이 발견된다<安秉禧 1987ㄷ:157>. 따라서 並只의 독음은 '다목'으로 추정된다. 이두 학습서 讀音에서의 말음 'ㅣ'는 후대에 첨가된 어형일 가능성이 있어 보인다. '並只'는 '모두'의 의미로 사용된다.

(69) 三等功臣乙良 <u>並只</u> 田 柒拾結 奴婢 柒口 爲等如 各各 /賜給爲良如 <1392 李和錄 券 139~141> (3등공신은 모두 밭 70먹 노비 7명으로 한 것들과 같이 각각 사급하여라)

右如 爲在 罪犯乙良 <u>並只</u> 累次以 減等 科罪爲乎 事 <直解 01.14ㅎ> (위와 같이 한 범죄는 모두 거듭 감등하여 과죄할 것)

必干 數多爲良置 <u>並只</u> 此 樣以 詳審 使內 <양잠 38ㅈ> (비록 수가 많아도 모두 이처럼 자세히 살펴 행할 것)

女矣 同生娚 子息等亦 <u>並只</u> 他官 他道 居生乙 仍干 <1469 田養智妻河氏粘連 2-08~09> (여자인 나의 형제간 오라비의 자식들이 모두 타관 타도에 거주하여 삶으로 말미암아)

咸安奴 鄭府 安城奴 者斤吾乙未等段 <u>並只</u> 墓直以 <1494 李璦男妹和會 3> (함안

의 사내종 鄭府와 안성의 사내종 者斤夌乙未 등은 모두 묘지기로)

女矣身亦 無子息年老爲乎矣 他餘嫡子息教是 並只 遠處居生 不能救恤爲乎矣 <1534 侤音 정56-99 03~05> (여자인 이 몸이 자식 없이 늙어가되 다른 나머지 적실 자식님들이 모두 먼 곳에 거주하여 살아 구휼할 수 없되)

右良 諸畜染疫治療方法乙 並只 相考 京外良中 謄書廣布 使之依方治療 宜當爲白在果 <1541 兵曹啓目『牛疫方』序2ㅈ> (이러한 여러 가축 전염병에 대한 치료 방법을 모두 살펴서 중앙과 지방에 책을 베껴 널리 배포하고 이렇게 함으로써 방문에 의거하여 치료하는 일이 마땅하옵거니와)

並只 許給 不冬爲齊 <1560 許與文記 영1-73 02> (모두 허급하지 아니하며)

並只는 16세기 이후에 幷只로도 사용되었다. 15세기 말까지의 이두 자료에서는 幷只의 용례를 찾을 수 없다. 高麗末의 咸昌金氏准戶口(1336년)에 幷只가 쓰였는데, 이는 2차 자료인 데에서 비롯한 것일 따름이다. 같은 2차 자료라 하더라도 원자료에 충실한 것들에서는 여전히 並只로 등재된다. (70)은 비교적 이른 시기의 幷只 용례를 보여 준다.

(70) 子息 及 妻等 幷只 身死爲遣 <1523 토지명문 정32-419 02~03> (자식 및 처 등이 모두 죽고)

同 繼母亦 生前 受破爲在 往今年還上 及 貳年貢物等乙 幷只 對答出處 無由爲乎等乙用良 <1533 토지명문 정32-431 03~04> (위 계모가 생전에 먹어치운 작년과 금년 환자 및 2년간의 공물 등을 모두 맞추어 낼 곳이 방도가 없기 때문에)

3) 先可

先可는 거의 대부분 '우선, 먼저'의 뜻으로 사용되는 부사어이다. 조선 전기 자료들에서 적잖은 용례들을 발견할 수 있다.

(71) 夫婦亦中 先可 子細 憑問爲乎矣 自願棄別者乙良 斷罪遣 離異齊 <直解 20.11ㅈ> (부부에게 먼저 자세히 심문하되 스스로 떨어지기를 원하는 경우에는 단죄하고 이혼시키며)

關內 皃如 先可 郡 資福寺良中 移接是遣 <1407 長城監務關字> (관문의 내용과 같이 먼저 군의 자복사에 옮겨 가 살게 하고)

賜牌未成間 依靖難功臣例 先可 假立案 成給爲只爲 刑曹等 傳教爲良如 <1507 掌隷院假立案 02~03> (사패가 만들어지기 전의 기간에 정난공신의 예에 따라 우선 가입안을 만들어 주도록 형조 등에 전교하여라)

石橋畓 壹石落只庫等乙 先可 許給爲去乎 終乃 奉祠子孫處 傳給 向事 <1546 허여
문기 정65-593 06~07> (石橋의 논 한 섬지기 땅 등을 우선 허급하니 끝까
지 제사 모시는 자손에게 전하여 줄 것)
先可 遺存奴婢 並十一口以 和會執籌 均分爲去乎 <1552 화회문기 정32-363 04~
05> (먼저 남아있는 노비 모두 10명씩으로 화회하여 제비뽑기로 고르게 나
누니)
右 一口乙良 折 回捧貳拾疋 內 租拾石 先可 捧上爲遣 其 餘價乙良 <1556 奴婢明
文 정32-409 09~10> (위 한 명은 회봉목 20필 값으로 쳐서 그 중 租 10섬
을 먼저 받고 그 나머지 값은)
衣服木綿等物段置 亦爲分給戰士 以激其破敵得利之心條以 先可 留上 待 朝廷處置
爲白置 <1592.5.10. 啓本 壬辰狀草 狀7> (의복과 무명 등도 군사들에게 나누어
줌으로써 적을 무찌르고 이득을 얻는 마음으로 하고자 하여 우선 보관해 두
고 조정의 처치를 기다립니다)

위 예문에 쓰인 '先可'는 모두 '우선, 먼저'의 뜻으로 사용되었다. 거의 대부분의 이두
자료에서 先可는 이런 용법으로 사용된다. 그런데 때로 이런 의미로 해석하기 어려운 것
들이 있다.

(72) ㄱ. 其餘 遺漏奴婢等乙 先可 推刷爲乎 追于 執籌 分得爲去乎 <1494 李瓔男妹遺漏
奴婢和會 01~02> (그 나머지 유루노비들을 앞서 추쇄한 것에 좇아 제비
뽑기로 나누어 가지니)
ㄴ. 汝矣身乙 女矣 四寸孫女 曺氏處 成婚 先可 奴婢 幷 貳拾口 臨河伏 田畓 幷 參
結等乙 許給爲臥乎 <1508 許與文記 정1-580 06~07> (너의 몸을 나의 사
촌손녀 조씨 집에 성혼하기 앞서 노비 모두 20명과 臨河에 있는 전답 3
먹 등을 허급하는 바)

(72ㄱ)의 경우엔 노비를 推刷한 일이 재산을 和會하여 分給하는 일보다 앞서기 때문에
'先可'를 '우선, 먼저' 등으로 풀이하면 혼란이 발생할 소지가 있다. 따라서 이 문맥에서
는 '先可'를 '앞서' 정도의 의미로 해석해야 온당할 것이다. (72ㄴ) 역시 '成婚 先可'을
'成婚시키고 먼저'로 풀이하면 선후 관계가 뒤바뀔 우려가 있다. 따라서 이 경우 '앞서'라
는 의미를 지닌 先可는 동사적인 기능을 어느 정도 보유하고 있는 용법으로 보아야 한다.
先은 중세국어에서 대체로 '몬져'로 새겼다<新增類合 下17ㅈ, 月印釋譜 序15ㅎ>. 그런데 先
可의 후대 讀音은 '아직, 아딕, 아즉' 등으로 적혀 있다. 중세국어의 語辭 '아직'(且)과 '안
직'(最)은 이들 독음과 형태상으로는 유사하나 의미가 전혀 다르다. 先可의 '可'는 訓假字

이다.29)

　‘先’을 訓讀字로 이용한 이두어 부사에는 先可 이외에 또 先亦이 있다. 양자의 사용 의미 또한 거의 비슷하다. 이와 같이 이두문에 유의어가 사용된 것은 서로 다른 語辭로부터 유래한 데에서 그 원인을 찾을 수 있다고 본다. 비록 현재로서는 매우 불확실한 추측에 불과하지만, 이 語辭 중의 하나는 ‘*몬’이고 다른 하나는 ‘*앟’으로 재구해 볼 수 있다. 先亦는 이 중 전자에 ‘-디-’30)가 통합되어 파생어간을 형성하고 이에 다시 어미가 결합된 것으로 해석된다. 즉, ‘*몬＋디＋어 → *몬뎌 ＞ 몬져’로 분석할 수 있다.

　이와 달리 先可에 대해서는 그 기원적인 어간을 ‘*몬’이 아니라 ‘*앟’과 연관하여 찾아야 할 것이다. 후자인 어간 ‘*앟’과 관련하여 음미해 볼 단어로 15세기 국어의 ‘앗외-’가 있다.

　　(73) 導師ᄂᆞᆫ 法 앗외ᄂᆞᆫ 스스이니 ＜釋譜詳節 13.16ㅈ＞
　　　　導師ᄂᆞᆫ 길 앗외시ᄂᆞᆫ 스스이라 혼 마리라 ＜月印釋譜 9.12＞

　(73)의 ‘앗외-’는 ‘앗＋오＋ㅣ-’로 분석된다. 이때 使動의 의미는 ‘-외-’에 담겨 있다. ‘앗-’은 대체로 ‘나아가다, 앞서다’의 의미로, ‘앗외-’는 ‘나아가게 하다, 앞서게 하다, 앞에 가게 하다’의 의미로 해석된다. 李丞宰(1992ㄱ:88)는 ‘向事, 向前’ 등의 ‘向’을 ‘*알-’ 또는 ‘*앟-’으로 추정한 바 있다. 의미상의 약간의 차이에도 불구하고 이것 또한 ‘앗외-’의 ‘앗-’과 동일한 동사이거나 적어도 깊은 관련을 맺고 있는 동사라 하겠다. 결론적으로 先可는 ‘*앟＋-아＋-ㄱ’에서 유래한 것이 아닌가 한다. 이때 ‘*앟’은 동사 어간으로 기능하는 것이고, ‘-아’는 부동사 어미이며, ‘-ㄱ’31)은 강세 첨사로서 동명사 어미와 같은 요소라 할 만하다. 『舊譯仁王經』에서는 先에 -良이 현토되었는데, 이 先을 ‘*앟-’으로 訓讀했을 소지가 있다.

---

29) 可 직 가 ＜光州千字文 8ㅎ＞
30) 이 ‘-디-’는 잠정적으로 ‘넓디-’의 ‘디-’와 같은 존재로 규정한다. 어간 뒤에 결합되어 상태성이나 過程性을 나타내는 새로운 동사 어간을 형성하는 파생접사로 설정해 둔다.
31) 이 경우 ‘-ㄱ’은 명사로 기능하게 하는 형태 즉, 일종의 名詞化素라 할 만하다. 부동사 어미 뒤에 결합되어 강세의 뜻을 나타내는 접사 ‘-ㄱ’이 바로 이것에 해당한다(예 : 여희약, 스곡, 鄕歌의 -良只). 이것은 기원적으로 동명사 어미의 일종이라고 상정해 둔다. 명사 파생접사 ‘-ㄱ(악, 옥, 억)’과 곡용어미 뒤의 강세접사 ‘-ㄱ’도 이와 한 부류에 묶일 수 있다고 본다.

(74) 吾ㄱ 今ソㄱ 先ろ 諸ㄱ 菩薩 爲氵亣 佛果乚 護ノ亽七 因緣： 十地七 行乚 護ノ亽七 因緣：ノ乚 說白ㄅ亣七丨 <舊仁03.18-19>

4) 須只

須只는 현대국어의 '모름지기'에 해당하는 이두어이다. 중세국어의 '모로매, 모로미'에 대응한다. 「吏讀略解」에서 '모로미, 모롬이, 모롬긱', 『吏讀集成』에서 '모롬이'로 읽었으나, 이들 형태와 정확히 일치하지는 않는다. 須只를 '모로미'로 읽는 방법<金泰均 1975~76:10, 李喆洙 1988:129>보다는, '只' 자 표기에 입각하여 '모로기'<朴喜淑 1985: 156> 또는 '모록'으로 읽는 것이 더 낫다고 생각한다. 고려 시대 석독구결 자료에 '須'에 현토된 것이 있는데, '*모로-'(또는 *모도-)라는 동사 어간을 상정해 봄 직하다.

(75) 杖罪以上乙良 須只 論功定議爲 伏候上決 決斷爲遣 <直解 01.10ㅈ> (장형죄 이상은 모름지기 공을 논하고 의논하여 정하여 임금의 재결을 기다렸다가 결단하고)
須只 造作爲乎 事果 須只 破壞爲乎 事乙 豫備 分別 不冬 爲有如可 誤錯亦 殺人爲在乙良 <直解 29.02ㅈ> (모름지기 만들어 내는 일과 모름지기 부수는 일을 미리 잘 가려내 식별하지 않았다가 실수로 사람을 죽인 경우에는)
有雨爲去等 高致亦 破毁爲臥乎 事是良尒 須只 屋內 上薪爲乎矣 <양잠 39ㅎ> (비가 오면 고치가 망가지고 훼손되는 일이기에 모름지기 실내에서 섶에 오르게 하되)
移蚕分箔次 須只 衆人亦 洗手 時急 移置爲乎矣 <양잠 27ㅎ> (누에를 채반에 나누어 옮길 때 모름지기 여러 사람이 손을 씻고 급히 옮겨 두되)
麻亦 生長傷折爲臥乎等以 須只 上品田乙 每年 回換田 長追赤以 三畊 廣追赤[32]以 四畊 爲等如 七度爲 反畊付種 <農書輯要 20~21> (마가 자라서 상하고 부러지기 때문에 모름지기 질 좋은 밭을 매년 돌아가며 바꾸고 긴 고랑을 따라 세 번, 넓은 고랑을 따라 네 번 통틀어 일곱 번을 하고 뒤집어 갈아서 씨를 부린다)

(76) 其 須七彳ノ尸 所乙 隨ノ <金光明經 15.13~4>

32) 長追赤와 廣追赤에 대하여 李丞宰(1992ㄴ)에서는 농기구 명칭으로 보고 '기릐 조치'와 '너븨 조치'로 읽은 바 있으나, 본고에서는 밭갈이 방법의 종류를 가리킨 것으로 본다.

5) 唯只, 惟只

唯只는 15세기 국어의 '오직'에 해당한다. 여럿 가운데서 단 하나만을 가리킬 때 쓰는 말로 사용되는 경우가 적잖다. 말하자면 현대어의 '오로지'에 가까운 의미로 쓰인다. (77ㄱ)이 그 예들인데 (77ㄴ)에서 보듯 고려 시대 13세기 자료에 이미 사용된 적이 있다.

(77) ㄱ. 死罪乙良 唯只 照律爲乎矣 當死如 申聞爲白遣 <直解 01.08ㅎ> (사형죄는 오로지 율에 맞추어 하되 사형이 마땅하다고 임금께 아뢰고)
　　　囚人矣 妻子息亦 三百里外良中 遠在爲乙良 唯只 囚人矣 服辨文字乙 捧上爲遣 <直解 28.16ㅎ> (수형인의 처자식이 300리 밖에 멀리 있는 경우에는 오직 수형인의 복죄 및 항변 문서만을 받고)
　　　唯只 身體完全 肥好爲在乙 用良 <양잠 4ㅈ> (오로지 몸이 완전하고 살지고 좋은 것을 가지고)
　　　上薪之法 唯只 乾淨溫暖 內外良中 寒濕之氣 無只爲 使內 <양잠 40ㅈ> (섶에 올리는 법은 오직 마르고 깨끗하며 온난하며 안팎에 차고 습한 기운이 없도록 한다)
　　ㄴ. 右 崔暄矣段 賤母所生是在亦中 年少蒙昧爲旀 國家大體乙 想只不得爲遣 唯只 家行耳亦 遵行爲 亂常失度爲良尒 <1262 尙書都官貼 34~36> (이 崔暄의 경우엔 천모 소생인 터에 나이가 어리고 몽매하며 국가의 대체를 생각지 아니하고 오직 가행만을 준행하여 상도를 어지럽히고 잃어버려서)

그런데 唯只가 앞의 말을 받아 예외적인 사항이나 조건을 덧붙일 때 그 말머리에 쓰는 말 즉, '다만' 정도의 의미로 쓰이는 것도 많아서 유의할 필요가 있다. (78)이 그 예들이다.

(78) 唯只 曾傳長子之家 已爲頹落 自備材力改造 則換給不當 自今以後 永爲恒式 <1556.4.9. 承傳 各司受教 159> (다만 일찍이 장자에게 전한 집이 이미 퇴락하여 장자 스스로 마련한 재료와 힘을 들여 개조했으면 차자에게 환급함이 부당하니 앞으로는 영구히 시행 법규로 삼는다)
　　同焰焇合劑 營及各官浦 惠伊 分上爲白在果 唯只 石硫黃 他無出處爲白昆 <1593.1.26. 啓文 壬辰狀草 狀17> (위 염초를 조합한 것을 본영 및 각 관의 포구에 고루 나누어 보관하옵거니와 다만 석류황은 나는 데가 다른 곳에 없사오니)
　　唯只 祖業田民乙 使孫亦 一庫置 傳得 不得 亦爲不當爲乎等用良 <16세기 입안 정6-15 487~488> (다만 조상의 전답과 노비를 상속받을 수 있는 친속이 한 곳도 전해 얻지 못하니 이 또한 부당하기 때문에)

唯只는 때로 후대 이두문에서 '惟只'로 쓰이기도 하는데, 이는 取音과 取義의 원리에 따른 것이다.[33] (79)는 16세기 말에 쓰인 예이다.

(79) <u>惟只</u> 汝亦 千遠居 情甚可憐乙仍于 不計分數 各若優給爲去乎 <1589 분재기 정 43-147 77～78> (다만 네가 천리 먼 곳에 있어 마음이 매우 안됐기 때문에 몫에 상관없이 각각 그대로 우선하여 주니)

6) 曾只

曾只는 '일찍, 일찍이'의 뜻으로 주로 사용되나, 문맥에 따라서는 '이미' 또는 '미리'의 뜻도 나타낸다. '只'가 말음첨기자로 사용된 용례가 이른 시기의 고려 시대 석독구결 자료에서 발견되나, 형태통사론적인 구성이 중세국어와 현저히 다르다.

(80) ㄱ. <u>曾只</u> 在逃爲有如 人乙良 必于 行路限日亦 未滿爲良置 不許放免齊 <直解 01.19ㅈ> (이미 도망해 있던 사람은 비록 길 떠난 기한이 차지 않더라도 방면을 불허하며)

主掌官員亦 <u>曾只</u> 親亦 囚人乙 二點檢爲旀 <直解 27.05ㅈ> (관장하는 주 관원이 일찍이 직접 죄수를 두 번 점검했으며)

蚕事預備(養蚕凡事乙 <u>曾只</u> 豫備) <양잠 13ㅎ> (양잠의 이런저런 일을 미리 예비하는 것)

ㄴ. 我ㄱ 無始⺍八 已來ㅎㄱム 飢餓乙 以氵ㄱ入⺍ 故攴 身乙 喪ㄋㅎㄱム 數ㄕ 無七刂ソㄋㅎㄱ： <u>曾八ㅎ刀</u> 未刂ノㄱ刂ㄋ七丨 <華嚴經疏 35.10.9>

'일찍'에 대응하는 15세기 국어의 부사 형태는 대체로 '·일'(早)이다. '일·즉(曾)'도 사용되었는데, 양자 사이에는 약간의 의미차가 있다. 이 두 어형이 나란히 쓰인 용례가 있어 참고된다. 이두어 부사 曾只는 이 둘을 포괄하여 사용된다 하겠다.

(81) 王生이 ·일 일·즉 顔色·올 ·절ᄒᆞ·니(王生早曾拜顔色) <杜初 25.11ㅈ>

---

33) 惟 오직 유 <千字文 7ㅎ>

1.7 '-丁'형

이두어 부사 중 '-丁'型은 어간에 '-디-'가 결합되어 파생된 동사에서 비롯한다.

1) 私音丁, 私丁, 私亦

중세국어에서 '아룸'은 명사로 기능한다. 곡용을 할 뿐만 아니라, 다른 명사와 결합하여 합성어34)를 형성하기도 한다. 이것에서 파생된 語辭가 '아룸뎌'이다. '아룸뎌'는 '아룸＋-디-＋-어'로 분석된다. '-디-'는 명사 또는 부사 즉, 명사성 어근에 통합되어 상태성이나 過程性 동사를 파생시키는 접사이다. 'ᄀᆞᄅᆞ디-'의 '-디-'가 그 대표적인 예이다.35) '아룸뎌'는 주로 부사로 쓰이나, 명사적인 기능도 그대로 간직하고 있다.

> (82) ㄱ. 私 <u>아룸</u> ᄉ <新增類合 下4ㅈ>
> ㄴ. 그윗 門엔 <u>아ᄅᆞ물</u> 容納 몯거니와(公門엔不容私ㅣ어니와) <金剛經三家解 4.33ㅎ>
> 妾이 <u>아룸ᄋᆞ로뻐</u> 公反 ᄃᆞ외요물 蔽티 몯ᄒᆞ야(妾이不能以私로蔽公ᄒᆞ야) <內訓 2.20ㅎ>
> 그윗것과 <u>아룺거시</u> 제여곰 ᄯᅡ해 브터셔(公私各地著) <杜初 7.36ㅎ>
> ㄷ. 곳과 버드른 <u>아룸뎌</u> 호미 업도다(花柳更無私) <杜初 9.35>
> ㄹ. 그위는 바늘도 容納 몯거니와 <u>아룸뎌는</u> 車馬롤 通ᄒᆞᄂᆞ니라(官不容針이어니와私通車馬ᄒᆞᄂᆞ니라) <金剛經三家解 4.33ㅎ>
> 사ᄅᆞ믜 <u>아룸뎟</u> 유무를 여어 보미 아니 홀 디니라(不可窺人私書ㅣ니라) <飜譯小學 8.22ㅈ>

(82ㄴ)은 '아룸'이 명사로서 곡용을 하는 예이다. (82ㄷ)은 '아룸뎌'가 부사로 쓰인 예이며, (82ㄹ)은 명사로 쓰인 예이다. 15세기 국어의 부사 '아룸뎌'에 일치하는 吏讀語가 『大明律直解』에 다음과 같이 세 가지로 나타난다.

> (83) ㄱ. 女家亦 婚書乙 曾只 通報爲旀 <u>私音丁</u> 定約爲遣 臨時爲去沙 即時 應對 不冬爲

---

34) '아룸ᄠᅳᆮ'(私意)과 같은 예가 있다. 근대국어의 '아룸밭'(私田)도 이에 해당한다.
35) '-디-'는 원래 본동사 '디-'였다고 생각한다. 따라서, 부동사 어미 뒤에 결합되어 사용되는 一名 보조동사 '디-'도 이에 속한다(예 : 붓아디-, 흐러디-, 퍼디-). 'ᄀᆞ눌지-, 기름지-, 술지-'와 같이 체언 뒤에 결합되어 상태동사를 파생시키는 '-지-'도 이와 同類에 속한다고 본다.

在乙良 笞五十爲乎矣 <直解 06.02ㅈ> (여자집이 혼서를 이미 통보했으며
사사로이 혼인을 하기로 약속하고 때에 이르러서야 응대하지 않는 경우
에는 笞五十에 처하되)

私音丁 囚人乙 隱密放出 逃亡爲在乙良 囚人矣 罪以 同齊 <直解 18.07ㅎ>
(사사로이 죄수를 은밀히 내보낸 경우에는 죄수의 죄와 같으며)

ㄴ. 官司文書印封乙 私丁 開封 看審爲在乙良 杖六十爲乎矣 <直解 03.06ㅎ> (관사
의 문서에 날인하고 봉한 것을 사사로이 개봉하여 살펴본 경우에는 杖六
十하되)

凡 已告公事乙 私丁 和論爲在乙良 犯人罪良中 減二等遣 <直解 26.03ㅈ> (무
릇 이미 신고된 공적인 일을 사사로이 화해한 경우에는 범인 죄에서 두
등급을 감하고)

ㄷ. 凡 寺觀庵院乙良 神補寺社外良中 私亦 違令增置爲在乙良 杖一百 還俗爲乎矣
<直解 04.03ㅎ> (무릇 불사와 도관 및 암자와 도원을 정해진 도량 외에
사사로이 율령을 어기고 증치한 경우에는 杖一百에 처하고 환속시키되)

(83ㄱ)은 私音丁의 예이다. -丁은 高麗末과 조선 초기 구결에서도 '-뎌'(또는 뎡)의 표기
에 사용되는 音假字이다. (83ㄴ)의 私丁은 私音丁에서 '音'을 생략하고 간략히 표기한 것
으로 이해된다. (83ㄷ)의 私亦은 '아롬뎌'에서 '아롬'은 '私'로 訓借하고 말음인 'ㅕ'를
'亦'으로 音借한 표기이다. '亦'이 말음첨기자로 쓰인 것임을 위 예를 통해 확인할 수 있
다. 위 이두자들은 모두 '사사로이'라는 뜻에 해당하는 부사이다.

2) 新丁

新丁은 私音丁과 동일한 관점에서 해석된다. 新丁은 어간 '새'(新)에서 파생된 語辭인 '*새
뎌'를 표기한 이두자로서 '새로'라는 뜻으로 사용된다. '*새뎌'는 '새(新)＋-디-＋-어'의
구조로 분석되는데, 이는 '아롬뎌'와 동일한 형태구조이다. 15세기 국어의 부사 '새려'는
'*새뎌'에 직접 이어지는 형태로서, 'ㄷ>ㄹ'의 음운변화를 거친 후대형으로 이해된다.
조선 왕조 초기에만 사용되었던 것으로 알려져 있었으나 16세기 중엽의 啓文이 수록된 『各
司受敎』에서도 '新丁'의 용례가 발견된다.

(84) 徒囚乙良 原犯徒年乙 退是 計數 新丁 定役遣 已過日月乙良 不准齊 <直解 27.03
ㅈ> (도형수는 원래 범한 도형 연수를 물리고 셈하여 새로 도역에 정하고
이미 지난 날짜는 논외로 하며)

　　新丁 摘取 好桑葉乙 利刀以 如絲髮爲只爲 細切 紙上均散爲遣 <양잠 21ㅎ> (새
　　로 딴 좋은 뽕잎을 예리한 칼로 실이나 머리카락처럼 가늘게 썰어 종이 위
　　에 고르게 늘어놓고)

(85) 新丁 抄製 人員乙良 優等三人乙 自　上臨時論賞 科次堂上 役只 令禮賓寺 何如
　　<1554.5.11. 大提學禮曹館閣堂上同議 各司受敎 62> (새로 제술로 뽑힌 사람은
　　우등3인을 임금 앞에서 때에 맞춰 논상하고 등급을 매긴 당상에 대한 대접
　　은 예빈시에서 하는 것이 어떻습니까)

　　(85)의 '新丁抄製人員'에서는 新丁이 후행하는 명사구 '抄製人員'을 꾸미는 관형어처럼
보이나, 新丁은 동사구 '抄製'를 수식하는 부사어일 따름이다.

1.8 '-如'형

　　'-如'型 부사류 이두어들은 형태론적인 구성이 아니라 통사적인 구성을 보인다. 如가
선행 구성요소와 분리되어 '… ＃ 如'로 분석되는데, 이는 무엇보다도 如가 독립된 實辭
어간으로서의 기능과 의미를 갖고 있는 데에서 비롯한다. 如는 訓讀字로서 중세국어의
'다ㅎ-'(如)의 '다'에 해당하는 이두자이다. '다ㅎ-'는 15세기 문헌에서 단 두 용례만이 확
인된다.

(86) 됴타 됴타 네 말 다ㅎ니라 <月印釋譜 12.35ㅈ>
　　올타 올타 네 닐옴 다ㅎ니라 <釋譜詳節 21.45ㅈ>

(87) 됴타 됴타 네 닐옴 곧ㅎ니라(善哉善哉라如汝所言ㅎ니라) <法華經諺解 2.80ㅈ>
　　이 곧ㅎ며 이 곧ㅎ야 네 말 곧ㅎ니라(如是如是ㅎ야如汝所言ㅎ니라) <法華經諺
　　解 7.146ㅎ>

　　위 예문에서와 같이 '다ㅎ-'는 '곧ㅎ-'와 동일한 어사였다. 따라서 '如'는 '다'로 훈독
되는 字이다. '다'는 고려 시대 구결에서 'ㅣ'로 표기되었다. 'ㅣ'의 原字를 '如'가 아니
라 '多'로 보기도 하나, 여하튼 이것이 '다' 음의 표기에 쓰이는 자임은 분명하다. 그런데
'ㅣ'는 '-ㄱㅣ丷-', 'ㅣ丷-', 'ノㄱㅣ'와 같은 용례들을 통해 명사로 기능하고 있었음

을 알 수 있다. 중세국어의 '곧'은 '눈 곧 디니이다'에서처럼 부사적인 용법도 갖고 있는
데, 이것은 '다'의 경우에도 마찬가지로 추정된다. 이두에서 '-如'型 부사들이 바로 이에
해당하는 것이다. 결국 '如'는 어간 '다'를 표기하는 자인데, 이 어간은 명사뿐만 아니라
동사로서의 기능을 함께 지니고 있던 이른 시기의 語辭로 해석된다.

이두어 부사에 쓰인 '如'는 기원적으로 동사적인 기능을 가졌던 듯하다. 이것에 선행하
는 문장성분이 체언인 경우가 많다. '今如, 兒如'에서 '今, 兒'는 명사이다. '爲等如'의 경
우 역시 '等'이 명사라는 사실은 확실하다고 본다. '爲等如'와 동일한 구조를 보이는 이두
어에 '歧等如'가 또 있다. 이 또한 '如'가 체언 뒤에서 동사로 기능하고 있음을 보여 주는
것이다. 그런데 右良如에서는 右良이 명사에 곡용어미가 수반된 것으로 보아야 할지, 아
니면 동사 어간 右-에 어미 -良이 통합된 것으로 쓰인 것인지가 다소 애매하다.

1) 今如

今如는 '지금처럼, 지금과 같이' 정도의 의미로 풀이되는 이두 부사어이다. (88)이 조선
전기의 용례이며, (89)는 고려 시대 자료이다.

> (88) ㄱ. <u>今如</u> 矣身 年 將七十 一任爲乎 不喩 <1401 太祖賜給牧致家垈文書 02> (지금
> 과 같이 내 몸의 나이가 바야흐로 70이라 내버려둘 바가 아니어서)
> 向前 獄乙良 <u>今如</u> 農隙是白乎 等 用… <1439 軍威縣慶尙監營牒呈 03> (앞서
> 의 감옥은 지금처럼 농한기인 까닭에…)
> <u>今如</u> 還上 及 調度方急之時 主管無人 無以成形 <1592.10. 天兵進取平壤分道便
> 宜狀 辰巳錄 정15-481 12~13> (지금과 같이 환자 및 조절하는 방도가
> 바야흐로 급한 때에 주관하는 사람이 없어 이루어지는 바가 없고)
> 右 明文爲臥乎 事段 <u>今如</u> 凶年良中 口食還上 出處無路乙仍于 <1598 土地明文
> 『탐라문화』 20, 70> (이 명문하는 일은 지금과 같이 흉년에 입으로 먹은
> 환자를 낼 방도가 없어서)
> ㄴ. <u>今如</u> 春寒方嚴 不異冬月 中路遇寒 殤斃丁寧絃如 <李滉의 狀啓 眉巖日記
> 1568.3.29. 후기> (지금처럼 봄추위가 바야흐로 지독하여 겨울철과 다름
> 이 없어 길 도중에 한파를 만나 죽는 일이 분명할 것같으므로)
>
> (89) <u>今如</u> 隣狄 來侵爲 飢饉疫疾亦 一時竝起爲如乎 事是去有乙 <1262 尙書都官貼 32~
> 34> (지금처럼 이웃 오랑캐가 침범하여 기근과 마마가 한꺼번에 일어나던
> 일이 있거늘)

위 예문에서의 今如는 모두 '지금처럼' 또는 '지금과 같이'라는 뜻으로 풀이된다. (88ㄴ)
은 退溪 李滉이 올린 狀啓를 眉巖 柳希春이 일기에 전재해 놓은 것인데 그 안에 今如의
용례를 보여 준다.

'수'은 중세국어에서 흔히 '이제'로 새겼는데,[36] 『訓蒙字會』에서는 '열 금'(下1ㅎ)으로
읽었다. '열'은 현대국어의 '여태'와 연관되는 형태로 추정된다. 이두어 兒如와 右良如, 右
如 등을 감안해 볼 때 今如는 '*열다'로 읽혔을 가능성이 있다. 그러나 李丞宰(1992ㄱ: 76)
에서 지적했듯이 '今如'의 '如'는 '곧'으로 읽혔을 가능성을 배제할 수 없다. 이와 관련하
여 다음의 용례는 매우 주목된다.

(90) 今ㄴ 如這 異ﾂ ㅣ 無ㅌㄷㄽ <舊仁02.05～6>

고려 시대 석독 구결에서 한문 원문의 '今'은 대체로 '今ﾂ ㅣ'<舊仁03.18, 華嚴經疏35.10.8
등>으로 현토되었으나, 이와 달리 '今ハ'<舊仁11.08>, '今ㅌ'<華嚴經14.02.14>, '今ハ ㅣ 㣺'
<金光明經3.06.23>으로 현토된 것도 있어 그 독음을 추정하기가 쉽지 않다. 그럼에도 불구
하고 위 용례 '今ㄴ 如這'은 두 가지 중요한 사실을 시사한다. 첫째, '今'이 곡용을 한다
는 점이다. 이는 고려 시대 이두문에서도 그 용례가 보인다. '石練時乙 順可只 而 今良中
至兮'<1031 淨兜寺形止記 30～31>의 '今良中'가 바로 그것이다.[37] 둘째, 如가 '곧'으로 읽히
며 이것이 15세기 국어의 '눈 곧 디니이다<龍飛御天歌 50>, 하ᄂᆞᆯ 곧 셤기ᅀᆞᆸ다니<月印千江之
曲 上140>'의 '곧'과 일치하는 것임을 보여 준다. 이에 따라 '今如'는 '今'을 '열'으로, '如'
를 '곧'으로 훈독하여, 일단 '열 곧'으로 읽을 수가 있다. 이 경우 '如'를 '다'로 훈독하여
'今如'를 '*열다'로 읽힐 가능성이 전적으로 배제되는 것은 물론 아니다.

今의 새김으로 '열'도 나타나므로,[38] 今如는 '*열다'로 읽는 것이 가장 무난한 독법이
라 할 수 있다. 그런데 15세기 국어에서는 '다'(如)가 '다ᄒᆞ－' 이외에는 전혀 사용되지 않
고 '다'에서 파생되어 접미사로 쓰이는 '－답－'만이 확인되므로, 이에 따라 今如를 '*열다비'
또는 '*열다히'로 읽혔을 가능성도 있을 것이다. 말하자면 '*열다'가 이른 시기의 독법이

---

36) 今은 이제라 <月印釋譜 序13>
37) 李丞宰(1992ㄱ:76)에서는 '而今'을 한 단어로 다루고 있으나, '而'는 한문의 구성소로 볼 필요가 있다고
　　생각한다.
38) 今 열 금 <訓蒙字會 下1ㅎ>

고, '*열다비, *열다히'는 후대의 개신형을 반영한 독법이라 할 만하다. 그럼에도 불구하고 '皃如'가 여전히 '즛다'로 읽힌 것으로 미루어 보건대, 전자일 가능성이 높다.

2) 歧等如

歧等如의 용법과 의미를 잘 보여주는 용례는 李舜臣이 국왕에게 올린 계본과 장계의 草인『壬辰狀草』에서 찾을 수 있다.

(91) ㄱ. 倭船 一百五十餘隻 海雲臺 釜山浦Y以 歧等如 指… <1592.4.15. 啓本 壬辰狀草 狀1> (왜선 150여 척이 해운대와 부산포로 나뉘어 指…)

ㄴ. 倭船 一百五十餘隻 至 歧等如 指向是如 爲臥乎 所 <1592.4.15. 啓本 壬辰狀草 狀1> (왜선 150여 척에 이르기까지 나뉘어 지향한다 하는바)

ㄷ. 所屬各官 奔赴一二軍士 爲先催促 添防守城水戰 歧等如 整齊 待變爲白臥乎 事 是良尒 <1592.4.16. 啓本 壬辰狀草 狀3> (소속된 각 관아에서 급히 온 한 두 무리의 군사들을 우선 재촉하여 성을 지키고 수전하는 데 보충하여 나누어 정비하여 사변에 대비하는 일이기에)

(91)의 쓰인 歧等如는 모두 '나누어' 정도의 의미를 갖는다. 이것은 훈독자인 歧의 원뜻을 그대로 유지하고 있다. 어떤 대상을 몽땅 또는 한 뭉텅이로 하지 않고 나누어서 행한다는 뜻의 부사어이다. (91ㄱ, ㄴ)의 경우 倭船이 한꺼번에 오는 것이 아니라 여럿으로 나누어 부산 해안 방면으로 향하고 있다는 것이고, (90ㄷ)의 경우엔 수습한 군졸들을 나누어 일부는 성을 지키는 일 그리고 일부는 水戰에 임하도록 정제하여 사변에 대비하도록 조치한다는 내용에서 사용되었다.[39]

歧等如에 대하여 '번갈아, 교대로, 차례로, 계산하여, …' 등의 여러 의미로 해석하여 왔는데, 이들은 모두 문맥적 의미일 뿐이고 歧의 원뜻에 의거하여 '나누어, 갈라서' 정도로 사용되는 부사어이다.

(92) ㄱ. 借用日數 歧等如 價本 多重爲去等 坐贓罪以 從重論爲乎 事 <直解 17.08ㅎ> (차용일수로 나누어 값이 크거든 좌장죄로서 중한 것을 좇아 논할 것)

ㄴ. 推刷應刷人等 各官 散去 娶妻 子息 歧等如 産長 一時 刷還不冬 獨身 入送爲在 如中 必無久住之計爲白昆 <1553.3.4. 병조계목 각사수교 83> (추쇄인과 추

---

39) 歧等如는『壬辰狀草』의 狀9 및 狀23 등에도 쓰였는데 동일한 의미를 지닌다.

쇄가 마땅한 사람들이 각 관아에 흩어져 가서 아내를 얻고 자식이 나뉘어 낳아 자라서 이들을 한꺼번에 쇄환하지 않고 홀몸으로 들여보낼 것 같으면 오래 살도록 하는 계책이 아니오니)

ㄷ. 一邊同訟人 歧等如 爲白在如中 觀其訟勢 不利於己爲爲白去等 齊現 不冬 <1553 掌隸院계목 각사수교 한성부수교 155> (한 쪽의 소송인이 나뉘어 하는 터에 그 소송의 형세를 보고 자기에게 불리하거든 일제히 나오지 않고)

(92ㄱ)의 歧等如는 한문 원문의 '計'의 역어로 사용되었다. 이에 근거하여 歧等如의 뜻을 '계산하여, 셈하여' 등으로 풀이하곤 했으나, 이것은 歧의 원뜻과는 사뭇 다르다. 따라서 '借用日數 歧等如'는 '借用日數를 나누어'로 풀이되어야 하는데, 이 문맥에서는 '계산하여, 셈하여, 따져서' 등의 문맥적 의미를 드러낸다고 하겠다. (92ㄴ)에서 '子息 歧等如 産長'이라는 것 역시 자식을 한꺼번에 다 낳는 것이 아니라 나누어 출산한다는 뜻에서 歧等如를 사용하였는데, 자식 출산의 경우이므로 '차례로'라는 문맥적 의미를 겸하게 된다. (92ㄷ)에서는 대체로 '교대로'라는 의미로 해석되곤 하는데 이 또한 원뜻과는 다르다.[40]

歧等如의 歧 자 대신에 음이 같고 뜻이 유사한 자 岐를 대신 쓰기도 한다. 이것은 取音과 取形 및 取義의 원리를 모두 만족시키는 대용자이기 때문이다. 그러나 조선 전기에는 이러한 대용의 예를 찾기 어렵다. 歧等如에서 等을 초서체로 기재한 경우는 간혹 있으며,[41] 等을 생략하여 歧如로 쓰기도 하는데 이 역시 조선 전기에서는 발견하기 힘들다. 조선 후기의 2차자료에 속하는 『農圃集』 또는 고려말 尙書都官貼 등에서만 보이므로 조선조 후기의 용법을 반영한 것이라 사료된다.

歧等如는 爲等如와 같은 통사적 복합구성체로서 발생하였을 것으로 판단된다. 이것은 '歧-(동사 어간)＋等(복수 접미사)＋如(어간)'의 구성으로 보아야 한다. 이 경우 동사 어간 '歧-'는 15세기 국어의 '갈ㅇ-'에 해당하며, '如'는 동사와 명사의 기능을 겸한 것으로서 15세기 국어의 '다ᄒ-'(如)의 '다'에 해당한다. 歧-가 동사 어간이므로 발생 초기에는 활용했을 터이나, 복합구성체 歧等如가 널리 쓰인 까닭에 부사어로 굳혀져 사용된 듯하다.

歧等如를 후대 이두 학습서에서는 '가로러<吏文大師>, 가르터러<語錄辯證說>, 가로드려<吏讀集成, 吏讀略解>, 가르트려<吏讀略解>' 등 매우 다양하게 읽고 있는데, 이는 후대의 독

---

40) 『各司受教』 중에 <1548.5.26. 議政府啓目 兵曹受教 70>과 <1565.11.7. 병조계목 102>에 쓰인 歧等如는 '번갈아' 정도의 문맥적 의미로 사용되었다.

41) 위 예문 중 (91ㄱ)에 쓰인 것이 그 예이다.

법 변화를 반영한 것으로 해석된다. 歧等如의 독음 선대형은 '*갈ㅇ둘다'였을 개연성이 있다.

　3) 皃如, 貌如

　皃如는 조선 초기 이두 자료에서 貌如와 혼용되었다. 李禎錄券(1459년)에는 양자가 나란히 쓰여 있어 이 사실을 잘 드러내 준다. 皃如는 후대 이두 학습서들에서도 '즛다'로 읽고 있다. 형태론적 표기를 한다면 그 독음이 '*즛다'가 될 것이다. '가르여, 가르혀'라는 독음도 있으나 이것은 후대의 訛傳으로 이해된다.

　皃如의 원래 의미는 '모양 같이'일 것이나, 이것이 이미 하나의 語辭로 굳혀져 사용되어 실제로는 '…같이'라는 의미를 갖는다. 선행 명사와의 사이에 곡용어미를 개입시키지 않고 사용된다. 따라서 엄밀히 말하자면 皃如는 현대국어의 '-같이'와 마찬가지로 보조사로 분류될 성질의 것이기도 하다. 형태상의 공통점을 감안하여 이두어 부사로 다룰 뿐이다.

　그 용례가 워낙 많으므로 15세기 말까지의 용례들 일부만을 제시하면 다음과 같다.

　　(91) 王旨 內 皃如 其功甚大 帶礪難忘是去有良尓 <1392 李和錄券 069>
　　　　王旨 內 皃如 功勞可尙是白敎 等 用良 <1395 陳忠貴錄券 125>
　　　　王旨 內 皃如 功勞可尙是白 敎 等 用良 <1395 金懷鍊錄券 138>
　　　　奴婢乙良 遺言 內 皃如 平均 執持使用爲乎矣 <1404 張戩妻辛氏同生和會 03>
　　　　前件 初眠起飽食 蚕乙 前頭 皃如 分取 如小錢大他箔 移置爲遣 <양잠 31ㅎ>
　　　　天晴爲去等 前頭 皃如 <양잠 38ㅎ>
　　　　敎旨 內 皃如 使內只爲 <1459 李禎錄券 41ㅎ>
　　　　家翁願意 皃如 同 孝盧矣 身乙 <1480 金孝盧繼後禮曹立案 10>

　　(92) 官式 貌如 鼠子無面計除爲齊 <直解 07.03ㅎ>
　　　　王旨 內 貌如 功勞可賞是白敎 等 用良 <1395 張寬錄券 121>
　　　　王旨 內 貌如 功勞可尙是白敎 等 用良 <1395 鄭津錄券 125>
　　　　王旨 內 貌如 功勞可尙是白敎 等 用良 <1401 沈之伯錄券 032>
　　　　去 甲午年 都許與 內 貌如 <1443? 權明利許與 02>
　　　　同腹 立議 貌如 施行爲乎 事是亦 在 <세종 연간 柳義孫兄弟和會 004>
　　　　敎旨 內 貌如 使內只爲 <1459 李禎錄券 1ㅎ>
　　　　節 呈 女矣 所志 粘連許與 內 貌如 <1469 田養智妻河氏粘連 2-34>

4) 右良如, 右如, 右良

李和開國功臣錄券(1392년)에는 右良如와 右如가 동일한 문맥에서 동일한 의미로 사용된다. 이는 곧 양자가 같은 이두자임을 시사하는 바이다. 그런데 右良如는 '良'의 표기를 생략하여 右如로 대체되어 쓰이는 경향을 보인다. '右良如'는 조선 왕조 초기의 문서에서만 용례가 더 발견된다.

(93) ㄱ. 幷以 啓 使內良於爲 敎 右良如 敎 事是去有等以 <1392 李和錄券 047>
　　ㄴ. 賜給爲良如 敎 右如 敎 事是去有良尒 <1392 李和錄券 141>

(94) 其矣 子孫至亦 免役 令是良如 敎 右良如 敎 事是白齊 <1421 李藝功牌 13~14>
　　(저의 자손에 이르기까지 면역시키라고 하심으로써 이와 같이 교시하신 일
　　이오며)
　　京畿觀察黜陟使經歷所經歷 安崇善等 滿本乙良 典農[判官 裵]權弋只 都事以 進叱使
　　內良如 敎 右良如 敎 事是去有良尒 <1425 裵權差定關 『古文書硏究』 37, 55> (경
　　기관찰출척사의 경력소 경력으로 安崇善 등은 임기가 찼으므로 그 자리는
　　전농 판관 裵權이 도사로 나아가 종사하여라 하심(이며) 이와 같이 (하교)하
　　신 일이 있어서)

右良如의 독법과 관련하여 주목되는 것은 『校訂 大明律直解』의 「吏讀略解」에서 右如의 독법으로 제시한 '임의여, 이ㄷ다' 중의 '이ㄷ다'이다. '이ㄷ다'의 말음절 '다'는 右良如의 '如'를 훈독하는 것과 정확히 일치하기 때문이다. 右良如의 원래 의미는 '右와 같이' 즉, '위와 같이'라는 뜻이다. 따라서 右如는 '右 # 如'로 분석하여 따로 설명할 성질의 것이다.[42] 그럼에도 불구하고 이 통사적 구성체가 늘 붙어 사용됨으로 말미암아, '이처럼, 이같이'라는 뜻의 부사어로 사용된다.

右良如는 일단 '右＋-良 # 如'로 분석된다. 이 경우 '右'는 명사이고 '-良'은 격어미라고 판단된다. '右'를 '左'와 마찬가지로 동사로 새긴 경우[43]도 있음을 감안하여 '右'는 동사 어간이고 '-良'은 활용어미로 볼 수도 있을 것이다. 右良의 독음 중 '님의아, 니ㅁ아'가 '-아'로 끝맺고 있는 점도 이와 관련시킬 수 있을지 모른다. 그러나 이런 추정은 '右'가 동사로 기능하는 경우에만 부합되는 것이지, '右良如'에서처럼 右가 명사로 기능

---

42) 韓相仁(1993:68)은 '右如, 兒如'의 '如'를 동사에서 다루었는데, 이는 타당한 견해라 생각한다.
43) 右 올홀 우, 左 욀 좌(또는 자) <訓蒙字會, 千字文>

할 때에는 들어맞지 않는다고 본다. 다만 '右'에 대한 이른 시기의 새김과 독음은 중세국어의 대응 어형들과는 사뭇 다른 모습을 지녔다고 사료된다.

右良如에서 '良'을 생략한 표기 右如는 위 (93, 94)와 다음의 (95)에서 보듯 조선 왕조 초기까지만 사용되었고 그 이후로는 소멸된 표기인 듯하다.

(95) 右如 爲在 罪犯乙良 並只 累次以 減等科罪爲乎 事 <直解 01.14ㅎ> (위와 같이 한 범죄는 모두 거듭 감등하여 과죄할 것)

外人亦 右如 干犯爲在乙良 減一等齊 <直解 28.04ㅎ> (바깥사람이 이와 같이 관여한 경우에는 한 등급을 감하며)

/稱下爲良如 敎 右如 敎 事是去有等以 <1397 沈之伯錄券 030> (칭하하여라 하심이며 이와 같이 (하교)하신 일이 있으므로)

萬一 右如 使內乎 第亦中 蚕身亦 互相 當擊乙 仍于 <양잠 28ㅈ> (만일 위와 같이 행할 적에 누에의 몸이 서로 부딪힘으로 인하여)

그런데 右良如에서 마지막의 '如' 자를 생략한 右良이 광범위하게 사용되는 모습을 보인다. 이것은 결국 右良如에서 중간의 '良' 자 대신에 마지막 '如' 자를 생략표기한 형태로 추정된다. 후대 이두 학습서들은 대체로 右良만을 표제어로 등재하여 놓았는데, 이는 생략되지 않은 원래의 표기 右良如가 사용되지 않은 지 이미 오래임을 반영하는 것으로 이해된다. 따라서 右良은 본래의 右良如와 동일한 기능과 의미를 지녔다. 문장 안에서의 主된 서술어 또는 문장 전체를 수식하는 부사어로 기능한다.

(96) ㄱ. 禁亂官入門官等弋只 所知儒生書冊乙 各其下人乙 用良 賷持爲白有如可 搜挾後 入門時 面給 無不冬爲白昆 右良 使內如可 現露人乙良 這這 推考 罷職 <1553 科擧事目 23ㅎ～24ㅈ> (금란관과 입문관 등이 아는 유생의 서책을 각각의 그 하인을 써서 주어 지니고 있게 하다가 소지품 검사 후 입문할 때 면전에서 주는 일이 없지 아니하오니 이와 같이 행하다가 들통난 사람은 낱낱이 추고하여 파직한다)

右良 使內 差使員 各別摘發 啓聞 罷黜 <1563.2.17. 호조사목 각사수교 32> (위와 같이 행한 차사원은 각별히 적발하여 계를 올려 파출한다)

ㄴ. 右良 前月二十五日內 一齊現身 上納 不冬 私主人隊正乙良 全家徙邊爲白乎旀 <1549.10.13. 병조수교 각사수교 73> (위와 같이 전달 25일 안에 일제히 나타나 상납하지 않은 사주인과 대정은 전가사변하오며)

(96)은 右良이 부사어로 기능하고 있는 경우에 속한다. (96ㄱ)에서는 후행하는 동사 '使

內-'를 직접 수식하는데, 이는 右良이 '앞서 언급한 것과 같이'라는 문맥적 의미로 사용되고 있음을 알 수 있다. 그리고 (96ㄴ)에서는 右良이 바로 뒤에 쓰인 후행하는 명사구 '前月二十五日'을 꾸미는 것이 아니라 후행 문장 전체를 꾸미는 부사어로 기능하고 있다. 그러나 다음의 (97)에서는 이와 전혀 다르다.

> (97) ㄱ. 至天悶望爲白良尒 右良 辭緣 及 大典本意 相考 受 敎前 已曾立後事乙良 <1483 金孝盧繼後司憲府立案 10~11> (하늘에 이르도록 민망하기에 이러한 사연 및 대전의 본의를 상고하여 수교 전에 이미 일찍이 입후한 일은)
>
> ㄴ. 右良 諸畜染疫治療方法乙 並只 相考 京外良中 謄書廣布 使之依方治療 宜當爲白在果 <1541 兵曹啓目『牛疫方』序2ㅈ> (이러한 여러 가축 전염병에 대한 치료방법을 모두 살펴서 중앙과 지방에 책을 베껴 널리 배포하고 이렇게 함으로써 방문에 의거하여 치료하는 일이 마땅하옵거니와)
>
> ㄷ. 一件 置于監司 道鄕試別試會試時 並令相考亦 爲白昆 右良 承/傳 貌如 <1553 科擧事目 9ㅎ> (한 건은 감영에 두고 도의 향시 별시 회시 때 모두 상고하라 하오니 위와 같은 승전의 내용과 같이)
>
> ㄹ. 右良 和會情義以 辨正者 <1552 和會文記 영2-87 39~40> (위와 같은 화회의 정과 뜻으로서 바로잡을 것)
>
> ㅁ. 京外公賤奴婢中 換受爲白良結 陳訴爲白有置 右良 辭緣以 移文 校書館 回答 內 <1575 장예원입안 서울대고문서집진 229/ 서울대고문서 7-009 09> (서울과 지방의 공천노비 중에 바꾸어 받고자 하여 소를 내었으며 이와 같은 사연으로 문서를 보내니 교서관의 회답 내용인즉)
> 右良 辭緣 指一推考敎是臥乎 在亦 <16세기 입안 정6-29 65~66> (이러한 사연을 한결같이 바로잡아 추고하실 일이며)

(97ㄱ)에서 右良은 바로 뒤에 나오는 '辭緣'을 수식하는 것으로 보아야 한다. 왜냐하면 '相考'라는 행위는 아직 일어나지 않은 일이기 때문에 右良이 '이처럼, 이같이' 정도로 풀이되는 右良如와 같지 않음이 드러난다. (97ㄴ)의 경우도 마찬가지이므로 이때의 右良은 '이러한' 정도의 의미를 갖는 관형어로 풀이하는 것이 文意에 부합한다. (97ㄷ)과 (97ㄹ) 역시 바로 뒤에 나오는 명사 '承傳'과 '和會情義'를 수식하는 관형어로 쓰였다. (97ㅁ)을 보면 (97ㄱ)과 마찬가지로 右良은 뒤따르는 명사 '辭緣'을 꾸미는 관형어로 사용되고 있다.

이와 같이 관형어로 쓰이는 右良은 부사어 右良如와는 통사구조 및 기능이 전혀 다르다고 판단된다. 관형어로 쓰이는 右良은 동사 어간 右-에 관형사형 어미 '-(으/의)ㄴ'이 직접 통합된 어형이거나, 아니면 '右-+-良-+ 관형사형 어미 -(으/의)ㄴ'의 통사구조로 분석되어야 할 것이다. 그러나 후자의 경우 -良-은 타동성 동사 어간과 호응하는 선어말어미이므로 그 가능성이 매우 낮다. 이와 달리 '올ᄒᆞ'이라는 중세어는 현대어의 '오른, 오른 쪽의'에 해당하는 단어로 자주 쓰이므로 이것이 결국 '이러한'이라는 문맥적 의미와 부합한다고 보아 전자일 개연성이 높다고 본다. 다만 右良의 동사 어간 右-는 중세어 '올ᄒᆞ'에서의 어간 '올ᄒᆞ-'와 달리 右良如 및 右如 등의 독음들을 감안해 볼 때 현재 문증되지 않은 동사 어간 '*니ᄆᆞ-'에서 유래했다고 추정된다.

5) 爲等如

爲等如가 사용된 문맥을 살펴 보면 예외 없이 여러 가지 사항을 나열한 뒤에 이것이 쓰였음을 알 수 있다. 이는 곧 爲等如의 '等'이 복수 접미사임을 반영하는 것이다. '如'는 앞서 설명한 바와 같이 '같다, 같음'의 뜻을 지닌 '다'(如)에서 기원하는 것이다. 따라서 爲等如의 원래 의미는 '…한(하는) 것들과 같이'로 이해된다.[44] 문맥에 따라서는 '…한(하는) 대로'의 의미를 갖는다. 이러한 의미는 爲等如 앞에 문장이 나열된 경우에는 대체로 잘 부합된다. 그러나 단순히 명사구를 나열했을 경우에는 그다지 잘 어울리지 않는다. 이 경우에는 때로 '통틀어, 모두'로 풀이하거나, 단순히 '이상과 같이, 이(들)와 같이' 정도로 풀이할 필요가 있다.

(98) ㄱ. …以至今日爲齊 爲等如 並只 功勞重大 永世難忘是去有 等以 <1401 馬天牧錄 券 028> (… 오늘에 이르렀으며 이렇게 한 것들과 같이 모두 공로가 중대하여 영원히 잊을 수가 없으므로)

　　ㄴ. 大抵 蚕段 初生時 及 眠時乙良 宜溫暗 將眠 及 眠起時乙良 宜微明 向食時 宜明 爲等如 蚕室窓戶明暗乙 臨時 酌量 使內 <양잠 29ㅎ> (대체로 누에란 처음 태어날 때와 잘 때는 따뜻하고 어두워야 하고, 자려고 할 때 및 잠에서 깨어날 때는 약간 밝아야 하고, 먹이려 할 때는 밝아야 하는 것들과 같이 누에방 창문의 명암을 그때에 맞춰 헤아려 행한다)

(99) ㄱ. 親族果 故舊果 有功果 賢良果 才能果 尊貴果 國賓果 爲等如 八議良中 應當爲在 人矣 所犯之事乙 <直解 01.08ㅎ> (임금의 친족과 옛친구와 공 있는 이와 현량과 재능 있는 이와 존귀한 이와 국빈 등 통틀어 8의에 해당한

---

44) 金泰均(1975:137), 安秉禧(1977ㄴ:19) 및 韓相仁(1993:72) 참조.

　사람이 범한 사실을)

ㄴ. 孫子 學生 陳皎 衿 奴 守万 長所生 婢 守德 <u>爲等如</u> 施行爲臥乎 事是等　<1404 張戩妻辛氏同生和會 14〜15> (손자인 학생 陳皎의 몫 : 사내종 守万의 맏소생인 계집종 守德 이상과 같이 시행하는 일이니)

ㄷ. 金琥段 筆執 田孟依 李完圭等段 證保 <u>爲等如</u> 使內白乎 事是良尒 <1469 田養智妻河氏粘連 2-38〜39> (金琥는 필집 田孟依와 李完圭 등은 증인으로 모두 부리온 일이기에)

ㄹ. 試取榜目乙 四件 成籍 一件乙良 監司道 一件乙良 本曹 一件乙良 司憲府 一件乙良 四館 <u>爲等如</u> 分送爲白良在等 <1553 科擧事目 26ㅎ> (시험응시자들의 방목은 4건을 장부로 만들어 한 건은 감사의 도에, 한 건은 본 예조, 한 건은 사헌부, 한 건은 4관 등 모두 나누어 보내면)

　(98)의 爲等如는 '…한 것들과 같이'라는 원래의 의미를 살려 풀이할 수가 있다. (98ㄱ)의 경우엔 공적의 내용이 조금씩 다른 것들을 모두 나열한 뒤에 사용되었고, (98ㄴ) 또한 조치 내용이 동일하지 않으므로 가능하다. 이와 달리 (99)의 경우엔 본래의 의미를 살리기보다는 '통틀어, 모두'라고 풀이하는 것이 온당하다. 성격이 동일한 여러 사안을 나열한 뒤에 사용되었기 때문이다. (99ㄴ)은 분재문기 및 매매문기들에서 흔히 볼 수 있는 표현 방식인데 해당 노비 및 사물을 열거한 뒤에 '爲等如'가 쓰였기 때문에 본래의 의미대로 해석하면 오히려 문의에 부합하지 않는다.

　爲等如는 '爲- + 等 # 如'로 분석된다. '爲-'와 '等'은 직접 통합된 것으로 추정된다. 이것은 '너희는 왜 먹들 않느냐?'의 '먹들'과 같다 하겠다. 韓相仁(1993:73)은 동명사 어미가 중간에 개입한 것으로 보고 있는데, 爲等如의 독음에 반영된 유기음 /ㅌ/의 존재를 감안할 필요가 있으므로 어간이 직접 통합된 것으로 추정한다. '이트렛(此等)'<安秉禧 1977ㄴ:19>과 마찬가지로 'ㅎ-'와 복수 접미사 '둟' 사이에 유기음이 형성된 것이 아닌가 한다. 爲等如의 독음은 '*ㅎ틀다'에서 유래하여 'ㅎ틀다 > ㅎ트다 > ㅎ트라 > ㅎ트러'의 과정을 거친 듯하다. 후대 이두문에서는 爲等如의 '如' 자 대신에 '良'으로 대체한 爲等良을 쓰기도 하는데 爲等良의 '良'은 독음 변천을 반영한 표기로 해석된다.

1.9 기타

1) 及

及은 이두문에서 흔히 접속부사로 쓰이는데 중세어 문헌에서는 '밋', 현대어의 '및'에 대응하는 이두자이다. 접속부사 及은 주로 명사 또는 명사구를 연결하는 기능을 한다.

(100) ㄱ. 洛山寺段 賜田 及 折受田畓 皆在宜寧三嘉淸道等官 <1481 上院寺成化十七年 內需司立案 07~08> (낙산사는 사전 및 절수한 전답이 모두 의령 삼가 청도 등의 고을에 있어)

ㄴ. 一 文成公 及 配位 春秋行祭 及 儒生常養事乙 一依周景遊竹溪志 永 〃 擧行 爲齊 <1547.2.3. 立議 紹修書院謄錄 1ㅎ> (ㅇ 문성공 및 배향인물들에 대한 봄가을 행제 및 유생들을 모시는 일을 일체 주세붕 선생의 죽계지에 의거하여 영구히 거행한다)

ㄷ. 在喪 及 無故作散人乙良 各加一資叙用爲齊 <1459 이정좌익원종공신녹권 42ㅈ, 1591 李庭檜光國原從功臣錄券 정41-68 357~358> (상중에 있거나 무고하게 벼슬 없는 사람은 각각 한 자급을 더해 임용하며)

ㄹ. 此亦中 奴婢 花名 不得 及 逃亡奴婢等段 衿分 不冬爲有去乎 <1568 分財文記 국립도서관 118~119> (여기에 노비 이름을 모르거나 도망노비들은 몫으로 나누지 않았으니)

ㅁ. 薦段 空石皮是置有亦 蚕室明暗溫凉 及 上薪時 不可闕 <양잠 15ㅎ> (薦은 빈 섬거적이어서 누에방을 밝고 어둡게 하거나 따뜻하고 차갑게 하거나 섶에 올릴 때 없어서는 안 된다)

(100ㄱ, ㄴ)은 명사 및 명사구의 나열을 잘 보여준다. (100ㄱ)에서는 '賜田'과 '折受田畓'이, (100ㄴ)에서는 '文成公'과 '配位' 그리고 '春秋行祭'와 '儒生常養事'가 각각 접속부사 及을 매개로 하여 동등하게 접속된다. (100ㄷ)에서는 '在喪人'과 '無故作散人'이 접속되는데 중복되는 '人'을 앞부분에서는 생략한 것으로 파악된다. (100ㄹ)에서는 '不得'이 명사로서의 기능을 갖고 있어 '奴婢 花名 不得'과 '逃亡奴婢'가 명사구로서 及에 의해 연결된 구조이다. (100ㅁ)은 '蚕室明暗溫凉'과 '上薪'이 각각 명사구로서 기능한다고 볼 수 있다.

그런데 중세어 문헌에서와 마찬가지로 선행 명사구에 공동격 조사 -果를 덧붙인 경우에도 그 뒤에 접속부사 及이 사용된다. 이것은 현대어에서는 찾기 힘든 용법이다. (101)이 그 예이다.

> (101) 合於死爲在 十惡罪囚果 及 强盜乙良 必于 無時 決斷爲乎 嚀乃 禁刑日良中 決斷爲
> 在乙良 笞四十爲乎 事 <直解 28.19ㅈ> (사형에 해당하는 10악 죄수와 강도는
> 비록 일정한 때 없이 결단할 것이나 금형일에 결단한 경우에는)
> 凡 祖父母 父母果 及 夫果 家長等乙 他人亦 殺害爲良在乙 <直解 19.10ㅈ> (무
> 릇 조부모와 부모 및 지아비와 가장 등을 타인이 살해하였거늘)

그런가 하면 동사의 활용형 또는 작은 문장 구성 뒤에서도 접속부사 及이 사용되기도
한다.

> (102) 人矣 依例受刑爲臥乎 臀腿良中 依法決打爲良在乙 逢音 致死爲旀 及 自盡而死者
> 各 勿論爲乎 事 <直解 28.15ㅎ> (예에 따라 형을 받는 사람의 볼기와 넓적
> 다리에 법에 따라 처결하여 때렸거늘 공교롭게도 죽음에 이르거나 자진하
> 여 죽은 것은 각각 논하지 말 것)
> 受臓物爲乎 情狀 無齊 及 法外用刑 罪狀加減 無齊 從輕失入重爲去乃 從重失出輕
> 者乙良 各以所剩罪以 論齊 <直解 28.11ㅎ> (장물을 받은 정황이 없으며 법
> 이외에 형을 사용해 죄상을 가감한 것이 없으며 가벼운 죄를 무거운 죄로
> 잘못 다루거나 무거운 죄를 가벼운 죄로 잘못 다루지 않은 자는 차감하여
> 남은 죄로써 논한다)

(102)에서 보여 준 접속부사 及의 용법 역시 현대어에서는 찾기 어렵다. 조선 전기 이
두문에서도 (101)과 (102)에서와 같은 及의 용법을 찾기 어려움은 마찬가지다. 이것은 고
전한문을 이두문이나 언해문으로 번역하는 과정에서 고전한문에서도 접속의 기능을 주로
하는 한자어 '及'에 이끌려 나타난 현상이라고 이해된다.

  2) 凡矣

凡矣는 『吏讀集成』에서 '믈의'로 읽었으나, 이는 후대형을 반영한 독법으로 이해된다.
凡은 중세국어의 '믈읫'에 해당한다.[45] 이것을 표기한 이두자가 조선 초기로부터 줄곧 凡
矣로 나타난다. 말음을 표기한 '*凡矣叱'을 상정해 볼 수 있으나, 현전 자료에서 확인되지
않는다. 凡矣는 '무릇'의 뜻이며, '矣'를 생략하여 '凡'만으로도 적히는 경우가 많아서 한

---

45) 凡 믈읫 범 <新增類合 上29>

자어인지 이두자인지의 판가름이 애매하게 되었다.

(103) 凡矣 軍官軍人亦 犯罪爲去等 律當徒流爲在乙良 <直解 01.13ㅈ> (무릇 군관과
군인이 범죄하거든 율에 도형과 유형에 해당한 경우에는)
徹岷氏段 同處居生 朝夕安心 孝道分 不喩 凡矣 祭祀良中置 唯一單孫以 盡心 敬行
爲臥乎 所 <1534 許與文記 정56-99 03~04> (徹岷씨는 같은 곳에 거주하여
살며 아침저녁으로 편안한 마음으로 효도뿐 아니라 무릇 제사에도 유일한
손으로서 마음을 다하여 경건하게 행하는바)
印信僞造之罪 比此尤重爲沙餘良 凡矣 公私文券良中 □(僞)造踏下爲如中 受贈必
多 亦與臟罪無異爲昆 <1547.9.17. 刑曹傳敎 各司受敎 111> (인신 위조의 죄는
이에 비해 더욱 무거운 데다가 무릇 공사 문권에 위조한 인신을 찍었다면
뇌물로 받은 것이 반드시 많을 것이라 이 또한 장물죄에 다름없으니)

(104) 凡 各道 各馹吏亦 凡矣 公貼乙 傳送爲乎 第亦中 晝夜良中 須只 三百里 不違 遞送
爲乎矣 <直解 17.01ㅎ~02ㅈ> (凡 각 도의 각 역리가 무릇 공문서를 전송할
때에 주야에 모름지기 300리를 어긋나지 않게 달려 전하되)

(104)의 경우 뒤에 나오는 '凡矣'는 이두어 부사임이 분명하나 맨 앞의 '凡'은 이두자인
지의 여부가 불분명하다. 大明律에서는 각 조문의 첫 자를 '凡'으로 시작하는 특징을 보
이고 있어 원문을 그대로 전사한 것인지, 그에 해당하는 우리말을 이두자로 적은 것인지
애매한 면이 많다.

3) 身乎

중세국어에는 '몸'(身)과 '손'(手)에 '*소'가 접미되어 파생된 '몸소', '손소'가 있다<李基
文 1972ㄱ:151>. 이 중 '몸소'에 해당하는 이두어가 身乎이다. 현대어에서는 '몸소'와 '손
수'가 존경하는 분이나 윗사람의 행동에 대하여 사용하기 때문에 이두문에서의 부사어
身乎는 '제 손으로 직접'이라는 정도의 문맥적 의미로 풀이된다.

(105) 各村大小官員亦 公事催辦次 右如 信牌 發送 不冬遣 所屬官良中 身乎 下去 留連者
杖一百爲乎矣 <直解 03.11ㅎ> (각 촌의 크고 작은 관원이 공적인 일을 독촉
하기 위해 위와 같이 신패를 발송하지 않고 소속 관아에 직접 내려가 더디
게 한 자는 杖一百하되)

4) 這這

這這은 사용의미가 달리 변화한 이두 부사어이다.

비록 그 용례가 적긴 하나, 적어도 조선조 초기에는 這這가 '곧, 급히'의 의미로 사용되었다.

> (106) ㄱ. 監造 及 提調 內官 門官 守衛官等亦 點考時良中 名數 內 不足爲去等 這這 推捉 申聞爲齊 <直解 13.04ㅎ> (영선감독 및 제조 내관 수문관 수위관 등이 점고할 때에 인원수가 부족하거든 급히 추고하여 잡아서 임금께 아뢰며)
> ㄴ. 桑葉不均處 有去等 這這 平均加給爲齊 <양잠 35ㅈ> (뽕잎이 고르지 않은 곳이 있거든 즉시 고르게 더 준다)
> ㄷ. 雖不多織造 這這 貿穀爲 計京中所需 其處祿以 用之爲可 <1468 金宗直妻曹氏 簡札 2-08~09> (비록 베로 짠 것이 적지만 시급히/(낱낱이) 곡물로 바꾸어 서울에서의 수요를 셈하여 그 곳의 녹봉으로 사용함이 좋을 듯합니다)

(106ㄱ)에서는 這這가 한문 원문의 '就便', (106ㄴ)에서는 '卽'의 譯語로 사용되었다. 다만 (106ㄷ)에서는 '급히'라는 뜻으로 사용된 것인지, 아니면 후술할 바와 같이 '낱낱이'라는 뜻으로 쓴 것인지 다소 애매하다. 이와 같이 這這는 '곧, 급히'라는 뜻으로 사용되던 이두어 부사이다. 이것은 중세국어에서 '막, 처음, 겨우'의 의미를 지닌 단어 'ᄀᆞᆺ'과 연관된 것으로 사료된다. 중세국어 'ᄀᆞᆺ'은 대체로 한문에 쓰인 '始, 纔, 方'의 譯語로 사용되던 단어이다.

그런데 다음 (107)의 16세기 용례들은 한결같이 這這가 '物物, 箇箇' 즉, '낱낱이, 일일이' 정도의 사용의미를 가졌음을 일러 준다. 이 경우의 這這는 이두문에서 중세어의 '갓갓'에 해당하는 이두어 부사 物物과 그 음이 같기 때문에 대용하기 시작한 것으로 판단된다.

> (107) 遺漏未分奴婢 逃亡奴婢等乙 這這 聞見爲乎 追乎 三名是去等 執籌 分執 <1543 分財記 성암고서박물관 04~05> (빠져서 나누지 못한 노비와 도망간 노비들을 낱낱이 듣고 본 데 따라서 3명이면 제비 뽑아 나눠 갖고)
> 名紙良中 這這 書塡 擧子着名後 踏印 收卷爲白有如可 <1553 科擧事目 舊事目 9ㅎ> (명지에 일일이 써 놓고 거자가 서명한 후 날인하여 말아두었다가)
> 期中無故不就訟人乙良 親着滿日爲乎 追乎 這這 黜送 勿許同頌 <1553.4.20. 掌隷院受敎 大典詞訟類聚 146> (그 중 까닭 없이 소송에 나오지 않은 사람은 친

착법에 따른 결석일수가 차는 데 따라 일일이 내보내고 위 소송을 허락하
지 않는다)

作綜出沒之敵乙 這這 勦減爲白良結 互相 文移約束 整理舟楫爲白乎旀 <1592.7.15.
啓本 壬辰狀草 狀9> (무리를 지어 출몰하는 적을 낱낱이 박멸하옵고자 서로
문서를 보내 약속하고 전선을 정비하오며)

이를 종합해 볼 때 這這는 두 가지 의미로 사용되었다. 하나는 '곧, 급히'라는 의미요,
다른 하나는 '낱낱이, 일일이'라는 의미로 사용되었는데 후대로 갈수록 후자의 용례가 훨
씬 더 늘어나는 모습을 보인다. 이것은 중세어의 'ㅈㅈ'에 대응하던 이두어 부사 這這가
음이 유사한 '갓갓'을 표기하던 物物 또는 物物以를 대신하는 자리에도 사용된 것으로서
중세어의 음소 / · /와 / ㅏ /가 넘나들 수 있음을 시사해 주는 면이 있다.

  5) 濟拔

현대어의 '제발'에 일치하는 부사어 濟拔의 용례가 있어 주목된다.

    (108) ㄱ. 幷以 推考 計年役價 生徵 支給爲只爲 靈光官良中 議送 /行下 濟拔 向敎是事
         望白內臥乎事是亦 在 <1460 소지 정98-88 06~07> (아울러 추고하여 역
         가를 계산하여 징수해서 지급하도록 영광 관아에 의송하도록 명령하셔
         서 제발 처리해 주실 일을 바라는 일이 있음)
       ㄴ. 右置簿庫 /相考 解問爲白只爲 /行下 濟拔 向敎事 望白內臥乎 事是亦 <1501
         李埴戶奴中孫所志『경북지방고문서집성』493> (이 장부를 둔 곳을 살피
         셔서 의문을 풀도록 명령하셔서 제발 처리해 주실 일이기에)

(108)은 모두 상전을 대신하여 戶奴가 도관찰출척사에게 올린 소지인데 간절히 바라는
내용을 꼭 처분해 달라는 뜻에서 '向敎是事' 앞에 '제발, 꼭, 부디'라는 뜻에 해당하는 提
拔을 수식어로 사용하고 있다. (108ㄱ)은 도망간 노비 4口의 거처를 파악함과 동시에 그
동안 받지 못한 역가 즉 身貢을 추징해 달라는 내용이고, (108ㄴ)은 상전을 대신해서 첩
정을 감영의 아전에게 전해 주었는데 접수되었는지 확인해 달라는 내용의 소지이다. 戶奴
가 올리는 소지인 까닭에 첫머리를 '右 所陳爲白內等 奴 矣段 …'으로 시작하고 있으며 본
문의 마지막 역시 '謹言'이나 '所志'라는 표현 대신에 '所陳'으로 마감하는 특징을 보인다.

6) 惠伊, 惠是

惠伊는 15세기 말까지의 이두 자료에서 그 용례를 찾지 못하던 이두어였다. 그런데 후대 이두 학습서들에서 거의 예외없이 이것을 표제어로 등재하고 있다. 16세기 자료에서 그 용례가 확인된다.

(104) ㄱ. 搜挾官乙 族親衛忠順衛忠贊衛 內 年少迷劣人 除良 令兵曹每一所各四十員式 <u>惠伊</u> 擇定 <1553 科擧事目 舊事目 2ㅎ> (수협관을 족친위・충순위・충찬위 내의 나이 어리고 우둔한 사람 말고 병조로 하여금 매 한 곳에 각 40원씩 잘 헤아려 뽑아서)

　　ㄴ. 倭船所得米布等物 <u>惠伊</u> 分給 使之安居爲白乎旀 <1592.6.14. 啓本 壬辰狀草 狀8> (왜선으로부터 빼앗아 얻은 쌀과 옷감 등의 물건을 고루 나누어 주어 그들로 하여금 편히 살도록 하오며)

　　　 同熖焇合劑 營及各官浦 <u>惠伊</u> 分上爲白在果 唯只 石硫黃 他無出處爲白昆 <1593.1.26. 啓本 壬辰狀草 狀 17> (위 염초를 조합한 것을 본영 및 각 관의 포구에 고루 나누어 보관하옵거니와 다만 석류황은 나는 데가 다른 곳에 없사오니)

　　ㄷ. 都會官物力以 勢難一時修粧 道內各官殘 分揀 <u>惠伊</u> 分定 使之登時粧出 <1596.11. 黃海道巡察使移文 軍門謄錄 정18-842> (도회지 관아의 물력으로는 한꺼번에 수리하고 치장하기가 어려우므로 도 내 각 관에 남아있는 것을 헤아려 골고루 나누어 책정하여 그들로 하여금 바로 만들어 내도록 하니)

(105) 모디 느미게 穿鑿히 求티 말며 모디 헤아리며 저즈리디 말며(不要求人穿鑿ᄒ며 不要思量卜度ᄒ며) <蒙山和尙法語略錄諺解 28ㅎ>

(104ㄱ)은 族親衛・忠順衛・忠贊衛 세 부서에서 나이가 어리고 迷劣한 이는 제외하고 40명씩 '惠伊 擇定' 즉, 잘 '헤아려 뽑아서'라는 뜻으로 사용되었다. 이때 惠伊는 중세국어의 동사 '저즈리다'에서 파생된 부사로 추정된다. (105)에서 '저즈리다'는 한문 원문의 '卜度'의 번역어로서 그 뜻은 '점쳐 헤아리다'로 해석된다. (105)에서는 '저즈리다'가 '思量'의 번역어인 '혜아리다'와 대비되어 있으나, 양자는 거의 유사한 용도로 쓰인다.

그런데 (104ㄴ, ㄷ)에서는 惠伊가 '헤아리다'라는 의미로 사용되지 않았다. 특히 (104ㄷ)에서는 '分揀 惠伊 分定'에서는 '헤아리다'는 뜻은 그 앞에 놓인 '分揀'이 담당하므로 惠伊는 단지 '고루, 골고루'라는 뜻으로 사용되었음이 분명하기 때문이다. 이로 미루어 보건대 惠伊는 본래 '혜아리다'는 의미를 지닌 동사에서 파생된 부사이나, 이것이 점차 확대되어 오히려 '고루, 골고루'라는 뜻의 사용의미를 겸하여 갖게 된 것으로 판단된다.

후대 이두 학습서들에서 惠伊는 '저즈러, 저즈려, 저즈리, 저지리, 져죠리, 져지리, 저스리' 등 다양한 독음을 보인다. 이 중 '저즈리'가 가장 온당한 독법이라 판단된다. 따라서 惠伊의 '伊'는 말음을 표기한 자인데, 이로 말미암아 '伊' 자를 대신하여 音假字 '是'를 사용한 惠是도 발견된다.

> (106) 近官 <u>惠是</u> 分定 關字四張 及 奉化了 沙器備送事 關字一張等乙 輸送爲去乎
> <1546.6.12. 關文 소수서원등록 5ㅎ> (가까운 관아에 고루 나누어 책정한
> 관문 4장 및 봉화현으로 사기를 갖추어 보내는 일에 관한 관문 한 장 등
> 을 보내는 바이니)
> 供饋之物 俱闕爲乎等用良 近官 <u>惠是</u> 分定爲去乎 <1546.6.12. 關文 소수서원등
> 록 5ㅎ> (양식 공급할 물건을 갖추기가 모자라기 때문에 가까운 관아에
> 고루 나눠 책정하니)

7) 流伊

현대어의 '잇따라 계속'이라는 의미로 사용되곤 하는 부사 '내리'에 해당하는 듯한 이두 부사어로서 流伊의 예가 눈에 띈다.

> (107) 同奴婢 現付 文記是沙餘良 帳籍至亦 <u>流伊</u> 施行爲白有臥乎等乙用良 <1568.3.27.
> 掌隷院回啓 眉巖日記 1568.3.29. 후기> (위 노비가 들어있는 문기인 데다가
> 장적에 이르기까지 내리 시행하여 왔으므로)

8) 前矣

前矣는 중세어의 '알픽'에 일치하는 이두어로서 체언을 수식하는 관형어로도 사용되고, 용언을 수식하는 부사어로도 사용된다. (108)은 관형어의 용례이고, (109)는 부사어의 용례이다.

> (108) ㄱ. 孽妹 孟非段 <u>前矣</u> 婢 一口以 贖身爲旀 <1494 李璦娚妹和會文記 179> (서얼
> 누이 孟非는 앞의 계집종 한 명으로써 속신하며)
> ㄴ. 矣身 身死後 凡人例 相鬪安徐爲旀 <u>前矣</u> 率妾段 <1536 분재문기 국립중앙

도서관 42> (내 죽은 후 범인 예로서 서로 다투지 말 것이며 데리고
사는 앞서의 첩은)

ㄷ. 積納 不得叱分 不喩 <u>前矣</u> 承重田段置 <1570 土地賣買明文 정33-419 03>
(납부하지 못할 뿐 아니라 앞서의 제사 모시는 밭의 경우도)

(108)에 쓰인 '前矣'는 모두 후행하는 명사를 꾸미는 관형어로 사용되었다. 이때의 前
矣는 중세어의 명사 '앒'에 속격조사 '-이/의'가 통합된 것에 일치하는 이두어이다. 따라
서 선행한 명사를 지칭하거나 예전에 있었던 일을 가리키는 관형어로서 '앞의, 앞서의'
또는 '예전의' 정도의 의미를 갖는다.

이와 달리 (109)는 후행하는 동사 또는 동사구를 꾸미는 부사어로 기능한다. 이 경우의
前矣는 부사어로 쓰이는 중세어 '알픠'와 일치한다.

(109) <u>前矣</u> 移置次以 斷食 始眠蚕乙良 佐伊乙 暫間 追良 分取 如大波獨 大他箔 分布爲
有如可 <양잠 31ㅈ> (전에 옮겨두기 위해 단식했는데 잠들기 시작한 누에
는 자리를 잠깐 밀어 큰 바둑알만큼 나눠 집어서 다른 큰 누에채반에 펼쳐
두었다가)

<u>前矣</u> 成順性妻李氏　上言 據 曹受　教 <1483 金孝盧司憲府立案 16～17> (전
에 成順性의 처 이씨의 상언에 근거하여 예조에서 받은 수교)

<u>前矣</u> 自矣 家翁亦中 許與爲有如乎 仁昌坊 伏 家舍墻 內 祠堂 <1518 定順王后託
後書 莊陵誌 1.28> (전에 저의 가옹에게 허여했던 仁昌坊에 있는 집 담장 안
의 사당)

<u>前矣</u> /啓下 治療方法 外 他書良中 牛叱分 不喩 <1541 병조계목 牛疫方 序1ㅎ～2
ㅈ> (앞서 계하하신 치료 방법 외에 다른 책에 소뿐만 아니라)

榮川郡守爲起送事 <u>前矣</u> 到付 使關內乙 用良 池山乙 書院直以 起送爲有如乎
<1547 榮川郡守關文 紹修書院謄錄 16ㅈ> (영천군수의 기송에 관한 일임. 전
에 도착한 관찰사 관문의 내용에 따라 池山을 서원지기로 보냈는데)

<u>前矣</u> 禮曹以 依繕工監監役例 施行事 受　教爲白有乎矣 <1561.1. 吏曹啓目 各司
受敎 006> (앞서 예조에서 선공감의 감역 예에 따라 시행할 것이라고 수교
하였으되)

<u>前矣</u> 祗受 有　旨 書狀內乙 用良 <1592.5.4. 계본 壬辰狀草 狀6> (앞서 삼가
수령한 유지의 서장 내용을 가지고)

子息 二兄弟亦中 都許與爲臥乎 事叱段 <u>前矣</u> 田民等乙 成文 分給爲有乎矣 <1594
衿給文記 영1-83 01～02> (자식 두 형제에게 도허여하는 일은 앞서 전답과
노비들을 문서를 만들어 나눠 주었으되)

9) 道以

道以는 15세기 국어와 현대어의 부사 '도로'에 일치한다고 판단된다. 『吏文襍例』와 『儒胥必知』에서 '도로'라는 독음과 함께 그 존재가 확인된다.

흔히 국왕문서 또는 관부문서에서 주로 쓰인 '道以'는 문장에서 주격에 해당되므로 '道에서' 정도로 풀이된다. 이 경우의 -以는 앞서 설명한 바와 같이 본래 조격 조사로서의 의미를 다소 지니면서 관아 또는 행정단위 등의 명사와 통합하여 주격 조사로 쓰인다. 다음의 (110ㄱ, ㄴ)이 그러한 예를 잘 보여준다. 그리고 (110ㄷ)은 -以의 서로 다른 용법을 잘 드러내 보인다. 즉, '本邑以'의 -以는 주격 조사로서, '道以'의 -以는 본래 조격 조사였으나 향격으로의 쓰임을 보이고 있다. 그러나 (111)에 쓰인 '道以'는 이와 전혀 다르다.

(110) ㄱ. 賚去藥材段置 皆是鄕藥易得之物 不足爲白去等 道以 隨宜准備 用使內亦 受 / 敎爲白有置 <1541 병조계목 牛疫方 序1ㅎ> (가지고 간 약재의 경우에도 모두 향약으로서 쉽게 구하는 것이니 부족하면 도에서 적절히 이에 준하여 마련하여 쓰도록 행할 것이라는 내용의 수교가 있었습니다.)

　　ㄴ. 朝廷以 處置敎是白齊 <1592.5. 壬辰狀草 狀7> (조정에서 처치하십시오)

　　ㄷ. 本邑以 趁時修理爲旀 完固與否 每歲末 道以 牒報爲齊 <1547.2.3. 立議後錄 소수서원등록 2ㅈ> (해당 읍에서 그 때에 맞춰 수리하며 완전하고 튼튼한지 여부를 매 연말에 道로 첩보한다)

(111) ㄱ. 一應外方應騎員人 到任卽時 各其觀察使節度使 道以 監封輪送爲良在等 觀察使節度使亦 到付日月 幷錄 尙瑞院以 移文上送爲乎矣 <1571.3.29. 兵曹承傳 各司受敎 110> (외방에서 역마를 타야 하는 모든 관원은 부임지에 도착하는 즉시 각 해당 관찰사나 절도사에게 도로 (마패를) 감봉하여 보내면 관찰사나 절도사는 도착한 날짜를 함께 기록하여 상서원으로 移文하여 올려 보내도록 하되)

　　ㄴ. 同 斬馘割耳二級段 由山路 觀察使 道以 已爲上使爲白有齊 <1592.9.20. 狀啓 農圃集 1.45ㅎ/3.17ㅈ> (베어 베어 자른 귀 2개는 산길을 통해 관찰사에게 도로 이미 올려보냈으며)

　　ㄷ. 唱而不和 似無感動奮發之意 道以 尋常 怪□莫知其由 <1596.1.3. 守令將官約束文 軍門謄錄> (선창하여도 화답하지 않고 감동하고 분발하는 뜻도 없는 듯하며 도로 심상하게 여기니 괴이하며 그 까닭을 알 수 없어)

(111ㄱ)의 '道以'는 마패를 받아 임무를 수행한 관원이 마패를 관찰사 또는 절도사에

게 돌려보낸다는 문맥에서 사용되었으므로 '도로'에 정확히 일치하는 이두토이다. (111ㄴ)의 경우 '觀察使 <u>道以</u>'를 '觀察使道以'로 붙여 읽어 '觀察使道에게로'로 해석하거나, '觀察使 <u>道以</u>'를 '관찰사에게 道로'와 같이 오해할 수 있겠으나 이는 옳지 않다. 이는 (111ㄷ)의 용례를 통해 확인된다. 병사들을 심혈을 기울여 교련하지 않고 등한히 하는 데 대해 경계하는 뜻을 전하며 방책을 후록으로써 상술하는 문서에서 사용되었는데, 수령과 장수들이 문서만 갖추고 책임만 회피하려 하여 제 아무리 독려하여도 '오히려 도로' 심상한 일로 여긴다는 문맥에서 '道以'가 사용되었다.

따라서 부사어 '道以'의 경우엔 이두의 일반적인 표기 원칙에 따르자면 訓讀字 '還' 또는 '廻' 자를 앞세우고 부사 파생 접미사 '-于'를 접미한 "*還于, *廻于'와 같은 형태를 예상할 만하다. 그럼에도 불구하고 고유어 '도로'에 맞추어 音字 즉 音假字만으로 표기한 것으로 추정된다. 말하자면 取音에 따른 관용적 표기이며, 幷以와 마찬가지로 외형과 달리 '-于'형 부사에 속한다고 할 수 있다.

10) 除除(良)

조선 전기 이두문에서 부사로 쓰인 除除는 현대어의 '더러' 또는 이것을 중첩시킨 '더러더러'에 대응한다. '덜다'의 뜻으로 사용되는 이두 단일동사 除-, 그리고 명사 또는 명사구에 통합되어 부정의 의미 '…은 말고'라는 문맥적 의미로서 일종의 후치사처럼 쓰이는 除良과는 상당히 다른 의미 기능을 갖는다. 다음의 예문 (112)에 쓰인 除除는 어떤 대상의 전부가 아니라 일부라는 뜻에서 현대어의 '더러, 더러더러'에 해당되는 문맥에서 사용된 부사어들이다.

(112) ㄱ. 罪人亦 已死爲旀 同伴人亦 並只 首告爲在乙良 免罪爲乎矣 同伴人乙 <u>除除</u> 現告 不冬爲在乙良 唯只 不盡告之人矣 罪以 坐罪齊 <直解 27.01ㅎ> (죄인이 이미 죽었거나 같은 무리들이 모두 자수한 경우에는 면죄하되 같은 무리들이 더러 나타나지 않은 경우에는 다 잡지 못한 사람의 죄로써 다스리며)

ㄴ. 人避敵丸 偏集一邊 遂致傾覆 舟中之人 <u>除〃</u> 遊泳登陸 亦有逃還本家者乙 仍于 <1593.4.6. 啓本 壬辰狀草 狀25> (사람들이 적의 철환을 피하려고 한 쪽으로 몰려 마침내 뒤집어져서 배 안의 사람들이 더러 헤엄쳐 육지로 올라가고 또 자기집으로 도망쳐 온 자도 있어서)

이두 부사어 除除와 관련하여 특히 주목되는 사실은 동일한 내용이 전재되는 과정에서 除除良과 공존하고 있다는 사실이다.

(113) ㄱ. 今後 必于 同邊人 除除良 現身爲乎 喩良置 時現人以 親着 捧上 依他聽理爲白乎矣 <1553.4.27. 掌隷院啓目 각사수교 155> (앞으로는 비록 같은 쪽 사람이 더러더러 나올지라도 그 때 나온 사람으로 직접 이름을 받아 다른 예에 따라 심리하되)
ㄴ. 今後 必于 同邊人 除除 現身爲白乎 喩良置 時現人以 親着 捧上 <1553.4.20. 掌隷院受教 大典詞訟類聚 146>

양자를 대비해 보면 약간의 차이가 발견된다. '現身爲乎'과 '現身爲白乎'에서 경어법 선어말어미 -白-의 개입 여부, 그리고 '依他聽理爲白乎矣'의 전재 여부가 서로 차이를 보인다. 그러나 이두 사용 면에서 좀 더 중요한 사실은 바로 除除良과 除除의 공존일 것이다. 앞의 (112ㄱ)에서 보았듯이 조선 초기의 『大明律直解』는 물론 16세기 말의 『壬辰狀草』에서도 除除로 표기되곤 하였다. 그럼에도 불구하고 국왕이 依允하거나 교시한 내용을 원본으로부터 충실히 옮겨 적었다고 추정되는 『各司受教』에서는 除除良으로 적었으며, 이와 달리 이 수교를 전재한 『大典詞訟類聚』에서는 다시 除除로 줄여 표기했다.

그런데 이두 학습서들은 除除良을 표제어로 등재하고 '더더러'라는 독음을 부기하였다. 除除를 표제어로 올린 자료는 발견되지 않는 듯하다. '더더러'는 극히 드물긴 하지만 (114)에서 보듯 16세기 문헌에서 문증되는 단어이다.

(114) 安定 션싱의 뎨ᄌ둘히 더더러 녯일을 샹고ᄒ며 빅셩 어엿비 너규믈 알어 <飜譯小學 9.53ㅎ>

이를 종합해 보면 두 가지 추론이 가능하다. 하나는 除除良이 올바른 표기이고 이를 줄인 간략표기가 除除라고 보는 견해이다. 다른 하나는, 본래 중첩어로 쓰던 구어체 *除良除良에서 유래하여 표기의 번거로움을 피해 除除로 줄여쓰다가 후대에는 오히려 의미와의 유연성을 되살리기 위해 표음자 -良을 덧붙이는 용법이 발생했다고 보는 것이다. 참고로 현대어의 부사 '더러'와 유사한 의미를 갖는 동일 형태의 단어가 중세어에서 문증된다.

(115) 節은 조슨롭디 아니혼 말란 <u>더러</u> 쓸 씨라 <月印釋譜 1 :釋序4ᄒ>

11) 粗(也)如

이두 부사어 粗也如는 중세어의 '아야라'에 대응하는데, 현대어로는 '겨우, 가까스로' 정도의 의미를 지닌다. 粗는 보통 '거칠다'의 뜻을 가져, 중세어에서 '멀텁-'으로 새기기도 하였으나 이 단어에 직접 대응하지는 않는 듯하다. 따라서 粗也如는 외견상 右良如와 동일한 통사 구조로서, '동사 어간 + 부동사 어미 # 如-'로 분석될 개연성이 높다. 이때의 동사 어간은 문증되지 않는 이른 시기의 형태라고 추정된다.

(116) 各官實役奴婢 日就減縮 <u>粗也如</u> 餘存者 苦役倍重 勢將難支 在〃 皆然 誠非細慮是白昆 況旀 兩界段 關防重地 視他道最緊爲白乎等用良 <掌隷院啓目 각사수교 182> (각 관의 실제 역을 수행하는 노비가 날로 줄어들어 겨우 남아 있는 자들의 苦役이 배로 무거워져 형세가 장차 지탱하기 어려움이 있는 곳마다 모두 그러하니 진실로 작은 근심이 아니온데 하물며 兩界는 關防의 중요한 지역으로서 다른 도에 비해 가장 긴요하기 때문에)
<u>粗也如</u> 整齊戰船乙沙 射格擧皆飢羸 促櫓制船 勢所難能是白去等 <1593.5.10. 狀啓 壬辰狀草 狀30> (가까스로 정비한 전선이라 하더라도 射夫와 격군이 거의 모두 굶주려 노를 저어 배를 부리는 일이 형편으로 보건대 어려워)
<u>粗也如</u> 餘存之軍段 朝夕之食 不過二三合 飢困交極 控弦櫓役 決不能堪 <1593.8.10. 啓本 壬辰狀草 狀34> (겨우 남아있는 군졸은 아침저녁으로 먹는 밥이 불과 2~3홉이라서 굶주리고 궁핍함이 극에 다달아 활시위를 당기고 노를 젓는 노역을 결코 감당하지 못합니다)

粗也如는 다음 (117)에서 보듯 粗如로 줄여 표기되는가 하면, 조선조 후기에는 흔히 마지막에 쓰인 如 자를 빼고 粗也로 줄여 쓰기도 하였다. 후대 이두 학습서들에서는 粗也를 표제어로 올리고 대체로 '아야라'로 읽고 있다. 이는 결국 이두토의 연원과 그 발생 당대의 구조에 대해 분명히 이해하지 못한 채 답습해 온 면이 있음을 반증하는 일이라 할 만하다.

(117) <u>粗如</u> 數小奴婢田畓置 易亦 均一分給爲乎 所 片無爲乎等用良 <1528 答通 정1-537 06> (겨우 (남아 있는) 적은 수의 노비와 전답도 쉽게 고루 나눠줄 수가 거의 없으므로)

2. 관형사류

1) 犯近, 犯斤

犯近은 「吏讀略解」과 『吏讀集成』에서 '범근'으로 읽었는데, 15세기 국어 동사 '벅-'의 관형형에 해당한다. '近'과 '斤'은 音과 形이 유사한 까닭에 상호 통용된 音假字로 이해된다.

(1) ㄱ. 枉道以 馳走爲旀 犯近 驛良中 遞馬 不冬爲在乙良 杖六十齊 <直解 17.05ㅈ> (먼 길로 돌아 달리며 다음 역에서 말을 바꾸지 않은 경우에는 杖六十에 처하며)
同 犯罪人內良中 犯斤 家長乙 坐罪齊 <直解 01.32ㅈ> (같은 범죄인 중에 둘째 가는 가장을 좌죄하며)

ㄴ. 中樞院事 仁贊段 犯斤 由爲置有亦 <1392 이화녹권 043> (중추원사 仁贊은 다음에 행하기로 하였으나)

ㄷ. 犯斤 侍病男丁 無在乙良 <直解 01.19ㅎ> (그 다음으로/(그 다음의) 병을 돌볼 남정네가 없는 경우에는)

(1ㄱ)에서는 犯斤이 관형어로 사용되었다. 이 경우엔 犯斤이 대체로 '버금가는' 즉, '다음의, 둘째의' 정도의 의미로 사용되었다. 그러나 이와 달리 (1ㄴ)에서는 부사어로 쓰였다. 그런데 (1ㄷ)에서는 犯斤이 뒤따르는 동사구를 수식하는 부사로 쓰였는지, 아니면 명사구 전체를 수식하는 관형어로 사용되었는지 다소 애매하다. 그 어느 쪽이든 별다른 문제를 일으키지 않는다고 본다. 따라서 犯斤은 부사로서의 기능과 관형어로서의 기능을 겸하고 있는 것으로 판단된다.

2) 少爲

少爲는 '앛+ ㅎ+ ㄴ'으로 분석된다. '앛'의 原義는 '少'이며 여기에 동사 파생접사 '-ㅎ-'가 접미된 것으로 해석되는데, 少爲는 '아촌'으로 읽혔을 것으로 본다<李基文 1991:62~63>. 원래는 동사의 관형형이었을 것이나 후행하는 명사를 수식하는 관형사의 기능으로 사용된다. 少爲의 의미는 현대어의 '작은'이라기보다는 '어린'에 가까운 것으로 해석하여야 할 것이다. 다만 친족관계를 나타내는 데 쓰인 少爲의 경우엔 '손아래'만을 뜻하는 것이 아니라 '손위'도 가리키는 것으로 해석해야 한다. 다음 예문 (2)에서 '대고모'를 가리키는 '父矣 三寸少爲母'가 문서의 경우엔 '四寸大母'<1466년 寧海府 입안 한국고문서학회 『古文書研究』 13-59 05> 즉, '4촌 관계인 큰어머니'로 손위 관계를 분명히 표시하기도 하였다.

위 『大明律直解』 名例律 應議者之父祖有犯條에 쓰인 '妻矣 同姓 三寸 少爲子'<01.12ㅈ>는 '妻와 同姓이며 三寸인 少爲子'로 풀이되는데 이는 한문 원문의 '妻姪'에 해당되므로 '少爲子'는 중세어의 '아촌아들' 즉 현대어의 '조카'에 정확히 일치한다. 그리고 戶律의 婚姻 尊卑爲婚條에서는 본인을 기준으로 하여 고모·이모·외삼촌을 가리키는 표현이 각각 '吾矣同姓三寸少爲母, 異姓三寸少爲母, 異姓三寸少爲父'로 나타나며, 종고모 즉 당고모는 '五寸少爲母'로 나타난다.

(2) 父矣 三寸少爲母果 母矣 三寸少爲父果 父母之母矣 同生姉妹等矣 所生 及 母之同生 姉妹 母矣 四寸姉妹 母矣三寸少爲母 及 五寸少爲母 妻矣 四寸姉妹 及 六寸姉妹 吾矣 四寸姉妹 所生女 若 女壻之姉妹 及 子孫 妻矣 姉妹等乙 並只 不許爲婚姻 違者 各杖一百 吾矣 同姓三寸少爲母果 異姓三寸少爲父果 異姓三寸少爲母等矣 所生乙 交嫁者杖八十 並只 離異 <直解 06.05ㅎ> (아버지와 3촌 관계인 작은엄마 즉 대고모와, 어머니와 3촌 관계인 작은아버지 즉 종외조부와, 아버지의 어머니인 할머니의 형제자매와, 어머니의 어머니인 외할머니의 형제자매 등의 소생들, 그리고 어머니의 형제자매·어머니의 4촌자매·어머니와 3촌 관계인 작은어머니·5촌 관계인 작은어머니·처의 4촌자매 및 6촌자매·나의 4촌자매 등등의 소생딸, 만약 딸사위인 경우 그의 자매 및 자손들·처의 자매 등을 모두 혼인시키지 않는 법인데 위반한 자는 각 杖一百에 처한다. 나와 동성이며 3촌 관계인 작은엄마 즉 고모와 이성이며 3촌 관계인 작은아버지 즉 외삼촌과, 이성이며 3촌 관계인 작은엄마 즉 이모 등의 소생을 혼인시킨 자는 杖八十하고 모두 이혼시킨다)

3) 右良

관형어로 쓰이는 右良에 대해서는 앞서 부사류 이두어 중 右良如 및 右如와 관련하여 논의한 바가 있어 그에 미룬다.

4) 前矣

관형어로 쓰이는 前矣에 대해서는 앞서 부사류 이두어 前矣에서 간략히 설명하였으므로 생략한다.

5) 向前

向前은 '아젼'<典律通補, 古今釋林, 吏讀便覽>, 또는 '안젼'<吏讀集成> 등으로 읽혔다. 이는 고유어 동사 向-과 한자어 '前'이 결합된 형태인데, 양자 사이에는 원래 부동사 어미 '-아/어'와 동명사 어미 '-ㄴ'이 개입되었던 것으로서 向事와 동일한 통사론적 구성을 보이는 듯하다. 向前은 곡용하는 예가 없고 후행하는 명사를 수식한다. 대체로 '앞서의, 以前의'라는 뜻으로 사용된다. 고려 시대 이두 자료에서도 몇 용례가 보인다. 15세기 말까지의 용례를 보이면 (3)과 같다.

(3) 向前 陳訴人乙良 免本罪爲㫆 <直解 02.08ㅎ>
其功臣等弋只 向前 人等乙 知而隱置爲在乙良 <直解 04.06ㅎ>
向前 仁贊乙良 功臣克廉例良中 <1392 李和錄券 046>
向前 李藝乙良 子孫 至亦 免役 向事 給功牌者 <1421 李藝功牌 17~18>
向前 生栗 貳斗 <1439 永川郡慶尙監營牒呈 04>
向前 河源 四祖乙良 <1489 河源陳省牒 02>

그런데 向前이 바로 그 뒤에 후행하는 단어나 句를 수식하지 않고 긴 내포문 또는 몇 개의 句를 뛰어넘어 꾸미는 경우도 있다. (4ㄱ)이 그 예에 속한다. (4ㄴ)에서는 向前 뒤에 바로 '召史'가 후행하는데 이를 통해 때로 '召史'가 보통명사처럼 일반화하여 쓰이고 있는 일면을 드러내 준다.

(4) ㄱ. 向前 場中挾書披覽儒生乙 牽情 捉告 不冬爲白在 內外監察等乙良 罷職 所由乙良 決杖 <1553 科擧事目 36ㅎ> (과거 시험장에서 책을 끼고 열어보는 앞서의 유생을 정에 이끌려 잡아 보고하지 않는 내외 감찰들은 파직하고 吏屬은 장형에 처하며)
向前 遺漏逃亡是如 雜頉下 未分奴婢乙 <1543 和會文記 성암고서박물관 06> (빠졌거나 도망했다 하여 이런 저런 탈로 사고처리하여 나누지 못한 앞서의 노비를)
ㄴ. 向前 召史亦 生利爲難乙 仍于 <1598 侤音 정32-279 06~07> (앞서의 부인이 살아갈 방도가 어려움으로 말미암아)

3. 否定辭

이두문에서의 否定 표현에 쓰이는 語辭는 '不得, 不冬, 不喩, 安徐'이다.

부정사는 크게 둘로 나뉜다. 하나는 계사 부정사이고, 다른 하나는 계사를 제외한 동사 부정사이다. 전자에는 不喩, 후자에는 그 나머지가 해당된다. 동사 부정사 중의 不得은 15세기 국어의 '몯'에 대응하며, 不冬은 '아니'에 대응한다. 그리고 安徐는 현대 국어의 부정사 '말다'와 유사한 성격을 지닌다.

동사 부정사들은 후행하는 爲- 없이도 사용된다. 이는 이두문에서 한자어들이 일반적으로 그 뒤에 후행하는 동사화 접미사 爲-를 생략한 채 사용되는 것에서 연유한 것으로 추정된다. 즉, 동사 부정사 뒤에서는 동사화 접미사 爲-의 사용이 수의적임을 뜻한다.

1) 不得

不得은 후대 이두 학습서들에서 '모딜'<典律通補, 吏讀便覽>과 '모질'<語錄辯證說, 儒胥必知>로 읽었다. 이는 15세기 국어의 부정사 '몯'에 '실'이 복합된 것으로 추정된다<安秉禧 1977 ㄴ: 13>. 이 경우 '실'은 이두토 '如'와 마찬가지로 실질적 개념을 지닌 어근이다. 따라서 이두 부정사 不得은 한자의 원뜻 그대로 살려 만든 단어로 추정된다. 즉 '몯+실'에서 유래한 단어로서 이때의 '실'은 중세국어에서 문증되는 동사 어간 '실-'과 일치하는 것으로 이해된다. '몯+실 → 모질'로 되는 까닭은 15세기 국어의 /ㅈ/의 음가가 [ts]이기 때문인 것으로 이해된다.

不得의 문법 기능과 용법은 다음과 같이 다섯 가지로 나뉜다.

첫째, 발생 당대의 한자어 그대로의 뜻으로 쓰인다. 따라서 不得은 한 단어라기보다는 '얻지 못하다' 즉 어떤 행위를 하지 못한다는 뜻을 담고 있는 일종의 連語인 것이다. 결국 不得이 하나의 동사구인 셈이다. 그러므로 일반 동사들과는 달리 그 뒤에 활용어미 형태들이 덧붙지 않는 특징을 보인다. 이두문 텍스트의 중간에 놓일 경우 문맥에 따라 不得 뒤에 '-고, -(으)니, -아서, -(으)며, -(으)면' 등의 연결어미를 보충해 읽게 된다. (1)이 그 예들이다.

(1) 自矣 衿 奴婢乙 某 家置 許與 傳係 <u>不得</u> 早歿爲乎 等 用良 <1469 田養智妻河氏粘
連 2-20> (자기의 몫 노비를 어떤 집안에도 허여 상속시키지 못하고 일찍 죽
었으므로)

父母教是 奴婢田畓等乙 分給 <u>不得</u> 棄世教 等 用良 <1519 分財文記 정56-127 02~
04> (부모께서 노비와 전답 등을 나눠주지 못하고 세상을 떠나셨기 때문에)

許與成置 <u>不得</u> 不意 身死爲白去乙 <1531 分財記 정1-585 05> (허여문기를 만들
어 두지 못하고 불의에 죽었거늘)

矣身 適音 濕腫以 滿身針灸 兩手不仁 自筆 <u>不得</u> 門中族親諸會 俱證筆 成置爲去乎
<1581 分財記 정2-560 06~07> (내가 마침 습종으로 몸 전체에 침과 뜸을 맞
고 두 손이 자유롭지 않아 자필로 쓰지 못해 문중의 친족들이 여럿 모인 자
리에서 증인과 필집을 갖추어 문서를 만들어 두니)

둘째, 동사 '-爲-'(ᄒᆞ-)가 접미되어 선행 구성요소를 부정하는 표현에 쓰인다. 따라서
(2)에 쓰인 '不得'은 세 번째 유형인 명사로 기능하는 것에 묶어 다루어도 무방하다.

(2) 放赦 <u>不得爲乎</u> 流罪人矣 家口乙良 不許聽還爲乎 事 <直解 01.16ㅎ> (사면하여 풀
어주지 못할 유형죄수의 가구는 되돌아가는 일을 허락하지 말 것)

遺漏奴婢等乙 萬分 生前 分給 <u>不得爲良置</u> 汝等徒 同腹等…… <1429 金務都許與
05> (유루노비들을 만일 생전에 나눠주지 못하여도 너희들 형제들…)

李玖段 年少乙仍于 執籌分衿叱分是遣 文記成置時 着名 <u>不得爲齊</u> <1494 李瓌姊妹和
會文記 179~180> (李玖는 나이가 어린 까닭으로 제비뽑기로 몫을 나눌 뿐이
고 문서를 작성해 둘 때 서명하지 못한다)

矣身亦 生利無門乙仍于 同宅 長利 壹石拾肆斗伍升 造米 貳斗等 備納 <u>不得爲乎</u> 等
用良 <1570 土地明文 영2-153-1> (내가 살 길이 없기에 위 댁에서 장리로 먹
은 한 섬 14말 5되와 매조미쌀 두 말 등을 준비하여 납부하지 못했기 때문에)

不得이 선행하는 단일동사만을 부정하는 용법에 포함시킬 수 있는 대표적인 것은 知不
得과 使不得이다. 이들은 모두 국어 어순에 따라 쓰이던 것인데 관습화되어 連語로서 쓰
이며, 후대 이두 학습서들에서 표제어로 등재되었다. 그런데 이 경우의 不得은 단독 부사
가 아니라 連語로서 굳혀져 첫 번째 유형과 같은 동사적 기능을 가진 것이므로 엄밀하게
말하자면 순수부사는 아니라고 할 수 있다.

(3) ㄱ. 官吏亦 因公事 得罪爲㫆 及 <u>知不得</u> 出入人罪爲㫆 文書遲錯爲乎 事46) <直解

---

46) 이때의 '爲乎 事'은 '乎' 자에 '-ㄹ'이 아니라 '-ㄴ'을 보충하여 읽어야 한다.

01.17ㅎ> (관리가 공적인 일로 죄를 얻으며 사정을 알지 못하고 사람을
출입시키며 문서를 지체하고 착오를 일으키는 일)

ㄴ. 知不得爲 誤殺傷人爲旀 失火爲旀 官物乙 誤錯亦 損毁闊失爲乎 事 <直解 01.17
ㅎ> (사정을 알지 못하고 실수로 사람을 살상하며 방화하며 관물을 착
오로 훼손하고 잃어버리는 일)

(4) 高天智亦 性本貪暴悖戾之人以 橫占設計 其矣 良田良畓 數多陳荒爲有乎矣 矣 所買田
畓等乙 奪耕爲沙餘良 其 奴子汗貞豆之等乙 矣 買得代田良中 造家 矣 奴子乙 使不得
下手爲臥乎 所 <1595 所志 영2-294 05~07> (高天智가 성품이 본래 탐욕스럽
고 포학하며 사나운 사람으로서 강제로 점거하려 하여 자기의 질 좋은 논과
밭을 적잖이 묵히고 황폐하게 하되 내가 사들인 전답들을 빼앗아 갈아먹은
데다가 자기의 사내종 汗貞과 豆之 등으로 하여금 내가 사들인 텃밭에 집을
짓게 하고 내 사내종을 부리지 못하게 하고 죽이려 하는바)

(3ㄱ)의 '知不得 出入人罪爲旀'는 한문 원문의 '失出入人罪' 중의 '失'을 새긴 것인데,
국어 어순에 따라 '알지 못하고' 정도로 읽어 무리가 없다. 그럼에도 불구하고 동일한 條
의 註釋文에 (3ㄴ)처럼 '-ㅎ-'가 접미된 것을 보면 이미 하나의 명사구로 인식되고 있음
을 알 수 있다. 그런데 예문 (4)의 '使不得 下手爲臥乎 所'는 '부리지 못(하게) 하고 죽이려
하는바' 정도로 풀이되는데, 이 경우 '使不得'은 국어 어순을 그대로 반영한 표현임이 분
명하다.

셋째, 不得이 명사로 굳혀져 사용된다. 이 경우 대체로 '못한 것' 또는 '못하는 것' 정
도의 의미로 사용되는 일이 많다. 不得이 명사인 것은 다음의 예에서 보듯 곡용을 하는
것으로 미루어 알 수 있다.

(5) …騎船價本 積納 不得乙 仍于 … <1487 金孝盧土地賣買立案粘連 2-2> (稅穀船(에
서의 식량)값을 제대로 내지 못해)

奴婢 各人 所生 名歲乙 相知 不得乙 仍于 <1583 明文 영2-275> (노비 각 사람
소생의 이름과 나이를 서로 알지 못함으로 말미암아)

鑿知私見 紛紜改易 不得是沙餘良 <1553.4.20. 禮曹傳教 大典詞訟類聚 39> (사사로
운 의견을 끝까지 캐어 어지럽게 고칠 수 없는 데다가)

矣身以 備納 不得是白去乙 <1597 土地明文 『탐라문화』 20> (나로서는 준비하여
납부하지 못하옵거늘)

諸方文字 鄉村窮巷民人等 解見 不得此分 不喩 藥名乙良置 <1541 兵曹啓目 牛疫方
序2ㅈ> (여러 치료 방문의 한문을 촌구석에 있는 백성들이 제대로 풀지 못할

뿐만 아니라 약명도)

넷째, 관형어로서의 기능을 하는 경우도 있다. 不得이 후행하는 체언을 직접 수식하는 것을 일컫는다. 이 경우 不得은 대체로 '못한, 못하는' 정도의 사용의미를 지니게 된다. 명사가 다른 명사를 꾸미는 일이 국어에는 허다하므로 이 용법의 不得 역시 넓게 명사에 포함시켜 다룰 수 있음은 물론이다.

> (6) 妄稱損失 冒弄官司爲在乙良 足納 <u>不得</u> 數爻乙 用良 竊盜例以 論罪 <直解 07.04ㅈ> (망령되게 손실했다 칭하면서 관사를 농간한 경우에는 채우지 못한 수효를 가지고 절도예로서 논죄한다)
> 其聽使下手之人 不坐亦 爲去等 律外 別立新條 <u>不得</u> 事是昆 一依律文 施行事 <1548.11.9. 承傳 各司受敎 118> (부림을 당한 하인은 연좌하지 않는다고 했거든 율 외에 별도로 새 조문을 만들지 못하는 일이니 율문에 따라 시행할 것)
> 自今以後 漢城府 <u>不得</u> 帳籍乙 移文戶曹 相考分揀 <1559.7.24. 掌隷院受敎 大典詞訟 類聚 72> (지금부터는 한성부에 (없어 살피지) 못하는 장적은 호조에 문서를 보내어 살펴서 헤아려 처리한다)

다섯째, 文 종결사로서의 기능이다. 이는 특히 『養蚕經驗撮要』에서 잘 찾아볼 수 있다. 이 경우의 不得은 대체로 종결어미를 덧붙여 '못한다' 정도로 풀이되는 경우가 많다. 이 용법은 근본적으로는 '不得'의 첫 번째 용법 즉, 한자어 그대로의 뜻으로 이해하되 연결어미 대신에 종결어미를 보충해 읽으면 된다.

> (7) 萬一 禁忌 不冬爲乎 第亦中 後次 乾死分 不喩 生長 <u>不得</u>. <양잠 10ㅈ> (만일 금기하지 않을 때에는 후에 말라 죽을 뿐만 아니라 자라지도 못한다)
> 右如 不冬爲在如中 眠起 至亦 一齊 <u>不得</u>. <양잠 18ㅎ> (위와 같이 아니할 것 같으면 잠에서 깨는 것에 이르기까지 가지런하지 못하다)

이상을 종합해 보면 결국 不得은 두 가지로 크게 양분시킬 수 있다. 하나는 동사로서의 기능을 하는 것이고, 다른 하나는 명사로서 기능하는 것이라 하겠다. 순수한 부사는 아니라는 사실은 不得이 한 단어가 아니라 連語로 이미 굳혀져 있는 데에서 그 원인을 찾을 수 있을 것이다.

2) 不冬

不冬은 후대 이두 학습서들에서 '안들'로 읽었다. 부정사 '아니'에 해당되는데, 不冬의 '冬'이 '들'로 읽히는 이유는 확실하지 않다. 부정사 '아니'에 형식명사 'ᄃ'가 통합되고 다시 주제화의 기능을 갖는 대격 조사 '-ㄹ'이 덧붙은 것으로 이해된다. '-ㄹ'을 덧붙이는 것은 '…是等'에서 '等'이 '들'로 읽히는 것과 연관을 시켜 해석해 볼 소지가 있다.

不冬의 문법 기능과 용법은 不得과 동일하다.

첫째, 連語로서 동사구로 기능한다. 이 경우 대체로 '아니하다'의 뜻을 지닌다. 문맥에 의존하여 활용어미를 보충하여 읽으면 된다.

(8) 右如 使內乎 第亦中 蚕身亦 互相 當擊乙仍于 後日 薪內 高致 造作 不冬 赤色病蚕數多. <양잠 28> (위와 같이 행할 적에 누에의 몸이 서로 부딪힘으로 인하여 훗날 섶 안에 고치를 만들지 아니하며 붉은 색의 병든 누에가 많아진다)
同曹亦 其司已防事是去 向入 便亦 受理 不冬 退狀教是在 而亦 <1483 金孝盧繼後司憲府立案 07~08> (위 예조가 이미 불허한 일인가 생각하여 편한 대로 처리하지 않고 소장을 물리신 것이지만)
守令等 不爲用心 遂年 栽植 不冬 致令禁山日禿者乙良 <各司受教 151> (수령들이 마음을 쓰지 않아 해마다 나무를 심지 아니하여 금산이 민둥산이 되도록 한 자는)

둘째, 不得과 마찬가지로 동사 '-爲-'(-ᄒ-)가 접미되어 선행 구성요소의 부정 표현에 쓰인다. 이 경우 不冬의 선행 구성요소가 句가 아니라 단일동사인 이른 시기의 대표적인 예로는 無不冬이 있다. 이 경우엔 동사 無-와 부정사 不冬 사이에 아무것도 없다. 현대어에서는 이 사이에 '-지'를 넣어 부정 표현을 하나, 후대 이두 학습서들에서 無不冬이 '어오론안들'로 읽은 것으로 미루어 볼 때 기원적으로는 동사 無-의 동명사형에 不冬이 통합된 것으로 추정된다.

(9) 各司亦 進來推問次良中 隱藏 發送 不冬爲在乙良 <直解 01.12ᄒ> (각 관사가 나아오게 하여 추문하는 중에 숨겨두고 내보내지 않는 경우에는)
佐伊乙良 蚕身 蒸熱 不冬爲只爲 數數 除去. <양잠 31ㅈ> (자리는 누에 몸에 김이나 열이 나지 않도록 자주 제거한다)
同腹 和議 分衿 不冬爲去乎 <1480 김광려남매화회문기 36~37> (형제들이 화의하여 몫을 나누지 않으니)

場中挾冊披覽儒生乙 牽情 捉告 不冬爲白在 內外監察等乙良 罷職 <1553 科擧事目 舊事目 4ㅈ> (과거 시험장에서 책을 끼고 열어보는 유생을 정에 이끌려 잡아 보고하지 않는 내외 감찰들은 파직하고)

遺漏奴婢乙良 矣身 生前 處置 不冬爲去乙等 矣身 死後 均一分執□[47]齊 <1560 分財 文記 정1-539 11~13> (유루노비는 내가 생전에 처치하지 않거든 내 죽은 후 고르게 나눠 가지며)

(10) 他[餘] 奴婢乙良置 隱匿爲有臥乎 所 无不冬爲白去有良尔 <1427 張戩妻辛氏所志 07~ 08> (다른 나머지 노비도 은닉하여 있는 바가 없지 않겠기에)

趙從孫亦 他矣 田庫乙 盜賣爲乎 所 無不冬爲白昆 <1557 所志 정32-130 04> (趙 從孫이 남의 전답을 몰래 판 바가 없지 않사오니)

셋째, 명사로서 기능하는 不冬이 있다. 격어미와 보조사가 통합되는 사실로 미루어 보아 不冬이 명사로 쓰이는 連語 구성체임이 드러난다. 이 경우 不冬은 대체로 '아니하는 것 또는 사람'으로 풀이된다.

(11) 節 後續錄撰集時 上項條件 錄入 不冬乙 仍于 官吏莫適所從是如 爲昆 今後乙良 久 遠通例 施行 <1544.5.22. 掌隷院承傳 大典詞訟類聚 149> (금번에 후속록을 찬집 할 때 위 조건을 기록해 넣지 않았기 때문에 관리들이 마땅히 따를 바가 없다 하니 금후로는 오래된 관례로 시행한다)

保人 及 新選助防定 別甲 正兵等段 應赴擧 及 庶孽與否 分辨 不冬乙 仍于 <1592 關文 국립박물관 36~38> (보인 및 새로 뽑아 조방장으로 차정한 별갑과 정 병 등은 과거에 응시했거나 서얼 여부를 가리지 않았기 때문에)

物故後所生段 其父母 改贖身爲白去等 幷以 從良 改贖 不冬乙良 物故後所生 幷以 還賤 <受敎 大典詞訟類聚 91> (죽은 후의 소생은 그 부모가 다시 속신하였거든 모두 양인으로 하고 다시 속신하지 않은 경우에는 죽은 후의 소생은 모두 천인으로 되돌린다)

同生 兄 現身 不冬是如 累日 囚禁爲白在果 <1583 立案 정33-189 44> (형제간인 형이 나타나지 않았다 하여 여러 날을 가두었거니와)

넷째, 不冬이 관형어로 쓰여 후행하는 명사 또는 명사구를 수식하는 용법이다.

(12) 停訟後 仍還就訟 不冬 人段 法無乙 仍于 或奸計恐露…… <1553.9.21. 掌隷院牒呈 各司受敎 157> (송사가 정지된 후 그대로 다시 송사에 나오지 않은 사람은

---

47) 爲로 추정된다.

법이 없음으로 인해 혹은 간사한 계책이 드러날까 두려워……)

別無遺言 而分給 <u>不冬</u>事 甚未安爲乎等乙用良 <1582 分財記 민속박물관> (별도의 유언 없이 나눠주지 않은 일로서 심히 편치 않기 때문에)

다섯째, 文終結 위치에 쓰이는 不冬이 있다. 이 용법은 근본적으로 不冬이 동사구로 기능하고 있음을 드러내 준다.

(13) 三十日 已過後 蚕子亦 復生 <u>不冬</u>. <양잠 9ㅎ> (30일이 이미 지난 후이면 누에 알이 다시 생기지 않는다)

必于 旱氣是置 禾穀 焦枯 <u>不冬</u>. <農書輯要 3~4> (비록 날이 가물어도 벼 곡식 이 말라죽지 않는다)

3) 安徐

安徐는 不冬과 거의 같은 기능이나, 화자 또는 말하는 이의 의지가 담긴 부정 표현에 쓰인다. 安徐의 독음은 확실하지 않다. 현대어의 '아서라, 그런 일 하면 안 돼.'에서의 '아 서'와 연관을 시킬 수도 있겠으나, 분명히 밝혀지지 않는다. 安徐는 대체로 현대 국어의 '말다'에 준하여 해석되는 단일동사에서 기원한 것으로 판단된다. 이 역시 不得과 거의 같은 문법적 기능과 용법을 보이나, 격어미나 보조사가 통합되지 않는다는 점에서 不得 및 不冬과 다른 특징을 보인다. 동사로 기능하는 것과 명사로 기능하는 것으로 크게 양분하여 살펴보면 다음과 같다.

첫째, 동사로 기능하는 安徐의 예들이다. 이 중 (14ㄴ)은 文終結 위치에 쓰여 있음을 보여준다.

(14) ㄱ. 得後所生乙良 擧論 <u>安徐</u> 初亦 遺言 傳得奴婢乙 生沒勿論 各衿施行 <1404 張 戩妻辛氏同生和會 04> (득후소생은 거론하지 말고 처음에 유언으로 전해 얻은 노비를 생사에 상관 없이 각각의 몫으로 시행한다)

ㄴ. 簇蚕時段 尤長天氣熱時是去 有等以 午時 上薪 <u>安徐</u>. <양잠 39ㅎ> (누에가 섶에 올라 모일 때는 한층 길어진 해의 기운이 뜨거울 것이므로 午時에 는 섶에 올리지 말라)

上言內 辭緣 受理 <u>安徐</u>. <1568.3.27. 掌隷院回啓(防啓) 眉巖日記 1568.3.29. 후 기> (상언 안의 사연을 수리하지 마십시오)

起送事 令該司擧行 <u>安徐</u>. <1593.4.16. 辰巳錄> (보내는 일을 해당 관사에서

거행하지 말도록 한다)

둘째, 명사로서의 기능을 갖는 安徐의 예들이다. '-爲-'가 접미된 것들과 관형어로 쓰
이는 것들 역시 이에 묶어 다룬다.

    (15) 관형어로 기능하는 '安徐'
        其矣 衿乙良 一口奴婢置 分給 安徐事 <1572 分財文記 정33-253> (그의 몫은 1명
        의 노비도 나눠주지 말 것)
        萬一 同生中 容隱自占爲有如可 後次 現露爲去等 都和會 兒如 一口置 許給 安徐事
        <1580 分財文記 정33-267> (만일 형제 중에 숨겨두고 혼자 점유했다가 후에
        드러나거든 모두 모여 화회한 것과 같이 1명도 주지 말 것)

    (16) '-爲-'가 접미된 '安徐'
        凡 京官 及 在外五品以上官亦 犯罪爲去等 申聞爲 伏候王旨爲白遣 趣便以 推問安徐
        齊 <直解 01.09ㅈ> (무릇 중앙관 및 지방의 5품 이상 관원이 범죄하거든 임
        금께 아뢰어 왕지를 기다리고 마음대로 추문하지 말 것이며)
        妾子乙良 限品 安徐爲齊 <1459 李禎錄券 42ㅈ> (첩의 자식은 품계를 제한하지
        말 것이며)
        婢 萬順乙良 女矣 病苦時 盡心 侍救叱分 不喩 生時 多有功勞爲昆 祭事時外 使用
        安徐爲乎矣 <1545 分財文記 정32-359> (계집종 萬順은 내가 병으로 고생할 때
        진심으로 곁에서 시중들고 도왔을 뿐 아니라 평시에도 공로가 많으니 제사
        때 외에는 부리지 말되)
        萬一 私相貨賣爲去等 孫外與奪 安徐爲乎 事是昆 <1545 分財文記 정33-251 04>
        (만일 사사로이 거래하여 팔거든 자손 밖으로 주어 뺏기지 말 일이니)
        節 改贖身時 代納奴婢 物故前所生段 已曾收議 還賤 安徐爲白在果 <受敎 大典詞訟
        類聚 91> (금번에 속신법을 고칠 때 대납한 노비가 죽기 전의 소생은 이미
        논의를 거쳐 천인으로 되돌리지 말라고 했거니와)
        係干逆黨 及 因逆賊 公事間事 被罪者乙良 官爵 一款擧行 安徐爲只爲 下吏曹爲良如
        敎 <1591 錄券 정41-68 본문 末尾> (역모 무리에 관여했거나 이로 인해 역적
        이 되고 공적인 일로 죄를 받은 자는 관직과 작위를 일체 거행하지 말도록
        이조에 하교하라 하심)
        文記書寫日後 各衿良中 雖有餓死之人 更改 安徐爲旀 <1594 分財文記 정16-40 39~
        40> (문서를 베낀 날 이후 각 몫에서 비록 갑자기 죽는 사람이 있더라도 다
        시 고치지 말 것이며)

그런데 安徐 뒤에 -亦이 접미되어 부사로 쓰이는 경우가 있다. 이때의 安徐는 부정사

가 아니라 한자어이므로 부사류 이두어 중 첫째 부류 즉, 한자어에 -亦이 통합되어 쓰이는 부사어에 해당된다.

(17) 當日良中 厚紙乙 三五度 爲 <u>安徐亦</u> 執擧爲 除去尿染爲如可 <양잠 7ㅈ> (당일에 두꺼운 종이를 세 번에서 다섯 번 정도 하여 서서히 잡아올려 오줌으로 더러워진 것을 제거하다가)
牛甫以 <u>安徐亦</u> 起畊爲乎 追于 土塊 無只爲 推介以 平摩爲有如可 <農書輯要 8> (소로써 편안하고 서서히 갈은 데를 좇아 흙이 무너지지 않도록 밀개로 평편하게 했다가)

4) 不喩

不喩는 명사구 부정에 쓰이는 부정사로서 명사와 동사 두 가지를 겸한다. 명사로 쓰일 때는 계사 '-이-'와 통합되며, 동사로 쓰일 때는 현대어의 '아니다'에 정확히 일치하는 지정사이다. 이것은 부정사 '아니'에 형식명사 'ᄃ'가 결합하고 다시 계사가 통합된 것이 오랜 관습에 의해 하나의 語辭처럼 굳혀져 사용된 듯하다. 후대 이두 학습서들에서는 '아닌디', '아닌지', '안인지', '안디' 등으로 읽었다. 이를 감안해 보더라도 부정의 뜻을 지닌 형태소와 형식명사의 존재가 들어있음을 알 수 있다. 喩가 '디'로 읽히는 근거는 확실하지 않다.

不喩가 명사로 쓰일 때는 계사와 통합된다. (18)에서 보듯 계사를 표시하는 별도의 이두자 없이 不喩만으로 표기하기도 하고 계사 표지의 '-是-'를 명기하여 不喩是-로도 표기된다.

(18) 一家內 死罪 <u>不喩在</u> 三人乙 殺害爲旀 <直解 01.05ㅈ> (일가 안에 사형죄가 아닌 세 사람을 살해하며)
凡 一家內良中 死罪 <u>不喩是在</u> 三人乙 殺害爲弥 <直解 19.03ㅎ> (무릇 일가 안에 사형죄가 아닌 세 사람을 살해하며)

不喩가 지정사로 쓰이는 용법을 분명히 보여주는 가장 좋은 예는 문서류에서 빈번히 쓰이는 관용 표현 중의 하나인 '…叱分 不喩'이다. 이것은 현대어의 '…뿐 아니라'에 정확히 일치하는 표현이다. -叱分 앞에는 명사 또는 명사구가 놓인다. (19ㄱ)이 그 예이다. (19ㄴ)에서는 不冬이 -叱分 앞에 쓰여 있어 不冬이 不喩와 마찬가지로 명사적 용법으로 쓰일 수 있음을 확연히 일러주는 예이기도 하다.

(19) ㄱ. 臣矣 身叱分 不喩 四六寸孫子等乙 <1483 金孝盧繼後司憲府立案 08> (신의
몸뿐만 아니라 4촌과 6촌 손자들을)
矣身亦 貧殘之人以 長立軍中 生活無門叱分 不喩 <1597 다딤 정33-365 04~
05> (이 몸이 빈천한 사람으로서 오랜 동안 군역에 있어 생활의 방도가
없을 뿐만 아니라)
ㄴ. 搜挾官等 用心 搜挾 不冬叱分 不喩 所知儒生等 書箱冊袱乙 先自持入爲白有如
可 <1553 科擧事目 22ㅎ> (수협관들이 마음을 써서 수협하지 않을 뿐만
아니라 잘 아는 유생들의 책상자와 책보를 미리 자기가 갖고 들어가 있
다가)

이두문에서 지정사로 쓰이는 不喩의 특징은 그 뒤에 당연히 따라옴 직한 어미들 없이
단독으로 쓰인다는 점이다. 현대어라면 지정사 어간 '아니-' 뒤에 쓰이는 '-라, -라서, -니,
-ㅁ, -ㄴ, …' 등과 같은 어미들이 따라나올 터인데 이두문에서의 지정사 不喩는 그렇지
않다. 이것은 不喩가 명사로 쓰일 때엔 계사 '-是-' 표기가 있든 없든 그 뒤에 활용어미
가 표기되는 사실과 대조적이다. (20)은 지정사로 쓰인 不喩의 용례인데 문맥에 따라 (20ㄱ)
에서는 어미 '-라'를, (20ㄴ)에서는 어미 '-고' 또는 '-ㄴ'을 보충해 읽어야 한다.

(20) ㄱ. 此 文記段 都許與 不喩 先母新奴婢叱分 金士元父世愚亦中 先母祭祀亦 葉張 成
置爲乎矣 <1583 立案 정33-189 93~94> (이 문서는 도허여 문기가 아니
라 돌아가신 어머니의 신노비만 金士元의 아비인 世愚에게 先母의 제사를
지내라고 낱장으로 만들어 두되)
ㄴ. 向前 多勿沙里亦 李止道 婢子 不喩 舘婢 的實是如 爲良置 <16세기 입안 정
6-23 269~270> (앞서의 多勿沙里가 李止道의 계집종이 아니라 관비임이
확실하다 하여도)

不喩가 否定하는 선행 구성요소는 명사구이다. (21ㄱ)이 이를 잘 보여준다. (21ㄴ)에서
는 不喩 앞에 '…乎'이 오는데, 이때의 '…乎' 역시 명사구의 마지막 부분에 해당된다. 이
는 결국 不喩 앞에 사용된 '…乎'은 동명사의 명사적 용법이므로 文意에 의존하여 '-ㄴ' 또
는 '-ㄹ'을 보충해 읽어야 할 것이다. 이와 달리 (21ㄷ)에서는 不喩에 선행하는 '…乎'가
명사구가 아니라 관형형으로 작용하고 그 뒤에 형식명사인 '所'(ㅂ)를 삽입시킨 예이다.
不喩에 선행하는 '…乎'의 두 가지 용법을 보여주는 (21ㄴ)과 (21ㄷ)은 '別爲 有-'와 '別

爲 所 有-'의 혼재 양상과 마찬가지이다.

(21) ㄱ. <u>時急事 不喩是旀</u> <直解 17.05ㅈ> (시급한 일이 아니며)

ㄴ. 昭穆紊亂<u>爲白乎 不喩是白齊</u> <1483 金孝盧繼後司憲府立案 54> (소목의 차례를 문란하게 하는 바가 아니오며)

儒生養育事乙 出於他道之下<u>爲乎 不喩是旀</u> <1546.5.21. 關文 소수서원등록 5ㅈ> (유생을 양육하는 일을 다른 도 아래 둘 바가 아니며)

ㄷ. 家長分 坐罪 不冬<u>爲臥乎</u> 事段 他人乙 侵損<u>爲乎</u> 等 用良 家長分 論罪<u>爲乎 所 不喩是乎</u> 條 <直解 01.32ㅎ> (가장만 죄를 묻지 않는 일이란 타인을 침해하고 손해를 입힌 것을 가지고 가장만 논죄할 바가 아니라는 것임)

결국 중요한 사실은 不喩는 명사구 부정에 쓰이는 어사로서, 명사로 쓰여 계사 '-是-'와 통합되기도 하며 다른 한편으로는 현대어의 형용사 '아니-'에 해당하는 서술어 즉, 지정사로도 쓰인다는 점이다.

제7장 **결론**

이 책은 朝鮮의 建國에서부터 16世紀末까지의 吏讀를 대상으로 국어학의 관점에서 총체적으로 記述하는 것을 목적으로 하였다. 대상 자료에 대하여 간략히 소개함과 아울러 표기 및 문체상의 특징 그리고 각 吏讀字와 吏讀語들에 대해 주로 형태론적 입장에서 품사 위주로 고찰하였다.

제1장 서론에서는 이두의 擬古的 특징을 언급한 뒤 借字表記 틀 안에서의 위상, 이두의 개념과 구성요소에 대해 개략적인 설명을 하였다. 이두란 한자를 빌려 우리말 문장을 전반적으로 표기한 것으로서 '吏屬들의 文套'를 가리키는 용어였다고 해석하였다. 吏讀文은 우리말 어순을 따르되 그 안에는 한문식 통사구조를 포함하여 계통이 다른 여러 종류의 한자어들, 그리고 고유어는 물론 혼종어 어휘들과 고유어 문법 형태를 반영한 차자표기들이 뒤섞여 있음을 살펴보았다. 그리고 국내 학계에서 지금까지 이루어진 주요한 관련 연구물들을 조감하고 연구 목적과 방법을 서술하였다. 대상 자료들에 대해서는 原本의 영인물을 주로 활용하여 읽고 정리하였다. 文書類 중엔 草書로 작성된 것이 적잖은 까닭에, 한 字 한 字를 충실히 읽고 판독함으로써 앞으로의 연구에 보탬이 되도록 하였다.

제2장 자료편에서는 조선 전기 이두 자료로서는 어떠한 것들이 있는지를 개괄하면서 활용 가능한 기존 영인본 및 출판물들을 추려서 소개하였다. 대상 자료들을 크게 典籍類와 文書類로 양분하되 典籍類에는 謄錄을 비롯하여 成冊한 문서들을 포함하였다. 이 중 典籍·成冊·謄錄類 총 18점에 대해서는 해제를 겸하여 간략히 소개하였다. 朝鮮의 建國에서부터 15世紀末까지의 조선 초기의 이두 자료에 속하는 문서들은 현재 100여 점 정도이나, 16세기는 900점을 웃돈다. 따라서 이들 문서류 이두 자료들에 대해서는 개별적인 소개를 하지 않고 자료집과 譯註書 위주의 주요 출판물들을 간행 연도순에 따라 언급하

는 것으로 대신하였다. 간행 연도가 상대적으로 늦으며 이에 따라 앞선 출판물에서 선보인 것을 중복 게재하였거나, 한두 점의 자료만이 수록된 것들은 포함하지 않는 것을 원칙으로 하였다.

제3장 표기 및 문체에서는 漢字를 빌려 우리말을 적은 일반적인 차자표기를 吏讀와의 공통점과 차이점에 유의하면서 文字體系와 문자의 운용 방법, 그리고 朝鮮前期 이두 표기의 몇 가지 특징에 관해 상술하였다. 문자체계는 한자의 音과 訓 중 어느것을 취해 읽는가에 따른 音字와 訓字, 우리말을 적는 과정에서 한자 본래의 義의 요소를 살리느냐 않느냐에 따른 讀字와 假字, 그리고 이에서 더 나아가 차자표기의 성격을 뚜렷이 드러내는 중요한 징표이기도 한 造字로 나누어 설명하였다. 문자의 운용 면에서는 문장표기에서 어절 단위로 訓讀字 우선의 원칙이 적용되며, 이두에서는 이형태들을 하나의 동일한 형태소로 묶어 같은 字로 표기하는 단일 표기의 원칙을 지키면서 다른 한편으로 한자의 세 가지 요소인 音·形·意에 따라 같거나 비슷한 한자로 대신하여 적는 代用의 관용이 행해지고 있음을 고찰하였다.

조선 전기 이두 표기의 특징들로서는 여섯 가지를 지적하였다. 첫째, 이른 시기로부터 이어져 온 명사문 종결 원칙이 지켜진다는 점이다. 긴 텍스트를 하나의 단위로 하여 명사 또는 동명사어미의 명사적 용법으로 문장을 종결하는 것으로서, '…事'로 끝맺는 방식과 '…在' 또는 '…內'로 끝맺는 방식이 이에 해당된다. 둘째, 조선 초기의 임명 문서인 朝謝에서 잘 보여주듯 吏文으로부터의 영향이 증대하고 있다. 셋째, 어법의 소멸과 반영에 따라 표기 변천이 일어나고 있다. 동명사어미의 명사 및 부사적 용법이 소멸함으로 말미암아 16세기에 들어 別爲 대신에 別爲所로 적히고, '…乎#'이 '…乎次'로 적히기도 한다. 이뿐만 아니라 -在-의 용법이 현저히 줄어들고, 所志 첫머리에 구어를 반영하는 '右○○爲白內等'이 출현하는 현상도 조선 전기의 두드러진 특징으로 자리잡는다. 넷째, 所志의 첫머리와 分財記의 마무리 투식 문구가 단순화되는 경향을 찾아볼 수 있다. 다섯째, 속격 조사의 생략을 비롯해 右良如→右良과 같은 생략형 표기가 선호되는 경향을 보인다. 여섯째 특징으로는, 예컨대 爲白置有亦에서 뒷부분을 절단하고 爲白置만으로 표기하는 절단형 표기들이 16세기 중엽 이래 등록 및 관부문서에서 등장하기 시작하였다는 점이다.

제4장 체언과 곡용에서는 이두 체언류 중 명사와 대명사를 비롯하여 명사류 接辭와 격조사, 그리고 일종의 보조사에 해당하는 後置詞와 添詞를 묶어 다루었다. 체언에 해당하는 품사 중 數詞가 이두문에서는 별다른 특징을 보이지 않으므로 수사는 다루지 않았고,

고유명사들 역시 논의에서 제외하였다.

이두 명사는 실질명사와 형식명사로 양분하였고, 이 중 실질명사는 다시 고유어와 한자어, 그리고 양자가 혼합된 혼종어로 나누어 고찰하였다. 이두의 고유어 실질명사들은 비록 한자로 표기되었음에도 불구하고 우리말로 새겨 읽는 것들이다. 따라서 訓借字로 적힌 대상 표기들을 중세어 단어들과의 일치 및 대응 여부에 유념하면서 살펴보았다. 수량과 면적을 나타내는 단위명사들의 일부도 포함하여 다루었다. 다만, '高致, 德應'과 같이 音借字로 적힌 고유어들은 어휘 표기의 한 단면을 보이고자 한 배려에서 포함시켰을 뿐으로서 『農書輯要』라든가 다른 자료들에 보이는 物名 표기자들은 다루지 않았는데, 이들은 이두의 고유어 실질명사 표기의 원칙에 들어맞지 않음에 유의해야 한다.

한자어 실질명사들은 원칙적으로 한국한자음 즉 東音으로 읽는 音借字임과 동시에 한자 본래의 뜻을 살려 쓰는 讀字들이다. 그러나 고전한문 또는 중국어에서의 단어들과는 분명히 다른 의미와 용법을 갖는 것들로서 韓國漢字語들에 귀속된다. 이들 중에는 色(빗)과 員2(드르ㅎ) 등과 같이 우리말로 새겨 읽었음 직한 단어들이 일부 들어 있다. 합성명사 또는 지명의 후부요소로 쓰인 경우에도 우리말로 釋讀했는지의 여부가 분명하지 않기 때문에 한자어 실질명사들에 묶어 다루었다.

混種語 실질명사들은 우리말로 새겨 읽는 訓借字와 한국한자음으로 읽는 音借字가 혼합된 단어들이므로 결국 고유어와 한자어의 혼종이라 할 수 있다. 예컨대, 葉作과 作文에서의 '作'은 문서를 가리키는 고유어 '질'로 읽고 나머지는 한국한자음으로 읽는 것이다. 현대어의 '재다'에 해당하는 이른 시기의 재구형 '*잫-'에 한자어 '文'이 합성된 것으로 추정되는 '尺文' 역시 이와 같은데, '上下'의 경우엔 訓讀字 '尺' 자 대신에 音假字 '上'을 쓴 것으로 해석하였다.

이두의 형식명사 또한 고유어 실질명사들과 마찬가지로 원칙적으로 우리말로 새겨 읽는 訓借字로 표기된다. 예를 들어 味와 限을 각각 15세기 국어의 '맛'과 'ᄭᆞ장'에 대응시킬 수 있다. 그러나 樣과 같이 音讀字로 쓰인 한자어 형식명사 또한 일부 포함시켜 다루었다.

이두의 명사류 접사로는 8개를 제시하였다. 우리말로 새겨 읽는 訓借字가 거의 대부분이나 -分과 -式처럼 音假字도 사용되었다. 16세기에 존칭명사에 통합되어 쓰인 -敎是는 국어의 존칭접미사 '-님'에 대응하는데 敎是가 존대 표지로서 널리 확산되어 가는 양상을 뚜렷이 보여준다.

대명사는 1인칭과 2인칭, 그리고 지시대명사와 재귀대명사로 분류하여 기술하였다. 이 중에 특히 기원적으로 속격 조사였던 -矣가 1인칭 대명사로 사용하게 된 과정을 추론하였다. 矣身 역시 1인칭 단수 대명사로 쓰임은 물론이다. 1인칭 단수 대명사의 낮춤말인 '저'에 대응하는 표현이 주로 自, 때로는 自矣로도 나타남을 제시하였으며, 이 중 自矣는 복수 표현인 '저희'와 대응하는 용례도 발견된다. 2인칭 대명사는 '너'로 새겨 읽는 한자 汝를 그대로 사용하며 여기에 다시 복수접미사를 덧붙인 汝等徒, 汝徒等, 汝等徒等, 汝等 乃 등이 쓰인다. 대명사구 汝矣身이 2인칭 단수 표현에 쓰이는 한편, 汝矣가 단수는 물론 복수 표현에도 사용되는 예가 발견된다.

지시대명사로 쓰이는 한자 '此, 其, 彼' 중 우리말로 새겨 읽는 이두어로 분명하게 매김되는 자는 此뿐이다. 앞에 나온 사람을 지칭하는 재귀대명사로는 '自己, 自, 其'가 쓰이는데 한자어인지 이두자인지를 잘 가려낼 필요가 있다. 自矣 역시 일반적인 재귀대명사뿐만 아니라 높임 표현의 재귀대명사로도 쓰이는 용례가 있어 주목된다. 自矣身은 물론 복수 표현의 其等徒가 사용될 뿐만 아니라 自矣等도 눈에 띤다.

曲用時에 나타나는 어미 형태 즉, 格助詞는 8 가지로 분류하여 기술하였다. 이두의 대표적인 주격 조사 -亦은 이른 시기의 '*-익'과 유사한 형태를 반영한 표기로서, -弋只와 -戈只는 이것의 異表記로 해석하였다. 개신형 주격 조사를 반영한 표기자로 등장한 것이 -是이며 16세기에 들어서는 -以도 어느 정도 주격의 의미를 갖게 되었다. 존칭의 주격 조사로는 -敎是가 널리 쓰였다.

속격 조사로는 -矣와 -叱이 상보적 분포를 보였으나 점차 -矣로 통일되어 표기되는 경향을 뚜렷이 보여준다. 대격 조사는 형태소 단일 표기의 원칙에 따라 -乙 하나만으로 사용되는 특징을 보인다. 처격 조사로는 -良과 -良中이 쓰였으나 후자로 합쳐지는 경향을 드러내며, 날짜를 표시하는 명사 뒤에서는 -分이 사용되었다. 여격으로는 -亦中, 조격으로는 -以, 공동격으로는 -果가 단일 표기의 원칙에 따라 쓰인다. 향격 조사로 쓰이는 -了는 원래 -丫와 유사하여 取形의 관용에 따른 異表記字로 판단되는데 기원적으로 처격 표기자였던 것이 향격으로 원용된 것으로 해석하였다.

後置詞와 添詞는 학교문법에서의 보조사와 유사한 기능을 지닌다. 첨사는 체언 또는 용언에 통합되어 쓰이며 일정한 의미를 첨가하는 語辭를 뜻하는데 거의 대부분 音借字를 이용해 적는다. 다만, -置와 같이 예외적으로 우리말로 새겨 읽는 訓借字도 간혹 있다. 원래 동사의 활용형으로 기능하던 것이 체언 뒤에 관습적으로 통합되어 쓰임으로써 일종의 연어 구성을 보이는 후치사들은 訓讀字 우선의 원칙에 따라 우리말로 새겨 읽는 字로 시작하며 假字가 뒤따르는 모습을 보인다. 이들은 동사 본래의 기능보다는 선행 체언에 대해 일정한 의미만을 추가하는 데 그치는 경우가 많다.

제5장 용언과 활용에서는 동사 어간과, 활용할 때 동사 어간에 접미되는 활용 어미로 양분하고 활용 어미는 다시 연결어미, 종결어미, 동명사어미로 三分하여 기술하였다. 체언 뒤에 통합되어 활용을 하는 계사 즉 지정사는 동사 어간에 포함하여 다루되, 형용사는 동사에 속하는 한 부류 즉 상태동사라는 관점에서 별도로 다루지 않았다.

동사 어간은 單一動詞와 合成動詞로 나누어 살펴 보았다. 단일동사에는 사동사와 피동사를 비롯해 동사파생 접미사 -爲-가 접미된 것들은 포함하였으나, '明白爲-, 的實爲-, 成置爲-, 受破爲-' 등과 같이 2음절 한자어 어근에 -爲-가 접미된 동사들은 다루지 않았다. 단일동사들은 거의 모두 訓讀字로 표기되는데, 使內-의 경우 內 자는 不讀字이며 當爲-와 別爲-와 같이 예외적으로 음독하는 경우도 있다고 보았다. 敎/敎是-는 (-)爲-와 -是-에 대한 높임 표현의 동사 어간으로 쓰이는 특징을 보인다. 16세기에 나타난 -爲是-는 사동과 피동 두 가지의 뜻을 지니는데, 이것은 -令是-의 경우에도 그대로 적용되었던 것으로서 적어도 조선 전기에는 '-시기-'보다는 '-히이-'로 읽는 독법이 훨씬 더 우세했음을 시사해 준다.

합성동사는 명사성 어근과 동사 어간, 또는 동사 어간끼리 통합된 것을 대상으로 하였다. 이 중에는 聞是白-과 知乎白-처럼 파생동사 어간에 다시 동사 어간 白-이 합성된 것도 들어 있다.

朝鮮前期 이두의 선어말어미는 경어법, 서법, 시상, 의도법으로 분류하여 기술하였다. 조선 전기 이두문에서의 경어법은 존경과 비존경, 공손과 비공손의 두 체계를 바탕으로 하되 조선 초기에는 공손 표현의 -白-이 중세어의 객체존대 즉 겸양의 기능을 담당하기도 하였다. 결국 조선 전기 경어법은 주체존대와 겸손법의 두 체계로 양분된다 할 만하다. 이 중 겸손법의 선어말어미가 -白-에 해당되며, 주체존대는 -敎(是)-로써 드러낸다. 조선 초기에 '-습시-'로 읽혔다고 추정되는 -白敎(是)-는 공손법과 존경법의 선어말어미가 결합된 것으로 해석하였다.

서법의 선어말어미에는 -去/良-과 -置-가 있다. 전자는 본래 副動詞語尾에서, 후자는 본동사에서 유래한 것으로 추정된다. -去-는 자동성 동사 어간에, -良-은 타동성 동사 어간에 접미되는 확실법 선어말어미로 상보적 분포를 보였던 것이나 조선 전기에는 양자가 분명한 대립을 보이지 않는 특징이 있다. 그리고 -是去有-와 같은 연속체에서의 -去

는 때로 첨사 또는 연결어미로서의 기능을 갖는 경우가 있으며, -去有-가 어미 연속체로서 미래 추측의 의미를 지니기도 함을 지적하였다. 또한 爲良在-는 중세어의 'ᄒᆞ얫-/ᄒᆞ얏거-'에 대응하므로 在의 독음이 '거'로 변하였을 뿐만 아니라, 이표기 爲亦在-의 존재는 16세기 중엽에 중세어의 'ᄒᆞ야'가 구어에서 'ᄒᆞ여'로 실현되었음을 반증하는 예로서 주목하였다. 선어말어미 -置-는 강조법의 기능을 담당한다.

조선 전기 이두문에서 시상 선어말어미로 쓰이는 -有-는 어떤 일이나 상태가 지속된다는 '存續'의 의미 기능을 갖는데, -叱-이 때로 이와 동일한 기능으로써 사용된 용례들이 눈에 띈다. 시상 선어말어미 중 -如-와 -在-, -臥-는 계열관계를 이루고 있어 '과거성'과 '지속성'이라는 자질 면에서 상호 대립을 보인다. 즉, -如-는 과거 회상, -在-는 현재 지속, -臥-는 현재 진행 표현에 사용된다. -臥-는 15세기 국어의 '-ᄂᆞ-'에 딱 들어맞는 형태가 아니며, -內臥-가 화석형으로서 이와 유사한 기능을 일부 담당한다. 爲白內等에서의 內 자는 선어말어미가 아니라 음상에 맞추어 채용된 訓假字이다. 16세기 중엽에는 -在-의 독음과 기능이 '거'로 변했음을 반영하는 징표로서 -在乙과 -在乎가 각각 -去乙과 -去乎의 이표기로 사용되기도 하였음을 지적하였다. 15세기 국어의 선어말어미 '-리-'에 대응하는 이두자가 명확하게 드러나지 않는 특징이 있다. -要가 이것을 포함한 이두토인 듯하나 단순히 의도를 나타내는 연결어미로서 쓰인 것인지 애매하며, 이두토 爲要以의 존재도 눈에 띄어 모호한 면이 있다.

이두에서 중세어의 선어말어미 '-오-'에 대응하는 자는 -乎-인데 양자가 일치하지 않는 점이 많다. 예컨대, 중세어의 연결어미 '-며'는 '-오-'를 수반하지 않으나 조선 전기 이두에서는 동사 어간 또는 겸손법 선어말어미 -白- 뒤에서 -乎旀로 표기되는 차이를 보인다. 따라서 의도법 선어말어미의 존재 그리고 이것과 이른 시기 동명사어미 형태와의 동일성 및 관련성에 대하여는 과제로 남겨 두었다.

어말어미는 연결어미, 종결어미, 동명사어미로 구분하여 다루되 이두에서의 表記字와 문법 형태소 사이에 직접 대응하기 어려운 경우가 적잖아 의미화용론과 구문론적 관점을 가미하여 다루었다. 따라서 각각의 형태소에 대응하는 吏讀字마다 따로 다루는 입장을 취하지 않고 의미 영역을 11가지로 분류한 후 해당 이두자 또는 連語 구성을 논의하였다.

병렬과 나열의 의미 기능을 담당하는 연결어미로는 -旀/-弥, -齊, -遣이 쓰였다. '-져'로 읽히는 -齊는 조선 초기만 하더라도 문장을 끝맺는 기능보다는 작은 단위의 문장을 나열하는 기능을 위주로 사용되었으나 점차 문종결의 기능이 확대되어 갔음을 지적하였다.

조건과 가정의 연결어미로는 통사 복합체인 -去乙等에서 변화한 -去等과 -在如中이 쓰인다. 願望과 의도를 나타내는 연결어미로는 -良結이 주로 쓰이는데 이표기인 -良齊도 발견되어 이두자 齊의 독음이 '-져'임을 반증하며, 다른 한편으로 통사 복합체인 -乎(乙)爲이 사용되었다. 원인과 이유를 나타내는 연결어미로는 -㫆와 -良㫆 두 형태가 있다. 전제와 설명의 기능은 -去乙과 -乎矣가 주로 담당하는데, 이 중 -乎矣는 중세어의 '-오디'에 일치하는 어형이다. 限度의 뜻을 드러내는 연결어미는 -巴只인데 巴를 자형이 유사한 已로 대용한 이표기 -已只도 눈에 띄며, 복합 구성체인 -只爲와 -(良)於爲 역시 한도의 의미 기능을 갖는다. 양보와 대조의 연결어미로는 연결어미 -良에 첨사 -置가 덧붙은 어미 -良置를 비롯하여, -在-를 개재한 형태인 -在果, -在而亦, -在而叱이 쓰이는데 이 중 -在而亦은 역접의 문맥에서 사용되는 특징을 보인다. 전환 및 중단의 의미를 드러내는 연결어미는 -如可이다. -乃와 -去乃는 단순 나열의 뜻을 나타낼 때가 많지만 때에 따라서는 양보의 의미를 드러내는 경우도 있어 선택과 양보의 뜻을 겸한 연결어미로 파악하였다. 양태의 연결어미는 -良과 -去인데, 이 중 첨사 '-ㄱ'이 통합된 -良只도 눈에 띄며, 계사와 -良이 통합된 것으로 추정되는 -亦 역시 양태의 의미를 지닌다. 한편 '잇달아, 연달아' 등의 의미를 지닌 것으로 해석해 온 -絃如는 시상 형태소에 미연형 동명사어미가 개재된 것으로서 원인이나 이유 구문에서 미래 예측의 의미 기능을 갖는 복합어미체임을 지적하였다.

　이두문은 명사문으로 문종결하는 방식을 취한다. 이에 따라 평서형에서는 명사 '…事'로 끝맺는 방식과 동명사어미 '-ㄴ'으로 끝맺는 방식이 병존한다. 후자에 속하는 것으로는 '…在'와 '…教' 그리고 -內로 마감하는 방식이 있다. -如 역시 주로 인용구문에서 종결어미로 사용되었으며, 주로 연결어미로서 기능하던 -齊가 16세기에 들어 평서형의 문종결어미로 굳혀져 사용되기 시작하였다. 또한 16세기 이래로 절단형 표기 방식이 등장함으로 말미암아 문종결 위치에 사용된 -置가 종결어미와 같은 기능을 발휘하게 되었다. 의문형 종결어미로는 첨사에서 유래한 -去와 -可가 주로 담당하는데, 중세어의 '-녀'에 대응하는 -女도 발견된다. 그리고 명령형 종결어미는 -良如가 사용되었다.

　이른 시기의 국어 문법에서 동명사어미가 부담하는 기능은 다양했으며 이에 따라 그 비중은 매우 컸다. 그런데 이두 표기에서는 '-ㄴ' 동명사어미의 경우 그것을 드러내는 별도의 表記字 없이 선행 형태에 융합되어 표기된다. 그럼에도 불구하고 '…乎#'을 통해 명사적 용법을 비롯해 관형사적 용법과 접속 용법이 조선 전기에도 그대로 유효했음이 분명히 드러난다. '-ㄹ' 동명사어미는 때때로 표기자 -乙에 의해 확인되는데 관형사적 용법은 물론, 첨사가 통합된 의문형 종결어미 -乙可/乙去를 통해 명사적 용법 등을 유추할 수 있다. 그리고 -是絃과 -絃如 역시 동명사어미 '-ㄹ'을 간직한 토들임이 확인된다. 동명사어미 '-ㅁ'과 '-기'의 경우엔 복합어미로 굳혀진 것들에서 그 존재가 드러나는데, -乎爲 및 -只爲에서의 -爲에 '-ㅁ'이, -只爲에서의 -只를 통해 '-기'를 발견할 수 있다.

제6장 수식언에서는 부사류와 관형사류에다가 否定辭를 묶어 다루었다. 수식언은 비굴절 형태에 속한다. 그런데 이두에서 否定 표현에 쓰이는 否定辭들은 곡용을 하기도 하므로 일반적인 수식언과는 차이를 보이기도 하나 용언을 꾸미는 기능이 근본적이라고 보아 수식언에 함께 묶어 다루었다.

부사류는 형태론적 관점에서 마지막 表記字를 일차적인 잣대로 하여 9 가지 유형별로 나누어 다루었다. 즉, 부사류 이두를 ① '-以'型, ② '-亦'형, ③ '-良'형, ④ '-于'형, ⑤ '-乎'형, ⑥ '-只, -可'형, ⑦ '-丁'형, ⑧ '-如'형, ⑨ 기타로 나누어 살펴 보았다. 이 중 ① '-以'형은 원래 체언에 조격 조사 -以(-로)가 결합되어 부사어로 기능하는 것들로서 그 일부만을 다루었다. ② '-亦'형은 원칙적으로 우리말로 새겨 읽는 1음절 한자어에 '-여' 또는 '-혀'로 읽히는 -亦이 덧붙은 부사어들이다. 이 중 眞亦은 '-丁'형에 귀속시킬 성격의 부사어이다. ③ '-良'형은 동사 어간에 부동사 어미 -良이 통합된 것으로서 이들 중 부사어로 굳혀진 更良과 便良만을 살펴보았다. ④ '-于'형은 동사 어간 또는 활용형에서 비롯한 것으로서 문장의 필수요소가 아닌 것들만을 대상으로 하였는데, 幷以는 표기자의 차이에도 불구하고 이 유형에 포함시켰으며 必于는 음차자로 구성된 특이한 예에 속한다. ⑤ '-乎'형은 명사파생 접미사 또는 동명사어미가 접미된 형태들로서 別乎를 이 유형에 포함하여 다루었다. ⑥ '-只, -可'형은 말음 '-ㄱ' 또는 '-기'로 읽히는 부사어들이며, ⑦ '-丁'형은 동사 어간에 '-디-'가 통합되어 파생된 동사에서 유래한 부사어들이다. ⑧ '-如'형은 본래 '…# 如'로 분석되는 통사적 구성체로부터 형성된 부사어들이다. ⑨ 기타에 속하는 부사어들은 위 어느 유형에도 속하지 않는 것들로서 이 중 濟拔은 구어를 音借 표기한 부사어로 추정된다.

관형사류는 후행하는 명사 또는 명사구를 수식하는 기능을 하는 어사들이나, 이 중 少爲를 제외한 나머지 '犯近, 右良, 前矣, 向前'은 부사어로도 기능하는 것들이다.

否定辭로 쓰이는 吏讀語로는 '不得, 不冬, 安徐, 不喩'가 있다. 이들 중 不喩는 계사 부정사이고, 나머지는 동사 부정사이다. 이두 부정사들은 명사로서의 기능을 겸하고 있는 특징을 보인다.

參考文獻

• 典籍 및 資料篇

『經國大典』
『經國大典註解』(田川孝三本, 檀國大學校 東洋學研究所 影印, 1979)
『慶北地方古文書集成』(李樹健 編, 嶺南大出版部, 1981)
『高麗史』(亞細亞文化社 影印, 1972)
『古文書』1~3 (全南大博物館, 1983~85)
『古文書』1~ (서울대학교 도서관・奎章閣・奎章閣韓國學研究院, 1986~)
『古文書』1 (嶺南大學校 博物館, 1993)
『古文書 - 국왕・왕실문서・관청문서』(국립중앙박물관, 2004)
『古文書 - 호적류』(국립중앙박물관, 2005)
『古文書目錄』(高麗大圖書館, 1999)
『고문서에 담긴 옛 사람들의 생활과 문화』(韓國精神文化研究院, 2003)
『古文書集成』1~ (한국정신문화연구원/한국학중앙연구원, 1982~   )
『古文書集眞』(金東旭 編, 延世大 人文科學研究所, 1972)
『古文書集眞』(서울대 도서관, 1972)
『古書古文書展示會』(嶺南大學校 中央圖書館, 1997)
『科擧事目』(書誌學報 9호, 1993)
『光山金氏烏川古文書』(한국정신문화연구원, 1982)
『校訂 經國大典』(朝鮮總督府, 1934)
『校訂 慶尙道地理志 慶尙道續撰地理誌』(朝鮮總督府 中樞院, 1938)
『校訂 大明律直解』(朝鮮總督府 中樞院, 1936)
『國寶』12 書藝・典籍篇 (千惠鳳 編, 藝耕文化社, 1985 / 웅진출판, 1992)
『軍門謄錄』(朝鮮史料叢刊 3, 朝鮮史編修會, 1933)
『金剛經三家解』
『寄贈遺物圖錄』II (서울역사박물관, 2002)
『김병구 소장 유물 특별전』(청주고인쇄박물관, 2000)
『亂中日記草・壬辰狀草』(朝鮮史編修會 편, 1936)
『農圃集』
『大邱月村丹陽禹氏古文書』(金炫榮 編, 한국고문서학회, 1994)

『大明律三十卷 條例三卷』(大阪：河內屋和 助板, 1722年)

『大明律直解』(蓬左文庫本 / 고려대 晩松文庫本, 保景文化社 影印, 1986)

『大元聖政國朝典章』(再版; 台北：文海出版社 영인, 1973)

『大典續錄』(景仁文化社 影印, 朝鮮王朝法典集 所收, 1972)

『大韓帝國期 古文書』(國立全州博物館, 2003)

『陶山書院古文書』Ⅰ·Ⅱ (단국대학출판부, 1994·1997)

『動産文化財指定報告書』(문화재관리국, 1986~   )

『東海市 古文書 (二)』(배재홍 편, 동해문화원, 2008)

『明實錄』(中央研究院歷史言語研究所, 臺北：明和美術印刷廠, 1964)

『文化財大觀』 國寶篇 / 寶物篇 上·中·下 (문화재관리국, 1967~71)

『文化財大觀』 국보편 2책, 보물편 6책 (한국문화재보호협회 편, 大學堂, 1986)

『文化財大觀』(문화재관리국, 1967~71)

『眉巖日記草』(5冊, 朝鮮史料叢刊 8, 朝鮮史編修會, 1936~38)

『박물관도록 - 고문서』(전북대학교 박물관, 1998)

『扶安金氏愚磻古文書』(한국정신문화연구원, 1983)

『三國史記地理志/慶尙道地理志/慶尙道續撰地理誌/世宗實錄地理志』 全國地理志叢書 1 (亞細亞文化社 影
          印, 1981)

『詳定科擧規式』(書誌學報 9호 영인, 1993)

『西厓集』(民族文化推進委員會, 『韓國文集叢刊』 52 所收, 1987)

『雪村家蒐集古文書集』(국민대박물관, 1996)

『雪村家蒐集古文書脫草·正字篇』(국민대박물관, 2000)

『雪村家蒐集·古文書集 -家藏 簡札帖篇-』(국민대박물관, 2003)

『紹修書院謄錄』(조선총독부, 1937)

『受教輯要』(조선총독부 中樞院, 1943)

『新增東國輿地勝覽』(亞細亞文化社, 1983)

『新增類合』

『瀋陽狀啓』(京城帝國大學法文學部, 1935)

『十六世紀 詞訟法書 集成』(鄭肯植·任相爀 편, 한국법제연구원, 1999)

『養蠶經驗撮要』(한국서지학회, 『書誌學』 6, 1974 / 李喆洙(1989)에 재수록)

『廬山宋氏寄贈古文書』(京畿道物館, 2002)

『驪州李氏 星湖家門 典籍』(韓國精神文化研究院, 2002)

『譯語類解』

『譯語類解補』

『嶺南古文書集成』Ⅰ·Ⅱ (嶺南大 民族文化研究所, 1992)

『嶺南大圖書館 所藏 古文書 目錄 -南齋文庫 第2輯-』(嶺南大圖書館, 2003)

『옛문서로 만나는 선비의 세계』(순천대 박물관, 2005)

『우리고장의 典籍과 古文書』(益山古蹟宣陽會, 1993)

『牛馬羊猪染疫病治療方』(晩松文庫 소장본, 여강출판사 영인 1988, 세종대왕기념사업회 영인 2009)

『蔚山李氏族譜』

『月印釋譜』

『儒胥必知』

『吏讀資料選集』(한국학문헌연구소 編, 아세아문화사, 1975)

『吏讀資料集成』 國語國文學資料叢書 3 (金根洙(錦峰學人) 編, 私家版 油印物, 1957)

『吏讀集成』(朝鮮總督府 中樞院, 1937. 國書刊行會 영인 1975, 國學資料院 영인 1993)

『吏文輯覽』

『日本所在 韓國古文書』影印本・脫草本 (國史編纂委員會, 2002)

『壬辰狀草』(이충무공기념사업회 영인, 횃불사, 1976)

『慈慶殿進爵整禮儀軌』(서울대학교 奎章閣 영인, 1996)

『莊陵誌』

『藏書閣所藏謄錄解題』(한국정신문화연구원, 2002)

『藏書閣所藏拓本資料集』Ⅰ (韓國精神文化研究院 編, 1997)

『전라도 무장 함양오씨 고문서』(전북대학교 박물관, 2008)

『全羅道 茂長의 咸陽吳氏와 그들의 文書』Ⅰ・Ⅱ (全北大博物館, 1986・1988)

『全北地方의 古文書』1~3 (전라북도・전북향토문화연구회 편, 1993~95)

『典律通補別編』

『朝鮮古蹟圖譜』(朝鮮總督府, 1915~35)

『朝鮮史料集眞』上・下・續 (朝鮮總督府, 1935~1937)

『朝鮮史料集眞解說』1~3輯・4~6輯 (朝鮮總督府, 1935・1936)

『朝鮮史料集眞續解說』1~3輯 (朝鮮總督府, 1937)

『朝鮮寺刹史料』上・下 (朝鮮總督府, 1911)

『朝鮮史』제4편 제1권 (朝鮮史編修會, 1932)

『朝鮮時代古文書』(國立全州博物館, 1993)

『朝鮮時代古文書』(국립중앙박물관, 1997)

『朝鮮時代 南原 屯德坊의 全州李氏와 그들의 文書 (Ⅰ)』(全北大博物館, 1990)

『朝鮮時代 名家의 古文書』(韓國精神文化研究院, 경인문화사, 2003)

『조선시대 서울선비의 생활』(서울역사박물관, 2004)

『朝鮮王朝實錄』

『朝鮮前期古文書集成－15世紀篇』(鄭求福 外, 국사편찬위원회, 1997)

『朝鮮前期國寶展圖錄』(호암미술관, 三星文化財團, 1996)

『朝野記聞』(李離和 編, 朝鮮黨爭關係資料集 1, 여강출판사 영인, 1983)

『朝野記聞』(한국정신문화연구원 영인, 한국학자료총서 27, 2000)

『增定吏文・增定吏文續集・比部招議輯覽』(『書誌學報』17호 영인, 韓國書誌學會, 1996)

『增定吏文輯覽』

『指定文化財解說』(문화재관리국, 1973)

『至正條格』影印本・校註本 (한국학중앙연구원 편, 휴머니스트, 2007)

『昌原黃氏 古文書』(국립민속박물관, 1998)

『鶴城李氏族普』(국립중앙도서관 소장본, 1669)

『韓國古代金石文資料集』 I・II・III (國史編纂委員會 編, 1995~96)

『韓國古代中世古文書研究』(노명호 外, 서울대학교출판부, 2000)

『韓國上代古文書資料集成』(李基白 編, 一志社, 2版; 1993 (初版 1987))

『韓國中世社會史資料集』, 許興植, 아세아문화사, 1976

『海州崔氏世普』(서울대학교 奎章閣 소장본, 1744)

『皇明制書・憲章類編』(北京圖書館古籍珍本叢刊 46, 北京 : 書目文獻出版社)

• 辭典類

『古今漢韓字典』(南廣祐, 인하대학교출판부, 1995)

『高麗大藏經異體字典』(李圭甲, 고려대장경연구소, 2000)

『古法典用語集』(法制資料 第110輯, 法制處, 1979)

『大漢和辭典』

『補訂 古語辭典』(南廣祐, 일조각, 1971)

『佛敎辭典』(耘虛龍夏, 東國譯經院, 1961)

『宋元以來俗字譜』(劉復共 李家瑞 編, 아세아문화사 영인, 1976)

『新字典』

『新增類合』

『歷代 이두사전』(裵大溫, 형설출판사, 2003)

『우리말큰사전』4책 옛말과 이두 (한글학회 편, 어문각, 1992)

『이두사전』(장지영・장세경, 정음사, 1976)

『이두자료 읽기 사전』(장세경, 한양대학교출판부, 2001)

『吏文輯覽』

『李朝語辭典』(劉昌惇, 연세대학교출판부, 1964)

『吏學指南』

『字典釋要』

『全韻玉篇』

『조선어 고어 해석』(리서행 편수, 1965/ 여강출판사 影印, 1991)

『朝鮮吏讀辭典』(鄭光・北鄕照夫, 東京, ペン・ンタープライズ, 2006)

『中文大辭典』

『中朝大辭典』(朴在淵, 선문대학교 출판부, 2002)

『千字文』

『한국고전용어사전』1~5 (세종대왕기념사업회, 2001)

『韓國古地名辭典』(田溶新 編, 고려대학교 민족문화연구소, 재판; 1995 (초판 1993))

『韓國佛教大辭典』(吳杲山 스님 編, 趙明基・閔泳珪 監修, 明文堂, 1993, (初版 1982)).

『韓國人名大事典』(新丘文化社, 1972)

『韓國地名辭典』(孫成祐 編, 景仁文化社, 재판; 2000 (초판 1974))

『韓國漢字語辭典』 卷1～4 (檀國大 東洋學研究所, 1992～1996)

『漢語大字典』

『漢韓大辭典』

『虛詞辭典』(金元中 編著, 현암사, 1989)

『訓蒙字會』

• 研究論著篇

강경훈(2000), 「고문헌과 종이」, 『문헌과 해석』 통권11호.

江陵文化院(1982), 『臨瀛文化大觀』, 강릉.

江陵市(1995), 『江陵市文化財大觀』, 강릉.

江陵崔氏大宗會 서울支會事務所(2000), 『江陵崔氏 우리의 上祖史』.

姜成一(1958～59), 「古代語의 形態論的 研究試攷 (上)(下)」, 『어문학』 3～4, 대구 : 어문학회.

姜成一(1966), 「『大明律直解』 吏讀索引」, 『국어국문학』 31호.

姜成一(1972), 「中世國語造語論研究」, 『東亞論叢』 9, 동아대.

姜榮(1993), 「『大明律直解』吏讀의 語末語尾 研究」, 박사학위논문, 고려대학교 대학원.

姜榮(1994), 「『大明律直解』 吏讀의 終結語尾에 대한 考察」, 『한국어학』 1집, 한국어학연구회.

강영(1998), 『『大明律直解』 吏讀의 語末語尾 研究』, 國學資料院.

江原道(1993), 『江原文化財大觀 - 江原道指定篇』, 춘천.

康允浩(1956～59), 「吏讀學史 研究序說 : 近世 西洋人의 吏讀 研究 (一)～(五)」, 『국어국문학』 15, 17, 18, 19, 20.

姜仁求(1969), 「栗谷先生男妹分財記考」, 『文化財』 4, 문화재관리국.

姜詮燮(1963), 「吏讀의 新研究」, 석사학위논문, 충남대 대학원.

姜詮燮(1972), 「儒胥必知에 대하여」, 『어문학』 27.

姜詮燮(1985), 「「吏文大師」에 대하여」, 『국어학논총 : 羨鳥堂 金炯基先生八耋紀念』.

高大 民族文化研究所(1967), 『韓國文化史大系』 V 言語・文學史 (上).

高永根(1980), 「中世語의 語尾活用에 나타나는 '거/어'의 交替에 대하여」, 『國語學』 9, 國語學會.

高永根(1981), 『中世國語의 時相과 叙法』, 탑출판사.

高永根(1983), 「高麗歌謠에 나타나는 文法形態」, 『國語學研究 : 白影 鄭炳昱先生 還甲紀念論叢』, 신구문화사.

高永根(1989), 『國語形態論研究』, 서울대 출판부.

고영근(2010), 『표준 중세국어문법론』, 제3판; 집문당 (초판; 탑출판사, 1987, 개정판; 1997).

고전연구실(1962~66), 『고려사』, 평양 : 사회과학원출판사.

高正儀(1987), 「淨兜寺五層石塔造成形止記의 吏讀」, 『울산어문논집』 3, 울산대.

高正儀(1992ㄱ), 「大明律直解의 吏讀 硏究」, 박사학위논문, 단국대 대학원.

高正儀(1992ㄴ), 「大明律直解 吏讀 索引」, 『울산어문논집』 8, 울산대 국어국문학과.

高正儀(1993), 「대명률직해의 이두표기법」, 『울산어문논집』 9, 울산대 국어국문학과.

高正儀(2002), 「대명률직해의 이두와 그 특징」, 『口訣硏究』 9, 구결학회.

고정의(2003), 「이두 학습서의 이두와 독음」, 『口訣硏究』 10, 구결학회.

高昌錫(2002), 『濟州道古文書硏究』, 제주 : 세림.

口訣學會 編(1997), 『아시아 諸民族의 文字』, 서울 : 太學社.

具玩會(1985), 「朝鮮 中葉 士族孽子女의 贖良과 婚姻 –『眉巖日記』를 통한 사례검토」, 『慶北史學』 8, 경북사학회.

구재희(1994), 「중세국어 선어말어미 ‘–거–’에 대한 연구」, 석사학위논문, 이화여대 대학원

國立慶州博物館(2002), 『文字로 본 新羅』.

국립국어연구원(1993), 『15세기 한자어 조사 연구』.

국립국어연구원(1996~99), 『국어의 시대별 변천 연구』.

國立中央圖書館(1972~73), 『古文書解題』 1~2.

국사편찬위원회(2001), 『해외소재한국사자료 수집 목록집』 1~5.

國學資料硏究室(2003), 「『古文書硏究』班 자료 : 慶州 良洞 慶州孫氏宗家 寄託典籍目錄」, 『藏書閣』9, 韓國精神文化硏究院.

權仁瀚(2005), 『中世韓國漢字音訓集成』, 서울 : 제이앤씨.

權在善(1980), 「吏讀文字 ‘叱’考」, 『蘭汀南廣祐博士 華甲紀念論叢』, 一潮閣.

권재선(1987), 『국어학 발전사 – 고전국어학 편』, 한국고시사.

金建佑(2007), 「韓國 近代 公文書의 形成과 變化에 관한 硏究」, 박사학위논문, 한국학중앙연구원.

김건태(1993), 「16세기 兩班家의 作介制」, 『역사와 현실』 9.

金敬淑(1998), 『韓字硏究 – 丹城戶籍大帳을 中心으로』, 대구 : 중문.

金景淑(2003), 「1578년 慶州 驪州李氏 李浚家의 奴婢決訟立案」, 『古文書硏究』 23, 한국고문서학회.

金景淑(2004), 「16세기 請願書의 처리절차와 議送의 의미」, 『古文書硏究』24, 한국고문서학회.

김경숙(2004), 「고문서 용어풀이 : 消息의 의미와 古書名」, 『古文書硏究』25, 한국고문서학회.

김경숙(2006), 「15세기 정소(呈訴) 절차와 관찰사의 역할」, 『역사와 현실』제59호, 한국역사연구회.

김경용(2012), 「역주『과거사목』 연구」, 『교육사학연구』 제22집 제2호.

김경용(2013ㄱ), 「역주『과거사목』(신과거사목) 연구」, 『교육사학연구』 제23집 제1호.

김경용(2013ㄴ), 「역주『상정과거규식』 연구」, 『교육사학연구』 제23집 제2호.

金光海(1989), 『고유어와 한자어의 대응 현상』, 태학사.

金光海(1994ㄱ), 「한자 합성어에 대하여」, 『南川朴甲洙先生 華甲紀念論文集』, 태학사.

金光海(1994ㄴ), 「한자 합성어」, 『國語學』 24.

金九鎭(1984), 「大明律의 編纂과 傳來」, 『白山學報』 29, 白山學會.

金根洙(錦峰學人) 編(1957), 『吏讀資料集成』, 私家版 油印物.

金根洙(1961), 「이두연구」, 『아세아연구』 7집.

金根洙(1980), 『鄕歌及韓國借字攷』, 청록출판사.

김동석(2005), 「葉作에 관한 一考察」, 『藏書閣』 14, 한국학중앙연구원.

金東旭(1967), 「古文書의 樣式的 研究序說(1)」, 『인문과학』 17집, 연세대학교

金東旭(1968), 「李朝古文書의 分類에 대하여 – 古文書의 樣式的 研究序說(2)」, 『인문과학』 18집, 연세대학교.

金東旭 編(1972), 『古文書集眞』, 延大 人文科學研究所.

金斗燦(1985), 「「大明律直解」의 吏讀研究」, 석사학위논문, 경기대 대학원.

金武林(2003), 「漢字 '內'의 國語 音韻史的 考察」, 『國語學』 41, 국어학회.

김무림(2004), 『국어의 역사』, 한국문화사.

김무림(2015), 『고대국어 한자음』, 한국문화사.

金文雄(1975), 「國語의 虛辭形成에 關한 研究」, 경북대 석사학위논문.

金文雄(1986), 『15세기 언해서의 구결연구』, 형설출판사.

金文雄(1993), 「한글 구결의 변천에 관한 연구」, 『한글』 219, 한글학회.

金文昌(1991), 「고유어식 사람 이름에 대하여」, 『새국어생활』 1권 1호, 국립국어연구원.

金敏洙(1980), 「奈麻 薛聰의 吏讀文에 대하여」, 『延岩 玄平孝博士 回甲紀念論叢』.

金相大(1985), 『中世國語 口訣文의 國語學的 研究』, 한신문화사.

金相大(1993), 『구결문의 연구』, 한신문화사.

金相鉉(1996), 「『錐洞記』와 그 異本『華嚴經問答』」, 『韓國學報』 84輯, 一志社.

김석득(1983), 『우리말 연구사』, 정음문화사.

김소은(2004), 「16세기 매매 관행과 문서 양식」, 『古文書研究』 24, 한국고문서학회.

김소은(2006), 「고문서를 통해 본 조선시대 천첩자녀의 속량 사례」, 『古文書研究』 28, 한국고문서학회.

김순희(2015), 「『新式儒胥必知』 고찰」, 『書誌學研究』 63, 한국서지학회.

金昇坤(1982), 「한국어 이두의 처소격 조사 「良中」의 어원 연구」, 『박지홍선생회갑기념논문집』, (『朝鮮學報』 110, 1984에 재수록).

金昇坤(1985), 「이두의 여격조사 「亦中」에 대한 고찰」, 『語文學論叢 : 金一根先生華甲紀念論文集』.

金昇坤(1992), 「이두의 「遣」과 「古」의 통어 기능고」, 『홍익어문』 10·11, 홍익대 국어교육과 홍익어문연구회.

김승호(1993), 「이두의 전래 독음에 대하여」, 『동아어문논집』 3, 동아어문학회.

金若瑟(1967), 「古文書論考」 1·2, 『國會圖書館報』.

金永萬(1980), 「儒胥必知의 吏讀研究」, 석사학위논문, 단국대 대학원

김영수(2010), 「이두와 이두한문 번역 고찰」, 『순천향 인문과학논총』 27.

金永旭(2010), 「古代國語의 處所格 助詞에 對하여 – '-中'을 중심으로」, 『國語學』 57, 국어학회.

金榮華(1986), 『韓國俗字譜』, 아세아문화사.

김영황(1978), 『조선민족어발전역사연구』, 과학, 백과사전출판사.

金完鎭(1980), 『鄕歌解讀法研究』, 서울대 출판부.

金完鎭(1985), 「특이한 音讀字와 訓讀字에 대한 연구」, 『동양학』 15집, 단국대.

金完鎭(1994),「洪城郡誌에 실려 있는 吏讀文書에 대하여」,『우리말 연구의 샘터』, 문경출판사.

金容晩(1985),「朝鮮時代 在地士族의 財産所有形態」(I) ― 주로 16,17C 良洞孫氏家門의 경우를 중심으로」,『大丘史學』27.

金容晩(1997),『朝鮮時代 私奴婢硏究』, 集文堂.

金容燮(1988),『朝鮮後期農業史硏究』, 집문당.

金容元(1975),「'養蠶經驗撮要'의 吏讀註解」,『論文集』3, 京畿大學.

金裕範(1998),「吏讀 '一是等'攷」,『口訣硏究』4, 口訣學會.

김유범(2007ㄱ),『국어 문법형태소의 역사적 이해』, 박이정.

김유범(2007ㄴ),『중세국어 문법형태소의 형태론과 음운론』, 월인.

김윤경(1954),『韓國文字及語學史』, 東國文化社 (초판 : 1938).

김인걸(2006),「고문서를 이용한 '15세기 사회상' 추구」,『역사와 현실』제59호, 한국역사연구회.

金貞娥(1984),「15세기 국어의 대명사에 관한 연구」, 석사학위논문, 서울대학교 대학원.

金貞娥(1986),「'ᄃᆞᆫᄒᆞ다' 構文의 統辭,意味的 特性」,『震檀學報』62, 진단학회.

김정하(2000),「역사기록물에 대한 고문서학 - 고서체학 연구 및 그 보존과 활용에 대한 기록관리연구」,『古文書硏究』16·17, 한국고문서학회.

김정하 옮김(2004),『서양 고문서학 개론』, 아카넷 (체사레 파올리 지음, 자코모 바스카페 엮음).

金鍾塤(1983),「吏讀表記에 나타난 固有漢字(國字)攷」,『韓國語 系統論 訓民正音 硏究』, 집문당.

金鍾塤(2014),『韓國固有漢字硏究』, 개정증보판, 보고사 (초판, 집문당, 1983).

金俊榮(1980),「南宗通記 中의 吏讀에 대한 고찰 - 鄕歌 表記와의 關聯을 中心으로」,『國語文學』, 국어문학회.

金重鎭(1980),「尊待素 '-겨-'에 대하여」,『金俊榮華甲紀念論文集』.

김치우(2007),『고사촬요 책판목록과 그 수록 간본 연구』, 아세아문화사.

金泰均(1968ㄱ),「「大明律直解」 吏讀註解」,『京畿』3, 경기대.

金泰均(1968ㄴ),「吏讀資料集」,『京大文學』3, 경기대.

金泰均(1971ㄱ),「大明律直解 吏讀 形態分類」,『논문집』6, 경기대.

金泰均(1971ㄴ),「<大明律直解>에 있어서의 時制研究」, 문교부 연구보고서 어문학계 6.

金泰均(1973),「「大明律直解」에 있어서의 '在'의 用法」,『京畿』7, 京畿大.

金泰均(1975~76),「養蠶經驗撮要의 吏讀註解 (1)(2)」, 京機大 論文集.

金泰均(1978),「(續)養蠶經驗撮要의 吏讀註解」,『논문집』11, 경기대.

金泰永(1982),『朝鮮前期 土地制度史硏究』, 지식산업사.

김혁(2000),「藏書閣 소장 謄錄의 문헌학적 특성」,『藏書閣』4, 한국정신문화연구원.

김혁(2002ㄱ),「朝鮮時代 祿牌 硏究」,『古文書硏究』20, 한국고문서학회.

김혁(2002ㄴ),「朝鮮後期 中央官廳 記錄物에서 謄錄의 위상」,『書誌學報』6, 韓國書誌學會.

김혁(2002ㄷ),「藏書閣 所藏 謄錄의 性格」,『藏書閣所藏謄錄解題』, 한국정신문화연구원, iii~x.

金赫(2005),「完文의 16세기 기원과 그 특성」,『古文書硏究』27, 한국고문서학회.

김혁(2008),『특권문서로 본 조선사회 - 완문(完文)의 문서사회학적 탐색』, 지식산업사.

김혁 외(2010),『수령의 사생활』, 경북대학교출판부.

김현권 외 옮김(2001), 『번역의 사회언어학적 기반』, 고려대학교출판부 (Maurice Pergnier 지음).

金炫榮 編(1994), 『大丘月村丹陽禹氏文書』, 한국고문서학회.

김현영(2003), 『고문서를 통해본 조선시대 사회사』, 신서원.

김현영(2004), 「'本'字攷」, 『古文書研究』 24, 한국고문서학회.

金炫榮(2006), 「조선시대 지방 官衙에서의 기록의 생산과 보존」, 『古文書研究』 28, 한국고문서학회.

金亨奎(1975), 「國語 敬語法 研究」, 『東洋學』 5, 단국대 동양학연구소

金炯秀(2004), 「權仲和開國原從功臣錄券」에 대한 一檢討」, 『한국중세사연구』 16, 한국중세사학회.

김호식(1988), 「양잠경험촬요의 이두연구」, 석사학위논문, 단국대 대학원.

김효중(1998), 『번역학』, 민음사.

南權熙(1994), 「龍天奇「開國原從功臣錄券」에 관한 書誌的 分析」, 『書誌學研究』 10, 書誌學會.

南權熙(2002ㄱ), 『高麗時代 記錄文化 研究』, 청주고인쇄박물관.

남권희(2002ㄴ), 「15·16세기 慶尙道 地域의 刑獄關聯文書와 牒呈文書」, 『書誌學研究』 23, 書誌學會.

남권희(2003), 「記錄物의 書誌記述」, 『古文書研究』 22, 한국고문서학회.

南權熙·呂恩暎(1995), 「忠烈王代 武臣 鄭仁卿의 政案과 功臣錄卷 研究」, 『古文書研究』 7, 한국고문서학회.

南晩星(1964), 「解題」, 『大明律直解』, 법제처.

南豊鉉(1974ㄱ), 「古代 國語의 吏讀表記」, 『東洋學』 4, 단국대.

南豊鉉(1974ㄴ), 「13世紀 奴婢文書의 吏讀」, 『논문집』 8, 단국대.

南豊鉉(1975ㄱ), 「漢字借用表記法의 「元」字攷」, 『國語學』 3, 국어학회.

南豊鉉(1975ㄴ), 「漢字借用表記法의 發達」, 『國文學論集』 7·8 합집, 단국대 국어국문학과.

南豊鉉(1976ㄱ), 「高麗初期의 帖文(慈寂禪師凌雲塔碑陰銘)과 吏讀」, 『국어국문학』 72·73.

南豊鉉(1976ㄴ), 「第二 新羅帳籍에 대하여」, 『美術資料』 19.

南豊鉉(1976ㄷ), 「國語 否定法의 發達」, 『문법연구』 3, 문법연구회.

南豊鉉(1977ㄱ), 「國語 處格助詞의 發達 : 舊譯仁王經의 口訣을 중심으로」, 『國語國文學論叢』, 탑출판사.

南豊鉉(1977ㄴ), 「향가와 구역인왕경구결의 之叱에 대하여」, 『언어』 2-1집.

南豊鉉(1978), 「訓民正音과 借字表記法과의 關係」, 『國文學論集』 9, 단국대.

南豊鉉(1979), 「16世紀初의 一明文 解讀」, 『檀苑』 11, 단국대.

南豊鉉(1980ㄱ), 「借字表記法의 用字法에 대하여」, 『蘭汀南廣祐博士 華甲紀念論叢』, 一潮閣.

南豊鉉(1980ㄴ), 「口訣과 吐」, 『國語學』 9.

南豊鉉(1981), 『借字表記法研究』, 단국대 출판부.

南豊鉉(1986), 「吏讀, 鄕札表記法의 原理와 實際」, 『국어생활』 6, 국어연구소

南豊鉉(1990), 「吏讀·口訣」, 『國語研究 어디까지 왔나』, 동아출판사.

南豊鉉(1991ㄱ), 「新羅時代 吏讀의 '哉'에 대하여」, 『國語學의 새로운 認識과 展開』, 민음사.

南豊鉉(1991ㄴ), 「吏讀資料」, 『韓國學基礎資料選集 : 中世篇』, 한국정신문화연구원.

南豊鉉(1991ㄷ), 「韓國人의 이름의 變遷」, 『새국어생활』 1권 1호, 국립국어연구원.

南豊鉉(1992), 「古文書의 吏讀 解讀 : 柳珤功臣錄券을 중심으로」, 『정신문화연구』 15-1(통권 46), 한국정신문화연구원.

南豊鉉(1993), 「借字表記의 '詩經釋義'에 대하여」, 『退溪學研究』 7, 단국대 퇴계학연구소

南豊鉉(1994ㄱ), 「高麗 初期의 帖文과 그 吏讀에 대하여 : 醴泉鳴鳳寺 慈寂禪師碑의 陰記의 解讀」, 『古文書研究』 5, 한국고문서학회.

南豊鉉(1994ㄴ), 「高麗時代 吏讀文 解讀 二題」, 『우리말 연구의 샘터』, 문경출판사.

南豊鉉(1995), 「16世紀 古文書의 吏讀文 解讀 二題」, 『韓日語學論叢』, 國學資料院.

南豊鉉(1996), 「高麗時代 釋讀口訣의 'ㅣ/ㄹ'에 대한 考察」, 『口訣研究』 1, 구결학회.

南豊鉉(1997ㄱ), 「借字表記法과 그 資料」, 『國語史研究』, 태학사.

南豊鉉(1997ㄴ), 「정도사조탑형지기의 해독 – 고려시대 이두연구의 일환으로」, 『古文書研究』 12, 한국고문서학회.

南豊鉉(2000), 『吏讀研究』, 太學社.

南豊鉉(2001), 「韓國 古代語의 單母音化에 대하여」, 『韓日語文學論叢』, 태학사

南豊鉉(2004), 「시상의 조동사 '在/ㅏ/겨–'의 발달」, 『국어국문학』 138, 국어국문학회.

南豊鉉(2014), 『한국어와 한자한문의 만남』, 월인.

노명호 外(2000), 『韓國古代中世古文書研究』 上·下, 서울대학교출판부.

노인환(2011), 「조선시대 功臣敎書 연구 – 문서식과 발급과정을 중심으로」, 『古文書研究』 39, 한국고문서학회.

檀國大 國語國文學會(1978), 「南宗通記」, 『國文學論集』 9.

都守熙(1975), 「吏讀史 研究」, 『논문집 : 語文學篇』 2-6, 충남대 인문과학연구소

都守熙(1979), 「吏讀語의 音韻變化」, 『徐炳國先生華甲紀念論叢』.

東亞大學校 古典研究室(1965~1973), 『譯註 高麗史』, 동아대학교출판사.

렴광호(1986ㄱ), 「<대명률직해>에 쓰인 우리말 한자어휘에 대한 고찰」, 『중국조선어문』 4, 길림성민족사무위원회.

렴광호(1986ㄴ), 「대명률직해의 도움토」, 『중국조선어문』 특별호, 길림성민족사무위원회.

렴광호(1987), 「大明律直解 吏讀 連接詞尾의 分類」, 『조선어학론문집』, 연변대학출판사.

렴광호(1993), 「리두에서의 <良中>과 <亦中>의 표기과정과 그 형태에 대하여」, 『중국조선어문』 5, 길림성민족사무위원회.

류렬(1983), 『세나라시기의 리두에 대한 연구』, 평양 : 과학, 백과사전출판사.

류렬(1992), 『조선말역사(2)』, 평양 : 사회과학출판사.

리득춘(1991), 「이른바 리두음의 최초기원에 대하여」, 『중국조선어문』 1. 길림성민족사무위원회.

明京一(2010), 「조선시대 啓目 연구」, 석사학위논문, 한국학중앙연구원.

명경일(2011), 「조선초기 啓目 연구 –『經國大典』 행정문서체제의 수립과정을 중심으로」, 『古文書研究』 39, 한국고문서학회.

문미진(2010), 「洪武 年間 白話 聖旨의 語氣助詞 考察」, 『中國語文學誌』 33, 중국어문학회.

문보미(2010), 「조선시대 관문서 關의 기원과 수용 – 행이체계를 중심으로」, 『古文書研究』 37, 한국고문서학회.

문소라(2013), 「朝鮮時代 간행의 『大明律』 註釋書 版本 분석」, 석사학위논문, 경북대학교 대학원.

文叔子(1992ㄱ), 「誠庵古書博物館 所藏 壬亂以前의 分財記」, 『書誌學報』 8.

文叔子(1992ㄴ),「載寧李氏 寧海派 家門의 分財記 分析」,『淸溪史學』9.

문숙자(2000),「아버지의 婢妾 자손을 四寸에게 贈與한 문서」,『문헌과 해석』10, 문헌과 해석사.

문숙자(2003),「한국 근세 재산상속제의 특질」,『조선시대의 정치와 제도』, 집문당.

文叔子(2004ㄱ),『조선시대 재산상속과 가족』, 景仁文化社.

文叔子(2004ㄴ),「古文書의 史料的 價値와 效用性」,『忠北鄕土文化』16, 忠北鄕土文化研究所.

文時赫(1934~36),「吏讀에 對한 考察 (1)~(10)」,『正音』1~12, 朝鮮語學研究會.

문형진(2002),「『大明律』 전래와 한국적 변이양상」,『국제지역연구』6권 3호, 한국외국어대학교 국제지역연구센터.

문형진(2004),「『大明律』과『經國大典』編纂의 法制史的 의의」,『中國研究』34, 한국외국어대학교 중국연구소

민현식(1991),『국어의 시상과 시간부사』, 개문사.

朴甲洙(1979),「吏讀 副詞語彙攷」,『師大論叢』19, 서울대학교 사범대학.

박경(2005),「조선 전기 收養・侍養 자녀의 입양 형태 – 16세기 分財記에 나타난 입양 형태의 변화를 중심으로」,『古文書研究』27, 한국고문서학회.

朴魯昱(1987),「16~18세기의 扶安金氏의 財産實態研究 – 扶安金氏愚磻古文書를 中心으로」, 忠南大 碩士學位論文.

朴魯昱(1990),「朝鮮時代 古文書上의 用語檢討：土地・奴婢文記를 中心으로」,『東方學志』68, 연세대 국학자료원.

朴道植(1995),『朝鮮前期 貢納制 研究』, 박사학위논문, 경희대학교 대학원.

朴道植(2005),「崔有漣開國原從功臣錄券의 研究」,『人文學研究』9, 關東大學校 인문과학연구소

朴炳采(1967),「吏文輯覽」, *Asiatic Research Bulletin* vol.10 no.3.

박병천(2002),「한국 역대명필가의 고문서 자본 필사의 역할과 서체 고찰 – 조선시대 고문헌의 한자 판본체 및 활자체를 대상으로」,『東洋學術論叢』6, 강암서예학술재단.

朴秉喆(1997),『韓國語 訓釋 語彙 研究』, 서울：以會文化社.

朴秉濠(1974),「世宗 21年의 牒呈」,『法史學研究』창간호, 한국법사학회.

朴秉濠(1979),「高麗末의 奴婢贈與文書와 立案」,『法思想과 民事法：春齋 玄勝鍾博士 華甲紀念』..

朴秉濠(1985),『한국의 전통사회와 법』, 서울대 출판부.

박병호(1986),『세종 시대의 법률』, 세종대왕기념사업회.

朴秉濠(1992),「고문서 자료의 수집, 정리문제」,『정신문화연구』제15권 제1호(통권46호), 한국정신문화연구원.

박병호(2000),「고문서와의 엉뚱한 인연」,『문헌과 해석』10, 문헌과 해석사.

朴秉濠(2012),『韓國法制史』, 민속원. (초판; 한국방송통신대학, 1986)

朴鳳淑(1991),「開國原從功臣錄券의 書誌的 研究」,『書誌學研究』7, 書誌學會.

朴盛鍾(1987),「大明律直解의 「旨是絃無亦」과 「旨是絃以」에 대하여」,『國語學』16.

朴盛鍾(1993ㄱ),「朝鮮初期의 吏讀資料」,『國語史 資料와 國語學의 研究』, 문학과지성사.

朴盛鍾(1993ㄴ),「李和 開國功臣錄券의 吏讀와 그 解讀」,『古文書研究』4, 한국고문서학회.

朴盛鍾(1995),「영동(嶺東) 지역의 어촌 언어」,『강원 어촌지역 전설 민속지』, 강원도

朴盛鍾(1996), 「朝鮮初期 吏讀 資料와 그 國語學的 研究」, 박사학위논문, 서울대 대학원.

朴盛鍾(2000), 「栗谷의 土地賣買文記에 대하여」, 『古文書研究』 16 · 17, 한국고문서학회.

朴盛鍾(2003ㄱ), 「『大明律直解』 吏讀의 예비적 고찰」, 『震檀學報』 96.

朴盛鍾(2003ㄴ), 「15세기 牒呈의 분석」, 『古文書研究』 22, 한국고문서학회.

朴盛鍾(2003ㄷ), 「大明律直解의 韓國漢字語 一考察」, 『民族文化論叢』 28. 영남대학교 민족문화연구소

朴盛鍾(2003ㄹ), 「張戩妻辛氏宣德二年所志의 復元」, 『古文書研究』 23, 한국고문서학회.

朴盛鍾(2004ㄱ), 「16세기 고문서 吏讀의 예비적 고찰」, 『古文書研究』 24, 한국고문서학회. (李樹健 외 (2004)에 윤문 재수록)

朴盛鍾(2004ㄴ), 「李原吉開國原從功臣錄券에 수록된 功臣들의 姓名 분석」, 『民族文化論叢』 30, 영남대 학교 민족문화연구소

朴盛鍾(2005ㄱ), 「16세기 古文書 吏讀의 종합적 연구」, 『省谷論叢』 36, 省谷學術文化財團.

朴盛鍾(2005ㄴ), 「韓國漢字의 一考察」, 『口訣研究』 14, 구결학회.

朴盛鍾(2006ㄱ), 『朝鮮初期 古文書 吏讀文 譯註』, 서울대학교출판부.

朴盛鍾(2006ㄴ), 「吏讀 연구 時期別로 본 古文書의 활용」, 『嶺南學』 10, 경북대 영남문화연구원.

朴盛鍾(2007), 「吏讀字 '內'의 讀法」, 『口訣研究』 19, 구결학회.

박성종(2008ㄱ), 「李兆年의 『鷹鶻方』에 나타난 吏讀文 作品에 대하여」, 『국어국문학』 148, 국어국문 학회.

朴盛鍾(2008ㄴ), 「古文書 吏讀 研究의 回顧와 展望」, 『口訣研究』 21, 구결학회.

朴盛鍾(2011ㄱ), 「『牛馬羊猪染疫病治療方』과 그 吏讀에 대하여」, 『국어사연구』 12, 국어사학회.

박성종(2011ㄴ), 「조선 전기 이두 번역문의 문체와 어휘」, 『한국어학』 53, 한국어학회.

朴盛鍾(2013ㄱ), 「朝謝의 사용 의미와 文書式」, 『古文書研究』 42, 한국고문서학회.

朴盛鍾(2013ㄴ), 「明律의 변천과 문체, 그리고 『大明律直解』의 저본」, 『국어사 연구』 17, 국어사학회.

朴盛鍾·朴道植(2002), 「15세기 上院寺 立案文書 분석」, 『古文書研究』 21, 한국고문서학회.

박성호(2011), 『朝鮮初期 王命文書 研究 - 經國大典體制 成立까지를 中心으로』, 박사학위논문, 한국 학중앙연구원 한국학대학원.

박성호(2012ㄱ), 「여말선초 紅牌·白牌 양식의 변화와 의의」, 『古文書研究』 40, 한국고문서학회.

박성호(2012ㄴ), 「조선시대 賜牌의 발급과 문서양식」, 『古文書研究』 41, 한국고문서학회.

朴英燮(1995), 『國語漢字語彙論』, 박이정.

박용삼 옮김(1997), 『번역학이란 무엇인가』, 숭실대학교출판부 (Werner Koller 原著).

박용식(2002ㄱ), 「대명률직해에 나타난 '爲有'에 대하여」, 『배달말』 제31집, 배달말학회.

박용식(2002ㄴ), 「대명률직해에서의 이두 형태의 생략에 관한 연구」, 『경상어문』 제8집, 경상어문학회.

박용식(2003), 「이두의 생략 표기에 대한 연구 - 대명률직해를 중심으로」, 박사학위논문, 경상대학교 대학원.

朴恩用(1966), 「'矣'借 表記에 대하여」, 『연구논문집』 1, 효성여대.

朴恩用(1967), 「吏讀表記 '～等'에 대하여」, 『연구논문집』 2, 효성여대.

朴恩用(1968), 「吏讀文의 形態素分析과 冠形語尾의 比較研究」, 『國文學研究』 1, 효성여대 국어국문학 연구실.

박인호 외 6인(2007), 『됴야긔문 연구』, 한국학중앙연구원.

박재민(2013ㄱ), 『신라 향가 변증』, 태학사.

박재민(2013ㄴ), 『고려 향가 변증』, 박이정.

朴在淵(2002), 『中朝大辭典』, 선문대학교 출판부.

박재우(2006), 「15세기 인사문서의 양식 변화와 성격」, 『역사와 현실』 59, 한국역사연구회.

박준호(2002ㄱ), 「조선시대의 署名 문화」, 『문헌과해석』 19, 문헌과해석사.

박준호(2002ㄴ), 「手決(花押)의 개념에 대한 연구 – 禮式으로의 署名과 着押」, 『古文書研究』 20, 한국
      고문서학회.

박준호(2003ㄱ), 「<洪武體制>와 조선 초기 공문서 제도」, 『古文書研究』 22, 한국고문서학회.

박준호(2003ㄴ), 「公文書 行移體制와 着名・署押」, 『清溪史學』 18, 清溪史學會.

朴竣鎬(2004), 「조선시대 着名・署押 양식 연구」, 『古文書研究』 24, 한국고문서학회.

박준호(2006), 「『經國大典』체제의 문서 행정 연구」, 『古文書研究』 28, 한국고문서학회.

박준호(2009), 『예禮의 패턴 – 조선시대 문서 행정의 역사』, 고문서연구총서 3, 소와당.

박준호・이상현(2004), 『朝鮮의 싸인』, 국민대 박물관.

박지선(1995), 「문서의 복원」, 『기록보존』 제8호.

박진호(1998), 「고대 국어 문법」, 『국어의 시대별 변천 연구 3 – 고대 국어』, 국립국어연구원.

朴天植(1984ㄱ), 「朝鮮建國의 政治勢力 研究-開國功臣 李和錄券을 中心으로」, 『全北史學』 8, 全北大 史
      學會.

朴天植(1984ㄴ), 「開國原從功臣의 檢討-張寬 開國原從功臣錄券을 中心으로」, 『史學研究』 38, 韓國史
      學會.

朴天植(1985), 「朝鮮 建國功臣의 研究」, 박사학위논문, 전남대 대학원.

박철주(2006), 『『대명률직해』의 국어학적 연구』, 일지사.

박철주(2014), 『역주 대명률직해』, 민속원(박철주, 『大明律直解』, 한국문화사, 2012의 중복판).

朴泰權(1973), 「吏文과 吏文輯覽」, 『睡蓮語文論集』 창간호, 부산여대 국어교육과.

박홍갑(2000), 「조선시대 免新禮 풍속과 그 성격」, 『역사민속학』 2집, 역사민속학회.

朴喜淑(1985), 「大明律直解의 吏讀研究」, 박사학위논문, 明知大 대학원.

朴喜淑(1987), 「19世紀 末葉의 所志文書의 吏讀 : 江陵郡守 李會源 白活을 중심으로」, 『국어교육』 59・
      60, 한국 국어교육 연구회.

裵大溫(1984), 「朝鮮朝 初期의 吏讀助詞 研究」, 박사학위논문, 동아대 대학원.

裵大溫(1985), 「차자표기의 음절말자음에 대한 고찰」, 『배달말』 12.

裵大溫(1988), 「이두부사 어휘고」, 『배달말』 13.

裵大溫(1989), 「이두명사 어휘고」, 『배달말』 14.

裵大溫(1990), 「이두 '-如中'계 어사에 대하여」, 『배달말』 15.

裵大溫(1992), 「이두 용언 '令(是)~'계 어휘에 대하여, 『배달말』 17.

裵大溫(1993), 『吏讀語彙論』, 형설출판사.

裵大溫(1997), 『吏讀用言의 活用語尾研究, 형설출판사.

裵大溫(2002), 『吏讀文法素의 通時的研究』, 경상대학교출판부.

배상현(2004), 「松廣寺 소장 古文書에 비친 高麗 寺院의 모습 - 「修禪社形止記」를 중심으로」, 『한국
　　　　중세사연구』 17, 한국중세사학회.
裵在弘(1990), 「朝鮮時代 妾子女의 財産相續과 存在樣態 - 分財記 分析에 의한 접근」, 『大丘史學』 39.
백두현(2015), 『한글문헌학』, 태학사.
白麟(1964), 「古文書의 研究와 그 整理問題」, 『國會圖書館報』 4.
法制處(1964), 『大明律直解』, 法制資料誌 13輯.
徐炳國(1958), 「音訓借 表記體 研究 序說」, 『어문학』 3, 한국어문학회.
서병패(2005), 「조선 초기 馬天牧 佐命功臣錄券의 書誌的 考察」, 『書誌學報』 29, 韓國書誌學會.
서봉식(2005), 「地谷面 花川1里 兪氏家 소장 古文書」, 『瑞山의 文化』 15, 서산문화원.
서울대학교 국어교육연구소(2002), 『교사용지도서 문법』, 교육 인적 자원부.
서재극(1984), 「향가의 *-저(齊)와 고려방언의 -지(之)」, 『한글』 193.
徐禎穆(1982), 「15世紀國語 動名詞 內包文의 主語의 格에 대하여」, 『震檀學報』 53・54.
徐禎穆(1993), 「國語 敬語法의 變遷 : 活用 形態素를 대상으로」, 『한국어문』 2, 한국정신문화연구원.
서정수(1995), 『국어문법』, 뿌리깊은나무.
徐鍾學(1983), 「15세기 국어의 후치사 연구 : 체언・용언・부사파생의 후치사를 중심으로」, 석사학
　　　　위논문, 서울대학교 대학원.
徐鍾學(1984), 「借字 '有'와 '在'」, 『蔚山語文論集』 1, 울산공대.
徐鍾學(1986), 「「救荒撮要」과 「新刊救荒撮要」에 관한 考察」, 『國語學』 15, 국어학회.
徐鍾學(1993), 「高麗時代의 吏讀資料」, 『國語史 資料와 國語學의 研究』, 문학과지성사.
徐鍾學(1995), 『吏讀의 歷史的 研究』, 영남대 출판부.
徐鍾學(1999), 「「忠州救荒切要」의 吏讀」, 『東洋學』 29, 단국대 동양학연구소
徐泰龍(1988), 『국어활용어미의 형태와 의미』, 탑출판사.
成鳳鉉(1994), 「1481年 「掌隷院 贖身立案」 文記 檢討」, 『古文書研究』 5, 한국고문서학회.
孫溪鍈(2005), 「朝鮮時代 文書紙 研究」, 박사학위논문, 韓國學中央研究院 韓國學大學院.
손병태(1987), 「이두의 시상형태 표기법 연구」, 석사학위논문, 영남대학교 대학원.
孫炳胎(1989), 「<牛疫方>의 吏讀文 研究」, 『嶺南語文學』 16, 영남어문학회.
손희하(1991), 「새김 어휘 연구」, 박사학위논문, 전남대학교 대학원.
宋基中(1988), 「漢字周邊의 文字들」, 『정신문화연구』 통권 제34호, 한국정신문화연구원.
宋基中(1997), 「借字表記의 文字論的 성격」, 『새국어생활』 7권 4호, 서울 : 국립국어연구원.
宋基中(2001), 「近代 地名에 남은 訓讀 表記」, 『地名學』 6, 한국지명학회.
宋基中(2013), 「『高麗史』에 수록된 두 편의 蒙古軍 牒文」, 『震檀學報』 118, 진단학회.
宋洙煥(1992), 「朝鮮前期의 寺院田 - 王室關聯 寺院田을 中心으로」, 『韓國史研究』 79, 韓國史研究會.
宋喆儀(1992), 『國語의 派生語形成 研究』, 태학사.
송철호(2009), 「조선 시대 差帖에 관한 연구」, 『古文書研究』 35, 한국고문서학회.
申景澈(1993), 『國語 字釋 研究』, 태학사.
申碩煥(1978), 「{드}系 分化語 研究」, 석사학위논문, 계명대학교 대학원.
申碩煥(1982), 「動名詞의 史的 考察」, 『肯浦趙奎高教授 華甲紀念國語學論叢』, 형설출판사.

申碩煥(1983), 「{ᄃ}系 準自立語 考察」, 馬山大 논문집 5-2.

신중진(1998), 「말음첨기(末音添記)의 생성과 발달에 대하여」, 『口訣硏究』 4, 구결학회.

申采浩(1924ㄱ), 「朝鮮古來의 文字와 詩歌의 變遷」, 『東亞日報』 1월 1일자.

申采浩(1924ㄴ), 「吏讀文名詞解釋」, 『東亞日報』 10.20, 10.27, 11.3.

申虎澈(1994), 「高麗 顯宗代의 '淨兜寺五層石塔形止記' 註解」, 『李基白先生古稀紀念論叢 韓國史學論叢』 上, 一潮閣.

申虎澈(2000), 「「芳雨文書」를 통해 본 高麗末의 土地相續」, 『忠北史學』 11・12合輯, 忠北史學會.

심경호(2008), 「이두식 변격한문의 역사적 실상과 연구과제」, 『어문논집』 57, 민족어문학회.

沈永煥(2004), 「朝鮮初期 草書告身 硏究」, 『古文書硏究』 24, 한국고문서학회.

沈永煥(2005ㄱ), 「朝鮮時代 古文書 書體硏究 一例 – 扶安金氏 石菴 金命說 書體를 中心으로」, 『泰東古典硏究』 第21輯, 翰林大學校 泰東古典硏究所.

沈永煥(2005ㄴ), 「朝鮮時代 所志類의 着官 硏究 – 慶州 驪州李氏 獨樂堂 所志類를 중심으로」, 『藏書閣』 14.

沈永煥(2009ㄱ), 「朝鮮初期 官文書의 『洪武禮制』 呈狀式 受容 事例」, 『藏書閣』 21.

沈永煥(2009ㄴ), 「조선초기 태조 7년(1398) 李和尙妻李氏<封爵牒>考」, 『역사와 실학』 39, 역사실학회.

심영환・노인환(2012), 「조선시대 敎書의 淵源과 分類」, 『漢文學論集』 34.

심영환・박성호・노인환(2011), 『변화와 정착 – 麗末鮮初의 朝謝文書』, 민속원.

심우준(1989), 「한국고문서의 투식」, 『서지학연구』 4, 서지학회.

심우준(1991), 『內賜本 版式·古文書套式硏究』, 一志社.

沈在箕(1979), 「{-ㄹ}動名詞의 統辭的 機能에 대하여 : 舊譯仁王經의 口訣「尸」을 中心으로」, 『문법연구』 4, 문법연구회.

심재완・조규설(1966), 「牛馬羊猪染疫病治療方에 대하여」, 『논문집』 9, 청구대학.

安秉禧(1959), 「15世紀 國語 活用語幹에 對한 形態論的 硏究」, 『국어연구』 7. 서울대학교 국어국문학과 (탑출판사에서 재출판, 1978)

安秉禧(1965), 「後期中世國語의 疑問法에 대하여」, 『학술지』 6, 건국대.

安秉禧(1967), 「韓國語發達史 中 : 文法史」, 『韓國文化史大系 Ⅴ : 言語・文學史(上)』.

安秉禧(1968), 「中世國語의 屬格語尾 「-ㅅ」에 대하여」, 『李崇寧博士頌壽紀念論叢』.

安秉禧(1971), 「15世紀의 漢字音 한글表記에 대하여」, 『金亨奎博士頌壽紀念論叢』, 일조각.

安秉禧(1975), 「古書의 紙背文書에 대하여」, 『圖書館報』 11, 서울대 도서관.

安秉禧(1976), 「口訣과 漢文訓讀에 대하여」, 『震檀學報』 41, 진단학회.

安秉禧(1977ㄱ), 『中世國語 口訣의 연구』, 일지사.

安秉禧(1977ㄴ), 「養蠶經驗撮要와 牛疫方의 吏讀의 연구」, 『東洋學』 7, 단국대 동양학연구소.

安秉禧(1977ㄷ), 「初期 한글表記의 固有語 人名에 대하여」, 『언어학』 2, 한국언어학회.

安秉禧(1979), 「中世語의 한글資料에 대한 綜合的인 考察」, 『奎章閣』 3, 서울대 도서관.

安秉禧(1981), 「韓國借字表記法의 形成과 特徵」, 『제1회 한국학 국제학술회의 논문집』, 한국정신문화연구원.

安秉禧(1983ㄱ), 「吏讀文獻 '吏文大師'에 대하여」, 『東方學志』 38.

安秉禧(1983ㄴ), 「中世國語 敬語法의 한두 問題」, 『國語學硏究 : 白影 鄭炳昱先生 還甲紀念論叢』, 신구

문화사.

安秉禧(1984ㄱ), 「典律通補와 그 吏文에 대하여」, 『牧泉兪昌均博士還甲紀念論文集』, 계명대 출판부.

安秉禧(1984ㄴ), 「韓國語 借字表記法의 形成과 特徵」, 『第3回 國際學術會議論文集』, 한국정신문화연구원.

安秉禧(1985), 「大明律直解 吏讀의 研究」, 『奎章閣』 9, 서울대학교 규장각.

安秉禧(1986ㄱ), 「大明律直解 解題」, 『大明律直解』, 保景文化社.

安秉禧(1986ㄴ), 「吏讀 文獻 <吏文>에 대하여」, 『배달말』 11, 경상대 배달말학회.

安秉禧(1987ㄱ), 「語學篇」, 『韓國學基礎資料選集 : 古代篇』, 한국정신문화연구원.

安秉禧(1987ㄴ), 「均如의 方言本 著述에 대하여」, 『國語學』 16, 國語學會.

安秉禧(1987ㄷ), 『吏文과 吏文大師』, 탑출판사.

安秉禧(1988), 「崔世珍의 「吏文諸書輯覽」에 대하여」, 『주시경학보』 1.

安秉禧(1992ㄱ), 『國語史 研究』, 문학과지성사.

安秉禧(1992ㄴ), 『國語史 資料 研究』, 학연사.

安秉禧(1992ㄷ), 「≪曾定于公奏議·駁稿·奏議擇稿輯覽≫ 解題」, 『書誌學報』 8.

安秉禧(2003), 「『大明律直解』의 書名」, 『韓國語研究』 1, 한국어연구회.

安秉禧(2009), 『國語史 文獻 研究』, 신구문화사.

安秉禧·李珖鎬(1990), 『中世國語文法論』, 학연사.

안승준(1988), 「16-18世紀 海南尹氏家門의 土地·奴婢 所有實態와 經營 - 海南尹氏古文書를 中心으로」, 석사학위논문, 韓國精神文化研究院 韓國學大學院.

安承俊(1992), 「1594年 在京士族의 農業經營文書 : 安氏治家法制」, 『書誌學報』 8, 한국서지학회.

安承俊(1996ㄱ), 「古文書와 그 蒐集·整理·研究 現況 - 韓國精神文化研究院 所藏(M.F) 古文書를 중심으로」, 『한국학대학원논문집』 11. 한국학중앙연구원.

安承俊(1996ㄴ), 「南間 遺書의 古文書學的 檢討」, 『古文書研究』 9·10, 한국고문서학회.

安承俊(1996ㄷ), 「朝鮮時代 私奴婢 推刷와 그 實際 - 榮州 仁同張氏所藏 古文書를 中心으로」, 『古文書研究』 8, 한국고문서학회.

安承俊(1998ㄱ), 「1466년 寧海 英陽南氏家의 奴婢衿給立案 分析」, 『古文書研究』 13, 한국고문서학회.

安承俊(1998ㄴ), 「16~18世紀 海南尹氏 家門의 土地·奴婢 所有實態와 經營 - 海南尹氏古文書를 中心으로」, 『淸溪史學』 6.

안승준(1998ㄷ), 「太祖 李成桂가 子息에게 남긴 分財記」, 『문헌과 해석』 2, 태학사.

안승준(1998ㄹ), 「조선전기 재산상속문서의 典型 - 1452년의 李遇陽 分財記」, 『문헌과 해석』 4호, 태학사.

안승준(1998ㅁ), 「佔畢齋 金宗直이 어머니와 아내로부터 받은 편지」, 『문헌과 해석』 5, 태학사.

안승준(1999), 「朝鮮前期 私奴婢의 社會經濟的 性格」, 博士學位論文, 韓國精神文化研究院 韓國學大學院.

안승준(2000), 「異姓養子의 繼後와 分財」, 『문헌과 해석』 12, 문헌과 해석사.

安承俊(2002), 「古文書 調査·收集 및 整理와 그 實際」, 『古文書研究』 20, 한국고문서학회.

安承俊(2003), 「고문서를 통해 본 15-16세기 河緯地家 사람들」, 『淸溪史學』 18, 淸溪史學會.

安承俊(2007), 「韓國學中央研究院의 古文書 調査·整理 現況과 課題」, 『古文書研究』 31, 한국고문서학회.

안효팔(1983), 「虛辭化의 研究」, 석사학위논문, 경남대학교 대학원.

梁柱東(1946), 『朝鮮古歌研究』, 재판; 博文書館 (초판 1942).

梁泰鎭(1984), 「錄券에 관한 書誌的 考察」, 『國會圖書館報』 21-1.

嚴燦鎬(2006), 「강원도 영서지역소재 의병관련 고서·고문서자료 연구」, 『史學研究』 81, 韓國史學會.

驪江出版社 영인(1988), 『新編集成牛馬醫方 牛馬羊猪染疫病治療方 馬經抄集諺解 醫科先生案 醫科八世譜』.

吳仁澤(1993), 「朝鮮初期의 ≪農書輯要≫ 刊行에 대하여.」 『釜大史學』 17, 부산대학교

오인택(1999), 「『農書輯要』를 통해서 본 조선 초기의 耕種法.」 『지역과 역사』 5, 부경역사연구소

吳昌命(1987), 「備邊司謄錄의 吏讀研究」, 단국대 석사학위논문.

吳昌命(1994), 「중세국어시기의 이두부사 연구 : 『과거사목』을 중심으로」, 『백록어문』 10, 제주대.

吳昌命(1995ㄱ), 「朝鮮前期 吏讀의 國語史的 研究」, 단국대 박사학위논문.

吳昌命(1995ㄴ), 「1407년 「長城監務關字」의 吏讀文 解讀」, 『古文書研究』 7, 한국고문서학회.

오창명(1995ㄷ), 「奴婢賣買文記의 吏讀文과 吏讀 解讀」, 『白鹿語文』 11집, 백록어문학회.

吳昌命(1996), 「『科擧事目』(1553)의 이두 연구」, 『古文書研究』 9·10집, 한국고문서학회.

吳昌命(2004), 「제주도 고문서의 이두문과 이두 연구 - 16세기 이두문을 중심으로」, 『耽羅文化』 24, 제주대학교 탐라문화연구소

玉泳晸(2000), 「古文書 分財記의 목록작성 방향설정에 관한 고찰」, 『書誌學研究』 20, 書誌學會.

옥영정(2008), 「한글본 『뎡니의궤』의 서지적 분석」, 『書誌學研究』 39, 서지학회.

옥영정(2009ㄱ), 「『華城城役儀軌』의 한글자료에 관한 연구」, 『書誌學研究』 42, 서지학회.

옥영정(2009ㄴ), 「한글본 『뎡니의궤』에 나타난 기록물의 轉寫와 註釋에 관한 연구」, 『書誌學報』 33, 한국서지학회.

왕문용(1988), 『근대국어의 의존명사 연구』, 한샘.

유목상(1985), 『연결 서술어미 연구 : 활용체계를 중심으로』, 집문당.

유지영(2007), 「조선시대 임명관련 敎旨의 문서형식」, 『古文書研究』 30, 한국고문서학회.

劉昌惇(1961), 『국어변천사』, 통문관.

劉昌惇(1971), 『어휘사연구』, 선명문화사.

柳鐸一(1989), 『韓國文獻學研究』, 아세아문화사.

尹炳爽(1993), 「桂奉瑀의 生涯와 著述目錄」, 『仁荷史學』 1, 仁荷歷史學會.

윤행순(2000), 「文章表記에서 본 日本의 古文書」, 『古文書研究』 16·17, 한국고문서학회.

이강로(1978), 「'上'字와 '下'字의 語彙意味論的 研究」, 『國文學論集』 9, 단국대.

이강로(1984), 「인칭 매김법 「-在(견)」에 대한 연구 : ≪대명률 직해≫를 중심으로」, 『한글』 184, 한글학회.

이강로(1989ㄱ), 「차자표기에 쓰인 '內'字에 대한 연구(1)」, 『한글』 203, 한글학회.

이강로(1989ㄴ), 「차자표기에 쓰인 內/[예]에 대한 연구(2)」, 『한글』 205, 한글학회.

이강로(1990ㄱ), 「대명률직해 이두의 하임법 사내(使內)의 연구」, 『東方學志』 67, 연세대 국학연구원.

이강로(1990ㄴ), 「차자표기에 쓰인 '內'자에 관한 연구(2)」, 『한글』 205호, 한글학회.

이강로(1991), 「차자 표기에 쓰인 '內/예'에 대한 연구(3)」, 『한글』 211, 한글학회.

李建植(1996), 「高麗時代 釋讀口訣의 助詞에 대한 研究」, 박사학위논문, 단국대학교 대학원.

李謙魯(1973), 「책방秘話」(補), 『新東亞』 1973년 6월호

李光麟(1965)「養蠶經驗撮要」에 對하여」,『歷史學報』 28. 역사학회.

이광호 외(2007),『장서각 소장 한글필사자료 연구』, 태학사.

이기갑(1987),「미정의 씨끝 '-으리'와 '-겠-'의 역사적 교체」,『말』 12, 연세대 한국어학당.

李基文 譯(1955),『言語學原論』, 民衆書館(A. Dauz, La Philosophie du Language, 1929).

李基文(1972ㄱ),『國語史槪說』, 개정판; 민중서관 (초판; 1961, 新訂版; 太學社, 1998).

李基文(1972ㄴ),「漢字의 釋에 관한 硏究」,『東亞文化』 11, 서울대 東亞文化研究所.

李基文(1974),「「養蠶經驗撮要」 解題」,『書誌學』 6, 韓國書誌學會.

李基文(1981)「吏讀의 起源에 대한 一考察」,『震檀學報』 52, 진단학회.

李基文(1982),「東아세아 文字史의 흐름」,『東亞研究』 1, 서강대 동아연구소

李基文(1991),『國語語彙史研究』, 동아출판사.

李基文(1994),「國語史 研究의 反省」,『國語學』 24, 국어학회.

李基文(2003),「國語 語彙史 研究와 隣接 學問」,『韓國語研究』 1, 태학사.

李基白 編著(1993),『韓國上代古文書資料集成』, 제2판; 일지사 (초판; 1987).

李東歡(1993),「≪科擧事目≫ 및 ≪詳定科擧規式≫ 解題」,『書誌學報』 9, 한국서지학회.

李炳銑(1976),「主格助詞 研究：古代國語 主格助詞와 「가」의 發達을 中心으로」,『국어국문학』 72 · 73.

李炳銑(1977),「古代國語 處格助詞에 對하여：鄕札「阿希」을 中心으로」,『荷西金鍾雨博士華甲紀念論叢』, 제일문화사.

李丙疇 編校(1966),『老朴集覽考』, 進修堂.

李相揆(1984),「15世紀 慶北地域 古文書의 吏讀：格語尾를 중심으로」,『牧泉兪昌均博士還甲紀念論文集』.

李善洪(2005),「朝鮮時代 對中國 外交文書 研究」, 박사학위논문, 韓國學中央研究院 韓國學大學院.

李成妊(2003),「16세기 양반관료의 外情 - 柳希春의『眉巖日記』를 중심으로」,『古文書研究』 23, 한국고문서학회.

李樹健 外(2004),『16세기 한국 고문서 연구』, 대우학술총서 571, 아카넷.

李樹健(1979),『嶺南士林派의 形成』, 嶺南大 民族文化研究所.

李樹健(1980),「光山金氏 禮安派의 世系와 그 社會經濟的 基盤 - 金緣家門의 古文書 分析-」,『歷史教育論集』 1, 慶北大.

李樹健(1981),『慶北地方古文書集成』, 영남대 출판부.

李樹健(1987),「古文書를 통해 본 朝鮮社會史의 一研究 - 慶北地方 在地士族을 中心으로 」,『韓國史學』 9.

李樹健(1991ㄱ),「朝鮮前期의 社會變動과 相續制度」,『歷史學報』 129, 역사학회.

李樹健(1991ㄴ),「한국 성씨의 由來와 종류 및 특징」,『새국어생활』 1권 1호, 국립국어연구원.

李樹健(1995),『嶺南學派의 形成과 展開』, 一潮閣.

이수건(2003),『한국의 성씨와 족보』, 서울대학교출판부.

이수건(2006),「古文書의 조사 · 정리와 史料的 가치」,『嶺南學』 9, 경북대학교 영남문화연구원.

李樹健 발표 · 張東翼 토론(1992),「嶺南地方 古文書의 所藏現況과 그 性格」,『民族文化論叢』 13, 영남대학교 민족문화연구소

李崇寧(1953),「吏讀의 '段, 矣'攷」,『歷史學報』 4. (『音韻論研究』(1955, 민중서관)에 '所有格과 處格의 比較 試圖：吏讀의 研究에서'로 修正 再錄)

李崇寧(1954), 「古代國語의 形態論的 硏究試圖 : 吏讀의 「良」字를 中心으로 하여」, 『외솔최현배선생
　　　　환갑기념논문집』.

李崇寧(1955), 「新羅時代의 表記法體系에 關한 試論」, 『論文集』 2, 서울대

李崇寧(1966), 「助詞設定의 再檢討 : 特히 postposition, particle과 格과의 混合設定에의 疑義를 中心으로
　　　　하여」, 『東洋文化』 5.

李崇寧(1976ㄱ), 「15世紀 國語의 雙形語 '잇다, 시다'의 發達에 대하여」, 『國語學』 4, 국어학회.

李崇寧(1976ㄴ), 「「이두사전」 書評 : 신중·완벽한 資料의 蒐集」, 『新東亞』 6월호

李崇寧(1981), 『中世國語文法 : 15世紀語를 主로 하여』, 을유문화사.

李崇寧(1985), 「'-쏜, 쏜녀'攷」, 『國語學論叢 : 羨烏堂金炯琪先生八耋紀念』, 創學社.

李承旭(1967), 「15세기 국어의 선어말접미사 '-가/거-'」, 『國文學論集』 1, 단국대.

李承旭(1970), 「과거시제에 대하여 : 15세기의 '-더-'를 중심으로」, 『국어국문학』 49·50, 국어국문
　　　　학회.

李承旭(1973), 『국어문법체계의 사적연구』, 일조각.

李承旭(1974), 「동사어간형태소의 발달에 대하여」, 『震檀學報』 38, 진단학회.

李承旭(1981), 「副動詞의 虛辭化 : 主格接尾辭 {가}의 발달에 대하여」, 『震檀學報』 51, 진단학회.

李丞宰(1985), 「將來考」, 『國語學』 16, 국어학회.

李丞宰(1987), 「屬格形態 'ㅅ'의 形成課程」, 『聖心語文論集』, 10, 성심여대 국문과.

李丞宰(1992ㄱ), 『高麗時代의 吏讀』, 태학사.

李丞宰(1992ㄴ), 「農書輯要의 吏讀」, 『震檀學報』 74, 진단학회.

李丞宰(1995), 「이두(吏讀)의 사전학적(辭典學的) 특성(特性)」, 『애산 학보』 16, 애산학회.

이승재(1998), 「고대 국어 형태」, 『국어의 시대별 변천 연구 3 - 고대 국어』, 국립국어연구원.

李丞宰(2000), 「朝鮮初期 吏讀文의 語中 '-叱-'에 대하여」, 『국어학 연구의 새 지평』, 태학사.

李丞宰(2001), 「古代 吏讀의 尊敬法 '-在[겨]-'에 대하여」, 『語文硏究』 29권 4호, 한국어문교육연구회.

李丞宰(2008), 「吏讀 해독의 방법과 실제」, 『한국문화』 44, 서울대 규장각한국학연구원.

李榮薫(1987), 「古文書를 통해 본 朝鮮時代 奴婢의 經濟的 性格」, 『韓國史學』 9, 한국정신문화연구원.

李榮薫(1991), 「<太祖賜給芳雨土地文書>考」, 『古文書研究』 1, 한국고문서학회.

李榮薫(1992), 「朝鮮時代 社會經濟史研究의 最近動向과 古文書의 意義」, 『정신문화연구』 제15권 제1호,
　　　　통권 46호, 한국정신문화연구원.

李榮薫(1997), 「朝鮮初期 5結字號의 成立過程 - '趙溫功臣賜與文書'를 중심으로」, 『古文書研究』 12, 한
　　　　국고문서학회.

李勇(2008), 「'-져'의 역사적 고찰」, 『震檀學報』 105, 진단학회.

이용현(2006), 『韓國木簡基礎研究』, 신서원.

이욱(2007), 「韓國學振興院의 古文書 수집·정리의 실제와 과제」, 『古文書研究』 31, 한국고문서학회.

李源天 編(1994), 『校註國譯 鷹鶻方』, 부산: 在釜密星會.

이은규(1998), 「필사본 <우역방> 연구 - 이본과의 비교를 중심으로」, 『語文學』 63, 한국어문학회.

이은규(2004), 「소창문고본 ≪우역방≫에 대하여」, 『국어교육연구』 36, 국어교육학회.

이인모(1976), 「'-쏜'系 語辭의 研究」, 『語文論集』 17, 고려대학교.

이장희(1995), 「고려시대 석독구결문의 '-ㅌ'에 대하여」, 『문학과 언어』 16, 문학과 언어연구회.

李在洙(1986), 「16세기 田畓賣買의 實態 - 慶北地方 田畓賣買 明文을 中心으로」, 『歷史教育論集』 9.

李在洙(2001), 「朝鮮前期 田畓賣買의 推移와 要件」, 『朝鮮史研究』 10, 朝鮮史研究會.

李在洙(2003), 『朝鮮中期 田畓賣買 研究』, 集文堂.

이정민・배영남(1987), 『언어학사전』, 개정증보판; 박영사.

李正守(1992), 「朝鮮初期 功臣田의 運營樣態 - 趙溫 功臣田券을 중심으로」, 『釜大史學』 15・16, 釜山大學校史學會.

이정일(2005), 「조선시대 경주부 관문서의 着官 형식 검토」, 『藏書閣』 14, 한국학중앙연구원.

이종묵(2003), 「장서각 및 수집 고문서 자료의 정리실태와 전망」, 『국학연구』 2, 한국국학진흥원.

李鍾書(2000), 「朝鮮前期 '和會'의 語義와 均分의 실현방식 '執籌'」, 『한국사연구』 110, 한국사연구회.

이종서(2004), 「朝鮮前期 均分意識과 執籌」, 『古文書研究』 25, 한국고문서학회.

李喆洙(1980ㄱ), 「「養蠶經驗撮要」 漢借文의 譯語構造」, 『南廣祐博士華甲紀念論叢』.

李喆洙(1980ㄴ), 「「養蠶經驗撮要」 漢借文의 名詞類語 借字表記」, 『논문집』 6, 인하대 인문과학연구소

李喆洙(1987), 「「養蠶經驗撮要」 漢借文의 借字表記 : 副詞類語를 중심으로」, 『국어교육』 59・60, 한국국어교육 연구회.

李喆洙(1988), 『養蠶經驗撮要의 吏讀研究』, 인하대 출판부.

李喆洙(1997), 「長城 白巖寺帖文의 吏讀에 대하여」, 『한국학연구』 8, 인하대학교

李忠武公紀念事業會 影印(1976), 『壬辰狀草』, 횃불사.

李鐸(1957), 「吏讀의 根本的 解釋」, 『一石李熙昇先生頌壽紀念論叢』.

이해준(2003), 「고문서 분류체계 시안」, 『古文書研究』 22, 한국고문서학회.

李賢熙(1990), 「국어 문법사 연구 30년(1959~1989)」, 『國語學』 19.

李賢熙(1993), 「국어 문법사 기술의 몇 문제」, 『한국어문』 2, 한국정신문화연구원.

李賢熙(1994), 『中世國語 構文研究』, 신구문화사.

李賢熙(1995ㄱ), 「'-아져'와 '-良結'」, 『國語史와 借字表記』, 태학사.

李賢熙(1995ㄴ), 「'-ㅿ'와 '-沙'」, 『韓日語學論叢』, 국학자료원.

李鎬澈(1990), 「『農書輯要』의 農法과 그 歷史的 性格」, 『經濟史學』 14, 경제사학회.

이화숙(2009), 「조선시대 한글 의궤의 국어학적 연구」, 박사학위논문, 대구가톨릭대학교 대학원.

李熙昇(1955), 『國語學槪說』, 민중서관.

李姬載 譯(1994), 『韓國書誌』, 수정번역판; 일조각 (모리스 꾸랑 原著).

임동훈(1994), 「중세 국어 선어말 어미 {-시-}의 형태론」, 『國語學』 24, 국어학회.

任相爀(2000), 「朝鮮前期 民事訴訟과 訴訟理論의 展開」, 박사학위논문, 서울대학교 대학원.

임지룡(1981), 「존칭 보조어간 「-겨-」 설정 시론 : 안동 방언권을 중심으로」, 『문화와 융합』 2, 한국문화융합학회.

任昌淳(1971), 「松廣寺의 高麗文書」, 『白山學報』 11.

林學成(2005), 「現存 16, 17세기 호적대장의 특징들과 新발견 1666년도 「濟州牧丙午式戶籍大帳」 斷片」, 『古文書研究』 26, 한국고문서학회.

임홍빈(1984), 「문종결의 논리와 수행 - 억양」, 『말』 9, 연세대 한국어학당.

임홍빈(2009), 『역주 분문온역이해방·우마양저염역병치료방』, 세종대왕기념사업회.

장경준(2007), 「經俚襃說의 이두와 독음」, 『口訣硏究』 18, 구결학회.

장경준(2013), 「일본 내각문고와 호사문고에 소장된 『大明律直解』의 서지에 관한 기초 연구」, 『어문논집』 68, 민족어문학회.

장경준(2014), 「고마자와대학과 호사문고에 소장된 『대명률직해』 고판본에 대하여」, 『한국어학』 64, 한국어학회.

장경준(2015ㄱ), 「조선초기 대명률의 이두 번역에 대하여」, 『우리어문연구』 52, 우리어문학회.

장경준(2015ㄴ), 「花村美樹의 대명률직해 교정에 대하여」, 『奎章閣』 46, 서울대학교 규장각.

장경준·진윤정(2014), 「『대명률직해』의 계통과 서지적 특징」, 『書誌學硏究』 58, 한국서지학회.

장경준·진윤정·허인영(2013ㄱ), 「『대명률직해』의 정본 확정을 위한 기초 연구(1) - 고려대 도서관과 서울대 규장각 소장본을 중심으로」, 『국어사연구』 16, 국어사학회.

장경준·진윤정·허인영(2013ㄴ), 「『대명률직해』의 정본 확정을 위한 기초 연구(2) - 경북대, 대구가톨릭대, 연세대, 충남대 도서관과 한국학중앙연구원 장서각, 그리고 일본 소케문고(宗家文庫) 소장본을 중심으로」, 『어문학』 122, 한국어문학회.

장경준 외 3인(2015), 『『유가사지론』 권20의 석독구결 역주』, 역락.

張東翼(1985), 「麗末鮮初 田畓·奴婢관계 古文書 硏究」, 『嶠南史學』 創刊號.

장세경(1970), 「이두연구」, 『논문집』 4, 한양대.

장세경(1973), 「이두(吏讀)의 토씨 연구」, 『논문집』 7, 한양대.

장세경(1978), 「이두 표기법에 대한 연구」, 『논문집』 12, 한양대.

장세경(1980), 「이두의 높임법(敬語法) 연구」, 『국학논총 : 어문연구』 1, 한양대 국학연구원.

장세경(1991), 「양잠경험촬요와 후기 이두 어휘집의 어휘 대비」, 『국어의 이해와 인식』, 한국문화사.

장세경(2001), 『이두자료 읽기 사전』, 한양대학교 출판부.

張允熙(1991), 「중세국어의 조건 접속어미에 대한 연구」, 석사학위논문, 서울대학교 대학원.

張允熙(1995), 「吏讀에 나타난 國語 活用語尾의 體系와 性格」, 『전농어문연구』 7, 서울시립대 국문과.

장윤희(2002), 『중세국어 종결어미 연구』, 태학사.

張允熙(2003), 「『大明律直解』의 書誌學的 考察」, 『震檀學報』 96, 진단학회.

장지영·장세경(1976), 『이두사전』, 正音社.

張晉藩 主筆, 한기종·임대희 외 共譯(2006), 『중국법제사』, 서울 : 소나무.

全炅穆(1994), 「古文書用語 풀이 - 朝鮮後期 所志類에 나타나는 '化民'에 대하여」, 『古文書硏究』 6, 한국고문서학회.

전경목(2001ㄱ), 「박물관에서의 고문서 蒐集과 전시 - 전북대학교 박물관의 경우를 중심으로 하여」, 『古文書硏究』 19, 한국고문서학회.

전경목(2001ㄴ), 『고문서를 통해서 본 愚磻洞과 愚磻洞 김씨의 역사』, 신아출판사.

전경목(2003), 「分財記를 통해서 본 分財와 奉祀 慣行의 변천 - 부안김씨 고문서를 중심으로~」, 『古文書硏究』 22, 한국고문서학회.

전경목(2005), 「고문서학 연구 방법론과 활성화 방안 - 한국학중앙연구원의 역할과 연계하여」, 『정신문화연구』 2005 여름호 제29권 제2호, 한국학중앙연구원.

전경목(2006), 「사회사 연구와 고문서」,『史學硏究』81, 韓國史學會.
전경목(2010), 「이두가 포함되어 있는 고문서 번역상의 몇 가지 문제점」, 『고전번역연구』, 한국고전번역학회.
전경목 외(2006), 『고문서 이해의 첫걸음 儒胥必知』, 사계절.
전북대학교박물관 고문서연구팀(2006), 『전북지방 고문서의 연구현황과 과제』, 신아출판사.
전병무(2001), 「雪村古文書 중 分財記 檢討」, 『學藝硏究』 2, 國民大 博物館.
田炳勇(1992), 「舊譯仁王經(上) 釋讀 口訣의 吐 '亠(여)'와 '氵(며)'에 대한 考察」, 『도솔어문』 7, 단국대 국문과.
전성호(2011), 「『大明律直解』에 투영된 고려회계의 특징」, 한국고문서학회 2011년 5월 월례발표문.
全英珍(2003～2005), 「『明史』 刑法志 譯註」 (I)(II)(III), 『中國史硏究』 23 · 29 · 36, 중국사학회.
전해종(1964), 「상주문의 격식 · 내용 및 절차에 대하여」, 『이상백박사회갑기념논총』.
정광(2004), 『原本 老乞大』, 김영사.
정광(2006), 「吏文과 漢吏文」, 『口訣硏究』 16, 구결학회.
鄭光 · 鄭丞惠 · 梁伍鎭(2002), 『吏學指南』, 태학사.
鄭求福 외(1997), 『朝鮮前期 古文書集成 - 15世紀篇』, 國史編纂委員會.
정구복 외(1999), 『호남지방고문서의 기초연구』, 한국정신문화연구원.
鄭求福(1989), 「古文書를 통해 본 朝鮮朝 兩班意識 - 광산김씨 오천고문서를 중심으로」, 『韓國史學』 10.
鄭求福(1991), 「金務의 分財記(1429)에 관한 硏究」, 『古文書硏究』 1, 한국고문서학회.
鄭求福(1993), 「1406년 曺恰의 辭令狀에 대하여」, 『學藝誌』 3, 육군사관학교 육군박물관.
鄭求福(1994), 「사회편」, 『한국학기초자료선집 : 근세 I 편』, 한국정신문화연구원.
鄭求福(1996), 「朝鮮朝의 告身(辭令狀) 檢討」, 『古文書硏究』 9 · 10.
鄭求福(2000), 「韓國 族契의 淵源과 性格」, 『古文書硏究』 16 · 17, 한국고문서학회.
鄭求福(2002), 『古文書와 兩班社會』, 一潮閣.
정구복(2003ㄱ), 「고문서 용어풀이 : 告身」, 『古文書硏究』 22, 한국고문서학회.
정구복(2003ㄴ), 「한국 고문서의 특징 - 명칭문제를 중심으로」, 『古文書硏究』 22, 한국고문서학회.
정구복 외(2012), 『日記에 비친 조선사회』, 한국학중앙연구원 장서각.
鄭肯植(1996), 「朝鮮前期 祭祀承繼法制의 成立에 대한 硏究」, 박사학위논문, 서울대학교 대학원.
鄭肯植(2001), 「1597년 慶尙左道 防禦使 權應銖 수령 有旨 두 건」, 『古文書硏究』 19, 한국고문서학회.
鄭肯植(2002), 『韓國近代法史攷』, 博英社.
鄭肯植(2004), 「16세기 財産相續과 祭祀承繼의 실태」, 『古文書硏究』 24, 한국고문서학회.
鄭肯植(2006ㄱ), 「16세기 立案 2건」, 『法學』, 서울대학교 법학연구소.
鄭肯植(2006ㄴ), 「16世紀 財産相續의 한 실례－1579년 權祉 妻 鄭氏 許與文記의 분석」, 『서울대학교 法學』 47-4(통권 141).
鄭肯植(2006ㄷ), 「16세기 去來法에 대한 소고 - 慶州孫氏 가문 소장 明文을 중심으로」, 『民法學의 現代的 樣相』, 法文社.
정긍식(2007), 「1517년 安東府 決訟立案 분석」, 『법사학연구』 35, 한국법사학회.
鄭肯植(2009), 「朝鮮前期 中國法書의 受容과 活用」, 『서울대학교 法學』 50권 4호.

鄭肯植・趙志晩(2001), 「大明律 解題」, 『大明律講解』, 규장각자료총서 법전편, 서울대학교규장각.

鄭肯植・趙志晩(2003), 「조선 전기 『대명률』의 수용과 변용」, 『震檀學報』 96, 진단학회.

鄭肯植・趙志晩・田中俊光(2012), 『잊혀진 法學者 申灜 - 譯註 大典詞訟類聚』, 민속원.

鄭肯植・田中俊光(2009), 『譯註 經國大典註解』, 한국법제연구원.

鄭東愈 著, 南晚星 譯(1971), 『晝永編』 上・下, 을유문고 77~78, 을유문화사.

鄭杜熙(1983), 『朝鮮初期政治支配勢力研究』, 일조각.

정상훈(1994), 「甲寅字本 『舍利靈應記』에 대하여 - 고유인명 표기를 중심으로」, 『東院論集』 7, 동국대 대학원.

정선영(2002), 「고문서의 紙質」, 『古文書研究』 20, 한국고문서학회.

鄭然粲(1984), 「中世國語의 한 助詞 「-으란」에 對하여」, 『國語學』 13, 국어학회.

鄭寅承(1957), 「吏讀起源의 新考察」, 『一石李熙昇先生頌壽紀念論叢』.

鄭在永(1996), 『依存名詞 'ᄃᆞ'의 文法化』, 태학사.

鄭在永(1998), 「大韓帝國 時期 西洋人의 吏讀 研究」, 『韓國文化』 22, 서울대 한국문화연구소

정진영(1998), 『조선시대 향촌사회사』, 한국사회총서 8, 한길사.

정진영(2003), 「고문서 정리카드와 서술규칙」, 『古文書研究』 22, 한국고문서학회.

鄭喆柱(1987), 「고려금석문의 이두표기자의 연구 : 용언류를 중심으로」, 『언어연구』 5, 대구언어학회.

鄭喆柱(1988), 「고려금석문에 나타나는 이두표기연구 : 체언류를 중심으로」, 『어문학』 49집.

鄭喆柱(1989), 「新羅時代 吏讀의 研究 : 助詞와 語尾를 中心으로」, 박사학위논문, 계명대학교 대학원.

丁泰鎭(1947) 『古語讀本』, 研學社.

鄭鉉在(2000), 「山陰戶籍을 통해 본 婦女呼稱」, 『慶尙史學』 15・16합집.

鄭亨愚・尹炳泰(1995), 『韓國의 冊板目錄』 上,下, 補遺・索引, 保景文化社.

정호완(1985), 「이두어 「是」의 형태론적 위계」, 『大邱語文論叢』 3, 대구어문학회.

정호완(1987), 『후기 중세어의 의존명사 연구』, 학문사.

조규환(1997), 「<忠州救荒切要>의 내용과 해제」, 한국역사연구회 회보 28.

趙復衍(1981), 「韓國의 古文書의 花押에 관한 研究」, 『奎章閣』 5.

趙成都 譯註(1973), 『壬辰狀草』, 同元社.

조지만(2007), 『조선시대의 형사법 - 대명률과 국전』, 景仁文化社.

조항범(1998), 『註解 순천김씨 묘출토간찰』, 태학사.

池斗煥(1992), 「世宗代 對日政策과 李藝의 對日活動」, 『韓國文化研究』 5, 부산대학교 한국문화연구소

池承鍾(1995), 『朝鮮前期 奴婢身分研究』, 일조각.

진윤정(2016), 「대명률직해에 사용된 조선한자어 연구 - 유형 분류와 의미 고찰을 중심으로」, 박사학위논문, 고려대학교 대학원.

千寬宇(1979), 『近世朝鮮史研究』, 一潮閣.

千素英(1991), 「借字表記 研究史」, 『畿甸語文學』 6집, 수원대학교 국어국문학회.

千惠鳳(1972ㄱ), 「朝鮮定宗下賜의 趙溫定社功臣錄券」, 『國學資料』 創刊號, 문화재관리국 藏書閣.

千惠鳳(1972ㄴ), 「朝鮮太祖親筆賜給의 淑愼翁主家垈文書」, 『國學資料』 2, 문화재관리국 藏書閣.

千惠鳳(1973), 「貴重圖書解題 : 周易・詩・書淺見錄」, 『國學資料』 10, 문화재관리국 藏書閣.

千惠鳳(1984), 「金天理原從功臣錄券의 書誌的 考察」, 『한국비블리아』 6 (『韓國書誌學研究』에 재수록).

千惠鳳(1988), 「義安伯李和 開國功臣錄券에 관한 研究」, 『書誌學研究』 3 (『韓國書誌學研究』에 재수록).

千惠鳳(1991), 『韓國書誌學研究』, 서울 : 삼성출판사.

千惠鳳(1993), 「河合文庫 韓國典籍」, 『泰東古典研究』 10, 翰林大 泰東古典研究所.

천혜봉(2001), 「국가지정 고문서와 문화재 정책」, 『古文書研究』 19, 한국고문서학회.

최두환(1999), 『완역·원문 임진장초 - 충무공 이순신의 보고서』, 宇石.

崔範勳(1977), 『漢字借用 表記體系研究』, 동국대 출판부.

崔範勳(1978), 「漢字借用表記方式의 段階的 發展에 대하여」, 『논문집』 7, 청주여자사범대학.

崔範勳(1980ㄱ), 「高林君配位愼夫人明文解讀」, 『藏菴池憲英先生 古稀紀念論叢』, 형설출판사.

崔範勳(1980ㄴ), 「漢字借用 固有語人名表記 調查研究 - 忠北清原郡 除籍簿를 資料로」, 『國語學』 9, 국어학회.

崔範勳(1985), 『韓國語發達史』, 通文館.

崔範勳(1986), 「南宗通記의 吏讀에 대하여」, 『경어문학』 7, 京畿大 국어국문학회.

崔範勳(1987ㄱ), 「原從功臣錄券의 吏讀에 대하여」, 『이정탁회갑기념논총』.

崔範勳(1987ㄴ), 「金石文에 나타난 吏讀 研究」, 『논문집』 21, 경기대학교.

崔範勳(1988), 「牛馬羊猪染疫病治療方의 吏讀研究」, 『仁山金圓卿博士 華甲紀念 論文集』.

최성기(1957), 「14세기 <공신록권>을 중심한 조선활자문화의 고찰」, 『문화유산』 3.

최순희(1993), 「商山金氏 分財記 小考 - 成化拾陸年 貳月拾參日 同腹和會文記를 中心하여」, 『泰東古典研究』 10, 翰林大 泰東古典研究所.

崔淳熙(1980), 「權大運 諸同生 和會成文 - 崇禎甲申後35년 무오(숙종4, 1678) 9월 9일 七同生 화회성문」, 『문화재』 13, 문화재관리국.

崔承熙(1983), 「戶口單子, 准戶口에 대하여」, 『奎章閣』 7, 서울대 규장각.

崔承熙(1989), 『韓國古文書研究』, 증보판, 지식산업사 (초판; 한국정신문화연구원, 1981).

崔承熙(2004), 「土地明文, 奴婢明文, 粘連文記라는 古文書名稱의 適否 與否」, 『古文書研究』 25, 한국고문서학회.

崔承熙(2006), 「朝鮮時代 古文書와 史料價值」, 『조선시대사 연구의 성과와 전망』, 조선시대사학회 창립10주년기념 학술강연집, 조선시대사학회.

최식(2008), 「『句讀解法』, 漢文의 句讀와 懸吐, 口訣」, 『民族文化』 32, 한국고전번역원.

崔淵淑(2005), 『朝鮮時代 立案에 관한 研究』, 박사학위논문, 한국학중앙연구원 韓國學大學院.

최윤갑(1990), 「리두의 발생과 그 성격」, 『중국조선어문』 6, 길림성민족사무위원회.

崔在錫(1972), 「朝鮮時代 相續制에 關한 研究 - 分財記의 分析에 의한 接近」, 『歷史學報』 53·54, 역사학회.

崔在錫(1983), 『韓國家族制度史研究』, 一志社.

崔在錫(1988), 『韓國의 親族名稱』, 民音社.

최현배(1961), 『고친 한글갈』, 정음사 (초판 1940).

최현배(1971), 『우리말본』, 4판, 정음사 (온책 초판 1937).

崔弘基(1998), 『韓國戶籍制度史研究』, 개정판; 서울대학교 출판부 (초판 1975).

하영휘(2003), 「자료소개 : 正德 元年의 公文書」, 『書誌學報』 27, 韓國書誌學會.

河宇鳳(1990), 「朝鮮初期 對日使行員의 日本認識」, 『國史館論叢』 14, 국사편찬위원회.

河宗睦(2000), 「朝鮮初期의 寺院經濟」, 『大丘史學』 60, 대구사학회.

하혜정(2000), 「古書 古文書 分類編目을 위한 套式研究」, 『東洋古典研究』 14, 東洋古典學會.

韓國古代社會研究所(1992), 『譯註 韓國古代金石文』 I·II·III, 駕洛國史蹟開發研究院.

한국고문서학회(2013), 『조선의 일상, 법정에 서다』, 조선시대 생활사 4, 역사비평사.

한국역사연구회 중세2분과 법전연구반(2000), 『원문·역주 新補受教輯錄』, 청년사.

한국역사연구회 중세2분과 법전연구반(2001), 『원문·역주 受教輯錄』, 청년사.

한국역사연구회 중세2분과 법전연구반(2002), 『원문·역주 各司受教』, 청년사.

韓文鍾(1989), 「朝鮮初期 李藝의 對日交涉活動에 대하여」, 『全北史學』 11·12.

韓相仁(1993), 「大明律直解 吏讀의 語學的 研究」, 박사학위논문, 충남대학교 대학원.

韓相俊·張東翼(1982), 「安東地方에 전래된 高麗 古文書 七例 檢討」, 『論文集』 33, 경북대.

한영우(2005), 『조선왕조 의궤』, 일지사.

한정수(1999), 「조선전기 제지 수공업의 생산체계」, 『역사와 현실』 33, 한국역사연구회.

韓喜淑(1986), 「朝鮮初期의 伴倘」, 『歷史學報』 112, 역사학회.

韓沽劤 외(1985~86), 『譯註 經國大典』 飜譯篇·註釋篇, 韓國精神文化研究院.

韓沽劤(1993), 『儒教政治와 佛教-麗末鮮初 對佛教施策-』, 一潮閣.

海州鄭氏 松山宗中(1999), 『國譯 農圃集』.

허웅(1975), 『우리옛말본』, 샘문화사.

허웅(1985), 『16세기 우리 옛말본』, 샘문화사.

許興植(1976), 『韓國中世社會史資料集』, 아세아문화사.

許興植(1982), 「1262년 尙書都官貼의 분석 (上),(下)」, 『韓國學報』 27, 29, 일지사.

許興植(1988), 『한국의 古文書』, 민음사.

許興植(1996), 「13~5 世紀 戶籍資料의 補完과 批判」, 『古文書研究』 9·10, 한국고문서학회.

홍고 테루오(北郷照夫)(2002), 「이두자료의 경어법에 관한 통시적 연구」, 박사학위논문, 고려대학교 대학원.

洪起文(1957), 『리두연구』, 평양 : 과학원출판사.

洪淳鐸(1958), 「吏讀格形態考」, 『논문집』 2, 전남대.

洪淳鐸(1959), 「이두부사 접미사고」, 『국문학보』 1, 전남대.

洪淳鐸(1962), 「이두부사 형태고 -亦, 伊, 只」, 『국문학보』 3, 전남대.

洪淳鐸(1963), 「이두연구 : 동사고」, 『양주동선생화갑기념논문집』.

洪淳鐸(1966), 「이두연구 : 동명사고」, 『이병기선생송수기념논문집』.

洪淳鐸(1969), 「이두연구 : 대명사고」, 『국어국문학논문집』 7·8합집.

洪淳鐸(1972), 「'上'字攷」, 『淸溪金思燁博士頌壽紀念論叢』.

洪淳鐸(1973), 「이두명사고」, 『양주동선생고희기념논문집』.

洪淳鐸(1974), 『吏讀研究』, 光文출판사.

洪淳鐸(1976), 「松廣寺 圓悟國師 奴婢帖」, 『湖南文化研究』 8.

洪淳鐸(1977), 「吏讀 서술종결어미 '-齊'에 대하여」, 『김성배선생회갑기념논문집』.

홍순탁(1980), 「吏讀연구(I) : 안맺음씨끝 「乎」 및 연결형식에 대하여」, 『延岩 玄平孝博士 回甲紀念論叢』.

洪淳赫(1942), 「吏文襦例小考」, 『書物同友會會報』 17.

洪淳赫(1946ㄱ), 「儒胥必知小考」, 『한글』 96 (11권 3호).

洪淳赫(1946ㄴ), 「吏讀語彙文獻에 對하여」, 『향토』 3, 正音社.

洪淳赫(1947ㄱ), 「儒胥必知小考(續)」, 『한글』 99 (12권 1호).

洪淳赫(1947ㄴ), 「吏文과 吏文大師」, 『향토』 6, 正音社.

洪淳赫(1949), 「吏讀文獻 吏文襦例 小考」, 『한글』 105 (13권 3호).

洪允杓(1984), 「牛馬羊猪染疫病治療方」, 『分門瘟疫易解方 牛馬羊猪染疫病治療方 簡易辟瘟方 辟瘟新方』, 弘文閣.

홍윤표(1994), 『근대국어연구(1)』, 태학사.

홍윤표(2000), 「朝鮮 後期 한글 古文書 釋讀」, 『古文書硏究』 16·17, 한국고문서학회.

홍은진(1998), 「求禮 文化柳氏家의 한글所志에 대하여」, 『古文書硏究』 13, 한국고문서학회.

홍은진(1999), 「조선 후기 한글 고문서의 양식」, 『古文書硏究』 16·17, 한국고문서학회.

黃文煥(1991), 「1人稱 謙讓語 '저'의 起源」, 『國語學』 21, 국어학회.

黃壽永(1994), 『韓國金石遺文』, 제5판; 일지사 (초판 1976).

Sasse, W.(1983), 「資料 韓國 固有漢字 參考索引」, 『韓國語 系統論 訓民正音 硏究』, 집문당.

川西裕也(2012ㄱ), 「朝鮮 成宗代의 寺院 관련 문서의 신 사례 - 免役賜牌에 대한 검토」, 한국고문서학회 2012년 10월 월례발표회 발표문.

川西裕也(2012ㄴ), 「高麗·朝鮮의 非告身 임명문서에 대한 고찰」, 『藏書閣』 27, 한국학중앙연구원.

葛城末治(1935), 『朝鮮金石攷』, 大阪屋號書店.

岡倉由三郎(1893), 「吏道,諺文考」, 『東洋學芸雜誌』 143~144 雜錄.

高橋正彦 外(1978), 『日本古文書學講座 -總論編』, 雄山閣.

宮松浩憲 譯(2000), 『ヨーロパ中世古文書學』, 九州大學出版會 (Jean Mabillon 著, 原著 2판 1709년).

鬼頭兵一(1936), 『李朝の財産相續法』, 朝鮮總督府中樞院.

今西龍(1970), 「伽耶山海印寺の新羅時代田券に就きて」, 『新羅史硏究』.

金澤庄三郎(1918), 「吏讀の硏究」, 『朝鮮彙報』 4月號.

金澤庄三郎(1932), 「新羅の片假字」, 金澤博士還曆祝賀會.

金澤庄三郎(1936), 「吏讀雜考」, 『史學雜誌』 47編 2號 (成進文化社 編(1976), 『韓國學研究叢書』 제9집에 영인 수록).

旗田巍(1958~59), 「新羅の村落 - 正倉院にある新羅村落文書の研究」, 『歴史學硏究』 226~227.

旗田巍(1970), 「新羅·高麗の田券」, 『史學雜誌』 79編 3號, 朝鮮中世社會史學會.

吉川幸次郎(1953), 「元典章に見えた漢文吏牘の文體」, 『校定本元典章刑部第1冊附錄』, 京都大學人文科學研究所 元典章研究班, 1964.

吉村茂樹(1958), 『古文書學』, 東大學術叢書 13.

金文京 外 2人 譯註・鄭光 解說(2002),『老乞大 – 朝鮮中世中國語會話讀本』, 東京：平凡社.

內藤乾吉(1963),『中國法制史考證』, 東京：有斐閣.

唐代史研究會(1990),『東アジア古文書の史的研究』, 唐代史研究會報告第7集, 刀水書房.

稻葉岩吉(1931),「朝鮮吏文の由來(麗末より鮮初に及びて)」,『朝鮮』195.

藤本幸夫(1971),「河合文書の研究：文書形式・吏讀・俗語を中心として」,『朝鮮學報』60.

藤本幸夫(1981),「宗家文庫藏朝鮮本に就いて」,『朝鮮學報』99・100, 朝鮮學會.

藤本幸夫(1986),「'中'字攷」,『論集日本語研究 (二) 歷史篇』, 明治書院.

武田幸男(1962),「淨兜寺五層石塔造成形止記の研究」(I),『朝鮮學報』25, 朝鮮學會.

白鳥庫吉(1897),「答問(吏道・言文についての問答)」,『史學雜誌』8-1.

白鳥庫吉(1901),「再び朝鮮の古語に就いて」,『言語學雜誌』2-1.

山內民博(1990),「李朝後期における在地兩班層の土地相續-扶安金氏家文書分析を通して-」,『史學雜誌』99-8.

三木榮(1965),「朝鮮牛疫史考」,『朝鮮學報』34, 朝鮮學會.

三保忠夫(2004),『古文書の國語學的研究』, 東京：吉川弘文館.

桑野榮治(2001),「對日外交文書にみる高麗の對外認識」,『韓國文化』255, 서울대 한국문화연구소

西田龍雄(1997),「西夏文字の特性と西夏語の復元」, 구결학회 편,『아시아 諸民族의 文字』, 서울：太學社.

小林芳規(1999),『圖說 日本の漢字』, 再版; 東京：大修館書店 (初版 1998).

小田省吾(1934),「李朝太祖の親製親筆と稱せられる古文書に就いて：淑愼翁主家垈賜給文書を紹介す」,『靑
     丘學叢』17, 靑丘學會.

小倉進平 著・河野六郎 補注(1964),『增訂補注 朝鮮語學史』, 東京：刀江書院.

小倉進平(1929),『鄕歌及び吏讀の研究』, 京城帝國大學.

小倉進平(1936),「鄕歌・吏讀の問題を繞りて」,『史學雜誌』47-5.

飛田良文 監修・菅原義三 編(1999),『國字の字典』, 7판; 東京, 東京堂出版 (初版 1990).

圓道祐之 原著, 許捲洙・張源哲 編(1990),『草書字典』, 서울：도서출판 까치.

律令研究會(1975),『官版 唐律疏議』, 東京：汲古書院 (國立公文書館內閣文庫本 影印).

伊木壽一(1954),『古文書學』, 慶應通信.

李成市(2005),「古代朝鮮の文字文化」,『古代日本 文字の來た道』, 大修館書店.

日本歷史學會 編(1983),『槪說古文書學 – 古代・中世編』, 吉川弘文館.

前間恭作 遺稿, 末松保和 編(1942),『訓讀 吏文：吏文輯覽 附』, 京城：朝鮮印刷株式會社 (서울 경문사
     영인, 1976)

前間恭作(1926),「若木石塔記の解讀」,『東洋學報』15卷 3號.

前間恭作(1929),「吏讀便覽に就て」,『朝鮮』165.

田中謙二(2000),『田中謙二著作集』第二卷, 東京：汲古書院.

田川孝三(1964),『李朝貢納制の研究』, 東洋文庫.

田川孝三(1975),「朝鮮の古文書」,『書紀 日本史』第9冊, 平凡社.

鮎具房之進(1931),『雜攷』第1輯, 京城：朝鮮印刷株式會社.

鮎具房之進(1934ㄱ)「俗字.俗訓字.俗音字攷」,『雜攷』3輯.

鮎具房之進(1934ㄴ),「俗文攷」,『雜攷』6輯 (上,下).

鮎貝房之進(1955〜57), 「借字攷」 Ⅰ〜Ⅲ, 『朝鮮學報』 7〜9, 朝鮮學會.

鮎貝房之進(1972), 『雜攷：俗字攷・俗文攷・借字攷』(東京：國書刊行會 影印)

鄭光(2012), 「元代漢吏文と朝鮮吏文」, 『朝鮮學報』 224, 朝鮮學會.

朝鮮經濟研究所 編(1934), 『朝鮮漢字部畫索引』, 京城：朝鮮經濟研究所.

朝鮮總督府 中樞院(1936), 『李朝法典考』, 京城：朝鮮總督府.

朝鮮總督府 中樞院(1939), 『朝鮮祭祀相續法論 序說』, 京城：朝鮮總督府.

朝鮮總督府(1911), 「吐に用ュル漢字一覽表」, 『朝鮮總督府 月報』 12月號.

佐藤喜代治 外 5人 編(1996), 『漢字百科大事典』, 東京：明治書院.

周藤吉之(1937), 「朝鮮後期の田畓文記に關する研究」, 『歷史學研究』 7-7・8・9.

中村完(1968), 「吏讀語における用言の基本構造とその周邊問題について」, 『朝鮮學報』 48, 朝鮮學會.

中村完(1976), 「史的名辭「吏讀」の概念とその意識について」, 『朝鮮學報』 78, 朝鮮學會.

川西裕也(2007), 「朝鮮初期における官教文書樣式の變遷 - 頭辭と印章を中心に」, 『朝鮮學報』 205, 朝鮮學會.

川西裕也(2011), 「高麗末・朝鮮初における任命文書體系の再檢討」, 『朝鮮學報』 220, 朝鮮學會.

花村美樹(1936), 「大明律直解解說」, 『校訂 大明律直解』, 朝鮮總督府中樞院, 附錄 1〜24.

沈家本 撰, 鄧經元・駢宇騫 點校(1985), 『歷代刑法考』, 北京：中華書局出版.

楊一凡(1992), 『洪武法律典籍考証』, 北京：法律出版社.

楊一凡 編(2005), 『中國律學文獻』 第1輯 4冊・第2輯 5冊, 黑龍江人民出版社.

Karlgren, B., *Compendium of Phonetics in Ancient and Archaic Chinese*, 1954 (李敦柱 譯註, 『中國音韻學』, 一志社, 1985)

Librairie Larousse(1973), *dictionnaire de linguistique*.

Max Niemeyer Verlag(1974), *Terminologie zur neueren Linguistik*.

Ramstedt, G. J.(1939), *A Korean Grammar*, Helsinki：Suomalais−Ugrilainen Seura.

Ramstedt, G. J.(1949), *Studies in Korean Etymology*, Helsinky：Suomalais−Ugrilainen Seura.

Imjin Changch'o -Admiral Yi Sun-sin's Memorials to Court, Translated by Ha Tae-hung and Edited by Lee Chong-young, Seoul：Yonsei University Press, 1981.

東京大學文學部 言語學研究室 所藏 小倉進平 貴重本 CD〜ROM vol.1

국사편찬위원회 한국사데이터베이스 (http://db.history.go.kr)

한국고문서자료관 (http://archive.kostma.net)

한국고전종합DB (http://db.itk.cor.kr)

≪一般事項 索引≫

* 이 책에서 설명한 한자어들은 포함하였다. (예 : 公緘, 題給)

≪吏讀 索引≫

* 한자음의 두음법칙은 적용하지 않는다. (예 : -良, 令是- 등은 ㄹ 란에)
** 실질명사 중 漢字語는 수록하지 않는다. 다만, 형식명사로 사용되거나 우리말로 새겨 읽었음 직한 字가
   포함된 경우엔 수록하였다. (예 : 樣, 色, 爻周 등)

ㄱ

ㅊ

ㅌ

저자 朴盛鍾

가톨릭관동대학교 명예교수.
韓國古文書學會 명예회장.
국어사학회 고문.
문학박사. 서울대학교 대학원 卒.

朝鮮前期 吏讀 研究

초판1쇄 발행 2016년 4월 13일
초판2쇄 발행 2017년 10월 11일

저 자 朴盛鍾
발행인 이대현
편 집 오정대
마케팅 박태훈 안현진
발행처 도서출판 역락
      서울 서초구 동광로 46길 6-6 문창빌딩 2층
      전화 02-3409-2058(영업부), 2060(편집부)
      팩시밀리 02-3409-2059
      이메일 youkrack@hanmail.net
      역락 블로그 http://blog.naver.com/youkrack3888
      등록 1999년 4월 19일 제303-2002-000014호

ISBN 979-11-5686-319-9 93710
정 가 45,000원

* 파본은 구입처에서 교환해 드립니다.

이 도서의 국립중앙도서관 출판시도서목록(CIP)은 서지정보유통지원시스템 홈페이지(http://seoji.nl.go.kr)와 국가자료공동목록시스템
(http://www.nl.go.kr/kolisnet)에서 이용하실 수 있습니다.(CIP제어번호 : 2016008860)